中森じゅあんの算命学

本当の私を知り、人生を動かす！

中森じゅあん

徳間書店

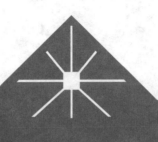

はじめに

生年月日でここまでわかる！―算命学は宇宙発情報の宝庫です―

今、この本を手にとってくださっているあなた、「占い」の世界について、どのような考え、経験、感想、スタンスがおありでしょうか。

ひと口に占い、といっても、時代をひるがえり、国境を超えて眺めていくと、多種多様なこと、星の数ほどもあるといわれています。それに、誰にとっても人生を彩ってくれる運命的な「出会い」があるように、占いとの出会いもまた人それぞれに、ご縁のものではないでしょうか。

この本でご紹介する「算命学」は、中国四千年の歴史と英知が生んだ、陰陽五行の思想哲学を盤石な土台として、戦国時代の戦略家、学識者として知られる鬼谷子（きこくし）の創案を源流とする中国最古の星占学。長い年月の間、門外不出の帝王学として重用され、一子相伝で守りぬかれながら、えいえいと継承されてきた至宝の学問です。

その秘伝を、生地長崎で出会った伝承者の呉仁和氏から学び、研鑽を重ねて、後になって世に出されたのが、呉家十三代宗家文学博士・故高尾義政氏です。

当時はまだ不世出でありながら、知る人ぞ知る算命学の大家の門を私が叩(たた)くことになったのは、もう半世紀をすぎた昔のこと。その当日、氏から伝えられたもろもろは、「生年月日だけで何故こんなことまでわかるのか！」と驚くばかりの内容でした。その経験の強烈さから、即刻燃え上がったのが、私の「この占いをもっと知りたい、学びたい熱」。しばらくあって待ち続けた甲斐(かい)とご縁のお蔭(かげ)で、直門下第一期生として入門が実現したのです。

それから10年間、師の口と心で伝えられた算命学の深遠で広大な教えは、私の人生のさまざまな領域で、実用的に活用することができ、内面的に満たされ、気付かされ、励まされ、あたたかく大きな力で育てられてきたものです。

算命学は、大宇宙と自然界をつぶさに観測し洞察し、その法則性を手本とした独特の暦を創りあげました。それを駆使して、データである生年月日を大宇宙と自然界の森羅万象に置き換え、各人の小宇宙である宿命と運命を見える化し、読み込んでいく膨大な情報が詰まった学問です。

あなたが「おぎゃー」と地球に産声をあげた瞬間、宇宙と自然界、つまり天と地に充満するエネルギーが、即座にあなたの生命に注ぎこまれました。それがあなたの「宿命」の世界です。これを、一生涯失われることのない数々の価値ある貴重な財産のようなものだと思ってみてはどうでしょうか。

さらに、常に、時々刻々と絶え間なく変化を見せながら、巡りくる時間のエネルギーがあります。それがあなたの「運命」です。これは自分の意志で選択し、行動で生かすことができる贈物だと受けとめれば、開運と成長へのチャンスにできるでしょう。

算命学は、誰にも先天的に与えられている宿命の中にある財産目録を鏡のように見せてくれる宇宙発の個人情報の宝庫。では、具体的な財産とは？　といえば、その人が本来持っている宿命星が教えてくれる性格、特質、個性、才能や能力、長所や短所やエネルギーなどなど、実に多彩で豊かなものなのです。

そのためなのか、師は度々言及されたものです。「算命学で宿命を知ったならば、それを一つ二つと自分で選んでいきながら、一生をかけて生かしていけばよいのです。それが本当に幸せで満ち足りた人生を創造するための基本的な秘策なのです」と。

また「何故、自分は（この人は）この生年月日に生まれてきたのだろうか」ということに静かに心を向け、深く受け止めて考察することも勧められたものです。

「本当の自分」を知り、自分の宿命や運命を探究すること、それは私たちが生まれてきた意味、目的や真実を実感しながら、今生を十全に生かす喜びへの素朴な希求に他ならないのではないでしょうか。

算命学にはそのため暦を構成する、頼もしい道しるべ役の知恵者「十干十二支」があります。

十干は空間を、十二支は時間を表します。また、どちらも数字や季節、方向や身体、五官、感情や気質、性格やエネルギーなど、宇宙や自然界の法則にのっとった事象や意味、内容をいくつも兼ね備えていて、未知なる宿命や運命の精密な情報の算出に機能するのです。

これから生年月日をひもといて、宿命世界を読んでいきましょう。具体的な詳しいことは、本文の各項目で説明してありますが、最後に大切な「表記」についてお伝えしておきたいと思いますので、もうしばらくの間お付き合いください。

40代に入ってから、私はある女性誌で算命学の頁を持つことになりました。そのとき、私が思ったのは、若い読者の方たちにとって、できるだけ親しみやすく、イメージがしやすくて、実際に役に立つものにしたい、ということでした。そのために思い切って独自の表記を創って、発表したのです。

本来の干支を表す漢字は、甲・乙・丙・丁・戊・己・庚・辛・壬・癸の十干。これをそれぞれが持っている、自然界の象徴をそのまま表す一語にして、置き換えたのでした。それが樹・花・陽・灯・山・地・鉄・宝・海・雨です。総称用語の「十干」は「十の主精」と名付けました。花の精とか、山の精という言い方がありますよね。本来生きとし生ける森羅万象は、私たちと同じ惑星で共生している生命ある大切な仲間なのですから。

算命学は、大宇宙や自然界を一見してもわかるように、複雑で、深遠で、膨大で、微細。精緻(せいち)な摂理の下に成り立っている世界です。しかし、同時にシンプルで明確でもあるのです。

たとえばざっくりと大別するなら、まずは2つ、陰占と陽占に分けられます。書物にはスペースの限界がありますから、陰占部門は、最も重要で、中心をなす「生まれた日」にスポットライトを当てます。

専門的には「日干」と言いますが、これは「日主」と名づけました。陽占のパートでは10の主星と

12の従星のすべてを、人体の図に配置して詳しく説明いたしました。

宿命に映し出されたすべての星には、すぐれた独自性があり、良し悪しや優劣はまったくありません。

あなたや、縁のある方々の宿命星を、あるがままに受け入れ、心豊かで充実した人生の創造に生かし、楽しんでくださることを願ってやみません。

CONTENTS

この本を最大限に活用するために――6つのステップ

この一冊にぎっしり詰まっている「算命学の星からのメッセージ」を、楽しく、正確に、前向きに受けとっていただくために、本全体を一望できるマニュアルとして、このページをお読みください。

そのためには、まず、この「6つのステップ」を読んでいただき、広く大きな算命学の世界に親しみながら、楽しくご活用ください。

❶ 当たっている、外れている、そんな枠には収まり切らない、算命学の奥深い世界。

この本は、「本当の自分」を知り、今と、これからの人生を豊かに創造する指南書としてご活用ください。いわゆる占いとして、当たる、当たらない、といった表面的なとらえ方だけで終わっては、その意図する豊かな真実にふれたことになりません。算命学で知ったあなたの星たちに心を開いて、親しんでいると、語りかけてくるさまざまなことが、素直に深く感じとられてくるでしょう。あなたの小宇宙にある星たちは、あなたの心で生かされ、光り輝いてくるものです。私たち人間はみな自然界のひとかけらであり、ひとつの宇宙です。

❷「人体星座」を作りましょう（338頁参照）。

算命学では、人体星座が、あなたの大切なＩＤカードです。巻末にある「算命学星座暦」と、「人体星座の作り方」を使えば、簡単に作れます。ただ暦の字が細かいため、表の中から目的の生年月日を見つけるとき、段や枠がずれないように気をつけてください。定規やマーカーなどを使って、正しい1枠がわかったら、まず印をつけておくといいでしょう。

他の人の人体星座を作るときに大切なことは、うろ覚えだったり、たぶんこの辺が誕生日だったなと見当をつけて作ることだけはＮＧです。必ず正確な生年月日を確かめてから作成してください。

もし、本当の生年月日が戸籍上のものと違う場合、わかっていれば、本当のものを使います。でもわからなかったり、あやふやならば、戸籍上の生年月日を使ってください。生まれた時から長い年月、戸籍上の生年月日で生きてきたので、その星の影響が出てくるのは当然のことです。ハッキリと本当の生年月日がわかっていて、戸籍とは違っているという場合は、2つの生年月日を読み比べて、どちらがフィットする点が多いか、納得がいくか、実感があるかを比べてみましょう。

生まれた場所は問いません。出生地が海外の場合、その国での生年月日です。算命学ではその地で生まれたその瞬間に、宇宙からその人に与えられた星が一生の宿命だと大きくとらえているのです。

宿命の8つの座（場所）に、さまざまな星があります。重要で貴重なデータがたくさん詰まった人体星座の世界、くれぐれも間違えないように作成してください。

❸人体星座にあるそれぞれの星はその位置によって表す世界、意味、人生時期が異なります（13頁のイラスト参照）。

人体星座の８つの星と主精。それらが表す世界、意味、人生時期をわかりやすくまとめたのが、「あなたの宇宙」のイラストです。人体のそれぞれの位置には、東西南北の方角名と人体のパーツ名がついています。

東（右手）、西（左手）、南（腹）、北（頭）、中心（胸）、（肩）、（右足）、（左足）といった場所を表す座の名前が、この後に続く、各テーマごとのページで詳しく説明して使われます。右、左は、「人体に向かって」の表現になりますので注意してください。作成した人体星座をみながら、ゆっくり確認し、全体像をつかんでおくと、各章の具体的な説明がより理解しやすくなるでしょう。

❹すべての「運命」の根幹を成しているのが「性格」です（第１〜３章）。

算命学では、後天的な運命を左右するのは、持って生まれた「性格」である、と考えます。「性格」は、「主精」や「中心星」（胸）を主人公として、５カ所の座にある「主星」、そして肩、右足、左足にある「従星」などさまざまなアングルから読み取っていきます。

まず最初に、自分の本質、性格を知ることからスタートしましょう。そうすると後に続く、結婚や恋愛、人間関係や仕事など、それぞれのシーンでのあなたの宿命が、より明確な形でイメージすることができ、理解もしやすいはずです。

自分の星のページを読む前に、ここの説明箇所に目を通しておくと、それぞれの人が持つ星の本質や性格、個性、才能、役割などがよくわかります。宿命にある星たちが語りかけるあなたへのメッセージが、次の新たな指標となり、より鮮明になって、浮かび上がってくることでしょう。

❺「結婚」「恋愛」「配偶者」「親」「子供」「友人」など、あなたを取り巻く人々のことや、関係性などが明らかになります（第4〜10章）。

人体星座の胸にある「中心星」があなたのメインキャラクターです。そして、あなたの宿命をさまざまな角度から解明するために、人体星座のそれぞれの座にある星に焦点を当て、具体的に掘り下げていきます。

ここではあなたを中心に据え、あなたが生まれつき持っているものすべて＝「宿命の世界」が明らかにされます。同様に、相手がある場合は、その相手の人ももちろん自分だけの宿命世界を持っています。あなたに縁のある周りの大切な人々がどのような世界を持っているかがわかります。そのため、自分にとっての相手、相手にとっての自分がどんなふうな関わりと共に存在しているのか、双方向からアプローチすることで、みえてくることがたくさんあり、気づきと理解が深まることでしょう。

時に、星のメッセージとは違う現実や、あなたの判断とは異なる面があるかもしれません。そんな場合は、表面的に「当たっていない」と決めつけてしまわないで、「自分にはこんな一面もあるのだ」「相手の人にはこういう側面があるんだ。気が付かなかったけれど…」と、柔軟で客観的な視点でとらえ、参考にしながら、心を広げて、素直に読み進めていってみてください。

また、持っている宿命の星はいつ、どんな時に出てくるか、輝いてくるか、人それぞれ状況はいろいろなのです。納得がいったり、新しい発見があったりして、長い人生の過程の中で可能性が具体化することは多いにあるのです。そうして、あなたや親しい人々の宿命、内面の深さや意味から学びが得られるものなのです。

そのためにも、この本はあなたが若い時期はもちろん、年齢を重ねながら先々にずっと、かつ折々に活用できる参考書として、長く楽しみながら活用してくださることをお勧めするものです。

❻「「天中殺」というタイミング」、「幸せを招く「5」つのバランス」、さらに「これから10年間の後天運」など、役立つ内容、満載です（316〜337頁）。

この本では、主精（陰占）と、十大主星・十二大従星（陽占）を中心に、「宿命の世界」をさまざまなシーンやテーマ別に盛り込みました。

また、人生の過程である「運命の世界」は、誰にでも公平にめぐりくる「天中殺」というタイミングがあります。たとえば、1年の中には春夏秋冬の循環がありますね。そんなふうに「天中殺」は、人それぞれの宿命によって異なる6タイプの運命の時期があります。

では、天中殺とは何か？　その時期を知っておいて、どのように受け止め、前向きに上手に生かすのがよいか？　など、あなたの人生にめぐりきて、変化のアクセントをつけてくれる「10年間の運

算命学の人体星座表に宿るあなたの宇宙

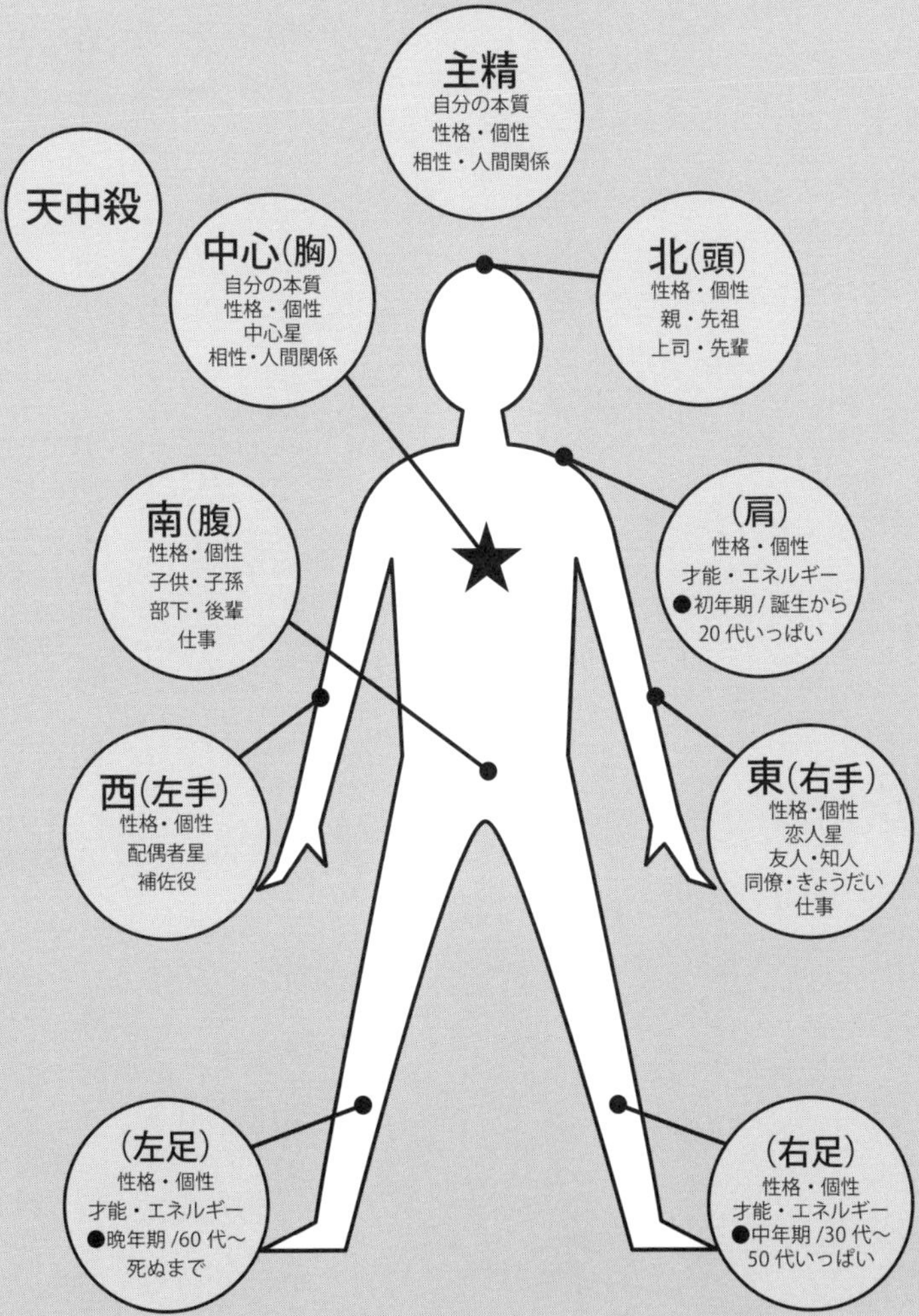
主精
自分の本質
性格・個性
相性・人間関係
天中殺
中心(胸)
自分の本質
性格・個性
中心星
相性・人間関係
北(頭)
性格・個性
親・先祖
上司・先輩
南(腹)
性格・個性
子供・子孫
部下・後輩
仕事
(肩)
性格・個性
才能・エネルギー
●初年期/誕生から20代いっぱい
西(左手)
性格・個性
配偶者星
補佐役
東(右手)
性格・個性
恋人星
友人・知人
同僚・きょうだい
仕事
(左足)
性格・個性
才能・エネルギー
●晩年期/60代～死ぬまで
(右足)
性格・個性
才能・エネルギー
●中年期/30代～50代いっぱい

命」のことなど、算命学ならではの情報を加えて説明してあります。

あなたの生年月日に宿った星たちからの価値あるメッセージの数々、その宿命は生涯の財産です。人生の過程で、体験する人間関係や現実問題などで、時には、悩んだり、迷ったり、難しい選択を迫られたり、心が曇るようなこともあるでしょう。

でも、そんな時こそ、ちょっとこの本を開いて、ご自分の星に問いかけてみてください。それはあなたの内なる宇宙、本当のあなたの星からの意味を込めた伝言です。心を大きく開いて、静かに耳を傾けてみてください。あなたの中にいつも生きている星たちの、あたたかく深いエネルギーを感じていると、霧がゆっくりと自然に晴れていくように、見通しがよくなって、気付きと共にあなたを導く方向や道がみえてくることがきっとあるはずです。

第1章

あなたの「主精」（陰占）

―「本当の自分」を自然界が教えてくれる―

主精

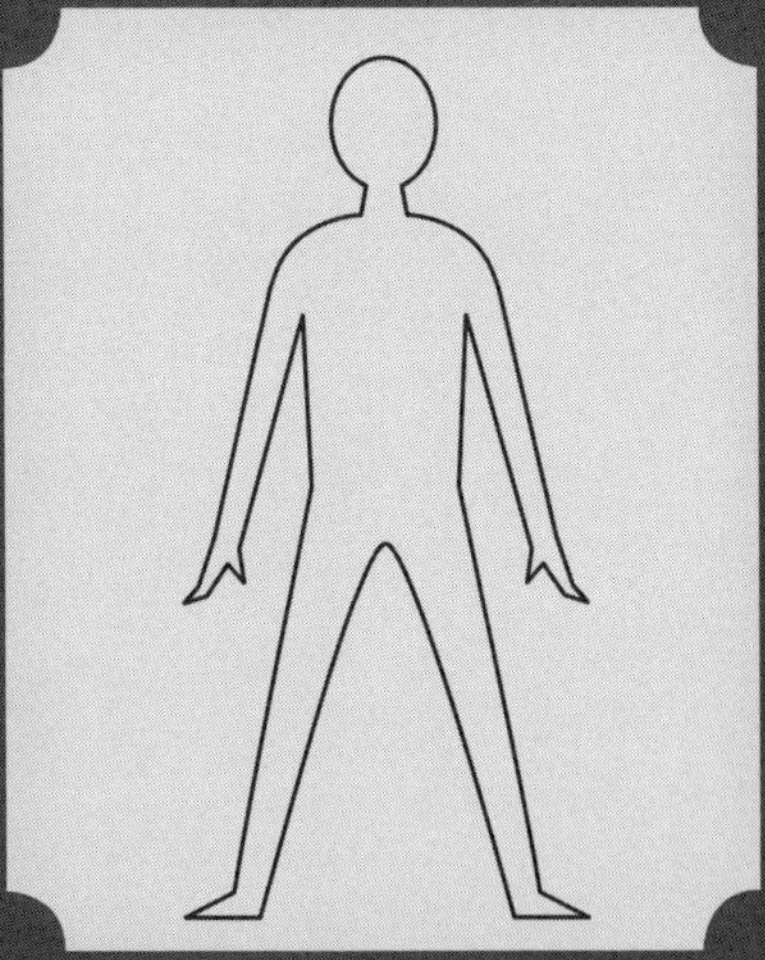

主精であなたの
天性を知る

「本当のあなた」を知ることで、新しいステージが始まります。

「主精」は、あなたを大自然界の森羅万象に置き換えたなら何に当たるのか、自然がシンボライズする、あなた自身の中心になる大切なものです。実際には目にみえない世界にある、あなたの「星の心」を具現化したもので、生まれた年月日の中心となる「生日」を象徴します。

10の主精は、木性、火性、土性、金性、水性といった自然の5元素を基に、それぞれを陰・陽に分け、自然界の名称で表されます（左図）。ここではまず各「主精」ごとに、自然界に映し出されたあなたの宿命的本質を知ります。加えて、「中心星」（十大主星の胸の星）との組み合わせでみることであなたの宿命の特色を、さらに鮮明にしていきます。樹木が樹木だけで存在し成立しないように、あなただけではなく、宿命や運命で関わる雨や太陽や大地などと共に生き生かされバランスのとれた人生を過ごすことができるのです。

主精のありようは、生年や季節（生月）によって違います。夏の雨と冬の雨、夏の太陽と冬の太陽、比べればその特質が異なることは自然を観察すれば明らかです。山の人は山に、花の人は花になったつもりで、感じてみてください。そこから自然体で生きるヒントがみつかるはずです。天性をありのままに受け止めることから、新しい人生の扉が開くことでしょう。

主精

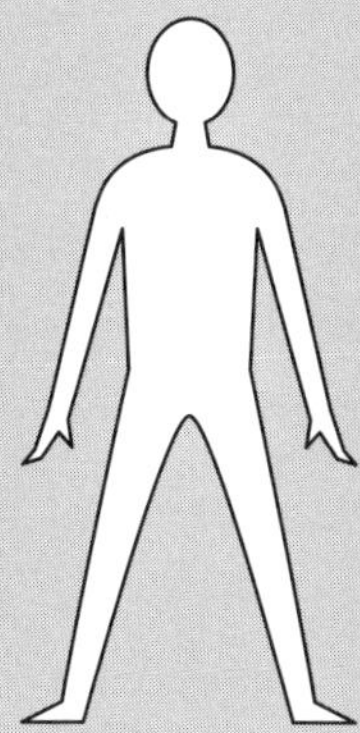

五行	主精	特性
木性	樹(き)（陽＋）樹木	長い年月をかけまっすぐ伸びゆく大樹 真面目、着実、ゆっくり、大器晩成
木性	花(はな)（陰－）草花	優しく美しく、人々に愛でられる花々 柔軟、粘り強さ、ゆったり、外柔内剛
火性	陽(よう)（陽＋）太陽	明るく輝き、熱を広げるおおらかな太陽 動き、遊び、楽しむ、自由、感情
火性	灯(ひ)（陰－）灯火	周囲に明暖を与えながら燃える火 直観、鋭敏、表現伝達、情愛、迅速
土性	山(やま)（陽＋）山岳	どっしり高くそびえ立つ不動の山脈 親切、現実的、たくましい、包容力
土性	地(ち)（陰－）大地	すべての命を育む広大で豊かな大地 努力、育成、蓄積、忍耐、安定志向
金性	鉄(てつ)（陽＋）鋼鉄	深山から掘り出された強靭な鋼鉄 勇敢、実行力、鍛錬、冒険、正義感
金性	宝(たから)（陰－）宝石	貴重な原石から研磨された輝く宝石 自尊心、繊細、美意識、敏感、贅沢、品位
水性	海(うみ)（陽＋）海洋	遠くどこまでも流れる広大な海洋 自由、チャレンジ、探求、改革、創造
水性	雨(あめ)（陰－）雨露	あらゆる生命の源となる雨。生活の水 理性、学問、教育、冷静、忍耐、慈愛

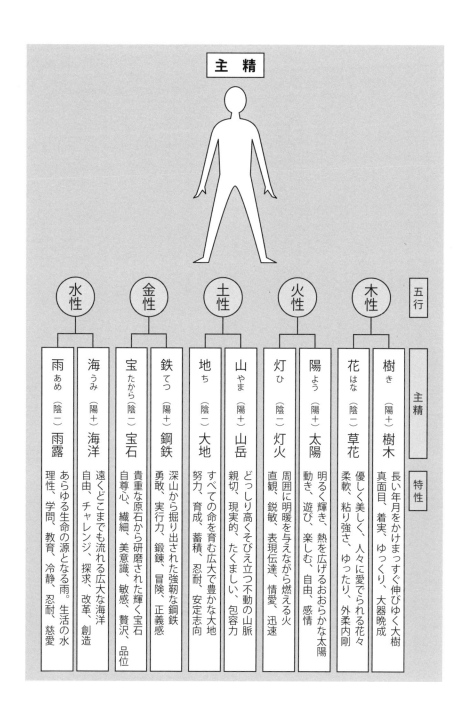

樹

【あなたの宿命的本質】

ゆっくりとまっすぐに伸びていく大樹の人は温和で一本気。マイペースで忍耐強く人生を築く大器晩成の実力派です。

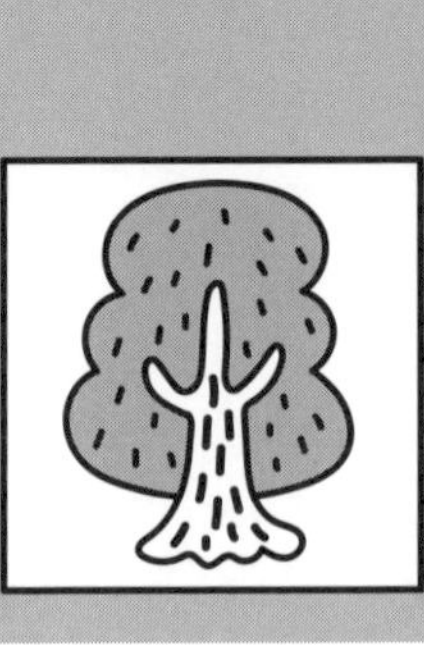

天に向かってまっすぐに伸びていく樹木は、冬の寒さ、夏の暑さ、さらに暴風や長雨などにも耐え、長い年月をかけて成長し、やがて見事な大樹となります。この樹木のイメージと特質が、あなたの持って生まれた宿命の世界を象徴しています。

基本的な傾向としては、「正直」で「一本気」な性格。「曲がったことが嫌い」です。周りからは時に、「頑固」な人と思われるかもしれませんが、自分のペースを乱されるのが苦手、「マイペース」の人ということなのです。

大樹がゆっくりと成長するように、本来「スローテンポ」なので、のんびりした人だと思われがちです。これまでの人生も、他の人に比べると決断や行動がゆっくりしていると思ったり、思われたりしたかもしれませんね。でも、決して焦ることはありません。樹木が幹を太くし、大地に根を張って成長していくように、あなたの人生は、ゆっくりと歩む「長距離ランナー」型です。これからも自分に合ったペースとやり方で、自分の世界を切り開いていく「努力家」。何事も継続し続けることで、より大きくなる、「大器晩成」型の代表。自分独自の目標を目指して地道に突き進むことで、実り豊かな人生を創造していけることでしょう。

中心星（胸）との組み合わせでみる

貫索星　「強いエネルギーと意志」を持つ貫索星の人は、樹が持つ一本気な面と合わせ、「頑固さ」や「粘り強さ」が筋金入りとなります。また、「職業」も意味する星なので、仕事へのパワーは衰えません。枠にはまることを嫌い、自力で着実に我が道を行く、周囲からみると頼もしい人です。

石門星　「和合性」「仲間づくり」に特色がある石門星があると、樹のストレートで正直な気性に加えて、人間関係に広がりが出ます。グループや組織の中では、「統率力」を発揮できるでしょう。ただ、「仕事」や「人付き合い」を大切にしすぎると。家庭生活とのバランスが崩れますから注意を。

鳳閣星　「子供の星」の鳳閣星を持つと、「明るく」「ノンキ」なムードが加わり、無邪気な「遊び心」が個性となります。生活に「創意工夫」を凝らし、趣味、自然、自由を愛し、家庭、料理、仕事、何であれ、「楽しむ」タイプ。おいしいものにも目がなく、一生を通して食べることには困りません。

調舒星　「鋭い直感力」「デリケートな感性」が特色の調舒星が中心にある樹の人は、それらに加えて「芸術的才能」が備わります。仕事や趣味など「自己表現」の場で、ユニークな世界を創造します。孤独を愛するので、「自分ひとり」の時間やスペースを持つことがとてもプラスになり大切です。

禄存星　「愛情」「奉仕」にあふれた禄存星の人は、面倒見がよく、家族や他人の区別なく、「親切」に接し、誰からも慕われます。人を助ける立場や職業に就くのが使命。ロマンや愛を求めるより、「安定志向」が強く、「現実的」。「金銭」の星で「気前がよく」」、貯めるよりは使うタイプです。

司禄星　スローペースで着実な人生を歩む樹の人が、司禄星を持つと、不動の「貯蓄力」を発揮します。お金だけなく、知識や技術、人間関係など愛や家庭、あらゆるものを、時間をかけて地道に「蓄積」していく人。理想的な家庭人の「マイホーム」型、「墓守り」の使命を持っています。

車騎星　「積極性」「行動力」の車騎星を持つ樹の人は、非常に「大きな視野」をもちます。大きな目標や理想を持ち、持ち前の行動力で、何事も前向きに進めていきます。「サッパリ」した「働き者」。白黒をハッキリさせたい性分ですが、内面深く「信仰心」を秘めているのも特色です。

牽牛星　「プライドが高く」「責任感が強く」「几帳面」。「あの人なら安心」と、人々から「信頼」を得られます。「知的」で「礼儀」を重んじ、どんな世界や立場にあっても、手堅い人気や評価は得られるはず。少々堅苦しいところはありますが、「誠実」な持味は必ず実を結ぶはずです。

龍高星　好きなことを自分のペースでやりたい樹の人が龍高星を持つと、旺盛な「探究心」と「自由」を愛する「放浪性」が加わります。行動力を生かして、好きな道で実力をつけることがプラスに。自然、旅行、海外に憧れ、じっとしてはいられないタイプ。「他人からの助け」も多い徳のある人。

玉堂星　「知性」「成熟した大人」「冷静さ」が玉堂星の世界。若い頃から学んできたもの、身に付けたものを、長い年月をかけて豊かに育て上げていきます。「母性愛」「肉親愛」が強く、学問や教育、育成、芸術の分野などで、その力を発揮します。「家族思い」で身内に細やかな愛情を注ぎます。

花

【あなたの宿命的本質】
人々に愛でられる花の人は、温厚な社交家。
やさしさの中に芯の強さを秘めた外柔内剛の代表。

野に咲く可憐な花。華やかな大輪の花、どんな花もそれぞれの美しさと個性で、人々の目を楽しませ、安らぎを与えてくれます。花は枯れ落ちても、翌年にはまた、美しい花を咲かせます。算命学では、主精が花の人を女性の理想としています。その理由は「外柔内剛」の典型だから。男女をとわず外見は物柔らかで、「柔軟性」に富み、やさしく温和なのですが、内面にはしたたかな「芯の強さ」を秘めています。

花は本来、群生するもの。ですからグループや組織の中で生かせる「和合性」を発揮します。「社交家」で「しっかり者」なので、他人の言葉に動かされたり、自分の意思を曲げることはありません。どんな小さな花も、一粒の種から花が咲くまでには時間がかかるように「ゆっくりテンポ」、「おっとり」型の「頑張り屋」。でも気長に「着実に」目的に向かって、歩みを続けます。

中心星（胸）との組み合わせでみる

貫索星　「強いエネルギー」「独立心」「マイペース」などが特色の貫索星があると、和合性のある花の人に「頑固さ」が加わります。友だちが多く、誰とでも合わせられる柔軟性は変わりませんが、自分の考えや意見は通します。職業の星でもあるので、好きな仕事を続けることが幸せへの道です。

石門星　「社交性」「調和」「統率力」などを意味する石門星は、花の本質でもある「外柔内剛」型。人付き合いがよく、「仲間づくり」が上手。仕事をすると面白くなり、発展します。ペースは「ゆっくり」で無理がなく自然体。周りの人に和やかな雰囲気をもたらす、「リーダー的存在」です。

鳳閣星　「おおらか」で「明るく」、「子供心」で「楽しむ」ことが大好きな鳳閣星の人。「遊び心」が豊かで、「のんびりペース」、読書や音楽や絵画、ガーデニングなど、知的で芸術性の高い「趣味」も持ち、それを心から堪能します。「優れた味覚」を持つグルメな人でもあります。

調舒星　「鋭い感性」「傷つきやすい」など、「繊細」な調舒星ですが、主精が花の人は、暗さがなく、花の持つ「美しい明るさ」を表現する「行動力」と「芸術的才能」の持ち主です。「ロマンチスト」で「情が深く」、人間関係もスムーズ。ユニークな存在で、内面には「信仰心」を秘めている人です。

禄存星　「愛情」「奉仕」の精神と「現実的」で「たくましい力」を持つ禄存星は、「助け合い」を大切にし、「庶民的」で人の「面倒」をよく見ます。「経済」の星ですから、生活に困ることはありませんが、貯めるのは苦手で、つい使ってしまうタイプです。「気前のよさ」と「親切心」で誰からも慕われます。

司禄星　司禄星の特質は「蓄積力」。一見「地味」ですが、「誠実」で「努力家」。「細やかなやさしさ」が、花の和合性の本質で、より深まるのですが、自分自身で動くことが少なく、基本的には「受け身」で「ゆっくり」タイプ。与えられたもの、やってきたものを何であれ蓄える能力は抜群です。

車騎星「行動」「働き」「スピード」の車騎星がある花の人は、強い「美意識」が加わります。ただし、それは他人の目に対してではなく、自分が満足するためで、「プライド」の高いところもあります。「正直」で「忙しいこと」をいとわず、心の奥に「信仰心」を抱いている人も多いようです。

牽牛星「真面目」で「几帳面」、「責任感」と「プライド」が高いのが牽牛星の個性。花独特の「ソフトなやさしさ」に、強い「忍耐力」が加わるのが特色。自分のことは後回しにしても、何事もキチンとやる人。人間関係などに誠意を持って尽くすことで、「実力や信用」が高まります。

龍高星「変化」に富んだ「ユニーク」さが身上の龍高星。「新しいこと」や「チャレンジ」にも関心があり、個性的な新しい生き方を望みます。和合性を重んじ、「忍耐力」が強くなります。龍高星の個性が「柔軟」になり、環境に逆らうことがなく、環境を上手に応用する才能を発揮できるでしょう。

玉堂星「もの静か」で「理知的」、豊かな「母性愛」を持つ玉堂星は大変「家族思い」で、家族や身内のためならどんな犠牲もいといません。「柔軟性」があり、「穏やか」ですが、その場の状況を素早く判断し、時代の「変化に対応」するのも上手。パートナーや子供などを「教育」するのも上手です。

陽

【あなたの宿命的本質】

光と熱に満ちて輝きを放つ太陽は感情豊か。おおらかに人生を楽しく創造する自然体の人です。

太陽の持つ「明るさ」「あたたかさ」を人々や万物に与える特性があなたの世界。朝、東から昇り、夕方、西に沈むまで、終日常に「スピーディ」に動いていることが本来の姿。太陽は「子供」にたとえられるように、「遊ぶこと」が大好き。「自然体」で「無邪気」、「おおらか」で、「感情が豊か」です。「人生を楽しむ」のが、持って生まれた生き方です。

職業も、人を楽しませ、自分も楽しめる好きなものを選んで、取り入れる能力があります。地道にコツコツと積み重ねていくことは苦手なので、ひとつのことを長く続ける仕事よりは、豊かな感性と「表現力」を生かした新しい分野の仕事がベスト。年を重ねても子供のような好奇心を持ち、どんな体験も楽しみ、味わえるパワーの持ち主です。持ち前の明るさを保ち続ければ、人生を常にエンジョイできる人です。

中心星（胸）との組み合わせでみる

貫索星　貫索星の特色は「強いエネルギー」で、「独立独歩」の気概に燃える「一本気」な性格。束縛や指図されることが嫌いで何事も自分のペースでやっていきたい人。そのペースは太陽の明るさがあるので、とても自然体。あたたかい明るいムードの中で「強い説得力」を発揮できる人です。

石門星　「優れた協調性」を持つ「社交家」で、「統率力のあるリーダー」の石門星は、「人間関係」を豊かにする名手。その和合性に太陽のホットな色合いが強まり、人々を自分のペースに誘い込むパワーも大。「職業」や「組織」の意味を持つ星なので、仕事や「人付き合い」や人脈は広がります。

鳳閣星　鳳閣星の特色は「楽しむこと」。あらゆることに無理をせず、「自然体」で楽しみます。いくつになっても「無邪気な遊び心」を持ち、たとえ困難な状況に陥っても、楽しみながらそれをクリアできるよき才能の持ち主です。草花や動物を育てることも好きな人でしょう。

調舒星　「繊細な感受性」の本質を持つ調舒星ですが、陽の人は、日常生活の中ではそれほど神経質になることがありません。むしろ現実生活とかけ離れた「不思議なもの」に関心を抱く、「ロマンチスト」です。それでも感受性は鋭敏ですから。悲しい体験をすると、強い「孤独」を感じることがあるでしょう。

禄存星　禄存星の本質は「愛情」「奉仕」。陽の人は、そのパワーが強まり、表現が「純粋」で「情熱的」になるでしょう。常に愛を注ぐ相手がいることで、イキイキできる人。相手にあまり重荷にならないよう、バランスに気をつけましょう。「金銭」の星ですが、貯めるよりは使うのが好きな人。

司禄星　明るく輝く太陽の本質に、中心の星が司禄星の場合、「蓄積力」が加わります。家庭や妻の意味を持ち、「真面目」で「堅実」な「安定志向」タイプなので、女性には理想とされ、金銭面、信用や知恵、愛などの精神面でも積み重ねて、蓄えていく手腕の持ち主です。

車騎星　「行動力」「スピード」「働き者」といった星が中心にある陽の人は、自分から積極的に働くことになります。もともと考えるより先に「行動」するタイプ。「直感力」に優れ、「決断力」も「スピーディ」です。仕事にも「情熱的」なので、常に大きな目標に向かっていくでしょう。

牽牛星　牽牛星は「責任感が強く」「几帳面」で「真面目」。主精が陽の人は、「忍耐力」や「たくましさ」が加わり、何事も、完成させることに「年月」をかけます。その「地道」な作業を「プライド」を持って頑張れば、「信用」や「評価」につながります。あせらずじっくりと取り組むことが大切です。

龍高星　「知的欲求」に基づいた「チャレンジ精神」にあふれ、「ユニークな感受性」を持っている龍高星。明るい太陽なので、忍耐強さは減少しますが、心の葛藤は少ないはず。何事に関しても「素直」に「行動力」を発揮します。「芸術や創造」の世界で独自の才能を輝かせる可能性があります。

玉堂星　「知性が豊か」で「理性的」な「母性愛」の人。主精が陽の人は、大変「順応性」がありま す。そのため時代や社会、環境や状況の変化にも合わせられます。生きる上でのよき「アイデア」も持ち、考え方や行動も「迅速」。人々を「指導」したり、自分を表現することも得意。

灯

【あなたの宿命的本質】
どんな暗闇にも明るさとぬくもりをもたらす火の人は情熱家。鋭い感受性と思いやりと孤独の中で、創造する人です。

赤々と燃える焚(た)き火。暗闇もパッと明るく照らすロウソクや、現代では照明の光やガスの火。これら「火」を象徴する特質が、あなたの宿命的な本質です。マッチ1本で瞬間的につき、熱く燃え上がる火は「情熱的」。「喜怒哀楽が強く」「熱しやすい」のですが、水をかけられるとすぐ消えるように、「冷めやすい」性格で、「移り気」な一面もあります。「感情豊か」で「情にもろく」「デリケート」。

基本的には「ネアカ」で楽天的。思ったらすぐ行動に移す「スピード」とフットワークの軽さは、最大の魅力。ただ、一つのことを地道に続ける忍耐力には少々かけます。「直感的」で「短気」、白黒の結論を早く出したいので、大切な判断の時は、慎重に検討しましょう。

「芸術的」な「表現力」に優れているので、「鋭い直感力」を生かして、好きな「クリエイティブな世界」で自己表現をし続けるのがベストです。火は自分の身を削り、相手や周囲を照らすように、「心あたたかい」「尽くし」型。寂しがり屋でもあるのですが、ひとりが大好きで孤独を愛する人。自分の大切な「火」を維持するためにも、いつも好きなこと、好きな仕事などに熱中し、心を燃やして日々を過ごせば、一生イキイキと人生を明るく過ごせるでしょう。

中心星（胸）との組み合わせでみる

貫索星　「芯の強さ」や「独立心」があります。貫索星は、「ひとりで燃えている火」のようなもの。自分の好きなことや望むものを、長い年月かけて継続してやっていけば、やがて大きな成果をあげる人です。心に燃えるものを持つことで、さらに大きく、長く人生がひらけます。

石門星　「和合性」や「仲間づくり」「統率力」といった人間関係の豊かさが石門星の特徴。その「社交性」が加わった灯の人の特色は、「明るさ」と「あたたかさ」が強まること。グループや人々の間では、魅力的な人気者。家庭でも、どこへ行っても中心となる「リーダータイプ」です。

鳳閣星　周囲を明るく照らす灯の人が、鳳閣星を持つ場合、「子供のような無邪気」さと、「なんとかなるさ」といった「楽観性」「柔軟性」が加わります。時代や社会の変化を早くにキャッチし、流行にも敏感。何事も楽しむことが大好きで、「多趣味」。人間関係も「円満」です。

調舒星　「明るく」、「やさしくあたたかい」性格の灯の人が、調舒星を持つと、「優れた感受性」「芸術的才能」などの要素がプラス。一種「神秘的」な雰囲気があり、それが「人を惹きつける」不思議な魅力に。もの静かですが、「スケールは大きく」、物事にあまり「動じない」人です。

禄存星　禄存星の本質世界は「博愛精神」や「人助け」。灯の人は、暗闇を照らす灯の要素に、「理性的」な面が加わります。感情的なものだけに流されず、「冷静な判断」ができるので、親切にも押しつけがましさがありません。「美意識」に優れ、愛情のコントロールもできる「大人」です。

司禄星　情熱家の灯の人が女性星の代表とされる司禄星を中心に持つと、男女共に実に「堅実」で「家庭的」で細やかな「やさしい人」になるでしょう。「蓄財」の才能は見事で、浪費はしません。仕事、勉強、信用、愛情など何でも積み重ねていく達人で、投資などにも積極的でしょう。

車騎星　抜群の「行動力」と「スピード」を持つ、車騎星の「動」の性質が、灯から生まれると、「自ら行動する」という点が強まります。仕事も迅速にこなし、「人使い」も上手。「土壇場」や「窮地」に強く、「白黒つける」のが早く、仲裁をしたり、「まとめ役」にも向いています。

牽牛星　牽牛星の本質世界は、大変高い「自尊心」にあります。主精が灯の場合、それが出世や成功などを目指す方向にはいきません。日常生活でのルールや礼儀、良識などにスジを通すことを重んじるタイプ。「責任感」が強く、任されると張り切る人です。

龍高星　「知恵」が豊かで「向上心」があり、「創造性」に富んだユニークな「自由」な人の世界が龍高星です。本来の燃える火の激しさはあまりなく、「穏やかさ」や「忍耐力」が強まります。「色彩感覚」や表現力など「芸術」面に優れています。

玉堂星　「知恵」が豊かで「学ぶこと」が大好き。「家族愛」があって「面倒見がよい」「古典的」な玉堂星。灯の人は、日常生活の中で知恵を働かせ、「先祖や伝統」など、「歴史あるものを愛し」、受け継ごうとします。趣味や習い事にもそれらを生かせば満足感のある楽しい人生を送れるでしょう。

山

【あなたの宿命的本質】
ゆったりとそびえる山脈の人は、愛と財の人。
誰にも親切で包容力に富む頼もしいリアリストです。

大自然の中にどっしりと横たわる山並み。その堂々たる雄姿は、少しのことではゆるがない「頼もしさ」と「包容力」を人々に感じさせます。また、人々は四季の変化を遠くから眺め、近づき、登りたくなるように、山はいつも憧れの存在。

算命学では山は「愛と財」のシンボル。その「存在感」で、何かと人々に頼られます。「面倒見がいい」「奉仕」型タイプなので人に頼られるとノーといえません。人に喜ばれることをするのが、自分自身の喜びでもある人です。「現実的」な思考の持ち主なので、「経済感覚」に優れた「しっかり者」。でも、ケチというわけではなく、むしろ「気前がよい人」、「安全志向」の「リアリスト」です。一生を通じてお金には困ることはないはず。でも、すべてに「スローペース」ですから、急な変化に対応するのは苦手。着実に歩を進めていくのが本質を生かす生き方です。登山のように登り続けることで、頂上に到着するもの。その継続が成果になります。

中心星（胸）との組み合わせでみる

貫索星　「強いエネルギー」で「独立心」「マイペース」を貫く「努力型」。基本的には「ゆっくり」と自分の目標に向かっていきます。山の人は強くても、すぐ行動には出ません。「悠然」として「穏やか」ですが、頑固。周囲の人たちのほうが、つい動かされていくということが多いはず。

石門星　「協調性」「仲間づくり」と「人間関係の豊かさ」を広げるのが得意。大変「庶民的」な「社交家」。「ざっくばらん」な性格。「平等意識」が強いので、世の中の立場や仕事上の地位などに上下意識を持ちません。立場を超えてどんな人とでも仲良く親密になっていける人です。

鳳閣星　「子供星」といわれるように、「遊び心」が豊かで「自然体」。その本質にあるのは「楽しむ」という生き方です。山の人は実に積極的に楽しみ、人生を謳歌(おうか)します。武術、スポーツ、ゲームなど何でも、一度経験すると夢中になる、「チャレンジ精神」も旺盛な人です。

調舒星　一種独特の深い「感受性」が備わります。表面にはあまり出ませんが、精神的に「高尚」なものを秘めています。「繊細な表現能力」を持ち、「情にもろい」ところもあります。また人の能力を引き出す優れた「育成能力」を持つ人でもあります。

禄存星　本質的に「豊かな愛」と「奉仕」がありますが、山の人の特色はその愛がさらに強いものになります。とりわけ配偶者や子供など、家族や身近な人への愛情が「献身的」になります。でも愛を与えるばかりではなく、愛を求める面もあり、自分の存在を認めてほしい人でしょう。

司禄星　本質世界は、女性星の理想とされる「蓄積能力」。何事も一つのことを着々と「堅実」に続け、大きな成果を得る人です。「家族」「家庭」が第一で、「安定」した人生を目指します。急がずあせらず「自分のペース」で進めば、「信用」や「愛情」なども蓄積できる人です。

車騎星 何といっても抜群の「行動力」が特色です。山の人はその行動力が実に「ストレート」で「素直」に出ます。何事も「前進」あるのみで、退くことを知りません。「正直」で「裏表がない」のが魅力ですが、たまには休息も必要です。自然の中が精神的にリラックスできるいちばんの場所になるはず。

牽牛星 強い「責任感」を持ち、「几帳面」で「真面目」、「自尊心」の強い牽牛星ですが、山の人の場合、「どっしり」としていて、激しさやスピードはほとんどありません。大きな特色である「忍耐力」を生かして、大きな目標を持って努力を続けていけば、必ずよい成果が表れるはずです。

龍高星 「チャレンジ精神」が豊かで「ユニークな発想ができる自由人」。「新しいことへの関心」が旺盛。山の人は「明るさ」が加わり、「現実的」。「視野が広く」、生活や人生を楽しむために、「変化や改革」を求め、行動します。

玉堂星 「知恵」と「向上心」、豊かな「母性愛」が特色。山の人は日常生活から多くを「学びとり」、その体験を自分の成長に役立てていきます。それが大きな「説得力」となり、周囲の人たちに影響を与えます。家族だけでなく、広く多くの人たちの「面倒をみる人」でもあります。

地

【あなたの宿命的本質】

豊富な能力とパワーを持つ大地の人は、根気強く堅実。人々を教え導き、育てる使命を持つ努力家です。

どこまでも広がる大地。四季折々に農作物や植物を育て、豊かな収穫や美しい花々をもたらしてくれる、周囲の雄大な地球の大地が、あなたの宿命の世界です。

地は樹や花、雨や陽のように、自ら動くことはありません。しっかりと腰を据え、「あらゆるものを受け入れる」、「心の広い」存在です。それが、ざっくばらんで「庶民的」な魅力となって、誰からも愛されます。さらに、土にはたくさんの栄養分が含まれ、それが植物や農作物を育てるパワーにもなっています。この優れた「育成能力」は、仕事なら、「教育や後進の指導」に、家庭では子育てなどに抜群の手腕を発揮します。

庶民的で「あたたかい心」の人ですが、内面は意外なほど、「強い」ものをもち、「気さく」な反面、周囲が驚くほどの「ゆるぎなさ」を秘めています。「堅実」で「地道」に、長期計画で物事に対処していく能力を持っています。女性なら家族を守る妻や母として、花と並ぶ理想の存在。男女共その「根気のよさ」を生かしていけば、実りの多い人生が約束されています。

中心星（胸）との組み合わせでみる

貫索星　「正直」で「一本気」、大変「強いエネルギー」を自分の好きな形で生かそうとする「自立心」に富みます。地の特色は「庶民的」であり、どんな人にも「やさしく」接し、争いごとは苦手ですが、自分がよいと思ったことや生き方などの価値観は変えない「強さ」がある人です。

石門星　「協調性」があり、人当たりがよい「社交家」。孤独とは無縁の、人を惹きつけるものを持っています。自分から積極的には動きませんが、「来る人は拒まず」、やさしく受け入れます。そのため家庭より、仕事や人付き合いを重視する傾向がある人です。

鳳閣星　大地の本質に加え、鳳閣星の「遊び心」があり、「子供」のように「のんびりした明るさ」が備わります。「美意識」が鋭く、「人を育てる才能」に優れているため、「教育」や人を指導する分野で手腕を発揮します。内面に「品格」もあり、趣味もおしゃれなものを好みます。

調舒星　調舒星の本質は「感性の鋭さ」「ユニークな表現力」があり、地の人は「スピード」や「前進力」が加わります。「感情は激しい」のですが、「クール」な一面もあり、他人に左右されない「強さ」も持ち合わせています。また、大きな才能として「人を育てる」見事な力量がある人です。

禄存星　禄存星が持つ「愛情」「奉仕」「人助け」「現実的なたくましさ」「経済力」などが大地の本質に加わります。家庭や仕事、人間関係などを地道にじっくりと愛し続けることが、のちに大きな成果として返ってきます。派手ではないのですが、積み重ねた時間が必ず味方になり成果となってくれます。

司禄星　最も力強い司禄星の本質は「蓄積」。地の人はさらに本来の特色である地道な「行動」と

「知恵」が加わることになり、行動を通して学んだ知識や収入や、体験から得た多くのものを豊かに蓄えます。理想的な「家庭人」としてもじっくりと「安定志向」の生活を築く人になります。

車騎星　「正直」で「積極的な行動家」、白黒をハッキリさせる「ストレート」さと「バイタリティ」にあふれる「働き者」。裏表がない「純粋」で「さわやかな人柄」は車騎星の特色。大地の人の「柔軟性」が、「自然」と深く関わる生き方が大きなプラスに。

牽牛星　本質世界の「自尊心」「几帳面」が地の人に加わることで「正直」「単純」「純粋さ」が強まります。「責任感」が強く、「真面目」。仕事をキチンとこなし、周囲の「信頼」や「評価」も高いでしょう。やや忍耐強さに欠けるので、それをクリアすれば鬼に鉄棒(かなぼう)。

龍高星　「進取の精神」に富んだ「ユニークなアイデア」のある人で、「精神的な成長」を望む「自由人」です。「新しいこと」への「チャレンジ精神」が旺盛で、地の人ならではの「柔軟性」「パワー」と合わせ、自分をさらに高めることで広く「新しい世界の創造者」となる力の持ち主です。

玉堂星　「知性的」で「知恵」が豊かで「探究心」が旺盛な人。地の人のとても「明るい」面が加わるので、悩むことが少なく、どんなことにも「臨機応変」に「自由な発想」をしていける才能の持ち主。教えたり、育てたりする能力に長けているので、「教育や育成」の仕事が向いています。

鉄

【あなたの宿命的本質】
たぐいまれな強靭さを持つ鋼鉄の人は勇敢な人。
苦難の体験で鍛えられるほど能力が発揮されていく人生です。

鉄は深い山から、大掛かりな設備や労力を駆使して掘り出されます。この何よりも強靭で硬い鉄が、あなたの持って生まれた宿命の世界を象徴しています。

掘り出された鉄は溶鉱炉に入れられ、錬磨され、加工されることで有益になるように、生来の「強さ」や「硬さ」を現実世界で切磋琢磨(せっさたくま)すること、つまり人生で鍛えられることにより役立ちます。本来、多くの「可能性を秘めている」ので困難な体験をすればするほど、それがプラスになって輝く人なのです。錬磨することで能力や魅力が開花することを忘れずに。これまでのんびりしてきたと思う人は、仕事、スポーツ、ボランティア、勉強、何でも積極的に実践してみましょう。

「正直」で「一本気」、「行動力」があって勇敢に前進するタイプ。内面には人間味あふれるものを持った「正義感の強い」人。正しいと思うことには、損得勘定抜きでまっしぐらに突き進むパワーの持ち主。仕事でも趣味でも「チャレンジ精神」旺盛に全力投球し、自分を鼓舞することが心の満足と充実した人生の創造につながります。

中心星（胸）との組み合わせでみる

貫索星　「強いエネルギー」と「忍耐力」を持ち、「マイペース」で着実に自分の目標に向かって進みます。抜群の強靭さを誇る鉄と「頑固」な貫索星なので、考えや態度や言葉を「ハッキリ出す」人。とても正直で飾り気がないので冷たい人だと誤解されない工夫も必要でしょう。

石門星　「仲間づくり」が上手で「視野が広く」「強いエネルギー」を持った「社交家」。一見ソフトで人当たりもよく、「統率力」や「説得力」も抜群です。鉄が主精の特色は「プライドの高さ」からくる「特別意識」。価値観や立場、趣味などが同じ人が集まり、その中で強い絆が生まれるでしょう。

鳳閣星　鳳閣星の本質は「楽しむこと」。「子供星」なので、一生「遊び上手」。鉄ですから「動き」や「行動」「仕事」の中での楽しみが強いはず。旅行、ドライブ、スポーツ、ダンスなどアクティブな世界や遊びをエンジョイし、おいしいものにも目がありません。

調舒星　「強靭」な鋼鉄が持つ本質に、調舒星ならではの「鋭い感受性」や「直感力」が加わります。本来、「頭がよい」人ですから、一生を通して続ける「学びの世界」を持つと人生の輝きが増すでしょう。「繊細」な上に鉄独特の「忍耐力」が強い人。でも、嫌な感情は抑え込まないようにしましょう。

禄存星　「真面目」で「正義感」が強く、「行動家」の鋼鉄が禄存星を持つと、「愛情」「奉仕」「経済力」「気前のよさ」などの「あたたかい世界」が加わってきます。その「深い思いやり」をどんな人にも「ストレート」に与え、「人助けの使命感」を実践する頼もしい存在。

司禄星　「強い意志」を持つ、頼もしい鋼鉄に、司禄星という女性の星が加われば、「蓄積」能力抜群の人になります。お金、愛情や人間関係、勉強や仕事、信用や才能、人材、家庭生活や子育てなど、何であれ「地道」に「堅実」に積み重ねていく人。じっくりと多くのものを大きく育てる天才。

車騎星　強くてたくましい鋼鉄に車騎星があると、「プライドの高い人」になります。「行動力」があるため、誰かに傷つけられると、頭にきて「攻撃的」になることも。感情や意思を抑えるのは苦手ですが、根はとても「明るい」人。「自己表現が明確」で、「行動範囲も広い」「社交家」。

牽牛星　「プライドが高く」「責任感が強く」「真面目」で「理性的」。鉄の「明るさ」と「やさしさ」が加わり、「情熱」を持つ人に。少々堅苦しいところもありますが、裏表のない「誠実さ」が人から信頼されます。地道な努力が実れば、人気者や成功者になれる人です。

龍高星　「束縛」を嫌い、「自由」を愛し、「エネルギッシュ」に動いて、「向上心」や「探究心」を満足させる「冒険心豊かな」龍高星。鉄の人は人生の「変化」を好む「度胸のよさ」があります。芯が強い「しっかり者」で、人の目を気にしない「マイペースの不言実行」型の人です。

玉堂星　本質は「知恵」ですが、鉄の人は、柔軟性を持った「現実的に生かせる知恵」となります。「バランスのとれた」人柄で、時代や社会に合う「役に立つ知恵」を持ち、いくつになっても「学ぶ」ことに意欲的で、「古典や伝統」のあるものが好き。「教育」関係や子育てに才能がある人。

宝

【あなたの宿命的本質】
美しいきらめきと品位を持つ宝石。
鋭い感受性とプライドで純粋な人生をクリエイトする人。

天然の原石は、採石されて磨き上げられ、はじめて美しく輝く価値ある宝石となります。この宝石の特性があなたの持って生まれた宿命です。宝石ですから「華やかさ」があり、周りからも一目置かれたり、憧れられる存在です。「プライドが高く」「純粋」で、常に「品格」を持って生きる人。でも内面は非常に「デリケート」で「直感的」です。「真面目」で「傷つきやすい」人。人一倍「敏感」で「心やさしく」「気がつく」ので、つい、他人に「気を遣い」、疲れることもあるでしょう。「美に対する感性」が鋭く、品のあるもの、クオリティの高いものを愛し、生活の中に取り入れるのも上手です。自分のセンスや価値観に沿って優雅に暮らすことが、宝石の本質。自分が輝く宝石であることを意識して、気の持ちようや生き方、教養、職業や特技、趣味を見つけるのもいいでしょう。宝石のように自分の内面を磨けば磨くほど才能が出てきて、充実したライフスタイルになります。美しいもの、あらゆる芸術の世界などに関わることも、満足感や幸せが高まるはずです。

中心星（胸）との組み合わせでみる

貫索星　「デリケート」で「真面目」、内面に「品格」を秘めた宝石の人が、「独立心」「エネルギー」「意志」などが強い人になります。また、言葉や態度、行動、考えなどを「美しく表現する能力」が高いのも特色です。この星は職業を意味するので、仕事の世界でも大きな成果を望めます。

石門星　「華やかさ」「鋭い感性」を持つ宝石の世界ですが、石門星の人は「社交性」「協調性」「統率力」「強いエネルギー」といった要素が加わります。自ずと「グループ」や「組織」をつくるのが得意で、その中で「統率力」や「影響力」や個性を発揮していくことができる人です。

鳳閣星　本質にあるのは「子供のような無邪気さ」で人生を「楽しむ」こと。宝の人は、行動範囲は狭まりますが、むしろ「内面的な広がり」、読書や芸術鑑賞など、「知的な楽しみ」がメインとなります。ものを創ったり、文章を書いたり、コレクションなどにも楽しみを見出す人でしょう。

調舒星　「繊細な美」の世界を持つ宝石の人ですが、調舒星があると、さらに人が気づかないようなことも「敏感」に感じる「鋭い感受性」や「傷つきやすい神経」が加わります。「頭脳明晰」で「ユニーク」さがありますが、気にいったストレス発散法を実践したり、リラックスする時間を持ちましょう。

禄存星　優れた「感性」と「繊細」さの宝石に、禄存星があると「博愛精神」「人情味」「現実性」「たくましさ」「気配り」などの「あたたかい」面が加わります。「思いやりのある愛情」を自然に表す慎ましさは独得。一生経済的に困ることはありません。貯めるより「使うタイプ」です。

司禄星　司禄星があると、大変「真面目」で「現実的」な「たくましさ」を持つ「やさしい」人です。

「蓄積の才能」に優れ、ひとつのことをトコトン追求します。お金、仕事、愛情、家庭生活など何であれ、長年根気よく「積み重ね」ていき、奥深いものを作りあげる人です。

車騎星　「スピーディな行動力」と「純粋さ」を持つのが車騎星。宝石の人の「寂しがり屋」という一面が加わります。内面に燃えるような「激しいもの」を持っているため、納得がいかないことがあると、カッとすることもあるでしょう。とても「魅力的」な人ですが、リラックスする時間も大切です。

牽牛星　宝石も牽牛星も「自尊心が高く」、「純粋」な星です。「理性的」で「頭の回転が速い」のですが、「プライドの高さ」や「繊細さ」が出すぎると、本人にその気はなくても、高慢な人だと誤解されることもありそう。持ち前の「明るさ」を出して、独自の個性を生かすようにしましょう。

龍高星　本質にあるのは「動き」や「変化」ですが、さらに宝石の人は、「物事をはぐくむ」才能を持っています。広い意味で人を「教育」「指導」を発揮します。「自然や動物を愛する」気持ちが強く、また「旅行」や「引っ越し」など環境を変えることも好きな人です。

玉堂星　玉堂星の本質は「知恵」。宝の人の特質は「与えられるもの」を知恵にしていく才能を持っています。どちらかというと「受け身」タイプなので、本来の「知的探究心」を発揮して、自ら行動する力が強くなると、「学問、芸術」などの面でも、大きな成果が期待される人です。

海

【あなたの宿命的本質】
どこまでも遠く流れていく大海の人は、冒険心豊か。自由を愛し、探究心と改革精神に満ちた創造者です。

果てしなく広がる大きな海は、ゆったりとはるか遠く外国まで流れていきます。河や湖、海の仲間。この雄大な自然界に象徴されるのがあなたの宿命の世界です。そのゆったりとした「大きな志」を持ち、「冷静に」人生という海を渡ることができる人です。「知性的」で「クール」で、「判断力にも優れ」ています。

海が遠くどこまでも広がり、常に流れていくように、「冒険心」にあふれ、「夢とロマン」を求めて旅に出たり、「向上心」「探究心」が旺盛なので、人がやりそうもないことにも、「チャレンジ」します。「自由を愛する」がゆえに、束縛されるのを嫌います。早くから親元を離れたり、「外国生活に憧れる」のも海ならではの特性です。

水は常に流れているのが本質ですから、止まったり、待ったり、受け身でいると澱(よど)んでいきます。水の持つ優れた「洞察力」やクールで知性的な性格を生かして、広大な目的や夢を持ち、大胆に挑戦するといいでしょう。「ユニークな発想」、「斬新なアイデア」を持っているので、クリエイティブな仕事にも向いています。常に何かを深く探究し、学んでいくことは、海の人の人生や運命をさらに高めていくはずです。

中心星（胸）との組み合わせでみる

貫索星　「向上心」があり、「創造力」豊かな「自由人」である海の人に、貫索星があると、「マイペース」で、強い「独立心」と「エネルギー」が加わります。「冷静さ」と「柔軟さ」をもち、そのときの状況や相手に合わせた「自己主張」を打ち出せる人。「職業」の星もあるので自分の好きなユニークな仕事で活躍します。

石門星　「自由」を愛する海の人に、「社交性」「和合性」「政治力」「統率力」など人間関係を「円滑」にする能力が加わります。「強いエネルギー」があるため、女性なら家庭の中だけでなく、社会的に活動することでイキイキできるはず。男女共人付き合いが広いだけでなく、家族の絆も大事に。

鳳閣星　海の鳳閣星は、「子供」のように「自然体」で生きることを好みます。また、趣味や習い事などさまざまなことを通して何であれ「楽しむ」ことに全力投球する人。それも広く浅くではなく、一つのことを長く継続してやり続けます。おいしいものが大好きで「料理の才能」があります。

調舒星　「おおらかな」海の人が調舒星を持つと、「豊かな感受性」「柔軟性」「ユニークな芸術的才能」が加わります。人間関係に「明るさ」は出てきますが、内面には「デリケートな神経」を秘めていますので、時には孤独を感じることもありそう。「創作」など「アートの世界」でも才能を伸ばせる人です。

禄存星　「創造力」豊かな海の人が禄存星を持つと、「愛情、奉仕の精神」「面倒見のよさ」「経済運」などの特質が加わります。その愛情を「明るく」「楽しい」ムードで、「わけへだてなく」、広く多くの人々に注ぎます。時には家族以上に他の人に尽くすことも。お金は貯めるより使う人です。

司禄星　広がる海の本質世界に、司禄星がある人は、優れた「蓄積」の能力があります。その蓄積の「目的が大きい」ことが海の人の特色です。お金、仕事、知識、愛などを、自分のためより、子供や孫や社会のためにと、時間をかけて蓄積していく「志の大きな努力の人」です。

車騎星　「行動力」があり「仕事が好きな働き者」。「正直」で裏表のない「純粋」な世界が車騎星です。海の人は、その行動が「受け身」になり、「知恵」を使います。また「忍耐強さ」が加わるのが大きな特徴。表に出るよりは、「裏方」の目立たない立場のほうが十分に活躍できる人です。

牽牛星　「自尊心」が高い牽牛星で、海の人は、名声や成功、評価などにとらわれない「庶民派」です。でも、内心には「ライバル意識」「競争心」があり、ちょっとした優越感でも幸せを感じるタイプ。好きなことに磨きをかければ、「自尊心」を満足させる人生になる人です。

龍高星　龍高星には「変化」や「動き」など「ユニーク」さがあり、海の人は、強い「前進力」があり「積極的」。現状に満足せず、「行動範囲や知識欲」が広く、「改革的」な行動をしようとします。持ち前の「チャレンジ精神」を発揮していけば、楽しい人生です。

玉堂星　もの静かな「知性」と「母性愛」が玉堂星の海の人。とくに海の人はいつも何か勉強をして、「知識欲」が満たされることが、心の安定や幸福につながる人。「創造的才能」「企画力」「洞察力」に優れています。女性なら年下の異性に、男性なら年上の女性に縁があり、慕われるでしょう。

雨

【あなたの宿命的本質】
生命の源である恵みの雨の人は、もの静か。
柔軟性に富み、学び育てる能力に秀でた知恵者です。

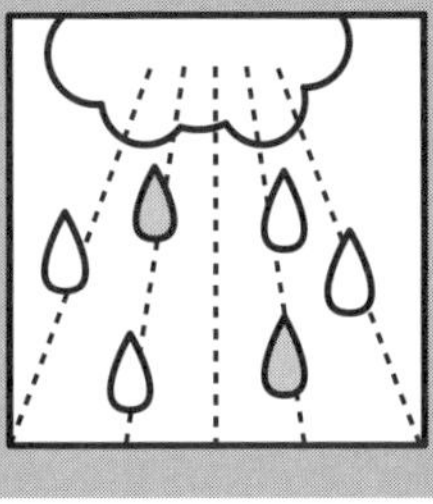

天から降る雨は、人間はもちろん、全ての生物にとって必要不可欠な生命の源。雨の中には、霜や雪、露や小川の水、生活の中の飲料水も含まれます。「慈雨」という言葉どおり、「やさしさ」に満ちた「母性愛」と「知恵」を豊かに持った人。水は「知性」を象徴するため、「吸収力」「探究心」に優れ人を導き、「教育」「指導」する才能に恵まれ、「教育畑」や子育てに力量を発揮します。また、水は「方円の器にしたがう」と言われるように、環境や状況や人に応じて、自分を「フレキシブル」に合わせられる「順応性」が豊か。「理性的」で、頭で考える「現実主義」であり、「生活の知恵」も旺盛です。

納得できないことがあっても、流れる川のようにさらさら流していけるはず。そしていつも新鮮な気持ちでいられます。雨が一滴ずつ集まって、川、海へと流れ込んで大河や海となるように、雨の人は小さな積み重ねが持ち味。年月を重ねることによって豊かな成果を手にすることができます。

中心星（胸）との組み合わせでみる

貫索星　母性的なやさしさと知恵に満ちた雨の貫索星は、「エネルギーの強さ」「独立独歩」の精神、「マイペース」の「努力家」といった特色があります。また、「職業」を意味する星なので、独自の世界や仕事を持つ人が多いでしょう。自己表現は間接的で、ストレートには出さない人です。

石門星　「理性的」でありながらやさしく、「現実的」な「順応性」に富んでいる雨の人。石門星の人は「人間関係が広く」「社交的」で「強いエネルギー」や「統率力」が加わります。「職業」を表す星でもあるので、仕事の世界や人付き合いなどで大勢の人と和合し、リーダーとなれる人です。

鳳閣星　「楽しむ」ことが大好きな鳳閣星が雨の人であれば、「多趣味」で楽しみ方がとても柔軟になります。「無邪気」で「遊び心」は常に旺盛。自分ひとりで楽しむのではなく、仲間や友人と大勢で和気あいあいできる「バランス感覚」のよい人。「人脈」も広くて「人気者」になる人です。

調舒星　万物を潤し、育てる恵みの雨の調舒星の人は、「探究心が旺盛」になり、「鋭い感受性」が一つに集中されます。「芸術的なセンス」に磨きをかければ、その分野で独自の才能を発揮できる人。人間関係では神経を使うタイプなので、「単独行動中心」の生き方が自由でラクでしょう。

禄存星　「もの静か」で「柔軟性」のある雨の人が禄存星を持つと、「愛情」「奉仕」「人間味」「経済力」といった特質が加わります。とりわけ、家族や肉親に対する愛情が深く、「献身的」になります。また、冷静になったり、イライラしたりと、「感情の起伏が激しい」のも特色。根は「気前のいい」人です。

司禄星　雨の人は女性星の司禄星があると、「安定志向」「堅実」「家庭的」、さらに「蓄積」する能力が加わります。家庭や仕事や人生を愛し、具体的な目的がなくても、お金や信用、愛や知恵、勉強など、何でも積み重ね続けて大きくします。地道に蓄えること自体が楽しみな人です。

車騎星　「正直」で「義理人情」に厚い、「純粋」な「行動派」。「忙しさ」や「働くこと」をいとわない「たくましさ」が魅力の車騎星。「母性愛豊か」な雨なので、「肉親愛」が強く、家族、仕事仲間、上司のためにムリでも頑張ってしまう、「義侠心（ぎきょう）」の持ち主。感情にとらわれず、理性の目も大切に。

牽牛星　「理性的」で「信用」や「礼儀」を重んじる「プライド」の高さが牽牛星の個性。雨の人は「自尊心」を意識し、努力や苦労などを人に見せたくない少し強がりな一面もあります。心の奥を見せるのは不得手ですが、オープンハートを心がけると、これからの人生に大変プラスになるはず。

龍高星　大変「頭がよく」て、「知的好奇心」が旺盛。若い頃からずっとよく学び、常に「新しいこと」に「チャレンジ」するのが龍高星。雨の人の場合、「学ぶ」ことに大義名分がいります。子供のため、親のため、老後のためと、常にしっかりした「目標」を持って、資格を取るなどして、着実に成長していく人です。

玉堂星　「家族愛」が豊かで、「知恵」と「探究心」に富んでいる玉堂星。雨の人は、同じ「知恵」でも「動き」が伴います。学問や芸術も「実践力」があり、学識や芸術性や人生体験を職業の世界で現実に生かした場合、大変大きな力量を発揮します。「観察力」も鋭く、周囲に与える影響力も大きい人生です。

第2章

あなたの「十大主星」(陽占)

―宿命にある可能性を自分で生かすヒント―

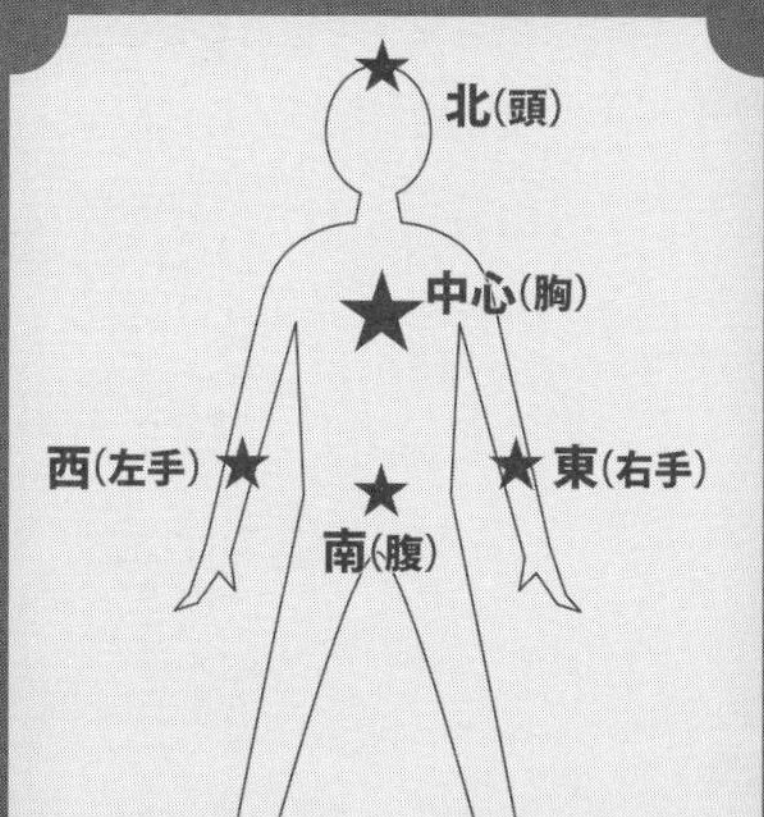

十大主星で本当の自分を知る

宿命で最も重要なのは持って生まれた「性格」。あなたの性格は、あなたがたどる後天的な「運命」を導く、マスターキーともいえるものです。「本当の自分」を知って生かして、運命を好転させることができます。よりよい、自分の心にかなった幸運を創造しましょう。

人体星座（51頁）をみると、北（頭）、中心（胸）、南（腹）、東（右手）、西（左手）の5カ所にある星が、宿命の星として一生涯に宿る「主星」です。中心星は、体の中心部であるハート（胸）の座に位置し、「性格」の中心部ともいうべき存在です。

中心星が示すあなたの宿命は、持って生まれた性格といえますが、良し悪しを判断するものではなく、根源的な「心」のベースになっているものと理解してください。

あなたが持つ星はひとつではありません。いろいろな性格や個性、才能、エネルギーを持つ星を豊かに宿し、それらを人生の流れの中で、ひとつひとつ発揮していけるのです。

最初に、あなたの中心（胸）星を見てください。ここで「宿命的本質」を探り、次に「他の星との組み合わせ」で該当する箇所を見ます。さらに人体星座の他の座にある主星は、各主星ページから読み取ります。あなたの本質を浮き彫りにする十大主星、じっくり自分と向き合って感じとってください。

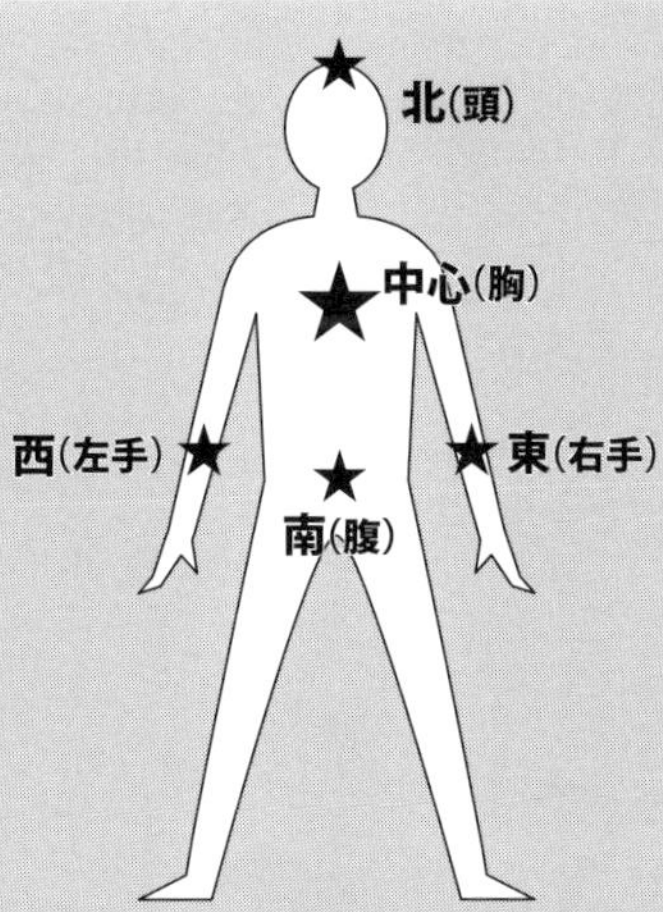

5行	10大主星	特性
木性	貫索星（陽十）	独立独歩、頑固、マイペース、意志力、努力、温厚、強いエネルギー、平和
木性	石門星（陰一）	和合、社交家、対等、集団の要、統率力、政治力、宗教心、守備
火性	鳳閣星（陽十）	自然体、子供、のんびり、楽しむ、遊び、多趣味、味覚、表現力
火性	調舒星（陰一）	デリケート、反骨反抗、ロマン、敏感、創造、孤独、感受性、芸術
土性	禄存星（陽十）	愛、奉仕、経済、親切、リアリスト、回転財、気前がよい、安定志向
土性	司禄星（陰一）	堅実、蓄積、温厚、家庭的、不動産、ゆっくり、地道、しっかり、守る
金性	車騎星（陽十）	行動力、スピード、責任感、統率、正直、短気、多忙、単純、ストレート
金性	牽牛星（陰一）	プライド、几帳面、真面目、品位、自制心、名誉名声、常識、信用
水性	龍高星（陽十）	冒険、変革、自由、放浪、大胆、海外、洞察力、忍耐、探求、別離、アート
水性	玉堂星（陰一）	古典、歴史、継承、忍耐、現実的、知性、母性、学問、教育、平静、家庭

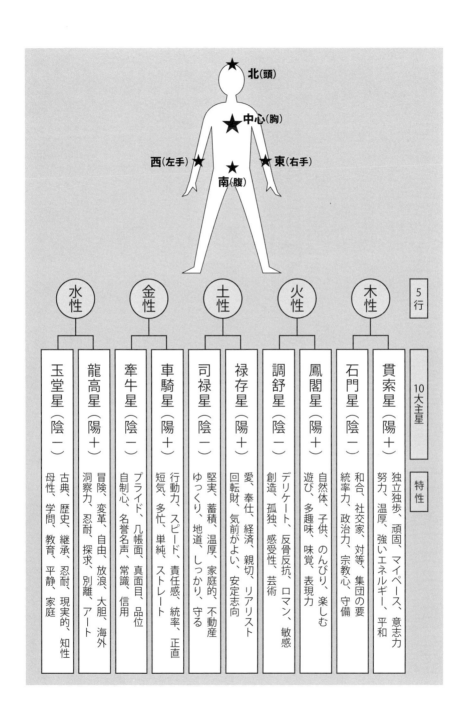

貫索星（かんさくせい）

【あなたの宿命的本質】
ゆるぎなく強い意志と忍耐力がバックボーンの平和型。自分の信じる道をマイペースで進むパワフルな人です。

貫索星は「独立独歩の星」ともいわれ、自分の「信念」で突き進む、大変「エネルギーの強い」「守備型」の人。独自の生き方を目指すので、人に頼るのを嫌う「しっかり者」です。性格は「正直」で「一本気」。自分の意志は曲げない「頑固」な、「マイペース」人間です。人から指図されたり、束縛されることが苦手なのですが、人と争うことは避ける「平和型」の人。黙々と自分の意志とペースで好きなことを選択し、自分に合った方法で実践したいタイプです。そのぶれない人柄から、長い付き合いの後、深い親交を得る人も多いでしょう。

ひとつのことにじっくりと取り組む「努力家」。自分の目標にしっかりと向かって進んでいくでしょう。その一筋の「ネバリ強さ」が持味の「大器晩成」の人。「仕事の星」とも呼ばれ、「職業」とは切っても切れない宿命にあるのも特色。ただ、「独立星」のため、人に使われるよりは、いずれ独立してひとりで仕事をする自営業、自由業、フリーランサーの道が向いています。また、女性なら家庭の中だけでは満足できないので、仕事を持つか、自分が打ち込める好きな世界を持つことが、充実した実りある人生になるでしょう。

中心（胸）以外の座に貫索星がある場合

東（右手）にある貫索星　「活力や行動力」の伴う「頑固」さに磨きがかかり、「マイペース」の度合いが強まります。「守り型」なので、自分からは積極的に動いたりはしません。おとなしそうですが、結局自分の思いを通し、嫌なことは黙ってみています。きょうだいたちもマイペースです。

西（左手）にある貫索星　「自我心」に一種の「プライド」が加わり、頑固さの出し方がソフトになります。西は晩年期にあたるので、激しさは少なくなり、自我を強く表すことではなく、物事がうまくいっていれば黙ってみていて、うまくいかないときにはじっと我慢しています。静かに「自分の意志」を通していくタイプです。

南（腹）にある貫索星　大変「忍耐力」の強い性格になります。たとえば、親や上司など目上の人の言うことを、おかしいとは思っても反論はせずに、忍耐強く聞き流し、嵐が去った後に、自分の「意志」を一貫して守り通すタイプです。子供がいれば、独立心の旺盛なしっかりした子供に育つでしょう。

北（頭）にある貫索星　「努力家」で、「エネルギーの強い」、「しっかりした」父親の下に生まれたことを示します。守るものがなければ自由に振る舞っていられるのですが、自分が地位や権威、役職などを持つと、それらを「守ろう」とする意識が強く、「頑固」になります。組織に入るより、スペシャリストとして、ひとりで自由な分野で活動するとイキイキし、才能も発揮できるでしょう。

他の星との組み合わせでさらに詳しくみる

【胸にある貫索星（中心星）と、それ以外の他の場所（頭、腹、右手、左手）にある主星との組み合わせでみていきます】

貫索星がある場合　貫索星が2つあるので、そのエネルギーが倍加します。「守り型」の度合いが強まり、「用心深い」人に。ただ、目的や意志は「粘り強く」貫いていく「パワフル」な人です。

石門星がある場合　石門星があると、集団、組織、グループの中でもスンナリと溶け込み、「和合」していきます。その反対にひとりでも十分力を発揮できる人です。時代や時間の活用も上手です。

鳳閣星がある場合　「自然体」で「おおらか」な鳳閣星の性格でありながらも、内面には「守り型の頑固さ」を秘め持っています。「無欲」で「精神的に満たされている」人なのです。

調舒星がある場合　繊細なので、大企業勤務や集団活動は苦手。自己のユニークな才能、行動力を武器に、「独立自営」の道で生きられれば能力を発揮でき、自由で生きやすくなり、ベストです。

禄存星がある場合　意志の強さに禄存星の「自己愛」の要素が加わり、実に「現実的」で「堅実」な「長距離ランナー型」、「大器晩成」の生き方ができるでしょう。

司禄星がある場合　淡々とした日常生活を営む人。何事も、コツコツとじっくりと「積み重ね」、とても大きなものを育て上げていける人です。

車騎星がある場合　自立心に加えて、大変「行動力」のある貫索星になります。「使命感」が強く、「前進」あるのみの「行動力」抜群。どんな苦難もそのパワーで乗り越えます。

牽牛星がある場合　じっくりと、自分の描いた人生の目的に向かって、「忍耐強く」進んでいくタイプです。「礼儀正しく」て周囲の人々たちとも「歩調」を合わせられる人です。

龍高星がある場合　龍高星があると、内面に「不屈の精神」を秘めている人です。いざとなると、ものすごい力で「頑張り」、周囲にも大きな「影響力」を与える存在になります。

玉堂星がある場合　若い時から精神的に落ち着いた「大人」の玉堂星があるので、リスクを冒さない「柔軟性」のある貫索星になります。「家族愛」が強く、しっかりと家族や家庭を守る人です。

石門星（せきもんせい）

【あなたの宿命的本質】
和合性とバランス感覚に富んだ社交家。
もの柔らかでも芯は強く、統率力のあるリーダーです。

自立心が旺盛で、「視野が広く」、「バランス感覚」に優れているのが石門星の人。友だちも多く、誰とでも仲良くできる「和合性」「平等感覚」「協調性」が優れた能力なので集団や組織、グループなどの中にすんなりと溶け込み、違和感がありません。人当たりが「やわらかく」、「統率力」や「政治力」も有し、人間関係も仕事もうまくやっていけるタイプです。豊かで調和した人間関係をつくれる明るい「社交性」に富んでいるというのが、最大の特色といえます。

内面には芯の強さを持つ「守り型」の典型的な「外柔内剛」「リーダー型」ですから、一生を通して、孤独や孤立とは無縁です。ただ、人付き合いがよすぎることから、家庭が二の次になると、家族との関わりが薄くなるので気をつけること。女性なら独身時代も結婚してからも、家庭だけの生活では満足しない外向型のタイプといえるでしょう。

出会う人との関係を広げ、その絆を深めることによって人生を楽しく豊かに生きていきます。好きな仕事や趣味を通して人付き合いを前向きに築いていくことで、能力や個性を大いに発揮していけるでしょう。とくに、30代から40代にかけては、それまでの「人脈」がますます広がる時期となります。年相応に新しい人間関係も増えていくでしょうから、楽しい人間関係が豊かな人生の展開が期待できます。

中心（胸）以外の座に石門星がある場合

東（右手）にある石門星　明るく、活気に満ちています。非常に「社交性」が強くなり、友だち付き合いが広く、振る舞いも華やかで、どんな人ともにこやかに親密になれます。若々しく「前進的」であり、かつ、大人としての付き合いができるのが魅力で、人々を惹きつける存在になります。

西（左手）にある石門星　人間関係に上下の意識がなく、どんな人とも「対等」に付き合える優れた「平等感覚」の持ち主。西の座は「家庭」を意味するので、家庭でも穏やかに対等に付き合おうとします。喜びも、悲しみも家族みんなで受け止めようとする人。夫婦も子供も家族みんなへの平等意識が強いので、共働きの夫婦はとくにいい関係が続けられるでしょう。

南（腹）にある石門星　ざっくばらんでとても「庶民的」。堅苦しさや形式ばったところがまったくなく、リラックスした気楽な友だち付き合いが広がっていきます。性格も明るいので、多くの人々に好かれ、楽しい「グループや仲間づくり」が自然にできていくでしょう。ただ、自分の子供に対してはつい厳しくなり、支配したくなる傾向がありますので、その点、気を遣って関わりましょう。

北（頭）にある石門星　見事な「統率力」の持ち主。一見ソフトでやんわり型ですが、敵も味方も自分のペースに引き込み、仲間にしてしまう能力を秘めています。仕事によっては「政治力」を発揮し、「説得力」も十分。「交渉上手」でまとめ役には最適。努力を継続すると「大物」になる可能性大です。

他の星との組み合わせでさらに詳しくみる

【胸にある石門星（中心星）とそれ以外の他の場所（頭、腹、右手、左手）にある主星との組み合わせでみていきます】

貫索星がある場合　本来「集団」にも溶け込める人ですが、「単独行動」にも強い人になります。グループのリーダーになると、やや「ワンマン」になる傾向があるので、その点だけ気をつけて。

石門星がある場合　本来はグループ行動で輝く石門星ですが、２つある人は「単独行動」が得意になります。物事を「シンプル」に考えるよさを持っています。

鳳閣星がある場合　考え方や行動が「穏やかで円満」になります。「力強い説得力」が加わり、人生は「ゆったり」と進む「長距離ランナー型」です。

調舒星がある場合　調舒星の特色で「単独行動」の中によさが出てきます。そのため、集団の中では「補佐役」が合うタイプ。「プライド」が高くなるのですが、地位、名誉にはこだわりを持たない人です。

禄存星がある場合　禄存星の持つ、「愛情、奉仕」の精神と石門星の「和合性」が同時に表れ、「視野の広い人」になります。「行動力」もアップし、「ビジネスの世界」で力量を発揮します。

司禄星がある場合　とても家庭を大事にするタイプになります。日常生活を「地道」に「誠実」にこなし、コツコツとお金や愛情、人間関係、キャリアなどを「積み重ね」て育てていきます。

車騎星がある場合　和合星が豊かな石門星に、抜群の「行動力」がある車騎星が加わると、性格は「ダイナミック」な「リーダー型」になります。「働き者」で「忙しく」、その分家庭的とはいえなくなるでしょう。

牽牛星がある場合　「理知的」で「クール」になり、「世渡り上手」な人になります。「常識」や「世間体」を第一に考える人となります。

龍高星がある場合　「理性的」な石門星の一面がクローズアップされます。また人間としての「幅」も広がってきて、「芸術的」な分野で、持てる才能を発揮し、活躍できます。

玉堂星がある場合　「緻密な理論派」。精神的に「バランス」が整い、また、内面的にも外から見ても、大変「平穏」な人となります。

鳳閣星（ほうかくせい）

【あなたの宿命的本質】

温和でおおらか、子供のように無邪気な自由人。人生の何事も楽しみ、明るく生きる自然体が魅力です。

鳳閣星の人は本来、大変「おおらか」で「温和」な「自然体」の人です。「柔軟な思考力」「表現伝達力」に優れ、生まれながらに日々のすべてを「創意工夫」して「楽しむ」ことが上手です。「子供」を象徴する星ですから、本人が無邪気なだけでなく、子供たちとも友だちのように仲良く付き合えます。広い意味で、「遊ぶこと」が大好き。楽しいと思えることには積極的に参加します。

旅行に出かけたり、習い事に通ったり、スポーツに熱中したり、料理をしたり…と、じっとしていることがありません。「多趣味」で、仕事も楽しみ、自然体で「自由」に生きたいので、周りからうるさく言われるのは苦手でしょう。自分の人生に無理をするといったことはしないはずです。「のんびり」した性格が、時には怠け者にみられることがあるかもしれませんが、そのおおらかな明るい雰囲気こそがあなたの最大の魅力。人間関係の潤滑油的存在になっているのです。

おいしいものにも目がなく、「優れた味覚」の持ち主。のんきなようでいて、大変「優れたアンテナ」を持っているので、好きな世界ではどんどん才能を伸ばしていきます。「無邪気」で「気楽」な人柄が、人々からも好かれます。そのおおらかな性格で自分に合った自然体で生きていけば、年代に応じて心楽しい人生を創造していけるでしょう。食べることには一生困らないはず。

中心（胸）以外の座に鳳閣星がある場合

東（右手）にある鳳閣星　鳳閣星の「遊び心」が強く出てきます。東は初年期の場所ですから、若さ特有の「空想力」や「想像力」がとても豊かになります。どんな小さな仕事でも、日常生活の中のちょっとしたことも「工夫」を凝らして、「楽しみ」ながらやることができる人です。「明るく」「おおらか」な性分と姿勢が、人間関係も大変円満でスムーズにしてくれるでしょう。

西（左手）にある鳳閣星　「趣味」の広い人になります。西は晩年の場所、家庭の場所ですから、静かに、手先を使う趣味を持つようになるでしょう。たとえば手芸や書道、ガーデニング、フラワーアレンジメントなど、自分が好きなものを、何であれ続けることによって楽しみも深みを増すでしょう。物事を「冷静に公平」に判断できる人なので、貴重な存在になります。

南（腹）にある鳳閣星　「ノンキ」で「気楽」な「自然体」。枠にはまることや面倒なことは嫌いで、「自由」に生きたいはず。「おおらか」で何事にも「寛容」です。「さっぱりした気性」が魅力的な人です。「味覚」にも優れ、おいしいものが大好き。生涯、食べることに困りません。

北（頭）にある鳳閣星　財力に関係なく、「ゆったりした」性格です。「おおらかで温和」ですが、内面は「勝ち気」。ネバリ強さには少々欠けますが、おいしいものに恵まれ、食べるには困りません。趣味を持ち、自由に生きたい人。せっかちな面もありますが、「長寿」の星。

他の星との組み合わせでさらに詳しくみる

【胸にある鳳閣星（中心星）と、それ以外の他の場所（頭、腹、右手、左手）にある主星との組み合わせでみていきます】

貫索星がある場合　貫索星の持つ、木性のエネルギーが流れて、火性の鳳閣星の力がしっかりと強くなります。「忍耐力」の強さと「冷静な判断力」が加わってくるでしょう。

石門星がある場合　本来はのんびりしている鳳閣星ですが、そこに「守り」に強い石門星の特質が加わり、「忍耐力」がアップしてきます。そのため目的達成のための力量が長丁場で発揮されてきます。

鳳閣星がある場合　鳳閣星が2つになると調舒星の持つ「繊細な感性」がプラスされます。「淡々」とした「無欲さ」で「クール」に、「忍耐力」を持って人生を渡っていきます。

調舒星がある場合　調舒星が加わる場合、外面や行動には鳳閣星の「おおらか」な「和合性」が表れ、調舒星ならではの「繊細さ」は内面だけにとどまる形になってくるでしょう。

禄存星がある場合　世の中や人間を「愛し」て「美化」して「博愛的」にみることが特色となります。社会の裏方で理想主義に燃え、人を育てたり助けたりすることに生きがいを感じるでしょう。

司禄星がある場合　人の「育成」に力を注ぐ傾向が強くなり、表に出ることよりも、「裏方」や「演出家」役としての力量を、目立たないところで地道に発揮するようになります。

車騎星がある場合　本来「のんびり」タイプの鳳閣星ですが、そこに「行動力」が加わり、表現にも「スピード」が出てくるでしょう。また「気品」が備わり、人間関係の「和合性」も保てるでしょう。

牽牛星がある場合　「行動力」「スピード」性が発揮され、本来、おっとりとした鳳閣星が「テキパキ」と迅速に動くようになります。さらに相手に合わせる「柔軟性」も出てくるでしょう。

龍高星がある場合　内面の「葛藤」が激しく、エネルギーの消耗は相当なもの。その「感性」を「芸術」「創造」の世界に生かすと世の中を変えるほどの力になります。

玉堂星がある場合　のんびりしている鳳閣星ですが「頭の回転」が速まってきて、さらに「学者肌」の一面が強くなるでしょう。「美意識」が高まり、「品のよさ」が出てきます。

調舒星（ちょうじょせい）

【あなたの宿命的本質】

デリケートで鋭い感性を持つロマンチスト。自由と孤独を愛する個性的な芸術家タイプです。

調舒星の人は「鋭い感性」と、「デリケート」で傷つきやすさを持った「ロマンチスト」。「自由」を好み、束縛を嫌い、体制などには「反抗」するタイプ。「ユニークな発想」や視点を持てる、「創造力が豊か」でユニークな「芸術家タイプ」の人です。

「感情の起伏が激しく」神経質、気難しいタイプに見られがちですが、妥協することや、自分を率直に表現するのが苦手なだけ。「やさしく」「繊細」で、とても「気がつく」ので、周囲の人に気を遣ってしまいます。他人の言動も気になります。とても敏感ですが、それがストレスになりやすいので、あまり小さなことにはこだわらず、おおらかさを持つよう心がけることが大切です。

「心やさしく」「寂しがり屋」な反面、ひとりでいることも大好きな「孤独を愛する」人でしょう。そのため、大家族や大きな組織やグループの中では、対人関係に「気を遣い」、疲れがち。自分ひとりの静かな時間を大切にして、楽しむといいでしょう。

夢や空想、ロマンを自分の内なる世界に引き込むエネルギーには見事なものがあります。音楽、絵画、創作など何でも、ひとりで表現できるもの、没頭できる世界を持って、これからの人生に生かしてみましょう。心が豊かになり、可能性や楽しみが広がり、新しい発見があるはずです。

中心（胸）以外の座に調舒星がある場合

東（右手）にある調舒星　「強い個性」「空想力」が表れます。繊細で人の好き嫌いが強く、対人関係や仕事などで神経質な面が刺激されると、それがストレートに出るため、個性的にみられます。でも本当に意気投合できる人とは、生涯の親友になれるはず。才能は豊かな人です。

西（左手）にある調舒星　若い時から中年の間に独自の世界を創造してきた人には、晩年にそれが生かされます。趣味や芸術を続けてきたなら、それを追求できます。不満が多く生きてきた人は、ひがみっぽくなるかも。でも「あきらめのよさ」もあります。

南（腹）にある調舒星　きょうだいがいても「一人っ子」的なところがあり、「甘えん坊」。調舒星の「特殊な才能」「芸術的要素」が強まります。「頭の回転」も速く、好きなことを続けると、ユニークな「創造性」を発揮します。「芸術家」や芸能界に多いタイプで、「カンの鋭さ」も抜群。

北（頭）にある調舒星　「寂しがり屋」ですが、「頑固さ」があり、素直にそれを表現できないタイプ。「ヘソ曲がり」的な対応をしたり、「孤立」したり、自分から人に対して壁を作ってしまう傾向も。明るく柔軟な心を持つようにすれば大丈夫。ひとりでもできる趣味やアートの世界を持つことで晩年も充実させられます。

他の星との組み合わせでさらに詳しくみる

【胸にある調舒星（中心星）と、それ以外の他の場所（頭、腹、右手、左手）にある主星との組み合わせでみていきます】

貫索星がある場合　人生のスピードが一定で乱れがなく、一種の「人徳」を持つ人です。「無欲」なまでの「純粋さ」が出てきて、周囲の人々に与える影響力は大きいことでしょう。

石門星がある場合　いわゆる「世渡り」が上手で、現実的な「物質的世界」で力量を発揮します。若いうちから「宗教的素質」を秘め持ち、明るい人徳で周囲から信頼されます。

鳳閣星がある場合　行動や表面には鳳閣星の「おおらかさ」や「柔らかさ」が出て、「デリケート」な性分は内面に隠れます。さらに社交的な石門星の「和合性」がプラスされていくでしょう。

調舒星がある場合　調舒星が重なる場合、「鋭い感性」と「繊細さ」が倍増して強くなります。現実社会には魅力を感じず、「芸術」や「宗教」「哲学」などみえない分野に深い真理を求める傾向が強く出てきます。

禄存星がある場合　調舒星のエネルギーが禄存星に流れて、「財運」が強まります。そのため、精神的には無欲に。反対に、財に固執すると、「現実的」で「たくましい」人になります。

司禄星がある場合　調舒星は本来、「宗教性」を持っている人なのですが、司禄星のある人が信仰心を持つと、人々を「惹きつける魅力」を増すことになるでしょう。

車騎星がある場合　デリケートな調舒星と行動力がある車騎星が融合すると、お互いに磨きがかかり、「精神面の向上」をもたらす可能性が出てきます。

牽牛星がある場合　繊細な調舒星に「責任感」の強い牽牛星がある場合は、お互いに刺激しあうことから、「精神面」が豊かになります。ただ、経済的に無駄を生みやすい点も出てくることがあるので注意を。

龍高星がある場合　火性の調舒星に水性の龍高星はぶつかって、内面の葛藤が強まりますが、それによって、「芸術」の世界ではすばらしい「才能」を開花させ、「冒険心」もアップします。

玉堂星がある場合　龍高星同様、「水火の激突」となり、「強烈な個性」を発揮。「理論家でありながら感情家」。「学問」「評論」の世界などで、見事な手腕を発揮するでしょう。

禄存星（ろくぞんせい）

【あなたの宿命的本質】
どんな人にもやさしく面倒見のよい博愛の人。
現実的でたくましく、お金は入っても使う性分です。

誰にでも「親切」、わけへだてなく「面倒見のよい」人です。困っている人や悩んでいる人、自分を頼ってくる人を見過ごすことができません。「愛情奉仕」の星といわれ、「ボランティアスピリット」にあふれ、頼られると、「ノー」と言えない人です。広く「平等の愛」を注ぎます。

その人々への奉仕の精神は愛情だけにとどまらず、お金や時間なども惜しむことなく相手に捧げるので、基本的には「気前がいい人」。お人好しでもあります。自分を愛し、人が喜ぶ、人の役に立つのが喜びなのです。今まで注いできた、その愛と奉仕の精神は、陰徳の蓄積になって、これからの人生に必ず返ってくることでしょう。

大変「現実的」で「たくましく」、「回転財」「金銭」の運がありますが、貯めるよりも、あるとつい「使うタイプ」。でもそれに見合った収入もあり、基本的にはお金で困る人生ではないのですが、中年を過ぎても貯蓄がないとか、あまりにも少なかったら、堅実なマネープランを考えましょう。奉仕的な活動を広げていても、お金には縁がある人なので、その気になれば収入は得られるはずです。奉仕でも、何より人との関わりが喜びの人ですから、仕事は商売やサービス業なども好きで向いているでしょう。

中心（胸）以外の座に禄存星がある場合

東（右手）にある禄存星　「若々しい愛」で、年齢や男女を問わず、人々や仕事に愛を注ぎ、評価をします。本来、愛に格差がない人です。東は社会の場なので、つい、家庭よりも外の世界を中心にする傾向があり、仕事の関係者、恋人や友だちにはとくに親切に尽くします。

西（左手）にある禄存星　「不言実行」の人。言葉で言わずに、黙って何かをしてあげるような、「細やかな愛」の人。西は結婚の場所なので、家庭を愛し、友だち夫婦のような関係をつくるでしょう。愛する人に「奉仕」をすることに喜びと満足を感じる人です。

南（腹）にある禄存星　悩んでいる人や気の毒な人をみると、黙って見過ごすことができません。愛の対象が大変広く、「宗教的な愛」といえるかもしれません。そんな「博愛」の人。「わがまま」な面もありますが、困っている人への「同情心」は大変強い人。身内や家族以上に、他人を大切にする傾向があります。

北（頭）にある禄存星　「広い視野のある愛」の持ち主です。「貯蓄」があり、それなりの「経済力」のある人は、実に「気前がよく」、人のために「お金を使う」傾向があります。「自意識」が高く、「目立ちたがり屋」の一面もあるので、そうしたところを刺激したりする人がいるとあおってくれ、持てる才能が伸びていきます。「お人好し」な一面を持つ明るい人です。

他の星との組み合わせでさらに詳しくみる

【胸にある禄存星（中心星）と、それ以外の他の場所（頭、腹、右手、左手）にある主星との組み合わせでみていきます】

貫索星がある場合　木性の特色である「守り型」の性格が加わるので、「保守能力」が強く発揮されます。自分と家族を守ることに力をそそぎ、「堅実に蓄財」する「努力」を根気よく続けていくでしょう。

石門星がある場合　「守り型」の性格が加わるほか、「集団」の中ではどんな性格や立場の人とも仲良く「調和」していける人です。「受け身」でありながら大変、「広い視野」を持っています。

鳳閣星がある場合　人を「惹きつける魅力」がさらに強くなり、「人間味」が豊かで、「説得上手」で「政治力」にも等しい強い力を発揮できる存在です。

調舒星がある場合　「人間味」あふれる人柄に、「ユニークな発想」を持つ人になります。禄存星の力が強化されるので、「現実社会」の中でこそ実力を発揮できる優れたリアリストです。

禄存星がある場合　禄存星が2つになるため、「芯の強い」貫索星の質がでてきます。「真面目」で

「親切」な人柄であるうえ、長年の「努力」の積み重ねが続くことでさらに「信用」が深まっていくでしょう。

司禄星がある場合　禄存星と司禄星、両方の星のエネルギーが広がります。そのうえさらに石門星の質が加わって、「正直」「実直」な性質が強まっていきます。

車騎星がある場合　禄存星の「純粋」さが磨かれて、車騎星独特の激しさは薄れていきます。「真面目」で「地道な働き者」として、一定の気運を維持できる「行動力」のある人になるでしょう。

牽牛星のある場合　人生の速度は大変遅いのですが、牽牛星独特の「品格」があり、「忍耐力」のある、「ネバリ強い」人となりが加わります。いわゆる大器晩成タイプとなります。

龍高星がある場合　物質的なものではなく「精神的」なものを満足させる世界で優れた能力を発揮していきます。「才能と愛情」で人々を惹きつける「魅力」を持ち、「忍耐力」の強い人に。

玉堂星のある場合　「現実的」な生活や仕事面での「知恵」が豊かな人です。積極的に、何かを計画書などの形にまとめる力を持っています。また、みんなの心をとらえることができる、「和合性」に富んだ人です。

司禄星（しろくせい）

【あなたの宿命的本質】
何事も地道に積み重ね続けるしっかり者。
誠実に真面目にゆるぎない人生を導く人です。

大変「堅実」で「真面目」「穏やか」、常に地に足がついた考えと生き方をする人。「ひかえめ」でおとなしく、地味な印象を他人に与えますが、芯は「しっかり者」。いざという時には底力のあるところを見せてくれる、頼もしい人でもあります。「安定志向」の人なので、無理をせず、その日々の小さな努力を自然に積み重ねていきます。

大きな特色は、「蓄積の才能」です。お金もコツコツと蓄えていくタイプ。でもケチというのではなく、節約家。また、お金以外にも、才能、愛情、仕事、勉強、信用、人間関係など何でも、地道に蓄えていける人です。結婚生活などは、まさに毎日の地道な積み重ねが勝負、といえます。そのため司禄星は「家庭」や「妻」を象徴する、理想的な「女性の星」とされています。

仕事を持っていれば、家庭と仕事と両方ともキチンとこなします。男性も大変「家庭的」なタイプです。「不動産」の星でもあるので、独身でも既婚者でも家や土地を買ったり、早くからマンション購入などを計画し実行するでしょう。

冒険やリスクのあることに挑戦したりはしないタイプです。が、さまざまなものを蓄積する人で、生涯物質的に困ることなく、地道に確実な夢を実現する人生を歩めるでしょう。

中心（胸）以外の座に司禄星がある場合

東（右手）にある司禄星　「しまり屋」で無駄遣いをしない人です。この行動が時には、ケチな人にみられることもありますが、「真面目」に懸命にコツコツと貯蓄に励むのは目的があるからです。目的の金額が貯まると、パッと一挙に使いそう。楽しみのための「明るい節約」ができる人です。

西（左手）にある司禄星　西は晩年の場所なので、将来に備えて用意周到に「準備」する傾向が強くなります。地震や災害、老後のため、イザという時のために、同じペースで地道に「積み重ね」ていきます。インテリアなどに凝り、何かを収集するのも好きなはず。「地味で質素」なのですが、結婚したら、堅実にあたたかい家庭を作ります。

南（腹）にある司禄星　「常識」をわきまえて、精神的に平均的庶民生活をする人。キチンとしていて「几帳面」、「よく気のつく」タイプです。「常識」を大切にするので、世の中の一般的な考え方や道徳的な面から外れないことがモットー。それを守ることで、運は生かされます。「女の子」がいる場合は、その子が将来とても頼りになるでしょう。

北（頭）に司禄星　「家庭」的な面が強く出てきます。家庭や家族を第一に考え、幸せを見出して生きていくタイプ。「穏やか」な性格と人生観を持っているので、安定した分野の仕事を選び、結婚願望も早くから強い人。「安定志向」で、「堅実な家庭人」です。

他の星との組み合わせでさらに詳しくみる

【胸にある司禄星（中心星）と、それ以外の他の場所（頭、腹、右手、左手）にある主星との組み合わせでみていきます】

貫索星がある場合　「動」の現象が表れます。司禄星の特色である家庭を守る意識が薄くなり、何よりも自分を信じ、自分の力量で「忍耐強く」地道な「努力」を続けて、自分で仕事の世界を切り開いていくでしょう。

石門星がある場合　協調性が高く、人間関係が円満な石門星です。そこに「スピード感」が加わります。「共同事業」や「組織人」として「現実的な能力」を発揮できる人で、さらに家庭を大切にするでしょう。

鳳閣星がある場合　とりわけ「家庭」を大切にするでしょう。加えて、「忍耐力」が強くなり、人生の速度は遅いのですが、欲がなく、物心両面で穏やかな生活を営む人です。

調舒星がある場合　「現実的」に逞しくなり、商売など「ビジネスの世界」で優れた能力を発揮します。加えて、「広い視野」を持って家庭をリードしていける人です。

禄存星がある場合　司禄星と禄存星の両方の特色がともに広がっていきます。「対人関係」が大変豊かになって、「社交性」が活発になっていきます。

司禄星がある場合　司禄星が加わると、禄存星の質が表に出て、「現実的」に強くなります。「純粋さ」を持った子供たちや孫たちに恵まれることでしょう。

車騎星がある場合　「やさしく」「穏やか」ながら、「行動力」「前進性」が増し、「外柔内剛」の度合いが強く表れて、「気前がよく」なり、お金は入りもしますが、出ていくことも多いでしょう。

牽牛星がある場合　「行動力」、「前進力」がアップします。「蓄積」の本質が加わって、「保身の術」は実に見事なものがあります。

龍高星がある場合　「用心深く」、「忍耐力」が出てきます。「創造性」が豊かな「芸術家」タイプで、「口下手」ではありますが、「動物との交流」には「深い愛」を注ぎます。

玉堂星がある場合　玉堂星の知的なクールさが薄れてきます。「庶民的」で「清楚(せいそ)な明るさ」が周囲の人々に好かれます。「平穏な人生」をさわやかな精神で送ることができることでしょう。

車騎星（しゃきせい）

【あなたの宿命的本質】
正直でさっぱりした純粋で単純な尽くし型。
スピーディな行動力で多忙な現実を勇敢に歩む人です。

抜群の「行動力」で、心身ともに何でもテキパキとこなし、「スピード感」にあふれた「働き者」です。「ストレート」で裏表の使い分けができない「一本気」な「正直者」。また人を疑うことを知らない「純粋さ」を持つと同時に、「気が短く」て、何であれ「白黒ハッキリ」させたい人。物事がテンポよく進まないと、イライラすることがあるでしょう。

親しい友人や家族など、気を許した人とは衝突することもあるでしょうが、それは気持ちを抑えるような忍耐力と器用さがない性分だから。でも、「さっぱり」していてさわやか。とても「単純」な性格ですから、ケロリとして後には残りません。

「感覚的」に迅速に行動するタイプですから、静かにじっくりと腰を据えて検討したり論理的に考えるのは得意ではありません。いつもせわしく動き回る方向に自分を持っていきます。「人間味」あふれる星とされており、仕事が好きなので「働き者」。つい自分のことを忘れ、「損得勘定抜き」で世のため人のために積極的に尽くしたり、進んで何でも引き受けてしまうので、結果的に割の悪いことや損な道を選んでしまうことが多いはず。でも、のんびり、ヒマで平穏無事だと、かえって退屈で落ち着かないでしょう。休息もちゃんととりながら、イキイキ元気な人生を心がけて、あなたの実力を真に長く輝かせることを考えて生活してください。

中心（胸）以外の座に車騎星がある場合

東（右手）にある車騎星　東は社会や他人との関わりの場なので、「活動的」な車騎星が一番生かされる座です。若くエネルギーのある時代に「多忙」で「そそっかしく」「短気」な質が発揮されます。とても働き者で「頑張り屋さん」。働くこと、動いていることが好きな人なのです。

西（左手）にある車騎星　西は家庭だけで見せる、内輪の顔。家族から見れば、いつも「忙しくしている人」と見えるはず。表面は「温厚」で、落ち着いて見えますが、内面には非常に「激しいもの」を秘めています。「正義感」が強い、「純粋」な人です。

南（腹）にある車騎星　群集心理に乗りやすいというか、「ムード」に流されやすい一面があります。何にでも「興味」を示し、「流行」にも敏感です。人の言動に引っ張られたり、深く考えずにパッと行動して、後で後悔しないように気をつけましょう。一呼吸おいてから考えて行動するように。

北（頭）にある車騎星　「一本気の働き者」で、「スピード」がある、車騎星らしい性格。「支配者の闘い」と呼ばれ、自分自身が直接的に、ストレートには行動しません。仕事でも自分から働きかけずに、他の人を介します。多忙なので過労に気をつけ、ゆっくりした行動を心がけましょう。

他の星との組み合わせでさらに詳しくみる

【胸にある車騎星（中心星）と、それ以外の他の場所（頭、腹、右手、左手）にある主星との組み合わせでみていきます】

貫索星がある場合　性格の激しさが行動としては表れにくくなります。車騎星としては「温厚」な感じになるでしょう。とはいえ、とても「働き者」で、多忙や仕事をいといません。

石門星がある場合　性格が「穏やか」で「調和型」になると同時に、物質的なものより、「精神的な豊かさ」を大切に思い、求める傾向が強い人になっていきます。

鳳閣星がある場合　「神経」が研ぎすまされ、「観察力が緻密」になるでしょう。おおらかな「社交性」が生まれ、生涯を通して「楽しみながら」イキイキと「働く」人でしょう。

調舒星がある場合　デリケートな調舒星があると、「神経」の消耗が増え、「行動」が激しくなるので、日頃から充分、休息をとることも忘れないでください。実に「真面目」で、仕事でその能力が発揮されます。

禄存星がある場合　車騎星の行動力や闘争心が減少します。さらに「ネバリ強さ」や「冷静さ」が加わるでしょう。もともとは単純でストレートな車騎星ですが、内面に複雑さが出てくるでしょう。

司禄星がある場合　人生の中で、自分の前進する時と止まる時、つまり「出所進退」をわきまえた、「世渡りの知恵」が備わってきます。日頃から「冷静な行動」をとることができる人になります。

車騎星がある場合　進むのも退くのも得意。車騎星が重なると、「几帳面」で「真面目」な牽牛星的な人になり、単純に感情だけで動くことはしません。神経は「繊細」になりますが、「のんびり屋」の一面が加わります。

牽牛星がある場合　「官殺混雑」といわれ、女性なら男性に「モテる」人ですが、そのため苦労もありそうです。集団行動は不向きで、「単独行動」で本来の能力や強さを発揮する「活発」な人です。

龍高星がある場合　「冷静沈着」で、「知的な行動」をとれる車騎星になります。「行動範囲」が広がり、「忍耐力」も出て、人生が「長距離選手」型になっていくでしょう。

玉堂星がある場合　ものの考え方や生き方などにも「合理主義」の傾向が出てきます。一生を通じて、いくつかの仕事を持つでしょうが、それを一つずつ完成させていける人です。

牽牛星（けんぎゅうせい）

【あなたの宿命的本質】

責任感と自制心が強く、高いプライドを持つ冷静な現実派。几帳面で真面目な人となりに評価と信用が高い人です。

「真面目」で「責任感」「自制心」が強く、「高いプライド」を持つのが牽牛星の特色です。ハメをはずすようなことはなく、「潔癖」で、常識や世間体を第一に考え、「キチンとした」生き方を実践するので、人々からの「信用が厚い」「長子型」の人です。常に自分がおかれている立場を考え、物事を「全体的な視野」でとらえられる「冷静さ」を持った「理性派」です。

感情をコントロールでき、「勇気」と「柔軟性」を持つこの星は、「役人の星」ともいわれ、体制や集団の目的を優先します。ですから、「地位」「名誉」「評価」などにはこだわります。とくに、40歳くらいになると、その気持ちが強まるでしょう。「男性の星」「夫の星」なので、この星の人は、たてられたり、ほめられると張り合いを感じ、うれしくなり、自信がつくタイプです。

「礼儀礼節」「常識」を重んじる「誠実」な性格が、尊重され、頼られる反面、融通がきかない、堅苦しいといった側面が出ることもあるでしょう。「几帳面」な人ですから、ルーズにするのは気持ちがよくないのです。でも、他の人に対して要求をしなければいいのです。自分の目的をはっきり持ち、それを着実に遂行していけば成果は実り、認められるでしょう。仕事を続けている人は役職のアップなど、うれしい成果が待っているはずです。

中心（胸）以外の座に牽牛星がある場合

東（右手）にある牽牛星　「プライド」が高いので、気取っている人だと思われ、とっつきにくい印象を与えるかも。でも、付き合いが深まることで、それは解消されるはず。きょうだいがいる人は、手を組んで成功するでしょう。実力や「評価」「地位」「名誉」が備わってくると、さらに頑張る人です。

西（左手）にある牽牛星　女性の場合、結婚運がよく、男性の場合、自分より強い妻を持つといわれています。晩年には、プライドは「品性」になり、「名より実」をとり、見かけや名誉より「中身」に重きを置く人に。生活の中に品のいいものを揃えるなど、「センスと知恵」が出てきます。

南（腹）にある牽牛星　南は子供の場所。結婚していて、第1子が男の子なら、その子が後継になり、頼りになるでしょう。第1子が女の子なら、その子の代から女性上位の女系家族となり、女の子が頼りになります。南の牽牛星は「人気者」を意味します。大変「庶民的」で、「人の面倒」をみるのが好き。その行為を感謝されて満足します。「純粋で素朴」な人柄です。

北（頭）にある牽牛星　西の牽牛星とは反対の「身を捨てても名を取る」人となり、形あるものやお金よりも、人からの「評価」、「地位」や「名誉」を重んじる、「責任感」の強い人です。また、父親が長男なら、本人も宿命的に「長男長女」の役割があります。女性の場合、結婚している人は「気がきく」「しっかり者」の奥さまになり、夫は長男、またはひとりっ子でしょう。

他の星との組み合わせでさらに詳しくみる

【胸にある牽牛星（中心星）と、それ以外の他の場所（頭、腹、右手、左手）にある主星との組み合わせでみていきます】

貫索星がある場合　2つの星が互いに錬磨されて、その結果、「守り」に強い「行動力」や「勇気」が出てくるでしょう。「目的」や「信念」を持ち、「堅実」に「努力」を続けていくたくましい人です。

石門星がある場合　「行動力」がより強く出てきます。優れた「統率力」を発揮し、何事も「理知的」に考えます。「臨機応変」の才が備わってくるため、「世渡り」も上手な人。

鳳閣星がある場合　牽牛星の気が強くなります。鳳閣星がある場合は「守り型」の牽牛星になります。大変「温厚」で「誠実」ですが、努力や積極性、長期の計画にとり組むことなどは苦手でしょう。

調舒星がある場合　「攻撃型」の牽牛星になり、何事も「全力投球」します。「デリカシィ」や「情」はある人ですが、その表現にムラが出ると、わがままと取られることも。注意しましょう。

禄存星がある場合　「静」の牽牛星となり、「堅実」な「努力」を続けるため、人生のスピードは遅くなります。深い愛情を広く周囲に及ぼす「親切な人」で、いつも人と人との和を考えています。

司禄星がある場合　「堅実」な人柄で、人生の歩みは遅いのですが、「論理的」で「波のない」人生を送ることができるでしょう。「家族を守る」力量と「豊かな人徳」がある人です。

車騎星がある場合　「官殺混雑」といい、女性の場合は「異性を惹きつける魅力」のある人となります。でもそれなりの苦労も大なり小なりあるでしょう。でも、精神の不安定は少ないはずです。

牽牛星がある場合　牽牛星が重なると車騎星ひとつの力になります。「感情的」で「スピーディ」に「行動的」「一本気」な車騎星の性格がモロに出ます。時に「損得抜き」に頑張りすぎ、暴走することもあるので、気をつけましょう。

龍高星がある場合　攻撃性が薄れて、「知的な行動」をとるようになります。「忍耐力」が強くなり、「先見の明」に優れているため、数十年先のことを考えて、今日から「努力」できる人です。

玉堂星がある場合　「知的」なものを求める傾向が強くなります。さらに「夢」を持ち、「美しいもの」を追い求め、「学問」や「芸術」、「精神的世界」に生きようと望むことでしょう。

龍高星（りゅうこうせい）

【あなたの宿命的本質】
常識や束縛を嫌い新しい世界を創るチャレンジャー。洞察力に優れクールで忍耐強い学究肌の芸術家です。

常により新しいものを求める「知識欲」と「改革精神」にあふれた、「自由を愛する」人です。形式や制約、束縛を嫌い、常識や体制などの枠にはまらず、大きな「夢やロマン」を抱き、「チャレンジ精神」を胸に秘めています。「創造」のエネルギーにあふれた行動は実にダイナミックで、時に周囲を驚かせることもあるでしょう。「大自然や動物」を愛し、「旅行や放浪」が大好き。遠く外国へもはばたける人です。「創造力」「色彩感覚」にも優れ、「ユニーク」でスケールの大きい「芸術家」タイプ。さらに「理性」「知性」に支えられた好奇心がある「勉学探究の星」。学ぶこと、吸収することが大変得意です。

地位、名誉、財産などには執着が薄く、いかにして自分の望むような独自のユニークな人生を生きるかに関心があるでしょう。「洞察力」「観察力」に優れ、「冷静」。大変「忍耐強い」、「努力家」でもあります。夢や目的を達成するまでは「不言実行」を貫くタイプです。

「奇抜なアイデア」や着眼点を生かした、革新的な人生をクリエイトすることを望むことでしょう。もし、これまで何かに束縛されていた人生だったなら、これからは「自由な星」と、勇敢な「冒険家の星」を生かして、今までやれなかったことに大胆に挑戦し、龍高星ならではの創造のパワーを思いきり最大限に活用しましょう。

中心（胸）以外の座に龍高星がある場合

東（右手）にある龍高星　東は若さの場所で、目的を持った「放浪性」が出ます。会社に勤務するのは苦手。人生に目標があると、大変な「忍耐強さ」を発揮しますが、もし、目的がないと放浪するだけに。「ユニークな発想」の持ち主なので、「目標」を仕事に結びつけると、見事です。

西（左手）にある龍高星　外出が好きで、とくに目的がなくても出かけたくなるはず。女性の場合、とくに「旅行好き」です。「放浪性」は、西にある龍高星に最も強く出るので、目的がなくても出歩くことは、本人のためだけでなく、家族にとってもいいこと。女性なら仕事や趣味を持つのもおすすめです。

南（腹）にある龍高星　「自由」に「おおらか」に育てられた人。南にある龍高星は一番「創造力」が豊かな人。その「ユニークな発想」「センス」を仕事や趣味に生かしましょう。目的を持ち、努力を続けることで、多大な成果がでます。目的が定まらないと、放浪的な人生になるので、人生観、生き方次第です。

北（頭）にある龍高星　「改革力」が優れ、自分の生まれた場所や国に執着することなく、「海外」などでの生活に憧れ、実行しようとします。生来親との縁は薄く、そのほうが宿命を充分に生かせます。「孤独」にも強く、「努力型」の人で、「行動力」も抜群。「時代を変える人」です。

他の星との組み合わせでさらに詳しくみる

【胸にある龍高星（中心星）と、それ以外の他の場所（頭、腹、右手、左手）にある主星との組み合わせでみていきます】

貫索星がある場合　龍高星の気が流れて、「守り型」の性格が強くなります。何事も「スローペース」で時間はかかりますが、大変「忍耐力」は強く、苦難の時にこそその力量を発揮します。

石門星がある場合　豊かな「表現力」と「社会性」を持った人です。ネバリ強さはあまりないのですが、優れた「説得力」があり、集団、組織の中では「リーダー的存在」になれる人です。

鳳閣星がある場合　「改革精神」が旺盛な人となり、常に内面世界を「向上」させたい気持ちを持って生きるでしょう。そのため、「自由」を強く求める人でしょう。

調舒星がある場合　内面の「葛藤」が強くなり、「単独行動」や「一人の時間」など、縛られない自由な生活を強く求め、かつ、必要な人です。優れた「創造力」にはさらに磨きがかかるでしょう。

禄存星がある場合　「現実的」な禄存星が加わることによって、人生の土壇場を迎えた時に、しっかりと「開き直って」乗り越えていく「たくましさ」が身につくでしょう。

司禄星がある場合　司禄星の「庶民的」な「やさしさ」が加わることで、「いい友人」に恵まれ、助けられることがあるでしょう。同時に、本人も他の人たちに力を貸すことを惜しむことがありません。

車騎星がある場合　「庶民的」で「飾り気がない」人になります。「スピーディな判断」と「的確な対応」は、知性と行動力がひとつになって必要なときに力強く、おおいに発揮されるでしょう。

牽牛星がある場合　まずは頭で理解した後に、「行動力」「前進力」を発揮する人。「学者タイプ」で「古典的」なもの、「伝統的なもの」を愛する玉堂星的要素を持った人になります。

龍高星がある場合　龍高星がもうひとつ加わることで、そのエネルギーが「倍増」されます。何であれ、ひとつのことに「集中」し続けていけば、見事な成果をあげられる人です。

玉堂星がある場合　精神的な「葛藤」を、「創造の世界」で花咲かせることができる人です。「単独」の道を進むことで、「ユニーク」な「独自」の人生を切り開くことができる人です。

玉堂星（ぎょくどうせい）

【あなたの宿命的本質】
伝統や古典、良識を守り知的探究心旺盛な理性派。
母性愛に富み人を育て導き、学ぶことが喜びの人です。

玉堂星の人は、物事を「論理的」に考えようとする、「理性派」です。「物静か」で、品格がある「知性的」な人。常識の範囲からはみ出すことや、突飛な考えや行動を起こして、周囲を驚かすようなことはありません。

優れた美意識の持ち主ではありますが、新しいものへの関心よりは、「伝統的」「古典的」なものへの感覚に鋭いものを持っています。

この星は「学者の星」で、たとえ、学問の世界にいなくても、人生から「学ぶ」ということを切り離すことはできません。何か関心を持ったことを研究したり、勉強することで、自分を磨き、その視野を広げていくことが、自身の満足感となるからです。

今まで何か勉強や習い事を続けてきた人はこれからもずっと息長く続けるといいでしょう。

この星は「母親の星」とも言われています。母性愛、「肉親愛」が強く、こまやかな愛を注ぐ尽くし型の人。子供を持つ人なら「教育熱心」で、子育てにも力を尽くします。ただ、家族、身内に対する愛が強すぎて、なかなか親離れ、子離れができにくい傾向もあります。

人生の歩みは優雅でゆったりとしていますが、いつも何かを勉強していたいという知的な「探究心」を持ち続けることで周囲に与える影響が大きく、輝く人生が約束されている人です。

中心（胸）以外の座に玉堂星がある場合

東（右手）にある玉堂星　「学問」の星ですが、仕事や社会の場である東にこの星があると、自分が得た学問や知識が仕事に役立つものになります。つまりビジネスや実用的なことに、学問の才能が発揮されるでしょう。子供の頃は成績も良かったはず。若くても「落ち着いて」みられ、「知性的」なムードが強いため、時には親しみやすさに欠けることがあるかも。

西（左手）にある玉堂星　「伝統」や「形式」に重きを置く人です。結婚すると家族に知性を求めるため、明るく賑やかな家庭にはなりにくいかもしれません。「知的」な人ですが、それが「生活の知恵」として家庭の中で家族に対して生かされます。配偶者や子供に対して、あまり理屈っぽく口うるさくならないように心がけましょう。

南（腹）にある玉堂星　「頭がよく」「機転がきく」タイプ。日常生活の中に生かされる、「生きた知恵」を持った人です。「アイデア」が豊富で、周囲から慕われます。「母親との縁」が大変強い人が多く、「子育て」には熱心で、「教育パパママ」になりやすく、親としては「頑張り屋」さんです。

北（頭）にある玉堂星　「頭の回転」が速く、「純粋な学問」の世界に向く、「学者タイプ」。少々「理屈っぽい」ところがありそう。「母親の存在」が大きく、母親も苦労をしてきたはず。時に「自己評価」が過大になりそうですが、「世渡りの知恵」があり、賢く立ち回れる人です。

他の星との組み合わせでさらに詳しくみる

【胸にある玉堂星（中心星）と、それ以外の他の場所（頭、腹、右手、左手）にある主星との組み合わせでみていきます】

貫索星がある場合　穏やかな「知性」が、強い「意志」や「努力」とひとつになります。時代や環境などに自分の速度をコントロールして歩調を合わせられる人です。

石門星がある場合　周囲の状況に自分を合わせられる才能を持ち、「学問」や「芸術」などの世界で優れた成果を上げるでしょう。新しい集団の「創始者」になるような可能性もある人です。

鳳閣星がある場合　「教育」、とくに「才能開発」に特殊な能力を持っています。経済的な余裕はそれほどないかもしれませんが、「優れた人材」です。

調舒星がある場合　感情と理性が合わさって、心理状態が「複雑」になりそうです。また、「放浪性」が高じて、とくに外出や旅行が好きで、外国各地まであちこち「旅する」可能性もあるでしょう。

禄存星がある場合　「和合性」と「忍耐力」が強くなり、「信仰心」もあります。大変愛情深く、「人助け」的な分野や「教育の世界」などに向いているタイプです。

司禄星がある場合　人生をゆっくりと「バランスよく」進んでいくことができる人です。「現実的」な力量をもち、見事な「世渡りの術（すべ）」に優れていて、人々に対する「愛情」もこまやかです。

車騎星がある場合　玉堂星の「知性」と車騎星の「行動力」が合わさり、見事な「人格者」です。さまざまなことに「挑戦」しながら、人生をしっかりと渡っていく人です。

牽牛星がある場合　人生を長距離レースにたとえて、いろいろなことを「粘り強く」やりながら進んでいくようなタイプです。どんな人とも和やかに「交流」していける人です。

龍高星がある場合　「創造力」が加わり、「チャレンジ精神」が旺盛になります。「大胆」にもなるため、思わぬ変化を起こしやすい傾向もありますから、慎重さも忘れられないで、よき冒険を！

玉堂星がある場合　玉堂星が2つ以上になると、「歴史」のある「クラシック」なことに関心を持ち、勉強したくなるでしょう。長年続ければ「古典や伝統」などの古い世界で才能を発揮します。

第3章 あなたの「十二大従星」（陽占）

―心の推移、特質、才能、エネルギーを知る―

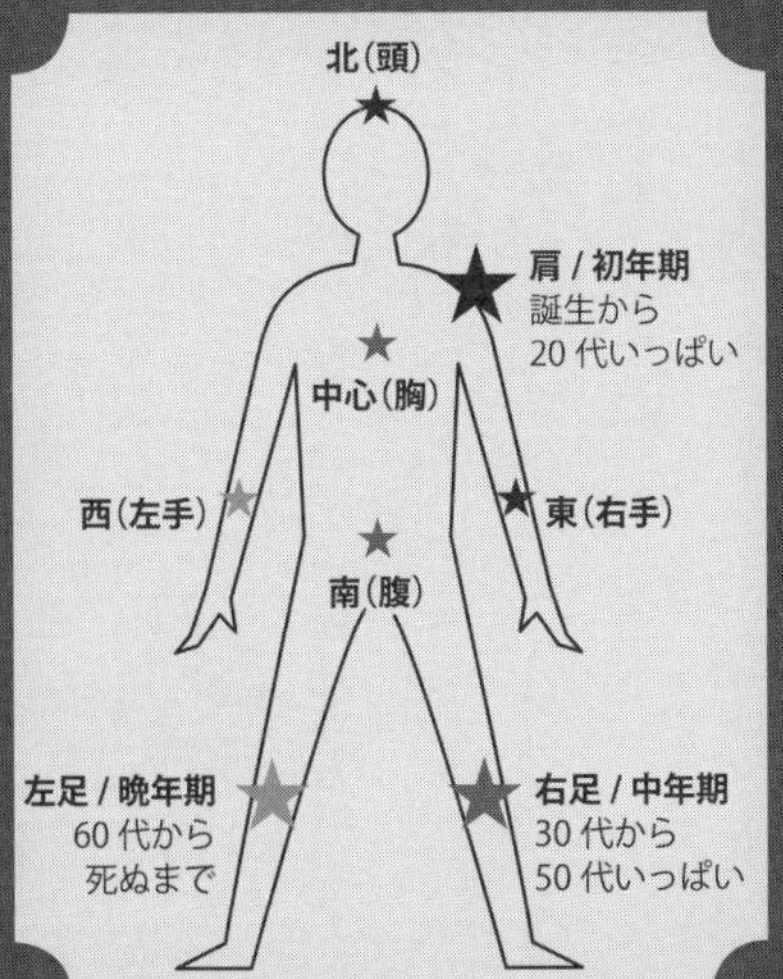

十二大主星で
才能とエネルギーを知る

時間を表す十二支から導き出されるのが十二大従星。生まれてから死ぬまでの、人生時期によって変移するあなたの宿命的な特性を表現しています。

人生をよりよく、豊かに生きるために、年代別に宿る星で、特性を知りましょう。

左の人体星座を見てください。向かって右にある肩、右足、左側にある左足、この3カ所に宿るのが、十二大従星。十二支（子・丑・寅・卯・辰・巳・午・未・申・酉・戌・亥）から導き出されます。

この3つの座にある従星はすべてあなたの年代によって変わる「心の推移」「性格や才能」「エネルギー」、現実的な「ものの考え方」を表し、その星が持つ特徴は、その座の年代に強く表れます。ざっくりと大まかに人生を3分割し、肩の従星は初年期（生まれてから20代いっぱい）、右足の従星は中年期（30代から50代いっぱい）、左足の従星は晩年期（60代から亡くなるまで）に、その特徴を際立たせます。

自然の法則をベースにしている「算命学」では、自然界の循環の法則は従星に託されています。人の一生は前世（生まれる前の胎児期）、現世（誕生してから成人し、老境に至るまで）、後世（肉体は死してお墓に入り、霊魂だけになって宇宙空間にいる時期）の3期に分けられ、人生時期が象徴するエネルギーと特徴は、そのまま従星の世界となって、あなたの宿命を構成しているのです。

各従星が示す人生の時期、エネルギー値は、強い弱い、よい悪い、明るい暗いなどの判断や、マイナスの受け取り方をしないで、個性や特色、ありのままの真実を感受し、生かしてください。

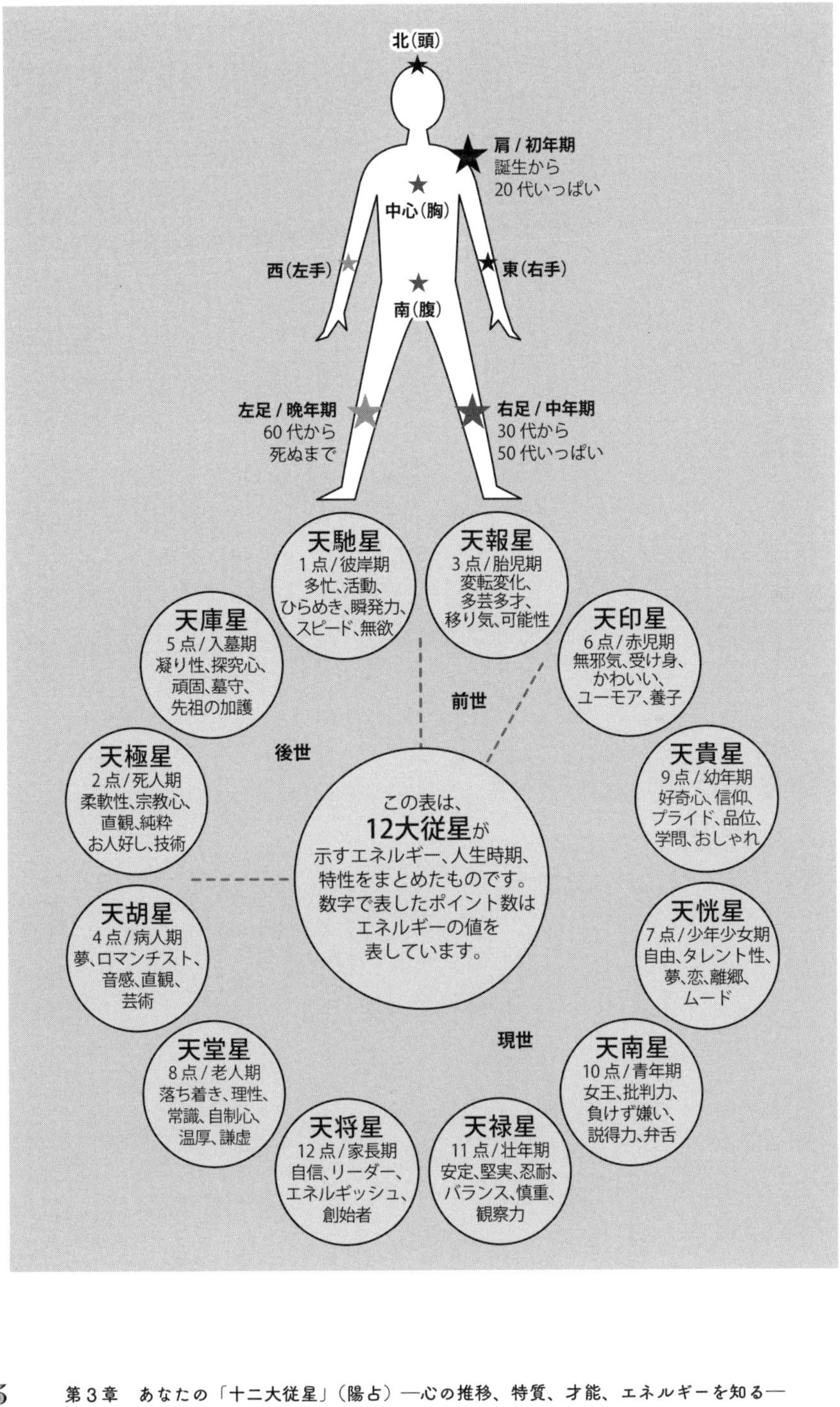
北(頭)
肩 / 初年期
誕生から
20 代いっぱい
中心(胸)
西(左手)
東(右手)
南(腹)
左足 / 晩年期
60 代から
死ぬまで
右足 / 中年期
30 代から
50 代いっぱい
天馳星
1 点 / 彼岸期
多忙、活動、
ひらめき、瞬発力、
スピード、無欲
天報星
3 点 / 胎児期
変転変化、
多芸多才、
移り気、可能性
天庫星
5 点 / 入墓期
凝り性、探究心、
頑固、墓守、
先祖の加護
天印星
6 点 / 赤児期
無邪気、受け身、
かわいい、
ユーモア、養子
前世
後世
天極星
2 点 / 死人期
柔軟性、宗教心、
直観、純粋
お人好し、技術
天貴星
9 点 / 幼年期
好奇心、信仰、
プライド、品位、
学問、おしゃれ
この表は、
12大従星が
示すエネルギー、人生時期、
特性をまとめたものです。
数字で表したポイント数は
エネルギーの値を
表しています。
天胡星
4 点 / 病人期
夢、ロマンチスト、
音感、直観、
芸術
天恍星
7 点 / 少年少女期
自由、タレント性、
夢、恋、離郷、
ムード
現世
天堂星
8 点 / 老人期
落ち着き、理性、
常識、自制心、
温厚、謙虚
天南星
10 点 / 青年期
女王、批判力、
負けず嫌い、
説得力、弁舌
天将星
12 点 / 家長期
自信、リーダー、
エネルギッシュ、
創始者
天禄星
11 点 / 壮年期
安定、堅実、忍耐、
バランス、慎重、
観察力

天報星（てんぽうせい）

ユニークで自由な感性で変転変化する多才な人。一つのことに長く打ち込めば大きな成果の可能性が。

天報星は、人の一生にたとえると、母親の体内に宿っている「胎児の時代」を表します。十二の従星の中では、ただ一つの「前生の星」。これから生まれようとする小さな命が、お腹の中で「日々刻々と変化」しているように、「多くの可能性」を秘め持っている星といえます。

そのため、無意識なのですが、自分の心の変化に素直に従い、言葉や行動が「クルクル変わる」「変転変化」きわまりないところがあり、周囲からは「お天気屋さん」と思われているかもしれません。仕事でも遊びでも何でもやればそこそこにこなせる、「多芸多才」の持ち主です。そのために「あきっぽく」「気が多く」て、あれもこれもと手を出し過ぎると、中途半端な「器用貧乏」に終わることもある人です。「夢と空想」の世界に生きる「感覚派」なので、その時々の気分に「正直な行動力」や、常識にとらわれない「ユニーク」で「自由な感性」が、この星の大きな魅力です。何であれ中途半端で終わらせないためにも何かひとつ好きなことに「じっくり打ち込む」ことで、これから後半の人生で多大な成果を得られる人です。

肩（初年期）にある天報星

子供の頃、あなたの親は苦労してきたはず。でもあなたはその影響をそれほど強くは受けてはいません。「心の変化」が激しく、「さまざまなものに興味を持ち」、何か一つのことだけに集中することが難しかったはず。初年期に天報星を持つと「迷いが多く」、そのため20代の頃は自分が満足できる職業には出合いにくいことでしょう。でも、もし若い時に何か満足できるものに出合って、それを何でも続けていた人は、後年の人生でそれが必ず花開いていくはずです。好きなことを今からでも大丈夫。ひとつ長く続けましょう。

右足（中年期）にある天報星

中年期に何か「大きな変化」があることを表します。これまで長くやってきたことをやめて、全く違う分野に「転向」したり、「新しく生まれ変わる」ような生き方を始める可能性があります。普通なら安定した年代ではあるのですが、何かに向かって新たに「生まれ変わって」スタートするというのが、右足にあるこの星の大きな特色です。もし、まだ行動を起こしていなければ、けっして気分だけでやらないこと。これから多才でユニークな個性を生かすためには、しっかり地に足をつけて慎重に矜持し、方向転換や、よき再出発をしましょう。

左足（晩年期）にある天報星

「変動」の多い、やや騒がしい晩年になるでしょう。住居の移転、仕事の変化、家族のことなど、さまざまなことで何かと慌ただしく、心や体が忙しくなりそうです。あなた自身、いくつになっても

「夢みる世界」が広がっていく若い気持ちの老人タイプ。むしろ、晩年期に入ったからこそ、ぜひ「これをやりたい」という「気力」にあふれ、自分なりの生きがいをやっと見つけられることでしょう。ただ、住居の移転、仕事の変化など、家族も関係することは、自分の考えだけを押し通さないように、周りをまきこまないよう相談し、充分検討してから決めましょう。

2つ以上、天報星を持つ人

1つでも変化の多い星なのに、2つも3つも宿命に持っていると、波瀾万丈の人生といってもいいでしょう。他の星との組み合わせなどによって、波乱といっても、その中身や程度は異なってきますが、何らかの変化に富んでいるということです。

天報星と十大主星の結びつきでみる

ここでは従星の位置と主星の結びつきでさらに深くみていきます。肩にある天報星は、北（頭）と東（右手）にある主星と、右足にある天報星は、中心（胸）と南（腹）にある主星と、左足にある天報星は、西（左手）にある主星と、という結びつきで分析します。

木性（貫索星・石門星）

直感的な「行動力」が大変優れていて、仕事、趣味などいろいろなことに手を伸ばすのですが、尻切れトンボになりやすいところがあります。宿命に司禄星や玉堂星があると大丈夫です。配偶者や仕事の相棒、友人など、ブレーキになってくれるような人がいてくれるのが理想です。

火性（鳳閣星・調舒星）

やろうと思えば何であっても、一通りのことができる人です。でも長続きしにくいので、若い時は趣味や職業なども変わりやすいでしょう。好きなものをいろいろやるのはいいのですが、何か一つだけはやめないでいられるものを見つけて、5年、10年、15年と「長く続け」ていけば、必ず役立つ時がきます。それで成功する可能性は大きいものがある人です。

土性（禄存星・司禄星）

内に「激しいもの」を秘めています。「現実的な力量」を持っているので、ここ一番という時に全力を発揮し、見事な活躍を見せます。それで、運勢もアップします。「窮地には強い」人です。

金性（車騎星・牽牛星）

「運動神経が優れ」ていて「行動的な」人です。その能力を生かして、次々と新しいことをやっていく人です。実行力であるのでスポーツに限らず、興味を持ったことには、これからも挑戦していきましょう。それがさらなる開運にもつながります。

水性（龍高星・玉堂星）

親の職業とはまったく別の「ユニークな仕事」につく人が多いようです。常に「向上心がある」人なので、いつまでも「冒険心」、「チャレンジ」を忘れないことが大切です。束縛されることのない、「自由な世界を開拓」していくことで楽しい晩年になるでしょう。

天印星（てんいんせい）

素直で明るくあるがままの社交家。無邪気でかわいい人柄で愛される福徳の持ち主。

天印星は、人の一生に当てはめると「赤ちゃんの時代」。この星を持つ人は、赤ちゃんの「無邪気」な「癒し」、かわいらしい仕草などが周囲を和ませるように、誰からも好かれます。ただその場にいるだけで人々の中に笑いや喜びや癒しをもたらす「自然な社交性」を生まれながらに持つ人です。

本質的に赤ちゃんの星ですから、人生での生き方も自分で頑張って切り開いていくというよりは、周囲の人から与えてもらう「受け身」のタイプ。困ったときは、周りの人が手を差し伸べてくれます。「甘受」といわれ、どんな人とも付き合えます。

「かわいがられる魅力」を大切にし、いくつになってもその「素直さ純真さ」を失なわなければ、一生の宝物を持つことになります。「あわてん坊」な一面もあるので、子供っぽいミスもしますが、悪気がないので、何をやっても「憎めない人」だと笑って許されるような「天性の福徳」があるのです。ただ、大人になっても遊びが過ぎたり、助けられることを期待していて怠け者になる人もいるので、その点は注意が必要です。常に恵まれたご縁のある周囲への感謝を忘れないで、しっかりした大人として、心は明るい赤ちゃんでいましょう。

ちなみにこの星は「養子星」ともいわれ、「長子に生まれた人」が実家では跡を継がずに、他家に養子に行くか、配偶者の実家の養子的な人生になる可能性もあるとされます。

天印星の位置で詳しく知る

肩（初年期）にある天印星

赤ちゃんの星が初年期にあるので、とても「自然」です。子供の頃は、まさに「子供らしい子供」で、「無邪気」で「純真」で、多くの人に「かわいがられ」、「人気者」だったでしょう。初年期の天印星は「アイドル星」とも呼ばれ、本人の意識や望みとは別に、人を「惹きつける魅力」とムードを生まれながらに持っていて、年齢とともに、ますます明るさや「社交性」が加わってくる人です。「交友関係も広く」、子供の頃から付き合っている人とは一生の友となるはずです。

右足（中年期）にある天印星

中年期にかわいい赤ちゃんの星があるわけですから、大人なのに、どこか「幼児性」が抜けきらない「無邪気」なところがあります。粗忽というか、「うっかり屋」さんで、ミスやトラブルも多いのですが、周囲からは笑って許されるような、どこか憎めないと感じさせる「徳」がある人です。ただ、経験ある大人の年齢で、表面はしっかりみえるのに、人の意見に動かされやすく、つい人に素直に従ってしまうところがあります。でも人間関係は豊かなので、大きな苦労のない中年期が過ごせるでしょう。

左足（晩年期）にある天印星

とても恵まれた晩年期といえます。「人徳」を持っているので、子供のように「無邪気」な「かわいいお年寄り」として、誰からも好かれるでしょう。若い友人はもちろん、子供や孫にも囲まれ、あなた自身も好きなことをやって、「自由で楽しい人生」が過ごせるでしょう。多少のわがままも、無邪気な人柄なので、周囲からは好意的にとられ、喜んで世話をしてもらえるはずです。あまりアレコレ言うと、反対されるので気をつければ大丈夫。年をとったら赤ちゃんに返るといいますが、赤ちゃん星が晩年にある人は、そのかわいさも本物です。

2つ以上、天印星を持つ人

結婚した人は、子供の数は少ないでしょう。その子供をかわいがって大切に育てることがこの星の特色です。もともと、「子供に好かれる」人なので、教師や保育士、子供関係の玩具や本の会社など、子供たちに接する仕事につくと、楽しく持って生まれたあなたの才能が大きく開花されるでしょう。

天印星と十大主星の結びつきでみる

ここでは従星の位置と主星の結びつきでさらに深くみていきます。肩にある天印星は、北（頭）と東（右手）にある主星と、右足にある天印星は中心（胸）と南（腹）にある主星と、左足にある天印星は、西（左手）にある主星と、という結びつきで分析します。

木性（貫索星・石門星）

他人の仕事、財産、名前、地位などを「受け継ぐ」可能性があります。この傾向はとくに男性に強く出るようです。広い意味で、何かを「譲り受け」、「守っていく」立場になるという暗示なので、そういうことがあれば、持って生まれた宿命として受け継ぐといいでしょう。

火性（鳳閣星・調舒星）

「子煩悩」で、自分の子供だけでなく他人の子供たちにも好かれ、あなた自身も子供のように「自然体」で明るい人です。ただ、あなた自身やあなたの子供は、親の仕事や家業を継がないかもしれません。自分に合った自由な生き方をするほうがこの星は伸びていくものです。

土性（禄存星・司禄星）

子供がいる人は、「女の子」との縁が深く、孫ができたら、とてもいい関係になります。あなたは幼児期や若い頃には祖父母や年長者に大変かわいがられたはず。孫の存在が子供以上に頼りになる可能性があるのも特色です。

金性（車騎星・牽牛星）

あなたが女性なら、夫があなたの実家に対して「養子」に来たり、籍に入らなくても養子的な立場になって、あなたの実家と親密な関係になるでしょう。また、「孫」が大変頼りになり、孫に継がせるのを早くすることで、「孫の代で隆盛」な運になります。

水性（龍高星・玉堂星）

龍高星は「育ての親の星」の意味があり、大変「子供に好かれる」人です。「子供と関わる仕事」につくと、喜びと充実感があるでしょう。玉堂星は実の親とは限らず、誰か他の人の「跡を継ぐ」可能性がありそうです。「他力本願」の形で、幸運が舞い込む可能性もある人です。

天貴星（てんきせい）

純粋で賢明、若々しい探求心に満ちた知性派。責任感が強く真面目で学び続ける精神の貴人。

天貴星は、「幼児から小学生までの子供の世界」にたとえられます。幼児のような「好奇心」、「向上心」が旺盛で強く、基本的には「品性」のある「知性的な人」です。「学ぶ」ことに情熱を燃やし、年齢や環境に関係なく、研究や知識の獲得にエネルギーを注ぎます。また吸収したものを、人に「教え伝え」ていくという才能にも優れているので、「教師や指導者」、講師などはまさに適職といえるでしょう。

性格としては子供らしい「プライド」を持ち、「潔癖」で「責任感が強い」「賢い」人。いつも子供のような「無邪気」さを含んでいるので、優等生でありながらも堅苦しさはありません。その「真面目」で「品格」のある態度がどんな世界にいても人々から「信頼」され、「精神の貴人」の星といわれます。

「美的センス」に優れ「おしゃれ」です。いくつになっても好奇心あふれる若さがあって、「品性」や「礼節」を失わないのが魅力です。ただ、現実的な駆け引きや「計算が苦手」で商売やビジネスなどは不得意なので、そのことはしっかり自覚しておきましょう。「長男、長女」の星とされています。

天貴星の位置で詳しく知る

肩（初年期）にある天貴星

初年期に子供の星があるので最も自然で順当です。体も健康で、子供らしい子供として、また、20代は若々しく「真面目」な青春時代を過ごすことでしょう。天貴星のある人は、「長男長女」としての宿命を持っています。実家並びに結婚した後も、長男長女としての役割を担うことになるでしょう。それだけの「徳」があるのです。「センスがよく」、それなりにおしゃれ。これからも楽しい人生が送れるでしょう。

右足（中年期）にある天貴星

責任感が強く「真面目」な「努力家」です。中年期に子供の星があるので、いくつになっても「学生気分」を失わない、「若々しい人」でしょう。職業としては、知的で品格のある「向上心」を満足させるもの、美的センスが生かされたものだと、いつも輝いていられます。家庭を持って仕事をしている女性なら、責任感が強いため仕事のイライラが家庭のトラブルに直結しないように注意しましょう。自己顕示欲が強まり、認めてもらいたい気持ちも出る時期。今の仕事が精神的に合っていれば、安定したよき人生が送れます。

左足（晩年期）にある天貴星

晩年期に子供の星があるので、肉体年齢と精神年齢が一致しないところがあります。いくつになっても「気が若い」人。夢や希望をいろいろ持っているので、ちょっとでも年寄り扱いされたと感じると、とてもプライドが傷つきます。一生を通して学んだり習うことに強い関心を持つはず。健康にも気を使い、体が気持ちについていくような努力や工夫が必要でしょう。これまでの人生で培ってきたキャリアや経験、実力を、後輩や若い人たちに教え、伝えることで、イキイキとした晩年になる人です。また、既婚者なら、配偶者も何らかの点で頼りになるでしょう。

2つ以上、天貴星を持つ人

とても「プライド」が高く、「若々しさ」を持った人です。人間性は素晴らしいのですが、現実的な力量に欠け、「人から助けられ」、「世話を受ける」ことで成功していく人です。「向上心」が強いので、自分の関心のある分野を学び伸ばすことで、ますます活躍の場が広がります。

天貴星と十大主星の結びつきでみる

ここでは天貴星の位置と主星の結びつきでみていきます。肩にある天貴星は、北（頭）と東（右手）にある主星と、右足にある天貴星は、中心（胸）と南（腹）にある主星と、左足にある天貴星は、西（左手）にある主星と、という結びつきで分析します。

木性（貫索星・石門星）

生来、「品格」があるので、現実生活面で苦労してアクセクするのは苦手な人。自力で必死にやるよりも、仕事、勉強、趣味など、知識学問などを生かして人のものを受け継いでいくことでよさが出ます。「知的向上心も旺盛」、何であれ一生、好きな「学び」を積み重ねることで、「独自の世界」が開いていきます。

火性（鳳閣星・調舒星）

鳳閣星と一緒になるととても「穏やか」な人になるでしょう。「常識」や「礼節」をわきまえ、物の「考え方が安定」しています。調舒星がある人は「ヤキモチ焼き」になりやすいので気をつけて。基本的にはとても「賢い」人です。自分の好きな部分や好きなことを伸ばしていくことを楽しみましょう。

土性（禄存星・司禄星）

配偶者や子供に恵まれ、大変あたたかな人生になるでしょう。もし、他の星に苦労するような星があって、大変なことや時があったとしても、心配はいりません。あなたの心掛けや努力にかかわることなく、「心の幸せ」という非常に「恵まれたもの」を得ることができる品性のある人です。

金性（車騎星・牽牛星）

たとえ母親になっても、本ばかり読んでいたり、仕事に集中し没頭してしまう「母親らしからぬ母親」でしょう。いくつになっても若々しい向上心をもち「学生気分」が抜けない人。性格が「サッパリ」としているので大人も子供にとっても「付き合いやすい」友だちのような存在の人です。

水性（龍高星・玉堂星）

いくつになっても年齢に関係なく、「学問」や「芸術」の世界にまっしぐらに進んでいくなら、その道で大変優れた「才能」を発揮できる人です。また何番目に生まれても、自然と「長男、長女的な立場」になっていくでしょう、結婚相手も長男長女（またはその立場になる人）になるでしょう。

天恍星（てんこうせい）

自意識が強く正直に自由を求める個性派。いくつになっても、人々を魅了する若さが強味の人。

天恍星は、中学生ぐらいから成人するまでの「ハイティーン」のエネルギーを持つ、「思春期」に象徴される星です。無邪気な子供でもない、かといって大人にもなりきれない十代の、「揺れる精神」状態がこの星の世界です。「自意識が強く」、常に何かを求めながら迷い多く、「模索」し続けるため、時には自己中心的で、結果、自分中心に正直なため、「わがまま」にみられ、若い頃には周囲と折り合いをつけるのにいろいろ苦労したかもしれません。「新しいもの」への強い関心、「夢」「ロマン」「恋」「人一倍の好奇心」が周囲の目を引き、それが独特の「個性的な魅力」にもなる人です。「みずみずしい感性」を「クリエイティブな職業」に生かす人も多く、いくつになっても「若々しさ」「華やかさ」から、異性を惹きつける、「色気」を持ち、モテる星でもあります。「芸能界」に向いたタレントの星ともいわれる人。「目立ちたがり」のところがあり、独立したい、自由になりたいといった思いで、「放浪性」があり、新天地で人生を切り開いていくのも本質に合った生き方です。生地生家（故郷）を離れる人。海外で活躍の場を見つける人も多く、「エトランゼの星」ともいわれています。

人生でどんな困難な体験をすることがあっても、その苦労が外見にはまったく表れないという点も大きな特色です。

肩（初年期）にある天恍星

あなたは子供の頃に早く「親元を離れたい」と思っていたはずです。そのとおりにできたなら、あなたの才能は思いどおり発揮されていたでしょう。宿命的にも「故郷を離れる」という星を持っているので、家族の反対や自身の選択で、ずっと親元にいたのなら、不平不満があるでしょう。子供時代から大人びていて、「異性を惹きつける魅力」があり、「モテる」タイプなので恋愛経験も多いはず。青春時代を多彩に謳歌する人です。

右足（中年期）にある天恍星

「夢に満ちた」中年期が過ごせるでしょう。「恋多き人」もいるはずです。「旅する」「放浪性」という意味合いが強く出るのもこの年代で、国内海外を問わず、長期旅行、長期滞在など、可能な限り、「開放的で自由な生活」を求めるでしょう。家庭がある人でも現実的な生活にアクセクしているだけでは性分に合いません。「海外に憧れ」、移住する人がいるのもこの星の特徴。いずれにせよ、いつも新しい生活に挑戦するのが合っているでしょう。「モテる」ので、トラブルには注意しましょう。

左足（晩年期）にある天恍星

明るく魅力的で「華やかな晩年」です。見た目も精神的にも若く、とても年齢どおりには見られないでしょう。非常に若い人たちに好かれて若者たちと同じように「アクティブに動き」、「柔軟な感性」を持っています。どんな年下の人たちとも気が合い、若い人たちのよき理解者、支援者として活躍することもあるでしょう。若者たちにとって貴重な存在で、相談事などもいろいろされるはず。今までの経験が生かされ、60代70代80代になっても楽しく過ごせます。趣味も広く、若い人たちと付き合いながら有意義で心豊かな晩年を楽しむことができるでしょう。

2つ以上、天恍星を持つ人、

天恍星を2つ以上持つ人はとても「真面目」です。でも、本来華やかな星が2つ3つと重なるのですから、「ますます華やかな」宿命です。異性を惹きつける魅力にあふれ、「恋多き人生」となるでしょう。「海外」と縁があり、「外国人」と仲良くなることもありそうです。

天恍星と十大主星の結びつきでみる

ここでは天恍星の位置と主星の結びつきでさらに深くみていきます。肩にある天恍星は、北（頭）と東（右手）にある主星と、右足にある天恍星は、中心（胸）と南（腹）にある主星と、左足にある天恍星は、西（左手）にある主星と、という結びつきで分析します。

木性（貫索星・石門星）

束縛されることを嫌い、常に「広い世界に出たい」と思っている人です。ですから、目的を何か一つに定めたり、職業を決めたりするのがなかなか難しいタイプです。いつまでも「若々しい」星なので、「友人関係も広い」でしょう。

火性（鳳閣星・調舒星）

遊びと表現力の星に華やかな天恍星が結びつくので、「遊ぶこと」「楽しむこと」にかけては万能選手になります。努力家とはいえませんが「カンが鋭く」、何でも「要領よく」覚えます。性格も「おおらか」で「人々にも好かれ」、生涯、人をエンジョイできる人です。

土性（禄存星・司禄星）

女性の場合はいつまでも「色気」を失うことなく、若々しく魅力的な人です。いくつになっても異性から好かれるでしょう。男性の場合も、もちろん異性にモテる人です。結婚は男女に関係なく「玉の輿（こし）タイプ」の可能性があります。

金性（車騎星・牽牛星）

何をやっても「器用」で一通りできてしまう人です。何にでも手を出すので間口は広くなりますが、一つにまとまらないのが難でしょう。一つこれというものを見つけて長続きさせること。女性の場合、いつまでも清楚な魅力のある人で異性にモテるはず。

水性（龍高星・玉堂星）

龍高星と合わさると、まさに「放浪の星」になります。宿命に従って、早く故郷や親元を離れた人ほど、スムーズに世の中を渡れるでしょう。玉堂星がある人の場合、いくつになっても「勉強していたい人」、「芸術、芸能の世界に触れ」ていくと、晩年、成功するはずです。

天南星（てんなんせい）

前向きで猪突猛進が持ち味のしっかり者。正直でモノをハッキリと言う華やかな人。

天南星は、「成人として人間社会に踏み出す青年期」。本格的に人生のスタートを切ったばかりの「若いエネルギー」にあふれています。目標に突き進む「前進力」とひたむきさは有効ですが、達成を急ぎ過ぎないことが大切。「批判精神」が旺盛で「評論家」といわれるほどの「マスコミ」の世界向きです。

「正義感」が強く、「弁舌さわやか」で「おしゃべり」。正しいと思いったら、誰であろうとハッキリと主張や異議を唱えます。時に、「正直」なあまり、「ひと言多く」なり、心ならずも、人を傷つけることもあるので、「口の災い」には充分注意しましょう。

別名「女王様」の星といわれますが、「華やかな個性」を生かして、「リーダーシップ」を発揮する強気なタイプです。ただし、仕事に燃えれば金銭への執着が薄くなり、逆にお金にこだわると仕事がおろそかになるのが特徴。受け身の姿勢にはならないように、うまくブレーキをかけながら前向きに行動すれば、活躍の場が広がり、真価が発揮されます。

肩（初年期）にある天南星

あなたは子供の頃から、「鋭い観察力」や「感覚」を持ち、「活力」が旺盛で、じっとしていられないはず。「リーダーシップ」をとっていた大人っぽい子供だったでしょう。口のきき方もしっかりしており、大人と同等の話し方をしていたはずです。少々無鉄砲なところはあったものの、「正直でまっすぐな性格」で、好き嫌いもハッキリしていたでしょう。そのために「ケンカ早い」ところがあったかもしれません。子供時代からその強いエネルギーを生かしてきた人は、後に「成功」します。

右足（中年期）にある天南星

元気で、「エネルギーにあふれた」「善人」で、「無鉄砲」や「冒険心」といった特性がある人。世の中に出てからパワー全開となり、その本領を発揮するでしょう。若い頃に苦労と努力を重ねてきた人ほど、中年期にはどんどん伸びていく運気の人です。結婚したら、幸せな結婚生活を送ることができるでしょう。また、もともと「リーダータイプ」なので、地域や趣味のグループなどでは見事な活躍ができます。女性で仕事を持っている人は社会で、よりキャリアを積むことができるでしょう。

左足（晩年期）にある天南星

パワフルでエネルギッシュな、「権力者」になる晩年です。静かで穏やかな晩年とはならず、「グループの中心人物」として、何ごとであれ前向きに「自分のペース」で進めていくリーダーです。でも、精神的にも肉体的にも「若々しく」、いろいろな面で若い人たちと違和感なくイキイキと付き合っていきます。老いの自覚などはないといっていいでしょう。「弁舌さわやか」なところはあなたの大きな魅力ではありますが、悪気はなくても「ひと言多い人」になりかねないので、その点は気をつけるようにしましょう。

2つ以上、天南星を持つ人

天南星は1つでも口が達者な人なのですから、2つ以上になると、ますます「弁が立つ」「おしゃべり」が得意な人になります。評論家タイプで「批判精神」が旺盛になり、マスコミ界などで活躍する人に多いタイプです。ですから人前で話すこと（表現）を生かした仕事などにはとても向いています。

天南星と十大主星の結びつきでみる

ここでは天南星の位置と主星の結びつきでさらに深くみていきます。肩にある天南星は、北（頭）と東（右手）にある主星と、右足にある天南星は、中心（胸）と南（腹）にある主星と、左足にある天南星は、西（左手）にある主星と、という結びつきで分析します。

木性（貫索星・石門星）

理想的な結びつきです。「安定志向」なので「用意周到」なところはありますが、ここ一番と見極めたら、「思い切った冒険」をします。「前向き」で「強い信念」を持った人。「人間関係は順調」で、いい人脈を作る力量と運に恵まれています。

火性（鳳閣星・調舒星）

「アイデアに富んだ」人で、普通は思いつかないような変わったことでも、「ひるまず行動」していく性格。家族や周囲がハラハラすることもあるでしょうが、常に「人生を楽しむ」人です。

土性（禄存星・司禄星）

大変「批評眼」に秀でた力を持っているので、「評論家」にはピッタリな性格です。体を動かす分野は苦手ですが、「言葉で表現する」世界では才能を開花させます。結婚すると配偶者にも鋭い「批評の目」を向けがちなので、ほどほどにすることも忘れないように。

金性（車騎星・牽牛星）

とても「説得力」のある人です。でも「口だけ」なめらかで、なかなか自分からは行動には移しません。むしろ口で周囲を動かす力を持っている人です。とても「情にもろい」ところがあり、冷静さをなくすと思わぬ失敗をすることもあるので気をつけましょう。

水性（龍高性・玉堂星）

「明るい性格」ですが、「好き嫌い」がハッキリしていて、言葉や態度に「ストレート」に出します。弁が立ち、批判力も鋭いので、人間関係では人の話や意味をよく聞くこと。新しい視点からの広い意見を受け入れて大切にすると、何事も円満になるでしょう。

天禄星（てんろくせい）

温厚で堅実にゆったり生きる平和型。経験や知恵が豊かで人から頼られる存在の人。

人生経験を経て、落ち着いた「大人の風格」が備わる「40代に当たる時期」。若者のように無鉄砲な冒険やリスクを負いそうなことには手を出さずに、「堅実」で安定した「守り型」の行動をとるのが特徴のどっしりした「リーダー星」。時には分別臭いことを言ったりし、若い頃は年上に見られたはず。

優れた「観察力」「判断力」があり、何事も「全体的なバランス」を考えてから行動を起こします。「穏やか」で、多くの人から頼りにされ、相談事にも「的確な答え」を出します。

一歩一歩ゆっくりと確実に手堅い人生を築くので、事なかれ主義だと思われたりすることもありますが、トラブルなどは少ないタイプ。一度決めた道は「忍耐強く」役目を貫き通し、途中で投げ出すようなことはしません。仕事面では直感や感覚が勝負のテンポの速い世界は不向きですが、粘り強く経験を重ね、スローペースで実力をつけていく職業などでは「補佐役の立場」で能力を発揮します。「エネルギーが強く財運」もあるので、ラクをしているともったいない知的な現実的平和型です。

肩（初年期）にある天禄星

肩に天禄星があると、とても「マセて」います。子供の頃は何となく「大人びた」「クールな」目を持って、周囲や大人を見ていたでしょう。性格はゆったりと落ち着いていて、何事にも熱心に取り組む見事な一面を持っています。とくに年長者に気に入られ、「年上の人」と交流が多いというのもこの星の大きな特徴です。「運気」も強く、「パワー」もあるので、若い時にラクをしていると、本質が生かされないので、不満が多くなるでしょう。向上心を持つことが大切です。

右足（中年期）にある天禄星

中年期に中年の星があるという「理想的」な形。「堅実」で「円満」な人柄、「観察力」に優れ、「常識」をわきまえた、穏やかな人格がそのままでます。「経済的にも安定」して、精神的にも満たされた中年期を過ごすことができるでしょう。大きな波乱や運の落ち込みも少ないはずです。もともと「金運の星」でもある天禄星ですが、右足にあると、用心深くなり、とても「現実的」になります。財産も築き、家庭も円満で、安定した人生が送れるでしょう。

左足（晩年期）にある天禄星

中年期の天禄星の特徴がそのまま晩年期にまで延びていくと考えていいでしょう。すなわち、「穏やか」で、経済的にも精神的にも「安定」した晩年期となるでしょう。元気で少々口うるさい人になるかもしれませんので気をつけて。とくに自分の家族をしっかり守り、何であれ、最後まで責任を負う地位にいることでしょう。男性であればいつまでも「現役」で、隠居するタイプではありません。

人一倍強い「身内や家族思い」で、一家の大切な存在となることでしょう。

2つ以上、天禄星を持つ人

天禄星を持つ人は、「スペシャリスト」として頭角を表す人が多いのですが、2つあるとさらにその特色が強くなります。好きな道で「資格」を取り、世の中で生かすのが使命ともいえます。とくに「医学」「薬学」など「健康に関わる分野」で、その能力を発揮するとぐんぐん伸びるはずです。

天禄星と十大主星の結びつきでみる

ここでは天禄星の位置と主星の結びつきでさらに深くみていきます。肩にある天禄星は、北（頭）と東（右手）にある主星と、右足にある天禄星は、中心（胸）と南（腹）にある主星と、左足にある天禄星は、西（左手）にある主星と、という結びつきで分析します。

木性（貫索星・石門星）

大変「用心深く」、物事の切り替えに時間がかかるので、「行動はスロー」で要領は悪いといえるかもしれません。しかし大変「エネルギーが強い」人なので、「苦難の体験」がとても役に立ち、それを乗り越えることで本来の力量が発揮され、「説得力のある」じつに魅力的な人物になっていきます。

火性（鳳閣星・調舒星）

感想や批評、意見などを求められると、見事に「適切なアドバイス」を返します。バランスのとれた「批評眼」を持っているので、必要な時には積極的に発揮するといいでしょう。批評だけでなく、行動力も伴うと申し分なしです。

土性（禄存星・司禄星）

「学校運」が大変よく、「学問の星」と言われます。これから先も何か学び続け「習得する」ことで、スペシャリストとしてキャリアに結びつければ大きな成果につながります。「明るさ」が魅力的です。

金性（車騎星・牽牛星）

女性なら大変子育ての上手な「理想的な母親」です。しつけなどはとても厳しいのですが、ピシリと一言ですませて、あとはサッパリしているので、子供はおおらかにのびのびと育つでしょう。晩年も子供のことでの心配は少ないでしょう。

水性（龍高星・玉堂星）

「観察力」に優れ、一つの物事や人間をあらゆる角度からみるタイプです。優れた「理解力」や「判断力」も持ち合わせていますが、言葉数は少ないほうでしょう。他に鳳閣星や禄存星を持っていると、性格は明るくなり、表現力も出てきます。

天将星（てんしょうせい）

強いエネルギーと大きな器。感情豊かなリーダー格。頑固やワンマンに気をつけて人世に尽くすことが幸運の鍵。

天将星は、十二大従星の中で、最も「高いエネルギー」を持つ、「パワフル」で「感情豊かな」星です。ライフサイクルでとらえれば、人生で最高の力を発揮する充実した「頭領」の年代です。別名「王様」の星ともいわれる、どの分野に進んでも「リーダー」としての能力を発揮できるだけのパワーを持ち、「器が大きく」「人情に厚い」人です。

ただし、子供の頃にあまりも甘やかされたり、幸せな環境に育つと、持って生まれたエネルギーの強さを消化しきれずに、わがままや気弱、病弱になりやすいというのも特徴です。自ら大きな目標や仕事を選んで重荷を引き受けたり、ボランティア活動などで「人のために尽くす」など「奉仕的」に生き、人々や世の中のため進んで働き、分け与えることが王様としての仕事であり、それがすべてプラスになるのです。

天将星は若い時に経験した苦労や困難こそが宝物であり、準備段階となります。本格的な能力が発揮されるのは、中年以降。海外にも飛躍できる人ですから、人を頼りにすることなく、自分を甘やかさず、自分の大きなエネルギーをフルに活用して燃焼させることが大事な役目なのです。常に高い志でスケールの大きな目標を持って進むことが使命への道になる人です。

天将星の位置で詳しく知る

肩（初年期）にある天将星

本来はたくましい星ですが、子供の頃のあなたは体が弱かったか、とても強かったか、どちらか極端だったはずです。また体は健康だけれど、精神的に弱いなど、肩に天将性がある人は、中間の人が少ないのが特徴です。若年期に精神的に甘やかされたり、過保護に育つと、肝心の大切な中年期に伸びません。逆に、何かで鍛えられたり、波乱のある環境で頑張ったり、苦労を経験していると、中年期から世の中で最高の力量が発揮されていきます。

右足（中年期）にある天将星

中年期に中年の星があるので、まさにベストです。あなたの持つ「大きなエネルギー」を充分に発揮させるチャンスです。幼少期に苦労が少なかった人は、人間関係や家庭生活、仕事などでこの時期、苦労するかもしれませんが、「苦労が多ければ多いほど」、後で手中にできる成功や心の満足などの幸福も大きいものになります。何かをやり始めることで、あなたの持つエネルギーの強さを実感できるでしょう。好きな趣味の資格などを取るのもいいでしょうし、思い切り前向きに奉仕的に生きることが大切です。

左足（晩年期）にある天将星

実にパワフルな晩年になるでしょう。「エネルギー」と「気の強さ」に磨きがかかって、静かな老境とは無縁です。晩年になってもじっとしてはいられない性格です。家庭でも中心人物ですし、男女にかかわらずこの時期仕事を持っていれば周囲から一目置かれる存在です。中年期までに自分を確立していれば、パワーはよりアップ。配偶者にとらわれたり、頼ってきた人は、自分自身を発揮すべく、積極的に強く自立していくのがベストです。心の自立ができることで、充実した運勢が長く続き成功していきます。

2つ以上、天将星を持つ人

エネルギーが強すぎるので、普通の人と同じように考えていると物足りなくて、自己発揮ができません。広く世のため人のために役立つことがあなたの使命。「奉仕的」に生きることで完全燃焼が可能です。海外へ出たり、ハードな仕事などに挑戦するのが向いています。

天将星と十大主星の結びつきでみる

ここでは天将星の位置と主星の結びつきでさらに深くみていきます。肩にある天将星は、北（頭）と東（右手）にある主星と、右足にある天将星は、中心（胸）と南（腹）にある主星と、左足にある天将星は、西（左手）にある主星と、という結びつきで分析します。

木性（貫索星・石門星）

肉親との縁が薄いところがありますが、この星が結びつくと、親の運気を越えるパワーがあります。とくにこの傾向は男性に強いでしょう。早めに「親離れ」して自立し、「苦労を重ね」ている人ほど、これからの人生がパワフルに輝いてきます。

火性（鳳閣星・調舒星）

具体的な夢や目的があると見事な「前進力」をみせます。それがみつからないと、何となく人生にハリがありません。一生食べることには困らないのですが、頭もよく、「長生き」なので、ぜひ目的を持った楽しく有意義な人生設計を立てて生きてください。

土性（禄存星・司禄星）

女性ならハタからみると非の打ちどころがない「良妻賢母」です。実際そうなのですが、配偶者や子供にとってはしっかりしすぎていて、息苦しさもあるようです。これからは、おおらかに過ごすと家族にとってもいいでしょう。男性も「愛深く」大きな器の人です。

金性（車騎星・牽牛性）

とても真面目で「一本気」で「純粋」な人ですから、人々の「信頼」や「尊敬」を集めます。あなたならではのハッキリした強さを出す前に、家族や配偶者や子供、周囲の人々などを制限しすぎないように配慮することも大切です。

水性（龍高星・玉堂星）

普段はあまり自分の感情を表に出さない人で、とても「忍耐力」があります。ただ、一度感情を爆発させるとものすごくなるので、日常生活では自分の感情を抑え込まないようにしましょう。「芸術家」としての才能があって、大成できる人です。

天堂星（てんどうせい）

自制心に富み落ち着いた人間的魅力が特色。年齢差の大きい人から好かれる人徳の持ち主。

天堂星は、人の一生でみると「60代以降の晩年」です。「老年の星」なので、若い時から実年齢より年上に見られ、「年配者」からかわいがられ引き立てられる「徳の持ち主」。「落ち着き」や強い「自制心」があり、「人間的な魅力」があります。

「引っ込み思案」で自分をアピールするのは苦手。地味な人柄ですが、「表面よりも中身」を大切にし、穏やかに、自分のペースを貫いていく人柄が理解されるまでには時間がかかるでしょう。でも、ひとたび「信頼」されると、縁の下の力持ち的な存在となって、人々に「頼り」にされ、「慕われる」人です。仕事も学芸、技術、研究という分野が合っています。

「粘り強く」ゆっくり人生を渡っていくのがあなたに合った生き方。でも、内面を磨いていくばかりでなく、面倒がらずに、積極的に人々と交わり、世界を広げていくと、あなたの魅力が広がります。若い時代よりも、自信を持って頑張りを続けていくことで、「40代以降」から本当のよさが発揮できる「晩年型」の人です。

若い時代は年長者に好かれ、老年期になると、年下の人や若者たちと縁があり、すんなりとよい人間関係が築かれる人です。

天堂星の位置で詳しく知る

肩（初年期）にある天堂星

子供の頃、「大人びた」、少々ませた子供だったでしょう。「お年寄り縁」が強く、年長者たちにかわいがられる人が多いはずです。20代になると、「穏やか」で、落ち着きのある若者になり、「先のことをみる目」なども持っていたはず。内面の「自尊心」や「自負心」は強く、自分なりの「堅実な判断」を持ち、「不言実行」を貫くタイプです。若い時から悟ったようなところがある、アンバランスさが魅力でもある人です。

右足（中年期）にある天堂星

基本的には大きな変動の少ない中年期です。生活も安定していて、トラブルもあまりありません。仕事はトップに立つより、「補佐的な立場」にいると、本質的なよさを発揮します。「引っ込み思案」な性格で、年寄的ムードがあり、常に一歩下がっているので、大きなチャレンジにはブレーキがかかるでしょう。でも、この年代に築いた信用、キャリア、家庭などはしっかりと大切にしましょう。それが着実にあなたの中年期の基盤を築いていきます。

左足（晩年期）にある天堂星

本人にとっても、周囲の人にとっても、「老人らしい」理想的な姿があります。人生経験が豊かで、「バランスの取れた人徳」を備え、人間として「穏やか」。多くの知識を持った物知りなのに、言うことは「落ち着いて控えめ」なので、周囲の人々に好かれます。今までの人間関係もそのままいい関係を保ち、友人や家族に囲まれ、和やかで楽しい晩年を過ごすことができるでしょう。とても「人徳」

のある人です。

2つ以上、天堂星を持つ人

女性の場合、「安定志向」で、「良妻賢母」型になります。男女共にゆったりと「堅実」で、かつ「パワー」があり、「家庭生活」をとても大切にし、家庭の中に幸せや喜びを見出すでしょう。「美的センス」があり、落ち着いた古風な趣味に才能を発揮します。

天堂星と十大主星の結びつきでみる

ここでは天堂星の位置と主星の結びつきでさらに深くみていきます。肩にある天堂星は、北（頭）と東（右手）にある主星と、右足にある天堂星は、中心（胸）と南（腹）にある主星と、左足にある天堂星は、西（左手）にある主星と、という結びつきで分析します。

木性（貫索星・石門星）

都会生活はあまり向いていないでしょう。田舎や自然の多い土地、外国や島などでは、イキイキとして「行動力」も出て、あなたの持てる世界が表れます。人間関係は長く付き合うほど「親密な交流」を深めることができます。

火性（鳳閣性・調舒星）

とくに特定の宗教に関わらなくても、本来、「信仰心に篤い」人です。若い時にはそれほど関心がなくても、中年以降は自然に受け入れるでしょう。「バランス感覚」があるので、のめり込むことはありません。

土性（禄存星・司禄星）

大変「堅実」な人で、無駄な浪費はしない人です。若いうちから今日まで地道にきたなら、まとまった財は残るのですが、晩年期になってパァーッと派手に使ってしまうことがあります。「経済観念が一転」するというのもあなたの個性なのでしょう。計画的にどうぞ。

金性（車騎星・牽牛星）

「人を育てる才能」が強くなり、「先生」といわれる「教える仕事」が向いています。仕事やスポーツ、習い事など、分野は何でもＯＫ。何であれ長年やってきたことが役に立ちます。教え方は大変厳しいのですが、優秀な生徒や弟子たちが育つのが、大きな能力です。

水性（龍高星・玉堂星）

「縁の下の力持ち」として優秀なタイプ。表面に出るタイプよりも、「裏方」の場がベストな人です。この結びつきは「大器晩成」型の人生を表します。若年期の人生はまだ序盤です。中年期、晩年期こそが十分に楽しみな人です。

天胡星(てんこせい)

高い美意識でいくつになっても夢を抱くロマンチスト。
抜群の音感と直感力に優れた感性の人。

天胡星は、「ロマンチスト」で「美意識が高く」、空想や夢といった「ファンタジックな世界を抱く」星です。人を疑うことを知らず、「純粋な精神世界」を持ち、時には現実生活と自分のイメージにギャップを感じることもある人でしょう。

人と競うようなことは苦手なので、利害関係がからむような世界は好まず、「優れた美意識」や「繊細な感性」「直感力」を発揮する、「芸術」や「宗教」の世界を創造したい人でしょう。とりわけ、「音感のよさ」は抜群なので、「音楽やダンス」「語学」などの勉強や趣味を持つと楽しいだけでなく、持っている才能を開花させられ、幼少期から音楽教育を受けていれば、その分野で才能を輝かせる人でしょう。

体力はさほどあるとはいえませんが、ちょっとした弱いところを持っていたら、それが辛い。その場合、「一病息災」で注意するので、「長生き」をする人です。ストレスはためないように心がけてください。

天胡星の位置で詳しく知る

肩（初年期）にある天胡星

あなたは子供の頃から、非常に「感受性」が強く、「空想家」で少々風変わりな子と思われていたでしょう。体も、あまり丈夫なほうではなかったでしょう。病弱だった人もいるでしょう。ただ生まれながらの音感のよさを持っている人です。もし、この時期環境が味方して、楽器や語学を習ったり、歌やダンスなど音に関する習い事を続けていたなら、持てる才能があるので将来に生きてきます。「音楽」はあなたの人生に欠かせないもの。また、宇宙や星などに関心を抱く人も多く、「夢と憧れ」に満ちた若年期でしょう。

右足（中年期）にある天胡星

夢みる性格が中年期にあるのですから、「少年少女のような感性」を持った人です。どこか現実の生活に歩調が合わせにくいところもあるでしょう。健康に関しては充分に気をつけて、無理は禁物。不摂生やハードスケジュールはとにかく要注意です。中年期にある天胡星は「変化」を秘め、ある時を境に、それまでとガラリと違う生き方や生活になり、生まれ変わったようになることもあります。ストレスをためないように、好きな音楽を聴いたり、ゆとりのある時間を持つようにしましょう。

左足（晩年期）にある天胡星

年をとっても「少年少女のような感性」のある人です。過ぎ去った過去を美しく「回想」したり、若い頃親しんだものや思い出の品をいつくしんだりします。いくつになっても、かわいいもの、美しいものに関心を持ち、好きな趣味を堪能します。楽器をひく、絵を描く、歌を習うなど、「心豊か」

に過ごすでしょう。子供や孫、もし子や孫がいない人であっても、年下や目下の人が、非常によくしてくれる穏やかな晩年が約束されています。

2つ以上、天胡星を持つ人

にこやかで「穏やか」で、「かわいらしい」人です。若い時もそうですが、年をとってもみんなにかわいがられる人になるでしょう。些細なウソも言えないほどの「純粋」さを秘めています。どこかに、貫索、石門、車騎、天将、天禄があれば、健康面は大丈夫です。

天胡星と十大主星の結びつきでみる

ここでは天胡星の位置と主星の結びつきでさらに深くみていきます。肩にある天胡星は、北（頭）と東（右手）にある主星と、右足にある天胡星は、中心（胸）と南（腹）にある主星と、左足にある天胡星は、西（左手）にある主星と、という結びつきで分析します。

木性（貫索星・石門星）

とても優れた「企画力」の持ち主です。どんな分野であっても、プランナーとしての要素が生かされると成功します。さらに広い意味で「職人的なこと」もあなたを生かす道になるはずです。これから「技術」を身につけるのもいいでしょう。

火性（鳳閣星・調舒星）

大変敏感で、「ひらめき」に独特なものがあります。とくに「音楽関係」の「芸術的才能」が際立ちます。また、「化学や力学」、「微生物」などの世界に進むのもあなたの新しい面を発揮することになります。興味のあるものがあったら、ぜひとも挑戦してください。楽しい人生を創造できるでしょう。

土星（禄存星・司禄星）

「浪費家」の傾向が強くなるでしょう。また、あなたが欲しいと思ったものは、不思議と手に入ることが多いでしょう。お金持ちというよりは「物持ち」といわれ、「不動産」や「物質的」なものが残っていく人です。でも、それに対してこだわりがないのもあなたの個性です。

金性（車騎星・牽牛星）

「想像」することや「計画」を立てるのが好きな人です。「夢の中に生きる人」と言われ、企画、「アイデア」の仕事が適任。星座に車騎、貫索、石門、龍高の中のどれか一つの星でもあると、アイデアに「実力」が伴い、見事な成果に向きます。

水性（龍高星・玉堂星）

優れた「芸術家」の星です。「作家」などで大成することも可能です。龍高星はとくに「ユニークな感性」を持っています。何かを「書く」ことで、充実につながる新しい世界を見つけることができるでしょう。

天極星（てんきょくせい）

優れたひらめきを持ち、無欲で強い精神力の持ち主。自然体でどんな人とも交流できる柔軟な人。

天極星は、「死後の世界」を表しています。でも、けっして悪いイメージはありません。喜びや悲しみ、欲望などの感情から解放され、「無限に広がる自由」を与えられるということなのです。

そのため、12の従星の中でも屈指の「純粋さ」を秘めた鋭い「直感力」のある星。損得を考えずに行動し、その「無欲さ」は、「精神の豊かさ」「宗教性」につながっています。どんな人にも格差をつけないで、誰とでもさわやかに付き合える「社交家」です。どんな環境にも合わせられる「柔軟性」も備えている人です。「自然体」でいつも「ありのまま」で水の流れのようで衝突するようなことがなく、その「穏やかで自由」な生き方はこの星の持つ才能ともいえます。

仕事はサービス業よりも、日々の努力を積み重ねる「専門職」の分野で伸びるタイプです。とくに「手先が器用」なので、指先を使う技術には才能を発揮します。さらに教養を深めて「学術」「技術」の世界も極めてみましょう。必ずこの星の持つ「根気よさ」と「鋭い感性」「人柄のよさ」が大きく育ち、これから先、満足のいく人生が必ず開けます。

天極星の位置で詳しく知る

肩（初年期）にある天極星

親の運勢とあなたの運勢がシーソーをする形になりやすいといわれています。人生の初年期、親の運気が低迷したら、あなたは健康。親が順調ならあなたは弱くなりやすいのですから、無理をしないで、健康管理には充分注意しましょう。初年期に天極星がある人は、子供時代、素直で従順だったため、誰からも好かれるでしょう。子供の頃は華やかな世界にも憧れていたはず。「手先を使う」ことを何か習ったり、やり続けたら、それが後になって生きてきます。

右足（中年期）にある天極星

人生の半ばの中年期にそれまでと全く違う生き方になる傾向があります。独身の人は病気やケガには充分気をつけましょう。結婚している人は、中年期に何らかの「苦難の体験」をさせられる可能性があります。頑張って乗り越えましょう。この時、舅（しゅうと）、姑（しゅうとめ）や、またはどちらかの親との同居が助かるためのカギなので、考えてみてください。でも運が落ち込んだ後には必ず上昇運がやってきます。独身の人は結婚のタイミングには慎重になりましょう。

左足（晩年期）にある天極星

あなたは「悠々たるお年寄り」になるでしょう。悟りの境地に至る人がいるかもしれません。いずれにせよ、「穏やか」で、精神的にも「豊かな」晩年が待っています。自然のなりゆきで夫婦の関係は、やや疎遠になりがちかもしれません。でも、反面、かわいいお年寄りなので、子供や孫からは慕われるよい運といえます。子供や孫がいない人でも、決して寂しい老後にはならずに、あたたかく心満たされた日々を送るはずです。

2つ以上、天極星を持つ人

大変「純粋」な心の持ち主ですが、2つ以上ある人は、肉体的に弱さが出やすいので、健康には充分注意しましょう。幼少期や若い時に大病やケガを体験した人は内面的に大変強くなります。人生の進み方は地味で、宗教や精神世界に惹かれることが多いようです。

天極星と十大主星の結びつきでみる

ここでは天極星の位置と主星の結びつきでさらに深くみていきます。肩にある天極星は、北（頭）と東（右手）にある主星と、右足にある天極星は、中心（胸）と南（腹）にある主星と、左足にある天極星は、西（左手）にある主星と、という結びつきで分析します。

木性（貫索星・石門星）

若い時には全く無関心でしょうが、中年を過ぎると「信仰心」が厚くなる可能性がある人です。性格は「ざっくばらん」で、頼まれるとノーと言えません。誰にでも「親切」で面倒をよくみるので、人にも頼られます。人間関係はとても「順調で円満」でしょう。

火性（鳳閣星・調舒星）

大変「心あたたかい」人で、「親孝行」です。きょうだいの面倒もよくみるでしょう。「信仰心」を持っていると加護される力が強くなり、本来持っている「直感力」がますます冴えてきます。人や物事を「見抜く力」にも磨きがかかってくるでしょう。

土性（禄存星・司禄星）

若い時にせっせと貯めたお金があると、何らかの事情で中年期に出ていく可能性がありそうです。親からの財産もそうですが、お金は自分自身のために有効に生かすようにつとめましょう。中年期から貯めるお金が本当に「残るお金」になりますから。

金性（車騎星・牽牛星）

「真面目」で「純粋」な性格なので、職業を持つと「プロ意識」に徹して頑張って働く人です。好きな分野の技術を身につければ、どんな世界に進んでも持って生まれた「特殊技能」の分野で才能を発揮できるでしょう。

水性（龍高星・玉堂星）

「デリケート」で「純粋」な人です。「信仰心」を持っていることが多く、そのためとても「謙虚」です。都会よりも田舎や大自然のほうがあなたには向いているでしょう。「芸術」方面の才能もあるので、絵や写真などの創造的な仕事や趣味もおすすめです。

天庫星（てんこせい）

一本気で正直、抜群の探究心を持つ学者肌。長子役で先祖の加護が強く常に守られる有徳の人。

天庫星は、人の一生にたとえると、肉体を去って「墓に入った時の世界」を表します。「先祖」との縁が特別に深く、その「加護が大変強い」人です。「長男、長女」の立場になり、「先祖の供養」と、「墓守」をする宿命を担って誕生したので、その「徳」の義務を果たすことで、運は上昇していきます。

「真面目」で「正直」で、一本気の「頑固者」。妥協や我慢、命令や強制を嫌い、ひたすら信じる道を突き進みます。仕事、趣味、学問など、関心を持ったことはトコトン追求し、知識を深めていく「学者星」ともいわれます。

世渡り上手ではありませんが、「精神的」なものを学びとる力は見事です。孤立することがないのも特徴です。一途な「純粋」さが人間的魅力だからです。絶体絶命などのピンチや窮地でも必ず不思議と「救われる人」です。常に、目に見えない先祖の方々が見守って助け導いてくれているからです。「人徳」はありながら、自分には厳しく、隠れていても大きな歴史を作るような人です。

肩（初年期）にある天庫星

何らかの事情で、親の運気が下がることがあり、親縁（とくに父親との縁）が薄くなる可能性もあります。もし、そうでなければ、幼少期にひ弱であったり、大病を経験する人もいるでしょう。天庫星はお墓の星で、「先祖の加護」が大きい星なので、どんな窮地でも必ず救われます。性格としては「大人びて芯の強い」、「努力家」です。またクールで「中庸」を持ったところがあるでしょう。集中力を発揮して若い頃に打ち込んでやってきたものがあれば、将来大いに役に立ちます。

精神的なものを大切にしていくとより幸せになるでしょう。

右足（中年期）にある天庫星

中年期に入ると、「親きょうだいの面倒」を見たり、一家の中心的な立場になるでしょう。その中には「先祖の墓守」も含まれます。生涯よく反省する人でしょう。若い頃に努力した人は、仕事、家庭、経済面など安定して穏やかな年代を過ごすことができます。しかし、青春時代に、意に沿わない生き方をしてくると、中年になって不満を爆発させ、突然好きなことをやり始めたりしそうです。この年代、あなたは他人や友人に対しても「奉仕的生き方」をするのが幸せに生きる鍵です。それによって運勢が大いに開けてくるのです。

左足（晩年期）にある天庫星

初年、中年期の生き方が響く晩年期では何事も掘り下げて考えます。長年の努力や経験がしっかりと身についたら、それが周囲や世の中の人々に役立つことになるはず。とても穏やかな老年期でしょう。ただ、「頑固な」性分には磨きがかかるため、なるべく柔軟性を心がけるようにしてください。いずれにせよ、元気なお年寄りとして、好きなことに熱中する、充実した晩年です。「墓守の使命」の他、広く社会的な「奉仕活動」をすることで、運勢は味方をしてくれます。

2つ以上、天庫星を持つ人

人生の半ばを機に、大きな変化が起こるでしょう。職業をガラリと転向したり、家庭（家族）に変動があったり、人生を二度生きるような感じです。晩年までには2カ所（以上）のお墓を守ることになるでしょう。その役目を実行することもまた徳となるわけです。

天庫星と十大主星の結びつきでみる

ここでは天庫星の位置と主星の結びつきでさらに深くみていきます。肩にある天庫星は、北（頭）と東（右手）にある主星と、右足にある天庫星は、中心（胸）と南（腹）にある主星と、左足にある天庫星は、西（左手）にある主星と、という結びつきで分析します。

木性（貫索星・石門星）

「安定志向」の性格が強まり、任された仕事、親から受け継いだものなど、何であれ、「守り通していく」力量は見事です。結婚した人は、家庭を守り、子育ても上手です。体験してきたもの、学んできたものを他人のために「教育指導」していく能力にも長けた人です。

火性（鳳閣星・調舒星）

鳳閣星の場合は、「歴史ある古いもの」に強い関心がある人です。歴史、考古学、アンティーク関係、占いなど、広い範囲で古くからあるものに的を絞って探求すると成果があります。調舒星の場合は「凝り性」が強まり、「記憶力」が冴えるので、何かを「研究する」仕事が向いています。

土性（禄存星・司禄星）

女性の場合、とても平穏な家庭の主婦とされている星です。少々「のんびり」しているので、家事などをテキパキとやるタイプではありませんが、「子育て」もうまく、「理想的な主婦」です。男性なら、「お金を蓄える力」があるうえ、とても「倹約家」でもあります。

金性（車騎星・牽牛星）

よく「反省する」タイプです。その結果、自責の念を抱いて、自分で責任を取ろうとするとても「生真面目」なところがあります。何か問題が起こったとき、あまり自分を責め過ぎないように気をつけましょう。

水性（龍高星・玉堂星）

「学者肌」のところがあり、「調査魔」「辞書魔」などと呼ばれ、広く浅く「物知り」なタイプです。龍高星は大ざっぱですが、「探究心が強く」、「要領とカンのよい」人です。玉堂星はもともと「暗記力」に優れ、「真面目」で勉強することが好きな人です。

天馳星（てんそうせい）

鋭い直感力を持ち勇敢でスピーディな行動家。苦難や多忙な時ほど本領発揮する奉仕の人。

十二大従星中唯一の「宇宙」に存在する「あの世」の星です。

天を馳（か）けるという名のとおり、その世界は「動」。「変わり身の速さ」においては並ぶものがなく、ジッとしていられない人でしょう。「無欲」で人に尽くし、ハードスケジュールで、同時にいくつもの仕事をこなす「瞬間の大器」。「多忙」をものともせず「土壇場」にも強い人。窮地に追い込まれた時こそ、「抜群の瞬発力」を出して、本領を発揮する。「ひらめき」の人です。

その一方で、突拍子もないことを思いつき、感情のままに行動する「ソコツ」な面もあります。そのスピードに他の人がついていけないこともあります。そのため、何でも自分ひとりで引き受けてしまい、「単独行動」で頑張る人生を歩みがち。

「カンが鋭く」、どこか現実離れした「不思議な力」を持っています。「忙しさ」こそが才能を引き出し、運を上昇させる星なので、穏やかさやヒマやゆとりは望みませんが、たまの休息をとって乗り越えましょう。お人好しで、「純粋な人柄」と抜きん出た「行動力」が、独自の世界で困っている多くの人々を助ける活躍の場を広げることになっていきます。

名や財力、成功にとらわれず、役割使命で働くので、「救急車」「市井の聖人」といわれ、ひたむきな一生の人でしょう。

天馳星の位置で詳しく知る

肩（初年期）にある天馳星

親の運気とあなたの運気がシーソーをすることがあります。あなたが健康なら親の運気が低迷し、親が順調なときにはあなたが病気などすることも。でもそれも若年期だけのことですから、ケガや病気など健康面には充分に気をつけて、無理なことはしないようにしていることが大事です。あの世の星ですから、「発想がユニーク」で「時間の観念がなく」、子供の頃はじっとしているのが苦手なはずです。勉強に遊びにデートに仕事にと、「変化に富んだ」忙しい青春時代だったでしょう。

右足（中年期）にある天馳星

中年期のこの星は天極星と同じ形になります。この中年期に一度大きな苦労を経験するでしょう。外目には穏やかでも、精神や家庭など内側に落ち着かない状況が生じ、何らかの波乱がありそう。中年期に一度ガクンと下って、上っていくかたちです。でも、それをを乗り越えれば、その反動で運気はグーンと上昇。ただ、短気な行動だけは起こさないこと。天馳星は土壇場に強く、ものすごい力を発揮するのが特色です。そんな逆境をバネにして必ず乗り切っていけるのです。

そういう体験が、あなたの「瞬発力」や「パワフルさ」として人生の宝物になるのです。

左足（晩年期）にある天馳星

晩年期でも、前半は穏やかな生活というわけにはいきません。本来「多忙星」ですから、体が動くことで心が安定します。仕事や家族のことが気になってバタバタしたり、人のために損得抜きで働いたりすることも多々ありますが、その波を越えると、やがて年齢とともに「穏やかな老境」へと入れるのです。もともとお金や名誉には欲のない人ですから、それらにわずらわされることなく、自然に悠然としたさわやかな晩年を迎えられます。

2つ以上、天馳星を持つ人

天馳星のある場所に関係なく、お金と健康が「シーソーする」傾向です。つまり、財が豊かになると健康運が下がり、お金にゆとりがない場合はとても健康です。決して生活できないことはありませんから、お金にこだわらなければ、「元気」に暮らせて「長寿」な人なのです。

天馳星と十大主星の結びつきでみる

ここでは天馳星の位置と主星の結びつきでさらに深くみていきます。肩にある天馳星は、北（頭）と東（右手）にある主星と、右足にある天馳星は、中心（胸）と南（腹）にある主星と、左足にある天馳星は、西（左手）にある主星と、という結びつきで分析します。

木性（貫索星・石門星）

とても「働き者」で「パワフル」な人です。とくに土壇場に発揮する威力は見事ですから、将来のことで心配することは全くありません。日頃、ノンキにしていても、イザとなれば必ず頑張りがきくのですから、家族にとっても世の中にとってもありがたい存在です。

火性（鳳閣星・調舒星）

鳳閣星が一緒にある場合は、「茶目っ気」たっぷりのイタズラが大好きな人。「遊び心」があるので、「面白い存在」で「人気者」です。調舒星と一緒になると、「第六感」が大変冴えるのですが、「ヤキモチ焼き」には注意しましょう。

土性（禄存星・司禄星）

女性の場合、平均的な「家庭の主婦」を意味します。それでも「忙しい星」と結びつくので、何となくあわただしい家庭生活となります。男性の場合は、30歳を過ぎてから「職業が安定」し、適職に就くことができるでしょう。

金性（車騎星・牽牛星）

カラッとして「スピーディ」な「行動力」のある人。でも少々「短気」なところがある「正義漢」です。男女の区別なく友だち付き合いができる、さわやかでさっぱりした「明るいタイプ」です。「行動的」で損得勘定のない「純粋」な性格なので、男女を問わず好かれます。

水性（龍高星・玉堂星）

龍高星と結びつくと「外国」と縁があります。生まれ故郷とは違う気候風土が性に合い、幸せに暮らせるでしょう。玉堂星の場合は、大変「親孝行」で家族思いの人です。「身内のために尽くす」ことがあなたの幸せと満足にもなります。

第4章

あなたの「結婚」

―相手の星からもみて実りある関係を―

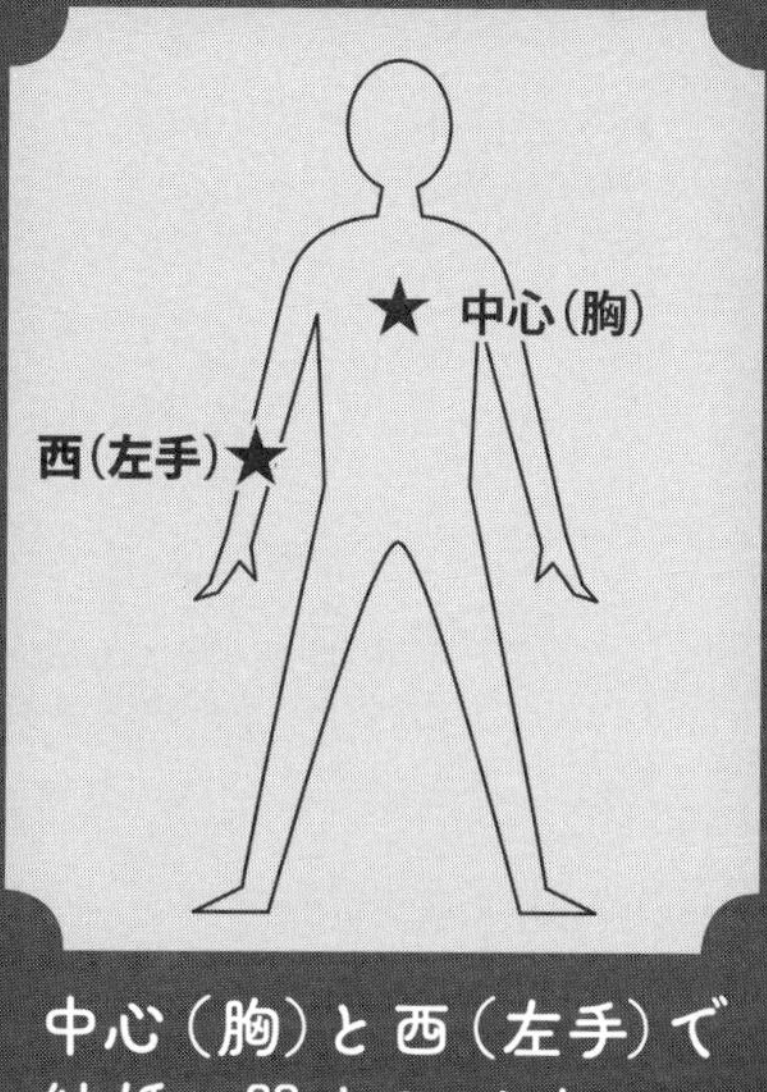

中心（胸）と西（左手）で
結婚に関することをみる

宿命にある「結婚像」「配偶者像」を知ることで、結婚生活から深く豊かに学べ、円満になることでしょう。

算命学では、さまざまな方向からのアプローチで、結婚に関するあらゆるデータを読み取っていきます。まず、人体星座にある中心星（胸）で、性格や特性に裏付けされた、あなたの結婚像をみていきます。

次に人体星座の西（左手）にある星を確認してください。この座は配偶者星（夫星・妻星）のポジションです。結婚という、ふたりでスタートを切り、新しい気を創り出していく生活の、その配偶者像を発信しています。

まず中心星と配偶者星との組み合わせで、あなたの宿命にある配偶者、結婚傾向を読み取り、次に、あなたの中心星と主精を組み合わせることで、さらに結婚生活でのあなたが浮き彫りにされます。

既婚の人は、実際の生活を共にしている配偶者と、「どうも違うな」という人もいることでしょう。未婚の人は、「わたしが思い描いている配偶者像や結婚生活とイメージが結びつかない」と思うかもしれません。そんなときは、配偶者の星と同じようなものを実際の相手がどこかに秘め持っていたり、あなた自身、同じようなものを相手に求めたり、という「気づき」を読み取ってください。

結婚はふたりで一緒になり、スタートの気が生まれ、生活と人生をつくり始めます。配偶者星が持つ特性は、いずれ相手の中から現れてくるもの。長い結婚生活の過程を通して、変化や新しい一面はみえてきます。宿命の星が示す特性に、相手や自分が自然と近づいてくるのです。例えば一口に「やさしい人」が好きと言っても、「やさしくて元気」もあれば、「やさしくておとなしい」や「やさしくて働き者」などいろいろ。人は決して一つの言葉では語れませんよね。

　ここで紹介する「結婚運」は、あなた中心の見方です。あなたの宿命星から、結婚を象徴的にとらえてみる一つの方法です。相手の側からも同様にみましょう。お互いの接点を探って理解し、豊かな人生のために参考に！　未婚の人は、「結婚」を意識したときのテキストに。宿命を深く知ることは、自分がイキイキ成長する、「真にいい感じ」を見つけるプロセスでもあるのです。

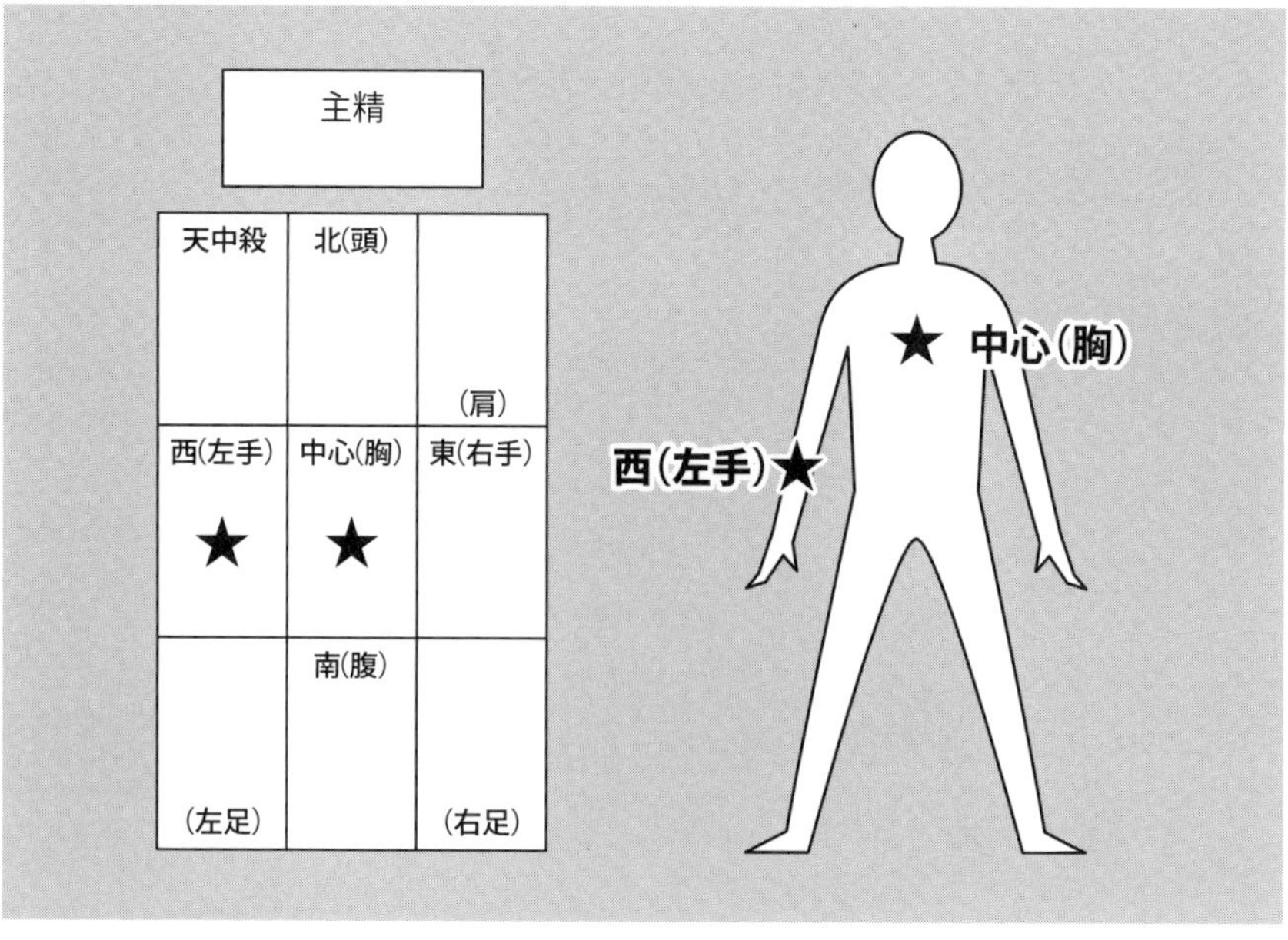

中心星（胸）が貫索星

自立心が強く、結婚生活もマイペース。これからも独自の世界を持ち続けて。

〔あなたの結婚像〕

あなたはとてもしっかりした独立独歩の考えを持った人です。どんなタイプの人が配偶者になろうと、自分の考えやペースを変えず、生活スタイルを維持して、マイペースで家庭を築いていきたい人でしょう。

エネルギーが強いので、女性なら結婚しても家庭だけにとどまっていたくないはず。常に何かを始めたいと思っている人です。子育て中でも仕事をしたり、ムリなく、自分だけの趣味や勉強などで本番への準備をするといいでしょう。

専業主婦の人なら、ＰＴＡや地域活動などに参加すると、しっかりとリーダーシップを発揮します。

配偶者星（左手）との組み合わせでみる

貫索星

◆あなたの宿命にある配偶者

意志が強く、しっかりした信念を持つ頼もしい人。そんな貫索星的ムードを持った人が、あなたの宿命にある配偶者像です。人に指図されたり縛られるのが苦手。忍耐強い努力家でもあり、マイペースの人生を歩む人です。

◆あなたの結婚傾向

貫索星同士ですから、仲良しの友だち同士のような関係です。配偶者は自営業の人か、会社勤めより独立して仕事をしたい人でしょう。仕事でキャリアを積んでいくタイプ。夫婦共に仕事を持ち、楽しみ、それぞれのペースで生活を進めていく頼もしいカップル。苦難にあってもしっかりと乗り越える強いふたりです。

石門星

◆あなたの宿命にある配偶者

社交家で友だち付き合いの広い、明るい石門星的ムードを持った人が、あなたの宿命にある配偶者像です。協調性があり、しっかりしている人ですが、仕事や人付き合いが第一のため、マイホーム型とはいえないでしょう。

◆あなたの結婚傾向

自立心の強いあなたは、上下意識のない、対等な友だち夫婦が好み。普段はそれぞれの立場や考えを認め合って縛られない、理想的なカップルです。配偶者は日頃はあまり家庭的ではありませんが、いざという時や問題が起こった時には、夫婦はもちろん子供たちも揃って一致団結するという頼もしい和合性を持った関係です。

鳳閣星

◆あなたの宿命にある配偶者

のんびりしておおらか、子供のように自然体で生きたい鳳閣星的ムードを持っている人が、あなたの宿命にある配偶者像です。バリバリ頑張るタイプとはいえませんが、遊び心が豊かで趣味も広く、人生を楽しむ人です。

◆あなたの結婚傾向

相手は楽天的でノンキなので、しっかり者のあなたがあれこれ面倒をみて、リードしていくことが多いはず。ただし、あまり世話をやきすぎたり、過保護にするとあなたのほうが疲れてしまいかねないので、ほどほどに。ぶつかり合いもなく、年月を重ねるにつれ、一緒に楽しめるようになっていく、とてもいい関係です。

調舒星

◆あなたの宿命にある配偶者

大変デリケートな芸術家タイプの調舒星的ムードを持っている人が、あなたの宿命にある配偶者像です。感性が鋭く、物事に妥協できない個性派。周囲に気を使わず、ひとりでいることも大好きな、ロマンチストです。

◆あなたの結婚傾向

独立心に富んだしっかり者のあなたは、寂しがり屋で神経質な配偶者の頼りになるエネルギー源です。才能、仕事、生活、何かとあなたが相手に与えていく形ですが、それがとてもいい夫婦関係を築きます。でも、何でもやってあげすぎると相手は窮屈に感じることも。時には放っておいてあげることも、より円満にいくコツです。

禄存星

◆あなたの宿命にある配偶者

気前がよく、人に喜ばれることが大好き。面倒見のよい、禄存星的ムードを持っている人が、あなたの宿命にある配偶者像。親切で人から頼まれると、ノーが言えないお人好しのところもあります。

◆あなたの結婚傾向

配偶者はやさしく面倒見がいい人。あなたは独立心が旺盛で、指図されるのが嫌い。何でも自分の思い通りにしていきたいタイプです。そのため、時として衝突することがあるかもしれません。そんな時はあなたが相手の考えを理解して、自己コントロールしましょう。相手は切磋琢磨(せっさたくま)されて成長していくことでしょう。

司禄星

◆あなたの宿命にある配偶者

堅実で、地道に人生を歩んでいく司禄星的ムードを持った人が、あなたの宿命にある配偶者像です。冒険的なことはせず、その日その日を着実に積み上げ、危なげがありません。家庭的で家事や料理もできる人です。

◆あなたの結婚傾向

やさしい配偶者ですが、あなたが頑固さを押し出すとトラブルになるので注意しましょう。あなたが女性なら配偶者はとても家庭的なので、あなたが仕事を持つことを嫌がるかもしれません。そんな時は、よく話し合って、あなたの個性を生かせる新しい世界を持つようにしましょう。子供がいれば、より円満な家族になります。

車騎星

◆あなたの宿命にある配偶者

働き者で真面目。何事にも白黒をハッキリさせたい行動派の車騎星的ムードを持っている人が、あなたの配偶者像です。短気なところはありますが、いざという時には損得勘定抜きで行動する正義感あふれた、さわやかな人です。

◆あなたの結婚傾向

あなたはしっかりした独立心の強い人ですが、ペースはゆったりしています。でも、配偶者は何をやるのもスピーディ。テンポが違うので、まずは巻き込まれないようにすること。相手の気質を知り、上手にスタンスをとるようにしましょう。ふたりで関心のあるテーマや趣味を持つと楽しく過ごせます。スポーツやウォーキングはお互いのためにおすすめです。

牽牛星

◆あなたの宿命にある配偶者

責任感が強く、真面目。プライドが高くて几帳面な、牽牛星的ムードを持っている人が、あなたの宿命にある配偶者像です。社会的な体面とか周囲の評価などを気にしますが、人間的にとても信用できる人です。

◆あなたの結婚傾向

あなたはゆっくりですが、平和で穏やかでマイペースな家庭を望む人。配偶者はプライドが高く、几帳面でこうあるべきという価値観を持っています。そのため、相手がそれに固執すると、あなたはうるさく感じ、ストレスになるかも。そんな時には相手を立てて、充分な話し合いをすることが大切。旅行や同じ趣味などを持つのは効果的です。

龍高星

◆あなたの宿命にある配偶者

世間やワクに縛られることを嫌い、自由に人生を創造したいという、龍高星的ムードを持った人が、あなたの宿命にある配偶者像です。夢を持ち、チャレンジしたい人ですから、家庭を安住の場にはしないでしょう。

◆あなたの結婚傾向

お互いに個性の違いこそあれ、束縛を嫌い、自分のペースと自由なゆとりを必要とするカップルです。あなたは仕事や自分の世界を持って生きるタイプで、配偶者もそんなあなたの生き方を理解し、サポートしてくれる頼もしい人、という存在でしょう。男性が年下、または年下的な関係だと、結婚生活はさらにうまくいきます。

玉堂星

◆あなたの宿命にある配偶者

もの柔らかで理知的、やさしく穏やかな学者タイプの玉堂星的ムードを持っている人が、あなたの宿命にある配偶者像です。母親縁が強く、甘えん坊なところがありますが、的確な判断力を持つインテリで、家族思いです。

◆あなたの結婚傾向

男性が年下または年下的な関係のカップルになりやすいでしょう。相手はあなたを大切に思い、何かにつけ面倒を見、尽くしてくれるはずです。でも、あなたはしっかりしていて自立心のある人ですから、そういった状況につい甘えすぎているとマイナスになります。いろいろ学ぶことの多い相手ですから、ふたりの関係もとてもスムーズで円満です。

主精との組み合わせでみる

主精が樹の人

長い年月をかけて成長していく樹木のように、テンポはゆっくりですが、何事も長丁場で積み上げていく貫索星です。結婚生活も自分の信念を持って、地道に着々と末長くしっかりとした家庭づくりを築いていきます。

主精が花の人

ゆっくりおっとりしてやさしい人ですが、現実面でもしっかりと家庭を守っていく頼もしい貫索星です。社交的で友人を家に招いたり、遊びに出かけたりと、華やかさのある付き合いの広い家庭になるでしょう。

主精が陽の人

感覚的にスピーディに行動し、いつも明るい情熱的な貫索星です。コツコツと地道に積み上げる人ではありませんが、家庭にはあたたかい愛情を注ぎます。おおらかで遊び心のある、楽しい家庭をつくるでしょう。

主精が灯の人

灯のように家庭を明るくする情熱的な貫索星です。ロマンチストで感情の起伏はありますが、愛する家族のためには最善を尽くします。結婚してもひとりの時間を持つことで、よりイキイキできる人です。

主精が山の人

おおらかで穏やかで、山のように家族から頼りにされる貫索星です。コツコツと気長に貯蓄などもしていく現実派です。慎重派で安定志向。あたたかいハートの人なので、人間関係の広い家庭になるでしょう。

主精が地の人

庶民的で気さくなので頑固には見えませんが、芯の強い貫索星の人。結婚生活も自分の考え方や生き方を地道に貫いていくでしょう。家族を守る意識も強く、経済観念が優れたしっかり者です。

主精が鉄の人

行動力があり、責任を持って家庭を守っていく強靭な貫索星の人。鉄はたたかれて強くなるように、結婚生活の苦難こそがあなたを精神的に高め、成長させてくれます。自分を鍛えることで、豊かな人生になるのです。

主精が宝の人

デリケートで美的感覚がとても鋭い貫索星の人。結婚でもライフスタイルにこだわりがあり、配偶者のファッションも気になります。あまり小さなことにはこだわらないで家族ともおおらかに関わるようにしましょう。

主精が海の人

クールで冷静な理論家ですが、大きな夢やロマンを持っている自由でユニークな貫索星になります。家庭では理性的で、配偶者や子供の性格をよく観察し、愛情を注ぐ人。家庭づくりも、子育ても上手です。

主精が雨の人

理知的でやさしく、現実面にも強い貫索星。面倒見がよく、柔軟性があり、家庭や子供の教育には熱心で、尽くしていく人。少々心配性なところがあるので、リラックスしてポジティブに明るさを忘れないで。

中心星（胸）が石門星

社交的な性格で結婚しても付き合いが中心に。パートナーとは友だち感覚で楽しんで。

【あなたの結婚像】

あなたは社交的で人付き合いのいい人です。そのため、結婚しても人間関係を大切にするため、いわゆるマイホーム型にはなれません。男女共、家庭中心だけではいられない強いエネルギーを持っているので、仕事はもちろん、好きな趣味を続けたり、人々やグループとの交際を維持していくことは必要でしょう。

子供が手が離れたら、さらに交際の輪は広がっていくはず。配偶者と一緒にその人脈を大切にし、新しい人脈もさらに広がれば、結婚生活もより充実したものになるものです。

配偶者（左手）との組み合わせでみる

貫索星

◆あなたの宿命にある配偶者

意志の強い努力家で、独立心も旺盛な貫索星的ムードを持っている人が、あなたの宿命にある配偶者像です。マイペースでじっくりと我が道を行く頼もしい人。縛れることや争うことが嫌いで、心あたたかな平和型です。

◆あなたの結婚傾向

平等意識が強い、友だち感覚のカップル。社交的なあなたは、自宅にも知人を招きたいでしょうが、配偶者は単独行動が好きなため、あまり多くの人付き合いが続くのは望まないはず。相手のペースも尊重して、外での付き合いを中心にするといいでしょう。あなたはあなた、相手は相手といった自由な関係だとうまくいきます。

石門星

◆あなたの宿命にある配偶者

どんな人とでも上手に付き合える社交家の石門星的ムードを持った人が、あなたの宿命にある配偶者像です。友だちが多くて人望もあるので、家庭よりも交友関係を第一にしがちです。グループや組織の要となる人なのです。

◆あなたの結婚傾向

お互いに友だち付き合いが広い社交家カップルです。結婚しても友だちの延長といった関係でしょう。お互いの友人と付き合うので、人の出入りや付き合いで忙しい家庭になることでしょう。仲むつまじさは恋人のようですが、お互いが自我を出し合うと譲り合えなくなるので注意が必要。共通の目的があるとよい関係になるでしょう。

鳳閣星

◆あなたの宿命にある配偶者

ノンキで陽気でおおらかな鳳閣星的ムードを持っている人が、あなたの宿命にある配偶者像です。窮屈なことやワクにはまることを嫌い、子供のようにのびのびと生活や仕事や趣味を楽しみながら暮らしたい自由人です。

◆あなたの結婚傾向

子供のようなところがある配偶者ですが、バランス感覚が優れていて、家族みんなの潤滑油的存在です。あなたは相手のことが気になり、あなたが何やかやと面倒を見て、サポートをしていくことでしょうが、一方的に甘やかしすぎるのは禁物。意識していろいろと話し合ったり、同じ趣味などを持ったりすると楽しい関係になるでしょう。

調舒星

◆あなたの宿命にある配偶者

デリケートかつ神経質的な性格であり、鋭い感性を持ち合わせた調舒星的ムードを持っている人が、あなたの宿命にある配偶者像です。カンが鋭い芸術家に多いタイプで、ユニークな才能を秘めている個性的な人です。

◆あなたの結婚傾向

ちょっと難しいところのある配偶者を気遣って、あなたはやさしく、時にはしっかりとサポートしていく関係です。でも、相手は一人で自由に過ごす時間や孤独を愛する一面が強いですから、それを尊重してあげましょう。夫婦単位での行動や、あなたの社交性にあまり相手を引き込まないようにする思いやりが円満の鍵です。

禄存星

◆あなたの宿命にある配偶者

やさしくて誰にでも同じように親切な禄存星的ムードを持った人が、あなたの宿命にある配偶者像です。頼まれればイヤとは言えない人柄でもあるため、人のための出費も多く、ボランティア精神にあふれた人です。

◆あなたの結婚傾向

あなたはしっかりした人ですが、人付き合いがよくて友だちも多いため、人間関係を優先し、家庭のことがつい後回しになりそう。時間を上手に調節して、相手や家庭のことも考えるようにしましょう。主婦でも同じ趣味を持てればベスト。またおいしい料理がふたりの中はもちろん、周囲の人間関係を円満にしてくれます。

司禄星

◆あなたの宿命にある配偶者

穏やかでもの柔らかで保守的、堅実に日々を積み重ねていく司禄星的ムードを持った人が、あなたの宿命にある配偶者像です。争いや冒険を好まない真面目な性格で、貯蓄や家事なども上手な、たいへん家庭的な人です。

◆あなたの結婚傾向

配偶者は家庭が幸せの源と考えるタイプで、地道な家庭づくりを望む人です。あなたも家庭的なのですが、それ以上に友だち付き合いを大切にするため、家庭が二の次になるところがあります。そのために、両立するような工夫をこらしてください。あなたがやりくり上手になることも、ふたりの関係を明るく円満にしていきます。

車騎星

◆あなたの宿命にある配偶者

正直で何にでもまっしぐらに前進する、働き者の車騎星的ムードを持った人が、あなたの宿命にある配偶者像です。気が短くてじっとしていられない性格。何事にもスピーディに対応する行動力抜群の頼もしい人です。

◆あなたの結婚傾向

あなたは人付き合いに和合性をもたらす、とても明るい人です。初めは配偶者のスピードと強引さにペースを乱される感もあるでしょうが、生来力量があるあなたですから、家庭第一優先よりは、開放感のある社交的な生活でイキイキできるはず。結婚してからは両立させる工夫をすれば、行動力も出てくるでしょう。

牽牛星

◆あなたの宿命にある配偶者

プライドが高く責任感が強い、とても真面目な牽牛星的ムードを持った人が、あなたの宿命にある配偶者像です。外面的なことや世間体などを大切にするため、誰にでも礼儀正しいでしょう。賢くて安心できる人です。

◆あなたの結婚傾向

あなたは人付き合いを大切にする人。配偶者は自分なりの家庭づくりのイメージがあります。でもそれを押し付けられるのはイヤなはず。円満にしていくには、お互いに尊敬と信頼関係を保つことが重要です。相手を尊重し、仕事を持っている同士ならお互いの仕事や立場を理解するため話し合うことで関係がよくなるはず。

龍高星

◆あなたの宿命にある配偶者

束縛を嫌い、しきたりや常識にとらわれない、自由な龍高星的ムードを持った人が、あなたの宿命にある配偶者像。向上心が旺盛で創造力やアイデアに富み、冒険心があるので変化に富んだ人生が望みでしょう。

◆あなたの結婚傾向

お互いにあまりマイホーム型ではないのですが、結婚生活は不思議と円満です。女性なら年下か年下的な男性と一緒になりやすいのですが、配偶者はあなたをサポートしてくれたり、エネルギーの源になる頼もしい存在です。ふたりともクリエイティブでユニークな結婚生活を望みますが、その通りの楽しい関係になるでしょう。

玉堂星

◆あなたの宿命にある配偶者

知的で向上心が旺盛、人当たりが柔らかでやさしい学者タイプの玉堂星的ムードを持った人が、あなたの宿命にある配偶者像です。的確な判断力をもち、人生で無茶や冒険をしない理性的な人です。

◆あなたの結婚傾向

人付き合いのいいあなたは生来の社交性をますます発揮して、いい人間関係を築いているでしょう。おおらかに受け入れて、尽くしてくれる配偶者に甘え、自由にするのはいいことですが、時には相手を甘えさせてあげると、より豊かで新鮮な関係が築かれていきます。また晩年はあなたのおおらかなやさしさが強まっていくでしょう。

主精との組み合わせでみる

主精が樹の人

結婚してもずっと自分の友だちやグループとの付き合いを大事にする石門星の人です。結婚することでさらに付き合いの輪は広がりますが、無理はしないで、家庭のことも考えて、配偶者に合わせることもできる人。

主精が花の人

ソフトで柔らかな印象なので配偶者に従いそうですが、自分の意見をしっかり持ち、家庭では中心になってリードしていく石門星です。うまくいかないと落ち込むところがあるので、常に家族との話し合いを持ちましょう。

主精が陽の人

一家の中心的存在になる石門星です。結婚して愛する配偶者や家族ができると、何事も熱意を持って自分のペースで進めます。時には冷静に配偶者の意見を聞いたり、家族のテンポを考えて行動するとより円満になります。

主精が灯の人

心があたたかく、とても明るい石門星です。結婚によってたくさんの愛する人と出会い、社交の輪が広がり、ふたりでいるよりもグループで行動することが多くなるでしょう。友人や身内が集まりやすい楽しい家庭になります。

主精が山の人

気さくでざっくばらんな石門星です。友だちの延長のような上下意識のない結婚が理想の人ですから、親しみやすい安定型の家庭をつくっていけるでしょう。その分、変化は少ない結婚生活ですが、落ち着いています。

主精が地の人

自分のほうからテキパキと積極的に動くタイプではありませんが、自分の考えはしっかり持っています。石門星の中では社交的でありながら、一番家庭的な人です。しっかり地に足のついた結婚生活を築くことでしょう。

主精が鉄の人

芯が強くたくましい石門星です。正直でストレート、何でも白黒をハッキリさせたい性格でしょう。行動力があり、家庭の中でも中心になってリードしていくタイプです。窮地にも強く、頼もしい人です。

主精が宝の人

美的感覚が強く、自分の趣味を大切にします。人付き合いにおいては自分の感性に合う人と交流を持つ石門星。デリケートで人の気持ちがよくわかる人ですが、家族間ではあまり気を使いすぎないようにしましょう。

主星が海の人

静かでおっとりしたあなた、人付き合いでは時間をかけて親しくなる石門星です。賑やかな人間関係ではありませんが、長い年月をかけて家族ぐるみで付き合っていくでしょう。また、配偶者を育てていく人です。

主精が雨の人

活発で行動的ですが、クールな一面があり、人の好き嫌いがある石門星。フィーリングが合うと長い付き合いになり、結婚してからもずっといい関係が続くでしょう。配偶者にもよく尽くすタイプです。

中心星（胸）が鳳閣星

自由でのびのびとした生活を楽しむタイプ。明るく自然体の結婚スタイルを謳歌して。

【あなたの結婚像】

あなたは結婚に関して焦りが少ない、ノンキなタイプだったでしょう。おおらかで楽しいことが大好きなので、家庭でもトラブルの少ない温和な結婚生活が送れる性格です。

子供を意味する星なので、子供のように無邪気で楽観的なところがあり、若々しい感性を持ち続けている人です。配偶者や家族の前でものびのびしていたいし、無理をせず、自然体で通したいでしょう。

食べ物に縁のある星なので、料理上手でおいしいものにも目がないはず。日々の暮らしをエンジョイする結婚生活です。

配偶者（左手）との組み合わせでみる

貫索星

◆あなたの宿命にある配偶者

意志が強くネバリ強く前進する貫索星的ムードを持っている人が、あなたの宿命にある配偶者像です。独立心に富み、マイペースで好きなことや仕事を真面目にやり続ける努力家。いずれ独立する人もいます。

◆あなたの結婚傾向

おおらかでノンキなあなたのことが気になり、配偶者は何かと助けてくれます。あなたはそんな配偶者の影響を大いに受けるでしょう。でも、それが当たり前の感覚になると、お互いにとってマイナスになります。依存しすぎないように、長く続けられる、楽しい自分の世界を見つけることが円満の鍵に。

石門星

◆あなたの宿命にある配偶者

人付き合いがよく、社交性に富んだ石門星的ムードを持つ人が、あなたの宿命にある配偶者像です。家庭第一のマイホーム型ではありませんが、統率力があり、グループや組織にはなくてはならない人でしょう。

◆あなたの結婚傾向

のんびり型のあなたは社交的で外向型の配偶者に何かと教えられ、助けられ、影響を受けること大でしょう。結婚によって人間関係が新鮮になり、人脈も広がっていくはずです。仕事や人付き合いで忙しい配偶者ですが、あなたへのやさしさは変わらないはず。できるだけ夫婦一緒に行動すると、これからの人生も楽しいでしょう。

鳳閣星

◆あなたの宿命にある配偶者

おおらかでのんびり、いつも自然体で人生を楽しもうとする鳳閣星的ムードを持った人が、あなたの宿命にある配偶者です。ワクにはまることを嫌う自由人ですから、バリバリ働いたり、出世を望むタイプではないでしょう。

◆あなたの結婚傾向

同じ星の組み合わせですから、仲のよい幼な友だちのようなカップルです。感性や趣味に共通点が多く、ふたりでおいしいものを作ったり、家族で食事に行ったりと人生を楽しく工夫して過ごすでしょう。いつも一緒なのもいいのですが、時には、それぞれ独自の趣味をエンジョイするのもお互い新鮮な気分になり、生活に味わいが増します。

調舒星

◆あなたの宿命にある配偶者

大変繊細で鋭敏な感性を持つ、芸術家肌の調舒星的ムードを持った人が、あなたの宿命にある配偶者像です。人や物の好みもハッキリしていて、妥協するのは苦手ですが、根はあたたかく、ロマンチストで、ユニークな人です。

◆あなたの結婚傾向

気心の知れた友だちのようなカップルです。あなたのおおらかさや自由な明るさがデリケートな配偶者には救いになります。常に細かいことに気を使うのは配偶者のほうです。大切なことは、お互いの自由を尊重して、それぞれがひとりで過ごす時間を持つこと、それが孤独を楽しむ配偶者にもあなたにも、とてもプラスになるはずです。

禄存星

◆あなたの宿命にある配偶者

困った人をみると見過ごすことのできない、気前がよく、お金があれば人のために使う、面倒見のよい禄存的ムードを持った人が、あなたの宿命にある配偶者像です。明るくて、親切、現実的なたくましさもある人です。

◆あなたの結婚傾向

どちらも明るくておおらかに結婚生活をエンジョイできる関係です。経済感覚もある配偶者は現実的な人ですが、お互い細かいことは気にしない楽観的なところがあります。あなたも遊ぶのが大好きで趣味も広いので、出費の多い家庭になるでしょう。あまり余分なお金は使いすぎないよう、上手なマネープランを立てるようにしてください。

司禄星

◆あなたの宿命にある配偶者

とても家庭的で、地道で堅実な生き方を積み重ねる司禄星的ムードを持った人が、あなたの宿命にある配偶者像です。穏やかでやさしく、争いや危険なことは避けるタイプ。現実的にもたくましく、家族を大切にします。

◆あなたの結婚傾向

家庭的で堅実な配偶者に対して、あなたは何かと役立つことをしてあげたいとする、尽くし型のタイプです。配偶者はとても家庭を大切にする真面目な人で、おおらかなあなたもそれに協力して、ふたりで結婚生活を育んでいきます。お互いに生活をエンジョイしたいという共通点があるので、円満な明るい家庭になるでしょう。

車騎星

◆あなたの宿命にある配偶者

正直で一本気、窮地にも強い、行動力にあふれた車騎星的ムードを持った人が、あなたの宿命にある配偶者像です。仕事が好きで働き者。じっとしていられない人。いつも何かと忙しくしている、前向きな人です。

◆あなたの結婚傾向

おおらかでのんびりした自然体のあなた。でも、配偶者は常に忙しく動いている人なので、テンポがかみ合わないことがあるかもしれません。相手に合わせていると、気ぜわしくなり、スピードが出て行動的になります。あなたがムリに合わせようとするより、勝手に動いてもらうほうが、お互いに心地よい関係になります。

牽牛星

◆あなたの宿命にある配偶者

責任感が強く、プライドが高い、真面目な牽牛星的ムードを持った人が、あなたの宿命にある配偶者像です。礼儀礼節や信用を重んじるタイプで、常に人に迷惑をかけない、正しい生き方をしようとする人です。

◆あなたの結婚傾向

あなたは感情豊かで表現力豊かな人ですから、相手には何でもオープンに伝えるでしょうが、配偶者はTPOをわきまえたキチンとした人なので、タイミングが悪いと感情を害することがあります。そんな配偶者の性格も考え、尊重し、上手にコミュニケーションを取ることです。時には相手を立てることも必要です。

龍高星

◆あなたの宿命にある配偶者

豊かな創造力と冒険心を持って、自由に人生をはばたこうとする、大胆でユニークな龍高星的ムードを持った人が、あなたの宿命にある配偶者像です。知性豊かで向上心も旺盛、常に画期的な生き方を求めるタイプです。

◆あなたの結婚傾向

自由を好む点では似た者同士のカップルですが、配偶者の強さに押されて、時にぶつかり合うこともあるでしょう。でも、ケンカをしながらも引き合う関係です。相手の性格や感覚を理解し合って、日頃から充分なコミュニケーションを取るよう心がけて。あなたも冒険心を少し取り入れると、結婚生活はより楽しくなるでしょう。

玉堂星

◆あなたの宿命にある配偶者

理知的で探究心が旺盛な学者タイプ。やさしい玉堂星的ムードを持った人が、あなたの宿命にある配偶者像です。母親縁が強い人で、どこか甘えん坊の要素がありますが、無茶や冒険はしない常識的な生き方をする人です。

◆あなたの結婚傾向

のんびりおおらかで明るいあなたと、理論派の配偶者ですから、お互いの感性の違いを感じることもありそう。相手が理屈で押してきたら、サラリと受け流したり、時には相手を上手に甘えさせてあげるといいでしょう。何かを学んだり、楽しんだり、お互い新しい世界を持つゆとりをつくっていくと、いい関係になります。

主精との組み合わせでみる

主精が樹の人

とても明るくのびのびとした鳳閣星になります。結婚生活でもいつも楽しい家庭づくりを目指します。家族で趣味や遊びを満喫するといいでしょう。屋外で自然を楽しむレジャーなどをライフスタイルに組み込むと家庭関係をより円満にしていきます。

主精が花の人

人間関係は広いのですが、ひとりでできる楽しみも好む傾向がある鳳閣星です。ロマンチストで芸術的なことにも関心があり、繊細さもある人です。結婚しても、恋人同士のようなときめきのある関係で結婚生活を続けたいタイプです。

主精が陽の人

毎日の生活の中でのほんの小さなことにでも楽しみや喜びを見出せる鳳閣星です。結婚生活も高望みせず、平凡な暮らしの中にも愛情豊かな幸せなことを望みます。家族が健康で明るく一緒にいられるだけでうれしいと感じるタイプです。

主精が灯の人

広い趣味をもち、時代にも敏感な鳳閣星になります。社会や流行への関心が強く、自分の生活に取り入れることを楽しむでしょう。いくつになっても感情豊かで、人生に情熱的なものを失わない、バイタリティーにあふれた人です。

主精が山の人

とても積極的で行動力抜群の鳳閣星でしょう。精神的に強く何にでも挑戦していき、自分が中心となって何事も楽しむタイプです。人を惹きつけたい気持ちが強いので、家庭においても、配偶者や子供を喜ばせることを一番に考えます。

主精が地の人

美しいもの、かわいいもの、気品のあるものにとても関心や意識が強く、優れた感性の鳳閣星になります。家庭でもインテリアに凝ったり、ハイセンスな部屋づくりを目指します。ある一定のレベルを保ちたいと考える人です。

主精が鉄の人

常に動いていることが好きな人。働き者の鳳閣星になります。休日でもじっとしていることがなく、人と会ったり買い物に出かけたり、家族で旅行や遊びに出たりするでしょう。家族揃って行動することで、明るい家庭づくりを目指す人です。

主精が宝の人

読書や美術鑑賞、音楽鑑賞、コレクションなど思索的な面が強いタイプの鳳閣星でしょう。自分ならではのこだわった趣味も多い人です。プライドも高いので、自分の好みやセンスにこだわった家庭づくりをしていきます。

主精が海の人

一つのことをじっくりと長く楽しむタイプの鳳閣星になります。ひとりでできる趣味や遊びがあり、それを結婚してもずっと長年続けていくことでしょう。もし配偶者や家族もそれに関心を持てば、一緒に楽しむこともできるでしょう。海や自然の中で過ごす習慣が家族円満のコツです。

主精が雨の人

人間関係が広く、グループで楽しむことが大好きな鳳閣星になります。柔軟性と冷静な知性を合わせ持つあなたなので、配偶者でも子供でも人々のプライバシーには踏み込むことなく、いい距離を持った大らかな付き合いができるでしょう。

中心星（胸）が調舒星

結婚しても自分一人の時間を大切に。お互いの世界を尊重し合う関係が理想。

〔あなたの結婚像〕

寂しがり屋ですが、孤独も楽しめる人。人の好き嫌いがハッキリしていて、束縛や面倒なことは苦手。よく気がつき繊細、鋭い感性の持ち主の芸術家タイプのあなたは、結婚相手にも我慢したり、妥協をするのが難しいことでしょう。平凡な結婚生活では物足りず、何かで自己表現をしたい人でしょう。

パートナー同士、お互いの個性や才能を尊重し合い、自由を侵さない関係をつくって。そのためにも一人の時間やスペースを確保できる生活スタイルが理想。また、大家族より核家族のほうが合っているはずです。

配偶者（左手）との組み合わせでみる

貫索星

◆あなたの宿命にある配偶者

マイペースで自分の目標に向かって着々と歩む貫索星的ムードを持っている人が、あなたの宿命にある配偶者像です。頑固なところもありますが、強い意志で独立独歩の人生を創造し、努力していくパワフルな人です。

◆あなたの結婚傾向

仕事第一に考えるタイプですが、しっかりした配偶者ですから、安心していられる家庭生活となります。デリケートでやさしいあなたをしっかり支えてくれる頼もしい人でしょう。あなたは好みがハッキリしていますから、お互いの世界、価値観を尊重し表現し合っていけば、より円満にいくでしょう。核家族のほうが穏やかな関係が結べます。

石門星

◆あなたの宿命にある配偶者

いろいろな人と仲良く調和して付き合える明るい社交家の石門星的ムードを持った人が、あなたの宿命にある配偶者像です。どんな人ともフランクに接し、家庭より友だち付き合いや仕事を優先するところがあります。

◆あなたの結婚傾向

デリケートで、一人でいるのが好きなあなたですが、結婚してからは少し変わってきたはず。人付き合いがよくて友人知人が多い配偶者が、あなたに新しい世界を広げてくれ、時にはあなたもその喜びを実感するでしょう。家庭的とはいえない配偶者ですが、これからも一緒にいろいろなところに出かけていくと、より楽しく暮らせるでしょう。

鳳閣性

◆あなたの宿命にある配偶者

おおらかな性格で、自由に人生を楽しみたい鳳閣星的ムードを持った人が、あなたの宿命にある配偶者像です。バリバリ仕事をしたり、出世を目指す人ではありませんが、生活、趣味などに工夫を凝らす遊び心のある人です。

◆あなたの結婚傾向

気が合う友だちのようなカップルです。ただ、配偶者のほうがノンキなので、デリケートなあなたは少々疲れることもありそう。気が付いたことは相手に言うあなたですが、言い方やタイミングには気をつけましょう。あなただけの自由に使える静かな時間を大切にしたり、独自の趣味などを広げていくことは、相手にもよい結果に。

調舒星

◆あなたの宿命にある配偶者

デリケートで敏感、ユニークな個性と才能のある芸術家タイプの調舒星的ムードを持った人が、あなたの宿命にある配偶者像です。傷つきやすく、心配性。束縛や命令を嫌いますが、芯はやさしいロマンチストです。

◆あなたの結婚傾向

まるで自分自身のように、同じ星を持った仲良しの友だちカップルです。ふたりとも小さなことにもよく気がつくので些細なことが気になったり、ぶつかることもありそうですが、目標が同じだと力を合わせてやっていけます。また、単独行動が好きなふたりですから、お互いの好きな趣味などを認めて尊重し合うといいでしょう。

禄存星

◆あなたの宿命にある配偶者

誰にでも親切で、困った人をみるとつい手を出して世話をやくような禄存星的ムードを持った人が、あなたの宿命にある配偶者像です。人のための出費も惜しまず、現実的なたくましさもあるので、多くの人に好かれます。

◆あなたの結婚傾向

思いやりがあって大変よく気が付くあなたは、大きな視野を持つ配偶者に安心してよく尽くす、仲むつまじいカップルです。基本的にトラブルや波が少ない家庭で、しっかりした配偶者ですが、細かいことはあなたに任せることが多いでしょう。あなたはひとりの時間も必要ですが、ふたりで一緒に好きなことをしていくのも円満のコツです。

司禄星

◆あなたの宿命にある配偶者

穏やかでやさしく、コツコツと地道に安定した人生を築き上げようとする司禄星、そんなムードを持った人が、あなたの宿命にある配偶者像です。争いごとやトラブルを嫌い、地味でも平和な生活を望む家庭的な人です。

◆あなたの結婚傾向

デリケートでとてもよく気がつくあなたが、家庭を大事にするやさしい配偶者に協力して、大変円満なカップルになります。あなたの思いやりは充分、相手に伝わっていますから、あなたは、自分の才能や好みを大切にするために、ひとりだけの自由な時間を持って、楽しむようにしましょう。穏やかで平和な結婚生活が築けます。

車騎星

◆あなたの宿命にある配偶者

一本気でいつも前向きに忙しくしている行動的な車騎星的ムードを持った人が、あなたの宿命にある配偶者像です。何事にも白黒をハッキリさせたいストレートな性格で、窮地も恐れない、勇敢でさわやかな人です。

◆あなたの結婚傾向

あなたは気の小さな面があり、デリケートなので、感情を抑えがちなタイプです。配偶者はストレートでシンプルなので、お互いにわかりにくい面があり、ぶつかると大変なことにも。日頃から感情はためないで、思ったことは表現するようにしましょう。相手は言えばすぐわかる人です。晩年はあなたも行動的になるでしょう。

牽牛星

◆あなたの宿命にある配偶者

とても真面目で何事に対しても几帳面、プライドが高い牽牛星的ムードを持った人があなたの宿命にある配偶者像です。体面を気にするので、礼儀正しく信用される生き方をします。安定した人生を淡々と歩む人です。

◆あなたの結婚傾向

とても気がつくデリケートな感性のあなたですが、配偶者はプライドが高い人。お互いに傷つきやすい側面を持ったカップルです。日頃から積極的にお互いの自己表現をオープンにし合っておくことが大切なコツ。そうでないと衝突した時に陰にこもってしまいます。時々リラックスして、食事や旅行などに行くことがおすすめです。

龍高星

◆あなたの宿命にある配偶者

変化に富んだ人生や冒険を好み、束縛やしきたりを嫌う、ロマンを胸に秘めた龍高星的ムードを持った人が、あなたの宿命にある配偶者像です。自由でユニークな人生をクリエイトしていく人でしょう。

◆あなたの結婚傾向

タイプは違うのですが、束縛されるのが嫌いなふたり。個性の強いカップルなので、時には衝突も。感情的にならずに、話し合う機会をつくって。それぞれの意志や感覚を尊重して新しい結婚スタイルを実践しましょう。上手に距離をとって、ひとりの時間を持つことがお互いにとってプラスに。

玉堂星

◆あなたの宿命にある配偶者

穏やかでおっとりした学者タイプ。探究心が旺盛な玉堂星的ムードを持った人が、あなたの宿命にある配偶者像です。甘えん坊のところがありますが、家族にはやさしいでしょう。冒険や無茶はしない、堅実な人です。

◆あなたの結婚傾向

デリケートで細やかな神経のあなたと、クールな理論派の配偶者。お互いにない面を持ち合っているので、ある意味では惹かれ合います。意識してお互いから得るものを大切にしていけば円満な結婚生活に。家族愛が強いので、お互いのきょうだいや友だち付き合いが加わると楽しいでしょう。でもあなたひとりの時間は確保しておくこと。

主精との組み合わせでみる

主精が樹の人

配偶者の心の奥や人間性を感じとることができる、感性豊かな人です。行動的な面もありますが、穏やかでやさしく、いつも家族のことを気にかけます。あたたかい愛を配偶者や子供にそそぐことができる人です。

主精が花の人

大変直感的なものが優れているので、雰囲気を大事にした家庭づくりを目指します。ただ、配偶者にも細やかな感性を要求すると、心の揺れが大きくなります。お互いのあるがままを尊重し合うようにしましょう。

主精が陽の人

とても庶民的で幅広い分野の人を好きになれる人でしょう。孤独感や感受性もそれほど強くない調舒星なので、どんな人とも家族ぐるみで付き合っていけます。明るさがあるので、誰からも好かれるでしょう。

主精が灯の人

ゆったりとした静かさを持っている人です。その不思議なムードが人を惹きつける魅力にもなっています。明るさのある調舒星ですから、家庭でも配偶者にはデリケートな気持ちで接するでしょう。

主精が山の人

感受性がとても豊かな人ですが、そんな側面を外に出さないので、配偶者はあなたの心の奥までを理解するのは難しいかもしれません。オープンに自分を表現するのが円満のカギになります。

主精が地の人

感情の鋭さや激しさを持っている人です。芯の強い人ですが、配偶者や家族と円満な関係を築くには、あなたの方から立ち入りすぎないこと。お互いを尊重することで、ゆとりあるいい距離が保てます。

主精が鉄の人

あなたは芯が強いうえにデリケートなので、結婚生活の多少の不満は抑えてためがち。後になって爆発させないためにも、日頃からできるだけ素直に表現すること。そうすることで気持ちのよい家庭になります。

主精が宝の人

繊細でプライドが高く、かつ気配りが細やかなあなたは、とても敏感なはず。配偶者や子供などにもつい神経を使いすぎるとリラックスできません。時折、気持ちをラクにして、おおらかになるよう心がけましょう。

主精が海の人

守り型でスローペースの調舒星になりますから、神経質な面や繊細さはあまりなく、ゆったりしていておおらかな性格です。結婚しても芸術的能力や独自の個性を大切にするといいでしょう。

主精が雨の人

特殊な才能と旺盛な向上心のある人です。人との交流は苦手なほうで、ひとりで好きなことをやって楽しむのが好きでしょう。配偶者を支えたり、サポートすることには、やさしさと才能を発揮するタイプです。

中心星（胸）が

禄存星

面倒見がよくて献身的。
あたたかく、かつ現実的に家族を守っていく頼もしい人。

【あなたの結婚像】

家族だけでなく、誰に対しても、やさしくて面倒見がよく頼りになるあなた。配偶者に限りない愛情で尽くし、世話をやくのを喜びとしている人です。

でも、配偶者の性格によっては、時に重荷に感じたり、押しつけがましく取られることがあるかもしれません。上手に愛情の示し方をコントロールして、さわやかな関係をキープするようにしましょう。

金運を意味する星でもあり、結婚生活でもお金に困ることはありません。でも入ってきても、つい使うことのほうが多くなるタイプで、気前のよい人です。

配偶者（左手）との組み合わせでみる

貫索星

◆あなたの宿命にある配偶者

穏やかですが、意志が強く自分の好きなように生きたい貫索星的ムードを持った人が、あなたの宿命にある配偶者像。しっかりした目標に向かってマイペースで進む努力家。本来、束縛が苦手な自由業タイプの人でしょう。

◆あなたの結婚傾向

愛情深く家庭を大切にするあなたですが、配偶者はマイペースなので少々世話がやけそう。結婚すると独身時代と打って変わって忙しくなり、活動力も増えるはず。金銭感覚は少し堅実になり、計画性も出てきそう。たまには衝突もあるかもしれませんが、あなた本来の明るい愛情の自己表現が円満のカギです。

石門星

◆あなたの宿命にある配偶者

大変人付き合いがよく、明るい社交性のある石門星的ムードを持った人が、あなたの宿命にある配偶者像です。統率力があり、仕事や人付き合いを大切にすることが多く、人脈が人生や成功の基本になっている人です。

◆あなたの結婚傾向

あなたは愛情深くしっかりと家庭や家族を守りたい人ですから、配偶者から家庭を二の次にされると、ガッカリすることもありそう。でも社交家の配偶者のおかげで付き合いやもてなしが増え、あなたも多忙になり、明るい人付き合いができるはず。そしてイザという時には、家族で一致団結できる楽しい家庭がつくられていくでしょう。

鳳閣星

◆あなたの宿命にある配偶者

自由に楽しく、あるがままに生きようとする鳳閣星的ムードを持った人が、あなたの宿命にある配偶者像です。やり手や働き者とはいえませんが、遊び心で仕事や人生を楽しみます。バランス感覚のよさは抜群の人です。

◆あなたの結婚傾向

うるさいことも言わないし、束縛もしない、大らかな配偶者からあなたはさまざまなサポートや学びを受け取って、結婚生活は円満に長く続くはずです。お互いにおいしいものが大好きなのも共通点。結婚生活をより楽しむために、同じ趣味を持つと、これからもさらに、明るくすばらしい人生を創造できるでしょう。

調舒星

◆あなたの宿命にある配偶者

デリケートで傷つきやすく、感性豊かな芸術家タイプの調舒星的ムードを持った人が、あなたの宿命にある配偶者像です。あたたかいハートの持ち主ですが、指図されたり、妥協するのが嫌いな自由を愛する人です。

◆あなたの結婚傾向

孤独を愛する一面を持つ繊細な配偶者ですが、あなたには細やかなやさしさを注いでくれ、夫婦の関係はスムーズで円満でしょう。外では神経を使い、ストレスをためやすい配偶者でしょうから、家庭では自由にさせてあげましょう。クリエイティブな人なので、その才能を伸ばせる環境づくりも大切。そっとひとりにさせてあげることも忘れないで。

禄存星

◆あなたの宿命にある配偶者

人の役に立つことが喜びになる、親切で明るい禄存星的ムードを持った人が、あなたの宿命にある配偶者像です。面倒見がよく、気前がよく、奉仕的な人生になります。お金は入ってもすぐに出ていくタイプです。

◆あなたの結婚傾向

ムリがなく、何でもツーカーでわかりあえる仲のよいカップルです。現実的なたくましさを揃って持っているので、たとえば夫婦でお店を持ったり、協力して何かビジネスなどをやるとうまくいくでしょう。でも、どちらかが押しつけたり、リーダーシップを取ろうとすると関係はギクシャクするので、ゆとりのある関係をつくりあげましょう。

司禄星

◆あなたの宿命にある配偶者

堅実でコツコツと地道な生活を継続する、家庭的で真面目な司禄星的ムードを持った人が、あなたの宿命にある配偶者像です。穏やかで平和な毎日の積み重ねを一番に考え、家事なども上手で家庭的な人です。

◆あなたの結婚傾向

気心の知れた仲のよい友だちのようなカップルです。家庭的で真面目な配偶者に対して、あなたのほうが主導権を持つといいでしょう。でも貯蓄や節約のリーダーは配偶者です。同じ目標を持って計画的に進めることでスムーズにいきます。マイホームや夢の実現に向けて、力を合わせていくと円満です。

車騎星

◆あなたの宿命にある配偶者

責任感が強くて、体を動かすことを苦にしない働き者、正直で前進力旺盛な車騎星的ムードを持った人が、あなたの宿命にある配偶者像です。小さなことにはこだわらない、サバサバしたところが魅力の人でしょう。

◆あなたの結婚傾向

愛情奉仕の精神が旺盛なあなたは結婚生活もサポート型になります。そのおかげで、元気な配偶者の行動力はますますパワフルに。あなたが配偶者のペースに巻き込まれることなく、また配偶者を過保護にしない限り、とても円満なカップルです。あなたもスポーツをしたり、どんどん活動的になれば、よりよい関係になります。

牽牛星

◆あなたの宿命にある配偶者

とても責任感が強くて真面目な、プライドが高い、牽牛星的ムードを持った人が、あなたの宿命にある配偶者像です。冒険したり危険を冒すことなく、安定した人生を歩み、良識のワクを越えないライフプランを立てる人です。

◆あなたの結婚傾向

世話好きで面倒見のよいあなたが、真面目な配偶者を手助けしていく関係です。家庭は配偶者がリードして、あなたがバックアップする感じで進んでいくでしょう。配偶者は世間や人の目を気にする人ですから、ふたり一緒に行動する時はおしゃれにも気を使って。あなたのセンスもさまざまな場面で磨かれていくはずです。

龍高星

◆あなたの宿命にある配偶者

束縛を嫌い、自由な世界で思い切り才能を発揮したり、冒険的な生き方を望んでいる龍高星的ムードを持った人が、あなたの宿命にある配偶者像です。忍耐強く、大きなロマンに向かって大胆に生きるユニークな人です。

◆あなたの結婚傾向

大きな夢や望みを抱き、自由を愛するクリエイティブな配偶者ですから、あなたがあまり現実的な意見を押しつけすぎると相手の夢をこわしてうまくいきません。ゆとり心で上手にスタンスを取りましょう。相手の独自性や冒険心なども理解し、あなたも変化を歓迎していくと、面白いユニークな結婚生活になります。

玉堂星

◆あなたの宿命にある配偶者

おっとりして、やさしく知的な学者タイプ。そんな玉堂星的ムードを持った人が、あなたの宿命にある配偶者像です。理屈屋さんですが的確な批判能力と旺盛な探求心を持ち、家族、身内をとても大切にする人です。

◆あなたの結婚傾向

誰にでも親切で面倒見がいいあなたに対して、配偶者は理性派。お互いにない面を持ち合っていますが、現実的にたくましいあなたがリードする結婚生活になりそう。でも、あまり現実的な面ばかり強調しすぎないで、相手の個性を認めて伸ばすのが円満のコツです。勉強好きな配偶者に付き合って何か学んでいくのは楽しいはず。

主精との組み合わせでみる

主精が樹の人

多くの人に好かれる人です。何事もゆっくりペースの禄存星になりますが、現実的な力量のあるしっかり者。配偶者には最大の愛情で尽くすでしょう。ハートだけでなく、プレゼントをすることも大好きでしょう。面倒見がよくて、あたたかい家庭を導く人です。

主精が花の人

男女年齢に関係なく、幅広くたくさんの人々に愛情を注ぐことができる禄存星になります。人がよくて、情にもろいところがあるあなたですが、芯は強いしっかり者。犠牲を払ってでも配偶者や家族には尽くしていくでしょう。和合性に富んだ心やさしい人です。

主精が陽の人

純粋で深い愛情奉仕の精神にあふれた禄存星です。配偶者に対しては心を込めて、明るくやさしさを表します。でも、それが一方的になりすぎないように気をつけて。配偶者とのコミュニケーションは充分取るようにしていきましょう。

主精が灯の人

心は大変あたたかいのですが、理性的な一面が加わり、かつデリケートな面のある禄存星になります。奉仕的にボランティア精神を出し、配偶者にもそのエネルギーを一途に燃焼させることでしょう。それが自分自身の心の成長を高めることになる人です。

主精が山の人

愛情に関心は深いのですが、それがよく考えると同時に、見返りを求める気持ちも強い禄存星になります。こういうふうに愛されたいと自分が望むことを、あなたのほうから配偶者にしてあげましょう。そこから楽で平和で穏やかな家庭になっていくことでしょう。

主精が地の人

行動するより、愛についてあれこれ内面で非常に深く考える人です。そのために孤独や寂しさを味わうこともあるでしょう。ひとりで考えてだけいないで相手を感じて、また配偶者と充分話し合うことで、深い安定した愛情を味わえるでしょう。

主精が鉄の人

表裏や本音と建前や期待などが全くなく、大変正直な禄存星になります。自分の考えをまっすぐ素直に出すため、誰からも信頼されるでしょう。本来、冷静なので熱くなるタイプではありませんが、結婚生活は現実的で着実に安定志向で進める人です。

主精が宝の人

純粋でデリケート。傷つきやすさを持つ禄存星になります。よく気が付くので相手の性格や状況によって、愛情の表現も敏感に変わることでしょう。やや八方美人的なところがあるので、配偶者の誤解を招かないようにする配慮が必要です。

主精が海の人

理性的でクールでありながら、とてもおおらかであたたかい心を持つ禄存星になります。配偶者や子供に対してだけではなく、誰にでも幅広く愛情を注ぐことができる人です。家庭生活でも友だちを招いたりしてリラックスした楽しい家庭を築けるでしょう。

主精が雨の人

とても家族愛の強い人です。ロマンチストな面のある禄存星になります。感情の波が激しく、時と場合によっては愛情に強弱の差が出て気分屋的になり、家族を振り回すことがあるかも。でもあまり心配しないで、笑いのある明るい家庭づくりを心がけていけば大丈夫です。

中心星（胸）が司禄星

日々の生活を大事にし、堅実に着々と平安な人生を積み重ねていく理想的な家庭人。

〔あなたの結婚像〕

あなたは若い頃から結婚願望が強い人だったのではないでしょうか。家事や家のことをするのが上手で、結婚生活に夢を抱いていたことでしょう。地に足のついた考えをもち、生活を堅実にこなし、家族への細やかな気配りも忘れないあなたは「家庭を安心して任せられる人」「理想的な家庭人」といえます。

結婚したら家庭を大事にしていきたいあなたは、無駄遣いをせず、コツコツと貯蓄にも励みます。不動産を意味する星でもあり、マイホームを手に入れるためにも頑張ります。安定した仕事、結婚、家庭づくりに励む人です。

配偶者（左手）との組み合わせでみる

貫索星

◆あなたの宿命にある配偶者

やさしい人ですが頑固さもあり、自分のペースで進んでいく貫索星的ムードを持った人が、あなたの宿命にある配偶者像です。自立心の強いしっかり者。指図されるのが嫌いで、何事も地道に頑張る大器晩成型です。

◆あなたの結婚傾向

あなたは大変家庭的な人です。堅実で穏やかな考えを持ち、家事も得意でしょう。頑固で仕事熱心な配偶者とは、時に意見の相違もあるかもしれませんが、あなたが家庭を大切にしていけばトラブルにはならないはず。家事は役割分担を決めたり、あなたも何か好きな世界を持ったり、独自の楽しみを広げるといいでしょう。

石門星

◆あなたの宿命にある配偶者

社交家で明るく、友人も多い、人付き合いのよい石門星的ムードを持った人が、あなたの宿命にある配偶者像です。統率力があり、自己を失わない和合性は天性のもの。人間関係が仕事や自己表現のベースとなる人です。

◆あなたの結婚傾向

あなたは家庭の幸せのために地道に努力する人ですが、配偶者は人付き合いが第一の人。友だち付き合いが好きな配偶者を見習って、あなたも一緒に新しい分野の人たちと知り合っていき、社交的になっていくといいでしょう。新鮮な世界が広がるはず。幅広い家庭的な楽しみを見つけるのがおすすめです。

鳳閣星

◆あなたの宿命にある配偶者

おおらかでいつも自然体でいたい、明るい鳳閣星的ムードを持った人が、あなたの宿命にある配偶者像です。ワクにはまったことが嫌いで、自由な精神で何事も楽しみながら生活していきたい創意工夫の人です。

◆あなたの結婚傾向

無理をしないゆったりとした配偶者の生活スタイルが、あなたによい影響を与えてくれ、助けられます。配偶者は自然体で、あなたのことを気にかけてくれるやさしい人。人生を工夫して生きる才能や遊び心が豊かな人ですから、あなたも一緒に楽しむと充実感が得られます。基本的には円満な組み合わせといえます。

調舒星

◆あなたの宿命にある配偶者

心やさしく、大変デリケートで鋭い感性を持つ、芸術家肌の調舒星的ムードを持った人が、あなたの宿命にある配偶者像です。束縛されることを嫌い、自由と孤独を愛する一面があるロマンチストです。

◆あなたの結婚傾向

やさしく繊細な配偶者があなたに気を使い、愛情を示してくれます。あなたはじっくりと堅実な家庭づくりをしていきますが、そのエネルギーの源となっているのが、配偶者でしょう。相手は少々神経の細かいところはありますが、ひとりでいることも大好きな人ですから、いつも甘えないで自由にさせてあげることはとても大切。家庭のあたたかさを実感できる結婚生活です。

禄存星

◆あなたの宿命にある配偶者

人のために何かと面倒を見たり、役立つことをするのが喜びとなる、やさしい禄存星的ムードを持った人が、あなたの宿命にある配偶者像です。現実的でたくましく、生活力があり、気前のよい人でしょう。

◆あなたの結婚傾向

家庭的で堅実なあなたと愛情深い配偶者ですから、大変明るいカップルです。あなたの心遣いが家庭づくりを地道に進めるもとになります。配偶者は気前がよいタイプで、出費も多いので、気になることがあるかもしれません。細かいことは言いすぎないで、家計は、お金のコントロールが上手なあなたがしっかりリードしましょう。

司禄星

◆あなたの宿命にある配偶者

努力家でコツコツと地道に生きていく穏やかな司禄星的ムードを持った人が、あなたの宿命にある配偶者像です。平穏で安定志向の人なのでみんなから信用されます。家事なども得意ですし、とても家庭的な人です。

◆あなたの結婚傾向

同じ星同士ですから、なんでもわかりあえる親友のようなカップルです。お互いにコミュニケーションを充分にとって、同じ目標やプランの下に力を合わせたり、共に働いていくと成果も上がります。マイホームや子供のこと、起業といった将来のことなど、ふたりでキチンと計画的に考えることを楽しみ、平等感覚で仲良くやっていける関係です。

車騎星

◆あなたの宿命にある配偶者

行動力抜群のさわやかな働き者。正直でストレートな車騎星的ムードを持った人が、あなたの宿命にある配偶者像です。気が短くて、何事も白黒ハッキリさせたい性分ですが、でも細かいことは気にしないさっぱりした人です。

◆あなたの結婚傾向

あなたは地道にあたたかい家庭づくりを目指し、そのため努力する人。配偶者はマイホーム的とはいえませんが、関係はじつにスムーズです。あなたが積極的なサポートをし、配偶者もその愛情を素直に受けてエネルギーにして、よく働きます。あなたもスポーツをしたり、行動的になっていくと、よりよい関係になります。

牽牛星

◆あなたの宿命にある配偶者

責任感が強くて几帳面、真面目でキチンとした言動をする牽牛星的ムードを持った人が、あなたの宿命にある配偶者像です。礼儀をわきまえた人で、どんな場面でもプライドを持って対応し安定した人生を歩みます。

◆あなたの結婚傾向

算命学的には理想的なカップルとされています。家庭を大事にし、堅実な結婚生活を目指すやさしいあなたと、責任を持って真面目に仕事をしていく配偶者ですから、結婚生活はとても円満です。家族をしっかり守るあなたの努力で、配偶者は安心して、家庭の温もりを味わい、社会で着々と自分の役割を果たしていくでしょう。

龍高星

◆あなたの宿命にある配偶者

自由を愛するチャレンジャー、いくつになってもロマンや夢を目指して頑張る龍高星的ムードを持った人が、あなたの宿命にある配偶者像です。ユニークな発想をもち、変化の多いクリエイティブな人生を望む人です。

◆あなたの結婚傾向

堅実で家庭的なやさしいあなたですが、配偶者は家庭を安住の場にはしないタイプの自由人。あなたが持ち前の真面目さでつい細かいことを要求しすぎると、相手を萎縮させる可能性が生じます。配偶者の自由さやユニークさも尊重すればよりよい関係に。女性のほうが年上的なカップルだとよりうまくいきやすいでしょう。

玉堂星

◆あなたの宿命にある配偶者

穏やかでもの柔らかで、向上心が旺盛な学者タイプの玉堂星ムードを持った人が、あなたの宿命にある配偶者像です。家族思いで親や身内に対してもやさしい人。しきたりなどを大切にする古典的なタイプです。

◆あなたの結婚傾向

誠実で地道にコツコツとあたたかい家庭づくりを積み重ねていくあなたと理性的な配偶者。あなたが、あまり現実的な意見を出しすぎると衝突が起こりそう。相手の長所を尊敬して、探究心豊かな配偶者と共に、あなたも学ぶことに関心を持つと、向上の楽しみもあり、晩年の結婚生活が新鮮に広がっていきます。

主精との組み合わせでみる

主精が樹の人

安定志向のあなたは、長期的に堅実な安定した家庭を目指す司禄星になります。気配りもしっかりしているので、配偶者の状況の変化にも合わせられる人です。でも配偶者によって変わる部分と、全く変わらない部分があるでしょう。

主精が花の人

異性を惹きつける魅力のある司禄星です。そのため恋愛では自分から積極的に動くほうではないのでは？　結婚したら相手の影響によって大きく変わるタイプなので、できるだけ相手のよい面を受け取るようにしましょう。堅実な家庭を築きます。

主精が陽の人

常に美意識が働く司禄星になります。プライドが高くしっかりしていて、家庭生活にも目標を持ち、計画をハッキリさせないと安心できません。配偶者とは何事であれしっかりと話し合いをすることが大切でしょう。

主精が灯の人

前進力があり行動的な司禄星になります。感情も豊かで表現力もあるのでたまには夫婦ゲンカもあるかもしれません。意見の相違があったら我慢しないで、充分にコミュニケーションを取るようにしましょう。

主精が山の人

小さなことや仔細なことを長い時間かけて何でも蓄積していく司禄星です。夫婦間の愛情も同じで、年齢と共に豊かになり、味のある付き合い方を深めます。中年より晩年のほうが、さらに愛が充実してきます。

主精が地の人

実体験を重ねて、何であれ蓄え、築き上げていく、司禄星です。行動力と知恵の両方を使い、日常生活の中でいろいろ学び、自分を豊かにしていく人です。家庭生活も変化に富み、円満なカップルでしょう。

主精が鉄の人

スピードの激しさや動きのダイナミックさはないのですが、とても順応性があり、臨機応変によく働きます。配偶者によって自分が変わることは少なく、相手が変わることによって関係は円満になる人です。

主精が宝の人

大変ストレートで一本気な人です。デリケートでやさしいので、結婚生活では、自分の選んだ配偶者を長くいつまでも誠実に愛し続けるタイプ。年月とともに、その経験が大きな愛に育ちます。

主精が海の人

よく尽くすタイプなのですが、何をするにも目的を必要とし、それをしっかり定め、夢を持つことで積極的になれます。ただ、目標が揺らぎやすいので、一つのことを貫いていくと結婚生活も幸せになれます。

主精が雨の人

理性的ですが、明るさ、華やかさのある司禄星の人。本来、司禄星は家庭的なのですが、あなたは結婚や家庭というワクにあまりとらわれないタイプでしょう。ユニークな家庭づくりをエンジョイしていける人です。

中心星（胸）が車騎星

行動力がありバッグンの働き者、家庭でもリーダーシップをとり、さわやかな家庭生活を。

【あなたの結婚像】

結婚への道も自分で積極的に切り開き、スピーディーに段取りまでつけてしまう、そんなバイタリティにあふれているのがあなたです。こうと決めたら、それに向かっていく一途な性格ですから、結婚のプロセスでもあまり悩むことはなかったのでは？　ただ、結婚も電撃的に決めたり、何事にも決断が速いですから、周囲をびっくりさせることも。

あなたが女性なら結婚後も仕事を持ったり、忙しくしているほうがイキイキする人。配偶者もあなたを頼り、リーダーシップをとる家庭生活でしょう。

配偶者星（左手）との組み合わせでみる

貫索星

◆あなたの宿命にある配偶者

頑固なところはありますが、目的に向かって努力する独立心に富んだ貫索星的ムードを持った人が、あなたの宿命にある配偶者像です。自分の好きなことや信念を着々と貫き通し、マイペースで人生を開いていく人です。

◆あなたの結婚傾向

それぞれが淡々と我が道を行くよさを持った、友だち夫婦のようなカップルですが、基本的にはあなたがリーダーシップをとっていく結婚生活です。白黒を速くつけたい行動派のあなたですが、結婚することで忍耐力が出てきます。たとえ苦しい時があってもしっかりと家庭を守り、積極的に対処し、前進していくでしょう。

石門星

◆あなたの宿命にある配偶者

とても人付き合いがよく、交友範囲も広い石門星的ムードを持った人が、あなたの宿命にある配偶者像です。家庭よりも友だちを優先するタイプですが、人脈の広さと社交性で、仕事も人生も充実させていく人です。

◆あなたの結婚傾向

正直で一本気なあなたが家庭を持つと、忍耐力が出て、協調性を持つようになるでしょう。あなたが配偶者の影響を受けて変わるというのではなく、家庭はあなたがリードしながら変化していくかたち。感覚的には夫婦も子供も同等で、事があれば一致団結して協力し合う家庭です。共働きには向いているカップルです。

鳳閣星

◆あなたの宿命にある配偶者

のんびりした明るい性格の鳳閣星的ムードを持った人が、あなたの宿命にある配偶者像です。アクセク働いたり、頑張ったりするタイプではありませんが、趣味が広く、人生を楽しみながら生きていく自然体の人です。

◆あなたの結婚傾向

配偶者は物事にとらわれないゆったりした人なので、結婚生活は自然とスピードや変化が少なくなり、明るくのんびりしたムードになるでしょう。子供のように楽しく生きたい配偶者ですから、時にはイライラするかも。でも、指図したりうるさく言うとぶつかることもありそう。あなたのほうからテキパキ動いていけばいいのです。

調舒星

◆あなたの宿命にある配偶者

デリケートで敏感、芸術家的気質を持つ調舒星的ムードを持った人が、あなたの宿命にある配偶者像です。鋭い感受性を秘めていて個性が強く、人の好き嫌いもハッキリしていますが、根はとてもあたたかい人です。

◆あなたの結婚傾向

感情の激しいカップルですから、あなたが強気になったり、短気を起こすと衝突し、配偶者は心を閉ざしかねません。繊細でひとりでいることも好む相手のデリケートな気質を尊重してあげましょう。でも気を遣いすぎるとお互いが疲れますから、相手が望むように好きなようにさせてあげることが、一番、円満のコツです。

禄存星

◆あなたの宿命にある配偶者

大変親切で、サービス精神旺盛な禄存星的ムードを持った人が、あなたの宿命にある配偶者像です。スケールが大きく、現実的にもたくましい人ですから、経済力もあるはず。でも貯めるよりは使うことが多いタイプです。

◆あなたの結婚傾向

愛情に満ちた、明るい家庭が築けるでしょう。配偶者は情が深く家族思いの人ですから、あなたも愛情を傾けます。結婚してからは配偶者の影響であなた自身のエネルギーも高まります。宿命的にはあなたが助けられ支えられる関係ですが、慣れっこにならないで。感謝や愛情の気持ちはしっかり、表現しましょう。

司禄星

◆あなたの宿命にある配偶者

穏やかで真面目で家庭をとても大切にする司禄星的ムードを持った人が、あなたの宿命にある配偶者像です。堅実に地道に人生をコツコツと積み重ねていく人で、冒険などは好みません。家事も上手にこなします。

◆あなたの結婚傾向

外で活動的に動き、働くことが好きなあなたですが、結婚してからは配偶者の影響で何とか家庭的にもなるでしょう。配偶者のリードに従って、ホームメイキングをエンジョイし、マイホームの資金づくりに家庭づくりに努めます。目的を一つにしていくことで、夫婦の関係はますますよくなるでしょう。

車騎星

◆あなたの宿命にある配偶者

仕事が好きで、正直で一本気な車騎星的ムードを持った人が、あなたの宿命にある配偶者像です。性格はサッパリしていて、忙しいことは苦になりません。損得勘定を考えない、純粋さを持った人間味のある人です。

◆あなたの結婚傾向

同じ車騎星同士ですから、価値観、ライフスタイルが似ていて、忙しいことやあわただしさが気にならない友だちのようなカップルです。何か目的を決めれば、力を合わせて頑張り、喜怒哀楽を分かち合います。張り合う気持ちが出ない限り、テンポが同じなのでお互いに仕事や多忙を楽しめて、何事もスムーズでいい関係が築けます。

牽牛星

◆あなたの宿命にある配偶者

プライドが高く、社会や他人からの評価も気にする真面目な牽牛星的ムードを持った人が、あなたの宿命にある配偶者像です。責任感が強く、礼儀正しく、ワクからハミ出すことのない正しい生き方を望む人です。

◆あなたの結婚傾向

仲のよい友だちのようなカップルです。あなたが短気を起こして衝突することがあっても、冷静さと理解力のある相手なので、尾を引きません。あなたは明るくてサッパリした性格ですが、配偶者は信念を持っている真面目な人。プライドを傷つけないように注意しましょう。相手を尊重しながら。のびのびと関われればいい関係です。

龍高星

◆あなたの宿命にある配偶者

束縛を嫌い、自由を愛し、大胆でユニークな発想を持つ龍高星的ムードを持った人が、あなたの宿命にある配偶者像です。いくつになっても夢やロマンを失わず新しい未知の世界に憧れ、変化に富んだ生き方を好む人。

◆あなたの結婚傾向

男性が年下か、またはとても年上のカップルになるかもしれません。相手はワクにはまりたくない人。お互いが独自の世界を持っていますし、家庭が安住の場にはなりにくく、女性の場合家庭だけの生活だとイライラしてしまいそう。お互いに才能やエネルギーを自由に発揮することで、結婚生活が円満でイキイキできるはず。

玉堂星

◆あなたの宿命にある配偶者

穏やかでソフトな人当たり、理論派で向上心が豊かな玉堂星的ムードを持った人が、あなたの宿命にある配偶者像です。知的な学者、研究者タイプで、冒険や変化などは好まない、真面目な人。とても家族思いです。

◆あなたの結婚傾向

思いやりのある配偶者ですが、甘えん坊な一面があります。あなたがそれを大きな包容力で包み、テキパキと相手をサポートするといった関係のカップルでしょう。

家庭のムードとしては知性的で、子供に対してはふたりともとても教育熱心です。トラブルの少ない、さわやかな雰囲気に満ちた平穏型の結婚生活です。

主精との組み合わせでみる

主精が樹の人

積極的で元気のいい車騎星になります。ただ、忍耐力はあまりないかもしれません。前向きに自分の思ったような家庭づくりを目指します。少々、気が短いところはありますが、楽しい家庭を築きます。

主精が花の人

プライドが高く、美意識が豊かな車騎星になります。結婚していても異性の友だちがいたり、モテるでしょう。デリケートなので、夫婦間で傷つかないように、相手の立場も考えて常に柔軟に対応することが大切です。

主精が陽の人

あなたは一つのことをいつまでも悩むのは苦手で、即行動に移す車騎星になります。配偶者ともよく外出し、行動半径も広いでしょう。負けず嫌いで短気な点は個性で、明るい家庭が持てる人です。

主精が灯の人

人を好きになると燃えやすく、ホットな車騎星になります。我慢が苦手なので好きなはずの配偶者にもついイライラが。感情家ですが、根はサッパリしていて、配偶者や家族のためには献身的に尽くす情熱を持った人です。

主精が山の人

純粋で正直、この人と思って結婚した相手には、感情も行動もひたすら前に進む一方の車騎星でしょう。とても人間味のあるあなたですが、一方的にならないように用心しましょう。時には配偶者の気持ちや状況をよく見てから行動するタイミングも大切です。

主精が地の人

ゆっくりペースですが、車騎星としてはネバリのある人となるでしょう。結婚生活にも短気にならずに根気強さを発揮しながら、自分が望む家庭づくりを着々と導きます。あきらめることがない、そのネバリ強さは、配偶者から見ても頼もしい限りです。

主精が鉄の人

何事にも明快でハッキリした意思表示をする車騎星になります。率直でストレートなコミュニケーションがとれるため、配偶者とも子供とも腹を割って正直な話ができるでしょう。明るく楽しい家庭が築けるはずです。

主精が宝の人

単純でストレートな車騎星の中では特殊なタイプとなります。大変デリケートでプライドが高いでしょう。配偶者の言動で傷つくと辛くなってケンカになることもありそう。相手を責めないで、心を開いて素直に甘えてみるとうまくいくはずです。

主精が海の人

忍耐力のある車騎星になります。ですから自分のほうからどんどん動くことは少なく、うまくいかない時でも、ケンカをしかけたりはしません。むしろ頼られると配偶者のためにひと肌脱ぐといった大きくて頼もしいあたたかさがある人です。

主精が雨の人

大きな変化は起こさない、慎重さが加わった車騎星になります。本当は感情が強いのですが、それを表には出さない平静さがあります。家庭でもとくに目立ったことをしないで、配偶者や家族を後ろからバックアップするのが性に合っている人です。

中心星（胸）が
牽牛星

責任感が強くキチンとした家庭づくりを目指す真面目な人。話し合いで理想の結婚生活を。

〔あなたの結婚像〕

真面目でプライドが高いあなたは、配偶者に対して、つい条件をつけたりするタイプです。性格や物の考え方、家族や仕事への姿勢など何かにつけて「こうでなければ」という価値観が頭をもたげ、それを優先してしまうことがあるかもしれません。世間の目や常識、礼儀礼節を大切にするあなたですから、配偶者や家族にもよかれと思ってのことですが、つい要求がきつくなることがありそうです。理想のキチンとした家庭づくりを望むあなたの考えはステキなことです。でも夫婦や家族の心の幸せや絆を強くするには、柔軟な心と姿勢も大切。明るいコミュニケーションを楽しむように心がけて。

配偶者星（左手）との組み合わせでみる

貫索星

◆あなたの宿命にある配偶者

頑固な性格ですが、独立心旺盛で忍耐強い貫索星的ムードを持った人が、あなたの宿命にある配偶者像です。常にマイペースで、信念を持って目的に突き進む真面目な人です。束縛を嫌いますが、地道で正直な人です。

◆あなたの結婚傾向

のんびりとみえますが、配偶者はとてもマイペースな努力家。あなたが指図をしたり、細かいことを言うと嫌がるでしょう。何事も地道にコツコツとやっていく人ですから、そんな配偶者を信頼して気長に見守っていきましょう。何か言いたいときは相手の意思も尊重した言い方を心がけて。長男長女のカップルなら、お互いの両親を大切にすると、関係は円満にいきます。

石門星

◆あなたの宿命にある配偶者

友だち付き合いが広く、人間関係を何よりも大切にする社交家の石門星的ムードを持った人が、あなたの宿命にある配偶者像です。グループや組織の和を保つ要となって活躍することが多く、パワフルで明るい人でしょう。

◆あなたの結婚傾向

あなたは大変プライドが高く、責任感が強くて几帳面な人。人付き合いを第一にするため、仕事や私用で、外に出ることが多い配偶者に対して一言、言いたくなるかもしれませんが、効き目がないと、ストレスになるだけ。家庭のことはあなたがリードして。そしてあなた自身も自分の人間関係や社交を楽しむことです。趣味や新たに勉強などを始めると心も寛大になるでしょう。

鳳閣星

◆あなたの宿命にある配偶者

ノンキで陽気であるがままに生きていきたい鳳閣星的ムードを持った人が、あなたの宿命にある配偶者像です。おおらかでアクセクしたところがなく、創意工夫の能力を持っている人で、一緒にいて楽しいことも多いはずです。

◆あなたの結婚傾向

地道で真面目なあなたの目には、おおらかで明るい配偶者が新鮮に映るはず。学ぶべき点は受け入れましょう。でも、あんまりノンキにしていると、怠け者のように思えてイライラするかもしれません。あなたが趣味を持ったり、共に遊ぶ時間をつくると、新しい世界が広がります。家庭生活を堅苦しく考えず、楽しむ場にしてください。

調舒星

◆あなたの宿命にある配偶者

デリケートで傷つきやすく、ユニークな才能を持つ芸術家肌の調舒星的ムードを持った人が、あなたの宿命にある配偶者像です。好き嫌いがあり、人付き合いが苦手で孤独を愛しますが、心はとてもあたたかな人です。

◆あなたの結婚傾向

感覚や好みの違いはありますが、お互いに新鮮な関係です。でも、プライドを傷つけたり、傷つけられるような言動にはお互いの注意が必要でしょう。配偶者はとても繊細ですから、ちょっとした一言で心を閉ざすことも。お互いひとりで過ごす時間も大切に。うまくやるコツは「愛」。やさしさがあれば、成長できる結婚生活です。

禄存星

◆あなたの宿命にある配偶者

誰にでもやさしくて、人のために役に立つことが本人の喜びである禄存星的ムードを持っている人が、あなたの宿命にある配偶者像です。あなたにも愛情を示してくれるでしょう。お金は出入りが多く、よく使う人です。

◆あなたの結婚傾向

あなたに愛情をそそいでくれる配偶者なので、心地よい毎日が送れます。経済的にも困らない生活ですが、何かと出費は多いでしょう。家庭のことをよくやってくれたら、マメに感謝を表現して。あなたに喜んでもらいたいのです。あたりまえだという態度では配偶者は張り合いを失います。いずれにしても円満な夫婦関係の形です。

司禄星

◆あなたの宿命にある配偶者

真面目で安定した堅実な生活を目指す司禄星的ムードを持った人が、あなたの宿命にある配偶者像です。温厚で争いごとやトラブルを嫌い、着実に人生を積み重ねていく家庭人なので、安心していられます。

◆あなたの結婚傾向

算命学では理想的なカップルとされています。配偶者は家庭とあなたをとても大切にしてくれるはず。堅実で明るい結婚生活を計画的にコツコツと築きあげていくことができます。住まいやインテリアにも関心が強く、料理や家事なども得意な配偶者です。役割分担を決めて生活すると、より楽しく円満な毎日となるでしょう。

車騎星

◆あなたの宿命にある配偶者

正直で純粋、じっとしているのが苦手な働き者の車騎星的ムードを持った人が、あなたの宿命にある配偶者です。白黒をハッキリさせたい性格で、責任感が強く、損得勘定抜きで行動する人間味のある人です。

◆あなたの結婚傾向

仲のよい友だちが一緒になったようなカップル。お互いにわかり合え、テンポも合うので、たまに意見が違っても後に残りません。配偶者は短気ではありますが、サッパリした性格。あなたがあまり堅いことを言ったり、張り合ったり、引っ張ろうとすると争いになることも。一緒にスポーツなどを楽しむとより円満に。

牽牛星

◆あなたの宿命にある配偶者

真面目で几帳面な性格で、何でもキッチリやることを信条にしている牽牛星的ムードを持った人が、あなたの宿命にある配偶者像です。礼儀を心得ていて、トッピなことをすることなく、プライドを持って頑張る人です。

◆あなたの結婚傾向

同じ星のふたりですから、仲のよい似た者夫婦になります。同じ目的を持って歩めば、助け合ってうまくいきますが、どちらかがプライドを傷つけるようなことを言ったり、相手をリードしようとするとギクシャクします。価値観や意思を確認しながら、いつも明るく、お互いに敬意を忘れずにいることが大切です。

龍高星

◆あなたの宿命にある配偶者

束縛や規制を嫌い、ユニークで自由な発想で大胆に世の中を渡っていきたい龍高星的ムードを持った人が、あなたの宿命にある配偶者像です。色彩感覚や創造力に優れ、度胸もよく、冒険心にあふれた人です。

◆あなたの結婚傾向

ワクにはまることを嫌う配偶者ですから、あまり家庭的とはいえません。でも、家庭はあなたがしっかりと守っていけば、円満な結婚生活でしょう。配偶者も素直に甘えて、のびのびと自分の個性を伸ばしていくでしょう。家庭や世間との関わりなどは、あなたが中心となって行いながらあおおらかに相手の気持ちを受け入れてサポートすれば大丈夫。

玉堂星

◆あなたの宿命にある配偶者

もの柔らかで観察力に優れた理性的な玉堂星的ムードを持った人が、あなたの宿命にある配偶者像です。たくましさにはやや欠ける感じがありますが、的確な批判能力をもち、リスクをおかすことのない安心な人です。

◆あなたの結婚傾向

配偶者は探究心が旺盛な勉強家。あなたはテキパキした性格で几帳面でキチンとした生活づくりもキッチリする人ですから、その包容力で配偶者の面倒をみるという関係でしょう。配偶者は優れた能力を持っている人のはず。あなたはその才能を伸ばすべくサポートすることを楽しめば、相手もよく伸びて、とても円満な夫婦関係です。

主精との組み合わせでみる

主精が樹の人

美意識に支えられたプライドの高い牽牛星です。複雑な内面を持っていて、ちょっとしたトラブルでも逃げ出したくなりそう。スジを通して、穏やかなコミュニケーションをとるように努力しましょう。

主精が花の人

外見はもの柔らかですが、内面に強い激しさを秘めた牽牛星となります。配偶者にあまり集中しすぎると、自分自身をなくして苦しくなってくるかもしれません。自分の世界を持ち、好きなこともしながら、ふたりの距離を上手にとるのが円満のコツです。

主精が陽の人

プライドの高さを感じさせない大らかな牽牛星になります。恋愛から結婚へもじっくりと年月をかけるタイプでしょう。何事もあせることなく、物事を完成させていく慎重派、家庭でも社会やグループ内でも中心的存在ともなる人です。

主精が灯の人

プライドの高さが外側に表れない牽牛星になります。むしろ寂しがり屋で甘えん坊でしょう。ちょっとしたことで傷ついたり、イライラした場合は、配偶者とキチンと話し合っていけば、リラックスできるよい結婚生活が保てます。

主精が山の人

大きな目標を持った牽牛星になります。時にトラブルがあっても忍耐強くそれが去るのを待ちます。苦労があっても、そのパワーで家庭づくりを成長させます。家族旅行などは登山や森林浴、アウトドア関係が気持ちをリフレッシュさせます。

主精が地の人

気が短いところがある牽牛星。真面目な性格がプライドの高さとなって、時として人からは気取っていると思われることがあるかも。配偶者には充分心を開いて、これからも素直でシンプルな態度で接していきましょう。

主精が鉄の人

心の底でいつも静かに燃えているようなプライドを持

つ牽牛星です。愛する配偶者や家族のためには、明るさとやさしさを存分にそそぎます。万一傷ついた時でも、時間を充分とってキチンとコミュニケーションをとればうまくいきます。

主精が宝の人

　庶民的でサッパリさわやかさのある牽牛星になります。ただ、ライバル意識が強く、つい自分の気持ちが中心になりがちなのでご用心。家族にも何となく高慢に見られることも。家庭では「聞き上手」になると、いい関係が長く続きます。

主精が海の人

　庶民的でサッパリしている牽牛星です。ただ、ライバル的な存在の人に対しては別で、心がわきがち。配偶者にも何かにつけ、嫉妬をするような心を燃やすことがありそう。学ぶものが多い配偶者に、充分な信頼を持って関わり合っていこうと努めていればいいのです。

主精が雨の人

　自分のプライドの高さを外には見せないタイプの牽牛星になります。でも忍耐力が強いのであまり自分を抑えていると疲れてしまいます。家庭ではあるがままのあなたを受け入れて、心を開いてみせることです。オープンになれば気持ちも関係もラクになります。

中心星（胸）が
龍高星

常識的なワクにとらわれず、ユニークな結婚スタイルを望む、改革心にあふれた自由人。

【あなたの結婚像】

ダイナミックな行動力で周囲の人たちにとって刺激的な存在のあなた。結婚に関しても常識にとらわれない自由な発想を持っています。本来、型にはまった生活には興味がなく、自分流のユニークな結婚スタイルを望み、実践できる勇気のある人でしょう。

独創的な生き方をしている人が多く、たとえば外国人とのカップルなどもありの個性的なタイプ。ワクにはまらない、ライフスタイルをクリエイトするあなたならではの発想が、これからの結婚生活でもお互いの刺激となる関係です。

配偶者星（左手）との組み合わせでみる

貫索星

◆あなたの宿命にある配偶者

しっかりした意志を持っていて、ネバリ強い貫索星的ムードを持った人が、あなたの宿命にある配偶者像です。マイペースで我が道をいく努力の人。束縛や指図されることが苦手ですが、自立心が旺盛です。

◆あなたの結婚傾向

配偶者は大変しっかりした人です。あなたはそんな相手を世話したり、サポートしたりしてよく支えていく関係。強い配偶者もあなたには素直に従い、基本的にはトラブルの少ない円満な夫婦。でも世話のやりすぎはＮＧ。あなた自身も独自の世界を持ち、自由な生活を創造していくことがおすすめです。

石門星

◆あなたの宿命にある配偶者

人付き合いが広くて、明るい社交家の石門星的ムードのある人が、あなたの宿命にある配偶者像です。もの柔らかですが、中身はしっかりした強さと統率力があり、集団、グループの中心となる頼もしい人です。

◆あなたの結婚傾向

あなたはじっとしていられない、よく動く人でしょう。何事であれ、配偶者のためにできるだけのことはし、尽くしていくでしょう。トラブルの少ない円満なカップルですが、配偶者は決して弱い人ではないのですから、世話をやきすぎて過保護にしないように。長い間にはお互いに疲れてしまいます。あなたのユニークさを大切にして発揮することも円満のコツです。

鳳閣星

◆あなたの宿命にある配偶者

明るくてノンキ、こだわりのない自然な生き方をする鳳閣星的ムードを持った人が、あなたの宿命にある配偶者像です。物事を楽しむ才能に優れ、どんなことにも工夫を凝らし、遊び心で関わるバランス感覚のある人です。

◆あなたの結婚傾向

ふたりとも束縛を嫌い自由を好むカップルです。自然体の配偶者はあまり計画的に生きるタイプではないので、少々ズボラに思うことがあるかもしれません。でも、あなたがあまりあれこれ指図したり、理屈を持ち出すと関係はギクシャクします。お互いの接点を見つけて大切にしましょう。楽しい生活を目指すなら、おおらかな心で。

調舒星

◆あなたの宿命にある配偶者

才能があり、ユニークな感性と、大変デリケートな神経を持つ、調舒星的ムードを持った人が、あなたの宿命にある配偶者像です。好き嫌いがありますが、ひとりの時間や孤独を楽しむ、心やさしいロマンチストです。

◆あなたの結婚傾向

相反するものを持っているのですが、とても惹かれ合う関係です。配偶者は繊細で協調性に欠ける子供のような一面があり、それが個性なのです。あなたはダイナミックで大胆な人ですが、理屈を言ったり、よかれと思ってリードしようとすると、相手を追い込むことになることも。個性の違いを生かす鍵はあなたのほうにあります。おおらかさを忘れずに。

禄存星

◆あなたの宿命にある配偶者

誰に対しても親切で、人のために喜んで働いたり、親身に尽くせる禄存星的ムードを持った人が、あなたの宿命にある配偶者像です。現実的でたくましい力量を持っています。出費は多いでしょうが、金運はある人です。

◆あなたの結婚傾向

自由にユニークな人生を創造していきたい夢や才能の豊かなあなた。配偶者は愛情深いのですが、リアリスト。学ぶべきことは多いのですが、あなたの大きなロマンやチャレンジ精神、新しいことにトライするところには、ついていきにくく、ブレーキをかけることがあるかもしれません。たまには一緒に、冒険を楽しんでみるといいでしょう。

司禄星

◆あなたの宿命にある配偶者

やさしくて地道にコツコツと努力をする司禄星的ムードを持った人が、あなたの宿命にある配偶者像です。争いごとやトラブルは好まず、常に安定志向で平和な生活を歩もうとします。家事なども得意な家庭的な人です。

◆あなたの結婚傾向

あなたは束縛が嫌いな自由人で、常に新しい世界に挑戦したい夢がある人でしょう。配偶者はとても堅実で家庭的な人。たとえ、あなたが家庭を大事に思っていても、リスクや冒険、外出などが多すぎると心配してブレーキをかけてくるかもしれません。スポーツをしたり旅に出たり、小さな冒険を共にするのが円満のコツです。

車騎星

◆あなたの宿命にある配偶者

スピードと行動力があり、さっぱりした性格の車騎星的ムードを持っている人が、あなたの宿命にある配偶者像です。短気なところもありますが、責任感が強く、利益を考えずに行動できる正義感のある正直な人です。

◆あなたの結婚傾向

あなたは自由を愛し、夢や希望を持って、常に新しい世界を創造していきたいユニークな個性の持ち主。そんなあなたをバックアップしてくれるのが頼もしい配偶者。あなたのために時には犠牲的なほどに純粋な気持ちで、尽くしてくれるでしょう。でも甘えてばかりはいないで、あなたもたまには相手を甘えさせてあげましょう。

牽牛星

◆あなたの宿命にある配偶者

真面目で責任感が強く、品位とプライドが高い牽牛星的ムードを持っている人が、あなたの宿命にある配偶者像です。世の中の良識やワクを超えず、礼儀正しく、的確な判断力によってキチンとした人生を歩みます。

◆あなたの結婚傾向

のびのびと自由にユニークなことをやりたいあなたは創造力豊かな人です。そんなあなたをサポートしてくれるのが配偶者。ありがたい存在ですが、堅い側面があり、時に窮屈な思いをすることがあるかもしれません。でも学ぶことはとても多いはず。基本的には夫婦関係は円満です。あなたが甘えすぎないことも大切です。

龍高星

◆あなたの宿命にある配偶者

大きな夢とロマンを抱いて、束縛のない自由な世界を生きようとする龍高星的ムードを持っている人が、あなたの宿命にある配偶者像です。世間や常識にとらわれず、創造力を生かしたユニークで変化のある人生を望みます。

◆あなたの結婚傾向

同じ星ですから、気持ちがわかり合えるラクな関係です。似たもの同士の親友のようで、どちらかがリードするということがないため、平等感覚の同格カップルとなります。一つの目標を立てて力を合わせていけば楽しい結婚生活でしょう。どちらかが束縛を感じたり、我慢しているとうまくいかないので、あるがままを大切に。

玉堂星

◆あなたの宿命にある配偶者

もの柔らかくてやさしく、理知的な学究肌、向上心が旺盛な玉堂星的ムードを持った人が、あなたの配偶者像です。冒険したり危ない橋を渡るようなことはなく、ワクからはみ出すことなく穏やかに知的に生きる人です。

◆あなたの結婚傾向

お互いに向上心、探究心があってわかり合える関係ですが、反対の一面も持っている親友同士のようなカップルです。あなたは新しいものが好きで、チャレンジ精神がありますが、配偶者は古風で冷静に物事を進める人。議論になると一致しにくいかもしれませんが、異質な面の学び合いができる点ではとてもいい関係です。

主精との組み合わせでみる

主精が樹の人

放浪性や動きが強く出る龍高星になります。結婚生活も安定性を求めるよりも、思いついたところへすぐ出かけたくなるようなタイプです。ひとりではなく、配偶者や家族と一緒に大自然の中などに行くようにするといいでしょう。

主精が花の人

人の心の奥を見抜く力が強い龍高星です。結婚生活でもあなたのユニークな観察力を生かして家庭を築いていけば、問題はありません。外国の人や、女性なら年下の男性とか、少し変わった結婚する可能性もある人です。

主精が陽の人

龍高星の中では心の葛藤が最も少ない人でしょう。その分、忍耐力はあまりないほうですが、結婚生活は明るく和やかに過ごせます。旅行やスポーツ、趣味を楽しむ家庭をつくっていくといいでしょう。

主精が灯の人

とても我慢強い龍高星になり、豊かな創造力を持った人です。でも自然体で成り行き任せのところがあるので、イライラすることもなく、家庭ではケンカやトラブルなどは少なく、スムーズに進んでいくでしょう。

主精が山の人

視野の広い龍高星になります。性格が大変明るくあたたかいので、結婚生活に争いやトラブルが少なく、楽しく過ごせるはず。夫婦共に芸術的な趣味を持ったり、ゲームなども好きでしょう。大変円満なカップルです。

主精が地の人

心の変化が激しい、龍高星です。結婚生活は波乱含みな面があるでしょう。あなた自身は簡単には変わらない性格ですが、配偶者のほうがあなたの影響を受けて変化していくことによって、円満になっていくでしょう。

主精が鉄の人

動きや放浪性が少ない龍高星といえます。龍高星の本質が表れにくく、おとなしくて忍耐強い人。配偶者は安定感のあるあなたを頼りにし、あなたが家族の中心的存在になるでしょう。束縛されない自由さも大切に。

主精が宝の人

「動くこと」が好きで、じっとしていられません。目的がなくても外出したり、旅行や引っ越しなどを好むタイプ。結婚しても旅や放浪を通して出会った人や愛好会などの仲間と交流を楽しんでいきそうです。

主精が海の人

積極的に動いていく龍高星になります。好奇心、向上心も旺盛です。あなたが望む結婚生活を積極的につくりましょう。でも、相手の欠点が見えるとつい口うるさくなりそう。心して長所をみるようにすることです。

主精が雨の人

プライドが高く、品格のある龍高星になります。体面などを気にするところがあるでしょう。配偶者や子供にこうなってほしいという願望がありますが、あまりこだわると相手は窮屈になりますので気をつけましょう。

中心星（胸）が

玉堂星

家族思いで、穏やかで愛情深い結婚生活を目指し、子育て、教育に熱心な知性の人。

【あなたの結婚像】

あなたは常識や組織といったものを大切にして、その中で力を発揮し、人生を穏やかに進んでいく真面目な人です。結婚生活も波風を立てずに平静に安全に送っていきたい人でしょう。冷静ですが、とても愛情深く、家庭や家族を第一に考えるため、結婚生活は順調です。

学問の星なので、子育てには大変熱心で、教育ママ、教育パパになる人が多いでしょう。中には子供への愛情が強く、子離れできない人もいるので、気をつけましょう。女性が年上で、男性が甘えて円満というカップルが多いのもこの星の特徴です。

配偶者星（左手）との組み合わせでみる

貫索星

◆あなたの宿命にある配偶者

頑固なところはありますが、しっかり者で頼もしい貫索星的ムードを持った人が、あなたの宿命にある配偶者像です。束縛や指図を嫌い、独立心に富んだ大器晩成型。努力家で忍耐強く、マイペースな人生を歩む人です。

◆あなたの結婚傾向

あなたは家庭や家族をとても大切にする人です。あなたのしっかりした手腕で、結婚生活も順調でしょう。頑固な配偶者もあなたのやさしさには素直に心を開き、頑張っていきます。配偶者はマイペースですがエネルギーの強い人ですから、あまりアレコレ世話をやいて過保護にはしないように。円満でいい夫婦関係です。

石門星

◆あなたの宿命にある配偶者

交友関係が広くて、誰とも調和していく社交家の石門星的ムードを持った人が、あなたの宿命にある配偶者像です。マイホーム型とはいえませんが、組織や集団の中心的存在として統率力もある外柔内剛の頼もしい人です。

◆あなたの結婚傾向

あなたはもの静かで穏やかな心を持った人です。配偶者は付き合いが広くて忙しい人ですが、あなたはやさしく手助けし、協力してあげるはず。時には配偶者と一緒に社交を楽しんだりすれば、新しい分野の友人、知人ができます。決して弱い配偶者ではないのですから、過保護は禁物。むしろ配偶者の交友関係を大切にして自由にさせましょう。

鳳閣星

◆あなたの宿命にある配偶者

おおらかで明るく、周囲を和ませる鳳閣星的ムードを持った人が、あなたの宿命にある配偶者像です。アクセク働いたり、コツコツ努力するのは性に合いませんが、バランス感覚に優れ、遊び心で人生を楽しむ人です。

◆あなたの結婚傾向

理性的で冷静なあなたと、ノンキで子供心のある配偶者ですから、おもしろいカップル。でも、あなたが理屈を言いすぎると、配偶者は元気をなくします。おおらかな相手の性格を理解して、あなた本来の大人のやさしさで接しましょう。一緒に遊んだり、お互いの趣味や自由を尊重することが、円満のカギとなるはずです。

調舒星

◆あなたの宿命にある配偶者

デリケートで直感が鋭く、ユニークな才能を秘めた芸術家気質の調舒星的ムードの人が、あなたの宿命にある配偶者像です。細やかな感性の持ち主なのでよく気がつきます。やさしいけれど好き嫌いも激しい個性的な人です。

◆あなたの結婚傾向

配偶者はデリケートで傷つきやすい人なので、指図をされたり、理屈を言われるのは苦手。あなたは持ち前のやさしさで接して表現に工夫をしましょう。あなたが手のひらにのせた気分で甘やかしたり、反対に時にはあなた自身も甘えてみること。相手の繊細な気性を理解して、自由にさせてあげるのがいい関係のカギになります。

禄存星

◆あなたの宿命にある配偶者

　面倒見がよく、サービス精神が旺盛な禄存星的ムードを持った人が、あなたの宿命にある配偶者像です。やさしいだけでなく、現実的に逞しく、金運もあるのですが、貯めるのは苦手で気前よく使うタイプでしょう。

◆あなたの結婚傾向

　穏やかでやさしく家族思いのあなたは、理性的に家庭づくりを目指します。向上心が豊かなので、勉強や習い事も大切にするはず。時には、現実的な配偶者がブレーキをかけるかも。また教育熱心なあなたですが、子供に愛情をそそぎすぎると、配偶者が不満をもちかねません。カップルで行動する機会を増やしていくといいでしょう。

司禄星

◆あなたの宿命にある配偶者

　温厚で堅実な安定志向で、地道に努力を重ねていく司禄星的ムードを持った人が、あなたの宿命にある配偶者像です。冒険的なことは好まず、穏やかで平和な生き方を蓄積していく、大変家庭的な人です。

◆あなたの結婚傾向

　理論家で向上心のあるあなたですが、非常に家庭的な配偶者が、家庭づくりのためにあなたに努力を求めたり、リードすることがありそう。結婚しても学び心を失わないでいたいあなた自身が、イキイキと暮らしていくには、時には真面目で頑張り屋の配偶者を充分に甘えさせてあげることも必要です。一緒に習い事やスポーツなどをするのもいいでしょう。

車騎星

◆あなたの宿命にある配偶者

　じっくり考えるより行動するほうが得意、スピードと正直が身上の車騎星的ムードを持った人が、あなたの宿命にある配偶者像です。責任感が強くて働き者、短気なところはありますが、とてもさわやかな人です。

◆あなたの結婚傾向

　穏やかで知的で向上心にあふれたあなたに、配偶者は物心両面から尽くしてくれるでしょう。あなたや家族のために労をいとわず、よく働いたり、サポートしてくれたり、会話もはずんで、夫婦の仲は円満にいくはず。トラブルが少ないだけでなく、お互いの個性から学び合えるものを持っているふたりです。働き者の配偶者へのいたわりと感謝を忘れないことは大切なカギになります。

牽牛星

◆あなたの宿命にある配偶者

プライドが高く真面目で、何事に対しても几帳面に取り組む牽牛星的ムードを持った人が、あなたの宿命にある配偶者像です。無茶や冒険はせず、礼儀正しく、人間関係も生き方も安定志向のきちんとした人です。

◆あなたの結婚傾向

もの静かでソフトな知性派のあなた。配偶者は真面目な性格ですから、あなたに甘えたい気持ちを持ちながらも、敬意を持ってサポートしてくれるはず。やさしくて几帳面な相手ですが、プライドは高いので愛情や評価の表現はおこたらないで、傷つけないよう気をつけて。時には充分リラックスできるように、上手に甘えさせてあげれば、ますます円満なふたりになります。

龍高星

◆あなたの宿命にある配偶者

冒険心が豊か、大きな夢とロマンを抱いて、自由に大胆に生きたい龍高星的ムードを持った人が、あなたの宿命にある配偶者像です。平穏や安定よりユニークさを愛し、何か変わったおもしろい人生を歩みたい人です。

◆あなたの結婚傾向

あなたはワクからはみ出さない理性的な人ですが、配偶者は新しいことが好きな革新精神にあふれたチャレンジャー。トラブルになりそうになったら、冷静なあなたがやさしくサポートすれば大丈夫。自由な配偶者を理解できるあなたですから、お互いがそれぞれ自由を楽しむようにしましょう。

玉堂星

◆あなたの宿命にある配偶者

温厚で人当たりが柔らかく、学者タイプのおっとりした玉堂星的ムードを持った人が、あなたの宿命にある配偶者像です。無謀なことや冒険は避け、ワクや規範は超えない安定した生活を心がけ、家族を大切にします。

◆あなたの結婚傾向

似たもの同士ですから、ラクな関係です。反面、新しい発見や意外な学びが少ないため、ついわがままが出たり、お互い理屈を言い合ってしまうと、関係はうまくいかなくなります。あなたの持ち前のやさしさと冷静さと知恵で、共通の学びを続けたり、ゆとり心で新鮮さをプラスするようにして。

主精との組み合わせでみる

主精が樹の人

年を重ねてゆっくりと豊かな知恵が育っていくかたちの玉堂星になります。結婚生活ははじめは地味に見えますが、年月と共にあなたの長所が配偶者に伝わり、年々充実していくので、晩年には心豊かな楽しみがあります。

主精が花の人

とても「動き」が伴う玉堂星になります。結婚生活でもいろいろと体験を重ねるほどに豊かな知恵が身につく人です。頭で考えるだけでなく、失敗も成功も、プロセスとして体験していけば得るものが大きいでしょう。

主精が陽の人

柔軟性に富んだ玉堂星になります。どんな状況に置かれても素早く適応できる知恵を持っています。結婚生活では配偶者や身内から学ぶことが多いでしょう。トラブルも少なく、円満な明るい家庭を築けるはずです。

主精が灯の人

素直さと豊かな実力を備えた玉堂星になります。育った環境や両親の教えを守っていきたいタイプです。家庭環境が似たカップルであるほどうまくいくでしょう。やさしくて情が深いので配偶者や子供から甘えられます。

主精が山の人

日常生活や現実的なことから学びとる知恵が大きい玉堂星になります。愛する家族とは楽しく平和にやっていきたいタイプです。家庭では遊び心のある演出や雰囲気づくりをしてみることがおすすめです。

主精が地の人

臨機応変にのびのびした知恵が出る玉堂星になります。あなたは明るいうえに自由な発想をもち、玉堂星にはめずらしい勇気と冒険心を持ったタイプ。家庭でもその個性を生かして、遊びを楽しむことを大切にしましょう。

主精が鉄の人

たくましく現実的な力量を持つ玉堂星になります。性格的にも強く、世の中を上手にわたる知恵があるので、家族や周囲に与える影響は大きいでしょう。結婚生活では配偶者のほうがあなたに感化されて育ち、変わるはず。

主精が宝の人

もの静かで穏やか、典型的な玉堂星。デリケートでやさしく、率先して何かをやるタイプではありませんが、配偶者から与えられるもので充実して成長していきます。地道な家庭づくりが幸せへの道になります。

主精が海の人

プライドの高い繊細な玉堂星になります。家族や身内の生活スタイルにこだわりがあり、何かと気になることでしょう。あるがままの自分、配偶者、子供を受け入れるようにすると、穏やかなよき生活が送れます。

主精が雨の人

大変頭がよく、芸術的才能にも優れた玉堂星になります。さらに常に新しいことを目指し、行動力も抜群のあなた、配偶者にも自分が学べるものを求め、自分からも積極的にサポートし、愛情を尽くします。

第5章

あなたの「恋愛」

―恋人と、その関係に新たな発見が―

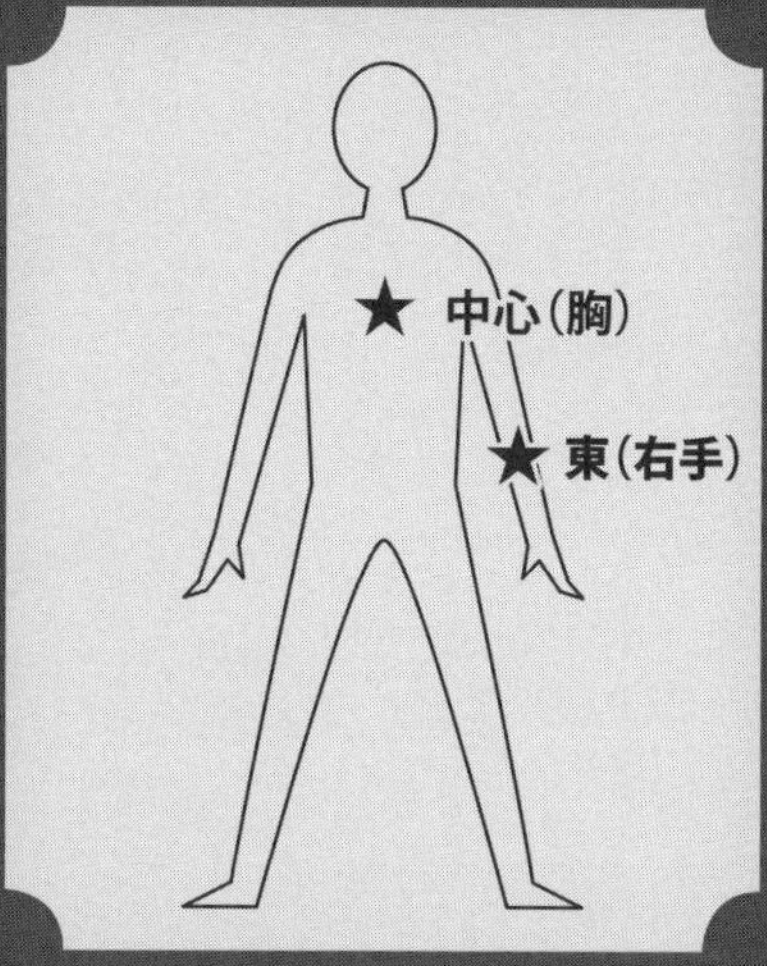

中心（胸）と東（右手）で
恋人との関係をみる

未婚の人も、結婚している人も、誰もが生年月日の中に恋人の星を持っています。その星は、あなたと恋人の関係性を象徴的に語ってくれているのです。恋愛からちょっと遠ざかっている人も、「恋愛は、もう卒業」と思っている人も、あなたの恋の宿命、その世界を覗いてみませんか。心も体も潤う恋愛、命に、心に弾みがつきます。

人体星座の向かって右側、東（右手）に位置する星が「恋人星」で、あなたの中心星（胸）とこの恋人星との組み合わせでみえてくるのが、あなたの宿命にある、恋愛傾向や恋人との関係性です。その関係性の形はシンプルで、5つの種類があります。

1　**恋人を助ける関係**
2　**恋人から助けられる関係**
3　**恋人に刺激を与える関係**

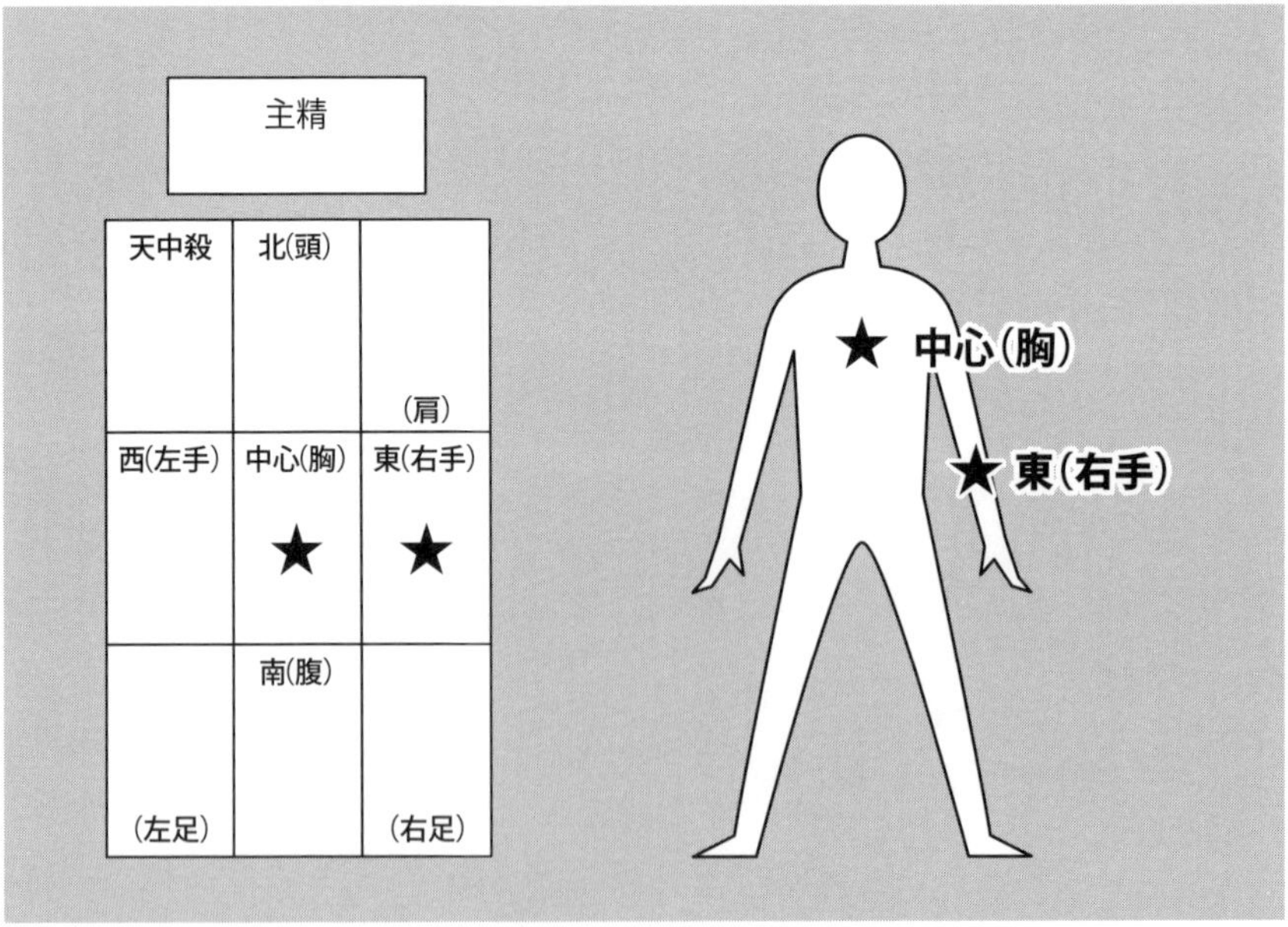

4　恋人から刺激を得る関係

5　対等な同格関係

恋愛模様は百人百様、人それぞれです。星が示すあなたの恋人とは、どんな関係が宿命なのか、ちょっと確認をする意味で読み進めてください。自分の宿命にはない理想の恋人や関係性ばかりを望んだり、追いかけていても、不満をため込むだけで、よい結果にはなりません。今の恋人自身やその関係性が、宿命とはまるで違う、ということもあるでしょう。そんな場合は、自分の宿命が示す本来の要素を見出すために、じっくり見つめ直してみましょう。

好意を持ち合うふたりが、人間として成長できる実りある幸せな恋愛をするためには、ありのままの宿命を受け入れて、お互いに高め合っていく、その姿勢こそが大切な鍵なのです。恋人星と配偶者星は必ずしも一致しません。結婚という気をスタートさせるところで男女関係はさらに別の視点（145頁）から見ていくことにします。まずここでは、自分の宿命星の中だけで「恋愛」をみています。さらに、お相手の星座も出してよくみてください。最高の恋を成就するために、お互いの宿命から導き出される恋愛の深い情報を上手に、賢く前向きに活用してください。

貫索星が中心(胸)にある人の恋愛傾向と関係性

貫索星(東・右手)

あなたと恋人は同じ星ですから、恋人ではあっても友人的、仲間的な感じの平等性の高い付き合い方をするでしょう。自分の意志をしっかり持った者同士ですから、お互いの意志を尊重し合っていくことでいい関係が築けます。共通の目標があれば、心を合わせて助け合っていける強い絆で結ばれているふたりです。

石門星(東・右手)

友だちカップルで、いつも周辺に仲間がいての恋愛が進行していく形でしょう。恋人は社交家で友だち付き合いが最優先、あなたはマイペースで相手を認めれば仲よくやっていけます。ふたりの価値観や目指すものに共通点があると絆が深く協力関係が深まります。お互いにわがままを出さなければ衝突がなくスムーズにいくでしょう。

鳳閣星(東・右手)

しっかり者で自分の考えを明確に持っているあなたと、ノンキで出たとこ勝負のような恋人との組み合わせですが、衝突やトラブルは少ないでしょう。恋人はあなたを頼りにし、あなたも進んで面倒をみるでしょうから、相手にとってはラクなありがたい存在です。でも必要以上に世話をやきすぎると相手は疲れますから、バランスが大切です。

調舒星(東・右手)

自分の意志や考えをしっかり持つあなたと、大変デリケートな心理の持ち主である恋人。あまり人とうまくやれないような繊細さをあなたは好きになり、相手はあなたに素直に心を開いてくるでしょう。またロマンチストで傷つきやすいのであなたが相手を気遣って支える立場になる関係性でしょう。

禄存星(東・右手)

強い意志の持ち主であるあなたと、愛情豊かな恋人。あなたが恋人に遠慮することなく、自由に自己主張するという関係が、相手にはとてもよい刺激や成長していく過程になっていくはず。あなたは相手に従うよりも、自分自身を表現し、充分なコミュニケーションをとることで、お互いの愛はさらに深まっていくことでしょう。

司禄星（東・右手）

堅実で穏やかな魅力を秘めた恋人。あなたは基本的にマイペースで、何事も自分の思い通りにやっていきたい人ですから、時にはぶつかることも。あなたが自分の意見を打ち出すことは決して悪いことではありませんが、その場合、成長していくのは恋人のほう。時には恋人の考えを充分聞きましょう。

車騎星（東・右手）

頑固でマイペースなところのあるあなたと短気でスピードのある個性の恋人。その兼ね合いで衝突することもあるでしょうが、とても面白い理想的な恋愛の関係。それは本来、守り型であるあなたが、恋人から刺激され触発されることで、行動力抜群の星が動き出し、あなたの運が活気を帯びてくるからです。この刺激や衝突を上手に生かせば、あなたは恋で大きく成長するでしょう。

牽牛星（東・右手）

自分の思い通りに事を進めていくあなたと、真面目でプライドの高い恋人。あなたはこれでＯＫと思っても、相手は何かと注文を付けてくるので、時には堅苦しさを感じることもあるでしょう。それは、あなたが気付かなかった側面を開発されることにもなります。異なる世界を持つ恋人からの刺激がプラスになって、あなたは鍛えられるはずです。

龍高星（東・右手）

独立心が強く、自分の意見を曲げることの嫌いなあなたと、夢とロマンを持って自由に生きようとする恋人。何かにつけ、恋人からはサポートを受ける関係です。あなたは「与える」ことで成長する宿命を持つ人ですから、甘えてばかりではマイナス。どんどん自己発揮したり、自身を鍛えることも積極的にやっていきましょう。

玉堂星（東・右手）

もの柔らかで静かな知性派の恋人に対して、あなたはマイペースを貫く頑固なところがあります。恋人からはさまざまなものを「受けとる」関係。助けられたり、教えてもらったり、エネルギーを与えられたりとそのため大いに影響を受けるありがたい関係です。でも切磋琢磨するようなことはないので自分を鍛えることは、恋愛ではなく他の方法で、自分で求めればよいでしょう。

石門星が中心（胸）にある人の恋愛傾向と関係性

貫索星（東・右手）

仲のよいきょうだいとか友だち感覚のカップルでしょう。恋人はあまり協調性があるほうではないのですが、あなたはどんな人とも楽しく仲良くしていきたいタイプ。無理にグループに引き込んだりせずに、お互いの意志を尊重し合うほうがうまくいきます。共通の目標があると力を合わせて助け合い、喜びも悲しみも共有できるという素晴らしい関係です。

石門星（東・右手）

同じ星同士ですから平等感覚の仲のよい友だちのような付き合いができるふたりです。和合性もあり、うまくいく時は呼吸も足並みもピタリ。一つの目標や夢に向かって進むと、助け合い、励まし合ういい関係ですが、ひとたびズレが出ると譲り合いがなかなか難しくなるかも。お互いに、本来の個性である「調和の心」で楽しくやってください。

鳳閣星（東・右手）

人と仲良くするのが得意なあなたと、生活のなかで楽しいことをみつけて明るく生きる恋人。あなたが強いエネルギー、調和する力、愛、やさしさを恋人に「与えていく」という関係です。恋人はそれを素直に受け取って、関係はとてもスムーズでしょう。あなたは与えることで喜びを見出すでしょう。

調舒星（東・右手）

デリケートで難しい内面を持っている恋人と、社交性のあるあなたですから、ある一面では正反対の組み合わせ。強いあなたが大きな器で、繊細な相手を包んであげるという関係です。常に恋人にエネルギーや、やさしさを「与える」立場なため、時には疲れることもあるでしょうが、衝突はなく共に楽しく生きたいという共通点があるほほえましいカップルです。

禄存星（東・右手）

あなたは人と人のつながりを大切にする社交性を持っ

た人。恋人は面倒見がよくて人が喜ぶことをするのが好きな人。あなたは自分の感情を抑えることなく、ハッキリと恋人に表現できる関係です。でも恋人が自分本位の親切の押し付けをすると、あなたはそれを重たく感じるので注意しましょう。あなたのほうから相手によい刺激を与えるという意識が、恋人を成長させます。

司禄星（東・右手）

堅実に人生を積み重ねていく穏やかな恋人と、友だちが多くて人と仲よくするのが好きなあなた。あなたのほうが恋人に、さまざまな形の刺激を与えるという関係性の恋になります。それで恋人は大いに刺激を受け、成長していくはずです。でも、それはあなたが意識していることではないので、自由に和やかに自分の考えなどを恋人に打ち出すことができるでしょう。

車騎星（東・右手）

正直で一本気、行動力のある恋人と、誰とでも明るく調和していけるあなたとの結びつき。あなたは恋人からさまざまな刺激を与えられ、鍛えられ、教えられるという関係性。その結果、あなた自身が大きく変化し、早く成長することになります。あなたの人体星座に天将、天禄、天南などの12大従星があれば、どんなに強い刺激もプラスになるでしょう。

牽牛星（東・右手）

あなたは穏やかにいろんな人々と仲良くやっていける社交家で、恋人は真面目で礼儀を重んじる人です。この組合せは恋人があなたを自然のうちに刺激し、鍛えてくれるという関係性になるのが特色です。この関係性を生かせば、あなたは大きく向上して、変化させ、すみやかな成長へと導いてくれるものです。

龍高星（東・右手）

人との関係を大切にして誰とでも仲良くできるあなたと、自由を好み、ユニークな生き方を求める恋人。恋人があなたにエネルギーを与えてくれ、サポートしてくれます。あなたは恋人から愛や知恵、アイデアなどいろいろなよきものを与えられますから、役立つものを受けとって、どんどん運や力を伸ばしていきましょう。

玉堂星（東・右手）

人との付き合いがよくて友だちが多いあなたと、冷静で探究心旺盛な理論派の恋人。あなたが助けられたり、教えてもらったり、育ててもらったり、という関係です。あなたは恋人からものの考え方やよい知識などを得ることができるでしょう。トラブルが少なく、あなたが自然に甘えられるいい関係です。

鳳閣星が中心（胸）にある人の恋愛傾向と関係性

貫索星（東・右手）

のんびりおっとりしているあなたと、しっかり者で頼りになる恋人。恋愛を通して、あなたは恋人から与えられ、助けられることが多い関係になります。あなたは心を開いて素直に恋人と関わるはずですから、恋人のいろいろな側面を受けいれ、影響を受けるでしょう。衝突やトラブルの少ない円満な関係です。

石門星（東・右手）

のんびりしていて小さなことにこだわらない、自然体のあなたと、友だち付き合いが広くて楽しい恋人。ふたりきりで過ごすのもいいですが、友だちや仲間を大切にする恋人なので、社交の輪が広がるでしょう。しっかりしていて、あなたのことを気遣い、助けてくれる関係です。与えられるエネルギーを上手に生かしましょう。

鳳閣星（東・右手）

同じ星ですから、似た者同士の、恋人というよりは友だちの延長といった同格意識の強いカップルです。価値観やものの見方、感じ方に似通ったところが多く、理解しやすいでしょう。どちらかが助けるとかではなく、お互いが必要に応じて助け合い、力を合わせて、一つのことを楽しく、一緒にやっていく関係性です。ふたりとも遊び上手ですので共通の趣味を持つと、より円満な関係に。

調舒星（東・右手）

デリケートでユニークな感性の恋人と、ノンキで楽しいことが好きな明るいあなた。違うようでいて、わかり合えるところや共通点があり、基本的にはトラブルや衝突が少ないよい関係です。一つの目的をもち、前進できるとお互いに助け合い、喜びや苦しみも共有できます。でも一方が強くリーダーシップをとろうとすると、歯車がかみ合わなくなりますので、注意しましょう。

禄存星（東・右手）

ノンキで自然体、おおらかなあなたと、親切で気前のよい恋人。あなたが恋人に対して進んでサポートしたり、世話をやいたり、何かにつけ親切にしてあげたくなる奉仕型の関係です。あなたはエネルギー的には疲れることもあるでしょうが、恋人は素直に心を開いて、あなたのサポートや感化を受けていくでしょう。

司禄星（東・右手）

ノンキでゆったり、表現力に優れたあなたと、コツコツ型の誠実で真面目な恋人。何かにつけ、恋人に「与える」ことや助けることが多い関係でしょう。先のことをあまり考えないノンキ者のあなたが、貯金を始めたり、地道に計画的に生きようとする可能性も出てきます。尽くす関係の恋愛を通して学び成長していくことでしょう。

車騎星（東・右手）

行動的でスピードのある一本気な恋人と、のんびりしていて自然体で楽しく生きたいあなた。恋人ができるとあなた自身もよく働き、行動的になっていきます。感じたことや考えをストレートに表現するようになります。恋人はあなたから刺激を受けて視野が広くなり、さらによく働くことでより活動的になり、成功のチャンスを早く得られるでしょう。

牽牛星（東・右手）

おおらかでのんびりしたあなたと、生真面目で几帳面な恋人。自然体のあなたからみると、恋人は世間体を気にする人ですから、面倒に思うこともあるでしょう。あなたが自分の感覚や意見を率直に言うことで、恋人は理解し、刺激を受け、視野を広げ、人間としても成長していきます。お互いに自分にない面を柔軟に吸収できるいい関係です。

龍高星（東・右手）

のんびりしていて自然体のあなたと、自由に大胆にチャレンジしながら生きたい恋人。あなたは自然体で無欲なタイプですが、ユニークな個性を持つ恋人はじつにさまざまな刺激を与えてくれ、それによってあなたは鍛えられていくでしょう。あなたの人体星座に十二大従星の天将、天禄、天南のどれかがあれば鍛えられるほど、あなたのパワーは強まります。

玉堂星（東・右手）

おおらかでのびのびと自由でいたいあなたと、穏やかで知性的な理論派の恋人。感覚的に行動するあなたに対し、恋人はよく考え、理屈や納得が必要なタイプ。そんな恋人があなたに自分の意見や知識をいろいろ教えてくれ、新しい刺激を与えてくれる関係です。あなたは考え深くなったり、より大きく視野を広げ、人間味も豊かになるでしょう。

調舒星が中心（胸）にある人の恋愛傾向と関係性

貫索星（東・右手）

デリケートで敏感、ロマンチストのあなたと、マイペースですがしっかり者の恋人。あなたのことが気になって、あれこれサポートしてくれる恋人です。繊細なあなたですが、恋人には素直に心を開いていろいろなものを受け取るでしょう。恋人からの影響も強く、スムーズに受け入れます。そして尊敬と信頼を抱いていけば、あなたもより強く豊かになれるはず。

石門星（東・右手）

冷静さと繊細で鋭い感受性を持つあなたと、明るくて人付き合いの広い恋人。やさしい恋人があなたにいろいろと尽くしてくれたり、助けてくれ、あなたはそれを「受けとる」という関係性です。どんな恋人かによって受ける影響も変わるでしょう。自分を鍛えることは、恋愛以外の分野でやれば、恋人のレベルも共に高まるはずです。

鳳閣星（東・右手）

大変敏感でデリカシーのあるあなたと、おおらかでのびのびとした恋人。友だち感覚のカップルです。ノンキで自然体の恋人と付き合うことで、あなたもラクに明るくなれそう。同じ目標があると絆も深く、助け合って前進していきます。ただ、どちらかがリードしようとすると張り合う気持ちが出やすいので気をつけましょう。

調舒星（東・右手）

デリケートで感性豊かな似た者同士の組み合わせです。平等意識が強いカップルですが、どんなに好きであっても、お互いに自分の世界を持ち、そのことをあまり話し合わないかもしれません。それがふたりにとってベストなスタンスになっています。仲良しですが、こじれると意地を張り合いかねないので、何よりもお互いの自由を大切にしていけば大丈夫。

禄存星（東・右手）

繊細で敏感な感受性を持つあなたと、やさしくて、たくましく明るい恋人。あなたが何かと恋人に対して気を使い、世話をやいたり、奉仕的な関わりが特色になるカップルです。衝突やトラブルは少ないでしょう。ただし、尽くしすぎてあなたが疲れたり、恋人のペースにはまってしまわないよう、バランスの取り方に気をつけてください。

司禄星（東・右手）

デリカシーがあり、感受性豊かなあなたと、真面目で堅実な恋人。好き嫌いがハッキリしているあなたですが、恋人には心を開き、親切にしたり、面倒を見たりする関係です。ただ、あなたが奉仕的に尽くしていくことで疲れないよう気を付けて、いつも一緒でなく、あなたひとりの自由な時間を持つようにすることも関係をよくするコツです。

車騎星（東・右手）

細かい神経と豊かな感受性を持つあなたと、正直で行動力のあるサッパリ気質の恋人。デリカシーのあるあなたからみると、単純で何にでも突進していく恋人にイライラさせられることも。でもあなたが心を開いて正直に関わっていくことであなたが刺激されていきます。基本的に恋人があなたに鍛えられ、成長していく関係性です。

牽牛星（東・右手）

繊細で感受性の強いあなたと、真面目で几帳面な恋人。あなたが細かいことに気付いて面倒を見ていく関係です。恋人は刺激を受け、それを糧に成長していくでしょう。ただ、プライドが高く、融通がきかない側面があるので、しつこく意見を言うのはマイナスです。神経質にならないで、明るく付き合うことがよい関係をつくります。

龍高星（東・右手）

ユニークな生き方を望む恋人と、デリケートで芸術家肌のあなた。縛られることの嫌いな恋人は自分の考えや意見を率直に言うでしょう。あなたはそれに刺激を受け、教えられ、成長していくはず。神経質に受け止めないで、おおらかに受け入れていきましょう。恋人のユニークさや性質をありのままに認めていけば、よりよい関係が創造できます。

玉堂星（東・右手）

豊かな感受性を持つあなたと、穏やかで観察力に優れた恋人。理論派で頭のよい恋人からあなたはいろいろな刺激を与えられるでしょう。それがあなたを大いに成長させていきます。相手から学べるものを上手に受け取って、糧にしていきましょう。感性派のあなたと知性派の恋人ですから、異質の影響があって新鮮です。

禄存星が中心（胸）にある人の恋愛傾向と関係性

貫索星（東・右手）

愛情豊かで誰にでも親切なあなたと、しっかりと自分の意志を持つ恋人。一本気で正直。自己主張の強い恋人が、さまざまなことを教えてくれます。多少の衝突はあっても、そこからあなたが成長していく関係です。あなたも我慢しないで恋人と同様に率直に自分を表現していきましょう。あなたの自立心と才能が鍛えられます。

石門星（東・右手）

やさしくて誰にでも親切なあなたと、誰とでも仲良くやっていける恋人。恋人は人付き合いが多く、あなたも友だちが増えていくでしょう。恋人は自分の意見を押し出す人ですから、時にはぶつかることも。そこであなたが鍛えられていく関係。いろいろあってもあなたの人間性向上に大きくプラスになります。

鳳閣星（東・右手）

人に尽くすことが喜びのあなたと、ノンキで自由が好きな恋人。あなたは恋人から助けられたり、教えられたりする関係です。恋人は楽しみ上手の人ですから、あなたも感化されて趣味や遊びの世界を広げるでしょう。そのために気前のよいあなたは、お金を使いすぎないようにご用心。けじめを大切にして付き合うと、円満で長い付き合いになります。

調舒星（東・右手）

親切で面倒見のよいあなたと、大変デリケートで敏感な感性を持つ恋人。あなたは恋人から自分にない感性を与えられ、教えられていくという関係です。異なる面を持つ恋人からの影響で、あなたに細やかさも出てくるでしょう。あなた自身の考えや感情も大切にしながら、恋人の意見も受け取っていくと、より関係もスムーズです。

禄存星（東・右手）

人が喜んでくれることを喜びとする親切なあなたと、同じ星を持つ恋人。お互いが自分を見ているようで、理解しやすい友だちのような組み合わせ。奉仕的な意味が強い星なので、ふたりでボランティア的な活動をすると息がピッタリです。ときに意見の衝突があってもすぐわかり合える関係です。

司禄星（東・右手）

やさしさにあふれ、誰にでも親切なあなたと、誠実で堅実な恋人。友だちのような関係性が特色です。基本的にお互いを信頼できるので、たまに意見が違ったり、ぶつかってもすぐ仲直りできるでしょう。あなたは気前がよくお金を使うタイプなのですが、恋愛をすることで堅実さが出てきて貯蓄や節約も考えるようになるでしょう。

車騎星（東・右手）

心あたたかくやさしいあなたと、正直で行動力のある恋人。あなたが恋人にエネルギーを「与える」関係です。マメに面倒をみる尽くし型になります。衝突やトラブルは少ないのですが、あなたはエネルギーを消耗しすぎないように。もし、恋人の人体星座に天将、天禄、天南などの強い十二大従星があったら、過保護はマイナスになります。

牽牛星（東・右手）

誰にでも親切で面倒みのいいあなたと、真面目で几帳面な恋人。あなたのほうが恋人に対して助けたり、与えたり、面倒をみる関係です。愛情豊かなあなたですから、恋も「尽くし型」。ぶつかり合いやトラブルは少ないでしょう。恋人はプライドの高い人ですが、あなたからの愛情は素直に受けるはずです。

龍高星（東・右手）

やさしい心の持ち主のあなたに対し、恋人は、ユニークで創造力豊かな自由人。あなたが恋人に刺激を与える関係です。あなたが積極的に自分の考えや感情、アイデアを出していくと、相手はその刺激をさらにパワーに変えるでしょう。恋人の十二大従星に強いエネルギーの天将、天禄、天南などがあればそれを実感できるはずです。

玉堂星（東・右手）

親切で気前よく尽くすあなたと、穏やかな知性派の恋人。あなたが恋人に刺激を与える関係で、あなたは恋人に自分の考えや根性をハッキリと出していくことができます。恋人は感化され、多くを学び、鍛えられることで人間的にもさらに深みを増すでしょう。

司禄星が中心（胸）にある人の恋愛傾向と関係性

貫索星（東・右手）

真面目で誠実なあなたと、しっかりした強い意志を持つ恋人。恋人があなたに刺激や影響を与えるという関係です。恋人が自分の意志や考えを主張してくることで、あなたは変化したり、鍛えられていきます。あなたは結婚するといい家庭を作る人ですが、恋愛では恋人との関わりによって受け取るものが強くなっていきます。

石門星（東・右手）

地道な生き方をする真面目なあなたと、友だち付き合いが広くて社交性のある恋人。恋人から何かと刺激を受ける関係です。しっかり者の恋人が自分の価値観や意見を出してくるおかげであなたは大いに鍛えられたり、感化されることが多くなります。また社交性を引き出され、視野が広くなるでしょう。

鳳閣星（東・右手）

誠実で堅実なあなたと、おおらかでのんびりした恋人。あなたは恋人からエネルギーをもらい、何かにつけ、楽しみや与えられるものが多いはずです。トラブルや衝突は少なく、あなたは恋人に心を開き、多大なよい影響を受ける関係です。ゆったりした生き方や物事を工夫するなど、鳳閣星ならではの人生を楽しむのびのびした姿勢を学べるでしょう。

調舒星（東・右手）

穏やかで誠実なあなたと、繊細でロマンチストの恋人。恋人からあなたがさまざまな影響を与えられるという関係です。あなたはしっかりした人ですが、デリケートでよく気が付く恋人から何かとサポートを受けるでしょう。そのため今まで気付かなかったことにも神経がまわるようになり、その感化であなたは成長します。

禄存星（東・右手）

真面目で誠実であたたかいハートのあなたと、親切で面倒見のよい恋人。理解しやすい共通の部分があり、友だちのようなよいカップルです。ふたり共穏やかなので、大きな衝突もなく、円満にいくのが本来の姿です。でも恋愛による刺激や大変革は少ないでしょう。

司禄星（東・右手）

堅実を旨として誠実に生きていくあなたと、全く同じ星の恋人。どちらが助けるとか刺激するとかはなく、平等感覚の似た者カップルです。同じ目標を持っている時は、力を合わせて助け合っていきます。お互いに穏やかでコツコツと堅実な歩み方をするタイプなので、よい関係が長続きします。

車騎星（東・右手）

真面目でコツコツ型のあなたと、一本気で行動的な恋人。あなたが恋人にエネルギー与えるという関係で、何かと世話をやいたり、やさしく尽くしていくでしょう。あなたはしっかりした人ですから、マメに尽くすのは得意で、恋人はとてもラクなはず。でも、あまり世話をやきすぎるのはマイナス。上手に手を抜くのがよい関係を長続きさせるコツです。

牽牛星（東・右手）

堅実でコツコツ型のあなたと、真面目で几帳面な恋人。あなたが恋人にエネルギーを与えるという関係です。何かにつけ、面倒をみたり、助けていくでしょう。もともと親切なあなたですから、好きな人のために尽くすのは性に合っているはず。恋人も素直に喜んでくれるので、とてもスムーズで円満な関係です。

龍高星（東・右手）

穏やかで堅実で心やさしいあなたと、縛られることが嫌いな、夢とロマンの持ち主の恋人。あなたが恋人に対して何かと刺激を与えるという関係性です。地道なあなたとユニークな自由人の恋人ですから、時にはぶつかることも。でも、自分をちゃんと表現していけば、恋人も鍛えられます。そして、新しい面をみせてくれるでしょう。

玉堂星（東・右手）

真面目で穏やかなあなたと、理論家の恋人。あなたが恋人に刺激を与えるという関係なので、知性派の恋人に対して、あなたは現実的にたくましい自分の考えや価値観などをちゃんと打ち出します。その結果、恋人は感化され、鍛えられ、視野が広がっていくでしょう。恋人は物知りで理屈を言うタイプですが、ちゃんと話せば物わかりのいい人です。

車騎星が中心（胸）にある人の恋愛傾向と関係性

貫索星（東・右手）

物事の白黒をハッキリさせないと気がすまない正直なあなた、じっくり型でゆったりとした態度の恋人にはイライラすることもあるでしょう。あなたが自分の意見や感情をストレートに表現することで、恋人は成長します。恋人を成長させる力を持っているあなたは、さらに相手が大きな人間になるようなよりよき恋愛を求めるでしょう。

石門星（東・右手）

何事にも行動的でじっとしていられない「動人間」のあなたと、ソフトで人付き合いの広い恋人。物事を決めるときや行動するときもあなたのほうが早く答えを出すでしょう。あなたの率直な意見やスピーディな反応が恋人の成長になっていけば、お互いに成長し、活気のある関係を創造できます。

鳳閣星（東・右手）

元気がよくて行動力抜群のあなた。恋人ができることによって、デートに遊びに趣味にスポーツと、行動半径が広がり活発になるでしょう。恋人は仕事であれ何であれ、人生をエンジョイする人なので、働き者のあなたですが、「楽しむこと」や「ゆとり」を持って生きるようになりそうです。そして恋人から大きな刺激を受け、さまざまな面で人間的にも成長させられます。

調舒星（東・右手）

あなたはシンプルでストレートに何でも率直に表現するタイプ。でも、宿命にある恋人は繊細で内向的なタイプ。まるで反対の要素を持ち合う関係です。あなたは恋愛によって、内にあるデリケートな側面が引き出され、敏感でロマンチストなところが出てきそう。

禄存星（東・右手）

あなたは明るくて親切で気前がいい恋人から愛情やエネルギーを受けるという関係。もし現実の恋人がそういうふうではなく、自分のほうが面倒を見ていると思ったら、恋人から受け取るのが下手なのかもしれません。あなたは自ら「動き尽くす」働き者の人ですが、本当の喜びや満足感は「相手が喜んでいる」ということで得られる人です。

司禄星（東・右手）

正直でシンプルな性格のあなたと、穏やかで堅実で面倒見がいい恋人。恋人が何くれとなくあなたをサポートしてくれる関係です。あなたはいろいろなものを恋人から受け取り、エネルギーも消耗しない、とてもラクな立場ですが、まずは自分自身を成長させることが鍵。そのうえ恋人からの影響を受けることで、さらに飛躍できます。

車騎星（東・右手）

あなたと恋人は同じ星で、似た者カップル。友だちのような関係でしょう。お互いに苦難や障害があったり、目的が同じだと、一つになって力を合わせて取り組んでいきます。平穏無事な状況では何か物足りなく、困難や緊張感を持ちながら勇敢に前進していく恋愛が性に合っています。恋人がいても、さっぱりした性分なので、よき異性の友だちを多く持てるのも大きな特色です。

牽牛星（東・右手）

似た部分が多く、友だち感覚のふたりでしょう。平等意識が強く、仲がよい時は、ハタ目にもほほえましいほど息が合っています。何か同じ目標や目的がある場合は助け合い、励まし合って前進していきます。ただ、何らかの理由で足並みが乱れると、協力者から競争者になることがあるかも。常にコミュニケーションを密にしていきましょう。

龍高星（東・右手）

行動力抜群のあなたが、知性派の恋人に対して積極的にエネルギーを与えたり、サポートする関係です。ストレートで、気の早いあなたですが、考え深くなり、気がながく、忍耐強くなるでしょう。そしてマメマメしく恋人に尽くし、何くれとなく面倒をみるでしょう。でも疲れすぎない加減も大切です。また、あなた自身のエネルギー補給も忘れずに。時には甘えることも大切です。

玉堂星（東・右手）

冷静な理論派の恋人に対して、働き者で感情的な性格のあなたが、マメマメしく面倒を見たり、親切にするという関係です。恋人のことが何かと気になって、アレコレと尽くすことでしょう。恋人はあなたに助けられ、エネルギーを与えられ、成長していきます。でも、あまり尽くしすぎてあなたが疲れないように。適当なスタンスをとるようにしましょう。

牽牛星が中心（胸）にある人の恋愛傾向と関係性

貫索星（東・右手）

真面目で誠実なあなたと、一本気で頑固なところもある恋人。世間的な知恵や礼儀礼節をわきまえて、几帳面なあなたが、自分の考えに強くこだわるマイペースな恋人に、異なる意見を伝えたり、影響を与えるという関係です。その結果、恋人は自分の中で受け入れられる範囲で変化し、視野を広げ、人間としての幅を大きくしていくことができます。

石門星（東・右手）

誠実でキチンとした真面目なあなたと、人付き合いが広くて誰とでも仲良くできる社交家の恋人。礼儀礼節を重んじ、世間的な知恵を持つあなたが、自分の考えを恋人に率直に表現し、影響を与えていく関係です。恋人はあなたから得る刺激で視野を広げ、人間的な成長につながる恋愛となります。あなたも恋人の存在で、人付き合いが広がっていくでしょう。

鳳閣星（東・右手）

几帳面で誠実で責任感の強いあなたが、のんびりおおらかで楽しいことが好きな恋人から楽しく刺激を受ける関係です。真面目一方のあなたが、新しい趣味を持ったり、生活をエンジョイするために工夫をしたり、ゆとりのある生き方を知り、明るく感化されるでしょう。人生に広がりが出て、人間的な幅も出ます。異質な経験がよい体験に。

調舒星（東・右手）

プライドが高くて真面目なあなたと、デリケートでロマンチストな恋人。恋人から刺激される、鍛えられるといった関係です。さまざまな体験を通して、あなたは視野を広げ、人間としての幅を広げるでしょう。甘いだけではない、影響力のある恋愛で繊細な感性も受容できるようになり、あなたは確実に成長していくはずです。

禄存星（東・右手）

真面目で何事にもキチンとしているあなたと、誰にでも親切で面倒見のいい恋人。あなたが愛情豊かで気前のいい恋人からエネルギーを与えられるという関係性で、何かと助けてもらうという、ラクな関係。もし、あなたの十二大従星に天将、天禄、天南などの強い星が一つでもあったら、甘えすぎはマイナスになります。あなたも積極的に自己発揮をしましょう。

司禄星（東・右手）

誠実で真面目な性格のあなたと、賢実でやさしい恋人。あなたが恋人からエネルギーを与えられるといったスムーズな関係性で、愛情はもちろんのこと、助けてもらったり、教えてもらうことも多いでしょう。とてもマメで、尽くし型の恋人ですが、あなたがそれに慣れてしまい、あたりまえのようになってはマイナスですので、気をつけましょう。

車騎星（東・右手）

几帳面で真面目なあなたと、一本気で行動力のある恋人。平等意識の強いカップルで、何か同じ目的があると大いに力を合わせて協力し合うでしょう。お互いに必要な相手で、時にぶつかり合うことがあっても、わかり合えるのでサッパリしたものです。同じ趣味やスポーツなどを楽しんでゆとりを広げると、さらに素敵な時間を共有できます。

牽牛星（東・右手）

責任感が強くてキチンとして真面目なあなたと、同じ星ですから、わかり合える性格を持つ恋人の組み合わせ。仲むつまじい友だち同士のように円満にいきます。何か共通の目標を持つと、その仲はさらに強くなります。プライドが高くて、几帳面なところは似た者同士ですから、ぶつかることがあっても、トラブルにはなりません。

龍高星（東・右手）

堅実で責任感とプライドが高いあなたと、個性的な生き方と自由を愛する恋人。あなたが恋人にエネルギーを与えるという形で、恋人を助けたり、奉仕的に関わることが多いでしょう。積極的に尽くすことで、恋人はあなたに心を開いて素直に吸収し成長していきます。衝突やトラブルの少ないスムーズな関係です。

玉堂星（東・右手）

真面目で冷静なあなたと、物静かで理性的な恋人。あなたが恋人にエネルギーを与える形で、アレコレ世話をやく関係性です。責任感の強くプライドのあるあなたが尽くすので、恋人はありがたいことばかり。ただ、恋人自身の十二大従星に天将、天禄、天南などの強い星が一つでもあったら過保護にしないように、適度なバランスを。

龍高星が中心（胸）にある人の恋愛傾向と関係性

貫索星（東・右手）

夢と希望にあふれ、自由に生きたいあなたと、自分の好きな生き方をマイペースで貫きたいという恋人。あなたが恋人に対してエネルギーを与えていくという関係性で、何かと面倒をみたり、いろいろと教えていくことが多いでしょう。頑固な恋人もあなたには心を開いて甘え、素直になり、それがあなたの喜びにもなります。

石門星（東・右手）

創造力豊かでユニークなあなたと、人付き合いが広くて明るい恋人。あなたが恋人にエネルギーを与える形で、何かと助けたり、親切に尽くしていくことが多くなります。でも恋人は本来強い人ですし、もし宿命の12大従星に天将、天禄、天南のどれかを持っていたら甘やかしはかえってマイナス。上手にスタンスをとることが大切です。

鳳閣星（東・右手）

縛られることが嫌いでユニークな発想を持つあなたと、のんびりおおらかで楽しい恋人。あなたが恋人に何かと刺激を与える関係で、恋人に自分の考えや知恵を打ち出していくことが多いでしょう。自然体の恋人とチャレンジ精神旺盛なあなた。性格は違うのですが、あなたが大きな愛を持って関わることで、お互いに人間的に大きく成長していけます。

調舒星（東・右手）

夢とロマンを持って人生を送りたいあなたと、デリケートで鋭い感性を持つ恋人。あなたが恋人に対して刺激していくという関係性で、恋人に対してあなた自身を押し出しリードしていくことが多いでしょう。恋人は神経質で命令や束縛を嫌いますが、あなたが大きな愛と知恵を持ってやさしく関われば、刺激を糧として才能と視野を広げることができます。

禄存星（東・右手）

好奇心が強く、ユニークな生き方をしたいあなたと、誰にも親切でやさしい恋人。面倒みのよい恋人がいろいろな面で自分を押し出してくることで、あなたが刺激を受けていく関係性です。恋人が尊敬や信頼を持てる人なら、鍛えられる関係の中で、あなたはいろいろと触発され、向上していくことでしょう。

司禄星（東・右手）

夢やロマンを持ち、行動力旺盛なあなたと、穏やかで安定思考のやさしい恋人。マメで親切な恋人が、さまざまな形で自分の考えやエネルギーを提供してくれることで、あなたはよい刺激を受けるでしょう。自由で大胆なあなたに対して堅実で地道な性格の恋人ですから生き方は正反対。そのために相手から受ける影響は大きく新鮮です。

車騎星（東・右手）

夢とロマンを求める創造力豊かなあなたと、一本気で正直な恋人。そのうえ行動力抜群でスピード感のある恋人が何かにつけテキパキとあなたを助け、世話をやいてくれるありがたい関係性です。あなたはラクですが、ついあたりまえと思って慣れてしまうと、甘えん坊の過保護状態になってしまいます。恋人の献身的な行為に甘えず、自分自身を磨くことも大切。あなたは飛躍的に成長していくでしょう。

牽牛星（東・右手）

大きな夢を持って人生を創造していきたいユニークで才能豊かなあなたと、真面目で責任感の強い恋人。堅実な恋人が何かにつけあなたにサポートを与えてくれる関係です。ワクにはめられるのが嫌いなあなたですが、基本的には助けられ教えられ育てられる関係。恋人と一体化する傾向があるので、甘えすぎない自制心を大切に。

龍高星（東・右手）

束縛を嫌い自由な人生を創造したいあなたと、同じ価値観を持った恋人。星が同じですから、相手のことが理解でき、洞察力も豊かなので長年付き合った親友のような関係です。団結力も抜群でしょう。万一、張り合う気持ちが出てくるとうまくいかないので、お互いのよい面を認め合うように大切につき合うことがコツ。

玉堂星（東・右手）

ユニークな発想力を持った、自由を愛するチャレンジャーのあなたと、物静かで理性的なやさしい恋人。似た部分も多い、平等意識の強いカップルなので、お互いが同等な立場で助け合ったり、協力し合って前進していくでしょう。ふたりとも知的でさらに向上心があるので一つの目標を目指していくと、すばらしいものを創りあげることができます。

玉堂星が中心（胸）にある人の恋愛傾向と関係性

貫索星（東・右手）

もの静かでやさしいあなたと、マイペースで自分の信じる道を行く恋人。あなたが恋人に母性的な愛を持ってエネルギーや愛、親切などをいろいろ与えていくという関係性です。頑固なところがある恋人も、あなたには素直に大きく心を開くでしょう。ただ恋人の十二大従星に天将、天禄、天南などの強い星が一つでもある場合はあまり尽くしすぎがマイナスになりますのでバランスを大切にしましょう。本人のために、世話のやきすぎには気をつけて。

石門星（東・右手）

向上心にあふれるやさしいあなたと、誰とでも仲良くできる社交家の恋人。あなたの方から積極的に恋人に対して面倒をみたりサポートをする、与えていく関係性です。恋人にとってはありがたい献身で、ふたりの中はトラブルなしにスムーズでしょう。あなたは奉仕する恋愛に喜びを感じるタイプですが、甘やかしすぎには気をつけましょう。

鳳閣星（東・右手）

理論派でやさしく、包容力のあるあなたと、ノンキでおおらかで楽しいことが大好きな恋人という組み合わせ。あなたが恋人に対して刺激を与えるという関係です。クールなあなたと自然体の恋人ですが、あなたがリードをとり、自分の意見を打ち出すことが多くなるでしょう。のんびりした恋人ですが、いろいろ教えられ影響を受けることで鍛えられ、人間的にも成長します。

調舒星（東・右手）

もの静かで知性的なあなたと、繊細で鋭い感性の恋人。クールなあなたとホットな恋人で対照的なカップルですが、あなたが大きな愛情を持って自分の考えを表現していけば、恋人は新しい視野を広げることになり、新鮮に受けとるでしょう。でも神経質な恋人ですから強い言い方や厳しい表現には反発してマイナスに。

禄存星（東・右手）

穏やかなやさしさと知性が備わったあなたと、愛情豊かで面倒見がいい恋人。親切な恋人があなたに対して何かと、自分を押し出してくることが多く、あなたはそれに刺激されるでしょう。異なる個性を持つ恋人を尊敬できるなら、向上心旺盛なあなたにとっては学びにできてベスト。触発されるものが多く、大いに鍛えられるはずです。

司禄星（東・右手）

向上心があって知的なあなたと、穏やかで真面目な恋人。堅実な恋人があなたに対してさまざまな側面から自分の考えや価値観を押し出してくるでしょう。あなたは現実的でしっかりした誠実な恋人からさまざまな影響を受けていきます。その点をよい糧とできれば、あなたはよい刺激を受け、人間的にも大きな器の人になるでしょう。

車騎星（東・右手）

もの静かで理性的なあなたと、一本気で行動力がある恋人。前向きな恋人から、何かにつけ教えられ、親切に尽くしてもらうことが多いでしょう。大切にされるのはいいのですが、ラクをしていると、エネルギーの不完全燃焼になりますからバランスを見極めて。

牽牛星（東・右手）

理知的で落ちついたあなたと、几帳面でプライドが高く真面目な恋人。誠実な恋人が、何かにつけ親切に尽くしてくれることが多いという、あなたにとってはありがたい相手です。尊敬できる恋人からの影響が大変強いため、恋人色に染まりがち。大切なことは自分を甘やかしすぎないこと。そうすればトラブルは少なく、楽しい素敵なカップルです。

龍高星（東・右手）

穏やかで知的なあなたと、夢を抱いて自由に生きたい恋人。仲のよい友だちカップルといえます。共に探求心に富む広い意味での勉強好き。趣味や仕事などで手を組むと見事なコンビとなるはず。大胆なアイデアを出して挑戦したがる恋人に戸惑って衝突しても、志は同じなので仲直りも早いでしょう。

玉堂星（東・右手）

もの静かで探究心旺盛で理論派のあなたと同じ星なので共通点が多く、平等意識のある友だち同士のようなカップル。ツーカーで理解し合える、ラクな関係です。知的なふたりですから、お互いにクールな仲良し恋人です。同じ目標を目指して前進するときは、心を一つにし、力を合わせて助け合うでしょう。

第6章

あなたの「親」

―頭の主星から気づく親子の真実―

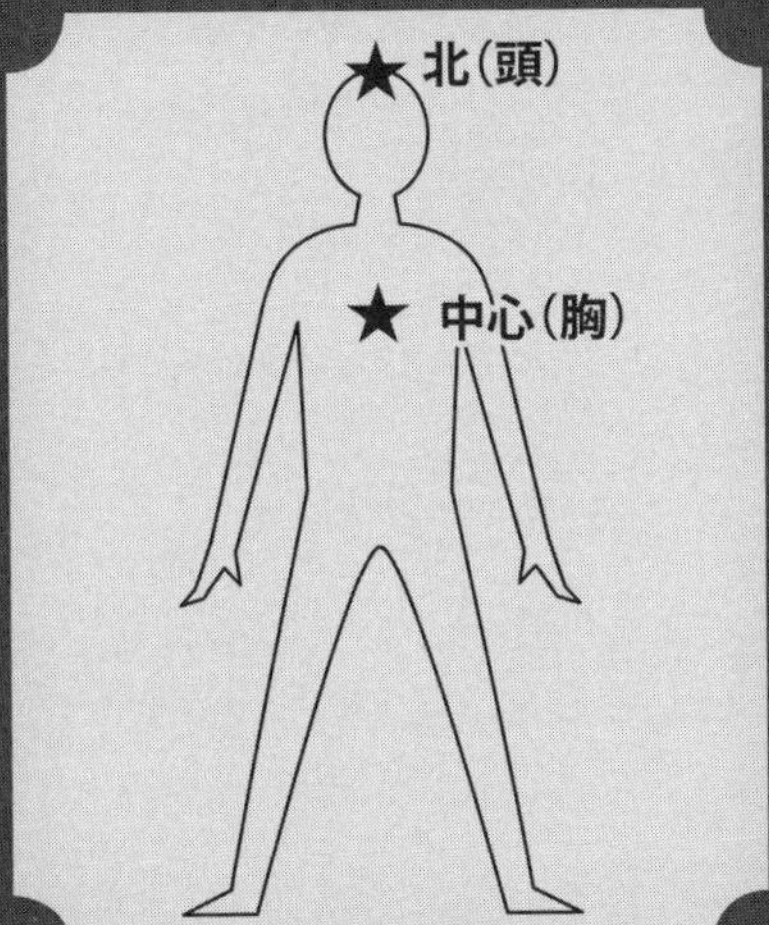

中心（胸）と北（頭）で
親との関係をみる

親（両親）の存在は、今のあなたにどんなふうに映っていますか。小さな子供だった頃から、現在至るまで、年齢と共に親子の関係性も変わってきます。宿命にあるあなたと親などとの関係、新しい目でみつめ直してみませんか。

人体星座の北（頭）にある十大主星、この星はあなたの親、先祖、さらに目上の人、上司、先輩、師との関係性を物語ります。ここでは親との関係に絞って進めていますが、宿命づけられたその関係性は、あなたの目上にあたる、周りの人々に置き換えてみても、重要なヒントが十分にあるものです。まず、北（頭）にある主星で、あなたの親がどんな特性の持ち主か、親子関係はどんなスタイルか、をみていき、次にあなたの中心星（胸）が、木質（貫索・石門）、火性（鳳閣・調舒）、土性（禄存・司禄）、金性（車騎・牽牛）、水性（龍高・玉堂）のどれにあたるかとみて、2つの星のその組み合わせで、さらに深く、詳しく親子の関係性の特色をみていきます。

ここで展開されるのは、あなたが持って生まれた「親」の特性とあなたとの関係、つまりあなたを中心にした見方です。もちろん親も宿命の星があります。「実際の親とは、どうもタイプが違う」ということもあるでしょう。そんな時は、「自分の親には、こんな一面もあるんだ」と、宿命の視点からみつめ直すことで、何か気づくことがあり、あたたかなものになっていくでしょう。

主精

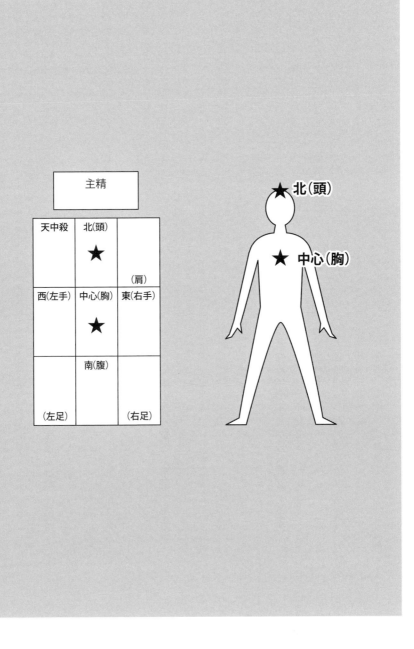

天中殺	北(頭) ★	(肩)
西(左手)	中心(胸) ★	東(右手)
(左足)	南(腹)	(右足)

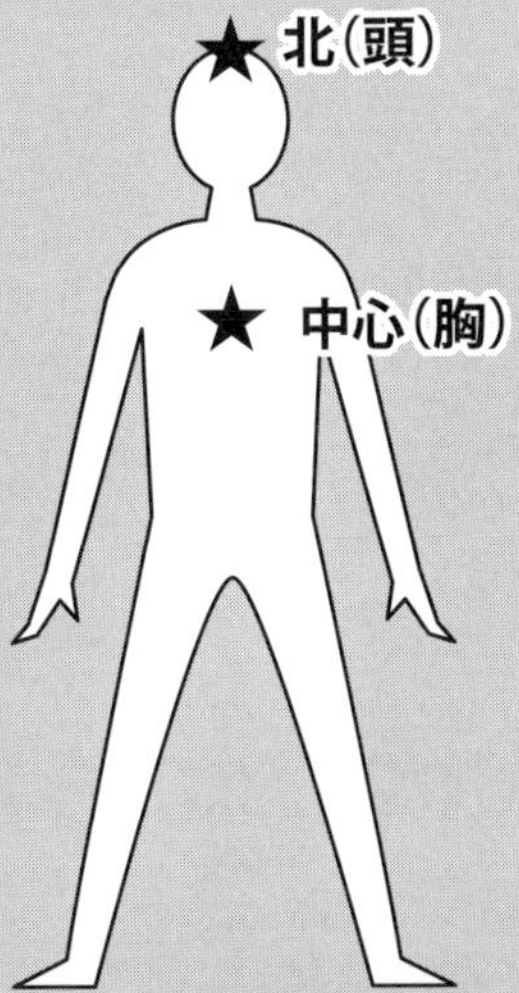

貫索星が北（頭）にある人

あなたの親は大変しっかりしたタイプでしょう。確固とした目標を持って生きてきた意志の強い人であり、頑固な人でもあります。また、努力家で忍耐強く、人に従うことは苦手な独立心の強い人。あなた自身もそういった面を受け継いでいますから、あまりうるさく言われると衝突することもあるでしょう。ただし、あなたが若いうちからラクをせず、堅実に自分なりの目標を持ってきたなら、親友同士のような素敵な関係が築けるはず。大人になるほど対等のいい関係になれる親子です。

あなたの中心星が木性（貫索・石門）

お互い頑固ぶりを競い合う似た者親子でしょう。幼少期における親の影響は大きく、親から学んだものも少なくないはず。早くから自立しなかったら、対等意識が出たかもしれませんが、ぶつかっても後までは引きません。

あなたの中心星が火性（鳳閣・調舒）

しっかりした親なのですが、あなたのこととなるとつい甘くなります。あなたも親から助けられ、愛されて成長してきたはずですが、その割にはその実感や感謝がないのでは？いくつになっても親に甘え、頼りがちなあなたでしょうが、トラブルは少ない関係でしょう。

あなたの中心星が土性（禄存・司禄）

あなたは親から厳しく育てられたでしょう。そのため、ぶつかることもあったでしょうが、それがあなたを成長させたともいえます。あなたの他の部分に火性があって、あなたに子供がいれば、親は孫に甘く、あなたには柔らかになります。

あなたの中心星が金性（車騎・牽牛）

親に対して自分を強く押し出せるあなた。自分の意志や感情は素直に出し、親に抑えつけられるようなことはあまりなかったでしょう。他に金性がいくつもあると、親のほうは内心、大変だったはず。でも水性が一つでもあれば、親思いになって関係はスムーズになります。

あなたの中心星が水性（龍高・玉堂）

心やさしいあなたは、親や年上（目上）の人からとても好かれます。親への思いが強くて、なかなか自立しにくい人もいますが、親を助ける立場、力量を持ち、自分から進んで親孝行するのが本来の姿です。気持ちよく尽くす限り、親が亡くなっても人生は発展します。

石門星が北（頭）にある人

あなたの親は社交的で、人間関係が広いでしょう。さまざまな会合や集まりによく出席し、人付き合いや仕事を第一に優先するため、あまり家庭的ではないかもしれません。とくに母親にこの傾向が強く、人当たりもいいので周囲からも人気があります。両親とともにエネルギーが強いリーダータイプで、独立心に富んでいるので、自営業や自由業についている人も多いでしょう。そんな長所をあなたも受け継いでいます。お互いに相手のよさを認めて臨むと関係はよりスムーズにいきます。

あなたの中心星が木性（貫索・石門）

お互いに自分の考えを通そうとして譲らないところがある親子です。普段、衝突がない時は友だちのように上下関係の少ない明るい関係。大人になるにしたがって、親から学んだものが身についてきたはずですが、常に親を超えたいというエネルギーと無意識の望みがありそう。

あなたの中心星が火性（鳳閣・調舒）

親の助けや愛情、先祖の恩恵が大きいあなたですが、本人の自覚は薄いかもしれません。親子の関係は円満ですが、いくつになっても、つい頼る気持ちがあるので、精神的に現実的に成長することがテーマといえます。教養とあなたの努力次第で向上する可能性は大です。

あなたの中心星が土性（禄存・司禄）

親が厳しかったようで、あなたは精神的な試練を感じて育ってきたでしょう。でも、自分の星の力量分だけはしっかりと成長してきたはず。他の星に火性（鳳閣・調舒）があって、あなたに子供がいると、あなたの親は孫に甘い祖父母になり、親しみ深い関係になるでしょう。

あなたの中心星が金性（車騎・牽牛）

自己表現ができるあなたは、親から抑えられるとか、問題が起こるということは少ない関係でしょう。むしろ自分のやりたいことを自由にやって、親を振り回す一面もありますが、わがままを言いながらも、親を敬い、自分の本領を充分に伸ばしていけるはずです。

あなたの中心星が水性（龍高・玉堂）

親孝行で、自分のことは後回しにしても親に尽くしたいという気持ちを持つあなた。反面、親離れができない場合もあり、親の性格や人生観次第ではあなたの運命も変わっていきます。生家から離れにくく、長く親と同居したり、長子的な立場になることもあるでしょう。

鳳閣星が北（頭）にある人

おおらかな性格で、ペースものんびり型。自然体で生きているのがあなたの親です。ここ一番という時の粘り強さに欠けるところはありますが、財力の大小に関係なく、精神的なゆとりがあり、何事に対しても柔軟性を発揮できる親でしょう。子育ても上手で、無理な押し付けなどもせず、子供の個性を尊重します。あなたにとってはありがたい親。平和で穏やかな環境のもと、いつまでも円満で明るい親子関係が続くことでしょう。

あなたの中心星が木性（貫索・石門）

大変円満な親子関係です。あなたが中心になって親を助けていき、時には長男、長女的な立場に進んでなるでしょう。親の幸せが自分の幸せ、と思うあなたなので、時には自分を犠牲にすることも。親孝行なのはいいことですが、自分自身のことも大切にしていきましょう。

あなたの中心星が火性（鳳閣・調舒）

とても似た者親子で、仲のよい友だち同士のようです。ハタからみると上下の感覚が全くない親子でしょう。親に従うという感じはないのですが。自然に親からの影響は大きく、得るものは大だったはず。親子で同じ仕事につくと刺激し合い、よきライバルになります。

あなたの中心星が土性（禄存・司禄）

充分にかわいがられて育ったはずですが、あなたはあたりまえで、あまり感謝してないかも。親子の関係は円満ですが、いくつになってもどこかでやさしい親を頼りにしているところがあります。これからは意識して独立心を発揮するようにすると親孝行にもなるでしょう。

あなたの中心星が金性（車騎・牽牛）

本来のんびりした性格の親なのですが、あなた自身は厳しくしつけられたように思い、幼少期には精神的負担を感じたのではないでしょうか。親に甘えることが少なかったかもしれません。それによって自分の力量を伸ばせたのですから、親や目上への礼儀は忘れないはず。

あなたの中心星が水性（龍高・玉堂）

親に対して自由に振る舞うあなたです。どんな両親やどんな環境であっても、基本的には自分の本質を変えないですんだことでしょう。普段はいい関係ですが、ひとたび衝突すると理屈を言って親を手こずらせることもありそう。それでいて互いが向上するという関係です。

調舒星が北（頭）にある人

あなたの親は繊細で感受性が豊かです。芸術家タイプでユニークな才能の持ち主でしょう、一方、小さなことを気にする、神経質で心配性の面も持合わせています。涙もろい人情家ですが、感情の起伏と好き嫌いが強いのと、妥協を許さない性分が影響して、寂しがり屋なのに孤立しがちな傾向もあります。そんな個性派の親に対し、あなたは子供の頃から気を使ったり、寂しさや反発を感じることもあったのでは？　でも、デリケートな親への理解が深まれば親子関係は豊かになります。

あなたの中心星が木性（貫索・石門）

ちょっと変わった親に思えるでしょうが、あなたに対してはとても素直で、それなりに心を開いてきます。あなたは親に対してイライラすることもあるでしょうが、基本的な関係は円満で、あなたも大変親思いです。親に対してもできるだけのことをするでしょう。

あなたの中心星が火性（鳳閣・調舒）

とても理解し合える親子です。ちょっと普通の親とは違う変ったところがあり、あなたは親に従うという子ではなかったでしょうが、成長期には親の影響が大きく、いろいろと学ぶ点が多かったはずです。多少の衝突があっても不仲にはならない縁のある関係です。

あなたの中心星が土性（禄存・司禄）

あなたは親だけでなく、先祖の恩徳まで受けられる人です。親はあなたに気を使い、過保護な一面もありますが、あなたのほうはあたりまえと思っているようです。いくつになっても親に甘えるところがあるので、自立する心を持つことで、よりよい関係に。

あなたの中心星が金性（車騎・牽牛）

あなたは繊細な親から厳しく育てられたでしょう。でも、それがあなた自身を伸ばすことになったのですが、反抗心からぶつかったこともあったのでは？　時には断絶の危機があったかもしれませんね。他の星に土性（禄存・司禄）があれば、関係は穏やかになります。

あなたの中心星が水性（龍高・玉堂）

親に対して、自然に振る舞えるでしょう。親とぶつかるとあなたは理屈を言うでしょうが、不仲や断絶にはならず、あなたの本来の力量が磨かれます。龍高星の場合、親の縁が薄くなるか、遠くに離れて住む可能性が。でもマイナスの関係になるわけではありません。

禄存星が北（頭）にある人

誰にでも親切で、人の面倒をみるのが大好きなサービス精神にあふれた親です。義理人情に厚く人に頼られる存在であり、頼まれればイヤと言えないお人好しでしょう。もともと金運はいいのですが、気前のよさが金銭面にも表れて、使うほうに忙しいようです。子供に対してはなおさら精神的にも経済的にも安定した穏やかな環境を与えようとするので、あなたの人生のスタートは恵まれていたはず。親から受け継いだ愛情奉仕の精神はありがたい譲りものとして大切にしましょう。

あなたの中心星が木性（貫索・石門）

面倒見がいい親ですが、あなたは、自分の思い通りにやりたい性格なので、小さい頃から親の言うことは聞かないことが多かったのでは？　親の気持も汲んだソフトな自己主張を心がけると平穏な関係に。他に火性（鳳閣・調舒）があれば衝突は弱まります。

あなたの中心星が火性（鳳閣・調舒）

親から与えられるよりも、あなたのほうが親のことを気遣って、親の助けになることをしたいタイプ。家業があれば自分のしたいことを諦めて手伝う人もいます。親子ともお金には困らないのですから、大きな目標を持ち、自分の好きなことに挑戦していきましょう。

あなたの中心星が土性（禄存・司禄）

親とはいえ、仲のよい友だちのような上下感覚のない関係。平等意識が強く、あなたは親だからといっておとなしく従わないことが多くあるでしょう。時には些細なことで張り合ったりもする面白い親子です。人情家である点は似ており、どちらも自分や他人を大切にします。

あなたの中心星が金性（車騎・牽牛）

いつもあなたのことを思ってくれるやさしくてありがたい親で、先祖からの恩恵も受ける運です。でもそれをあたりまえだと思っていると、あなたの本質は眠ったまま。親をいつまでも頼りにせず、本来の行動力を発揮したり、自分を高める努力が、あなたと親を輝かせます。

あなたの中心星が水性（龍高・玉堂）

あなたは厳しく育てられたでしょう。でも幼少期に親から受けた精神的なよき鍛錬が、今のあなたにはプラスになっているはず。自由を求めるあなたがときに暴走しても、親は深い愛情を注いでくれます。他の星座に金性（車騎・牽牛）があれば、ラクな親子関係になります。

司禄星が北（頭）にある人

家庭の安定を非常に大切にする、思いやりのある親です。石橋を叩いて渡る主義の着実なタイプですから、家庭生活でも危険な冒険などはしません。この傾向は母親のほうに強く表れ、地道な慎重派が多いようです。堅実な生き方をベストとするため、子供に対して時には細かい部分まで気になりチェックすることも。夢やロマンを追いたい子供には少々窮屈な関係ですが、親の干渉はあなたを大事に思っているからこその愛情なのですから。その気持ちを汲んであげましょう。

あなたの中心星が木性（貫索・石門）

自分の意思を通したいあなたですから、親を手こずらせることもあったでしょう。でも親子の関係としては順当で、どんな環境にあっても、あなたは親によって自分の本質を変えることはないという関係です。星座に火性（鳳閣・調舒）があると関係はより円滑になります。

あなたの中心星が火性（鳳閣・調舒）

あなたは大変親孝行ですが、他にもう一つ火性（鳳閣・調舒）があると、きょうだいで力を合わせて親を助けるでしょう。また、親のことが気になって、つい何かと世話を焼くことに。長子的役目を持って、家を支える人もいます。親にとってはありがたい子供です。

あなたの中心星が土性（禄存・司禄）

同じ土性ですから、いわゆる「同格の親子」。何も言わなくてもわかり合える、親友のような明るい関係です。価値観や好み、目的など共通点があるところでは、力を合わせて何でもやることができます。親の意見に従うわけではないのですが、その影響は多く受けるはずです。

あなたの中心星が金性（車騎・牽牛）

子供思いの面倒見のよい親。あなたは親のみならず、先祖の加護も受けるでしょう。でもそれを当然に思う気持ちがあり、感謝の気持ちが少ないので気をつけて。いつまでも親に頼っているとマイナスに。あなたの本質を自分で磨くと本来的に輝いてきます。

あなたの中心星が水性（龍高・玉堂）

親の存在が大きく、厳しくしつけられたか、何かと精神的鍛錬を受けたでしょう。おかげであなたの能力や本質が伸びたはずですが、あなたは親に甘えたり頼ったりすることが充分にできないかも。でも、あなたが家庭を持つとスムーズでラクな関係になるでしょう。

車騎星が北（頭）にある人

あなたの親は働き者で、じっとしてはいられないタイプ。アレコレと考えることや理屈を言うのは嫌いで、スピーディに動くのが身上です。たくましい行動派であり、曲がったことが大嫌いな正直者でもあります。その反面、気が短くて子供に対しても、自分の気持ちを押し付けがち。ただし、竹を割ったようにさっぱりさわやかな性格ですから、ズバズバと本音を言い合って親子喧嘩になっても決して後には残りません。無欲でテキパキよく働く尊さを親から学びましょう。

あなたの中心星が木性（貫索・石門）

サッパリした性格ですが、気が短いところがある親から、厳しく育てられたでしょう。論理的なタイプのあなたにとっては、幼いながら試練であったかもしれませんし、充分に甘えられなかったかもしれません。でも、その関係の中であなたの力が伸ばされてきたのです。

あなたの中心星が火性（鳳閣・調舒）

親も強いが、あなたも負けてはいない。ぶつかりやすい関係です。過保護とは無縁のようですが、ある意味、とても人間味があって自然な親子の関係とされています。この関係の中でこそあなたの能力が鍛えられ、行動力にも磨きがかかってきているのです。

あなたの中心星が土性（禄存・司禄）

働き者の親へ感謝するあなたは親孝行です。親のためにできることは何でもやり、助けたいと望み、現実にできる力量も運命も持っています。親の状況や人生観によりますが、自分を犠牲にしてまで尽くすと、一生親離れできないのでバランスを大切にして。

あなたの中心星が金性（車騎・牽牛）

お互いが理解し合えるさっぱりしたフレンドリーな親子です。どちらも上下関係の意識が薄いので、意見が違うとケンカになったり、張り合うこともある面白い関係です。じっくりと話し合うのもいいですし、同じスポーツや趣味などをすると楽しめます。

あなたの中心星が水性（龍高・玉堂）

正直でストレートな性格の親です。あなたがかわいくて仕方がありません。積極的でかなり過保護な傾向があります。あなた自身はそれほど感じていないかもしれませんが、親の助けや支えは大きいはず。自立したら親を頼りにしないで、いい意味で区切りをつけましょう。

牽牛星が北（頭）にある人

　プライドが高く、責任感の強さは人一倍のあなたの親は、とても几帳面で真面目な人。世間的な体面を重視し、折り目正しい、キチンとした生活をモットーにしているため、子供へのしつけも厳しかったことでしょう。あなたは父親を中心として動く家庭で育ったのではないでしょうか。時には融通がきかない堅物の父親かもしれませんが、安定した環境を努めて整えてくれたはずです。自分の個性は自分で磨くようにして、親への感謝と尊敬の気持ちを忘れないことは大切です。

あなたの中心星が木性（貫索・石門）

　あなたは子供の頃、厳格にしつけられたり、叱られたりしたことで、辛いと思うこともあったことでしょう。それはキチンとした人間に教育したいと思う親心。不満や窮屈さも多々あったかもしれませんが、そのおかげでエネルギーの強いあなたにはありがたいことで才能や実力が磨かれたのです。

あなたの中心星が火性（鳳閣・調舒）

　あなたの親は堅実で几帳面。自分の感情をのびのびと表現したいあなたは、ぶつかることもあるでしょうが、親のほうはあなたに振り回されていると感じていて、思うようにはしつけられない感じです。しかし、この親子関係は互いの成長には理想的なのです。

あなたの中心星が土性（禄存・司禄）

　あなたはやさしくて親を尊敬しており、大変親孝行です。少なくとも親のためにできることはしたいと考え、その力もありますから、親子の関係はスムーズ。面倒見がよいので、目上、年上の人からとても好かれます。

あなたの中心星が金性（車騎・牽牛）

　共通点の多い親子ですから分かり合える友だちのような関係。プライドが高く、真面目に生きていくのが性に合っている親子でしょう。親と同じ分野の仕事についたり、後を継ぐと、合わない面も出てきたりもしますが、いい意味でのライバルといえます。

あなたの中心星が水性（龍高・玉堂）

　あなたに、愛情を注いできた親です。価値観が違う点もありますが、あなたは親に助けられ、先祖の徳も受けている純粋なあなた。あまり親を頼りにせず、自らの世界を切り開いていきましょう。

龍高星が北（頭）にある人

　あなたの親は旺盛な冒険心と改革心を胸に秘めた人。常識に縛られることを嫌い、ロマンを求めて生きる自由人。一見、穏やかですが、内に秘めたエネルギーはとても強力。言葉数が少ないので一見、冷たい印象を与えるかもしれませんが、あなたのことを深く理解する洞察力を持つ人で、知的で教育上手な親といえます。自立心を育てるために、束縛しないよう見守っているのです。さっぱりした親なので、あなたの親離れは早いでしょう。

あなたの中心星が木性（貫索・石門）

　親の縁が薄いか、早く独り立ちできる宿命ですが、現実面では親から助けられることが多いはず。それがあたりまえになっているようですが、いつまでも親を頼っているとお互いに成長しにくいので、真の自立が大切です。あなたは先祖にも他人にも助けられるでしょう。

あなたの中心星が火性（鳳閣・調舒）

「水火の激突」といわれ、親との間の衝突があるか、早いうちに離別や自立で親とは離れる傾向にあります。もしくは厳しく育てられるでしょうが、そのためにあなたの力量は伸ばされます。決して悪い親子関係などではなく、一つの特色、個性なのだと考えてください。

あなたの中心星が土性（禄存・司禄）

　あなたは親に対して臆することなく、自然に自分を押し出していけるでしょう。意見が合わないことがあって衝突しても、あなたがダメージを受けるようなことはありません。むしろ、そういう関係の中で互いが刺激をうけ、精神面で豊かに成長していけるでしょう。

あなたの中心星が金性（車騎・牽牛）

　行動力のあるあなたですから、その能力を発揮してイザとなれば親に尽くすでしょう。親の存在が大きく、あなたは親を尊敬し、助けようと頑張りますし、その力を十分持っています。時には自分を犠牲にすることさえ進んでするでしょう。目上の人や他人にも好かれます。

あなたの中心星が水性（龍高・玉堂）

　親子というより、きょうだいか友だち同士のような平等感覚の強い関係。あなたも親に従うという意識は持っていませんが、親の存在は大きく、とくに幼少期には強く影響を受けたでしょう。同じ分野の仕事につくと、よきライバル的関係になるでしょう。

玉堂星が北（頭）にある人

子供に対する愛情が非常に強く、教育熱心な親です。そのため何事につけ、あなたに干渉しがち。この傾向は母親のほうに表れやすく、母親の影響を強く受ける、深い関係性です。少々理屈っぽいところはある親ですが、向上心のある理論派です。他人にはズバリと的を射た判断ができるのですが、自分の子供のこととなると冷静さを欠いてしまいがちなようです。あなたのほうがなるべくオープンな関わりを心がけ、子供への愛が強い親とのバランスをとるといいでしょう。

あなたの中心星が木性（貫索・石門）

親に大変かわいがられて育ったでしょう。とくに、精神的な苦労があった母親が、あなたに愛を注ぐ傾向が見られます。あなたは母親から受ける影響が強く、先祖の恩恵も多く受けています。いくつになっても親にとらわれるところがあるので気をつけ、自立心をもちましょう。

あなたの中心星が火性（鳳閣・調舒）

親が厳しい一面を持っていたため、あなたは精神的に錬磨されたでしょう。母親の負担が大きかった分、なかなか親を超えられないと思う人もいそう。でもその意識はあなたの力量を伸ばしていくことになるのです。それが社会に出てから大いに役に立っているはずです。

あなたの中心星が土性（禄存・司禄）

頭がよく理解力もある親ですが、あなたののびのびした振る舞いに困惑することもあったのでは。しかし、親や環境によって、あなたの運が変わってしまうことはないはずです。お互いに思いやりがあるのですから。他に車騎か牽牛があるとプラスになります。

あなたの中心星が金性（車騎・牽牛）

もともとじっとしていられない性分のあなたですが、親の存在が気になり、何かと親のために尽くします。大変な親孝行なので、親とぶつかることは少なく、関係はスムーズなはず。ただ、自立のきっかけを逃すと、ずっと親元を離れないで、長子的役目を担うかもしれません。

あなたの中心星が水性（龍高・玉堂）

同じ水性同士でまじり合うため、ぶつかり合いはめったになく、気の合う友だち同士のようなフランクな関係でしょう。幼少期は親の影響が大変強い中で成長したはず。大人になるとややライバル意識のようなものが生じ、いい意味で親子が共に成長していける関係です。

第7章 あなたの「子供」

―腹の主星で関係性に発展が―

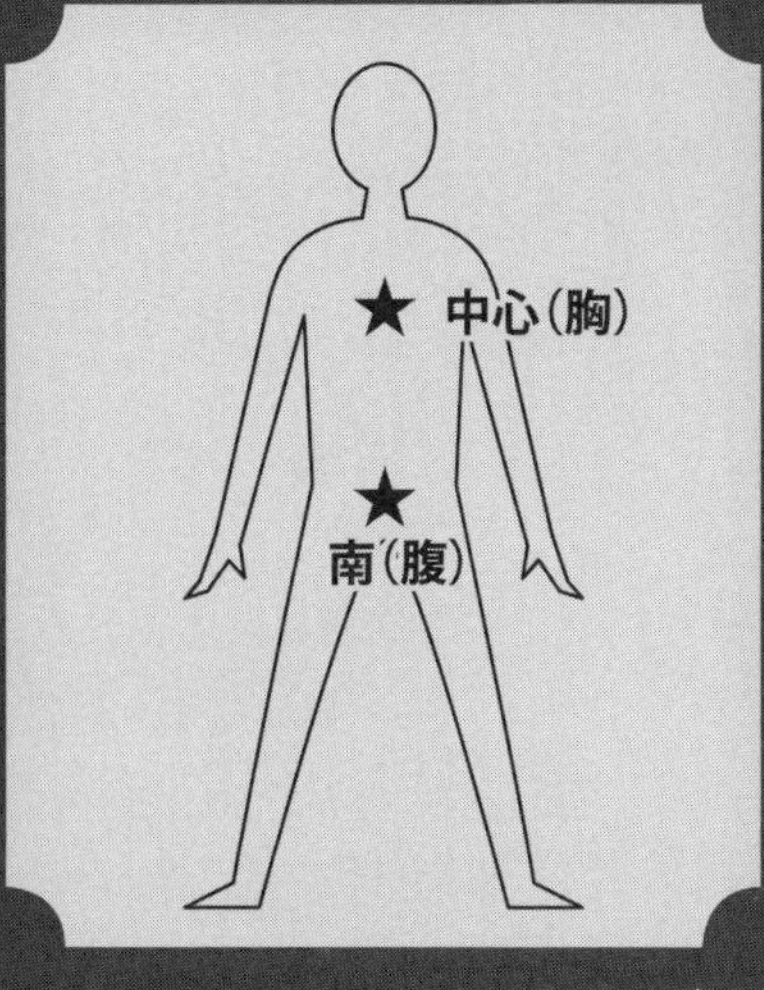

中心（胸）と南（腹）で
子供との関係をみる

あなたが持って生まれた宿命にある子供運から、あなたの子供の大まかな特質を知り、関係性を探ります。親子関係がもっとスムーズに楽しくなるヒントが見つけられることでしょう。

人体星座の南（腹）にあるのが、あなたの子供、子孫、また部下や後輩といった人の大まかな特質と、その関係性を物語ります。ここでは子供との関係に絞っていますが、あなたが守る、周りの人に置き換えて読みとることもできます。

まず、南（腹）の星で、あなたの子供の特性、個性を見ていきます。次にあなたの中心星（胸）と組み合わせて、あなた自身との関係の特色を知ることができます。あなたの子供は一人ひとりの宿命の星を持っていますから、詳しい性格、個性、才能、エネルギー、天中殺などは、子供たち本人の宿命星でより具体的に細かくみてください。

主精

天中殺	北(頭)	(肩)
西(左手)	中心(胸) ★	東(右手)
(左足)	南(腹) ★	(右足)

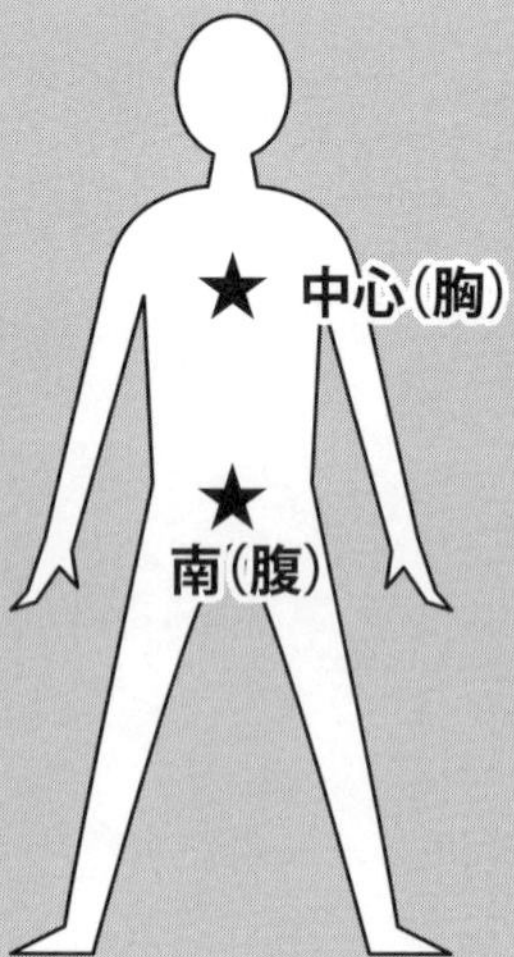

貫索星が南（腹）にある人

あなたの子供は芯が強く、自分の意思をハッキリ持っている自立の早い子でしょう。平和型で、争いや反抗を好みませんが、人の指図や束縛をひどく嫌い、自分の考えを一途に貫こうとするタイプ。甘えや依頼心が少ないため、独立心に富み、マイペースで我が道を行く長距離ランナーといえます。あなたは忍耐強く、愛情を持って信頼とエールを送り続けてください。日頃から本人の気持や希望を尊重して相互理解のためのコミュニケーションを充分に心がけるといいでしょう。

あなたの中心星が木性（貫索・石門）

似た部分が多い親子。そのため、意見が違うとぶつかることもあるでしょう。でも共通部分も多く、長所も短所も理解し合える親友のようなよい付き合いが可能です。

あなたの中心星が火性（鳳閣・調舒）

あなたは子供の言い分を冷静、かつ公平に聞ける親でしょう。独立心の強い親思いの子供ですから、仲のよい親子の交流が長く保てる恵まれた関係です。

あなたの中心星が土性（禄存・司禄）

あなたは愛情深く、やさしい親ですが、子供は強いエネルギーの持ち主なので、時には振り回されることも。子供の個性や意志を信頼して忍耐強く、気長に関わることが大切です。

あなたの中心星が金性（車騎・牽牛）

あなたはスピーディに、物事の白黒をハッキリさせたいタイプ。子供からみると、親の考えや価値観を押し付けられると感じることも。ゆったりとしてペースを落とした話し合いがよい関係への鍵です。

あなたの中心星が水性（龍高・玉堂）

あなたは実に子煩悩で教育熱心。親子の関係も円満でしょう。ただし、レールを敷きすぎると子供は依存してしまうので、常に、まずは子供自身の意見を尊重して充分に聞くようにしましょう。

石門星が南（腹）にある人

ゆったりソフトで、どんな人とも仲良く調和していく、友だち作りの上手な子供です。しかし、内面には芯の強さ、頑固さを秘め、周囲に迎合するとか我慢するといった気持ちはあまりありません。友だち、きょうだい、目上の人にも仲間意識が強い社交家。あなたが支配的になると、何事も裏目に出ます。集団や社会生活を経験するうち、生来の和合性や統率力などが養われていきます。親として細かいことは言わず、何よりも友だちを大切にしてあげるようにしましょう。

あなたの中心星が木性（貫索・石門）

芯の強さが共通点のわかり合える友だち親子です。お互いの性格やよさは認め合いながらも、意見が違う時はぶつかりそうですが、後を引かない、明るい関係です。お互いの正直な自己表現を大切に。

あなたの中心星が火性（鳳閣・調舒）

とても親思いの子供です。表面にはそう見えませんが、心中密かにあなたのことを気にかけているしっかり者。イザという時にはよく尽くしたり、助けてくれる頼もしい子供です。

あなたの中心星が土性（禄存・司禄）

社交性があり、友だち付き合いを第一に考える子供です。親の言いなりにはならない芯の強さをもち、自立も早いはず。親子の関係を密にしておけば関係は良好。

あなたの中心星が金性（車騎・牽牛）

スピーディなあなたと、子供のテンポが合わない時もありそう。無理を押し通すと親子関係にヒビが生じないとも限りません。あなたのほうが歩み寄ることが大切です。

あなたの中心星が水性（龍高・玉堂）

あなたはついつい子供に甘く、過保護になりがち。溺愛すると子供はわがままでワンマンな人間になりますから、冷静さを大切に、客観的な目を持って接しましょう。

鳳閣星が南（腹）にある人

あなたの子供は何をするにも、のんびりゆったりした子供です。遊ぶこと、楽しむことが大好きですから、コツコツ勉強したり、努力したり、気ぜわしく働くことは苦手。将来の不安や焦りなども無縁でしょう。自由気ままの自然体で、その日その時を好きなことをしてエンジョイできる「おおらかなゆとり」は見上げたもの。あまりノンキなために、親としては心配なこともあるかもしれません。しかし、素直さ、柔軟性を上手に育てていけば、先行きは楽しみの大きい子供といえるでしょう。

あなたの中心星が木性（貫索・石門）

のんびりした子供の行く末が気になって、あれこれ手や口を出したがる親になりやすいでしょう。時には課題や荷物を与えるなどして、バランスをうまくとることも必要ですが、楽しくやることが大切。

あなたの中心星が火性（鳳閣・調舒）

親子ともども似た者でノンキでしょう。趣味や遊びを通して、明るく楽しい人生を親子揃って創造し合えるいい関係です。中心星が鳳閣星の場合、より強まります。

あなたの中心星が土性（禄存・司禄）

一見のほほんとしているようで、内面はしっかりと現実をみる目をもち、自然に親孝行ができる子供です。あなたは愛情深い親ですから微笑ましい親子の関係です。

あなたの中心星が金性（車騎・牽牛）

のんびり型の子供とスピード感が身上のあなたでは、テンポが違いすぎ。時にはあなたのほうから立ち止まって、子供の目線でゆっくり楽しむ余裕を持つように。

あなたの中心星が水性（龍高・玉堂）

子供を思う気持ちが強いあなたですが、時には本人の持ち前の個性を尊重することも必要です。手出しが多いかなと思ったら、黙って自然な成長を見守るように。

調舒星が南（腹）にある人

鋭い感受性と繊細な神経を持つ、ちょっと気難しい芸術家タイプの子供です。完全性を求めるロマンチストでもあります。根はやさしくて寂しがり屋ですが、反抗心も強く、妥協ができないところもあります。厳しくしすぎると傷ついたり、甘やかすとわがままになりやすいので、15歳までの育て方と接し方には心配りが大切です。親がレールを敷かず、ユニークな才能の持ち主ですから、早いうちからそれを見つけて本人に自覚させ、サポートして、自由に伸ばしてあげるといいでしょう。

あなたの中心星が木性（貫索・石門）

信念を持って子供をかわいがる親ですが、子供第一に走りすぎるとわがままな子に。子供の才能や好きなことに理解を示すことが大切です。

あなたの中心星が火性（鳳閣・調舒）

同じタイプのフィーリングの持ち主なので、ツーと言えばカーと言う、なんでもわかり合える関係です。親子というよりは仲のよい友だち同士といった感じ。

あなたの中心星が土性（禄存・司禄）

情が深くデリケートな子供でとても親思いです。あなたのことを気にかけ、あなたの愛情に応えます。将来はあなたの支えになってくれる、やさしい子供です。

あなたの中心星が金性（車騎・牽牛）

単純でサッパリ型のあなたと神経が細やかな子供なので、時にはぶつかることも。細やかな愛情を豊かに注ぐことで、お互いの理解が深まり安心するでしょう。

あなたの中心星が水性（龍高・玉堂）

感性派の子供と理論派の親ですから、あなたが理屈や理論を通すとギクシャクします。違うタイプの友だち同士のような気分で、ゆっくりとやさしく理解してあげてください。

禄存星が南（腹）にある人

あなたは女の子が多いか、または女の子との縁が深い可能性があります。男女にかかわらず人に親切で、ボランティア精神にあふれた愛情豊かな子供で、現実的なたくましさもしっかり持っています。周囲から頼りにされるタイプで、困っている人をみると黙ってはいられない世話好きのため、人々にも好かれます。金銭や愛情に対する関心が強いので、現実的な指導を。恋愛の星でもあるので異性への目覚めも早いほうなので、日常生活の中でのフランクな会話がとても大切です。

あなたの中心星が木性（貫索・石門）

あなたの価値観、考え方を強く主張すると、子供には抗し難いものになる可能性があります。自分の考えを押しつけずに、愛情を持って見守るようにしましょう。

あなたの中心星が火性（鳳閣・調舒）

あなたのやさしさ、自然さはスムーズに子供のものと同化して、とてもいい親子関係です。子供の長所や魅力は損なわれることなく、のびやかに育っていくはず。

あなたの中心星が土性（禄存・司禄）

価値観やものの考え方などが似ていることが多く、気の合う友だち同士のような親子関係。趣味など何か一つ、一緒にやると、楽しめる最高の関係になるでしょう。

あなたの中心星が金性（車騎・牽牛）

たくましく現実的な力量のある子供が、将来的に何くれとなくあなたの面倒を見たり、親切にしてくれるでしょう。断絶などは無縁の円滑な親子関係となります。

あなたの中心星が水性（龍高・玉堂）

子供の要求が強く、それに対して甘い親になりがち。お金の面であまり贅沢を身につけさせないよう、幼少期から話し合い、決め事などを設けておくとよいでしょう。

司禄性が南（腹）にある人

家庭的でよく気がつくやさしい性格の子供です。とりわけ、女の子がしっかりして頼りになりそうですが、男女どちらでも真面目で堅実な、思いやりのある子供です。家庭的な面が強いため、男の子でも巧みに家事をこなします。早いうちから料理、洗濯、掃除などを一緒に楽しむ習慣をつけてあげるといいでしょう。冒険をしたがるタイプではないので、自然な形で好きなことを見つけたら自由にさせてあげると地道に自分の可能性を広げていくことでしょう。

あなたの中心星が木性（貫索・石門）

よかれと思って、ついあなたの意見、価値観を押し付けていませんか。子供のやさしい性格を萎縮させてしまうかもしれません。何事もおおらかに楽しんで関わることで子供は成長します。

あなたの中心星が火性（鳳閣・調舒）

やさしいあなたは、子供のことを思うあまり、過保護になりがち。手出し口出しが過ぎると、子供のためになりません。加減して気長にゆっくりペースで、本人が好きな能力を発揮できるようにしましょう。

あなたの中心星が土性（禄存・司禄）

上下関係がまったくない友だち同士のような親子です。親の威厳を示したい時には少々困るかもしれませんが、年上の友だちのように接していけば、お互いに気がラクでわかり合えるいい関係です。

あなたの中心星が金性（車騎・牽牛）

家庭的でやさしい子供です。いつもあなたのことを気にかけ、これからも何かとあなたを助ける頼もしい存在でしょう。安定した穏やかな親子の関係が保てます。

あなたの中心星が水性（龍高・玉堂）

子供が大きくなるにつれ、子供に指図されたりして窮屈に感じることも。そんな時は配偶者をパイプ役に。子供との関係は夫婦で力を合わせていくのがベストです。

車騎星が南（腹）にある人

男女ともに活発で威勢のよい子供です。じっくり腰を落ち着けて考えることよりも、体のほうが先に動いてしまう行動力の速さが持ち味です。さっぱりして小さなことにこだわらない、単純で正直な正義漢。さわやかな個性が魅力的です。仕事にもスピードがあってテキパキしていますが白黒ハッキリさせたい短気なところが忍耐力のなさにつながることも。体が動いていると精神は安定するため、一緒にスポーツをしたり、アクティブな能力を伸ばしてあげましょう。

あなたの中心星が木性（貫索・石門）

行動的で元気のよい子供ですから、そのテンポにあなたが振り回されることも。対応ができないなら、祖父母の出番を多くするとスムーズにいきます。

あなたの中心星が火性（鳳閣・調舒）

子供からみると少々けむたい親かもしれません。とくに中心星が調舒星の人は神経質にならないことです。細やかな愛情をおおらかに表現するようにしましょう。

あなたの中心星が土性（禄存・司禄）

あなたは一途な愛を注ぎ続ける親。子供にとっては甘くてありがたい親ですが、過保護が高じるとわがままにしてしまうかも。関わり方のバランスを大切に。

あなたの中心星が金性（車騎・牽牛）

お互いサッパリとしていて、とても仲のよい親子です。短気な点が似ているので、ちょっとしたぶつかり合いはあるかもしれませんが、あとに引きずりません。

あなたの中心星が水性（龍高・玉堂）

アッサリしているようですが、親のことをとても気にかける子供です。中心星が玉堂星なら、自分のことより親を優先する場合もあるので、自分の希望や目標をしっかり持つようにしてあげましょう。

牽牛星が南（腹）にある人

几帳面でプライドが高く、純粋で真面目な子供です。礼儀正しく、責任感も強いので、周囲の人の面倒もよくみるでしょう。自分の行動や能力に対する反応が気になり、親や周囲の人からの評価を求めるところがあります。ですから、小さな行いや努力でも見逃さないようにして、認めてほめてあげるように。それが子供には大きな励みとなり、うれしく確かな自信となります。最初の子供が男の子なら頼もしい後継者となり、女の子なら女系家族の始まりとなるでしょう。

本人の中心星が木性（貫索・石門）

子供から何かにつけ、教えられたり、刺激を受けることがある親子関係です。そのことで関係がうまくいかないときは、あなたや配偶者の両親が手助けしてくれるでしょう。

本人の中心星が火性（鳳閣・調舒）

親子でお互いに感性の違いを感じることがあるでしょう。その時はあなたの自己コントロールが必要です。短気を起こさず、本来の愛情を持ってやさしく関われば問題は解決します。

本人の中心星が土性（禄存・司禄）

無意識のうちに愛情過多の親になっていませんか。あなたが面倒を見すぎると、本人の自立心や個性をつぶすことにもなりかねません。子供を信頼して、思いやりを持って見守りましょう。

本人の中心星が金性（車騎・牽牛）

よき友、よきライバル、よきケンカ相手といった親子関係です。多少の衝突があっても尾をひくことなく、カラッとしていて、かえって仲良くなったりします。

本人の中心星は水性（龍高・玉堂）

責任感が強く、親想いのやさしい子供。とくに最初の子供はあなたにとって頼もしい存在となり、親冥利に尽きることでしょう。いずれにせよ、子供運はいいです。

龍高星が南（腹）にある人

幼い頃から天性の洞察力をもち、幼い時から大人の言葉や気持ちを読みとるようなところがあります。知識欲が旺盛で、知恵のある大人になるでしょう。外見は穏やかで自分の考えや感情を表に出さないので、何を考えているのか読めないところがあるかもしれません。内面にはユニークな創造性やネバリ強さ、大胆な冒険心を持つ努力家です。目標が定まれば、自由奔放に能力と個性を発揮する、ユニークな創造力を持っています。

あなたの中心星が木性（貫索・石門）

親を大切に考える、親孝行な子供です。将来、もし遠く離れて住むようになっても、あなたのことはいつも念頭から離れないやさしさを持っているでしょう。

あなたの中心星が火性（鳳閣・調舒）

意見や価値観の違いがあっても当然の親子です。こだわりを持って自分を押し通そうとすると、摩擦が生じます。お互いの違いを理解し合うことが大切です。

あなたの中心星が土性（禄存・司禄）

あなたの愛情が時として子供には重たく感じる場合があるかも。せっかくの愛情も思いを無駄にしないために、配偶者と一緒に柔軟性を持って接していきましょう。

あなたの中心星が金性（車騎・牽牛）

サッパリとしてさわやかな中にも、きめ細かやかな愛情を注ぐことができる、子育てが上手な親です。子供はあなたの愛を充分感じとり、心豊かな親子関係を得られるでしょう。

あなたの中心星が水性（龍高・玉堂）

知識を分かち合い、向上心を満たし合える、親子というより学校の先輩と後輩、仲のよい友だち同士のような関係です。お互いの関心や目標が同じなら、心地よい関係はずっと長く続くでしょう。

玉堂星が南（腹）にある人

あなたの子供は物静かで、落ち着いた学究肌の性格。少し理屈っぽいところがあり、時にはあなたに意見をするかもしれませんが、それも知性派たるゆえんと思って、聞いてあげましょう。さまざまなことを「学ぶこと」が、自己を形成する能力、向上心を高め、豊かな観察力、判断力、習得力になっていくはずです。身内の絆を人一倍強く感じる家族思いのやさしさの持ち主。家系や体制などのワクからはみ出すことなく、穏やかで無理のない納得した生き方をする柔軟性のある子供です。

あなたの中心星が木性（貫索・石門）

大変細やかでやさしく、親の幸せが自分の幸せと感じるようなとても親孝行の子供。あなたは幸せなのですから、自分の意見を押し付けたり、頑固にならないように気をつければとてもよい関係です。

あなたの中心星が火性（鳳閣・調舒）

理論派の子供と感情派のあなたですから、考えや視点の違いを感じて当然。衝突した時は、ゆっくり時間をかけて話し合うのがベストです。違いがある点から親子が学び合っていけるはずです。

あなたの中心星が土性（禄存・司禄）

あなたはやさしい人ですが、子供からみると少々不必要なおせっかいをすることがあるようです。それらしい反応がある時はさっと引き下がって、配偶者にバトンタッチするとうまくいくでしょう。

あなたの中心星が金性（車騎・牽牛）

あなたは子供のために、ひたすら忙しくよく働く親でしょう。賢くて自慢の子供となるでしょうが、過保護は子供にとってマイナスなので、気をつけてください。

あなたの中心星が水性（龍高・玉堂）

何事にも理論、理屈を持つ似た者親子です。お互いの知識やアイデアを交わし合うというよさがあります。親子とも向上心があり、根本のところで理解信頼のある快適な親子関係で成長し合えます。

第8章

あなたの「仕事」

―主星と従星から広がる可能性の世界―

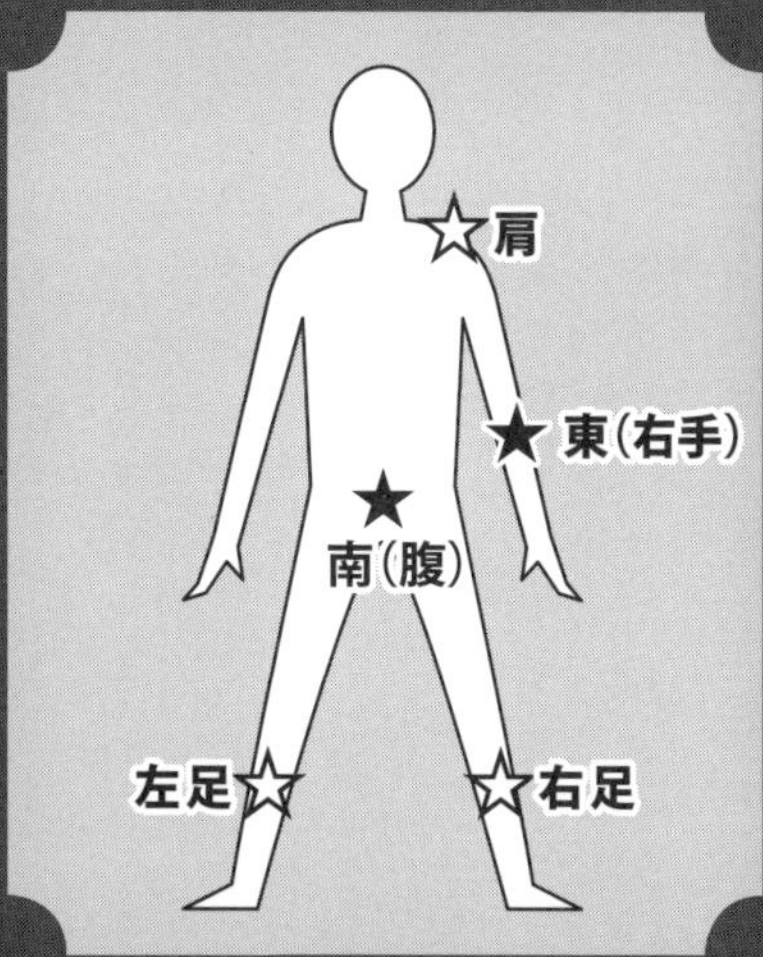

主星と従星から
仕事に関するメッセージを
読みとる

算命学の星から導き出された「適職」は、あなたの持って生まれた能力や特性を生かし、発揮させる鍵。仕事の選択肢、可能性はまだまだいろいろあることがわかるでしょう。

自分にはどんな才能があるのか、自分の適職は何か、生きがいや充実感を得られる職業はどんな分野なのか、転職で順調にいく可能性は？　などの問いに答える「仕事運」の章です。

本来「才能」とは、人体星座にある8つの宿命星全部に宿っているものですが、今回は人体星座にある2つの「仕事の座」である南（腹）と東（右手）にある主星の両面から、あなたの仕事に関する情報を読み取っていきます。

◆南（腹）の主星は、自分の子供、子孫、部下や後輩、年下の人をみる座ですが、「仕事」をみる座でもあります。仕事の中でもとくに「精神的な満足」を得るには、あなたの場合、どんな方法や分野が宿命に合っているのか、「心」と仕事の結びつき、そのからみをみていきます。

◆東（右手）の主星は人物なら恋人、友人、知人、仲間、同僚、きょうだいなどもみる座です。「仕事」では「現実的な職業」に結びつくものを示します。

◆「十大主星でみる、仕事の方向性、適職のヒント」（268頁）は、宿命星が示す際立った傾向から導き出された適職の例です。各主星名の下の欄には、自分の持っている特性を生かせる仕事の方向性で、そこには、具体的な職種の例をあげています。時代と共に、仕事の種類、世界はさらに新しく、大きく広がっています。仕事の方向性が示唆している内容を象徴的にくみ取り、視線を広げて、イメージを自由自在に膨らませてあなたの気持に問い掛けてみてください。

◆さらに、３つの座にある「十二大従星」の持つ能力や世界も重要です。具体的には「十二大従星でみる、適職のジャンル例」（２６９頁）に表で紹介しました。これは十二大従星それぞれが持つ意味、仕事のジャンルの例を表したものです。

◆十二大従星は、肩が初年期（0〜20代）、右足が中年期（30〜50代）、左足が晩年期（60代〜）にあたります。３つ全部の従星が持っている仕事の可能性をみつけて楽しく生かしていってください。

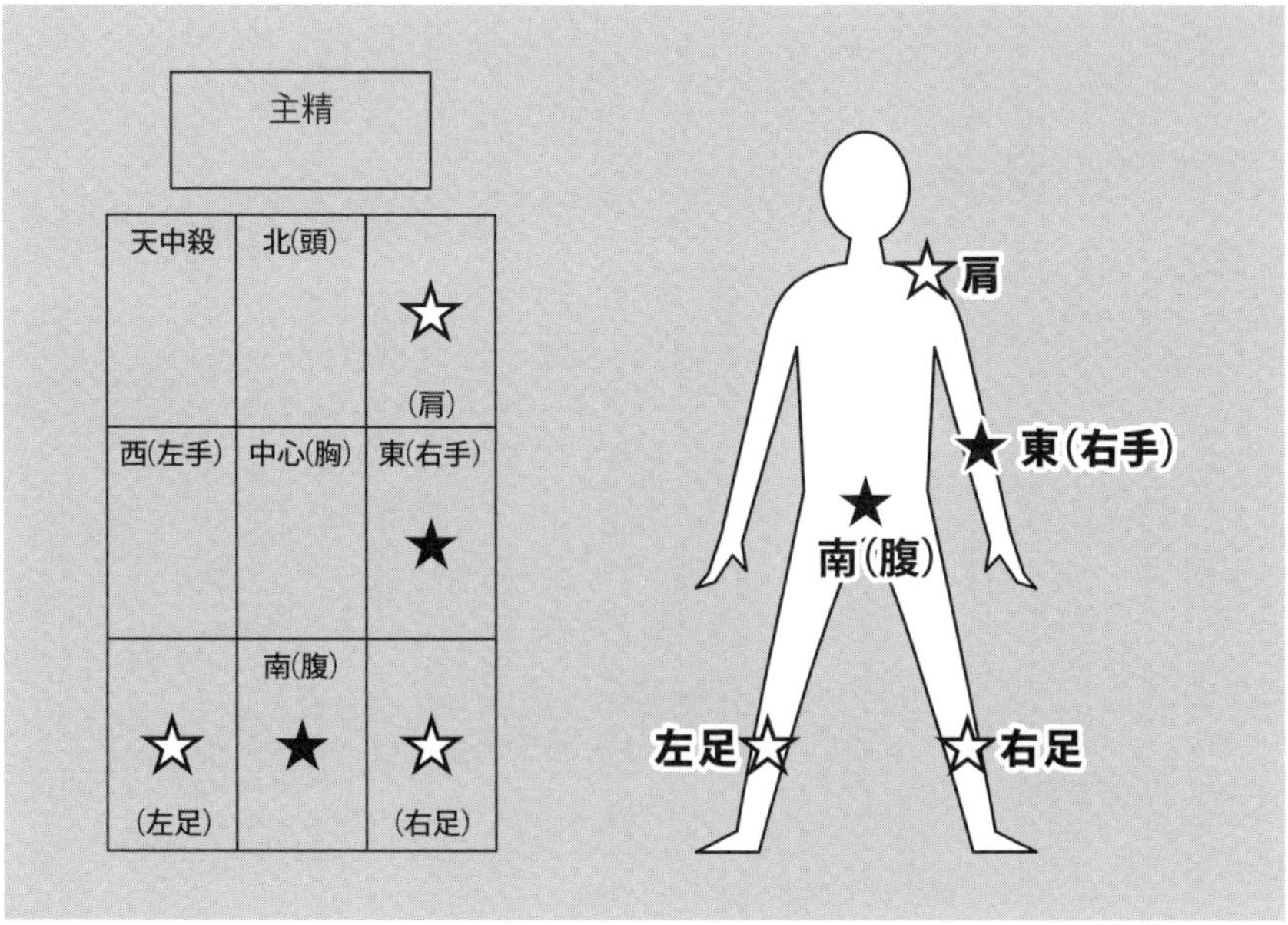

南（腹）にある星でみる

貫索星（木性）が南（腹）にある人

一本の樹木に例えられる貫索星は「守る」ことが本能。「頑固」「独立心」「努力」といった性格や能力は、何かを守るためには不可欠な特質。組織などは頼りにせず、自分が中心で「単独行動」をするところに意味があります。自分の才能や目標、立場や仕事などをしっかりと樹立し、継続していくことは、自己実現するために必要な世界。職業が何であれ、「守る」という本能や手段によって、宿命星が持つエネルギーの完全燃焼となり、精神的な満足感や喜びを得られるでしょう。何のためにどんな世界でどのように「守る」かのヒントは、東（右手）の星にあります。

石門星（木性）が南（腹）にある人

貫索星と同様に「守る」のが本能ですが、「和合」「協調」「統率」「社交」といった性格や能力があります。特色は何の仕事であれ、自分個人ではなく、「集団」の中で働くこと。自分の希望や夢、目標または与えられた立場や仕事を、組織やグループの中で「和合」状態でこなすことができます。人々と協力するという方法や手段で本来の能力やエネルギーの完全燃焼ができ、精神的な満足感や喜びを実感できるでしょう。どんな分野の職業で和合するかのヒントは東（右手）の星にあります。

鳳閣星（火性）が南（腹）にある人

鳳閣星の本質は「表現伝達」。「自由」「遊び心」「バランス感覚」「自然体」などの性格や能力は、物事を正確に楽しく「表現伝達する」ために必要な特質です。それを自分個人ではなく、「集団」で為すところが大きな特質。自分の夢やアイデア、与えられた立場や仕事などを仲間や集団で明るく実現し協力してやっていく役目があります。そのエネルギーを完全燃焼することで喜びがあるでしょう。ヒントは東（右手）の星にあります。

調舒星（火性）が南（腹）にある人

本質は鳳閣星と同じ「表現伝達」「直感力」の世界。「繊細な感性」「反骨精神」「芸術的才能」といった性格や能力に支えられ、表現方法は非常に個人的な点が特色。集団や組織の中では協調しにくく、「単独行動」がベストです。自分の信念や目標、立場や仕事を独自の感性で

「表現伝達」することが役目。それがエネルギーを完全燃焼する喜びとなるでしょう。仕事のヒントは東（右手）の星にあります。

禄存星（土性）が南（腹）にある人

本質世界は人を惹きつけたいという「引力」。「愛情奉仕」「財力」「やさしさ」などの性格や能力は人を魅了するための特質で、「集団行動」でなされるのが特質。夢や希望、与えられた立場や仕事などをひとりではなく、組織など集団の中で「奉仕の精神」と共に発揮。職業が何であれ、「愛情奉仕」という手段や方法でエネルギーを完全燃焼することができ、それが満足感や喜びをもたらすでしょう。どんな世界でどのように「愛情・奉仕」するかのヒントは東（右手）の星が教えてくれます。

司禄星（土性）が南（腹）にある人

禄存星と同じく、「引力」が本質世界。なかでも「蓄積」「集める」「準備」「まとめる」などの性格や能力に支えられています。長い時間をかけてコツコツと何かを「蓄積」することに魅力を感じるのが特色です。自分の希望や目標、与えられた立場や仕事、お金や愛、人間関係など何であれ、地道に「蓄積」し続けるプロセスにエネルギーの完全燃焼があり、精神的な満足や喜びがあります。具体的なヒントは東（右手）の星にあります。

車騎星（金性）が南（腹）にある人

本質は「攻撃」であり、守りの反対です。そのために「前進」したり「後退」したりする「行動力」と「スピード」「勇気」「たくましさ」といった「動」の性格や能力があり、それを「単独」で頑張るところが特色です。目標や信念・立場や仕事など常に積極的に「動く」ことが、自己表現するために必要な世界。職業が何であれ、積極的に「行動する」方法や手段によってエネルギーの完全燃焼があり、満足感や喜びとなります。どんな分野や方法で「行動」するかのヒントは東（右手）の星にあります。

牽牛星（金性）が南（腹）にある人

車騎星と同じく「攻撃」が本能世界です。しかし、非常に高い「自尊心」を中心に「理性」「責任感」「判断力」などで支えられ、「集団、組織」の中で自己を上手にコントロールできます。常に高い「自尊心」を持ち、体面を保ってクールにこなすことは、自己表現するために必要な世界。本能である現実的な攻撃性をプライドを持って発揮することが、エネルギーの完全燃焼につながり、満足感と喜びになります。どんな世界で「自尊心」を持って働くのが向いているかのヒントは東（右手）の星にあります。

龍高星（水性）が南（腹）にある人

本質世界は「習得」。そのために「改革」「創造」「芸術」「放浪」「冒険」「自由」といった「動」の性格や能力が備わっています。束縛を嫌い、新しい世界に「チャレンジ」することで「習得」しようとするので、「単独行動」が中心となります。夢や目標、立場や仕事などを大胆に独自のユニークな方法で「習得」し、「創造」する必要があります。体験をしながら「学ぶ」という方法や手段が、エネルギーの完全燃焼となり、それが満足感や喜びにつながるのです。どんな世界の仕事で「学び」「創造」するかというヒントは東（右手）の星にあります。

玉堂星（水性）が南（腹）にある人

龍高星と同じく「習得」が本能世界ですが、「伝統」「知性」や「理性」「教育」「創造」「変革」といった性格や能力が特色。龍高星が「動」の習得、「知恵」であるのに対し、玉堂星は「静」や「平和」がベースの習得や知恵です。自分の目標や希望、立場や仕事などを「母性的」な「知性」を持って、穏やかな形で「冷静」になしていき、「育てる」という方法や手段を発揮していくことで、エネルギーを完全燃焼します。どんな職業であれ、自他を「育成する」ところに精神的な満足感や喜びがあるでしょう。その分野を知るヒントは東（右手）の星が教えてくれます。

東（右手）にある星でみる

貫索星（木性）が東（右手）にある人

本能は「守備力」の見事さ。「守る」という範囲の中で、エネルギーを燃焼させることが、職業や収入を得る入口になります。一本の樹木のように、自分から動き回るのではなく、与えられたものを広い意味で「守っていく」のが役目。「独立心」が強く、「単独行動」が得意な「マイペース型実力派」なので、仕事は「自由業」「自営」の形態がベスト。会社勤めなら、「専門職」や「技術者」が向いています。ネバリ強く守備力を発揮し継続することで、成功のチャンスが。どんな仕事でも独自の能力が発揮され、「任される」ことから発展するはず。

石門星（木性）が東（右手）にある人

本能は「守り型」で、見事な「和合性」の能力を持っています。人と人、物と物などを結びつけたり、まとめていく「和合」の中で、エネルギーを発揮するのが、職業や収入を得る入口に。「協調性」「統率力」がある社交家。「集団行動」が得意で、地道な作業や単独での仕事は苦手。「大勢の人との交流」に関わる職業や職場、内容を選ぶと、本領を発揮できるはず。経営能力がありますから共同経営や個人経営、イベント業、サービス業など、何でも自分の好きな分野のどんな職種にも広く順応できます。

鳳閣星（火性）が東（右手）にある人

本能世界は「表現伝達」に優れ、何事かを「表現」し、「伝達する」という領域の中で、エネルギーを燃焼させるのが職業や収入に結びつきます。広い意味で情報社会の伝達者となる職種。内容を選ぶことで、「公平な判断力」や優れたバランス感覚も発揮されます。「遊び心」「楽しいこと」「明るいこと」が自然体でできるので、料理、健康、娯楽、マスコミ、観光、スポーツ、芸能関係など、みんなが喜ぶような楽しい仕事がベスト。趣味と実益が一致するような世界が理想です。

調舒星（火性）が東（右手）にある人

本能世界は鳳閣星と同じ「表現伝達」。広い意味で「自己表現」し、何事かを「伝達する」する中で、エネルギーを燃焼させる行為が、職業や収入につながります。自分の考えや意見、才能を「単独」で打ち出します。

「デリケート」で「鋭い感性」を持つ、「芸術的才能」の持ち主、「反骨精神」も旺盛。「孤独を愛する」一面もある繊細なタイプなので、束縛が少なく、ユニークな性格と個性を発揮できる「芸術」「創作」「精神世界」的な環境や職業がおすすめ。自由業がベストですが、会社勤めなら小企業少人数の「スペシャリスト」がいいでしょう。

禄存星（土性）が東（右手）にある人

本能世界は「引力」「魅力」にあります。そのため「愛情奉仕」や「財」「金銭」の領域、範囲の中でエネルギーを発揮していくことが職業に結びつく入口になります。人や世の中のためになることをしたい、というサービス、「奉仕の精神」が生かされるには、「ボランティアの要素」が強い内容、職種、職場がピッタリ。「人助け的な仕事」が適性。肉体面の仕事としては、医学、薬学、看護など、健康や介護に関わる仕事、精神面ではアドバイザーやセラピストなどサービス業や、福祉関係も含めて、自分のできる範囲を広い視野で考えましょう。

司禄星（土性）が東（右手）にある人

本能世界は禄存星と同じ「引力」や「魅力」にありますが、司禄星の場合、「地道」で「蓄積する」「不動産」「家庭的なこと」に特色、能力があります「貯える」「まとめる」「継承する」という領域、範囲の中で、エネルギーを燃焼させることが、職業への入口になります。コツコツ努力を重ねていくことによって、あらゆる世界が味方してくれ、成果を持たらしてくれます。蓄積できるものは、お金や細かい事務的な仕事などさまざま。情報収集、アシスタント、秘書、金融業務、不動産業、サービス業、家政、片づけ、家事などの才能を生かす仕事がいいでしょう。

車騎星（金性）が東（右手）にある人

本能世界は「前進力」「攻撃力」という積極的な「動き」が特色。広い意味で「行動する」「スピーディに働く」勢いのある領域の中でエネルギーを発揮することが、現実的な職業になります。コツコツ根気よく積み重ねる仕事やデスクワークなどは不得手。勇気があり、危険が伴うことにも挑む強い精神力の持ち主。スポーツ選手やインストラクター、会社勤めなら代表は営業部門。ノルマがある仕事や警察官、ルポライターなど、とにかく体を動かしていく仕事が向いています。

牽牛星（金性）が東（右手）にある人

本能世界は「攻撃性」「行動力」ですが、車騎星と違う点は、「理性」「判断」「静的」な要素が加わります。「責任感」が強く、「プライド」があり、それを「集団」の中で発揮する能力に優れています。「自尊心」を持って「補佐する」という領域の中でエネルギーを燃焼させていくことが、職業につながります。牽牛星は「お役人星」なので、国家公務員、地方公務員を始め、大きな組織の会社員、法律や語学関係者、セクレタリーなど。有能な補佐役となり、几帳面な仕事ぶりで価値を得る人になります。

龍高星（水性）が東（右手）にある人

「習得」が本能世界です。「知恵」「改革」「創造性」「放浪」「冒険」といったユニークな資質を生かすエネルギーを燃焼させる行為が、職業に。常に体験を通して学び、向上し、新しい世界を切り開く度胸のある「チャレンジャー」。大変多くの側面を持っているため、これらの才能の中で、あなたが心からコレだ！と感じられる世界で挑戦してください。医師や医学関係、旅行業、画家、イラストレーター、アーティスト、プランナー、作家など、世界は広大です。

玉堂星（水性）が東（右手）にある人

本能世界は「学問」「習得」にあります。「教育」「知性」「創造」といった特性を生かしてエネルギーを燃焼させる行為が、職業になります。古典、伝統のある古いものに興味を持ち、静かで「知恵」のある人です。厳しい現実社会でバリバリとやるよりは、「学者タイプ」「研究者型」。広い意味で「人を育てる」ことが使命の一つなので、「教育畑」で才能が輝くはず。教育指導者、アドバイザー、コンサルタントの他、古典の世界や伝統、歴史あるものを受け継いだり、育成していく師匠などの仕事はベスト。大変順応性がある人です。

十大主星でみる、仕事の方向性、適職のヒント

貫索星	何かを「守る」ことが主体となるような仕事。自分から動くのではなく、人や相手のほうから動いてくるのを待つ形の受け身な形の仕事。	他人や他人の物を保管する、預かる保管業。人の命を病から守る医師、医療従事者、美術館や博物館のキューレーター、保険業務、チームやプロジェクトの形より、単独でできる仕事、自営業。フリーランサー、自由業のいろいろ。
石門星	単独ではなく、集団や組織の中で調和する社交性を生かせる形の仕事。人と人を結びつける形の仕事。グループの中ですぐれた統率力を生かす仕事。	イベント業、各種プロデューサー、商社勤務、外交官、政治家。組織やグループをつくること、会社経営、実業家、パーティ業、オーナー。
鳳閣星	バランス感覚、公平な判断力で物事を正確に表現する能力が生かせる仕事。自由で楽しいこと、趣味、娯楽、飲食、健康、映画、ＴＶなどの分野。	出版、広告、マスコミや報道関係、レポーター、コメンテーター、アナウンサー、料理家、シェフ、栄養士、フードコーディネーター、レストラン経営、ソムリエ。
調舒星	才能で勝負する分野。何か特殊な能力を磨いて個人的に表現する仕事。自分の才能や主張を伝達する感性や想像力、芸術性が出せる自由な仕事。	作家、音楽家、詩人、作詞家、エッセイスト、歌手、フリーライター、学者、占い師、技術者、美容師、ヘアーメイクアップアーティスト、カウンセラー、アーティスト、セラピスト。
禄存星	多くの人のために役に立ちたいという愛と奉仕、人助けの精神を生かす職業。気前のよさ、面倒見のよさを生かす分野。金銭に関わる仕事。	医師、看護師、薬剤師、歯科技術、医療業務一般、介護関係、福祉、カウンセラー、宗教家、サービス業一般。銀行、保険、商売全般、公認会計士、ショップ経営、占師。
司禄星	人や物を惹きつける力を使う仕事。地道に長く続ける堅実な仕事。家庭的なこと、女性相手の分野。ホームヘルパー。手仕事など。	一般事務、金融関係、片付け師、家事代行、不動産売買、マンション経営、会計士、銀行員、ショップ経営、情報関係、データ処理など。
車騎星	動きの多い、変化に富んだ仕事。行動力を働かせる多忙な仕事。デスクワークより、足や体で働く分野。救命的なスピーディな分野がよい。	スポーツ関係、アスリート、トレーナー、武道家、ガードマン、営業職、弁護士、自衛官、警察官、裁判官、車や交通関係、旅行家、通訳、ルポライターなど。
牽牛星	大きな組織向き。会社員のプライドを持って働けるキチンとした堅い仕事。国や地方の公務に関わる分野。人々に対して指導的な仕事。	国家公務員、地方公務員、サラリーマン、ＯＬ、セクレタリー、アシスタント（補佐役）、ＩＴ関係の仕事など。
龍高星	何か勉強になるような仕事。チャレンジできる新しい分野。開発的なアイデア勝負の仕事。海外に関係する仕事。クリエイティブな世界。芸術の分野。	旅行・航空関係、フライトアテンダント、外資系企業、広い分野のデザイナー、画家、イラストレーター、キュレイター、建築家、園芸家、冒険家、アニメーター、プランナー、獣医、外科医、貿易関係など。
玉堂星	純粋な学者。研究・探究を続ける世界。伝統ある「和」の世界なら何でも。育ての親のように人を育成するマネージャー。学校経営。出版関係などの仕事。	教授、教師、歴史考古学者、古典芸能の世界の継承者、茶道・花道・書道の指導者、和裁・和服コーディネーター、ベビーシッター、カウンセラー、クラシック関係。

十二大従星でみる適職のジャンル例

天報星	ユニークで自由な感性で変転変化する多彩な人。一つのことに長く打ち込めば大きな成果の可能性が。	どんな職業でも。ただし自分の好きなものを選ぶこと。
天印星	素直であるがままの社交家。無邪気で可愛いユーモアのある人柄で愛される福徳の持ち主。子供に好かれる。	教師、幼稚園の先生、保育士、ベビーシッター、コメディアンなど。
天貴星	純粋で賢明、若々しい探究心にみちた知性派。責任感が強く真面目。学び続ける精神の貴人。	教師、学問、スタイリスト、デザイナー、ファッション、出版、編集、キュレーター、スクールカウンセラー、塾講師など。
天恍星	自意識が強く、正直に自由を求める個性派。いくつになっても人々を魅了する若さが強み。	芸能、タレント、俳優、歌手、ダンサー、楽器演奏、振付師、演出家、映画監督、レポーター、司会者など。
天南星	前向きで猪突猛進が持味のしっかり者。正直でモノをハッキリと言う華やかな人。弁説さわやか。	マスコミ、報道、出版関係、ジャーナリスト、コメンテーター、司会者、ソーシャルプランナー、評論家など。
天禄星	温厚で堅実にゆったり生きる平和型。経験や知恵豊かで人々から頼られる存在の人。	医療、薬学、科学、医師・看護関係、各種スペシャリスト、経営者など。
天将星	強いエネルギーと大きな器のあらゆる分野のリーダー型。親分肌。人世に尽くすことが幸運の鍵。	ビジネスの世界、政治家、実業家、経営者、自衛官、警察官、アスリートなど。
天堂星	自制心に富み落ち着いた人間的魅力。年齢差の大きい人から好かれる人徳の持ち主。	高齢者向けの仕事、介護士、福祉関係、ケアマネージャーなど。
天胡星	高い美意識でいくつになっても夢を抱くロマンチスト。抜群の音感と直感力にすぐれた感性の人。	医師、看護師、音楽家、歌手、作曲家、DJ、声優、天体関係、通訳、ダンサー、音楽療法士、気功師など。
天極星	すぐれたひらめきをもち、無欲で強い精神力の持ち主。自然体でどんな人とも交流できる柔軟な人。手先が器用。	手仕事（技術者、手芸家、トリマーなど）、美容師、ネイリスト、メイクアップデザイナー、精密機械技術者など。
天庫星	一本気で正直、抜群の探究心を持つ学者肌。長子役で先祖の加護が強く常に守られる有徳の人。	学者、歴史・考古学関係、アンティーク、和の伝統関係、華道、茶道、和服着付師、占い師、教師、僧侶など。
天馳星	鋭い直感力を持ち、勇敢でスピーディな行動家。苦難や多忙な時ほど本領発揮する奉仕の人。	ジャーナリスト、マスコミ、自衛官、警察官、救命隊員、消防士、アスリート、営業職など。

第9章

あなたの「体と健康」

—いろいろな角度から健康な日々を—

誰にとっても体の不調は大変気になるものです。知りたいのは、健康な体のためにできること。算命学では、宿命＋運命の全体の「エネルギーバランスを整える」、「心の安定を図る＝心身の健康」、だととらえます。

健康や体を考えるとき、算命学ではその基本を「五行（木火土金水）」のエネルギーバランスにおきます。専門的に調べる場合は、まず「陰占」を中心にみます。さらに「宿命」と「運命」の両方を合わせたものを一つとして、全体のバランスの状態とかたよりに着目します。

この本の中で陰占に当たるものは、「10の主精」（樹、花、陽、灯など）で、「陽占」に当たるのは「十大主星」（貫索星、石門星、鳳閣星など）と、「十二大従星」（天報星、天印星、天貴星など）です。

この本は誰にもわかりやすい「陽占」を宿命の中心にしてみていき、この範囲の中で、参考にできそうな、体や健康についてシンプルにお伝えしておきましょう。

〔主精の五行からわかる、体を象徴するもの〕

算命学をみるうえで、最も大切な中心核となるものは自然界に存在する「10の主精」（陰占）です。この主精の五行（木火土金水）が、あなたの体の特定の部分を表しています。表「五行諸類考（しょるいこう）」は、あらゆるものは五行で説明できるという、古代東洋科学の陰陽五行思考の図式です。算命学だけでなく、広いさまざまな分野で使われているものです。この中には、体に関わることがいくつもあります。

五行諸類考

五行	木（樹・花）	火（陽・灯）	土（山・地）	金（鉄・宝）	水（海・雨）
五時	春	夏	四季	秋	冬
五色	青	赤	黄	白	黒
五官	鼻	眼	皮	口	耳
五味	酸	苦	甘	辛	鹹
五臓	肝	心	脾	肺	腎
五体	筋	皮	肉	脈	骨
五気	風	熱	湿	燥	寒

古代東洋科学の五行思考の図式の一部。五味の鹹（げん・かん）は塩辛い味の意。
出典：『中国占星術 巻第二』（高尾義政著・門下生用テキスト）より

では、あなたの「主精」が体のどの部分を司っているのかをみてみましょう。主精が木性（樹・花）なら鼻（五官）、肝臓（五臓）、筋（五体）など。主精が火性（陽・灯）の人なら、眼、心臓、皮。主精が土性（山・地）の人なら、皮膚（触覚）、脾臓、肉。主精が金性（鉄・宝）の人なら口や肺、脈。主精が水性（海・雨）の人なら耳、腎臓、骨など、ということです。

見方は、樹や花の人の場合なら、体の中でも鼻や肝臓や筋などに特色があったり、強さや弱さの影響が出やすいといえます。でも体が部分で成り立っていないように、主精だけでなく、宿命全体を合わせて、そのときどきの運命を含めて全体のトータルから、五行（木火土金水）のエネルギーバランスの状態などを調べてみます。そして強すぎる五行と弱すぎる五行の2つを見つけて、今、その部分に身体上のエネルギーのアンバランスがあることを知ります。

樹や花の人の場合なら、肝臓に負担をかけないようにしたり、陽や灯の人なら眼を酷使しない、心臓に無理を強いない、山や地の人なら皮膚の状態に気を使い、筋肉のためにマッサージなどを施す。鉄や宝の人なら肺のために喫煙を控えたり、口腔ケアをマメにする。海や雨の人なら腎臓のチェックを怠らず、骨密度を測ったり、食事の栄養バランスを見直して、骨を丈夫にしておこうとか……。日頃から自分の身体部分はとくに健やかで、快適にしておくためのケアやリラックス法、健康策を持つことがおすすめです。

〔十二大従星でわかる、宿命的エネルギー〕

エネルギーという観点から宿命をみるなら、最もわかりやすいのは、十二大従星なのです。人体星座には、生まれた年月日から導き出した3つの座に従星があります。これはあくまでも宿命的にも持って生まれたエネルギーです。私たちには誕生したその時から、「運命」がめぐりきて、絶え間なく訪れてくる時間と共に生きていきます。その運命の流れが運んでくる五行やそのエネルギーは、そのとき、そのとき、運命の星と自分の宿命星とは渾然(こんぜん)一体になって生きていきます。

十二大従星に限って体やエネルギーについていえば、幼少期の宿命星（肩の星）がたとえばエネルギーが1点の天馳星であっても、常に変化しつつめぐりくる運命星によって、天将星、天南星とパワフルなエネルギーを得て、共に生きるという時期がありますし、その反対もあります。ですから宿命にある3つの十二大従星が持つ強弱だけで、体の強さや弱さを云々することはできないのです。

ただ、宿命的には、まずこのようなエネルギーや特質があることを知っておくことで、自分の本質を生かす、ムリやムダをしないエネルギーの使い方、体との付き合い方が可能になります。ですから運命の流れの中で、とても強くなったとしても、その期間だけで自分はずっとこんなにパワフルなんだと思い込まないで、のちのち大ケガをするようなムダやムチャはしないで、そのときを自分らしく生きることができるというものです。

自分の宿命的な器やエネルギーや特色をわきまえていると、肉体的にはもちろん、精神的な健康と心の平安を保つ生き方をするのに役立てられるでしょう。

〔バランスを意識したエネルギー発揮を〕

エネルギーの強弱のほかに、大切なポイントは、その発揮によります。十二大従星でいえば、例えば天将星、天禄星、天南星はエネルギー点数が高いので、体も強くていつも元気かといえば、そうとばかりはいえません。環境や運命の流れ、そのエネルギーを本人が受け入れて、フルに発揮しているか否かなどが大いに影響するからです。

例えば、エネルギーの高い子供の場合、幼少期に病弱だったり、気が弱かったりする子が案外多いものです。それは、天将星など50代の働き盛りに、大活躍できるようなエネルギーを、親の傘の下にいる子供は自分で発揮できないからです。親や大人から見て、幼い子供の星に強い星があるとわかったら、スポーツで体を鍛えたり、山登りや自然の中で力いっぱい体を使ったり、体力を使う手伝いを課したりして、ある種の厳しい環境を作ってエネルギー発揮をさせてあげることが親の愛情です。

大人になったら、自分の意志と選択で、さまざまなものをとり入れて、自分に合ったエネルギー発揮ができますね。「意外と強い星を持っていた」と知った人は、仕事やボランティアをどんどん広げたり、楽しくスポーツやダンスをはじめて汗をかいたりとか、大きな目標を持ってチャレンジを開始するのも楽しいはず。

「自分では強いと思ってずっと頑張ってきたけれど、それほど強い星ではなかったのね」とわかったら、そろそろ宿命に合ったエネルギーへと軌道修正を。スローライフへと減速したり、周囲の人にも協力を頼んだり、任せていくと、ずっと生きやすくなるでしょう。自分本来の自然体でいることの心地よさを味わえるはずです。どんな宿命のエネルギーを持っていても、状況や立場によって時には自分の意のままにできないことは多々あるもの。これからは自分のあるがままを大切にして、健康な心と体で、よりイキイキできる生き方を選んでいきませんか。

〔理解したい、十二大従星のエネルギーの量、質、個性〕

十二大従星のエネルギー点数だけで、体の強弱は決まらない、と言いました。それはエネルギーの不完全燃焼や、逆にムリな使いすぎなどがあるからですが、さらにそのエネルギーの質、個性、向き不向きなども体と心の健康に影響してきます。エネルギー数の高い十二大従星は、天将星、天禄星、天南星で、この3つは「現実的な世界」の最前線で発揮できる本質を持っています。例えばこうした星の女性がいて、十大主精に司禄星や玉堂星といった、家庭的な星や母性的な星を持っていても、家の中だけでは、強いエネルギーは充分には消化しきれないかもしれません。家事や育児をこなしながら、仕事をし、地域の人々との活動に参加したり、ライフワークを続けたり、親の介護をしたり、と現実世界で力量を発揮することで、強いエネルギーはきれいに燃焼されます。男女を問わず組織の中にあっては重責や大きな仕事をこなしたりして、人の何倍も活動することができるでしょう。

また、宿命の十二大従星が弱いエネルギーの人、その人は現実世界よりも、「精神面の分野」でその才能や個性、強さを発揮できるのです。例えば芸術や創作、学問や研究、技術など個人の独自の才能を生かすスペシャリスト、あらゆる専門職の世界にはそのユニークさと能力で決して欠かせない質のエネルギーの持ち主です。天報星、天印星、天胡星、天極星、天庫星、天馳星などは、特殊な世界や芸術や心の世界で伸びていきます。でもこうした星の人がビジネスの世界で会社やお店を経営したとしても、規模を大きくしたり、支店や支社を増やそうとすると、ムリなストレスがかかって時には体や心を壊したり、神経が参ってしまうことがあるかもしれません。

天貴星、天恍星、天堂星は中程度のエネルギーです。自分本来の器とエネルギー、さらに本質や性格、才能、個性、向き不向きが現実と合っていれば、それぞれの世界で、バランスを壊すことなく、体は健康で心豊かに過ごせることでしょう。体調が優れない、気持ちが不安定で、心の喜びや満足感や平安がない……などは、時には自分が本筋からそれていることを知らせる、信頼できる心と体からのメッセージかもしれませんので、ハートを開いて耳を傾けることにしましょう。

〔自然の法則、循環、働きを受容して、健やかな生活を〕

十大主星は、誰でも宿命の中に5つ持っています。その星も独自の本能、性質、個性、才能などのエネルギーを持っています。私たちの運命は、体と同じようなものだと算命学は考えます。実にさまざまな部分、側面がありながら、全体としてつながって一つのいのちです。そして呼吸をするように、自ら気を吐いてどんどん前進するときと、受け身で息を吸い込んで英気を養い、待ちの態勢でいるときと、常に生きている体同様に、リズムがあり、変化し動いているのが運命です。

健康でいるためには、自分の体の変化や「宿命」の本質、「運命」の動きを取り入れて生活しましょう。また自然の循環、法則の働きに逆らうと、淀みや滞り、不調が起こります。ものの考え方や受けとめ方、心理状態や感情、そして生き方などは、実際に体に直接影響を与えます。それは今日、世界で医学的、科学的見地からも広く証明されています。十大主星が持っている世界は、自然体で素直でいれば、そして自分の心と体に思いやりを持って生活をしていくなら、健康の黄信号は自然に自覚し、感じとっていけるものです。

そして、やってくる運命の星に対しても、受容する心と体が育つものです。宿命星が何であれ、その本質を「ありのまま」によきものとして歓迎して、愛し、生かそうとすることはとても大切です。さらに、自分の宿命にはない星も毎年毎月、めぐりくる「運命の星」として誰にも必ず公平にやってきます。それは、そのタイミングにその星の世界を体験し、気づき生かすための恵みのチャンスなのです。シンプルにポジティブに受け入れていくことで、宿命にも真のグッドタイミングで運命にも新しいよい変化が起こるでしょう。

体には春夏秋冬が巡ってきますが、私たちは暑さ、寒さなどそれに合わせた衣食住を整え、対応していきます。そのように生来の宿命を知り、訪れる運命を受け入れ、自然体で生活することで、心身の健康を保つ本来の自分が養われるでしょう。

人生100歳時代に入り、すべての人にとって一生は長く、大切なよきものにしたいものです。中国古来から伝わる算命学の深い知恵と教えを一つの参考に、心身のバランスがとれた柔軟で健康な明るい日々を豊かに創造することを楽しんでいただきたいと思います。

第10章

あなたの「人間関係」

―3つの視点から、豊かな関わりを創る―

私たちを取り囲む人間関係は、年齢と共に多彩で複雑多岐にわたってくるもの。さまざまな領域の人たちとの関係、コミュニケーション、スムーズにいっていますか。

算命学では、人間関係も、ひとつの宇宙。自然界の森羅万象と同じ、木、火、土、金、水の5つのタイプの特徴で成り立っていて、その関係性のつながりがあってこそ、全体のバランスと変化進化が保たれていると考えます。この章では、「干合法」「相生相剋法」「中心星法」という3つの異なった側面から、人間関係の形や、相性や、意味内容を詳しくみていきます。算命学の知恵で明らかになる自分や人との性格や立場、関係性を知り、積極的に活用しながら学び、楽しみ、経験を広げていってください。

「干合法（かんごう）」——主精同士でみる

主精は10あり（図①）、5つが「天の気」で、5つが「地の気」です。天と地の気の2つが「合体」したものを「干合」といい、算命学上の重要な法則です。男女や夫婦の合体を意味する形で、人間関係の「縁」をみるときに使います。自分の主精と相手の主精が陰陽の関係で、「磁石のように引き合う深い縁」のペアだということです。「干合」の組み合わせは、天と地、陽と陰で成り立ちますから、5組あります。図②で、自分の主精から干合相手がすぐわかります。あなたの主精が「海」なら、干合相手は「灯」の人。「宝」なら、干合相手は「陽」の人です。

主精と干合法

図①

天の気(陽)	地の気(陰)
樹	地
陽	宝
山	雨
鉄	花
海	灯

図②

干合関係になる主精	変化後
樹(木性+)／地(土性−)	⬇土性+と−
陽(火性+)／宝(金性−)	⬇水性+と−
山(土性+)／雨(水性−)	⬇火性+と−
鉄(金性+)／花(木性−)	⬇金性+と−
海(水性+)／灯(火性−)	⬇木性+と−

次に、図②の「変化後」を見てください。海（水）と灯（火）の2人は、本来、異質の性なのですが、結びつくと変化を起こし、その結果、両者が同じ「木性」に変わります。（海は樹に、灯は花に）。これが干合変化で、まったく違う人が合体して「新しい別の世界を共に創造する」と考えます。

ところが、例外の主精が2つだけあります（図②）。「鉄」と「地」です。この2つは、自らは変わらず、干合相手の主精だけが変化して同一化します（「鉄」は「鉄」のままで、相手の「花」が「宝」に。「地」は「地」のままで、相手の「樹」が「山」に）。

干合関係は、あらゆる人間関係（親子、きょうだい、友人、恋人など）をみる時に使います。相性の良し悪しや好き嫌いなどを超越した、「深い宿縁」のある人同士だというふうにみます。

「相性相剋法」――主精同士でみる

10の主精（五行の陰陽で10）は、バラバラにあるのではなく、宇宙の法則、自然の摂理、循環の法則として強い関係性があります。その基本パターンは3つあります。相性、相剋、比和です。

たとえば、あなたの主精が「花」の場合、㊍（樹と花）のところ（図③）をみます。次に関係性をみたいAさんの主精が「海」だとしたら、㊌（海と雨）のところを見ます。すると、水から木に線でつながっているので（水生木）といい、「相性関係」にあります。Aさん（水）があなた（木）を「生じて」（与えて、助けて）います。スムーズで衝突や衝撃のない相性です。

もしBさんが「山」の主精なら、木（花）のあなたに対する土（山）をみると、線でつながるのは「相剋関係」（図④）になり、Bさんをあなたが剋し（刺激を与える、強いリードする）という関わりが特色となります。

どんな関係であれ、良し悪しの判断は決して単純にはできません。生年月日のすべてから、全体をみて、どんな関係がよりよいのかを学び、縁の教えとして生かせば、豊かな人付き合いが展開していくものですから。

主精同士でみる相生相剋法

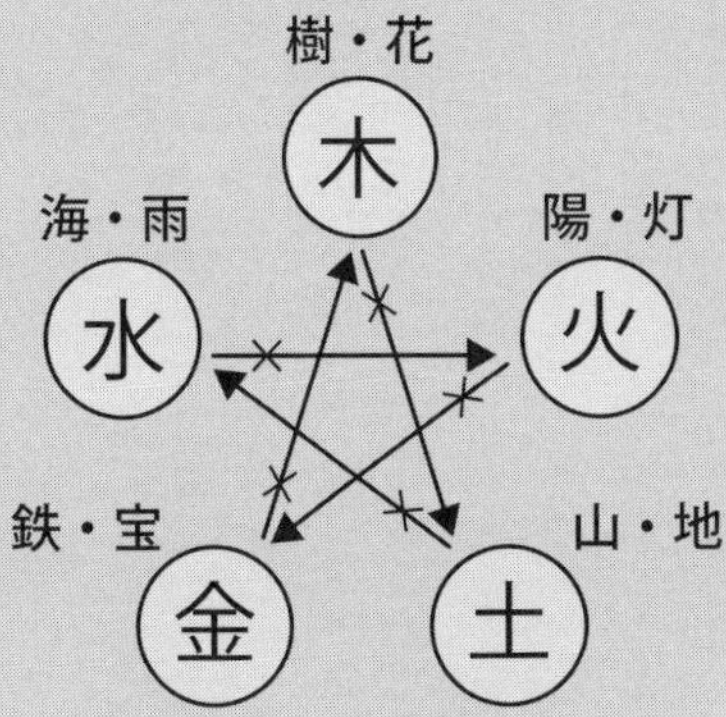

図④ 相剋関係

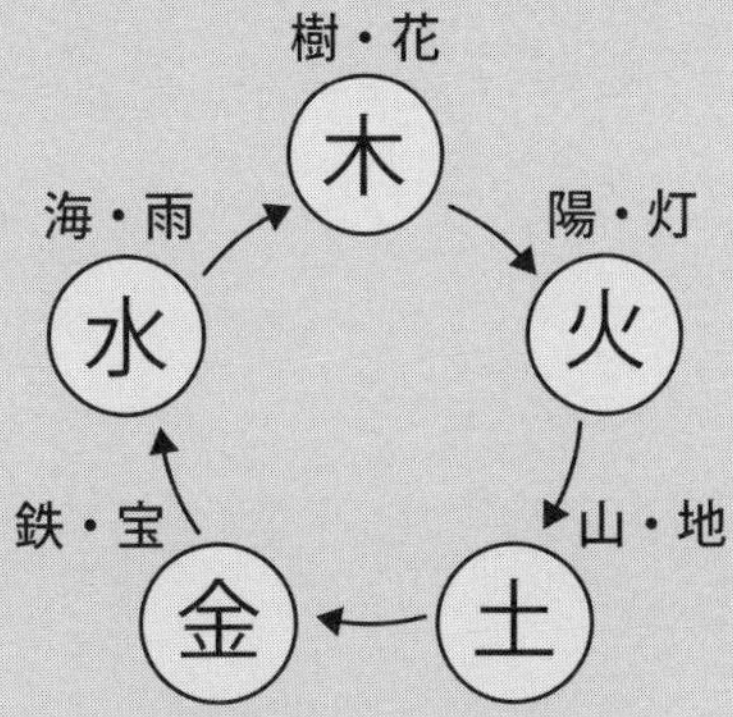

図③ 相生関係

① 相生（そうしょう）（「生じる」と「生じられる」）図③

② 相剋（そうこく）（「剋す」と「剋される」）図④

③ 比和（ひわ）（同じ5行同士）

貫索星を中心星に持つ相手

お互いに頑固なところがあるので、意見の違いがあると反発し合いますが、相手の考えを理解すれば、気楽に付き合えます。仕事の場合は、相手も自分の考えをしっかり持っていますから信頼して、重要なポイントだけ話し合えばスムーズに。柔軟な対応が肝心。上司の場合、ワンマンタイプ。考えを押し付けてきがちですが、頼りになるので、理解して従えば学ぶことは多いはず。配偶者の場合、お互いの自由を尊重することが大事。相手が理解するまでコミュニケーションを取りましょう。独立独歩のような関係がベストです。子供の場合は、考えを押し付けると嫌がります。自立心のある子供なので、その能力を引き出してあげるようにしてください。

石門星を中心星に持つ相手

本来はとても相性がいい同士です。あなたが頑固な部分を出しすぎないように付き合えば、頼ったり頼られたりするいい関係です、人付き合いのいい人ですから、人間関係も広がります。仕事では、交渉ごとなど相手の得意なところは任せてしまうほうがいいし、あなたも自分のペースで進めます。上司の場合、人使いの上手な人ですから、あなたは仕事に集中していれば、気楽に付き合えるでしょう。遠慮せずに意見も言えます。配偶者の場合、人付き合いを第一にする人ですから、家庭が二の次になるかも。それを理解してあなたも人付き合いを広げていくと楽しいでしょう。子供の場合、広い友だち関係の中で良さが伸びていく子供ですから、子供の友人を大切にしてあげましょう。

鳳閣星を中心星に持つ相手

しっかり者のあなたが相手をサポートするかたち。相手はノンキな人なので、気を遣わず、ラクに付き合えます。仕事の場合は、あなたの意見に関心を持ち、柔軟に生かしてくれる人です。上司は、優れた観察力を持ち、あなたの長所、特性を把握して伸ばそうとしてくれるでしょう。配偶者の場合、相手は楽天家なので、あなたは「もっとしっかりして」と思うかも。基本はあなたがリードし、時に相手のペースに任せると疲れず、バランスもいいはず。子供の場合、のんびりしていてペースも遅いので心配になることもあるでしょう。でも遊びや楽しみを通してのびのびと学んでいくことが得意なのです。

調舒星を中心星に持つ相手

細やかな神経を持ち、思いもよらないことを気にする相手です。相手の意見を聞いたうえで、繊細さを大切にして付き合うのがポイント。仕事の場合、あなたの強さを押し出すと、相手は反発します。あなたがサポートし、相手を支える関係のほうがお互いにうまくいきます。上司の場合、難しい関係ではありません。無理難題を言ったり、わがままを見せる時は、あなたに心を許し、評価していると思って。配偶者の場合、神経質で感情の起伏も激しい人なので、何かあったら、気遣いするよりも、そっとしておくのがコツ。子供の場合は、小さなことに気づく感受性の鋭い子供です。安心感を与えながら、子供のユニークな個性を尊重し伸ばしてあげてください。

禄存星を中心星に持つ相手

あなたが相手に対して主導権を持つ関係。相手は穏やかで愛情深い人ですが、弱い性格ではありません。あなたが自分の意見に固執するとマイナス。仕事の場合も、相手に圧迫感を与えるような頑固な表現はほどほどに。上司の場合、自己顕示欲が強そう。それが仕事をするうえでは長所となっているはず。敬意を持って接すればいい関係に。配偶者の場合、穏やかで誰にでも親切にする人です。あなたがリードする前に相手を立てるようにすると大変うまくいきます。相手のお金の使い方が気になるかもしれませんが、うるさく言うのはマイナス。子供の場合、親や先生によく思われようと努力する子供です。やさしい子供の長所をほめるようにしましょう。

司禄星を中心星に持つ相手

穏やかな相手ですが、用心深く保守的な傾向がある人。時にはあなたのはっきりした意見をわがままだと誤解されるかも。相手の考えや希望を聞き、折り合いをつけることを大切に。仕事の場合、相手は真面目ですがスロータイプ。あなたが上手にリードしたら、うまく進行しそう。上司の場合、冒険的発想は好まない人ですが、信頼関係の築き方には学べるはず。配偶者の場合、大変家庭的なので細かいことを言われると、あなたは不満を感じるかも。自分や仕事を第一にしないで、家庭作りにも協力しましょう。子供の場合、ゆっくりペースで真面目なので、せかしたり、先回りをすることはやめましょう。

車騎星を中心星に持つ相手

じっくり型のあなたとスピードと第一の相手です。その違いを理解することが大切です。無理に相手のテンポに合わせると疲れるので注意して。仕事の場合、相手は考えるより、まず行動的な働き者。上司の場合、短気でテキパキ進んでいく人なので、あなたはせかされるとストレスになりそう。自分のペースを守りながらもテキパキ迅速にするように心がけて。配偶者の場合、長期計画を立てたり、理想を言うのは嫌いな人。一緒にスポーツなどしてお互いのテンポを理解し合って。子供の場合、行動力のある子供ですから、体を動かすことでいろいろなことを体験させてあげるといいでしょう。

牽牛星を中心星に持つ相手

相手は堅苦しいところはありますが、誠実でキチンとした性格。よい関係を保つには、相手のプライドを刺激しないようにしましょう。仕事の場合、自分の意見に固執すると、真面目な相手とぶつかります。上司の場合、個人よりも全体のバランスを大切にするため、時に窮屈に感じることも。でも、そこから学ぶことは多いはず。上手に立てることが大切。配偶者の場合、体面や世間の目を気にする人。お互いに強い信念を持っているので、それを言わないでいるとストレスや行き違いが大きくなりがち。相手の理想を理解し、かつあなたの考えもオープンに話しましょう。子供の場合、真面目な性格ですから、上手にほめながら付き合うとよさが伸びていきます。

龍高星を中心星に持つ相手

洞察力があり、創造力豊かな感性の人。相手は年齢を問わずいろいろ教えてくれたり、力を与えてくれる関係。仕事の相手なら、助け合い、理想的な状態で仕事をこなせる最良のパートナー。上司なら、ユニークな発想や仕事ぶりに学ぶことが多く、あなたの仕事に目をかけて、長所を育てようとしてくれるはず。配偶者の場合、あなたを理解し、サポートしてくれる頼りになる存在。冒険心に富み、新しいライフスタイルを取り入れる人なので、あなたは自分の視野を広げることができるでしょう。子供なら、想像力にあふれた子供です。押さえつけたりすると、よい感受性が失われます。

玉堂星を中心星に持つ相手

あなたはしっかり者ですが、この星の人にはつい頼りにしてしまう関係。友人なら、何かと相談に乗って、助けてくれ、友情が続くはず。仕事の相手ならあなたの意見や仕事を尊重し、助けてくれるはず。上司なら、あなたの能力を認め、公私共にわたり理解者に。配偶者なら、知恵やアドバイスによって成長できるあなた。頼りすぎずに、あなたのペースで進めることも大切。子供の場合は、穏やかで落ち着いた子供です。あなたに逆らうことはしません。でも、その結果として親のいいなりになることもあるので、押し付けは禁物。

石門星が中心星のあなた—お互いの中心星（胸）でみる関係（中心星法）

貫索星を中心星に持つ相手

負けず嫌いなところがある相手ですが、あなたとはフランクに付き合えるよい相性。あなたが相手の考えを認める柔軟性を持てばうまくいきます。仕事の場合、お互いを充分理解し合っていけば、スムーズな関係です。上司の場合、頑固で協調性に欠けるきらいはありますが、バリバリと仕事をこなしていくタイプ。あなたが柔軟に対応していけばいいでしょう。配偶者の場合、相手の自我心やペースを乱さないよう、あなたの方から気を配ることがよい結果を招きます。子供の場合は、あなたは自分の考えを強く出したいところがありますが、子供の考えをまず聞きましょう。そして押し付けないようにするのが、子供の自立心や長所を伸ばすことになります。

石門星を中心星に持つ相手

人間関係を大切にするという共通点があるので、お互いにグループの中にいても1対1でも気楽に付き合っていける関係です。芯が強いふたりなので、考えがぶつかるとうまくいかないこともありますが、本来の協調性で乗り切れます。仕事の場合も、仲間意識で調和していけば大丈夫。上司の場合は、上下関係にとらわれがないので、和やかにやっていけます。配偶者の場合、お互いの人間関係を大事にしますが、どちらかがわがままを通そうとするとバランスが崩れてきます。調和を心がけて、相手の考えを理解しましょう。子供の場合、仲間作りが上手で社交性があり、リーダーシップをとっていけます。友だち感覚で話すといい友だち親子でしょう。

鳳閣性を中心星に持つ相手

自然体で無理をせず、自然体で生きていける人。相手はあなたの考えや行動をよく理解してくれ、素直に付き合える存在です。仕事の相手なら、あなたがリードするほうでしょう。上司の場合、仕事が好きで明るい人、あなたの考えを受け入れてくれるスムーズな関係。配偶者の場合、相手はノンキなところがあり、あなたが主導権をとってまとめていく関係。相手のおおらかな性格を理解してサポートしていくのが夫婦関係を長続きさせるコツ。子供の場合、明るくて遊ぶことが大好きな子供らしい子供。まだ小さい時期は、あなたがしっかり手綱を取っていくといいでしょう。友人の多い親子関係です。

調舒星を中心星に持つ相手

デリケートで心配性な面を持つ相手ですから、あなたがフォローしていく関係です。難しい相手に心を開く余裕が大事。仕事の相手は、細かいところに気が付き、感受性の鋭い人。上司も敵味方を判断する感受性が鋭いので、柔軟に対応するべし。さりげないアシストが大変必要です。配偶者の場合、あなたのしっかりした部分が相手の繊細さにプラスになるよい組み合わせ。尽くしすぎると束縛を与えるので、一人でいる自由な時間も与えてあげましょう。子供なら、寂しがり屋なので、ネガティブにならないように。

禄存星を中心星に持つ相手

社交家のあなたと、サービス精神旺盛な相手ですからとてもよい相性。ただ、お互いに自己主張の強さを秘めているので、感情的なぶつかり合いには注意を。仕事の場合は、現実的発想をベースにしている相手ですから、あなたの意見も通りやすいはず。上司も地に足がついた人で、あなたの意見を聞いて役立てようとする人。遠慮せずに意見を言うといいでしょう。配偶者の場合、尽くし型の愛情深い人です。ただ、自分がやったことを認めてほしいタイプなので、いつも感謝の気持ちを表すことを忘れずに。あたりまえと思ってしまうと誤解されます。子供は、大変やさしい子供です。ほめたり評価をしてあげると、応えてくれます。

司禄星を中心星に持つ相手

地道で安定志向の相手と、人付き合いが広いあなたとは価値観の違うことがありそう。信念・持論を主張しすぎるとぶつかり合いに。でも、考えが異っても補える関係です。仕事面では、1対1で進めるよりも、第三者の存在があるとスムーズにいきます。上司なら、あなたが正しいと思っても、意見を押し通そうとするのはNG。時間をかけて柔軟な態度で関わるべし。配偶者なら、家庭的ですが、細かい人なので不満を持つことも。あなたが相手の気持ちを理解するのが円満のコツ。子供なら、やさしくて現実的な性格。あなたが価値観を押し付けると混乱します。根気よく見守っていれば、子供の能力は出てきます。

車騎星を中心星に持つ相手

うまく付き合おうとしてもぶつかり合うことがあるかも。相手は正直ですが短気な面があるので、あなたがそのスピードを容認するのが鍵。仕事仲間なら充分な話し合いが大事。行動力のある人なので、持ち場や気持ちを変えればユニークなコンビに。上司は働き者で仕事熱心ですが、早とちりや走りすぎの傾向があるので、あなたがフォローすると、存在が認められます。配偶者の場合、働き者ですが、忍耐力がないところも。職場であったことなどをあなたが聞き役になると関係性は向上。子供なら、小さい時は落ち着きのない子供のように見えますが、学ぶことで成長していくので、親の考えを押し付けないようにしましょう。

牽牛星を中心星に持つ相手

プライドが高く、几帳面な人なので、あなたは嫌気のさすこともありそう。柔軟なあなたが距離を置いて付き合えば、真面目で信用できる相手になります。仕事相手なら、自負心の強い人なので、上手に主導権を持たせてあげるのがコツ。ただし、公私のケジメはキチンと付けてておくことです。上司の場合は、礼を尽くし、相手をたて、気持ちを損なうことのないようにすることが肝心。配偶者なら、誠実で堅い性格が窮屈に感じられるかも。不満があれば言葉にしつつ、相手を立てていくことが円満のコツ。子供なら、子供なりのプライドがあるので、ほめるべき時はキチンとほめれば伸びていきます。

龍高星を中心星に持つ相手

あなたの存在に関心を持って接してくる人です。友人の場合、もしうるさく感じるようなら、遠慮せずにハッキリと言いましょう。そのほうがよい付き合いが続きます。仕事相手としてはベストです。あなたと組んでうまく進めようとする人ですし、助けられることが多いはず。上司の場合も同様、あなたを育て、導いてくれます。配偶者なら、学びが多く、頼りになる人。いい点を吸収しましょう。子供なら、洞察力があるので、口出ししなくてもやっていけます。本人のユニークさを大切に。いずれはサポートしてくれる頼もしい存在に。

玉堂星を中心星に持つ相手

援助も惜しまず、支えとなってくれる相手です。友人の場合、理論家であり、親切にあなたに尽くしてくれるはず。年齢に関係なく、年上のように面倒を見てくれます。仕事相手なら、スムーズにいく、申し分のない関係。上司ならラッキー。知性とあたたかさであなたを引き上げてくれます。わがままを言わなければ与えられるものを吸収でき、成長します。配偶者なら、知的な人で、尽してくれるよき理解者です。人間的に豊かになっていきます。子供の場合は、穏やかで頭のよい子供。彼らから学ぶことも多いはず。将来は、あなたの面倒をみる可能性大です。

貫索星を中心星に持つ相手

しっかりとして独立心が強い相手ですが、あなたを気にかけてくれる人です。のんびりしているあなたをよくフォローして、助けてくれるいい関係。仕事の相手は、自分のペースをしっかり持った人で、あなたとは問題なく円滑に進むはず。上司ならマイペースで頑固なところはありますが、任せていくことが、お互いによい結果に。配偶者としては、頼もしいしっかりした人ですが、自分の考えを貫くところがあります。でも、あなたのよさを大切にしてくれます。子供の場合は、自立心に富み、何でも自分でやってみたがる性格でしょう。あなたはあたたかく見守るタイプのおおらかな親です。

石門星を中心星に持つ相手

人間関係のよさがお互いの長所ですから、交友関係がさらに拡大するはず。仕事の場合は、バランスのとれた柔軟な性格の相手なので、ある程度任せきっても安心できるパートナー。相手の考えに従うことでスムーズに運ぶでしょう。上司の場合、統率力のある人なので、指示通りに進めることで、あなたらしさも引き出されていきます。配偶者の場合、大変な円満な関係です。あなたのほうはのんびりしていても、相手が気配りをしてリードしてくれます。新しい人間関係も配偶者を通して広がっていくはず。子供の場合、しっかりした子供で自分の意見を持っているので、よく話を聞いてあげることが、円満な親子関係に。が、将来は頼りになる子供になるはずです。

鳳閣星を中心星に持つ相手

遊ぶことに関しては抜群に気が合う相手です。趣味や好みが同じなら言うことなしの楽しい間柄。ただし、似た者同士なので刺激を受けたり、意外な面を学んだりすることは少ないかも。自然体で付き合えば楽しさが続く関係です。仕事面では、お互いの協力関係を第一にしていけば意気投合していけます。どちらものんびりしたタイプなので、公私のケジメはキチンとつけましょう。上司の場合は、リラックスできる平等な関係なので、影響を受けることは少ないかも。あなたの方からの提案が必要なこともあるでしょう。配偶者の場合、気の合う友だちのような同格の夫婦です。好みやテンポも合い、楽しいはず。子供の場合は、友だちのような親子です。一緒に遊ぶことを通して学ぶのがベストです。

調舒星を中心星に持つ相手

ゆったりしたあなたですから、デリケートな相手に疲れることもあるでしょう。あなたが気を使いすぎるとストレスになるので、自然体で付き合いましょう。仕事関係では、意見の相違が出てきたら振り回されずに、落ち着いて対応すべし。上司としては。鋭い感性の持ち主で好き嫌いが激しいので決して怒らせないことです。いったん嫌われたら取り返しがつかないことも。誤解は早めに話し合いで取り除き、常に細やかな気遣いを忘れずに。配偶者の場合は、感情の起伏が強く、繊細で少しヤキモチ焼き。あなたのおおらかな愛情で明るく対応してあげて。子供の場合は、寂しがり屋。子供の言うことを十分理解して、常に細やかにやさしく接するようにしましょう。

禄存星を中心星に持つ相手

お互いの思いやりで長く助け合える関係。あなたの普段の行動や考え方が相手にはプラスに働くので頼りにされます。相手は心を開いてあなたのことを受け入れます。仕事もスムーズにいくはず。上司の場合、あなたの長所は把握されています。指示に従うだけでなく、あなた自分の意見や考えを自由に伝えることで、実力が発揮され、認められるでしょう。配偶者の場合、心のつながりが強い関係です。あなたの尽くす気持ちに充分に応えてくれる人。子供の場合は、あなたの影響を受け、頼りにしてくれる大変スムーズないい親子関係です。将来は愛情深い子供に育つでしょう。

司禄星を中心星に持つ相手

堅実で穏やかな人です。あなたの考えには素直に従い、あなたのためにできる限りの誠意をみせる人です。仕事の場合も、さまざまなシチュエーションでその場に応じた適切な判断がお互いにできますから、何事も円滑に進むはず。上司の場合は、堅実で安定志向の人なので、あなたが自由にアイデアや意見を出せば、生かしてくれます。配偶者の場合、とても家庭的な人です。あなたはリラックスして明るい豊かなものを与えられていく人です。子供場合、あたたかい家庭がプラスになる子供なので、あなたの楽しい面をたくさん子供に与えましょう。とくに「料理」や「遊び」がよい鍵になります。

車騎星を中心星に持つ相手

ゆったり自然体のあなたと、行動派の相手ですから、時にはテンポが合わない時も。相手に合わせることよりも、淡々と付き合うことで、受け合う利点はあります。仕事の場合は、意見や考えが違ったら、まず相手をよく理解することが先決。その後にあなたの話をしていくことです。上司の場合は、気が短いので、せかされることもあるでしょう。できるだけ仕事はスピーディに。配偶者の場合、ぶつかり合っても後はサッパリした人なので、ガマンはしないこと。行動力のある相手についていくことでプラスになることも。子供の場合、じっとしてないところがあります。あなたが長い目で物事をみる習慣や忍耐力を身につけるように教えていくことも必要です。

牽牛星を中心星に持つ相手

相手は真面目でキチンとした人です。ペースはあなたがつかむ感じでしょう。自分のペースやのんびりさにこだわらないことが円満にいくコツです。仕事面では、気づかない点や足りない点を補ってくれる人です。完璧な仕事を求められた時にはあなたのプラスになるでしょう。上司の場合、あなたのおおらかさが不真面目だととられることも。コミュニケーションを大切に。配偶者の場合、真面目でキチンとした人です。相手から得るものは大きいはず。相手のプライドを傷つける言動は避けて。子供の場合、いい意味で子供のプライドを刺激して、長所を伸ばしていくことが大切です。考え方が違っても、子供の意見を尊重することは、いい親子関係を築きます。

龍高星を中心星に持つ相手

自由奔放で束縛されるのが嫌いなことは共通点。個性の強さでぶつかることもありますが、あなたのおおらかさを生かして、違いを理解すれば、面白い関係に。仕事相手なら、理論派で、あなたとは違う視点の持ち主なので、学ぶ点が多いはず。十分話を聞けばプラスに。上司の場合、洞察力があり、大きな視野を持つ人。あなたがノンビリしていると注意されそう。学ぶ気持を大切に。配偶者の場合、縛られることが嫌いな人です。お互いの自由を認め合うことです。子供の場合、大人の気持ちを汲み取れる賢い子供。独自の世界を持っていますから、枠にはめないように個性を尊重しましょう。

玉堂星を中心星に持つ相手

親切ですが、理屈っぽいところもある相手。上手にうけ流して。仕事の場合は、相手がリーダーシップを取るでしょう。あなたは受身で自然体でやっていけばＯＫ。上司の場合、知識欲が旺盛な理論派。理論的な点を学べてよい刺激を得られます。配偶者の場合、家族思いで面倒見がいいのですが、時には窮屈と感じることも。そんな時はハッキリ話せばいい結果に。子供なら、親思いの子供です。あなたはおおらかさや楽しむことを教えることができます。大人になるとあなたのほうが子供扱いされそうです。

調舒星が中心星のあなた―お互いの中心星（胸）でみる関係（中心星法）

貫索星を中心星に持つ相手

頑固なところがある相手ですが、あなたには気を使い、理解してくれるのでよい相性です。お互いに協調性に欠けるタイプなので、相手のプライバシーには踏み込まないことです。仕事の場合、相手は仕事にパワーをそそぐタイプですから、頼りにしてリーダーシップをゆだねればいい結果に。上司の場合、大変頼りになる人。あなたのいい点を理解してもらい、従っていくことで、成果も関係もスムーズに。配偶者の場合、細やかさのあるあなたを気遣ってくれる人。感性の違いを感じても、ちゃんと話せば伝わります。子供の場合、マイペースで自立心のある強い子供なので、子供が気づかないところだけ伝えていけば大丈夫です。

石門星を中心星に持つ相手

デリケートで感じやすいあなたに好意を持ってサポートしてくれる人。タイプは違っても波長の合う間柄ですから、気を使わずに付き合っていけます。仕事の場合、あなたのセンスや性質を理解してくれ、グループのまとめ役もできる人。上司の場合、あなたの個性、優れたところを認めて、生かすようにしてくれます。受け入れることでよりよい仕事ができるでしょう。配偶者の場合、繊細で気配りのあるあなたを理解し大切にしてくれる人です。人間関係でもリードしてくれます。一人で処理しないでこの相手を頼っていくことです。子供の場合、友人が多く、社交性のある子供です。取り越し苦労はご無用です。

鳳閣星を中心星に持つ相手

気持ちのあたたかいところが共通点。あなたにはノンキな相手が鈍感なように感じられることがあるかも。相手の長所を見て受け入れていけばとてもいい関係です。仕事の場合、おおらかな分、気を回すのが苦手な人です。あなたは細かいことは気にせず個性を発揮していけば、補い合えます。上司の場合は、サッパリした性格ですから、リラックスして仕事ができるでしょう。配偶者の場合、お互いのこだわる部分にギャップがある時、そこに固執するとギクシャクした関係に。相手のおおらかさを認めて、共に努力すれば簡単にプラスにしていけます。子供の場合、ノンキな子供なので、心配になることもあるでしょう。あなたもおおらかに楽しむことにトライすればラクになります。

調舒性を中心星に持つ相手

お互い共に鋭い感性の持ち主ですから、些細なことに感情的にならないことがいい関係を保つコツ。相手の中に踏み込みすぎなければ、長くよい友情が続きます。仕事の場合、好き嫌いや細かい感情を持ち込むと失敗します。できるだけ客観的な視点で仕事をすることでストレスも避けられるはず。上司もかなり繊細な人。傷つくと根に持つ性分なので、言葉や態度には気を配ることが大切です。配偶者の場合、嫉妬や独占欲が生じないようにすること。信頼した自由な関係や一人でいる時間を持つことで楽になるカップルです。子供の場合、あなたと同じく寂しがり屋なところがあるので、十分気を配って、子供の感受性を大切にしてあげましょう。

禄存星を中心星に持つ相手

しっかりしていますが、頼りにする人です。相談にのったりする関係です。仕事相手の場合、現実的でキチンとしていますが、繊細ではないのであなたが気づいたところをフォローしていくことでお互いにうまくいきます。相手が上司の場合、あなたの才能を信頼してくれる人。独自の感性で仕事ができるようにしてくれるでしょう。配偶者の場合、お互い助け合い、やさしさを示し合います。あなたがあまり心配し過ぎると疲れますからリラックスして。子供の場合、よく気がつくやさしい子供です。気になることがあっても、あまり細かいことを言って、負担にならないようにしましょう。

司禄性を中心星に持つ相手

なぜか相手のことが気になる縁の深い相手です。親身になってつい口出しをすることも多そう。でも、度が過ぎると、お互いに疲れます。仕事相手なら、あなたの能力や個性を認めてくれる人。意見も認めてくれてうまくいくでしょう。上司は、自分にはない感性をあなたに感じて、伸ばそうとしてくれます。配偶者の場合、家庭的で、家族を大切にする人。家庭づくりに尽くすでしょう。子供の場合、家庭にあたたかさを求め、それが糧になる子供です。ゆっくりした子供のペースを見守りましょう。

車騎星を中心星に持つ相手

相手はストレートで率直、あなたはよく気が付く繊細な性格。お互いにテンポと個性の違いを知って歩み寄ることで、ユニークな関係になれます。仕事面では、クッション役の人を間に入れることが大切。上司なら、まともにぶつかり合うのはＮＧ。仕事はできる人なので、心を開いて関わればあなたのよさがわかるはず。配偶者の場合、相手の正直で人間味のある部分を大切に。あなたの繊細な感性は、話し合いによって、理解してもらえます。子供の場合、心配や厳しいしつけはNG。あなたの思いを充分に話せばスンナリと受け入れる単純な子供です。

牽牛星を中心星に持つ相手

プライドが高い相手。言動は慎重にする必要があります。気づかずにあなたが傷つけるようなことがあるかも。相手はそれを伝えないかもしれませんから、相手の性格を理解するようにしましょう。仕事相手の場合、まずは礼儀、気配りをキチンとすること。それによって仕事の関係もうまくいきます。上司の場合は、完全主義者ですが、感性、個性の違いでかみ合わないことも。その場合、気配りとコミュニケーションを密にして。配偶者の場合、キチンとした家庭づくりを望む人。自負心が強いので仕事ぶりを評価し、立てていくことがコツ。子供の場合、プライドを持っていますから、細かいことを言わないこと。

龍高星を中心星に持つ相手

命令や束縛が嫌いというのがお互いの共通点です。相手の気持ちを考えて行動するようにすれば大きな問題はありません。仕事の場合は、相手はユニークで大胆な発想の持ち主です。あなたが細かい視点でカバーしてあげるといい関係で仕事が進みます。上司の場合、個性的で理想が高い人です。苦労もあるでしょうが、相手の要求に応えられるように努めましょう。配偶者の場合、相手がリーダーシップを取りがち。それを束縛と感じると辛くなります。その時はキチンとその気持ちを伝えることです。冒険好きで大胆な人だと理解しておきましょう。子供の場合、ユニークな才能、創造力を持っている子供ですから、それをおおらかな心で見守ること。

玉堂星を中心星に持つ相手

感情家で敏感なあなたと、冷静で理論家の相手。違いを心得ておくことが大切です。無理をしてうまくやろうとするとストレスが生じるだけ。淡々と付き合うほうが関係はよくなっていきます。仕事の相性は意外によく、互いの不足している部分を補い合えるよいパートナーです。上司の場合、あなたが自分の感性に自信を持っていれば、いい上司と部下の関係に。配偶者の場合、あなたの感受性の強さや心配性が出てきたら、その時は正直に気持ちを伝え、相手が納得できるよう話し合うことがいい関係をつくります。子供の場合、理論家ですから、個性の違いはありますが、親子の絆は強いのでおおらかな子育てをしましょう。

貫索星を中心星に持つ相手

しっかりした考えを持ち、妥協を嫌う相手です。意見の相違にこだわっていると難しい関係に。張り合うのは禁物。相手の性格を理解して。仕事の場合、相手の能力を認められるなら、よい刺激をたくさん受けられるでしょう。認められない相手の場合は、聞き上手で行くのが得策。上司の場合、自分の考えをしっかり持った強い人なので、逆らっても結果はよくなりません。ハッパをかけられ、磨かれることで自分の成長が期待できます。配偶者の場合、相手を変えようとしたり、違う意見を通すとぶつかり合いに。相手の意見を理解したうえで任せたほうがお互いに心地よいはず。子供の場合、年を重ねるほど、親から指図されるのを嫌がります。考えをよく聞いてあげることが自立心を伸ばします。

石門星を中心星に持つ相手

まともにぶつかり合うとうまくいきませんが、穏やかそうに見えてしっかりした考えを持っているので、長く付き合うことでお互いの理解を深め、いい刺激を受けるでしょう。仕事の場合、一見ソフトでうまくいきそうですが、ここぞという時には妥協しない芯の強さがある人。充分な話し合いを。上司の場合、本音と建前を使い分ける人。あなたには勉強になり、得るものも大きいでしょう。配偶者の場合、あなたが強気を出すと衝突します。人当たりはいいのですが頑固。受け入れていくと新しい自分を見出します。子供の場合、あなたの言いなりにはならないでしょう。世の中に出れば、リーダーシップをとるタイプです。

鳳閣星を中心星に持つ相手

大変スンナリといく関係です。ノンキなように見えてデリカシーを持って支えてくれます。困難な時にはできる限りのことをしてくれる親友です。仕事の場合、円滑な協力関係でリラックスして仕事に打ち込める理想的な組み合わせ。上司の場合も、難しいことを言わずにあなたの長所、能力を理解してくれるので、安心してついていけます。期待に沿えるように全力を尽くしましょう。配偶者なら、人生を楽しむ自然体の相手として理想的。いざという時には精神的に頼りになる存在。子供の場合、明るくて自由でノビノビした子供。あなた自身が得るものもたくさんあるでしょう。成長すれば親友同士のような楽しい関係に。

調舒星を中心星に持つ相手

小さなことにも気が付く、気配りのできる相手ですから、あなたに対して細やかに面倒を見てくれます。あまり気を使われると疲れるかもしれませんが、重荷に思わないようにすれば長くいい関係が続きます。仕事関係でもデリケイトで、あなたが気づかない点をいろいろフォローしてくれます。気疲れしないよう、相手に任せられるところは任せて。上司の場合、緻密な仕事を要求されるでしょう。あなたの能力を買っている証拠。甘えないで、最善を尽くすことでいい関係が保てます。配偶者の場合、神経質なところがありますが、その繊細さで尽くしてくれるはず。子供の場合、寂しがり屋で傷つきやすいですが、常に愛情深く関われば、才能が開花します。

禄存星を中心星に持つ相手

サービス精神が旺盛な二人ですが、タイミングがかみ合わないと意見の衝突も。似た者同士ですから、お互いの領域にあまり踏み込みすぎないことが長く付き合うコツ。仕事相手の場合、張り合う気持ちが出るとうまくいきません。似た感性で仕事を愛していけばＯＫ。上司の場合、理解し合う部分が多いのですが、強い影響を受けることはないでしょう。配偶者の場合は、お互いに思い合っていますが、似た部分から小さなケンカにも。日頃から話し合いを楽しみましょう。子供の場合、似ているところがあるふたり。親の個性を出しすぎないように。愛情深い子供ですからやさしさやサービス精神を自分から生かせるように。

司禄星を中心星に持つ相手

きょうだいのように気が合う間柄。大きな刺激のし合いはありませんが、やさしい気持ちで付き合っていける関係です。仕事の場合、堅実で地道な気遣いのある人で、あなたのよきパートナーに。上司の場合は、あなたの能力や日頃の努力を評価し、よい方向に伸ばしていってくれる堅実な人です。配偶者の場合、大変家庭的で家族を大切にする人ですが、誰にも親切なあなたの親切心が誤解され、嫉妬心を刺激するかも。基本的には明るくさわかなふたり。子供は安定志向の努力家でやさしい子供。よさを認めて伸ばしてあげて。

車騎星を中心星に持つ相手

やさしさが持ち味のあなたですが、とりわけこの相手には尽くそうとする関係。スピーディに物事を進めていく人なので、ついていくのが大変ですが、とても関係は良好です。仕事面では、実力のある相手をあなたがサポートする役に回ればベスト。上司の場合は、現実主義で、じっくり考えるより、すぐ行動に走る人。あなたがまとめ役になったり、アフターケアすることであなたの能力が認められていきます。配偶者の場合、あなたが献身的に愛情をそそぐことが相手の大きな喜びに。配偶者もあなたを必要としています。子供の場合、じっとしていられない行動力があり、あなたが応援し面倒をみる関係。あなたの愛に甘えることが子供のエネルギー源に。

牽牛星を中心星に持つ相手

深い絆のある関係です。あなたのサービス精神と、相手の強いプライドが刺激し合わないよう気遣うだけで、お互いを必要と感じ合う大変いい友だち関係です。友情も長く続くでしょう。仕事の場合、お互いの得意な部分を生かし合い、補い合えるいい関係。上司の場合、責任を持ってしっかり仕事のできる真面目な人で、あなたの能力や努力を評価してくれ、引き立ててくれます。最善を尽くすといいでしょう。配偶者の場合、あなたの尽くす気持ちは伝わり、相手も誇りに思っているはず。相手のプライドは傷つけないように尊重して。子供の場合、愛情を与えることでそれを充分吸収できる子供。長所をほめながら接することで伸びていきます。

龍高星を中心星に持つ相手

あなたがリーダーシップをとる関係です。洞察力があり自由を好むユニークな人ですが、あなたのエネルギー、愛情を理解して従ってくる人です。時にぶつかることはあっても、時間が解決してくれるいい関係。仕事の場合、欠けている部分を補い合い、ふたりでいいチームでやっていけます。上司は、度胸があり、アイデアのある人です。その人の下でなら手腕を発揮できるでしょう。配偶者の場合、家庭生活はあなたのペースで。束縛を嫌う人ですから親切を押し付けないように。相手のユニークさを尊重。子供の場合、冒険好きで個性的。現実的なことであまり手をかけすぎなければ面白い能力を発揮します。

玉堂星を中心星に持つ相手

思いやりの心をお互いが持っているので、大きな問題はありません。ふたりの関係をリードしていくのはあなたのほう。ただ、自分の気持ちを押し付けないよう、注意しましょう。仕事の場合、相手は向上心があり勉強家ですから、知識も豊富。それがあなたにも影響を与え、仕事面でも役立つでしょう。上司の場合、理屈っぽい人ですが、相談したり、学びとる姿勢でついていくと大変よく指導してくれます。配偶者の場合、家族思いで親身に尽くしてくれます。強気を出したりわがままにならないよう。子供の場合、好きなことに集中する好奇心、向上心があります。親が先回りしてコトを進めないよう、伸びていくサポートを。

司禄星が中心星のあなた—お互いの中心星（胸）でみる関係（中心星法）

貫索星を中心星に持つ相手

独特のこだわり、自分なりの価値観をしっかり持った人ですから、その性格を承知して付き合えば面白くなりそう。仕事の場合、基本的に争いは好まないので、安心して仕事ができる頼もしい相手。上司なら、頑固ですが力量のある人なので、切磋琢磨される関係に。努力して見込まれれば成功への道が開けます。配偶者の場合、家庭では自分のペースで主導権を取りたい人。芯が強いのでリーダーシップは渡し、従った方が円満に。相手からの刺激であなたも成長できるはず。子供の場合、指図を嫌い、何でも自分の意志でやりたい子供。意見をよく聞き、話し合うことで関係は順調に。

石門星を中心星に持つ相手

うまく付き合おうと努めると相手のペースになり、我慢することに。人に従うのが嫌いな相手ですから、あなたがカバーを。つかず離れずでいるのが長く付き合うコツ。仕事の場合、つい相手のテンポに巻き込まれがち。あなたのほうで力をつけ、自信を持ちましょう。上司の場合、社交家で人脈の広い人。あなたの心の持ち方次第では、学ぶ点は多いはず。配偶者の場合、家庭第一のあなたが、付き合いの多い相手に要求が多いと衝突することも。干渉せず自由にさせて、家庭のことはあなたが受持って。子供の場合、友だち好きの人気者。信頼して友人ともうまく付き合うと関係も良好に。

鳳閣星を中心星に持つ相手

おおらかな人で気が合うというだけでなく、一緒にいるだけでお互いにパワーが生まれる最良の関係。相手は自然体、あなたも無理をしないので、得るものが多いでしょう。仕事仲間なら、相手の考えやアイデアを十分に吸収することができ、成果にもつながります。上司の場合、親子のようなよき理解者です。あなたの堅実な仕事ぶりを認め、応援してくれます。あなたはノビノビと仕事をしていくことができるでしょう。配偶者の場合、いいところを伸ばしてくれ、希望も応援して叶えてくれるおおらかな人。理想的な家庭人で、楽しい家庭作りを。子供もおおらかです。年を重ねるに従って、あなたを思い、尽くしてくれるやさしい子供です。

調舒星を中心星に持つ相手

デリケートで敏感な神経の持ち主です。あなたも相手もお互いに気を使い合うことで認め合ういい関係に。繊細な相手ですから大切に付き合いましょう。仕事の場合、ふたりが相手の不足する部分を補い合い、協力し合うことで成果は向上。上司の場合、繊細で感情に流されやすい人ですが、あなたには心を開いてくれます。あなたの能力をサポートしてくれますので、応えるように努力しましょう。配偶者の場合、寂しがり屋ですが、細やかな愛情をそそいでくれます。持ち前の家庭的なあたたかさで包んであげれば大変いい関係に。子供の場合、感受性が強いので、心配し過ぎるとかえって気を使わせます。友人感覚で理解すれば多くの思いやりを示してくれます。

禄存星を中心星に持つ相手

何かにつけ、息の合ったコンビネーションが期待できる相手。細かいことを言い出さなければ、円満な付き合いが長続きします。仕事の場合、気持の大きい人ですから、とくに神経を使わずペースを合わせてやっていけます。上司の場合も、面倒見のよい人ですから、あなたの得意、不得意を理解したうえで、おおらかに接してくれます。気づいたことがあったら、遠慮なく発言すること。配偶者の場合、お互いにやさしいカップル。お人好しで気前がよく、お金を使うのが好きですからあなたがコントロールして。子供の場合、誰にでも親切でやさしい、あなたと共通点が多く、気が合う友だちのような親子。

司禄星を中心星に持つ相手

同じ星を持っているので共通点の多いふたり。友人の場合、利害が一致すれば完璧な協力体制でやっていけます。刺激は少ないですが、理解できるので友情は長く続くでしょう。仕事の場合、堅実、安全を求める点ではペースは合いますが、大きな挑戦には向かないかも。別な人の意見を聞くのがよいでしょう。上司の場合は、用心深い努力型の人です。あなたに安心して仕事を任せるでしょう。難しい相手ではないので仕事はしやすいはず。配偶者の場合、ふたりともマイホーム型なので、同じ目的を持って着々と地道に実現を進めていきます。他の人との関わりも大切に。子供の場合、家庭第一という価値観が一緒。お互いが家庭を持つようになれば助け合いに。

車騎星を中心星に持つ相手

堅実で安定志向のあなたとは反対の、行動力抜群の猪突猛進型。お互いの不足部分を補えば面白くて力になり合う関係です。仕事の場合、地道なあなたとはあらゆる面で対照的な相手。話し合うことで学び合っていける関係です。あなたがバックアップすることで相手は安心してやっていけます。上司の場合、行動力のある人ですから、あなたも多少のスピードアップを。あなたの仕事ぶりは頼りにしてくれますから、仕事はやりやすいはずです。配偶者の場合、働き者でじっとしていない性格。支えるあなたのやさしさがエネルギー源に。子供の場合、あなたのサポートを素直に受け入れ、パワーにして能力を発揮していくので仲もいいでしょう。

牽牛星を中心星に持つ相手

真面目で堅実で信頼できる人。親しくなっても礼儀正しいところがあり、あなたを頼りにしてきます。あなたがサポートすることで、ふたりの結びつきはますます強くなります。仕事の場合、前面に出てバリバリ仕事する相手で、それだけのプライドと実行力を持っています。内側から手助けすることで、相手は心置きなくどんどん行動に移していける関係です。上司の場合、責任感のある人で、あなたをサポートしてくれ、やりたいことに専念できるでしょう。配偶者の場合、やさしい心遣いで接することが相手のエネルギー源に。理想の家庭づくりを責任持って実行。子供の場合、しっかりして社会性のある子供。あたたかい愛情を吸収していくでしょう。

龍高星を中心星に持つ相手

堅実なあなたとは変わって、ユニークで冒険心のある相手。テンポは違うとことはありますが、お互いの考え、価値観が面白くて変化に富んだ付き合いができます。仕事の場合、着実でコツコツ型のあなたと自由で大胆なタイプの相手ですから、お互いに違う部分をサポートできるいい関係。上司の場合、自己主張しすぎるとマイナス。相手のよい点を取り入れていくと新しい能力を発揮できるチャンスに。配偶者の場合、家庭中心のあなたと、家庭を安住の場にはしない相手。現実的で仔細なことにこだわりすぎると、相手の夢やロマンを傷つけることに。日頃から会話の機会を多く持つこと。自由奔放な子供ですから、心配することなく信頼して見守っていきましょう。

玉堂星を中心星に持つ相手

穏やかで冷静な相手。付き合いやすい人ですが、あなたが知らずに圧迫感を与える可能性もあるので注意を。仕事の場合、相手は理屈っぽいところがある理論家。まず相手の意見をよく聞き、その後であなたの意見を伝えるようにすれば、お互いにない面を生かして良好に。上司の場合、あなたが聞き上手になることで、学べることが多いはず。配偶者の場合、家庭でのあり方や子供の教育について意見の違いがあっても、相手の考えを充分聞いて理解し、折り合いを。子供の場合、しっかりした考えを持っていますからあまり心配しなければ、子供から学ぶことも多いはずですよ。

貫索星を中心星に持つ相手

頑固でマイペースな相手。短気なあなたとはテンポが合いにくく、自己主張し合うとうまくいきません。相手のじっくりしたペースを受け入れることで、相違点が魅力になります。仕事の場合、相手とはやり方やテンポが違うのですから、結論を急がないことが大事。相手の意見をしっかり聞くことで、学ぶことも多いでしょう。上司の場合、あなたに不足している粘り強さを学ぶことができます。配偶者の場合、安定志向で着実に人生を進む人。コトをせかせると衝突しがちに。お互いを尊重し、忍耐力を持つことで円満に。子供の場合、ゆったりしたペースなのでイライラすることも。自分の好きな道を目指す強い子供なので自由にさせて見守って。

石門星を中心星に持つ相手

もの柔らかですが、芯は強いものを持っている人。あなたが強引になったり、短気を出すとうまくいきません。テンポをゆるめて相手の考えも聞くことです。仕事の場合、周囲との調和を考え全体を見ていく相手ですから、あなたがスピードを出しすぎたり、押しの強さを出すと、反発を受けます。相手の仕事のやり方を見て、あなたにないものを発見して。上司の場合、大きな仕事をこなしていけるタイプ。結果を急がず、あなたはそれを学びましょう。配偶者の場合、穏やかな人なので、あなたがリード。ただ、相手の性格を理解し、本音を自由に出させるチャンスを。子供の場合、社交的な子供。ちゃんと自分のことは考えているので見守っていきましょう。

鳳閣星を中心星に持つ相手

ノンビリ型の相手と短気なあなたですから対照的。無理に合わせようとすると疲れるのはあなた。上手に距離を置いて、お互いのよさを発揮するようにすれば、よい刺激も受けて楽しい関係に。仕事の場合、相手のペースに合わせようとするとうまくいきません。行動でリードしていくのは自分だと割り切って進めていくのが得策。上司の場合、創意工夫に優れた人で、あなたの個性をうまく引き立ててくれるでしょう。率直に思うことを述べても安心。配偶者の場合、おおらかな性格のあなたが。短気を起こすと伝わりますのでお互いのペースを尊重しましょう。子供の場合、ノンキですが、あまり気にしないことです。感性が豊かで人生を楽しんでいます。

調舒星を中心星に持つ相手

ストレートな性格のあなたとデリケートな相手。ぶつかることもある関係。ある程度の距離を持って理解すれば、大人の付き合いができ、お互いにない面も楽しめるはず。仕事の場合、細かいことに気がつく相手に何かと振り回されているように感じるかも。でも気づかないことを指摘されるのは仕事にもプラスになるはず。相手のよい部分をみるようにして。上司の場合も、あれこれ口出しされるでしょうが、自分の欠点を補うことだと受け止めて素直に聞きましょう。配偶者の場合、思っているよりずっと繊細。それを理解すれば家庭はうまくいきます。子供の場合、あなたにない繊細さを持っているので、それを学びにすることで深みが出ます。

禄存星を中心星に持つ相手

面倒見がよくてやさしい人。あなたのハッキリした性格を受け止めてくれ、安心して気のおけない付き合いができ、元気をくれる人です。仕事の場合、あなたが実践し、相手がサポートする関係で、大変うまくいきます。上司の場合、頼っていけば面倒を見てくれる人。あなたのためにできる限りのことをしてくれ、実力を認めて、キャリアアップに尽力してくれます。配偶者の場合、理想的な相性。親身になって尽くしてくれます。愛情を受けて希望を叶えていけます。あなたのエネルギー源に。子供の場合、とてもやさしく親子が逆転。信頼関係もあり、安心して子供の言うことを聞けます。

司禄星を中心星に持つ相手

あなたの行動力と相手の堅実さがとてもいい相性。気心を知り合って、大変ウマが合います。相手があなたのことを気遣ってサポートしてくれる関係です。仕事の場合、相手が脇役となって、あなたをケアしてくれます。安心して能力を存分に発揮。上司の場合も、大変よい関係です。あなたの個性、能力を理解してくれ、援助も惜しみません。あなたなりの特色を出していけば、お互いにいい関係で成果をあげられます。配偶者の場合、穏やかで家庭を大事にする人、独占欲が出る場合もありますが、関係は円満。あなたの一番の理解者。子供の場合、しっかりしていて、あなたのことを思いやり、手助けをしてくれます。そのためイキイキとできるのです。

車騎星を中心星に持つ相手

同じ星ですから、息もぴったりのふたり。フットワークの軽さが共通点。一緒に行動するうえでは何のトラブルも起こりません。ただ、お互いにじっくり考えることは苦手。仕事の場合、スピーディには片付きますが、うっかりミスが出ることも。上司にチェックしてもらうなどしましょう。上司の場合、気を使わなくてすむ関係。オフなども一緒に楽しめる間柄ですが、短気が出ると衝突に。即、キッチリと誤解を解くことです。配偶者の場合、気の合う親友のような関係。価値観やテンポも同じなので息が合います。計画的な家庭作りは苦手なので、その点を心得て先のことも考慮に。子供の場合、仲のよい友だち感覚。趣味や好きなものも一緒で楽しい親子。

牽牛星を中心星に持つ相手

きょうだいのように気楽に付き合える関係。スピードがあって短気なあなたの気質を理解し、フォローしてくれるありがたい友人。ただ、プライドが高い人だということは忘れないで。仕事の場合、考え方や価値観が共通していて、前向きな仕事ができる同志といった感じで助け合えます。キチンとした仕事をしてくれるので安心できるパートナー。上司なら、尊敬できる人です。あなたの仕事への情熱や行動力を認め、生かしてくれるでしょう。配偶者の場合、テンポが合う仲間のようなカップル。信頼し合い、自分の分身のよう。子供なら、気配り上手であなたが気づかない点を教えてくれます。

龍高星を中心星に持つ相手

洞察力があり、度胸のある人。お互いのよい部分を生かし合える関係。ユニークな、相手のために何かをしてあげたくなるでしょう。仕事の場合、面白いアイデアや長期的展望で、相手の立てたプランをあなたが実行に移すスタイルでやっていくといい成果が。上司の場合、マルチ思考で仕事を進める人なので、多く学べる相手。配偶者の場合、平凡でない人生を創造。一緒にいることでエネルギーを存分に発揮できるでしょう。子供の場合、いくつになっても面倒を見たくなる子供です。相手も素直にそれを感謝します。

玉堂星を中心星に持つ相手

正直でハッキリしているあなたの性格が、相手にはプラスに。仕事ではじっくりプランを練る理論家の相手を、あなたが行動に移していく最良のコンビ。上司の場合、あなたの迅速な実践力や情熱を評価してくれるでしょう。上司もあなたによって助けられる、ベストな関係です。配偶者の場合、お互いにない個性に魅力を感じるフレッシュなカップル。子供の場合、考え深く理論的。いろいろなことを教えたり、与えられたりの、いい親子関係。

牽牛星が中心星のあなた―お互いの中心星（胸）でみる関係（中心星法）

貫索星を中心星に持つ相手

芯の強いマイ・ペースな人。几帳面なあなたと、お互いのよさを認め合えばいい友人関係に。仕事相手の場合、細かいことを言ったり、指図するとうまくいきません。着々と自分のペースで進めたいので、あなたは忍耐力を持つ必要性が。上司の場合、責任持って働く人なので、任せてついていくのがベスト。配偶者の場合、独立心の強い人。性格を理解ばよいカップル。子供の場合、何でも自分でやりたい性分の子供。意見を求めてきたら、的確な判断を提供して。

石門星を中心星に持つ相手

人付き合いのいい社交家の相手。真面目人間のあなたからは八方美人に見えるかも。キチンと付き合えば、芯の強いところを持ち、学ぶところも多い人です。仕事仲間なら、本音が見えにくいかも。根回しや人間関係で仕事を優位に持っていくのが才能ですから、仕事本意で関われば違う側面を生かし合えるはず。上司の場合、統率力があり、エネルギッシュな人ですが、じっくり型な面も。配偶者の場合、社交家で家庭的とはいえませんが、一緒に楽しめばお円満。子供の場合、どんな人とも仲良くできて柔軟性がある、しっかり者。

鳳閣星を中心星に持つ相手

おおらかで柔軟なゆとりのある人ですが、コツコツと地道にやることは苦手。折り目正しいあなたからはルーズでノンビリ屋に見えるかも。あなたの許容力を広げると、相手の自然体の個性を受容できます。仕事の相手なら、創意工夫があり、柔軟な感性がある相手の長所を仕事に生かせて、刺激になる人です。上司なら、ゆとりを持って仕事に取り組む姿勢が参考になります。配偶者の場合、のんびりしているようで、観察力が優れ、あなたの性格を理解し、受け入れます。家庭作りを楽しむのも学ぶ点に。子供なら、日々をエンジョイできる柔軟性があり、学ぶことが多い関係です。

調舒星を中心星に持つ相手

ロマンチストで繊細な感性の持ち主。良識派のあなたからみると、変わっている点がいっぱい。あなたにはないユニークさを教えてくれる相手です。仕事相手の場合、気難しいところはありますが、感性が豊かでユニークな仕事ができるはず。人付き合いは苦手なので、交渉ごとはあなた担当に。上司の場合、独特の能力、視点を持っているので、細やかな神経を使って関わっていくといいでしょう。配偶者の場合、繊細でストレスをためやすいので振り回されると気疲れが。気を遣わないほうが相手もリラックスします。子供の場合、寂しがり屋で敏感。おおらかで楽しい家庭にしてあげて。

禄存星を中心星に持つ相手

やさしくて大変面倒見がいい人。あなたの真面目な性格を大変気に入っているので、何かとサポートしてくれます。仕事の場合、あなたの能力、性格を尊重し、希望にそうように尽くしてくれる人。仕事もスムーズに安心して進められます。上司の場合、責任感あるあなたの仕事ぶりを認めてくれます。待遇もレベルアップし、将来も期待してくれるでしょう。配偶者の場合、あなたを信頼し、献身的に守り立ててくれる人。与えてくれるものも多く、感謝の気持ちで接すればますますいい関係に。子供の場合、やさしく愛情深くあなたを気遣ってくれます。甘えることなく、自身の生活をきちんとしていけば、必要な時にあなたをサポートしてくれます。

司禄星を中心星に持つ相手

誠実で地道で信頼できる人。いざという時にはあなたの救いの神となってくれる人です。長い付き合いでさらにあなたを信頼し、関係性をよくしていける友人。仕事の場合、双方の持ち味を生かしていける最良のパートナー。あなたが前進し、相手がサポートします。上司の場合、堅実で信頼できる人。あなたは上司から恩恵を受け取り、伸びていく関係です。配偶者の場合、お互いに家庭を大切にする堅実派で、いい相性です。価値観も似ているのでコツコツと円満な家庭を育てていきます。子供の場合、真面目で安心できる子供。地道で家族のことを気遣うやさしさを持っています。

車騎星を中心星に持つ相手

じっくり考えるよりすぐに行動する相手。テンポは合いますが、時には振り回されることがあるかも。でも、縁の深い友人関係を築いていけます。仕事熱心なふたりですから、仕事のパートナーとしては最適。気が付かない点はあなたがリードし、お互いによさを認め合える関係。上司の場合、スピードはありますが、細かい気配りが抜けることがあります。攻撃型で実行力がある人なので、あなたとしてはやりがいがあり、上司もあなたのよさを認め、頼りにしてくれます。配偶者の場合、難しいところのないシンプルな人です。大きなことや細かいことを決める時は、あなたのサポートでいい結果に。困難なことに出合っても安心してついていける勇敢な人。子供の場合、仲のよいきょうだいのように話が合う親子です。

牽牛星を中心星に持つ相手

似た者同士で真面目な堅い性格の人。長く一緒にいるとお互いに気疲れすることも。ストレスをためないよう、サラリと付き合えば気の合ういい友人。仕事相手の場合、仕事熱心なのですが、プライドを傷つけないように関わること。分担をしっかりして、冷静さを保ってやっていけばいい仕事ができます。上司の場合、几帳面で完全主義の人。礼儀礼節をわきまえていれば、堂々と積極的に臨んでいっても大丈夫。配偶者の場合、キチンとした家庭を築こうとしますが、お互いに融通が効かない面が出ると衝突も。時には相手を鏡にしながらリラックスした家庭づくりを目指しましょう。子供の場合、自分のことに責任を持って生きていきますから安心を。

龍高星を中心星に持つ相手

常識にとらわれない、自由でクリエイティブな人。この人の大きさに触れることで、あなたから堅苦しさも取れ、フランクになれます。仕事の場合、リズムの合うコンビです。相手のユニークな発想、創造力を、あなたが着実に仕事に結びつけ、いい成果を上げるでしょう。上司の場合、独創性、洞察力に優れているので、あなたの能力、働きを評価し、あなたは自分の能力を最大限に発揮できるはず。配偶者の場合、自由で想像力に富んだロマンを持つ人。あなたがサポートすることで、エネルギーをもらえます。相手の夢を束縛しないことで、あなたも心豊かに。子供の場合、あなたの常識を超えた面白い個性を持っているので、応援することで、素適な親子関係に。

玉堂星を中心星に持つ相手

真面目で、考え方や価値観が共通している相手。安心して長く付き合っていけ、お互いに助け合いができるいい関係。仕事の場合、勉強家で向上心のある相手。意見を出し合うことで、協力態勢で効果的に成果を上げられます。上司の場合、クールな印象ですが、しっかりとあなたのことを理解し、努力も実力も認めています。あなたも相手のために一生懸命やりたいと思わせる人です。配偶者の場合、穏やかで落ち着いた人。尊敬、誠意を持って尽くしていくでしょう。相手も愛情や尽力を受け取り、伸びていきます。子供の場合、大人びたところのある賢い子供です。あなたはその長所を誇りに思い、常に子供のために尽力することを喜びとするでしょう。

貫索星を中心星に持つ相手

強い個性を持ち、その異質なところが魅力の相手。お互いにマイペースな部分には干渉し合わないのがうまく長く付き合うコツ。仕事相手の場合、マイペースで。人に頼るのは嫌う人ですが、あなたの的確なアドバイスは素直に受け入れるでしょう。上司の場合、困難にめげない粘り強さを持った尊敬できる人。アイデアを出せるあなたを有能な部下として認め、意見も聞いてくれます。配偶者の場合、自分の意志をしっかり持っていますが、あなたには甘えるところが。世話を焼き過ぎずに見守ること。子供の場合、芯が強く頑固。面倒を見すぎずに、自立心を尊重して。

石門星を中心星に持つ相手

社交家で人付き合いのいい人。何かとあなたを頼りにしてきます。あなたも頼られることが喜びとなり、できるだけのことをすることで、ふたりの関係は長く続きます。仕事の場合、根回しや人付き合いが得意な相手。あなたはアイデアが豊富な大変創造力のある人です。お互いに長所を認め合う関係で仕事は順調に進むはず。上司の場合、統率力に優れていて、人脈も豊かな人。この人の下でなら努力する甲斐がありそう。意見も遠慮なく言えます。配偶者の場合、しっかりしている人ですが、あなたが面倒をみていく傾向に。甘やかしすぎてわがままにしないように。子供の場合、誰とでも調和していける社交性のある子供。必要な時は相手から頼ってきます。

鳳閣星を中心星に持つ相手

自然体でのんびりしている相手とユニークでアクティブなあなた。一緒にいることが多いと衝突も。生き方、考え方の違いを把握し、つかず離れずの関係がいいでしょう。仕事の場合、相手の価値観、センスを理解し、充分に話し合ってから仕事を進めましょう。あなたがリーダーシップを取って、上手にコントロールするのがコツ。上司の場合、楽観的なので意見の相違はあなたがセーブして衝突は避けたほうが賢明。あなたにはない性格を学ぶつもりで関わって。配偶者の場合、強く惹かれて結婚するケースが多いのですが、あなたが強引さを出すと思わぬ圧迫感を与えることも。お互いのよさを尊重し合う家庭を目指しましょう。子供の場合、世話を焼きすぎると息苦しさを感じます。個性を発揮できるように。

調舒星を中心星に持つ相手

相手は大変繊細で傷付きやすい人ですが、あなたは大胆でチャレンジ好き。相反するタイプですから、意見の相違を通すとギクシャクしそう。お互いにわがままは出さずに自分にはない個性ととらえて付き合いましょう。仕事の場合、どちらかがリーダーシップを取ろうとするとうまくいきません。仕事本位で、感情的にならないよう心がけて。上司の場合、あなたがあまり主張しすぎないこと。反応を見ながら、気配りしながら付き合うことです。配偶者の場合、相手のデリカシーを尊重しましょう。共通点は束縛を嫌うこと。長所を認め合うことがポイントに。子供の場合、感受性が鋭いので、いつもまず子供の気持や考えを聞いてあげましょう。

禄存星を中心星に持つ相手

親切で面倒見がいい人。自由でいたいあなたからみるとお節介に思えることも。長所をお互いに認めるようにすれば相手のよさが身にしみてきます。仕事の場合、相手のおせっかいに苦手意識が出るかも。広い心で接して話し合いから共通点を見出していきましょう。上司の場合、あなたのアイデアはすぐには受け入れられないかも。長い目で見てあなたの計画を説明していくことが必要です。配偶者の場合、自由で創造的なあなたからみると、現実的な頼もしい人。意見の違いがあっても、刺激を得て学ぶことが多いはず。小さなトラブルは受け流して。子供の場合、やさしくて人に好かれます。お金の使い方が気になっても子供の意志を尊重して。

司禄星を中心星に持つ相手

堅実で地道な相手と、自由でユニークなあなたですから、価値観、ライフスタイルは異なります。あなたの考えを押し通そうとすると相手はうるさく感じます。個性の違いを認め合って付き合っていくのがコツ。仕事の場合、長期展望が読めるあなたと細かいところにまで目が届く相手です。持ち場の分担をしっかりと。上司の場合、あなたの大胆さとユニークさはすぐには発揮されないかも。理論的な説得を心がけ、安心させることが必要。配偶者の場合、あなたの夢は相手からみると現実的ではないよう。地道で家庭第一の相手の性格を理解し、歩み寄ることも。子供の場合、真面目で堅実な本人の価値観を大切に。

車騎星を中心星に持つ相手

お互いに強い個性を持っていながら、スムーズないい関係。会う回数を重ねるたびに親しみが増しますし、相手から得るものがたくさんあるでしょう。仕事の場合、あなたの独創的なアイデアを相手が実践していき、関係としては理想的。いい仕事をするはず。上司の場合、細かいことは言わない、実行力のある人。大胆な計画や長期的展望で物事をみるあなたの能力をフルに発揮することができますし、サポートしてくれます。配偶者の場合、頼りがいのある人。仕事好きで忙しい人ですが、あなたを気にかけ尽くします。お互いが成長できるいい関係。子供の場合、シンプルでわかりやすい性格。行動的で何かとあなたを手助けしてくれる親孝行な子供。

牽牛星を中心星に持つ相手

真面目でプライドの高い人ですが、あなたのユニークな個性を認め、親しい付き合いを求めてくるでしょう。お互いの自尊心を刺激しあい、尊重し合える関係。仕事相手の場合、礼儀礼節をわきまえた優等生ですから、キチンと話し合っていけばとてもいい仕事ができます。上司の場合、あなたの個性的な発想、創造力を生かす努力をしてくれます。ただし、プライドが高いので、尊敬の念は表現して。配偶者の場合、責任感が強くて真面目な人。細かいことや常識にとらわれないあなたにとってプラスに。子供の場合、親の言うことや周囲の意見に耳を傾けます。年齢を経るに従い親子関係は逆転するでしょう。

龍高星を中心星に持つ相手

ユニークで、癖のある性格同士ですが、意外とスムーズな関係。共通点が多いので、相手を鏡にしながら付き合っていきましょう。基本的なフィーリングが合うので、仕事相手なら、一体となってスピーディな進行が期待できます。上司の場合、あなたへの信頼度が高く、画期的なプランを出しても受け入れられます。配偶者の場合、友人カップル。長年の間には似ている部分が多いため、刺激がなくなるかも。お互いにわがままを出さずに尊重して。子供の場合、親子というより、きょうだいのよう。お互いを認め合ういい関係。

玉堂星を中心星に持つ相手

興味の対象やものの考え方が違うので、合わせようとするとムリが生まれることも。気負わずに付き合えば好結果に。お互いの向上心や知恵を尊重すること。仕事の場合、お互いに知らないジャンルの情報交換ができ、生かし合えます。上司の場合、理屈っぽいところはありますが、あなたのユニークさ、才能を面白いと思います。納得すれば、生かしてくれるはず。配偶者の場合、友だち感覚のカップル。知的な探究心などの共通点もあるので、理解し生かしていけば、高め合う関係。子供の場合、伝統的なものに関心があり、あなたから学びたいと思っているはず。一生を通して学び好きな親子でしょう。

玉堂星が中心星のあなた——お互いの中心星（胸）でみる関係（中心星法）

貫索星を中心星に持つ相手

あたたかい友好関係が築ける人。相手は独立心の強い人ですが、世話好きなあなたには何かと面倒を見たくなる存在。仕事の場合、あなたの理論的な部分が頼りにされるでしょう。相手のペースで仕事をし、サポートする役割がベスト。上司の場合、一本気で強いエネルギーを持った人ですが、あなたの考えが必要で、頼りにされたり、何かと引き立ててもくれるはず。配偶者の場合、芯の強い人ですが、あなたには頼ってくるでしょう。あなたも尽くし型に。あまり過保護にすると疲れるので気をつけて。子供の場合、自立心に富んだ頼もしい子。関係は大変よく、あなたも存分に愛をそそぐでしょう。

石門星を中心星に持つ相手

知的でやさしいあなたの思いやりを必要としている人。誠意が通じる相手ですから、長く親密な付き合いができるでしょう。あなたが一歩リードすることになりますが、臨機応変に対応できる人で、よき協力者です。仕事仲間なら、最良のパートナーに。相手のよい点を伸ばすことができます。上司の場合、あなたの力量、才能を買ってくれる人。頼りにされそう。配偶者の場合、あなたが与えたり、面倒をみることが多い関係。バランスよく接することが大切。子供の場合、しっかり者ですから面倒をみすぎると、親離れ子離れができにくくなるので、いいスタンスをとって。

鳳閣星を中心星に持つ相手

ノンビリして生きたいという楽天家の相手。理屈っぽい部分が顔を出すと敬遠されそうです。一緒に楽しめる部分を共有していくといい友人関係に。仕事の場合、相手はゆとりを持ったテンポと姿勢で臨みます。ユーモアを忘れない対応が大切です。上司の場合、明るく温和なタイプで、仕事は工夫しながらも楽しもうとする人。相手にない点を提供することで、あなたも期待されるでしょう。配偶者の場合、リラックスした家庭の雰囲気を求める人。理屈を言い過ぎると、相手は引いてしまうので思いやりの心を持って意見を言いましょう。子供の場合、自分の感性でバランスをとって生きていける子供なので、お説教は禁物。一緒に楽しむのがベスト。

調舒星を中心星に持つ相手

相手は感情家であなたは理性の人ですから、相反するタイプ。ふたりだけの付き合いになると無意識に相手に負担を与えてしまう場合も。デリケートな相手なので、やさしく接しましょう。仕事の場合、相手のよい点をほめることで協力態勢が得られます。上司の場合、情にもろい人ですが、時には重箱の隅をつつくような細かさもあります。理屈を捏ねるのは絶対にタブーと心得て、上司の優れた感性から学ぶものを受け取りましょう。配偶者の場合、感情の起伏が激しい人。冷静さと理性でおおらかに受け止めましょう。子供の場合、鋭い感性を持っていますから、常に言い分をよく聞いてから、必要なら意見を言いましょう。

禄存星を中心星に持つ相手

とても面倒見がいい人。親しくなるほどその度合いが増してくるかも。お節介ではなく、相手は親切心からです。頼りがいのある友人です。仕事の場合、あなたが計画を立て、相手が現実的に動くのがベスト。上司の場合、あなたを鍛え上げてくれる人です。現実的でたくましい相手の考え方をあなたが理解していく必要があります。配偶者の場合、やさしくて頼もしい存在。現実生活はお互いの好みを大事にして、相手がリードするとうまくいきます。子供の場合、しっかりした子供です。お人好しの一面がありますが、振り舞わされないよう、冷静で穏やかに関わりましょう。

司禄星を中心星に持つ相手

真面目にコツコツと物事を積み上げていく堅実派の人。理論家のあなたとは時に合わないことも。衝突を避けていては改善はできません。細かいことを言われたら、あなたの考えは明確に伝え、ふたりの違いをお互いが納得して付き合うことです。仕事の場合、基本的な考え方、取り組み方が異っているとうまくいきません。スタート時点でよく話し合い、合意点を見つけて役割分担をしっかりして進めましょう。上司の場合、地道で堅実な仕事ぶりから多くを学べるはず。配偶者の場合、ライフスタイルや子育てで考えの違いが出てくるかも。お互いの考えをオープンにしてその都度理解を深めること。子供の場合、誠実で地道な生き方、考え方を持ちます。

車騎星を中心星に持つ相手

行動力のある正直な人。あなたに対しては何かと尽くしてくれ、困ったときには助けを求めることができる頼りになる存在。仲のよい関係が長く続くでしょう。仕事の場合、パートナーとしては最高。あなたが考えたことを相手が実践に移すという分担で、いい仕事ができます。上司の場合、物事をじっくり考えたり、デスクワークは苦手な人。その代わり、実行力があり、決断も早いはず。

一つのテーマをトコトン追求するあなたの仕事の取り組み方を認めて、バックアップを惜しまない人です。配偶者の場合、活動的な人ですが、あなたのことは第一に考え、尽くします。子供の場合、世の中に出て多くの体験をすれば、できるだけのサポートしてくれる頼もしい子に。

牽牛星を中心星に持つ相手

几帳面で常識を重んじる相手と、冷静で理論的に考えるあなたです。価値観の共通点は多く、相性はいいでしょう。相手のプライドの高さが気になるでしょうが、安心して付き合える相手です。仕事相手の場合、融通のきかないところはありますが、信念を持ち責任感の強い人です。あなたの考えや物の見方に対して、いい仕事の方向になるものを打ち出してくれます。上司の場合、理論的で真面目なタイプです。その上司のもとでなら最大の能力を発揮できるはずです。配偶者の場合、真面目でキチンとした人。家庭を大切にするあなたを積極的にサポートしてくれるはず。お似合いのカップルです。子供の場合、成長するに従って、親孝行したいと思っている子供。恩恵を受けられるはずです。

龍高星を中心星に持つ相手

いつも大きな夢を抱いている自由な人。冷静なリアリストのあなたとは多少違う点もありますが、お互いに興味を持って付き合っていける関係。仕事相手の場合、大胆で奇抜な発想を持っています。それを現実的な仕事にどう生かすかがあなたの課題。上司の場合、現状を改革したいチャレンジャーですから、仕事への積極的な取り組み方が学べるはずです。息の合った関係で仕事ができます。配偶者の場合、ロマンを追い続ける人なので、刺激的で新鮮。あなたの世界も広がっていくはず。子供の場合、ユニークな人生を歩みたい頭のいい子。あなたのワクを超えて行こうとしますが、友人のように応援して。

玉堂星を中心星に持つ相手

理論家同士の同じ星なので、理屈をこね合うと、難しい関係に。向上心があるため、それぞれが目標を持つと、力を合わせて共に高め合っていけます。仕事相手の場合、息が合ってその気になれば大きな成果が上げられます。上司の場合、理論家。共に似ている部分があるだけにわかりやすい人でしょう。時には面白みがないようにみえますが、気心が知れてツーカーです。配偶者の場合、共通点が多くてラクな相手ですが、馴れ合いにも。持ち前の向上心を大切にし合って新鮮な関係を。子供の場合、性格的に似ていますから、お互いによくわかり、大きくなったらあなたの一番の理解者になってくれます。

「天中殺」というタイミング
―賢く人生を生きる知恵を味方に―

天中殺は12年間に2年間、1年12か月に2か月間、1日24時間に4時間、天の気が弱まり、その加護が得られにくい、心しておきたい時期のことです。

でも、この天中殺、きちんと理解していれば、決して悪いもの、怖いものなどではありません。天中殺の時期を、どう過ごせばいいか、マイナスと思われることでもプラスに転じる大いなるチャンスだといえる天の「恵み」なのです。自然の法則を賢く正しく上手に生かす方法をいくつか、Q&Aでお伝えしますので参考に。

Q 「天中殺」とはいったいどういうものなのでしょうか。

A 私たちは時間と空間の中に生きています。算命学では天上の気である空間を、甲、乙、丙、丁……と、10に分類して十干で、地上の気である時間を子、丑、寅、卯……と、12で分類して十二支で表し、「空間と時間」を組み合わせて現実の自然界をお手本にして暦を作っています。

この「十干十二支」というのが、中国の陰陽五行のベースになっていますが、天の10と地の12は同数ではないので、時間だけがあって空間がない、空白の2枠が生じてしまいます。天の気がなくて、地の2枠だけがあまって、時間だけ2枠分あふれていることになるわけです。

そのため、この2枠（2年、2か月、4日、4時間）は、天の気が弱くなるという時期、天中殺と呼ばれて、長い年月をかけて研究されてきました。

文字や語感から何か怖いとか、マイナスのイメージを抱きがちですが、長い年月の間にはサポートが弱くなるとき、調和がとれにくく、スムーズにいきにくいだけ。本来、大いなる自然界のサイクルの一つで、悪いものなどではないのです。

たとえば季節に例えると冬。植物や動物など自然界に生きる人生には、寒い季節に入ると冬眠するなど、待ちの体勢に入りますね。人間にも「待つ」という、「受け身」の期間が必要なのです。それを知らずに力いっぱいムリしたり、チャレンジしたり、頑張ると、トラブルが生じたりします。天中殺は、周囲との調和を心がけて、焦らずペースを落としたり、休息したり、コツコツ貯金をしたりして春を待つ、「蓄積のとき」、と理解したほうが合理的です。

自分に実力をつけるためにこれを機会に何か勉強する、習得する、趣味を楽しんだり、リラックスして自然の流れにまかせ、委ねた生き方がおすすめです。瞑想や坐禅などもいいですね。ひとりで静かな時間を持ち、心身に安らぎを与え満たされるような時間を、意識して作っていきたいものです。

やがてこの期間が明ければ、天のエネルギーが働き始めて助けを得られるステキな時がやってくるはず。人生のリズムに素直にのっていこうと、どんな内面充実の時間を自分にプレゼントしようかな、そんな柔らかい気持ちでいると、かえってうれしく楽しみが増えることでしょう。

Q「天中殺」に入ると起こりやすい、よくないこと、具体的には？

A 人それぞれです。何事もなくすぎることもあり、むしろよいことがあることも珍しくはありません。人間関係や仕事、健康上のトラブル。懸命にやってもうまくいかなかったり、物事が滞ったり、現れ方は、ほんとうに人それぞれ。判断力が鈍ったり、精神的にも弱くなって、ものごとがうまくいかなくなりだすと、つい肩や体に力が入って頑張ってしまい、焦りや無理からかえって悪い結果を自らつくり出してしまうことにもなりかねません。

それまでや現在の生き方、心の持ちよう、ものの考え方、価値観、人々との関わり方など、内面的なあり方はポイントです。運命は「自分自身の心」、素直に淡々とした前向きな受け取り方で災いは小さくなり、それどころか本人にとって大切で必要な気づきや勉強になり、栄養になるもの。そう受けとめることから次の新しい飛躍への踏み台に変わるものです。時には、厳しい状況が現れることもあるでしょう。そのときは暗くなりますが、その現実をありのままに謙虚に受け入れ、最善を尽くしていれば、よき力をつける絶好のチャンスになります。自分を成長させ幸せにする、プラス思考と、平安の心と調和の姿勢で向き合えば大丈夫。すべてはあとになればよき力、よき体験に実るものです。

Q「天中殺」のとき、ひかえたほうがよいことはどんなこと？

A 今までしたことがない新しいことや冒険的なことを「自分から進んで」しないことです。今までもやっていること、今できること、やるべきことを「現状維持」を大切に継続することです。それでも新たにしなければいけないことは出てくるでしょう。たとえば部署が変わる、昇格する、転勤、転居など、それは「受け身」なので大丈夫です。

自分から進んで積極的に新しく事を起こすことが控えたいことの基本です。

たとえば結婚に関するものは避けたほうが無難です。お見合い、婚約、結納、入籍、同居、別居、離婚、再婚は、新しい気をスタートさせるため、できるだけ、前倒しにするか、天中殺明けに延ばせられればよいのです。どうしても難しいなら、自分の意見を押し通すのではなく、相手や周囲の人の意見や提案や助けにゆだねたり、間に専門家をたてるのもいいですね。

転職や独立、会社設立やお店を開店、といった積極的な行動も、天中殺が明けるまで延ばせばいいのです。その間、準備や調査などをじっくりしておきましょう。

Q「天中殺」だと知らずにすでに始めてしまったことはどうすればいいのでしょう。

A まずは、「悪い結果になったら」と不安や恐れを抱え続けることはやめましょう。何事も、ネガティブな心配はどんな時期であってもうまくいかない原因を自らつくります。天中殺とは知らずに始めたのですから、万一、困ったことが起きても、ネガティブに考えないで、自分の力を信頼して、人の協力も得ながら、最善を尽くすことです。困難には努力と調和で無理をせず、流れに逆らわず、の姿勢で明るく向き合いましょう。

もちろん何も起こっていなければ、日々を大切に心安らかに生きていくことです。運転免許を取得したのが天中殺だった、という人もいるでしょう。安全を図るためには、天中殺が明けるまで運転をしないでいるのも一つの選択。でも知らないで、やむをえずしたことですから、運転には充分気をつけて、前向きに過ごしましょう。何よりも大事なのは心の持ちようと行動なのです。大切なことは何事にも感謝と、ポジティブなもののみかたを心がけて生きることです。

もし、入社した年が天中殺だったら、正式な入社年度とは別に、あとから移動などの節目節目で、よかった年、または充実していた年を「私の入社日」と決める、というのも一案です。

結婚も知らないでしてしまったのはしようがない。配偶者の協力が得られるなら、天中殺ではない、よい年に、ふたりだけでもう一度心の結婚式をする、のも楽しいし、気持ち新たに新婚旅行に出かける、写真をとるなどもおすすめです。会社やお店のオープンなら、名前を変えてみる、というのもいいアイデア。気持を新たに変えて、明るく再出発。フレキシブルにとらえましょう。何であれ心の明るさ、信頼感、平安な心でよき運命を創造することを忘れないでください。

Q「天中殺」のときは、周りの人にも悪い影響が出るのでしょうか？

A 一人ひとり星が違うので、その影響の出方もいろいろです。とりわけ家族はひとつの共同体、宇宙ですから、問題が生じた場合には何らかの影響が出ることはあります。大切な親やきょうだい、同居している身内の誰かが病気になれば、自分も同じ辛さを味わう、ということです。仕事のパートナーも関係性が密であるほど、影響が出る可能性もあります。そのために協調、調和の心があるわけです。

家族や仕事仲間は、互いに協力して助け合っているわけですから、天中殺のときに限りませんが、周囲に迷惑、苦労をかけないよう、自己責任を持ち、調和を考え、頑張って自分の意見を強く押し出さないことです。大切なことは天中殺でない人におまかせしたり、充分相談して参考にしたり、意見に従っていけば、よいのです。

常日頃から、周囲の人々と「調和」し、「親孝行」とか「先祖供養」をするなど心明るく、「善い行い」を積み重ねていくことは大切です。もちろん形だけでなく、すべてのことに心からの感謝を持って行いましょう。この徳は、自分自身と周囲にとって心の平安と幸せをもたらしてくれます。

Q「天中殺」のときに、大病を患いました。この病気、長引いたり、大変なことになるのではないかと不安です。

A 天中殺のときに病気になったり、何かよくないことが起こった場合は、このまま治らないんじゃないか、とか、もっと重大なことになるんじゃないか、と否定的に考えず、それは、起こったんだと、この体験をあるがままに受け入れて、まずその治療に専念してください。実際ではない未来のことを想像するのではなく、天中殺を自然の流れとして、前向きに落ち着いて関わることが重要です。

病院や医師の選択は、自分一人で決めずに、周囲の信頼する人に相談し、客観的な情報も得て、慎重に決めましょう。最善の方法をとり、心安らかにゆだねましょう。それがどんな問題であれ、結果的にプラスになります。心と体はひとつですので、自分の心の力を信頼してください。

天中殺に病気や事故に限らず、何かトラブルが起こる場合、何の原因もないことは少ないはず。これまでの自分の生き方や心がけ、注意不足などに気づくために、病気が表面化して大事なことを教えられたのだと受けとめ感謝し、素直に改めるチャンスにすると、新たに生き始める力がわいてくるでしょう。

そして無理や無茶なことはしないで。健康的にも、体力的にも、精神的にもスケジュール的にも頑張り過ぎないで。人に相談する、まかせる、休むことなどを自分に許すことは大事です。長い人生、立ち止まって「待つ」、「焦らない」、「ゆとりを味わう」などは、「幸せに生きる」ために必要な鍵。

天中殺はそのための「自然の法則」の教えといえるものですね。

天中殺表

記号	天中殺（12支）	月の天中殺（2か月間）	日の天中殺(2日間) 時刻の人中殺(4時間)	年の天中殺（2年間）
ネ	ネ(子) ウシ(丑)	毎年12月7日頃 ～翌年2月節分	子の日と丑の日 午後11時～翌午前3時	ネズミ年の2月立春～翌々年の節分 <近い過去>2020年立春～2022年節分 <近い未来>2032年立春～2034年節分
ト	トラ(寅) ウ(卯)	毎年2月立春 ～4月4日頃	寅の日と卯の日 午前3時～午前7時	トラの年の2月立春～翌々年の節分 <近い過去>2010年立春～2012年節分 <近い未来>2022年立春～2024年節分
タ	タツ(辰) ミ(巳)	毎年4月5日頃 ～6月4日頃	辰の日と巳の日 午前7時～午前11時	タツ年の2月立春～翌々年の節分 <近い過去>2012年立春～2014年節分 <近い未来>2024年立春～2026年節分
ウ	ウマ(午) ヒツジ(未)	毎年6月5日頃 ～8月6日頃	午の日と未の日 午前11時～午後3時	ウマ年の2月立春～翌々年の節分 <近い過去>2014年立春～2016年節分 <近い未来>2026年立春～2028年節分
サ	サル(申) トリ(酉)	毎年8月7日頃 ～10月7日頃	申の日と酉の日 午後3時～午後7時	サル年の2月立春～翌々年の節分 <近い過去>2016年立春～2018年節分 <近い未来>2028年立春～2030年節分
イ	イヌ(戌) イ(亥)	毎年10月8日頃 ～12月6日頃	戌の日と亥の日 午後7時～午後11時	イヌ年の2月立春～翌々年の節分 <近い過去>2018年立春～2020年節分 <近い未来>2030年立春～2032年節分

「5本能」（5つの主精）と「5徳（仁・義・礼・智・信）」の世界

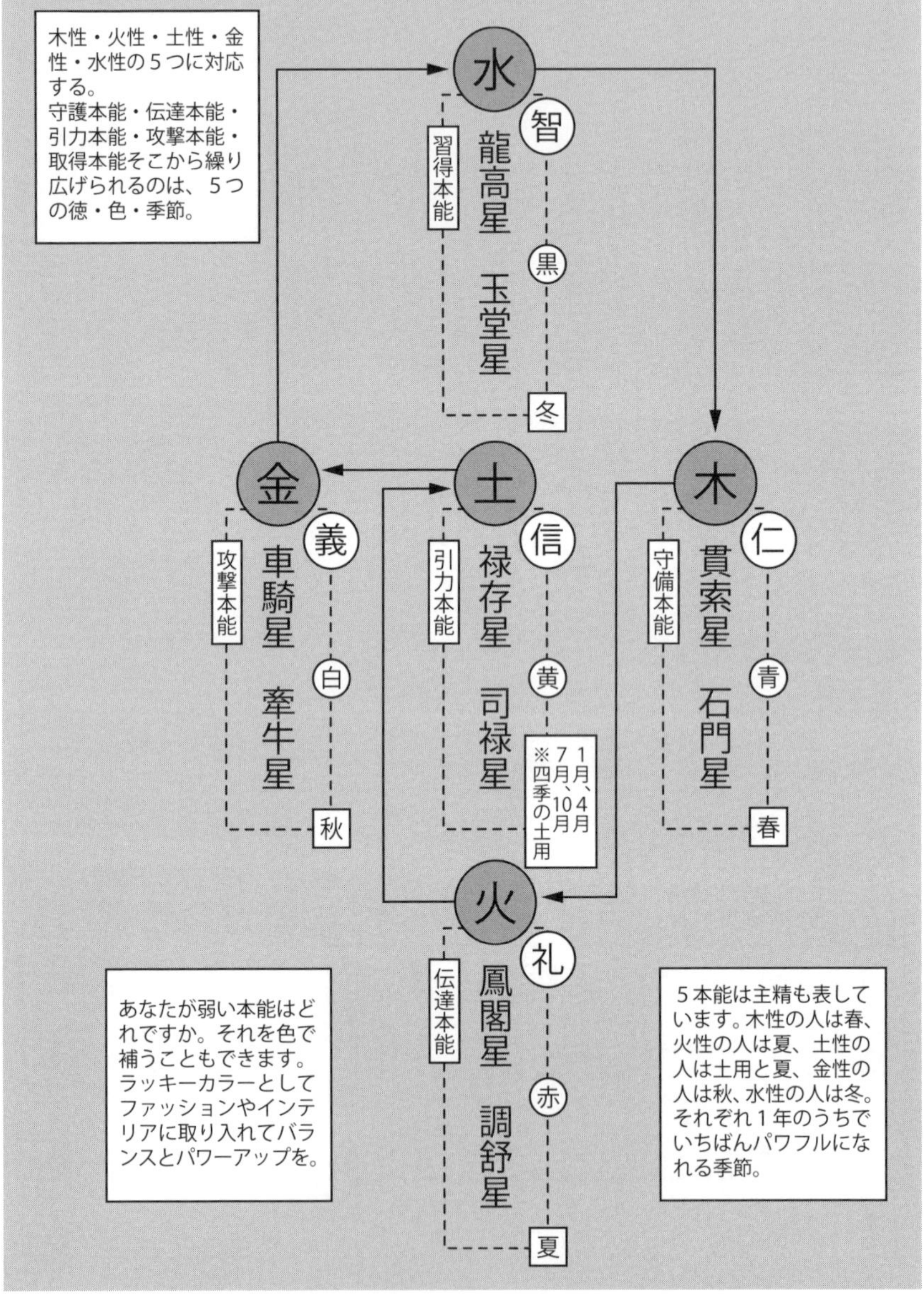
木性・火性・土性・金性・水性の5つに対応する。
守護本能・伝達本能・引力本能・攻撃本能・取得本能そこから繰り広げられるのは、5つの徳・色・季節。
水
智
習得本能
龍高星
玉堂星
黒
冬
金
義
攻撃本能
車騎星
牽牛星
白
秋
土
信
引力本能
禄存星
司禄星
黄
※1月、4月、7月、10月 四季の土用
木
仁
守備本能
貫索星
石門星
青
春
火
礼
伝達本能
鳳閣星
調舒星
赤
夏
あなたが弱い本能はどれですか。それを色で補うこともできます。ラッキーカラーとしてファッションやインテリアに取り入れてバランスとパワーアップを。
5本能は主精も表しています。木性の人は春、火性の人は夏、土性の人は土用と夏、金性の人は秋、水性の人は冬。それぞれ1年のうちでいちばんパワフルになれる季節。

幸せを招く「5」つのバランス
——五本能と五徳で人生に豊かさが——

エネルギーの源、生きる力は「5つの本能」のバランスから

大宇宙と大自然を観察し尽くして完成した算命学は、可能性に満ちた「本当の自分」を見せてくれる愛に満ちた「鏡」のようなものです。

私たちには喜怒哀楽、さまざまな感情があります。また「やさしい人」「おとなしい人」「明るい人」「勝気な人」「短気ですぐカッカする人」「ノー天気」「内弁慶」「心配性」などさまざまな性格があります。算命学では、こうしたものを生み出す人間を一つのエネルギー体だと考え、その源、生きる力の中には基本となる「5つの本能」があるとしました。それが「5本能を表す図」です。身の安全を図ったりする（守備本能）、自分の意志を表現し、子孫を残そうとする（伝達本能）、積極的に行動し、危険や敵とは果敢に闘う（攻撃本能）、いろんなことを学んで知恵を豊かにしたい（習得本能）、

そして人々を自分に引きつけようとする（引力本能）です。これらはそれぞれが自然界の法則と同じ木火土金水の五行説と結びついています。

この5本能は、生きていくうえですべて必要なエネルギーです。各人の持って生まれた宿命に応じて、どれが多くどれが少ないかといったバランスが異なっているのです。つまり5本能のバランスが、その人独自の性格をつくり、特質となり、才能や個性や魅力のエネルギーになるわけです。算命学はこうした原理に基づいて、細やかにダイナミックに人間各人の世界を探求していきます。

本当の自分を知って、幸せに生きるには、「バランス」をとること

天上に5惑星が輝き、地上が5元素で構成されているように、私たち人間は宇宙の一員ですから一人ひとりの生命にも、木火土金水の5本能があります。厳密には、宿命にある各5本能のエネルギーをすべて点数計算、分類して、別のアングルから、その人独自の世界を浮き彫りにして深くみていく「数理法」がありますが、ここでは誰でも簡単にわかる十大主星で探究しましょう。

あなたの星座表に宿る5つの座にはどんな星がありますか？　もし全部違う本能の星が揃っていたら、最もバランスがとれていることになります。中には同じ本能の星が複数ある人がいます。もちろんそれはその人の大切な個性です。むしろ世にいう成功者やユニークで抜きん出た能力を持つ人は、むしろアンバランスの度合いが大きい人が多くみられます。良し悪しの判断はしません。

あるがままの、その人ならではの個性や能力を大切にしながら、さらに「本当の自分」らしさを生かして幸せになるには、自分に欠けている「本能の力」を知って、自らの選択でバランスを整えていくことを楽しみにもできるのです。

バランスを整えて「5徳」を備えよう

では、5本能という5つのバランスを整えるにはどうしたらいいか？　その答えが図の「5徳」にあります。

「仁」は愛情奉仕の心で尽くし働く。
「義」は勇気ある行動力や前進力を発揮する。
「礼」は謙虚に礼儀礼節を持って人々と接す。
「智」は学んで知性を豊かにすることに努める。
「信」は信用や信頼される人間で生きる。

この5つの徳は、私たちが努めて身につけることが大切であるという示唆で、このどれかが宿命の星になかったり、弱かったりすると、バランスがとれなくて、そこが欠点となり、心身のバランスのとれた幸福、安定が得られにくくなります。そこで生年月日の五行のバランスをみると、5徳に対応する5本能の配分がわかり、自分はどの本能のエネルギー、徳が弱いとか、どの徳を持つ本能は充分にある、といったことも同時にわかってくるわけです。

いろいろな方法で弱い部分をバックアップ

たとえばA子さんの宿命星には、火性である鳳閣星と調舒星がなかったとします。そうすると、「伝達能力」が弱くなります。

それは5徳の中の「礼徳」が備わりにくいのです。礼儀を礼節を欠きやすい傾向にあることがわかります。そうするとそこが弱いところとなって運命や性格、健康やバランスが欠け、それが原因でミスや問題、不調などが生じる可能性があります。でも、その代わりに禄存星や司禄星が複数あれば、「引力本能」が強く、人に親切で周囲からの信用が大きいので、「信徳」の厚い人ということがわかります。信徳は土性ですから土生金の法則で、「信頼」「義徳」の前進力、行動力を生み出す「もと」になります。積極的に行動するとその体験の中からいろいろと学ぶことができ、金生水の法則から「智徳」が強まります。教養や知性、理性が備わると水生木の法則で、それを生かす仕事をして奉仕的に働くことができるようになり「仁徳」を積むことになります。

こうしてよい仕事をし、思いやりの心で尽くしていると、本来、エネルギーの弱い「伝達本能」つまり「礼徳」も次第に力をつけ備わります。でもそれは自分で意識しているのといないでは大違い。努力してキチンと礼儀礼節をわきまえた生き方を心がけていれば「礼徳」が備わり、火は土を生じるの「相生の法則」で、土性の「信用」がつき、「信徳」が高まり、同じく土性の禄存星、司禄星の「財星」が強くなりますし、さらに愛深い人となっていきます。これが自然界の法則である「循環の法則」なのです。

この「欠けたところを補うための簡単な方法」には、例にあげた火性（鳳閣や調舒）のないA子さんの場合は、ラッキーカラーに赤、ピンクなどの火性の色を。いい相性の人は主精が陽や灯の人、いい方向は南、季節は夏。火が少ないので、体を冷やさないようにするなど、いろいろな領域やアングルやアイデアからバランスを整えていくことにチャレンジしていきましょう。

弱点は誰にでもあり、またそこにこそ自分に必要な気づきや改善、成長のテーマがあると受け止めて、これからの人生で、新たな自分の世界を創造する幸せのために参考にし、生かしていただければと願っています。

まずは身近な日常の生活の中で、楽しみながら気軽に「5徳」を実践して変化、成果を試してみてください。

これから10年間の後天運

あなたの生年月日が教えてくれる宿命星は不変のものです。でも同じ宿命の持ち主であっても、家系や家族、家庭環境、教育、時代、社会、職業、人間関係など、さまざまなファクターが影響し合って、人生全体をクリエイトしていく、というのが、算命学の考え方です。

そして、大変重要なものに、「先天運」に対して、「後天運」。一生を10年事に見ていく「大運」と、毎年めぐりくる「年運」があります。これがあなたにめぐりくる「運命星」。

星の生かし方は選択可能で、あなたの生活や人生にさまざまな形の変化やアクセントをつけてくれます。運命星の隠しわざは未知数で多彩、あなたの意志行動、日頃の生き方、心の持ちようなどで、自由に活用できます。

ここでは、複雑な10年運（大運）は省いて、生かしやすい「1年運」ごとの10年間に、スポットライトを当てました。毎年変化する星の大まかな特色をつかんで参考にしながら、充実したプランづくりにお役立てください。

年運に回ってきた十大主星の意味

貫索星の年

スタートラインの年。前からやりたかったり、始めたいと思ったことに手をつけるのによい独立の年で、やる気も出ます。

石門星の年

人間関係が広がる社交年。生涯の親友に出会ったり、まったく新しい分野の人たちと知り合ったり、人脈も増え、組織集団やグループの中心的存在になります。

鳳閣星の年

リラックスして楽しむことがテーマの年。趣味や習い事、遊びが増えたり、誘いも多く、ノンキになりがちですが、公私のケジメは大切。子供の星なので出産する可能性もあり。

調舒星の年

直感が冴え、敏感になる年。自由に好きなことをし、芸術に触れたり、自分の内面を見つめる「一人の時間」「単独行動」が吉。を大切に。ストレスや疲れはためないように。子供縁あり。

禄存星の年

愛情と金銭を象徴する年。親切に人の面倒をみたり、頼りにされたり、という機会が増えそう。気前がよくなって出費が増える傾向に。男女、年齢を問わず、恋愛や結婚のチャンスあり、という明るい年。

司禄星の年

恋愛、結婚のチャンス年。配偶者は、家庭を第一にして家族団欒がベスト。節約や貯金など地道な蓄、何でも蓄することが吉。不動産縁もあり。

車騎星の年

公私共にとても忙しい「動」の年。自分から積極的に、スピーディに行動力を発揮するとき、と心得て。体を鍛えたり、奉仕したり、よく働き、スポーツをするのも最適。女性にとっては、男性縁強し！

牽牛星の年

恋愛、結婚の年。仕事では努力が評価されたり、昇格することも。また人気が出たり、注目を浴びたり、中心的存在となり、何かと忙しい年に。礼儀正しさを大切に。

龍高星の年

変化や改革の年。現状を変えたり、何か勉強を始めたり、冒険したくなりそう。動きのある年なので引っ越し、外出や出張、海外旅行や長期の旅が吉。ユニークな経験が成長に。

玉堂星の年

何か勉強したり、逆に教えたり、学びや教育の年。吸収力も高まります。家族や身内への世話事があったり、関わりが強くなりそう。母親の年なので出産する人も。母の介護に入る人もいるでしょう。

「年運表」の見方

あなたの「年運」を調べるための資料になる表が、337頁に3つ（A、B、C）あります。あなたの主精から導き出されます。

①表Aの「年運表」を見ます。上段にある「あなたの主精」の中から、あなたの主精を見つけてください。

②表の左の「年の主精」は、上から下に2022年から2031年までの10年分の十二支（カタカナ表記）と、その年の主精です。

③まず、2022年とあなたの主精が交わる箇所をみると、2つの星の名前が上下に並んでいます。上段が十大主星、下段が十二大従星です（星の一字は省略）。例えば、主精が「鉄」の人の2022年の運命星は「鳳閣星と天馳星」となります。

この方法で10年間の運命星がわかります。

「年運グラフ」の作り方

実際にあなたの「年運グラフ」を作ります。

①「年運グラフ」の主役は「十二大従星のエネルギー点数」です。表Bにある点数に従って、あなたの各年の十二大従星すべてを点数に変えます。主精が「陽」なら、2022年の十二大従星は天貴星ですから、エネルギー点数は9点です。同様に、2023年は天恍星なので7点、2024年は天南星なので10点というように、2032年までのエネルギー点数を調べ、あなたの「年運グラフ」に折れ線グラフを作成していきます。「陽」の人を例にして作成した10年間の「年運グラ

フ」が表Cです。

②「年運グラフ」ができたら、その年の十大主星と十二大従星の名称もメモしておくと、年運の内容がわかりやすいでしょう。

③あなたの天中殺の年には×印をつけておくといいでしょう。

④西暦の各下に、あなたが何歳（満年齢）になるかを書き加えておくと、長期計画に便利です。この「年運グラフ」を何人分か作成する場合は、先のためにコピーをとっておきましょう。

「年運」の読み取り方

完成した「年運グラフ」の読み取り方を、表Cを例に説明します。

①2022年、Cさん（主星が「陽」の人）には「車騎星と天貴星」がめぐってきます。そこで「年運に回ってきた十大主星の意味」をみてください。「車騎星の年」にある内容がCさんの2022年に現れる大まかな特色です。

②ここでは簡単にまとめてありますので、詳しくみるには51頁にある十大主星ごとの「宿命的本質」に表現されている内容を参照し、どんな年になるかをイメージしてみてください。性格、心の動き、それに基づく現象が、この年の特色として出てきやすいのだと理解してください。それらが全部出てくるわけではありません。たとえ主精が同じ「陽」の人でも、生まれ年や月、宿命にあ

る十大主星が違うのですから、その年の特色の現れ方もそれぞれで変わります。

③次に十二大従星です。2022年Cさんの場合は、(天貴星＝9点)です。これはこの年のCさん自身のエネルギーを示しています。ここではその年、その人のエネルギーの数を知る目安にとどめて、わかりやすいグラフにしてあります。

④十二大従星の内容について詳しく知るのは95頁を参考にしてください。

⑤最後に2022年の十大主星と十二大従星をミックスしてみます。特性の内容が相反するようなこともありますが、この2つの星の範囲内のことが2022年のCさんに関わる大まかな特色です。

⑥エネルギーの高い人は、その十大主星の内容や特色に対して、積極的に行動時に、自分を打ち出したりしていける年、また、自分のエネルギーをたくさん発揮できることになる、といった年です。エネルギーが低い年も大切に。穏やかに調和的に生活することが重要です。また天中殺(323頁)の2年間は、たとえエネルギー値が高くても、自ら進んで新しいことや冒険は控えて現状維持、受け身の構えで。自然体で流れに身を委ねる時になります。

表A あなたにめぐりくる運命星をみる[年運表]

年の主精			あなたの主精									
			樹	花	陽	灯	山	地	鉄	宝	海	雨
'22	トラ	海	龍高 天禄	玉堂 天将	車騎 天貴	牽牛 天極	禄存 天貴	司禄 天極	鳳閣 天馳	調舒 天報	貫索 天胡	石門 天恍
'23	ウ	雨	玉堂 天将	龍高 天禄	牽牛 天恍	車騎 天胡	司禄 天恍	禄存 天胡	調舒 天報	鳳閣 天馳	石門 天極	貫索 天貴
'24	タツ	樹	貫索 天堂	石門 天南	龍高 天南	玉堂 天堂	車騎 天南	牽牛 天堂	禄存 天印	司禄 天庫	鳳閣 天庫	調舒 天印
'25	ミ	花	石門 天胡	貫索 天恍	玉堂 天禄	龍高 天将	牽牛 天禄	車騎 天将	司禄 天貴	禄存 天極	調舒 天馳	鳳閣 天報
'26	ウマ	陽	鳳閣 天極	調舒 天貴	貫索 天将	石門 天禄	龍高 天将	玉堂 天禄	車騎 天恍	牽牛 天胡	禄存 天報	司禄 天馳
'27	ヒツジ	灯	調舒 天庫	鳳閣 天印	石門 天堂	貫索 天南	玉堂 天堂	龍高 天南	牽牛 天南	車騎 天堂	司禄 天印	禄存 天庫
'28	サル	山	禄存 天馳	司禄 天報	鳳閣 天胡	調舒 天恍	貫索 天胡	石門 天恍	龍高 天禄	玉堂 天将	車騎 天貴	牽牛 天極
'29	トリ	地	司禄 天報	禄存 天馳	調舒 天極	鳳閣 天貴	石門 天極	貫索 天貴	玉堂 天将	龍高 天禄	牽牛 天恍	車騎 天胡
'30	イヌ	鉄	車騎 天印	牽牛 天庫	禄存 天庫	司禄 天印	鳳閣 天庫	調舒 天印	貫索 天堂	石門 天南	龍高 天南	玉堂 天堂
'31	イ	宝	牽牛 天貴	車騎 天極	司禄 天馳	禄存 天報	調舒 天馳	鳳閣 天報	石門 天胡	貫索 天恍	玉堂 天禄	龍高 天将

あなたの[年運グラフ]

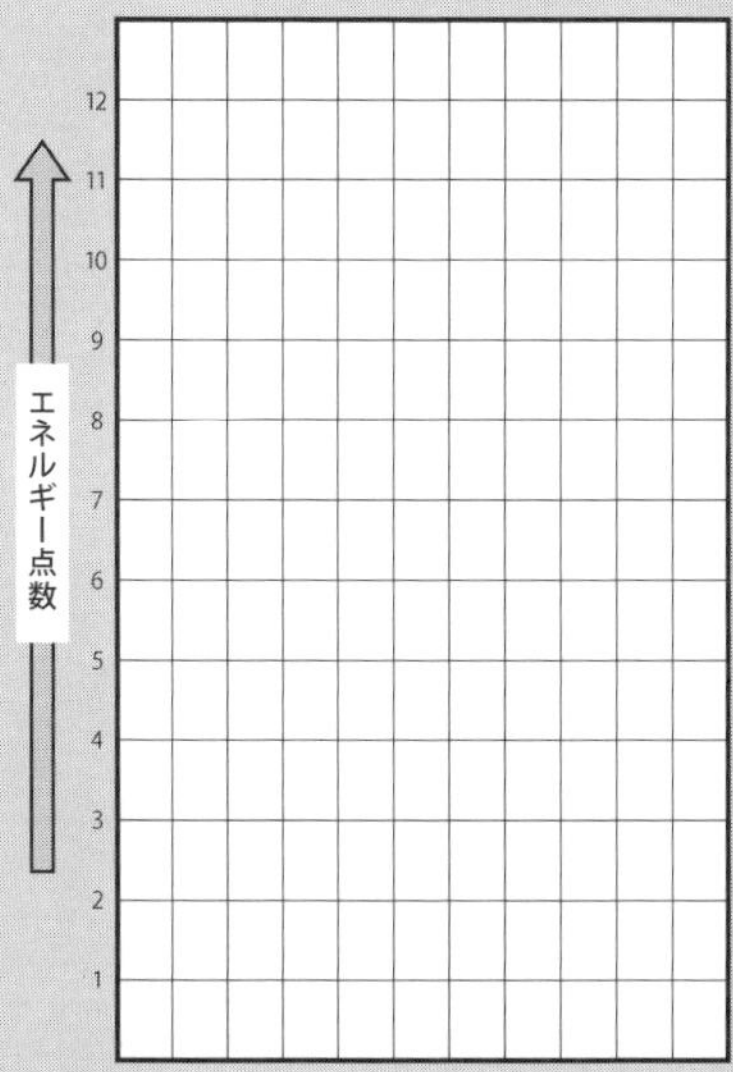

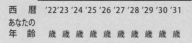

西暦	'22	'23	'24	'25	'26	'27	'28	'29	'30	'31
あなたの年齢	歳	歳	歳	歳	歳	歳	歳	歳	歳	歳

表B 12大従星の[エネルギー点数表]

12大従星	天報星	天印星	天貴星	天恍星	天南星	天禄星	天将星	天堂星	天胡星	天極星	天庫星	天馳星
点数	3	6	9	7	10	11	12	8	4	2	5	1

表C 10年間の[年運グラフ]を作る

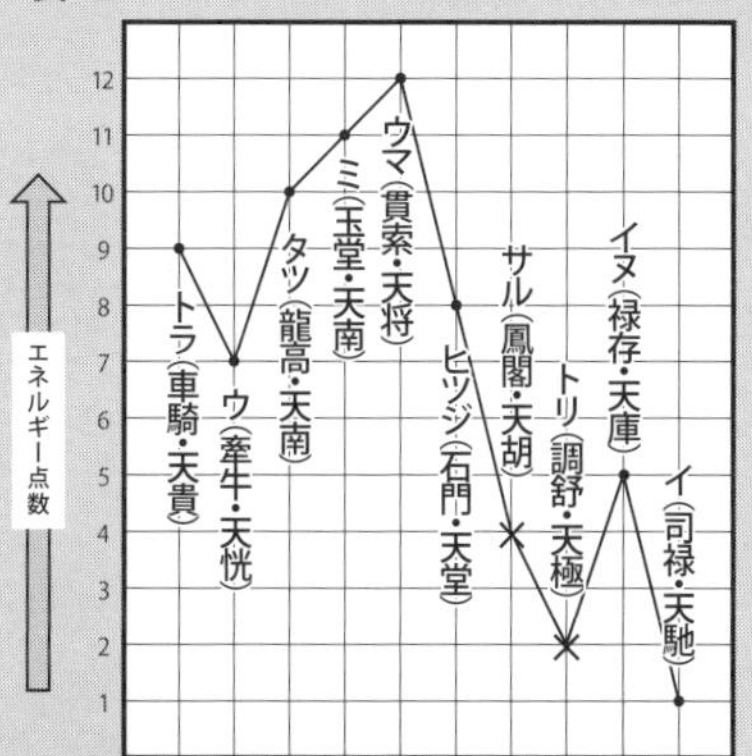

西暦	'22	'23	'24	'25	'26	'27	'28	'29	'30	'31
満年齢	45歳	46歳	47歳	48歳	49歳	50歳	51歳	52歳	53歳	54歳

例:1977年5月19日生まれ(主精が陽で、天中殺がサル・トリ)の場合。

ひとめでわかる「人体星座」の作り方

算命学で「宿命」を知るためには、生年月日をデーターとして「人体星座」（３４０頁）表を作成します。難しい計算や置き換えをしないで、ひと目ですべての星と天中殺がわかる計算済みの星座暦があります。暦の期間は１９２６年1月1日（大正15年、昭和元年）から、２０３０年（令和４年）1月31日までの１０５年間です。

では、さっそくあなたの人体星座を、次の手順に沿って作りましょう。

①「星座暦」で、あなたが生まれた年のページを探して開いてください。（表の欄外、左上に西暦と元号で年を記載しています）

②生まれた年の表から、生まれた月を探します。（表の左の縦列に月が記されています）

③生まれ月の枠を横にたどっていきながら、生まれた日を探します。（表の上の横列に日が記されています）

④縦列と横列の交わったところの1マスが、あなた（その人）の宿命の星です。

⑤マスの表の見方を説明します。一番上の文字（一つ）が「主精」です。「人体星座表」（イラスト）の一番上にある主精のワクにそのまま書き写してください。

⑥人体星座表（イラスト）には、9つの文字のブロックがありますね。それは、上段左が「天中殺」、上段中央が北（頭）、上段右が（肩）、中段左が西（左手）、中段中央が中心（胸）、中段右が東（右手）、下段左が（左足）、下段中央が南（腹）、下段右が、（右足）を表しています。

カッコ内の人体名の表記は、「向かって」右、「向かって」左、ととらえていますのでご注意ください。

⑦北（頭）、西（左手）、中心（胸）、東（右手）、南（腹）の5か所は、「十大主星」の座です。暦には漢字1文字の記号で略してあります。図Aの正式名称表「十大主星」をみながら、「人体星座表」に、正式名を書き写してください。

⑧肩、左足、右足の3か所は、「十二大従星」の座です。暦には漢字1文字の記号で略してあるので、左頁の「正式名称表」「十二大従星表」をみて、「人体星座表」に書き写します。

⑨星座暦のマスの中の上段左のカタカナの1文字は「天中殺」です。右ページ下の「天中殺表」からカタカナ記号の下にある12支を人体星座表の左上の天中殺のワクに書き写します。示された2つの12支（エト）が、天中殺の時期です。これで人体星座表が完成しました。

注　「星座表」は字が細かいので、見間違い、書き写し間違いのないようにチェックしてください。1日でも、1文字でも間違えると、全く別人の星座になってしまいます。

人体星座の作り方

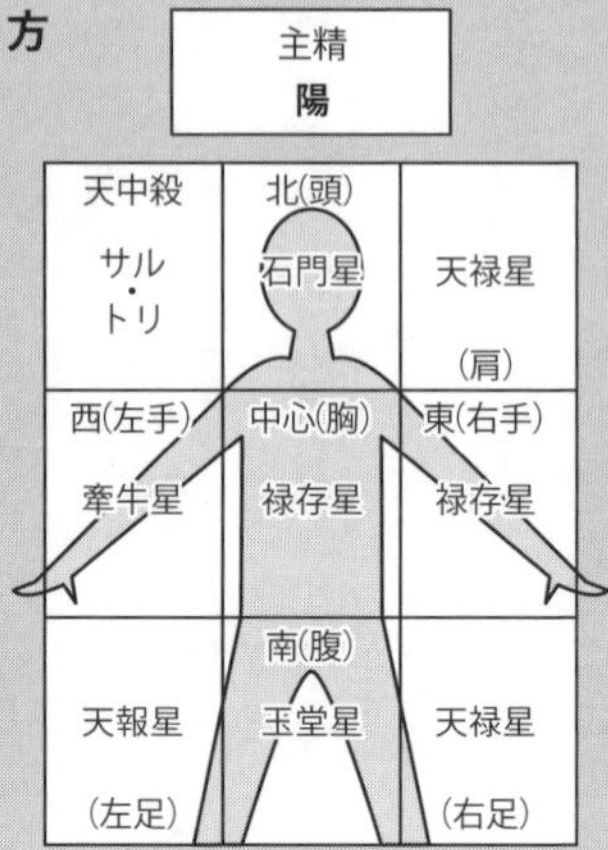

Aさんの例

	陽	
サ	石	禄
牽	禄	禄
報	玉	禄

[作り方の例] 1977年(昭和52年)5月19日生まれの人Aさん

巻末の星座暦表、1977年(昭和52年)の表をみる。そこの中から5月19日の1マスを見つけます。右図がAさんの1マスです。この表の1文字に該当する星の名前などを、下記の「正式名称表」に見つけます。Aさんの場合は、主精は陽。天中殺はサなのでサル・トリ。北(頭)は石なので石門星。肩は禄なので天禄星。左手は牽牛星、胸と右手は禄存星、左足は報なので天報星。南(腹)は玉なので玉堂星。右足は禄なので天禄星。これでAさんの人体星座が完成です。

正式名称表

10大主星表

記号	貫	石	鳳	調	禄	司	車	牽	龍	玉
10大主星名	貫索星(かんさく)	石門星(せきもん)	鳳閣星(ほうかく)	調舒星(ちょうじょ)	禄存星(ろくぞん)	司禄星(しろく)	車騎星(しゃき)	牽牛星(けんぎゅう)	龍高星(りゅうこう)	玉堂星(ぎょくどう)

12大従星表

記号	報	印	貴	恍	南	禄	将	堂	胡	極	庫	馳
12大従星名	天報星(てんぽう)	天印星(てんいん)	天貴星(てんき)	天恍星(てんこう)	天南星(てんなん)	天禄星(てんろく)	天将星(てんしょう)	天堂星(てんどう)	天胡星(てんこ)	天極星(てんきょく)	天庫星(てんこ)	天馳星(てんそう)

天中殺表

記号	ネ	ト	タ	ウ	サ	イ
天中殺(12支)	ネ・ウシ	トラ・ウ	タツ・ミ	ウマ・ヒツジ	サル・トリ	イヌ・イ

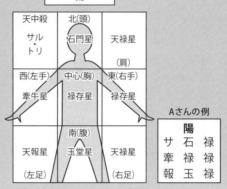

さんの人体星座表

主精

天中殺	北(頭)	(肩)
西(左手)	中心(胸)	東(右手)
(左足)	南(腹)	(右足)

年　月　日生

さんの人体星座表

主精

天中殺	北(頭)	(肩)
西(左手)	中心(胸)	東(右手)
(左足)	南(腹)	(右足)

年　月　日生

さんの人体星座表

年　月　日生

主精

天中殺	北（頭）	（肩）
西（左手）	中心（胸）	東（右手）
（左足）	南（腹）	（右足）

さんの人体星座表

年　月　日生

主精

天中殺	北（頭）	（肩）
西（左手）	中心（胸）	東（右手）
（左足）	南（腹）	（右足）

さんの人体星座表

年　月　日生

主精

天中殺	北(頭)	(肩)
西(左手)	中心(胸)	東(右手)
(左足)	南(腹)	(右足)

さんの人体星座表

年　月　日生

主精

天中殺	北(頭)	(肩)
西(左手)	中心(胸)	東(右手)
(左足)	南(腹)	(右足)

さんの人体星座表

年　月　日生

主精

天中殺	北(頭)	(肩)
西(左手)	中心(胸)	東(右手)
(左足)	南(腹)	(右足)

さんの人体星座表

年　月　日生

主精

天中殺	北(頭)	(肩)
西(左手)	中心(胸)	東(右手)
(左足)	南(腹)	(右足)

さんの人体星座表

年　月　日生

主精

天中殺	北(頭)	(肩)
西(左手)	中心(胸)	東(右手)
(左足)	南(腹)	(右足)

さんの人体星座表

年　月　日生

主精

天中殺	北(頭)	(肩)
西(左手)	中心(胸)	東(右手)
(左足)	南(腹)	(右足)

さんの人体星座表

年　月　日生

主精

天中殺	北(頭)	(肩)
西(左手)	中心(胸)	東(右手)
(左足)	南(腹)	(右足)

さんの人体星座表

年　月　日生

主精

天中殺	北(頭)	(肩)
西(左手)	中心(胸)	東(右手)
(左足)	南(腹)	(右足)

〔特別掲載〕

中森じゅあんの算命学星座暦

１９２６年（大正15年）～２０３０年（令和12年）

1926年（大正15年，昭和元年）

1926年(大正15年,昭和元年)

	1日	2日	3日	4日	5日	6日	7日	8日	9日	10日
1月	鉄 ウ司庫 禄調玉 馳龍極	宝 ウ禄印 禄鳳龍 馳玉貴	海 ウ調堂 車石牽 庫車将	雨 ウ鳳南 司貫車 報牽禄	樹 タ石南 調玉司 極禄恍	花 タ貫堂 鳳龍龍 印禄堂	陽 タ玉印 鳳牽牽 胡調印	灯 タ龍庫 禄車車 貴鳳庫	山 タ牽印 調司司 庫石印	地 タ車庫 牽禄禄 報貫庫
2月	宝 ネ禄印 貫龍龍 禄龍印	海 ネ調堂 車牽牽 南牽堂	雨 ネ鳳南 石車車 将車南	樹 イ鳳禄 玉禄禄 恍車禄	花 イ調将 龍司司 堂牽将	陽 イ貫貴 鳳鳳鳳 貴禄貴	灯 イ石極 龍調調 胡司極	山 イ龍貴 牽貫貫 南鳳貴	地 イ玉極 石石石 将調極	鉄 イ車馳 玉龍龍 恍貫馳
3月	地 ウ玉極 貫牽牽 庫調極	鉄 ウ車馳 禄禄禄 馳貫馳	宝 ウ牽報 禄司司 馳石報	海 ウ禄胡 車鳳鳳 庫龍胡	雨 ウ司恍 司調調 報玉恍	樹 タ鳳禄 司石禄 極牽将	花 タ調将 鳳貫司 印車禄	陽 タ貫貴 鳳玉鳳 胡司恍	灯 タ石極 禄龍調 貴禄胡	山 タ龍貴 調牽貫 庫調恍
4月	鉄 ネ車馳 貫司禄 禄石報	宝 ネ牽報 貫禄司 禄貫馳	海 ネ禄胡 車調鳳 南玉極	雨 ネ司恍 石鳳調 将龍貴	樹 イ鳳禄 玉石禄 恍龍堂	花 イ調将 龍貫司 堂玉南	陽 イ貫貴 鳳玉鳳 貴車南	灯 イ石極 龍龍調 胡牽堂	山 イ龍貴 牽牽貫 南禄南	地 イ玉極 石車石 将司堂
5月	鉄 ウ車馳 禄龍禄 馳鳳印	宝 ウ牽報 禄玉司 馳調庫	海 ウ禄胡 車車鳳 庫貫庫	雨 ウ司恍 司牽調 報石印	樹 タ鳳禄 調禄貫 極龍堂	花 タ調将 鳳司司 印龍恍	陽 タ貫貴 鳳鳳鳳 胡牽禄	灯 タ石極 禄調調 貴車将	山 タ龍貴 調貫貫 庫司禄	地 タ玉極 牽石石 報禄将
6月	宝 ネ牽報 貫牽司 禄鳳極	海 ネ禄胡 車禄鳳 南石馳	雨 ネ司恍 石司調 将貫報	樹 イ鳳禄 玉鳳貫 恍玉胡	花 イ調将 禄調石 堂龍恍	陽 イ貫貴 鳳調鳳 貴龍将	灯 イ石極 龍鳳調 胡玉禄	山 イ龍貴 牽石貫 南車将	地 イ玉極 石貫石 将牽禄	鉄 イ車馳 玉玉龍 恍禄恍
7月	宝 ウ牽報 禄車司 馳司胡	海 ウ禄胡 車司鳳 庫鳳報	雨 ウ司恍 司禄調 報調馳	樹 タ鳳禄 調調貫 極貫極	花 タ調将 禄鳳石 印石貴	陽 タ貫貴 禄石龍 胡龍将	灯 タ石極 禄貫玉 貴玉禄	山 タ龍貴 調玉貫 庫牽堂	地 タ玉極 牽龍石 報車南	鉄 タ車馳 調牽龍 極司南
8月	海 ネ禄胡 車牽鳳 南調印	雨 ネ司恍 石車調 将鳳庫	樹 イ鳳禄 玉司貫 恍石庫	花 イ調将 禄禄石 堂貫印	陽 イ貫貴 龍調龍 貴玉堂	灯 イ石極 龍鳳玉 胡龍南	山 イ龍貴 貫石車 南牽堂	地 イ玉極 石石石 将玉恍	鉄 イ車馳 玉龍龍 恍車禄	宝 イ牽報 車玉玉 堂牽将
9月	雨 ウ司恍 司玉調 報司極	樹 タ鳳禄 調車貫 極鳳馳	花 タ調将 禄牽石 印調報	陽 タ貫貴 禄禄龍 胡貫胡	灯 タ石極 禄司玉 貴石恍	山 タ龍貴 貫鳳車 庫龍胡	地 タ玉極 司調牽 報玉恍	鉄 タ車馳 調石龍 極牽将	宝 タ牽報 鳳貫玉 印車禄	海 タ禄胡 車玉車 胡司恍
10月	雨 ネ司恍 石龍調 将禄胡	樹 イ鳳禄 玉牽貫 恍調報	花 イ調将 禄車石 堂鳳馳	陽 イ貫貴 龍司龍 貴石極	灯 イ石極 龍禄玉 胡貫貴	山 イ龍貴 貫調車 南玉極	地 イ玉極 玉鳳牽 将龍貴	鉄 イ車馳 牽石禄 恍牽将	宝 イ牽報 車貫玉 堂玉南	海 イ禄胡 車玉車 貴車南
11月	樹 タ鳳禄 調禄貫 極禄印	花 タ調将 禄司石 印司庫	陽 タ貫貴 禄鳳龍 胡鳳庫	灯 タ石極 禄調玉 貴調印	山 タ龍貴 貫貫車 庫貫庫	地 タ玉極 司石牽 報石印	鉄 タ車馳 調龍禄 極龍堂	宝 タ牽報 鳳司玉 印龍恍	海 タ禄胡 車鳳車 胡牽禄	雨 タ司恍 鳳調牽 貴車将
12月	樹 イ鳳禄 玉龍貫 恍司貴	花 イ調将 禄玉石 堂禄極	陽 イ貫貴 龍車龍 貴調馳	灯 イ石極 龍牽玉 胡鳳報	山 イ龍貴 貫禄車 南石馳	地 イ玉極 玉司牽 将貫報	鉄 イ車馳 牽鳳禄 恍玉胡	宝 イ牽報 車鳳玉 堂石貴	海 イ禄胡 車石車 貴龍将	雨 イ司恍 龍貫牽 胡玉禄

	11日	12日	13日	14日	15日	16日	17日	18日	19日	20日
1月	鉄 タ司庫 調調調 極玉庫	宝 タ禄印 鳳鳳鳳 印龍印	海 タ調堂 車石石 胡牽堂	雨 タ鳳南 鳳貫貫 貴車南	樹 ト石南 石玉玉 堂司南	花 ト貫堂 牽車車 恍禄堂	陽 ト玉印 調司司 将調印	灯 ト龍庫 龍禄禄 南鳳庫	山 ト牽印 禄石石 胡石印	地 ト車庫 鳳貫貫 貴貫庫
2月	宝 イ牽報 車玉玉 堂石報	海 イ禄胡 車禄禄 貴龍胡	雨 イ司恍 龍司司 胡玉恍	樹 サ鳳禄 調鳳鳳 印車禄	花 サ調将 石調調 極牽将	陽 サ貫貴 牽貫貫 報禄貴	灯 サ石極 鳳石石 庫司極	山 サ龍貴 龍龍龍 貴鳳貴	地 サ玉極 車牽牽 胡調極	鉄 サ車馳 龍禄禄 印貫馳
3月	地 タ玉極 牽車石 報鳳胡	鉄 タ車馳 調司龍 極石報	宝 タ牽報 鳳禄玉 印貫馳	海 タ禄胡 禄調禄 胡玉極	雨 タ司恍 鳳鳳司 貴龍貴	樹 ト鳳禄 玉石鳳 堂牽将	花 ト調将 牽貫調 恍車禄	陽 ト貫貴 調玉貫 将司恍	灯 ト石極 鳳龍石 南禄胡	山 ト龍貴 鳳牽龍 胡調恍
4月	鉄 イ車馳 玉司龍 恍鳳印	宝 イ牽報 車禄玉 堂調庫	海 イ禄胡 車調禄 貴貫庫	雨 イ司恍 龍鳳司 胡石印	樹 サ鳳禄 調玉鳳 印龍堂	花 サ調将 石龍調 極玉南	陽 サ貫貴 牽牽貫 報車南	灯 サ石極 鳳調石 庫牽堂	山 サ龍貴 龍貫龍 貴禄南	地 サ玉極 車石牽 胡司堂
5月	鉄 タ車馳 調龍龍 極調貴	宝 タ牽報 鳳石玉 印鳳極	海 タ禄胡 車龍車 胡石馳	雨 タ司恍 鳳玉司 貴貫報	樹 ト鳳禄 石車鳳 堂玉胡	花 ト調将 牽牽調 恍龍恍	陽 ト貫貴 調禄貫 将牽禄	灯 ト石極 龍司石 南車将	山 ト龍貴 禄鳳龍 胡司禄	地 ト玉極 鳳調玉 貴禄将
6月	宝 イ牽報 車龍玉 堂司胡	海 イ禄胡 車牽車 貴鳳報	雨 イ司恍 龍車牽 胡調馳	樹 サ鳳禄 牽司鳳 印貫極	花 サ調将 石禄調 極石貴	陽 サ貫貴 牽調貫 報龍将	灯 サ石極 禄鳳石 庫玉禄	山 サ龍貴 龍石龍 貴車将	地 サ玉極 車貫玉 胡牽禄	鉄 サ車馳 龍玉車 印禄恍
7月	宝 タ牽報 鳳車玉 印禄堂	海 タ禄胡 車司車 胡調印	雨 タ司恍 鳳禄牽 貴鳳庫	樹 ト鳳禄 石調禄 堂石庫	花 ト調将 牽鳳司 恍貫印	陽 ト貫貴 調石貫 将玉堂	灯 ト石極 貫貫石 南龍南	山 ト龍貴 貫牽龍 胡牽堂	地 ト玉極 鳳車玉 貴車南	鉄 ト車馳 牽司車 堂司南
8月	海 イ禄胡 車車車 貴禄貴	雨 イ司恍 龍牽牽 胡司極	樹 サ鳳禄 牽禄禄 印鳳馳	花 サ調将 石司司 極調報	陽 サ貫貴 牽鳳鳳 報貫胡	灯 サ石極 車調石 庫石恍	山 サ龍貴 龍貫龍 貴龍胡	地 サ玉極 車石玉 胡玉恍	鉄 サ車馳 調鳳車 印車禄	宝 サ牽報 石調牽 極牽将
9月	雨 タ司恍 鳳龍牽 貴禄胡	樹 ト鳳禄 石牽禄 堂調報	花 ト調将 司車司 恍鳳馳	陽 ト貫貴 調司鳳 将石極	灯 ト石極 貫禄調 南貫貴	山 ト龍貴 貫調龍 胡玉極	地 ト玉極 鳳鳳玉 貴龍貴	鉄 ト車馳 牽石車 堂牽将	宝 ト牽報 司貫牽 恍車禄	海 ト禄胡 石玉禄 将司恍
10月	雨 イ司恍 龍龍牽 胡牽堂	樹 サ鳳禄 牽牽禄 印禄印	花 サ調将 石車司 極司庫	陽 サ貫貴 牽司鳳 報鳳庫	灯 サ石極 車禄調 庫調印	山 サ龍貴 貫調貫 貴貫庫	地 サ玉極 車鳳玉 胡石印	鉄 サ車馳 司石車 印龍堂	宝 サ牽報 石車牽 極玉南	海 サ禄胡 牽司禄 報車南
11月	樹 ト鳳禄 石貫禄 堂司貴	花 ト調将 司石司 恍禄極	陽 ト貫貴 調龍鳳 将調馳	灯 ト石極 貫玉調 南鳳報	山 ト龍貴 貫車貫 胡石馳	地 ト玉極 鳳牽玉 貴貫報	鉄 ト車馳 石禄車 堂玉胡	宝 ト牽報 司司牽 恍龍恍	海 ト禄胡 石鳳禄 将牽禄	雨 ト司恍 龍調司 南車将
12月	樹 サ鳳禄 牽玉禄 印車恍	花 サ調将 石龍司 極牽胡	陽 サ貫貴 牽牽鳳 報禄報	灯 サ石極 車車調 庫司馳	山 サ龍貴 貫司貫 貴鳳報	地 サ玉極 車禄玉 胡調馳	鉄 サ車馳 司調車 印貫極	宝 サ牽報 石鳳牽 極石貴	海 サ禄胡 牽石禄 報龍将	雨 サ司恍 鳳貫司 庫玉禄

	21日	22日	23日	24日	25日	26日	27日	28日	29日	30日	31日
1月	鉄 ト司庫 龍玉玉 堂玉庫	宝 ト禄印 調龍龍 恍龍印	海 ト調堂 石牽牽 将牽堂	雨 ト鳳南 車車車 南車南	樹 ネ石南 貫司司 禄司南	花 ネ貫堂 貫禄禄 禄禄堂	陽 ネ玉印 鳳調調 南調印	灯 ネ龍庫 石鳳鳳 将鳳庫	山 ネ牽印 玉石石 将石印	地 ネ車庫 貫貫貫 南貫庫	鉄 ネ司庫 貫玉玉 禄玉庫
2月	宝 サ牽報 牽司司 極石報	海 サ禄胡 牽鳳鳳 報龍胡	雨 サ司恍 車調調 庫玉恍	樹 ウ鳳禄 車貫貫 馳車禄	花 ウ調将 車石石 馳牽将	陽 ウ貫貴 鳳龍龍 庫禄貴	灯 ウ石極 牽玉玉 報司極	山 ウ龍貴 司車車 報鳳貴			
3月	地 ト玉極 鳳車牽 貴鳳胡	鉄 ト車馳 龍司禄 堂石報	宝 ト牽報 調禄司 恍貫馳	海 ト禄胡 石調鳳 将玉極	雨 ト司恍 車鳳調 南龍貴	樹 ネ鳳禄 貫石貫 禄牽将	花 ネ調将 貫貫石 禄車禄	陽 ネ貫貴 鳳玉龍 南司恍	灯 ネ石極 石龍玉 将禄胡	山 ネ龍貴 玉牽車 将調恍	地 ネ玉極 貫車牽 南鳳胡
4月	鉄 サ車馳 龍龍禄 印鳳印	宝 サ牽報 牽玉司 極調庫	海 サ禄胡 牽車鳳 報貫庫	雨 サ司恍 車牽調 庫石印	樹 ウ鳳禄 車禄貫 馳龍堂	花 ウ調将 車司石 馳玉南	陽 ウ貫貴 鳳鳳龍 庫車南	灯 ウ石極 牽調玉 報牽堂	山 ウ龍貴 司貫車 報禄南	地 ウ玉極 貫石牽 庫司堂	
5月	鉄 ト車馳 龍車禄 堂調貴	宝 ト牽報 調牽司 恍鳳極	海 ト禄胡 石禄鳳 将石馳	雨 ト司恍 車司調 南貫報	樹 ネ鳳禄 貫鳳貫 禄玉胡	花 ネ調将 貫調石 禄龍恍	陽 ネ貫貴 鳳貫龍 南牽禄	灯 ネ石極 石石玉 将車将	山 ネ龍貴 玉龍車 将司禄	地 ネ玉極 貫玉牽 南禄将	鉄 ネ車馳 貫車禄 禄調貴
6月	宝 サ牽報 牽龍司 極司胡	海 サ禄胡 牽牽鳳 報鳳報	雨 サ司恍 車車調 庫調馳	樹 ウ鳳禄 車司貫 馳貫極	花 ウ調将 車禄石 馳石貴	陽 ウ貫貴 鳳石龍 庫龍将	灯 ウ石極 牽貫玉 報玉禄	山 ウ龍貴 司玉車 報車将	地 ウ玉極 貫龍牽 庫牽禄	鉄 ウ車馳 禄牽禄 馳禄恍	
7月	宝 ト牽報 調龍牽 恍禄堂	海 ト禄胡 石牽禄 将調印	雨 ト司恍 車車調 南鳳庫	樹 ネ鳳禄 貫司貫 禄石庫	花 ネ調将 貫禄石 禄貫印	陽 ネ貫貴 鳳調龍 南玉堂	灯 ネ石極 石鳳玉 将龍南	山 ネ龍貴 玉石車 将牽堂	地 ネ玉極 貫貫牽 南車南	鉄 ネ車馳 貫玉禄 禄司南	宝 ネ牽報 貫龍司 禄禄堂
8月	海 サ禄胡 牽貫禄 報禄貴	雨 サ司恍 車玉司 庫司極	樹 ウ鳳禄 車車貫 馳鳳馳	花 ウ調将 車牽石 馳調報	陽 ウ貫貴 鳳禄龍 庫貫胡	灯 ウ石極 牽司玉 報石恍	山 ウ龍貴 司鳳車 報龍胡	地 ウ玉極 貫調牽 庫玉恍	鉄 ウ車馳 禄貫禄 馳車禄	宝 ウ牽報 禄石司 馳牽将	海 ウ禄胡 車龍鳳 庫禄貴
9月	雨 ト司恍 車龍司 南禄胡	樹 ネ鳳禄 鳳牽鳳 禄調報	花 ネ調将 貫車石 禄鳳馳	陽 ネ貫貴 鳳司龍 南石極	灯 ネ石極 石禄玉 将貫貴	山 ネ龍貴 石調車 将玉極	地 ネ玉極 貫鳳牽 南龍貴	鉄 ネ車馳 貫石禄 禄牽将	宝 ネ牽報 貫貫司 禄車禄	海 ネ禄胡 車玉鳳 南司恍	
10月	雨 サ司恍 鳳禄司 庫牽堂	樹 ウ鳳禄 龍禄鳳 馳禄印	花 ウ調将 車司調 馳司庫	陽 ウ貫貴 鳳鳳龍 庫鳳庫	灯 ウ石極 牽調玉 報調印	山 ウ龍貴 司貫車 報貫庫	地 ウ玉極 貫石牽 庫石印	鉄 ウ車馳 禄龍禄 馳龍堂	宝 ウ牽報 禄玉司 馳玉南	海 ウ禄胡 車車鳳 庫車南	雨 ウ司恍 司牽調 報牽堂
11月	樹 ネ鳳禄 鳳龍鳳 禄司貴	花 ネ調将 貫玉調 禄禄極	陽 ネ貫貴 鳳車龍 南調馳	灯 ネ石極 石牽玉 将鳳報	山 ネ龍貴 石禄車 将石馳	地 ネ玉極 貫司牽 南貫報	鉄 ネ車馳 貫鳳禄 禄玉胡	宝 ネ牽報 貫調司 禄龍恍	海 ネ禄胡 車貫鳳 南牽禄	雨 ネ司恍 石石調 将車将	
12月	樹 ウ鳳禄 龍玉鳳 馳車恍	花 ウ調将 車龍調 馳牽胡	陽 ウ貫貴 鳳牽龍 庫禄報	灯 ウ石極 牽車玉 報司馳	山 ウ龍貴 司司車 報鳳報	地 ウ玉極 貫禄牽 庫調馳	鉄 ウ車馳 禄調禄 馳貫極	宝 ウ牽報 禄鳳司 馳石貴	海 ウ禄胡 車石鳳 庫龍将	雨 ウ司恍 司貫調 報玉禄	樹 タ鳳禄 調玉貫 極車恍

1927年（昭和2年）

1927年(昭和2年)

	1日	2日	3日	4日	5日	6日	7日	8日	9日	10日	11日	12日	13日	14日	15日	16日	17日	18日	19日	20日	21日	22日	23日	24日	25日	26日	27日	28日	29日	30日	31日
1月	花 タ調将 禄龍石 印牽胡	陽 タ貫貴 禄牽龍 胡禄報	灯 タ石極 禄車玉 貴司馳	山 タ龍貴 貫司車 庫鳳報	地 タ玉極 司禄牽 報調馳	鉄 タ車馳 調調龍 極石庫	宝 タ牽報 鳳鳳玉 印貫印	海 タ禄胡 車石車 胡玉堂	雨 タ司悦 鳳貫牽 貴龍南	樹 ト鳳禄 石玉禄 堂牽南	花 ト調将 司龍司 悦車堂	陽 ト貫貴 調牽鳳 将司印	灯 ト石極 貫車調 南禄庫	山 ト龍貴 貫司龍 胡調印	地 ト玉極 鳳禄玉 貴鳳庫	鉄 ト車馳 牽石車 堂石庫	宝 ト牽報 司貫牽 悦貫印	海 ト禄胡 石玉禄 将玉堂	雨 ト司悦 車車司 南龍南	樹 ネ鳳禄 鳳司鳳 禄牽南	花 ネ調将 貫禄石 禄車堂	陽 ネ貫貴 鳳調龍 南司印	灯 ネ石極 石鳳玉 将禄庫	山 ネ龍貴 石石車 将調印	地 ネ玉極 貫貫牽 南鳳庫	鉄 ネ車馳 貫玉禄 禄石庫	宝 ネ牽報 貫龍司 禄貫印	海 ネ禄胡 車牽鳳 南玉堂	雨 ネ司悦 石車調 将龍南	樹 イ鳳禄 玉司貫 悦牽南	花 イ調将 禄禄石 堂車堂
2月	陽 イ貫貴 龍調龍 貴司印	灯 イ石極 龍鳳玉 胡禄庫	山 イ龍貴 貫石車 南調印	地 イ玉極 玉貫牽 将鳳庫	鉄 イ牽報 玉龍司 悦鳳馳	宝 イ車馳 車玉禄 堂調報	海 イ司極 車車調 貴貫胡	雨 イ禄貴 龍牽鳳 胡石悦	樹 サ調将 牽禄石 印龍禄	花 サ鳳禄 石司貫 極玉将	陽 サ石悦 牽鳳玉 報車貴	灯 サ貫胡 車調龍 庫牽極	山 サ玉悦 龍龍牽 貴禄貴	地 サ龍胡 車玉車 胡司極	鉄 サ牽報 調車司 印鳳馳	宝 サ車馳 石牽禄 極調報	海 サ司極 牽禄調 報貫胡	雨 サ禄貴 車司鳳 庫石悦	樹 ウ調将 車鳳石 馳龍禄	花 ウ鳳禄 車石貫 馳玉将	陽 ウ石悦 鳳龍玉 庫車貴	灯 ウ貫胡 牽玉龍 報牽極	山 ウ玉悦 司車牽 報禄貴	地 ウ龍胡 貫牽車 庫司極	鉄 ウ牽報 禄禄司 馳鳳馳	宝 ウ車馳 禄司禄 馳調報	海 ウ司極 車鳳調 庫貫胡	雨 ウ禄貴 司調鳳 報石悦			
3月	樹 タ調将 調貫石 極龍禄	花 タ鳳禄 禄石貫 印玉将	陽 タ石悦 禄龍玉 胡車貴	灯 タ貫胡 禄玉龍 貴牽極	山 タ玉悦 貫車牽 庫禄貴	地 タ龍胡 牽車車 報禄胡	鉄 タ牽報 調司司 極調報	宝 タ車馳 鳳禄禄 印鳳馳	海 タ司極 車調調 胡石極	雨 タ禄貴 鳳鳳鳳 貴貫貴	樹 ト調将 石石石 堂玉将	花 ト鳳禄 牽貫貫 悦龍禄	陽 ト石悦 調玉玉 将牽悦	灯 ト貫胡 貫龍龍 南車胡	山 ト玉悦 貫牽牽 胡司悦	地 ト龍胡 鳳車車 貴禄胡	鉄 ト牽報 牽司司 堂調報	宝 ト車馳 司禄禄 悦鳳馳	海 ト司極 石調調 将石極	雨 ト禄貴 車鳳鳳 南貫貴	樹 ネ調将 貫石石 禄玉将	花 ネ鳳禄 貫貫貫 禄龍禄	陽 ネ石悦 鳳玉玉 南牽悦	灯 ネ貫胡 石龍龍 将車胡	山 ネ玉悦 石牽牽 将司悦	地 ネ龍胡 貫車車 南禄胡	鉄 ネ牽報 貫司司 禄調報	宝 ネ車馳 貫禄禄 禄鳳馳	海 ネ司極 車調調 南石極	雨 ネ禄貴 石鳳鳳 将貫貴	樹 イ調将 玉石石 悦玉将
4月	花 イ鳳禄 禄貫貫 堂龍禄	陽 イ石悦 龍玉玉 貴牽悦	灯 イ貫胡 龍龍龍 胡車胡	山 イ玉悦 貫牽牽 南司悦	地 イ龍胡 玉車車 将禄胡	鉄 イ牽報 玉司司 悦禄印	宝 イ車馳 車禄禄 堂司庫	海 イ司極 車調調 貴鳳庫	雨 イ禄貴 龍鳳鳳 胡調印	樹 サ調将 牽石石 印貫堂	花 サ鳳禄 石貫貫 極石南	陽 サ石悦 牽玉玉 報龍南	灯 サ貫胡 車龍龍 庫玉堂	山 サ玉悦 龍牽牽 貴車南	地 サ龍胡 車車車 胡牽堂	鉄 サ牽報 調調司 印禄印	宝 サ車馳 石鳳禄 極司庫	海 サ司極 牽石調 報鳳庫	雨 サ禄貴 車牽鳳 庫調印	樹 ウ調将 車禄石 馳貫堂	花 ウ鳳禄 車司貫 馳石南	陽 ウ石悦 鳳鳳玉 庫龍南	灯 ウ貫胡 牽調龍 報玉堂	山 ウ玉悦 司貫牽 報車南	地 ウ龍胡 貫石車 庫牽堂	鉄 ウ牽報 禄龍司 馳禄印	宝 ウ車馳 禄玉禄 馳司庫	海 ウ司極 車車調 庫鳳庫	雨 ウ禄貴 司牽鳳 報調印	樹 タ調将 調禄石 極貫堂	
5月	花 タ鳳禄 禄司貫 印石南	陽 タ石悦 禄鳳玉 胡龍南	灯 タ貫胡 禄調龍 貴玉堂	山 タ玉悦 貫貫牽 庫車南	地 タ龍胡 司石車 報牽堂	鉄 タ牽報 調龍司 極司貴	宝 タ車馳 鳳玉禄 印禄極	海 タ司極 車車調 胡調馳	雨 タ禄貴 鳳牽鳳 貴鳳報	樹 ト調将 石禄石 堂石胡	花 ト鳳禄 司司貫 悦貫悦	陽 ト石悦 調禄玉 将玉禄	灯 ト貫胡 貫司龍 南龍将	山 ト玉悦 貫鳳牽 胡牽禄	地 ト龍胡 鳳調車 貴車将	鉄 ト牽報 牽貫司 堂司貴	宝 ト車馳 司石禄 悦禄極	海 ト司極 石龍調 将調馳	雨 ト禄貴 車玉鳳 南鳳報	樹 ネ調将 鳳車石 禄石胡	花 ネ鳳禄 貫調貫 禄貫悦	陽 ネ石悦 鳳貫玉 南玉禄	灯 ネ貫胡 石石龍 将龍将	山 ネ玉悦 石龍牽 将牽禄	地 ネ龍胡 貫玉車 南車将	鉄 ネ牽報 貫車司 禄司貴	宝 ネ車馳 貫牽禄 禄禄極	海 ネ司極 車禄調 南調馳	雨 ネ禄貴 石司鳳 将鳳報	樹 イ調将 玉鳳石 悦石胡	花 イ鳳禄 禄調貫 堂貫悦
6月	陽 イ石悦 龍貫玉 貴玉禄	灯 イ貫胡 龍石龍 胡龍将	山 イ玉悦 貫龍牽 南牽禄	地 イ龍胡 玉玉車 将車将	鉄 イ牽報 牽車司 悦司貴	宝 イ車馳 龍牽禄 堂禄極	海 イ司極 車牽調 貴禄報	雨 イ禄貴 龍車鳳 胡司馳	樹 サ調将 牽司石 印鳳極	花 サ鳳禄 石禄貫 極調貴	陽 サ石悦 牽調玉 報貫将	灯 サ貫胡 車鳳龍 庫石禄	山 サ玉悦 貫石牽 貴龍将	地 サ龍胡 車貫車 胡玉禄	鉄 サ牽報 司玉司 印車悦	宝 サ車馳 石龍禄 極牽胡	海 サ司極 牽牽調 報禄報	雨 サ禄貴 鳳車鳳 庫司馳	樹 ウ調将 龍司石 馳鳳極	花 ウ鳳禄 車禄貫 馳調貴	陽 ウ石悦 鳳調玉 庫貫将	灯 ウ貫胡 牽鳳龍 報石禄	山 ウ玉悦 司石牽 報龍将	地 ウ龍胡 貫貫車 庫玉禄	鉄 ウ牽報 禄玉司 馳車悦	宝 ウ車馳 禄龍禄 馳牽胡	海 ウ司極 車司調 庫禄報	雨 ウ禄貴 司禄鳳 報司馳	樹 タ調将 調調石 極鳳極	花 タ鳳禄 禄鳳貫 印調貴	
7月	陽 タ石悦 禄石玉 胡貫将	灯 タ貫胡 禄貫龍 貴石禄	山 タ玉悦 貫玉牽 庫龍将	地 タ龍胡 司龍車 報玉禄	鉄 タ牽報 調牽司 極車悦	宝 タ車馳 龍車禄 印牽胡	海 タ司極 鳳司調 胡禄報	雨 タ禄貴 鳳禄鳳 貴禄庫	樹 ト調将 石調石 堂調庫	花 ト鳳禄 司鳳貫 悦鳳印	陽 ト石悦 調石玉 将石堂	灯 ト貫胡 貫貫龍 南貫南	山 ト玉悦 貫玉牽 胡玉堂	地 ト龍胡 鳳龍車 貴龍南	鉄 ト牽報 石牽司 堂牽南	宝 ト車馳 司車禄 悦車堂	海 ト司極 石司調 将司印	雨 ト禄貴 龍鳳鳳 南禄庫	樹 ネ調将 鳳石石 禄調庫	花 ネ鳳禄 貫貫貫 禄鳳印	陽 ネ石悦 鳳調玉 南石堂	灯 ネ貫胡 司鳳龍 将貫南	山 ネ玉悦 石石牽 将玉堂	地 ネ龍胡 貫貫車 南龍南	鉄 ネ牽報 貫玉司 禄牽南	宝 ネ車馳 貫龍禄 禄車堂	海 ネ司極 車牽調 南司印	雨 ネ禄貴 石車鳳 将禄庫	樹 イ調将 玉司石 悦調庫	花 イ鳳禄 禄禄貫 堂鳳印	陽 イ石悦 龍調玉 貴石堂
8月	灯 イ貫胡 龍鳳龍 胡貫南	山 イ玉悦 貫石牽 南玉堂	地 イ龍胡 玉貫車 将龍南	鉄 イ牽報 牽玉司 悦牽南	宝 イ車馳 龍龍禄 堂車堂	海 イ司極 龍牽調 貴司印	雨 イ禄貴 龍車鳳 胡禄庫	樹 サ調将 牽禄石 印禄馳	花 サ鳳禄 石司貫 極司報	陽 サ石悦 牽鳳玉 報鳳胡	灯 サ貫胡 車調龍 庫調悦	山 サ玉悦 貫貫牽 貴貫胡	地 サ龍胡 車石車 胡石悦	鉄 サ牽報 司龍司 印龍禄	宝 サ車馳 石玉禄 極玉将	海 サ司極 牽車調 報車貴	雨 サ禄貴 禄牽鳳 庫牽極	樹 ウ調将 禄禄石 馳禄馳	花 ウ鳳禄 車玉貫 馳司報	陽 ウ石悦 石車玉 庫鳳胡	灯 ウ貫胡 牽牽龍 報調悦	山 ウ玉悦 司鳳牽 報貫胡	地 ウ龍胡 貫調車 庫石悦	鉄 ウ牽報 禄貫司 馳龍禄	宝 ウ車馳 禄石禄 馳玉将	海 ウ司極 車龍調 庫車貴	雨 ウ禄貴 司玉鳳 報牽極	樹 タ調将 調車石 極禄馳	花 タ鳳禄 禄牽貫 印司報	陽 タ石悦 禄禄玉 胡鳳胡	灯 タ貫胡 禄司龍 貴調悦
9月	山 タ玉悦 貫鳳牽 庫貫胡	地 タ龍胡 司調車 報石悦	鉄 タ牽報 調貫司 極龍禄	宝 タ車馳 龍石禄 印玉将	海 タ司極 鳳龍調 胡車貴	雨 タ禄貴 鳳玉鳳 貴牽極	樹 ト調将 禄車石 堂禄馳	花 ト鳳禄 調牽貫 悦司報	陽 ト石悦 調司玉 将調極	灯 ト貫胡 貫禄龍 南鳳貴	山 ト玉悦 貫調牽 胡石極	地 ト龍胡 鳳鳳車 貴貫貴	鉄 ト牽報 石石司 堂玉将	宝 ト車馳 司貫禄 悦龍禄	海 ト司極 石玉調 将牽悦	雨 ト禄貴 貫龍鳳 南車胡	樹 ネ調将 鳳牽石 禄司報	花 ネ鳳禄 貫車貫 禄禄馳	陽 ネ石悦 牽司玉 南調極	灯 ネ貫胡 司禄龍 将鳳貴	山 ネ玉悦 石調牽 将石極	地 ネ龍胡 貫鳳車 南貫貴	鉄 ネ牽報 貫石司 禄玉将	宝 ネ車馳 貫貫禄 禄龍禄	海 ネ司極 車玉調 南牽悦	雨 ネ禄貴 石龍鳳 将車胡	樹 イ調将 玉牽石 悦司報	花 イ鳳禄 禄車貫 堂禄馳	陽 イ石悦 龍司玉 貴調極	灯 イ貫胡 龍禄龍 胡鳳貴	
10月	山 イ玉悦 貫調牽 南石極	地 イ龍胡 玉鳳車 将貫貴	鉄 イ牽報 牽石司 悦玉将	宝 イ車馳 龍貫禄 堂龍禄	海 イ司極 龍玉調 貴牽悦	雨 イ禄貴 龍龍鳳 胡車胡	樹 サ調将 禄牽石 印司報	花 サ鳳禄 玉車貫 極禄馳	陽 サ石悦 牽司玉 報禄庫	灯 サ貫胡 車禄龍 庫司印	山 サ玉悦 貫調牽 貴鳳庫	地 サ龍胡 車鳳車 胡調印	鉄 サ牽報 司石司 印貫堂	宝 サ車馳 玉貫禄 極石南	海 サ司極 牽玉調 報龍南	雨 サ禄貴 禄龍鳳 庫玉堂	樹 ウ調将 禄牽石 馳車印	花 ウ鳳禄 車車貫 馳牽庫	陽 ウ石悦 石石玉 庫禄庫	灯 ウ貫胡 玉貫龍 報司印	山 ウ玉悦 司玉牽 報鳳庫	地 ウ龍胡 貫石車 庫調印	鉄 ウ牽報 車龍司 馳貫堂	宝 ウ車馳 禄玉禄 馳石南	海 ウ司極 車車調 庫龍南	雨 ウ禄貴 司牽鳳 報玉堂	樹 タ調将 司禄石 極車印	花 タ鳳禄 禄司貫 印牽庫	陽 タ石悦 禄鳳玉 胡禄庫	灯 タ貫胡 禄調龍 貴司印	山 タ玉悦 貫貫牽 庫鳳庫
11月	地 タ龍胡 司石車 報調印	鉄 タ牽報 調龍司 極貫堂	宝 タ車馳 龍玉禄 印石南	海 タ司極 鳳車調 胡龍南	雨 タ禄貴 鳳牽鳳 貴玉堂	樹 ト調将 禄禄石 堂車印	花 ト鳳禄 調司貫 悦牽庫	陽 ト石悦 調龍玉 将司馳	灯 ト貫胡 貫玉龍 南禄報	山 ト玉悦 貫車牽 胡調馳	地 ト龍胡 鳳牽車 貴鳳報	鉄 ト牽報 石禄司 堂石胡	宝 ト車馳 司司禄 悦貫悦	海 ト司極 石鳳調 将玉禄	雨 ト禄貴 貫調鳳 南龍将	樹 ネ調将 鳳貫石 禄牽貴	花 ネ鳳禄 貫石貫 禄車極	陽 ネ石悦 牽龍玉 南司馳	灯 ネ貫胡 司玉龍 将禄報	山 ネ玉悦 石車牽 将調馳	地 ネ龍胡 貫司車 南鳳報	鉄 ネ牽報 貫鳳司 禄石胡	宝 ネ車馳 貫調禄 禄貫悦	海 ネ司極 車貫調 南玉禄	雨 ネ禄貴 石石鳳 将龍将	樹 イ調将 玉龍石 悦牽貴	花 イ鳳禄 禄玉貫 堂車極	陽 イ石悦 龍車玉 貴司馳	灯 イ貫胡 龍牽龍 胡禄報	山 イ玉悦 貫禄牽 南調馳	
12月	地 イ龍胡 玉司車 将鳳報	鉄 イ牽報 牽鳳司 悦石胡	宝 イ車馳 龍調禄 堂貫悦	海 イ司極 龍貫調 貴玉禄	雨 イ禄貴 龍石鳳 胡龍将	樹 サ調将 禄龍石 印牽貴	花 サ鳳禄 玉玉貫 極車極	陽 サ石悦 牽牽玉 報車報	灯 サ貫胡 車車龍 庫牽馳	山 サ玉悦 貫司牽 貴禄報	地 サ龍胡 車禄車 胡司馳	鉄 サ牽報 司調司 印鳳極	宝 サ車馳 玉鳳禄 極調貴	海 サ司極 牽石調 報貫将	雨 サ禄貴 禄貫鳳 庫石禄	樹 ウ調将 禄玉石 馳龍悦	花 ウ鳳禄 車龍貫 馳玉胡	陽 ウ石悦 石牽玉 庫車報	灯 ウ貫胡 玉車龍 報牽馳	山 ウ玉悦 司司牽 報禄報	地 ウ龍胡 貫禄車 庫司馳	鉄 ウ牽報 車調司 馳鳳極	宝 ウ車馳 禄鳳禄 馳調貴	海 ウ司極 車石調 庫貫将	雨 ウ禄貴 司貫鳳 報石禄	樹 タ調将 司玉石 極龍悦	花 タ鳳禄 禄龍貫 印玉胡	陽 タ石悦 禄牽玉 胡車報	灯 タ貫胡 禄車龍 貴牽馳	山 タ玉悦 貫司牽 庫禄報	地 タ龍胡 司禄車 報司馳

1928年（昭和3年）

1928年(昭和3年)	1日	2日	3日	4日	5日	6日	7日	8日	9日	10日	11日	12日	13日	14日	15日	16日
1月	鉄 夕牽報 調調司 極鳳極	宝 夕車馳 龍鳳禄 印調貴	海 夕司極 鳳石調 胡貫将	雨 夕禄貴 鳳貫鳳 貴石禄	樹 ト調将 禄玉石 堂龍恍	花 ト鳳禄 司龍貫 恍龍堂	陽 ト石恍 調牽玉 将牽印	灯 ト貫胡 貫車龍 南車庫	山 ト玉恍 貫司牽 胡司印	地 ト龍胡 鳳禄車 貴禄庫	鉄 ト牽報 石調司 堂調庫	宝 ト車馳 司鳳禄 恍鳳印	海 ト司極 石石調 将石堂	雨 ト禄貴 貫貫鳳 南貫南	樹 ネ調将 鳳玉石 禄玉南	花 ネ鳳禄 貫車貫 禄龍堂
2月	宝 イ車馳 龍龍禄 堂鳳印	海 イ司極 龍牽調 貴石堂	雨 イ禄貴 龍車鳳 胡貫南	樹 サ調将 禄司石 印玉南	花 サ司南 石司貫 極石将	陽 サ鳳南 牽鳳玉 報龍貴	灯 サ調堂 車調龍 庫玉極	山 サ貫南 貫貫牽 貴車貴	地 サ石堂 車石車 胡牽極	鉄 サ龍印 司龍司 印禄馳	宝 サ玉庫 石玉禄 極司報	海 サ車庫 牽車調 報鳳胡	雨 サ牽印 禄司鳳 庫調恍	樹 ウ禄堂 禄鳳石 馳貫禄	花 ウ司南 車調龍 馳石将	陽 ウ鳳南 石貫牽 庫龍貴
3月	鉄 夕龍印 調禄龍 極禄馳	宝 夕玉庫 龍司玉 印司報	海 夕車庫 鳳鳳車 胡鳳胡	雨 夕牽印 鳳調牽 貴調恍	樹 ト禄堂 禄貫禄 堂貫禄	花 ト司南 司貫貫 恍貫禄	陽 ト鳳南 調玉玉 将玉恍	灯 ト調堂 貫龍龍 南龍胡	山 ト貫南 貫牽牽 胡牽恍	地 ト石堂 鳳車車 貴車胡	鉄 ト龍印 石司司 堂司報	宝 ト玉庫 司禄禄 恍禄馳	海 ト車庫 石調調 将調極	雨 ト牽印 貫鳳鳳 南鳳貴	樹 ネ禄堂 鳳石石 禄石将	花 ネ司南 貫貫龍 禄貫禄
4月	宝 イ玉庫 龍禄玉 堂禄馳	海 イ車庫 龍調車 貴調極	雨 イ牽印 龍鳳牽 胡鳳貴	樹 サ禄堂 禄石禄 印石将	花 サ司南 石貫貫 極調南	陽 サ鳳南 牽玉玉 報貫南	灯 サ調堂 車龍龍 庫石堂	山 サ貫南 貫牽牽 貴龍南	地 サ石堂 車車車 胡玉堂	鉄 サ龍印 司司司 印車印	宝 サ玉庫 石禄禄 極牽庫	海 サ車庫 牽調調 報禄庫	雨 サ牽印 禄鳳鳳 庫司印	樹 ウ禄堂 禄石石 馳鳳堂	花 ウ司南 車龍龍 馳調南	陽 ウ鳳南 石牽牽 庫貫南
5月	宝 夕玉庫 龍玉玉 印牽庫	海 夕車庫 鳳車車 胡禄庫	雨 夕牽印 鳳牽牽 貴司印	樹 ト禄堂 禄禄禄 堂鳳堂	花 ト司南 調司司 恍調南	陽 ト鳳南 調鳳玉 将石禄	灯 ト調堂 貫調龍 南貫将	山 ト貫南 貫貫牽 胡玉禄	地 ト石堂 鳳石車 貴龍将	鉄 ト龍印 石龍司 堂牽貴	宝 ト玉庫 司玉禄 恍車極	海 ト車庫 石龍調 将司馳	雨 ト牽印 貫玉鳳 南禄報	樹 ネ禄堂 鳳車石 禄調胡	花 ネ司南 貫牽貫 禄鳳恍	陽 ネ鳳南 牽禄牽 南石禄
6月	海 イ車庫 龍禄車 貴司馳	雨 イ牽印 龍司牽 胡禄報	樹 サ禄堂 禄鳳禄 印調胡	花 サ司南 玉調司 極鳳恍	陽 サ鳳南 牽貫鳳 報石禄	灯 サ調堂 車鳳龍 庫調禄	山 サ貫南 貫石牽 貴貫将	地 サ石堂 車貫車 胡石禄	鉄 サ龍印 司玉司 印龍恍	宝 サ玉庫 玉龍禄 極玉胡	海 サ車庫 牽牽調 報車報	雨 サ牽印 禄車鳳 庫牽馳	樹 ウ禄堂 禄司石 馳禄極	花 ウ司南 車禄貫 馳司貴	陽 ウ鳳南 司調玉 庫鳳将	灯 ウ調堂 玉鳳車 報調禄
7月	海 夕車庫 鳳司車 胡車報	雨 夕牽印 鳳禄牽 貴牽馳	樹 ト禄堂 禄調禄 堂禄極	花 ト司南 調鳳司 恍司貴	陽 ト鳳南 石石鳳 将鳳将	灯 ト調堂 鳳貫調 南調禄	山 ト貫南 貫玉牽 胡石堂	地 ト石堂 鳳龍車 貴貫南	鉄 ト龍印 石牽司 堂玉南	宝 ト玉庫 司車禄 恍龍堂	海 ト車庫 石司調 将牽印	雨 ト牽印 貫禄鳳 南車庫	樹 ネ禄堂 禄調石 禄司庫	花 ネ司南 貫鳳貫 禄禄印	陽 ネ鳳南 玉石玉 南調堂	灯 ネ調堂 司貫龍 将鳳南
8月	雨 イ牽印 龍車牽 胡車庫	樹 サ禄堂 禄司禄 印司庫	花 サ司南 玉禄司 極禄印	陽 サ鳳南 牽調鳳 報調堂	灯 サ調堂 鳳鳳調 庫鳳南	山 サ貫南 車石貫 貴石堂	地 サ石堂 車貫石 胡貫南	鉄 サ龍印 司龍司 印貫禄	宝 サ玉庫 玉玉禄 極石将	海 サ車庫 牽車調 報龍貴	雨 サ牽印 禄牽鳳 庫玉極	樹 ウ禄堂 禄禄石 馳車馳	花 ウ司南 車司貫 馳牽報	陽 ウ鳳南 司鳳玉 庫禄胡	灯 ウ調堂 玉調龍 報司恍	山 ウ貫南 司貫牽 報鳳胡
9月	樹 ト禄堂 禄車禄 堂車馳	花 ト司南 調牽司 恍牽報	陽 ト鳳南 石禄鳳 将禄胡	灯 ト調堂 鳳司調 南司恍	山 ト貫南 鳳鳳貫 胡鳳胡	地 ト石堂 鳳調石 貴調恍	鉄 ト龍印 龍貫龍 堂貫禄	宝 ト玉庫 司貫禄 恍貫禄	海 ト車庫 石玉調 将玉恍	雨 ト牽印 貫龍鳳 南龍胡	樹 ネ禄堂 禄牽石 禄牽報	花 ネ司南 貫車貫 禄車馳	陽 ネ鳳南 玉司玉 南司極	灯 ネ調堂 司禄龍 将禄貴	山 ネ貫南 石調牽 将調極	地 ネ石堂 龍鳳車 南鳳貴
10月	樹 サ禄堂 禄牽禄 印牽報	花 サ司南 玉車司 極車馳	陽 サ鳳南 牽司鳳 報司極	灯 サ調堂 鳳禄調 庫禄貴	山 サ貫南 車調貫 貴調極	地 サ石堂 車鳳石 胡鳳貴	鉄 サ龍印 龍石龍 印石将	宝 サ玉庫 玉貫禄 極調南	海 サ車庫 牽玉調 報貫南	雨 サ牽印 禄龍鳳 庫石堂	樹 ウ禄堂 禄牽石 馳龍印	花 ウ司南 車車貫 馳玉庫	陽 ウ鳳南 司司玉 庫車庫	灯 ウ調堂 玉禄龍 報牽印	山 ウ貫南 司調牽 報禄庫	地 ウ石堂 禄鳳車 庫司印
11月	花 ト司南 調司司 恍玉庫	陽 ト鳳南 石鳳鳳 将車庫	灯 ト調堂 鳳調調 南牽印	山 ト貫南 鳳貫貫 胡禄庫	地 ト石堂 鳳石石 貴司印	鉄 ト龍印 龍龍龍 堂鳳堂	宝 ト玉庫 調玉玉 恍調南	海 ト車庫 石鳳調 将石禄	雨 ト牽印 貫調鳳 南貫将	樹 ネ禄堂 禄貫石 禄玉貴	花 ネ司南 貫石貫 禄龍極	陽 ネ鳳南 玉龍玉 南牽馳	灯 ネ調堂 調玉龍 将車報	山 ネ貫南 石車牽 将司馳	地 ネ石堂 龍牽車 南禄報	鉄 ネ龍印 龍禄司 禄調胡
12月	花 サ司南 玉玉司 極龍極	陽 サ鳳南 牽車鳳 報牽馳	灯 サ調堂 鳳牽調 庫車報	山 サ貫南 車禄貫 貴司馳	地 サ石堂 車司石 胡禄報	鉄 サ龍印 龍鳳龍 印調胡	宝 サ玉庫 玉鳳禄 極司貴	海 サ車庫 牽石調 報鳳将	雨 サ牽印 禄貫鳳 庫調禄	樹 ウ禄堂 禄玉石 馳貫恍	花 ウ司南 車龍貫 馳石胡	陽 ウ鳳南 司牽玉 庫龍報	灯 ウ調堂 玉車龍 報玉馳	山 ウ貫南 司司牽 報車報	地 ウ石堂 禄禄車 庫牽馳	鉄 ウ龍印 車調司 馳禄極

1928年(昭和3年)	17日	18日	19日	20日	21日	22日	23日	24日	25日	26日	27日	28日	29日	30日	31日
1月	陽 ネ石恍 牽司玉 南牽印	灯 ネ貫胡 司禄龍 将車庫	山 ネ玉恍 石石牽 将司印	地 ネ龍胡 貫貫車 南禄庫	鉄 ネ牽報 貫玉司 禄調庫	宝 ネ車馳 貫龍禄 禄鳳印	海 ネ司極 車牽調 南石堂	雨 ネ禄貴 石車鳳 将貫南	樹 イ調将 玉司石 恍玉南	花 イ鳳禄 禄禄貫 堂龍堂	陽 イ石恍 龍調玉 貴牽印	灯 イ貫胡 龍鳳龍 胡車庫	山 イ玉恍 貫石牽 南司印	地 イ龍胡 玉貫車 将禄庫	鉄 イ牽報 牽玉司 恍調庫
2月	灯 ウ調堂 玉石車 報玉極	山 ウ貫南 司龍貫 報車貴	地 ウ石堂 貫玉石 庫牽極	鉄 ウ龍印 禄禄龍 馳禄馳	宝 ウ玉庫 禄司玉 馳司報	海 ウ車庫 車鳳車 庫鳳胡	雨 ウ牽印 司調牽 報調恍	樹 夕禄堂 司貫禄 極貫禄	花 夕司南 禄石司 印石将	陽 夕鳳南 禄龍鳳 胡龍貴	灯 夕調堂 禄玉調 貴玉極	山 夕貫南 貫車貫 庫車貴	地 夕石堂 司牽石 報牽極		
3月	陽 ネ鳳南 牽玉牽 南玉恍	灯 ネ調堂 司龍車 将龍胡	山 ネ貫南 石牽貫 将牽恍	地 ネ石堂 貫車石 南車胡	鉄 ネ龍印 貫司龍 禄司報	宝 ネ玉庫 貫禄玉 禄禄馳	海 ネ車庫 車調車 南調極	雨 ネ牽印 石鳳牽 将鳳貴	樹 イ禄堂 玉石禄 恍石将	花 イ司南 禄貫司 堂貫禄	陽 イ鳳南 龍玉鳳 貴玉恍	灯 イ調堂 龍龍調 胡龍胡	山 イ貫南 貫牽貫 南牽恍	地 イ石堂 玉車石 将車胡	鉄 イ龍印 牽司龍 恍司報
4月	灯 ウ調堂 玉車車 報石堂	山 ウ貫南 司貫貫 報龍南	地 ウ石堂 貫石石 庫玉堂	鉄 ウ龍印 禄龍龍 馳車印	宝 ウ玉庫 禄玉玉 馳牽庫	海 ウ車庫 車車車 庫禄庫	雨 ウ牽印 司牽牽 報司印	樹 夕禄堂 司禄禄 極鳳堂	花 夕司南 禄司司 印調南	陽 夕鳳南 禄鳳鳳 胡貫南	灯 夕調堂 禄調調 貴石堂	山 夕貫南 貫貫貫 庫龍南	地 夕石堂 司石石 報玉堂	鉄 夕龍印 調龍龍 極車印	
5月	灯 ネ調堂 司司車 将貫将	山 ネ貫南 石鳳司 将玉禄	地 ネ石堂 貫調石 南龍将	鉄 ネ龍印 貫貫龍 禄牽貴	宝 ネ玉庫 貫牽玉 禄車極	海 ネ車庫 車禄車 南司馳	雨 ネ牽印 石司牽 将禄報	樹 イ禄堂 玉鳳禄 恍調胡	花 イ司南 禄調司 堂鳳恍	陽 イ鳳南 龍貫鳳 貴石禄	灯 イ調堂 龍石調 胡貫将	山 イ貫南 貫龍貫 南玉禄	地 イ石堂 玉玉石 将龍将	鉄 イ龍印 牽車龍 恍牽貴	宝 イ玉庫 龍牽玉 堂車極
6月	山 ウ貫南 司石司 報貫将	地 ウ石堂 鳳貫禄 庫石禄	鉄 ウ龍印 車玉龍 馳龍恍	宝 ウ玉庫 禄龍玉 馳玉胡	海 ウ車庫 車牽車 庫車報	雨 ウ牽印 司車牽 報牽馳	樹 夕禄堂 司司禄 極禄極	花 夕司南 禄禄司 印司貴	陽 夕鳳南 禄調鳳 胡鳳将	灯 夕調堂 禄貫調 貴調禄	山 夕貫南 貫玉貫 庫貫将	地 夕石堂 司龍石 報石禄	鉄 夕龍印 調牽龍 極龍恍	宝 夕玉庫 龍車玉 印玉胡	
7月	山 ネ貫南 石牽司 将石堂	地 ネ石堂 車車禄 南貫南	鉄 ネ龍印 鳳司調 禄玉南	宝 ネ玉庫 貫龍玉 禄龍堂	海 ネ車庫 車牽車 南牽印	雨 ネ牽印 石車牽 将車庫	樹 イ禄堂 玉司禄 恍司庫	花 イ司南 禄禄司 堂禄印	陽 イ鳳南 龍調鳳 貴調堂	灯 イ調堂 龍鳳調 胡鳳南	山 イ貫南 貫石貫 南石堂	地 イ石堂 玉貫石 将貫南	鉄 イ龍印 牽玉龍 恍玉南	宝 イ玉庫 龍龍玉 堂龍堂	海 イ車庫 龍牽車 貴牽印
8月	地 ウ石堂 禄石車 庫調恍	鉄 ウ龍印 車龍調 馳貫禄	宝 ウ玉庫 禄調鳳 馳石将	海 ウ車庫 石貫石 庫龍貴	雨 ウ牽印 玉石牽 報玉極	樹 夕禄堂 司車禄 極車馳	花 夕司南 禄牽司 印牽報	陽 夕鳳南 禄禄鳳 胡禄胡	灯 夕調堂 禄司調 貴司恍	山 夕貫南 貫鳳貫 庫鳳胡	地 夕石堂 司調石 報調恍	鉄 夕龍印 調貫龍 極貫禄	宝 夕玉庫 龍石玉 印石将	海 夕車庫 鳳龍車 胡龍貴	雨 夕牽印 鳳玉牽 貴玉極
9月	鉄 ネ龍印 龍石司 禄石将	宝 ネ玉庫 貫貫鳳 禄貫禄	海 ネ車庫 司玉石 南玉恍	雨 ネ牽印 調龍貫 将龍胡	樹 イ禄堂 玉牽禄 恍牽報	花 イ司南 禄車司 堂車馳	陽 イ鳳南 龍司鳳 貴司極	灯 イ調堂 龍禄調 胡禄貴	山 イ貫南 貫調貫 南調極	地 イ石堂 玉鳳石 将鳳貴	鉄 イ龍印 玉石龍 恍石将	宝 イ玉庫 龍貫玉 堂貫禄	海 イ車庫 龍玉車 貴玉恍	雨 イ牽印 龍龍牽 胡龍胡	
10月	鉄 ウ龍印 車石司 馳鳳堂	宝 ウ玉庫 禄車鳳 馳調南	海 ウ車庫 石司石 庫貫南	雨 ウ牽印 玉禄貫 報石堂	樹 夕禄堂 司禄禄 極龍印	花 夕司南 禄司司 印玉庫	陽 夕鳳南 禄鳳鳳 胡車庫	灯 夕調堂 禄調調 貴牽印	山 夕貫南 貫貫貫 庫禄庫	地 夕石堂 司石石 報司印	鉄 夕龍印 調龍龍 極鳳堂	宝 夕玉庫 龍玉玉 印調南	海 夕車庫 鳳車車 胡貫南	雨 夕牽印 鳳牽牽 貴石堂	樹 ト禄堂 禄禄禄 堂龍印
11月	宝 ネ玉庫 貫司禄 禄鳳恍	海 ネ車庫 司鳳石 南石禄	雨 ネ牽印 調調貫 将貫将	樹 イ禄堂 玉貫玉 恍玉貴	花 イ司南 禄玉司 堂龍極	陽 イ鳳南 貫車鳳 貴牽馳	灯 イ調堂 龍牽調 胡車報	山 イ貫南 貫禄貫 南司馳	地 イ石堂 玉司石 将禄報	鉄 イ龍印 玉鳳龍 恍調胡	宝 イ玉庫 龍調玉 堂鳳恍	海 イ車庫 龍貫車 貴石禄	雨 イ牽印 龍石牽 胡貫将	樹 サ禄堂 禄龍禄 印玉貴	
12月	宝 ウ玉庫 禄鳳鳳 馳司貴	海 ウ車庫 石石石 庫鳳将	雨 ウ牽印 玉貫貫 報調禄	樹 夕禄堂 司玉禄 極貫恍	花 夕司南 禄龍司 印石胡	陽 夕鳳南 禄牽鳳 胡龍報	灯 夕調堂 禄車調 貴玉馳	山 夕貫南 貫司貫 庫車報	地 夕石堂 司禄石 報牽馳	鉄 夕龍印 調調龍 極禄極	宝 夕玉庫 龍鳳玉 印司貴	海 夕車庫 鳳石車 胡鳳将	雨 夕牽印 鳳貫牽 貴調禄	樹 ト禄堂 禄玉禄 堂貫恍	花 ト司南 調龍司 恍石胡

1929年（昭和4年）

1929年(昭和4年)

	1日	2日	3日	4日	5日	6日	7日	8日	9日	10日	11日	12日	13日	14日	15日	16日
1月	陽 ト鳳南 石牽鳳 将龍報	灯 ト調堂 鳳車調 南玉馳	山 ト貫南 鳳司貫 胡車報	地 ト石堂 鳳禄石 貴牽馳	鉄 ト龍印 龍調龍 堂禄極	宝 ト玉庫 司鳳禄 恍禄印	海 ト車庫 石石調 将調堂	雨 ト牽印 貫貫鳳 南鳳南	樹 ネ禄堂 禄玉石 禄石南	花 ネ司南 貫龍貫 禄貫堂	陽 ネ鳳南 玉牽玉 南玉印	灯 ネ調堂 司車龍 将龍庫	山 ネ貫南 石司牽 将牽印	地 ネ石堂 龍禄車 南車庫	鉄 ネ龍印 龍調司 禄司庫	宝 ネ玉庫 貫貫鳳 禄禄印
2月	灯 サ調堂 鳳鳳調 庫龍庫	山 サ貫南 車石貫 貴牽印	地 サ石堂 車貫石 胡車庫	鉄 サ玉貴 司龍龍 印車馳	宝 サ龍極 玉玉玉 極牽報	海 サ牽馳 牽車車 報禄胡	雨 サ車報 禄牽牽 庫司恍	樹 ウ司胡 禄禄禄 馳鳳禄	花 ウ禄恍 車司司 馳調将	陽 ウ調禄 司鳳禄 庫貫貴	灯 ウ鳳将 玉調司 報石極	山 ウ石禄 司龍鳳 報龍貴	地 ウ貫将 禄玉調 庫玉極	鉄 ウ玉貴 車車貫 馳車馳	宝 ウ龍極 禄牽石 馳牽報	海 ウ牽馳 石禄龍 庫禄胡
3月	花 ト禄恍 調石調 恍調将	陽 ト調禄 石龍貫 将貫貴	灯 ト鳳将 鳳玉石 南石極	山 ト石禄 鳳車龍 胡龍貴	地 ト貫将 鳳牽玉 貴玉極	鉄 ト玉貴 石司龍 堂牽報	宝 ト龍極 司禄玉 恍車馳	海 ト牽馳 石調車 将司極	雨 ト車報 貫鳳牽 南禄貴	樹 ネ司胡 禄石禄 禄調将	花 ネ禄恍 貫貫司 禄鳳禄	陽 ネ調禄 玉玉禄 南石恍	灯 ネ鳳将 司龍司 将貫胡	山 ネ石禄 石牽鳳 将玉恍	地 ネ貫将 龍車調 南龍胡	鉄 ネ玉貴 龍司貫 禄牽報
4月	陽 サ調禄 牽玉貫 報石恍	灯 サ鳳将 鳳龍石 庫貫胡	山 サ石禄 車牽龍 貴玉恍	地 サ貫将 車車玉 胡龍胡	鉄 サ玉貴 司司龍 印龍印	宝 サ龍極 玉禄玉 極玉庫	海 サ牽馳 牽調車 報車庫	雨 サ車報 禄鳳牽 庫牽印	樹 ウ司胡 禄石禄 馳禄堂	花 ウ禄恍 車貫司 馳司南	陽 ウ調禄 司玉禄 庫鳳南	灯 ウ鳳将 玉龍司 報調堂	山 ウ石禄 司牽鳳 報貫南	地 ウ貫将 禄車調 庫石堂	鉄 ウ玉貴 車調貫 馳龍印	宝 ウ龍極 禄鳳石 馳玉庫
5月	陽 ト調禄 石鳳貫 将鳳南	灯 ト鳳将 鳳調石 南調堂	山 ト石禄 鳳貫龍 胡貫南	地 ト貫将 鳳石玉 貴石堂	鉄 ト玉貴 龍龍車 堂龍印	宝 ト龍極 司玉玉 恍龍極	海 ト牽馳 石車車 将牽馳	雨 ト車報 貫牽牽 南車報	樹 ネ司胡 禄禄禄 禄司胡	花 ネ禄恍 貫司司 禄禄恍	陽 ネ調禄 玉鳳鳳 南調禄	灯 ネ鳳将 司司司 将鳳将	山 ネ石禄 石鳳鳳 将石禄	地 ネ貫将 龍調調 南貫将	鉄 ネ玉貴 龍貫貫 禄玉貴	宝 ネ龍極 貫石石 禄龍極
6月	灯 サ鳳将 鳳石石 庫鳳将	山 サ石禄 車龍龍 貴石禄	地 サ貫将 車玉玉 胡貫将	鉄 サ玉貴 龍車車 印玉貴	宝 サ龍極 牽牽牽 極龍極	海 サ牽馳 牽牽車 報龍報	雨 サ車報 禄車牽 庫玉馳	樹 ウ司胡 禄司禄 馳車極	花 ウ禄恍 車禄司 馳牽貴	陽 ウ調禄 司調鳳 庫禄将	灯 ウ鳳将 玉鳳調 報司禄	山 ウ石禄 司石鳳 報鳳将	地 ウ貫将 禄貫調 庫調禄	鉄 ウ玉貴 車玉貫 馳貫恍	宝 ウ龍極 禄龍石 馳石胡	海 ウ牽馳 石牽龍 庫龍報
7月	灯 ト鳳将 鳳貫石 南司禄	山 ト石禄 鳳玉龍 胡鳳将	地 ト貫将 鳳龍玉 貴調禄	鉄 ト玉貴 龍牽車 堂貫恍	宝 ト龍極 調車牽 恍石胡	海 ト牽馳 石司禄 将龍報	雨 ト車報 車禄司 南玉馳	樹 ネ司胡 禄調禄 禄牽庫	花 ネ禄恍 貫鳳司 禄車印	陽 ネ調禄 玉石鳳 南司堂	灯 ネ鳳将 調貫調 将禄南	山 ネ石禄 石玉貫 将調堂	地 ネ貫将 龍龍石 南鳳南	鉄 ネ玉貴 龍牽貫 禄石南	宝 ネ龍極 貫車石 禄貫堂	海 ネ牽馳 玉司龍 南玉印
8月	山 サ石禄 車石龍 貴調堂	地 サ貫将 車貫玉 胡鳳南	鉄 サ玉貴 龍玉車 印石南	宝 サ龍極 牽龍牽 極貫堂	海 サ牽馳 司牽禄 報玉印	雨 サ車報 車車司 庫龍庫	樹 ウ司胡 車司鳳 馳牽庫	花 ウ禄恍 車司司 馳玉報	陽 ウ調禄 司鳳鳳 庫車胡	灯 ウ鳳将 玉調調 報牽恍	山 ウ石禄 司貫貫 報禄胡	地 ウ貫将 禄石石 庫司恍	鉄 ウ玉貴 龍龍龍 馳鳳禄	宝 ウ龍極 禄玉石 馳調将	海 ウ牽馳 調車龍 庫貫貴	雨 ウ車報 玉牽玉 報石極
9月	地 ト貫将 鳳調玉 貴司恍	鉄 ト玉貴 龍貫車 堂鳳禄	宝 ト龍極 調石牽 恍調将	海 ト牽馳 石龍禄 将貫貴	雨 ト車報 車玉司 南石極	樹 ネ司胡 貫車鳳 禄龍馳	花 ネ禄恍 貫牽調 禄玉報	陽 ネ調禄 玉司鳳 南牽極	灯 ネ鳳将 調禄調 将車貴	山 ネ石禄 石調貫 将司極	地 ネ貫将 龍鳳石 南禄貴	鉄 ネ玉貴 龍石龍 禄調将	宝 ネ龍極 貫貫玉 禄鳳禄	海 ネ牽馳 玉玉龍 南石恍	雨 ネ車報 調龍玉 将貫胡	樹 イ司胡 玉牽車 恍玉報
10月	地 サ貫将 車鳳玉 胡禄貴	鉄 サ玉貴 龍石車 印調将	宝 サ龍極 牽貫牽 極鳳禄	海 サ牽馳 司玉禄 報石恍	雨 サ車報 車龍司 庫貫胡	樹 ウ司胡 車牽鳳 馳玉報	花 ウ禄恍 車車調 馳龍馳	陽 ウ調禄 鳳司貫 庫牽極	灯 ウ鳳将 玉禄調 報玉印	山 ウ石禄 司調貫 報車庫	地 ウ貫将 禄鳳石 庫牽印	鉄 ウ玉貴 龍石龍 馳禄堂	宝 ウ龍極 禄貫玉 馳司南	海 ウ牽馳 調玉車 庫鳳南	雨 ウ車報 玉龍玉 報調堂	樹 タ司胡 司牽車 極貫印
11月	鉄 ト玉貴 龍龍車 堂禄堂	宝 ト龍極 調玉牽 恍司南	海 ト牽馳 石車禄 将鳳南	雨 ト車報 車牽司 南調堂	樹 ネ司胡 貫禄鳳 禄貫印	花 ネ禄恍 貫司調 禄石庫	陽 ネ調禄 鳳鳳貫 南龍庫	灯 ネ鳳将 調玉調 将龍報	山 ネ石禄 石車貫 将牽馳	地 ネ貫将 龍牽石 南車報	鉄 ネ玉貴 龍禄龍 禄司胡	宝 ネ龍極 貫司玉 禄禄恍	海 ネ牽馳 玉鳳車 南調禄	雨 ネ車報 調調玉 将鳳将	樹 イ司胡 玉貫車 恍石貴	花 イ禄恍 龍石牽 堂貫極
12月	鉄 サ玉貴 龍鳳車 印司胡	宝 サ龍極 牽調牽 極禄恍	海 サ牽馳 司貫禄 報調禄	雨 サ車報 車石司 庫鳳将	樹 ウ司胡 車龍鳳 馳石貴	花 ウ禄恍 車玉調 馳貫極	陽 ウ調禄 司牽鳳 庫貫報	灯 ウ鳳将 玉車調 報石馳	山 ウ石禄 司司貫 報龍報	地 ウ貫将 禄禄石 庫玉馳	鉄 ウ玉貴 龍調龍 馳車極	宝 ウ龍極 禄鳳玉 馳牽貴	海 ウ牽馳 調石龍 庫禄将	雨 ウ車報 玉貫玉 報司禄	樹 タ司胡 司玉車 極鳳恍	花 タ禄恍 鳳龍牽 印調胡

	17日	18日	19日	20日	21日	22日	23日	24日	25日	26日	27日	28日	29日	30日	31日
1月	海 ネ車庫 司玉石 南調堂	雨 ネ牽印 調龍貫 将鳳南	樹 イ禄堂 玉司禄 恍石南	花 イ司南 禄禄司 堂貫堂	陽 イ鳳南 龍調鳳 貴玉印	灯 イ調堂 龍鳳調 胡龍庫	山 イ貫南 貫石貫 南牽印	地 イ石堂 玉貫石 将車庫	鉄 イ龍印 玉玉龍 恍司庫	宝 イ玉庫 龍龍玉 堂禄印	海 イ車庫 龍牽車 貴調堂	雨 イ牽印 龍車牽 胡鳳南	樹 サ禄堂 禄司禄 印石南	花 サ司南 玉禄司 極貫堂	陽 サ鳳南 牽調鳳 報玉印
2月	雨 ウ車報 玉司玉 報司恍	樹 タ司胡 司鳳車 極鳳禄	花 タ禄恍 禄石調 印調将	陽 タ調禄 禄龍貫 胡貫貴	灯 タ鳳将 禄玉石 貴石極	山 タ石禄 貫車龍 庫龍貴	地 タ貫将 司牽玉 報玉極	鉄 タ玉貴 調禄車 極車馳	宝 タ龍極 龍司牽 印牽報	海 タ牽馳 鳳鳳禄 胡禄胡	雨 タ車報 鳳調司 貴司恍	樹 ト司胡 禄貫鳳 堂鳳禄			
3月	宝 ネ龍極 貫禄石 禄車馳	海 ネ牽馳 司調龍 南司極	雨 ネ車報 石鳳玉 将禄貴	樹 イ司胡 玉石車 恍調将	花 イ禄恍 禄貫調 堂鳳禄	陽 イ調禄 龍玉貫 貴石恍	灯 イ鳳将 龍龍石 胡貫胡	山 イ石禄 貫牽龍 南玉恍	地 イ貫将 玉車玉 将龍胡	鉄 イ玉貴 牽司車 恍牽報	宝 イ龍極 龍禄牽 堂車馳	海 イ牽馳 龍調禄 貴司極	雨 イ車報 龍鳳司 胡禄貴	樹 サ司胡 禄石鳳 印調将	花 サ禄恍 玉貫調 極鳳禄
4月	海 ウ牽馳 石石龍 庫車庫	雨 ウ車報 玉牽玉 報牽印	樹 タ司胡 司禄車 極禄堂	花 タ禄恍 禄司調 印司南	陽 タ調禄 禄鳳貫 胡鳳南	灯 タ鳳将 禄調石 貴調堂	山 タ石禄 貫貫龍 庫貫南	地 タ貫将 司石玉 報石堂	鉄 タ玉貴 調龍車 極龍印	宝 タ龍極 龍玉牽 印玉庫	海 タ牽馳 鳳車禄 胡車庫	雨 タ車報 鳳牽司 貴牽印	樹 ト司胡 禄禄鳳 堂禄堂	花 ト禄恍 調司調 恍司南	
5月	海 ネ牽馳 司龍龍 南牽馳	雨 ネ車報 調玉玉 将車報	樹 イ司胡 玉車車 恍司胡	花 イ禄恍 禄牽牽 堂禄恍	陽 イ調禄 龍貫貫 貴調禄	灯 イ鳳将 龍石石 胡鳳将	山 イ石禄 貫龍龍 南石禄	地 イ貫将 玉玉玉 将貫将	鉄 イ玉貴 玉車車 恍玉貴	宝 イ龍極 龍牽牽 堂龍極	海 イ牽馳 龍禄禄 貴牽馳	雨 イ車報 龍司司 胡車報	樹 サ司胡 禄鳳鳳 印司胡	花 サ禄恍 玉調調 極禄恍	陽 サ調禄 牽貫貫 報調禄
6月	雨 ウ車報 玉車玉 報玉馳	樹 タ司胡 司司車 極車極	花 タ禄恍 禄禄牽 印牽貴	陽 タ調禄 禄調禄 胡禄将	灯 タ鳳将 禄鳳石 貴司禄	山 タ石禄 貫石龍 庫鳳将	地 タ貫将 司貫玉 報調禄	鉄 タ玉貴 調玉車 極貫恍	宝 タ龍極 龍龍牽 印石胡	海 タ牽馳 鳳司禄 胡龍報	雨 タ車報 鳳禄司 貴玉馳	樹 ト司胡 禄調鳳 堂車極	花 ト禄恍 調鳳調 恍牽貴	陽 ト調禄 石石貫 将禄将	
7月	雨 ネ車報 調禄玉 将龍庫	樹 イ司胡 玉石車 恍牽庫	花 イ禄恍 車貫牽 堂車印	陽 イ調禄 貫玉禄 貴司堂	灯 イ鳳将 龍鳳司 胡禄南	山 イ石禄 貫石鳳 南調堂	地 イ貫将 玉貫玉 将鳳南	鉄 イ玉貴 玉玉車 恍石南	宝 イ龍極 龍龍牽 堂貫堂	海 イ牽馳 龍牽禄 貴玉印	雨 イ車報 龍車司 胡龍庫	樹 サ司胡 禄司鳳 印牽庫	花 サ禄恍 玉禄調 極車印	陽 サ調禄 牽調貫 報司堂	灯 サ鳳将 鳳鳳石 庫禄南
8月	樹 タ司胡 司禄車 極龍馳	花 タ禄恍 貫司牽 印玉報	陽 タ調禄 車車禄 胡車胡	灯 タ鳳将 禄牽司 貴牽恍	山 タ石禄 貫禄鳳 庫禄胡	地 タ貫将 司調調 報司恍	鉄 タ玉貴 調貫車 極鳳禄	宝 タ龍極 龍石牽 印調将	海 タ牽馳 鳳龍禄 胡貫貴	雨 タ車報 鳳玉司 貴石極	樹 ト司胡 禄車鳳 堂龍馳	花 ト禄恍 調牽調 恍玉報	陽 ト調禄 石禄貫 将車胡	灯 ト鳳将 鳳司石 南牽恍	山 ト石禄 鳳鳳龍 胡禄胡
9月	花 イ禄恍 龍車牽 堂龍馳	陽 イ調禄 貫司禄 貴牽極	灯 イ鳳将 龍禄司 胡車貴	山 イ石禄 司調鳳 南司極	地 イ貫将 調鳳調 将禄貴	鉄 イ玉貴 玉石貫 恍調将	宝 イ龍極 龍貫牽 堂鳳禄	海 イ牽馳 龍玉禄 貴石恍	雨 イ車報 龍龍司 胡貫胡	樹 サ司胡 禄牽鳳 印玉報	花 サ禄恍 玉車調 極龍馳	陽 サ調禄 牽司貫 報牽極	灯 サ鳳将 鳳禄石 庫車貴	山 サ石禄 車調龍 貴司極	
10月	花 タ禄恍 鳳車牽 印石庫	陽 タ調禄 鳳司禄 胡龍庫	灯 タ鳳将 禄貫司 貴玉印	山 タ石禄 玉玉鳳 庫車庫	地 タ貫将 牽龍調 報牽印	鉄 タ玉貴 調龍貫 極禄堂	宝 タ龍極 龍玉石 印司南	海 タ牽馳 鳳車禄 胡鳳南	雨 タ車報 鳳牽司 貴調堂	樹 ト司胡 禄禄鳳 堂貫印	花 ト禄恍 調司調 恍石庫	陽 ト調禄 調鳳貫 将龍庫	灯 ト鳳将 鳳調石 南玉印	山 ト石禄 鳳貫龍 胡車庫	地 ト貫将 鳳石玉 貴牽印
11月	陽 イ調禄 貫龍禄 貴玉馳	灯 イ鳳将 龍玉司 胡龍報	山 イ石禄 司車鳳 南牽馳	地 イ貫将 調牽調 将車報	鉄 イ玉貴 玉鳳貫 恍司胡	宝 イ龍極 龍調石 堂禄恍	海 イ牽馳 龍貫禄 貴調禄	雨 イ車報 龍石司 胡鳳将	樹 サ司胡 禄龍鳳 印石貴	花 サ禄恍 玉玉調 極貫極	陽 サ調禄 牽車貫 報玉馳	灯 サ鳳将 鳳牽石 庫龍報	山 サ石禄 車禄龍 貴牽馳	地 サ貫将 車司玉 胡車報	
12月	陽 タ調禄 鳳牽禄 胡貫報	灯 タ鳳将 禄車司 貴石馳	山 タ石禄 玉司鳳 庫龍報	地 タ貫将 司禄調 報玉馳	鉄 タ玉貴 調調貫 極車極	宝 タ龍極 龍鳳牽 印牽貴	海 タ牽馳 鳳石禄 胡禄将	雨 タ車報 鳳貫司 貴司禄	樹 ト司胡 禄玉鳳 堂鳳恍	花 ト禄恍 調龍調 恍調胡	陽 ト調禄 石牽貫 将貫報	灯 ト鳳将 鳳車石 南石馳	山 ト石禄 鳳司龍 胡龍報	地 ト貫将 鳳禄玉 貴玉馳	鉄 ト玉貴 龍調車 堂車極

1930年（昭和5年）

	1日	2日	3日	4日	5日	6日	7日	8日	9日	10日	11日	12日	13日	14日	15日	16日
1月	宝 ト龍極 調鳳牽 恍牽貴	海 ト牽馳 石石禄 将禄将	雨 ト車報 車貫司 南司禄	樹 ネ司胡 貫玉鳳 禄鳳恍	花 ネ禄恍 貫龍調 禄調胡	陽 ネ調禄 玉牽鳳 南石印	灯 ネ鳳将 調車調 将貫庫	山 ネ石禄 石司貫 将玉印	地 ネ貫将 龍禄石 南龍庫	鉄 ネ玉貴 龍調龍 禄牽庫	宝 ネ龍極 貫鳳玉 禄車印	海 ネ牽馳 玉石龍 南司堂	雨 ネ車報 調貫玉 将禄南	樹 イ司胡 玉玉車 恍調南	花 イ禄恍 龍龍牽 堂鳳堂	陽 イ調禄 貫司禄 貴石印
2月	海 サ牽馳 司牽禄 報司堂	雨 サ車報 車車司 庫禄南	樹 ウ司胡 車司鳳 馳調南	花 ウ牽貴 車司禄 馳司将	陽 ウ禄将 司鳳調 庫鳳貴	灯 ウ司禄 玉調鳳 報調極	山 ウ鳳将 司貫石 報貫貴	地 ウ調禄 禄石貫 庫石極	鉄 ウ貫恍 龍龍玉 馳龍馳	宝 ウ石胡 禄玉龍 馳玉報	海 ウ龍報 調車牽 庫車胡	雨 ウ玉馳 玉司車 報牽恍	樹 タ車極 司鳳司 極禄禄	花 タ牽貴 貫調禄 印司将	陽 タ禄将 車貫調 胡鳳貴	灯 タ司禄 禄石鳳 貴調極
3月	鉄 ト貫恍 龍禄牽 堂龍馳	宝 ト石胡 調司車 恍玉報	海 ト龍報 石鳳司 将車胡	雨 ト玉馳 車調禄 南牽恍	樹 ネ車極 貫貫調 禄禄禄	花 ネ牽貴 貫貫禄 禄禄禄	陽 ネ禄将 玉玉調 南調恍	灯 ネ司禄 調龍鳳 将鳳胡	山 ネ鳳将 石牽石 将石恍	地 ネ調禄 龍車貫 南貫胡	鉄 ネ貫恍 龍司玉 禄玉報	宝 ネ石胡 貫禄龍 禄龍馳	海 ネ龍報 玉調牽 南牽極	雨 ネ玉馳 調鳳車 将車貴	樹 イ車極 玉石司 恍司将	花 イ牽貴 車貫禄 堂禄禄
4月	宝 サ石胡 牽禄車 極龍馳	海 サ龍報 司調司 報牽極	雨 サ玉馳 車鳳禄 庫車貴	樹 ウ車極 車石調 馳司将	花 ウ牽貴 車貫禄 馳牽南	陽 ウ禄将 司玉調 庫禄南	灯 ウ司禄 玉龍鳳 報司堂	山 ウ鳳将 司牽石 報鳳南	地 ウ調禄 禄車貫 庫調堂	鉄 ウ貫恍 龍司玉 馳貫印	宝 ウ石胡 禄禄龍 馳石庫	海 ウ龍報 調調牽 庫龍庫	雨 ウ玉馳 玉鳳車 報玉印	樹 タ車極 司石司 極車堂	花 タ牽貴 貫龍禄 印牽南	陽 タ禄将 車牽調 胡禄南
5月	宝 ト石胡 調玉車 恍石庫	海 ト龍報 石車司 将龍庫	雨 ト玉馳 車牽禄 南玉印	樹 ネ車極 貫禄調 禄車堂	花 ネ牽貴 貫司鳳 禄牽南	陽 ネ禄将 玉鳳調 南司禄	灯 ネ司禄 調調鳳 将禄将	山 ネ鳳将 石貫石 将調禄	地 ネ調禄 龍石貫 南鳳将	鉄 ネ貫恍 龍龍玉 禄石貴	宝 ネ石胡 貫玉龍 禄貫極	海 ネ龍報 玉龍牽 南玉馳	雨 ネ玉馳 調玉車 将龍報	樹 イ車極 玉車司 恍牽胡	花 イ牽貴 龍牽禄 堂車恍	陽 イ禄将 貫禄調 貴司禄
6月	海 サ龍報 司禄司 報玉馳	雨 サ玉馳 車司禄 庫龍報	樹 ウ車極 車鳳調 馳牽胡	花 ウ牽貴 車調鳳 馳車恍	陽 ウ禄将 鳳貫石 庫司禄	灯 ウ司禄 玉鳳鳳 報牽禄	山 ウ鳳将 司石石 報禄将	地 ウ調禄 禄貫貫 庫司禄	鉄 ウ貫恍 龍玉玉 馳鳳恍	宝 ウ石胡 禄龍龍 馳調胡	海 ウ龍報 調牽牽 庫貫報	雨 ウ玉馳 玉車車 報石馳	樹 タ車極 司司司 極龍極	花 タ牽貴 鳳禄禄 印玉貴	陽 タ禄将 鳳調調 胡車将	灯 タ司禄 禄鳳鳳 貴牽禄
7月	海 ト龍報 石司司 将貫報	雨 ト玉馳 車禄禄 南石馳	樹 ネ車極 貫調調 禄龍極	花 ネ牽貴 貫鳳鳳 禄玉貴	陽 ネ禄将 鳳石石 南車将	灯 ネ司禄 石貫貫 将牽禄	山 ネ鳳将 玉玉玉 将禄将	地 ネ調禄 龍龍貫 南禄南	鉄 ネ貫恍 龍牽玉 禄調南	宝 ネ石胡 貫車龍 禄鳳堂	海 ネ龍報 玉司牽 南石印	雨 ネ玉馳 調禄車 将貫庫	樹 イ車極 玉調司 恍玉庫	花 イ牽貴 龍鳳禄 堂龍印	陽 イ禄将 鳳石調 貴牽堂	灯 イ司禄 龍貫鳳 胡車南
8月	雨 サ玉馳 車車禄 庫貫庫	樹 ウ車極 車司調 馳玉庫	花 ウ牽貴 車禄鳳 馳龍印	陽 ウ禄将 鳳調石 庫牽堂	灯 ウ司禄 牽鳳貫 報車南	山 ウ鳳将 司石玉 報司堂	地 ウ調禄 貫貫龍 庫禄南	鉄 ウ貫恍 龍龍玉 馳禄禄	宝 ウ石胡 禄玉龍 馳司将	海 ウ龍報 調車牽 庫鳳貴	雨 ウ玉馳 牽牽車 報調極	樹 タ車極 司禄司 極貫馳	花 タ牽貴 鳳司禄 印石報	陽 タ禄将 鳳鳳調 胡龍胡	灯 タ司禄 禄調鳳 貴玉恍	山 タ鳳将 調貫石 庫車胡
9月	樹 ネ車極 貫車調 禄貫馳	花 ネ牽貴 貫牽鳳 禄石報	陽 ネ禄将 鳳禄石 南龍胡	灯 ネ司禄 石司貫 将玉恍	山 ネ鳳将 玉鳳玉 将車胡	地 ネ調禄 貫調龍 南牽恍	鉄 ネ貫恍 貫貫牽 禄禄禄	宝 ネ石胡 貫貫龍 禄禄禄	海 ネ龍報 玉玉牽 南調恍	雨 ネ玉馳 調龍車 将鳳胡	樹 イ車極 玉牽司 恍石報	花 イ牽貴 龍車禄 堂貫馳	陽 イ禄将 鳳司調 貴玉極	灯 イ司禄 龍禄鳳 胡龍貴	山 イ鳳将 牽調石 南牽極	地 イ調禄 調鳳貫 将車貴
10月	樹 ウ車極 車牽調 馳石報	花 ウ牽貴 車車鳳 馳貫馳	陽 ウ禄将 鳳司石 庫玉極	灯 ウ司禄 牽禄貫 報龍貴	山 ウ鳳将 司調玉 報牽極	地 ウ調禄 貫鳳龍 庫車貴	鉄 ウ貫恍 禄石牽 馳司将	宝 ウ石胡 禄貫車 馳禄禄	海 ウ龍報 調玉牽 庫禄南	雨 ウ玉馳 牽龍車 報司堂	樹 タ車極 司牽司 極鳳印	花 タ牽貴 鳳車禄 印調庫	陽 タ禄将 鳳司調 胡貫庫	灯 タ司禄 禄禄鳳 貴石印	山 タ鳳将 調調石 庫龍庫	地 タ調禄 牽鳳貫 報玉印
11月	花 ネ牽貴 貫司鳳 禄調庫	陽 ネ禄将 鳳鳳石 南貫庫	灯 ネ司禄 石調貫 将石印	山 ネ鳳将 玉貫玉 将龍庫	地 ネ調禄 貫石龍 南玉印	鉄 ネ貫恍 貫龍牽 禄車堂	宝 ネ石胡 貫玉車 禄牽南	海 ネ龍報 玉鳳牽 南司禄	雨 ネ玉馳 調調車 将禄将	樹 イ車極 玉貫司 恍調貴	花 イ牽貴 龍石禄 堂鳳極	陽 イ禄将 鳳龍調 貴石馳	灯 イ司禄 龍玉鳳 胡貫報	山 イ鳳将 牽車石 南玉馳	地 イ調禄 調牽貫 将龍報	鉄 イ貫恍 玉禄玉 恍牽胡
12月	花 ウ牽貴 車玉鳳 馳鳳極	陽 ウ禄将 鳳車石 庫石馳	灯 ウ司禄 牽牽貫 報貫報	山 ウ鳳将 司禄玉 報玉馳	地 ウ調禄 貫司龍 庫龍報	鉄 ウ貫恍 禄鳳牽 馳牽胡	宝 ウ石胡 禄調車 馳車恍	海 ウ龍報 調石牽 庫車将	雨 ウ玉馳 牽貫車 報牽禄	樹 タ車極 司玉司 極禄恍	花 タ牽貴 鳳龍禄 印司胡	陽 タ禄将 鳳牽調 胡鳳報	灯 タ司禄 禄車鳳 貴調馳	山 タ鳳将 調司石 庫貫報	地 タ調禄 牽禄貫 報石馳	鉄 タ貫恍 調調玉 極龍極

	17日	18日	19日	20日	21日	22日	23日	24日	25日	26日	27日	28日	29日	30日	31日
1月	灯 イ鳳将 龍禄司 胡貫庫	山 イ石禄 司調鳳 南玉印	地 イ貫将 調貫調 将龍庫	鉄 イ玉貴 玉玉貫 恍牽庫	宝 イ龍極 龍龍牽 堂車印	海 イ牽馳 龍牽禄 貴司堂	雨 イ車報 龍車司 胡禄南	樹 サ司胡 禄司鳳 印調南	花 サ禄恍 玉禄調 極鳳堂	陽 サ調禄 牽調貫 報石印	灯 サ鳳将 鳳鳳石 庫貫庫	山 サ石禄 車石龍 貴玉印	地 サ貫将 車貫玉 胡龍庫	鉄 サ玉貴 龍玉車 印牽庫	宝 サ龍極 牽龍牽 極車印
2月	山 タ鳳将 貫龍石 庫貫貴	地 タ調禄 司玉貫 報石極	鉄 タ貫恍 調禄玉 極龍馳	宝 タ石胡 龍司龍 印玉報	海 タ龍報 鳳鳳牽 胡車胡	雨 タ玉馳 鳳調車 貴牽恍	樹 ト車極 禄貫司 堂禄禄	花 ト牽貴 調石鳳 恍司将	陽 ト禄将 石龍石 将鳳貴	灯 ト司禄 鳳玉貫 南調極	山 ト鳳将 鳳車玉 胡貫貴	地 ト調禄 鳳牽龍 貴石極			
3月	陽 イ禄将 貫玉調 貴調恍	灯 イ司禄 龍龍鳳 胡鳳胡	山 イ鳳将 貫牽石 南石恍	地 イ調禄 調車貫 将貫胡	鉄 イ貫恍 玉司玉 恍玉報	宝 イ石胡 龍禄龍 堂龍馳	海 イ龍報 龍調牽 貴牽極	雨 イ玉馳 龍鳳車 胡車貴	樹 サ車極 禄石司 印司将	花 サ牽貴 玉貫鳳 極禄禄	陽 サ禄将 牽玉石 報調恍	灯 サ司禄 鳳龍貫 庫鳳胡	山 サ鳳将 車牽玉 貴石恍	地 サ調禄 車車龍 胡貫胡	鉄 サ貫恍 龍司牽 印玉報
4月	灯 タ司禄 禄車鳳 貴司堂	山 タ鳳将 貫貫石 庫鳳南	地 タ調禄 司石貫 報調堂	鉄 タ貫恍 調龍玉 極貫印	宝 タ石胡 龍玉龍 印石庫	海 タ龍報 鳳車牽 胡龍庫	雨 タ玉馳 鳳牽車 貴玉印	樹 ト車極 禄禄司 堂車堂	花 ト牽貴 調司鳳 恍牽南	陽 ト禄将 石鳳石 将禄南	灯 ト司禄 鳳調貫 南司堂	山 ト鳳将 鳳貫玉 胡鳳南	地 ト調禄 鳳石龍 貴調堂	鉄 ト貫恍 龍龍牽 堂貫印	
5月	灯 イ司禄 龍司鳳 胡禄将	山 イ鳳将 司鳳石 南調禄	地 イ調禄 調調貫 将鳳将	鉄 イ貫恍 玉貫玉 恍石貴	宝 イ石胡 龍牽龍 堂貫極	海 イ龍報 龍禄牽 貴玉馳	雨 イ玉馳 龍司車 胡龍報	樹 サ車極 禄鳳司 印牽胡	花 サ牽貴 玉調禄 極車恍	陽 サ禄将 牽貫石 報司禄	灯 サ司禄 鳳石貫 庫禄将	山 サ鳳将 車龍玉 貴調禄	地 サ調禄 車玉龍 胡鳳将	鉄 サ貫恍 龍車牽 印石貴	宝 サ石胡 牽牽車 極貫極
6月	山 タ鳳将 玉石石 庫禄将	地 タ調禄 牽貫貫 報司禄	鉄 タ貫恍 調玉玉 極鳳恍	宝 タ石胡 龍龍龍 印調胡	海 タ龍報 鳳牽牽 胡貫報	雨 タ玉馳 鳳車車 貴石馳	樹 ト車極 禄司司 堂龍極	花 ト牽貴 調禄禄 恍玉貴	陽 ト禄将 調調調 将車将	灯 ト司禄 鳳貫貫 南牽禄	山 ト鳳将 鳳玉玉 胡禄将	地 ト調禄 鳳龍龍 貴司禄	鉄 ト貫恍 龍牽牽 堂鳳恍	宝 ト石胡 調車車 恍調胡	
7月	山 イ鳳将 牽玉石 南司堂	地 イ調禄 調車貫 将禄南	鉄 イ貫恍 玉司玉 恍調南	宝 イ石胡 禄禄龍 堂鳳堂	海 イ龍報 貫牽牽 貴石印	雨 イ玉馳 龍車車 胡貫庫	樹 サ車極 禄司司 印玉庫	花 サ牽貴 玉禄禄 極龍印	陽 サ禄将 牽調調 報牽堂	灯 サ司禄 鳳鳳鳳 庫車南	山 サ鳳将 車石石 貴司堂	地 サ調禄 車貫龍 胡禄南	鉄 サ貫恍 龍玉牽 印調南	宝 サ石胡 牽龍車 極鳳堂	海 サ龍報 司牽司 報石印
8月	地 タ調禄 牽石貫 報牽恍	鉄 タ貫恍 調龍玉 極禄禄	宝 タ石胡 貫調龍 印司将	海 タ龍報 禄貫牽 胡鳳貴	雨 タ玉馳 鳳石車 貴調極	樹 ト車極 禄車司 堂貫馳	花 ト牽貴 調牽禄 恍石報	陽 ト禄将 調禄調 将龍胡	灯 ト司禄 鳳司鳳 南玉恍	山 ト鳳将 鳳鳳石 胡車胡	地 ト調禄 鳳調貫 貴牽恍	鉄 ト貫恍 龍貫牽 堂禄禄	宝 ト石胡 調石車 恍司将	海 ト龍報 石龍司 将鳳貴	雨 ト玉馳 車玉禄 南調極
9月	鉄 イ貫恍 玉石玉 恍司将	宝 イ石胡 禄貫龍 堂禄禄	海 イ龍報 貫玉牽 貴調恍	雨 イ玉馳 龍龍車 胡鳳胡	樹 サ車極 禄牽司 印石報	花 サ牽貴 玉車禄 極貫馳	陽 サ禄将 牽司調 報玉極	灯 サ司禄 鳳禄鳳 庫龍貴	山 サ鳳将 車調石 貴牽極	地 サ調禄 車鳳貫 胡車貴	鉄 サ貫恍 龍石玉 印司将	宝 サ石胡 牽貫車 極禄禄	海 サ龍報 司玉司 報調恍	雨 サ玉馳 車龍禄 庫鳳胡	
10月	鉄 タ貫恍 調石玉 極車堂	宝 タ石胡 鳳貫龍 印牽南	海 タ龍報 禄司牽 胡禄南	雨 タ玉馳 鳳禄車 貴司堂	樹 ト車極 玉調司 堂鳳印	花 ト牽貴 牽司禄 恍調庫	陽 ト禄将 調鳳調 将貫庫	灯 ト司禄 鳳調鳳 南石印	山 ト鳳将 鳳貫石 胡龍庫	地 ト調禄 鳳石貫 貴玉印	鉄 ト貫恍 龍龍玉 堂車堂	宝 ト石胡 調玉龍 恍牽南	海 ト龍報 石車司 将禄南	雨 ト玉馳 車牽禄 南司堂	樹 ネ車極 貫禄調 禄鳳印
11月	宝 イ石胡 車司龍 堂車恍	海 イ龍報 車鳳牽 貴司禄	雨 イ玉馳 龍調車 胡禄将	樹 サ車極 調貫司 印調貴	花 サ牽貴 玉玉禄 極鳳極	陽 サ禄将 牽車調 報石馳	灯 サ司禄 鳳牽鳳 庫貫報	山 サ鳳将 車禄石 貴玉馳	地 サ調禄 車司貫 胡龍報	鉄 サ貫恍 龍鳳玉 印牽胡	宝 サ石胡 牽調龍 極車恍	海 サ龍報 司貫司 報司禄	雨 サ玉馳 車石禄 庫禄将	樹 ウ車極 車龍調 馳調貴	
12月	宝 タ石胡 鳳鳳龍 印玉貴	海 タ龍報 禄石牽 胡車将	雨 タ玉馳 鳳貫車 貴牽禄	樹 ト車極 玉玉司 堂禄恍	花 ト牽貴 牽龍禄 恍司胡	陽 ト禄将 調牽調 将鳳報	灯 ト司禄 鳳車鳳 南調馳	山 ト鳳将 鳳司石 胡貫報	地 ト調禄 鳳禄貫 貴石馳	鉄 ト貫恍 龍調玉 堂龍極	宝 ト石胡 調鳳龍 恍玉貴	海 ト龍報 石石司 将車将	雨 ト玉馳 車貫禄 南牽禄	樹 ネ車極 貫玉調 禄禄恍	花 ネ牽貴 貫龍鳳 禄司胡

1931年（昭和6年）

1931年(昭和6年)	1日	2日	3日	4日	5日	6日	7日	8日	9日	10日	11日	12日	13日	14日	15日	16日	17日	18日	19日	20日	21日	22日	23日	24日	25日	26日	27日	28日	29日	30日	31日
1月	陽 ネ禄将 鳳牽石 南鳳報	灯 ネ司禄 石車貫 将調馳	山 ネ鳳将 玉司玉 将貫報	地 ネ調禄 貫禄龍 南石馳	鉄 ネ貫恍 貫調牽 禄龍極	宝 ネ石胡 貫鳳龍 禄龍印	海 ネ龍報 玉石牽 南牽堂	雨 ネ玉馳 調貫車 将車南	樹 イ車極 玉玉司 恍司南	花 イ牽貴 龍龍禄 堂禄堂	陽 イ禄将 鳳牽調 貴調印	灯 イ司禄 龍車鳳 胡鳳庫	山 イ鳳将 牽司石 南石印	地 イ調禄 調禄貫 将貫庫	鉄 イ貫恍 玉調玉 恍玉庫	宝 イ石胡 禄貫龍 堂龍印	海 イ龍報 貫玉牽 貴牽堂	雨 イ玉馳 龍龍車 胡車南	樹 サ車極 禄司司 印司南	花 サ牽貴 玉禄禄 極禄堂	陽 サ禄将 牽調調 報調印	灯 サ司禄 鳳鳳鳳 庫鳳庫	山 サ鳳将 車石石 貴石印	地 サ調禄 車貫貫 胡貫庫	鉄 サ貫恍 龍玉玉 印玉庫	宝 サ石胡 牽龍車 極龍印	海 サ龍報 司牽司 報牽堂	雨 サ玉馳 車車禄 庫車南	樹 ウ車極 車司調 馳司南	花 ウ牽貴 車禄鳳 馳禄堂	陽 ウ禄将 鳳調石 庫調印
2月	灯 ウ司禄 牽鳳貫 報鳳庫	山 ウ鳳将 司石玉 報石印	地 ウ調禄 貫貫龍 庫貫庫	鉄 ウ貫恍 禄玉牽 馳玉庫	宝 ウ貫堂 禄玉車 馳石報	海 ウ玉印 調車司 庫龍胡	雨 ウ龍庫 牽牽禄 報玉恍	樹 タ牽庫 司禄調 極車禄	花 タ車印 鳳司鳳 印牽将	陽 タ司堂 鳳鳳石 胡禄貴	灯 タ禄南 禄調貫 貴司極	山 タ調堂 調貫玉 庫鳳貴	地 タ鳳南 牽玉龍 報調極	鉄 タ石南 調車牽 極貫馳	宝 タ貫堂 貫牽禄 印石報	海 タ玉印 禄禄調 胡龍胡	雨 タ龍庫 鳳司鳳 貴玉恍	樹 ト牽庫 禄鳳司 堂車禄	花 ト車印 牽調禄 恍牽将	陽 ト司堂 調龍調 将禄貴	灯 ト禄南 鳳玉鳳 南司極	山 ト調堂 鳳車石 胡鳳貴	地 ト鳳南 鳳牽貫 貴調極	鉄 ト石南 龍禄玉 堂貫馳	宝 ト貫堂 調司龍 恍石報	海 ト玉印 石鳳牽 将龍胡	雨 ト龍庫 車調車 南玉恍	樹 ネ牽庫 貫貫司 禄車禄			
3月	花 ネ車印 貫石禄 禄牽将	陽 ネ司堂 鳳龍調 南禄貴	灯 ネ禄南 石玉鳳 将司極	山 ネ調堂 玉車石 将鳳貴	地 ネ鳳南 貫牽貫 南調極	鉄 ネ石南 龍司牽 禄石報	宝 ネ貫堂 貫禄車 禄貫馳	海 ネ玉印 玉調司 南玉極	雨 ネ龍庫 調鳳禄 将龍貴	樹 イ牽庫 玉石調 恍牽将	花 イ車印 龍貫鳳 堂車禄	陽 イ司堂 鳳玉石 貴司恍	灯 イ禄南 龍龍貫 胡禄胡	山 イ調堂 牽牽玉 南調恍	地 イ鳳南 調車龍 将鳳胡	鉄 イ石南 玉司司 恍石報	宝 イ貫堂 禄禄禄 堂貫馳	海 イ玉印 貫調調 貴玉極	雨 イ龍庫 龍鳳車 胡龍貴	樹 サ牽庫 禄石司 印牽将	花 サ車印 玉貫禄 極車禄	陽 サ司堂 牽玉調 報司恍	灯 サ禄南 鳳龍鳳 庫禄胡	山 サ調堂 車牽石 貴調恍	地 サ鳳南 車車貫 胡鳳胡	鉄 サ石南 龍司玉 印石報	宝 サ貫堂 牽禄龍 極貫馳	海 サ玉印 司調牽 報玉極	雨 サ龍庫 車鳳車 庫龍貴	樹 ウ牽庫 車石司 馳牽将	花 ウ車印 車貫禄 馳車禄
4月	陽 ウ司堂 鳳玉調 庫司恍	灯 ウ禄南 牽龍鳳 報禄胡	山 ウ調堂 司牽石 報調恍	地 ウ鳳南 貫車貫 庫鳳胡	鉄 ウ石南 禄司玉 馳石報	宝 ウ貫堂 禄禄車 馳調庫	海 ウ玉印 調調司 庫貫庫	雨 ウ龍庫 牽鳳禄 報石印	樹 タ牽庫 司石調 極龍堂	花 タ車印 鳳貫鳳 印玉南	陽 タ司堂 鳳玉石 胡車南	灯 タ禄南 禄龍貫 貴牽堂	山 タ調堂 調牽玉 庫禄南	地 タ鳳南 牽車龍 報司堂	鉄 タ石南 調司牽 極鳳印	宝 タ貫堂 貫鳳禄 印調庫	海 タ玉印 禄石調 胡貫庫	雨 タ龍庫 鳳貫鳳 貴石印	樹 ト牽庫 禄禄司 堂龍堂	花 ト車印 牽司禄 恍玉南	陽 ト司堂 調鳳調 将車南	灯 ト禄南 鳳調鳳 南牽堂	山 ト調堂 鳳貫石 胡禄南	地 ト鳳南 鳳石貫 貴司堂	鉄 ト石南 龍龍玉 堂鳳印	宝 ト貫堂 調玉龍 恍調庫	海 ト玉印 石車牽 将貫庫	雨 ト龍庫 車牽車 南石印	樹 ネ牽庫 貫禄司 禄龍堂	花 ネ車印 貫司禄 禄玉南	
5月	陽 ネ司堂 鳳鳳調 南車南	灯 ネ禄南 石調鳳 将牽堂	山 ネ調堂 玉貫石 将禄南	地 ネ鳳南 貫石貫 南司堂	鉄 ネ石南 貫龍玉 禄鳳印	宝 ネ貫堂 貫玉車 禄鳳極	海 ネ玉印 玉車司 南石馳	雨 ネ龍庫 調牽禄 将貫報	樹 イ牽庫 玉禄調 恍玉胡	花 イ車印 龍司鳳 堂龍恍	陽 イ司堂 鳳鳳石 貴牽禄	灯 イ禄南 龍司貫 胡車将	山 イ調堂 牽鳳玉 南司禄	地 イ鳳南 調調龍 将禄将	鉄 イ石南 玉貫牽 恍調貴	宝 イ貫堂 禄石禄 堂鳳極	海 イ玉印 貫龍調 貴石馳	雨 イ龍庫 龍玉鳳 胡貫報	樹 サ牽庫 禄車司 印玉胡	花 サ車印 玉牽禄 極龍恍	陽 サ司堂 牽貫調 報牽禄	灯 サ禄南 鳳石鳳 庫車将	山 サ調堂 車龍石 貴司禄	地 サ鳳南 車玉貫 胡禄将	鉄 サ石南 龍車玉 印調貴	宝 サ貫堂 牽牽龍 極鳳極	海 サ玉印 司禄牽 報石馳	雨 サ龍庫 車司車 庫貫報	樹 ウ牽庫 車鳳司 馳玉胡	花 ウ車印 車調禄 馳龍恍	陽 ウ司堂 鳳貫調 庫牽禄
6月	灯 ウ禄南 牽石鳳 報車将	山 ウ調堂 司龍石 報司禄	地 ウ鳳南 貫玉貫 庫禄将	鉄 ウ石南 禄車玉 馳調貴	宝 ウ貫堂 禄牽龍 馳鳳極	海 ウ玉印 車禄牽 庫石馳	雨 ウ龍庫 牽車禄 報調馳	樹 タ牽庫 司司調 極貫極	花 タ車印 鳳禄鳳 印石貴	陽 タ司堂 鳳調石 胡龍将	灯 タ禄南 禄鳳貫 貴玉禄	山 タ調堂 調石玉 庫車将	地 タ鳳南 牽貫龍 報牽禄	鉄 タ石南 調玉牽 極禄恍	宝 タ貫堂 鳳龍車 印司胡	海 タ玉印 禄牽司 胡鳳報	雨 タ龍庫 鳳車鳳 貴調馳	樹 ト牽庫 玉司石 堂貫極	花 ト車印 牽禄貫 恍石貴	陽 ト司堂 調調調 将龍将	灯 ト禄南 鳳鳳鳳 南玉禄	山 ト調堂 鳳石石 胡車将	地 ト鳳南 鳳貫貫 貴牽禄	鉄 ト石南 龍玉玉 堂禄恍	宝 ト貫堂 調龍龍 恍司胡	海 ト玉印 石牽牽 将鳳報	雨 ト龍庫 車禄車 南調馳	樹 ネ牽庫 貫調司 禄貫極	花 ネ車印 貫鳳禄 禄石貴	陽 ネ司堂 鳳石調 南龍将	
7月	灯 ネ禄南 石貫鳳 将玉禄	山 ネ調堂 玉玉石 将車将	地 ネ鳳南 貫龍貫 南牽禄	鉄 ネ石南 貫牽玉 禄禄恍	宝 ネ貫堂 貫車龍 禄司胡	海 ネ玉印 車司牽 南鳳報	雨 ネ龍庫 石禄車 将調馳	樹 イ牽庫 玉調調 恍石庫	花 イ車印 龍鳳鳳 堂貫印	陽 イ司堂 鳳石石 貴玉堂	灯 イ禄南 龍貫貫 胡龍南	山 イ調堂 牽玉玉 南牽堂	地 イ鳳南 石龍龍 将車南	鉄 イ石南 玉牽牽 恍司南	宝 イ貫堂 車車車 堂禄堂	海 イ玉印 車司司 貴調印	雨 イ龍庫 龍禄禄 胡鳳庫	樹 サ牽庫 調石石 印石庫	花 サ車印 石貫貫 極貫印	陽 サ司堂 牽玉玉 報玉堂	灯 サ禄南 鳳鳳鳳 庫龍南	山 サ調堂 龍石石 貴牽堂	地 サ鳳南 車貫貫 胡車南	鉄 サ石南 龍玉玉 印司南	宝 サ貫堂 牽龍龍 極禄堂	海 サ玉印 牽牽牽 報調印	雨 サ龍庫 車車車 庫鳳庫	樹 ウ牽庫 車司司 馳石庫	花 ウ車印 車禄禄 馳貫印	陽 ウ司堂 鳳調調 庫玉堂	灯 ウ禄南 牽鳳鳳 報龍南
8月	山 ウ調堂 司石石 報牽堂	地 ウ鳳南 貫貫貫 庫車南	鉄 ウ石南 禄玉玉 馳司南	宝 ウ貫堂 禄龍龍 馳禄堂	海 ウ玉印 車牽牽 庫調印	雨 ウ龍庫 司車車 報鳳庫	樹 タ牽庫 調司司 極石庫	花 タ車印 鳳司鳳 印調報	陽 タ司堂 鳳鳳石 胡貫胡	灯 タ禄南 禄調貫 貴石恍	山 タ調堂 調貫玉 庫龍胡	地 タ鳳南 牽石龍 報玉恍	鉄 タ石南 調龍牽 極車禄	宝 タ貫堂 鳳玉車 印牽将	海 タ玉印 車車司 胡禄貴	雨 タ龍庫 鳳牽禄 貴司極	樹 ト牽庫 石禄調 堂鳳馳	花 ト車印 牽司貫 恍調報	陽 ト司堂 調車玉 将貫胡	灯 ト禄南 龍牽龍 南石恍	山 ト調堂 禄禄石 胡龍胡	地 ト鳳南 鳳調貫 貴玉恍	鉄 ト石南 龍貫玉 堂車禄	宝 ト貫堂 調石龍 恍牽将	海 ト玉印 石龍牽 将禄貴	雨 ト龍庫 車玉車 南司極	樹 ネ牽庫 貫車司 禄鳳馳	花 ネ車印 貫牽禄 禄調報	陽 ネ司堂 鳳禄調 南貫胡	灯 ネ禄南 石司鳳 将石恍	山 ネ調堂 玉鳳石 将龍胡
9月	地 ネ鳳南 貫調貫 南玉恍	鉄 ネ石南 貫貫玉 禄車禄	宝 ネ貫堂 貫石龍 禄牽将	海 ネ玉印 車龍牽 南禄貴	雨 ネ龍庫 石玉車 将司極	樹 イ牽庫 玉車司 恍鳳馳	花 イ車印 禄牽禄 堂調報	陽 イ司堂 龍禄調 貴貫胡	灯 イ禄南 龍禄貫 胡貫貴	山 イ調堂 牽調玉 南玉極	地 イ鳳南 石鳳龍 将龍貴	鉄 イ石南 玉石牽 恍牽将	宝 イ貫堂 車貫車 堂車禄	海 イ玉印 車玉司 貴司恍	雨 イ龍庫 龍龍禄 胡禄胡	樹 サ牽庫 牽牽調 印調報	花 サ車印 石車鳳 極鳳馳	陽 サ司堂 牽司石 報石極	灯 サ禄南 禄禄龍 庫貫貴	山 サ調堂 龍調牽 貴玉極	地 サ鳳南 車鳳車 胡龍貴	鉄 サ石南 龍石玉 印牽将	宝 サ貫堂 石貫龍 極車禄	海 サ玉印 牽玉牽 報司恍	雨 サ龍庫 車龍車 庫禄胡	樹 ウ牽庫 車牽司 馳調報	花 ウ車印 車車禄 馳鳳馳	陽 ウ司堂 鳳司調 庫石極	灯 ウ禄南 牽禄鳳 報貫貴	山 ウ調堂 司調石 報玉極	
10月	地 ウ鳳南 貫鳳貫 庫龍貴	鉄 ウ石南 禄石玉 馳牽将	宝 ウ貫堂 禄貫龍 馳車禄	海 ウ玉印 車玉牽 庫司恍	雨 ウ龍庫 司龍車 報禄胡	樹 タ牽庫 調牽司 極調報	花 タ車印 禄車禄 印鳳馳	陽 タ司堂 禄司調 胡石極	灯 タ禄南 禄禄貫 貴調印	山 タ調堂 調調玉 庫貫庫	地 タ鳳南 牽鳳龍 報石印	鉄 タ石南 調石牽 極龍堂	宝 タ貫堂 鳳貫車 印玉南	海 タ玉印 車玉司 胡車南	雨 タ龍庫 鳳龍禄 貴牽堂	樹 ト牽庫 石牽調 堂禄印	花 ト車印 牽車鳳 恍司庫	陽 ト司堂 調司石 将鳳庫	灯 ト禄南 龍貫龍 南調印	山 ト調堂 禄玉牽 胡貫庫	地 ト鳳南 鳳龍車 貴石印	鉄 ト石南 龍龍玉 堂龍堂	宝 ト貫堂 調玉龍 恍玉南	海 ト玉印 石車牽 将車南	雨 ト龍庫 車牽車 南牽堂	樹 ネ牽庫 貫禄司 禄禄印	花 ネ車印 貫司禄 禄司庫	陽 ネ司堂 鳳鳳調 南鳳庫	灯 ネ禄南 石調鳳 将調印	山 ネ調堂 玉貫石 将貫庫	地 ネ鳳南 貫石貫 南石印
11月	鉄 ネ石南 貫龍玉 禄龍堂	宝 ネ貫堂 貫玉龍 禄玉南	海 ネ玉印 車車牽 南車南	雨 ネ龍庫 石牽車 将牽堂	樹 イ牽庫 玉禄司 恍禄印	花 イ車印 禄司禄 堂司庫	陽 イ司堂 龍鳳調 貴鳳庫	灯 イ禄南 龍玉貫 胡鳳報	山 イ調堂 牽車玉 南石馳	地 イ鳳南 石牽龍 将貫報	鉄 イ石南 玉禄牽 恍玉胡	宝 イ貫堂 車司車 堂龍恍	海 イ玉印 車鳳司 貴牽禄	雨 イ龍庫 龍調禄 胡車将	樹 サ牽庫 牽貫調 印司貴	花 サ車印 石石鳳 極禄極	陽 サ司堂 牽龍石 報調馳	灯 サ禄南 禄玉龍 庫鳳報	山 サ調堂 龍車牽 貴石馳	地 サ鳳南 車牽車 胡貫報	鉄 サ石南 龍鳳玉 印玉胡	宝 サ貫堂 石調龍 極龍恍	海 サ玉印 牽貫牽 報牽禄	雨 サ龍庫 車石車 庫車将	樹 ウ牽庫 車龍司 馳司貴	花 ウ車印 車玉禄 馳禄極	陽 ウ司堂 鳳車調 庫調馳	灯 ウ禄南 牽牽鳳 報鳳報	山 ウ調堂 司禄石 報石馳	地 ウ鳳南 貫司貫 庫貫報	
12月	鉄 ウ石南 禄鳳玉 馳玉胡	宝 ウ貫堂 禄調龍 馳龍恍	海 ウ玉印 車貫牽 庫牽禄	雨 ウ龍庫 司石車 報車将	樹 タ牽庫 調龍司 極司貴	花 タ車印 禄玉禄 印禄極	陽 タ司堂 禄車調 胡調馳	灯 タ禄南 禄車貫 貴司馳	山 タ調堂 調司玉 庫鳳報	地 タ鳳南 牽禄龍 報調馳	鉄 タ石南 調調牽 極貫極	宝 タ貫堂 鳳鳳車 印石貴	海 タ玉印 車石司 胡龍将	雨 タ龍庫 鳳貫禄 貴玉禄	樹 ト牽庫 石玉調 堂車恍	花 ト車印 牽龍鳳 恍牽胡	陽 ト司堂 調牽石 将禄報	灯 ト禄南 龍車龍 南司馳	山 ト調堂 禄司牽 胡鳳報	地 ト鳳南 鳳禄車 貴調馳	鉄 ト石南 龍調玉 堂貫極	宝 ト貫堂 調鳳龍 恍石貴	海 ト玉印 石石牽 将龍将	雨 ト龍庫 車貫車 南玉禄	樹 ネ牽庫 貫玉司 禄車恍	花 ネ車印 貫龍禄 禄牽胡	陽 ネ司堂 鳳牽調 南禄報	灯 ネ禄南 石車鳳 将司馳	山 ネ調堂 玉司石 将鳳報	地 ネ鳳南 貫禄貫 南調馳	鉄 ネ石南 貫調玉 禄貫極

1932年(昭和7年)

	1日	2日	3日	4日	5日	6日	7日	8日	9日	10日	11日	12日	13日	14日	15日	16日	17日	18日	19日	20日	21日	22日	23日	24日	25日	26日	27日	28日	29日	30日	31日
1月	宝 ネ貫堂 貫鳳龍 禄石貴	海 ネ玉印 車石牽 南龍将	雨 ネ龍庫 石貫車 将玉禄	樹 イ牽庫 玉玉司 恍車恍	花 イ車印 禄龍禄 堂牽胡	陽 イ司堂 鳳牽石 貴司印	灯 イ禄南 龍車貫 胡禄庫	山 イ調堂 牽司玉 南調印	地 イ鳳南 石禄龍 将鳳庫	鉄 イ石南 玉調牽 恍石庫	宝 イ貫堂 車鳳車 堂貫印	海 イ玉印 車石司 貴玉堂	雨 イ龍庫 龍貫禄 胡龍南	樹 サ牽庫 牽玉調 印牽南	花 サ車印 石龍鳳 極車堂	陽 サ司堂 牽司玉 報司印	灯 サ禄南 禄禄龍 庫禄庫	山 サ調堂 龍調牽 貴調印	地 サ鳳南 車貫貫 胡鳳庫	鉄 サ石南 龍玉玉 印石庫	宝 サ貫堂 牽龍龍 極貫印	海 サ玉印 牽牽牽 報玉堂	雨 サ龍庫 車車車 庫龍南	樹 ウ牽庫 車司司 馳牽南	花 ウ車印 車禄禄 馳車堂	陽 ウ司堂 鳳調調 庫司印	灯 ウ禄南 牽鳳鳳 報禄庫	山 ウ調堂 司石石 報調印	地 ウ鳳南 貫貫貫 庫鳳庫	鉄 ウ石南 禄玉玉 馳石庫	宝 ウ貫堂 禄龍龍 馳貫印
2月	海 ウ玉印 車牽牽 庫玉堂	雨 ウ龍庫 司車車 報龍南	樹 タ牽庫 調司司 極牽南	花 タ車印 禄禄禄 印車堂	陽 タ車胡 鳳鳳鳳 胡車貴	灯 タ牽恍 禄調調 貴牽極	山 タ禄胡 調貫貫 庫禄貴	地 タ司恍 牽石石 報司極	鉄 タ鳳禄 調龍龍 極鳳馳	宝 タ調将 鳳玉玉 印調報	海 タ貫貴 車車車 胡貫胡	雨 タ石極 鳳牽牽 貴石恍	樹 ト龍馳 石鳳禄 堂龍禄	花 ト玉報 牽調司 恍玉将	陽 ト車胡 調貫鳳 将車貴	灯 ト牽恍 龍石牽 南牽極	山 ト禄胡 禄龍禄 胡禄貴	地 ト司恍 鳳玉司 貴司極	鉄 ト鳳禄 龍車貫 堂鳳馳	宝 ト調将 調司石 恍調報	海 ト貫貴 石鳳龍 将貫胡	雨 ト石極 車調玉 南石恍	樹 ネ龍馳 貫貫車 禄龍禄	花 ネ玉報 貫石牽 禄玉将	陽 ネ車胡 鳳龍禄 南車貴	灯 ネ牽恍 石玉司 将牽極	山 ネ禄胡 玉車鳳 将禄貴	地 ネ司恍 貫牽調 南司極	鉄 ネ鳳禄 貫禄貫 禄鳳馳		
3月	宝 ネ調将 貫司石 禄調報	海 ネ貫貴 車鳳龍 南貫胡	雨 ネ石極 石調玉 将石恍	樹 イ龍馳 玉貫車 恍龍禄	花 イ玉報 禄石牽 堂玉将	陽 イ車胡 鳳玉鳳 貴牽恍	灯 イ牽恍 龍龍調 胡車胡	山 イ禄胡 牽牽貫 南司恍	地 イ司恍 石車石 将禄胡	鉄 イ鳳禄 玉司龍 恍調報	宝 イ調将 車禄玉 堂鳳馳	海 イ貫貴 車調車 貴石極	雨 イ石極 龍鳳牽 胡貫貴	樹 サ龍馳 牽石禄 印玉将	花 サ玉報 石貫司 極龍禄	陽 サ車胡 牽玉鳳 報牽恍	灯 サ牽恍 禄龍牽 庫車胡	山 サ禄胡 龍牽禄 貴司恍	地 サ司恍 車車司 胡禄胡	鉄 サ鳳禄 龍司貫 印調報	宝 サ調将 牽禄石 極鳳馳	海 サ貫貴 牽調龍 報石極	雨 サ石極 車鳳玉 庫貫貴	樹 ウ龍馳 車石車 馳玉将	花 ウ玉報 車貫牽 馳龍禄	陽 ウ車胡 鳳玉禄 庫牽恍	灯 ウ牽恍 牽龍司 報車胡	山 ウ禄胡 司牽鳳 報司恍	地 ウ司恍 貫車調 庫禄胡	鉄 ウ鳳禄 禄司貫 馳調報	宝 ウ調将 禄禄石 馳鳳馳
4月	海 ウ貫貴 車調龍 庫石極	雨 ウ石極 司鳳玉 報貫貴	樹 タ龍馳 調石車 極玉将	花 タ玉報 禄貫牽 印龍禄	陽 タ車胡 鳳玉鳳 胡龍南	灯 タ牽恍 禄龍調 貴玉堂	山 タ禄胡 調牽貫 庫車南	地 タ司恍 牽車石 報牽堂	鉄 タ鳳禄 調司龍 極禄印	宝 タ調将 鳳禄玉 印司庫	海 タ貫貴 車調車 胡鳳庫	雨 タ石極 鳳鳳牽 貴調印	樹 ト龍馳 石石禄 堂貫堂	花 ト玉報 牽貫司 恍石南	陽 ト車胡 調牽鳳 将龍南	灯 ト牽恍 龍車牽 南玉堂	山 ト禄胡 禄司禄 胡車南	地 ト司恍 鳳石司 貴牽堂	鉄 ト鳳禄 龍龍貫 堂禄印	宝 ト調将 調玉石 恍司庫	海 ト貫貴 石車龍 将鳳庫	雨 ト石極 車牽玉 南調印	樹 ネ龍馳 貫禄車 禄貫堂	花 ネ玉報 貫司牽 禄石南	陽 ネ車胡 鳳鳳禄 南龍南	灯 ネ牽恍 石調司 将玉堂	山 ネ禄胡 玉貫鳳 将車南	地 ネ司恍 貫石調 南牽堂	鉄 ネ鳳禄 貫龍貫 禄禄印	宝 ネ調将 貫玉石 禄司庫	
5月	海 ネ貫貴 車車龍 南鳳庫	雨 ネ石極 石牽玉 将調印	樹 イ龍馳 玉禄車 恍貫堂	花 イ玉報 禄司牽 堂石南	陽 イ車胡 龍鳳禄 貴龍南	灯 イ牽恍 龍調調 胡龍将	山 イ禄胡 牽貫貫 南牽禄	地 イ司恍 石石石 将車将	鉄 イ鳳禄 玉龍龍 恍司貴	宝 イ調将 車玉玉 堂禄極	海 イ貫貴 車車車 貴調馳	雨 イ石極 龍玉牽 胡鳳報	樹 サ龍馳 牽車禄 印石胡	花 サ玉報 石牽司 極貫恍	陽 サ車胡 牽禄鳳 報玉禄	灯 サ牽恍 禄司調 庫龍将	山 サ禄胡 龍鳳禄 貴牽禄	地 サ司恍 車調司 胡車将	鉄 サ鳳禄 龍貫鳳 印司貴	宝 サ調将 石石石 極禄極	海 サ貫貴 牽禄龍 報調馳	雨 サ石極 車司玉 庫鳳報	樹 ウ龍馳 車鳳車 馳石胡	花 ウ玉報 車調牽 馳貫恍	陽 ウ車胡 鳳貫禄 庫玉禄	灯 ウ牽恍 牽石司 報龍将	山 ウ禄胡 司龍鳳 報牽禄	地 ウ司恍 貫玉調 庫車将	鉄 ウ鳳禄 禄車貫 馳司貴	宝 ウ調将 禄牽石 馳禄極	海 ウ貫貴 車禄龍 庫調馳
6月	雨 ウ石極 司司玉 報鳳報	樹 タ龍馳 調鳳車 極石胡	花 タ玉報 禄調牽 印貫恍	陽 タ車胡 禄貫禄 胡玉禄	灯 タ牽恍 禄石司 貴龍将	山 タ禄胡 調石貫 庫龍将	地 タ司恍 牽貫石 報玉禄	鉄 タ鳳禄 調玉龍 極車恍	宝 タ調将 鳳龍玉 印牽胡	海 タ貫貴 車牽車 胡禄報	雨 タ石極 鳳車牽 貴司馳	樹 ト龍馳 石司禄 堂鳳極	花 ト玉報 牽禄司 恍調貴	陽 ト車胡 調調鳳 将貫将	灯 ト牽恍 貫鳳調 南石禄	山 ト禄胡 貫石貫 胡龍将	地 ト司恍 鳳貫司 貴玉禄	鉄 ト鳳禄 牽玉鳳 堂車恍	宝 ト調将 調龍調 恍牽胡	海 ト貫貴 石牽龍 将禄報	雨 ト石極 車車玉 南司馳	樹 ネ龍馳 貫司車 禄鳳極	花 ネ玉報 貫禄牽 禄調貴	陽 ネ車胡 鳳調禄 南貫将	灯 ネ牽恍 石鳳司 将石禄	山 ネ禄胡 玉玉鳳 将龍将	地 ネ司恍 貫龍調 南玉禄	鉄 ネ鳳禄 貫牽貫 禄車恍	宝 ネ調将 貫車石 禄牽胡	海 ネ貫貴 車司龍 南禄報	
7月	雨 ネ石極 石禄玉 将司馳	樹 イ龍馳 玉調車 恍鳳極	花 イ玉報 禄鳳牽 堂調貴	陽 イ車胡 龍石禄 貴貫将	灯 イ牽恍 龍貫司 胡石禄	山 イ禄胡 貫玉鳳 南龍将	地 イ司恍 石龍石 将龍南	鉄 イ鳳禄 玉牽龍 恍牽南	宝 イ調将 車車玉 堂車堂	海 イ貫貴 車司車 貴司印	雨 イ石極 龍禄牽 胡禄庫	樹 サ龍馳 牽調禄 印調庫	花 サ玉報 石鳳司 極鳳印	陽 サ車胡 牽石鳳 報石堂	灯 サ牽恍 車貫調 庫貫南	山 サ禄胡 龍玉貫 貴玉堂	地 サ司恍 車車石 胡龍南	鉄 サ鳳禄 調司鳳 印牽南	宝 サ調将 石禄調 極車堂	海 サ貫貴 牽牽貫 報司印	雨 サ石極 車車玉 庫禄庫	樹 ウ龍馳 車司車 馳調庫	花 ウ玉報 車禄牽 馳鳳印	陽 ウ車胡 鳳調禄 庫石堂	灯 ウ牽恍 牽鳳司 報貫南	山 ウ禄胡 司石鳳 報玉堂	地 ウ司恍 貫貫調 庫龍南	鉄 ウ鳳禄 禄玉貫 馳牽南	宝 ウ調将 禄龍石 馳車堂	海 ウ貫貴 車牽龍 庫司印	雨 ウ石極 司車玉 報禄庫
8月	樹 タ龍馳 調司車 極調庫	花 タ玉報 禄禄牽 印鳳印	陽 タ車胡 禄調禄 胡石堂	灯 タ牽恍 禄鳳司 貴貫南	山 タ禄胡 貫石鳳 庫玉堂	地 タ司恍 司貫調 報龍南	鉄 タ鳳禄 調玉貫 極牽南	宝 タ調将 鳳玉玉 印玉将	海 タ貫貴 車車車 胡車貴	雨 タ石極 鳳牽牽 貴牽極	樹 ト龍馳 石禄禄 堂禄馳	花 ト玉報 司司司 恍司報	陽 ト車胡 調鳳鳳 将鳳胡	灯 ト牽恍 貫調調 南調恍	山 ト禄胡 貫貫貫 胡貫胡	地 ト司恍 鳳石石 貴石恍	鉄 ト鳳禄 石龍龍 堂龍禄	宝 ト調将 司玉玉 恍玉将	海 ト貫貴 石貫貫 将車貴	雨 ト石極 龍石石 南牽極	樹 ネ龍馳 鳳龍龍 禄禄馳	花 ネ玉報 貫牽牽 禄司報	陽 ネ車胡 鳳禄禄 南鳳胡	灯 ネ牽恍 石司司 将調恍	山 ネ禄胡 石鳳鳳 将貫胡	地 ネ司恍 貫調調 南石恍	鉄 ネ鳳禄 貫貫貫 禄龍禄	宝 ネ調将 貫石石 禄玉将	海 ネ貫貴 車龍龍 南車貴	雨 ネ石極 石玉玉 将牽極	樹 イ龍馳 玉車車 恍禄馳
9月	花 イ玉報 禄牽牽 堂司報	陽 イ車胡 龍禄禄 貴鳳胡	灯 イ牽恍 龍司司 胡調恍	山 イ禄胡 貫鳳鳳 南貫胡	地 イ司恍 玉調調 将石恍	鉄 イ鳳禄 牽貫貫 恍龍禄	宝 イ調将 龍石石 堂玉将	海 イ貫貴 車玉車 貴牽恍	雨 イ石極 龍龍牽 胡車胡	樹 サ龍馳 牽牽禄 印司報	花 サ玉報 石車司 極禄馳	陽 サ車胡 牽司鳳 報調極	灯 サ牽恍 車禄調 庫鳳貴	山 サ禄胡 貫調貫 貴石極	地 サ司恍 車鳳石 胡貫貴	鉄 サ鳳禄 司石龍 印玉将	宝 サ調将 石貫玉 極龍禄	海 サ貫貴 牽玉車 報牽恍	雨 サ石極 鳳龍石 庫車胡	樹 ウ龍馳 龍牽龍 馳司報	花 ウ玉報 車車玉 馳禄馳	陽 ウ車胡 鳳司禄 庫調極	灯 ウ牽恍 牽禄司 報鳳貴	山 ウ禄胡 司調鳳 報石極	地 ウ司恍 貫鳳調 庫貫貴	鉄 ウ鳳禄 禄石貫 馳玉将	宝 ウ調将 禄貫石 馳龍禄	海 ウ貫貴 車玉龍 庫牽恍	雨 ウ石極 司龍玉 報車胡	樹 タ龍馳 調牽車 極司報	
10月	花 タ玉報 禄車牽 印禄馳	陽 タ車胡 禄司禄 胡調極	灯 タ牽恍 禄禄司 貴鳳貴	山 タ禄胡 貫調鳳 庫石極	地 タ司恍 司鳳調 報貫貴	鉄 タ鳳禄 調石貫 極玉将	宝 タ調将 龍貫石 印龍禄	海 タ貫貴 車玉車 胡龍南	雨 タ石極 鳳龍牽 貴玉堂	樹 ト龍馳 石牽禄 堂車印	花 ト玉報 司車司 恍牽庫	陽 ト車胡 調司鳳 将禄庫	灯 ト牽恍 貫禄調 南司印	山 ト禄胡 貫調貫 胡鳳庫	地 ト司恍 鳳鳳石 貴調印	鉄 ト鳳禄 石石龍 堂貫堂	宝 ト調将 司貫玉 恍石南	海 ト貫貴 石司車 将龍南	雨 ト石極 龍禄石 南玉堂	樹 ネ龍馳 鳳調龍 禄車印	花 ネ玉報 貫司玉 禄牽庫	陽 ネ車胡 鳳鳳禄 南禄庫	灯 ネ牽恍 石調司 将司印	山 ネ禄胡 石貫鳳 将鳳庫	地 ネ司恍 貫石調 南調印	鉄 ネ鳳禄 貫龍貫 禄貫堂	宝 ネ調将 貫玉石 禄石南	海 ネ貫貴 車車龍 南龍南	雨 ネ石極 石牽玉 将玉堂	樹 イ龍馳 玉禄車 恍車印	花 イ玉報 禄司牽 堂牽庫
11月	陽 イ車胡 龍鳳禄 貴禄庫	灯 イ牽恍 龍調司 胡司印	山 イ禄胡 貫貫鳳 南鳳庫	地 イ司恍 玉石調 将調印	鉄 イ鳳禄 牽龍貫 恍貫堂	宝 イ調将 龍玉石 堂石南	海 イ貫貴 車鳳車 貴玉禄	雨 イ石極 龍調牽 胡龍将	樹 サ龍馳 牽貫禄 印牽貴	花 サ玉報 石石司 極車極	陽 サ車胡 牽龍鳳 報司馳	灯 サ牽恍 車玉調 庫禄報	山 サ禄胡 貫車貫 貴調馳	地 サ司恍 車牽石 胡鳳報	鉄 サ鳳禄 司禄龍 印石胡	宝 サ調将 石司玉 極貫恍	海 サ貫貴 牽鳳車 報玉禄	雨 サ石極 鳳調石 庫龍将	樹 ウ龍馳 龍貫龍 馳牽貴	花 ウ玉報 車玉玉 馳車極	陽 ウ車胡 鳳車禄 庫司馳	灯 ウ牽恍 牽牽司 報禄報	山 ウ禄胡 司禄鳳 報調馳	地 ウ司恍 貫司調 庫鳳報	鉄 ウ鳳禄 禄鳳貫 馳石胡	宝 ウ調将 禄調石 馳貫恍	海 ウ貫貴 車貫龍 庫玉禄	雨 ウ石極 司石玉 報龍将	樹 タ龍馳 調龍車 極牽貴	花 タ玉報 禄玉牽 印車極	
12月	陽 タ車胡 禄車禄 胡司馳	灯 タ牽恍 禄牽司 貴禄報	山 タ禄胡 貫禄鳳 庫調馳	地 タ司恍 司司調 報鳳報	鉄 タ鳳禄 調鳳貫 極石胡	宝 タ調将 龍調石 印貫恍	海 タ貫貴 車石車 胡貫将	雨 タ石極 鳳貫牽 貴石禄	樹 ト龍馳 石玉禄 堂龍恍	花 ト玉報 司龍司 恍玉胡	陽 ト車胡 調牽鳳 将車報	灯 ト牽恍 貫車調 南牽馳	山 ト禄胡 貫司貫 胡禄報	地 ト司恍 鳳禄石 貴司馳	鉄 ト鳳禄 石調龍 堂鳳極	宝 ト調将 司鳳玉 恍調貴	海 ト貫貴 石石車 将貫将	雨 ト石極 龍貫石 南石禄	樹 ネ龍馳 鳳玉龍 禄龍恍	花 ネ玉報 貫龍玉 禄玉胡	陽 ネ車胡 鳳牽禄 南車報	灯 ネ牽恍 石車司 将牽馳	山 ネ禄胡 石司鳳 将禄報	地 ネ司恍 貫禄調 南司馳	鉄 ネ鳳禄 貫調貫 禄鳳極	宝 ネ調将 貫鳳石 禄調貴	海 ネ貫貴 車石龍 南貫将	雨 ネ石極 石貫玉 将石禄	樹 イ龍馳 玉玉車 恍龍恍	花 イ玉報 禄龍牽 堂玉胡	陽 イ車胡 龍牽禄 貴車報

1933年（昭和8年）

1933年(昭和8年)

	1日	2日	3日	4日	5日	6日	7日	8日	9日	10日	11日	12日	13日	14日	15日	16日	17日	18日	19日	20日	21日	22日	23日	24日	25日	26日	27日	28日	29日	30日	31日
1月	灯 イ牽恍 龍車司 胡牽馳	山 イ禄胡 貫司鳳 南禄報	地 イ司恍 玉禄調 将司馳	鉄 イ鳳禄 牽調貫 恍鳳極	宝 イ調将 龍鳳石 堂調貴	海 イ貫貴 車石車 貴石堂	雨 イ石極 龍貫牽 胡貫南	樹 サ龍馳 牽玉禄 印玉南	花 サ玉報 石龍司 極龍堂	陽 サ車胡 牽牽鳳 報牽印	灯 サ牽恍 車車調 庫車庫	山 サ禄胡 貫司貫 貴司印	地 サ司恍 車禄石 胡禄庫	鉄 サ鳳禄 司調龍 印調庫	宝 サ調将 石鳳玉 極鳳印	海 サ貫貴 牽玉車 報石堂	雨 サ石極 鳳龍石 庫貫南	樹 ウ龍馳 龍牽龍 馳玉南	花 ウ玉報 車禄玉 馳龍堂	陽 ウ車胡 鳳調禄 庫牽印	灯 ウ牽恍 牽鳳司 報車庫	山 ウ禄胡 司石鳳 報司印	地 ウ司恍 貫貫調 庫禄庫	鉄 ウ鳳禄 禄玉貫 馳調庫	宝 ウ調将 禄龍石 馳鳳印	海 ウ貫貴 車牽龍 庫石堂	雨 ウ石極 司車玉 報貫南	樹 タ龍馳 調司車 極玉南	花 タ玉報 禄禄牽 印龍堂	陽 タ車胡 禄調禄 胡牽印	灯 タ牽恍 禄鳳司 貴車庫
2月	山 タ禄胡 貫石鳳 庫司印	地 タ司恍 司貫調 報禄庫	鉄 タ鳳禄 調玉貫 極調庫	宝 タ鳳禄 鳳玉貫 印司報	海 タ石恍 車車玉 胡鳳胡	雨 タ貫胡 鳳牽龍 貴調恍	樹 ト玉報 石禄牽 堂貫禄	花 ト龍馳 司司車 恍石将	陽 ト牽極 調鳳司 将龍貴	灯 ト車貴 貫調禄 南玉極	山 ト司極 貫貫調 胡車貴	地 ト禄貴 鳳玉鳳 貴牽極	鉄 ト調将 石車石 堂禄馳	宝 ト鳳禄 司牽貫 恍司報	海 ト石恍 石禄玉 将鳳胡	雨 ト貫胡 龍司龍 南調恍	樹 ネ玉報 鳳鳳牽 禄貫禄	花 ネ龍馳 貫調車 禄石将	陽 ネ牽極 鳳龍司 南龍貴	灯 ネ車貴 石玉禄 将玉極	山 ネ司極 石車調 将車貴	地 ネ禄貴 貫牽鳳 南牽極	鉄 ネ調将 貫禄石 禄禄馳	宝 ネ鳳禄 貫司貫 禄司報	海 ネ石恍 車鳳玉 南鳳胡	雨 ネ貫胡 石調龍 将調恍	樹 イ玉報 玉貫牽 恍貫禄	花 イ龍馳 禄石車 堂石将			
3月	陽 イ牽極 龍龍司 貴龍貴	灯 イ車貴 龍玉禄 胡玉極	山 イ司極 貫車調 南車貴	地 イ禄貴 玉牽鳳 将牽極	鉄 イ調将 牽禄石 恍禄馳	宝 イ鳳禄 車禄貫 堂禄馳	海 イ石恍 車調玉 貴調極	雨 イ貫胡 龍鳳龍 胡鳳貴	樹 サ玉報 牽石牽 印石将	花 サ龍馳 石貫車 極貫禄	陽 サ牽極 牽玉司 報玉恍	灯 サ車貴 車龍禄 庫龍胡	山 サ司極 貫牽調 貴牽恍	地 サ禄貴 車車鳳 胡車胡	鉄 サ調将 司司石 印司報	宝 サ鳳禄 石禄貫 極禄馳	海 サ石恍 牽調玉 報調極	雨 サ貫胡 鳳鳳龍 庫鳳貴	樹 ウ玉報 龍石牽 馳石将	花 ウ龍馳 車貫車 馳貫禄	陽 ウ牽極 鳳玉司 庫玉恍	灯 ウ車貴 牽龍禄 報龍胡	山 ウ司極 司牽調 報牽恍	地 ウ禄貴 貫車鳳 庫車胡	鉄 ウ調将 禄司石 馳司報	宝 ウ鳳禄 禄禄貫 馳禄馳	海 ウ石恍 車調玉 庫調極	雨 ウ貫胡 司鳳龍 報鳳貴	樹 タ玉報 調石牽 極石将	花 タ龍馳 禄貫車 印貫禄	陽 タ牽極 禄玉司 胡玉恍
4月	灯 タ車貴 禄龍禄 貴龍胡	山 タ司極 貫牽調 庫牽恍	地 タ禄貴 司車鳳 報車胡	鉄 タ調将 調司石 極司報	宝 タ鳳禄 鳳禄貫 印牽庫	海 タ石恍 車調玉 胡禄庫	雨 タ貫胡 鳳鳳龍 貴司印	樹 ト玉報 石石牽 堂鳳堂	花 ト龍馳 司貫車 恍調南	陽 ト牽極 調玉司 将貫南	灯 ト車貴 貫龍禄 南石堂	山 ト司極 貫牽調 胡龍南	地 ト禄貴 鳳車鳳 貴玉堂	鉄 ト調将 石司石 堂車印	宝 ト鳳禄 司鳳貫 恍牽庫	海 ト石恍 石石玉 将禄庫	雨 ト貫胡 龍貫龍 南司印	樹 ネ玉報 鳳禄牽 禄鳳堂	花 ネ龍馳 貫司車 禄調南	陽 ネ牽極 鳳鳳司 南貫南	灯 ネ車貴 石調禄 将石堂	山 ネ司極 石貫調 将龍南	地 ネ禄貴 貫石鳳 南玉堂	鉄 ネ調将 貫龍石 禄車印	宝 ネ鳳禄 貫玉貫 禄牽庫	海 ネ石恍 車車玉 南禄庫	雨 ネ貫胡 石牽龍 将司印	樹 イ玉報 玉禄牽 恍鳳堂	花 イ龍馳 禄司車 堂調南	陽 イ牽極 龍鳳司 貴貫南	
5月	灯 イ車貴 龍調禄 胡石堂	山 イ司極 貫貫調 南龍南	地 イ禄貴 玉石鳳 将玉堂	鉄 イ調将 牽龍石 恍車印	宝 イ鳳禄 龍玉貫 堂牽庫	海 イ石恍 車車玉 貴司馳	雨 イ貫胡 龍牽龍 胡禄報	樹 サ玉報 牽禄牽 印調胡	花 サ龍馳 石司車 極鳳恍	陽 サ牽極 牽鳳司 報石禄	灯 サ車貴 車調禄 庫貫将	山 サ司極 貫鳳調 貴玉禄	地 サ禄貴 車調鳳 胡龍将	鉄 サ調将 司貫石 印牽貴	宝 サ鳳禄 石石貫 極車極	海 サ石恍 牽龍玉 報司馳	雨 サ貫胡 鳳玉龍 庫禄報	樹 ウ玉報 龍車牽 馳調胡	花 ウ龍馳 車牽車 馳鳳恍	陽 ウ牽極 鳳禄司 庫石禄	灯 ウ車貴 牽石禄 報貫将	山 ウ司極 司龍調 報玉禄	地 ウ禄貴 貫玉鳳 庫龍将	鉄 ウ調将 禄車石 馳牽貴	宝 ウ鳳禄 禄牽貫 馳車極	海 ウ石恍 車禄玉 庫司馳	雨 ウ貫胡 司司龍 報禄報	樹 タ玉報 調鳳牽 極調胡	花 タ龍馳 禄調車 印鳳恍	陽 タ牽極 禄貫司 胡石禄	灯 タ車貴 禄石禄 貴貫将
6月	山 タ司極 貫龍調 庫玉禄	地 タ禄貴 司玉鳳 報龍将	鉄 タ調将 調車石 極牽貴	宝 タ鳳禄 龍牽貫 印車極	海 タ石恍 鳳禄玉 胡司馳	雨 タ貫胡 鳳車龍 貴牽馳	樹 ト玉報 石司牽 堂禄極	花 ト龍馳 司禄車 恍司貴	陽 ト牽極 調調司 将鳳将	灯 ト車貴 貫鳳禄 南調禄	山 ト司極 貫石調 胡貫将	地 ト禄貴 鳳貫鳳 貴石禄	鉄 ト調将 石玉石 堂龍恍	宝 ト鳳禄 司龍貫 恍玉胡	海 ト石恍 石牽玉 将車報	雨 ト貫胡 龍車龍 南牽馳	樹 ネ玉報 鳳司牽 禄禄極	花 ネ龍馳 貫禄車 禄司貴	陽 ネ牽極 鳳調司 南鳳将	灯 ネ車貴 司鳳禄 将調禄	山 ネ司極 石石調 将貫将	地 ネ禄貴 貫貫鳳 南石禄	鉄 ネ調将 貫玉石 禄龍恍	宝 ネ鳳禄 貫龍貫 禄玉胡	海 ネ石恍 車牽玉 南車報	雨 ネ貫胡 石禄龍 将牽馳	樹 イ玉報 玉調牽 恍禄極	花 イ龍馳 禄鳳車 堂司貴	陽 イ牽極 龍石司 貴鳳将	灯 イ車貴 龍貫禄 胡調禄	
7月	山 イ司極 貫玉調 南貫将	地 イ禄貴 玉龍鳳 将石禄	鉄 イ調将 牽牽石 恍龍恍	宝 イ鳳禄 龍車貫 堂玉胡	海 イ石恍 龍司玉 貴車報	雨 イ貫胡 龍禄龍 胡牽馳	樹 サ玉報 牽調牽 印司庫	花 サ龍馳 石鳳車 極禄印	陽 サ牽極 牽石司 報調堂	灯 サ車貴 車貫禄 庫鳳南	山 サ司極 貫玉調 貴石堂	地 サ禄貴 車龍鳳 胡貫南	鉄 サ調将 司牽石 印玉南	宝 サ鳳禄 石車貫 極龍堂	海 サ石恍 牽司玉 報牽印	雨 サ貫胡 禄禄龍 庫車庫	樹 ウ玉報 禄石牽 馳司庫	花 ウ龍馳 車貫車 馳禄印	陽 ウ牽極 石玉司 庫調堂	灯 ウ車貴 牽鳳禄 報鳳南	山 ウ司極 司石調 報石堂	地 ウ禄貴 貫貫鳳 庫貫南	鉄 ウ調将 禄玉石 馳玉南	宝 ウ鳳禄 禄龍貫 馳龍堂	海 ウ石恍 車牽玉 庫牽印	雨 ウ貫胡 司車龍 報車庫	樹 タ玉報 調司牽 極司庫	花 タ龍馳 禄禄車 印禄印	陽 タ牽極 禄調司 胡調堂	灯 タ車貴 禄鳳禄 貴鳳南	山 タ司極 貫石調 庫石堂
8月	地 タ禄貴 司貫鳳 報貫南	鉄 タ調将 調玉石 極玉南	宝 タ鳳禄 龍龍貫 印龍堂	海 タ石恍 鳳牽玉 胡牽印	雨 タ貫胡 鳳車龍 貴車庫	樹 ト玉報 禄司牽 堂司庫	花 ト龍馳 調禄車 恍禄印	陽 ト牽極 調鳳司 将禄胡	灯 ト車貴 貫調禄 南司恍	山 ト司極 貫貫調 胡鳳胡	地 ト禄貴 鳳石鳳 貴調恍	鉄 ト調将 石龍石 堂貫禄	宝 ト鳳禄 司玉貫 恍石将	海 ト石恍 石車玉 将龍貴	雨 ト貫胡 貫牽龍 南玉極	樹 ネ玉報 鳳禄牽 禄車馳	花 ネ龍馳 貫司車 禄牽報	陽 ネ牽極 牽鳳司 南禄胡	灯 ネ車貴 司牽禄 将司恍	山 ネ司極 石禄調 将鳳胡	地 ネ禄貴 貫司鳳 南調恍	鉄 ネ調将 貫貫石 禄貫禄	宝 ネ鳳禄 貫石貫 禄石将	海 ネ石恍 車龍玉 南龍貴	雨 ネ貫胡 石玉龍 将玉極	樹 イ玉報 玉車牽 恍車馳	花 イ龍馳 禄牽車 堂牽報	陽 イ牽極 龍禄司 貴禄胡	灯 イ車貴 龍司禄 胡司恍	山 イ司極 貫鳳調 南鳳胡	地 イ禄貴 玉調鳳 将調恍
9月	鉄 イ調将 牽貫石 恍貫禄	宝 イ鳳禄 龍石貫 堂石将	海 イ石恍 龍龍玉 貴龍貴	雨 イ貫胡 龍玉龍 胡玉極	樹 サ玉報 禄車牽 印車馳	花 サ龍馳 玉牽車 極牽報	陽 サ牽極 牽禄司 報禄胡	灯 サ車貴 車禄禄 庫禄貴	山 サ司極 貫調調 貴調極	地 サ禄貴 車鳳鳳 胡鳳貴	鉄 サ調将 司石石 印石将	宝 サ鳳禄 玉貫貫 極貫禄	海 サ石恍 牽玉玉 報玉恍	雨 サ貫胡 禄龍龍 庫龍胡	樹 ウ玉報 禄牽牽 馳牽報	花 ウ龍馳 車車車 馳車馳	陽 ウ牽極 司司司 庫司極	灯 ウ車貴 玉禄禄 報禄貴	山 ウ司極 司調調 報調極	地 ウ禄貴 鳳鳳鳳 庫鳳貴	鉄 ウ調将 車石石 馳石将	宝 ウ鳳禄 禄貫貫 馳貫禄	海 ウ石恍 車玉玉 庫玉恍	雨 ウ貫胡 司龍龍 報龍胡	樹 タ玉報 司牽牽 極牽報	花 タ龍馳 禄車車 印車馳	陽 タ牽極 禄司司 胡司極	灯 タ車貴 禄禄禄 貴禄貴	山 タ司極 貫調調 庫調極	地 タ禄貴 司鳳鳳 報鳳貴	
10月	鉄 タ調将 調石石 極石将	宝 タ鳳禄 龍貫貫 印貫禄	海 タ石恍 鳳玉玉 胡玉恍	雨 タ貫胡 鳳龍龍 貴龍胡	樹 ト玉報 禄牽牽 堂牽報	花 ト龍馳 調車車 恍車馳	陽 ト牽極 石司司 将司極	灯 ト車貴 鳳禄禄 南禄貴	山 ト司極 貫調調 胡禄庫	地 ト禄貴 鳳鳳鳳 貴司印	鉄 ト調将 石石石 堂鳳堂	宝 ト鳳禄 司貫貫 恍調南	海 ト石恍 石玉玉 将貫南	雨 ト貫胡 貫龍龍 南石堂	樹 ネ玉報 禄牽牽 禄龍印	花 ネ龍馳 貫車車 禄玉庫	陽 ネ牽極 玉司司 南車庫	灯 ネ車貴 司禄禄 将牽印	山 ネ司極 石玉調 将禄庫	地 ネ禄貴 車龍鳳 南司印	鉄 ネ調将 鳳牽石 禄鳳堂	宝 ネ鳳禄 貫玉貫 禄調南	海 ネ石恍 車車玉 南貫南	雨 ネ貫胡 石牽龍 将石堂	樹 イ玉報 玉禄牽 恍龍印	花 イ龍馳 禄司車 堂玉庫	陽 イ牽極 龍鳳司 貴車庫	灯 イ車貴 龍調禄 胡牽印	山 イ司極 貫貫調 南禄庫	地 イ禄貴 玉石鳳 将司印	鉄 イ調将 牽龍石 恍鳳堂
11月	宝 イ鳳禄 龍玉貫 堂調南	海 イ石恍 龍車玉 貴貫南	雨 イ貫胡 龍牽龍 胡石堂	樹 サ玉報 禄禄牽 印龍印	花 サ龍馳 玉司車 極玉庫	陽 サ牽極 牽鳳司 報車庫	灯 サ車貴 鳳調禄 庫牽印	山 サ司極 貫車調 貴司馳	地 サ禄貴 車牽鳳 胡禄報	鉄 サ調将 司禄石 印調胡	宝 サ鳳禄 玉司貫 極鳳恍	海 サ石恍 牽鳳玉 報石禄	雨 サ貫胡 禄調龍 庫貫将	樹 ウ玉報 禄貫牽 馳玉貴	花 ウ龍馳 車石車 馳龍極	陽 ウ牽極 司龍司 庫牽馳	灯 ウ車貴 玉玉禄 報車報	山 ウ司極 司車調 報司馳	地 ウ禄貴 鳳牽鳳 庫禄報	鉄 ウ調将 車禄石 馳調胡	宝 ウ鳳禄 禄調貫 馳鳳恍	海 ウ石恍 車貫玉 庫石禄	雨 ウ貫胡 司石龍 報貫将	樹 タ玉報 司龍牽 極玉貴	花 タ龍馳 禄玉車 印龍極	陽 タ牽極 禄車司 胡牽馳	灯 タ車貴 禄牽禄 貴車報	山 タ司極 貫禄調 庫司馳	地 タ禄貴 司司鳳 報禄報	鉄 タ調将 調鳳石 極調胡	
12月	宝 タ鳳禄 龍調貫 印鳳恍	海 タ石恍 鳳貫玉 胡石禄	雨 タ貫胡 鳳石龍 貴貫将	樹 ト玉報 禄龍牽 堂玉貴	花 ト龍馳 調玉車 恍龍極	陽 ト牽極 石車司 将牽馳	灯 ト車貴 貫車禄 南玉馳	山 ト司極 貫司調 胡車報	地 ト禄貴 鳳禄鳳 貴牽馳	鉄 ト調将 石調石 堂禄極	宝 ト鳳禄 司鳳貫 恍司貴	海 ト石恍 石石玉 将鳳将	雨 ト貫胡 貫貫龍 南調禄	樹 ネ玉報 禄玉牽 禄貫恍	花 ネ龍馳 貫龍車 禄石胡	陽 ネ牽極 玉牽司 南龍報	灯 ネ車貴 司車禄 将玉馳	山 ネ司極 石司調 将車報	地 ネ禄貴 車禄鳳 南牽馳	鉄 ネ調将 鳳調石 禄禄極	宝 ネ鳳禄 貫鳳貫 禄司貴	海 ネ石恍 車石玉 南鳳将	雨 ネ貫胡 石貫龍 将調禄	樹 イ玉報 玉玉牽 恍貫恍	花 イ龍馳 禄龍車 堂石胡	陽 イ牽極 龍牽司 貴龍報	灯 イ車貴 龍車禄 胡玉馳	山 イ司極 貫司調 南車報	地 イ禄貴 玉禄鳳 将牽馳	鉄 イ調将 牽調石 恍禄極	宝 イ鳳禄 龍鳳貫 堂司貴

1934年(昭和9年)

	1日	2日	3日	4日	5日	6日	7日	8日	9日	10日	11日	12日	13日	14日	15日	16日
1月	海 イ石恍 龍石玉 貴鳳将	雨 イ貫胡 龍貫龍 胡調禄	樹 サ玉報 禄玉牽 印貫恍	花 サ龍馳 玉龍車 極石胡	陽 サ牽極 牽牽司 報龍報	灯 サ車貴 車車禄 庫龍庫	山 サ司極 貫司調 貴牽印	地 サ禄貴 車禄鳳 胡車庫	鉄 サ調将 司調石 印司庫	宝 サ鳳禄 玉鳳貫 極禄印	海 サ石恍 牽石玉 報調堂	雨 サ貫胡 禄貫龍 庫鳳南	樹 ウ玉報 禄玉牽 馳石南	花 ウ龍馳 車龍車 馳貫堂	陽 ウ牽極 司牽司 庫玉印	灯 ウ車貴 玉禄禄 報龍庫
2月	雨 タ貫胡 鳳車龍 貴鳳南	樹 ト玉報 禄司牽 堂石南	花 ト龍馳 調禄車 恍貫堂	陽 ト龍庫 調鳳司 将貫貴	灯 ト玉印 貫調禄 南石極	山 ト車庫 貫貫調 胡龍貴	地 ト牽印 鳳石鳳 貴玉極	鉄 ト禄堂 石龍石 堂車馳	宝 ト司南 司玉貫 恍牽報	海 ト鳳南 石車玉 将禄胡	雨 ト調堂 貫牽龍 南司恍	樹 ネ貫印 鳳鳳牽 禄鳳禄	花 ネ石庫 貫調車 禄調将	陽 ネ龍庫 牽貫石 南貫貴	灯 ネ玉印 司石貫 将石極	山 ネ車庫 石龍玉 将龍貴
3月	宝 イ司南 龍司玉 堂牽報	海 イ鳳南 龍鳳車 貴禄胡	雨 イ調堂 龍調牽 胡司恍	樹 サ貫印 禄貫禄 印鳳禄	花 サ石庫 玉石司 極調将	陽 サ龍庫 牽玉司 報石恍	灯 サ玉印 車龍禄 庫貫胡	山 サ車庫 貫牽調 貴玉恍	地 サ牽印 車車鳳 胡龍胡	鉄 サ禄堂 司司石 印牽報	宝 サ司南 玉禄貫 極車馳	海 サ鳳南 牽調玉 報司極	雨 サ調堂 禄鳳龍 庫禄貴	樹 ウ貫印 禄石牽 馳調将	花 ウ石庫 車貫車 馳鳳禄	陽 ウ龍庫 石玉石 庫石恍
4月	海 タ鳳南 鳳調車 胡司極	雨 タ調堂 鳳鳳牽 貴禄貴	樹 ト貫印 禄石禄 堂調将	花 ト石庫 調貫司 恍鳳禄	陽 ト龍庫 調玉司 将鳳南	灯 ト玉印 貫龍禄 南調堂	山 ト車庫 貫牽調 胡貫南	地 ト牽印 鳳車鳳 貴石堂	鉄 ト禄堂 石司石 堂龍印	宝 ト司南 司禄貫 恍玉庫	海 ト鳳南 石調玉 将車庫	雨 ト調堂 貫鳳龍 南牽印	樹 ネ貫印 鳳石牽 禄禄堂	花 ネ石庫 貫貫車 禄司南	陽 ネ龍庫 牽牽石 南鳳南	灯 ネ玉印 司車貫 将調堂
5月	海 イ鳳南 龍車車 貴車庫	雨 イ調堂 龍牽牽 胡牽印	樹 サ貫印 禄禄禄 印禄堂	花 サ石庫 玉司司 極司南	陽 サ龍庫 牽鳳鳳 報鳳南	灯 サ玉印 車調禄 庫鳳将	山 サ車庫 貫貫調 貴石禄	地 サ牽印 車石鳳 胡貫将	鉄 サ禄堂 司龍石 印玉貴	宝 サ司南 玉玉貫 極龍極	海 サ鳳南 牽車玉 報牽馳	雨 サ調堂 禄玉龍 庫車報	樹 ウ貫印 禄車牽 馳司胡	花 ウ石庫 車牽車 馳禄恍	陽 ウ龍庫 司禄司 庫調禄	灯 ウ玉印 玉司貫 報鳳将
6月	雨 タ調堂 鳳司牽 貴車報	樹 ト貫印 禄鳳禄 堂司胡	花 ト石庫 調調司 恍禄恍	陽 ト龍庫 石貫鳳 将調禄	灯 ト玉印 鳳石調 南鳳将	山 ト車庫 貫石調 胡鳳将	地 ト牽印 鳳貫鳳 貴調禄	鉄 ト禄堂 石玉石 堂貫恍	宝 ト司南 司龍貫 恍石胡	海 ト鳳南 石牽玉 将龍報	雨 ト調堂 貫車龍 南玉馳	樹 ネ貫印 禄司牽 禄車極	花 ネ石庫 貫禄車 禄牽貴	陽 ネ龍庫 玉調司 南禄将	灯 ネ玉印 司鳳禄 将司禄	山 ネ車庫 石石玉 将鳳将
7月	雨 イ調堂 龍禄牽 胡玉馳	樹 サ貫印 禄調禄 印車極	花 サ石庫 玉鳳司 極牽貴	陽 サ龍庫 牽石鳳 報禄将	灯 サ玉印 鳳貫調 庫司禄	山 サ車庫 車玉貫 貴鳳将	地 サ牽印 車龍石 胡調禄	鉄 サ禄堂 司牽石 印石南	宝 サ司南 玉車貫 極貫堂	海 サ鳳南 牽司玉 報玉印	雨 サ調堂 禄禄龍 庫龍庫	樹 ウ貫印 禄調牽 馳牽庫	花 ウ石庫 車鳳車 馳車印	陽 ウ龍庫 司石司 庫司堂	灯 ウ玉印 玉貫禄 報禄南	山 ウ車庫 司玉調 報調堂
8月	樹 ト貫印 禄司禄 堂牽庫	花 ト石庫 調禄司 恍車印	陽 ト龍庫 石調鳳 将司堂	灯 ト玉印 鳳鳳調 南禄南	山 ト車庫 鳳石貫 胡調堂	地 ト牽印 鳳貫石 貴鳳南	鉄 ト禄堂 龍玉龍 堂石南	宝 ト司南 司玉貫 恍調将	海 ト鳳南 石車玉 将貫貴	雨 ト調堂 貫牽龍 南石極	樹 ネ貫印 禄禄牽 禄龍馳	花 ネ石庫 貫司車 禄玉報	陽 ネ龍庫 玉鳳司 南車胡	灯 ネ玉印 司調禄 将牽恍	山 ネ車庫 石貫調 将禄胡	地 ネ牽印 龍石鳳 南司恍
9月	花 サ石庫 玉牽司 極玉報	陽 サ龍庫 牽禄鳳 報車胡	灯 サ玉印 鳳司調 庫牽恍	山 サ車庫 車鳳貫 貴禄胡	地 サ牽印 車調石 胡司恍	鉄 サ禄堂 龍貫龍 印鳳禄	宝 サ司南 牽石玉 極調将	海 サ鳳南 牽玉玉 報石恍	雨 サ調堂 禄龍龍 庫貫胡	樹 ウ貫印 禄牽牽 馳玉報	花 ウ石庫 車車車 馳龍馳	陽 ウ龍庫 司司司 庫牽極	灯 ウ玉印 玉禄禄 報車貴	山 ウ車庫 司調調 報司極	地 ウ牽印 禄鳳鳳 庫禄貴	鉄 ウ禄堂 車石石 馳調将
10月	花 ト石庫 調車司 恍龍馳	陽 ト龍庫 石司鳳 将牽極	灯 ト玉印 鳳禄調 南車貴	山 ト車庫 鳳調貫 胡司極	地 ト牽印 鳳鳳石 貴禄貴	鉄 ト禄堂 龍石龍 堂調将	宝 ト司南 調貫玉 恍鳳禄	海 ト鳳南 石玉車 将石恍	雨 ト調堂 貫龍龍 南調堂	樹 ネ貫印 禄牽牽 禄貫印	花 ネ石庫 貫車車 禄石庫	陽 ネ龍庫 玉司司 南龍庫	灯 ネ玉印 調禄禄 将玉印	山 ネ車庫 石調調 将車庫	地 ネ牽印 龍鳳鳳 南牽印	鉄 ネ禄堂 龍石石 禄禄堂
11月	陽 サ龍庫 牽鳳鳳 報龍庫	灯 サ玉印 鳳調調 庫玉印	山 サ車庫 車貫貫 貴車庫	地 サ牽印 車石石 胡牽印	鉄 サ禄堂 龍龍龍 印禄堂	宝 サ司南 牽玉玉 極司南	海 サ鳳南 司車車 報鳳南	雨 サ調堂 禄調龍 庫鳳将	樹 ウ貫印 禄貫牽 馳石貴	花 ウ石庫 車石車 馳貫極	陽 ウ龍庫 司龍司 庫玉馳	灯 ウ玉印 玉玉禄 報龍報	山 ウ車庫 司車調 報牽馳	地 ウ牽印 禄牽鳳 庫車報	鉄 ウ禄堂 龍禄石 馳司胡	宝 ウ司南 禄司貫 馳禄恍
12月	陽 ト龍庫 石車鳳 将玉馳	灯 ト玉印 鳳牽調 南龍報	山 ト車庫 鳳禄貫 胡牽馳	地 ト牽印 鳳司石 貴車報	鉄 ト禄堂 龍鳳龍 堂司胡	宝 ト司南 調調玉 恍禄恍	海 ト鳳南 石貫車 将調禄	雨 ト調堂 貫貫龍 南司禄	樹 ネ貫印 禄玉牽 禄鳳恍	花 ネ石庫 貫龍車 禄調胡	陽 ネ龍庫 玉牽司 南貫報	灯 ネ玉印 調車禄 将石馳	山 ネ車庫 石司調 将龍報	地 ネ牽印 龍禄鳳 南玉馳	鉄 ネ禄堂 龍調石 禄車極	宝 ネ司南 貫鳳貫 禄牽貴

	17日	18日	19日	20日	21日	22日	23日	24日	25日	26日	27日	28日	29日	30日	31日
1月	山 ウ司極 司調調 報牽印	地 ウ禄貴 鳳鳳鳳 庫車庫	鉄 ウ調将 車玉石 馳司庫	宝 ウ鳳禄 禄龍貫 馳禄印	海 ウ石恍 車牽玉 庫調堂	雨 ウ貫胡 司車龍 報鳳南	樹 タ玉報 司司牽 極石南	花 タ龍馳 禄禄車 印貫堂	陽 タ牽極 禄調司 胡玉印	灯 タ車貴 禄鳳禄 貴龍庫	山 タ司極 貫石調 庫牽印	地 タ禄貴 司貫鳳 報車庫	鉄 タ調将 調玉石 極司庫	宝 タ鳳禄 龍龍貫 印禄印	海 タ石恍 鳳牽玉 胡調堂
2月	地 ネ牽印 貫玉石 南玉極	鉄 ネ禄堂 貫車龍 禄車馳	宝 ネ司南 貫司玉 禄牽報	海 ネ鳳南 車鳳車 南禄胡	雨 ネ調堂 石調牽 将司恍	樹 イ貫印 玉貫禄 恍鳳禄	花 イ石庫 禄石司 堂調将	陽 イ龍庫 龍龍鳳 貴貫貴	灯 イ玉印 龍玉調 胡石極	山 イ車庫 貫車貫 南龍貴	地 イ牽印 玉牽石 将玉極	鉄 イ禄堂 牽禄龍 恍車馳			
3月	灯 ウ玉印 玉龍貫 報貫胡	山 ウ車庫 司牽玉 報玉恍	地 ウ牽印 貫車石 庫龍胡	鉄 ウ禄堂 車司龍 馳牽報	宝 ウ司南 禄禄玉 馳車馳	海 ウ鳳南 車調車 庫司極	雨 ウ調堂 司鳳牽 報禄貴	樹 タ貫印 司石禄 極調将	花 タ石庫 禄貫司 印鳳禄	陽 タ龍庫 禄玉鳳 胡石恍	灯 タ玉印 禄龍調 貴貫胡	山 タ車庫 貫牽貫 庫玉恍	地 タ牽印 司車石 報龍胡	鉄 タ禄堂 調司龍 極牽報	宝 タ司南 龍禄玉 印車馳
4月	山 ネ車庫 石司玉 将貫南	地 ネ牽印 貫石石 南石堂	鉄 ネ禄堂 貫龍龍 禄龍印	宝 ネ司南 貫玉玉 禄玉庫	海 ネ鳳南 車車車 南車庫	雨 ネ調堂 石牽牽 将牽印	樹 イ貫印 玉禄禄 恍禄堂	花 イ石庫 禄司司 堂司南	陽 イ龍庫 龍鳳鳳 貴鳳南	灯 イ玉印 龍調調 胡調堂	山 イ車庫 貫貫貫 南貫南	地 イ牽印 玉石石 将石堂	鉄 イ禄堂 牽龍龍 恍龍印	宝 イ司南 龍玉玉 堂玉庫	
5月	山 ウ車庫 司鳳玉 報石禄	地 ウ牽印 鳳調龍 庫貫将	鉄 ウ禄堂 車貫龍 馳玉貴	宝 ウ司南 禄石玉 馳龍極	海 ウ鳳南 車禄車 庫牽馳	雨 ウ調堂 司司牽 報車報	樹 タ貫印 司鳳禄 極司胡	花 タ石庫 禄調司 印禄恍	陽 タ龍庫 禄貫鳳 胡調禄	灯 タ玉印 禄石調 貴鳳将	山 タ車庫 貫龍貫 庫石禄	地 タ牽印 司玉石 報貫将	鉄 タ禄堂 調車龍 極玉貴	宝 タ司南 龍牽玉 印龍極	海 タ鳳南 鳳禄車 胡牽馳
6月	地 ネ牽印 車貫龍 南調禄	鉄 ネ禄堂 鳳玉牽 禄貫恍	宝 ネ司南 貫龍玉 禄石胡	海 ネ鳳南 車牽車 南龍報	雨 ネ調堂 石車牽 将玉馳	樹 イ貫印 玉司禄 恍車極	花 イ石庫 禄禄司 堂牽貴	陽 イ龍庫 龍調鳳 貴禄将	灯 イ玉印 龍鳳調 胡司禄	山 イ車庫 貫玉貫 南鳳将	地 イ牽印 玉龍石 将調禄	鉄 イ禄堂 牽牽龍 恍貫恍	宝 イ司南 龍車玉 堂石胡	海 イ鳳南 龍司車 貴龍報	
7月	地 ウ牽印 禄龍鳳 庫鳳南	鉄 ウ禄堂 車司牽 馳石南	宝 ウ司南 禄禄車 馳貫堂	海 ウ鳳南 石調司 庫玉印	雨 ウ調堂 玉車牽 報龍庫	樹 タ貫印 司司禄 極牽庫	花 タ石庫 禄禄司 印車印	陽 タ龍庫 禄調鳳 胡司堂	灯 タ玉印 禄鳳調 貴禄南	山 タ車庫 貫石貫 庫調堂	地 タ牽印 司貫石 報鳳南	鉄 タ禄堂 調玉龍 極石南	宝 タ司南 龍龍玉 印貫堂	海 タ鳳南 鳳牽車 胡玉印	雨 タ調堂 鳳車牽 貴龍庫
8月	鉄 ネ禄堂 龍龍石 禄鳳禄	宝 ネ司南 貫玉車 禄調将	海 ネ鳳南 司貫司 南貫貴	雨 ネ調堂 調石禄 将石極	樹 イ貫印 玉龍禄 恍龍馳	花 イ石庫 禄牽司 堂玉報	陽 イ龍庫 龍禄鳳 貴車胡	灯 イ玉印 龍司調 胡牽恍	山 イ車庫 貫鳳貫 南禄胡	地 イ牽印 玉調石 将司恍	鉄 イ禄堂 玉貫龍 恍鳳禄	宝 イ司南 龍石玉 堂調将	海 イ鳳南 龍龍車 貴貫貴	雨 イ調堂 龍玉牽 胡石極	樹 サ貫印 禄車禄 印龍馳
9月	宝 ウ司南 禄貫貫 馳鳳禄	海 ウ鳳南 石玉司 庫石恍	雨 ウ調堂 玉龍禄 報貫胡	樹 タ貫印 司牽調 極玉報	花 タ石庫 禄車司 印龍馳	陽 タ龍庫 禄司鳳 胡牽極	灯 タ玉印 禄禄調 貴車貴	山 タ車庫 貫調貫 庫司極	地 タ牽印 司鳳石 報禄貴	鉄 タ禄堂 調石龍 極調将	宝 タ司南 龍貫玉 印鳳禄	海 タ鳳南 鳳玉車 胡石恍	雨 タ調堂 鳳龍牽 貴貫胡	樹 ト貫印 禄牽禄 堂玉報	
10月	宝 ネ司南 貫貫貫 禄司南	海 ネ鳳南 玉玉玉 南鳳南	雨 ネ調堂 調禄禄 将調堂	樹 イ貫印 玉調調 恍貫印	花 イ石庫 車鳳鳳 堂石庫	陽 イ龍庫 貫鳳鳳 貴龍庫	灯 イ玉印 龍調調 胡玉印	山 イ車庫 貫貫貫 南車庫	地 イ牽印 玉石石 将牽印	鉄 イ禄堂 玉龍龍 恍禄堂	宝 イ司南 龍玉玉 堂司南	海 イ鳳南 龍車車 貴鳳南	雨 イ調堂 龍牽牽 胡調堂	樹 サ貫印 禄禄禄 印貫印	花 サ石庫 玉司司 極石庫
11月	海 ウ鳳南 調鳳玉 庫調禄	雨 ウ調堂 玉調禄 報鳳将	樹 タ貫印 司貫調 極石貴	花 タ石庫 貫石鳳 印貫極	陽 タ龍庫 車車鳳 胡玉馳	灯 タ玉印 禄牽調 貴龍報	山 タ車庫 貫禄貫 庫牽馳	地 タ牽印 司司石 報車報	鉄 タ禄堂 調鳳龍 極司胡	宝 タ司南 龍調玉 印禄恍	海 タ鳳南 鳳貫車 胡調禄	雨 タ調堂 鳳石牽 貴鳳将	樹 ト貫印 禄龍禄 堂石貴	花 ト石庫 調玉司 恍貫極	
12月	海 ネ鳳南 玉石玉 南禄将	雨 ネ調堂 調貫禄 将司禄	樹 イ貫印 玉玉調 恍鳳恍	花 イ石庫 車龍鳳 堂調胡	陽 イ龍庫 貫牽鳳 貴貫報	灯 イ玉印 龍車調 胡石馳	山 イ車庫 貫司貫 南龍報	地 イ牽印 玉禄石 将玉馳	鉄 イ禄堂 玉調龍 恍車極	宝 イ司南 龍鳳玉 堂牽貴	海 イ鳳南 龍石車 貴禄将	雨 イ調堂 龍貫牽 胡司禄	樹 サ貫印 禄玉禄 印鳳恍	花 サ石庫 玉龍司 極調胡	陽 サ龍庫 牽牽鳳 報貫報

1935年（昭和10年）

1935年(昭和10年)

	1日	2日	3日	4日	5日	6日	7日	8日	9日	10日	11日	12日	13日	14日	15日	16日	17日	18日	19日	20日	21日	22日	23日	24日	25日	26日	27日	28日	29日	30日	31日
1月	灯 サ玉印 鳳車調 庫石馳	山 サ車庫 車司貫 貴龍報	地 サ牽印 車禄石 胡玉馳	鉄 サ禄堂 龍調龍 印車極	宝 サ司南 牽鳳玉 極牽貴	海 サ鳳南 牽石玉 報司堂	雨 サ調堂 禄貫龍 庫禄南	樹 ウ貫印 禄玉牽 馳調南	花 ウ石庫 車龍車 馳鳳堂	陽 ウ龍庫 司牽司 庫石印	灯 ウ玉印 玉車禄 報貫庫	山 ウ車庫 司司調 報玉印	地 ウ牽印 禄禄鳳 庫龍庫	鉄 ウ禄堂 車調石 馳牽庫	宝 ウ司南 禄鳳貫 馳車印	海 ウ鳳南 石玉司 庫司堂	雨 ウ調堂 玉龍禄 報禄南	樹 タ貫印 司牽調 極調南	花 タ石庫 禄禄司 印鳳堂	陽 タ龍庫 禄調鳳 胡石印	灯 タ玉印 禄鳳調 貴貫庫	山 タ車庫 貫石貫 庫玉印	地 タ牽印 司貫石 報龍庫	鉄 タ禄堂 調玉龍 極牽庫	宝 タ司南 龍龍玉 印車印	海 タ鳳南 鳳牽車 胡司堂	雨 タ調堂 鳳車牽 貴禄南	樹 ト貫印 禄司禄 堂調南	花 ト石庫 調禄司 恍鳳堂	陽 ト龍庫 石調鳳 将石印	灯 ト玉印 鳳鳳調 南貫庫
2月	山 ト車庫 鳳石貫 胡玉印	地 ト牽印 鳳貫石 貴龍庫	鉄 ト禄堂 龍玉龍 堂牽庫	宝 ト司南 調龍玉 恍車印	海 ト調禄 石車鳳 将車胡	雨 ト鳳将 貫牽調 南牽恍	樹 ネ石貴 禄禄貫 禄禄禄	花 ネ貫極 貫司石 禄司将	陽 ネ玉馳 玉鳳龍 南鳳貴	灯 ネ龍報 調調玉 将調極	山 ネ牽馳 石貫車 将貫貴	地 ネ車報 龍石牽 南石極	鉄 ネ司胡 龍車禄 禄龍馳	宝 ネ禄恍 貫牽司 禄玉報	海 ネ調禄 司禄鳳 南車胡	雨 ネ鳳将 調司調 将牽恍	樹 イ石貴 玉鳳貫 恍禄禄	花 イ貫極 禄調玉 堂司将	陽 イ玉馳 貫貫車 貴鳳貴	灯 イ龍報 龍玉牽 胡調極	山 イ牽馳 貫車禄 南貫貴	地 イ車報 玉牽司 将石極	鉄 イ司胡 玉禄鳳 恍龍馳	宝 イ禄恍 龍司調 堂玉報	海 イ調禄 龍鳳貫 貴車胡	雨 イ鳳将 龍調石 胡牽恍	樹 サ石貴 禄貫龍 印禄禄	花 サ貫極 玉石玉 極司将			
3月	陽 サ玉馳 牽龍車 報鳳貴	灯 サ龍報 鳳玉牽 庫調極	山 サ牽馳 車車禄 貴貫貴	地 サ車報 車牽司 胡石極	鉄 サ司胡 龍禄鳳 印龍馳	宝 サ禄恍 玉禄司 極龍馳	海 サ調禄 牽調鳳 報牽極	雨 サ鳳将 禄鳳調 庫車貴	樹 ウ石貴 禄石貫 馳司将	花 ウ貫極 車貫石 馳禄禄	陽 ウ玉馳 司玉龍 庫調恍	灯 ウ龍報 玉龍玉 報鳳胡	山 ウ牽馳 司牽車 報石恍	地 ウ車報 禄車牽 庫貫胡	鉄 ウ司胡 車司禄 馳玉報	宝 ウ禄恍 禄禄司 馳龍馳	海 ウ調禄 石調鳳 庫牽極	雨 ウ鳳将 玉鳳調 報車貴	樹 タ石貴 司石龍 極司将	花 タ貫極 禄貫玉 印禄禄	陽 タ玉馳 禄玉車 胡調恍	灯 タ龍報 禄龍牽 貴鳳胡	山 タ牽馳 貫牽禄 庫石恍	地 タ車報 司車司 報貫胡	鉄 タ司胡 調司鳳 極玉報	宝 タ禄恍 龍禄調 印龍馳	海 タ調禄 鳳調貫 胡牽極	雨 タ鳳将 鳳鳳石 貴車貴	樹 ト石貴 禄石龍 堂司将	花 ト貫極 調貫玉 恍禄禄	陽 ト玉馳 石玉車 将調恍
4月	灯 ト龍報 鳳龍牽 南鳳胡	山 ト牽馳 鳳牽禄 胡石恍	地 ト車報 鳳車司 貴貫胡	鉄 ト司胡 龍司鳳 堂玉報	宝 ト禄恍 調禄調 恍龍馳	海 ト調禄 石調鳳 将龍庫	雨 ト鳳将 貫鳳調 南玉印	樹 ネ石貴 禄石貫 禄車堂	花 ネ貫極 貫貫石 禄牽南	陽 ネ玉馳 玉玉龍 南禄南	灯 ネ龍報 調龍玉 将司堂	山 ネ牽馳 石牽車 将鳳南	地 ネ車報 龍車牽 南調堂	鉄 ネ司胡 龍司禄 禄貫印	宝 ネ禄恍 貫禄司 禄石庫	海 ネ調禄 司石鳳 南龍庫	雨 ネ鳳将 調貫調 将玉印	樹 イ石貴 玉玉貫 恍車堂	花 イ貫極 禄司玉 堂牽南	陽 イ玉馳 貫鳳車 貴禄南	灯 イ龍報 龍調牽 胡司堂	山 イ牽馳 貫貫禄 南鳳南	地 イ車報 玉石司 将調堂	鉄 イ司胡 玉龍鳳 恍貫印	宝 イ禄恍 龍玉調 堂石庫	海 イ調禄 龍車貫 貴龍庫	雨 イ鳳将 龍牽石 胡玉印	樹 サ石貴 禄禄龍 印車堂	花 サ貫極 玉司玉 極牽南	陽 サ玉馳 牽鳳車 報禄南	
5月	灯 サ龍報 鳳調牽 庫司堂	山 サ牽馳 車貫禄 貴鳳南	地 サ車報 車石司 胡調堂	鉄 サ司胡 龍龍鳳 印貫印	宝 サ禄恍 牽玉調 極石庫	海 サ調禄 牽車鳳 報玉馳	雨 サ鳳将 禄牽調 庫龍報	樹 ウ石貴 禄禄貫 馳牽胡	花 ウ貫極 車司石 馳車恍	陽 ウ玉馳 司鳳龍 庫司禄	灯 ウ龍報 玉調玉 報禄将	山 ウ牽馳 司鳳車 報調禄	地 ウ車報 禄調牽 庫鳳将	鉄 ウ司胡 車貫禄 馳石貴	宝 ウ禄恍 禄石司 馳貫極	海 ウ調禄 石龍鳳 庫玉馳	雨 ウ鳳将 玉玉調 報龍報	樹 タ石貴 司車貫 極牽胡	花 タ貫極 禄牽玉 印車恍	陽 タ玉馳 禄禄車 胡司禄	灯 タ龍報 禄石牽 貴禄将	山 タ牽馳 貫龍禄 庫調禄	地 タ車報 司玉司 報鳳将	鉄 タ司胡 調車鳳 極石貴	宝 タ禄恍 龍牽調 印貫極	海 タ調禄 鳳禄貫 胡玉馳	雨 タ鳳将 鳳司石 貴龍報	樹 ト石貴 禄鳳龍 堂牽胡	花 ト貫極 調調玉 恍車恍	陽 ト玉馳 石貫車 将司禄	灯 ト龍報 鳳石牽 南禄将
6月	山 ト牽馳 鳳龍禄 胡調禄	地 ト車報 鳳玉司 貴鳳将	鉄 ト司胡 龍車鳳 堂石貴	宝 ト禄恍 調牽調 恍貫極	海 ト調禄 石禄貫 将玉馳	雨 ト鳳将 車司石 南龍報	樹 ネ石貴 禄司貫 禄龍極	花 ネ貫極 貫禄石 禄玉貴	陽 ネ玉馳 玉調龍 南車将	灯 ネ龍報 調鳳玉 将牽禄	山 ネ牽馳 石石車 将禄将	地 ネ車報 龍貫牽 南司禄	鉄 ネ司胡 龍玉禄 禄鳳恍	宝 ネ禄恍 貫龍司 禄調胡	海 ネ調禄 玉牽鳳 南貫報	雨 ネ鳳将 調車調 将石馳	樹 イ石貴 玉司貫 恍龍極	花 イ貫極 車禄石 堂玉貴	陽 イ玉馳 貫調龍 貴車将	灯 イ龍報 龍鳳牽 胡牽禄	山 イ牽馳 貫石禄 南禄将	地 イ車報 玉貫司 将司禄	鉄 イ司胡 玉玉鳳 恍鳳恍	宝 イ禄恍 龍龍調 堂調胡	海 イ調禄 龍牽貫 貴貫報	雨 イ鳳将 龍車石 胡石馳	樹 サ石貴 禄調龍 印龍極	花 サ貫極 玉鳳玉 極玉貴	陽 サ玉馳 牽石車 報車将	灯 サ龍報 鳳貫牽 庫牽禄	
7月	山 サ牽馳 車玉禄 貴禄将	地 サ車報 車龍司 胡司禄	鉄 サ司胡 龍牽鳳 印鳳恍	宝 サ禄恍 牽車調 極調胡	海 サ調禄 司司貫 報貫報	雨 サ鳳将 車禄石 庫石馳	樹 ウ石貴 車調龍 馳龍極	花 ウ貫極 車鳳石 馳龍印	陽 ウ玉馳 司石龍 庫牽堂	灯 ウ龍報 玉貫玉 報車南	山 ウ牽馳 司玉車 報司堂	地 ウ車報 禄龍牽 庫禄南	鉄 ウ司胡 龍牽禄 馳調南	宝 ウ禄恍 禄車司 馳鳳堂	海 ウ調禄 調司鳳 庫石印	雨 ウ鳳将 玉禄調 報貫庫	樹 タ石貴 司調貫 極玉庫	花 タ貫極 貫貫石 印龍印	陽 タ玉馳 車玉龍 胡牽堂	灯 タ龍報 禄龍玉 貴車南	山 タ牽馳 貫石禄 庫司堂	地 タ車報 司貫司 報禄南	鉄 タ司胡 調玉鳳 極調南	宝 タ禄恍 龍龍調 印鳳堂	海 タ調禄 鳳牽貫 胡石印	雨 タ鳳将 鳳車石 貴貫庫	樹 ト石貴 禄司龍 堂玉庫	花 ト貫極 調禄玉 恍龍印	陽 ト玉馳 石調車 将牽堂	灯 ト龍報 鳳鳳牽 南車南	山 ト牽馳 鳳石禄 胡司堂
8月	地 ト車報 鳳貫司 貴禄南	鉄 ト司胡 龍玉鳳 堂調南	宝 ト禄恍 調龍調 恍鳳堂	海 ト調禄 石牽貫 将石印	雨 ト鳳将 車車石 南貫庫	樹 ネ石貴 貫司龍 禄玉庫	花 ネ貫極 貫禄玉 禄龍印	陽 ネ玉馳 玉鳳龍 南龍胡	灯 ネ龍報 調調玉 将玉恍	山 ネ牽馳 石貫車 将車胡	地 ネ車報 龍石牽 南牽恍	鉄 ネ司胡 龍龍禄 禄禄禄	宝 ネ禄恍 貫玉司 禄司将	海 ネ調禄 玉車鳳 南鳳貴	雨 ネ鳳将 調牽調 将調極	樹 イ石貴 玉禄貫 恍貫馳	花 イ貫極 龍司石 堂石報	陽 イ玉馳 貫鳳龍 貴龍胡	灯 イ龍報 龍牽玉 胡玉恍	山 イ牽馳 司禄車 南車胡	地 イ車報 調司司 将牽恍	鉄 イ司胡 玉貫鳳 恍禄禄	宝 イ禄恍 龍石調 堂司将	海 イ調禄 龍龍貫 貴鳳貴	雨 イ鳳将 龍玉石 胡調極	樹 サ石貴 禄車龍 印貫馳	花 サ貫極 玉牽玉 極石報	陽 サ玉馳 牽禄車 報龍胡	灯 サ龍報 鳳司牽 庫玉恍	山 サ牽馳 車鳳禄 貴車胡	地 サ車報 車調司 胡牽恍
9月	鉄 サ司胡 龍貫鳳 印禄禄	宝 サ禄恍 牽石調 極司将	海 サ調禄 司龍貫 報鳳貴	雨 サ鳳将 車玉石 庫調極	樹 ウ石貴 車車龍 馳貫馳	花 ウ貫極 車牽玉 馳石報	陽 ウ玉馳 鳳禄車 庫龍胡	灯 ウ龍報 玉禄玉 報龍貴	山 ウ牽馳 司調車 報牽極	地 ウ車報 禄鳳牽 庫車貴	鉄 ウ司胡 龍石禄 馳司将	宝 ウ禄恍 禄貫司 馳禄禄	海 ウ調禄 調玉鳳 庫調恍	雨 ウ鳳将 玉龍調 報鳳胡	樹 タ石貴 司牽貫 極石報	花 タ貫極 鳳車石 印貫馳	陽 タ玉馳 鳳司龍 胡玉極	灯 タ龍報 禄禄玉 貴龍貴	山 タ牽馳 玉調車 庫牽極	地 タ車報 牽鳳牽 報車貴	鉄 タ司胡 調石鳳 極司将	宝 タ禄恍 龍貫調 印禄禄	海 タ調禄 鳳玉貫 胡調恍	雨 タ鳳将 鳳龍石 貴鳳胡	樹 ト石貴 禄牽龍 堂石報	花 ト貫極 調車玉 恍貫馳	陽 ト玉馳 調司車 将玉極	灯 ト龍報 鳳禄牽 南龍貴	山 ト牽馳 鳳調禄 胡牽極	地 ト車報 鳳鳳司 貴車貴	
10月	鉄 ト司胡 龍石鳳 堂司将	宝 ト禄恍 調貫調 恍禄禄	海 ト調禄 石玉貫 将調恍	雨 ト鳳将 車龍石 南鳳胡	樹 ネ石貴 貫牽龍 禄石報	花 ネ貫極 貫車玉 禄貫馳	陽 ネ玉馳 鳳司車 南玉極	灯 ネ龍報 石禄牽 将龍貴	山 ネ牽馳 石調車 将龍庫	地 ネ車報 龍鳳牽 南玉印	鉄 ネ司胡 龍石禄 禄車堂	宝 ネ禄恍 貫貫司 禄牽南	海 ネ調禄 玉玉鳳 南禄南	雨 ネ鳳将 調龍調 将司堂	樹 イ石貴 玉牽貫 恍鳳印	花 イ貫極 龍車石 堂調庫	陽 イ玉馳 貫司龍 貴貫庫	灯 イ龍報 龍禄玉 胡石印	山 イ牽馳 司玉車 南龍庫	地 イ車報 調龍牽 将玉印	鉄 イ司胡 玉牽禄 恍車堂	宝 イ禄恍 龍玉調 堂牽南	海 イ調禄 龍車貫 貴禄南	雨 イ鳳将 龍牽石 胡司堂	樹 サ石貴 禄禄龍 印鳳印	花 サ貫極 玉司玉 極調庫	陽 サ玉馳 牽鳳車 報貫庫	灯 サ龍報 鳳調牽 庫石印	山 サ牽馳 車貫禄 貴龍庫	地 サ車報 車石司 胡玉印	鉄 サ司胡 龍龍鳳 印車堂
11月	宝 サ禄恍 牽玉調 極牽南	海 サ調禄 司車貫 報禄南	雨 サ鳳将 車牽石 庫司堂	樹 ウ石貴 車禄龍 馳鳳印	花 ウ貫極 車司玉 馳調庫	陽 ウ玉馳 鳳鳳車 庫貫庫	灯 ウ龍報 牽調牽 報石印	山 ウ牽馳 司車車 報玉馳	地 ウ車報 禄牽牽 庫龍報	鉄 ウ司胡 龍禄禄 馳牽胡	宝 ウ禄恍 禄司司 馳車恍	海 ウ調禄 調鳳鳳 庫司禄	雨 ウ鳳将 牽調調 報禄将	樹 タ石貴 司貫貫 極調貴	花 タ貫極 鳳石石 印鳳極	陽 タ玉馳 鳳龍龍 胡石馳	灯 タ龍報 禄玉玉 貴貫報	山 タ牽馳 玉車車 庫玉馳	地 タ車報 牽牽牽 報龍報	鉄 タ司胡 調禄禄 極牽胡	宝 タ禄恍 龍調調 印車恍	海 タ調禄 禄貫貫 胡司禄	雨 タ鳳将 鳳石石 貴禄将	樹 ト石貴 禄龍龍 堂調貴	花 ト貫極 調玉玉 恍鳳極	陽 ト玉馳 調車車 将石馳	灯 ト龍報 鳳牽牽 南貫報	山 ト牽馳 鳳禄禄 胡玉馳	地 ト車報 鳳司司 貴龍報	鉄 ト司胡 龍鳳鳳 堂牽胡	
12月	宝 ト禄恍 調調調 恍車恍	海 ト調禄 石貫貫 将司禄	雨 ト鳳将 車石石 南禄将	樹 ネ石貴 貫龍龍 禄調貴	花 ネ貫極 貫玉玉 禄鳳極	陽 ネ玉馳 鳳車車 南石馳	灯 ネ龍報 石牽牽 将貫報	山 ネ牽馳 石司車 将貫報	地 ネ車報 龍禄牽 南石馳	鉄 ネ司胡 龍調禄 禄龍極	宝 ネ禄恍 貫鳳司 禄玉貴	海 ネ調禄 玉石鳳 南車将	雨 ネ鳳将 調貫調 将牽禄	樹 イ石貴 玉玉貫 恍禄恍	花 イ貫極 龍龍石 堂司胡	陽 イ玉馳 貫牽龍 貴鳳報	灯 イ龍報 龍車玉 胡調馳	山 イ牽馳 司司車 南貫報	地 イ車報 調禄牽 将石馳	鉄 イ司胡 玉調禄 恍龍極	宝 イ禄恍 龍鳳調 堂玉貴	海 イ調禄 龍石貫 貴車将	雨 イ鳳将 龍貫石 胡牽禄	樹 サ石貴 禄玉龍 印禄恍	花 サ貫極 玉龍玉 極司胡	陽 サ玉馳 牽牽車 報鳳報	灯 サ龍報 鳳車牽 庫調馳	山 サ牽馳 車司禄 貴貫報	地 サ車報 車禄司 胡石馳	鉄 サ司胡 龍調鳳 印龍極	宝 サ禄恍 牽鳳調 極玉貴

1936年（昭和11年）

1936年（昭和11年）

	1日	2日	3日	4日	5日	6日	7日	8日	9日	10日	11日	12日	13日	14日	15日	16日	17日	18日	19日	20日	21日	22日	23日	24日	25日	26日	27日	28日	29日	30日	31日
1月	海 サ調禄 司石貫 報車将	雨 サ鳳将 車貫石 庫牽禄	樹 ウ石貴 車玉龍 馳禄恍	花 ウ貫極 車龍玉 馳司胡	陽 ウ玉馳 鳳牽車 庫鳳報	灯 ウ龍報 玉車玉 報鳳庫	山 ウ牽馳 司司車 報石印	地 ウ車報 禄禄牽 庫貫庫	鉄 ウ司胡 龍調禄 馳玉庫	宝 ウ禄恍 禄鳳司 馳龍印	海 ウ調禄 調石鳳 庫牽堂	雨 ウ鳳将 玉貫調 報車南	樹 タ石貴 司玉貫 極司南	花 タ貫極 鳳龍石 印禄堂	陽 タ玉馳 鳳牽龍 胡調印	灯 タ龍報 禄禄玉 貴鳳庫	山 タ牽馳 玉調車 庫石印	地 タ車報 牽鳳牽 報貫庫	鉄 タ司胡 調玉鳳 極玉庫	宝 タ禄恍 龍龍調 印龍印	海 タ調禄 鳳牽貫 胡牽堂	雨 タ鳳将 鳳車石 貴車南	樹 ト石貴 禄司龍 堂司南	花 ト貫極 調禄玉 恍禄堂	陽 ト玉馳 調調車 将調印	灯 ト龍報 鳳鳳牽 南鳳庫	山 ト牽馳 鳳石禄 胡石印	地 ト車報 鳳貫司 貴貫庫	鉄 ト司胡 龍玉鳳 堂玉庫	宝 ト禄恍 調龍調 恍龍印	海 ト調禄 石牽貫 将牽堂
2月	雨 ト鳳将 車車石 南車南	樹 ネ石貴 貫司龍 禄司南	花 ネ貫極 貫禄玉 禄禄堂	陽 ネ玉馳 鳳調車 南調印	灯 ネ石馳 調調車 将司極	山 ネ龍報 石貫司 将鳳貴	地 ネ玉馳 龍石禄 南調極	鉄 ネ車極 龍龍調 禄貫馳	宝 ネ牽貴 貫玉鳳 禄石報	海 ネ禄将 玉車石 南龍胡	雨 ネ司禄 調牽貫 将玉恍	樹 イ鳳恍 玉禄玉 恍車禄	花 イ調胡 龍調龍 堂牽将	陽 イ貫報 貫貫牽 貴禄貴	灯 イ石馳 龍石車 胡司極	山 イ龍報 司龍司 南鳳貴	地 イ玉馳 調玉禄 将調極	鉄 イ車極 玉車調 恍貫馳	宝 イ牽貴 龍牽鳳 堂石報	海 イ禄将 龍鳳石 貴龍胡	雨 イ司禄 龍調貫 胡玉恍	樹 サ鳳恍 禄貫玉 印車禄	花 サ調胡 玉石龍 極牽将	陽 サ貫報 牽龍牽 報禄貴	灯 サ石馳 鳳玉車 庫司極	山 サ龍報 車車司 貴鳳貴	地 サ玉馳 車牽禄 胡調極	鉄 サ車極 龍禄調 印貫馳	宝 サ牽貴 牽司鳳 極石報		
3月	海 サ禄将 司鳳石 報龍胡	雨 サ司禄 車調貫 庫玉恍	樹 ウ鳳恍 車貫玉 馳車禄	花 ウ調胡 車石龍 馳牽将	陽 ウ貫報 鳳龍牽 庫禄貴	灯 ウ石馳 玉龍車 報禄胡	山 ウ龍報 司牽司 報調恍	地 ウ玉馳 禄車禄 庫鳳胡	鉄 ウ車極 龍司調 馳石報	宝 ウ牽貴 禄禄鳳 馳貫馳	海 ウ禄将 調調石 庫玉極	雨 ウ司禄 玉鳳貫 報龍貴	樹 タ鳳恍 司石玉 極牽将	花 タ調胡 鳳貫龍 印車禄	陽 タ貫報 鳳玉牽 胡司恍	灯 タ石馳 禄龍車 貴禄胡	山 タ龍報 玉牽司 庫調恍	地 タ玉馳 牽車禄 報鳳胡	鉄 タ車極 調司調 極石報	宝 タ牽貴 龍禄鳳 印貫馳	海 タ禄将 鳳調石 胡玉極	雨 タ司禄 鳳鳳貫 貴龍貴	樹 ト鳳恍 禄石玉 堂牽将	花 ト調胡 調貫龍 恍車禄	陽 ト貫報 調玉牽 将司恍	灯 ト石馳 鳳龍車 南禄胡	山 ト龍報 鳳牽司 胡調恍	地 ト玉馳 鳳車禄 貴鳳胡	鉄 ト車極 龍司調 堂石報	宝 ト牽貴 調禄鳳 恍貫馳	海 ト禄将 石調石 将玉極
4月	雨 ト司禄 車鳳貫 南龍貴	樹 ネ鳳恍 貫石玉 禄牽将	花 ネ調胡 貫貫龍 禄車禄	陽 ネ貫報 鳳玉牽 南司恍	灯 ネ石馳 調龍車 将牽堂	山 ネ龍報 石牽司 将禄南	地 ネ玉馳 龍車禄 南司堂	鉄 ネ車極 龍司調 禄鳳印	宝 ネ牽貴 貫禄鳳 禄調庫	海 ネ禄将 玉調石 南貫庫	雨 ネ司禄 調鳳貫 将石印	樹 イ鳳恍 玉石玉 恍龍堂	花 イ調胡 龍貫龍 堂玉南	陽 イ貫報 貫玉牽 貴車南	灯 イ石馳 龍車車 胡牽堂	山 イ龍報 司司司 南禄南	地 イ玉馳 調禄禄 将司堂	鉄 イ車極 玉龍調 恍鳳印	宝 イ牽貴 龍玉鳳 堂調庫	海 イ禄将 龍車石 貴貫庫	雨 イ司禄 龍牽貫 胡石印	樹 サ鳳恍 禄禄玉 印龍堂	花 サ調胡 玉司龍 極玉南	陽 サ貫報 牽鳳牽 報車南	灯 サ石馳 鳳調車 庫牽堂	山 サ龍報 車貫司 貴禄南	地 サ玉馳 車石禄 胡司堂	鉄 サ車極 龍龍調 印鳳印	宝 サ牽貴 牽玉鳳 極調庫	海 サ禄将 司車石 報貫庫	
5月	雨 サ司禄 車牽貫 庫石印	樹 ウ鳳恍 車禄玉 馳龍堂	花 ウ調胡 車司龍 馳玉南	陽 ウ貫報 鳳鳳牽 庫車南	灯 ウ石馳 牽調車 報牽堂	山 ウ龍報 司貫司 報司禄	地 ウ玉馳 禄石禄 庫禄将	鉄 ウ車極 龍龍調 馳調貴	宝 ウ牽貴 禄玉鳳 馳鳳極	海 ウ禄将 調車石 庫石馳	雨 ウ司禄 牽牽貫 報貫報	樹 タ鳳恍 司車玉 極玉胡	花 タ調胡 鳳牽龍 印龍恍	陽 タ貫報 鳳禄牽 胡牽禄	灯 タ石馳 禄司車 貴車将	山 タ龍報 玉鳳司 庫司禄	地 タ玉馳 牽調禄 報禄将	鉄 タ車極 調貫調 極調貴	宝 タ牽貴 龍石鳳 印鳳極	海 タ禄将 禄龍石 胡石馳	雨 タ司禄 鳳司貫 貴貫報	樹 ト鳳恍 禄鳳玉 堂玉胡	花 ト調胡 調調龍 恍龍恍	陽 ト貫報 調貫牽 将牽禄	灯 ト石馳 鳳石車 南車将	山 ト龍報 鳳龍司 胡司禄	地 ト玉馳 鳳玉禄 貴禄将	鉄 ト車極 龍車調 堂調貴	宝 ト牽貴 調牽鳳 恍鳳極	海 ト禄将 石禄石 将石馳	雨 ト司禄 車司貫 南貫報
6月	樹 ネ鳳恍 貫鳳玉 禄玉胡	花 ネ調胡 貫調龍 禄龍恍	陽 ネ貫報 鳳貫牽 南牽禄	灯 ネ石馳 石石車 将車将	山 ネ龍報 玉龍司 将司禄	地 ネ玉馳 龍貫禄 南牽禄	鉄 ネ車極 龍玉調 禄禄恍	宝 ネ牽貴 貫龍鳳 禄司胡	海 ネ禄将 玉牽石 南鳳報	雨 ネ司禄 調車貫 将調馳	樹 イ鳳恍 玉司玉 恍貫極	花 イ調胡 龍禄龍 堂石貴	陽 イ貫報 鳳調牽 貴龍将	灯 イ石馳 龍鳳車 胡玉禄	山 イ龍報 牽石司 南車将	地 イ玉馳 調貫禄 将牽禄	鉄 イ車極 玉玉調 恍禄恍	宝 イ牽貴 禄龍鳳 堂司胡	海 イ禄将 貫牽石 貴鳳報	雨 イ司禄 龍車貫 胡調馳	樹 サ鳳恍 禄司玉 印貫極	花 サ調胡 玉禄龍 極石貴	陽 サ貫報 牽調牽 報龍将	灯 サ石馳 鳳鳳車 庫玉禄	山 サ龍報 車石司 貴車将	地 サ玉馳 車龍禄 胡牽禄	鉄 サ車極 龍牽調 印禄恍	宝 サ牽貴 牽車鳳 極司胡	海 サ禄将 司司石 報鳳報	雨 サ司禄 車禄貫 庫調馳	
7月	樹 ウ鳳恍 車調玉 馳貫極	花 ウ調胡 車鳳龍 馳石貴	陽 ウ貫報 鳳石牽 庫龍将	灯 ウ石馳 牽貫車 報玉禄	山 ウ龍報 司玉司 報車将	地 ウ玉馳 貫龍禄 庫牽禄	鉄 ウ車極 龍牽調 馳司南	宝 ウ牽貴 禄車鳳 馳禄堂	海 ウ禄将 調司石 庫調印	雨 ウ司禄 牽禄貫 報鳳庫	樹 タ鳳恍 司調玉 極石庫	花 タ調胡 鳳鳳龍 印貫印	陽 タ貫報 鳳石牽 胡玉堂	灯 タ石馳 禄貫車 貴龍南	山 タ龍報 調玉司 庫牽堂	地 タ玉馳 牽龍禄 報車南	鉄 タ車極 調司調 極司南	宝 タ牽貴 貫禄鳳 印禄堂	海 タ禄将 禄調石 胡調印	雨 タ司禄 鳳車貫 貴鳳庫	樹 ト鳳恍 禄司玉 堂石庫	花 ト調胡 調禄龍 恍貫印	陽 ト貫報 調調牽 将玉堂	灯 ト石馳 鳳鳳車 南龍南	山 ト龍報 鳳石司 胡牽堂	地 ト玉馳 鳳貫禄 貴車南	鉄 ト車極 龍玉調 堂司南	宝 ト牽貴 調龍鳳 恍禄堂	海 ト禄将 石牽石 将調印	雨 ト司禄 車車貫 南鳳庫	樹 ネ鳳恍 貫司玉 禄石庫
8月	花 ネ調胡 貫禄龍 禄貫印	陽 ネ貫報 鳳調牽 南玉堂	灯 ネ石馳 石鳳車 将龍南	山 ネ龍報 玉石司 将牽堂	地 ネ玉馳 貫貫禄 南車南	鉄 ネ車極 貫玉調 禄司南	宝 ネ牽貴 貫龍鳳 禄禄堂	海 ネ禄将 玉車石 南禄貴	雨 ネ司禄 調牽貫 将司極	樹 イ鳳恍 玉禄玉 恍鳳馳	花 イ調胡 龍司龍 堂調報	陽 イ貫報 鳳鳳牽 貴貫胡	灯 イ石馳 龍調車 胡石恍	山 イ龍報 牽貫司 南龍胡	地 イ玉馳 調石禄 将玉恍	鉄 イ車極 玉龍調 恍車禄	宝 イ牽貴 車玉鳳 堂牽将	海 イ禄将 車車石 貴禄貴	雨 イ司禄 龍石貫 胡司極	樹 サ鳳恍 調龍玉 印鳳馳	花 サ調胡 玉玉龍 極調報	陽 サ貫報 牽禄牽 報貫胡	灯 サ石馳 鳳司車 庫石恍	山 サ龍報 車鳳司 貴龍胡	地 サ玉馳 車調禄 胡玉恍	鉄 サ車極 龍貫調 印車禄	宝 サ牽貴 牽石鳳 極牽将	海 サ禄将 司龍石 報禄貴	雨 サ司禄 車玉貫 庫司極	樹 ウ鳳恍 車車玉 馳鳳馳	花 ウ調胡 車牽龍 馳調報
9月	陽 ウ貫報 鳳禄牽 庫貫胡	灯 ウ石馳 牽司車 報石恍	山 ウ龍報 司鳳司 報龍胡	地 ウ玉馳 貫調禄 庫玉恍	鉄 ウ車極 禄貫調 馳車禄	宝 ウ牽貴 禄石鳳 馳牽将	海 ウ禄将 車龍石 庫禄貴	雨 ウ司禄 牽龍貫 報禄胡	樹 タ鳳恍 司牽玉 極調報	花 タ調胡 鳳車龍 印鳳馳	陽 タ貫報 鳳司牽 胡石極	灯 タ石馳 禄禄車 貴貫貴	山 タ龍報 調調司 庫玉極	地 タ玉馳 牽鳳禄 報龍貴	鉄 タ車極 調石調 極牽将	宝 タ牽貴 鳳貫鳳 印車禄	海 タ禄将 禄玉石 胡司恍	雨 タ司禄 鳳龍貫 貴禄胡	樹 ト鳳恍 玉牽玉 堂調報	花 ト調胡 牽車龍 恍鳳馳	陽 ト貫報 調司牽 将石極	灯 ト石馳 鳳禄車 南貫貴	山 ト龍報 鳳調司 胡玉極	地 ト玉馳 鳳鳳禄 貴龍貴	鉄 ト車極 龍石調 堂牽将	宝 ト牽貴 調貫鳳 恍車禄	海 ト禄将 石玉石 将司恍	雨 ト司禄 車龍貫 南禄胡	樹 ネ鳳恍 貫牽玉 禄調報	花 ネ調胡 貫車龍 禄鳳馳	
10月	陽 ネ貫報 鳳司牽 南石極	灯 ネ石馳 石禄車 将貫貴	山 ネ龍報 玉調司 将玉極	地 ネ玉馳 貫鳳禄 南龍貴	鉄 ネ車極 貫石調 禄牽将	宝 ネ牽貴 貫貫鳳 禄車禄	海 ネ禄将 車玉石 南司恍	雨 ネ司禄 調龍貫 将牽堂	樹 イ鳳恍 玉牽玉 恍禄印	花 イ調胡 龍車龍 堂司庫	陽 イ貫報 鳳司牽 貴鳳庫	灯 イ石馳 龍禄車 胡調印	山 イ龍報 牽調司 南貫庫	地 イ玉馳 調鳳禄 将石印	鉄 イ車極 玉石調 恍龍堂	宝 イ牽貴 車貫鳳 堂玉南	海 イ禄将 車玉石 貴車南	雨 イ司禄 龍禄貫 胡牽堂	樹 サ鳳恍 調調玉 印禄印	花 サ調胡 石鳳龍 極司庫	陽 サ貫報 牽鳳牽 報鳳庫	灯 サ石馳 鳳調車 庫調印	山 サ龍報 車貫司 貴貫庫	地 サ玉馳 車石禄 胡石印	鉄 サ車極 龍龍調 印龍堂	宝 サ牽貴 牽玉鳳 極玉南	海 サ禄将 牽車石 報車南	雨 サ司禄 車牽貫 庫牽堂	樹 ウ鳳恍 車禄玉 馳禄印	花 ウ調胡 車司龍 馳司庫	陽 ウ貫報 鳳鳳牽 庫鳳庫
11月	灯 ウ石馳 牽調車 報調印	山 ウ龍報 司貫司 報貫庫	地 ウ玉馳 貫石禄 庫石印	鉄 ウ車極 禄龍調 馳龍堂	宝 ウ牽貴 禄玉鳳 馳玉南	海 ウ禄将 車車石 庫車南	雨 ウ司禄 牽調貫 報車将	樹 タ鳳恍 司貫玉 極司貴	花 タ調胡 鳳石龍 印禄極	陽 タ貫報 鳳龍牽 胡調馳	灯 タ石馳 禄玉車 貴鳳報	山 タ龍報 調車司 庫石馳	地 タ玉馳 牽牽禄 報貫報	鉄 タ車極 調禄調 極玉胡	宝 タ牽貴 鳳司鳳 印龍恍	海 タ禄将 禄鳳石 胡牽禄	雨 タ司禄 鳳調貫 貴車将	樹 ト鳳恍 玉貫玉 堂司貴	花 ト調胡 牽石龍 恍禄極	陽 ト貫報 調車牽 将調馳	灯 ト石馳 鳳牽車 南鳳報	山 ト龍報 鳳禄司 胡石馳	地 ト玉馳 鳳司禄 貴貫報	鉄 ト車極 龍鳳調 堂玉胡	宝 ト牽貴 調調鳳 恍龍恍	海 ト禄将 石貫石 将牽禄	雨 ト司禄 車石貫 南車将	樹 ネ鳳恍 貫龍玉 禄司貴	花 ネ調胡 貫玉龍 禄禄極	陽 ネ貫報 鳳車牽 南調馳	
12月	灯 ネ石馳 石牽車 将鳳報	山 ネ龍報 玉禄司 将石馳	地 ネ玉馳 貫司禄 南貫報	鉄 ネ車極 貫鳳調 禄玉胡	宝 ネ牽貴 貫調鳳 禄龍恍	海 ネ禄将 車貫石 南牽禄	雨 ネ司禄 調貫貫 将玉禄	樹 イ鳳恍 玉玉玉 恍車恍	花 イ調胡 龍龍龍 堂牽胡	陽 イ貫報 鳳牽牽 貴禄報	灯 イ石馳 龍車車 胡司馳	山 イ龍報 牽司司 南鳳報	地 イ玉馳 調禄禄 将調馳	鉄 イ車極 玉調調 恍貫極	宝 イ牽貴 車鳳鳳 堂石貴	海 イ禄将 車石石 貴龍将	雨 イ司禄 龍貫貫 胡玉禄	樹 サ鳳恍 調玉玉 印車恍	花 サ調胡 石龍龍 極牽胡	陽 サ貫報 牽牽牽 報禄報	灯 サ石馳 鳳車車 庫司馳	山 サ龍報 車司司 貴鳳報	地 サ玉馳 車禄禄 胡調馳	鉄 サ車極 龍調調 印貫極	宝 サ牽貴 牽鳳鳳 極石貴	海 サ禄将 牽石石 報龍将	雨 サ司禄 車貫貫 庫玉禄	樹 ウ鳳恍 車玉玉 馳車恍	花 ウ調胡 車龍龍 馳牽胡	陽 ウ貫報 鳳牽牽 庫禄報	灯 ウ石馳 牽車車 報司馳

1937年（昭和12年）

1937年(昭和12年)

	1日	2日	3日	4日	5日	6日	7日	8日	9日	10日	11日	12日	13日	14日	15日	16日	17日	18日	19日	20日	21日	22日	23日	24日	25日	26日	27日	28日	29日	30日	31日
1月	山 ウ龍報 司司司 報鳳報	地 ウ玉馳 貫禄禄 庫調馳	鉄 ウ車極 禄調調 馳貫極	宝 ウ牽貴 禄鳳鳳 馳石貴	海 ウ禄将 車石石 庫龍将	雨 ウ司禄 牽貫貫 報龍南	樹 タ鳳恍 司玉玉 極牽南	花 タ調胡 鳳龍龍 印車堂	陽 タ貫報 鳳牽牽 胡司印	灯 タ石馳 禄車車 貴禄庫	山 タ龍報 調司司 庫調印	地 タ玉馳 牽禄禄 報鳳庫	鉄 タ車極 調調調 極石庫	宝 タ牽貴 鳳鳳鳳 印貫印	海 タ禄将 禄石石 胡玉堂	雨 タ司禄 鳳龍貫 貴龍南	樹 ト鳳恍 玉牽玉 堂牽南	花 ト調胡 牽車龍 恍車堂	陽 ト貫報 調調牽 将司印	灯 ト石馳 鳳鳳車 南禄庫	山 ト龍報 鳳石司 胡調印	地 ト玉馳 鳳貫禄 貴鳳庫	鉄 ト車極 龍玉調 堂石庫	宝 ト牽貴 調龍鳳 恍貫印	海 ト禄将 石牽石 将玉堂	雨 ト司禄 車車貫 南龍南	樹 ネ鳳恍 貫司玉 禄牽南	花 ネ調胡 貫禄龍 禄車堂	陽 ネ貫報 鳳調牽 南司印	灯 ネ石馳 石鳳車 将禄庫	山 ネ龍報 玉石司 将調印
2月	地 ネ玉馳 貫貫禄 南鳳庫	鉄 ネ車極 貫玉調 禄石庫	宝 ネ牽貴 貫龍鳳 禄貫印	海 ネ司堂 玉車石 南貫胡	雨 ネ禄南 調牽貫 将石恍	樹 イ調南 玉禄玉 恍龍禄	花 イ鳳堂 龍司龍 堂玉将	陽 イ石印 鳳鳳牽 貴車貴	灯 イ貫庫 龍調車 胡牽極	山 イ玉印 牽貫司 南禄貴	地 イ龍庫 調石禄 将司極	鉄 イ牽庫 玉車調 恍鳳馳	宝 イ車印 車牽鳳 堂調報	海 イ司堂 車禄玉 貴貫胡	雨 イ禄南 龍司龍 胡石恍	樹 サ調南 調鳳牽 印龍禄	花 サ鳳堂 玉調禄 極玉将	陽 サ石印 牽貫調 報車貴	灯 サ貫庫 鳳玉鳳 庫牽極	山 サ玉印 車車石 貴禄貴	地 サ龍庫 車牽貫 胡司極	鉄 サ牽庫 龍禄玉 印鳳馳	宝 サ車印 牽司龍 極調報	海 サ司堂 司鳳牽 報貫胡	雨 サ禄南 車調車 庫石恍	樹 ウ調南 車貫司 馳龍禄	花 ウ鳳堂 車石禄 馳玉将	陽 ウ石印 鳳龍調 庫車貴			
3月	灯 ウ貫庫 牽玉鳳 報牽極	山 ウ玉印 司車石 報禄貴	地 ウ龍庫 貫牽貫 庫司極	鉄 ウ牽庫 禄禄玉 馳鳳馳	宝 ウ車印 禄司龍 馳調報	海 ウ司堂 調調石 庫石極	雨 ウ禄南 牽鳳貫 報貫貴	樹 タ調南 司石玉 極玉将	花 タ鳳堂 鳳貫龍 印龍禄	陽 タ石印 鳳玉牽 胡牽恍	灯 タ貫庫 禄龍車 貴車胡	山 タ玉印 調牽司 庫司恍	地 タ龍庫 牽車禄 報禄胡	鉄 タ牽庫 調司調 極調報	宝 タ車印 鳳禄鳳 印鳳馳	海 タ司堂 禄調玉 胡石極	雨 タ禄南 鳳鳳龍 貴貫貴	樹 ト調南 玉石牽 堂玉将	花 ト鳳堂 牽貫禄 恍龍禄	陽 ト石印 調玉調 将牽恍	灯 ト貫庫 鳳龍鳳 南車胡	山 ト玉印 鳳牽石 胡司恍	地 ト龍庫 鳳車貫 貴禄胡	鉄 ト牽庫 龍司玉 堂調報	宝 ト車印 調禄龍 恍鳳馳	海 ト司堂 石調牽 将石極	雨 ト禄南 車鳳車 南貫貴	樹 ネ調南 貫石司 禄玉将	花 ネ鳳堂 貫貫禄 禄龍禄	陽 ネ石印 鳳玉調 南牽恍	灯 ネ貫庫 石龍鳳 将車胡
4月	山 ネ玉印 玉牽石 将司恍	地 ネ龍庫 貫車貫 南禄胡	鉄 ネ牽庫 貫司玉 禄調報	宝 ネ車印 貫禄龍 禄鳳馳	海 ネ司堂 玉調石 南鳳庫	雨 ネ禄南 調鳳貫 将調印	樹 イ調南 玉石玉 恍貫堂	花 イ鳳堂 龍貫龍 堂石南	陽 イ石印 鳳玉牽 貴龍南	灯 イ貫庫 龍龍車 胡玉堂	山 イ玉印 牽牽司 南車南	地 イ龍庫 調車禄 将牽堂	鉄 イ牽庫 玉司調 恍禄印	宝 イ車印 車禄鳳 堂司庫	海 イ司堂 車石玉 貴鳳庫	雨 イ禄南 龍貫龍 胡調印	樹 サ調南 調玉牽 印貫堂	花 サ鳳堂 玉司禄 極石南	陽 サ石印 牽鳳調 報龍南	灯 サ貫庫 鳳調鳳 庫玉堂	山 サ玉印 車貫石 貴車南	地 サ龍庫 車石貫 胡牽堂	鉄 サ牽庫 龍龍玉 印禄印	宝 サ車印 牽玉龍 極司庫	海 サ司堂 司車牽 報鳳庫	雨 サ禄南 車牽車 庫調印	樹 ウ調南 車禄司 馳貫堂	花 ウ鳳堂 車司禄 馳石南	陽 ウ石印 鳳鳳調 庫龍南	灯 ウ貫庫 牽調鳳 報玉堂	
5月	山 ウ玉印 司貫石 報車南	地 ウ龍庫 貫石貫 庫牽堂	鉄 ウ牽庫 禄龍玉 馳禄印	宝 ウ車印 禄玉龍 馳司庫	海 ウ司堂 車車牽 庫鳳庫	雨 ウ禄南 牽牽貫 報鳳報	樹 タ調南 司禄玉 極石胡	花 タ鳳堂 鳳司龍 印貫恍	陽 タ石印 鳳鳳牽 胡玉禄	灯 タ貫庫 禄調車 貴龍将	山 タ玉印 調貫司 庫牽禄	地 タ龍庫 牽調禄 報車将	鉄 タ牽庫 調貫調 極司貴	宝 タ車印 鳳石鳳 印禄極	海 タ司堂 禄龍石 胡調馳	雨 タ禄南 鳳玉龍 貴鳳報	樹 ト調南 玉車牽 堂石胡	花 ト鳳堂 牽牽車 恍貫恍	陽 ト石印 調禄調 将玉禄	灯 ト貫庫 鳳司鳳 南龍将	山 ト玉印 鳳龍石 胡牽禄	地 ト龍庫 鳳玉貫 貴車将	鉄 ト牽庫 龍車玉 堂司貴	宝 ト車印 調牽龍 恍禄極	海 ト司堂 石禄牽 将調馳	雨 ト禄南 車司車 南鳳報	樹 ネ調南 貫鳳司 禄石胡	花 ネ鳳堂 貫調禄 禄貫恍	陽 ネ石印 鳳貫調 南玉禄	灯 ネ貫庫 石石鳳 将龍将	山 ネ玉印 玉龍石 将牽禄
6月	地 ネ龍庫 貫玉貫 南車将	鉄 ネ牽庫 貫車玉 禄司貴	宝 ネ車印 貫牽龍 禄禄極	海 ネ司堂 車禄牽 南調馳	雨 ネ禄南 石司車 将鳳報	樹 イ調南 玉司玉 恍鳳極	花 イ鳳堂 龍禄龍 堂調貴	陽 イ石印 鳳調牽 貴貫将	灯 イ貫庫 龍鳳車 胡石禄	山 イ玉印 牽石司 南龍将	地 イ龍庫 石貫禄 将玉禄	鉄 イ牽庫 玉玉調 恍車恍	宝 イ車印 車龍鳳 堂牽胡	海 イ司堂 車牽石 貴禄報	雨 イ禄南 龍車貫 胡司馳	樹 サ調南 調司牽 印鳳極	花 サ鳳堂 石禄車 極調貴	陽 サ石印 牽調司 報貫将	灯 サ貫庫 鳳鳳鳳 庫石禄	山 サ玉印 龍石石 貴龍将	地 サ龍庫 車貫貫 胡玉禄	鉄 サ牽庫 龍玉玉 印車恍	宝 サ車印 牽龍龍 極牽胡	海 サ司堂 牽牽牽 報禄報	雨 サ禄南 車車車 庫司馳	樹 ウ調南 車調司 馳鳳極	花 ウ鳳堂 車鳳禄 馳調貴	陽 ウ石印 鳳石調 庫貫将	灯 ウ貫庫 牽貫鳳 報石禄	山 ウ玉印 司玉石 報龍将	
7月	地 ウ龍庫 貫龍貫 庫玉禄	鉄 ウ牽庫 禄牽玉 馳車恍	宝 ウ車印 禄車龍 馳牽胡	海 ウ司堂 車司牽 庫禄報	雨 ウ禄南 司禄車 報司馳	樹 タ調南 調調司 極鳳極	花 タ鳳堂 鳳鳳龍 印鳳印	陽 タ石印 鳳石牽 胡石堂	灯 タ貫庫 禄貫車 貴貫南	山 タ玉印 調玉司 庫玉堂	地 タ龍庫 牽龍禄 報龍南	鉄 タ牽庫 調牽調 極牽南	宝 タ車印 鳳車鳳 印車堂	海 タ司堂 車司石 胡司印	雨 タ禄南 鳳禄貫 貴禄庫	樹 ト調南 石調玉 堂調庫	花 ト鳳堂 牽貫車 恍鳳印	陽 ト石印 調玉司 将石堂	灯 ト貫庫 龍龍禄 南貫南	山 ト玉印 禄石石 胡玉堂	地 ト龍庫 鳳貫貫 貴龍南	鉄 ト牽庫 龍玉玉 堂牽南	宝 ト車印 調龍龍 恍車堂	海 ト司堂 石牽牽 将司印	雨 ト禄南 車車車 南禄庫	樹 ネ調南 貫司司 禄調庫	花 ネ鳳堂 貫禄禄 禄鳳印	陽 ネ石印 鳳調調 南石堂	灯 ネ貫庫 石鳳鳳 将貫南	山 ネ玉印 玉石石 将玉堂	地 ネ龍庫 貫貫貫 南龍南
8月	鉄 ネ牽庫 貫玉玉 禄牽南	宝 ネ車印 貫龍龍 禄車堂	海 ネ司堂 車牽牽 南司印	雨 ネ禄南 石車車 将禄庫	樹 イ調南 玉司司 恍調庫	花 イ鳳堂 禄禄禄 堂鳳印	陽 イ石印 龍調調 貴石堂	灯 イ貫庫 龍調車 胡調恍	山 イ玉印 牽貫司 南貫胡	地 イ龍庫 石石禄 将石恍	鉄 イ牽庫 玉龍調 恍龍禄	宝 イ車印 車玉鳳 堂玉将	海 イ司堂 車車石 貴車貴	雨 イ禄南 龍牽貫 胡牽極	樹 サ調南 牽禄玉 印禄馳	花 サ鳳堂 石司龍 極司報	陽 サ石印 牽鳳牽 報鳳胡	灯 サ貫庫 禄調禄 庫調恍	山 サ玉印 龍禄調 貴貫胡	地 サ龍庫 車司鳳 胡石恍	鉄 サ牽庫 龍鳳玉 印龍禄	宝 サ車印 石石龍 極玉将	海 サ司堂 牽龍牽 報車貴	雨 サ禄南 車玉車 庫牽極	樹 ウ調南 車車司 馳禄馳	花 ウ鳳堂 車牽禄 馳司報	陽 ウ石印 鳳禄調 庫鳳胡	灯 ウ貫庫 牽司鳳 報調恍	山 ウ玉印 司鳳石 報貫胡	地 ウ龍庫 貫調貫 庫石恍	鉄 ウ牽庫 禄貫玉 馳龍禄
9月	宝 ウ車印 禄石龍 馳玉将	海 ウ司堂 車龍牽 庫車貴	雨 ウ禄南 司玉車 報牽極	樹 タ調南 調車司 極禄馳	花 タ鳳堂 禄牽禄 印司報	陽 タ石印 禄禄調 胡鳳胡	灯 タ貫庫 禄司鳳 貴調恍	山 タ玉印 調調司 庫石極	地 タ龍庫 牽鳳禄 報貫貴	鉄 タ牽庫 調石調 極玉将	宝 タ車印 鳳貫鳳 印龍禄	海 タ司堂 車玉石 胡牽恍	雨 タ禄南 鳳龍貫 貴車胡	樹 ト調南 石牽玉 堂司報	花 ト鳳堂 牽車龍 恍禄馳	陽 ト石印 調司牽 将調極	灯 ト貫庫 貫禄車 南鳳貴	山 ト玉印 貫調調 胡石極	地 ト龍庫 鳳鳳鳳 貴貫貴	鉄 ト牽庫 牽石石 堂玉将	宝 ト車印 調貫龍 恍龍禄	海 ト司堂 石玉牽 将牽恍	雨 ト禄南 車龍車 南車胡	樹 ネ調南 貫牽司 禄司報	花 ネ鳳堂 貫車禄 禄禄馳	陽 ネ石印 鳳司調 南調極	灯 ネ貫庫 石禄鳳 将鳳貴	山 ネ玉印 玉調石 将石極	地 ネ龍庫 貫鳳貫 南貫貴	鉄 ネ牽庫 貫石玉 禄玉将	
10月	宝 ネ車印 貫貫龍 禄龍禄	海 ネ司堂 車玉牽 南牽恍	雨 ネ禄南 石龍車 将車胡	樹 イ調南 玉牽司 恍司報	花 イ鳳堂 禄車禄 堂禄馳	陽 イ石印 龍司調 貴調極	灯 イ貫庫 龍禄鳳 胡鳳貴	山 イ玉印 貫調石 南石極	地 イ龍庫 石鳳禄 将調印	鉄 イ牽庫 玉石調 恍貫堂	宝 イ車印 車貫鳳 堂石南	海 イ司堂 車玉石 貴龍南	雨 イ禄南 龍龍貫 胡玉堂	樹 サ調南 牽牽玉 印車印	花 サ鳳堂 石車龍 極牽庫	陽 サ石印 牽司牽 報禄庫	灯 サ貫庫 車禄車 庫司印	山 サ玉印 龍調司 貴鳳庫	地 サ龍庫 車龍鳳 胡調印	鉄 サ牽庫 調牽石 印貫堂	宝 サ車印 石車貫 極石南	海 サ司堂 牽車牽 報龍南	雨 サ禄南 車牽車 庫玉堂	樹 ウ調南 車禄司 馳車印	花 ウ鳳堂 車司禄 馳牽庫	陽 ウ石印 鳳鳳調 庫禄庫	灯 ウ貫庫 牽調鳳 報司印	山 ウ玉印 司貫石 報鳳庫	地 ウ龍庫 貫石貫 庫調印	鉄 ウ牽庫 禄龍玉 馳貫堂	宝 ウ車印 禄玉龍 馳石南
11月	海 ウ司堂 車車牽 庫龍南	雨 ウ禄南 司牽車 報玉堂	樹 タ調南 調禄司 極車印	花 タ鳳堂 禄司禄 印牽庫	陽 タ石印 禄鳳調 胡禄庫	灯 タ貫庫 禄調鳳 貴司印	山 タ玉印 貫貫石 庫鳳庫	地 タ龍庫 牽牽禄 報鳳報	鉄 タ牽庫 調禄調 極石胡	宝 タ車印 鳳司鳳 印貫恍	海 タ司堂 車鳳石 胡玉禄	雨 タ禄南 鳳調貫 貴龍将	樹 ト調南 石貫玉 堂牽貴	花 ト鳳堂 牽石龍 恍車極	陽 ト石印 調龍牽 将司馳	灯 ト貫庫 貫玉車 南禄報	山 ト玉印 貫車司 胡調馳	地 ト龍庫 鳳牽鳳 貴鳳報	鉄 ト牽庫 牽禄石 堂石胡	宝 ト車印 司司貫 恍貫恍	海 ト司堂 石貫牽 将玉禄	雨 ト禄南 車石車 南龍将	樹 ネ調南 貫龍司 禄牽貴	花 ネ鳳堂 貫玉禄 禄車極	陽 ネ石印 鳳車調 南司馳	灯 ネ貫庫 石牽鳳 将禄報	山 ネ玉印 石禄石 将調馳	地 ネ龍庫 貫司貫 南鳳報	鉄 ネ牽庫 貫鳳玉 禄石胡	宝 ネ車印 貫調龍 禄貫恍	
12月	海 ネ司堂 車貫牽 南玉禄	雨 ネ禄南 石石車 将龍将	樹 イ調南 玉龍司 恍牽貴	花 イ鳳堂 禄玉禄 堂車極	陽 イ石印 龍車調 貴司馳	灯 イ貫庫 龍牽鳳 胡禄報	山 イ玉印 牽司司 南禄報	地 イ龍庫 石禄禄 将司馳	鉄 イ牽庫 玉調調 恍鳳極	宝 イ車印 車鳳鳳 堂調貴	海 イ司堂 車石石 貴貫将	雨 イ禄南 龍貫貫 胡石禄	樹 サ調南 牽玉玉 印龍恍	花 サ鳳堂 石龍龍 極玉胡	陽 サ石印 牽牽牽 報車報	灯 サ貫庫 車車車 庫牽馳	山 サ玉印 龍司調 貴禄報	地 サ龍庫 車禄鳳 胡司馳	鉄 サ牽庫 調調石 印鳳極	宝 サ車印 石鳳龍 極調貴	海 サ司堂 牽石牽 報貫将	雨 サ禄南 車貫車 庫石禄	樹 ウ調南 車玉司 馳龍恍	花 ウ鳳堂 車龍禄 馳玉胡	陽 ウ石印 鳳牽調 庫車報	灯 ウ貫庫 牽車鳳 報牽馳	山 ウ玉印 司司石 報禄報	地 ウ龍庫 貫禄貫 庫司馳	鉄 ウ牽庫 禄調玉 馳鳳極	宝 ウ車印 禄鳳龍 馳調貴	海 ウ司堂 車石牽 庫貫将

1938年（昭和13年）

1938年(昭和13年)	1日	2日	3日	4日	5日	6日	7日	8日	9日	10日	11日	12日	13日	14日	15日	16日
1月	雨 ウ禄南 司貫車 報石禄	樹 タ調南 調玉司 極龍恍	花 タ鳳堂 禄龍禄 印玉胡	陽 タ石印 禄牽調 胡車報	灯 タ貫庫 禄車鳳 貴牽馳	山 タ玉印 調司司 庫司印	地 タ龍庫 牽禄禄 報禄庫	鉄 タ牽庫 調調調 極調庫	宝 タ車印 鳳鳳鳳 印鳳印	海 タ司堂 車石石 胡石堂	雨 タ禄南 鳳貫貫 貴貫南	樹 ト調南 石玉玉 堂玉南	花 ト鳳堂 牽龍龍 恍龍堂	陽 ト石印 調牽牽 将牽印	灯 ト貫庫 貫車車 南車庫	山 ト玉印 貫調調 胡司印
2月	樹 イ調南 玉司司 恍玉南	花 イ鳳堂 禄禄禄 堂龍堂	陽 イ石印 龍調調 貴牽印	灯 イ調極 龍調調 胡玉極	山 イ貫貴 牽貫貫 南車貴	地 イ石極 石石石 将牽極	鉄 イ龍馳 玉龍龍 恍禄馳	宝 イ玉報 車玉玉 堂司報	海 イ車胡 車車車 貴鳳胡	雨 イ牽恍 龍牽牽 胡調恍	樹 サ禄禄 牽禄禄 印貫禄	花 サ司将 石調調 極石将	陽 サ鳳貴 牽貫貫 報龍貴	灯 サ調極 禄石石 庫玉極	山 サ貫貴 龍龍龍 貴車貴	地 サ石極 車玉玉 胡牽極
3月	海 ウ車胡 車鳳鳳 庫鳳胡	雨 ウ牽恍 司調調 報調恍	樹 タ禄禄 調貫貫 極貫禄	花 タ司将 禄石石 印石将	陽 タ鳳貴 禄龍龍 胡龍貴	灯 タ調極 禄龍調 貴龍胡	山 タ貫貴 調牽貫 庫牽恍	地 タ石極 牽車石 報車胡	鉄 タ龍馳 調司龍 極司報	宝 タ玉報 鳳禄玉 印禄馳	海 タ車胡 車調車 胡調極	雨 タ牽恍 鳳鳳牽 貴鳳貴	樹 ト禄禄 石石禄 堂石将	花 ト司将 牽貫調 恍貫禄	陽 ト鳳貴 調玉貫 将玉恍	灯 ト調極 龍龍石 南龍胡
4月	雨 ネ牽恍 石鳳調 将鳳貴	樹 イ禄禄 玉石貫 恍石将	花 イ司将 禄貫石 堂貫禄	陽 イ鳳貴 龍玉龍 貴玉恍	灯 イ調極 龍龍調 胡石堂	山 イ貫貴 牽牽貫 南龍南	地 イ石極 石車石 将玉堂	鉄 イ龍馳 玉司龍 恍車印	宝 イ玉報 車禄玉 堂牽庫	海 イ車胡 車調車 貴禄庫	雨 イ牽恍 龍鳳牽 胡司印	樹 サ禄禄 牽石禄 印鳳堂	花 サ司将 石貫調 極調南	陽 サ鳳貴 牽玉貫 報貫南	灯 サ調極 禄車石 庫石堂	山 サ貫貴 龍司龍 貴龍南
5月	雨 ウ牽恍 司牽調 報司印	樹 タ禄禄 調禄貫 極鳳堂	花 タ司将 禄司石 印調南	陽 タ鳳貴 禄鳳龍 胡貫南	灯 タ調極 禄調玉 貴石堂	山 タ貫貴 調貫貫 庫玉禄	地 タ石極 牽石石 報龍将	鉄 タ龍馳 調龍龍 極牽貴	宝 タ玉報 鳳玉玉 印車極	海 タ車胡 車車車 胡司馳	雨 タ牽恍 鳳牽牽 貴禄報	樹 ト禄禄 石車禄 堂調胡	花 ト司将 牽牽司 恍鳳恍	陽 ト鳳貴 調禄貫 将石禄	灯 ト調極 貫司石 南貫将	山 ト貫貴 貫鳳龍 胡玉禄
6月	樹 イ禄禄 玉鳳貫 恍調胡	花 イ司将 禄調石 堂鳳恍	陽 イ鳳貴 龍貫龍 貴石禄	灯 イ調極 龍石玉 胡貫将	山 イ貫貴 貫龍車 南玉禄	地 イ石極 石貫石 将石禄	鉄 イ龍馳 玉玉龍 恍龍恍	宝 イ玉報 車龍玉 堂玉胡	海 イ車胡 車牽車 貴車報	雨 イ牽恍 龍車牽 胡牽馳	樹 サ禄禄 牽司禄 印禄極	花 サ司将 石禄司 極司貴	陽 サ鳳貴 牽調鳳 報鳳将	灯 サ調極 車鳳石 庫調禄	山 サ貫貴 龍石龍 貴貫将	地 サ石極 車貫玉 胡石禄
7月	樹 タ禄禄 調調貫 極禄極	花 タ司将 禄鳳石 印司貴	陽 タ鳳貴 禄石龍 胡鳳将	灯 タ調極 禄貫玉 貴調禄	山 タ貫貴 貫玉車 庫貫将	地 タ石極 司龍牽 報石禄	鉄 タ龍馳 調牽禄 極龍恍	宝 タ玉報 鳳車玉 印龍堂	海 タ車胡 車司車 胡牽印	雨 タ牽恍 鳳禄牽 貴車庫	樹 ト禄禄 石調禄 堂司庫	花 ト司将 司鳳司 恍禄印	陽 ト鳳貴 調石鳳 将調堂	灯 ト調極 貫貫調 南鳳南	山 ト貫貴 貫玉貫 胡石堂	地 ト石極 鳳龍玉 貴貫南
8月	花 イ司将 禄禄石 堂禄印	陽 イ鳳貴 龍調龍 貴調堂	灯 イ調極 龍鳳玉 胡鳳南	山 イ貫貴 貫石車 南石堂	地 イ石極 玉貫牽 将貫南	鉄 イ龍馳 牽玉禄 恍玉南	宝 イ玉報 龍龍司 堂龍堂	海 イ車胡 車車車 貴龍貴	雨 イ牽恍 龍牽牽 胡玉極	樹 サ禄禄 牽禄禄 印車馳	花 サ司将 石司司 極牽報	陽 サ鳳貴 牽鳳鳳 報禄胡	灯 サ調極 車調調 庫司恍	山 サ貫貴 貫貫貫 貴鳳胡	地 サ石極 車石石 胡調恍	鉄 サ龍馳 司龍車 印貫禄
9月	陽 タ鳳貴 禄禄龍 胡禄胡	灯 タ調極 禄司玉 貴司恍	山 タ貫貴 貫鳳車 庫鳳胡	地 タ石極 司調牽 報調恍	鉄 タ龍馳 調貫禄 極貫禄	宝 タ玉報 龍石司 印石将	海 タ車胡 鳳龍鳳 胡龍貴	雨 タ牽恍 鳳龍牽 貴龍胡	樹 ト禄禄 石牽禄 堂牽報	花 ト司将 司車司 恍車馳	陽 ト鳳貴 調司鳳 将司極	灯 ト調極 貫禄調 南禄貴	山 ト貫貴 貫調貫 胡調極	地 ト石極 鳳鳳石 貴鳳貴	鉄 ト龍馳 石石龍 堂石将	宝 ト玉報 司貫牽 恍貫禄
10月	陽 イ鳳貴 龍司龍 貴司極	灯 イ調極 龍禄玉 胡禄貴	山 イ貫貴 貫調車 南調極	地 イ石極 玉鳳牽 将鳳貴	鉄 イ龍馳 牽石禄 恍石将	宝 イ玉報 龍貫司 堂貫禄	海 イ車胡 龍玉鳳 貴玉恍	雨 イ牽恍 龍龍調 胡龍胡	樹 サ禄禄 牽牽禄 印龍印	花 サ司将 石車司 極玉庫	陽 サ鳳貴 牽司鳳 報車庫	灯 サ調極 車禄調 庫牽印	山 サ貫貴 貫調貫 貴禄庫	地 サ石極 車鳳石 胡司印	鉄 サ龍馳 司石龍 印鳳堂	宝 サ玉報 石貫玉 極調南
11月	灯 タ調極 禄調玉 貴牽印	山 タ貫貴 貫貫車 庫禄庫	地 タ石極 司石牽 報司印	鉄 タ龍馳 調龍禄 極鳳堂	宝 タ玉報 龍玉司 印調南	海 タ車胡 鳳車鳳 胡貫南	雨 タ牽恍 鳳牽調 貴石堂	樹 ト禄禄 石貫禄 堂玉貴	花 ト司将 司石司 恍龍極	陽 ト鳳貴 調龍鳳 将牽馳	灯 ト調極 貫玉調 南車報	山 ト貫貴 貫車貫 胡司馳	地 ト石極 鳳牽石 貴禄報	鉄 ト龍馳 石禄龍 堂調胡	宝 ト玉報 司司玉 恍鳳恍	海 ト車胡 石鳳禄 将石禄
12月	灯 イ調極 龍牽玉 胡車報	山 イ貫貴 貫禄車 南司馳	地 イ石極 玉司牽 将禄報	鉄 イ龍馳 牽鳳禄 恍調胡	宝 イ玉報 龍調司 堂鳳恍	海 イ車胡 龍貫鳳 貴石禄	雨 イ牽恍 龍石調 胡貫将	樹 サ禄禄 牽玉禄 印貫恍	花 サ司将 石龍司 極石胡	陽 サ鳳貴 牽牽鳳 報龍報	灯 サ調極 車車調 庫玉馳	山 サ貫貴 貫司貫 貴車報	地 サ石極 車禄石 胡牽馳	鉄 サ龍馳 司調龍 印禄極	宝 サ玉報 石鳳玉 極司貴	海 サ車胡 牽石禄 報鳳将

1938年(昭和13年)	17日	18日	19日	20日	21日	22日	23日	24日	25日	26日	27日	28日	29日	30日	31日
1月	地 ト龍庫 鳳鳳鳳 貴禄庫	鉄 ト牽庫 牽石石 堂調庫	宝 ト車印 調龍龍 恍鳳印	海 ト司堂 石牽牽 将石堂	雨 ト禄南 車車車 南貫南	樹 ネ調南 貫司司 禄玉南	花 ネ鳳堂 貫禄禄 禄龍堂	陽 ネ石印 鳳調調 南牽印	灯 ネ貫庫 石鳳鳳 将車庫	山 ネ玉印 玉石石 将司印	地 ネ龍庫 貫貫貫 南禄庫	鉄 ネ牽庫 貫玉玉 禄調庫	宝 ネ車印 貫龍龍 禄鳳印	海 ネ司堂 車牽牽 南石堂	雨 ネ禄南 石車車 将貫南
2月	鉄 サ龍馳 龍車車 印禄馳	宝 サ玉報 石牽牽 極司報	海 サ車胡 牽鳳鳳 報鳳胡	雨 サ牽恍 車調調 庫調恍	樹 ウ禄禄 車貫貫 馳貫禄	花 ウ司将 車石石 馳石将	陽 ウ鳳貴 鳳龍龍 庫龍貴	灯 ウ調極 牽玉玉 報玉極	山 ウ貫貴 司車車 報車貴	地 ウ石極 貫牽牽 庫牽極	鉄 ウ龍馳 禄禄禄 馳禄馳	宝 ウ玉報 禄司司 馳司報			
3月	山 ト貫貴 禄牽龍 胡牽恍	地 ト石極 鳳車玉 貴車胡	鉄 ト龍馳 龍司車 堂司報	宝 ト玉報 調禄牽 恍禄馳	海 ト車胡 石調鳳 将調極	雨 ト牽恍 車鳳調 南鳳貴	樹 ネ禄禄 貫石貫 禄石将	花 ネ司将 貫貫石 禄貫禄	陽 ネ鳳貴 鳳玉龍 南玉恍	灯 ネ調極 石龍玉 将龍胡	山 ネ貫貴 玉牽車 将牽恍	地 ネ石極 貫車牽 南車胡	鉄 ネ龍馳 貫司禄 禄司報	宝 ネ玉報 貫禄司 禄禄馳	海 ネ車胡 車調鳳 南調極
4月	地 サ石極 車禄玉 胡玉堂	鉄 サ龍馳 龍龍車 印車印	宝 サ玉報 石玉牽 極牽庫	海 サ車胡 牽車鳳 報禄庫	雨 サ牽恍 車牽調 庫司印	樹 ウ禄禄 車禄貫 馳鳳堂	花 ウ司将 車司石 馳調南	陽 ウ鳳貴 鳳鳳龍 庫貫南	灯 ウ調極 牽調玉 報石堂	山 ウ貫貴 司貫車 報龍南	地 ウ石極 貫石牽 庫玉堂	鉄 ウ龍馳 禄龍禄 馳車印	宝 ウ玉報 禄玉司 馳牽庫	海 ウ車胡 車車鳳 庫禄庫	
5月	地 ト石極 鳳調玉 貴龍将	鉄 ト龍馳 牽貫車 堂牽貴	宝 ト玉報 調石牽 恍車極	海 ト車胡 石龍禄 将司馳	雨 ト牽恍 車司調 南禄報	樹 ネ禄禄 貫鳳貫 禄調胡	花 ネ司将 貫調石 禄鳳恍	陽 ネ鳳貴 鳳貫龍 南石禄	灯 ネ調極 石石玉 将貫将	山 ネ貫貴 玉龍車 将玉禄	地 ネ石極 貫玉牽 南龍将	鉄 ネ龍馳 貫車禄 禄牽貴	宝 ネ玉報 貫牽司 禄車極	海 ネ車胡 車禄鳳 南司馳	雨 ネ牽恍 石司調 将禄報
6月	鉄 サ龍馳 調玉車 印龍恍	宝 サ玉報 石龍牽 極玉胡	海 サ車胡 牽牽禄 報車報	雨 サ牽恍 車車司 庫牽馳	樹 ウ禄禄 車司貫 馳禄極	花 ウ司将 車禄石 馳司貴	陽 ウ鳳貴 鳳調龍 庫鳳将	灯 ウ調極 牽鳳玉 報調禄	山 ウ貫貴 司石車 報貫将	地 ウ石極 貫龍牽 庫石禄	鉄 ウ龍馳 禄牽禄 馳龍恍	宝 ウ玉報 禄車司 馳玉胡	海 ウ車胡 車司鳳 庫車報	雨 ウ牽恍 司禄調 報牽馳	
7月	鉄 ト龍馳 石牽車 堂玉南	宝 ト玉報 司禄牽 恍龍堂	海 ト車胡 石調禄 将牽印	雨 ト牽恍 龍鳳司 南車庫	樹 ネ禄禄 鳳司鳳 禄司庫	花 ネ司将 貫禄調 禄禄印	陽 ネ鳳貴 鳳調龍 南調堂	灯 ネ調極 石鳳玉 将鳳南	山 ネ貫貴 石石車 将石堂	地 ネ石極 貫貫牽 南貫南	鉄 ネ龍馳 貫玉禄 禄玉南	宝 ネ玉報 貫龍司 禄龍堂	海 ネ車胡 車牽鳳 南牽印	雨 ネ牽恍 石車調 将車庫	樹 イ禄禄 玉司貫 恍司庫
8月	宝 サ玉報 石玉牽 極石将	海 サ車胡 牽車禄 報龍貴	雨 サ牽恍 鳳石司 庫玉極	樹 ウ禄禄 龍龍鳳 馳車馳	花 ウ司将 車玉調 馳牽報	陽 ウ鳳貴 鳳禄貫 庫禄胡	灯 ウ調極 牽司玉 報司恍	山 ウ貫貴 司鳳車 報鳳胡	地 ウ石極 貫調牽 庫調恍	鉄 ウ龍馳 禄貫禄 馳貫禄	宝 ウ玉報 禄石司 馳石将	海 ウ車胡 車龍鳳 庫龍貴	雨 ウ牽恍 司玉調 報玉極	樹 タ禄禄 調車貫 極車馳	花 タ司将 禄牽石 印牽報
9月	海 ト車胡 石玉禄 将玉恍	雨 ト牽恍 龍龍司 南龍胡	樹 ネ禄禄 鳳牽鳳 禄牽報	花 ネ司将 貫車調 禄車馳	陽 ネ鳳貴 鳳司貫 南司極	灯 ネ調極 司禄石 将禄貴	山 ネ貫貴 石調車 将調極	地 ネ石極 貫鳳牽 南鳳貴	鉄 ネ龍馳 貫石禄 禄石将	宝 ネ玉報 貫貫司 禄貫禄	海 ネ車胡 車玉鳳 南玉恍	雨 ネ牽恍 石龍調 将龍胡	樹 イ禄禄 玉牽貫 恍牽報	花 イ司将 禄車石 堂車馳	
10月	海 サ車胡 牽玉禄 報貫南	雨 サ牽恍 禄龍司 庫石堂	樹 ウ禄禄 禄調鳳 馳龍印	花 ウ司将 車鳳調 馳玉庫	陽 ウ鳳貴 石石貫 庫車庫	灯 ウ調極 牽調石 報牽印	山 ウ貫貴 司貫龍 報禄庫	地 ウ石極 貫石牽 庫司印	鉄 ウ龍馳 禄龍禄 馳鳳堂	宝 ウ玉報 禄玉司 馳調南	海 ウ車胡 車車鳳 庫貫南	雨 ウ牽恍 司牽調 報石堂	樹 タ禄禄 調禄貫 極龍印	花 タ司将 禄司石 印玉庫	陽 タ鳳貴 禄鳳龍 胡車庫
11月	雨 ト牽恍 貫調司 南貫将	樹 ネ禄禄 鳳貫鳳 禄玉貴	花 ネ司将 貫石調 禄龍極	陽 ネ鳳貴 牽龍貫 南牽馳	灯 ネ調極 司牽石 将車報	山 ネ貫貴 石禄龍 将司馳	地 ネ石極 貫司牽 南禄報	鉄 ネ龍馳 貫鳳禄 禄調胡	宝 ネ玉報 貫調司 禄鳳恍	海 ネ車胡 車貫鳳 南石禄	雨 ネ牽恍 石石調 将貫将	樹 イ禄禄 玉龍貫 恍玉貴	花 イ司将 禄玉石 堂龍極	陽 イ鳳貴 龍車龍 貴牽馳	
12月	雨 サ牽恍 禄貫司 庫調禄	樹 ウ禄禄 禄玉鳳 馳貫恍	花 ウ司将 車龍調 馳石胡	陽 ウ鳳貴 石牽貫 庫龍報	灯 ウ調極 牽車石 報玉馳	山 ウ貫貴 司司龍 報車報	地 ウ石極 貫禄牽 庫牽馳	鉄 ウ龍馳 禄調禄 馳禄極	宝 ウ玉報 禄鳳司 馳司貴	海 ウ車胡 車石鳳 庫鳳将	雨 ウ牽恍 司貫調 報調禄	樹 タ禄禄 調玉貫 極貫恍	花 タ司将 禄龍石 印石胡	陽 タ鳳貴 禄牽龍 胡龍報	灯 タ調極 禄車玉 貴玉馳

1939年（昭和14年）

1939年(昭和14年)	1日	2日	3日	4日	5日	6日	7日	8日	9日	10日	11日	12日	13日	14日	15日	16日	17日	18日	19日	20日	21日	22日	23日	24日	25日	26日	27日	28日	29日	30日	31日
1月	山 タ貫貴 貫司車 庫車報	地 タ石極 司禄牽 報牽馳	鉄 タ龍馳 調調禄 極禄極	宝 タ玉報 龍鳳司 印司貴	海 タ車胡 鳳石鳳 胡鳳将	雨 タ牽恍 鳳貫牽 貴鳳南	樹 ト禄禄 石玉禄 堂石南	花 ト司将 司龍司 恍貫堂	陽 ト鳳貴 調牽鳳 将玉印	灯 ト調極 貫車調 南龍庫	山 ト貫貴 貫司貫 胡牽印	地 ト石極 鳳禄石 貴車庫	鉄 ト龍馳 石調龍 堂司庫	宝 ト玉報 司鳳牽 恍禄印	海 ト車胡 石石禄 将調堂	雨 ト牽恍 龍龍司 南鳳南	樹 ネ禄禄 鳳牽鳳 禄石南	花 ネ司将 貫車調 禄貫堂	陽 ネ鳳貴 鳳調貫 南玉印	灯 ネ調極 司鳳石 将龍庫	山 ネ貫貴 石石車 将牽印	地 ネ石極 貫貫牽 南車庫	鉄 ネ龍馳 貫玉禄 禄司庫	宝 ネ玉報 貫龍司 禄禄印	海 ネ車胡 車牽鳳 南調堂	雨 ネ牽恍 石車調 将鳳南	樹 イ禄禄 玉司貫 恍石南	花 イ司将 禄禄石 堂貫堂	陽 イ鳳貴 龍調龍 貴玉印	灯 イ調極 龍鳳玉 胡龍庫	山 イ貫貴 貫石車 南牽印
2月	地 イ石極 玉貫牽 将車庫	鉄 イ龍馳 牽玉禄 恍司庫	宝 イ玉報 龍龍司 堂禄印	海 イ車胡 龍牽鳳 貴調堂	雨 イ車貴 龍牽鳳 胡司恍	樹 サ司将 牽禄石 印鳳禄	花 サ禄禄 石司貫 極調将	陽 サ調恍 牽鳳玉 報貫貴	灯 サ鳳胡 車調龍 庫石極	山 サ石恍 貫貫牽 貴龍貴	地 サ貫胡 車石車 胡玉極	鉄 サ玉報 司龍司 印車馳	宝 サ龍馳 石牽禄 極牽報	海 サ牽極 牽禄調 報禄胡	雨 サ車貴 鳳司鳳 庫司恍	樹 ウ司将 龍鳳石 馳鳳禄	花 ウ禄禄 車調貫 馳調将	陽 ウ調恍 鳳貫玉 庫貫貴	灯 ウ鳳胡 牽石龍 報石極	山 ウ石恍 司車牽 報龍貴	地 ウ貫胡 貫牽車 庫玉極	鉄 ウ玉報 禄禄司 馳車馳	宝 ウ龍馳 禄司禄 馳牽報	海 ウ牽極 車鳳調 庫禄胡	雨 ウ車貴 司調鳳 報司恍	樹 タ司将 調貫石 極鳳禄	花 タ禄禄 禄石貫 印調将	陽 タ調恍 禄龍玉 胡貫貴			
3月	灯 タ鳳胡 禄玉龍 貴石極	山 タ石恍 貫車牽 庫龍貴	地 タ貫胡 司牽車 報玉極	鉄 タ玉報 調禄司 極車馳	宝 タ龍馳 龍司禄 印牽報	海 タ牽極 車調調 胡司極	雨 タ車貴 鳳鳳鳳 貴禄貴	樹 ト司将 石石石 堂調将	花 ト禄禄 司貫貫 恍鳳禄	陽 ト調恍 調玉玉 将石恍	灯 ト鳳胡 貫龍龍 南貫胡	山 ト石恍 貫牽牽 胡玉恍	地 ト貫胡 鳳車車 貴龍胡	鉄 ト玉報 石司司 堂牽報	宝 ト龍馳 司禄禄 恍車馳	海 ト牽極 石調調 将司極	雨 ト車貴 龍鳳鳳 南禄貴	樹 ネ司将 鳳石石 禄調将	花 ネ禄禄 貫貫貫 禄鳳禄	陽 ネ調恍 鳳玉玉 南石恍	灯 ネ鳳胡 石龍龍 将貫胡	山 ネ石恍 石牽牽 将玉恍	地 ネ貫胡 貫車車 南龍胡	鉄 ネ玉報 貫司司 禄牽報	宝 ネ龍馳 貫禄禄 禄車馳	海 ネ牽極 車調調 南司極	雨 ネ車貴 石鳳鳳 将禄貴	樹 イ司将 玉石石 恍調将	花 イ禄禄 禄貫貫 堂鳳禄	陽 イ調恍 龍玉玉 貴石恍	灯 イ鳳胡 龍龍龍 胡貫胡
4月	山 イ石恍 貫牽牽 南玉恍	地 イ貫胡 玉車車 将龍胡	鉄 イ玉報 牽司司 恍牽報	宝 イ龍馳 龍禄禄 堂車馳	海 イ牽極 龍調調 貴司極	雨 イ車貴 龍鳳鳳 胡牽印	樹 サ司将 牽石石 印禄堂	花 サ禄禄 石貫貫 極司南	陽 サ調恍 牽玉玉 報鳳南	灯 サ鳳胡 車龍龍 庫調堂	山 サ石恍 貫牽牽 貴貫南	地 サ貫胡 車車車 胡石堂	鉄 サ玉報 司司司 印龍印	宝 サ龍馳 石禄禄 極玉庫	海 サ牽極 牽調調 報車庫	雨 サ車貴 鳳貫鳳 庫牽印	樹 ウ司将 龍玉石 馳禄堂	花 ウ禄禄 車龍貫 馳司南	陽 ウ調恍 鳳鳳玉 庫鳳南	灯 ウ鳳胡 牽調龍 報調堂	山 ウ石恍 司貫牽 報貫南	地 ウ貫胡 貫石車 庫石堂	鉄 ウ玉報 禄龍司 馳龍印	宝 ウ龍馳 禄玉禄 馳玉庫	海 ウ牽極 車車調 庫車庫	雨 ウ車貴 司牽鳳 報牽印	樹 タ司将 調禄石 極禄堂	花 タ禄禄 禄司貫 印司南	陽 タ調恍 禄鳳玉 胡鳳南	灯 タ鳳胡 禄調龍 貴調堂	
5月	山 タ石恍 貫貫牽 庫貫南	地 タ貫胡 司石車 報石堂	鉄 タ玉報 調龍司 極龍印	宝 タ龍馳 龍玉禄 印玉庫	海 タ牽極 鳳車調 胡車庫	雨 タ車貴 鳳牽鳳 貴車報	樹 ト司将 石禄石 堂司胡	花 ト禄禄 司司貫 恍禄恍	陽 ト調恍 調鳳玉 将調禄	灯 ト鳳胡 貫調龍 南鳳将	山 ト石恍 貫貫牽 胡石禄	地 ト貫胡 鳳調車 貴貫将	鉄 ト玉報 石貫司 堂玉貴	宝 ト龍馳 司石禄 恍龍極	海 ト牽極 石龍調 将牽馳	雨 ト車貴 龍玉鳳 南車報	樹 ネ司将 鳳車石 禄司胡	花 ネ禄禄 貫牽貫 禄禄恍	陽 ネ調恍 鳳禄玉 南調禄	灯 ネ鳳胡 司司龍 将鳳将	山 ネ石恍 石龍牽 将石禄	地 ネ貫胡 貫玉車 南貫将	鉄 ネ玉報 貫車司 禄玉貴	宝 ネ龍馳 貫牽禄 禄龍極	海 ネ牽極 車禄調 南牽馳	雨 ネ車貴 石司鳳 将車報	樹 イ司将 玉鳳石 恍司胡	花 イ禄禄 禄調貫 堂禄恍	陽 イ調恍 龍貫玉 貴調禄	灯 イ鳳胡 龍石龍 胡鳳将	山 イ石恍 貫龍牽 南石禄
6月	地 イ貫胡 玉玉車 将貫将	鉄 イ玉報 牽車司 恍玉貴	宝 イ龍馳 龍牽禄 堂龍極	海 イ牽極 龍禄調 貴牽馳	雨 イ車貴 龍司鳳 胡車報	樹 サ司将 牽司石 印車極	花 サ禄禄 石禄貫 極牽貴	陽 サ調恍 牽調玉 報禄将	灯 サ鳳胡 車鳳龍 庫司禄	山 サ石恍 貫石牽 貴鳳将	地 サ貫胡 車貫車 胡調禄	鉄 サ玉報 司玉司 印貫恍	宝 サ龍馳 石龍禄 極石胡	海 サ牽極 牽牽調 報龍報	雨 サ車貴 禄車鳳 庫玉馳	樹 ウ司将 禄司石 馳車極	花 ウ禄禄 車禄貫 馳牽貴	陽 ウ調恍 石調玉 庫禄将	灯 ウ鳳胡 牽鳳龍 報司禄	山 ウ石恍 司石牽 報鳳将	地 ウ貫胡 貫貫車 庫調禄	鉄 ウ玉報 禄玉司 馳貫恍	宝 ウ龍馳 禄龍禄 馳石胡	海 ウ牽極 車牽調 庫龍報	雨 ウ車貴 司車鳳 報玉馳	樹 タ司将 調調石 極車極	花 タ禄禄 禄鳳貫 印牽貴	陽 タ調恍 禄石玉 胡禄将	灯 タ鳳胡 禄貫龍 貴司禄	山 タ石恍 貫玉牽 庫鳳将	
7月	地 タ貫胡 司龍車 報調禄	鉄 タ玉報 調牽司 極貫恍	宝 タ龍馳 龍車禄 印石胡	海 タ牽極 鳳司調 胡龍報	雨 タ車貴 鳳禄鳳 貴玉馳	樹 ト司将 禄調石 堂車極	花 ト禄禄 調鳳貫 恍牽貴	陽 ト調恍 調石玉 将司堂	灯 ト鳳胡 貫貫龍 南禄南	山 ト石恍 貫玉牽 胡調堂	地 ト貫胡 鳳龍車 貴鳳南	鉄 ト玉報 石牽司 堂石南	宝 ト龍馳 司車禄 恍貫堂	海 ト牽極 石司調 将玉印	雨 ト車貴 貫禄鳳 南龍庫	樹 ネ司将 鳳調石 禄牽庫	花 ネ禄禄 貫鳳貫 禄車印	陽 ネ調恍 牽玉玉 南司堂	灯 ネ鳳胡 司龍龍 将禄南	山 ネ石恍 石牽牽 将調堂	地 ネ貫胡 貫貫車 南鳳南	鉄 ネ玉報 貫玉司 禄石南	宝 ネ龍馳 貫龍禄 禄貫堂	海 ネ牽極 車牽調 南玉印	雨 ネ車貴 石車鳳 将龍庫	樹 イ司将 玉司石 恍牽庫	花 イ禄禄 禄禄貫 堂車印	陽 イ調恍 龍調玉 貴司堂	灯 イ鳳胡 龍鳳龍 胡禄南	山 イ石恍 貫石牽 南調堂	地 イ貫胡 玉貫車 将鳳南
8月	鉄 イ玉報 牽玉司 恍石南	宝 イ龍馳 龍龍禄 堂貫堂	海 イ牽極 龍牽調 貴玉印	雨 イ車貴 龍車鳳 胡龍庫	樹 サ司将 禄司石 印牽庫	花 サ禄禄 玉禄貫 極車印	陽 サ調恍 牽調玉 報司堂	灯 サ鳳胡 車調龍 庫牽恍	山 サ石恍 貫貫牽 貴禄胡	地 サ貫胡 車石車 胡司恍	鉄 サ玉報 司龍司 印鳳禄	宝 サ龍馳 玉玉禄 極調将	海 サ牽極 牽車調 報貫貴	雨 サ車貴 禄牽鳳 庫石極	樹 ウ司将 禄禄石 馳龍馳	花 ウ禄禄 車司貫 馳玉報	陽 ウ調恍 司鳳玉 庫車胡	灯 ウ鳳胡 玉調龍 報牽恍	山 ウ石恍 司禄牽 報禄胡	地 ウ貫胡 鳳司車 庫司恍	鉄 ウ玉報 車鳳司 馳鳳禄	宝 ウ龍馳 禄石禄 馳調将	海 ウ牽極 車龍調 庫貫貴	雨 ウ車貴 司玉鳳 報石極	樹 タ司将 司車石 極龍馳	花 タ禄禄 禄牽貫 印玉報	陽 タ調恍 禄禄玉 胡車胡	灯 タ鳳胡 禄司龍 貴牽恍	山 タ石恍 貫鳳牽 庫禄胡	地 タ貫胡 司調車 報司恍	鉄 タ玉報 調貫司 極鳳禄
9月	宝 タ龍馳 龍石禄 印調将	海 タ牽極 鳳龍調 胡貫貴	雨 タ車貴 鳳玉鳳 貴石極	樹 ト司将 禄車石 堂龍馳	花 ト禄禄 調牽貫 恍玉報	陽 ト調恍 石禄玉 将車胡	灯 ト鳳胡 鳳司龍 南牽恍	山 ト石恍 貫調牽 胡司極	地 ト貫胡 鳳鳳車 貴禄貴	鉄 ト玉報 石石司 堂調将	宝 ト龍馳 司貫禄 恍鳳禄	海 ト牽極 石玉調 将石恍	雨 ト車貴 貫龍鳳 南貫胡	樹 ネ司将 禄牽石 禄玉報	花 ネ禄禄 貫車貫 禄龍馳	陽 ネ調恍 玉司玉 南牽極	灯 ネ鳳胡 司禄龍 将車貴	山 ネ石恍 石調牽 将司極	地 ネ貫胡 車鳳車 南禄貴	鉄 ネ玉報 鳳石司 禄調将	宝 ネ龍馳 貫貫禄 禄鳳禄	海 ネ牽極 車玉調 南石恍	雨 ネ車貴 石龍鳳 将貫胡	樹 イ司将 玉牽石 恍玉報	花 イ禄禄 禄車貫 堂龍馳	陽 イ調恍 龍司玉 貴牽極	灯 イ鳳胡 龍禄龍 胡車貴	山 イ石恍 貫調牽 南司極	地 イ貫胡 玉鳳車 将禄貴	鉄 イ玉報 牽石司 恍調将	
10月	宝 イ龍馳 龍貫禄 堂鳳禄	海 イ牽極 龍玉調 貴石恍	雨 イ車貴 龍龍鳳 胡貫胡	樹 サ司将 禄牽石 印玉報	花 サ禄禄 玉車貫 極龍馳	陽 サ調恍 牽司玉 報牽極	灯 サ鳳胡 鳳禄龍 庫車貴	山 サ石恍 車調牽 貴司極	地 サ貫胡 車鳳車 胡牽印	鉄 サ玉報 司石司 印禄堂	宝 サ龍馳 玉貫禄 極司南	海 サ牽極 牽玉調 報鳳南	雨 サ車貴 禄龍鳳 庫調堂	樹 ウ司将 禄牽石 馳貫印	花 ウ禄禄 車車貫 馳石庫	陽 ウ調恍 司司玉 庫龍庫	灯 ウ鳳胡 玉禄龍 報玉印	山 ウ石恍 司調牽 報車庫	地 ウ貫胡 鳳龍車 庫牽印	鉄 ウ玉報 車牽司 馳禄堂	宝 ウ龍馳 禄車禄 馳司南	海 ウ牽極 車車調 庫鳳南	雨 ウ車貴 玉牽鳳 報調堂	樹 タ司将 司禄石 極貫印	花 タ禄禄 禄司貫 印石庫	陽 タ調恍 禄鳳玉 胡龍庫	灯 タ鳳胡 禄調龍 貴玉印	山 タ石恍 貫貫牽 庫車庫	地 タ貫胡 司石車 報牽印	鉄 タ玉報 調龍司 極禄堂	宝 タ龍馳 龍玉禄 印司南
11月	海 タ牽極 鳳車調 胡鳳南	雨 タ車貴 鳳牽鳳 貴調堂	樹 ト司将 禄禄石 堂貫印	花 ト禄禄 調司貫 恍石庫	陽 ト調恍 石鳳玉 将龍庫	灯 ト鳳胡 鳳調龍 南玉印	山 ト石恍 鳳貫牽 胡車庫	地 ト貫胡 鳳牽車 貴車報	鉄 ト玉報 石禄司 堂司胡	宝 ト龍馳 司司禄 恍禄恍	海 ト牽極 石鳳調 将調禄	雨 ト車貴 貫調鳳 南鳳将	樹 ネ司将 禄貫石 禄石貴	花 ネ禄禄 貫石貫 禄貫極	陽 ネ調恍 玉龍玉 南玉馳	灯 ネ鳳胡 司玉龍 将龍報	山 ネ石恍 石車牽 将牽馳	地 ネ貫胡 車牽車 南車報	鉄 ネ玉報 鳳禄司 禄司胡	宝 ネ龍馳 貫司禄 禄禄恍	海 ネ牽極 車貫調 南調禄	雨 ネ車貴 石石鳳 将鳳将	樹 イ司将 玉龍石 恍石貴	花 イ禄禄 禄玉貫 堂貫極	陽 イ調恍 龍車玉 貴玉馳	灯 イ鳳胡 龍牽龍 胡龍報	山 イ石恍 貫禄牽 南牽馳	地 イ貫胡 玉司車 将車報	鉄 イ玉報 牽鳳司 恍司胡	宝 イ龍馳 龍調禄 堂禄恍	
12月	海 イ牽極 龍貫調 貴調禄	雨 イ車貴 龍石鳳 胡鳳将	樹 サ司将 禄龍石 印石貴	花 サ禄禄 玉玉貫 極貫極	陽 サ調恍 牽車玉 報玉馳	灯 サ鳳胡 鳳牽龍 庫龍報	山 サ石恍 車禄牽 貴牽馳	地 サ貫胡 車禄車 胡玉馳	鉄 サ玉報 司調司 印車極	宝 サ龍馳 玉鳳禄 極牽貴	海 サ牽極 牽石調 報禄将	雨 サ車貴 禄貫鳳 庫司禄	樹 ウ司将 禄玉石 馳鳳恍	花 ウ禄禄 車龍貫 馳調胡	陽 ウ調恍 司牽玉 庫貫報	灯 ウ鳳胡 玉車龍 報石馳	山 ウ石恍 司司牽 報龍報	地 ウ貫胡 鳳禄車 庫玉馳	鉄 ウ玉報 車調司 馳車極	宝 ウ龍馳 禄鳳禄 馳牽貴	海 ウ牽極 車石調 庫禄将	雨 ウ車貴 玉貫鳳 報司禄	樹 タ司将 司玉石 極鳳恍	花 タ禄禄 禄龍貫 印調胡	陽 タ調恍 禄牽玉 胡貫報	灯 タ鳳胡 禄車龍 貴石馳	山 タ石恍 貫司牽 庫龍報	地 タ貫胡 司禄車 報玉馳	鉄 タ玉報 調調司 極車極	宝 タ龍馳 龍鳳禄 印牽貴	海 タ牽極 鳳石調 胡禄将

1940年（昭和15年）

1940年(昭和15年)

	1日	2日	3日	4日	5日	6日	7日	8日	9日	10日	11日	12日	13日	14日	15日	16日
1月	雨 夕車貴 鳳貫鳳 貴司禄	樹 ト司将 禄玉石 堂鳳恍	花 ト禄禄 調龍貫 恍調胡	陽 ト調恍 石牽玉 将貫報	灯 ト鳳胡 鳳車龍 南石馳	山 ト石恍 貫司牽 胡玉印	地 ト貫胡 鳳禄車 貴龍庫	鉄 ト玉報 石調司 堂牽庫	宝 ト龍馳 司鳳禄 恍車印	海 ト牽極 石石調 将司堂	雨 ト車貴 貫貫鳳 南禄南	樹 ネ司将 禄玉石 禄調南	花 ネ禄禄 貫龍貫 禄鳳堂	陽 ネ調恍 玉牽玉 南石印	灯 ネ鳳胡 司車龍 将貫庫	山 ネ石恍 石調牽 将玉印
2月	樹 サ司将 禄司石 印調南	花 サ禄禄 玉禄貫 極鳳堂	陽 サ調恍 牽調玉 報石印	灯 サ鳳胡 鳳鳳龍 庫貫庫	山 サ鳳南 貫貫牽 貴貫貴	地 サ調堂 車石車 胡石極	鉄 サ貫印 司龍司 印龍馳	宝 サ石庫 玉玉禄 極玉報	海 サ龍庫 牽車調 報車胡	雨 サ玉印 禄牽鳳 庫牽恍	樹 ウ車堂 禄禄石 馳禄禄	花 ウ牽南 車司貫 馳司将	陽 ウ禄南 司貫玉 庫鳳貴	灯 ウ司堂 玉石龍 報調極	山 ウ鳳南 司龍司 報貫貴	地 ウ調堂 鳳玉禄 庫石極
3月	雨 夕玉印 鳳調牽 貴牽恍	樹 ト車堂 禄貫禄 堂禄禄	花 ト牽南 調石司 恍司将	陽 ト禄南 石龍鳳 将鳳貴	灯 ト司堂 鳳玉調 南調極	山 ト鳳南 貫牽牽 胡石恍	地 ト調堂 鳳車車 貴貫胡	鉄 ト貫印 石司司 堂玉報	宝 ト石庫 司禄禄 恍龍馳	海 ト龍庫 石調調 将牽極	雨 ト玉印 貫鳳鳳 南車貴	樹 ネ車堂 禄石石 禄司将	花 ネ牽南 貫貫貫 禄禄禄	陽 ネ禄南 玉玉玉 南調恍	灯 ネ司堂 司龍龍 将鳳胡	山 ネ鳳南 石牽司 将石恍
4月	樹 サ車堂 禄石禄 印司将	花 サ牽南 玉貫司 極禄禄	陽 サ禄南 牽玉鳳 報調恍	灯 サ司堂 鳳龍調 庫鳳胡	山 サ鳳南 貫牽牽 貴鳳南	地 サ調堂 車車車 胡調堂	鉄 サ貫印 司司司 印貫印	宝 サ石庫 玉禄禄 極石庫	海 サ龍庫 牽調調 報龍庫	雨 サ玉印 禄鳳鳳 庫玉印	樹 ウ車堂 禄石石 馳車堂	花 ウ牽南 車貫貫 馳牽南	陽 ウ禄南 司玉玉 庫禄南	灯 ウ司堂 玉龍龍 報司堂	山 ウ鳳南 司司司 報鳳南	地 ウ調堂 鳳禄禄 庫調堂
5月	樹 ト車堂 禄禄禄 堂車堂	花 ト牽南 調司司 恍牽南	陽 ト禄南 石鳳鳳 将禄南	灯 ト司堂 鳳調調 南司堂	山 ト鳳南 鳳貫貫 胡鳳南	地 ト調堂 鳳石車 貴鳳将	鉄 ト貫印 石龍司 堂石貴	宝 ト石庫 司玉禄 恍貫極	海 ト龍庫 石車調 将玉馳	雨 ト玉印 貫牽鳳 南龍報	樹 ネ車堂 禄禄石 禄牽胡	花 ネ牽南 貫牽貫 禄車恍	陽 ネ禄南 玉禄玉 南司禄	灯 ネ司堂 司司龍 将禄将	山 ネ鳳南 石鳳牽 将調禄	地 ネ調堂 車調禄 南鳳将
6月	花 サ牽南 玉調司 極車恍	陽 サ禄南 牽貫鳳 報司禄	灯 サ司堂 鳳石調 庫禄将	山 サ鳳南 車龍貫 貴調禄	地 サ調堂 車玉石 胡鳳将	鉄 サ貫印 司玉司 印鳳恍	宝 サ石庫 玉龍禄 極調胡	海 サ龍庫 牽牽調 報貫報	雨 サ玉印 禄車鳳 庫石馳	樹 ウ車堂 禄司石 馳龍極	花 ウ牽南 車禄貫 馳玉貴	陽 ウ禄南 司調玉 庫車将	灯 ウ司堂 玉鳳龍 報牽禄	山 ウ鳳南 司石牽 報禄将	地 ウ調堂 禄貫車 庫司禄	鉄 ウ貫印 車玉調 馳鳳恍
7月	花 ト牽南 調鳳司 恍玉貴	陽 ト禄南 石石鳳 将車将	灯 ト司堂 鳳貫調 南牽禄	山 ト鳳南 鳳玉貫 胡禄将	地 ト調堂 鳳龍石 貴司禄	鉄 ト貫印 龍牽龍 堂鳳恍	宝 ト石庫 司車禄 恍鳳堂	海 ト龍庫 石司調 将石印	雨 ト玉印 貫禄鳳 南貫庫	樹 ネ車堂 禄調石 禄玉庫	花 ネ牽南 貫鳳貫 禄龍印	陽 ネ禄南 玉石玉 南牽堂	灯 ネ司堂 司貫龍 将車南	山 ネ鳳南 石玉牽 将司堂	地 ネ調堂 龍龍車 南禄南	鉄 ネ貫印 龍牽司 禄調南
8月	陽 サ禄南 牽調鳳 報牽堂	灯 サ司堂 鳳鳳調 庫車南	山 サ鳳南 車石貫 貴司堂	地 サ調堂 車貫石 胡禄南	鉄 サ貫印 龍玉龍 印調南	宝 サ石庫 牽龍玉 極鳳堂	海 サ龍庫 司牽車 報石印	雨 サ玉印 禄牽鳳 庫調極	樹 ウ車堂 禄禄石 馳貫馳	花 ウ牽南 車司貫 馳石報	陽 ウ禄南 司鳳玉 庫龍胡	灯 ウ司堂 玉調龍 報玉恍	山 ウ鳳南 司貫牽 報車胡	地 ウ調堂 禄石車 庫牽恍	鉄 ウ貫印 龍龍司 馳禄禄	宝 ウ石庫 禄玉禄 馳司将
9月	灯 ト司堂 鳳司調 南玉恍	山 ト鳳南 鳳鳳貫 胡車胡	地 ト調堂 鳳調石 貴牽恍	鉄 ト貫印 龍貫龍 堂禄禄	宝 ト石庫 調石玉 恍司将	海 ト龍庫 石龍車 将鳳貴	雨 ト玉印 車玉牽 南調極	樹 ネ車堂 禄牽石 禄石報	花 ネ牽南 貫車貫 禄貫馳	陽 ネ禄南 玉司玉 南玉極	灯 ネ司堂 調禄龍 将龍貴	山 ネ鳳南 石調牽 将牽極	地 ネ調堂 龍鳳車 南車貴	鉄 ネ貫印 龍石司 禄司将	宝 ネ石庫 貫貫禄 禄禄禄	海 ネ龍庫 玉玉調 南調恍
10月	灯 サ司堂 鳳禄調 庫龍貴	山 サ鳳南 車調貫 貴牽極	地 サ調堂 車鳳石 胡車貴	鉄 サ貫印 龍石龍 印司将	宝 サ石庫 牽貫玉 極禄禄	海 サ龍庫 司玉車 報調恍	雨 サ玉印 車龍牽 庫鳳胡	樹 ウ車堂 禄牽石 馳鳳印	花 ウ牽南 車車貫 馳調庫	陽 ウ禄南 司司玉 庫貫庫	灯 ウ司堂 玉禄龍 報石印	山 ウ鳳南 司調牽 報龍庫	地 ウ調堂 禄鳳車 庫玉印	鉄 ウ貫印 龍石司 馳車堂	宝 ウ石庫 禄貫禄 馳牽南	海 ウ龍庫 調玉調 庫禄南
11月	山 ト鳳南 鳳貫貫 胡龍庫	地 ト調堂 鳳石石 貴玉印	鉄 ト貫印 龍龍龍 堂車堂	宝 ト石庫 調玉玉 恍牽南	海 ト龍庫 石車車 将禄南	雨 ト玉印 車牽牽 南司堂	樹 ネ車堂 禄貫石 禄調貴	花 ネ牽南 貫石貫 禄鳳極	陽 ネ禄南 玉龍玉 南石馳	灯 ネ司堂 調玉龍 将貫報	山 ネ鳳南 石車牽 将玉馳	地 ネ調堂 龍牽車 南龍報	鉄 ネ貫印 龍禄司 禄牽胡	宝 ネ石庫 貫司禄 禄車恍	海 ネ龍庫 玉鳳調 南司禄	雨 ネ玉印 調調鳳 将禄将
12月	山 サ鳳南 車禄貫 貴玉馳	地 サ調堂 車司石 胡龍報	鉄 サ貫印 龍鳳龍 印牽胡	宝 サ石庫 牽調玉 極車恍	海 サ龍庫 司貫車 報司禄	雨 サ玉印 車石牽 庫禄将	樹 ウ車堂 禄玉石 馳禄恍	花 ウ牽南 車龍貫 馳司胡	陽 ウ禄南 司牽玉 庫鳳報	灯 ウ司堂 玉車龍 報調馳	山 ウ鳳南 司司牽 報貫報	地 ウ調堂 禄禄車 庫石馳	鉄 ウ貫印 龍調司 馳龍極	宝 ウ石庫 禄鳳禄 馳玉貴	海 ウ龍庫 調石調 庫車将	雨 ウ玉印 玉貫鳳 報牽禄

	17日	18日	19日	20日	21日	22日	23日	24日	25日	26日	27日	28日	29日	30日	31日
1月	地 ネ貫胡 車鳳車 南龍庫	鉄 ネ玉報 鳳石司 禄牽庫	宝 ネ龍馳 貫龍禄 禄車印	海 ネ牽極 車牽調 南司堂	雨 ネ車貴 石車鳳 将禄南	樹 イ司将 玉司石 恍調南	花 イ禄禄 禄禄貫 堂鳳堂	陽 イ調恍 龍調玉 貴石印	灯 イ鳳胡 龍鳳龍 胡貫庫	山 イ石恍 貫石牽 南玉印	地 イ貫胡 玉貫車 将龍庫	鉄 イ玉報 牽玉司 恍牽庫	宝 イ龍馳 龍龍禄 堂車印	海 イ牽極 龍牽調 貴司堂	雨 イ車貴 龍車鳳 胡禄南
2月	鉄 ウ貫印 車車調 馳龍馳	宝 ウ石庫 禄牽玉 馳玉報	海 ウ龍庫 車禄車 庫車胡	雨 ウ玉印 司調牽 報牽恍	樹 夕車堂 司貫禄 極禄禄	花 夕牽南 禄石司 印司将	陽 夕禄南 禄龍鳳 胡鳳貴	灯 夕司堂 禄玉調 貴調極	山 夕鳳南 貫車貫 庫貫貴	地 夕調堂 司牽石 報石極	鉄 夕貫印 調禄龍 極龍馳	宝 夕石庫 龍司玉 印玉報	海 夕龍庫 鳳鳳車 胡車胡		
3月	地 ネ調堂 車車禄 南貫胡	鉄 ネ貫印 鳳司調 禄玉報	宝 ネ石庫 貫禄玉 禄龍馳	海 ネ龍庫 車調車 南牽極	雨 ネ玉印 石鳳牽 将車貴	樹 イ車堂 玉石禄 恍司将	花 イ牽南 禄貫司 堂禄禄	陽 イ禄南 龍玉鳳 貴調恍	灯 イ司堂 龍龍調 胡鳳胡	山 イ鳳南 貫牽貫 南石恍	地 イ調堂 玉車石 将貫胡	鉄 イ貫印 牽司龍 恍玉報	宝 イ石庫 龍禄玉 堂龍馳	海 イ龍庫 龍調車 貴牽極	雨 イ玉印 龍鳳牽 胡車貴
4月	鉄 ウ貫印 車調調 馳貫印	宝 ウ石庫 禄玉玉 馳石庫	海 ウ龍庫 車車車 庫龍庫	雨 ウ玉印 司牽牽 報玉印	樹 夕車堂 司禄禄 極車堂	花 夕牽南 禄司司 印牽南	陽 夕禄南 禄鳳鳳 胡禄南	灯 夕司堂 禄調調 貴司堂	山 夕鳳南 貫貫貫 庫鳳南	地 夕調堂 司石石 報調堂	鉄 夕貫印 調龍龍 極貫印	宝 夕石庫 龍玉玉 印石庫	海 夕龍庫 鳳車車 胡龍庫	雨 夕玉印 鳳牽牽 貴玉印	
5月	鉄 ネ貫印 鳳貫調 禄石貴	宝 ネ石庫 貫石鳳 禄貫極	海 ネ龍庫 車龍車 南玉馳	雨 ネ玉印 石玉牽 将龍報	樹 イ車堂 玉鳳禄 恍牽胡	花 イ牽南 禄調司 堂車恍	陽 イ禄南 龍貫鳳 貴司禄	灯 イ司堂 龍石調 胡禄将	山 イ鳳南 貫龍貫 南調禄	地 イ調堂 玉玉石 将鳳将	鉄 イ貫印 牽車龍 恍石貴	宝 イ石庫 龍牽玉 堂貫極	海 イ龍庫 龍禄車 貴玉馳	雨 イ玉印 龍司牽 胡龍報	樹 サ車堂 禄鳳禄 印牽胡
6月	宝 ウ石庫 禄龍鳳 馳調胡	海 ウ龍庫 石牽石 庫貫報	雨 ウ玉印 玉車牽 報石馳	樹 夕車堂 司司禄 極龍極	花 夕牽南 禄禄司 印玉貴	陽 夕禄南 禄調鳳 胡車将	灯 夕司堂 禄鳳調 貴牽禄	山 夕鳳南 貫石貫 庫禄将	地 夕調堂 司貫石 報司禄	鉄 夕貫印 調牽龍 極鳳恍	宝 夕石庫 龍車玉 印調胡	海 夕龍庫 鳳司車 胡貫報	雨 夕玉印 鳳禄牽 貴石馳	樹 ト車堂 禄調禄 堂龍極	
7月	宝 ネ石庫 貫禄鳳 禄鳳堂	海 ネ龍庫 司調石 南石印	雨 ネ玉印 調鳳貫 将貫庫	樹 イ車堂 玉司禄 恍玉庫	花 イ牽南 禄禄司 堂龍印	陽 イ禄南 龍調鳳 貴牽堂	灯 イ司堂 龍鳳調 胡車南	山 イ鳳南 貫石貫 南司堂	地 イ調堂 玉貫石 将禄南	鉄 イ貫印 玉玉龍 恍調南	宝 イ石庫 龍龍玉 堂鳳堂	海 イ龍庫 龍牽車 貴石印	雨 イ玉印 龍車牽 胡貫庫	樹 サ車堂 禄司禄 印玉庫	花 サ牽南 玉禄司 極龍印
8月	海 ウ龍庫 調車調 庫鳳貴	雨 ウ玉印 玉牽貫 報調極	樹 夕車堂 司龍玉 極貫馳	花 夕牽南 貫玉龍 印石報	陽 夕禄南 車車鳳 胡龍胡	灯 夕司堂 禄司調 貴玉恍	山 夕鳳南 貫鳳貫 庫車胡	地 夕調堂 司調石 報牽恍	鉄 夕貫印 調貫龍 極禄禄	宝 夕石庫 龍石玉 印司将	海 夕龍庫 鳳龍車 胡鳳貴	雨 夕玉印 鳳玉牽 貴調極	樹 ト車堂 禄車禄 堂貫馳	花 ト牽南 調牽司 恍石報	陽 ト禄南 石禄鳳 将龍胡
9月	雨 ネ玉印 調龍鳳 将鳳胡	樹 イ車堂 玉牽玉 恍石報	花 イ牽南 車車龍 堂貫馳	陽 イ禄南 貫司牽 貴玉極	灯 イ司堂 龍禄調 胡龍貴	山 イ鳳南 貫調貫 南牽極	地 イ調堂 玉鳳石 将車貴	鉄 イ貫印 玉石龍 恍司将	宝 イ石庫 龍貫玉 堂禄禄	海 イ龍庫 龍玉車 貴調恍	雨 イ玉印 龍龍牽 胡鳳胡	樹 サ車堂 禄牽禄 印石報	花 サ牽南 玉車司 極貫馳	陽 サ禄南 牽司鳳 報玉極	
10月	雨 ウ玉印 玉龍鳳 報司堂	樹 夕車堂 司調玉 極鳳印	花 夕牽南 貫鳳龍 印調庫	陽 夕禄南 車石牽 胡貫庫	灯 夕司堂 禄調調 貴石印	山 夕鳳南 貫貫貫 庫龍庫	地 夕調堂 司石石 報玉印	鉄 夕貫印 調龍龍 極車堂	宝 夕石庫 龍玉玉 印牽南	海 夕龍庫 鳳車車 胡禄南	雨 夕玉印 鳳牽牽 貴司堂	樹 ト車堂 禄禄禄 堂鳳印	花 ト牽南 調司司 恍調庫	陽 ト禄南 石鳳鳳 将貫庫	灯 ト司堂 鳳調調 南石印
11月	樹 イ車堂 玉貫玉 恍調貴	花 イ牽南 車石龍 堂鳳極	陽 イ禄南 貫龍牽 貴石馳	灯 イ司堂 龍牽調 胡貫報	山 イ鳳南 貫禄貫 南玉馳	地 イ調堂 玉司石 将龍報	鉄 イ貫印 玉鳳龍 恍牽胡	宝 イ石庫 龍調玉 堂車恍	海 イ龍庫 龍貫車 貴司禄	雨 イ玉印 龍石牽 胡禄将	樹 サ車堂 禄龍禄 印調貴	花 サ牽南 玉玉司 極鳳極	陽 サ禄南 牽車鳳 報石馳	灯 サ司堂 鳳牽調 庫貫報	
12月	樹 夕車堂 司玉玉 極禄恍	花 夕牽南 貫龍龍 印司胡	陽 夕禄南 車牽牽 胡鳳報	灯 夕司堂 禄車調 貴調馳	山 夕鳳南 貫司貫 庫貫報	地 夕調堂 司禄石 報石馳	鉄 夕貫印 調調龍 極龍極	宝 夕石庫 龍鳳玉 印玉貴	海 夕龍庫 鳳石車 胡車将	雨 夕玉印 鳳貫牽 貴牽禄	樹 ト車堂 禄玉禄 堂禄恍	花 ト牽南 調龍司 恍司胡	陽 ト禄南 石牽鳳 将鳳報	灯 ト司堂 鳳車調 南調馳	山 ト鳳南 鳳司貫 胡貫報

1941年（昭和16年）

1941年(昭和16年)

	1日	2日	3日	4日	5日	6日	7日	8日	9日	10日	11日	12日	13日	14日	15日	16日	17日	18日	19日	20日	21日	22日	23日	24日	25日	26日	27日	28日	29日	30日	31日
1月	地 ト調堂 鳳禄石 貴石馳	鉄 ト貫印 龍調龍 堂龍極	宝 ト石庫 調鳳玉 恍玉貴	海 ト龍庫 石石車 将車将	雨 ト玉印 車貫牽 南牽禄	樹 ネ車堂 禄玉石 禄司南	花 ネ牽南 貫龍貫 禄禄堂	陽 ネ禄南 玉牽玉 南調印	灯 ネ司堂 調車龍 将鳳庫	山 ネ鳳南 石司牽 将石印	地 ネ調堂 龍禄車 南貫庫	鉄 ネ貫印 龍調司 禄玉庫	宝 ネ石庫 貫鳳禄 禄龍印	海 ネ龍庫 玉石調 南牽堂	雨 ネ玉印 調貫鳳 将車南	樹 イ車堂 玉牽玉 恍司南	花 イ牽南 車車龍 堂禄堂	陽 イ禄南 貫司牽 貴調印	灯 イ司堂 龍鳳調 胡鳳庫	山 イ鳳南 貫石貫 南石印	地 イ調堂 玉貫石 将貫庫	鉄 イ貫印 玉玉龍 恍玉庫	宝 イ石庫 龍龍玉 堂龍印	海 イ龍庫 龍牽車 貴牽堂	雨 イ玉印 龍車牽 胡車南	樹 サ車堂 禄司禄 印司南	花 サ牽南 玉禄司 極禄堂	陽 サ禄南 牽調鳳 報調印	灯 サ司堂 鳳鳳調 庫鳳庫	山 サ鳳南 車石貫 貴石印	地 サ調堂 車貫石 胡貫庫
2月	鉄 サ貫印 龍玉龍 印玉庫	宝 サ石庫 牽龍玉 極龍印	海 サ龍庫 司牽車 報牽堂	雨 サ龍報 禄牽牽 庫玉恍	樹 ウ牽胡 禄禄禄 馳車禄	花 ウ車恍 車司司 馳牽将	陽 ウ司禄 司鳳鳳 庫禄貴	灯 ウ禄将 玉調調 報司極	山 ウ調禄 司貫貫 報鳳貴	地 ウ鳳将 禄石調 庫調極	鉄 ウ石貴 龍龍貫 馳貫馳	宝 ウ貫極 禄牽石 馳石報	海 ウ玉馳 調禄龍 庫龍胡	雨 ウ龍報 玉司玉 報玉恍	樹 タ牽胡 司鳳車 極車禄	花 タ車恍 貫調牽 印牽将	陽 タ司禄 車貫禄 胡禄貴	灯 タ禄将 禄石司 貴司極	山 タ調禄 貫車龍 庫鳳貴	地 タ鳳将 司牽玉 報調極	鉄 タ石貴 調禄車 極貫馳	宝 タ貫極 龍司牽 印石報	海 タ玉馳 鳳鳳禄 胡龍胡	雨 タ龍報 鳳調司 貴玉恍	樹 ト牽胡 禄貫鳳 堂車禄	花 ト車恍 調石調 恍牽将	陽 ト司禄 石龍貫 将禄貴	灯 ト禄将 鳳玉石 南司極			
3月	山 ト調禄 鳳車龍 胡鳳貴	地 ト鳳将 鳳牽玉 貴調極	鉄 ト石貴 龍禄車 堂貫馳	宝 ト貫極 調司牽 恍石報	海 ト玉馳 石鳳禄 将龍胡	雨 ト龍報 貫鳳牽 南龍貴	樹 ネ牽胡 禄石禄 禄牽将	花 ネ車恍 貫貫司 禄車禄	陽 ネ司禄 玉玉鳳 南司恍	灯 ネ禄将 調龍調 将禄胡	山 ネ調禄 石牽貫 将調恍	地 ネ鳳将 龍車調 南鳳胡	鉄 ネ石貴 龍司貫 禄石報	宝 ネ貫極 貫禄石 禄貫馳	海 ネ玉馳 玉調龍 南玉極	雨 ネ龍報 調鳳玉 将龍貴	樹 イ牽胡 玉石車 恍牽将	花 イ車恍 車貫牽 堂車禄	陽 イ司禄 貫玉禄 貴司恍	灯 イ禄将 龍龍司 胡禄胡	山 イ調禄 貫牽龍 南調恍	地 イ鳳将 玉車玉 将鳳胡	鉄 イ石貴 玉司車 恍石報	宝 イ貫極 龍禄牽 堂貫馳	海 イ玉馳 龍調禄 貴玉極	雨 イ龍報 龍鳳司 胡龍貴	樹 サ牽胡 禄石鳳 印牽将	花 サ車恍 玉貫調 極車禄	陽 サ司禄 牽玉貫 報司恍	灯 サ禄将 鳳龍石 庫禄胡	山 サ調禄 車牽龍 貴調恍
4月	地 サ鳳将 車車玉 胡鳳胡	鉄 サ石貴 龍司車 印石報	宝 サ貫極 牽禄牽 極貫馳	海 サ玉馳 司調禄 報玉極	雨 サ龍報 禄鳳牽 庫石印	樹 ウ牽胡 禄石禄 馳龍堂	花 ウ車恍 車貫司 馳玉南	陽 ウ司禄 司玉鳳 庫車南	灯 ウ禄将 玉龍調 報牽堂	山 ウ調禄 司牽貫 報禄南	地 ウ鳳将 禄車調 庫司堂	鉄 ウ石貴 龍司貫 馳鳳印	宝 ウ貫極 禄禄石 馳調庫	海 ウ玉馳 調調龍 庫貫庫	雨 ウ龍報 玉貫玉 報石印	樹 タ牽胡 司玉車 極龍堂	花 タ車恍 貫龍牽 印玉南	陽 タ司禄 車鳳禄 胡車南	灯 タ禄将 禄調司 貴牽堂	山 タ調禄 貫貫龍 庫禄南	地 タ鳳将 司石玉 報司堂	鉄 タ石貴 調龍車 極鳳印	宝 タ貫極 龍玉牽 印調庫	海 タ玉馳 鳳車禄 胡貫庫	雨 タ龍報 鳳牽司 貴石印	樹 ト牽胡 禄禄鳳 堂龍堂	花 ト車恍 調司調 恍玉南	陽 ト司禄 石鳳貫 将車南	灯 ト禄将 鳳調石 南牽堂	山 ト調禄 鳳貫龍 胡禄南	
5月	地 ト鳳将 鳳石玉 貴司堂	鉄 ト石貴 龍龍車 堂鳳印	宝 ト貫極 調玉牽 恍調庫	海 ト玉馳 石車禄 将貫庫	雨 ト龍報 車牽司 南石印	樹 ネ牽胡 禄禄禄 禄玉胡	花 ネ車恍 貫司司 禄龍恍	陽 ネ司禄 玉鳳鳳 南牽禄	灯 ネ禄将 調調調 将車将	山 ネ調禄 石貫貫 将司禄	地 ネ鳳将 龍石石 南禄将	鉄 ネ石貴 龍貫貫 禄調貴	宝 ネ貫極 貫石石 禄鳳極	海 ネ玉馳 玉龍龍 南石馳	雨 ネ龍報 調玉玉 将貫報	樹 イ牽胡 玉車車 恍玉胡	花 イ車恍 車牽牽 堂龍恍	陽 イ司禄 貫禄禄 貴牽禄	灯 イ禄将 龍司司 胡車将	山 イ調禄 貫鳳鳳 南司禄	地 イ鳳将 玉玉玉 将禄将	鉄 イ石貴 玉車車 恍調貴	宝 イ貫極 龍牽牽 堂鳳極	海 イ玉馳 龍禄禄 貴石馳	雨 イ龍報 龍司司 胡貫報	樹 サ牽胡 禄鳳鳳 印玉胡	花 サ車恍 玉調調 極龍恍	陽 サ司禄 牽貫貫 報牽禄	灯 サ禄将 鳳石石 庫車将	山 サ調禄 車龍龍 貴司禄	地 サ鳳将 車玉玉 胡禄将
6月	鉄 サ石貴 龍車車 印調貴	宝 サ貫極 牽牽牽 極鳳極	海 サ玉馳 司禄禄 報石馳	雨 サ龍報 車司司 庫貫報	樹 ウ牽胡 車鳳鳳 馳玉胡	花 ウ車恍 車禄司 馳石貴	陽 ウ司禄 司調鳳 庫龍将	灯 ウ禄将 玉鳳調 報玉禄	山 ウ調禄 司石貫 報車将	地 ウ鳳将 禄貫石 庫牽禄	鉄 ウ石貴 龍玉龍 馳禄恍	宝 ウ貫極 禄龍石 馳司胡	海 ウ玉馳 調牽龍 庫鳳報	雨 ウ龍報 玉車玉 報調馳	樹 タ牽胡 司司車 極貫極	花 タ車恍 貫禄牽 印石貴	陽 タ司禄 車調禄 胡龍将	灯 タ禄将 禄鳳司 貴玉禄	山 タ調禄 貫石鳳 庫車将	地 タ鳳将 司貫調 報牽禄	鉄 タ石貴 調玉車 極禄恍	宝 タ貫極 龍龍牽 印司胡	海 タ玉馳 鳳牽禄 胡鳳報	雨 タ龍報 鳳車司 貴調馳	樹 ト牽胡 禄司鳳 堂貫極	花 ト車恍 調鳳調 恍石貴	陽 ト司禄 石石貫 将龍将	灯 ト禄将 鳳貫石 南玉禄	山 ト調禄 鳳玉龍 胡車将	地 ト鳳将 鳳龍玉 貴牽禄	
7月	鉄 ト石貴 龍牽車 堂禄恍	宝 ト貫極 調車牽 恍司胡	海 ト玉馳 石司禄 将鳳報	雨 ト龍報 車禄司 南調馳	樹 ネ牽胡 貫調鳳 禄貫極	花 ネ車恍 貫鳳調 禄石貴	陽 ネ司禄 玉石鳳 南玉堂	灯 ネ禄将 調貫調 将龍南	山 ネ調禄 石玉貫 将牽堂	地 ネ鳳将 龍龍石 南車南	鉄 ネ石貴 龍牽龍 禄司南	宝 ネ貫極 貫車玉 禄禄堂	海 ネ玉馳 玉司龍 南調印	雨 ネ龍報 調禄玉 将鳳庫	樹 イ牽胡 玉調車 恍石庫	花 イ車恍 龍鳳牽 堂貫印	陽 イ司禄 貫玉禄 貴玉堂	灯 イ禄将 龍龍司 胡龍南	山 イ調禄 司牽鳳 南牽堂	地 イ鳳将 調貫調 将車南	鉄 イ石貴 玉玉貫 恍司南	宝 イ貫極 龍龍牽 堂禄堂	海 イ玉馳 龍牽禄 貴調印	雨 イ龍報 龍車司 胡鳳庫	樹 サ牽胡 禄司鳳 印石庫	花 サ車恍 玉禄調 極貫印	陽 サ司禄 牽調貫 報玉堂	灯 サ禄将 鳳鳳石 庫龍南	山 サ調禄 車石龍 貴牽堂	地 サ鳳将 車貫玉 胡車南	鉄 サ石貴 龍玉車 印司南
8月	宝 サ貫極 牽龍牽 極禄堂	海 サ玉馳 司牽禄 報調印	雨 サ龍報 車車司 庫鳳庫	樹 ウ牽胡 車司鳳 馳石庫	花 ウ車恍 車禄調 馳貫印	陽 ウ司禄 鳳調貫 庫玉堂	灯 ウ禄将 牽鳳石 報龍南	山 ウ調禄 司貫貫 報龍胡	地 ウ鳳将 禄石石 庫玉恍	鉄 ウ石貴 龍龍龍 馳車禄	宝 ウ貫極 禄玉玉 馳牽将	海 ウ玉馳 調車車 庫禄貴	雨 ウ龍報 牽牽牽 報司極	樹 タ牽胡 司禄車 極鳳馳	花 タ車恍 鳳司牽 印調報	陽 タ司禄 鳳鳳禄 胡貫胡	灯 タ禄将 禄調司 貴石恍	山 タ調禄 玉貫鳳 庫龍胡	地 タ鳳将 牽司調 報玉恍	鉄 タ石貴 調鳳貫 極車禄	宝 タ貫極 龍調石 印牽将	海 タ玉馳 禄龍龍 胡禄貴	雨 タ龍報 鳳玉司 貴司極	樹 ト牽胡 禄車鳳 堂鳳馳	花 ト車恍 調牽調 恍調報	陽 ト司禄 調禄貫 将貫胡	灯 ト禄将 鳳司石 南石恍	山 ト調禄 鳳鳳龍 胡龍胡	地 ト鳳将 鳳調玉 貴玉恍	鉄 ト石貴 龍貫車 堂車禄	宝 ト貫極 調石牽 恍牽将
9月	海 ト玉馳 石龍禄 将禄貴	雨 ト龍報 車玉司 南司極	樹 ネ牽胡 貫車鳳 禄鳳馳	花 ネ車恍 貫牽調 禄調報	陽 ネ司禄 鳳禄貫 南貫胡	灯 ネ禄将 石司石 将石恍	山 ネ調禄 玉鳳龍 将龍胡	地 ネ鳳将 龍鳳石 南龍貴	鉄 ネ石貴 龍石龍 禄牽将	宝 ネ貫極 貫貫玉 禄車禄	海 ネ玉馳 玉玉車 南司恍	雨 ネ龍報 調龍牽 将禄胡	樹 イ牽胡 玉牽禄 恍調報	花 イ車恍 龍車牽 堂鳳馳	陽 イ司禄 鳳司禄 貴石極	灯 イ禄将 龍禄司 胡貫貴	山 イ調禄 牽調鳳 南玉極	地 イ鳳将 調鳳調 将龍貴	鉄 イ石貴 玉石貫 恍牽将	宝 イ貫極 禄貫石 堂車禄	海 イ玉馳 貫玉龍 貴司恍	雨 イ龍報 龍龍玉 胡禄胡	樹 サ牽胡 禄牽鳳 印調報	花 サ車恍 玉車調 極鳳馳	陽 サ司禄 牽司貫 報石極	灯 サ禄将 鳳禄石 庫貫貴	山 サ調禄 車調龍 貴玉極	地 サ鳳将 車鳳玉 胡龍貴	鉄 サ石貴 龍石車 印牽将	宝 サ貫極 牽貫牽 極車禄	
10月	海 サ玉馳 司玉禄 報司恍	雨 サ龍報 車龍司 庫禄胡	樹 ウ牽胡 車牽鳳 馳調報	花 ウ車恍 車車調 馳鳳馳	陽 ウ司禄 鳳司貫 庫石極	灯 ウ禄将 牽禄石 報貫貴	山 ウ調禄 司調龍 報玉極	地 ウ鳳将 貫鳳玉 庫龍貴	鉄 ウ石貴 龍石龍 馳龍堂	宝 ウ貫極 禄貫玉 馳玉南	海 ウ玉馳 調玉車 庫車南	雨 ウ龍報 牽龍牽 報牽堂	樹 タ牽胡 司牽禄 極禄印	花 タ車恍 鳳車司 印司庫	陽 タ司禄 鳳司禄 胡鳳庫	灯 タ禄将 禄禄司 貴調印	山 タ調禄 調調鳳 庫貫庫	地 タ鳳将 牽鳳調 報石印	鉄 タ石貴 調牽貫 極龍堂	宝 タ貫極 貫車石 印玉南	海 タ玉馳 禄司龍 胡車南	雨 タ龍報 鳳牽玉 貴牽堂	樹 ト牽胡 禄禄車 堂禄印	花 ト車恍 調司調 恍司庫	陽 ト司禄 調鳳貫 将鳳庫	灯 ト禄将 鳳調石 南調印	山 ト調禄 鳳貫龍 胡貫庫	地 ト鳳将 鳳石玉 貴石印	鉄 ト石貴 龍龍車 堂龍堂	宝 ト貫極 調玉牽 恍玉南	海 ト玉馳 石車禄 将車南
11月	雨 ト龍報 車牽司 南牽堂	樹 ネ牽胡 貫禄鳳 禄禄印	花 ネ車恍 貫司調 禄司庫	陽 ネ司禄 鳳鳳貫 南鳳庫	灯 ネ禄将 石調石 将調印	山 ネ調禄 玉貫龍 将貫庫	地 ネ鳳将 貫石玉 南石印	鉄 ネ石貴 龍禄龍 禄玉胡	宝 ネ貫極 貫司玉 禄龍恍	海 ネ玉馳 玉鳳車 南牽禄	雨 ネ龍報 調調牽 将車将	樹 イ牽胡 玉貫禄 恍司貴	花 イ車恍 龍石司 堂禄極	陽 イ司禄 鳳龍禄 貴調馳	灯 イ禄将 龍玉司 胡鳳報	山 イ調禄 牽車鳳 南石馳	地 イ鳳将 調牽調 将貫報	鉄 イ石貴 玉禄貫 恍玉胡	宝 イ貫極 禄司石 堂龍恍	海 イ玉馳 貫鳳龍 貴牽禄	雨 イ龍報 龍石玉 胡車将	樹 サ牽胡 禄龍車 印司貴	花 サ車恍 玉玉調 極禄極	陽 サ司禄 牽車貫 報調馳	灯 サ禄将 鳳牽石 庫鳳報	山 サ調禄 車禄龍 貴石馳	地 サ鳳将 車司玉 胡貫報	鉄 サ石貴 龍鳳車 印玉胡	宝 サ貫極 牽調牽 極龍恍	海 サ玉馳 司貫禄 報牽禄	
12月	雨 サ龍報 車石司 庫車将	樹 ウ牽胡 車龍鳳 馳司貴	花 ウ車恍 車玉調 馳禄極	陽 ウ司禄 鳳車貫 庫調馳	灯 ウ禄将 牽牽石 報鳳報	山 ウ調禄 司禄龍 報石馳	地 ウ鳳将 禄禄石 庫調馳	鉄 ウ石貴 龍調龍 馳貫極	宝 ウ貫極 禄鳳玉 馳石貴	海 ウ玉馳 調石車 庫龍将	雨 ウ龍報 牽貫牽 報玉禄	樹 タ牽胡 司玉禄 極車恍	花 タ車恍 鳳龍牽 印牽胡	陽 タ司禄 鳳牽禄 胡禄報	灯 タ禄将 禄車司 貴司馳	山 タ調禄 調司鳳 庫鳳報	地 タ鳳将 牽禄調 報調馳	鉄 タ石貴 調調貫 極貫極	宝 タ貫極 貫鳳石 印石貴	海 タ玉馳 禄石龍 胡龍将	雨 タ龍報 鳳貫玉 貴玉禄	樹 ト牽胡 禄玉鳳 堂車恍	花 ト車恍 調龍調 恍牽胡	陽 ト司禄 調牽貫 将禄報	灯 ト禄将 鳳車石 南司馳	山 ト調禄 鳳司龍 胡鳳報	地 ト鳳将 鳳禄玉 貴調馳	鉄 ト石貴 龍調車 堂貫極	宝 ト貫極 調鳳牽 恍石貴	海 ト玉馳 石石禄 将龍将	雨 ト龍報 車貫司 南玉禄

1942年(昭和17年)

	1日	2日	3日	4日	5日	6日	7日	8日	9日	10日
1月	樹 ネ牽胡 貫玉鳳 禄車恍	花 ネ車恍 貫龍調 禄牽胡	陽 ネ司禄 鳳牽貫 南禄報	灯 ネ禄将 石車石 将司馳	山 ネ調禄 玉司龍 将鳳報	地 ネ鳳将 龍禄石 南鳳庫	鉄 ネ石貴 龍調龍 禄石庫	宝 ネ貫極 貫鳳玉 禄貫印	海 ネ玉馳 玉石車 南玉堂	雨 ネ龍報 調貫牽 将龍南
2月	花 ウ車恍 車禄調 馳車堂	陽 ウ司禄 鳳調貫 庫司印	灯 ウ禄将 牽鳳石 報禄庫	山 ウ禄将 司貫石 報禄貴	地 ウ司禄 禄石貫 庫司極	鉄 ウ鳳恍 龍龍玉 馳鳳馳	宝 ウ調胡 禄玉龍 馳調報	海 ウ貫報 調車牽 庫貫胡	雨 ウ石馳 牽牽車 報石恍	樹 タ龍極 司禄司 極龍禄
3月	雨 ト石馳 車調禄 南石恍	樹 ネ龍極 貫貫調 禄龍禄	花 ネ玉貴 貫石鳳 禄玉将	陽 ネ車将 鳳龍石 南車貴	灯 ネ牽禄 石玉貫 将牽極	山 ネ禄将 石牽石 将司恍	地 ネ司禄 龍車貫 南禄胡	鉄 ネ鳳恍 龍司玉 禄調報	宝 ネ調胡 貫禄龍 禄鳳馳	海 ネ貫報 玉調牽 南石極
4月	樹 ウ龍極 車石調 馳玉将	花 ウ玉貴 車貫鳳 馳龍禄	陽 ウ車将 鳳玉石 庫牽恍	灯 ウ牽禄 牽龍貫 報車胡	山 ウ禄将 司牽石 報車南	地 ウ司禄 禄車貫 庫牽堂	鉄 ウ鳳恍 龍司玉 馳禄印	宝 ウ調胡 禄禄龍 馳司庫	海 ウ貫報 調調牽 庫鳳庫	雨 ウ石馳 牽鳳車 報調印
5月	樹 ネ龍極 貫禄調 禄貫堂	花 ネ玉貴 貫司鳳 禄石南	陽 ネ車将 鳳鳳石 南龍南	灯 ネ牽禄 石調貫 将玉堂	山 ネ禄将 玉貫玉 将車南	地 ネ司禄 龍石貫 南車将	鉄 ネ鳳恍 龍龍玉 禄司貴	宝 ネ調胡 貫玉龍 禄禄極	海 ネ貫報 玉車牽 南調馳	雨 ネ石馳 調牽車 将鳳報
6月	花 ウ玉貴 車調鳳 馳貫恍	陽 ウ車将 鳳貫石 庫玉禄	灯 ウ牽禄 牽石貫 報龍将	山 ウ禄将 司龍玉 報牽禄	地 ウ司禄 貫玉龍 庫車将	鉄 ウ鳳恍 龍玉玉 馳車恍	宝 ウ調胡 禄龍龍 馳牽胡	海 ウ貫報 調牽牽 庫禄報	雨 ウ石馳 牽車車 報司馳	樹 タ龍極 司司司 極鳳極
7月	花 ネ玉貴 貫鳳鳳 禄調貴	陽 ネ車将 鳳石石 南貫将	灯 ネ牽禄 石貫貫 将石禄	山 ネ禄将 玉玉玉 将龍将	地 ネ司禄 貫龍龍 南玉禄	鉄 ネ鳳恍 貫牽牽 禄車恍	宝 ネ調胡 貫車車 禄牽胡	海 ネ貫報 玉司牽 南司印	雨 ネ石馳 調禄車 将禄庫	樹 イ龍極 玉調司 恍調庫
8月	陽 ウ車将 鳳調石 庫石堂	灯 ウ牽禄 牽鳳貫 報貫南	山 ウ禄将 司石玉 報玉堂	地 ウ司禄 貫貫龍 庫龍南	鉄 ウ鳳恍 禄玉牽 馳牽南	宝 ウ調胡 禄龍車 馳車堂	海 ウ貫報 車牽司 庫司印	雨 ウ石馳 牽牽車 報牽極	樹 タ龍極 司禄司 極禄馳	花 タ玉貴 鳳司禄 印司報
9月	灯 ネ牽禄 石司貫 将調恍	山 ネ禄将 玉鳳玉 将貫胡	地 ネ司禄 貫調龍 南石恍	鉄 ネ鳳恍 貫貫牽 禄龍禄	宝 ネ調胡 貫石車 禄玉将	海 ネ貫報 車龍司 南車貴	雨 ネ石馳 石玉禄 将牽極	樹 イ龍極 玉牽司 恍司報	花 イ玉貴 龍車禄 堂禄馳	陽 イ車将 鳳司調 貴調極
10月	灯 ウ牽禄 牽禄貫 報鳳貴	山 ウ禄将 司調玉 報石極	地 ウ司禄 貫鳳龍 庫貫貴	鉄 ウ鳳恍 禄石牽 馳玉将	宝 ウ調胡 禄貫車 馳龍禄	海 ウ貫報 車玉司 庫牽恍	雨 ウ石馳 司龍禄 報車胡	樹 タ龍極 調牽調 極司報	花 タ玉貴 鳳車禄 印牽庫	陽 タ車将 鳳司調 胡禄庫
11月	山 ネ禄将 玉貫玉 将鳳庫	地 ネ司禄 貫石龍 南調印	鉄 ネ鳳恍 貫龍牽 禄貫堂	宝 ネ調胡 貫玉車 禄石南	海 ネ貫報 車車司 南龍南	雨 ネ石馳 石牽禄 将玉堂	樹 イ龍極 玉禄調 恍車印	花 イ玉貴 龍石禄 堂車極	陽 イ車将 鳳龍調 貴司馳	灯 イ牽禄 龍玉鳳 胡禄報
12月	山 ウ禄将 司禄玉 報調馳	地 ウ司禄 貫司龍 庫鳳報	鉄 ウ鳳恍 禄鳳牽 馳石胡	宝 ウ調胡 禄調車 馳貫恍	海 ウ貫報 車貫司 庫玉禄	雨 ウ石馳 司石禄 報龍将	樹 タ龍極 調龍調 極牽貴	花 タ玉貴 鳳龍禄 印玉胡	陽 タ車将 鳳牽調 胡車報	灯 タ牽禄 禄車鳳 貴牽馳

	11日	12日	13日	14日	15日	16日	17日	18日	19日	20日
1月	樹 イ牽胡 玉玉禄 恍牽南	花 イ車恍 龍龍牽 堂車堂	陽 イ司禄 鳳牽禄 貴司印	灯 イ禄将 龍車司 胡禄庫	山 イ調禄 牽司鳳 南調印	地 イ鳳将 調鳳調 将鳳庫	鉄 イ石貴 玉石貫 恍石庫	宝 イ貫極 禄貫石 堂貫印	海 イ玉馳 貫牽龍 貴玉堂	雨 イ龍報 龍車玉 胡龍南
2月	花 タ玉貴 鳳司禄 印玉将	陽 タ車将 鳳貫調 胡車貴	灯 タ牽禄 禄石鳳 貴牽極	山 タ禄将 玉龍石 庫禄貴	地 タ司禄 牽玉貫 報司極	鉄 タ鳳恍 調車玉 極鳳馳	宝 タ調胡 龍牽龍 印調報	海 タ貫報 禄禄牽 胡貫胡	雨 タ石馳 鳳調車 貴石恍	樹 ト龍極 禄貫司 堂龍禄
3月	雨 ネ石馳 調鳳車 将貫貴	樹 イ龍極 玉石司 恍玉将	花 イ玉貴 龍貫禄 堂龍禄	陽 イ車将 貫玉調 貴牽恍	灯 イ牽禄 龍龍鳳 胡車胡	山 イ禄将 司牽石 南司恍	地 イ司禄 調車貫 将禄胡	鉄 イ鳳恍 玉司玉 恍調報	宝 イ調胡 龍禄龍 堂鳳馳	海 イ貫報 龍調牽 貴石極
4月	樹 タ龍極 司石司 極貫堂	花 タ玉貴 鳳貫禄 印石南	陽 タ車将 鳳玉調 胡龍南	灯 タ牽禄 禄龍鳳 貴玉堂	山 タ禄将 玉司石 庫車南	地 タ司禄 牽禄貫 報牽堂	鉄 タ鳳恍 調調玉 極禄印	宝 タ調胡 龍玉龍 印司庫	海 タ貫報 禄車牽 胡鳳庫	雨 タ石馳 鳳牽車 貴調印
5月	樹 イ龍極 玉禄司 恍石胡	花 イ玉貴 龍牽禄 堂貫恍	陽 イ車将 鳳禄調 貴玉禄	灯 イ牽禄 龍司鳳 胡龍将	山 イ禄将 牽鳳石 南牽禄	地 イ司禄 調調貫 将車将	鉄 イ鳳恍 玉貫玉 恍司貴	宝 イ調胡 禄石龍 堂禄極	海 イ貫報 貫龍牽 貴調馳	雨 イ石馳 龍玉車 胡鳳報
6月	花 タ玉貴 鳳禄禄 印調貴	陽 タ車将 鳳調調 胡貫将	灯 タ牽禄 禄鳳鳳 貴石禄	山 タ禄将 調石石 庫龍将	地 タ司禄 牽貫貫 報玉禄	鉄 タ鳳恍 調玉玉 極車恍	宝 タ調胡 貫龍龍 印牽胡	海 タ貫報 禄牽牽 胡禄報	雨 タ石馳 鳳車車 貴司馳	樹 ト龍極 禄司司 堂鳳極
7月	花 イ玉貴 龍鳳禄 堂鳳印	陽 イ車将 鳳石調 貴石堂	灯 イ牽禄 龍貫鳳 胡貫南	山 イ禄将 牽玉石 南玉堂	地 イ司禄 調龍貫 将龍南	鉄 イ鳳恍 玉牽玉 恍牽南	宝 イ調胡 車車龍 堂車堂	海 イ貫報 車調牽 貴司印	雨 イ石馳 龍鳳車 胡禄庫	樹 サ龍極 調石司 印調庫
8月	陽 タ車将 鳳鳳調 胡鳳胡	灯 タ牽禄 禄調鳳 貴調恍	山 タ禄将 調貫石 庫貫胡	地 タ司禄 牽石貫 報石恍	鉄 タ鳳恍 調龍玉 極龍禄	宝 タ調胡 鳳玉龍 印玉将	海 タ貫報 禄車牽 胡車貴	雨 タ石馳 鳳牽車 貴牽極	樹 ト龍極 玉龍司 堂禄馳	花 ト玉貴 牽玉禄 恍司報
9月	灯 イ牽禄 龍禄鳳 胡鳳貴	山 イ禄将 牽調石 南石極	地 イ司禄 石鳳貫 将貫貴	鉄 イ鳳恍 玉石玉 恍玉将	宝 イ調胡 車貫龍 堂龍禄	海 イ貫報 車玉牽 貴牽恍	雨 イ石馳 龍龍車 胡車胡	樹 サ龍極 調牽司 印司報	花 サ玉貴 石車禄 極禄馳	陽 サ車将 牽司調 報調極
10月	灯 タ牽禄 禄禄鳳 貴司印	山 タ禄将 調調石 庫鳳庫	地 タ司禄 牽鳳貫 報調印	鉄 タ鳳恍 調石玉 極貫堂	宝 タ調胡 鳳貫龍 印石南	海 タ貫報 車玉牽 胡龍南	雨 タ石馳 鳳龍車 貴玉堂	樹 ト龍極 石牽司 堂車印	花 ト玉貴 牽鳳禄 恍牽庫	陽 ト車将 調石調 将禄庫
11月	山 イ禄将 牽車石 南調馳	地 イ司禄 石牽貫 将鳳報	鉄 イ鳳恍 玉禄玉 恍石胡	宝 イ調胡 車司龍 堂貫恍	海 イ貫報 車鳳牽 貴玉禄	雨 イ石馳 龍調車 胡龍将	樹 サ龍極 牽貫司 印牽貴	花 サ玉貴 石石禄 極車極	陽 サ車将 牽龍調 報司馳	灯 サ牽禄 禄玉鳳 庫禄報
12月	山 タ禄将 調司石 庫禄報	地 タ司禄 牽禄貫 報司馳	鉄 タ鳳恍 調調玉 極鳳極	宝 タ調胡 鳳鳳龍 印調貴	海 タ貫報 車石牽 胡貫将	雨 タ石馳 鳳貫車 貴石禄	樹 ト龍極 石玉司 堂龍恍	花 ト玉貴 牽龍禄 恍玉胡	陽 ト車将 調牽調 将車報	灯 ト牽禄 龍車鳳 南牽馳

	21日	22日	23日	24日	25日	26日	27日	28日	29日	30日	31日
1月	樹 サ牽胡 禄司鳳 印牽南	花 サ車恍 玉禄調 極車堂	陽 サ司禄 牽調貫 報司印	灯 サ禄将 鳳鳳石 庫禄庫	山 サ調禄 車石龍 貴調印	地 サ鳳将 車貫玉 胡鳳庫	鉄 サ石貴 龍玉車 印石庫	宝 サ貫極 牽龍牽 極貫印	海 サ玉馳 司牽禄 報玉堂	雨 サ龍報 車車司 庫龍南	樹 ウ牽胡 車司鳳 馳牽南
2月	花 ト玉貴 調石禄 恍玉将	陽 ト車将 調龍調 将車貴	灯 ト牽禄 鳳玉鳳 南牽極	山 ト禄将 鳳車玉 胡禄貴	地 ト司禄 鳳牽龍 貴司極	鉄 ト鳳恍 龍禄牽 堂鳳馳	宝 ト調胡 調司車 恍調報	海 ト貫報 石鳳司 将貫胡			
3月	雨 イ石馳 龍鳳車 胡貫貴	樹 サ龍極 禄石司 印玉将	花 サ玉貴 玉貫禄 極龍禄	陽 サ車将 牽玉調 報牽恍	灯 サ牽禄 鳳龍鳳 庫車胡	山 サ禄将 車牽玉 貴司恍	地 サ司禄 車車龍 胡禄胡	鉄 サ鳳恍 龍司牽 印調報	宝 サ調胡 牽禄車 極鳳馳	海 サ貫報 司調司 報石極	雨 サ石馳 車鳳禄 庫貫貴
4月	樹 ト龍極 禄禄司 堂貫堂	花 ト玉貴 調司禄 恍石南	陽 ト車将 調鳳調 将龍南	灯 ト牽禄 鳳調鳳 南玉堂	山 ト禄将 鳳貫玉 胡車南	地 ト司禄 鳳石龍 貴牽堂	鉄 ト鳳恍 龍龍牽 堂禄印	宝 ト調胡 調玉車 恍司庫	海 ト貫報 石車司 将鳳庫	雨 ト石馳 車牽禄 南調印	
5月	樹 サ龍極 禄鳳司 印石胡	花 サ玉貴 玉調禄 極貫恍	陽 サ車将 牽貫調 報玉禄	灯 サ牽禄 鳳石鳳 庫龍将	山 サ禄将 車龍石 貴牽禄	地 サ司禄 車玉龍 胡車将	鉄 サ鳳恍 龍車牽 印司貴	宝 サ調胡 牽牽車 極禄極	海 サ貫報 司禄司 報調馳	雨 サ石馳 車司禄 庫鳳報	樹 ウ龍極 車鳳調 馳石胡
6月	花 ト玉貴 調禄禄 恍調貴	陽 ト車将 調調調 将貫将	灯 ト牽禄 鳳鳳鳳 南石禄	山 ト禄将 鳳石石 胡龍将	地 ト司禄 鳳貫貫 貴玉禄	鉄 ト鳳恍 龍牽牽 堂車恍	宝 ト調胡 調車車 恍牽胡	海 ト貫報 石司司 将禄報	雨 ト石馳 車禄禄 南司馳	樹 ネ龍極 貫調調 禄鳳極	
7月	花 サ玉貴 玉禄禄 極鳳印	陽 サ車将 牽調調 報石堂	灯 サ牽禄 鳳鳳鳳 庫貫南	山 サ禄将 車石石 貴玉堂	地 サ司禄 車貫貫 胡龍南	鉄 サ鳳恍 龍玉玉 印牽南	宝 サ調胡 牽龍龍 極車堂	海 サ貫報 司牽司 報司印	雨 サ石馳 車車禄 庫禄庫	樹 ウ龍極 車司調 馳調庫	花 ウ玉貴 車禄鳳 馳鳳印
8月	陽 ト車将 調車調 将鳳胡	灯 ト牽禄 鳳司鳳 南調恍	山 ト禄将 鳳鳳石 胡貫胡	地 ト司禄 鳳調貫 貴石恍	鉄 ト鳳恍 龍貫玉 堂龍禄	宝 ト調胡 調石龍 恍玉将	海 ト貫報 石龍牽 将車貴	雨 ト石馳 車玉禄 南牽極	樹 ネ龍極 貫車調 禄禄馳	花 ネ玉貴 貫牽鳳 禄司報	陽 ネ車将 鳳禄石 南鳳胡
9月	灯 サ牽禄 鳳禄鳳 庫鳳貴	山 サ禄将 龍調石 貴石極	地 サ司禄 車鳳貫 胡貫貴	鉄 サ鳳恍 龍石玉 印玉将	宝 サ調胡 牽貫龍 極龍禄	海 サ貫報 牽玉牽 報牽恍	雨 サ石馳 車龍車 庫車胡	樹 ウ龍極 車牽調 馳司報	花 ウ玉貴 車車鳳 馳禄馳	陽 ウ車将 鳳司石 庫調極	
10月	灯 ト牽禄 龍貫鳳 南司印	山 ト禄将 禄貫石 胡鳳庫	地 ト司禄 鳳石貫 貴調印	鉄 ト鳳恍 龍龍玉 堂貫堂	宝 ト調胡 調玉龍 恍石南	海 ト貫報 石車牽 将龍南	雨 ト石馳 車牽車 南玉堂	樹 ネ龍極 貫禄司 禄車印	花 ネ玉貴 貫司鳳 禄牽庫	陽 ネ車将 鳳鳳石 南禄庫	灯 ネ牽禄 石調貫 将司印
11月	山 サ禄将 龍禄石 貴調馳	地 サ司禄 車司貫 胡鳳報	鉄 サ鳳恍 龍鳳玉 印石胡	宝 サ調胡 牽調龍 極貫恍	海 サ貫報 牽貫牽 報玉禄	雨 サ石馳 車石車 庫龍将	樹 ウ龍極 車龍司 馳牽貴	花 ウ玉貴 車玉鳳 馳車極	陽 ウ車将 鳳車石 庫司馳	灯 ウ牽禄 牽牽貫 報禄報	
12月	山 ト禄将 禄司石 胡禄報	地 ト司禄 鳳禄貫 貴司馳	鉄 ト鳳恍 龍調玉 堂鳳極	宝 ト調胡 調鳳龍 恍調貴	海 ト貫報 石石牽 将貫将	雨 ト石馳 車貫車 南石禄	樹 ネ龍極 貫玉司 禄龍恍	花 ネ玉貴 貫龍鳳 禄玉胡	陽 ネ車将 鳳牽石 南車報	灯 ネ牽禄 石車貫 将牽馳	山 ネ禄将 玉司玉 将禄報

1943年（昭和18年）

1943年(昭和18年)

	1日	2日	3日	4日	5日	6日	7日	8日	9日	10日	11日	12日	13日	14日	15日	16日
1月	地 ネ司禄 貫禄龍 南司馳	鉄 ネ鳳恍 貫調牽 禄鳳極	宝 ネ調胡 貫鳳車 禄調貴	海 ネ貫報 車石司 南貫将	雨 ネ石馳 石貫禄 将石禄	樹 イ龍極 玉玉司 恍玉南	花 イ玉貴 龍龍禄 堂龍堂	陽 イ車将 鳳牽調 貴牽印	灯 イ牽禄 龍車鳳 胡車庫	山 イ禄将 牽司石 南司印	地 イ司禄 石禄貫 将禄庫	鉄 イ鳳恍 玉調玉 恍調庫	宝 イ調胡 車鳳龍 堂鳳印	海 イ貫報 車石牽 貴石堂	雨 イ石馳 龍貫車 胡貫南	樹 サ龍極 調牽司 印玉南
2月	鉄 ウ鳳恍 禄玉牽 馳調庫	宝 ウ調胡 禄龍車 馳鳳印	海 ウ貫報 車牽司 庫石堂	雨 ウ石馳 司車禄 報貫南	樹 タ玉庫 司禄調 極貫禄	花 タ龍印 鳳司鳳 印石将	陽 タ牽堂 鳳鳳石 胡龍貴	灯 タ車南 禄調貫 貴玉極	山 タ司堂 調貫玉 庫車貴	地 タ禄南 牽石龍 報牽極	鉄 タ調南 調龍牽 極禄馳	宝 タ鳳堂 鳳玉車 印司報	海 タ石印 禄禄司 胡鳳胡	雨 タ貫庫 鳳司禄 貴調恍	樹 ト玉庫 玉鳳石 堂貫禄	花 ト龍印 牽調貫 恍石将
3月	山 ネ司堂 玉車石 将車貴	地 ネ禄南 貫牽貫 南牽極	鉄 ネ調南 貫禄玉 禄禄馳	宝 ネ鳳堂 貫司龍 禄司報	海 ネ石印 車鳳牽 南鳳胡	雨 ネ貫庫 調鳳禄 将鳳貴	樹 イ玉庫 玉石調 恍石将	花 イ龍印 龍貫鳳 堂貫禄	陽 イ牽堂 鳳玉石 貴玉恍	灯 イ車南 龍龍貫 胡龍胡	山 イ司堂 牽牽玉 南牽恍	地 イ禄南 調車龍 将車胡	鉄 イ調南 玉司牽 恍司報	宝 イ鳳堂 車禄車 堂禄馳	海 イ石印 車調司 貴調極	雨 イ貫庫 龍鳳鳳 胡鳳貴
4月	地 ウ禄南 貫車貫 庫車胡	鉄 ウ調南 禄司玉 馳司報	宝 ウ鳳堂 禄禄龍 馳禄馳	海 ウ石印 車調牽 庫調極	雨 ウ貫庫 司鳳車 報鳳貴	樹 タ玉庫 司石調 極鳳堂	花 タ龍印 鳳貫鳳 印調南	陽 タ牽堂 鳳玉石 胡貫南	灯 タ車南 禄龍貫 貴石堂	山 タ司堂 調牽玉 庫龍南	地 タ禄南 牽車龍 報玉堂	鉄 タ調南 調司牽 極車印	宝 タ鳳堂 鳳禄車 印牽庫	海 タ石印 禄調司 胡禄庫	雨 タ貫庫 鳳鳳禄 貴司印	樹 ト玉庫 玉玉石 堂鳳堂
5月	地 ネ禄南 貫石貫 南玉堂	鉄 ネ調南 貫龍玉 禄車印	宝 ネ鳳堂 貫玉龍 禄牽庫	海 ネ石印 車車牽 南禄庫	雨 ネ貫庫 石牽車 将司印	樹 イ玉庫 玉禄調 恍調胡	花 イ龍印 龍司鳳 堂鳳恍	陽 イ牽堂 鳳鳳石 貴石禄	灯 イ車南 龍調貫 胡貫将	山 イ司堂 牽貫玉 南玉禄	地 イ禄南 石石龍 将龍将	鉄 イ調南 玉貫牽 恍牽貴	宝 イ鳳堂 車石車 堂車極	海 イ石印 車龍司 貴司馳	雨 イ貫庫 龍玉禄 胡禄報	樹 サ玉庫 調車石 印調胡
6月	鉄 ウ調南 禄車玉 馳牽貴	宝 ウ鳳堂 禄牽龍 馳車極	海 ウ石印 車禄牽 庫司馳	雨 ウ貫庫 司司車 報禄報	樹 タ玉庫 調鳳司 極調胡	花 タ龍印 鳳禄鳳 印司貴	陽 タ牽堂 鳳調石 胡鳳将	灯 タ車南 禄鳳貫 貴調禄	山 タ司堂 調石玉 庫貫将	地 タ禄南 牽貫龍 報石禄	鉄 タ調南 調玉牽 極龍恍	宝 タ鳳堂 鳳龍車 印玉胡	海 タ石印 車牽司 胡車報	雨 タ貫庫 鳳車禄 貴牽馳	樹 ト玉庫 石司調 堂禄極	花 ト龍印 牽禄貫 恍司貴
7月	鉄 ネ調南 貫牽玉 禄龍恍	宝 ネ鳳堂 貫車龍 禄玉胡	海 ネ石印 車司牽 南車報	雨 ネ貫庫 石禄車 将牽馳	樹 イ玉庫 玉調司 恍禄極	花 イ龍印 禄鳳禄 堂司貴	陽 イ牽堂 龍石調 貴鳳将	灯 イ車南 龍貫貫 胡鳳南	山 イ司堂 牽玉玉 南石堂	地 イ禄南 石龍龍 将貫南	鉄 イ調南 玉牽牽 恍玉南	宝 イ鳳堂 車車車 堂龍堂	海 イ石印 車司司 貴牽印	雨 イ貫庫 龍禄禄 胡車庫	樹 サ玉庫 牽調調 印司庫	花 サ龍印 石鳳鳳 極禄印
8月	宝 ウ鳳堂 禄龍龍 馳龍堂	海 ウ石印 車牽牽 庫牽印	雨 ウ貫庫 司車車 報車庫	樹 タ玉庫 調司司 極司庫	花 タ龍印 禄禄禄 印禄印	陽 タ牽堂 禄調調 胡調堂	灯 タ車南 禄鳳鳳 貴鳳南	山 タ司堂 調貫玉 庫鳳胡	地 タ禄南 牽石龍 報調恍	鉄 タ調南 調龍牽 極貫禄	宝 タ鳳堂 鳳玉車 印石将	海 タ石印 車車司 胡龍貴	雨 タ貫庫 鳳牽禄 貴玉極	樹 ト玉庫 石禄調 堂車馳	花 ト龍印 牽司鳳 恍牽報	陽 ト牽堂 調鳳石 将禄胡
9月	海 ネ石印 車龍牽 南龍貴	雨 ネ貫庫 石玉車 将玉極	樹 イ玉庫 玉車司 恍車馳	花 イ龍印 禄牽禄 堂牽報	陽 イ牽堂 龍禄調 貴禄胡	灯 イ車南 龍司鳳 胡司恍	山 イ司堂 貫鳳石 南鳳胡	地 イ禄南 石鳳龍 将鳳貴	鉄 イ調南 玉石牽 恍石将	宝 イ鳳堂 車貫車 堂貫禄	海 イ石印 車玉司 貴玉恍	雨 イ貫庫 龍龍禄 胡龍胡	樹 サ玉庫 牽牽調 印牽報	花 サ龍印 石車鳳 極車馳	陽 サ牽堂 牽司石 報司極	灯 サ車南 車禄貫 庫禄貴
10月	海 ウ石印 車玉牽 庫玉恍	雨 ウ貫庫 司龍車 報龍胡	樹 タ玉庫 調牽司 極牽報	花 タ龍印 禄車禄 印車馳	陽 タ牽堂 禄司調 胡司極	灯 タ車南 禄禄鳳 貴禄貴	山 タ司堂 貫調石 庫調極	地 タ禄南 司鳳貫 報鳳貴	鉄 タ調南 調石牽 極鳳堂	宝 タ鳳堂 鳳貫車 印調南	海 タ石印 車玉司 胡貫南	雨 タ貫庫 鳳龍禄 貴石堂	樹 ト玉庫 石牽調 堂龍印	花 ト龍印 司車鳳 恍玉庫	陽 ト牽堂 調司石 将車庫	灯 ト車南 貫禄貫 南牽印
11月	雨 ネ貫庫 石牽車 将石堂	樹 イ玉庫 玉禄司 恍龍印	花 イ龍印 禄司禄 堂玉庫	陽 イ牽堂 龍鳳調 貴車庫	灯 イ車南 龍調鳳 胡牽印	山 イ司堂 貫貫石 南禄庫	地 イ禄南 玉石貫 将司印	鉄 イ調南 玉禄牽 恍調胡	宝 イ鳳堂 車司車 堂鳳恍	海 イ石印 車鳳司 貴石禄	雨 イ貫庫 龍調禄 胡貫将	樹 サ玉庫 牽貫調 印玉貴	花 サ龍印 石石鳳 極龍極	陽 サ牽堂 牽龍石 報牽馳	灯 サ車南 車玉貫 庫車報	山 サ司堂 龍車玉 貴司馳
12月	雨 ウ貫庫 司石車 報貫将	樹 タ玉庫 調龍司 極玉貴	花 タ龍印 禄玉禄 印龍極	陽 タ牽堂 禄車調 胡牽馳	灯 タ車南 禄牽鳳 貴車報	山 タ司堂 貫禄石 庫司馳	地 タ禄南 司司貫 報禄報	鉄 タ調南 調調牽 極禄極	宝 タ鳳堂 鳳鳳車 印司貴	海 タ石印 車石司 胡鳳将	雨 タ貫庫 鳳貫禄 貴調禄	樹 ト玉庫 石玉調 堂貫恍	花 ト龍印 司龍鳳 恍石胡	陽 ト牽堂 調牽石 将龍報	灯 ト車南 貫車貫 南玉馳	山 ト司堂 貫司玉 胡車報

	17日	18日	19日	20日	21日	22日	23日	24日	25日	26日	27日	28日	29日	30日	31日
1月	花 サ玉貴 石車禄 極龍堂	陽 サ車将 牽司調 報牽印	灯 サ牽禄 鳳鳳鳳 庫車庫	山 サ禄将 龍石石 貴司印	地 サ司禄 車貫貫 胡禄庫	鉄 サ鳳恍 龍玉玉 印調庫	宝 サ調胡 牽龍龍 極鳳印	海 サ貫報 牽牽牽 報石堂	雨 サ石馳 車車車 庫貫南	樹 ウ龍極 車司調 馳玉南	花 ウ玉貴 車禄鳳 馳龍堂	陽 ウ車将 鳳調石 庫牽印	灯 ウ牽禄 牽鳳貫 報車庫	山 ウ禄将 司石玉 報司印	地 ウ司禄 貫貫龍 庫禄庫
2月	陽 ト牽堂 調貫玉 将龍貴	灯 ト車南 鳳石鳳 南玉極	山 ト司堂 鳳龍石 胡車貴	地 ト禄南 鳳牽貫 貴牽極	鉄 ト調南 龍禄玉 堂禄馳	宝 ト鳳堂 調司龍 恍司報	海 ト石印 石鳳牽 将鳳胡	雨 ト貫庫 車調車 南調恍	樹 ネ玉庫 貫貫司 禄貫禄	花 ネ龍印 貫石禄 禄石将	陽 ネ牽堂 鳳龍調 南龍貴	灯 ネ車南 石玉鳳 将玉極			
3月	樹 サ玉庫 調石石 印石将	花 サ龍印 石貫貫 極貫禄	陽 サ牽堂 牽玉調 報玉恍	灯 サ車南 鳳龍鳳 庫龍胡	山 サ司堂 車牽石 貴牽恍	地 サ禄南 車車貫 胡車胡	鉄 サ調南 龍司玉 印司報	宝 サ鳳堂 牽禄龍 極禄馳	海 サ石印 牽調牽 報調極	雨 サ貫庫 車鳳車 庫鳳貴	樹 ウ玉庫 車石司 馳石将	花 ウ龍印 車貫禄 馳貫禄	陽 ウ牽堂 鳳玉調 庫玉恍	灯 ウ車南 牽龍鳳 報龍胡	山 ウ司堂 司牽石 報牽恍
4月	花 ト龍印 牽龍貫 恍調南	陽 ト牽堂 調牽玉 将貫南	灯 ト車南 鳳調鳳 南石堂	山 ト司堂 鳳貫石 胡龍南	地 ト禄南 鳳石貫 貴玉堂	鉄 ト調南 龍龍玉 堂車印	宝 ト鳳堂 調玉龍 恍牽庫	海 ト石印 石車牽 将禄庫	雨 ト貫庫 車牽車 南司印	樹 ネ玉庫 貫禄司 禄鳳堂	花 ネ龍印 貫司禄 禄調南	陽 ネ牽堂 鳳鳳調 南貫南	灯 ネ車南 石調鳳 将石堂	山 ネ司堂 玉貫石 将龍南	
5月	花 サ龍印 石牽貫 極鳳恍	陽 サ牽堂 牽禄玉 報石禄	灯 サ車南 鳳司鳳 庫貫将	山 サ司堂 龍鳳石 貴玉禄	地 サ禄南 車玉貫 胡龍将	鉄 サ調南 龍車玉 印牽貴	宝 サ鳳堂 牽牽龍 極車極	海 サ石印 牽禄牽 報司馳	雨 サ貫庫 車司車 庫禄報	樹 ウ玉庫 車鳳司 馳調胡	花 ウ龍印 車調禄 馳鳳恍	陽 ウ牽堂 鳳貫調 庫石禄	灯 ウ車南 牽石鳳 報貫将	山 ウ司堂 司龍石 報玉禄	地 ウ禄南 貫玉貫 庫龍将
6月	陽 ト牽堂 調調玉 将鳳将	灯 ト車南 龍鳳龍 南調禄	山 ト司堂 禄石石 胡貫将	地 ト禄南 鳳貫貫 貴石禄	鉄 ト調南 龍玉玉 堂龍恍	宝 ト鳳堂 調龍龍 恍玉胡	海 ト石印 石牽牽 将車報	雨 ト貫庫 車車車 南牽馳	樹 ネ玉庫 貫司司 禄禄極	花 ネ龍印 貫鳳禄 禄司貴	陽 ネ牽堂 鳳石調 南鳳将	灯 ネ車南 石貫鳳 将調禄	山 ネ司堂 玉玉石 将貫将	地 ネ禄南 貫龍貫 南石禄	
7月	陽 サ牽堂 牽石石 報調堂	灯 サ車南 禄龍龍 庫鳳南	山 サ司堂 龍牽牽 貴石堂	地 サ禄南 車車車 胡貫南	鉄 サ調南 龍玉玉 印玉南	宝 サ鳳堂 石龍龍 極龍堂	海 サ石印 牽牽牽 報牽印	雨 サ貫庫 車車車 庫車庫	樹 ウ玉庫 車司司 馳司庫	花 ウ龍印 車禄禄 馳禄印	陽 ウ牽堂 鳳調調 庫調堂	灯 ウ車南 牽鳳鳳 報鳳南	山 ウ司堂 司石石 報石堂	地 ウ禄南 貫貫貫 庫貫南	鉄 ウ調南 禄玉玉 馳玉南
8月	灯 ト車南 貫調貫 南司恍	山 ト司堂 貫貫牽 胡鳳胡	地 ト禄南 鳳司車 貴調恍	鉄 ト調南 牽鳳司 堂貫禄	宝 ト鳳堂 調調龍 恍石将	海 ト石印 石龍牽 将龍貴	雨 ト貫庫 車玉車 南玉極	樹 ネ玉庫 貫車司 禄車馳	花 ネ龍印 貫牽禄 禄牽報	陽 ネ牽堂 鳳禄調 南禄胡	灯 ネ車南 石司鳳 将司恍	山 ネ司堂 玉鳳石 将鳳胡	地 ネ禄南 貫調貫 南調恍	鉄 ネ調南 貫貫玉 禄貫禄	宝 ネ鳳堂 貫石龍 禄石将
9月	山 サ司堂 龍調玉 貴調極	地 サ禄南 車鳳車 胡鳳貴	鉄 サ調南 調石司 印石将	宝 サ鳳堂 石貫禄 極貫禄	海 サ石印 牽玉牽 報玉恍	雨 サ貫庫 車龍車 庫龍胡	樹 ウ玉庫 車牽司 馳牽報	花 ウ龍印 車車禄 馳車馳	陽 ウ牽堂 鳳司調 庫司極	灯 ウ車南 牽禄鳳 報禄貴	山 ウ司堂 司調石 報調極	地 ウ禄南 貫鳳貫 庫鳳貴	鉄 ウ調南 禄石玉 馳石将	宝 ウ鳳堂 禄貫龍 馳貫禄	
10月	山 ト司堂 貫調玉 胡禄庫	地 ト禄南 鳳鳳龍 貴司印	鉄 ト調南 牽牽司 堂鳳堂	宝 ト鳳堂 司車禄 恍調南	海 ト石印 石司調 将貫南	雨 ト貫庫 車牽車 南石堂	樹 ネ玉庫 鳳禄司 禄龍印	花 ネ龍印 貫司禄 禄玉庫	陽 ネ牽堂 鳳鳳調 南車庫	灯 ネ車南 石調鳳 将牽印	山 ネ司堂 石貫石 将禄庫	地 ネ禄南 貫石貫 南司印	鉄 ネ調南 貫龍玉 禄鳳堂	宝 ネ鳳堂 貫玉龍 禄調南	海 ネ石印 車車牽 南貫南
11月	地 サ禄南 車牽龍 胡禄報	鉄 サ調南 調禄司 印調胡	宝 サ鳳堂 石司禄 極鳳恍	海 サ石印 牽鳳調 報石禄	雨 サ貫庫 車石車 庫貫将	樹 ウ玉庫 車龍司 馳玉貴	花 ウ龍印 車玉禄 馳龍極	陽 ウ牽堂 鳳車調 庫牽馳	灯 ウ車南 牽牽鳳 報車報	山 ウ司堂 司禄石 報司馳	地 ウ禄南 貫司貫 庫禄報	鉄 ウ調南 禄鳳玉 馳調胡	宝 ウ鳳堂 禄調龍 馳鳳恍	海 ウ石印 車貫牽 庫石禄	
12月	地 ト禄南 鳳禄龍 貴牽馳	鉄 ト調南 牽調司 堂禄極	宝 ト鳳堂 司鳳禄 恍司貴	海 ト石印 石石調 将鳳将	雨 ト貫庫 車貫車 南調禄	樹 ネ玉庫 鳳玉司 禄貫恍	花 ネ龍印 貫龍禄 禄石胡	陽 ネ牽堂 鳳牽調 南龍報	灯 ネ車南 石車鳳 将玉馳	山 ネ司堂 石司石 将車報	地 ネ禄南 貫禄貫 南牽馳	鉄 ネ調南 貫調玉 禄禄極	宝 ネ鳳堂 貫鳳龍 禄司貴	海 ネ石印 車石牽 南鳳将	雨 ネ貫庫 石貫車 将調禄

1944年（昭和19年）

1944年(昭和19年)

	1日	2日	3日	4日	5日	6日	7日	8日	9日	10日
1月	樹 イ玉庫 玉玉司 恍貫恍	花 イ龍印 禄龍禄 堂石胡	陽 イ牽堂 龍牽調 貴龍報	灯 イ車南 龍車鳳 胡玉馳	山 イ司堂 貫司石 南車報	地 イ禄南 石禄龍 将車庫	鉄 イ調南 玉調牽 恍司庫	宝 イ鳳堂 車鳳車 堂禄印	海 イ石印 車石司 貴調堂	雨 イ貫庫 龍貫禄 胡鳳南
2月	花 タ龍印 禄禄禄 印貫堂	陽 タ牽堂 禄調調 胡玉印	灯 タ車南 禄鳳鳳 貴龍庫	山 タ司堂 貫石石 庫牽印	地 タ牽恍 牽石石 報玉極	鉄 タ禄禄 調龍龍 極車馳	宝 タ司将 鳳玉玉 印牽報	海 タ鳳貴 車車車 胡禄胡	雨 タ調極 鳳牽牽 貴司恍	樹 ト貫馳 石禄禄 堂鳳禄
3月	樹 イ貫馳 玉貫車 恍鳳禄	花 イ石報 禄石牽 堂調将	陽 イ龍胡 龍龍禄 貴貫貴	灯 イ玉恍 龍玉司 胡石極	山 イ車胡 貫車鳳 南龍貴	地 イ牽恍 石車石 将龍胡	鉄 イ禄禄 玉司龍 恍牽報	宝 イ司将 車禄玉 堂車馳	海 イ鳳貴 車調車 貴司極	雨 イ調極 龍鳳牽 胡禄貴
4月	花 タ石報 禄貫牽 印鳳禄	陽 タ龍胡 禄玉禄 胡石恍	灯 タ玉恍 禄龍司 貴貫胡	山 タ車胡 貫牽鳳 庫玉恍	地 タ牽恍 牽車石 報石堂	鉄 タ禄禄 調司龍 極龍印	宝 タ司将 鳳禄玉 印玉庫	海 タ鳳貴 車調車 胡車庫	雨 タ調極 鳳鳳牽 貴牽印	樹 ト貫馳 石石禄 堂禄堂
5月	花 イ石報 禄司牽 堂司南	陽 イ龍胡 龍鳳禄 貴鳳南	灯 イ玉恍 龍調司 胡調堂	山 イ車胡 貫貫鳳 南貫南	地 イ牽恍 玉石調 将石堂	鉄 イ禄禄 玉龍龍 恍玉貴	宝 イ司将 車玉玉 堂龍極	海 イ鳳貴 車車車 貴牽馳	雨 イ調極 龍牽牽 胡車報	樹 サ貫馳 牽禄禄 印司胡
6月	陽 タ龍胡 禄貫禄 胡調禄	灯 タ玉恍 禄石司 貴鳳将	山 タ車胡 貫龍鳳 庫石禄	地 タ牽恍 司玉調 報貫将	鉄 タ禄禄 調車貫 極玉貴	宝 タ司将 鳳龍玉 印石胡	海 タ鳳貴 車牽車 胡龍報	雨 タ調極 鳳車牽 貴玉馳	樹 ト貫馳 石司禄 堂車極	花 ト石報 司禄司 恍牽貴
7月	陽 イ龍胡 龍石禄 貴禄将	灯 イ玉恍 龍貫司 胡司禄	山 イ車胡 貫玉鳳 南鳳将	地 イ牽恍 玉龍調 将調禄	鉄 イ禄禄 牽牽貫 恍貫恍	宝 イ司将 龍車石 堂石胡	海 イ鳳貴 車司車 貴玉印	雨 イ調極 龍禄牽 胡龍庫	樹 サ貫馳 牽調禄 印牽庫	花 サ石報 石鳳司 極車印
8月	灯 タ玉恍 禄鳳司 貴禄南	山 タ車胡 貫石鳳 庫調堂	地 タ牽恍 司貫調 報鳳南	鉄 タ禄禄 調玉貫 極石南	宝 タ司将 龍龍石 印貫堂	海 タ鳳貴 鳳牽龍 胡玉印	雨 タ調極 鳳車玉 貴龍庫	樹 ト貫馳 石禄禄 堂龍馳	花 ト石報 司司司 恍玉報	陽 ト龍胡 調鳳鳳 将車胡
9月	山 イ車胡 貫鳳鳳 南禄胡	地 イ牽恍 玉調調 将司恍	鉄 イ禄禄 牽貫貫 恍鳳禄	宝 イ司将 龍石石 堂調将	海 イ鳳貴 龍龍龍 貴貫貴	雨 イ調極 龍玉玉 胡石極	樹 サ貫馳 禄車車 印龍馳	花 サ石報 石車司 極龍馳	陽 サ龍胡 牽司鳳 報牽極	灯 サ玉恍 車禄調 庫車貴
10月	山 タ車胡 貫調鳳 庫司極	地 タ牽恍 司鳳調 報禄貴	鉄 タ禄禄 調石貫 極調将	宝 タ司将 龍貫石 印鳳禄	海 タ鳳貴 鳳玉龍 胡石恍	雨 タ調極 鳳龍玉 貴貫胡	樹 ト貫馳 禄牽車 堂玉報	花 ト石報 司車司 恍石庫	陽 ト龍胡 調司鳳 将龍庫	灯 ト玉恍 貫禄調 南玉印
11月	地 イ牽恍 玉石調 将牽印	鉄 イ禄禄 牽龍貫 恍禄堂	宝 イ司将 龍玉石 堂司南	海 イ鳳貴 龍車龍 貴鳳南	雨 イ調極 龍牽玉 胡調堂	樹 サ貫馳 禄禄車 印貫印	花 サ石報 石石司 極貫極	陽 サ龍胡 牽龍鳳 報玉馳	灯 サ玉恍 車玉調 庫龍報	山 サ車胡 貫車貫 貴牽馳
12月	地 タ牽恍 司司調 報車報	鉄 タ禄禄 調鳳貫 極司胡	宝 タ司将 龍調石 印禄恍	海 タ鳳貴 鳳貫龍 胡調禄	雨 タ調極 鳳石玉 貴鳳将	樹 ト貫馳 禄龍車 堂石貴	花 ト石報 司龍司 恍調胡	陽 ト龍胡 調牽鳳 将貫報	灯 ト玉恍 貫車調 南石馳	山 ト車胡 貫司貫 胡龍報

	11日	12日	13日	14日	15日	16日	17日	18日	19日	20日
1月	樹 サ玉庫 牽玉調 印石南	花 サ龍印 石龍鳳 極貫堂	陽 サ牽堂 牽牽石 報玉印	灯 サ車南 車車貫 庫龍庫	山 サ司堂 龍司玉 貴牽印	地 サ禄南 車鳳車 胡車庫	鉄 サ調南 調石司 印司庫	宝 サ鳳堂 石貫禄 極禄印	海 サ石印 牽牽牽 報調堂	雨 サ貫庫 車車車 庫鳳南
2月	花 ト石報 牽司司 恍調将	陽 ト龍胡 調鳳鳳 将貫貴	灯 ト玉恍 貫石調 南石極	山 ト車胡 貫龍貫 胡龍貴	地 ト牽恍 鳳玉石 貴玉極	鉄 ト禄禄 牽車鳳 堂車馳	宝 ト司将 司牽調 恍牽報	海 ト鳳貴 石禄貫 将禄胡	雨 ト調極 車司玉 南司恍	樹 ネ貫馳 貫貫車 禄鳳禄
3月	樹 サ貫馳 牽石禄 印調将	花 サ石報 石貫司 極鳳禄	陽 サ龍胡 牽玉鳳 報石恍	灯 サ玉恍 車龍調 庫貫胡	山 サ車胡 龍牽貫 貴玉恍	地 サ牽恍 車車石 胡龍胡	鉄 サ禄禄 調司鳳 印牽報	宝 サ司将 石禄調 極車馳	海 サ鳳貴 牽調貫 報司極	雨 サ調極 車鳳玉 庫禄貴
4月	花 ト石報 牽貫司 恍司南	陽 ト龍胡 調玉鳳 将鳳南	灯 ト玉恍 貫龍調 南調堂	山 ト車胡 貫牽貫 胡貫南	地 ト牽恍 鳳禄石 貴石堂	鉄 ト禄禄 牽調鳳 堂龍印	宝 ト司将 司鳳調 恍玉庫	海 ト鳳貴 石車貫 将車庫	雨 ト調極 車牽玉 南牽印	樹 ネ貫馳 貫禄車 禄禄堂
5月	花 サ石報 石司司 極禄恍	陽 サ龍胡 牽禄鳳 報調禄	灯 サ玉恍 車司調 庫鳳将	山 サ車胡 龍鳳貫 貴石禄	地 サ牽恍 車調石 胡貫将	鉄 サ禄禄 調貫龍 印玉貴	宝 サ司将 石石調 極龍極	海 サ鳳貴 牽龍貫 報牽馳	雨 サ調極 車玉石 庫車報	樹 ウ貫馳 車車車 馳司胡
6月	陽 ト龍胡 調調鳳 将禄将	灯 ト玉恍 貫鳳調 南司禄	山 ト車胡 貫石貫 胡鳳将	地 ト牽恍 鳳貫石 貴調禄	鉄 ト禄禄 石玉龍 堂貫恍	宝 ト司将 司龍玉 恍石胡	海 ト鳳貴 石牽貫 将龍報	雨 ト調極 龍車石 南玉馳	樹 ネ貫馳 鳳司龍 禄車極	花 ネ石報 貫禄牽 禄牽貴
7月	陽 サ龍胡 牽石鳳 報司堂	灯 サ玉恍 車貫調 庫禄南	山 サ車胡 貫玉貫 貴調堂	地 サ牽恍 車龍石 胡鳳南	鉄 サ禄禄 司牽龍 印石南	宝 サ司将 石車玉 極貫堂	海 サ鳳貴 牽調車 報玉印	雨 サ調極 鳳鳳石 庫龍庫	樹 ウ貫馳 龍石龍 馳牽庫	花 ウ石報 車禄玉 馳車印
8月	灯 ト玉恍 貫調調 南牽恍	山 ト車胡 貫貫貫 胡禄胡	地 ト牽恍 鳳石石 貴司恍	鉄 ト禄禄 石龍龍 堂鳳禄	宝 ト司将 司玉玉 恍調将	海 ト鳳貴 石車車 将貫貴	雨 ト調極 貫牽牽 南石極	樹 ネ貫馳 鳳禄禄 禄龍馳	花 ネ石報 貫玉玉 禄玉報	陽 ネ龍胡 牽車車 南車胡
9月	山 サ車胡 貫調貫 貴司極	地 サ牽恍 車鳳石 胡禄貴	鉄 サ禄禄 司石龍 印調将	宝 サ司将 石貫玉 極鳳禄	海 サ鳳貴 牽玉車 報石恍	雨 サ調極 禄龍牽 庫貫胡	樹 ウ貫馳 禄牽禄 馳玉報	花 ウ石報 車車司 馳龍馳	陽 ウ龍胡 石司車 庫牽極	灯 ウ玉恍 玉禄牽 報車貴
10月	山 ト車胡 貫調貫 胡車庫	地 ト牽恍 鳳鳳石 貴牽印	鉄 ト禄禄 石石龍 堂禄堂	宝 ト司将 司貫玉 恍司南	海 ト鳳貴 石玉車 将鳳南	雨 ト調極 貫龍牽 南調堂	樹 ネ貫馳 鳳牽禄 禄貫印	花 ネ石報 貫鳳司 禄石庫	陽 ネ龍胡 牽石車 南龍庫	灯 ネ玉恍 司貫牽 将玉印
11月	地 サ牽恍 車牽石 胡車報	鉄 サ禄禄 司禄龍 印司胡	宝 サ司将 石司玉 極禄恍	海 サ鳳貴 牽鳳車 報調禄	雨 サ調極 禄調牽 庫鳳将	樹 ウ貫馳 禄貫禄 馳石貴	花 ウ石報 車石司 馳貫極	陽 ウ龍胡 石龍車 庫玉馳	灯 ウ玉恍 玉玉牽 報龍報	山 ウ車胡 司禄禄 報牽馳
12月	地 ト牽恍 鳳禄石 貴玉馳	鉄 ト禄禄 石調龍 堂車極	宝 ト司将 司鳳玉 恍牽貴	海 ト鳳貴 石石車 将禄将	雨 ト調極 貫貫牽 南司禄	樹 ネ貫馳 鳳玉禄 禄鳳恍	花 ネ石報 貫龍司 禄調胡	陽 ネ龍胡 牽牽車 南貫報	灯 ネ玉恍 司車牽 将石馳	山 ネ車胡 石司禄 将龍報

	21日	22日	23日	24日	25日	26日	27日	28日	29日	30日	31日
1月	樹 ウ玉庫 車司司 馳石南	花 ウ龍印 車禄禄 馳貫堂	陽 ウ牽堂 鳳調調 庫玉印	灯 ウ車南 牽鳳鳳 報龍庫	山 ウ司堂 司石石 報牽印	地 ウ禄南 貫貫貫 庫車庫	鉄 ウ調南 禄玉玉 馳司庫	宝 ウ鳳堂 禄龍龍 馳禄印	海 ウ石印 車牽牽 庫調堂	雨 ウ貫庫 司車車 報鳳南	樹 タ玉庫 調司司 極石南
2月	花 ネ石報 貫石牽 禄調将	陽 ネ龍胡 鳳龍禄 南貫貴	灯 ネ玉恍 石玉司 将石極	山 ネ車胡 石車鳳 将龍貴	地 ネ牽恍 貫牽調 南玉極	鉄 ネ禄禄 貫禄貫 禄車馳	宝 ネ司将 貫司石 禄牽報	海 ネ鳳貴 車鳳龍 南禄胡	雨 ネ調極 石調玉 将司恍		
3月	樹 ウ貫馳 車石車 馳調将	花 ウ石報 車貫牽 馳鳳禄	陽 ウ龍胡 鳳玉禄 庫石恍	灯 ウ玉恍 牽龍司 報貫胡	山 ウ車胡 司牽鳳 報玉恍	地 ウ牽恍 貫車調 庫龍胡	鉄 ウ禄禄 禄司貫 馳牽報	宝 ウ司将 禄禄石 馳車馳	海 ウ鳳貴 車調龍 庫司極	雨 ウ調極 司鳳玉 報禄貴	樹 タ貫馳 調石車 極調将
4月	花 ネ石報 貫司牽 禄司南	陽 ネ龍胡 鳳鳳禄 南鳳南	灯 ネ玉恍 石調司 将調堂	山 ネ車胡 石貫鳳 将貫南	地 ネ牽恍 貫石調 南石堂	鉄 ネ禄禄 貫龍貫 禄龍印	宝 ネ司将 貫玉石 禄玉庫	海 ネ鳳貴 車車龍 南車庫	雨 ネ調極 石牽玉 将牽印	樹 イ貫馳 玉禄車 恍禄堂	
5月	花 ウ石報 車調牽 馳禄恍	陽 ウ龍胡 鳳貫禄 庫調禄	灯 ウ玉恍 牽石司 報鳳将	山 ウ車胡 司龍鳳 報石禄	地 ウ牽恍 貫玉調 庫貫将	鉄 ウ禄禄 禄車貫 馳玉貴	宝 ウ司将 禄牽石 馳龍極	海 ウ鳳貴 車禄龍 庫牽馳	雨 ウ調極 司司玉 報車報	樹 タ貫馳 調鳳車 極司胡	花 タ石報 禄調牽 印禄恍
6月	陽 ネ龍胡 鳳調禄 南禄将	灯 ネ玉恍 石鳳司 将司禄	山 ネ車胡 石石鳳 将鳳将	地 ネ牽恍 貫貫調 南調禄	鉄 ネ禄禄 貫玉貫 禄貫恍	宝 ネ司将 貫車石 禄石胡	海 ネ鳳貴 車司龍 南龍報	雨 ネ調極 石禄玉 将玉馳	樹 イ貫馳 玉調車 恍車極	花 イ石報 禄鳳牽 堂牽貴	
7月	陽 ウ龍胡 鳳調禄 庫司堂	灯 ウ玉恍 牽鳳司 報禄南	山 ウ車胡 司石鳳 報調堂	地 ウ牽恍 貫貫調 庫鳳南	鉄 ウ禄禄 禄玉貫 馳石南	宝 ウ司将 禄龍石 馳貫堂	海 ウ鳳貴 車牽龍 庫玉印	雨 ウ調極 司車玉 報龍庫	樹 タ貫馳 調司車 極牽庫	花 タ石報 禄禄牽 印車印	陽 タ龍胡 禄調禄 胡司堂
8月	灯 ネ玉恍 司牽牽 将牽恍	山 ネ車胡 石鳳鳳 将禄胡	地 ネ牽恍 貫調調 南司恍	鉄 ネ禄禄 貫貫貫 禄鳳禄	宝 ネ司将 貫石石 禄調将	海 ネ鳳貴 車龍龍 南貫貴	雨 ネ調極 石玉玉 将石極	樹 イ貫馳 玉車車 恍龍馳	花 イ石報 禄牽牽 堂玉報	陽 イ龍胡 龍禄禄 貴車胡	灯 イ玉恍 龍司司 胡牽恍
9月	山 ウ車胡 司調禄 報司極	地 ウ牽恍 貫鳳調 庫禄貴	鉄 ウ禄禄 禄石貫 馳調将	宝 ウ司将 禄貫石 馳鳳禄	海 ウ鳳貴 車玉龍 庫石恍	雨 ウ調極 司龍玉 報貫胡	樹 タ貫馳 司牽車 極玉報	花 タ石報 禄車牽 印龍馳	陽 タ龍胡 禄司禄 胡牽極	灯 タ玉恍 禄禄司 貴車貴	
10月	山 ネ車胡 石貫禄 将車庫	地 ネ牽恍 貫石調 南牽印	鉄 ネ禄禄 貫龍貫 禄禄堂	宝 ネ司将 貫玉石 禄司南	海 ネ鳳貴 車車龍 南鳳南	雨 ネ調極 石牽玉 将調堂	樹 イ貫馳 玉禄車 恍貫印	花 イ石報 禄司牽 堂石庫	陽 イ龍胡 龍鳳禄 貴龍庫	灯 イ玉恍 龍調司 胡玉印	山 イ車胡 貫貫鳳 南車庫
11月	地 ウ牽恍 貫司調 庫車報	鉄 ウ禄禄 禄鳳貫 馳司胡	宝 ウ司将 禄調石 馳禄恍	海 ウ鳳貴 車貫龍 庫調禄	雨 ウ調極 司石玉 報鳳将	樹 タ貫馳 司龍車 極石貴	花 タ石報 禄玉牽 印貫極	陽 タ龍胡 禄車禄 胡玉馳	灯 タ玉恍 禄牽司 貴龍報	山 タ車胡 貫禄鳳 庫牽馳	
12月	地 ネ牽恍 貫禄調 南玉馳	鉄 ネ禄禄 貫調貫 禄車極	宝 ネ司将 貫鳳石 禄牽貴	海 ネ鳳貴 車石龍 南禄将	雨 ネ調極 石貫玉 将司禄	樹 イ貫馳 玉玉車 恍鳳恍	花 イ石報 禄龍牽 堂調胡	陽 イ龍胡 龍牽禄 貴貫報	灯 イ玉恍 龍車司 胡石馳	山 イ車胡 貫司鳳 南龍報	地 イ牽恍 玉禄調 将玉馳

1945年（昭和20年）

1945年(昭和20年)	1日	2日	3日	4日	5日	6日	7日	8日	9日	10日	11日	12日	13日	14日	15日	16日	17日	18日	19日	20日	21日	22日	23日	24日	25日	26日	27日	28日	29日	30日	31日
1月	鉄 イ禄禄 牽調貫 恍車極	宝 イ司将 龍鳳石 堂牽貴	海 イ鳳貴 龍石龍 貴禄将	雨 イ調極 龍貫玉 胡司禄	樹 サ貫馳 禄玉車 印鳳恍	花 サ石報 石龍司 極鳳堂	陽 サ龍胡 牽牽鳳 報石印	灯 サ玉恍 車車調 庫貫庫	山 サ車胡 貫司貫 貴玉印	地 サ牽恍 車禄石 胡龍庫	鉄 サ禄禄 司調龍 印牽庫	宝 サ司将 石鳳玉 極車印	海 サ鳳貴 牽石車 報司堂	雨 サ調極 禄貫牽 庫禄南	樹 ウ貫馳 禄玉禄 馳調南	花 ウ石報 車車司 馳鳳堂	陽 ウ龍胡 石司車 庫石印	灯 ウ玉恍 玉禄牽 報貫庫	山 ウ車胡 司石禄 報玉印	地 ウ牽恍 貫貫調 庫龍庫	鉄 ウ禄禄 禄玉貫 馳牽庫	宝 ウ司将 禄龍石 馳車印	海 ウ鳳貴 車牽龍 庫司堂	雨 ウ調極 司車玉 報禄南	樹 タ貫馳 司司車 極調南	花 タ石報 禄禄牽 印鳳堂	陽 タ龍胡 禄調禄 胡石印	灯 タ玉恍 禄鳳司 貴貫庫	山 タ車胡 貫石鳳 庫玉印	地 タ牽恍 司貫調 報龍庫	鉄 タ禄禄 調玉貫 極牽庫
2月	宝 タ司将 龍龍石 印車印	海 タ鳳貴 鳳牽龍 胡司堂	雨 タ調極 鳳車玉 貴禄南	樹 ト石報 石禄牽 堂禄禄	花 ト貫馳 司司車 恍司将	陽 ト玉極 調鳳司 将鳳貴	灯 ト龍貴 貫調禄 南調極	山 ト牽極 貫貫調 胡貫貴	地 ト車貴 鳳石鳳 貴石極	鉄 ト司将 石龍石 堂龍馳	宝 ト禄禄 司玉貫 恍玉報	海 ト調恍 石禄玉 将車胡	雨 ト鳳胡 貫司龍 南牽恍	樹 ネ石報 鳳鳳牽 禄禄禄	花 ネ貫馳 貫調車 禄司将	陽 ネ玉極 牽貫司 南鳳貴	灯 ネ龍貴 司石禄 将調極	山 ネ牽極 石龍調 将貫貴	地 ネ車貴 貫牽鳳 南石極	鉄 ネ司将 貫禄石 禄龍馳	宝 ネ禄禄 貫司貫 禄玉報	海 ネ調恍 車鳳玉 南車胡	雨 ネ鳳胡 石調龍 将牽恍	樹 イ石報 玉貫牽 恍禄禄	花 イ貫馳 禄石車 堂司将	陽 イ玉極 龍龍司 貴鳳貴	灯 イ龍貴 龍玉禄 胡調極	山 イ牽極 貫車調 南貫貴			
3月	地 イ車貴 玉牽鳳 将石極	鉄 イ司将 牽禄石 恍龍馳	宝 イ禄禄 龍司貫 堂玉報	海 イ調恍 龍鳳玉 貴車胡	雨 イ鳳胡 龍調龍 胡牽恍	樹 サ石報 牽石牽 印司将	花 サ貫馳 石貫車 極禄禄	陽 サ玉極 牽玉司 報調恍	灯 サ龍貴 車龍禄 庫鳳胡	山 サ牽極 貫牽調 貴石恍	地 サ車貴 車車鳳 胡貫胡	鉄 サ司将 司司石 印玉報	宝 サ禄禄 石禄貫 極龍馳	海 サ調恍 牽調玉 報牽極	雨 サ鳳胡 禄鳳龍 庫車貴	樹 ウ石報 禄石牽 馳司将	花 ウ貫馳 車貫車 馳禄禄	陽 ウ玉極 石玉司 庫調恍	灯 ウ龍貴 牽龍禄 報鳳胡	山 ウ牽極 司牽調 報石恍	地 ウ車貴 貫車鳳 庫貫胡	鉄 ウ司将 禄司石 馳玉報	宝 ウ禄禄 禄禄貫 馳龍馳	海 ウ調恍 車調玉 庫牽極	雨 ウ鳳胡 司鳳龍 報車貴	樹 タ石報 調石牽 極司将	花 タ貫馳 禄貫車 印禄禄	陽 タ玉極 禄玉司 胡調恍	灯 タ龍貴 禄龍禄 貴鳳胡	山 タ牽極 貫牽調 庫石恍	地 タ車貴 司車鳳 報貫胡
4月	鉄 タ司将 調司石 極玉報	宝 タ禄禄 龍禄貫 印龍馳	海 タ調恍 鳳調玉 胡牽極	雨 タ鳳胡 鳳鳳龍 貴車貴	樹 ト石報 石石牽 堂車堂	花 ト貫馳 司貫車 恍牽南	陽 ト玉極 調玉司 将禄南	灯 ト龍貴 貫龍禄 南司堂	山 ト牽極 貫牽調 胡鳳南	地 ト車貴 鳳車鳳 貴調堂	鉄 ト司将 石司石 堂貫印	宝 ト禄禄 司禄貫 恍石庫	海 ト調恍 石調玉 将龍庫	雨 ト鳳胡 貫鳳龍 南玉印	樹 ネ石報 鳳玉牽 禄車堂	花 ネ貫馳 貫龍車 禄牽南	陽 ネ玉極 牽牽司 南禄南	灯 ネ龍貴 司調禄 将司堂	山 ネ牽極 石貫調 将鳳南	地 ネ車貴 貫石鳳 南調堂	鉄 ネ司将 貫龍石 禄貫印	宝 ネ禄禄 貫玉貫 禄石庫	海 ネ調恍 車車玉 南龍庫	雨 ネ鳳胡 石牽龍 将玉印	樹 イ石報 玉禄牽 恍車堂	花 イ貫馳 禄司車 堂牽南	陽 イ玉極 龍鳳司 貴禄南	灯 イ龍貴 龍調禄 胡司堂	山 イ牽極 貫貫調 南鳳南	地 イ車貴 玉石鳳 将調堂	
5月	鉄 イ司将 牽龍石 恍貫印	宝 イ禄禄 龍玉貫 堂石庫	海 イ調恍 龍車玉 貴龍庫	雨 イ鳳胡 龍牽龍 胡玉印	樹 サ石報 禄禄牽 印車堂	花 サ貫馳 石司車 極車恍	陽 サ玉極 牽鳳司 報司禄	灯 サ龍貴 車調禄 庫禄将	山 サ牽極 貫貫調 貴調禄	地 サ車貴 車石鳳 胡鳳将	鉄 サ司将 司龍石 印石貴	宝 サ禄禄 石石貫 極貫極	海 サ調恍 牽龍玉 報玉馳	雨 サ鳳胡 禄玉龍 庫龍報	樹 ウ石報 禄車牽 馳牽胡	花 ウ貫馳 車牽車 馳車恍	陽 ウ玉極 石禄司 庫司禄	灯 ウ龍貴 玉司禄 報禄将	山 ウ牽極 司鳳調 報調禄	地 ウ車貴 貫調鳳 庫鳳将	鉄 ウ司将 禄車石 馳石貴	宝 ウ禄禄 禄牽貫 馳貫極	海 ウ調恍 車禄玉 庫玉馳	雨 ウ鳳胡 司司龍 報龍報	樹 タ石報 司鳳牽 極牽胡	花 タ貫馳 禄調車 印車恍	陽 タ玉極 禄貫司 胡司禄	灯 タ龍貴 禄石禄 貴禄将	山 タ牽極 貫龍調 庫調禄	地 タ車貴 司玉鳳 報鳳将	鉄 タ司将 調車石 極石貴
6月	宝 タ禄禄 龍牽貫 印貫極	海 タ調恍 鳳禄玉 胡玉馳	雨 タ鳳胡 鳳司龍 貴龍報	樹 ト石報 禄鳳牽 堂牽胡	花 ト貫馳 調調車 恍車恍	陽 ト玉極 調調司 将車将	灯 ト龍貴 貫鳳禄 南牽禄	山 ト牽極 貫石調 胡禄将	地 ト車貴 鳳貫鳳 貴司禄	鉄 ト司将 石玉石 堂鳳恍	宝 ト禄禄 司龍貫 恍調胡	海 ト調恍 石牽玉 将貫報	雨 ト鳳胡 貫車龍 南石馳	樹 ネ石報 鳳司牽 禄龍極	花 ネ貫馳 貫禄車 禄玉貴	陽 ネ玉極 牽調司 南車将	灯 ネ龍貴 司鳳禄 将牽禄	山 ネ牽極 石石調 将禄将	地 ネ車貴 貫貫鳳 南司禄	鉄 ネ司将 貫玉石 禄鳳恍	宝 ネ禄禄 貫龍貫 禄調胡	海 ネ調恍 車牽玉 南貫報	雨 ネ鳳胡 石車龍 将石馳	樹 イ石報 玉司牽 恍龍極	花 イ貫馳 禄禄車 堂玉貴	陽 イ玉極 龍石司 貴車将	灯 イ龍貴 龍貫禄 胡牽禄	山 イ牽極 貫玉調 南禄将	地 イ車貴 玉龍鳳 将司禄	鉄 イ司将 牽牽石 恍鳳恍	
7月	宝 イ禄禄 龍車貫 堂調胡	海 イ調恍 龍司玉 貴貫報	雨 イ鳳胡 龍禄龍 胡石馳	樹 サ石報 禄調牽 印龍極	花 サ貫馳 玉鳳車 極玉貴	陽 サ玉極 牽石司 報車将	灯 サ龍貴 車貫禄 庫車南	山 サ牽極 貫玉調 貴司堂	地 サ車貴 車龍鳳 胡禄南	鉄 サ司将 司牽石 印調南	宝 サ禄禄 玉車貫 極鳳堂	海 サ調恍 牽司玉 報石印	雨 サ鳳胡 禄禄龍 庫貫庫	樹 ウ石報 禄調牽 馳玉庫	花 ウ貫馳 車鳳車 馳龍印	陽 ウ玉極 司石司 庫牽堂	灯 ウ龍貴 玉龍禄 報車南	山 ウ牽極 司牽調 報司堂	地 ウ車貴 鳳車鳳 庫禄南	鉄 ウ司将 車玉石 馳調南	宝 ウ禄禄 禄龍貫 馳鳳堂	海 ウ調恍 車牽玉 庫石印	雨 ウ鳳胡 司車龍 報貫庫	樹 タ石報 司司牽 極玉庫	花 タ貫馳 禄禄車 印龍印	陽 タ玉極 禄調司 胡牽堂	灯 タ龍貴 禄鳳禄 貴車南	山 タ牽極 貫石調 庫司堂	地 タ車貴 司貫鳳 報禄南	鉄 タ司将 調玉石 極調南	宝 タ禄禄 龍龍貫 印鳳堂
8月	海 タ調恍 鳳牽玉 胡石印	雨 タ鳳胡 鳳車龍 貴貫庫	樹 ト石報 禄司牽 堂玉庫	花 ト貫馳 調禄車 恍龍印	陽 ト玉極 石調司 将牽堂	灯 ト龍貴 鳳鳳禄 南車南	山 ト牽極 鳳石調 胡司堂	地 ト車貴 鳳石鳳 貴牽恍	鉄 ト司将 石龍石 堂禄禄	宝 ト禄禄 司玉貫 恍司将	海 ト調恍 石車玉 将鳳貴	雨 ト鳳胡 貫牽龍 南調極	樹 ネ石報 禄禄牽 禄貫馳	花 ネ貫馳 貫司車 禄石報	陽 ネ玉極 玉鳳司 南龍胡	灯 ネ龍貴 司調禄 将玉恍	山 ネ牽極 石貫調 将車胡	地 ネ車貴 車石鳳 南牽恍	鉄 ネ司将 鳳鳳石 禄禄禄	宝 ネ禄禄 貫調貫 禄司将	海 ネ調恍 車貫玉 南鳳貴	雨 ネ鳳胡 石玉龍 将調極	樹 イ石報 玉車牽 恍貫馳	花 イ貫馳 禄牽車 堂石報	陽 イ玉極 龍禄司 貴龍胡	灯 イ龍貴 龍司禄 胡玉恍	山 イ牽極 貫鳳調 南車胡	地 イ車貴 玉調鳳 将牽恍	鉄 イ司将 牽貫石 恍禄禄	宝 イ禄禄 龍石貫 堂司将	海 イ調恍 龍龍玉 貴鳳貴
9月	雨 イ鳳胡 龍玉龍 胡調極	樹 サ石報 禄車牽 印貫馳	花 サ貫馳 玉牽車 極石報	陽 サ玉極 牽禄司 報龍胡	灯 サ龍貴 鳳司禄 庫玉恍	山 サ牽極 車鳳調 貴車胡	地 サ車貴 車調鳳 胡牽恍	鉄 サ司将 司石石 印司将	宝 サ禄禄 玉貫貫 極禄禄	海 サ調恍 牽玉玉 報調恍	雨 サ鳳胡 禄龍龍 庫鳳胡	樹 ウ石報 禄牽牽 馳石報	花 ウ貫馳 車車車 馳貫馳	陽 ウ玉極 司司司 庫玉極	灯 ウ龍貴 玉禄禄 報龍貴	山 ウ牽極 司調調 報牽極	地 ウ車貴 禄鳳鳳 庫車貴	鉄 ウ司将 車石石 馳司将	宝 ウ禄禄 禄貫貫 馳禄禄	海 ウ調恍 石玉玉 庫調恍	雨 ウ鳳胡 玉龍龍 報鳳胡	樹 タ石報 司牽牽 極石報	花 タ貫馳 禄車車 印貫馳	陽 タ玉極 禄司司 胡玉極	灯 タ龍貴 禄禄禄 貴龍貴	山 タ牽極 貫調調 庫牽極	地 タ車貴 司鳳鳳 報車貴	鉄 タ司将 調石石 極司将	宝 タ禄禄 龍貫貫 印禄禄	海 タ調恍 鳳玉玉 胡調恍	
10月	雨 タ鳳胡 鳳龍龍 貴鳳胡	樹 ト石報 禄牽牽 堂石報	花 ト貫馳 調車車 恍貫馳	陽 ト玉極 石司司 将玉極	灯 ト龍貴 鳳禄禄 南龍貴	山 ト牽極 鳳調調 胡牽極	地 ト車貴 鳳鳳鳳 貴車貴	鉄 ト司将 龍石石 堂司将	宝 ト禄禄 司貫貫 恍牽南	海 ト調恍 石玉玉 将禄南	雨 ト鳳胡 貫龍龍 南司堂	樹 ネ石報 禄牽牽 禄鳳印	花 ネ貫馳 貫車車 禄調庫	陽 ネ玉極 玉司司 南貫庫	灯 ネ龍貴 司禄禄 将石印	山 ネ牽極 石調調 将龍庫	地 ネ車貴 龍鳳鳳 南玉印	鉄 ネ司将 龍石石 禄車堂	宝 ネ禄禄 貫車貫 禄牽南	海 ネ調恍 司司玉 南禄南	雨 ネ鳳胡 調禄龍 将司堂	樹 イ石報 玉禄牽 恍鳳印	花 イ貫馳 禄司車 堂調庫	陽 イ玉極 龍鳳司 貴貫庫	灯 イ龍貴 龍調禄 胡石印	山 イ牽極 貫貫調 南龍庫	地 イ車貴 玉石鳳 将玉印	鉄 イ司将 玉龍石 恍車堂	宝 イ禄禄 龍玉貫 堂牽南	海 イ調恍 龍車玉 貴禄南	雨 イ鳳胡 龍牽龍 胡司堂
11月	樹 サ石報 禄禄牽 印鳳印	花 サ貫馳 玉司車 極調庫	陽 サ玉極 牽鳳司 報貫庫	灯 サ龍貴 鳳調禄 庫石印	山 サ牽極 車貫調 貴龍庫	地 サ車貴 車石鳳 胡玉印	鉄 サ司将 龍龍石 印車堂	宝 サ禄禄 玉司貫 極車恍	海 サ調恍 牽鳳玉 報司禄	雨 サ鳳胡 禄調龍 庫禄将	樹 ウ石報 禄貫牽 馳調貴	花 ウ貫馳 車石車 馳鳳極	陽 ウ玉極 司龍司 庫石馳	灯 ウ龍貴 玉玉禄 報貫報	山 ウ牽極 司車調 報玉馳	地 ウ車貴 禄牽鳳 庫龍報	鉄 ウ司将 車禄石 馳牽胡	宝 ウ禄禄 禄司貫 馳車恍	海 ウ調恍 石鳳玉 庫司禄	雨 ウ鳳胡 玉調龍 報禄将	樹 タ石報 司龍牽 極調貴	花 タ貫馳 禄玉車 印鳳極	陽 タ玉極 禄車司 胡石馳	灯 タ龍貴 禄牽禄 貴貫報	山 タ牽極 貫禄調 庫玉馳	地 タ車貴 司司鳳 報龍報	鉄 タ司将 調鳳石 極牽胡	宝 タ禄禄 龍調貫 印車恍	海 タ調恍 鳳貫玉 胡司禄	雨 タ鳳胡 鳳石龍 貴禄将	
12月	樹 ト石報 禄龍牽 堂調貴	花 ト貫馳 調玉車 恍鳳極	陽 ト玉極 石車司 将石馳	灯 ト龍貴 鳳牽禄 南貫報	山 ト牽極 鳳禄調 胡玉馳	地 ト車貴 鳳司鳳 貴龍報	鉄 ト司将 石調石 堂龍極	宝 ト禄禄 司鳳貫 恍玉貴	海 ト調恍 石石玉 将車将	雨 ト鳳胡 貫貫龍 南牽禄	樹 ネ石報 禄玉牽 禄禄恍	花 ネ貫馳 貫龍車 禄司胡	陽 ネ玉極 玉牽司 南鳳報	灯 ネ龍貴 司車禄 将調馳	山 ネ牽極 石司調 将貫報	地 ネ車貴 龍禄鳳 南石馳	鉄 ネ司将 龍調石 禄龍極	宝 ネ禄禄 貫鳳貫 禄玉貴	海 ネ調恍 司石玉 南車将	雨 ネ鳳胡 石貫龍 将牽禄	樹 イ石報 玉玉牽 恍禄恍	花 イ貫馳 禄龍車 堂司胡	陽 イ玉極 龍牽司 貴鳳報	灯 イ龍貴 龍車禄 胡調馳	山 イ牽極 貫司調 南貫報	地 イ車貴 玉禄鳳 将石馳	鉄 イ司将 牽調石 恍龍極	宝 イ禄禄 龍鳳貫 堂玉貴	海 イ調恍 龍石玉 貴車将	雨 イ鳳胡 龍貫龍 胡牽禄	樹 サ石報 禄玉牽 印禄恍

1946年（昭和21年）

1946年(昭和21年)

	1日	2日	3日	4日	5日	6日	7日	8日	9日	10日	11日	12日	13日	14日	15日	16日	17日	18日	19日	20日	21日	22日	23日	24日	25日	26日	27日	28日	29日	30日	31日
1月	花 サ貫馳 玉龍車 極司胡	陽 サ玉極 牽牽司 報鳳報	灯 サ龍貴 鳳車禄 庫調馳	山 サ牽極 車司調 貴貫報	地 サ車貴 車禄鳳 胡石馳	鉄 サ司将 司調石 印玉庫	宝 サ禄禄 玉鳳貫 極龍印	海 サ調恍 牽石玉 報牽堂	雨 サ鳳胡 禄貫龍 庫車南	樹 ウ石報 禄玉牽 馳司南	花 ウ貫馳 車龍車 馳禄堂	陽 ウ玉極 司牽司 庫調印	灯 ウ龍貴 玉車禄 報鳳庫	山 ウ牽極 司司調 報石印	地 ウ車貴 禄禄鳳 庫貫庫	鉄 ウ司将 車石石 馳玉庫	宝 ウ禄禄 禄貫貫 馳龍印	海 ウ調恍 石玉玉 庫牽堂	雨 ウ鳳胡 玉車龍 報車南	樹 タ石報 司司牽 極司南	花 タ貫馳 禄禄車 印禄堂	陽 タ玉極 禄調司 胡調印	灯 タ龍貴 禄鳳禄 貴鳳庫	山 タ牽極 貫石調 庫石印	地 タ車貴 司貫鳳 報貫庫	鉄 タ司将 調玉石 極玉庫	宝 タ禄禄 龍龍貫 印龍印	海 タ調恍 鳳牽玉 胡牽堂	雨 タ鳳胡 鳳車龍 貴車南	樹 ト石報 禄司牽 堂司南	花 ト貫馳 調禄車 恍禄堂
2月	陽 ト玉極 石調司 将調印	灯 ト龍貴 鳳鳳禄 南鳳庫	山 ト牽極 鳳石調 胡石印	地 ト玉印 鳳石鳳 貴調極	鉄 ト車堂 石龍石 堂貫馳	宝 ト牽南 司玉貫 恍石報	海 ト禄南 石車玉 将龍胡	雨 ト司堂 貫牽龍 南玉恍	樹 ネ鳳印 禄禄牽 禄車禄	花 ネ調庫 貫司車 禄牽将	陽 ネ貫庫 玉鳳司 南禄貴	灯 ネ石印 司石禄 将司極	山 ネ龍庫 石龍調 将鳳貴	地 ネ玉印 車玉龍 南調極	鉄 ネ車堂 鳳車牽 禄貫馳	宝 ネ牽南 貫牽車 禄石報	海 ネ禄南 車禄車 南龍胡	雨 ネ司堂 石司牽 将玉恍	樹 イ鳳印 玉貫禄 恍車禄	花 イ調庫 禄石司 堂牽将	陽 イ貫庫 龍龍鳳 貴禄貴	灯 イ石印 龍玉調 胡司極	山 イ龍庫 貫車貫 南鳳貴	地 イ玉印 玉牽石 将調極	鉄 イ車堂 牽禄龍 恍貫馳	宝 イ牽南 龍司玉 堂石報	海 イ禄南 龍鳳車 貴龍胡	雨 イ司堂 龍調牽 胡玉恍			
3月	樹 サ鳳印 禄貫禄 印車禄	花 サ調庫 玉石司 極牽将	陽 サ貫庫 牽龍鳳 報禄貴	灯 サ石印 鳳玉調 庫司極	山 サ龍庫 車車貫 貴鳳貴	地 サ玉印 車車鳳 胡鳳胡	鉄 サ車堂 司司石 印石報	宝 サ牽南 玉禄貫 極貫馳	海 サ禄南 牽調玉 報玉極	雨 サ司堂 禄鳳龍 庫龍貴	樹 ウ鳳印 禄石牽 馳牽将	花 ウ調庫 車貫車 馳車禄	陽 ウ貫庫 司玉司 庫司恍	灯 ウ石印 玉龍禄 報禄胡	山 ウ龍庫 司牽調 報調恍	地 ウ玉印 鳳車龍 庫鳳胡	鉄 ウ車堂 車司牽 馳石報	宝 ウ牽南 禄禄車 馳貫馳	海 ウ禄南 車調車 庫玉極	雨 ウ司堂 玉鳳牽 報龍貴	樹 タ鳳印 司石禄 極牽将	花 タ調庫 禄貫司 印車禄	陽 タ貫庫 禄玉鳳 胡司恍	灯 タ石印 禄龍調 貴禄胡	山 タ龍庫 貫牽貫 庫調恍	地 タ玉印 司車石 報鳳胡	鉄 タ車堂 調司龍 極石報	宝 タ牽南 龍禄玉 印貫馳	海 タ禄南 鳳調車 胡玉極	雨 タ司堂 鳳鳳牽 貴龍貴	樹 ト鳳印 禄石禄 堂牽将
4月	花 ト調庫 調貫司 恍車禄	陽 ト貫庫 石玉鳳 将司恍	灯 ト石印 鳳龍調 南禄胡	山 ト龍庫 鳳牽貫 胡調恍	地 ト玉印 鳳車鳳 貴司堂	鉄 ト車堂 石司石 堂鳳印	宝 ト牽南 司禄貫 恍調庫	海 ト禄南 石調玉 将貫庫	雨 ト司堂 貫鳳龍 南石印	樹 ネ鳳印 禄石牽 禄龍堂	花 ネ調庫 貫貫車 禄玉南	陽 ネ貫庫 玉玉司 南車南	灯 ネ石印 司龍禄 将牽堂	山 ネ龍庫 石牽調 将禄南	地 ネ玉印 車禄龍 南司堂	鉄 ネ車堂 鳳調牽 禄鳳印	宝 ネ牽南 貫鳳車 禄調庫	海 ネ禄南 車車車 南貫庫	雨 ネ司堂 石牽牽 将石印	樹 イ鳳印 玉禄禄 恍龍堂	花 イ調庫 禄司司 堂玉南	陽 イ貫庫 龍鳳鳳 貴車南	灯 イ石印 龍調調 胡牽堂	山 イ龍庫 貫貫貫 南禄南	地 イ玉印 玉石石 将司堂	鉄 イ車堂 牽龍龍 恍鳳印	宝 イ牽南 龍玉玉 堂調庫	海 イ禄南 龍車車 貴貫庫	雨 イ司堂 龍牽牽 胡石印	樹 サ鳳印 禄禄禄 印龍堂	
5月	花 サ調庫 玉司司 極玉南	陽 サ貫庫 牽鳳鳳 報車南	灯 サ石印 鳳調調 庫牽堂	山 サ龍庫 車貫貫 貴禄南	地 サ玉印 車石石 胡司堂	鉄 サ車堂 司龍石 印調貴	宝 サ牽南 玉玉貫 極鳳極	海 サ禄南 牽車玉 報石馳	雨 サ司堂 禄牽龍 庫貫報	樹 ウ鳳印 禄禄牽 馳玉胡	花 ウ調庫 車司車 馳龍恍	陽 ウ貫庫 司禄司 庫牽禄	灯 ウ石印 玉司禄 報車将	山 ウ龍庫 司鳳調 報司禄	地 ウ玉印 禄調鳳 庫禄将	鉄 ウ車堂 車貫牽 馳調貴	宝 ウ牽南 禄石車 馳鳳極	海 ウ禄南 石龍司 庫石馳	雨 ウ司堂 玉玉牽 報貫報	樹 タ鳳印 司車禄 極玉胡	花 タ調庫 禄調司 印龍恍	陽 タ貫庫 禄貫鳳 胡牽禄	灯 タ石印 禄石調 貴車将	山 タ龍庫 貫龍貫 庫司禄	地 タ玉印 司玉石 報禄将	鉄 タ車堂 調車龍 極調貴	宝 タ牽南 龍牽玉 印鳳極	海 タ禄南 鳳禄車 胡石馳	雨 タ司堂 鳳司牽 貴貫報	樹 ト鳳印 禄鳳禄 堂玉胡	花 ト調庫 調調司 恍龍恍
6月	陽 ト貫庫 石貫鳳 将牽禄	灯 ト石印 鳳石調 南車将	山 ト龍庫 鳳龍貫 胡司禄	地 ト玉印 鳳玉石 貴禄将	鉄 ト車堂 龍車龍 堂調貴	宝 ト牽南 司龍貫 恍司胡	海 ト禄南 石牽玉 将鳳報	雨 ト司堂 貫車龍 南調馳	樹 ネ鳳印 禄司牽 禄貫極	花 ネ調庫 貫禄車 禄石貴	陽 ネ貫庫 玉調司 南龍将	灯 ネ石印 司鳳禄 将玉禄	山 ネ龍庫 石石調 将車将	地 ネ玉印 龍貫鳳 南牽禄	鉄 ネ車堂 龍玉石 禄禄恍	宝 ネ牽南 貫龍車 禄司胡	海 ネ禄南 司牽司 南鳳報	雨 ネ司堂 調車禄 将調馳	樹 イ鳳印 玉司禄 恍貫極	花 イ調庫 禄禄司 堂石貴	陽 イ貫庫 龍調鳳 貴龍将	灯 イ石印 龍鳳調 胡玉禄	山 イ龍庫 貫石貫 南車将	地 イ玉印 玉貫石 将牽禄	鉄 イ車堂 玉玉龍 恍禄恍	宝 イ牽南 龍車玉 堂司胡	海 イ禄南 龍司車 貴鳳報	雨 イ司堂 龍禄牽 胡調馳	樹 サ鳳印 禄調禄 印貫極	花 サ調庫 玉鳳司 極石貴	
7月	陽 サ貫庫 牽石鳳 報龍将	灯 サ石印 鳳貫調 庫玉禄	山 サ龍庫 車玉貫 貴車将	地 サ玉印 車龍石 胡牽禄	鉄 サ車堂 龍牽龍 印禄恍	宝 サ牽南 牽車玉 極司胡	海 サ禄南 司司車 報鳳報	雨 サ司堂 禄禄龍 庫鳳庫	樹 ウ鳳印 禄調牽 馳石庫	花 ウ調庫 車鳳車 馳貫印	陽 ウ貫庫 司石司 庫玉堂	灯 ウ石印 玉貫禄 報龍南	山 ウ龍庫 司玉調 報牽堂	地 ウ玉印 禄龍鳳 庫車南	鉄 ウ車堂 龍牽石 馳司南	宝 ウ牽南 禄車貫 馳禄堂	海 ウ禄南 調司玉 庫調印	雨 ウ司堂 玉鳳禄 報鳳庫	樹 タ鳳印 司石調 極石庫	花 タ調庫 貫貫鳳 印貫印	陽 タ貫庫 車調鳳 胡玉堂	灯 タ石印 禄鳳調 貴龍南	山 タ龍庫 貫石貫 庫牽堂	地 タ玉印 司貫石 報車南	鉄 タ車堂 調玉龍 極司南	宝 タ牽南 龍龍玉 印禄堂	海 タ禄南 鳳牽車 胡調印	雨 タ司堂 鳳車牽 貴鳳庫	樹 ト鳳印 禄司禄 堂石庫	花 ト調庫 調禄司 恍貫印	陽 ト貫庫 石調鳳 将玉堂
8月	灯 ト石印 鳳鳳調 南龍南	山 ト龍庫 鳳石貫 胡牽堂	地 ト玉印 鳳貫石 貴車南	鉄 ト車堂 龍玉龍 堂司南	宝 ト牽南 調龍玉 恍禄堂	海 ト禄南 石牽車 将調印	雨 ト司堂 車車牽 南鳳庫	樹 ネ鳳印 禄禄牽 禄鳳馳	花 ネ調庫 貫司車 禄調報	陽 ネ貫庫 玉鳳司 南貫胡	灯 ネ石印 調調禄 将石恍	山 ネ龍庫 石貫調 将龍胡	地 ネ玉印 龍石鳳 南玉恍	鉄 ネ車堂 龍龍石 禄車禄	宝 ネ牽南 貫玉貫 禄牽将	海 ネ禄南 玉車玉 南禄貴	雨 ネ司堂 調牽龍 将司極	樹 イ鳳印 玉禄調 恍鳳馳	花 イ調庫 車玉鳳 堂調報	陽 イ貫庫 貫車石 貴貫胡	灯 イ石印 龍牽調 胡石恍	山 イ龍庫 貫鳳貫 南龍胡	地 イ玉印 玉調石 将玉恍	鉄 イ車堂 玉貫龍 恍車禄	宝 イ牽南 龍石玉 堂牽将	海 イ禄南 龍龍車 貴禄貴	雨 イ司堂 龍玉牽 胡司極	樹 サ鳳印 禄車禄 印鳳馳	花 サ調庫 玉牽司 極調報	陽 サ貫庫 牽禄鳳 報貫胡	灯 サ石印 鳳司調 庫石恍
9月	山 サ龍庫 車鳳貫 貴龍胡	地 サ玉印 車調石 胡玉恍	鉄 サ車堂 龍貫龍 印車禄	宝 サ牽南 牽石玉 極牽将	海 サ禄南 司龍車 報禄貴	雨 サ司堂 車玉牽 庫司極	樹 ウ鳳印 車車禄 馳鳳馳	花 ウ調庫 車車車 馳鳳馳	陽 ウ貫庫 司司司 庫石極	灯 ウ石印 玉禄禄 報貫貴	山 ウ龍庫 司調調 報玉極	地 ウ玉印 禄鳳鳳 庫龍貴	鉄 ウ車堂 龍石石 馳牽将	宝 ウ牽南 禄貫貫 馳車禄	海 ウ禄南 調玉玉 庫司恍	雨 ウ司堂 玉龍龍 報禄胡	樹 タ鳳印 司牽牽 極調報	花 タ調庫 貫車鳳 印鳳馳	陽 タ貫庫 車司石 胡石極	灯 タ石印 禄禄貫 貴貫貴	山 タ龍庫 貫調貫 庫玉極	地 タ玉印 司鳳石 報龍貴	鉄 タ車堂 調石龍 極牽将	宝 タ牽南 龍貫玉 印車禄	海 タ禄南 鳳玉車 胡司恍	雨 タ司堂 鳳龍牽 貴禄胡	樹 ト鳳印 禄牽禄 堂調報	花 ト調庫 調車司 恍鳳馳	陽 ト貫庫 石司鳳 将石極	灯 ト石印 鳳禄調 南貫貴	
10月	山 ト龍庫 鳳調貫 胡玉極	地 ト玉印 鳳鳳石 貴龍貴	鉄 ト車堂 龍石龍 堂牽将	宝 ト牽南 調貫玉 恍車禄	海 ト禄南 石玉車 将司恍	雨 ト司堂 車龍牽 南禄胡	樹 ネ鳳印 貫牽禄 禄調報	花 ネ調庫 貫車司 禄鳳馳	陽 ネ貫庫 玉司司 南鳳庫	灯 ネ石印 調禄禄 将調印	山 ネ龍庫 石調調 将貫庫	地 ネ玉印 龍鳳鳳 南石印	鉄 ネ車堂 龍石石 禄龍堂	宝 ネ牽南 貫貫貫 禄玉南	海 ネ禄南 玉玉玉 南車南	雨 ネ司堂 調龍龍 将牽堂	樹 イ鳳印 玉牽牽 恍禄印	花 イ調庫 龍車車 堂司庫	陽 イ貫庫 貫石石 貴鳳庫	灯 イ石印 龍貫貫 胡調印	山 イ龍庫 司玉玉 南貫庫	地 イ玉印 調石石 将石印	鉄 イ車堂 玉龍龍 恍龍堂	宝 イ牽南 龍玉玉 堂玉南	海 イ禄南 龍車車 貴車南	雨 イ司堂 龍牽牽 胡牽堂	樹 サ鳳印 禄禄禄 印禄印	花 サ調庫 玉司司 極司庫	陽 サ貫庫 牽鳳鳳 報鳳庫	灯 サ石印 鳳調調 庫調印	山 サ龍庫 車貫貫 貴貫庫
11月	地 サ玉印 車石石 胡石印	鉄 サ車堂 龍龍龍 印龍堂	宝 サ牽南 牽玉玉 極玉南	海 サ禄南 司車車 報車南	雨 サ司堂 車牽牽 庫牽堂	樹 ウ鳳印 車禄禄 馳禄印	花 ウ調庫 車司司 馳司庫	陽 ウ貫庫 司龍司 庫調馳	灯 ウ石印 玉玉禄 報鳳報	山 ウ龍庫 司車調 報石馳	地 ウ玉印 禄牽鳳 庫貫報	鉄 ウ車堂 龍禄石 馳玉胡	宝 ウ牽南 禄司貫 馳龍恍	海 ウ禄南 調鳳玉 庫牽禄	雨 ウ司堂 玉調龍 報車将	樹 タ鳳印 司貫牽 極司貴	花 タ調庫 鳳石車 印禄極	陽 タ貫庫 鳳龍石 胡調馳	灯 タ石印 禄玉貫 貴鳳報	山 タ龍庫 玉車玉 庫石馳	地 タ玉印 司司石 報貫報	鉄 タ車堂 調鳳龍 極玉胡	宝 タ牽南 龍調玉 印龍恍	海 タ禄南 鳳貫車 胡牽禄	雨 タ司堂 鳳石牽 貴車将	樹 ト鳳印 禄龍禄 堂司貴	花 ト調庫 調玉司 恍禄極	陽 ト貫庫 石車鳳 将調馳	灯 ト石印 鳳牽調 南鳳報	山 ト龍庫 鳳禄貫 胡石馳	
12月	地 ト玉印 鳳司石 貴貫報	鉄 ト車堂 龍鳳龍 堂玉胡	宝 ト牽南 調調玉 恍龍恍	海 ト禄南 石貫車 将牽禄	雨 ト司堂 車石牽 南車将	樹 ネ鳳印 貫龍禄 禄司貴	花 ネ調庫 貫玉司 禄禄極	陽 ネ貫庫 玉牽司 南禄報	灯 ネ石印 調車禄 将司馳	山 ネ龍庫 石司調 将鳳報	地 ネ玉印 龍禄鳳 南調馳	鉄 ネ車堂 龍調石 禄貫極	宝 ネ牽南 貫鳳貫 禄石貴	海 ネ禄南 玉石玉 南龍将	雨 ネ司堂 調貫龍 将玉禄	樹 イ鳳印 玉玉牽 恍車恍	花 イ調庫 龍龍車 堂牽胡	陽 イ貫庫 貫牽石 貴禄報	灯 イ石印 龍車貫 胡司馳	山 イ龍庫 司司玉 南鳳報	地 イ玉印 調禄石 将調馳	鉄 イ車堂 玉調龍 恍貫極	宝 イ牽南 龍鳳玉 堂石貴	海 イ禄南 龍石車 貴龍将	雨 イ司堂 龍貫牽 胡玉禄	樹 サ鳳印 禄玉禄 印車恍	花 サ調庫 玉龍司 極牽胡	陽 サ貫庫 牽牽鳳 報禄報	灯 サ石印 鳳車調 庫司馳	山 サ龍庫 車司貫 貴鳳報	地 サ玉印 車禄石 胡調馳

1947年（昭和22年）

1947年(昭和22年)

	1日	2日	3日	4日	5日	6日	7日	8日	9日	10日	11日	12日	13日	14日	15日	16日
1月	鉄 サ車堂 龍調龍 印貫極	宝 サ牽南 牽鳳玉 極石貴	海 サ禄南 司石車 報龍将	雨 サ司堂 車貫牽 庫玉禄	樹 ウ鳳印 車玉禄 馳車恍	花 ウ調庫 車龍車 馳車堂	陽 ウ貫庫 司牽司 庫司印	灯 ウ石印 玉車禄 報禄庫	山 ウ龍庫 司司調 報調印	地 ウ玉印 禄禄鳳 庫鳳庫	鉄 ウ車堂 龍調石 馳石庫	宝 ウ牽南 禄鳳貫 馳貫印	海 ウ禄南 調石玉 庫玉堂	雨 ウ司堂 玉貫龍 報龍南	樹 タ鳳印 司玉牽 極牽南	花 タ調庫 貫車鳳 印車堂
2月	宝 ト牽南 調龍玉 恍貫印	海 ト禄南 石牽車 将玉堂	雨 ト司堂 車車牽 南龍南	樹 ネ鳳印 貫司禄 禄牽南	花 ネ鳳極 貫司石 禄玉将	陽 ネ石馳 玉鳳龍 南車貴	灯 ネ貫報 調調玉 将牽極	山 ネ玉馳 石貫車 将禄貴	地 ネ龍報 龍石牽 南司極	鉄 ネ牽胡 龍龍禄 禄鳳馳	宝 ネ車恍 貫玉司 禄調報	海 ネ司禄 玉車鳳 南貫胡	雨 ネ禄将 調司調 将石恍	樹 イ調貴 玉鳳貫 恍龍禄	花 イ鳳極 車調石 堂玉将	陽 イ石馳 貫貫龍 貴車貴
3月	地 サ龍報 車牽司 胡司極	鉄 サ牽胡 龍禄鳳 印鳳馳	宝 サ車恍 牽司調 極調報	海 サ司禄 司鳳貫 報貫胡	雨 サ禄将 車調石 庫石恍	樹 ウ調貴 禄石貫 馳玉将	花 ウ鳳極 車貫石 馳龍禄	陽 ウ石馳 司玉龍 庫牽恍	灯 ウ貫報 玉龍玉 報車胡	山 ウ玉馳 司牽車 報司恍	地 ウ龍報 禄車牽 庫禄胡	鉄 ウ牽胡 龍司禄 馳調報	宝 ウ車恍 禄禄司 馳鳳馳	海 ウ司禄 調調鳳 庫石極	雨 ウ禄将 玉鳳調 報貫貴	樹 タ調貴 司石貫 極玉将
4月	鉄 ト牽胡 龍司鳳 堂調報	宝 ト車恍 調禄調 恍鳳馳	海 ト司禄 石調貫 将石極	雨 ト禄将 車鳳石 南貫貴	樹 ネ調貴 貫石龍 禄玉将	花 ネ鳳極 貫貫石 禄石南	陽 ネ石馳 玉玉龍 南龍南	灯 ネ貫報 調龍玉 将玉堂	山 ネ玉馳 石牽車 将車南	地 ネ龍報 龍車牽 南牽堂	鉄 ネ牽胡 龍司禄 禄禄印	宝 ネ車恍 貫禄司 禄司庫	海 ネ司禄 玉調鳳 南鳳庫	雨 ネ禄将 調鳳調 将調印	樹 イ調貴 玉石貫 恍貫堂	花 イ鳳極 車龍石 堂石南
5月	鉄 サ牽胡 龍龍鳳 印禄印	宝 サ車恍 牽玉調 極司庫	海 サ司禄 司車貫 報鳳庫	雨 サ禄将 車牽石 庫調印	樹 ウ調貴 車禄龍 馳貫堂	花 ウ鳳極 車司石 馳貫恍	陽 ウ石馳 司鳳龍 庫玉禄	灯 ウ貫報 玉調玉 報龍将	山 ウ玉馳 司貫車 報牽禄	地 ウ龍報 禄石牽 庫車将	鉄 ウ牽胡 龍龍禄 馳司貴	宝 ウ車恍 禄石司 馳禄極	海 ウ司禄 調龍鳳 庫調馳	雨 ウ禄将 玉玉調 報鳳報	樹 タ調貴 司車貫 極石胡	花 タ鳳極 貫牽石 印貫恍
6月	宝 ト車恍 調牽調 恍禄極	海 ト司禄 石禄貫 将調馳	雨 ト禄将 車司石 南鳳報	樹 ネ調貴 貫鳳龍 禄石胡	花 ネ鳳極 貫調玉 禄貫恍	陽 ネ石馳 玉調龍 南貫将	灯 ネ貫報 調鳳玉 将石禄	山 ネ玉馳 石石車 将龍将	地 ネ龍報 龍貫牽 南玉禄	鉄 ネ牽胡 龍玉禄 禄車恍	宝 ネ車恍 貫龍司 禄牽胡	海 ネ司禄 玉牽鳳 南禄報	雨 ネ禄将 調車調 将司馳	樹 イ調貴 玉司貫 恍鳳極	花 イ鳳極 龍禄石 堂調貴	陽 イ石馳 貫調龍 貴貫将
7月	宝 サ車恍 牽車調 極牽胡	海 サ司禄 司司貫 報禄報	雨 サ禄将 車禄石 庫司馳	樹 ウ調貴 車調龍 馳鳳極	花 ウ鳳極 車鳳玉 馳調貴	陽 ウ石馳 鳳石車 庫貫将	灯 ウ貫報 牽貫牽 報石禄	山 ウ玉馳 司玉車 報玉堂	地 ウ龍報 禄龍牽 庫龍南	鉄 ウ牽胡 龍牽禄 馳牽南	宝 ウ車恍 禄車司 馳車堂	海 ウ司禄 調司鳳 庫司印	雨 ウ禄将 牽禄調 報禄庫	樹 タ調貴 司調貫 極調庫	花 タ鳳極 鳳鳳石 印鳳印	陽 タ石馳 鳳石龍 胡石堂
8月	海 ト司禄 石牽貫 将司印	雨 ト禄将 車車石 南禄庫	樹 ネ調貴 貫司龍 禄調庫	花 ネ鳳極 貫禄玉 禄鳳印	陽 ネ石馳 鳳調車 南石堂	灯 ネ貫報 石鳳牽 将貫南	山 ネ玉馳 玉石禄 将玉堂	地 ネ龍報 龍石牽 南石恍	鉄 ネ牽胡 龍龍禄 禄龍禄	宝 ネ車恍 貫玉司 禄玉将	海 ネ司禄 玉車鳳 南車貴	雨 ネ禄将 調牽調 将牽極	樹 イ調貴 玉禄貫 恍禄馳	花 イ鳳極 龍司石 堂司報	陽 イ石馳 鳳鳳龍 貴鳳胡	灯 イ貫報 龍調玉 胡調恍
9月	雨 サ禄将 車玉石 庫牽極	樹 ウ調貴 車車龍 馳禄馳	花 ウ鳳極 車牽玉 馳司報	陽 ウ石馳 鳳禄車 庫鳳胡	灯 ウ貫報 牽司牽 報調恍	山 ウ玉馳 司鳳禄 報貫胡	地 ウ龍報 貫調司 庫石恍	鉄 ウ牽胡 龍石禄 馳玉将	宝 ウ車恍 禄貫司 馳龍禄	海 ウ司禄 調玉鳳 庫牽恍	雨 ウ禄将 牽龍調 報車胡	樹 タ調貴 司牽貫 極司報	花 タ鳳極 鳳車石 印禄馳	陽 タ石馳 鳳司龍 胡調極	灯 タ貫報 禄禄玉 貴鳳貴	山 タ玉馳 調調車 庫石極
10月	雨 ト禄将 車龍石 南車胡	樹 ネ調貴 貫牽龍 禄司報	花 ネ鳳極 貫車玉 禄禄馳	陽 ネ石馳 鳳司車 南調極	灯 ネ貫報 石禄牽 将鳳貴	山 ネ玉馳 玉調禄 将石極	地 ネ龍報 貫鳳司 南貫貴	鉄 ネ牽胡 貫石鳳 禄玉将	宝 ネ車恍 貫貫司 禄石南	海 ネ司禄 玉玉鳳 南龍南	雨 ネ禄将 調龍調 将玉堂	樹 イ調貴 玉牽貫 恍車印	花 イ鳳極 龍車石 堂牽庫	陽 イ石馳 鳳司龍 貴禄庫	灯 イ貫報 龍禄玉 胡司印	山 イ玉馳 牽調車 南鳳庫
11月	樹 ウ調貴 車禄龍 馳車印	花 ウ鳳極 車司玉 馳牽庫	陽 ウ石馳 鳳鳳車 庫禄庫	灯 ウ貫報 牽調牽 報司印	山 ウ玉馳 司貫禄 報鳳庫	地 ウ龍報 貫石司 庫調印	鉄 ウ牽胡 禄龍鳳 馳貫堂	宝 ウ車恍 禄司司 馳貫恍	海 ウ司禄 調鳳鳳 庫玉禄	雨 ウ禄将 牽調調 報龍将	樹 タ調貴 司貫貫 極牽貴	花 タ鳳極 鳳石石 印車極	陽 タ石馳 鳳龍龍 胡司馳	灯 タ貫報 禄玉玉 貴禄報	山 タ玉馳 調車車 庫調馳	地 タ龍報 牽牽牽 報鳳報
12月	樹 ネ調貴 貫龍龍 禄牽貴	花 ネ鳳極 貫玉玉 禄車極	陽 ネ石馳 鳳車車 南司馳	灯 ネ貫報 石牽牽 将禄報	山 ネ玉馳 玉禄禄 将調馳	地 ネ龍報 貫司司 南鳳報	鉄 ネ牽胡 貫鳳鳳 禄石胡	宝 ネ車恍 貫鳳司 禄調貴	海 ネ司禄 玉石鳳 南貫将	雨 ネ禄将 調貫調 将石禄	樹 イ調貴 玉玉貫 恍龍恍	花 イ鳳極 龍龍石 堂玉胡	陽 イ石馳 鳳牽龍 貴車報	灯 イ貫報 龍車玉 胡牽馳	山 イ玉馳 牽司車 南禄報	地 イ龍報 調禄牽 将司馳

	17日	18日	19日	20日	21日	22日	23日	24日	25日	26日	27日	28日	29日	30日	31日
1月	陽 タ貫庫 車司石 胡司印	灯 タ石印 禄禄貫 貴禄庫	山 タ龍庫 貫石貫 庫調印	地 タ玉印 司貫石 報鳳庫	鉄 タ車堂 調玉龍 極石庫	宝 タ牽南 龍龍玉 印貫印	海 タ禄南 鳳牽車 胡玉堂	雨 タ司堂 鳳車牽 貴龍南	樹 ト鳳印 禄司禄 堂牽南	花 ト調庫 調禄司 恍車堂	陽 ト貫庫 石調鳳 将司印	灯 ト石印 鳳鳳調 南禄庫	山 ト龍庫 鳳石貫 胡調印	地 ト玉印 鳳貫石 貴鳳庫	鉄 ト車堂 龍玉龍 堂石庫
2月	灯 イ貫報 龍石玉 胡牽極	山 イ玉馳 貫龍禄 南禄貴	地 イ龍報 調玉司 将司極	鉄 イ牽胡 玉禄鳳 恍鳳馳	宝 イ車恍 龍司調 堂調報	海 イ司禄 龍鳳貫 貴貫胡	雨 イ禄将 龍調石 胡石恍	樹 サ調貴 禄貫龍 印龍禄	花 サ鳳極 玉石玉 極玉将	陽 サ石馳 牽龍車 報車貴	灯 サ貫報 鳳玉牽 庫牽極	山 サ玉馳 車車禄 貴禄貴			
3月	花 タ鳳極 貫貫石 印龍禄	陽 タ石馳 車玉龍 胡牽恍	灯 タ貫報 禄龍牽 貴車胡	山 タ玉馳 貫牽禄 庫司恍	地 タ龍報 司車司 報禄胡	鉄 タ牽胡 調司鳳 極調報	宝 タ車恍 龍禄調 印鳳馳	海 タ司禄 鳳調貫 胡石極	雨 タ禄将 鳳鳳石 貴貫貴	樹 ト調貴 禄石龍 堂玉将	花 ト鳳極 調貫玉 恍龍禄	陽 ト石馳 石玉車 将牽恍	灯 ト貫報 鳳龍牽 南車胡	山 ト玉馳 鳳牽禄 胡司恍	地 ト龍報 鳳車司 貴禄胡
4月	陽 イ石馳 貫牽龍 貴龍南	灯 イ貫報 龍車玉 胡玉堂	山 イ玉馳 貫貫禄 南車南	地 イ龍報 調石司 将牽堂	鉄 イ牽胡 玉龍鳳 恍禄印	宝 イ車恍 龍玉調 堂司庫	海 イ司禄 龍車貫 貴鳳庫	雨 イ禄将 龍牽石 胡調印	樹 サ調貴 禄禄龍 印貫堂	花 サ鳳極 玉司玉 極石南	陽 サ石馳 牽鳳車 報龍南	灯 サ貫報 鳳調牽 庫玉堂	山 サ玉馳 車貫禄 貴車南	地 サ龍報 車石司 胡牽堂	
5月	陽 タ石馳 車禄龍 胡玉禄	灯 タ貫報 禄司玉 貴龍将	山 タ玉馳 貫鳳禄 庫牽禄	地 タ龍報 司調司 報車将	鉄 タ牽胡 調車鳳 極司貴	宝 タ車恍 龍牽調 印禄極	海 タ司禄 鳳禄貫 胡調馳	雨 タ禄将 鳳司石 貴鳳報	樹 ト調貴 禄鳳龍 堂石胡	花 ト鳳極 調調玉 恍貫恍	陽 ト石馳 石貫車 将玉禄	灯 ト貫報 鳳石牽 南龍将	山 ト玉馳 鳳龍禄 胡牽禄	地 ト龍報 鳳玉司 貴車将	鉄 ト牽胡 龍車鳳 堂司貴
6月	灯 イ貫報 龍鳳玉 胡石禄	山 イ玉馳 司石車 南龍将	地 イ龍報 調貫司 将玉禄	鉄 イ牽胡 玉玉鳳 恍車恍	宝 イ車恍 龍龍調 堂牽胡	海 イ司禄 龍牽貫 貴禄報	雨 イ禄将 龍車石 胡司馳	樹 サ調貴 禄司龍 印鳳極	花 サ鳳極 玉禄玉 極調貴	陽 サ石馳 牽石車 報貫将	灯 サ貫報 鳳貫牽 庫石禄	山 サ玉馳 車玉禄 貴龍将	地 サ龍報 車龍司 胡玉禄	鉄 サ牽胡 龍牽鳳 印車恍	
7月	灯 タ貫報 禄貫玉 貴貫南	山 タ玉馳 玉牽車 庫玉堂	地 タ龍報 牽車牽 報龍南	鉄 タ牽胡 調司禄 極牽南	宝 タ車恍 龍龍調 印車堂	海 タ司禄 禄牽貫 胡司印	雨 タ禄将 鳳車石 貴禄庫	樹 ト調貴 禄司龍 堂調庫	花 ト鳳極 調禄玉 恍鳳印	陽 ト石馳 調調車 将石堂	灯 ト貫報 鳳鳳牽 南貫南	山 ト玉馳 鳳石禄 胡玉堂	地 ト龍報 鳳貫司 貴龍南	鉄 ト牽胡 龍玉鳳 堂牽南	宝 ト車恍 調龍調 恍車堂
8月	山 イ玉馳 牽貫車 南貫胡	地 イ龍報 調石牽 将石恍	鉄 イ牽胡 玉鳳禄 恍龍禄	宝 イ車恍 禄調司 堂玉将	海 イ司禄 貫貫貫 貴車貴	雨 イ禄将 龍玉石 胡牽極	樹 サ調貴 禄車龍 印禄馳	花 サ鳳極 玉牽玉 極司報	陽 サ石馳 牽禄車 報鳳胡	灯 サ貫報 鳳司牽 庫調恍	山 サ玉馳 車鳳禄 貴貫胡	地 サ龍報 車調司 胡石恍	鉄 サ牽胡 龍貫鳳 印龍禄	宝 サ車恍 牽石調 極玉将	海 サ司禄 司龍貫 報車貴
9月	地 タ龍報 牽鳳牽 報貫貴	鉄 タ牽胡 調石禄 極玉将	宝 タ車恍 貫貫司 印龍禄	海 タ司禄 禄玉鳳 胡牽恍	雨 タ禄将 鳳龍石 貴車胡	樹 ト調貴 禄牽龍 堂司報	花 ト鳳極 調車玉 恍禄馳	陽 ト石馳 調司車 将調極	灯 ト貫報 鳳禄牽 南鳳貴	山 ト玉馳 鳳調禄 胡石極	地 ト龍報 鳳鳳司 貴貫貴	鉄 ト牽胡 龍石鳳 堂玉将	宝 ト車恍 調貫調 恍龍禄	海 ト司禄 石玉貫 将牽恍	
10月	地 イ龍報 調鳳牽 将調印	鉄 イ牽胡 玉石禄 恍貫堂	宝 イ車恍 禄車司 堂石南	海 イ司禄 貫司鳳 貴龍南	雨 イ禄将 龍禄調 胡玉堂	樹 サ調貴 禄禄龍 印車印	花 サ鳳極 玉司玉 極牽庫	陽 サ石馳 牽鳳車 報禄庫	灯 サ貫報 鳳調牽 庫司印	山 サ玉馳 車貫禄 貴鳳庫	地 サ龍報 車石司 胡調印	鉄 サ牽胡 龍龍鳳 印貫堂	宝 サ車恍 牽玉調 極石南	海 サ司禄 司車貫 報龍南	雨 サ禄将 車牽石 庫玉堂
11月	鉄 タ牽胡 調禄禄 極石胡	宝 タ車恍 貫司司 印貫恍	海 タ司禄 禄鳳鳳 胡玉禄	雨 タ禄将 鳳調調 貴龍将	樹 ト調貴 禄龍龍 堂牽貴	花 ト鳳極 牽玉玉 恍車極	陽 ト石馳 調車車 将司馳	灯 ト貫報 鳳牽牽 南禄報	山 ト玉馳 鳳禄禄 胡調馳	地 ト龍報 鳳司司 貴鳳報	鉄 ト牽胡 龍鳳鳳 堂石胡	宝 ト車恍 調調調 恍貫恍	海 ト司禄 石貫貫 将玉禄	雨 ト禄将 車石石 南龍将	
12月	鉄 イ牽胡 玉調禄 恍鳳極	宝 イ車恍 禄鳳司 堂調貴	海 イ司禄 貫石鳳 貴貫将	雨 イ禄将 龍貫調 胡石禄	樹 サ調貴 禄玉龍 印龍恍	花 サ鳳極 玉龍玉 極玉胡	陽 サ石馳 牽牽車 報車報	灯 サ貫報 鳳車牽 庫牽馳	山 サ玉馳 車司禄 貴禄報	地 サ龍報 車禄司 胡司馳	鉄 サ牽胡 龍調鳳 印鳳極	宝 サ車恍 牽鳳調 極調貴	海 サ司禄 司石貫 報貫将	雨 サ禄将 車貫石 庫石禄	樹 ウ調貴 車玉龍 馳龍恍

1948年（昭和23年）

1948年(昭和23年)

	1日	2日	3日	4日	5日	6日	7日	8日	9日	10日	11日	12日	13日	14日	15日	16日
1月	花 ウ鳳極 車龍玉 馳玉胡	陽 ウ石馳 鳳牽車 庫車報	灯 ウ貫報 牽車牽 報牽馳	山 ウ玉馳 司司禄 報禄報	地 ウ龍報 貫禄司 庫司馳	鉄 ウ牽胡 龍調禄 馳調庫	宝 ウ車恍 禄鳳司 馳鳳印	海 ウ司禄 調石鳳 庫石堂	雨 ウ禄将 牽貫調 報貫南	樹 タ調貴 司玉貫 極玉南	花 タ鳳極 鳳龍石 印龍堂	陽 タ石馳 鳳牽龍 胡牽印	灯 タ貫報 禄車玉 貴車庫	山 タ玉馳 調司車 庫司印	地 タ龍報 牽禄牽 報禄庫	鉄 タ牽胡 調石禄 極調庫
2月	陽 ネ石馳 鳳調車 南牽印	灯 ネ貫報 石鳳牽 将車庫	山 ネ玉馳 玉石禄 将司印	地 ネ龍報 貫貫司 南禄庫	鉄 ネ龍極 龍龍調 禄禄馳	宝 ネ玉貴 貫玉鳳 禄司報	海 ネ車将 玉車石 南鳳胡	雨 ネ牽禄 調牽貫 将調恍	樹 イ禄恍 玉禄玉 恍貫禄	花 イ司胡 龍司龍 堂石将	陽 イ鳳報 鳳鳳牽 貴龍貴	灯 イ調馳 龍調車 胡玉極	山 イ貫報 牽龍司 南車貴	地 イ石馳 調玉禄 将牽極	鉄 イ龍極 玉車調 恍禄馳	宝 イ玉貴 禄牽鳳 堂司報
3月	花 ウ司胡 車石龍 馳石将	陽 ウ鳳報 鳳龍牽 庫龍貴	灯 ウ調馳 牽玉車 報玉極	山 ウ貫報 司車司 報車貴	地 ウ石馳 貫牽禄 庫牽極	鉄 ウ龍極 龍司調 馳司報	宝 ウ玉貴 禄禄鳳 馳禄馳	海 ウ車将 調調石 庫調極	雨 ウ牽禄 牽鳳貫 報鳳貴	樹 タ禄恍 司石玉 極石将	花 タ司胡 鳳貫龍 印貫禄	陽 タ鳳報 鳳玉牽 胡玉恍	灯 タ調馳 禄龍車 貴龍胡	山 タ貫報 調牽司 庫牽恍	地 タ石馳 牽車禄 報車胡	鉄 タ龍極 調司調 極司報
4月	陽 ネ鳳報 鳳玉牽 南玉恍	灯 ネ調馳 石龍車 将龍胡	山 ネ貫報 玉牽司 将牽恍	地 ネ石馳 貫車禄 南車胡	鉄 ネ龍極 龍司調 禄車印	宝 ネ玉貴 貫禄鳳 禄牽庫	海 ネ車将 玉調石 南禄庫	雨 ネ牽禄 調鳳貫 将司印	樹 イ禄恍 玉石玉 恍鳳堂	花 イ司胡 龍貫龍 堂調南	陽 イ鳳報 鳳玉牽 貴貫南	灯 イ調馳 龍龍車 胡石堂	山 イ貫報 牽牽司 南龍南	地 イ石馳 調車禄 将玉堂	鉄 イ龍極 玉調調 恍車印	宝 イ玉貴 禄鳳鳳 堂牽庫
5月	陽 ウ鳳報 鳳鳳牽 庫貫南	灯 ウ調馳 牽調車 報石堂	山 ウ貫報 司貫司 報龍南	地 ウ石馳 貫石禄 庫玉堂	鉄 ウ龍極 龍龍調 馳牽貴	宝 ウ玉貴 禄玉鳳 馳車極	海 ウ車将 調車石 庫司馳	雨 ウ牽禄 牽牽貫 報禄報	樹 タ禄恍 司禄玉 極調胡	花 タ司胡 鳳司龍 印鳳恍	陽 タ鳳報 鳳禄牽 胡石禄	灯 タ調馳 禄司車 貴貫将	山 タ貫報 調鳳司 庫玉禄	地 タ石馳 牽調禄 報龍将	鉄 タ龍極 調貫調 極牽貴	宝 タ玉貴 貫石鳳 印車極
6月	灯 ネ調馳 石石車 将貫将	山 ネ貫報 玉龍司 将玉禄	地 ネ石馳 貫玉禄 南龍将	鉄 ネ龍極 貫車調 禄牽貴	宝 ネ玉貴 貫牽鳳 禄車極	海 ネ車将 玉牽石 南車報	雨 ネ牽禄 調車貫 将牽馳	樹 イ禄恍 玉司玉 恍禄極	花 イ司胡 龍禄龍 堂司貴	陽 イ鳳報 鳳調牽 貴鳳将	灯 イ調馳 龍鳳車 胡調禄	山 イ貫報 牽石司 南貫将	地 イ石馳 調貫禄 将石禄	鉄 イ龍極 玉玉調 恍龍恍	宝 イ玉貴 車龍鳳 堂玉胡	海 イ車将 車牽石 貴車報
7月	灯 ウ調馳 牽貫車 報調禄	山 ウ貫報 司玉司 報貫将	地 ウ石馳 貫龍禄 庫石禄	鉄 ウ龍極 禄牽調 馳龍恍	宝 ウ玉貴 禄車鳳 馳玉胡	海 ウ車将 車司石 庫車報	雨 ウ牽禄 牽禄貫 報車庫	樹 タ禄恍 司調玉 極司庫	花 タ司胡 鳳鳳龍 印禄印	陽 タ鳳報 鳳石牽 胡調堂	灯 タ調馳 禄貫車 貴鳳南	山 タ貫報 調玉司 庫石堂	地 タ石馳 牽龍禄 報貫南	鉄 タ龍極 調牽調 極玉南	宝 タ玉貴 鳳車鳳 印龍堂	海 タ車将 禄司石 胡牽印
8月	山 ネ貫報 玉石司 将石堂	地 ネ石馳 貫貫禄 南貫南	鉄 ネ龍極 貫玉調 禄玉南	宝 ネ玉貴 貫龍鳳 禄龍堂	海 ネ車将 車牽石 南牽印	雨 ネ牽禄 石車貫 将車庫	樹 イ禄恍 玉司玉 恍司庫	花 イ司胡 龍司龍 堂牽報	陽 イ鳳報 鳳鳳牽 貴禄胡	灯 イ調馳 龍調車 胡司恍	山 イ貫報 牽貫司 南鳳胡	地 イ石馳 石石禄 将調恍	鉄 イ龍極 玉龍調 恍貫禄	宝 イ玉貴 車玉鳳 堂石将	海 イ車将 車車石 貴龍貴	雨 イ牽禄 龍牽貫 胡玉極
9月	地 ウ石馳 貫調禄 庫調恍	鉄 ウ龍極 禄貫調 馳貫禄	宝 ウ玉貴 禄石鳳 馳石将	海 ウ車将 車龍石 庫龍貴	雨 ウ牽禄 司玉貫 報玉極	樹 タ禄恍 調車玉 極車馳	花 タ司胡 禄牽龍 印牽報	陽 タ鳳報 鳳司牽 胡司極	灯 タ調馳 禄禄車 貴禄貴	山 タ貫報 調調司 庫調極	地 タ石馳 牽鳳禄 報鳳貴	鉄 タ龍極 調石調 極石将	宝 タ玉貴 鳳貫鳳 印貫禄	海 タ車将 車玉石 胡玉恍	雨 タ牽禄 鳳龍貫 貴龍胡	樹 ト禄恍 石牽玉 堂牽報
10月	地 ネ石馳 貫鳳禄 南鳳貴	鉄 ネ龍極 貫石調 禄石将	宝 ネ玉貴 貫貫鳳 禄貫禄	海 ネ車将 車玉石 南玉恍	雨 ネ牽禄 石龍貫 将龍胡	樹 イ禄恍 玉牽玉 恍牽報	花 イ司胡 禄車龍 堂車馳	陽 イ鳳報 鳳司牽 貴車庫	灯 イ調馳 龍禄車 胡牽印	山 イ貫報 牽調司 南禄庫	地 イ石馳 石鳳禄 将司印	鉄 イ龍極 玉石調 恍鳳堂	宝 イ玉貴 車貫鳳 堂調南	海 イ車将 車玉石 貴貫南	雨 イ牽禄 龍龍貫 胡石堂	樹 サ禄恍 牽牽玉 印龍印
11月	鉄 ウ龍極 禄龍調 馳鳳堂	宝 ウ玉貴 禄玉鳳 馳調南	海 ウ車将 車車石 庫貫南	雨 ウ牽禄 司牽貫 報石堂	樹 タ禄恍 調禄玉 極龍印	花 タ司胡 禄司龍 印玉庫	陽 タ鳳報 鳳龍牽 胡牽馳	灯 タ調馳 禄玉車 貴車報	山 タ貫報 調車司 庫司馳	地 タ石馳 牽牽禄 報禄報	鉄 タ龍極 調禄調 極調胡	宝 タ玉貴 鳳司鳳 印鳳恍	海 タ車将 車鳳石 胡石禄	雨 タ牽禄 鳳調貫 貴貫将	樹 ト禄恍 石貫玉 堂玉貴	花 ト司胡 牽石龍 恍龍極
12月	鉄 ネ龍極 貫鳳調 禄調胡	宝 ネ玉貴 貫調鳳 禄鳳恍	海 ネ車将 車貫石 南石禄	雨 ネ牽禄 石石貫 将貫将	樹 イ禄恍 玉龍玉 恍玉貴	花 イ司胡 禄玉龍 堂龍極	陽 イ鳳報 鳳牽牽 貴龍報	灯 イ調馳 龍車車 胡玉馳	山 イ貫報 牽司司 南車報	地 イ石馳 石禄禄 将牽馳	鉄 イ龍極 玉調調 恍禄極	宝 イ玉貴 車鳳鳳 堂司貴	海 イ車将 車石石 貴鳳将	雨 イ牽禄 龍貫貫 胡調禄	樹 サ禄恍 牽玉玉 印貫恍	花 サ司胡 石龍龍 極石胡

	17日	18日	19日	20日	21日	22日	23日	24日	25日	26日	27日	28日	29日	30日	31日
1月	宝 タ車恍 貫貫司 印鳳印	海 タ司禄 禄玉鳳 胡石堂	雨 タ禄将 鳳車石 貴貫南	樹 ト調貴 禄司龍 堂玉南	花 ト鳳極 調禄玉 恍龍堂	陽 ト石馳 調調車 将牽印	灯 ト貫報 鳳鳳牽 南車庫	山 ト玉馳 鳳石禄 胡司印	地 ト龍報 鳳貫司 貴禄庫	鉄 ト牽胡 龍玉鳳 堂調庫	宝 ト車恍 調龍調 恍鳳印	海 ト司禄 石牽貫 将石堂	雨 ト禄将 車車石 南貫南	樹 ネ調貴 貫司龍 禄玉南	花 ネ鳳極 貫禄玉 禄龍堂
2月	海 イ車将 貫禄石 貴鳳胡	雨 イ牽禄 龍司貫 胡調恍	樹 サ禄恍 禄鳳玉 印貫禄	花 サ司胡 玉石龍 極石将	陽 サ鳳報 牽龍牽 報龍貴	灯 サ調馳 鳳玉車 庫玉極	山 サ貫報 車車司 貴車貴	地 サ石馳 車牽禄 胡牽極	鉄 サ龍極 龍禄調 印禄馳	宝 サ玉貴 牽司鳳 極司報	海 サ車将 司鳳石 報鳳胡	雨 サ牽禄 車調貫 庫調恍	樹 ウ禄恍 車貫玉 馳貫禄		
3月	宝 タ玉貴 貫禄鳳 印禄馳	海 タ車将 禄調石 胡調極	雨 タ牽禄 鳳鳳貫 貴鳳貴	樹 ト禄恍 禄石玉 堂石将	花 ト司胡 調貫龍 恍貫禄	陽 ト鳳報 調玉牽 将玉恍	灯 ト調馳 鳳龍車 南龍胡	山 ト貫報 鳳牽司 胡牽恍	地 ト石馳 鳳車禄 貴車胡	鉄 ト龍極 龍司調 堂司報	宝 ト玉貴 調禄鳳 恍禄馳	海 ト車将 石調石 将調極	雨 ト牽禄 車鳳貫 南鳳貴	樹 ネ禄恍 貫石玉 禄石将	花 ネ司胡 貫貫龍 禄貫禄
4月	海 イ車将 貫石石 貴禄庫	雨 イ牽禄 龍牽貫 胡司印	樹 サ禄恍 禄禄玉 印鳳堂	花 サ司胡 玉司龍 極調南	陽 サ鳳報 牽鳳牽 報貫南	灯 サ調馳 鳳調車 庫石堂	山 サ貫報 車貫司 貴龍南	地 サ石馳 車石禄 胡玉堂	鉄 サ龍極 龍龍調 印車印	宝 サ玉貴 牽玉鳳 極牽庫	海 サ車将 司車石 報禄庫	雨 サ牽禄 車牽貫 庫司印	樹 ウ禄恍 車禄玉 馳鳳堂	花 ウ司胡 車司龍 馳調南	
5月	海 タ車将 禄龍石 胡司馳	雨 タ牽禄 鳳玉貫 貴禄報	樹 ト禄恍 禄車玉 堂調胡	花 ト司胡 調調龍 恍鳳恍	陽 ト鳳報 調貫牽 将石禄	灯 ト調馳 鳳石車 南貫将	山 ト貫報 鳳龍司 胡玉禄	地 ト石馳 鳳玉禄 貴龍将	鉄 ト龍極 龍車調 堂牽貴	宝 ト玉貴 調牽鳳 恍車極	海 ト車将 石禄石 将司馳	雨 ト牽禄 車司貫 南禄報	樹 ネ禄恍 貫鳳玉 禄調胡	花 ネ司胡 貫調龍 禄鳳恍	陽 ネ鳳報 鳳貫牽 南石禄
6月	雨 イ牽禄 龍車貫 胡牽馳	樹 サ禄恍 調司玉 印禄極	花 サ司胡 玉禄龍 極司貴	陽 サ鳳報 牽調牽 報鳳将	灯 サ調馳 鳳鳳車 庫調禄	山 サ貫報 車石司 貴貫将	地 サ石馳 車貫禄 胡石禄	鉄 サ龍極 龍玉調 印龍恍	宝 サ玉貴 牽龍鳳 極玉胡	海 サ車将 司司石 報車報	雨 サ牽禄 車禄貫 庫牽馳	樹 ウ禄恍 車調玉 馳禄極	花 ウ司胡 車鳳龍 馳司貴	陽 ウ鳳報 鳳石牽 庫鳳将	
7月	雨 タ牽禄 鳳鳳貫 貴車庫	樹 ト禄恍 玉石玉 堂司庫	花 ト司胡 牽貫龍 恍禄印	陽 ト鳳報 調調牽 将調堂	灯 ト調馳 鳳鳳車 南鳳南	山 ト貫報 鳳石司 胡石堂	地 ト石馳 鳳貫禄 貴貫南	鉄 ト龍極 龍玉調 堂玉南	宝 ト玉貴 調龍鳳 恍龍堂	海 ト車将 石牽石 将牽印	雨 ト牽禄 車車貫 南車庫	樹 ネ禄恍 貫司玉 禄司庫	花 ネ司胡 貫禄龍 禄禄印	陽 ネ鳳報 鳳調牽 南調堂	灯 ネ調馳 石鳳車 将鳳南
8月	樹 サ禄恍 牽禄玉 印車馳	花 サ司胡 石司龍 極牽報	陽 サ鳳報 牽車牽 報禄胡	灯 サ調馳 禄牽車 庫司恍	山 サ貫報 龍禄司 貴鳳胡	地 サ石馳 車調禄 胡調恍	鉄 サ龍極 龍貫調 印貫禄	宝 サ玉貴 牽石鳳 極石将	海 サ車将 牽龍石 報龍貴	雨 サ牽禄 車玉貫 庫玉極	樹 ウ禄恍 車車玉 馳車馳	花 ウ司胡 車牽龍 馳牽報	陽 ウ鳳報 鳳禄牽 庫禄胡	灯 ウ調馳 牽司車 報司恍	山 ウ貫報 司鳳司 報鳳胡
9月	花 ト司胡 牽車龍 恍車馳	陽 ト鳳報 調司牽 将司極	灯 ト調馳 龍禄車 南禄貴	山 ト貫報 禄調司 胡調極	地 ト石馳 鳳鳳禄 貴鳳貴	鉄 ト龍極 龍石調 堂石将	宝 ト玉貴 調貫鳳 恍貫禄	海 ト車将 石玉石 将玉恍	雨 ト牽禄 車龍貫 南龍胡	樹 ネ禄恍 貫牽玉 禄牽報	花 ネ司胡 貫車龍 禄車馳	陽 ネ鳳報 鳳司牽 南司極	灯 ネ調馳 石禄車 将禄貴	山 ネ貫報 玉調司 将調極	
10月	花 サ司胡 石車龍 極玉庫	陽 サ鳳報 牽石牽 報車庫	灯 サ調馳 禄貫車 庫牽印	山 サ貫報 龍玉司 貴禄庫	地 サ石馳 車石禄 胡司印	鉄 サ龍極 龍龍調 印鳳堂	宝 サ玉貴 牽玉鳳 極調南	海 サ車将 牽車石 報貫南	雨 サ牽禄 車牽貫 庫石堂	樹 ウ禄恍 車禄玉 馳龍印	花 ウ司胡 車司龍 馳玉庫	陽 ウ鳳報 鳳鳳牽 庫車庫	灯 ウ調馳 牽調車 報牽印	山 ウ貫報 司貫司 報禄庫	地 ウ石馳 貫石禄 庫司印
11月	陽 ト鳳報 調龍牽 将牽馳	灯 ト調馳 龍玉車 南車報	山 ト貫報 禄車司 胡司馳	地 ト石馳 鳳司禄 貴禄報	鉄 ト龍極 龍鳳調 堂調胡	宝 ト玉貴 調調鳳 恍鳳恍	海 ト車将 石貫石 将石禄	雨 ト牽禄 車石貫 南貫将	樹 ネ禄恍 貫龍玉 禄玉貴	花 ネ司胡 貫玉龍 禄龍極	陽 ネ鳳報 鳳車牽 南牽馳	灯 ネ調馳 石牽車 将車報	山 ネ貫報 玉禄司 将司馳	地 ネ石馳 貫司禄 南禄報	
12月	陽 サ鳳報 牽牽牽 報龍報	灯 サ調馳 禄車車 庫玉馳	山 サ貫報 龍司司 貴車報	地 サ石馳 車禄禄 胡牽馳	鉄 サ龍極 龍調調 印禄極	宝 サ玉貴 牽鳳鳳 極司貴	海 サ車将 牽石石 報鳳将	雨 サ牽禄 車貫貫 庫調禄	樹 ウ禄恍 車玉玉 馳貫恍	花 ウ司胡 車龍龍 馳石胡	陽 ウ鳳報 鳳牽牽 庫龍報	灯 ウ調馳 牽車車 報玉馳	山 ウ貫報 司司司 報車報	地 ウ石馳 貫禄禄 庫牽馳	鉄 ウ龍極 禄調調 馳禄極

1949年（昭和24年）

1949年(昭和24年)

	1日	2日	3日	4日	5日	6日	7日	8日	9日	10日	11日	12日	13日	14日	15日	16日
1月	宝 ウ玉貴 禄鳳鳳 馳司貴	海 ウ車将 車石石 庫鳳将	雨 ウ牽禄 司貫貫 報調禄	樹 タ禄恍 調玉玉 極貫恍	花 タ司胡 禄龍龍 印石胡	陽 タ鳳報 鳳牽牽 胡玉印	灯 タ調馳 禄車車 貴龍庫	山 タ貫報 調司司 庫牽印	地 タ石馳 牽禄禄 報車庫	鉄 タ龍極 調調調 極司庫	宝 タ玉貴 鳳鳳鳳 印禄印	海 タ車将 車石石 胡調堂	雨 タ牽禄 鳳貫貫 貴鳳南	樹 ト禄恍 石玉玉 堂石南	花 ト司胡 牽龍龍 恍貫堂	陽 ト鳳報 調司牽 将玉印
2月	海 ネ車将 車牽石 南調堂	雨 ネ牽禄 石車貫 将鳳南	樹 イ禄恍 玉司玉 恍石南	花 イ禄堂 龍司龍 堂調将	陽 イ調印 鳳鳳牽 貴貫貴	灯 イ鳳庫 龍調車 胡石極	山 イ石印 牽貫司 南龍貴	地 イ貫庫 石石禄 将玉極	鉄 イ玉庫 玉龍調 恍車馳	宝 イ龍印 車玉鳳 堂牽報	海 イ牽堂 車車石 貴禄胡	雨 イ車南 龍司貫 胡司恍	樹 サ司南 牽鳳玉 印鳳禄	花 サ禄堂 石調車 極調将	陽 サ調印 牽貫司 報貫貴	灯 サ鳳庫 禄石禄 庫石極
3月	鉄 ウ玉庫 禄禄玉 馳車馳	宝 ウ龍印 禄司龍 馳牽報	海 ウ牽堂 車鳳牽 庫禄胡	雨 ウ車南 司調車 報司恍	樹 タ司南 調貫司 極鳳禄	花 タ禄堂 鳳貫龍 印鳳禄	陽 タ調印 鳳玉牽 胡石恍	灯 タ鳳庫 禄龍車 貴貫胡	山 タ石印 調牽司 庫玉恍	地 タ貫庫 牽車禄 報龍胡	鉄 タ玉庫 調司調 極牽報	宝 タ龍印 鳳禄鳳 印車馳	海 タ牽堂 車調石 胡司極	雨 タ車南 鳳鳳貫 貴禄貴	樹 ト司南 石石玉 堂調将	花 ト禄堂 牽貫車 恍鳳禄
4月	宝 ネ龍印 貫禄龍 禄車馳	海 ネ牽堂 車調牽 南司極	雨 ネ車南 石鳳車 将禄貴	樹 イ司南 玉石司 恍調将	花 イ禄堂 龍貫龍 堂司南	陽 イ調印 鳳玉牽 貴鳳南	灯 イ鳳庫 龍龍車 胡調堂	山 イ石印 牽牽司 南貫南	地 イ貫庫 石車禄 将石堂	鉄 イ玉庫 玉司調 恍龍印	宝 イ龍印 車禄鳳 堂玉庫	海 イ牽堂 車調石 貴車庫	雨 イ車南 龍鳳貫 胡牽印	樹 サ司南 牽石玉 印禄堂	花 サ禄堂 石龍車 極司南	陽 サ調印 牽牽司 報鳳南
5月	宝 ウ龍印 禄玉龍 馳玉庫	海 ウ牽堂 車車牽 庫車庫	雨 ウ車南 司牽車 報牽印	樹 タ司南 調禄司 極禄堂	花 タ禄堂 禄司禄 印司南	陽 タ調印 鳳鳳牽 胡調禄	灯 タ鳳庫 禄調車 貴鳳将	山 タ石印 調貫司 庫石禄	地 タ貫庫 牽石禄 報貫将	鉄 タ玉庫 調龍調 極玉貴	宝 タ龍印 鳳玉鳳 印龍極	海 タ牽堂 車龍石 胡牽馳	雨 タ車南 鳳玉貫 貴車報	樹 ト司南 石車玉 堂司胡	花 ト禄堂 牽牽龍 恍禄恍	陽 ト調印 調禄司 将調禄
6月	海 ネ牽堂 車禄牽 南牽馳	雨 ネ車南 石司車 将車報	樹 イ司南 玉鳳司 恍司胡	花 イ禄堂 禄調禄 堂禄恍	陽 イ調印 龍貫調 貴調禄	灯 イ鳳庫 龍鳳車 胡司禄	山 イ石印 牽石司 南鳳将	地 イ貫庫 石貫禄 将調禄	鉄 イ玉庫 玉玉調 恍貫恍	宝 イ龍印 車龍鳳 堂石胡	海 イ牽堂 車牽石 貴龍報	雨 イ車南 龍車貫 胡玉馳	樹 サ司南 牽司玉 印車極	花 サ禄堂 石禄龍 極牽貴	陽 サ調印 牽調牽 報禄将	灯 サ鳳庫 禄鳳禄 庫司禄
7月	海 ウ牽堂 車司牽 庫龍報	雨 ウ車南 司禄車 報玉馳	樹 タ司南 調調司 極車極	花 タ禄堂 禄鳳禄 印牽貴	陽 タ調印 禄石調 胡禄将	灯 タ鳳庫 禄貫鳳 貴司禄	山 タ石印 調玉司 庫調堂	地 タ貫庫 牽龍禄 報鳳南	鉄 タ玉庫 調牽調 極石南	宝 タ龍印 鳳車鳳 印貫堂	海 タ牽堂 車司石 胡玉印	雨 タ車南 鳳禄貫 貴龍庫	樹 ト司南 石調玉 堂牽庫	花 ト禄堂 牽鳳龍 恍車印	陽 ト調印 調石牽 将司堂	灯 ト鳳庫 貫貫車 南禄南
8月	雨 ネ車南 石車車 将龍庫	樹 イ司南 玉司司 恍牽庫	花 イ禄堂 禄禄禄 堂車印	陽 イ調印 龍調調 貴司堂	灯 イ鳳庫 龍鳳鳳 胡禄南	山 イ石印 貫石石 南調堂	地 イ貫庫 玉貫貫 将鳳南	鉄 イ玉庫 玉龍調 恍鳳禄	宝 イ龍印 車玉鳳 堂調将	海 イ牽堂 車車石 貴貫貴	雨 イ車南 龍牽貫 胡石極	樹 サ司南 牽禄玉 印龍馳	花 サ禄堂 石司龍 極玉報	陽 サ調印 牽鳳牽 報車胡	灯 サ鳳庫 車調車 庫牽恍	山 サ石印 龍貫司 貴禄胡
9月	樹 タ司南 調車司 極龍馳	花 タ禄堂 禄牽禄 印玉報	陽 タ調印 禄禄調 胡車胡	灯 タ鳳庫 禄司鳳 貴牽恍	山 タ石印 貫鳳石 庫禄胡	地 タ貫庫 司調貫 報司恍	鉄 タ玉庫 調貫玉 極鳳禄	宝 タ龍印 鳳貫鳳 印鳳禄	海 タ牽堂 車玉石 胡石恍	雨 タ車南 鳳龍貫 貴貫胡	樹 ト司南 石牽玉 堂玉報	花 ト禄堂 司車龍 恍龍馳	陽 ト調印 調司牽 将牽極	灯 ト鳳庫 貫禄車 南車貴	山 ト石印 貫調司 胡司極	地 ト貫庫 鳳鳳禄 貴禄貴
10月	樹 イ司南 玉牽司 恍玉報	花 イ禄堂 禄車禄 堂龍馳	陽 イ調印 龍司調 貴牽極	灯 イ鳳庫 龍禄鳳 胡車貴	山 イ石印 貫調石 南司極	地 イ貫庫 玉鳳貫 将禄貴	鉄 イ玉庫 牽石玉 恍調将	宝 イ龍印 龍貫龍 堂鳳禄	海 イ牽堂 車玉石 貴鳳南	雨 イ車南 龍龍貫 胡調堂	樹 サ司南 牽牽玉 印貫印	花 サ禄堂 石車龍 極石庫	陽 サ調印 牽司牽 報龍庫	灯 サ鳳庫 車禄車 庫玉印	山 サ石印 貫調司 貴車庫	地 サ貫庫 車鳳禄 胡牽印
11月	花 タ禄堂 禄司禄 印石庫	陽 タ調印 禄鳳調 胡龍庫	灯 タ鳳庫 禄調鳳 貴玉印	山 タ石印 貫貫石 庫車庫	地 タ貫庫 司石貫 報牽印	鉄 タ玉庫 調龍玉 極禄堂	宝 タ龍印 龍玉龍 印司南	海 タ牽堂 車鳳石 胡調禄	雨 タ車南 鳳調貫 貴鳳将	樹 ト司南 石貫玉 堂石貴	花 ト禄堂 司石龍 恍貫極	陽 ト調印 調龍牽 将玉馳	灯 ト鳳庫 貫玉車 南龍報	山 ト石印 貫車司 胡牽馳	地 ト貫庫 鳳牽禄 貴車報	鉄 ト玉庫 石禄調 堂司胡
12月	花 イ禄堂 禄玉禄 堂貫極	陽 イ調印 龍車調 貴玉馳	灯 イ鳳庫 龍牽鳳 胡龍報	山 イ石印 貫禄石 南牽馳	地 イ貫庫 玉司貫 将車報	鉄 イ玉庫 牽鳳玉 恍司胡	宝 イ龍印 車鳳鳳 堂牽貴	海 イ牽堂 車石石 貴禄将	雨 イ車南 龍貫貫 胡司禄	樹 サ司南 牽玉玉 印鳳恍	花 サ禄堂 石龍龍 極調胡	陽 サ調印 牽牽牽 報貫報	灯 サ鳳庫 車車車 庫石馳	山 サ石印 貫司司 貴龍報	地 サ貫庫 車禄禄 胡玉馳	鉄 サ玉庫 司調調 印車極

	17日	18日	19日	20日	21日	22日	23日	24日	25日	26日	27日	28日	29日	30日	31日
1月	灯 ト調馳 龍禄車 南龍庫	山 ト貫報 禄調司 胡牽印	地 ト石馳 鳳貫禄 貴車庫	鉄 ト龍極 龍玉調 堂司庫	宝 ト玉貴 調龍鳳 恍禄印	海 ト車将 石牽石 将調堂	雨 ト牽禄 車車貫 南鳳南	樹 ネ禄恍 貫司玉 禄石南	花 ネ司胡 貫禄龍 禄貫堂	陽 ネ鳳報 鳳調牽 南玉印	灯 ネ調馳 石鳳車 将龍庫	山 ネ貫報 玉石司 将牽印	地 ネ石馳 貫貫禄 南車庫	鉄 ネ龍極 貫玉調 禄司庫	宝 ネ玉貴 貫龍鳳 禄禄印
2月	山 サ石印 龍龍石 貴龍貴	地 サ貫庫 車玉貫 胡玉極	鉄 サ玉庫 龍禄玉 印車馳	宝 サ龍印 牽司龍 極牽報	海 サ牽堂 牽鳳牽 報禄胡	雨 サ車南 車調車 庫司恍	樹 ウ司南 車貫司 馳鳳禄	花 ウ禄堂 車石禄 馳調将	陽 ウ調印 鳳龍調 庫貫貴	灯 ウ鳳庫 牽玉鳳 報石極	山 ウ石印 司車石 報龍貴	地 ウ貫庫 貫牽貫 庫玉極			
3月	陽 ト調印 調玉司 将石恍	灯 ト鳳庫 龍龍禄 南貫胡	山 ト石印 禄牽石 胡玉恍	地 ト貫庫 鳳車貫 貴龍胡	鉄 ト玉庫 龍司玉 堂牽報	宝 ト龍印 調禄龍 恍車馳	海 ト牽堂 石調牽 将司極	雨 ト車南 車鳳車 南禄貴	樹 ネ司南 貫石司 禄調将	花 ネ禄堂 貫貫禄 禄鳳禄	陽 ネ調印 鳳玉調 南石恍	灯 ネ鳳庫 石龍鳳 将貫胡	山 ネ石印 玉牽石 将玉恍	地 ネ貫庫 貫車貫 南龍胡	鉄 ネ玉庫 貫司玉 禄牽報
4月	灯 サ鳳庫 禄車禄 庫調堂	山 サ石印 龍貫石 貴貫南	地 サ貫庫 車石貫 胡石堂	鉄 サ玉庫 龍龍玉 印龍印	宝 サ龍印 牽玉龍 極玉庫	海 サ牽堂 牽車牽 報車庫	雨 サ車南 車牽車 庫牽印	樹 ウ司南 車禄司 馳禄堂	花 ウ禄堂 車司禄 馳司南	陽 ウ調印 鳳鳳調 庫鳳南	灯 ウ鳳庫 牽調鳳 報調堂	山 ウ石印 司貫石 報貫南	地 ウ貫庫 貫石貫 庫石堂	鉄 ウ玉庫 禄龍玉 馳龍印	
5月	灯 ト鳳庫 龍司禄 南鳳将	山 ト石印 禄鳳調 胡石禄	地 ト貫庫 鳳調貫 貴貫将	鉄 ト玉庫 龍貫玉 堂玉貴	宝 ト龍印 調牽龍 恍龍極	海 ト牽堂 石禄牽 将牽馳	雨 ト車南 車司車 南車報	樹 ネ司南 貫鳳司 禄司胡	花 ネ禄堂 貫調禄 禄禄恍	陽 ネ調印 鳳貫調 南調禄	灯 ネ鳳庫 石石鳳 将鳳将	山 ネ石印 玉龍石 将石禄	地 ネ貫庫 貫玉貫 南貫将	鉄 ネ玉庫 貫車玉 禄玉貴	宝 ネ龍印 貫牽龍 禄龍極
6月	山 サ石印 龍石調 貴鳳将	地 サ貫庫 車貫鳳 胡調禄	鉄 サ玉庫 龍玉玉 印貫恍	宝 サ龍印 石龍龍 極石胡	海 サ牽堂 牽牽牽 報龍報	雨 サ車南 車車車 庫玉馳	樹 ウ司南 車司司 馳車極	花 ウ禄堂 車禄禄 馳牽貴	陽 ウ調印 鳳調調 庫禄将	灯 ウ鳳庫 牽貫鳳 報司禄	山 ウ石印 司玉石 報鳳将	地 ウ貫庫 貫龍貫 庫調禄	鉄 ウ玉庫 禄牽玉 馳貫恍	宝 ウ龍印 禄車龍 馳石胡	
7月	山 ト石印 貫牽調 胡調堂	地 ト貫庫 鳳車鳳 貴鳳南	鉄 ト玉庫 牽司石 堂石南	宝 ト龍印 調龍龍 恍貫堂	海 ト牽堂 石牽牽 将玉印	雨 ト車南 車車車 南龍庫	樹 ネ司南 貫司司 禄牽庫	花 ネ禄堂 貫禄禄 禄車印	陽 ネ調印 鳳調調 南司堂	灯 ネ鳳庫 石鳳鳳 将禄南	山 ネ石印 玉石石 将調堂	地 ネ貫庫 貫貫貫 南鳳南	鉄 ネ玉庫 貫玉玉 禄石南	宝 ネ龍印 貫龍龍 禄貫堂	海 ネ牽堂 車牽牽 南玉印
8月	地 サ貫庫 車石禄 胡司恍	鉄 サ玉庫 調龍石 印鳳禄	宝 サ龍印 石調貫 極調将	海 サ牽堂 牽貫玉 報貫貴	雨 サ車南 車石車 庫石極	樹 ウ司南 車車司 馳龍馳	花 ウ禄堂 車牽禄 馳玉報	陽 ウ調印 鳳禄調 庫車胡	灯 ウ鳳庫 牽司鳳 報牽恍	山 ウ石印 司鳳石 報禄胡	地 ウ貫庫 貫調貫 庫司恍	鉄 ウ玉庫 禄貫玉 馳鳳禄	宝 ウ龍印 禄石龍 馳調将	海 ウ牽堂 車龍牽 庫貫貴	雨 ウ車南 司玉車 報石極
9月	鉄 ト玉庫 石石調 堂調将	宝 ト龍印 司貫貫 恍鳳禄	海 ト牽堂 石玉玉 将石恍	雨 ト車南 龍龍龍 南貫胡	樹 ネ司南 鳳牽司 禄玉報	花 ネ禄堂 貫車禄 禄龍馳	陽 ネ調印 鳳司調 南牽極	灯 ネ鳳庫 石禄鳳 将車貴	山 ネ石印 石調石 将司極	地 ネ貫庫 貫鳳貫 南禄貴	鉄 ネ玉庫 貫石玉 禄調将	宝 ネ龍印 貫貫龍 禄鳳禄	海 ネ牽堂 車玉牽 南石恍	雨 ネ車南 石龍車 将貫胡	
10月	鉄 サ玉庫 司石調 印禄堂	宝 サ龍印 石貫鳳 極司南	海 サ牽堂 牽司玉 報鳳南	雨 サ車南 鳳禄龍 庫調堂	樹 ウ司南 龍調牽 馳貫印	花 ウ禄堂 車司禄 馳石庫	陽 ウ調印 鳳鳳調 庫龍庫	灯 ウ鳳庫 牽調鳳 報玉印	山 ウ石印 司貫石 報車庫	地 ウ貫庫 貫石貫 庫牽印	鉄 ウ玉庫 禄龍玉 馳禄堂	宝 ウ龍印 禄玉龍 馳司南	海 ウ牽堂 車車牽 庫鳳南	雨 ウ車南 司牽車 報調堂	樹 タ司南 調禄司 極貫印
11月	宝 ト龍印 司司鳳 恍禄恍	海 ト牽堂 石鳳玉 将調禄	雨 ト車南 龍調龍 南鳳将	樹 ネ司南 鳳貫牽 禄石貴	花 ネ禄堂 貫玉禄 禄貫極	陽 ネ調印 鳳車調 南玉馳	灯 ネ鳳庫 石牽鳳 将龍報	山 ネ石印 石禄石 将牽馳	地 ネ貫庫 貫司貫 南車報	鉄 ネ玉庫 貫鳳玉 禄司胡	宝 ネ龍印 貫調龍 禄禄恍	海 ネ牽堂 車貫牽 南調禄	雨 ネ車南 石石車 将鳳将	樹 イ司南 玉龍司 恍石貴	
12月	宝 サ龍印 石鳳貫 極牽貴	海 サ牽堂 牽石玉 報禄将	雨 サ車南 鳳貫龍 庫司禄	樹 ウ司南 龍玉司 馳鳳恍	花 ウ禄堂 車龍禄 馳調胡	陽 ウ調印 鳳牽調 庫貫報	灯 ウ鳳庫 牽車鳳 報石馳	山 ウ石印 司司石 報龍報	地 ウ貫庫 貫禄貫 庫玉馳	鉄 ウ玉庫 禄調玉 馳車極	宝 ウ龍印 禄鳳龍 馳牽貴	海 ウ牽堂 車石牽 庫禄将	雨 ウ車南 司貫車 報司禄	樹 タ司南 調玉司 極鳳恍	花 タ禄堂 禄龍禄 印調胡

1950年(昭和25年)	1日	2日	3日	4日	5日	6日	7日	8日	9日	10日	11日	12日	13日	14日	15日	16日	17日	18日	19日	20日	21日	22日	23日	24日	25日	26日	27日	28日	29日	30日	31日
1月	陽 夕調印 禄牽調 胡貫報	灯 夕鳳庫 禄車鳳 貴石馳	山 夕石印 貫司石 庫龍報	地 夕貫庫 司禄貫 報玉馳	鉄 夕玉庫 調調玉 極車極	宝 夕龍印 鳳鳳鳳 印車印	海 夕牽堂 車石石 胡司堂	雨 夕車南 鳳貫貫 貴禄南	樹 ト司南 石玉玉 堂調南	花 ト禄堂 司龍龍 恍鳳堂	陽 ト調印 調牽牽 将石印	灯 ト鳳庫 貫車車 南貫庫	山 ト石印 貫司司 胡玉印	地 ト貫庫 鳳禄禄 貴龍庫	鉄 ト玉庫 石調調 堂牽庫	宝 ト龍印 司貫貫 恍車印	海 ト牽堂 石玉玉 将司堂	雨 ト車南 龍龍龍 南禄南	樹 ネ司南 鳳司司 禄調南	花 ネ禄堂 貫禄禄 禄鳳堂	陽 ネ調印 鳳調調 南石印	灯 ネ鳳庫 石鳳鳳 将貫庫	山 ネ石印 石石石 将玉印	地 ネ貫庫 貫貫貫 南龍庫	鉄 ネ玉庫 貫玉玉 禄牽庫	宝 ネ龍印 貫龍龍 禄車印	海 ネ牽堂 車牽牽 南司堂	雨 ネ車南 石車車 将禄南	樹 イ司南 玉司司 恍調南	花 イ禄堂 禄禄禄 堂鳳堂	陽 イ調印 龍調調 貴石印
2月	灯 イ鳳庫 龍鳳鳳 胡貫庫	山 イ石印 貫石石 南玉印	地 イ貫庫 玉貫貫 将龍庫	鉄 イ貫馳 玉龍龍 恍龍馳	宝 イ石報 車玉玉 堂玉報	海 イ龍胡 車車車 貴車胡	雨 イ玉恍 龍牽牽 胡牽恍	樹 サ車禄 牽禄禄 印禄禄	花 サ牽将 石司司 極司将	陽 サ禄貴 牽鳳鳳 報鳳貴	灯 サ司極 車調調 庫調極	山 サ鳳貴 龍龍龍 貴貫貴	地 サ調極 車玉玉 胡石極	鉄 サ貫馳 調車車 印龍馳	宝 サ石報 石牽牽 極玉報	海 サ龍胡 牽禄禄 報車胡	雨 サ玉恍 車司司 庫牽恍	樹 ウ車禄 車鳳鳳 馳禄禄	花 ウ牽将 車石石 馳司将	陽 ウ禄貴 鳳龍龍 庫鳳貴	灯 ウ司極 牽玉玉 報調極	山 ウ鳳貴 司車車 報貫貴	地 ウ調極 貫牽牽 庫石極	鉄 ウ貫馳 禄禄禄 馳龍馳	宝 ウ石報 禄司司 馳玉報	海 ウ龍胡 車鳳鳳 庫車胡	雨 ウ玉恍 司調調 報牽恍	樹 タ車禄 調貫貫 極禄禄			
3月	花 タ牽将 禄石石 印司将	陽 タ禄貴 禄龍龍 胡鳳貴	灯 タ司極 禄玉玉 貴調極	山 タ鳳貴 貫車車 庫貫貴	地 タ調極 司牽牽 報石極	鉄 タ貫馳 調司龍 極玉報	宝 タ石報 鳳禄玉 印龍馳	海 タ龍胡 車調車 胡牽極	雨 タ玉恍 鳳鳳牽 貴車貴	樹 ト車禄 石石禄 堂司将	花 ト牽将 司貫司 恍禄禄	陽 ト禄貴 調玉鳳 将調恍	灯 ト司極 貫龍調 南鳳胡	山 ト鳳貴 貫牽龍 胡石恍	地 ト調極 鳳車玉 貴貫胡	鉄 ト貫馳 牽司車 堂玉報	宝 ト石報 司禄牽 恍龍馳	海 ト龍胡 石調禄 将牽極	雨 ト玉恍 車鳳司 南車貴	樹 ネ車禄 鳳石鳳 禄司将	花 ネ牽将 貫貫石 禄禄禄	陽 ネ禄貴 鳳玉龍 南調恍	灯 ネ司極 石龍玉 将鳳胡	山 ネ鳳貴 石牽車 将石恍	地 ネ調極 貫車牽 南貫胡	鉄 ネ貫馳 貫司禄 禄玉報	宝 ネ石報 貫禄司 禄龍馳	海 ネ龍胡 車調鳳 南牽極	雨 ネ玉恍 石鳳調 将車貴	樹 イ車禄 玉石貫 恍司将	花 イ牽将 禄貫石 堂禄禄
4月	陽 イ禄貴 龍玉龍 貴調恍	灯 イ司極 龍龍玉 胡鳳胡	山 イ鳳貴 貫牽車 南石恍	地 イ調極 玉車牽 将貫胡	鉄 イ貫馳 玉司龍 恍貫印	宝 イ石報 車禄玉 堂石庫	海 イ龍胡 車調車 貴龍庫	雨 イ玉恍 龍鳳牽 胡玉印	樹 サ車禄 牽石禄 印車堂	花 サ牽将 石貫司 極牽南	陽 サ禄貴 牽玉鳳 報禄南	灯 サ司極 車龍調 庫司堂	山 サ鳳貴 龍牽龍 貴鳳南	地 サ調極 車車玉 胡調堂	鉄 サ貫馳 調調車 印貫印	宝 サ石報 石鳳牽 極石庫	海 サ龍胡 牽石禄 報龍庫	雨 サ玉恍 車牽司 庫玉印	樹 ウ車禄 車禄鳳 馳車堂	花 ウ牽将 車司石 馳牽南	陽 ウ禄貴 鳳鳳龍 庫禄南	灯 ウ司極 牽調玉 報司堂	山 ウ鳳貴 司貫車 報鳳南	地 ウ調極 貫石牽 庫調堂	鉄 ウ貫馳 禄龍禄 馳貫印	宝 ウ石報 禄玉司 馳石庫	海 ウ龍胡 車車鳳 庫龍庫	雨 ウ玉恍 司牽調 報玉印	樹 タ車禄 調禄貫 極車堂	花 タ牽将 禄司石 印牽南	
5月	陽 タ禄貴 禄鳳龍 胡禄南	灯 タ司極 禄調玉 貴司堂	山 タ鳳貴 貫貫車 庫鳳南	地 タ調極 司石牽 報調堂	鉄 タ貫馳 調龍禄 極貫印	宝 タ石報 鳳玉玉 印貫極	海 タ龍胡 車車車 胡玉馳	雨 タ玉恍 鳳牽牽 貴龍報	樹 ト車禄 石禄禄 堂牽胡	花 ト牽将 司司司 恍車恍	陽 ト禄貴 調鳳鳳 将司禄	灯 ト司極 貫司調 南禄将	山 ト鳳貴 貫鳳貫 胡調禄	地 ト調極 鳳調玉 貴鳳将	鉄 ト貫馳 石貫車 堂石貴	宝 ト石報 司石牽 恍貫極	海 ト龍胡 石龍禄 将玉馳	雨 ト玉恍 龍玉司 南龍報	樹 ネ車禄 鳳車鳳 禄牽胡	花 ネ牽将 貫牽調 禄車恍	陽 ネ禄貴 鳳貫龍 南司禄	灯 ネ司極 石石玉 将禄将	山 ネ鳳貴 石龍車 将調禄	地 ネ調極 貫玉牽 南鳳将	鉄 ネ貫馳 貫車禄 禄石貴	宝 ネ石報 貫牽司 禄貫極	海 ネ龍胡 車禄鳳 南玉馳	雨 ネ玉恍 石司調 将龍報	樹 イ車禄 玉鳳貫 恍牽胡	花 イ牽将 禄調石 堂車恍	陽 イ禄貴 龍貫龍 貴司禄
6月	灯 イ司極 龍石玉 胡禄将	山 イ鳳貴 貫龍車 南調禄	地 イ調極 玉玉牽 将鳳将	鉄 イ貫馳 牽車禄 恍石貴	宝 イ石報 龍牽司 堂貫極	海 イ龍胡 車牽車 貴貫報	雨 イ玉恍 龍車牽 胡石馳	樹 サ車禄 牽司禄 印龍極	花 サ牽将 石禄司 極玉貴	陽 サ禄貴 牽調鳳 報車将	灯 サ司極 車鳳調 庫牽禄	山 サ鳳貴 貫石貫 貴禄将	地 サ調極 車貫石 胡司禄	鉄 サ貫馳 司玉車 印鳳恍	宝 サ石報 石龍牽 極調胡	海 サ龍胡 牽牽禄 報貫報	雨 サ玉恍 鳳車司 庫石馳	樹 ウ車禄 龍司鳳 馳龍極	花 ウ牽将 車禄調 馳玉貴	陽 ウ禄貴 鳳調貫 庫車将	灯 ウ司極 牽鳳玉 報牽禄	山 ウ鳳貴 司石車 報禄将	地 ウ調極 貫貫牽 庫司禄	鉄 ウ貫馳 禄玉禄 馳鳳恍	宝 ウ石報 禄龍司 馳調胡	海 ウ龍胡 車司鳳 庫貫報	雨 ウ玉恍 司禄調 報石馳	樹 タ車禄 調調貫 極龍極	花 タ牽将 禄鳳石 印玉貴	陽 タ禄貴 禄石龍 胡車将	
7月	灯 タ司極 禄貫玉 貴牽禄	山 タ鳳貴 貫玉車 庫禄将	地 タ調極 司龍牽 報司禄	鉄 タ貫馳 調牽禄 極鳳恍	宝 タ石報 龍車司 印調胡	海 タ龍胡 鳳司鳳 胡貫報	雨 タ玉恍 鳳禄調 貴石馳	樹 ト車禄 石調禄 堂玉庫	花 ト牽将 司鳳司 恍龍印	陽 ト禄貴 調石鳳 将牽堂	灯 ト司極 貫貫調 南車南	山 ト鳳貴 貫玉貫 胡司堂	地 ト調極 鳳龍石 貴禄南	鉄 ト貫馳 石牽龍 堂調南	宝 ト石報 司車玉 恍鳳堂	海 ト龍胡 石司禄 将石印	雨 ト玉恍 貫禄司 南貫庫	樹 ネ車禄 鳳石鳳 禄玉庫	花 ネ牽将 貫貫調 禄龍印	陽 ネ禄貴 牽玉貫 南牽堂	灯 ネ司極 司鳳石 将車南	山 ネ鳳貴 石石龍 将司堂	地 ネ調極 貫貫牽 南禄南	鉄 ネ貫馳 貫玉禄 禄調南	宝 ネ石報 貫龍司 禄鳳堂	海 ネ龍胡 車牽鳳 南石印	雨 ネ玉恍 石車調 将貫庫	樹 イ車禄 玉司貫 恍玉庫	花 イ牽将 禄禄石 堂龍印	陽 イ禄貴 龍調龍 貴牽堂	灯 イ司極 龍鳳玉 胡車南
8月	山 イ鳳貴 貫石車 南司堂	地 イ調極 玉貫牽 将禄南	鉄 イ貫馳 牽玉禄 恍調南	宝 イ石報 龍龍司 堂鳳堂	海 イ龍胡 龍牽鳳 貴石印	雨 イ玉恍 龍車調 胡貫庫	樹 サ車禄 禄司貫 印玉庫	花 サ牽将 石司司 極石報	陽 サ禄貴 牽鳳鳳 報龍胡	灯 サ司極 車調調 庫玉恍	山 サ鳳貴 貫貫貫 貴車胡	地 サ調極 車石石 胡牽恍	鉄 サ貫馳 司龍龍 印禄禄	宝 サ石報 石玉玉 極司将	海 サ龍胡 牽車車 報鳳貴	雨 サ玉恍 禄牽司 庫調極	樹 ウ車禄 禄禄鳳 馳貫馳	花 ウ牽将 車司調 馳石報	陽 ウ禄貴 石車貫 庫龍胡	灯 ウ司極 玉牽石 報玉恍	山 ウ鳳貴 司禄龍 報車胡	地 ウ調極 貫調玉 庫牽恍	鉄 ウ貫馳 禄貫禄 馳禄禄	宝 ウ石報 禄石司 馳司将	海 ウ龍胡 車龍鳳 庫鳳貴	雨 ウ玉恍 司玉調 報調極	樹 タ車禄 司車貫 極貫馳	花 タ牽将 禄牽石 印石報	陽 タ禄貴 禄禄龍 胡龍胡	灯 タ司極 禄司玉 貴玉恍	山 タ鳳貴 貫鳳車 庫車胡
9月	地 タ調極 司調牽 報牽恍	鉄 タ貫馳 調貫禄 極禄禄	宝 タ石報 龍石司 印司将	海 タ龍胡 鳳龍鳳 胡鳳貴	雨 タ玉恍 鳳玉調 貴調極	樹 ト車禄 禄車貫 堂貫馳	花 ト牽将 調牽石 恍石報	陽 ト禄貴 調司鳳 将玉極	灯 ト司極 貫禄調 南龍貴	山 ト鳳貴 貫調貫 胡牽極	地 ト調極 鳳鳳石 貴車貴	鉄 ト貫馳 石石龍 堂司将	宝 ト石報 司貫玉 恍禄禄	海 ト龍胡 石玉車 将調恍	雨 ト玉恍 貫龍牽 南鳳胡	樹 ネ車禄 鳳牽鳳 禄石報	花 ネ牽将 貫車調 禄貫馳	陽 ネ禄貴 牽司貫 南玉極	灯 ネ司極 司禄石 将龍貴	山 ネ鳳貴 石調龍 将牽極	地 ネ調極 貫鳳玉 南車貴	鉄 ネ貫馳 貫石車 禄司将	宝 ネ石報 貫貫司 禄禄禄	海 ネ龍胡 車玉鳳 南調恍	雨 ネ玉恍 石龍調 将鳳胡	樹 イ車禄 玉牽貫 恍石報	花 イ牽将 禄車石 堂貫馳	陽 イ禄貴 龍司龍 貴玉極	灯 イ司極 龍禄玉 胡龍貴	山 イ鳳貴 貫調車 南牽極	
10月	地 イ調極 玉鳳牽 将車貴	鉄 イ貫馳 牽石禄 恍司将	宝 イ石報 龍貫司 堂禄禄	海 イ龍胡 龍玉鳳 貴調恍	雨 イ玉恍 龍龍調 胡鳳胡	樹 サ車禄 禄牽貫 印石報	花 サ牽将 玉車石 極貫馳	陽 サ禄貴 牽司龍 報玉極	灯 サ司極 車禄調 庫石印	山 サ鳳貴 貫調貫 貴龍庫	地 サ調極 車鳳石 胡玉印	鉄 サ貫馳 司石龍 印車堂	宝 サ石報 玉貫玉 極牽南	海 サ龍胡 牽玉車 報禄南	雨 サ玉恍 禄龍牽 庫司堂	樹 ウ車禄 禄牽禄 馳鳳印	花 ウ牽将 車車調 馳調庫	陽 ウ禄貴 司司貫 庫貫庫	灯 ウ司極 玉貫石 報石印	山 ウ鳳貴 司玉龍 報龍庫	地 ウ調極 鳳龍玉 庫玉印	鉄 ウ貫馳 車龍車 馳車堂	宝 ウ石報 禄玉牽 馳牽南	海 ウ龍胡 車車鳳 庫禄南	雨 ウ玉恍 司牽調 報司堂	樹 タ車禄 司禄貫 極鳳印	花 タ牽将 禄司石 印調庫	陽 タ禄貴 禄鳳龍 胡貫庫	灯 タ司極 禄調玉 貴石印	山 タ鳳貴 貫貫車 庫龍庫	地 タ調極 司石牽 報玉印
11月	鉄 タ貫馳 調龍禄 極車堂	宝 タ石報 龍玉司 印牽南	海 タ龍胡 鳳車鳳 胡禄南	雨 タ玉恍 鳳牽調 貴司堂	樹 ト車禄 禄禄貫 堂鳳印	花 ト牽将 調司石 恍調庫	陽 ト禄貴 石鳳龍 将貫庫	灯 ト司極 貫玉調 南貫報	山 ト鳳貴 貫車貫 胡玉馳	地 ト調極 鳳牽石 貴龍報	鉄 ト貫馳 石禄龍 堂牽胡	宝 ト石報 司司玉 恍車恍	海 ト龍胡 石鳳車 将司禄	雨 ト玉恍 貫調牽 南禄将	樹 ネ車禄 禄貫禄 禄調貴	花 ネ牽将 貫石調 禄鳳極	陽 ネ禄貴 玉龍貫 南石馳	灯 ネ司極 司玉石 将貫報	山 ネ鳳貴 石車龍 将玉馳	地 ネ調極 車牽玉 南龍報	鉄 ネ貫馳 鳳鳳車 禄牽胡	宝 ネ石報 貫調牽 禄車恍	海 ネ龍胡 車貫鳳 南司禄	雨 ネ玉恍 石石調 将禄将	樹 イ車禄 玉龍貫 恍調貴	花 イ牽将 禄玉石 堂鳳極	陽 イ禄貴 龍車龍 貴石馳	灯 イ司極 龍牽玉 胡貫報	山 イ鳳貴 貫禄車 南玉馳	地 イ調極 玉司牽 将龍報	
12月	鉄 イ貫馳 牽鳳禄 恍牽胡	宝 イ石報 龍調司 堂車恍	海 イ龍胡 龍貫鳳 貴司禄	雨 イ玉恍 龍石調 胡禄将	樹 サ車禄 禄龍貫 印調貴	花 サ牽将 玉玉石 極鳳極	陽 サ禄貴 牽車龍 報石馳	灯 サ司極 車車調 庫調馳	山 サ鳳貴 貫司貫 貴貫報	地 サ調極 車禄石 胡石馳	鉄 サ貫馳 司調龍 印龍極	宝 サ石報 玉鳳玉 極玉貴	海 サ龍胡 牽石車 報車将	雨 サ玉恍 禄貫牽 庫牽禄	樹 ウ車禄 禄玉禄 馳禄恍	花 ウ牽将 車龍調 馳司胡	陽 ウ禄貴 司牽貫 庫鳳報	灯 ウ司極 玉車石 報調馳	山 ウ鳳貴 司司龍 報貫報	地 ウ調極 鳳禄玉 庫石馳	鉄 ウ貫馳 車調車 馳龍極	宝 ウ石報 禄鳳牽 馳玉貴	海 ウ龍胡 車石鳳 庫車将	雨 ウ玉恍 司貫調 報牽禄	樹 タ車禄 司玉貫 極禄恍	花 タ牽将 禄龍石 印司胡	陽 タ禄貴 禄牽龍 胡鳳報	灯 タ司極 禄車玉 貴調馳	山 タ鳳貴 貫司車 庫貫報	地 タ調極 司禄牽 報石馳	鉄 タ貫馳 調調禄 極龍極

1951年（昭和26年）

1951年(昭和26年)	1日	2日	3日	4日	5日	6日	7日	8日	9日	10日	11日	12日	13日	14日	15日	16日
1月	宝 タ石報 龍鳳司 印玉貴	海 タ龍胡 鳳石鳳 胡車将	雨 タ玉恍 鳳貫調 貴牽禄	樹 ト車禄 禄玉貫 堂禄恍	花 ト牽将 調龍石 恍司胡	陽 ト禄貴 調牽鳳 将調印	灯 ト司極 貫車調 南鳳庫	山 ト鳳貴 貫司貫 胡石印	地 ト調極 鳳禄石 貴貫庫	鉄 ト貫馳 石調龍 堂玉庫	宝 ト石報 司鳳玉 恍龍印	海 ト龍胡 石石車 将牽堂	雨 ト玉恍 貫貫牽 南車南	樹 ネ車禄 鳳玉鳳 禄司南	花 ネ牽将 貫龍調 禄禄堂	陽 ネ禄貴 牽司貫 南調印
2月	海 イ龍胡 龍牽鳳 貴牽堂	雨 イ玉恍 龍車調 胡車南	樹 サ車禄 禄司貫 印司南	花 サ牽将 玉禄石 極禄堂	陽 サ司恍 牽鳳玉 報禄貴	灯 サ禄胡 車調龍 庫司極	山 サ調恍 貫貫牽 貴鳳貴	地 サ鳳胡 車石車 胡調極	鉄 サ石報 司龍司 印貫馳	宝 サ貫馳 玉玉禄 極石報	海 サ玉極 牽車調 報龍胡	雨 サ龍貴 禄牽鳳 庫玉恍	樹 ウ牽将 禄鳳石 馳車禄	花 ウ車禄 車調貫 馳牽将	陽 ウ司恍 石貫玉 庫禄貴	灯 ウ禄胡 玉石龍 報司極
3月	鉄 タ石報 調禄司 極貫馳	宝 タ貫馳 龍司禄 印石報	海 タ玉極 鳳鳳調 胡龍胡	雨 タ龍貴 鳳調鳳 貴玉恍	樹 ト牽将 禄貫石 堂車禄	花 ト車禄 司貫貫 恍車禄	陽 ト司恍 調玉玉 将司恍	灯 ト禄胡 貫龍龍 南禄胡	山 ト調恍 貫牽牽 胡調恍	地 ト鳳胡 鳳車車 貴鳳胡	鉄 ト石報 石司司 堂石報	宝 ト貫馳 司禄禄 恍貫馳	海 ト玉極 石調調 将玉極	雨 ト龍貴 貫鳳鳳 南龍貴	樹 ネ牽将 鳳石石 禄牽将	花 ネ車禄 貫貫貫 禄車禄
4月	宝 イ貫馳 龍禄禄 堂貫馳	海 イ玉極 龍調調 貴玉極	雨 イ龍貴 龍鳳鳳 胡龍貴	樹 サ牽将 禄石石 印牽将	花 サ車禄 石貫貫 極玉南	陽 サ司恍 牽玉玉 報車南	灯 サ禄胡 車龍龍 庫牽堂	山 サ調恍 貫牽牽 貴禄南	地 サ鳳胡 車車車 胡司堂	鉄 サ石報 司司司 印鳳印	宝 サ貫馳 石禄禄 極調庫	海 サ玉極 牽調調 報貫庫	雨 サ龍貴 禄鳳鳳 庫石印	樹 ウ牽将 禄石石 馳龍堂	花 ウ車禄 車龍貫 馳玉南	陽 ウ司恍 石牽玉 庫車南
5月	宝 タ貫馳 龍玉禄 印調庫	海 タ玉極 鳳車調 胡貫庫	雨 タ龍貴 鳳牽鳳 貴石印	樹 ト牽将 禄禄石 堂龍堂	花 ト車禄 調司貫 恍玉南	陽 ト司恍 調鳳玉 将牽禄	灯 ト禄胡 貫調龍 南車将	山 ト調恍 貫貫牽 胡司禄	地 ト鳳胡 鳳石車 貴禄将	鉄 ト石報 石龍司 堂調貴	宝 ト貫馳 司玉禄 恍鳳極	海 ト玉極 石龍調 将石馳	雨 ト龍貴 貫玉鳳 南貫報	樹 ネ牽将 鳳車石 禄玉胡	花 ネ車禄 貫牽貫 禄龍恍	陽 ネ司恍 牽禄玉 南牽禄
6月	海 イ玉極 龍禄調 貴石馳	雨 イ龍貴 龍司鳳 胡貫報	樹 サ牽将 禄鳳石 印玉胡	花 サ車禄 玉調貫 極龍恍	陽 サ司恍 牽貫玉 報牽禄	灯 サ禄胡 車鳳龍 庫玉禄	山 サ調恍 貫石牽 貴車将	地 サ鳳胡 車貫車 胡牽禄	鉄 サ石報 司玉司 印禄恍	宝 サ貫馳 玉龍禄 極司胡	海 サ玉極 牽牽調 報鳳報	雨 サ龍貴 禄車鳳 庫調馳	樹 ウ牽将 禄司石 馳貫極	花 ウ車禄 車禄貫 馳石貴	陽 ウ司恍 司調玉 庫龍将	灯 ウ禄胡 玉鳳龍 報玉禄
7月	海 タ玉極 鳳司調 胡鳳報	雨 タ龍貴 鳳禄鳳 貴調馳	樹 ト牽将 禄調石 堂貫極	花 ト車禄 調鳳貫 恍石貴	陽 ト司恍 石石玉 将龍将	灯 ト禄胡 鳳貫龍 南玉禄	山 ト調恍 鳳玉牽 胡車将	地 ト鳳胡 鳳龍車 貴車南	鉄 ト石報 石牽司 堂司南	宝 ト貫馳 司車禄 恍禄堂	海 ト玉極 石司調 将調印	雨 ト龍貴 貫禄鳳 南鳳庫	樹 ネ牽将 禄調石 禄石庫	花 ネ車禄 貫鳳貫 禄貫印	陽 ネ司恍 玉石玉 南玉堂	灯 ネ禄胡 司貫龍 将龍南
8月	雨 イ龍貴 龍車鳳 胡鳳庫	樹 サ牽将 禄司石 印石庫	花 サ車禄 玉禄貫 極貫印	陽 サ司恍 牽調玉 報玉堂	灯 サ禄胡 鳳鳳龍 庫龍南	山 サ調恍 車石牽 貴牽堂	地 サ鳳胡 車貫車 胡車南	鉄 サ石報 司龍司 印車禄	宝 サ貫馳 玉玉禄 極牽将	海 サ玉極 牽車調 報禄貴	雨 サ龍貴 禄牽鳳 庫司極	樹 ウ牽将 禄禄石 馳鳳馳	花 ウ車禄 車司貫 馳調報	陽 ウ司恍 司鳳玉 庫貫胡	灯 ウ禄胡 玉調龍 報石恍	山 ウ調恍 司貫牽 報龍胡
9月	樹 ト牽将 禄車石 堂鳳馳	花 ト車禄 調牽貫 恍調報	陽 ト司恍 石禄玉 将貫胡	灯 ト禄胡 鳳司龍 南石恍	山 ト調恍 鳳鳳牽 胡龍胡	地 ト鳳胡 鳳調車 貴玉恍	鉄 ト石報 龍貫司 堂車禄	宝 ト貫馳 司貫禄 恍車禄	海 ト玉極 石玉調 将司恍	雨 ト龍貴 貫龍鳳 南禄胡	樹 ネ牽将 禄牽石 禄調報	花 ネ車禄 貫車貫 禄鳳馳	陽 ネ司恍 玉司玉 南石極	灯 ネ禄胡 司禄龍 将貫貴	山 ネ調恍 石調牽 将玉極	地 ネ鳳胡 龍鳳車 南龍貴
10月	樹 サ牽将 禄牽石 印調報	花 サ車禄 玉車貫 極鳳馳	陽 サ司恍 牽司玉 報石極	灯 サ禄胡 鳳禄龍 庫貫貴	山 サ調恍 車調牽 貴玉極	地 サ鳳胡 車鳳車 胡龍貴	鉄 サ石報 龍石司 印牽将	宝 サ貫馳 牽貫禄 極車禄	海 サ玉極 牽玉調 報車南	雨 サ龍貴 禄龍鳳 庫牽堂	樹 ウ牽将 禄牽石 馳禄印	花 ウ車禄 車車貫 馳司庫	陽 ウ司恍 司司玉 庫鳳庫	灯 ウ禄胡 玉禄龍 報調印	山 ウ調恍 司調牽 報貫庫	地 ウ鳳胡 禄鳳車 庫石印
11月	花 ト車禄 調司貫 恍司庫	陽 ト司恍 石鳳玉 将鳳庫	灯 ト禄胡 鳳調龍 南調印	山 ト調恍 鳳貫牽 胡貫庫	地 ト鳳胡 鳳石車 貴石印	鉄 ト石報 龍龍司 堂龍堂	宝 ト貫馳 調玉禄 恍玉南	海 ト玉極 石鳳調 将牽禄	雨 ト龍貴 貫調鳳 南車将	樹 ネ牽将 禄貫石 禄司貴	花 ネ車禄 貫石貫 禄禄極	陽 ネ司恍 玉龍玉 南調馳	灯 ネ禄胡 調玉龍 将鳳報	山 ネ調恍 石車牽 将石馳	地 ネ鳳胡 龍牽車 南貫報	鉄 ネ石報 龍禄司 禄玉胡
12月	花 サ車禄 玉玉貫 極禄極	陽 サ司恍 牽車玉 報調馳	灯 サ禄胡 鳳牽龍 庫鳳報	山 サ調恍 車禄牽 貴石馳	地 サ鳳胡 車司車 胡貫報	鉄 サ石報 龍鳳司 印玉胡	宝 サ貫馳 牽調禄 極龍恍	海 サ玉極 牽石調 報龍将	雨 サ龍貴 禄貫鳳 庫玉禄	樹 ウ牽将 禄玉石 馳車恍	花 ウ車禄 車龍貫 馳牽胡	陽 ウ司恍 司牽玉 庫禄報	灯 ウ禄胡 玉車龍 報司馳	山 ウ調恍 司司牽 報鳳報	地 ウ鳳胡 禄禄車 庫調馳	鉄 ウ石報 車調司 馳貫極

1951年(昭和26年)	17日	18日	19日	20日	21日	22日	23日	24日	25日	26日	27日	28日	29日	30日	31日
1月	灯 ネ司極 司禄石 将鳳庫	山 ネ鳳貴 石調龍 将石印	地 ネ調極 貫貫玉 南貫庫	鉄 ネ貫馳 貫玉車 禄玉庫	宝 ネ石報 貫龍司 禄龍印	海 ネ龍胡 車牽鳳 南牽堂	雨 ネ玉恍 石車調 将車南	樹 イ車禄 玉司貫 恍司南	花 イ牽将 禄禄石 堂禄堂	陽 イ禄貴 龍調龍 貴調印	灯 イ司極 龍鳳玉 胡鳳庫	山 イ鳳貴 貫石車 南石印	地 イ調極 玉貫牽 将貫庫	鉄 イ貫馳 牽玉禄 恍玉庫	宝 イ石報 龍龍司 堂龍印
2月	山 ウ調恍 司龍牽 報鳳貴	地 ウ鳳胡 貫玉車 庫調極	鉄 ウ石報 車車司 馳貫馳	宝 ウ貫馳 禄司禄 馳石報	海 ウ玉極 車鳳調 庫龍胡	雨 ウ龍貴 司調鳳 報玉恍	樹 タ牽将 司貫石 極車禄	花 タ車禄 禄石貫 印牽将	陽 タ司恍 禄龍玉 胡禄貴	灯 タ禄胡 禄玉龍 貴司極	山 タ調恍 貫車牽 庫鳳貴	地 タ鳳胡 司牽車 報調極			
3月	陽 ネ司恍 牽玉玉 南司恍	灯 ネ禄胡 司龍龍 将禄胡	山 ネ調恍 石牽牽 将調恍	地 ネ鳳胡 貫車車 南鳳胡	鉄 ネ石報 貫司司 禄石報	宝 ネ貫馳 貫禄禄 禄貫馳	海 ネ玉極 車調調 南玉極	雨 ネ龍貴 石鳳鳳 将龍貴	樹 イ牽将 玉石石 恍牽将	花 イ車禄 禄貫貫 堂車禄	陽 イ司恍 龍玉玉 貴司恍	灯 イ禄胡 龍龍龍 胡禄胡	山 イ調恍 貫牽牽 南調恍	地 イ鳳胡 玉車車 将鳳胡	鉄 イ石報 牽司司 恍石報
4月	灯 ウ禄胡 玉車龍 報牽堂	山 ウ調恍 司貫牽 報禄南	地 ウ鳳胡 貫石車 庫司堂	鉄 ウ石報 禄龍司 馳鳳印	宝 ウ貫馳 禄玉禄 馳調庫	海 ウ玉極 車車調 庫貫庫	雨 ウ龍貴 司牽鳳 報石印	樹 タ牽将 司禄石 極龍堂	花 タ車禄 禄司貫 印玉南	陽 タ司恍 禄鳳玉 胡車南	灯 タ禄胡 禄調龍 貴牽堂	山 タ調恍 貫貫牽 庫禄南	地 タ鳳胡 司石車 報司堂	鉄 タ石報 調龍司 極鳳印	
5月	灯 ネ禄胡 司司龍 将車将	山 ネ調恍 石鳳牽 将司禄	地 ネ鳳胡 貫調車 南禄将	鉄 ネ石報 貫貫司 禄調貴	宝 ネ貫馳 貫牽禄 禄鳳極	海 ネ玉極 車禄調 南石馳	雨 ネ龍貴 石司鳳 将貫報	樹 イ牽将 玉鳳石 恍玉胡	花 イ車禄 禄調貫 堂龍恍	陽 イ司恍 龍貫玉 貴牽禄	灯 イ禄胡 龍石龍 胡車将	山 イ調恍 貫龍牽 南司禄	地 イ鳳胡 玉玉車 将禄将	鉄 イ石報 牽車司 恍調貴	宝 イ貫馳 龍牽禄 堂鳳極
6月	山 ウ調恍 司石牽 報車将	地 ウ鳳胡 鳳貫車 庫牽禄	鉄 ウ石報 車玉司 馳禄恍	宝 ウ貫馳 禄龍禄 馳司胡	海 ウ玉極 車牽調 庫鳳報	雨 ウ龍貴 司車鳳 報調馳	樹 タ牽将 司司石 極貫極	花 タ車禄 禄禄貫 印石貴	陽 タ司恍 禄調玉 胡龍将	灯 タ禄胡 禄貫龍 貴玉禄	山 タ調恍 貫玉牽 庫車将	地 タ鳳胡 司龍車 報牽禄	鉄 タ石報 調牽司 極禄恍	宝 タ貫馳 龍車禄 印司胡	
7月	山 ネ調恍 石玉牽 将牽堂	地 ネ鳳胡 車車車 南車南	鉄 ネ石報 鳳司司 禄司南	宝 ネ貫馳 貫禄禄 禄禄堂	海 ネ玉極 車牽調 南調印	雨 ネ龍貴 石車鳳 将鳳庫	樹 イ牽将 玉司石 恍石庫	花 イ車禄 禄禄貫 堂貫印	陽 イ司恍 龍調玉 貴玉堂	灯 イ禄胡 龍鳳龍 胡龍南	山 イ調恍 貫石牽 南牽堂	地 イ鳳胡 玉貫車 将車南	鉄 イ石報 牽玉司 恍司南	宝 イ貫馳 龍龍禄 堂禄堂	海 イ玉極 龍牽調 貴調印
8月	地 ウ鳳胡 禄石車 庫玉恍	鉄 ウ石報 車龍司 馳車禄	宝 ウ貫馳 禄調禄 馳牽将	海 ウ玉極 石貫調 庫禄貴	雨 ウ龍貴 玉石鳳 報司極	樹 タ牽将 司車石 極鳳馳	花 タ車禄 禄牽貫 印調報	陽 タ司恍 禄禄玉 胡貫胡	灯 タ禄胡 禄司龍 貴石恍	山 タ調恍 貫鳳牽 庫龍胡	地 タ鳳胡 司調車 報玉恍	鉄 タ石報 調貫司 極車禄	宝 タ貫馳 龍石禄 印牽将	海 タ玉極 鳳龍調 胡禄貴	雨 タ龍貴 鳳玉鳳 貴司極
9月	鉄 ネ石報 龍石司 禄牽将	宝 ネ貫馳 貫貫禄 禄車禄	海 ネ玉極 司玉調 南司恍	雨 ネ龍貴 調龍鳳 将禄胡	樹 イ牽将 玉牽石 恍調報	花 イ車禄 禄車貫 堂鳳馳	陽 イ司恍 龍司玉 貴石極	灯 イ禄胡 龍禄龍 胡貫貴	山 イ調恍 貫調牽 南玉極	地 イ鳳胡 玉鳳車 将龍貴	鉄 イ石報 玉石司 恍牽将	宝 イ貫馳 龍貫禄 堂車禄	海 イ玉極 龍玉調 貴司恍	雨 イ龍貴 龍龍鳳 胡禄胡	
10月	鉄 ウ石報 車石司 馳龍堂	宝 ウ貫馳 禄貫禄 馳玉南	海 ウ玉極 石司調 庫車南	雨 ウ龍貴 玉禄鳳 報牽堂	樹 タ牽将 司調石 極禄印	花 タ車禄 禄司貫 印司庫	陽 タ司恍 禄鳳玉 胡鳳庫	灯 タ禄胡 禄調龍 貴調印	山 タ調恍 貫貫牽 庫貫庫	地 タ鳳胡 司石車 報石印	鉄 タ石報 調龍司 極龍堂	宝 タ貫馳 龍玉禄 印玉南	海 タ玉極 鳳車調 胡車南	雨 タ龍貴 鳳牽鳳 貴牽堂	樹 ト牽将 禄禄石 堂禄印
11月	宝 ネ貫馳 貫司禄 禄龍恍	海 ネ玉極 司鳳調 南牽禄	雨 ネ龍貴 調調鳳 将車将	樹 イ牽将 玉貫石 恍司貴	花 イ車禄 禄玉貫 堂禄極	陽 イ司恍 貫車玉 貴調馳	灯 イ禄胡 龍牽龍 胡鳳報	山 イ調恍 貫禄牽 南石馳	地 イ鳳胡 玉司車 将貫報	鉄 イ石報 玉鳳司 恍玉胡	宝 イ貫馳 龍調禄 堂龍恍	海 イ玉極 龍貫調 貴牽禄	雨 イ龍貴 龍石鳳 胡車将	樹 サ牽将 禄龍石 印司貴	
12月	宝 ウ貫馳 禄鳳禄 馳石貴	海 ウ玉極 石石調 庫龍将	雨 ウ龍貴 玉貫鳳 報玉禄	樹 タ牽将 司玉石 極車恍	花 タ車禄 禄龍貫 印牽胡	陽 タ司恍 禄牽玉 胡禄報	灯 タ禄胡 禄車龍 貴司馳	山 タ調恍 貫司牽 庫鳳報	地 タ鳳胡 司禄車 報調馳	鉄 タ石報 調調司 極貫極	宝 タ貫馳 龍鳳禄 印石貴	海 タ玉極 鳳石調 胡龍将	雨 タ龍貴 鳳貫鳳 貴玉禄	樹 ト牽将 禄玉石 堂車恍	花 ト車禄 調龍貫 恍牽胡

1952年(昭和27年)	1日	2日	3日	4日	5日	6日	7日	8日	9日	10日	11日	12日	13日	14日	15日	16日	17日	18日	19日	20日	21日	22日	23日	24日	25日	26日	27日	28日	29日	30日	31日
1月	陽 ト司悦 石牽玉 将禄報	灯 ト禄胡 鳳車龍 南司馳	山 ト調悦 鳳司牽 胡鳳報	地 ト鳳胡 鳳禄車 貴調馳	鉄 ト石報 龍調司 堂貫極	宝 ト貫馳 司鳳禄 悦貫印	海 ト玉極 石石調 将玉堂	雨 ト龍貴 貫貫鳳 南龍南	樹 ネ牽将 禄玉石 禄牽南	花 ネ車禄 貫龍貫 禄車堂	陽 ネ司悦 玉牽玉 南司印	灯 ネ禄胡 司車龍 将禄庫	山 ネ調悦 石司牽 将調印	地 ネ鳳胡 龍禄車 南鳳庫	鉄 ネ石報 龍調司 禄石庫	宝 ネ貫馳 貫貫禄 禄貫印	海 ネ玉極 司玉調 南玉堂	雨 ネ龍貴 調龍鳳 将龍南	樹 イ牽将 玉司石 悦牽南	花 イ車禄 禄禄貫 堂車堂	陽 イ司悦 龍調玉 貴司印	灯 イ禄胡 龍鳳龍 胡禄庫	山 イ調悦 貫石牽 南調印	地 イ鳳胡 玉貫車 将鳳庫	鉄 イ石報 玉玉司 悦石庫	宝 イ貫馳 龍龍禄 堂貫印	海 イ玉極 龍牽調 貴玉堂	雨 イ龍貴 龍車鳳 胡龍南	樹 サ牽将 禄司石 印牽南	花 サ車禄 玉禄貫 極車堂	陽 サ司悦 牽調玉 報司印
2月	灯 サ禄胡 鳳鳳龍 庫禄庫	山 サ調悦 車石牽 貴調印	地 サ鳳胡 車貫車 胡鳳庫	鉄 サ石報 龍玉司 印石庫	宝 サ調庫 玉玉禄 極調報	海 サ貫庫 牽車調 報貫胡	雨 サ石印 禄牽鳳 庫石悦	樹 ウ龍堂 禄禄石 馳龍禄	花 ウ玉南 車司貫 馳玉将	陽 ウ車南 司鳳玉 庫車貴	灯 ウ牽堂 玉調龍 報牽極	山 ウ禄南 司貫牽 報禄貴	地 ウ司堂 禄玉車 庫司極	鉄 ウ鳳印 車車司 馳鳳馳	宝 ウ調庫 禄牽鳳 馳調報	海 ウ貫庫 石禄石 庫貫胡	雨 ウ石印 玉司貫 報石悦	樹 タ龍堂 司鳳禄 極龍禄	花 タ玉南 禄調司 印玉将	陽 タ車南 禄龍鳳 胡車貴	灯 タ牽堂 禄玉調 貴牽極	山 タ禄南 貫車貫 庫禄貴	地 タ司堂 司牽石 報司極	鉄 タ鳳印 調禄龍 極鳳馳	宝 タ調庫 龍司玉 印調報	海 タ貫庫 鳳鳳車 胡貫胡	雨 タ石印 鳳調牽 貴石悦	樹 ト龍堂 禄貫禄 堂龍禄	花 ト玉南 調石司 悦玉将		
3月	陽 ト車南 石龍鳳 将車貴	灯 ト牽堂 鳳玉調 南牽極	山 ト禄南 鳳車貫 胡禄貴	地 ト司堂 鳳牽石 貴司極	鉄 ト鳳印 龍禄龍 堂鳳馳	宝 ト調庫 司禄禄 悦鳳馳	海 ト貫庫 石調調 将石極	雨 ト石印 貫鳳鳳 南貫貴	樹 ネ龍堂 禄石石 禄玉将	花 ネ玉南 貫貫貫 禄龍禄	陽 ネ車南 玉玉玉 南牽悦	灯 ネ牽堂 司龍龍 将車胡	山 ネ禄南 石牽牽 将司悦	地 ネ司堂 龍車車 南禄胡	鉄 ネ鳳印 龍司司 禄調報	宝 ネ調庫 貫禄鳳 禄鳳馳	海 ネ貫庫 司調石 南石極	雨 ネ石印 調鳳貫 将貫貴	樹 イ龍堂 玉石禄 悦玉将	花 イ玉南 禄貫司 堂龍禄	陽 イ車南 龍玉鳳 貴牽悦	灯 イ牽堂 龍龍調 胡車胡	山 イ禄南 貫牽貫 南司悦	地 イ司堂 玉車石 将禄胡	鉄 イ鳳印 玉司龍 悦調報	宝 イ調庫 龍禄玉 堂鳳馳	海 イ貫庫 龍調車 貴石極	雨 イ石印 龍鳳牽 胡貫貴	樹 サ龍堂 禄石禄 印玉将	花 サ玉南 玉貫司 極龍禄	陽 サ車南 牽玉鳳 報牽悦
4月	灯 サ牽堂 鳳龍調 庫車胡	山 サ禄南 車牽貫 貴司悦	地 サ司堂 車車石 胡禄胡	鉄 サ鳳印 龍司龍 印調報	宝 サ調庫 玉禄禄 極司庫	海 サ貫庫 牽調調 報鳳庫	雨 サ石印 禄鳳鳳 庫調印	樹 ウ龍堂 禄石石 馳貫堂	花 ウ玉南 車貫貫 馳石南	陽 ウ車南 司玉玉 庫龍南	灯 ウ牽堂 玉龍龍 報玉堂	山 ウ禄南 司牽牽 報車南	地 ウ司堂 禄車車 庫牽堂	鉄 ウ鳳印 車司司 馳禄印	宝 ウ調庫 禄鳳鳳 馳司庫	海 ウ貫庫 石石石 庫鳳庫	雨 ウ石印 玉貫貫 報調印	樹 タ龍堂 司禄禄 極貫堂	花 タ玉南 禄司司 印石南	陽 タ車南 禄鳳鳳 胡龍南	灯 タ牽堂 禄調調 貴玉堂	山 タ禄南 貫貫貫 庫車南	地 タ司堂 司石石 報牽堂	鉄 タ鳳印 調龍龍 極禄印	宝 タ調庫 龍玉玉 印司庫	海 タ貫庫 鳳車車 胡鳳庫	雨 タ石印 鳳牽牽 貴調印	樹 ト龍堂 禄禄禄 堂貫堂	花 ト玉南 調司司 悦石南	陽 ト車南 石鳳鳳 将龍南	
5月	灯 ト牽堂 鳳調調 南玉堂	山 ト禄南 鳳貫貫 胡車南	地 ト司堂 鳳石石 貴牽堂	鉄 ト鳳印 龍龍龍 堂禄印	宝 ト調庫 司玉禄 悦禄極	海 ト貫庫 石車調 将調馳	雨 ト石印 貫牽鳳 南鳳報	樹 ネ龍堂 禄禄石 禄石胡	花 ネ玉南 貫司貫 禄貫悦	陽 ネ車南 玉鳳玉 南玉禄	灯 ネ牽堂 司司龍 将龍将	山 ネ禄南 石鳳牽 将牽禄	地 ネ司堂 龍調車 南車将	鉄 ネ鳳印 龍貫司 禄司貴	宝 ネ調庫 貫石鳳 禄禄極	海 ネ貫庫 司龍石 南調馳	雨 ネ石印 調玉貫 将鳳報	樹 イ龍堂 玉車禄 悦石胡	花 イ玉南 禄牽司 堂貫悦	陽 イ車南 龍貫鳳 貴玉禄	灯 イ牽堂 龍石調 胡龍将	山 イ禄南 貫龍貫 南牽禄	地 イ司堂 玉玉石 将車将	鉄 イ鳳印 玉車龍 悦司貴	宝 イ調庫 龍牽玉 堂禄極	海 イ貫庫 龍禄車 貴調馳	雨 イ石印 龍司牽 胡鳳報	樹 サ龍堂 禄鳳禄 印石胡	花 サ玉南 玉調司 極貫悦	陽 サ車南 牽貫鳳 報玉禄	灯 サ牽堂 鳳石調 庫龍将
6月	山 サ禄南 車龍貫 貴牽禄	地 サ司堂 車玉石 胡車将	鉄 サ鳳印 龍車龍 印司貴	宝 サ調庫 牽牽玉 極禄極	海 サ貫庫 司禄車 報調馳	雨 サ石印 禄車鳳 庫司馳	樹 ウ龍堂 禄司石 馳鳳極	花 ウ玉南 車禄貫 馳調貴	陽 ウ車南 司調玉 庫貫将	灯 ウ牽堂 玉鳳龍 報石禄	山 ウ禄南 司石牽 報龍将	地 ウ司堂 禄貫車 庫玉禄	鉄 ウ鳳印 龍玉司 馳車悦	宝 ウ調庫 禄龍禄 馳牽胡	海 ウ貫庫 調牽調 庫禄報	雨 ウ石印 玉車貫 報司馳	樹 タ龍堂 司司玉 極鳳極	花 タ玉南 貫禄龍 印調貴	陽 タ車南 車調鳳 胡貫将	灯 タ牽堂 禄鳳調 貴石禄	山 タ禄南 貫石貫 庫龍将	地 タ司堂 司貫石 報玉禄	鉄 タ鳳印 調玉龍 極車悦	宝 タ調庫 龍龍玉 印牽胡	海 タ貫庫 鳳牽車 胡禄報	雨 タ石印 鳳禄牽 貴司馳	樹 ト龍堂 禄調禄 堂鳳極	花 ト玉南 調鳳司 悦調貴	陽 ト車南 石石鳳 将貫将	灯 ト牽堂 鳳貫調 南石禄	
7月	山 ト禄南 鳳玉貫 胡龍将	地 ト司堂 鳳龍石 貴玉禄	鉄 ト鳳印 龍牽龍 堂車悦	宝 ト調庫 調車玉 悦牽胡	海 ト貫庫 石司車 将禄報	雨 ト石印 車禄牽 南司馳	樹 ネ龍堂 禄調石 禄調庫	花 ネ玉南 貫鳳貫 禄鳳印	陽 ネ車南 玉石玉 南石堂	灯 ネ牽堂 調貫龍 将貫南	山 ネ禄南 石玉牽 将玉堂	地 ネ司堂 龍龍車 南龍南	鉄 ネ鳳印 龍牽司 禄牽南	宝 ネ調庫 貫車禄 禄車堂	海 ネ貫庫 玉司調 南司印	雨 ネ石印 調禄鳳 将禄庫	樹 イ龍堂 玉石玉 悦調庫	花 イ玉南 車貫龍 堂鳳印	陽 イ車南 貫玉牽 貴石堂	灯 イ牽堂 龍鳳調 胡貫南	山 イ禄南 貫石貫 南玉堂	地 イ司堂 玉貫石 将龍南	鉄 イ鳳印 玉玉龍 悦牽南	宝 イ調庫 龍龍玉 堂車堂	海 イ貫庫 龍牽車 貴司印	雨 イ石印 龍車牽 胡禄庫	樹 サ龍堂 禄司禄 印調庫	花 サ玉南 玉禄司 極鳳印	陽 サ車南 牽調鳳 報石堂	灯 サ牽堂 鳳鳳調 庫貫南	山 サ禄南 車石貫 貴玉堂
8月	地 サ司堂 車貫石 胡龍南	鉄 サ鳳印 龍玉龍 印牽南	宝 サ調庫 牽龍玉 極車堂	海 サ貫庫 司牽車 報司印	雨 サ石印 車車牽 庫禄庫	樹 ウ龍堂 車司禄 馳調庫	花 ウ玉南 車司貫 馳司報	陽 ウ車南 司鳳玉 庫鳳胡	灯 ウ牽堂 玉調龍 報調悦	山 ウ禄南 司貫牽 報貫胡	地 ウ司堂 禄石車 庫石悦	鉄 ウ鳳印 龍龍司 馳龍禄	宝 ウ調庫 禄玉禄 馳玉将	海 ウ貫庫 調車調 庫車貴	雨 ウ石印 玉牽鳳 報牽極	樹 タ龍堂 司禄石 極禄馳	花 タ玉南 貫司龍 印司報	陽 タ車南 車車牽 胡鳳胡	灯 タ牽堂 禄牽車 貴調悦	山 タ禄南 貫禄貫 庫貫胡	地 タ司堂 司調石 報石悦	鉄 タ鳳印 調貫龍 極龍禄	宝 タ調庫 龍石玉 印玉将	海 タ貫庫 鳳龍車 胡車貴	雨 タ石印 鳳玉牽 貴牽極	樹 ト龍堂 禄車禄 堂禄馳	花 ト玉南 調牽司 悦司報	陽 ト車南 石禄鳳 将鳳胡	灯 ト牽堂 鳳司調 南調悦	山 ト禄南 鳳鳳貫 胡貫胡	地 ト司堂 鳳調石 貴石悦
9月	鉄 ト鳳印 龍貫龍 堂龍禄	宝 ト調庫 調石玉 悦玉将	海 ト貫庫 石龍車 将車貴	雨 ト石印 車玉牽 南牽極	樹 ネ龍堂 貫車禄 禄禄馳	花 ネ玉南 貫牽司 禄司報	陽 ネ車南 鳳禄鳳 南鳳胡	灯 ネ牽堂 調禄龍 将鳳貴	山 ネ禄南 石調牽 将石極	地 ネ司堂 龍鳳車 南貫貴	鉄 ネ鳳印 龍石司 禄玉将	宝 ネ調庫 貫貫禄 禄龍禄	海 ネ貫庫 玉玉調 南牽悦	雨 ネ石印 調龍鳳 将車胡	樹 イ龍堂 玉牽石 悦司報	花 イ玉南 龍車貫 堂禄馳	陽 イ車南 貫司玉 貴調極	灯 イ牽堂 龍禄車 胡鳳貴	山 イ禄南 司調司 南石極	地 イ司堂 調鳳禄 将貫貴	鉄 イ鳳印 玉石龍 悦玉将	宝 イ調庫 龍貫玉 堂龍禄	海 イ貫庫 龍玉車 貴牽悦	雨 イ石印 龍龍牽 胡車胡	樹 サ龍堂 禄牽禄 印司報	花 サ玉南 玉車司 極禄馳	陽 サ車南 牽司鳳 報調極	灯 サ牽堂 鳳禄調 庫鳳貴	山 サ禄南 車調貫 貴石極	地 サ司堂 車鳳石 胡貫貴	
10月	鉄 サ鳳印 龍石龍 印玉将	宝 サ調庫 牽貫玉 極龍禄	海 サ貫庫 司玉車 報牽悦	雨 サ石印 車龍牽 庫車胡	樹 ウ龍堂 車牽禄 馳司報	花 ウ玉南 車車司 馳禄馳	陽 ウ車南 鳳司鳳 庫調極	灯 ウ牽堂 玉禄龍 報司印	山 ウ禄南 司調牽 報鳳庫	地 ウ司堂 禄鳳車 庫調印	鉄 ウ鳳印 龍石司 馳貫堂	宝 ウ調庫 禄貫禄 馳石南	海 ウ貫庫 調玉調 庫龍南	雨 ウ石印 玉龍鳳 報玉堂	樹 タ龍堂 司牽石 極車印	花 タ玉南 鳳車貫 印牽庫	陽 タ車南 鳳司玉 胡禄庫	灯 タ牽堂 禄貫車 貴司印	山 タ禄南 玉玉司 庫鳳庫	地 タ司堂 牽龍禄 報調印	鉄 タ鳳印 調龍龍 極貫堂	宝 タ調庫 龍玉玉 印石南	海 タ貫庫 鳳車車 胡龍南	雨 タ石印 鳳牽牽 貴玉堂	樹 ト龍堂 禄禄禄 堂車印	花 ト玉南 調司司 悦牽庫	陽 ト車南 調鳳鳳 将禄庫	灯 ト牽堂 鳳調調 南司印	山 ト禄南 鳳貫貫 胡鳳庫	地 ト司堂 鳳石石 貴調印	鉄 ト鳳印 龍龍龍 堂貫堂
11月	宝 ト調庫 調玉玉 悦石南	海 ト貫庫 石車車 将龍南	雨 ト石印 車牽牽 南玉堂	樹 ネ龍堂 貫禄禄 禄車印	花 ネ玉南 貫司司 禄牽庫	陽 ネ車南 鳳鳳鳳 南禄庫	灯 ネ牽堂 調玉龍 将禄報	山 ネ禄南 石車牽 将調馳	地 ネ司堂 龍牽車 南鳳報	鉄 ネ鳳印 龍禄司 禄石胡	宝 ネ調庫 貫司禄 禄貫悦	海 ネ貫庫 玉鳳調 南玉禄	雨 ネ石印 調調鳳 将龍将	樹 イ龍堂 玉貫石 悦牽貴	花 イ玉南 龍石貫 堂車極	陽 イ車南 貫龍玉 貴司馳	灯 イ牽堂 龍玉車 胡禄報	山 イ禄南 司車司 南調馳	地 イ司堂 調牽禄 将鳳報	鉄 イ鳳印 玉鳳龍 悦石胡	宝 イ調庫 龍調玉 堂貫悦	海 イ貫庫 龍貫車 貴玉禄	雨 イ石印 龍石牽 胡龍将	樹 サ龍堂 禄龍禄 印牽貴	花 サ玉南 玉玉司 極車極	陽 サ車南 牽車鳳 報司馳	灯 サ牽堂 鳳牽調 庫禄報	山 サ禄南 車禄貫 貴調馳	地 サ司堂 車司石 胡鳳報	鉄 サ鳳印 龍鳳龍 印石胡	
12月	宝 サ調庫 牽調玉 極貫悦	海 サ貫庫 司貫車 報玉禄	雨 サ石印 車石牽 庫龍将	樹 ウ龍堂 車龍禄 馳牽貴	花 ウ玉南 車玉司 馳車極	陽 ウ車南 鳳車鳳 庫司馳	灯 ウ牽堂 玉車龍 報牽馳	山 ウ禄南 司司牽 報禄報	地 ウ司堂 禄禄車 庫司馳	鉄 ウ鳳印 龍調司 馳鳳極	宝 ウ調庫 禄鳳禄 馳調貴	海 ウ貫庫 調石調 庫貫将	雨 ウ石印 玉貫鳳 報石禄	樹 タ龍堂 司玉石 極龍悦	花 タ玉南 鳳龍貫 印玉胡	陽 タ車南 鳳牽玉 胡車報	灯 タ牽堂 禄車車 貴牽馳	山 タ禄南 玉司司 庫禄報	地 タ司堂 牽禄禄 報司馳	鉄 タ鳳印 調調龍 極鳳極	宝 タ調庫 龍鳳玉 印調貴	海 タ貫庫 鳳石車 胡貫将	雨 タ石印 鳳貫牽 貴石禄	樹 ト龍堂 禄玉禄 堂龍悦	花 ト玉南 調龍司 悦玉胡	陽 ト車南 調牽鳳 将車報	灯 ト牽堂 鳳車調 南牽馳	山 ト禄南 鳳司貫 胡禄報	地 ト司堂 鳳禄石 貴司馳	鉄 ト鳳印 龍調龍 堂鳳極	宝 ト調庫 調鳳玉 悦調貴

1953年（昭和28年）

1953年(昭和28年)

	1日	2日	3日	4日	5日	6日	7日	8日	9日	10日	11日	12日	13日	14日	15日	16日
1月	海 ト貫庫 石石車 将貫将	雨 ト石印 車貫牽 南石禄	樹 ネ龍堂 貫玉禄 禄龍恍	花 ネ玉南 貫龍司 禄玉胡	陽 ネ車南 鳳牽鳳 南車報	灯 ネ牽堂 調車龍 将車庫	山 ネ禄南 石司牽 将司印	地 ネ司堂 龍禄車 南禄庫	鉄 ネ鳳印 龍調司 禄調庫	宝 ネ調庫 貫鳳禄 禄鳳印	海 ネ貫庫 玉石調 南石堂	雨 ネ石印 調貫鳳 将貫南	樹 イ龍堂 玉玉石 恍玉南	花 イ玉南 龍龍貫 堂龍堂	陽 イ車南 貫牽玉 貴牽印	灯 イ牽堂 龍禄車 胡車庫
2月	雨 サ石印 車車牽 庫貫南	樹 ウ龍堂 車司禄 馳玉南	花 ウ玉南 車禄司 馳龍堂	陽 ウ牽禄 司鳳鳳 庫龍貴	灯 ウ車将 玉調調 報玉極	山 ウ司禄 司貫貫 報車貴	地 ウ禄将 禄石石 庫牽極	鉄 ウ調貴 龍龍龍 馳禄馳	宝 ウ鳳極 禄玉玉 馳司報	海 ウ石馳 調車龍 庫鳳胡	雨 ウ貫報 玉牽玉 報調恍	樹 タ玉胡 司鳳車 極貫禄	花 タ龍恍 鳳調牽 印石将	陽 タ牽禄 鳳貫禄 胡龍貴	灯 タ車将 禄石司 貴玉極	山 タ司禄 玉龍鳳 庫車貴
3月	宝 ト鳳極 調司牽 恍司報	海 ト石馳 石鳳禄 将鳳胡	雨 ト貫報 車調司 南調恍	樹 ネ玉胡 貫貫鳳 禄貫禄	花 ネ龍恍 貫石調 禄石将	陽 ネ牽禄 玉玉鳳 南玉恍	灯 ネ車将 調龍調 将龍胡	山 ネ司禄 石牽貫 将牽恍	地 ネ禄将 龍車石 南車胡	鉄 ネ調貴 龍司龍 禄司報	宝 ネ鳳極 貫禄玉 禄禄馳	海 ネ石馳 玉調龍 南調極	雨 ネ貫報 調鳳玉 将鳳貴	樹 イ玉胡 玉石車 恍石将	花 イ龍恍 龍貫牽 堂貫禄	陽 イ牽禄 貫玉禄 貴玉恍
4月	海 サ石馳 司調禄 報調極	雨 サ貫報 車鳳司 庫鳳貴	樹 ウ玉胡 車石鳳 馳石将	花 ウ龍恍 車貫調 馳貫禄	陽 ウ牽禄 司玉鳳 庫貫南	灯 ウ車将 玉龍調 報石堂	山 ウ司禄 司牽貫 報龍南	地 ウ禄将 禄車石 庫玉堂	鉄 ウ調貴 龍司龍 馳車印	宝 ウ鳳極 禄禄玉 馳牽庫	海 ウ石馳 調調龍 庫禄庫	雨 ウ貫報 玉鳳玉 報司印	樹 タ玉胡 司石車 極鳳堂	花 タ龍恍 鳳貫牽 印調南	陽 タ牽禄 鳳牽禄 胡貫南	灯 タ車将 禄車司 貴石堂
5月	海 ト石馳 石車禄 将禄庫	雨 ト貫報 車牽司 南司印	樹 ネ玉胡 貫禄鳳 禄鳳堂	花 ネ龍恍 貫司調 禄調南	陽 ネ牽禄 鳳鳳貫 南貫南	灯 ネ車将 調調調 将貫将	山 ネ司禄 石貫貫 将玉禄	地 ネ禄将 龍石石 南龍将	鉄 ネ調貴 龍龍龍 禄牽貴	宝 ネ鳳極 貫玉玉 禄車極	海 ネ石馳 玉車車 南司馳	雨 ネ貫報 調玉玉 将禄報	樹 イ玉胡 玉車車 恍調胡	花 イ龍恍 龍牽牽 堂鳳恍	陽 イ牽禄 貫禄禄 貴石禄	灯 イ車将 龍司司 胡貫将
6月	雨 サ貫報 車司司 庫禄報	樹 ウ玉胡 車鳳鳳 馳調胡	花 ウ龍恍 車調調 馳鳳恍	陽 ウ牽禄 鳳貫貫 庫石禄	灯 ウ車将 牽石石 報貫将	山 ウ司禄 司石貫 報貫将	地 ウ禄将 禄貫石 庫石禄	鉄 ウ調貴 龍玉龍 馳龍恍	宝 ウ鳳極 禄龍玉 馳玉胡	海 ウ石馳 調牽車 庫車報	雨 ウ貫報 牽車牽 報牽馳	樹 タ玉胡 司司車 極禄極	花 タ龍恍 鳳禄牽 印司貴	陽 タ牽禄 鳳調禄 胡鳳将	灯 タ車将 禄鳳司 貴調禄	山 タ司禄 玉石鳳 庫貫将
7月	雨 ト貫報 車禄司 南牽馳	樹 ネ玉胡 貫調鳳 禄禄極	花 ネ龍恍 貫鳳調 禄司貴	陽 ネ牽禄 鳳石貫 南鳳将	灯 ネ車将 石貫石 将調禄	山 ネ司禄 玉玉龍 将貫将	地 ネ禄将 龍龍石 南貫南	鉄 ネ調貴 龍牽龍 禄玉南	宝 ネ鳳極 貫車玉 禄龍堂	海 ネ石馳 玉司車 南牽印	雨 ネ貫報 調禄牽 将車庫	樹 イ玉胡 玉調禄 恍司庫	花 イ龍恍 龍鳳牽 堂禄印	陽 イ牽禄 鳳石禄 貴調堂	灯 イ車将 龍貫司 胡鳳南	山 イ司禄 牽玉鳳 南石堂
8月	樹 ウ玉胡 車司鳳 馳司庫	花 ウ龍恍 車禄調 馳禄印	陽 ウ牽禄 鳳調貫 庫調堂	灯 ウ車将 牽鳳石 報鳳南	山 ウ司禄 司石龍 報石堂	地 ウ禄将 貫貫玉 庫貫南	鉄 ウ調貴 禄玉車 馳玉南	宝 ウ鳳極 禄玉玉 馳石将	海 ウ石馳 調車車 庫龍貴	雨 ウ貫報 牽牽牽 報玉極	樹 タ玉胡 司禄禄 極車馳	花 タ龍恍 鳳司司 印牽報	陽 タ牽禄 鳳鳳鳳 胡禄胡	灯 タ車将 禄調司 貴司恍	山 タ司禄 調貫鳳 庫鳳胡	地 タ禄将 牽石調 報調恍
9月	花 ネ龍恍 貫牽調 禄牽報	陽 ネ牽禄 鳳禄貫 南禄胡	灯 ネ車将 石司石 将司恍	山 ネ司禄 玉鳳龍 将鳳胡	地 ネ禄将 貫調玉 南調恍	鉄 ネ調貴 貫貫車 禄貫禄	宝 ネ鳳極 貫石牽 禄石将	海 ネ石馳 玉玉車 南玉恍	雨 ネ貫報 調龍牽 将龍胡	樹 イ玉胡 玉牽禄 恍牽報	花 イ龍恍 龍車司 堂車馳	陽 イ牽禄 鳳司鳳 貴司極	灯 イ車将 龍禄調 胡禄貴	山 イ司禄 牽調鳳 南調極	地 イ禄将 調鳳調 将鳳貴	鉄 イ調貴 玉石貫 恍石将
10月	花 ウ龍恍 車車調 馳車馳	陽 ウ牽禄 鳳司貫 庫司極	灯 ウ車将 牽禄石 報禄貴	山 ウ司禄 司調龍 報調極	地 ウ禄将 貫鳳玉 庫鳳貴	鉄 ウ調貴 禄石車 馳石将	宝 ウ鳳極 禄貫牽 馳貫禄	海 ウ石馳 調玉車 庫貫南	雨 ウ貫報 牽龍牽 報石堂	樹 タ玉胡 司牽禄 極龍印	花 タ龍恍 鳳車司 印玉庫	陽 タ牽禄 鳳司鳳 胡車庫	灯 タ車将 禄禄調 貴牽印	山 タ司禄 調調鳳 庫禄庫	地 タ禄将 牽鳳調 報司印	鉄 タ調貴 調石貫 極鳳堂
11月	陽 ネ牽禄 鳳鳳貫 南車庫	灯 ネ車将 石調石 将牽印	山 ネ司禄 玉貫龍 将禄庫	地 ネ禄将 貫石玉 南司印	鉄 ネ調貴 貫龍車 禄鳳堂	宝 ネ鳳極 貫玉牽 禄調南	海 ネ石馳 車車禄 南貫南	雨 ネ貫報 調調牽 将貫将	樹 イ玉胡 玉貫禄 恍玉貴	花 イ龍恍 龍石司 堂龍極	陽 イ牽禄 鳳龍鳳 貴牽馳	灯 イ車将 龍玉調 胡車報	山 イ司禄 牽車貫 南司馳	地 イ禄将 調牽調 将禄報	鉄 イ調貴 玉禄貫 恍調胡	宝 イ鳳極 車司石 堂鳳恍
12月	陽 ウ牽禄 鳳車貫 庫牽馳	灯 ウ車将 牽牽石 報車報	山 ウ司禄 司禄龍 報司馳	地 ウ禄将 貫司玉 庫禄報	鉄 ウ調貴 禄鳳車 馳調胡	宝 ウ鳳極 禄調牽 馳鳳恍	海 ウ石馳 調石車 庫鳳将	雨 ウ貫報 牽貫牽 報調禄	樹 タ玉胡 司玉禄 極貫恍	花 タ龍恍 鳳龍司 印石胡	陽 タ牽禄 鳳牽鳳 胡龍報	灯 タ車将 禄車調 貴玉馳	山 タ司禄 調司鳳 庫車報	地 タ禄将 牽禄調 報牽馳	鉄 タ調貴 調調貫 極禄極	宝 タ鳳極 鳳鳳石 印司貴

	17日	18日	19日	20日	21日	22日	23日	24日	25日	26日	27日	28日	29日	30日	31日
1月	山 イ禄南 司調司 南司印	地 イ司堂 調鳳禄 将禄庫	鉄 イ鳳印 玉玉龍 恍調庫	宝 イ調庫 龍龍玉 堂鳳印	海 イ貫庫 龍牽車 貴石堂	雨 イ石印 龍車牽 胡貫南	樹 サ龍堂 禄司禄 印玉南	花 サ玉南 玉禄司 極龍堂	陽 サ車南 牽調鳳 報牽印	灯 サ牽堂 鳳鳳調 庫車庫	山 サ禄南 車石貫 貴司印	地 サ司堂 車貫石 胡禄庫	鉄 サ鳳印 龍玉龍 印調庫	宝 サ調庫 牽龍玉 極鳳印	海 サ貫庫 司牽車 報石堂
2月	地 タ禄将 司玉調 報牽極	鉄 タ調貴 調車貫 極禄馳	宝 タ鳳極 龍司牽 印司報	海 タ石馳 鳳鳳禄 胡鳳胡	雨 タ貫報 鳳調司 貴調恍	樹 ト玉胡 禄貫鳳 堂貫禄	花 ト龍恍 調石調 恍石将	陽 ト牽禄 石龍貫 将龍貴	灯 ト車将 鳳玉石 南玉極	山 ト司禄 鳳車龍 胡車貴	地 ト禄将 鳳牽玉 貴牽極	鉄 ト調貴 龍禄車 堂禄馳			
3月	灯 イ車将 龍龍司 胡龍胡	山 イ司禄 司牽鳳 南牽恍	地 イ禄将 調車調 将車胡	鉄 イ調貴 玉司貫 恍司報	宝 イ鳳極 龍禄牽 堂禄馳	海 イ石馳 龍調禄 貴調極	雨 イ貫報 龍鳳司 胡鳳貴	樹 サ玉胡 禄石鳳 印石将	花 サ龍恍 玉貫調 極貫禄	陽 サ牽禄 牽玉貫 報玉恍	灯 サ車将 鳳龍石 庫龍胡	山 サ司禄 車牽龍 貴牽恍	地 サ禄将 車車玉 胡車胡	鉄 サ調貴 龍司車 印司報	宝 サ鳳極 牽禄牽 極禄馳
4月	山 タ司禄 玉司鳳 庫龍南	地 タ禄将 司石調 報玉堂	鉄 タ調貴 調龍貫 極車印	宝 タ鳳極 龍玉牽 印牽庫	海 タ石馳 鳳車禄 胡禄庫	雨 タ貫報 鳳牽司 貴司印	樹 ト玉胡 禄禄鳳 堂鳳堂	花 ト龍恍 調司調 恍調南	陽 ト牽禄 石鳳貫 将貫南	灯 ト車将 鳳調石 南石堂	山 ト司禄 鳳貫龍 胡龍南	地 ト禄将 鳳石玉 貴玉堂	鉄 ト調貴 龍龍車 堂車印	宝 ト鳳極 調玉牽 恍牽庫	
5月	山 イ司禄 司鳳鳳 南玉禄	地 イ禄将 調調調 将龍将	鉄 イ調貴 玉貫貫 恍牽貴	宝 イ鳳極 龍石石 堂車極	海 イ石馳 龍禄禄 貴司馳	雨 イ貫報 龍司司 胡禄報	樹 サ玉胡 禄鳳鳳 印調胡	花 サ龍恍 玉調調 極鳳恍	陽 サ牽禄 牽貫貫 報石禄	灯 サ車将 鳳石石 庫貫将	山 サ司禄 車龍龍 貴玉禄	地 サ禄将 車玉玉 胡龍将	鉄 サ調貴 龍車車 印牽貴	宝 サ鳳極 牽牽牽 極車極	海 サ石馳 司禄禄 報司馳
6月	地 タ禄将 牽貫調 報石禄	鉄 タ調貴 調玉貫 極龍恍	宝 タ鳳極 龍龍石 印玉胡	海 タ石馳 禄牽龍 胡車報	雨 タ貫報 鳳車司 貴牽馳	樹 ト玉胡 禄司鳳 堂禄極	花 ト龍恍 調禄調 恍司貴	陽 ト牽禄 調調貫 将鳳将	灯 ト車将 鳳鳳石 南調禄	山 ト司禄 鳳玉龍 胡貫将	地 ト禄将 鳳龍玉 貴石禄	鉄 ト調貴 龍牽車 堂龍恍	宝 ト鳳極 調車牽 恍玉胡	海 ト石馳 石司禄 将車報	
7月	地 イ禄将 調車調 将貫南	鉄 イ調貴 玉司貫 恍玉南	宝 イ鳳極 禄禄石 堂龍堂	海 イ石馳 貫牽龍 貴牽印	雨 イ貫報 龍車玉 胡車庫	樹 サ玉胡 禄司鳳 印司庫	花 サ龍恍 玉禄調 極禄印	陽 サ牽禄 牽調貫 報調堂	灯 サ車将 鳳鳳石 庫鳳南	山 サ司禄 車石龍 貴石堂	地 サ禄将 車貫玉 胡貫南	鉄 サ調貴 龍玉車 印玉南	宝 サ鳳極 牽龍牽 極龍堂	海 サ石馳 司牽禄 報牽印	雨 サ貫報 車車司 庫車庫
8月	鉄 タ調貴 調龍貫 極貫禄	宝 タ鳳極 貫玉石 印石将	海 タ石馳 禄貫龍 胡龍貴	雨 タ貫報 鳳石玉 貴玉極	樹 ト玉胡 禄龍車 堂車馳	花 ト龍恍 牽牽牽 恍牽報	陽 ト牽禄 調禄貫 将禄胡	灯 ト車将 鳳司石 南司恍	山 ト司禄 鳳鳳龍 胡鳳胡	地 ト禄将 鳳調玉 貴調恍	鉄 ト調貴 龍貫車 堂貫禄	宝 ト鳳極 調石牽 恍石将	海 ト石馳 石龍禄 将龍貴	雨 ト貫報 車玉司 南玉極	樹 ネ玉胡 貫車鳳 禄車馳
9月	宝 イ鳳極 車貫石 堂貫禄	海 イ石馳 車玉龍 貴玉恍	雨 イ貫報 龍龍玉 胡龍胡	樹 サ玉胡 調牽車 印牽報	花 サ龍恍 玉車牽 極車馳	陽 サ牽禄 牽司禄 報司極	灯 サ車将 鳳禄石 庫禄貴	山 サ司禄 車調龍 貴調極	地 サ禄将 車鳳玉 胡鳳貴	鉄 サ調貴 龍石車 印石将	宝 サ鳳極 牽貫牽 極貫禄	海 サ石馳 司玉禄 報玉恍	雨 サ貫報 車龍司 庫龍胡	樹 ウ玉胡 車牽鳳 馳牽報	
10月	宝 タ鳳極 鳳貫石 印調南	海 タ石馳 禄司龍 胡貫南	雨 タ貫報 鳳禄玉 貴石堂	樹 ト玉胡 玉調車 堂龍印	花 ト龍恍 牽司牽 恍玉庫	陽 ト牽禄 調鳳禄 将車庫	灯 ト車将 鳳調石 南牽印	山 ト司禄 鳳貫龍 胡禄庫	地 ト禄将 鳳石玉 貴司印	鉄 ト調貴 龍龍車 堂鳳堂	宝 ト鳳極 調玉牽 恍調南	海 ト石馳 石車禄 将貫南	雨 ト貫報 車牽司 南石堂	樹 ネ玉胡 貫禄鳳 禄龍印	花 ネ龍恍 貫司調 禄玉庫
11月	海 イ石馳 車鳳龍 貴石禄	雨 イ貫報 龍調玉 胡貫将	樹 サ玉胡 調貫車 印玉貴	花 サ龍恍 石石牽 極龍極	陽 サ牽禄 牽車禄 報牽馳	灯 サ車将 鳳牽司 庫車報	山 サ司禄 車禄龍 貴司馳	地 サ禄将 車司玉 胡禄報	鉄 サ調貴 龍鳳車 印調胡	宝 サ鳳極 牽調牽 極鳳恍	海 サ石馳 牽貫禄 報石禄	雨 サ貫報 車石司 庫貫将	樹 ウ玉胡 車龍鳳 馳玉貴	花 ウ龍恍 車玉調 馳龍極	
12月	海 タ石馳 禄石龍 胡鳳将	雨 タ貫報 鳳貫玉 貴調禄	樹 ト玉胡 玉玉車 堂貫恍	花 ト龍恍 牽龍牽 恍石胡	陽 ト牽禄 調牽禄 将龍報	灯 ト車将 鳳車石 南玉馳	山 ト司禄 鳳司龍 胡車報	地 ト禄将 鳳禄玉 貴牽馳	鉄 ト調貴 龍調車 堂禄極	宝 ト鳳極 調鳳牽 恍司貴	海 ト石馳 石石禄 将鳳将	雨 ト貫報 車貫司 南調禄	樹 ネ玉胡 貫玉鳳 禄貫恍	花 ネ龍恍 貫龍調 禄石胡	陽 ネ牽禄 鳳牽貫 南龍報

1954年（昭和29年）

	1日	2日	3日	4日	5日	6日	7日	8日	9日	10日
1月	灯 ネ車将 石車石 将玉馳	山 ネ司禄 玉司龍 将車報	地 ネ禄将 貫禄玉 南牽馳	鉄 ネ調貴 貫調車 禄禄極	宝 ネ鳳極 貫鳳牽 禄司貴	海 ネ石馳 玉石車 南調堂	雨 ネ貫報 調貫牽 将鳳南	樹 イ玉胡 玉玉禄 恍石南	花 イ龍恍 龍龍司 堂貫堂	陽 イ牽禄 鳳牽鳳 貴玉印
2月	山 ウ司禄 司石龍 報牽印	地 ウ禄将 貫貫玉 庫車庫	鉄 ウ調貴 禄玉車 馳司庫	宝 ウ司胡 禄玉龍 馳牽報	海 ウ鳳報 調車牽 庫禄胡	雨 ウ調馳 牽牽車 報司恍	樹 タ貫極 司禄司 極鳳禄	花 タ石貴 鳳司禄 印調将	陽 タ龍将 鳳鳳調 胡貫貴	灯 タ玉禄 禄調鳳 貴石極
3月	陽 ネ龍将 鳳龍石 南貫貴	灯 ネ玉禄 石玉貫 将石極	山 ネ車将 玉車玉 将龍貴	地 ネ牽禄 貫牽龍 南玉極	鉄 ネ禄恍 貫禄牽 禄車馳	宝 ネ司胡 貫禄龍 禄車馳	海 ネ鳳報 玉調牽 南司極	雨 ネ調馳 調鳳車 将禄貴	樹 イ貫極 玉石司 恍調将	花 イ石貴 龍貫禄 堂鳳禄
4月	灯 ウ玉禄 牽龍貫 報貫胡	山 ウ車将 司牽玉 報玉恍	地 ウ牽禄 貫車龍 庫龍胡	鉄 ウ禄恍 禄司牽 馳牽報	宝 ウ司胡 禄禄龍 馳玉庫	海 ウ鳳報 調調牽 庫車庫	雨 ウ調馳 牽鳳車 報牽印	樹 タ貫極 司石司 極禄堂	花 タ石貴 鳳貫禄 印司南	陽 タ龍将 鳳玉調 胡鳳南
5月	灯 ネ玉禄 石調貫 将調堂	山 ネ車将 玉貫玉 将貫南	地 ネ牽禄 貫石龍 南石堂	鉄 ネ禄恍 貫龍牽 禄龍印	宝 ネ司胡 貫玉車 禄玉庫	海 ネ鳳報 玉車牽 南牽馳	雨 ネ調馳 調牽車 将車報	樹 イ貫極 玉禄司 恍司胡	花 イ石貴 龍司禄 堂禄恍	陽 イ龍将 鳳鳳調 貴調禄
6月	山 ウ車将 司龍玉 報石禄	地 ウ牽禄 貫玉龍 庫貫将	鉄 ウ禄恍 禄車牽 馳玉貴	宝 ウ司胡 禄牽車 馳龍極	海 ウ鳳報 車禄司 庫牽馳	雨 ウ調馳 牽車車 報玉馳	樹 タ貫極 司司司 極車極	花 タ石貴 鳳禄禄 印牽貴	陽 タ龍将 鳳調調 胡禄将	灯 タ玉禄 禄鳳鳳 貴司禄
7月	山 ネ車将 玉玉玉 将鳳将	地 ネ牽禄 貫龍龍 南調禄	鉄 ネ禄恍 貫牽牽 禄貫恍	宝 ネ司胡 貫車車 禄石胡	海 ネ鳳報 車司司 南龍報	雨 ネ調馳 石禄禄 将玉馳	樹 イ貫極 玉調調 恍車極	花 イ石貴 龍鳳禄 堂車印	陽 イ龍将 鳳石調 貴司堂	灯 イ玉禄 龍貫鳳 胡禄南
8月	地 ウ牽禄 貫貫龍 庫鳳南	鉄 ウ禄恍 禄玉牽 馳石南	宝 ウ司胡 禄龍車 馳貫堂	海 ウ鳳報 車牽司 庫玉印	雨 ウ調馳 司車禄 報龍庫	樹 タ貫極 調司調 極牽庫	花 タ石貴 禄禄鳳 印車印	陽 タ龍将 鳳鳳調 胡車胡	灯 タ玉禄 禄調鳳 貴牽恍	山 タ車将 調貫石 庫禄胡
9月	鉄 ネ禄恍 貫貫牽 禄鳳禄	宝 ネ司胡 貫石車 禄調将	海 ネ鳳報 車龍司 南貫貴	雨 ネ調馳 石玉禄 将石極	樹 イ貫極 玉車調 恍龍馳	花 イ石貴 禄牽鳳 堂玉報	陽 イ龍将 龍禄石 貴車胡	灯 イ玉禄 龍禄鳳 胡車貴	山 イ車将 牽調石 南司極	地 イ牽禄 石鳳貫 将禄貴
10月	鉄 ウ禄恍 禄石牽 馳調将	宝 ウ司胡 禄貫車 馳鳳禄	海 ウ鳳報 車玉司 庫石恍	雨 ウ調馳 司龍禄 報貫胡	樹 タ貫極 調牽調 極玉報	花 タ石貴 禄車鳳 印龍馳	陽 タ龍将 禄司石 胡牽極	灯 タ玉禄 禄禄貫 貴車貴	山 タ車将 調調石 庫車庫	地 タ牽禄 牽鳳貫 報牽印
11月	宝 ネ司胡 貫玉車 禄司南	海 ネ鳳報 車車司 南鳳南	雨 ネ調馳 石牽禄 将調堂	樹 イ貫極 玉禄調 恍貫印	花 イ石貴 禄司鳳 堂石庫	陽 イ龍将 龍鳳石 貴龍庫	灯 イ玉禄 龍調貫 胡玉印	山 イ車将 牽車石 南牽馳	地 イ牽禄 石牽貫 将車報	鉄 イ禄恍 玉禄玉 恍司胡
12月	宝 ウ司胡 禄調車 馳禄恍	海 ウ鳳報 車貫司 庫調禄	雨 ウ調馳 司石禄 報鳳将	樹 タ貫極 調龍調 極石貴	花 タ石貴 禄玉鳳 印貫極	陽 タ龍将 禄車石 胡玉馳	灯 タ玉禄 禄牽貫 貴龍報	山 タ車将 調司石 庫龍報	地 タ牽禄 牽禄貫 報玉馳	鉄 タ禄恍 調調玉 極車極

	11日	12日	13日	14日	15日	16日	17日	18日	19日	20日
1月	灯 イ車将 龍車調 胡龍庫	山 イ司禄 牽司鳳 南牽印	地 イ禄将 調禄調 将車庫	鉄 イ調貴 玉調貫 恍司庫	宝 イ鳳極 車鳳石 堂禄印	海 イ石馳 車玉龍 貴調堂	雨 イ貫報 龍龍玉 胡鳳南	樹 サ玉胡 調牽車 印石南	花 サ龍恍 玉禄牽 極貫堂	陽 サ牽禄 牽調禄 報玉印
2月	山 タ車将 調貫石 庫龍貴	地 タ牽禄 牽玉貫 報玉極	鉄 タ禄恍 調車玉 極車馳	宝 タ司胡 貫牽龍 印牽報	海 タ鳳報 禄禄牽 胡禄胡	雨 タ調馳 鳳司車 貴司恍	樹 ト貫極 禄鳳司 堂鳳禄	花 ト石貴 牽調禄 恍調将	陽 ト龍将 調龍調 将貫貴	灯 ト玉禄 鳳玉鳳 南石極
3月	陽 イ龍将 鳳玉調 貴石恍	灯 イ玉禄 龍龍鳳 胡貫胡	山 イ車将 牽牽石 南玉恍	地 イ牽禄 調車貫 将龍胡	鉄 イ禄恍 玉司玉 恍牽報	宝 イ司胡 禄禄龍 堂車馳	海 イ鳳報 貫調牽 貴司極	雨 イ調馳 龍鳳車 胡禄貴	樹 サ貫極 禄石司 印調将	花 サ石貴 玉貫禄 極鳳禄
4月	灯 タ玉禄 禄龍鳳 貴調堂	山 タ車将 調牽石 庫貫南	地 タ牽禄 牽車貫 報石堂	鉄 タ禄恍 調司玉 極龍印	宝 タ司胡 貫鳳龍 印玉庫	海 タ鳳報 禄石牽 胡車庫	雨 タ調馳 鳳貫車 貴牽印	樹 ト貫極 禄禄司 堂禄堂	花 ト石貴 牽司禄 恍司南	陽 ト龍将 調鳳調 将鳳南
5月	灯 イ玉禄 龍調鳳 胡鳳将	山 イ車将 牽鳳石 南石禄	地 イ牽禄 調調貫 将貫将	鉄 イ禄恍 玉貫玉 恍玉貴	宝 イ司胡 車石龍 堂龍極	海 イ鳳報 車龍牽 貴牽馳	雨 イ調馳 龍玉車 胡車報	樹 サ貫極 調車司 印司胡	花 サ石貴 玉牽禄 極禄恍	陽 サ龍将 牽禄調 報調禄
6月	山 タ車将 調石石 庫鳳将	地 タ牽禄 牽貫貫 報調禄	鉄 タ禄恍 調玉玉 極貫恍	宝 タ司胡 鳳龍龍 印石胡	海 タ鳳報 禄牽牽 胡龍報	雨 タ調馳 鳳車車 貴玉馳	樹 ト貫極 玉司司 堂車極	花 ト石貴 牽禄禄 恍牽貴	陽 ト龍将 調調調 将禄将	灯 ト玉禄 鳳鳳鳳 南司禄
7月	山 イ車将 牽玉石 南調堂	地 イ牽禄 石龍貫 将鳳南	鉄 イ禄恍 玉牽玉 恍石南	宝 イ司胡 車車龍 堂貫堂	海 イ鳳報 車司牽 貴玉印	雨 イ調馳 龍禄車 胡龍庫	樹 サ貫極 牽調司 印牽庫	花 サ石貴 石貫禄 極車印	陽 サ龍将 牽玉調 報司堂	灯 サ玉禄 禄龍鳳 庫禄南
8月	地 タ牽禄 牽石貫 報司恍	鉄 タ禄恍 調龍玉 極鳳禄	宝 タ司胡 鳳玉龍 印調将	海 タ鳳報 車車牽 胡貫貴	雨 タ調馳 鳳牽車 貴石極	樹 ト貫極 石禄司 堂龍馳	花 ト石貴 牽司禄 恍玉報	陽 ト龍将 調鳳調 将車胡	灯 ト玉禄 龍牽鳳 南牽恍	山 ト車将 禄禄石 胡禄胡
9月	鉄 イ禄恍 玉石玉 恍調将	宝 イ司胡 車貫龍 堂鳳禄	海 イ鳳報 車玉牽 貴石恍	雨 イ調馳 龍龍車 胡貫胡	樹 サ貫極 牽牽司 印玉報	花 サ石貴 石車禄 極龍馳	陽 サ龍将 牽司調 報牽極	灯 サ玉禄 禄禄鳳 庫車貴	山 サ車将 龍調石 貴司極	地 サ牽禄 車鳳貫 胡禄貴
10月	鉄 タ禄恍 調石玉 極禄堂	宝 タ司胡 鳳貫龍 印司南	海 タ鳳報 車玉牽 胡鳳南	雨 タ調馳 鳳龍車 貴調堂	樹 ト貫極 石牽司 堂貫印	花 ト石貴 牽車禄 恍石庫	陽 ト龍将 調司調 将龍庫	灯 ト玉禄 貫禄鳳 南玉印	山 ト車将 貫玉石 胡車庫	地 ト牽禄 鳳龍貫 貴牽印
11月	宝 イ司胡 車司龍 堂禄恍	海 イ鳳報 車鳳牽 貴調禄	雨 イ調馳 龍調車 胡鳳将	樹 サ貫極 牽貫司 印石貴	花 サ石貴 石石禄 極貫極	陽 サ龍将 牽龍調 報玉馳	灯 サ玉禄 車玉鳳 庫龍報	山 サ車将 龍車石 貴牽馳	地 サ牽禄 車牽貫 胡車報	鉄 サ禄恍 調禄玉 印司胡
12月	宝 タ司胡 鳳鳳龍 印牽貴	海 タ鳳報 車石牽 胡禄将	雨 タ調馳 鳳貫車 貴司禄	樹 ト貫極 石玉司 堂鳳恍	花 ト石貴 牽龍禄 恍調胡	陽 ト龍将 調牽調 将貫報	灯 ト玉禄 貫車鳳 南石馳	山 ト車将 貫司石 胡龍報	地 ト牽禄 鳳禄貫 貴玉馳	鉄 ト禄恍 牽調玉 堂車極

	21日	22日	23日	24日	25日	26日	27日	28日	29日	30日	31日
1月	灯 サ車将 鳳鳳石 庫龍庫	山 サ司禄 車石龍 貴牽印	地 サ禄将 車貫玉 胡車庫	鉄 サ調貴 龍玉車 印司庫	宝 サ鳳極 牽龍牽 極禄印	海 サ石馳 司牽禄 報調堂	雨 サ貫報 車車司 庫鳳南	樹 ウ玉胡 車司鳳 馳石南	花 ウ龍恍 車禄調 馳貫堂	陽 ウ牽禄 鳳調貫 庫玉印	灯 ウ車将 牽鳳石 報龍庫
2月	山 ト車将 鳳車石 胡龍貴	地 ト牽禄 鳳牽貫 貴玉極	鉄 ト禄恍 龍禄玉 堂車馳	宝 ト司胡 調司車 恍牽報	海 ト鳳報 石鳳司 将禄胡	雨 ト調馳 車調禄 南司恍	樹 ネ貫極 貫貫調 禄鳳禄	花 ネ石貴 貫石鳳 禄調将			
3月	陽 サ龍将 牽玉調 報石恍	灯 サ玉禄 鳳龍鳳 庫貫胡	山 サ車将 車牽石 貴玉恍	地 サ牽禄 車車貫 胡龍胡	鉄 サ禄恍 龍司玉 印牽報	宝 サ司胡 牽禄車 極車馳	海 サ鳳報 司調司 報司極	雨 サ調馳 車鳳禄 庫禄貴	樹 ウ貫極 車石調 馳調将	花 ウ石貴 車貫鳳 馳鳳禄	陽 ウ龍将 鳳玉石 庫石恍
4月	灯 ト玉禄 鳳調鳳 南調堂	山 ト車将 鳳貫石 胡貫南	地 ト牽禄 鳳石貫 貴石堂	鉄 ト禄恍 龍龍玉 堂龍印	宝 ト司胡 調玉車 恍玉庫	海 ト鳳報 石車司 将車庫	雨 ト調馳 車牽禄 南牽印	樹 ネ貫極 貫禄調 禄禄堂	花 ネ石貴 貫司鳳 禄司南	陽 ネ龍将 鳳鳳石 南鳳南	
5月	灯 サ玉禄 鳳石鳳 庫鳳将	山 サ車将 車龍石 貴石禄	地 サ牽禄 車玉貫 胡貫将	鉄 サ禄恍 龍車玉 印玉貴	宝 サ司胡 牽牽龍 極龍極	海 サ鳳報 司禄司 報牽馳	雨 サ調馳 車司禄 庫車報	樹 ウ貫極 車鳳調 馳司胡	花 ウ石貴 車調鳳 馳禄恍	陽 ウ龍将 鳳貫石 庫調禄	灯 ウ玉禄 牽石貫 報鳳将
6月	山 ト車将 鳳石石 胡鳳将	地 ト牽禄 鳳貫貫 貴調禄	鉄 ト禄恍 龍玉玉 堂貫恍	宝 ト司胡 調龍龍 恍石胡	海 ト鳳報 石牽牽 将龍報	雨 ト調馳 車禄禄 南玉馳	樹 ネ貫極 貫調調 禄車極	花 ネ石貴 貫鳳鳳 禄牽貴	陽 ネ龍将 鳳石石 南禄将	灯 ネ玉禄 石貫貫 将司禄	
7月	山 サ車将 龍石石 貴調堂	地 サ牽禄 車貫貫 胡鳳南	鉄 サ禄恍 龍玉玉 印石南	宝 サ司胡 牽龍龍 極貫堂	海 サ鳳報 牽牽牽 報玉印	雨 サ調馳 車車車 庫龍庫	樹 ウ貫極 車司司 馳牽庫	花 ウ石貴 車禄鳳 馳車印	陽 ウ龍将 鳳調石 庫司堂	灯 ウ玉禄 牽鳳貫 報禄南	山 ウ車将 司石玉 報調堂
8月	地 ト牽禄 鳳司貫 貴司恍	鉄 ト禄恍 龍貫玉 堂鳳禄	宝 ト司胡 調石龍 恍調将	海 ト鳳報 石龍牽 将貫貴	雨 ト調馳 車玉車 南石極	樹 ネ貫極 貫車司 禄龍馳	花 ネ石貴 貫牽禄 禄玉報	陽 ネ龍将 鳳禄石 南車胡	灯 ネ玉禄 石司貫 将牽恍	山 ネ車将 玉鳳玉 将禄胡	地 ネ牽禄 貫調龍 南司恍
9月	鉄 サ禄恍 龍石玉 印調将	宝 サ司胡 石貫龍 極鳳禄	海 サ鳳報 牽玉牽 報石恍	雨 サ調馳 車龍車 庫貫胡	樹 ウ貫極 車牽司 馳玉報	花 ウ石貴 車車禄 馳龍馳	陽 ウ龍将 鳳司調 庫牽極	灯 ウ玉禄 牽禄貫 報車貴	山 ウ車将 司調玉 報司極	地 ウ牽禄 貫鳳龍 庫禄貴	
10月	鉄 ト禄恍 牽牽玉 堂禄堂	宝 ト司胡 調玉龍 恍司南	海 ト鳳報 石車牽 将鳳南	雨 ト調馳 車牽車 南調堂	樹 ネ貫極 貫禄司 禄貫印	花 ネ石貴 貫司禄 禄石庫	陽 ネ龍将 鳳鳳調 南龍庫	灯 ネ玉禄 石調鳳 将玉印	山 ネ車将 玉貫玉 将車庫	地 ネ牽禄 貫石龍 南牽印	鉄 ネ禄恍 貫龍牽 禄禄堂
11月	宝 サ司胡 石調龍 極禄恍	海 サ鳳報 牽貫牽 報調禄	雨 サ調馳 車石車 庫鳳将	樹 ウ貫極 車龍司 馳石貴	花 ウ石貴 車玉禄 馳貫極	陽 ウ龍将 鳳車調 庫玉馳	灯 ウ玉禄 牽牽鳳 報龍報	山 ウ車将 司禄玉 報牽馳	地 ウ牽禄 貫司龍 庫車報	鉄 ウ禄恍 禄鳳牽 馳司胡	
12月	宝 ト司胡 調鳳龍 恍牽貴	海 ト鳳報 石石牽 将禄将	雨 ト調馳 車貫車 南司禄	樹 ネ貫極 貫玉司 禄鳳恍	花 ネ石貴 貫龍禄 禄調胡	陽 ネ龍将 鳳牽調 南貫報	灯 ネ玉禄 石車鳳 将石馳	山 ネ車将 玉司玉 将龍報	地 ネ牽禄 貫禄龍 南玉馳	鉄 ネ禄恍 貫調牽 禄車極	宝 ネ司胡 貫鳳車 禄牽貴

1955年（昭和30年）

	1日	2日	3日	4日	5日	6日	7日	8日	9日	10日	11日	12日	13日	14日	15日	16日
1月	海 ネ鳳報 車石司 南禄将	雨 ネ調馳 石貫禄 将司禄	樹 イ貫極 玉玉調 恍鳳恍	花 イ石貴 禄龍鳳 堂調胡	陽 イ龍将 龍牽石 貴貫報	灯 イ玉禄 龍車鳳 胡貫庫	山 イ車将 牽司石 南玉印	地 イ牽禄 石禄貫 将龍庫	鉄 イ禄恍 玉調玉 恍牽庫	宝 イ司胡 車鳳龍 堂車印	海 イ鳳報 車石牽 貴司堂	雨 イ調馳 龍貫車 胡禄南	樹 サ貫極 牽玉司 印調南	花 サ石貴 石龍禄 極鳳堂	陽 サ龍将 牽牽調 報石印	灯 サ玉禄 禄禄鳳 庫貫庫
2月	雨 ウ調馳 司車禄 報禄南	樹 タ貫極 調司調 極調南	花 タ石貴 禄禄鳳 印鳳堂	陽 タ玉堂 鳳鳳石 胡鳳貴	灯 タ龍南 禄調貫 貴調極	山 タ牽堂 調貫玉 庫貫貴	地 タ車南 牽石龍 報石極	鉄 タ司南 調龍牽 極龍馳	宝 タ禄堂 鳳玉車 印玉報	海 タ調印 車車司 胡車胡	雨 タ鳳庫 鳳牽禄 貴牽恍	樹 ト石庫 石鳳調 堂禄禄	花 ト貫印 牽調鳳 恍司将	陽 ト玉堂 調貫玉 将鳳貴	灯 ト龍南 龍石龍 南調極	山 ト牽堂 禄龍牽 胡貫貴
3月	宝 ネ禄堂 貫司龍 禄玉報	海 ネ調印 車鳳牽 南車胡	雨 ネ鳳庫 石調車 将牽恍	樹 イ石庫 玉貫司 恍禄禄	花 イ貫印 禄石禄 堂司将	陽 イ玉堂 鳳玉石 貴調恍	灯 イ龍南 龍龍貫 胡鳳胡	山 イ牽堂 牽牽玉 南石恍	地 イ車南 石車龍 将貫胡	鉄 イ司南 玉司牽 恍玉報	宝 イ禄堂 車禄車 堂龍馳	海 イ調印 車調司 貴牽極	雨 イ鳳庫 龍鳳禄 胡車貴	樹 サ石庫 牽石調 印司将	花 サ貫印 石貫鳳 極禄禄	陽 サ玉堂 牽玉玉 報調恍
4月	海 ウ調印 車調牽 庫牽極	雨 ウ鳳庫 司鳳車 報車貴	樹 タ石庫 調石司 極司将	花 タ貫印 禄貫禄 印禄禄	陽 タ玉堂 鳳玉石 胡禄南	灯 タ龍南 禄龍貫 貴司堂	山 タ牽堂 調牽玉 庫鳳南	地 タ車南 牽車龍 報調堂	鉄 タ司南 調司牽 極貫印	宝 タ禄堂 鳳禄車 印石庫	海 タ調印 車調司 胡龍庫	雨 タ鳳庫 鳳鳳禄 貴玉印	樹 ト石庫 石石調 堂車堂	花 ト貫印 牽貫鳳 恍牽南	陽 ト玉堂 調牽玉 将禄南	灯 ト龍南 龍車龍 南司堂
5月	海 ネ調印 車車牽 南龍庫	雨 ネ鳳庫 石牽車 将玉印	樹 イ石庫 玉禄司 恍車堂	花 イ貫印 禄司禄 堂牽南	陽 イ玉堂 龍鳳調 貴禄南	灯 イ龍南 龍調貫 胡禄将	山 イ牽堂 牽貫玉 南調禄	地 イ車南 石石龍 将鳳将	鉄 イ司南 玉龍牽 恍石貴	宝 イ禄堂 車玉車 堂貫極	海 イ調印 車車司 貴玉馳	雨 イ鳳庫 龍玉禄 胡龍報	樹 サ石庫 牽車調 印牽胡	花 サ貫印 石牽鳳 極車恍	陽 サ玉堂 牽禄石 報司禄	灯 サ龍南 禄司龍 庫禄将
6月	雨 ウ鳳庫 司司車 報龍報	樹 タ石庫 調鳳司 極牽胡	花 タ貫印 禄調禄 印車恍	陽 タ玉堂 禄貫調 胡司禄	灯 タ龍南 禄石鳳 貴禄将	山 タ牽堂 調石玉 庫禄将	地 タ車南 牽貫龍 報司禄	鉄 タ司南 調玉牽 極鳳恍	宝 タ禄堂 鳳龍車 印調胡	海 タ調印 車牽司 胡貫報	雨 タ鳳庫 鳳車禄 貴石馳	樹 ト石庫 石司調 堂龍極	花 ト貫印 牽禄鳳 恍玉貴	陽 ト玉堂 調調石 将車将	灯 ト龍南 貫鳳貫 南牽禄	山 ト牽堂 貫石牽 胡禄将
7月	雨 ネ鳳庫 石禄車 将石馳	樹 イ石庫 玉調司 恍龍極	花 イ貫印 禄鳳禄 堂玉貴	陽 イ玉堂 龍石調 貴車将	灯 イ龍南 龍貫鳳 胡牽禄	山 イ牽堂 貫玉石 南禄将	地 イ車南 玉龍貫 将司禄	鉄 イ司南 玉牽牽 恍調南	宝 イ禄堂 車車車 堂鳳堂	海 イ調印 車司司 貴石印	雨 イ鳳庫 龍禄禄 胡貫庫	樹 サ石庫 牽調調 印玉庫	花 サ貫印 石鳳鳳 極龍印	陽 サ玉堂 牽石石 報牽堂	灯 サ龍南 車貫貫 庫車南	山 サ牽堂 龍玉玉 貴司堂
8月	樹 タ石庫 調司司 極玉庫	花 タ貫印 禄禄禄 印龍印	陽 タ玉堂 禄調調 胡牽堂	灯 タ龍南 禄鳳鳳 貴車南	山 タ牽堂 貫石石 庫司堂	地 タ車南 司貫貫 報禄南	鉄 タ司南 調玉玉 極調南	宝 タ禄堂 鳳玉車 印司将	海 タ調印 車車司 胡鳳貴	雨 タ鳳庫 鳳牽禄 貴調極	樹 ト石庫 石禄調 堂貫馳	花 ト貫印 司司鳳 恍石報	陽 ト玉堂 調鳳石 将龍胡	灯 ト龍南 貫調貫 南玉恍	山 ト牽堂 貫貫玉 胡車胡	地 ト車南 鳳石龍 貴牽恍
9月	花 イ貫印 禄牽禄 堂石報	陽 イ玉堂 龍禄調 貴龍胡	灯 イ龍南 龍司鳳 胡玉恍	山 イ牽堂 貫鳳石 南車胡	地 イ車南 玉調貫 将牽恍	鉄 イ司南 牽貫玉 恍禄禄	宝 イ禄堂 龍石龍 堂司将	海 イ調印 車玉司 貴調恍	雨 イ鳳庫 龍龍禄 胡鳳胡	樹 サ石庫 牽牽調 印石報	花 サ貫印 石車鳳 極貫馳	陽 サ玉堂 牽司石 報玉極	灯 サ龍南 車禄貫 庫龍貴	山 サ牽堂 貫調玉 貴牽極	地 サ車南 車鳳龍 胡車貴	鉄 サ司南 司石牽 印司将
10月	花 タ貫印 禄車禄 印貫馳	陽 タ玉堂 禄司調 胡玉極	灯 タ龍南 禄禄鳳 貴龍貴	山 タ牽堂 貫調石 庫牽極	地 タ車南 司鳳貫 報車貴	鉄 タ司南 調石玉 極司将	宝 タ禄堂 龍貫龍 印禄禄	海 タ調印 鳳玉牽 胡調恍	雨 タ鳳庫 鳳龍禄 貴司堂	樹 ト石庫 石牽調 堂鳳印	花 ト貫印 司車鳳 恍調庫	陽 ト玉堂 調司石 将貫庫	灯 ト龍南 貫禄貫 南石印	山 ト牽堂 貫調玉 胡龍庫	地 ト車南 鳳鳳龍 貴玉印	鉄 ト司南 石石牽 堂車堂
11月	陽 イ玉堂 龍鳳調 貴貫庫	灯 イ龍南 龍調鳳 胡石印	山 イ牽堂 貫貫石 南龍庫	地 イ車南 玉石貫 将玉印	鉄 イ司南 牽龍玉 恍車堂	宝 イ禄堂 龍玉龍 堂牽南	海 イ調印 龍車牽 貴禄南	雨 イ鳳庫 龍調禄 胡禄将	樹 サ石庫 牽貫調 印調貴	花 サ貫印 石石鳳 極鳳極	陽 サ玉堂 牽龍石 報石馳	灯 サ龍南 車玉貫 庫貫報	山 サ牽堂 貫車玉 貴玉馳	地 サ車南 車牽龍 胡龍報	鉄 サ司南 司禄牽 印牽胡	宝 サ禄堂 石司車 極車恍
12月	陽 タ玉堂 禄車調 胡石馳	灯 タ龍南 禄牽鳳 貴貫報	山 タ牽堂 貫禄石 庫玉馳	地 タ車南 司司貫 報龍報	鉄 タ司南 調鳳玉 極牽胡	宝 タ禄堂 龍調龍 印車恍	海 タ調印 鳳貫牽 胡司禄	雨 タ鳳庫 鳳貫禄 貴牽禄	樹 ト石庫 石玉調 堂禄恍	花 ト貫印 司龍鳳 恍司胡	陽 ト玉堂 調牽石 将鳳報	灯 ト龍南 貫車貫 南調馳	山 ト牽堂 貫司玉 胡貫報	地 ト車南 鳳禄龍 貴石馳	鉄 ト司南 石調牽 堂龍極	宝 ト禄堂 司鳳車 恍玉貴

	17日	18日	19日	20日	21日	22日	23日	24日	25日	26日	27日	28日	29日	30日	31日
1月	山 サ車将 龍調石 貴玉印	地 サ牽禄 車鳳貫 胡龍庫	鉄 サ禄恍 龍玉玉 印牽庫	宝 サ司胡 石龍龍 極車印	海 サ鳳報 牽牽牽 報司堂	雨 サ調馳 車車車 庫禄南	樹 ウ貫極 車司司 馳調南	花 ウ石貴 車禄禄 馳鳳堂	陽 ウ龍将 鳳調調 庫石印	灯 ウ玉禄 牽鳳貫 報貫庫	山 ウ車将 司石玉 報玉印	地 ウ牽禄 貫貫龍 庫龍庫	鉄 ウ禄恍 禄玉牽 馳牽庫	宝 ウ司胡 禄龍車 馳車印	海 ウ鳳報 車牽司 庫司堂
2月	地 ト車南 鳳玉貫 貴石極	鉄 ト司南 龍車玉 堂龍馳	宝 ト禄堂 調司龍 恍玉報	海 ト調印 石鳳牽 将車胡	雨 ト鳳庫 車調車 南牽恍	樹 ネ石庫 貫貫司 禄禄禄	花 ネ貫印 貫石禄 禄司将	陽 ネ玉堂 鳳龍調 南鳳貴	灯 ネ龍南 石玉鳳 将調極	山 ネ牽堂 玉車石 将貫貴	地 ネ車南 貫牽貫 南石極	鉄 ネ司南 貫禄玉 禄龍馳			
3月	灯 サ龍南 禄龍龍 庫鳳胡	山 サ牽堂 龍牽牽 貴石恍	地 サ車南 車車貫 胡貫胡	鉄 サ司南 龍司玉 印玉報	宝 サ禄堂 牽禄龍 極龍馳	海 サ調印 牽調牽 報牽極	雨 サ鳳庫 車鳳車 庫車貴	樹 ウ石庫 車石司 馳司将	花 ウ貫印 車貫禄 馳禄禄	陽 ウ玉堂 鳳玉調 庫調恍	灯 ウ龍南 牽龍鳳 報鳳胡	山 ウ牽堂 司牽石 報石恍	地 ウ車南 貫車貫 庫貫胡	鉄 ウ司南 禄司玉 馳玉報	宝 ウ禄堂 禄禄龍 馳龍馳
4月	山 ト牽堂 禄司牽 胡鳳南	地 ト車南 鳳石貫 貴調堂	鉄 ト司南 龍龍玉 堂貫印	宝 ト禄堂 調玉龍 恍石庫	海 ト調印 石車牽 将龍庫	雨 ト鳳庫 車牽車 南玉印	樹 ネ石庫 貫禄司 禄車堂	花 ネ貫印 貫司禄 禄牽南	陽 ネ玉堂 鳳鳳調 南禄南	灯 ネ龍南 石調鳳 将司堂	山 ネ牽堂 玉貫石 将鳳南	地 ネ車南 貫石貫 南調堂	鉄 ネ司南 貫龍玉 禄貫印	宝 ネ禄堂 貫玉龍 禄石庫	
5月	山 サ牽堂 龍鳳牽 貴調禄	地 サ車南 車調車 胡鳳将	鉄 サ司南 龍貫玉 印石貴	宝 サ禄堂 石石龍 極貫極	海 サ調印 牽禄牽 報玉馳	雨 サ鳳庫 車司車 庫龍報	樹 ウ石庫 車鳳司 馳牽胡	花 ウ貫印 車調禄 馳車恍	陽 ウ玉堂 鳳貫調 庫司禄	灯 ウ龍南 牽石鳳 報禄将	山 ウ牽堂 司龍石 報調禄	地 ウ車南 貫玉貫 庫鳳将	鉄 ウ司南 禄車玉 馳石貴	宝 ウ禄堂 禄牽龍 馳貫極	海 ウ調印 車禄牽 庫玉馳
6月	地 ト車南 鳳貫車 貴司禄	鉄 ト司南 牽玉司 堂鳳恍	宝 ト禄堂 調龍龍 恍調胡	海 ト調印 石牽牽 将貫報	雨 ト鳳庫 車車車 南石馳	樹 ネ石庫 貫司司 禄龍極	花 ネ貫印 貫禄禄 禄玉貴	陽 ネ玉堂 鳳調調 南車将	灯 ネ龍南 石鳳鳳 将牽禄	山 ネ牽堂 玉玉石 将禄将	地 ネ車南 貫龍貫 南司禄	鉄 ネ司南 貫牽玉 禄鳳恍	宝 ネ禄堂 貫車龍 禄調胡	海 ネ調印 車司牽 南貫報	
7月	地 サ車南 車龍龍 胡禄南	鉄 サ司南 調司司 印調南	宝 サ禄堂 石禄禄 極鳳堂	海 サ調印 牽調調 報石印	雨 サ鳳庫 車車車 庫貫庫	樹 ウ石庫 車司司 馳玉庫	花 ウ貫印 車禄禄 馳龍印	陽 ウ玉堂 鳳調調 庫牽堂	灯 ウ龍南 牽鳳鳳 報車南	山 ウ牽堂 司石石 報司堂	地 ウ車南 貫貫貫 庫禄南	鉄 ウ司南 禄玉玉 馳調南	宝 ウ禄堂 禄龍龍 馳鳳堂	海 ウ調印 車牽牽 庫石印	雨 ウ鳳庫 司車車 報貫庫
8月	鉄 ト司南 石龍牽 堂禄禄	宝 ト禄堂 司玉禄 恍司将	海 ト調印 石貫調 将鳳貴	雨 ト鳳庫 龍石鳳 南調極	樹 ネ石庫 鳳龍司 禄貫馳	花 ネ貫印 貫牽禄 禄石報	陽 ネ玉堂 鳳禄調 南龍胡	灯 ネ龍南 石司鳳 将玉恍	山 ネ牽堂 石鳳石 将車胡	地 ネ車南 貫調貫 南牽恍	鉄 ネ司南 貫貫玉 禄禄禄	宝 ネ禄堂 貫石龍 禄司将	海 ネ調印 車龍牽 南鳳貴	雨 ネ鳳庫 石玉車 将調極	樹 イ石庫 玉車司 恍貫馳
9月	宝 サ禄堂 石貫車 極禄禄	海 サ調印 牽玉調 報調恍	雨 サ鳳庫 鳳龍鳳 庫鳳胡	樹 ウ石庫 龍牽石 馳石報	花 ウ貫印 車車禄 馳貫馳	陽 ウ玉堂 鳳司調 庫玉極	灯 ウ龍南 牽禄鳳 報龍貴	山 ウ牽堂 司調石 報牽極	地 ウ車南 貫鳳貫 庫車貴	鉄 ウ司南 禄石玉 馳司将	宝 ウ禄堂 禄貫龍 馳禄禄	海 ウ調印 車玉牽 庫調恍	雨 ウ鳳庫 司龍車 報鳳胡	樹 タ石庫 調牽司 極石報	
10月	宝 ト禄堂 司貫車 恍牽南	海 ト調印 石玉司 将禄南	雨 ト鳳庫 龍禄鳳 南司堂	樹 ネ石庫 鳳調石 禄鳳印	花 ネ貫印 貫鳳貫 禄調庫	陽 ネ玉堂 鳳鳳調 南貫庫	灯 ネ龍南 司調鳳 将石印	山 ネ牽堂 石貫石 将龍庫	地 ネ車南 貫石貫 南玉印	鉄 ネ司南 貫龍玉 禄車堂	宝 ネ禄堂 貫玉龍 禄牽南	海 ネ調印 車車牽 南禄南	雨 ネ鳳庫 石牽車 将司堂	樹 イ石庫 玉禄司 恍鳳印	花 イ貫印 禄司禄 堂調庫
11月	海 サ調印 牽鳳司 報司禄	雨 サ鳳庫 鳳調鳳 庫禄将	樹 ウ石庫 龍貫石 馳調貴	花 ウ貫印 車石貫 馳鳳極	陽 ウ玉堂 鳳車調 庫石馳	灯 ウ龍南 牽牽鳳 報貫報	山 ウ牽堂 司禄石 報玉馳	地 ウ車南 貫司貫 庫龍報	鉄 ウ司南 禄鳳玉 馳牽胡	宝 ウ禄堂 禄調龍 馳車恍	海 ウ調印 車貫牽 庫司禄	雨 ウ鳳庫 司石車 報禄将	樹 タ石庫 調龍司 極調貴	花 タ貫印 禄玉禄 印鳳極	
12月	海 ト調印 石石司 将車将	雨 ト鳳庫 龍貫鳳 南牽禄	樹 ネ石庫 鳳玉石 禄禄恍	花 ネ貫印 貫龍貫 禄司胡	陽 ネ玉堂 鳳牽調 南鳳報	灯 ネ龍南 司車鳳 将調馳	山 ネ牽堂 石司石 将貫報	地 ネ車南 貫禄貫 南石馳	鉄 ネ司南 貫調玉 禄龍極	宝 ネ禄堂 貫鳳龍 禄玉貴	海 ネ調印 車石牽 南車将	雨 ネ鳳庫 石貫車 将牽禄	樹 イ石庫 玉玉司 恍禄恍	花 イ貫印 禄龍禄 堂司胡	陽 イ玉堂 龍牽調 貴鳳報

1956年(昭和31年)

	1日	2日	3日	4日	5日	6日	7日	8日	9日	10日	11日	12日	13日	14日	15日	16日
1月	灯 イ龍南 龍車鳳 胡調馳	山 イ牽堂 貫司石 南貫報	地 イ車南 玉禄貫 将石馳	鉄 イ司南 牽調玉 恍龍極	宝 イ禄堂 龍鳳龍 堂玉貴	海 イ調印 車石司 貴牽堂	雨 イ鳳庫 龍貫禄 胡車南	樹 サ石庫 牽玉調 印司南	花 サ貫印 石龍鳳 極禄堂	陽 サ玉堂 牽牽石 報調印	灯 サ龍南 車車貫 庫鳳庫	山 サ牽堂 貫司玉 貴石印	地 サ車南 車禄龍 胡貫庫	鉄 サ司南 司調牽 印玉庫	宝 サ禄堂 石鳳車 極龍印	海 サ調印 牽玉調 報牽堂
2月	山 タ牽堂 貫石石 庫石印	地 タ車南 司貫貫 報貫庫	鉄 タ司南 調玉玉 極玉庫	宝 タ禄堂 龍龍龍 印龍印	海 タ禄貴 車車車 胡龍胡	雨 タ司極 鳳牽牽 貴玉恍	樹 ト鳳馳 石禄禄 堂車禄	花 ト調報 司司司 恍牽将	陽 ト貫胡 調鳳鳳 将禄貴	灯 ト石恍 貫調調 南司極	山 ト龍胡 貫貫貫 胡鳳貴	地 ト玉恍 鳳石石 貴調極	鉄 ト車禄 石車龍 堂貫馳	宝 ト牽将 司牽玉 恍石報	海 ト禄貴 石禄車 将龍胡	雨 ト司極 龍司石 南玉恍
3月	灯 イ石恍 龍玉司 胡司極	山 イ龍胡 貫車鳳 南鳳貴	地 イ玉恍 玉牽調 将調極	鉄 イ車禄 牽禄貫 恍貫馳	宝 イ牽将 車禄玉 堂貫馳	海 イ禄貴 車調車 貴玉極	雨 イ司極 龍鳳牽 胡龍貴	樹 サ鳳馳 牽石禄 印牽将	花 サ調報 石貫司 極車禄	陽 サ貫胡 牽玉鳳 報司恍	灯 サ石恍 車龍調 庫禄胡	山 サ龍胡 貫牽貫 貴調恍	地 サ玉恍 車車石 胡鳳胡	鉄 サ車禄 司司龍 印石報	宝 サ牽将 石禄玉 極貫馳	海 サ禄貴 牽調貫 報玉極
4月	山 タ龍胡 貫牽鳳 庫調恍	地 タ玉恍 司車調 報鳳胡	鉄 タ車禄 調司貫 極石報	宝 タ牽将 龍禄石 印貫馳	海 タ禄貴 車調車 胡貫庫	雨 タ司極 鳳鳳牽 貴石印	樹 ト鳳馳 石石禄 堂龍堂	花 ト調報 司貫司 恍玉南	陽 ト貫胡 調玉鳳 将車南	灯 ト石恍 貫龍調 南牽堂	山 ト龍胡 貫牽貫 胡禄南	地 ト玉恍 鳳車石 貴司堂	鉄 ト車禄 石司龍 堂鳳印	宝 ト牽将 司禄玉 恍調庫	海 ト禄貴 石石車 将貫庫	雨 ト司極 龍貫石 南石印
5月	山 イ龍胡 貫貫鳳 南禄南	地 イ玉恍 玉石調 将司堂	鉄 イ車禄 牽龍貫 恍鳳印	宝 イ牽将 龍玉石 堂調庫	海 イ禄貴 車車車 貴石馳	雨 イ司極 龍牽牽 胡貫報	樹 サ鳳馳 牽禄禄 印玉胡	花 サ調報 石司司 極龍恍	陽 サ貫胡 牽鳳鳳 報牽禄	灯 サ石恍 車調調 庫車将	山 サ龍胡 貫鳳貫 貴司禄	地 サ玉恍 車調石 胡禄将	鉄 サ車禄 司貫龍 印調貴	宝 サ牽将 石石玉 極鳳極	海 サ禄貴 牽龍車 報石馳	雨 サ司極 鳳玉石 庫貫報
6月	地 タ玉恍 司玉調 報禄将	鉄 タ車禄 調車貫 極調貴	宝 タ牽将 龍牽石 印鳳極	海 タ禄貴 鳳禄龍 胡石馳	雨 タ司極 鳳司玉 貴貫報	樹 ト鳳馳 石司禄 堂貫極	花 ト調報 司禄司 恍石貴	陽 ト貫胡 調調鳳 将龍将	灯 ト石恍 貫鳳調 南玉禄	山 ト龍胡 貫石貫 胡車将	地 ト玉恍 鳳貫石 貴牽禄	鉄 ト車禄 石玉龍 堂禄恍	宝 ト牽将 司龍玉 恍司胡	海 ト禄貴 石牽車 将鳳報	雨 ト司極 貫車牽 南調馳	樹 ネ鳳馳 鳳司禄 禄貫極
7月	地 イ玉恍 玉龍調 将牽禄	鉄 イ車禄 牽牽貫 恍禄恍	宝 イ牽将 龍車石 堂司胡	海 イ禄貴 龍司龍 貴鳳報	雨 イ司極 龍禄玉 胡調馳	樹 サ鳳馳 禄調車 印貫極	花 サ調報 石鳳司 極貫印	陽 サ貫胡 牽石鳳 報玉堂	灯 サ石恍 車貫調 庫龍南	山 サ龍胡 貫玉貫 貴牽堂	地 サ玉恍 車龍石 胡車南	鉄 サ車禄 司牽龍 印司南	宝 サ牽将 石車玉 極禄堂	海 サ禄貴 牽司車 報調印	雨 サ司極 禄禄牽 庫鳳庫	樹 ウ鳳馳 禄調禄 馳石庫
8月	鉄 タ車禄 調玉貫 極司南	宝 タ牽将 龍龍石 印禄堂	海 タ禄貴 鳳牽龍 胡調印	雨 タ司極 鳳車玉 貴鳳庫	樹 ト鳳馳 禄司車 堂石庫	花 ト調報 調禄牽 恍貫印	陽 ト貫胡 調鳳鳳 将貫胡	灯 ト石恍 貫調調 南石恍	山 ト龍胡 貫貫貫 胡龍胡	地 ト玉恍 鳳石石 貴玉恍	鉄 ト車禄 石龍龍 堂車禄	宝 ト牽将 司玉玉 恍牽将	海 ト禄貴 石車車 将禄貴	雨 ト司極 貫牽牽 南司極	樹 ネ鳳馳 鳳禄禄 禄鳳馳	花 ネ調報 貫司司 禄調報
9月	宝 イ牽将 龍石石 堂牽将	海 イ禄貴 龍龍龍 貴禄貴	雨 イ司極 龍玉玉 胡司極	樹 サ鳳馳 禄車車 印鳳馳	花 サ調報 玉牽牽 極調報	陽 サ貫胡 牽禄禄 報貫胡	灯 サ石恍 鳳司司 庫石恍	山 サ龍胡 貫調貫 貴玉極	地 サ玉恍 車鳳石 胡龍貴	鉄 サ車禄 司石龍 印牽将	宝 サ牽将 玉貫玉 極車禄	海 サ禄貴 牽玉車 報司恍	雨 サ司極 禄龍牽 庫禄胡	樹 ウ鳳馳 禄牽禄 馳調報	花 ウ調報 車車司 馳鳳馳	陽 ウ貫胡 司司鳳 庫石極
10月	宝 タ牽将 龍貫石 印車禄	海 タ禄貴 鳳玉龍 胡司恍	雨 タ司極 鳳龍玉 貴禄胡	樹 ト鳳馳 禄牽車 堂調報	花 ト調報 調車牽 恍鳳馳	陽 ト貫胡 石司禄 将石極	灯 ト石恍 鳳禄司 南貫貴	山 ト龍胡 貫調貫 胡貫庫	地 ト玉恍 鳳鳳石 貴石印	鉄 ト車禄 石石龍 堂龍堂	宝 ト牽将 司貫玉 恍玉南	海 ト禄貴 石玉車 将車南	雨 ト司極 貫龍牽 南牽堂	樹 ネ鳳馳 禄牽禄 禄禄印	花 ネ調報 貫車司 禄司庫	陽 ネ貫胡 玉司鳳 南鳳庫
11月	海 イ禄貴 龍車龍 貴車南	雨 イ司極 龍牽玉 胡牽堂	樹 サ鳳馳 禄禄車 印禄印	花 サ調報 玉司牽 極司庫	陽 サ貫胡 牽鳳禄 報鳳庫	灯 サ石恍 鳳調司 庫調印	山 サ龍胡 貫車貫 貴石馳	地 サ玉恍 車牽石 胡貫報	鉄 サ車禄 司禄龍 印玉胡	宝 サ牽将 玉司玉 極龍恍	海 サ禄貴 牽鳳車 報牽禄	雨 サ司極 禄調牽 庫車将	樹 ウ鳳馳 禄貫禄 馳司貴	花 ウ調報 車石司 馳禄極	陽 ウ貫胡 司龍鳳 庫調馳	灯 ウ石恍 玉玉調 報鳳報
12月	海 タ禄貴 鳳貫龍 胡牽禄	雨 タ司極 鳳石玉 貴車将	樹 ト鳳馳 禄龍車 堂司貴	花 ト調報 調玉牽 恍禄極	陽 ト貫胡 石車禄 将調馳	灯 ト石恍 鳳牽司 南鳳報	山 ト龍胡 貫司貫 胡鳳報	地 ト玉恍 鳳禄石 貴調馳	鉄 ト車禄 石調龍 堂貫極	宝 ト牽将 司鳳玉 恍石貴	海 ト禄貴 石石車 将龍将	雨 ト司極 貫貫牽 南玉禄	樹 ネ鳳馳 禄玉禄 禄車恍	花 ネ調報 貫龍司 禄牽胡	陽 ネ貫胡 玉牽鳳 南禄報	灯 ネ石恍 司車調 将司馳

	17日	18日	19日	20日	21日	22日	23日	24日	25日	26日	27日	28日	29日	30日	31日
1月	雨 サ鳳庫 鳳龍鳳 庫車南	樹 ウ石庫 龍牽石 馳司南	花 ウ貫印 車禄禄 馳禄堂	陽 ウ玉堂 鳳調調 庫調印	灯 ウ龍南 牽鳳鳳 報鳳庫	山 ウ牽堂 司石石 報石印	地 ウ車南 貫貫貫 庫貫庫	鉄 ウ司南 禄玉玉 馳玉庫	宝 ウ禄堂 禄龍龍 馳龍印	海 ウ調印 車牽牽 庫牽堂	雨 ウ鳳庫 司車車 報車南	樹 タ石庫 調司司 極司南	花 タ貫印 禄禄禄 印禄堂	陽 タ玉堂 禄調調 胡調印	灯 タ龍南 禄鳳鳳 貴鳳庫
2月	樹 ネ鳳馳 鳳鳳龍 禄車禄	花 ネ調報 貫調玉 禄牽将	陽 ネ貫胡 鳳貫禄 南禄貴	灯 ネ石恍 石玉司 将司極	山 ネ龍胡 石車鳳 将鳳貴	地 ネ玉恍 貫牽調 南調極	鉄 ネ車禄 貫禄貫 禄貫馳	宝 ネ牽将 貫司石 禄石報	海 ネ禄貴 車鳳龍 南龍胡	雨 ネ司極 石調玉 将玉恍	樹 イ鳳馳 玉貫車 恍車禄	花 イ調報 禄石牽 堂牽将	陽 イ貫胡 龍龍禄 貴禄貴		
3月	雨 サ司極 鳳鳳石 庫龍貴	樹 ウ鳳馳 龍石龍 馳牽将	花 ウ調報 車貫牽 馳車禄	陽 ウ貫胡 鳳玉禄 庫司恍	灯 ウ石恍 牽龍司 報禄胡	山 ウ龍胡 司牽鳳 報調恍	地 ウ玉恍 貫車調 庫鳳胡	鉄 ウ車禄 禄司貫 馳石報	宝 ウ牽将 禄禄石 馳貫馳	海 ウ禄貴 車調龍 庫玉極	雨 ウ司極 司鳳玉 報龍貴	樹 タ鳳馳 調石車 極牽将	花 タ調報 禄貫牽 印車禄	陽 タ貫胡 禄玉禄 胡司恍	灯 タ石恍 禄龍司 貴禄胡
4月	樹 ネ鳳馳 鳳玉龍 禄龍堂	花 ネ調報 貫司玉 禄玉南	陽 ネ貫胡 鳳鳳禄 南車南	灯 ネ石恍 石調司 将牽堂	山 ネ龍胡 石貫鳳 将禄南	地 ネ玉恍 貫石調 南司堂	鉄 ネ車禄 貫龍貫 禄鳳印	宝 ネ牽将 貫玉石 禄調庫	海 ネ禄貴 車車龍 南貫庫	雨 ネ司極 石牽玉 将石印	樹 イ鳳馳 玉禄車 恍龍堂	花 イ調報 禄司牽 堂玉南	陽 イ貫胡 龍鳳禄 貴車南	灯 イ石恍 龍調司 胡牽堂	
5月	樹 ウ鳳馳 龍車龍 馳玉胡	花 ウ調報 車牽玉 馳龍恍	陽 ウ貫胡 鳳禄禄 庫牽禄	灯 ウ石恍 牽石司 報車将	山 ウ龍胡 司龍鳳 報司禄	地 ウ玉恍 貫玉調 庫禄将	鉄 ウ車禄 禄車貫 馳調貴	宝 ウ牽将 禄牽石 馳鳳極	海 ウ禄貴 車禄龍 庫石馳	雨 ウ司極 司司玉 報貫報	樹 タ鳳馳 調鳳車 極玉胡	花 タ調報 禄調牽 印龍恍	陽 タ貫胡 禄貫禄 胡牽禄	灯 タ石恍 禄石司 貴車将	山 タ龍胡 貫龍鳳 庫司禄
6月	花 ネ調報 貫禄玉 禄石貴	陽 ネ貫胡 牽調車 南龍将	灯 ネ石恍 司鳳牽 将玉禄	山 ネ龍胡 石石鳳 将車将	地 ネ玉恍 貫貫調 南牽禄	鉄 ネ車禄 貫玉貫 禄禄恍	宝 ネ牽将 貫龍石 禄司胡	海 ネ禄貴 車牽龍 南鳳報	雨 ネ司極 石車玉 将調馳	樹 イ鳳馳 玉調車 恍貫極	花 イ調報 禄鳳牽 堂石貴	陽 イ貫胡 龍石禄 貴龍将	灯 イ石恍 龍貫司 胡玉禄	山 イ龍胡 貫玉鳳 南車将	
7月	花 ウ調報 車貫司 馳貫印	陽 ウ貫胡 石玉車 庫玉堂	灯 ウ石恍 玉龍牽 報龍南	山 ウ龍胡 司石禄 報牽堂	地 ウ玉恍 貫貫調 庫車南	鉄 ウ車禄 禄玉貫 馳司南	宝 ウ牽将 禄龍石 馳禄堂	海 ウ禄貴 車牽龍 庫調印	雨 ウ司極 司車玉 報鳳庫	樹 タ鳳馳 司司車 極石庫	花 タ調報 禄禄牽 印貫印	陽 タ貫胡 禄調禄 胡玉堂	灯 タ石恍 禄鳳司 貴龍南	山 タ龍胡 貫石鳳 庫牽堂	地 タ玉恍 司貫調 報車南
8月	陽 ネ貫胡 牽鳳鳳 南貫胡	灯 ネ石恍 司牽牽 将石恍	山 ネ龍胡 石禄禄 将龍胡	地 ネ玉恍 貫司司 南玉恍	鉄 ネ車禄 貫貫貫 禄車禄	宝 ネ牽将 貫石石 禄牽将	海 ネ禄貴 車龍龍 南禄貴	雨 ネ司極 石玉玉 将司極	樹 イ鳳馳 玉車車 恍鳳馳	花 イ調報 禄牽牽 堂調報	陽 イ貫胡 龍禄禄 貴貫胡	灯 イ石恍 龍司司 胡石恍	山 イ龍胡 貫鳳鳳 南龍胡	地 イ玉恍 玉調調 将玉恍	鉄 イ車禄 牽貫貫 恍車禄
9月	灯 ウ石恍 玉禄調 報貫貴	山 ウ龍胡 司調貫 報玉極	地 ウ玉恍 鳳鳳司 庫龍貴	鉄 ウ車禄 車石鳳 馳牽将	宝 ウ牽将 禄貫調 馳車禄	海 ウ禄貴 車玉龍 庫司恍	雨 ウ司極 司龍玉 報禄胡	樹 タ鳳馳 司牽車 極調報	花 タ調報 禄車牽 印鳳馳	陽 タ貫胡 禄司禄 胡石極	灯 タ石恍 禄禄司 貴貫貴	山 タ龍胡 貫調鳳 庫玉極	地 タ玉恍 司鳳調 報龍貴	鉄 タ車禄 調石貫 極牽将	
10月	灯 ネ石恍 司禄調 将調印	山 ネ龍胡 石玉貫 将貫庫	地 ネ玉恍 車龍司 南石印	鉄 ネ車禄 鳳牽鳳 禄龍堂	宝 ネ牽将 貫玉調 禄玉南	海 ネ禄貴 車車龍 南車南	雨 ネ司極 石牽玉 将牽堂	樹 イ鳳馳 玉禄車 恍禄印	花 イ調報 禄司牽 堂司庫	陽 イ貫胡 龍鳳禄 貴鳳庫	灯 イ石恍 龍調司 胡調印	山 イ龍胡 貫貫鳳 南貫庫	地 イ玉恍 玉石調 将石印	鉄 イ車禄 牽龍貫 恍龍堂	宝 イ牽将 龍玉石 堂玉南
11月	山 ウ龍胡 司車貫 報石馳	地 ウ玉恍 鳳牽司 庫貫報	鉄 ウ車禄 車禄鳳 馳玉胡	宝 ウ牽将 禄調調 馳龍恍	海 ウ禄貴 車貫龍 庫牽禄	雨 ウ司極 司石玉 報車将	樹 タ鳳馳 司龍車 極司貴	花 タ調報 禄玉牽 印禄極	陽 タ貫胡 禄車禄 胡調馳	灯 タ石恍 禄牽司 貴鳳報	山 タ龍胡 貫禄鳳 庫石馳	地 タ玉恍 司司調 報貫報	鉄 タ車禄 調鳳貫 極玉胡	宝 タ牽将 龍調石 印龍恍	
12月	山 ネ龍胡 石司貫 将鳳報	地 ネ玉恍 車禄司 南調馳	鉄 ネ車禄 鳳調鳳 禄貫極	宝 ネ牽将 貫鳳調 禄石貴	海 ネ禄貴 車石龍 南龍将	雨 ネ司極 石貫玉 将玉禄	樹 イ鳳馳 玉玉車 恍車恍	花 イ調報 禄龍牽 堂牽胡	陽 イ貫胡 龍牽禄 貴禄報	灯 イ石恍 龍車司 胡司馳	山 イ龍胡 貫司鳳 南鳳報	地 イ玉恍 玉禄調 将調馳	鉄 イ車禄 牽調貫 恍貫極	宝 イ牽将 龍鳳石 堂石貴	海 イ禄貴 龍石龍 貴龍将

1957年（昭和32年）

1957年(昭和32年)

	1日	2日	3日	4日	5日	6日	7日	8日	9日	10日	11日	12日	13日	14日	15日	16日
1月	雨 イ司極 龍貫玉 胡玉禄	樹 サ鳳馳 禄玉車 印車恍	花 サ調報 玉龍牽 極牽胡	陽 サ貫胡 牽牽禄 報禄報	灯 サ石恍 車車調 庫禄庫	山 サ龍胡 貫司貫 貴調印	地 サ玉恍 車禄石 胡鳳庫	鉄 サ車禄 司調龍 印石庫	宝 サ牽将 玉鳳玉 極貫印	海 サ禄貴 牽石車 報玉堂	雨 サ司極 禄貫牽 庫龍南	樹 ウ鳳馳 禄玉禄 馳牽南	花 ウ調報 車龍司 馳車堂	陽 ウ貫胡 司牽鳳 庫司印	灯 ウ石恍 玉禄調 報禄庫	山 ウ龍胡 司調禄 報調印
2月	樹 ト鳳馳 禄司車 堂牽南	花 ト調報 調禄牽 恍車堂	陽 ト貫胡 石調禄 将司印	灯 ト貫貴 貫調禄 南牽極	山 ト玉極 貫貫調 胡禄貴	地 ト龍貴 鳳石鳳 貴司極	鉄 ト牽将 石龍石 堂鳳馳	宝 ト車禄 司玉貫 恍調報	海 ト司恍 石車玉 将貫胡	雨 ト禄胡 貫牽龍 南石恍	樹 ネ調報 禄禄牽 禄龍禄	花 ネ鳳馳 貫調車 禄玉将	陽 ネ石極 玉貫司 南車貴	灯 ネ貫貴 司石禄 将牽極	山 ネ玉極 石龍調 将禄貴	地 ネ龍貴 車玉鳳 南司極
3月	海 イ司恍 龍鳳玉 貴貫胡	雨 イ禄胡 龍調龍 胡石恍	樹 サ調報 禄貫牽 印龍禄	花 サ鳳馳 玉石車 極玉将	陽 サ石極 牽龍司 報車貴	灯 サ貫貴 車龍禄 庫車胡	山 サ玉極 貫牽調 貴司恍	地 サ龍貴 車車鳳 胡禄胡	鉄 サ牽将 司司石 印調報	宝 サ車禄 玉禄貫 極鳳馳	海 サ司恍 牽調玉 報石極	雨 サ禄胡 禄鳳龍 庫貫貴	樹 ウ調報 禄石牽 馳玉将	花 ウ鳳馳 車貫車 馳龍禄	陽 ウ石極 司玉司 庫牽恍	灯 ウ貫貴 玉龍禄 報車胡
4月	雨 タ禄胡 鳳鳳龍 貴貫貴	樹 ト調報 禄石牽 堂玉将	花 ト鳳馳 調貫車 恍龍禄	陽 ト石極 石玉司 将牽恍	灯 ト貫貴 貫龍禄 南玉堂	山 ト玉極 貫牽調 胡車南	地 ト龍貴 鳳車鳳 貴牽堂	鉄 ト牽将 石司石 堂禄印	宝 ト車禄 司禄貫 恍司庫	海 ト司恍 石調玉 将鳳庫	雨 ト禄胡 貫鳳龍 南調印	樹 ネ調報 禄石牽 禄貫堂	花 ネ鳳馳 貫貫車 禄石南	陽 ネ石極 玉玉司 南龍南	灯 ネ貫貴 司車禄 将玉堂	山 ネ玉極 石司調 将車南
5月	雨 イ禄胡 龍牽龍 胡調印	樹 サ調報 禄禄牽 印貫堂	花 サ鳳馳 玉司車 極石南	陽 サ石極 牽鳳司 報龍南	灯 サ貫貴 鳳調禄 庫玉堂	山 サ玉極 貫貫調 貴牽禄	地 サ龍貴 車石鳳 胡車将	鉄 サ牽将 司龍石 印司貴	宝 サ車禄 玉玉貫 極禄極	海 サ司恍 牽車玉 報調馳	雨 サ禄胡 禄牽龍 庫鳳報	樹 ウ調報 禄車牽 馳石胡	花 ウ鳳馳 車牽車 馳貫恍	陽 ウ石極 司禄司 庫玉禄	灯 ウ貫貴 玉司禄 報龍将	山 ウ玉極 司鳳調 報牽禄
6月	樹 ト調報 禄鳳牽 堂石胡	花 ト鳳馳 調調車 恍貫恍	陽 ト石極 石貫司 将玉禄	灯 ト貫貴 鳳石禄 南龍将	山 ト玉極 鳳龍調 胡牽禄	地 ト龍貴 鳳貫鳳 貴玉禄	鉄 ト牽将 石玉石 堂車恍	宝 ト車禄 司龍貫 恍牽胡	海 ト司恍 石牽玉 将禄報	雨 ト禄胡 貫車龍 南司馳	樹 ネ調報 禄司牽 禄鳳極	花 ネ鳳馳 貫禄車 禄調貴	陽 ネ石極 玉調司 南貫将	灯 ネ貫貴 司鳳禄 将石禄	山 ネ玉極 石石調 将龍将	地 ネ龍貴 車貫鳳 南玉禄
7月	樹 サ調報 禄調牽 印鳳極	花 サ鳳馳 玉鳳車 極調貴	陽 サ石極 牽石司 報貫将	灯 サ貫貴 鳳貫禄 庫石禄	山 サ玉極 車玉調 貴龍将	地 サ龍貴 車龍鳳 胡玉禄	鉄 サ牽将 司牽石 印牽南	宝 サ車禄 玉車貫 極車堂	海 サ司恍 牽司玉 報司印	雨 サ禄胡 禄禄龍 庫禄庫	樹 ウ調報 禄調牽 馳調庫	花 ウ鳳馳 車鳳車 馳鳳印	陽 ウ石極 司石司 庫石堂	灯 ウ貫貴 玉貫禄 報貫南	山 ウ玉極 司玉調 報玉堂	地 ウ龍貴 禄龍鳳 庫龍南
8月	花 ト鳳馳 調禄車 恍鳳印	陽 ト石極 石調司 将石堂	灯 ト貫貴 鳳鳳禄 南貫南	山 ト玉極 鳳石調 胡玉堂	地 ト龍貴 鳳貫鳳 貴龍南	鉄 ト牽将 龍玉石 堂牽南	宝 ト車禄 調龍貫 恍車堂	海 ト司恍 石車玉 将車貴	雨 ト禄胡 貫牽龍 南牽極	樹 ネ調報 禄禄牽 禄禄馳	花 ネ鳳馳 貫司車 禄司報	陽 ネ石極 玉鳳司 南鳳胡	灯 ネ貫貴 調調禄 将調恍	山 ネ玉極 石貫調 将貫胡	地 ネ龍貴 龍石鳳 南石恍	鉄 ネ牽将 龍龍石 禄龍禄
9月	陽 サ石極 牽禄司 報鳳胡	灯 サ貫貴 鳳司禄 庫調恍	山 サ玉極 車鳳調 貴貫胡	地 サ龍貴 車調鳳 胡石恍	鉄 サ牽将 龍貫石 印龍禄	宝 サ車禄 牽石貫 極玉将	海 サ司恍 司龍玉 報車貴	雨 サ禄胡 禄龍龍 庫車胡	樹 ウ調報 禄牽牽 馳司報	花 ウ鳳馳 車車車 馳禄馳	陽 ウ石極 司司司 庫調極	灯 ウ貫貴 玉禄禄 報鳳貴	山 ウ玉極 司調調 報石極	地 ウ龍貴 禄鳳鳳 庫貫貴	鉄 ウ牽将 龍石石 馳玉将	宝 ウ車禄 禄貫貫 馳龍禄
10月	陽 ト石極 石司司 将調極	灯 ト貫貴 鳳禄禄 南鳳貴	山 ト玉極 鳳調調 胡石極	地 ト龍貴 鳳鳳鳳 貴貫貴	鉄 ト牽将 龍石石 堂玉将	宝 ト車禄 調貫貫 恍龍禄	海 ト司恍 石玉玉 将牽恍	雨 ト禄胡 貫龍龍 南玉堂	樹 ネ調報 禄牽牽 禄車印	花 ネ鳳馳 貫車車 禄牽庫	陽 ネ石極 玉司司 南禄庫	灯 ネ貫貴 調禄禄 将司印	山 ネ玉極 石調調 将鳳庫	地 ネ龍貴 龍鳳鳳 南調印	鉄 ネ牽将 龍石石 禄貫堂	宝 ネ車禄 貫貫貫 禄石南
11月	灯 サ貫貴 鳳調禄 庫司印	山 サ玉極 車貫調 貴鳳庫	地 サ龍貴 車石鳳 胡調印	鉄 サ牽将 龍龍石 印貫堂	宝 サ車禄 牽玉貫 極石南	海 サ司恍 司車玉 報龍南	雨 サ禄胡 車牽龍 庫玉堂	樹 ウ調報 禄貫牽 馳牽貴	花 ウ鳳馳 車石車 馳車極	陽 ウ石極 司龍司 庫司馳	灯 ウ貫貴 玉玉禄 報禄報	山 ウ玉極 司車調 報調馳	地 ウ龍貴 禄牽鳳 庫鳳報	鉄 ウ牽将 龍禄石 馳石胡	宝 ウ車禄 禄司貫 馳貫恍	海 ウ司恍 調鳳玉 庫玉禄
12月	灯 ト貫貴 鳳牽禄 南禄報	山 ト玉極 鳳禄調 胡調馳	地 ト龍貴 鳳司鳳 貴鳳報	鉄 ト牽将 龍鳳石 堂石胡	宝 ト車禄 調調貫 恍貫恍	海 ト司恍 石貫玉 将玉禄	雨 ト禄胡 貫貫龍 南石禄	樹 ネ調報 禄玉牽 禄龍恍	花 ネ鳳馳 貫龍車 禄玉胡	陽 ネ石極 玉牽司 南車報	灯 ネ貫貴 調車禄 将牽馳	山 ネ玉極 石司調 将禄報	地 ネ龍貴 龍禄鳳 南司馳	鉄 ネ牽将 龍調石 禄鳳極	宝 ネ車禄 貫鳳貫 禄調貴	海 ネ司恍 玉石玉 南貫将

	17日	18日	19日	20日	21日	22日	23日	24日	25日	26日	27日	28日	29日	30日	31日
1月	地 ウ玉恍 鳳鳳司 庫鳳庫	鉄 ウ車禄 車玉鳳 馳石庫	宝 ウ牽将 禄龍石 馳貫印	海 ウ禄貴 車牽龍 庫玉堂	雨 ウ司極 司車玉 報龍南	樹 タ鳳馳 司司車 極牽南	花 タ調報 禄禄牽 印車堂	陽 タ貫胡 禄調禄 胡司印	灯 タ石恍 禄鳳司 貴禄庫	山 タ龍胡 貫石鳳 庫調印	地 タ玉恍 司貫調 報鳳庫	鉄 タ車禄 調玉貫 極石庫	宝 タ牽将 龍龍石 印貫印	海 タ禄貴 鳳牽龍 胡玉堂	雨 タ司極 鳳車玉 貴龍南
2月	鉄 ネ牽将 鳳車石 禄鳳馳	宝 ネ車禄 貫牽貫 禄調報	海 ネ司恍 車鳳玉 南貫胡	雨 ネ禄胡 石調龍 将石恍	樹 イ調報 玉貫牽 恍龍禄	花 イ鳳馳 禄石車 堂玉将	陽 イ石極 龍龍司 貴車貴	灯 イ貫貴 龍玉禄 胡牽極	山 イ玉極 貫車調 南禄貴	地 イ龍貴 玉牽鳳 将司極	鉄 イ牽将 牽禄石 恍鳳馳	宝 イ車禄 龍司貫 堂調報			
3月	山 ウ玉極 司牽調 報司恍	地 ウ龍貴 鳳車鳳 庫禄胡	鉄 ウ牽将 車司石 馳調報	宝 ウ車禄 禄禄貫 馳鳳馳	海 ウ司恍 車調玉 庫石極	雨 ウ禄胡 司鳳龍 報貫貴	樹 タ調報 司石牽 極玉将	花 タ鳳馳 禄貫車 印龍禄	陽 タ石極 禄玉司 胡牽恍	灯 タ貫貴 禄龍禄 貴車胡	山 タ玉極 貫牽調 庫司恍	地 タ龍貴 司車鳳 報禄胡	鉄 タ牽将 調司石 極調報	宝 タ車禄 龍禄貫 印鳳馳	海 タ司恍 鳳調玉 胡石極
4月	地 ネ龍貴 車禄鳳 南牽堂	鉄 ネ牽将 鳳龍石 禄禄印	宝 ネ車禄 貫玉貫 禄司庫	海 ネ司恍 車車玉 南鳳庫	雨 ネ禄胡 石牽龍 将調印	樹 イ調報 玉禄牽 恍貫堂	花 イ鳳馳 禄司車 堂石南	陽 イ石極 龍鳳司 貴龍南	灯 イ貫貴 龍調禄 胡玉堂	山 イ玉極 貫貫調 南車南	地 イ龍貴 玉石鳳 将牽堂	鉄 イ牽将 牽龍石 恍禄印	宝 イ車禄 龍玉貫 堂司庫	海 イ司恍 龍車玉 貴鳳庫	
5月	地 ウ龍貴 鳳調鳳 庫車将	鉄 ウ牽将 車貫石 馳司貴	宝 ウ車禄 禄石貫 馳禄極	海 ウ司恍 車龍玉 庫調馳	雨 ウ禄胡 司司龍 報鳳報	樹 タ調報 司鳳牽 極石胡	花 タ鳳馳 禄調車 印貫恍	陽 タ石極 禄貫司 胡玉禄	灯 タ貫貴 禄石禄 貴龍将	山 タ玉極 貫龍調 庫牽禄	地 タ龍貴 司玉鳳 報車将	鉄 タ牽将 調車石 極司貴	宝 タ車禄 龍牽貫 印禄極	海 タ司恍 鳳禄玉 胡調馳	雨 タ禄胡 鳳司龍 貴鳳報
6月	鉄 ネ牽将 鳳玉石 禄車恍	宝 ネ車禄 貫龍貫 禄牽胡	海 ネ司恍 車牽玉 南禄報	雨 ネ禄胡 石車龍 将司馳	樹 イ調報 玉司牽 恍鳳極	花 イ鳳馳 禄禄車 堂調貴	陽 イ石極 龍調司 貴貫将	灯 イ貫貴 龍鳳禄 胡石禄	山 イ玉極 貫石調 南龍将	地 イ龍貴 玉龍鳳 将玉禄	鉄 イ牽将 牽牽石 恍車恍	宝 イ車禄 龍車貫 堂牽胡	海 イ司恍 龍司玉 貴禄報	雨 イ禄胡 龍禄龍 胡司馳	
7月	鉄 ウ牽将 車司石 馳牽南	宝 ウ車禄 禄禄貫 馳車堂	海 ウ司恍 石調玉 庫司印	雨 ウ禄胡 玉車龍 報禄庫	樹 タ調報 司司牽 極調庫	花 タ鳳馳 禄禄車 印鳳印	陽 タ石極 禄調司 胡石堂	灯 タ貫貴 禄鳳禄 貴貫南	山 タ玉極 貫石調 庫玉堂	地 タ龍貴 司貫鳳 報龍南	鉄 タ牽将 調玉石 極牽南	宝 タ車禄 龍龍貫 印車堂	海 タ司恍 鳳牽玉 胡司印	雨 タ禄胡 鳳車龍 貴禄庫	樹 ト調報 禄司牽 堂調庫
8月	宝 ネ車禄 貫玉貫 禄玉将	海 ネ司恍 司車玉 南車貴	雨 ネ禄胡 調石龍 将牽極	樹 イ調報 玉龍牽 恍禄馳	花 イ鳳馳 禄玉車 堂司報	陽 イ石極 貫禄司 貴鳳胡	灯 イ貫貴 龍司禄 胡調恍	山 イ玉極 貫鳳調 南貫胡	地 イ龍貴 玉調鳳 将石恍	鉄 イ牽将 玉貫石 恍龍禄	宝 イ車禄 龍石貫 堂玉将	海 イ司恍 龍龍玉 貴車貴	雨 イ禄胡 龍玉龍 胡牽極	樹 サ調報 禄車牽 印禄馳	花 サ鳳馳 玉牽車 極司報
9月	海 ウ司恍 調玉玉 庫牽恍	雨 ウ禄胡 玉龍龍 報車胡	樹 タ調報 司牽牽 極司報	花 タ鳳馳 貫車車 印禄馳	陽 タ石極 車司司 胡調極	灯 タ貫貴 禄禄禄 貴鳳貴	山 タ玉極 貫調調 庫石極	地 タ龍貴 司鳳鳳 報貫貴	鉄 タ牽将 調石石 極玉将	宝 タ車禄 龍貫貫 印龍禄	海 タ司恍 鳳玉玉 胡牽恍	雨 タ禄胡 鳳龍龍 貴車胡	樹 ト調報 禄牽牽 堂司報	花 ト鳳馳 調車車 恍禄馳	
10月	海 ネ司恍 玉玉玉 南龍南	雨 ネ禄胡 調禄龍 将玉堂	樹 イ調報 玉調牽 恍車印	花 イ鳳馳 車鳳車 堂牽庫	陽 イ石極 貫鳳司 貴禄庫	灯 イ貫貴 龍調禄 胡司印	山 イ玉極 貫貫調 南鳳庫	地 イ龍貴 玉石鳳 将調印	鉄 イ牽将 玉龍石 恍貫堂	宝 イ車禄 龍玉貫 堂石南	海 イ司恍 龍車玉 貴龍南	雨 イ禄胡 龍牽龍 胡玉堂	樹 サ調報 禄禄牽 印車印	花 サ鳳馳 玉司車 極牽庫	陽 サ石極 牽鳳司 報禄庫
11月	雨 ウ禄胡 玉調龍 報龍将	樹 タ調報 司貫牽 極牽貴	花 タ鳳馳 貫石車 印車極	陽 タ石極 車龍司 胡司馳	灯 タ貫貴 禄牽禄 貴禄報	山 タ玉極 貫禄調 庫調馳	地 タ龍貴 司司鳳 報鳳報	鉄 タ牽将 調鳳石 極石胡	宝 タ車禄 龍調貫 印貫恍	海 タ司恍 鳳貫玉 胡玉禄	雨 タ禄胡 鳳石龍 貴龍将	樹 ト調報 禄龍牽 堂牽貴	花 ト鳳馳 調玉車 恍車極	陽 ト石極 石車司 将司馳	
12月	雨 ネ禄胡 調貫龍 将石禄	樹 イ調報 玉玉牽 恍龍恍	花 イ鳳馳 車龍車 堂玉胡	陽 イ石極 貫牽司 貴車報	灯 イ貫貴 龍車禄 胡牽馳	山 イ玉極 貫司調 南禄報	地 イ龍貴 玉禄鳳 将司馳	鉄 イ牽将 玉調石 恍鳳極	宝 イ車禄 龍鳳貫 堂調貴	海 イ司恍 龍石玉 貴貫将	雨 イ禄胡 龍貫龍 胡石禄	樹 サ調報 禄玉牽 印龍恍	花 サ鳳馳 玉龍車 極玉胡	陽 サ石極 牽牽司 報車報	灯 サ貫貴 鳳車禄 庫牽馳

1958年(昭和33年)

	1日	2日	3日	4日	5日	6日	7日	8日	9日	10日	11日	12日	13日	14日	15日	16日
1月	山 サ玉極 車司調 貴禄報	地 サ龍貴 車禄鳳 胡司馳	鉄 サ牽将 龍調石 印鳳極	宝 サ車禄 牽鳳貫 極調貴	海 サ司恍 司石玉 報貫将	雨 サ禄胡 禄貫龍 庫貫南	樹 ウ調報 禄玉牽 馳玉南	花 ウ鳳馳 車龍車 馳龍堂	陽 ウ石極 司牽司 庫牽印	灯 ウ貫貴 玉車禄 報車庫	山 ウ玉極 司司調 報司印	地 ウ龍貴 禄禄鳳 庫禄庫	鉄 ウ牽将 龍調石 馳調庫	宝 ウ車禄 禄鳳貫 馳鳳印	海 ウ司恍 調石玉 庫石堂	雨 ウ禄胡 玉龍龍 報貫南
2月	地 ト龍貴 鳳貫鳳 貴禄庫	鉄 ト牽将 龍玉石 堂調庫	宝 ト車禄 調龍貫 恍鳳印	海 ト車南 石車玉 将鳳胡	雨 ト牽堂 貫牽龍 南調恍	樹 ネ禄印 禄禄牽 禄貫禄	花 ネ司庫 貫司車 禄石将	陽 ネ鳳庫 玉鳳司 南龍貴	灯 ネ調印 調調禄 将玉極	山 ネ貫庫 石貫調 将車貴	地 ネ石印 龍石鳳 南牽極	鉄 ネ龍堂 龍車石 禄禄馳	宝 ネ玉南 貫牽貫 禄司報	海 ネ車南 司禄司 南鳳胡	雨 ネ牽堂 調司禄 将調恍	樹 イ禄印 玉鳳調 恍貫禄
3月	灯 サ調印 鳳玉調 庫玉極	山 サ貫庫 車車貫 貴車貴	地 サ石印 車牽石 胡牽極	鉄 サ龍堂 龍禄龍 印禄馳	宝 サ玉南 牽司玉 極司報	海 サ車南 牽調玉 報調極	雨 サ牽堂 禄鳳龍 庫鳳貴	樹 ウ禄印 禄石牽 馳石将	花 ウ司庫 車貫車 馳貫禄	陽 ウ鳳庫 司玉司 庫玉恍	灯 ウ調印 玉龍禄 報龍胡	山 ウ貫庫 司牽調 報牽恍	地 ウ石印 禄車鳳 庫車胡	鉄 ウ龍堂 車司石 馳司報	宝 ウ玉南 禄禄貫 馳禄馳	海 ウ車南 石調司 庫調極
4月	山 ト貫庫 鳳牽貫 胡牽恍	地 ト石印 鳳車石 貴車胡	鉄 ト龍堂 龍司龍 堂司報	宝 ト玉南 調禄玉 恍禄馳	海 ト車南 石調玉 将禄庫	雨 ト牽堂 貫鳳龍 南司印	樹 ネ禄印 禄石牽 禄鳳堂	花 ネ司庫 貫貫車 禄調南	陽 ネ鳳庫 玉玉司 南貫南	灯 ネ調印 調龍禄 将石堂	山 ネ貫庫 石牽調 将龍南	地 ネ石印 龍車鳳 南玉堂	鉄 ネ龍堂 龍司石 禄車印	宝 ネ玉南 貫禄貫 禄牽庫	海 ネ車南 司石司 南禄庫	雨 ネ牽堂 調貫禄 将司印
5月	山 サ貫庫 車貫貫 貴龍南	地 サ石印 車石石 胡玉堂	鉄 サ龍堂 龍龍龍 印車印	宝 サ玉南 牽玉玉 極牽庫	海 サ車南 司車車 報禄庫	雨 サ牽堂 禄牽龍 庫禄報	樹 ウ禄印 禄禄牽 馳調胡	花 ウ司庫 車司車 馳鳳恍	陽 ウ鳳庫 司鳳司 庫石禄	灯 ウ調印 玉調禄 報貫将	山 ウ貫庫 司貫調 報玉禄	地 ウ石印 禄調鳳 庫龍将	鉄 ウ龍堂 龍貫石 馳牽貴	宝 ウ玉南 禄石貫 馳車極	海 ウ車南 調龍玉 庫司馳	雨 ウ牽堂 玉玉禄 報禄報
6月	地 ト石印 鳳玉石 貴龍将	鉄 ト龍堂 龍車龍 堂牽貴	宝 ト玉南 調牽玉 恍車極	海 ト車南 石禄車 将司馳	雨 ト牽堂 車司牽 南禄報	樹 ネ禄印 禄司牽 禄禄極	花 ネ司庫 貫禄車 禄司貴	陽 ネ鳳庫 玉調司 南鳳将	灯 ネ調印 調鳳禄 将調禄	山 ネ貫庫 石石調 将貫将	地 ネ石印 龍貫鳳 南石禄	鉄 ネ龍堂 龍玉石 禄龍恍	宝 ネ玉南 貫龍貫 禄玉胡	海 ネ車南 玉牽玉 南車報	雨 ネ牽堂 調車龍 将牽馳	樹 イ禄印 玉司調 恍禄極
7月	地 サ石印 車龍石 胡石禄	鉄 サ龍堂 龍牽龍 印龍恍	宝 サ玉南 牽車玉 極玉胡	海 サ車南 司司車 報車報	雨 サ牽堂 車禄牽 庫牽馳	樹 ウ禄印 車調禄 馳禄極	花 ウ司庫 車鳳司 馳司貴	陽 ウ鳳庫 司石司 庫調堂	灯 ウ調印 玉貫禄 報鳳南	山 ウ貫庫 司玉調 報石堂	地 ウ石印 禄龍鳳 庫貫南	鉄 ウ龍堂 龍牽石 馳玉南	宝 ウ玉南 禄車貫 馳龍堂	海 ウ車南 調司玉 庫牽印	雨 ウ牽堂 玉禄龍 報車庫	樹 タ禄印 司調牽 極司庫
8月	鉄 ト龍堂 龍玉龍 堂玉南	宝 ト玉南 調龍玉 恍龍堂	海 ト車南 石牽車 将牽印	雨 ト牽堂 車車牽 南車庫	樹 ネ禄印 貫司禄 禄司庫	花 ネ司庫 貫禄司 禄禄印	陽 ネ鳳庫 鳳調鳳 南調堂	灯 ネ調印 調調禄 将司恍	山 ネ貫庫 石貫調 将鳳胡	地 ネ石印 龍石鳳 南調恍	鉄 ネ龍堂 龍龍石 禄貫禄	宝 ネ玉南 貫玉貫 禄石将	海 ネ車南 玉車玉 南龍貴	雨 ネ牽堂 調牽龍 将玉極	樹 イ禄印 玉禄牽 恍車馳	花 イ司庫 龍司車 堂牽報
9月	宝 サ玉南 牽石玉 極石将	海 サ車南 司龍車 報龍貴	雨 サ牽堂 車玉牽 庫玉極	樹 ウ禄印 車車禄 馳車馳	花 ウ司庫 車牽司 馳牽報	陽 ウ鳳庫 鳳禄鳳 庫禄胡	灯 ウ調印 牽司調 報司恍	山 ウ貫庫 司調調 報調極	地 ウ石印 禄鳳鳳 庫鳳貴	鉄 ウ龍堂 龍石石 馳石将	宝 ウ玉南 禄貫貫 馳貫禄	海 ウ車南 調玉玉 庫玉恍	雨 ウ牽堂 牽龍龍 報龍胡	樹 タ禄印 司牽牽 極牽報	花 タ司庫 鳳車車 印車馳	陽 タ鳳庫 鳳司司 胡司極
10月	宝 ト玉南 調貫玉 恍貫禄	海 ト車南 石玉車 将玉恍	雨 ト牽堂 車龍牽 南龍胡	樹 ネ禄印 貫牽禄 禄牽報	花 ネ司庫 貫車司 禄車馳	陽 ネ鳳庫 鳳司鳳 南司極	灯 ネ調印 石禄調 将禄貴	山 ネ貫庫 玉調貫 将調極	地 ネ石印 龍鳳鳳 南司印	鉄 ネ龍堂 龍石石 禄鳳堂	宝 ネ玉南 貫貫貫 禄調南	海 ネ車南 玉玉玉 南貫南	雨 ネ牽堂 調龍龍 将石堂	樹 イ禄印 玉牽牽 恍龍印	花 イ司庫 龍車車 堂玉庫	陽 イ鳳庫 鳳司司 貴車庫
11月	海 サ車南 司車車 報貫南	雨 サ牽堂 車牽牽 庫石堂	樹 ウ禄印 車禄禄 馳龍印	花 ウ司庫 車司司 馳玉庫	陽 ウ鳳庫 鳳鳳鳳 庫車庫	灯 ウ調印 牽調調 報牽印	山 ウ貫庫 司貫貫 報禄庫	地 ウ石印 禄牽鳳 庫禄報	鉄 ウ龍堂 龍禄石 馳調胡	宝 ウ玉南 禄司貫 馳鳳恍	海 ウ車南 調鳳玉 庫石禄	雨 ウ牽堂 牽調龍 報貫将	樹 タ禄印 司貫牽 極玉貴	花 タ司庫 鳳石車 印龍極	陽 タ鳳庫 鳳龍司 胡牽馳	灯 タ調印 禄玉禄 貴車報
12月	海 ト車南 石貫車 将石禄	雨 ト牽堂 車石牽 南貫将	樹 ネ禄印 貫龍禄 禄玉貴	花 ネ司庫 貫玉司 禄龍極	陽 ネ鳳庫 鳳車鳳 南牽馳	灯 ネ調印 石牽調 将車報	山 ネ貫庫 石司調 将車報	地 ネ石印 龍禄鳳 南牽馳	鉄 ネ龍堂 龍調石 禄禄極	宝 ネ玉南 貫鳳貫 禄司貴	海 ネ車南 玉石玉 南鳳将	雨 ネ牽堂 調貫龍 将調禄	樹 イ禄印 玉玉牽 恍貫恍	花 イ司庫 龍龍車 堂石胡	陽 イ鳳庫 貫牽司 貴龍報	灯 イ調印 龍車禄 胡玉馳

	17日	18日	19日	20日	21日	22日	23日	24日	25日	26日	27日	28日	29日	30日	31日
1月	樹 タ調報 司牽牽 極玉南	花 タ鳳馳 貫車車 印龍堂	陽 タ石極 車調司 胡牽印	灯 タ貫貴 禄鳳禄 貴車庫	山 タ玉極 貫石調 庫司印	地 タ龍貴 司貫鳳 報禄庫	鉄 タ牽将 調玉石 極調庫	宝 タ車禄 龍龍貫 印鳳印	海 タ司恍 鳳牽玉 胡石堂	雨 タ禄胡 鳳車龍 貴貫南	樹 ト調報 禄司牽 堂玉南	花 ト鳳馳 調禄車 恍龍堂	陽 ト石極 石調司 将牽印	灯 ト貫貴 鳳鳳禄 南車庫	山 ト玉極 鳳石調 胡司印
2月	花 イ司庫 禄調司 堂石将	陽 イ鳳庫 貫貫鳳 貴龍貴	灯 イ調印 龍玉調 胡玉極	山 イ貫庫 貫車貫 南車貴	地 イ石印 玉牽石 将牽極	鉄 イ龍堂 玉禄龍 恍禄馳	宝 イ玉南 龍司玉 堂司報	海 イ車南 龍鳳車 貴鳳胡	雨 イ牽堂 龍調牽 胡調恍	樹 サ禄印 禄貫禄 印貫禄	花 サ司庫 玉石司 極石将	陽 サ鳳庫 牽龍鳳 報龍貴			
3月	雨 ウ牽堂 玉鳳禄 報鳳貴	樹 タ禄印 司石調 極石将	花 タ司庫 禄貫司 印貫禄	陽 タ鳳庫 禄玉鳳 胡玉恍	灯 タ調印 禄龍調 貴龍胡	山 タ貫庫 貫牽貫 庫牽恍	地 タ石印 司車石 報車胡	鉄 タ龍堂 調司龍 極司報	宝 タ玉南 龍禄玉 印禄馳	海 タ車南 鳳調車 胡調極	雨 タ牽堂 鳳鳳牽 貴鳳貴	樹 ト禄印 禄石禄 堂石将	花 ト司庫 調貫司 恍貫禄	陽 ト鳳庫 石玉鳳 将玉恍	灯 ト調印 鳳龍調 南龍胡
4月	樹 イ禄印 玉玉調 恍鳳堂	花 イ司庫 禄司司 堂調南	陽 イ鳳庫 貫鳳鳳 貴貫南	灯 イ調印 龍調調 胡石堂	山 イ貫庫 貫貫貫 南龍南	地 イ石印 玉石石 将玉堂	鉄 イ龍堂 玉龍龍 恍車印	宝 イ玉南 龍玉玉 堂牽庫	海 イ車南 龍車車 貴禄庫	雨 イ牽堂 龍牽牽 胡司印	樹 サ禄印 禄禄禄 印鳳堂	花 サ司庫 玉司司 極調南	陽 サ鳳庫 牽鳳鳳 報貫南	灯 サ調印 鳳調調 庫石堂	
5月	樹 タ禄印 司車調 極調胡	花 タ司庫 貫牽鳳 印鳳恍	陽 タ鳳庫 車禄鳳 胡石禄	灯 タ調印 禄司調 貴貫将	山 タ貫庫 貫龍貫 庫玉禄	地 タ石印 司玉石 報龍将	鉄 タ龍堂 調車龍 極牽貴	宝 タ玉南 龍牽玉 印車極	海 タ車南 鳳禄車 胡司馳	雨 タ牽堂 鳳司牽 貴禄報	樹 ト禄印 禄鳳禄 堂調胡	花 ト司庫 調調司 恍鳳恍	陽 ト鳳庫 石貫鳳 将石禄	灯 ト調印 鳳石調 南貫将	山 ト貫庫 鳳龍貫 胡玉禄
6月	花 イ司庫 車禄鳳 堂司貴	陽 イ鳳庫 貫調石 貴鳳将	灯 イ調印 龍鳳調 胡調禄	山 イ貫庫 貫石貫 南貫将	地 イ石印 玉貫石 将石禄	鉄 イ龍堂 玉玉龍 恍龍恍	宝 イ玉南 龍龍玉 堂玉胡	海 イ車南 龍牽車 貴車報	雨 イ牽堂 龍車牽 胡牽馳	樹 サ禄印 禄調禄 印禄極	花 サ司庫 玉鳳司 極司貴	陽 サ鳳庫 牽石鳳 報鳳将	灯 サ調印 鳳貫調 庫調禄	山 サ貫庫 車玉貫 貴貫将	
7月	花 タ司庫 鳳鳳車 印禄印	陽 タ鳳庫 鳳玉石 胡調堂	灯 タ調印 禄龍貫 貴鳳南	山 タ貫庫 玉牽玉 庫石堂	地 タ石印 司貫石 報貫南	鉄 タ龍堂 調玉龍 極玉南	宝 タ玉南 龍龍玉 印龍堂	海 タ車南 鳳牽車 胡牽印	雨 タ牽堂 鳳車牽 貴車庫	樹 ト禄印 禄司禄 堂司庫	花 ト司庫 調禄司 恍禄印	陽 ト鳳庫 石調鳳 将調堂	灯 ト調印 鳳鳳調 南鳳南	山 ト貫庫 鳳石貫 胡石堂	地 ト石印 鳳貫石 貴貫南
8月	陽 イ鳳庫 貫鳳司 貴禄胡	灯 イ調印 龍調貫 胡司恍	山 イ貫庫 司禄玉 南鳳胡	地 イ石印 調司龍 将調恍	鉄 イ龍堂 玉鳳龍 恍貫禄	宝 イ玉南 龍石玉 堂石将	海 イ車南 龍龍車 貴龍貴	雨 イ牽堂 龍玉牽 胡玉極	樹 サ禄印 禄車禄 印車馳	花 サ司庫 玉牽司 極牽報	陽 サ鳳庫 牽禄鳳 報禄胡	灯 サ調印 鳳司調 庫司恍	山 サ貫庫 車鳳貫 貴鳳胡	地 サ石印 車調石 胡調恍	鉄 サ龍堂 龍貫龍 印貫禄
9月	灯 タ調印 禄禄禄 貴禄貴	山 タ貫庫 玉調玉 庫調極	地 タ石印 牽鳳龍 報鳳貴	鉄 タ龍堂 調石牽 極石将	宝 タ玉南 龍貫玉 印貫禄	海 タ車南 禄玉車 胡玉恍	雨 タ牽堂 鳳龍牽 貴龍胡	樹 ト禄印 禄牽禄 堂牽報	花 ト司庫 調車司 恍車馳	陽 ト鳳庫 調司鳳 将司極	灯 ト調印 鳳禄調 南禄貴	山 ト貫庫 鳳調貫 胡調極	地 ト石印 鳳鳳石 貴鳳貴	鉄 ト龍堂 龍石龍 堂石将	
10月	灯 イ調印 龍禄禄 胡牽印	山 イ貫庫 牽調調 南禄庫	地 イ石印 調龍龍 将司印	鉄 イ龍堂 玉牽牽 恍鳳堂	宝 イ玉南 禄車車 堂調南	海 イ車南 貫車車 貴貫南	雨 イ牽堂 龍牽牽 胡石堂	樹 サ禄印 禄禄禄 印龍印	花 サ司庫 玉司司 極玉庫	陽 サ鳳庫 牽鳳鳳 報車庫	灯 サ調印 鳳調調 庫牽印	山 サ貫庫 車貫貫 貴禄庫	地 サ石印 車石石 胡司印	鉄 サ龍堂 龍龍龍 印鳳堂	宝 サ玉南 牽玉玉 極調南
11月	山 タ貫庫 調車調 庫司馳	地 タ石印 牽牽龍 報禄報	鉄 タ龍堂 調禄牽 極調胡	宝 タ玉南 貫司車 印鳳恍	海 タ車南 禄貫車 胡石禄	雨 タ牽堂 鳳石牽 貴貫将	樹 ト禄印 禄龍禄 堂玉貴	花 ト司庫 調玉司 恍龍極	陽 ト鳳庫 調車鳳 将牽馳	灯 ト調印 鳳牽調 南車報	山 ト貫庫 鳳禄貫 胡司馳	地 ト石印 鳳司石 貴禄報	鉄 ト龍堂 龍鳳龍 堂調胡	宝 ト玉南 調調玉 恍鳳恍	
12月	山 イ貫庫 司司玉 南車報	地 イ石印 調禄龍 将牽馳	鉄 イ龍堂 玉調牽 恍禄極	宝 イ玉南 龍鳳玉 堂司貴	海 イ車南 龍石車 貴鳳将	雨 イ牽堂 龍貫牽 胡調禄	樹 サ禄印 禄玉禄 印貫恍	花 サ司庫 玉龍司 極石胡	陽 サ鳳庫 牽牽鳳 報龍報	灯 サ調印 鳳車調 庫玉馳	山 サ貫庫 車司貫 貴車報	地 サ石印 車禄石 胡牽馳	鉄 サ龍堂 龍調龍 印禄極	宝 サ玉南 牽鳳玉 極司貴	海 サ車南 司石車 報鳳将

1959年（昭和34年）

1959年(昭和34年)

	1日	2日	3日	4日	5日	6日	7日	8日	9日	10日	11日	12日	13日	14日	15日	16日
1月	雨 サ牽堂 車貫牽 庫調禄	樹 ウ禄印 車玉禄 馳貫恍	花 ウ司庫 車龍司 馳石胡	陽 ウ鳳庫 鳳牽鳳 庫龍報	灯 ウ調印 牽車調 報玉馳	山 ウ貫庫 司司調 報牽印	地 ウ石印 禄禄鳳 庫車庫	鉄 ウ龍堂 龍調石 馳司庫	宝 ウ玉南 禄鳳貫 馳禄印	海 ウ車南 調石玉 庫調堂	雨 ウ牽堂 牽貫龍 報鳳南	樹 タ禄印 司玉牽 極石南	花 タ司庫 鳳龍車 印貫堂	陽 タ鳳庫 鳳牽司 胡玉印	灯 タ調印 禄車禄 貴龍庫	山 タ貫庫 玉調玉 庫牽印
2月	樹 ネ禄印 貫司禄 禄石南	花 ネ司庫 貫禄司 禄貫堂	陽 ネ鳳庫 鳳調鳳 南玉印	灯 ネ鳳報 調調玉 将石極	山 ネ石馳 石貫車 将龍貴	地 ネ貫報 龍石牽 南玉極	鉄 ネ玉胡 龍龍禄 禄車馳	宝 ネ龍恍 貫玉司 禄牽報	海 ネ牽禄 玉車鳳 南禄胡	雨 ネ車将 調牽調 将司恍	樹 イ司貴 玉禄貫 恍鳳禄	花 イ禄極 龍調石 堂調将	陽 イ調馳 貫貫龍 貴貫貴	灯 イ鳳報 龍石玉 胡石極	山 イ石馳 司龍車 南龍貴	地 イ貫報 調玉牽 将玉極
3月	海 サ牽禄 司鳳貫 報禄胡	雨 サ車将 車調石 庫司恍	樹 ウ司貴 車貫龍 馳鳳禄	花 ウ禄極 車石玉 馳調将	陽 ウ調馳 鳳龍車 庫貫貴	灯 ウ鳳報 玉龍玉 報貫胡	山 ウ石馳 司牽車 報玉恍	地 ウ貫報 禄車牽 庫龍胡	鉄 ウ玉胡 龍司禄 馳牽報	宝 ウ龍恍 禄禄司 馳車馳	海 ウ牽禄 調調鳳 庫司極	雨 ウ車将 玉鳳調 報禄貴	樹 タ司貴 司石貫 極調将	花 タ禄極 鳳貫石 印鳳禄	陽 タ調馳 鳳玉龍 胡石恍	灯 タ鳳報 禄龍玉 貴貫胡
4月	雨 ト車将 車鳳石 南禄貴	樹 ネ司貴 貫石龍 禄調将	花 ネ禄極 貫貫玉 禄鳳禄	陽 ネ調馳 鳳玉車 南石恍	灯 ネ鳳報 調龍玉 将調堂	山 ネ石馳 石牽車 将貫南	地 ネ貫報 龍車牽 南石堂	鉄 ネ玉胡 龍司禄 禄龍印	宝 ネ龍恍 貫禄司 禄玉庫	海 ネ牽禄 玉調鳳 南車庫	雨 ネ車将 調鳳調 将牽印	樹 イ司貴 玉石貫 恍禄堂	花 イ禄極 龍貫石 堂司南	陽 イ調馳 貫玉龍 貴鳳南	灯 イ鳳報 龍車玉 胡調堂	山 イ石馳 司司車 南貫南
5月	雨 サ車将 車牽石 庫牽印	樹 ウ司貴 車禄龍 馳禄堂	花 ウ禄極 車司玉 馳司南	陽 ウ調馳 鳳鳳車 庫鳳南	灯 ウ鳳報 牽調牽 報調堂	山 ウ石馳 司貫車 報石禄	地 ウ貫報 禄石牽 庫貫将	鉄 ウ玉胡 龍龍禄 馳玉貴	宝 ウ龍恍 禄玉司 馳龍極	海 ウ牽禄 調車鳳 庫牽馳	雨 ウ車将 牽牽調 報車報	樹 タ司貴 司車貫 極司胡	花 タ禄極 鳳牽石 印禄恍	陽 タ調馳 鳳禄龍 胡調禄	灯 タ鳳報 禄司玉 貴鳳将	山 タ石馳 玉鳳車 庫石禄
6月	樹 ネ司貴 貫鳳龍 禄司胡	花 ネ禄極 貫調玉 禄禄恍	陽 ネ調馳 鳳貫車 南調禄	灯 ネ鳳報 石石牽 将鳳将	山 ネ石馳 玉龍禄 将石禄	地 ネ貫報 龍貫牽 南調禄	鉄 ネ玉胡 龍玉禄 禄貫恍	宝 ネ龍恍 貫龍司 禄石胡	海 ネ牽禄 玉牽鳳 南龍報	雨 ネ車将 調車調 将玉馳	樹 イ司貴 玉司貫 恍車極	花 イ禄極 龍禄石 堂牽貴	陽 イ調馳 鳳調龍 貴禄将	灯 イ鳳報 龍鳳玉 胡司禄	山 イ石馳 牽石車 南鳳将	地 イ貫報 調貫牽 将調禄
7月	樹 ウ司貴 車調龍 馳車極	花 ウ禄極 車鳳玉 馳牽貴	陽 ウ調馳 鳳石車 庫禄将	灯 ウ鳳報 牽貫牽 報司禄	山 ウ石馳 司玉禄 報鳳将	地 ウ貫報 貫龍司 庫調禄	鉄 ウ玉胡 禄牽鳳 馳貫恍	宝 ウ龍恍 禄車司 馳貫堂	海 ウ牽禄 調司鳳 庫玉印	雨 ウ車将 牽禄調 報龍庫	樹 タ司貴 司調貫 極牽庫	花 タ禄極 鳳鳳石 印車印	陽 タ調馳 鳳石龍 胡司堂	灯 タ鳳報 禄貫玉 貴禄南	山 タ石馳 調玉車 庫調堂	地 タ貫報 牽龍牽 報鳳南
8月	花 ネ禄極 貫禄玉 禄車印	陽 ネ調馳 鳳調車 南司堂	灯 ネ鳳報 石鳳牽 将禄南	山 ネ石馳 玉石禄 将調堂	地 ネ貫報 貫貫司 南鳳南	鉄 ネ玉胡 貫玉鳳 禄石南	宝 ネ龍恍 貫龍調 禄貫堂	海 ネ牽禄 玉車鳳 南貫貴	雨 ネ車将 調牽調 将石極	樹 イ司貴 玉禄貫 恍龍馳	花 イ禄極 龍司石 堂玉報	陽 イ調馳 鳳鳳龍 貴車胡	灯 イ鳳報 龍調玉 胡牽恍	山 イ石馳 牽貫車 南禄胡	地 イ貫報 調石牽 将司恍	鉄 イ玉胡 玉龍禄 恍鳳禄
9月	陽 ウ調馳 鳳禄車 庫車胡	灯 ウ鳳報 牽司牽 報牽恍	山 ウ石馳 司鳳禄 報禄胡	地 ウ貫報 貫調司 庫司恍	鉄 ウ玉胡 禄貫鳳 馳鳳禄	宝 ウ龍恍 禄石調 馳調将	海 ウ牽禄 車龍貫 庫貫貴	雨 ウ車将 牽龍調 報貫胡	樹 タ司貴 司牽貫 極玉報	花 タ禄極 鳳車石 印龍馳	陽 タ調馳 鳳司龍 胡牽極	灯 タ鳳報 禄禄玉 貴車貴	山 タ石馳 調調車 庫司極	地 タ貫報 牽鳳牽 報禄貴	鉄 タ玉胡 調石禄 極調将	宝 タ龍恍 鳳貫司 印鳳禄
10月	陽 ネ調馳 鳳司車 南牽極	灯 ネ鳳報 石禄牽 将車貴	山 ネ石馳 玉調禄 将司極	地 ネ貫報 貫鳳司 南禄貴	鉄 ネ玉胡 貫石鳳 禄調将	宝 ネ龍恍 貫貫調 禄鳳禄	海 ネ牽禄 車玉貫 南石恍	雨 ネ車将 石龍石 将貫胡	樹 イ司貴 玉牽貫 恍貫印	花 イ禄極 龍車石 堂石庫	陽 イ調馳 鳳司龍 貴龍庫	灯 イ鳳報 龍禄玉 胡玉印	山 イ石馳 牽調車 南車庫	地 イ貫報 石鳳牽 将牽印	鉄 イ玉胡 玉石禄 恍禄堂	宝 イ龍恍 車貫司 堂司南
11月	灯 ウ鳳報 牽調牽 報玉印	山 ウ石馳 司貫禄 報車庫	地 ウ貫報 貫石司 庫牽印	鉄 ウ玉胡 禄龍鳳 馳禄堂	宝 ウ龍恍 禄玉調 馳司南	海 ウ牽禄 車車貫 庫鳳南	雨 ウ車将 司牽石 報調堂	樹 タ司貴 司貫貫 極石貴	花 タ禄極 鳳石石 印貫極	陽 タ調馳 鳳龍龍 胡玉馳	灯 タ鳳報 禄玉玉 貴龍報	山 タ石馳 調車車 庫牽馳	地 タ貫報 牽牽牽 報車報	鉄 タ玉胡 調禄禄 極司胡	宝 タ龍恍 鳳司司 印禄恍	海 タ牽禄 禄鳳鳳 胡調禄
12月	灯 ネ鳳報 石牽牽 将龍報	山 ネ石馳 玉禄禄 将牽馳	地 ネ貫報 貫司司 南車報	鉄 ネ玉胡 貫鳳鳳 禄司胡	宝 ネ龍恍 貫調調 禄禄恍	海 ネ牽禄 車貫貫 南調禄	雨 ネ車将 石石石 将鳳将	樹 イ司貴 玉玉貫 恍鳳恍	花 イ禄極 龍龍石 堂調胡	陽 イ調馳 鳳牽龍 貴貫報	灯 イ鳳報 龍車玉 胡石馳	山 イ石馳 牽司車 南龍報	地 イ貫報 石禄牽 将玉馳	鉄 イ玉胡 玉調禄 恍車極	宝 イ龍恍 車鳳司 堂牽貴	海 イ牽禄 車石鳳 貴禄将

	17日	18日	19日	20日	21日	22日	23日	24日	25日	26日	27日	28日	29日	30日	31日
1月	地 タ石印 牽鳳龍 報車庫	鉄 タ龍堂 調石牽 極司庫	宝 タ玉南 龍龍玉 印禄印	海 タ車南 禄牽車 胡調堂	雨 タ牽堂 鳳車牽 貴鳳南	樹 ト禄印 禄司禄 堂石南	花 ト司庫 調禄司 恍貫堂	陽 ト鳳庫 調調鳳 将玉印	灯 ト調印 鳳鳳調 南龍庫	山 ト貫庫 鳳石貫 胡牽印	地 ト石印 鳳貫石 貴車庫	鉄 ト龍堂 龍玉龍 堂司庫	宝 ト玉南 調龍玉 恍禄印	海 ト車南 石牽車 将調堂	雨 ト牽堂 車車牽 南鳳南
2月	鉄 イ玉胡 玉車鳳 恍車馳	宝 イ龍恍 龍牽調 堂牽報	海 イ牽禄 龍鳳貫 貴禄胡	雨 イ車将 龍調石 胡司恍	樹 サ司貴 禄貫龍 印鳳禄	花 サ禄極 玉石玉 極調将	陽 サ調馳 牽龍車 報貫貴	灯 サ鳳報 鳳玉牽 庫石極	山 サ石馳 車車禄 貴龍貴	地 サ貫報 車牽司 胡玉極	鉄 サ玉胡 龍禄鳳 印車馳	宝 サ龍恍 牽司調 極牽報			
3月	山 タ石馳 玉牽車 庫玉恍	地 タ貫報 牽車牽 報龍胡	鉄 タ玉胡 調司鳳 極牽報	宝 タ龍恍 龍禄調 印車馳	海 タ牽禄 鳳調貫 胡司極	雨 タ車将 鳳鳳石 貴禄貴	樹 ト司貴 禄石龍 堂調将	花 ト禄極 調貫玉 恍鳳禄	陽 ト調馳 調玉車 将石恍	灯 ト鳳報 鳳龍牽 南貫胡	山 ト石馳 鳳牽禄 胡玉恍	地 ト貫報 鳳車司 貴龍胡	鉄 ト玉胡 龍司鳳 堂牽報	宝 ト龍恍 調禄調 恍車馳	海 ト牽禄 石調貫 将司極
4月	地 イ貫報 調禄牽 将石堂	鉄 イ玉胡 玉龍鳳 恍龍印	宝 イ龍恍 龍玉調 堂玉庫	海 イ牽禄 龍車貫 貴車庫	雨 イ車将 龍牽石 胡牽印	樹 サ司貴 禄禄龍 印禄堂	花 サ禄極 玉司玉 極司南	陽 サ調馳 牽鳳車 報鳳南	灯 サ鳳報 鳳調牽 庫調堂	山 サ石馳 車貫禄 貴貫南	地 サ貫報 車石司 胡石堂	鉄 サ玉胡 龍龍鳳 印龍印	宝 サ龍恍 牽玉調 極玉庫	海 サ牽禄 司車貫 報車庫	
5月	地 タ貫報 牽調牽 報貫将	鉄 タ玉胡 調貫禄 極玉貴	宝 タ龍恍 龍石調 印龍極	海 タ牽禄 禄龍貫 胡牽馳	雨 タ車将 鳳司石 貴車報	樹 ト司貴 禄鳳龍 堂司胡	花 ト禄極 調調玉 恍禄恍	陽 ト調馳 調貫車 将調禄	灯 ト鳳報 鳳石牽 南鳳将	山 ト石馳 鳳龍禄 胡石禄	地 ト貫報 鳳玉司 貴貫将	鉄 ト玉胡 龍車鳳 堂玉貴	宝 ト龍恍 調牽調 恍龍極	海 ト牽禄 石禄貫 将牽馳	雨 ト車将 車司石 南車報
6月	鉄 イ玉胡 玉玉禄 恍貫恍	宝 イ龍恍 禄龍司 堂石胡	海 イ牽禄 貫牽貫 貴龍報	雨 イ車将 龍車石 胡玉馳	樹 サ司貴 禄司龍 印車極	花 サ禄極 玉禄玉 極牽貴	陽 サ調馳 牽調車 報禄将	灯 サ鳳報 鳳鳳牽 庫司禄	山 サ石馳 車石禄 貴鳳将	地 サ貫報 車龍司 胡調禄	鉄 サ玉胡 龍牽鳳 印貫恍	宝 サ龍恍 牽車調 極石胡	海 サ牽禄 司司貫 報龍報	雨 サ車将 車禄石 庫玉馳	
7月	鉄 タ玉胡 調牽禄 極石南	宝 タ龍恍 貫禄司 印貫堂	海 タ牽禄 禄調鳳 胡玉印	雨 タ車将 鳳鳳調 貴龍庫	樹 ト司貴 禄司龍 堂牽庫	花 ト禄極 牽禄玉 恍車印	陽 ト調馳 調調車 将司堂	灯 ト鳳報 鳳鳳牽 南禄南	山 ト石馳 鳳石禄 胡調堂	地 ト貫報 鳳貫司 貴鳳南	鉄 ト玉胡 龍玉鳳 堂石南	宝 ト龍恍 調龍調 恍貫堂	海 ト牽禄 石牽貫 将玉印	雨 ト車将 車車石 南龍庫	樹 ネ司貴 貫司龍 禄牽庫
8月	宝 イ龍恍 車玉司 堂調将	海 イ牽禄 車車鳳 貴貫貴	雨 イ車将 龍石調 胡石極	樹 サ司貴 調龍貫 印龍馳	花 サ禄極 玉玉玉 極玉報	陽 サ調馳 牽禄車 報車胡	灯 サ鳳報 鳳司牽 庫牽恍	山 サ石馳 車鳳禄 貴禄胡	地 サ貫報 車調司 胡司恍	鉄 サ玉胡 龍貫鳳 印鳳禄	宝 サ龍恍 牽石調 極調将	海 サ牽禄 司龍貫 報貫貴	雨 サ車将 車玉石 庫石極	樹 ウ司貴 車車龍 馳龍馳	花 ウ禄極 車牽玉 馳玉報
9月	海 タ牽禄 禄玉鳳 胡石恍	雨 タ車将 鳳龍調 貴貫胡	樹 ト司貴 玉牽貫 堂玉報	花 ト禄極 牽車石 恍龍馳	陽 ト調馳 調司車 将牽極	灯 ト鳳報 鳳禄牽 南車貴	山 ト石馳 鳳調禄 胡司極	地 ト貫報 鳳鳳司 貴禄貴	鉄 ト玉胡 龍石鳳 堂調将	宝 ト龍恍 調貫調 恍鳳禄	海 ト牽禄 石玉貫 将石恍	雨 ト車将 車龍石 南貫胡	樹 ネ司貴 貫牽龍 禄玉報	花 ネ禄極 貫車玉 禄龍馳	
10月	海 イ牽禄 車玉鳳 貴鳳南	雨 イ車将 龍龍調 胡調堂	樹 サ司貴 調調貫 印貫印	花 サ禄極 石鳳石 極石庫	陽 サ調馳 牽石龍 報龍庫	灯 サ鳳報 鳳調牽 庫玉印	山 サ石馳 龍貫禄 貴車庫	地 サ貫報 車石司 胡牽印	鉄 サ玉胡 龍龍鳳 印禄堂	宝 サ龍恍 牽玉調 極司南	海 サ牽禄 牽車貫 報鳳南	雨 サ車将 車牽石 庫調堂	樹 ウ司貴 車禄龍 馳貫印	花 ウ禄極 車司玉 馳石庫	陽 ウ調馳 鳳鳳車 庫龍庫
11月	雨 タ車将 鳳調調 貴鳳将	樹 ト司貴 玉貫貫 堂石貴	花 ト禄極 牽石石 恍貫極	陽 ト調馳 調龍龍 将玉馳	灯 ト鳳報 鳳牽牽 南龍報	山 ト石馳 鳳禄禄 胡牽馳	地 ト貫報 鳳司司 貴車報	鉄 ト玉胡 龍鳳鳳 堂司胡	宝 ト龍恍 調調調 恍禄恍	海 ト牽禄 石貫貫 将調禄	雨 ト車将 車石石 南鳳将	樹 ネ司貴 貫龍龍 禄石貴	花 ネ禄極 貫玉玉 禄貫極	陽 ネ調馳 鳳車車 南玉馳	
12月	雨 イ車将 龍貫調 胡司禄	樹 サ司貴 調玉貫 印鳳恍	花 サ禄極 石龍石 極調胡	陽 サ調馳 牽牽龍 報貫報	灯 サ鳳報 鳳車牽 庫石馳	山 サ石馳 龍司禄 貴龍報	地 サ貫報 車禄司 胡玉馳	鉄 サ玉胡 龍調鳳 印車極	宝 サ龍恍 牽鳳調 極牽貴	海 サ牽禄 牽石貫 報禄将	雨 サ車将 車貫石 庫司禄	樹 ウ司貴 車玉龍 馳鳳恍	花 ウ禄極 車龍玉 馳調胡	陽 ウ調馳 鳳牽車 庫貫報	灯 ウ鳳報 牽車牽 報石馳

1960年（昭和35年）

1960年(昭和35年)	1日	2日	3日	4日	5日	6日	7日	8日	9日	10日	11日	12日	13日	14日	15日	16日
1月	山 ウ石馳 司司禄 報龍報	地 ウ貫報 貫禄司 庫玉馳	鉄 ウ玉胡 禄調鳳 馳車極	宝 ウ龍恍 禄鳳調 馳牽貴	海 ウ牽禄 車石貫 庫禄将	雨 ウ車将 牽貫調 報禄南	樹 タ司貴 司玉貫 極調南	花 タ禄極 鳳龍石 印鳳堂	陽 タ調馳 鳳牽龍 胡石印	灯 タ鳳報 禄車玉 貴貫庫	山 タ石馳 調司車 庫玉印	地 タ貫報 牽禄牽 報龍庫	鉄 タ玉胡 調調禄 極牽庫	宝 タ龍恍 鳳鳳司 印車印	海 タ牽禄 禄石鳳 胡司堂	雨 タ車将 鳳龍調 貴禄南
2月	地 ネ貫報 貫貫司 南龍庫	鉄 ネ玉胡 貫玉鳳 禄牽庫	宝 ネ龍恍 貫龍調 禄車印	海 ネ牽禄 車牽貫 南司堂	雨 ネ玉禄 調牽貫 将牽恍	樹 イ車恍 玉禄玉 恍禄禄	花 イ牽胡 龍司龍 堂司将	陽 イ禄報 鳳鳳牽 貴鳳貴	灯 イ司馳 龍調車 胡調極	山 イ鳳報 牽貫司 南貫貴	地 イ調馳 調石禄 将石極	鉄 イ貫極 玉龍調 恍龍馳	宝 イ石貴 車牽鳳 堂玉報	海 イ龍将 車禄石 貴車胡	雨 イ玉禄 龍司貫 胡牽恍	樹 サ車恍 調鳳玉 印禄禄
3月	山 ウ鳳報 司車司 報貫貴	地 ウ調馳 貫牽禄 庫石極	鉄 ウ貫極 禄禄調 馳龍馳	宝 ウ石貴 禄司鳳 馳玉報	海 ウ龍将 調調石 庫牽極	雨 ウ玉禄 牽鳳貫 報車貴	樹 タ車恍 司石玉 極司将	花 タ牽胡 鳳貫龍 印禄禄	陽 タ禄報 鳳玉牽 胡調恍	灯 タ司馳 禄龍車 貴鳳胡	山 タ鳳報 調牽司 庫石恍	地 タ調馳 牽車禄 報貫胡	鉄 タ貫極 調司調 極玉報	宝 タ石貴 鳳禄鳳 印龍馳	海 タ龍将 禄調石 胡牽極	雨 タ玉禄 鳳鳳貫 貴車貴
4月	地 ネ調馳 貫車禄 南貫胡	鉄 ネ貫極 貫司調 禄玉報	宝 ネ石貴 貫禄鳳 禄龍馳	海 ネ龍将 車調石 南牽極	雨 ネ玉禄 調鳳貫 将玉印	樹 イ車恍 玉石玉 恍車堂	花 イ牽胡 龍貫龍 堂牽南	陽 イ禄報 鳳玉牽 貴禄南	灯 イ司馳 龍龍車 胡司堂	山 イ鳳報 牽牽司 南鳳南	地 イ調馳 調車禄 将調堂	鉄 イ貫極 玉司調 恍貫印	宝 イ石貴 車禄鳳 堂石庫	海 イ龍将 車調石 貴龍庫	雨 イ玉禄 龍貫貫 胡玉印	樹 サ車恍 調玉玉 印車堂
5月	地 ウ調馳 貫石禄 庫調堂	鉄 ウ貫極 禄龍調 馳貫印	宝 ウ石貴 禄玉鳳 馳石庫	海 ウ龍将 車車石 庫龍庫	雨 ウ玉禄 牽牽貫 報龍報	樹 タ車恍 司禄玉 極牽胡	花 タ牽胡 鳳司龍 印車恍	陽 タ禄報 鳳鳳牽 胡司禄	灯 タ司馳 禄調車 貴禄将	山 タ鳳報 調貫司 庫調禄	地 タ調馳 牽調禄 報鳳将	鉄 タ貫極 調貫調 極石貴	宝 タ石貴 鳳石鳳 印貫極	海 タ龍将 禄龍石 胡玉馳	雨 タ玉禄 鳳玉貫 貴龍報	樹 ト車恍 玉車玉 堂牽胡
6月	鉄 ネ貫極 貫車調 禄石貴	宝 ネ石貴 貫牽鳳 禄貫極	海 ネ龍将 車禄石 南玉馳	雨 ネ玉禄 石司貫 将龍報	樹 イ車恍 玉鳳玉 恍牽胡	花 イ牽胡 龍禄龍 堂玉貴	陽 イ禄報 鳳調牽 貴車将	灯 イ司馳 龍鳳車 胡牽禄	山 イ鳳報 牽石司 南禄将	地 イ調馳 石貫禄 将司禄	鉄 イ貫極 玉玉調 恍鳳恍	宝 イ石貴 車龍鳳 堂調胡	海 イ龍将 車牽石 貴貫報	雨 イ玉禄 龍車貫 胡石馳	樹 サ車恍 牽司玉 印龍極	花 サ牽胡 石禄龍 極玉貴
7月	鉄 ウ貫極 禄牽調 馳鳳恍	宝 ウ石貴 禄車鳳 馳調胡	海 ウ龍将 車司石 庫貫報	雨 ウ玉禄 司禄貫 報石馳	樹 タ車恍 調調玉 極龍極	花 タ牽胡 禄鳳龍 印玉貴	陽 タ禄報 鳳石牽 胡牽堂	灯 タ司馳 禄貫車 貴車南	山 タ鳳報 調玉司 庫司堂	地 タ調馳 牽龍禄 報禄南	鉄 タ貫極 調牽調 極調南	宝 タ石貴 鳳車鳳 印鳳堂	海 タ龍将 車司石 胡石印	雨 タ玉禄 鳳禄貫 貴貫庫	樹 ト車恍 石調玉 堂玉庫	花 ト牽胡 牽鳳龍 恍龍印
8月	宝 ネ石貴 貫龍鳳 禄鳳堂	海 ネ龍将 車牽石 南石印	雨 ネ玉禄 石車貫 将貫庫	樹 イ車恍 玉司玉 恍玉庫	花 イ牽胡 禄禄龍 堂龍印	陽 イ禄報 龍調牽 貴牽堂	灯 イ司馳 龍調車 胡玉恍	山 イ鳳報 牽貫司 南車胡	地 イ調馳 石石禄 将牽恍	鉄 イ貫極 玉龍調 恍禄禄	宝 イ石貴 車玉鳳 堂司将	海 イ龍将 車車石 貴鳳貴	雨 イ玉禄 龍牽貫 胡調極	樹 サ車恍 牽禄玉 印貫馳	花 サ牽胡 石司龍 極石報	陽 サ禄報 牽鳳牽 報龍胡
9月	海 ウ龍将 車龍石 庫鳳貴	雨 ウ玉禄 司玉貫 報調極	樹 タ車恍 調車玉 極貫馳	花 タ牽胡 禄牽龍 印石報	陽 タ禄報 禄禄牽 胡龍胡	灯 タ司馳 禄司車 貴玉恍	山 タ鳳報 貫鳳司 庫車胡	地 タ調馳 牽鳳禄 報車貴	鉄 タ貫極 調石調 極司将	宝 タ石貴 鳳貫鳳 印禄禄	海 タ龍将 車玉石 胡調恍	雨 タ玉禄 鳳龍貫 貴鳳胡	樹 ト車恍 石牽玉 堂石報	花 ト牽胡 牽車龍 恍貫馳	陽 ト禄報 調司牽 将玉極	灯 ト司馳 貫禄車 南龍貴
10月	海 ネ龍将 車玉石 南調恍	雨 ネ玉禄 石龍貫 将鳳胡	樹 イ車恍 玉牽玉 恍石報	花 イ牽胡 禄車龍 堂貫馳	陽 イ禄報 龍司牽 貴玉極	灯 イ司馳 龍禄車 胡龍貴	山 イ鳳報 貫調司 南牽極	地 イ調馳 石鳳禄 将玉印	鉄 イ貫極 玉石調 恍車堂	宝 イ石貴 車貫鳳 堂牽南	海 イ龍将 車玉石 貴禄南	雨 イ玉禄 龍龍貫 胡司堂	樹 サ車恍 牽牽玉 印鳳印	花 サ牽胡 石車龍 極調庫	陽 サ禄報 牽司牽 報貫庫	灯 サ司馳 車禄車 庫石印
11月	雨 ウ玉禄 司牽貫 報司堂	樹 タ車恍 調禄玉 極鳳印	花 タ牽胡 禄司龍 印調庫	陽 タ禄報 禄鳳牽 胡貫庫	灯 タ司馳 禄調車 貴石印	山 タ鳳報 貫貫司 庫龍庫	地 タ調馳 牽牽禄 報龍報	鉄 タ貫極 調禄調 極牽胡	宝 タ石貴 鳳司鳳 印車恍	海 タ龍将 車鳳石 胡司禄	雨 タ玉禄 鳳調貫 貴禄将	樹 ト車恍 石貫玉 堂調貴	花 ト牽胡 牽石龍 恍鳳極	陽 ト禄報 調龍牽 将石馳	灯 ト司馳 貫玉車 南貫報	山 ト鳳報 貫車司 胡玉馳
12月	雨 ネ玉禄 石石貫 将禄将	樹 イ車恍 玉龍玉 恍調貴	花 イ牽胡 禄玉龍 堂鳳極	陽 イ禄報 龍車牽 貴石馳	灯 イ司馳 龍牽車 胡貫報	山 イ鳳報 貫禄司 南玉馳	地 イ調馳 石禄禄 将石馳	鉄 イ貫極 玉調調 恍龍極	宝 イ石貴 車鳳鳳 堂玉貴	海 イ龍将 車石石 貴車将	雨 イ玉禄 龍貫貫 胡牽禄	樹 サ車恍 牽玉玉 印禄恍	花 サ牽胡 石龍龍 極司胡	陽 サ禄報 牽牽牽 報鳳報	灯 サ司馳 車車車 庫調馳	山 サ鳳報 龍司司 貴貫報

1960年(昭和35年)	17日	18日	19日	20日	21日	22日	23日	24日	25日	26日	27日	28日	29日	30日	31日
1月	樹 ト司貴 玉牽貫 堂調南	花 ト禄極 牽車石 恍鳳堂	陽 ト調馳 調調車 将石印	灯 ト鳳報 鳳鳳牽 南貫庫	山 ト石馳 鳳石禄 胡玉印	地 ト貫報 鳳貫司 貴龍庫	鉄 ト玉胡 龍玉鳳 堂牽庫	宝 ト龍恍 調龍調 恍車印	海 ト牽禄 石牽貫 将司堂	雨 ト車将 車車石 南禄南	樹 ネ司貴 貫司龍 禄調南	花 ネ禄極 貫禄玉 禄鳳堂	陽 ネ調馳 鳳調車 南石印	灯 ネ鳳報 石鳳牽 将貫庫	山 ネ石馳 玉石禄 将玉印
2月	花 サ牽胡 石調龍 極司将	陽 サ禄報 牽貫牽 報鳳貴	灯 サ司馳 鳳石車 庫調極	山 サ鳳報 車車司 貴貫貴	地 サ調馳 車牽禄 胡石極	鉄 サ貫極 龍禄調 印龍馳	宝 サ石貴 牽司鳳 極玉報	海 サ龍将 牽鳳石 報車胡	雨 サ玉禄 車調貫 庫牽恍	樹 ウ車恍 車貫玉 馳禄禄	花 ウ牽胡 車石龍 馳司将	陽 ウ禄報 鳳龍牽 庫鳳貴	灯 ウ司馳 牽玉車 報調極		
3月	樹 ト車恍 玉石玉 堂司将	花 ト牽胡 牽貫龍 恍禄禄	陽 ト禄報 調玉牽 将調恍	灯 ト司馳 鳳龍車 南鳳胡	山 ト鳳報 鳳牽司 胡石恍	地 ト調馳 鳳車禄 貴貫胡	鉄 ト貫極 龍司調 堂玉報	宝 ト石貴 調禄鳳 恍龍馳	海 ト龍将 石調石 将牽極	雨 ト玉禄 車鳳貫 南車貴	樹 ネ車恍 貫石玉 禄司将	花 ネ牽胡 貫貫龍 禄禄禄	陽 ネ禄報 鳳玉牽 南調恍	灯 ネ司馳 石龍車 将鳳胡	山 ネ鳳報 玉牽司 将石恍
4月	花 サ牽胡 石龍龍 極牽南	陽 サ禄報 牽鳳牽 報禄南	灯 サ司馳 鳳調車 庫司堂	山 サ鳳報 車貫司 貴鳳南	地 サ調馳 車石禄 胡調堂	鉄 サ貫極 龍龍調 印貫印	宝 サ石貴 牽玉鳳 極石庫	海 サ龍将 牽車石 報龍庫	雨 サ玉禄 車牽貫 庫玉印	樹 ウ車恍 車禄玉 馳車堂	花 ウ牽胡 車司龍 馳牽南	陽 ウ禄報 鳳鳳牽 庫禄南	灯 ウ司馳 牽調車 報司堂	山 ウ鳳報 司貫司 報鳳南	
5月	花 ト牽胡 牽牽龍 恍車恍	陽 ト禄報 調禄牽 将司禄	灯 ト司馳 鳳司車 南禄将	山 ト鳳報 鳳龍司 胡調禄	地 ト調馳 鳳玉禄 貴鳳将	鉄 ト貫極 龍車調 堂石貴	宝 ト石貴 調牽鳳 恍貫極	海 ト龍将 石禄石 将玉馳	雨 ト玉禄 車司貫 南龍報	樹 ネ車恍 貫鳳玉 禄牽胡	花 ネ牽胡 貫調龍 禄車恍	陽 ネ禄報 鳳貫牽 南司禄	灯 ネ司馳 石石車 将禄将	山 ネ鳳報 玉龍司 将調禄	地 ネ調馳 貫玉禄 南鳳将
6月	陽 サ禄報 牽調牽 報車将	灯 サ司馳 禄鳳車 庫牽禄	山 サ鳳報 龍石司 貴禄将	地 サ調馳 車貫禄 胡司禄	鉄 サ貫極 龍玉調 印鳳恍	宝 サ石貴 牽龍鳳 極調胡	海 サ龍将 牽牽石 報貫報	雨 サ玉禄 車車貫 庫石馳	樹 ウ車恍 車司玉 馳龍極	花 ウ牽胡 車鳳龍 馳玉貴	陽 ウ禄報 鳳石牽 庫車将	灯 ウ司馳 牽貫車 報牽禄	山 ウ鳳報 司玉司 報禄将	地 ウ調馳 貫龍禄 庫司禄	
7月	陽 ト禄報 調玉牽 将牽堂	灯 ト司馳 龍龍車 南車南	山 ト鳳報 禄牽司 胡司堂	地 ト調馳 鳳貫禄 貴禄南	鉄 ト貫極 龍玉調 堂調南	宝 ト石貴 調龍鳳 恍鳳堂	海 ト龍将 石牽石 将石印	雨 ト玉禄 車車貫 南貫庫	樹 ネ車恍 貫司玉 禄玉庫	花 ネ牽胡 貫禄龍 禄龍印	陽 ネ禄報 鳳調牽 南牽堂	灯 ネ司馳 石鳳車 将車南	山 ネ鳳報 玉石司 将司堂	地 ネ調馳 貫貫禄 南禄南	鉄 ネ貫極 貫玉調 禄調南
8月	灯 サ司馳 禄調車 庫玉恍	山 サ鳳報 龍禄司 貴車胡	地 サ調馳 車司禄 胡牽恍	鉄 サ貫極 龍鳳調 印禄禄	宝 サ石貴 石石鳳 極司将	海 サ龍将 牽龍石 報鳳貴	雨 サ玉禄 車玉貫 庫調極	樹 ウ車恍 車車玉 馳貫馳	花 ウ牽胡 車牽龍 馳石報	陽 ウ禄報 鳳禄牽 庫龍胡	灯 ウ司馳 牽司車 報玉恍	山 ウ鳳報 司鳳司 報車胡	地 ウ調馳 貫調禄 庫牽恍	鉄 ウ貫極 禄貫調 馳禄禄	宝 ウ石貴 禄石鳳 馳司将
9月	山 ト鳳報 貫調司 胡牽極	地 ト調馳 鳳鳳禄 貴車貴	鉄 ト貫極 牽石調 堂司将	宝 ト石貴 司貫鳳 恍禄禄	海 ト龍将 石玉石 将調恍	雨 ト玉禄 車龍貫 南鳳胡	樹 ネ車恍 貫牽玉 禄石報	花 ネ牽胡 貫車龍 禄貫馳	陽 ネ禄報 鳳司牽 南玉極	灯 ネ司馳 石禄車 将龍貴	山 ネ鳳報 石調司 将牽極	地 ネ調馳 貫鳳禄 南車貴	鉄 ネ貫極 貫石調 禄司将	宝 ネ石貴 貫貫鳳 禄禄禄	
10月	山 サ鳳報 龍調司 貴龍庫	地 サ調馳 車龍禄 胡玉印	鉄 サ貫極 調牽調 印車堂	宝 サ石貴 石車鳳 極牽南	海 サ龍将 牽車石 報禄南	雨 サ玉禄 車牽貫 庫司堂	樹 ウ車恍 車禄玉 馳鳳印	花 ウ牽胡 車司龍 馳調庫	陽 ウ禄報 鳳鳳牽 庫貫庫	灯 ウ司馳 牽調車 報石印	山 ウ鳳報 司貫司 報龍庫	地 ウ調馳 貫石禄 庫玉印	鉄 ウ貫極 禄龍調 馳車堂	宝 ウ石貴 禄玉鳳 馳牽南	海 ウ龍将 車車石 庫禄南
11月	地 ト調馳 鳳牽禄 貴龍報	鉄 ト貫極 牽禄調 堂牽胡	宝 ト石貴 司司鳳 恍車恍	海 ト龍将 石貫石 将司禄	雨 ト玉禄 車石貫 南禄将	樹 ネ車恍 貫龍玉 禄調貴	花 ネ牽胡 貫玉龍 禄鳳極	陽 ネ禄報 鳳車牽 南石馳	灯 ネ司馳 石牽車 将貫報	山 ネ鳳報 石禄司 将玉馳	地 ネ調馳 貫司禄 南龍報	鉄 ネ貫極 貫鳳調 禄牽胡	宝 ネ石貴 貫調鳳 禄車恍	海 ネ龍将 車貫石 南司禄	
12月	地 サ調馳 車禄禄 胡石馳	鉄 サ貫極 調調調 印龍極	宝 サ石貴 石鳳鳳 極玉貴	海 サ龍将 牽石石 報車将	雨 サ玉禄 車貫貫 庫牽禄	樹 ウ車恍 車玉玉 馳禄恍	花 ウ牽胡 車龍龍 馳司胡	陽 ウ禄報 鳳牽牽 庫鳳報	灯 ウ司馳 牽車車 報調馳	山 ウ鳳報 司司司 報貫報	地 ウ調馳 貫禄禄 庫石馳	鉄 ウ貫極 禄調調 馳龍極	宝 ウ石貴 禄鳳鳳 馳玉貴	海 ウ龍将 車石石 庫車将	雨 ウ玉禄 司貫貫 報牽禄

1961年（昭和36年）

1961年(昭和36年)

	1日	2日	3日	4日	5日	6日	7日	8日	9日	10日	11日	12日	13日	14日	15日
1月	樹 タ車恍 調玉玉 極禄恍	花 タ牽胡 禄龍龍 印司胡	陽 タ禄報 禄牽牽 胡鳳報	灯 タ司馳 禄車車 貴調馳	山 タ鳳報 調司司 庫石印	地 タ調馳 牽禄禄 報貫庫	鉄 タ貫極 調調調 極玉庫	宝 タ石貴 鳳鳳鳳 印龍印	海 タ龍将 車石石 胡牽堂	雨 タ玉禄 鳳貫貫 貴車南	樹 ト車恍 石玉玉 堂司南	花 ト牽胡 牽龍龍 恍禄堂	陽 ト禄報 調牽牽 将調印	灯 ト司馳 貫車車 南鳳庫	山 ト鳳報 貫調司 胡石印
2月	花 イ牽胡 禄禄龍 堂禄堂	陽 イ禄報 龍調牽 貴調印	灯 イ司馳 龍鳳車 胡鳳庫	山 イ調印 牽貫司 南鳳貴	地 イ鳳庫 石石禄 将調極	鉄 イ石庫 玉龍調 恍貫馳	宝 イ貫印 車玉鳳 堂石報	海 イ玉堂 車車石 貴龍胡	雨 イ龍南 龍牽貫 胡玉恍	樹 サ牽南 牽禄玉 印車禄	花 サ車堂 石司龍 極牽将	陽 サ司印 牽貫牽 報禄貴	灯 サ禄庫 車石車 庫司極	山 サ調印 龍龍調 貴鳳貴	地 サ鳳庫 車玉鳳 胡調極
3月	雨 ウ龍南 司調車 報玉恍	樹 タ牽南 調貫司 極車禄	花 タ車堂 禄石禄 印牽将	陽 タ司印 禄龍調 胡禄貴	灯 タ禄庫 禄玉鳳 貴司極	山 タ調印 調牽司 庫調恍	地 タ鳳庫 牽車禄 報鳳胡	鉄 タ石庫 調司調 極石報	宝 タ貫印 鳳禄鳳 印貫馳	海 タ玉堂 車調石 胡玉極	雨 タ龍南 鳳鳳貫 貴龍貴	樹 ト牽南 石石玉 堂牽将	花 ト車堂 牽貫龍 恍車禄	陽 ト司印 調玉牽 将司恍	灯 ト禄庫 貫龍車 南禄胡
4月	樹 イ牽南 玉石司 恍牽将	花 イ車堂 禄貫禄 堂車禄	陽 イ司印 龍玉調 貴司恍	灯 イ禄庫 龍龍鳳 胡禄胡	山 イ調印 牽牽司 南禄南	地 イ鳳庫 石車禄 将司堂	鉄 イ石庫 玉司調 恍鳳印	宝 イ貫印 車禄鳳 堂調庫	海 イ玉堂 車調石 貴貫庫	雨 イ龍南 龍鳳貫 胡石印	樹 サ牽南 牽石玉 印龍堂	花 サ車堂 石貫龍 極玉南	陽 サ司印 牽玉牽 報車南	灯 サ禄庫 車龍車 庫牽堂	山 サ調印 龍司調 貴禄南
5月	樹 タ牽南 調禄司 極龍堂	花 タ車堂 禄司禄 印玉南	陽 タ司印 禄鳳調 胡車南	灯 タ禄庫 禄調鳳 貴牽堂	山 タ調印 貫貫石 庫禄南	地 タ鳳庫 牽石禄 報禄将	鉄 タ石庫 調龍調 極調貴	宝 タ貫印 鳳玉鳳 印鳳極	海 タ玉堂 車車石 胡石馳	雨 タ龍南 鳳牽貫 貴貫報	樹 ト牽南 石禄玉 堂玉胡	花 ト車堂 牽牽龍 恍龍恍	陽 ト司印 調禄牽 将牽禄	灯 ト禄庫 貫司車 南車将	山 ト調印 貫鳳司 胡司禄
6月	花 イ車堂 禄調禄 堂龍恍	陽 イ司印 龍貫調 貴牽禄	灯 イ禄庫 龍石鳳 胡車将	山 イ調印 貫龍石 南司禄	地 イ鳳庫 玉玉貫 将禄将	鉄 イ石庫 玉玉調 恍禄恍	宝 イ貫印 車龍鳳 堂司胡	海 イ玉堂 車牽石 貴鳳報	雨 イ龍南 龍車貫 胡調馳	樹 サ牽南 牽司玉 印貫極	花 サ車堂 石禄龍 極石貴	陽 サ司印 牽調牽 報龍将	灯 サ禄庫 車鳳車 庫玉禄	山 サ調印 龍石司 貴車将	地 サ鳳庫 車貫禄 胡牽禄
7月	花 タ車堂 禄鳳禄 印石貴	陽 タ司印 禄石調 胡龍将	灯 タ禄庫 禄貫鳳 貴玉禄	山 タ調印 貫玉石 庫車将	地 タ鳳庫 司龍貫 報牽禄	鉄 タ石庫 調牽玉 極禄恍	宝 タ貫印 鳳車鳳 印禄堂	海 タ玉堂 車司石 胡調印	雨 タ龍南 鳳禄貫 貴鳳庫	樹 ト牽南 石調玉 堂石庫	花 ト車堂 司鳳龍 恍貫印	陽 ト司印 調石牽 将玉堂	灯 ト禄庫 貫貫車 南龍南	山 ト調印 貫玉司 胡牽堂	地 ト鳳庫 鳳龍禄 貴車南
8月	陽 イ司印 龍調調 貴玉堂	灯 イ禄庫 龍鳳鳳 胡龍南	山 イ調印 貫石石 南牽堂	地 イ鳳庫 玉貫貫 将車南	鉄 イ石庫 牽玉玉 恍司南	宝 イ貫印 龍龍龍 堂禄堂	海 イ玉堂 龍牽牽 貴調印	雨 イ龍南 龍牽貫 胡司極	樹 サ牽南 牽禄玉 印鳳馳	花 サ車堂 石司龍 極調報	陽 サ司印 牽鳳牽 報貫胡	灯 サ禄庫 車調車 庫石恍	山 サ調印 貫貫司 貴龍胡	地 サ鳳庫 車石禄 胡玉恍	鉄 サ石庫 司龍調 印車禄
9月	灯 タ禄庫 禄司鳳 貴石恍	山 タ調印 貫鳳石 庫龍胡	地 タ鳳庫 司調貫 報玉恍	鉄 タ石庫 調貫玉 極車禄	宝 タ貫印 龍石龍 印牽将	海 タ玉堂 鳳龍牽 胡禄貴	雨 タ龍南 鳳玉車 貴司極	樹 ト牽南 石牽玉 堂調報	花 ト車堂 司車龍 恍鳳馳	陽 ト司印 調司牽 将石極	灯 ト禄庫 貫禄車 南貫貴	山 ト調印 貫調司 胡玉極	地 ト鳳庫 鳳鳳禄 貴龍貴	鉄 ト石庫 石石調 堂牽将	宝 ト貫印 司貫鳳 恍車禄
10月	灯 イ禄庫 龍禄鳳 胡貫貴	山 イ調印 貫調石 南玉極	地 イ鳳庫 玉鳳貫 将龍貴	鉄 イ石庫 牽石玉 恍牽将	宝 イ貫印 龍貫龍 堂車禄	海 イ玉堂 龍玉牽 貴司恍	雨 イ龍南 龍龍車 胡禄胡	樹 サ牽南 牽牽玉 印禄印	花 サ車堂 石車龍 極司庫	陽 サ司印 牽司牽 報鳳庫	灯 サ禄庫 車禄車 庫調印	山 サ調印 貫調司 貴貫庫	地 サ鳳庫 車鳳禄 胡石印	鉄 サ石庫 司石調 印龍堂	宝 サ貫印 石貫鳳 極玉南
11月	山 タ調印 貫貫石 庫貫庫	地 タ鳳庫 司石貫 報石印	鉄 タ石庫 調龍玉 極龍堂	宝 タ貫印 龍玉龍 印玉南	海 タ玉堂 鳳車牽 胡車南	雨 タ龍南 鳳牽車 貴牽堂	樹 ト牽南 禄禄司 堂禄印	花 ト車堂 司石龍 恍禄極	陽 ト司印 調龍牽 将調馳	灯 ト禄庫 貫玉車 南鳳報	山 ト調印 貫車司 胡石馳	地 ト鳳庫 鳳牽禄 貴貫報	鉄 ト石庫 石禄調 堂玉胡	宝 ト貫印 司司鳳 恍龍恍	海 ト玉堂 石鳳石 将牽禄
12月	山 イ調印 貫禄石 南石馳	地 イ鳳庫 玉司貫 将貫報	鉄 イ石庫 牽鳳玉 恍玉胡	宝 イ貫印 龍調龍 堂龍恍	海 イ玉堂 龍貫牽 貴牽禄	雨 イ龍南 龍石車 胡車将	樹 サ牽南 牽玉玉 印車恍	花 サ車堂 石龍龍 極牽胡	陽 サ司印 牽牽牽 報禄報	灯 サ禄庫 車車車 庫司馳	山 サ調印 貫司司 貴鳳報	地 サ鳳庫 車禄禄 胡調馳	鉄 サ石庫 司調調 印貫極	宝 サ貫印 石鳳鳳 極石貴	海 サ玉堂 牽石石 報龍将

	16日	17日	18日	19日	20日	21日	22日	23日	24日	25日	26日	27日	28日	29日	30日	31日
1月	地 ト調馳 鳳鳳禄 貴貫庫	鉄 ト貫極 牽石調 堂玉庫	宝 ト石貴 調龍鳳 恍龍印	海 ト龍将 石牽石 将牽堂	雨 ト玉禄 車車貫 南車南	樹 ネ車恍 貫司玉 禄司南	花 ネ牽胡 貫禄龍 禄禄堂	陽 ネ禄報 鳳調牽 南調印	灯 ネ司馳 石鳳車 将鳳庫	山 ネ鳳報 玉石司 将石印	地 ネ調馳 貫貫禄 南貫庫	鉄 ネ貫極 貫玉調 禄玉庫	宝 ネ石貴 貫龍鳳 禄龍印	海 ネ龍将 車牽石 南牽堂	雨 ネ玉禄 石車貫 将車南	樹 イ車恍 玉司玉 恍司南
2月	鉄 サ石庫 調車石 印貫馳	宝 サ貫印 石牽龍 極石報	海 サ玉堂 牽禄牽 報龍胡	雨 サ龍南 車調車 庫玉恍	樹 ウ牽南 車貫司 馳車禄	花 ウ車堂 車石禄 馳牽将	陽 ウ司印 鳳龍調 庫禄貴	灯 ウ禄庫 牽玉鳳 報司極	山 ウ調印 司車石 報鳳貴	地 ウ鳳庫 貫牽貫 庫調極	鉄 ウ石庫 禄禄玉 馳貫馳	宝 ウ貫印 禄司龍 馳石報	海 ウ玉堂 車鳳牽 庫龍胡			
3月	山 ト調印 貫牽調 胡調恍	地 ト鳳庫 鳳車鳳 貴鳳胡	鉄 ト石庫 牽司石 堂石報	宝 ト貫印 調禄龍 恍貫馳	海 ト玉堂 石調牽 将玉極	雨 ト龍南 車鳳車 南龍貴	樹 ネ牽南 貫石司 禄牽将	花 ネ車堂 貫貫禄 禄車禄	陽 ネ司印 鳳玉調 南司恍	灯 ネ禄庫 石龍鳳 将禄胡	山 ネ調印 玉牽石 将調恍	地 ネ鳳庫 貫車貫 南鳳胡	鉄 ネ石庫 貫司玉 禄石報	宝 ネ貫印 貫禄龍 禄貫馳	海 ネ玉堂 車調牽 南玉極	雨 ネ龍南 石鳳車 将龍貴
4月	地 サ鳳庫 車禄鳳 胡司堂	鉄 サ石庫 調調石 印鳳印	宝 サ貫印 石玉龍 極調庫	海 サ玉堂 牽車牽 報貫庫	雨 サ龍南 車牽車 庫石印	樹 ウ牽南 車禄司 馳龍堂	花 ウ車堂 車司禄 馳玉南	陽 ウ司印 鳳鳳調 庫車南	灯 ウ禄庫 牽調鳳 報牽堂	山 ウ調印 司貫石 報禄南	地 ウ鳳庫 貫石貫 庫司堂	鉄 ウ石庫 禄龍玉 馳鳳印	宝 ウ貫印 禄玉龍 馳調庫	海 ウ玉堂 車車牽 庫貫庫	雨 ウ龍南 司牽車 報石印	
5月	地 ト鳳庫 鳳調鳳 貴禄将	鉄 ト石庫 牽貫石 堂調貴	宝 ト貫印 司石貫 恍鳳極	海 ト玉堂 石龍牽 将石馳	雨 ト龍南 車玉車 南貫報	樹 ネ牽南 貫鳳司 禄玉胡	花 ネ車堂 貫調禄 禄龍恍	陽 ネ司印 鳳貫調 南牽禄	灯 ネ禄庫 石石鳳 将車将	山 ネ調印 石龍石 将司禄	地 ネ鳳庫 貫玉貫 南禄将	鉄 ネ石庫 貫車玉 禄調貴	宝 ネ貫印 貫牽龍 禄鳳極	海 ネ玉堂 車禄牽 南石馳	雨 ネ龍南 石司車 将貫報	樹 イ牽南 玉鳳司 恍玉胡
6月	鉄 サ石庫 調玉石 印禄恍	宝 サ貫印 石龍貫 極司胡	海 サ玉堂 牽牽玉 報鳳報	雨 サ龍南 車車車 庫調馳	樹 ウ牽南 車司司 馳貫極	花 ウ車堂 車禄禄 馳石貴	陽 ウ司印 鳳調調 庫龍将	灯 ウ禄庫 牽鳳鳳 報玉禄	山 ウ調印 司石石 報車将	地 ウ鳳庫 貫貫貫 庫牽禄	鉄 ウ石庫 禄牽玉 馳禄恍	宝 ウ貫印 禄車龍 馳司胡	海 ウ玉堂 車司牽 庫鳳報	雨 ウ龍南 司禄車 報調馳	樹 タ牽南 調調司 極貫極	
7月	鉄 ト石庫 石牽調 堂司南	宝 ト貫印 司禄貫 恍禄堂	海 ト玉堂 石調玉 将調印	雨 ト龍南 龍鳳龍 南鳳庫	樹 ネ牽南 鳳司司 禄石庫	花 ネ車堂 貫禄禄 禄貫印	陽 ネ司印 鳳調調 南玉堂	灯 ネ禄庫 石鳳鳳 将龍南	山 ネ調印 石石石 将牽堂	地 ネ鳳庫 貫貫貫 南車南	鉄 ネ石庫 貫玉玉 禄司南	宝 ネ貫印 貫龍龍 禄禄堂	海 ネ玉堂 車牽牽 南調印	雨 ネ龍南 石車車 将鳳庫	樹 イ牽南 玉司司 恍石庫	花 イ車堂 禄禄禄 堂貫印
8月	宝 サ貫印 石玉鳳 極牽将	海 サ玉堂 牽車石 報禄貴	雨 サ龍南 鳳牽龍 庫司極	樹 ウ牽南 龍龍牽 馳鳳馳	花 ウ車堂 車玉車 馳調報	陽 ウ司印 鳳車調 庫貫胡	灯 ウ禄庫 牽司鳳 報石恍	山 ウ調印 司鳳石 報龍胡	地 ウ鳳庫 貫調貫 庫玉恍	鉄 ウ石庫 禄貫玉 馳車禄	宝 ウ貫印 禄石龍 馳牽将	海 ウ玉堂 車龍牽 庫禄貴	雨 ウ龍南 司玉車 報司極	樹 タ牽南 調車司 極鳳馳	花 タ車堂 禄牽禄 印調報	陽 タ司印 禄禄調 胡貫胡
9月	海 ト玉堂 石玉石 将司恍	雨 ト龍南 貫龍貫 南禄胡	樹 ネ牽南 鳳牽牽 禄調報	花 ネ車堂 貫車車 禄鳳馳	陽 ネ司印 牽司司 南石極	灯 ネ禄庫 司禄鳳 将貫貴	山 ネ調印 石調石 将玉極	地 ネ鳳庫 貫鳳貫 南龍貴	鉄 ネ石庫 貫石玉 禄牽将	宝 ネ貫印 貫貫龍 禄車禄	海 ネ玉堂 車玉牽 南司恍	雨 ネ龍南 石龍車 将禄胡	樹 イ牽南 玉牽司 恍調報	花 イ車堂 禄車禄 堂鳳馳	陽 イ司印 龍司調 貴石極	
10月	海 サ玉堂 牽玉石 報車南	雨 サ龍南 禄龍貫 庫牽堂	樹 ウ牽南 禄調牽 馳禄印	花 ウ車堂 車鳳車 馳司庫	陽 ウ司印 石石司 庫鳳庫	灯 ウ禄庫 牽調鳳 報調印	山 ウ調印 司貫石 報貫庫	地 ウ鳳庫 貫石貫 庫石印	鉄 ウ石庫 禄龍玉 馳龍堂	宝 ウ貫印 禄玉龍 馳玉南	海 ウ玉堂 車車牽 庫車南	雨 ウ龍南 司牽車 報牽堂	樹 タ牽南 調禄司 極禄印	花 タ車堂 禄司禄 印司庫	陽 タ司印 禄鳳調 胡鳳庫	灯 タ禄庫 禄調鳳 貴調印
11月	雨 ト龍南 貫調貫 南車将	樹 ネ牽南 鳳貫玉 禄司貴	花 ネ車堂 貫石車 禄禄極	陽 ネ司印 牽龍司 南調馳	灯 ネ禄庫 司玉禄 将鳳報	山 ネ調印 石禄石 将石馳	地 ネ鳳庫 貫司貫 南貫報	鉄 ネ石庫 貫鳳玉 禄玉胡	宝 ネ貫印 貫調龍 禄龍恍	海 ネ玉堂 車貫牽 南牽禄	雨 ネ龍南 石石車 将車将	樹 イ牽南 玉龍司 恍司貴	花 イ車堂 禄玉禄 堂禄極	陽 イ司印 龍車調 貴調馳	灯 イ禄庫 龍牽鳳 胡鳳報	
12月	雨 サ龍南 禄貫貫 庫玉禄	樹 ウ牽南 禄玉牽 馳車恍	花 ウ車堂 車龍車 馳牽胡	陽 ウ司印 石牽司 庫禄報	灯 ウ禄庫 牽車鳳 報司馳	山 ウ調印 司司石 報鳳報	地 ウ鳳庫 貫禄貫 庫調馳	鉄 ウ石庫 禄調玉 馳貫極	宝 ウ貫印 禄鳳龍 馳石貴	海 ウ玉堂 車石牽 庫龍将	雨 ウ龍南 司貫車 報玉禄	樹 タ牽南 調玉司 極車恍	花 タ車堂 禄龍禄 印牽胡	陽 タ司印 禄牽調 胡禄報	灯 タ禄庫 禄車鳳 貴司馳	山 タ調印 貫司石 庫鳳報

1962年（昭和37年）

1962年(昭和37年)	1日	2日	3日	4日	5日	6日	7日	8日	9日	10日	11日	12日	13日	14日	15日	16日
1月	地 タ鳳庫 司禄貫 報調馳	鉄 タ石庫 調調玉 極貫極	宝 タ貫印 龍鳳龍 印石貴	海 タ玉堂 鳳石牽 胡龍将	雨 タ龍南 鳳貫車 貴玉禄	樹 ト牽南 石玉玉 堂牽南	花 ト車堂 司龍龍 恍車堂	陽 ト司印 調牽牽 将司印	灯 ト禄庫 貫車車 南禄庫	山 ト調印 貫司司 胡調印	地 ト鳳庫 鳳禄禄 貴鳳庫	鉄 ト石庫 石調調 堂石庫	宝 ト貫印 司鳳鳳 恍貫印	海 ト玉堂 石石石 将玉堂	雨 ト龍南 貫貫貫 南龍南	樹 ネ牽南 鳳牽牽 禄牽南
2月	鉄 イ石庫 牽玉玉 恍石庫	宝 イ貫印 龍龍龍 堂貫印	海 イ玉堂 龍牽牽 貴玉堂	雨 イ石恍 龍牽牽 胡石恍	樹 サ龍禄 牽禄禄 印龍禄	花 サ玉将 石司司 極玉将	陽 サ車貴 牽鳳鳳 報車貴	灯 サ牽極 車調調 庫牽極	山 サ禄貴 貫貫貫 貴禄貴	地 サ司極 車石石 胡司極	鉄 サ鳳馳 司龍龍 印鳳馳	宝 サ調報 石牽牽 極調報	海 サ貫胡 牽禄禄 報貫胡	雨 サ石恍 鳳司司 庫石恍	樹 ウ龍禄 龍鳳鳳 馳龍禄	花 ウ玉将 車調調 馳玉将
3月	山 タ禄貴 貫車車 庫禄貴	地 タ司極 司牽牽 報司極	鉄 タ鳳馳 調禄禄 極鳳馳	宝 タ調報 龍司司 印調報	海 タ貫胡 鳳鳳鳳 胡貫胡	雨 タ石恍 鳳鳳牽 貴貫貴	樹 ト龍禄 石石禄 堂玉将	花 ト玉将 司貫司 恍龍禄	陽 ト車貴 調玉鳳 将牽恍	灯 ト牽極 貫龍調 南車胡	山 ト禄貴 貫牽貫 胡司恍	地 ト司極 鳳車石 貴禄胡	鉄 ト鳳馳 石司龍 堂調報	宝 ト調報 司禄牽 恍鳳馳	海 ト貫胡 石調禄 将石極	雨 ト石恍 龍鳳司 南貫貴
4月	地 イ司極 玉車牽 将禄胡	鉄 イ鳳馳 牽司禄 恍調報	宝 イ調報 龍禄司 堂鳳馳	海 イ貫胡 龍調鳳 貴石極	雨 イ石恍 龍鳳牽 胡調印	樹 サ龍禄 牽石禄 印貫堂	花 サ玉将 石貫司 極石南	陽 サ車貴 牽玉鳳 報龍南	灯 サ牽極 車龍調 庫玉堂	山 サ禄貴 貫牽貫 貴車南	地 サ司極 車車石 胡牽堂	鉄 サ鳳馳 司司龍 印禄印	宝 サ調報 石禄牽 極司庫	海 サ貫胡 牽調禄 報鳳庫	雨 サ石恍 鳳貫司 庫調印	樹 ウ龍禄 龍玉鳳 馳貫堂
5月	地 タ司極 司石牽 報牽堂	鉄 タ鳳馳 調龍禄 極禄印	宝 タ調報 龍玉司 印司庫	海 タ貫胡 鳳車鳳 胡鳳庫	雨 タ石恍 鳳牽調 貴調印	樹 ト龍禄 石禄禄 堂石胡	花 ト玉将 司司司 恍貫恍	陽 ト車貴 調鳳鳳 将玉禄	灯 ト牽極 貫調調 南龍将	山 ト禄貴 貫貫貫 胡牽禄	地 ト司極 鳳石石 貴車将	鉄 ト鳳馳 石貫龍 堂司貴	宝 ト調報 司石玉 恍禄極	海 ト貫胡 石龍禄 将調馳	雨 ト石恍 貫玉司 南鳳報	樹 ネ龍禄 鳳車鳳 禄石胡
6月	鉄 イ鳳馳 牽車禄 恍司貴	宝 イ調報 龍牽司 堂禄極	海 イ貫胡 龍禄鳳 貴調馳	雨 イ石恍 龍司調 胡鳳報	樹 サ龍禄 禄鳳貫 印石胡	花 サ玉将 石禄司 極調貴	陽 サ車貴 牽調鳳 報貫将	灯 サ牽極 車鳳調 庫石禄	山 サ禄貴 貫石貫 貴龍将	地 サ司極 車貫石 胡玉禄	鉄 サ鳳馳 司玉龍 印車恍	宝 サ調報 石龍玉 極牽胡	海 サ貫胡 牽牽車 報禄報	雨 サ石恍 禄車司 庫司馳	樹 ウ龍禄 禄司鳳 馳鳳極	花 ウ玉将 車禄調 馳調貴
7月	鉄 タ鳳馳 調牽禄 極車恍	宝 タ調報 龍車司 印牽胡	海 タ貫胡 鳳司鳳 胡禄報	雨 タ石恍 鳳禄調 貴司馳	樹 ト龍禄 禄調貫 堂鳳極	花 ト玉将 調鳳石 恍調貴	陽 ト車貴 調石鳳 将石堂	灯 ト牽極 貫貫調 南貫南	山 ト禄貴 貫玉貫 胡玉堂	地 ト司極 鳳龍石 貴龍南	鉄 ト鳳馳 石牽龍 堂牽南	宝 ト調報 司車玉 恍車堂	海 ト貫胡 石司車 将司印	雨 ト石恍 貫禄牽 南禄庫	樹 ネ龍禄 鳳調鳳 禄調庫	花 ネ玉将 貫鳳調 禄鳳印
8月	宝 イ調報 龍龍司 堂車堂	海 イ貫胡 龍牽鳳 貴司印	雨 イ石恍 龍車調 胡禄庫	樹 サ龍禄 禄司貫 印調庫	花 サ玉将 玉禄石 極鳳印	陽 サ車貴 牽調龍 報石堂	灯 サ牽極 鳳鳳玉 庫貫南	山 サ禄貴 貫貫貫 貴貫胡	地 サ司極 車石石 胡石恍	鉄 サ鳳馳 司龍龍 印龍禄	宝 サ調報 玉玉玉 極玉将	海 サ貫胡 牽車車 報車貴	雨 サ石恍 禄牽牽 庫牽極	樹 ウ龍禄 禄禄禄 馳禄馳	花 ウ玉将 車司司 馳司報	陽 ウ車貴 司鳳貫 庫鳳胡
9月	海 タ貫胡 鳳龍鳳 胡車貴	雨 タ石恍 鳳玉調 貴牽極	樹 ト龍禄 禄車貫 堂禄馳	花 ト玉将 調牽石 恍司報	陽 ト車貴 石禄龍 将鳳胡	灯 ト牽極 鳳司玉 南調恍	山 ト禄貴 鳳鳳車 胡貫胡	地 ト司極 鳳鳳石 貴貫貴	鉄 ト鳳馳 石石龍 堂玉将	宝 ト調報 司貫玉 恍龍禄	海 ト貫胡 石玉車 将牽恍	雨 ト石恍 貫龍牽 南車胡	樹 ネ龍禄 禄牽禄 禄司報	花 ネ玉将 貫車司 禄禄馳	陽 ネ車貴 玉司鳳 南調極	灯 ネ牽極 司禄石 将鳳貴
10月	海 イ貫胡 龍玉鳳 貴牽恍	雨 イ石恍 龍龍調 胡車胡	樹 サ龍禄 禄牽貫 印司報	花 サ玉将 玉車石 極禄馳	陽 サ車貴 牽司龍 報調極	灯 サ牽極 鳳禄玉 庫鳳貴	山 サ禄貴 車調車 貴石極	地 サ司極 車鳳牽 胡貫貴	鉄 サ鳳馳 司石龍 印貫堂	宝 サ調報 玉貫玉 極石南	海 サ貫胡 牽玉車 報龍南	雨 サ石恍 禄龍牽 庫玉堂	樹 ウ龍禄 禄牽禄 馳車印	花 ウ玉将 車車司 馳牽庫	陽 ウ車貴 司司鳳 庫禄庫	灯 ウ牽極 玉禄調 報司印
11月	雨 タ石恍 鳳牽調 貴玉堂	樹 ト龍禄 禄禄貫 堂車印	花 ト玉将 調司石 恍牽庫	陽 ト車貴 石鳳龍 将禄庫	灯 ト牽極 鳳調玉 南司印	山 ト禄貴 鳳貫車 胡鳳庫	地 ト司極 鳳石牽 貴調印	鉄 ト鳳馳 石禄龍 堂石胡	宝 ト調報 司司玉 恍貫恍	海 ト貫胡 石鳳車 将玉禄	雨 ト石恍 貫調牽 南龍将	樹 ネ龍禄 禄貫禄 禄牽貴	花 ネ玉将 貫石司 禄車極	陽 ネ車貴 玉龍鳳 南司馳	灯 ネ牽極 司玉調 将禄報	山 ネ禄貴 石車龍 将調馳
12月	雨 イ石恍 龍石調 胡龍将	樹 サ龍禄 禄龍貫 印牽貴	花 サ玉将 玉玉石 極車極	陽 サ車貴 牽車龍 報司馳	灯 サ牽極 鳳牽玉 庫禄報	山 サ禄貴 車禄車 貴調馳	地 サ司極 車禄石 胡司馳	鉄 サ鳳馳 司調龍 印鳳極	宝 サ調報 玉鳳玉 極調貴	海 サ貫胡 牽石車 報貫将	雨 サ石恍 禄貫牽 庫石禄	樹 ウ龍禄 禄玉禄 馳龍恍	花 ウ玉将 車龍司 馳玉胡	陽 ウ車貴 司牽鳳 庫車報	灯 ウ牽極 玉車石 報牽馳	山 ウ禄貴 司司龍 報禄報

1962年(昭和37年)	17日	18日	19日	20日	21日	22日	23日	24日	25日	26日	27日	28日	29日	30日	31日
1月	花 ネ車堂 貫車車 禄車堂	陽 ネ司印 牽司司 南司印	灯 ネ禄庫 司鳳鳳 将禄庫	山 ネ調印 石石石 将調印	地 ネ鳳庫 貫貫貫 南鳳庫	鉄 ネ石庫 貫玉玉 禄石庫	宝 ネ貫印 貫龍龍 禄貫印	海 ネ玉堂 車牽牽 南玉堂	雨 ネ龍南 石車車 将龍南	樹 イ牽南 玉司司 恍牽南	花 イ車堂 禄禄禄 堂車堂	陽 イ司印 龍調調 貴司印	灯 イ禄庫 龍鳳鳳 胡禄庫	山 イ調印 貫石石 南調印	地 イ鳳庫 玉貫貫 将鳳庫
2月	陽 ウ車貴 鳳貫貫 庫車貴	灯 ウ牽極 牽石石 報牽極	山 ウ禄貴 司車車 報禄貴	地 ウ司極 貫牽牽 庫司極	鉄 ウ鳳馳 禄禄禄 馳鳳馳	宝 ウ調報 禄司司 馳調報	海 ウ貫胡 車鳳鳳 庫貫胡	雨 ウ石恍 司調調 報石恍	樹 タ龍禄 調貫貫 極龍禄	花 タ玉将 禄石石 印玉将	陽 タ車貴 禄龍龍 胡車貴	灯 タ牽極 禄玉玉 貴牽極			
3月	樹 ネ龍禄 鳳石鳳 禄玉将	花 ネ玉将 貫貫調 禄龍禄	陽 ネ車貴 鳳玉貫 南牽恍	灯 ネ牽極 司龍石 将車胡	山 ネ禄貴 石牽車 将司恍	地 ネ司極 貫車牽 南禄胡	鉄 ネ鳳馳 貫司禄 禄調報	宝 ネ調報 貫禄司 禄鳳馳	海 ネ貫胡 車調鳳 南石極	雨 ネ石恍 石鳳調 将貫貴	樹 イ龍禄 玉石貫 恍玉将	花 イ玉将 禄貫石 堂龍禄	陽 イ車貴 龍玉龍 貴牽恍	灯 イ牽極 龍龍玉 胡車胡	山 イ禄貴 貫牽車 南司恍
4月	花 ウ玉将 車龍調 馳石南	陽 ウ車貴 鳳鳳貫 庫龍南	灯 ウ牽極 牽調石 報玉堂	山 ウ禄貴 司貫車 報車南	地 ウ司極 貫石牽 庫牽堂	鉄 ウ鳳馳 禄龍禄 馳禄印	宝 ウ調報 禄玉司 馳司庫	海 ウ貫胡 車車鳳 庫鳳庫	雨 ウ石恍 司牽調 報調印	樹 タ龍禄 調禄貫 極貫堂	花 タ玉将 禄司石 印石南	陽 タ車貴 禄鳳龍 胡龍南	灯 タ牽極 禄調玉 貴玉堂	山 タ禄貴 貫貫車 庫車南	
5月	花 ネ玉将 貫牽調 禄貫恍	陽 ネ車貴 牽禄貫 南玉禄	灯 ネ牽極 司司石 将龍将	山 ネ禄貴 石鳳龍 将牽禄	地 ネ司極 貫玉牽 南車将	鉄 ネ鳳馳 貫車禄 禄司貴	宝 ネ調報 貫牽司 禄禄極	海 ネ貫胡 車禄鳳 南調馳	雨 ネ石恍 石司調 将鳳報	樹 イ龍禄 玉鳳貫 恍石胡	花 イ玉将 禄調石 堂貫恍	陽 イ車貴 龍貫龍 貴玉禄	灯 イ牽極 龍石玉 胡龍将	山 イ禄貴 貫龍車 南牽禄	地 イ司極 玉玉牽 将車将
6月	陽 ウ車貴 石調貫 庫貫将	灯 ウ牽極 玉鳳石 報石禄	山 ウ禄貴 司石龍 報龍将	地 ウ司極 貫貫玉 庫玉禄	鉄 ウ鳳馳 禄玉禄 馳車恍	宝 ウ調報 禄龍司 馳牽胡	海 ウ貫胡 車牽鳳 庫禄報	雨 ウ石恍 司車調 報司馳	樹 タ龍禄 司司貫 極鳳極	花 タ玉将 禄鳳石 印調貴	陽 タ車貴 禄石龍 胡貫将	灯 タ牽極 禄貫玉 貴石禄	山 タ禄貴 貫玉車 庫龍将	地 タ司極 司龍牽 報玉禄	
7月	陽 ネ車貴 牽玉貫 南石堂	灯 ネ牽極 司龍石 将貫南	山 ネ禄貴 石牽龍 将玉堂	地 ネ司極 貫貫玉 南龍南	鉄 ネ鳳馳 貫玉車 禄牽南	宝 ネ調報 貫龍司 禄車堂	海 ネ貫胡 車牽鳳 南司印	雨 ネ石恍 石車調 将禄庫	樹 イ龍禄 玉司貫 恍調庫	花 イ玉将 禄禄石 堂鳳印	陽 イ車貴 龍調龍 貴石堂	灯 イ牽極 龍鳳玉 胡貫南	山 イ禄貴 貫石車 南玉堂	地 イ司極 玉貫牽 将龍南	鉄 イ鳳馳 牽玉禄 恍牽南
8月	灯 ウ牽極 玉調石 報調恍	山 ウ禄貴 司貫龍 報貫胡	地 ウ司極 鳳司玉 庫石恍	鉄 ウ鳳馳 車鳳車 馳龍禄	宝 ウ調報 禄調牽 馳玉将	海 ウ貫胡 車龍禄 庫車貴	雨 ウ石恍 司玉調 報牽極	樹 タ龍禄 司車貫 極禄馳	花 タ玉将 禄牽石 印司報	陽 タ車貴 禄禄龍 胡鳳胡	灯 タ牽極 禄司玉 貴調恍	山 タ禄貴 貫鳳車 庫貫胡	地 タ司極 司調牽 報石恍	鉄 タ鳳馳 調貫禄 極龍禄	宝 タ調報 龍石司 印玉将
9月	山 ネ禄貴 石調龍 将石極	地 ネ司極 車鳳玉 南貫貴	鉄 ネ鳳馳 鳳石車 禄玉将	宝 ネ調報 貫貫牽 禄龍禄	海 ネ貫胡 車玉禄 南牽恍	雨 ネ石恍 石龍司 将車胡	樹 イ龍禄 玉牽貫 恍司報	花 イ玉将 禄車石 堂禄馳	陽 イ車貴 龍司龍 貴調極	灯 イ牽極 龍禄玉 胡鳳貴	山 イ禄貴 貫調車 南石極	地 イ司極 玉鳳牽 将貫貴	鉄 イ鳳馳 牽石禄 恍玉将	宝 イ調報 龍貫司 堂龍禄	
10月	山 ウ禄貴 司調龍 報鳳庫	地 ウ司極 禄鳳玉 庫調印	鉄 ウ鳳馳 車牽車 馳貫堂	宝 ウ調報 禄車牽 馳石南	海 ウ貫胡 石司禄 庫龍南	雨 ウ石恍 玉牽司 報玉堂	樹 タ龍禄 司禄鳳 極車印	花 タ玉将 禄司石 印牽庫	陽 タ車貴 禄鳳龍 胡禄庫	灯 タ牽極 禄調玉 貴司印	山 タ禄貴 貫貫車 庫鳳庫	地 タ司極 司石牽 報調印	鉄 タ鳳馳 調龍禄 極貫堂	宝 タ調報 龍玉司 印石南	海 タ貫胡 鳳車鳳 胡龍南
11月	地 ネ司極 龍牽玉 南鳳報	鉄 ネ鳳馳 龍禄車 禄石胡	宝 ネ調報 貫司牽 禄貫恍	海 ネ貫胡 司鳳禄 南玉禄	雨 ネ石恍 石石司 将龍将	樹 イ龍禄 玉龍鳳 恍牽貴	花 イ玉将 禄玉石 堂車極	陽 イ車貴 龍車龍 貴司馳	灯 イ牽極 龍牽玉 胡禄報	山 イ禄貴 貫禄車 南調馳	地 イ司極 玉司牽 将鳳報	鉄 イ鳳馳 牽鳳禄 恍石胡	宝 イ調報 龍調司 堂貫恍	海 イ貫胡 龍貫鳳 貴玉禄	
12月	地 ウ司極 鳳禄玉 庫司馳	鉄 ウ鳳馳 車調車 馳鳳極	宝 ウ調報 禄鳳牽 馳調貴	海 ウ貫胡 車石禄 庫貫将	雨 ウ石恍 玉貫司 報石禄	樹 タ龍禄 司玉貫 極龍恍	花 タ玉将 禄龍石 印玉胡	陽 タ車貴 禄牽龍 胡車報	灯 タ牽極 禄車玉 貴牽馳	山 タ禄貴 貫司車 庫禄報	地 タ司極 司禄牽 報司馳	鉄 タ鳳馳 調調禄 極鳳極	宝 タ調報 龍鳳司 印調貴	海 タ貫胡 鳳石鳳 胡貫将	雨 タ石恍 鳳貫調 貴石禄

1963年（昭和38年）

1963年(昭和38年)

	1日	2日	3日	4日	5日	6日	7日	8日	9日	10日	11日	12日	13日	14日	15日	16日	17日	18日	19日	20日	21日	22日	23日	24日	25日	26日	27日	28日	29日	30日	31日
1月	樹 ト龍禄 禄玉貫 堂龍恍	花 ト玉将 調龍石 恍玉胡	陽 ト車貴 石牽龍 将車報	灯 ト牽極 鳳車玉 南牽馳	山 ト禄貴 鳳司車 胡禄報	地 ト司極 鳳禄石 貴禄庫	鉄 ト鳳馳 石調龍 堂調庫	宝 ト調報 司鳳玉 恍鳳印	海 ト貫胡 石石車 将石堂	雨 ト石恍 貫貫牽 南貫南	樹 ネ龍禄 禄玉禄 禄玉南	花 ネ玉将 貫龍司 禄龍堂	陽 ネ車貴 玉牽鳳 南牽印	灯 ネ牽極 司車石 将車庫	山 ネ禄貴 石司龍 将司印	地 ネ司極 車鳳玉 南禄庫	鉄 ネ鳳馳 鳳石車 禄調庫	宝 ネ調報 貫貫牽 禄鳳印	海 ネ貫胡 車牽禄 南石堂	雨 ネ石恍 石車司 将貫南	樹 イ龍禄 玉司貫 恍玉南	花 イ玉将 禄禄石 堂龍堂	陽 イ車貴 龍調龍 貴牽印	灯 イ牽極 龍鳳玉 胡車庫	山 イ禄貴 貫石車 南司印	地 イ司極 玉貫牽 将禄庫	鉄 イ鳳馳 牽玉禄 恍調庫	宝 イ調報 龍龍司 堂鳳印	海 イ貫胡 龍牽鳳 貴石堂	雨 イ石恍 龍車調 胡貫南	樹 サ龍禄 禄司貫 印玉南
2月	花 サ玉将 玉禄石 極龍堂	陽 サ車貴 牽調龍 報牽印	灯 サ牽極 鳳鳳玉 庫車庫	山 サ司恍 貫貫牽 貴車貴	地 サ禄胡 車石車 胡牽極	鉄 サ調報 司龍司 印禄馳	宝 サ鳳馳 玉玉禄 極司報	海 サ石極 牽車調 報鳳胡	雨 サ貫貴 禄牽鳳 庫調恍	樹 ウ玉将 禄禄石 馳貫禄	花 ウ龍禄 車司貫 馳石将	陽 ウ牽恍 司貫玉 庫龍貴	灯 ウ車胡 玉石龍 報玉極	山 ウ司恍 司龍牽 報車貴	地 ウ禄胡 鳳玉車 庫牽極	鉄 ウ調報 車車司 馳禄馳	宝 ウ鳳馳 禄牽禄 馳司報	海 ウ石極 車禄調 庫鳳胡	雨 ウ貫貴 司調鳳 報調恍	樹 タ玉将 司貫石 極貫禄	花 タ龍禄 禄石貫 印石将	陽 タ牽恍 禄龍玉 胡龍貴	灯 タ車胡 禄玉龍 貴玉極	山 タ司恍 貫車牽 庫車貴	地 タ禄胡 司牽車 報牽極	鉄 タ調報 調禄司 極禄馳	宝 タ鳳馳 龍司禄 印司報	海 タ石極 鳳鳳調 胡鳳胡			
3月	雨 タ貫貴 鳳調鳳 貴調恍	樹 ト玉将 禄貫石 堂貫禄	花 ト龍禄 調石貫 恍石将	陽 ト牽恍 石龍玉 将龍貴	灯 ト車胡 鳳玉龍 南玉極	山 ト司恍 貫牽牽 胡牽恍	地 ト禄胡 鳳車車 貴車胡	鉄 ト調報 石司司 堂司報	宝 ト鳳馳 司禄禄 恍禄馳	海 ト石極 石調調 将調極	雨 ト貫貴 貫鳳鳳 南鳳貴	樹 ネ玉将 禄石石 禄石将	花 ネ龍禄 貫貫貫 禄貫禄	陽 ネ牽恍 玉玉玉 南玉恍	灯 ネ車胡 司龍龍 将龍胡	山 ネ司恍 石牽牽 将牽恍	地 ネ禄胡 車車車 南車胡	鉄 ネ調報 鳳司司 禄司報	宝 ネ鳳馳 貫禄禄 禄禄馳	海 ネ石極 車調調 南調極	雨 ネ貫貴 石鳳鳳 将鳳貴	樹 イ玉将 玉石石 恍石将	花 イ龍禄 禄貫貫 堂貫禄	陽 イ牽恍 龍玉玉 貴玉恍	灯 イ車胡 龍龍龍 胡龍胡	山 イ司恍 貫牽牽 南牽恍	地 イ禄胡 玉車車 将車胡	鉄 イ調報 牽司司 恍司報	宝 イ鳳馳 龍禄禄 堂禄馳	海 イ石極 龍調調 貴調極	雨 イ貫貴 龍鳳鳳 胡鳳貴
4月	樹 サ玉将 禄石石 印石将	花 サ龍禄 玉貫貫 極貫禄	陽 サ牽恍 牽玉玉 報玉恍	灯 サ車胡 鳳龍龍 庫龍胡	山 サ司恍 貫牽牽 貴龍南	地 サ禄胡 車車車 胡玉堂	鉄 サ調報 司司司 印車印	宝 サ鳳馳 玉禄禄 極牽庫	海 サ石極 牽調調 報禄庫	雨 サ貫貴 禄鳳鳳 庫司印	樹 ウ玉将 禄石石 馳鳳堂	花 ウ龍禄 車貫貫 馳調南	陽 ウ牽恍 司玉玉 庫貫南	灯 ウ車胡 玉龍龍 報石堂	山 ウ司恍 司司牽 報龍南	地 ウ禄胡 鳳禄車 庫玉堂	鉄 ウ調報 車調司 馳車印	宝 ウ鳳馳 禄玉禄 馳牽庫	海 ウ石極 車車調 庫禄庫	雨 ウ貫貴 司牽鳳 報司印	樹 タ玉将 司禄石 極鳳堂	花 タ龍禄 禄司貫 印調南	陽 タ牽恍 禄鳳玉 胡貫南	灯 タ車胡 禄調龍 貴石堂	山 タ司恍 貫貫牽 庫龍南	地 タ禄胡 司石車 報玉堂	鉄 タ調報 調龍司 極車印	宝 タ鳳馳 龍玉禄 印牽庫	海 タ石極 鳳車調 胡禄庫	雨 タ貫貴 鳳牽鳳 貴司印	
5月	樹 ト玉将 禄禄石 堂鳳堂	花 ト龍禄 調司貫 恍調南	陽 ト牽恍 石鳳玉 将貫南	灯 ト車胡 鳳調龍 南石堂	山 ト司恍 鳳貫牽 胡龍南	地 ト禄胡 鳳石車 貴龍将	鉄 ト調報 石龍司 堂牽貴	宝 ト鳳馳 司玉禄 恍車極	海 ト石極 石車調 将司馳	雨 ト貫貴 貫牽鳳 南禄報	樹 ネ玉将 禄禄石 禄調胡	花 ネ龍禄 貫牽貫 禄鳳恍	陽 ネ牽恍 玉禄玉 南石禄	灯 ネ車胡 司司龍 将貫将	山 ネ司恍 石鳳牽 将玉禄	地 ネ禄胡 車調車 南龍将	鉄 ネ調報 鳳貫司 禄牽貴	宝 ネ鳳馳 貫石禄 禄車極	海 ネ石極 車龍調 南司馳	雨 ネ貫貴 石玉鳳 将禄報	樹 イ玉将 玉鳳石 恍調胡	花 イ龍禄 禄調貫 堂鳳恍	陽 イ牽恍 龍貫玉 貴石禄	灯 イ車胡 龍石龍 胡貫将	山 イ司恍 貫龍牽 南玉禄	地 イ禄胡 玉玉車 将龍将	鉄 イ調報 牽車司 恍牽貴	宝 イ鳳馳 龍牽禄 堂車極	海 イ石極 龍禄調 貴司馳	雨 イ貫貴 龍司鳳 胡禄報	樹 サ玉将 禄鳳石 印調胡
6月	花 サ龍禄 玉調貫 極鳳恍	陽 サ牽恍 牽貫玉 報石禄	灯 サ車胡 鳳石龍 庫貫将	山 サ司恍 車龍牽 貴玉禄	地 サ禄胡 車玉車 胡龍将	鉄 サ調報 司玉司 印龍恍	宝 サ鳳馳 玉龍禄 極玉胡	海 サ石極 牽牽調 報車報	雨 サ貫貴 禄車鳳 庫牽馳	樹 ウ玉将 禄司石 馳禄極	花 ウ龍禄 車禄貫 馳司貴	陽 ウ牽恍 司調玉 庫鳳将	灯 ウ車胡 玉鳳龍 報調禄	山 ウ司恍 司石牽 報貫将	地 ウ禄胡 禄貫車 庫石禄	鉄 ウ調報 車玉司 馳龍恍	宝 ウ鳳馳 禄龍禄 馳玉胡	海 ウ石極 石牽調 庫車報	雨 ウ貫貴 玉車鳳 報牽馳	樹 タ玉将 司司石 極禄極	花 タ龍禄 禄禄貫 印司貴	陽 タ牽恍 禄調玉 胡鳳将	灯 タ車胡 禄鳳龍 貴調禄	山 タ司恍 貫石牽 庫貫将	地 タ禄胡 司貫車 報石禄	鉄 タ調報 調牽司 極龍恍	宝 タ鳳馳 龍車禄 印玉胡	海 タ石極 鳳司調 胡車報	雨 タ貫貴 鳳禄鳳 貴牽馳	樹 ト玉将 禄調石 堂禄極	
7月	花 ト龍禄 調鳳貫 恍司貴	陽 ト牽恍 石石玉 将鳳将	灯 ト車胡 鳳貫龍 南調禄	山 ト司恍 鳳玉牽 胡貫将	地 ト禄胡 鳳龍車 貴石禄	鉄 ト調報 龍牽司 堂龍恍	宝 ト鳳馳 調車禄 恍玉胡	海 ト石極 石司調 将牽印	雨 ト貫貴 貫禄鳳 南車庫	樹 ネ玉将 禄調石 禄司庫	花 ネ龍禄 貫鳳貫 禄禄印	陽 ネ牽恍 玉石玉 南調堂	灯 ネ車胡 調貫龍 将鳳南	山 ネ司恍 石玉牽 将石堂	地 ネ禄胡 龍龍車 南貫南	鉄 ネ調報 龍牽司 禄玉南	宝 ネ鳳馳 貫車禄 禄龍堂	海 ネ石極 司調調 南牽印	雨 ネ貫貴 調鳳鳳 将車庫	樹 イ玉将 玉石石 恍司庫	花 イ龍禄 禄禄貫 堂禄印	陽 イ牽恍 貫調玉 貴調堂	灯 イ車胡 龍鳳龍 胡鳳南	山 イ司恍 貫石牽 南石堂	地 イ禄胡 玉貫車 将貫南	鉄 イ調報 玉玉司 恍玉南	宝 イ鳳馳 龍龍禄 堂龍堂	海 イ石極 龍牽調 貴牽印	雨 イ貫貴 龍車鳳 胡車庫	樹 サ玉将 禄司石 印司庫	花 サ龍禄 玉禄貫 極禄印
8月	陽 サ牽恍 牽調玉 報調堂	灯 サ車胡 鳳鳳龍 庫鳳南	山 サ司恍 車石牽 貴石堂	地 サ禄胡 車貫車 胡貫南	鉄 サ調報 龍玉司 印玉南	宝 サ鳳馳 牽龍禄 極龍堂	海 サ石極 司牽調 報牽印	雨 サ貫貴 禄牽鳳 庫玉極	樹 ウ玉将 禄禄石 馳車馳	花 ウ龍禄 車司貫 馳牽報	陽 ウ牽恍 司鳳玉 庫禄胡	灯 ウ車胡 玉調龍 報司恍	山 ウ司恍 司貫牽 報鳳胡	地 ウ禄胡 禄石車 庫調恍	鉄 ウ調報 龍龍司 馳貫禄	宝 ウ鳳馳 禄玉禄 馳石将	海 ウ石極 調車調 庫龍貴	雨 ウ貫貴 玉牽鳳 報玉極	樹 タ玉将 司龍石 極車馳	花 タ龍禄 貫玉貫 印牽報	陽 タ牽恍 車車玉 胡禄胡	灯 タ車胡 禄司龍 貴司恍	山 タ司恍 貫鳳牽 庫鳳胡	地 タ禄胡 司調車 報調恍	鉄 タ調報 調貫司 極貫禄	宝 タ鳳馳 龍石禄 印石将	海 タ石極 鳳龍調 胡龍貴	雨 タ貫貴 鳳玉鳳 貴玉極	樹 ト玉将 禄車石 堂車馳	花 ト龍禄 調牽貫 恍牽報	陽 ト牽恍 石禄玉 将禄胡
9月	灯 ト車胡 鳳司龍 南司恍	山 ト司恍 鳳鳳牽 胡鳳胡	地 ト禄胡 鳳調車 貴調恍	鉄 ト調報 龍貫司 堂貫禄	宝 ト鳳馳 調石禄 恍石将	海 ト石極 石龍調 将龍貴	雨 ト貫貴 車玉鳳 南玉極	樹 ネ玉将 禄牽石 禄牽報	花 ネ龍禄 貫車貫 禄車馳	陽 ネ牽恍 玉司玉 南司極	灯 ネ車胡 調禄龍 将禄貴	山 ネ司恍 石調牽 将調極	地 ネ禄胡 龍鳳車 南鳳貴	鉄 ネ調報 龍石司 禄石将	宝 ネ鳳馳 貫貫禄 禄貫禄	海 ネ石極 玉玉調 南玉恍	雨 ネ貫貴 調龍鳳 将龍胡	樹 イ玉将 玉牽石 恍牽報	花 イ龍禄 車車貫 堂車馳	陽 イ牽恍 貫司玉 貴司極	灯 イ車胡 龍禄龍 胡禄貴	山 イ司恍 貫調牽 南調極	地 イ禄胡 玉鳳車 将鳳貴	鉄 イ調報 玉石司 恍石将	宝 イ鳳馳 龍貫禄 堂貫禄	海 イ石極 龍玉調 貴玉恍	雨 イ貫貴 龍龍鳳 胡龍胡	樹 サ玉将 禄牽石 印牽報	花 サ龍禄 玉車貫 極車馳	陽 サ牽恍 牽司玉 報司極	
10月	灯 サ車胡 鳳禄龍 庫禄貴	山 サ司恍 車調牽 貴調極	地 サ禄胡 車鳳車 胡鳳貴	鉄 サ調報 龍石司 印石将	宝 サ鳳馳 牽貫禄 極貫禄	海 サ石極 司玉調 報玉恍	雨 サ貫貴 車龍鳳 庫龍胡	樹 ウ玉将 車牽石 馳牽報	花 ウ龍禄 車車貫 馳玉庫	陽 ウ牽恍 司司玉 庫車庫	灯 ウ車胡 玉禄龍 報牽印	山 ウ司恍 司調牽 報禄庫	地 ウ禄胡 禄鳳車 庫司印	鉄 ウ調報 龍石司 馳鳳堂	宝 ウ鳳馳 禄貫禄 馳調南	海 ウ石極 調玉調 庫貫南	雨 ウ貫貴 玉龍鳳 報石堂	樹 タ玉将 司牽石 極龍印	花 タ龍禄 貫鳳貫 印玉庫	陽 タ牽恍 車石玉 胡車庫	灯 タ車胡 禄貫龍 貴牽印	山 タ司恍 貫貫牽 庫禄庫	地 タ禄胡 司石車 報司印	鉄 タ調報 調龍司 極鳳堂	宝 タ鳳馳 龍玉禄 印調南	海 タ石極 鳳車調 胡貫南	雨 タ貫貴 鳳牽鳳 貴石堂	樹 ト玉将 禄禄石 堂龍印	花 ト龍禄 調司貫 恍玉庫	陽 ト牽恍 石鳳玉 将車庫	灯 ト車胡 鳳調龍 南牽印
11月	山 ト司恍 鳳貫牽 胡禄庫	地 ト禄胡 鳳石車 貴司印	鉄 ト調報 龍龍司 堂鳳堂	宝 ト鳳馳 調玉禄 恍調南	海 ト石極 石車調 将貫南	雨 ト貫貴 車牽鳳 南石堂	樹 ネ玉将 貫禄石 禄龍印	花 ネ龍禄 貫石貫 禄龍極	陽 ネ牽恍 玉龍玉 南牽馳	灯 ネ車胡 調玉龍 将車報	山 ネ司恍 石車牽 将司馳	地 ネ禄胡 龍牽車 南禄報	鉄 ネ調報 龍禄司 禄調胡	宝 ネ鳳馳 貫司禄 禄鳳恍	海 ネ石極 玉鳳調 南石禄	雨 ネ貫貴 調調鳳 将貫将	樹 イ玉将 玉貫石 恍玉貴	花 イ龍禄 車石貫 堂龍極	陽 イ牽恍 貫龍玉 貴牽馳	灯 イ車胡 龍玉龍 胡車報	山 イ司恍 貫禄牽 南司馳	地 イ禄胡 調司車 将禄報	鉄 イ調報 玉鳳司 恍調胡	宝 イ鳳馳 龍調禄 堂鳳恍	海 イ石極 龍貫調 貴石禄	雨 イ貫貴 龍石鳳 胡貫将	樹 サ玉将 禄龍石 印玉貴	花 サ龍禄 玉玉貫 極龍極	陽 サ牽恍 牽車玉 報牽馳	灯 サ車胡 鳳牽龍 庫車報	
12月	山 サ司恍 車禄牽 貴司馳	地 サ禄胡 車司車 胡禄報	鉄 サ調報 龍鳳司 印調胡	宝 サ鳳馳 牽調禄 極鳳恍	海 サ石極 司貫調 報石禄	雨 サ貫貴 車石鳳 庫貫将	樹 ウ玉将 車龍石 馳玉貴	花 ウ龍禄 車龍貫 馳石胡	陽 ウ牽恍 司牽玉 庫龍報	灯 ウ車胡 玉車龍 報玉馳	山 ウ司恍 司司牽 報車報	地 ウ禄胡 禄禄車 庫牽馳	鉄 ウ調報 龍調司 馳禄極	宝 ウ鳳馳 禄鳳禄 馳司貴	海 ウ石極 調石調 庫鳳将	雨 ウ貫貴 玉貫鳳 報調禄	樹 タ玉将 司玉石 極貫恍	花 タ龍禄 貫龍貫 印石胡	陽 タ牽恍 車牽玉 胡龍報	灯 タ車胡 禄車龍 貴玉馳	山 タ司恍 貫司牽 庫車報	地 タ禄胡 司禄車 報牽馳	鉄 タ調報 調調司 極禄極	宝 タ鳳馳 龍鳳禄 印司貴	海 タ石極 鳳石調 胡鳳将	雨 タ貫貴 鳳貫鳳 貴調禄	樹 ト玉将 禄玉石 堂貫恍	花 ト龍禄 調龍貫 恍石胡	陽 ト牽恍 石牽玉 将龍報	灯 ト車胡 鳳車龍 南玉馳	山 ト司恍 鳳司牽 胡車報

1964年（昭和39年）

1964年(昭和39年)	1日	2日	3日	4日	5日	6日	7日	8日	9日	10日	11日	12日	13日	14日	15日	16日	17日	18日	19日	20日	21日	22日	23日	24日	25日	26日	27日	28日	29日	30日	31日
1月	地 ト禄胡 鳳禄車 貴牽馳	鉄 ト調報 龍調司 堂禄極	宝 ト鳳馳 調鳳禄 恍司貴	海 ト石極 石石調 将鳳将	雨 ト貫貴 車貫鳳 南調禄	樹 ネ玉将 禄玉石 禄石南	花 ネ龍禄 貫龍貫 禄貫堂	陽 ネ牽恍 玉牽玉 南玉印	灯 ネ車胡 調車龍 将龍庫	山 ネ司恍 石司牽 将牽印	地 ネ禄胡 龍禄車 南車庫	鉄 ネ調報 龍調司 禄司庫	宝 ネ鳳馳 貫鳳禄 禄禄印	海 ネ石極 玉石調 南調堂	雨 ネ貫貴 調貫鳳 将鳳南	樹 イ玉将 玉牽石 恍石南	花 イ龍禄 車車貫 堂貫堂	陽 イ牽恍 貫司玉 貴玉印	灯 イ車胡 龍鳳龍 胡龍庫	山 イ司恍 貫石牽 南牽印	地 イ禄胡 玉貫車 将車庫	鉄 イ調報 玉玉司 恍司庫	宝 イ鳳馳 龍龍禄 堂禄印	海 イ石極 龍牽調 貴調堂	雨 イ貫貴 龍車鳳 胡鳳南	樹 サ玉将 禄司石 印石南	花 サ龍禄 玉禄貫 極貫堂	陽 サ牽恍 牽調玉 報玉印	灯 サ車胡 鳳鳳龍 庫龍庫	山 サ司恍 車石牽 貴牽印	地 サ禄胡 車貫車 胡車庫
2月	鉄 サ調報 龍玉司 印司庫	宝 サ鳳馳 牽龍禄 極禄印	海 サ石極 司牽調 報調堂	雨 サ貫貴 車車鳳 庫鳳南	樹 ウ貫堂 禄禄石 馳鳳禄	花 ウ石南 車司貫 馳調将	陽 ウ龍南 司鳳玉 庫貫貴	灯 ウ玉堂 玉調龍 報石極	山 ウ車南 司貫牽 報龍貴	地 ウ牽堂 禄石車 庫玉極	鉄 ウ禄印 龍龍司 馳車馳	宝 ウ司庫 禄玉禄 馳牽報	海 ウ鳳庫 調禄調 庫禄胡	雨 ウ調印 玉司鳳 報司恍	樹 タ貫堂 司鳳玉 極鳳禄	花 タ石南 貫調龍 印調将	陽 タ龍南 車貫牽 胡貫貴	灯 タ玉堂 禄石調 貴石極	山 タ車南 貫龍貫 庫龍貴	地 タ牽堂 司牽石 報玉極	鉄 タ禄印 調禄龍 極車馳	宝 タ司庫 龍司玉 印牽報	海 タ鳳庫 鳳鳳車 胡禄胡	雨 タ調印 鳳調牽 貴司恍	樹 ト貫堂 禄貫禄 堂鳳禄	花 ト石南 調石司 恍調将	陽 ト龍南 石龍鳳 将貫貴	灯 ト玉堂 鳳玉調 南石極	山 ト車南 鳳車貫 胡龍貴		
3月	地 ト牽堂 鳳牽石 貴玉極	鉄 ト禄印 龍禄龍 堂車馳	宝 ト司庫 調司玉 恍牽報	海 ト鳳庫 石鳳車 将禄胡	雨 ト調印 貫鳳鳳 南禄貴	樹 ネ貫堂 禄石石 禄調将	花 ネ石南 貫貫貫 禄鳳禄	陽 ネ龍南 玉玉玉 南石恍	灯 ネ玉堂 調龍龍 将貫胡	山 ネ車南 石牽牽 将玉恍	地 ネ牽堂 龍車車 南龍胡	鉄 ネ禄印 龍司司 禄牽報	宝 ネ司庫 貫禄禄 禄車馳	海 ネ鳳庫 玉調調 南司極	雨 ネ調印 調鳳貫 将禄貴	樹 イ貫堂 玉石玉 恍調将	花 イ石南 車貫龍 堂鳳禄	陽 イ龍南 貫玉鳳 貴石恍	灯 イ玉堂 龍龍調 胡貫胡	山 イ車南 貫牽貫 南玉恍	地 イ牽堂 玉車石 将龍胡	鉄 イ禄印 玉司龍 恍牽報	宝 イ司庫 龍禄玉 堂車馳	海 イ鳳庫 龍調車 貴司極	雨 イ調印 龍鳳牽 胡禄貴	樹 サ貫堂 禄石禄 印調将	花 サ石南 玉貫司 極鳳禄	陽 サ龍南 牽玉鳳 報石恍	灯 サ玉堂 鳳龍調 庫貫胡	山 サ車南 車牽貫 貴玉恍	地 サ牽堂 車車石 胡龍胡
4月	鉄 サ禄印 龍司龍 印牽報	宝 サ司庫 牽禄玉 極車馳	海 サ鳳庫 司調車 報司極	雨 サ調印 車鳳牽 庫禄貴	樹 ウ貫堂 禄石石 馳禄堂	花 ウ石南 車貫貫 馳司南	陽 ウ龍南 司玉玉 庫鳳南	灯 ウ玉堂 玉龍龍 報調堂	山 ウ車南 司牽牽 報貫南	地 ウ牽堂 禄車車 庫石堂	鉄 ウ禄印 龍司司 馳龍印	宝 ウ司庫 禄禄禄 馳玉庫	海 ウ鳳庫 調調調 庫車庫	雨 ウ調印 玉鳳鳳 報牽印	樹 タ貫堂 司玉玉 極禄堂	花 タ石南 貫龍龍 印司南	陽 タ龍南 車牽牽 胡鳳南	灯 タ玉堂 禄調調 貴調堂	山 タ車南 貫貫貫 庫貫南	地 タ牽堂 司石石 報石堂	鉄 タ禄印 調龍龍 極龍印	宝 タ司庫 龍玉玉 印玉庫	海 タ鳳庫 鳳車車 胡車庫	雨 タ調印 鳳牽牽 貴牽印	樹 ト貫堂 禄禄禄 堂禄堂	花 ト石南 調司司 恍司南	陽 ト龍南 石鳳鳳 将鳳南	灯 ト玉堂 鳳調調 南調堂	山 ト車南 鳳貫貫 胡貫南	地 ト牽堂 鳳石石 貴石堂	
5月	鉄 ト禄印 龍龍龍 堂龍印	宝 ト司庫 調玉玉 恍玉庫	海 ト鳳庫 石車車 将車庫	雨 ト調印 車牽牽 南牽印	樹 ネ貫堂 禄禄石 禄司胡	花 ネ石南 貫司貫 禄禄恍	陽 ネ龍南 玉鳳玉 南調禄	灯 ネ玉堂 調調龍 将鳳将	山 ネ車南 石貫牽 将石禄	地 ネ牽堂 龍石車 南貫将	鉄 ネ禄印 龍貫司 禄玉貴	宝 ネ司庫 貫石禄 禄龍極	海 ネ鳳庫 玉龍調 南牽馳	雨 ネ調印 調玉鳳 将車報	樹 イ貫堂 玉車玉 恍司胡	花 イ石南 車牽龍 堂禄恍	陽 イ龍南 貫禄牽 貴調禄	灯 イ玉堂 龍司調 胡鳳将	山 イ車南 貫鳳貫 南石禄	地 イ牽堂 玉玉石 将貫将	鉄 イ禄印 玉車龍 恍玉貴	宝 イ司庫 龍牽玉 堂龍極	海 イ鳳庫 龍禄車 貴牽馳	雨 イ調印 龍司牽 胡車報	樹 サ貫堂 禄鳳禄 印司胡	花 サ石南 玉調司 極禄恍	陽 サ龍南 牽貫鳳 報調禄	灯 サ玉堂 鳳石調 庫鳳将	山 サ車南 車龍貫 貴石禄	地 サ牽堂 車玉石 胡貫将	鉄 サ禄印 龍車龍 印玉貴
6月	宝 サ司庫 牽牽玉 極龍極	海 サ鳳庫 司禄車 報牽馳	雨 サ調印 車司牽 庫車報	樹 ウ貫堂 車鳳禄 馳司胡	花 ウ石南 車調司 馳禄恍	陽 ウ龍南 司調玉 庫禄将	灯 ウ玉堂 玉鳳龍 報司禄	山 ウ車南 司石牽 報鳳将	地 ウ牽堂 禄貫車 庫調禄	鉄 ウ禄印 龍玉司 馳貫恍	宝 ウ司庫 禄龍禄 馳石胡	海 ウ鳳庫 調牽調 庫龍報	雨 ウ調印 玉車鳳 報玉馳	樹 タ貫堂 司司石 極車極	花 タ石南 鳳禄貫 印牽貴	陽 タ龍南 鳳調牽 胡禄将	灯 タ玉堂 禄鳳車 貴司禄	山 タ車南 玉石司 庫鳳将	地 タ牽堂 司貫石 報調禄	鉄 タ禄印 調玉龍 極貫恍	宝 タ司庫 龍龍玉 印石胡	海 タ鳳庫 鳳牽車 胡龍報	雨 タ調印 鳳車牽 貴玉馳	樹 ト貫堂 禄司禄 堂車極	花 ト石南 調禄司 恍牽貴	陽 ト龍南 石石鳳 将禄将	灯 ト玉堂 鳳貫調 南司禄	山 ト車南 鳳玉貫 胡鳳将	地 ト牽堂 鳳龍石 貴調禄	鉄 ト禄印 龍牽龍 堂貫恍	
7月	宝 ト司庫 調車玉 恍石胡	海 ト鳳庫 石司車 将龍報	雨 ト調印 車禄牽 南玉馳	樹 ネ貫堂 貫調禄 禄車極	花 ネ石南 貫鳳司 禄牽貴	陽 ネ龍南 鳳石鳳 南禄将	灯 ネ玉堂 調貫龍 将禄南	山 ネ車南 石玉牽 将調堂	地 ネ牽堂 龍龍車 南鳳南	鉄 ネ禄印 龍牽司 禄石南	宝 ネ司庫 貫車禄 禄貫堂	海 ネ鳳庫 玉司調 南玉印	雨 ネ調印 調禄鳳 将龍庫	樹 イ貫堂 玉調石 恍牽庫	花 イ石南 龍鳳貫 堂車印	陽 イ龍南 貫石玉 貴司堂	灯 イ玉堂 龍龍車 胡禄南	山 イ車南 司牽司 南調堂	地 イ牽堂 調車禄 将鳳南	鉄 イ禄印 玉玉龍 恍石南	宝 イ司庫 龍龍玉 堂貫堂	海 イ鳳庫 龍牽車 貴玉印	雨 イ調印 龍車牽 胡龍庫	樹 サ貫堂 禄司禄 印牽庫	花 サ石南 玉禄司 極車印	陽 サ龍南 牽調鳳 報司堂	灯 サ玉堂 鳳鳳調 庫禄南	山 サ車南 車石貫 貴調堂	地 サ牽堂 車貫石 胡鳳南	鉄 サ禄印 龍玉龍 印石南	宝 サ司庫 牽龍玉 極貫堂
8月	海 サ鳳庫 司牽車 報玉印	雨 サ調印 車車牽 庫龍庫	樹 ウ貫堂 車司禄 馳牽庫	花 ウ石南 車禄司 馳車印	陽 ウ龍南 鳳調鳳 庫司堂	灯 ウ玉堂 牽鳳調 報禄南	山 ウ車南 司貫牽 報禄胡	地 ウ牽堂 禄石車 庫司恍	鉄 ウ禄印 龍龍司 馳鳳禄	宝 ウ司庫 禄玉禄 馳調将	海 ウ鳳庫 調車調 庫貫貴	雨 ウ調印 牽牽鳳 報石極	樹 タ貫堂 司禄石 極龍馳	花 タ石南 鳳司貫 印玉報	陽 タ龍南 鳳鳳玉 胡車胡	灯 タ玉堂 禄調龍 貴牽恍	山 タ車南 玉貫司 庫禄胡	地 タ牽堂 牽司禄 報司恍	鉄 タ禄印 調鳳調 極鳳禄	宝 タ司庫 龍調玉 印調将	海 タ鳳庫 禄龍車 胡貫貴	雨 タ調印 鳳玉牽 貴石極	樹 ト貫堂 禄車禄 堂龍馳	花 ト石南 調牽司 恍玉報	陽 ト龍南 調禄鳳 将車胡	灯 ト玉堂 鳳司調 南牽恍	山 ト車南 鳳鳳貫 胡禄胡	地 ト牽堂 鳳調石 貴司恍	鉄 ト禄印 龍貫龍 堂鳳禄	宝 ト司庫 調石玉 恍調将	海 ト鳳庫 石龍車 将貫貴
9月	雨 ト調印 車玉牽 南石極	樹 ネ貫堂 貫車禄 禄龍馳	花 ネ石南 貫牽司 禄玉報	陽 ネ龍南 鳳禄鳳 南車胡	灯 ネ玉堂 石司調 将牽恍	山 ネ車南 玉鳳貫 将禄胡	地 ネ牽堂 龍鳳車 南禄貴	鉄 ネ禄印 龍石司 禄調将	宝 ネ司庫 貫貫禄 禄鳳禄	海 ネ鳳庫 玉玉調 南石恍	雨 ネ調印 調龍鳳 将貫胡	樹 イ貫堂 玉牽石 恍玉報	花 イ石南 龍車貫 堂龍馳	陽 イ龍南 鳳司玉 貴牽極	灯 イ玉堂 龍禄龍 胡車貴	山 イ車南 牽調牽 南司極	地 イ牽堂 調鳳禄 将禄貴	鉄 イ禄印 玉石調 恍調将	宝 イ司庫 禄貫鳳 堂鳳禄	海 イ鳳庫 貫玉車 貴石恍	雨 イ調印 龍龍牽 胡貫胡	樹 サ貫堂 禄牽禄 印玉報	花 サ石南 玉車司 極龍馳	陽 サ龍南 牽司鳳 報牽極	灯 サ玉堂 鳳禄調 庫車貴	山 サ車南 車調貫 貴司極	地 サ牽堂 車鳳石 胡禄貴	鉄 サ禄印 龍石龍 印調将	宝 サ司庫 牽貫玉 極鳳禄	海 サ鳳庫 司玉車 報石恍	
10月	雨 サ調印 車龍牽 庫貫胡	樹 ウ貫堂 車牽禄 馳玉報	花 ウ石南 車車司 馳龍馳	陽 ウ龍南 鳳司鳳 庫牽極	灯 ウ玉堂 牽禄調 報車貴	山 ウ車南 司調貫 報司極	地 ウ牽堂 貫鳳石 庫禄貴	鉄 ウ禄印 龍石司 馳禄堂	宝 ウ司庫 禄貫禄 馳司南	海 ウ鳳庫 調玉調 庫鳳南	雨 ウ調印 牽龍鳳 報調堂	樹 タ貫堂 司牽石 極貫印	花 タ石南 鳳車貫 印石庫	陽 タ龍南 鳳司玉 胡龍庫	灯 タ玉堂 禄禄龍 貴玉印	山 タ車南 調調牽 庫車庫	地 タ牽堂 牽鳳車 報牽印	鉄 タ禄印 調牽調 極禄堂	宝 タ司庫 貫車鳳 印司南	海 タ鳳庫 禄司石 胡鳳南	雨 タ調印 鳳牽牽 貴調堂	樹 ト貫堂 禄禄禄 堂貫印	花 ト石南 調司司 恍石庫	陽 ト龍南 調鳳鳳 将龍庫	灯 ト玉堂 鳳調調 南玉印	山 ト車南 鳳貫貫 胡車庫	地 ト牽堂 鳳石石 貴牽印	鉄 ト禄印 龍龍龍 堂禄堂	宝 ト司庫 調玉玉 恍司南	海 ト鳳庫 石車車 将鳳南	雨 ト調印 車牽牽 南調堂
11月	樹 ネ貫堂 貫禄禄 禄貫印	花 ネ石南 貫司司 禄石庫	陽 ネ龍南 鳳鳳鳳 南龍庫	灯 ネ玉堂 石調調 将玉印	山 ネ車南 玉貫貫 将車庫	地 ネ牽堂 貫石石 南牽印	鉄 ネ禄印 龍禄司 禄司胡	宝 ネ司庫 貫司禄 禄禄恍	海 ネ鳳庫 玉鳳調 南調禄	雨 ネ調印 調調鳳 将鳳将	樹 イ貫堂 玉貫石 恍石貴	花 イ石南 龍石貫 堂貫極	陽 イ龍南 鳳龍玉 貴玉馳	灯 イ玉堂 龍玉龍 胡龍報	山 イ車南 牽車牽 南牽馳	地 イ牽堂 調牽車 将車報	鉄 イ禄印 玉禄調 恍司胡	宝 イ司庫 禄司鳳 堂禄恍	海 イ鳳庫 貫鳳石 貴調禄	雨 イ調印 龍石牽 胡鳳将	樹 サ貫堂 禄龍禄 印石貴	花 サ石南 玉玉司 極貫極	陽 サ龍南 牽車鳳 報玉馳	灯 サ玉堂 鳳牽調 庫龍報	山 サ車南 車禄貫 貴牽馳	地 サ牽堂 車司石 胡車報	鉄 サ禄印 龍鳳龍 印司胡	宝 サ司庫 牽調玉 極禄恍	海 サ鳳庫 司貫車 報調禄	雨 サ調印 車石牽 庫鳳将	
12月	樹 ウ貫堂 車龍禄 馳石貴	花 ウ石南 車玉司 馳貫極	陽 ウ龍南 鳳車鳳 庫玉馳	灯 ウ玉堂 牽牽調 報龍報	山 ウ車南 司禄貫 報牽馳	地 ウ牽堂 貫司石 庫車報	鉄 ウ禄印 龍調司 馳車極	宝 ウ司庫 禄鳳禄 馳牽貴	海 ウ鳳庫 調石調 庫禄将	雨 ウ調印 牽貫鳳 報司禄	樹 タ貫堂 司玉石 極鳳恍	花 タ石南 鳳龍貫 印調胡	陽 タ龍南 鳳牽玉 胡貫報	灯 タ玉堂 禄車龍 貴石馳	山 タ車南 調司牽 庫龍報	地 タ牽堂 牽禄車 報玉馳	鉄 タ禄印 調調調 極車極	宝 タ司庫 貫鳳鳳 印牽貴	海 タ鳳庫 禄石石 胡禄将	雨 タ調印 鳳貫牽 貴司禄	樹 ト貫堂 禄玉禄 堂鳳恍	花 ト石南 調龍司 恍調胡	陽 ト龍南 調牽鳳 将貫報	灯 ト玉堂 鳳車調 南石馳	山 ト車南 鳳司貫 胡龍報	地 ト牽堂 鳳禄石 貴玉馳	鉄 ト禄印 龍調龍 堂車極	宝 ト司庫 調鳳玉 恍牽貴	海 ト鳳庫 石石車 将禄将	雨 ト調印 車貫牽 南司禄	樹 ネ貫堂 貫玉禄 禄鳳恍

1965年（昭和40年）

1965年(昭和40年)	1日	2日	3日	4日	5日	6日	7日	8日	9日	10日	11日	12日	13日	14日	15日	16日
1月	花 ネ石南 貫龍司 禄調胡	陽 ネ龍南 鳳牽鳳 南貫報	灯 ネ玉堂 石車調 将石馳	山 ネ車南 玉司貫 将龍報	地 ネ牽堂 龍禄車 南龍庫	鉄 ネ禄印 龍調司 禄牽庫	宝 ネ司庫 貫鳳禄 禄車印	海 ネ鳳庫 玉石調 南司堂	雨 ネ調印 調貫鳳 将禄南	樹 イ貫堂 玉玉石 恍調南	花 イ石南 龍龍貫 堂鳳堂	陽 イ龍南 鳳牽玉 貴石印	灯 イ玉堂 龍車龍 胡貫庫	山 イ車南 牽司牽 南玉印	地 イ牽堂 調鳳禄 将龍庫	鉄 イ禄印 玉石調 恍牽庫
2月	陽 ウ龍南 鳳調鳳 庫石印	灯 ウ玉堂 牽鳳調 報貫庫	山 ウ車南 司石貫 報玉印	地 ウ車将 禄石石 庫石極	鉄 ウ司貴 龍龍龍 馳龍馳	宝 ウ禄極 禄玉玉 馳玉報	海 ウ調馳 調車車 庫車胡	雨 ウ鳳報 牽牽牽 報牽恍	樹 タ石胡 司禄禄 極禄禄	花 タ貫恍 鳳司牽 印司将	陽 タ玉禄 鳳鳳禄 胡鳳貴	灯 タ龍将 禄石司 貴調極	山 タ牽禄 調龍鳳 庫貫貴	地 タ車将 牽玉調 報石極	鉄 タ司貴 調車貫 極龍馳	宝 タ禄極 貫牽石 印玉報
3月	樹 ネ石胡 貫貫鳳 禄禄禄	花 ネ貫恍 貫石調 禄司将	陽 ネ玉禄 鳳龍貫 南鳳貴	灯 ネ龍将 石玉石 将調極	山 ネ牽禄 玉車龍 将貫貴	地 ネ車将 龍車石 南貫胡	鉄 ネ司貴 龍司龍 禄玉報	宝 ネ禄極 貫禄玉 禄龍馳	海 ネ調馳 玉調車 南牽極	雨 ネ鳳報 調鳳牽 将車貴	樹 イ石胡 玉石禄 恍司将	花 イ貫恍 龍貫牽 堂禄禄	陽 イ玉禄 鳳玉禄 貴調恍	灯 イ龍将 龍龍司 胡鳳胡	山 イ牽禄 牽牽鳳 南石恍	地 イ車将 調車調 将貫胡
4月	花 ウ貫恍 車貫調 馳禄禄	陽 ウ玉禄 鳳玉貫 庫調恍	灯 ウ龍将 牽龍石 報鳳胡	山 ウ牽禄 司牽龍 報石恍	地 ウ車将 禄車石 庫調堂	鉄 ウ司貴 龍司龍 馳貫印	宝 ウ禄極 禄禄玉 馳石庫	海 ウ調馳 調調車 庫龍庫	雨 ウ鳳報 牽鳳牽 報玉印	樹 タ石胡 司石禄 極車堂	花 タ貫恍 鳳貫牽 印牽南	陽 タ玉禄 鳳玉禄 胡禄南	灯 タ龍将 禄龍司 貴司堂	山 タ牽禄 調牽鳳 庫鳳南	地 タ車将 牽禄調 報調堂	鉄 タ司貴 調調貫 極貫印
5月	花 ネ貫恍 貫司調 禄牽南	陽 ネ玉禄 鳳鳳貫 南禄南	灯 ネ龍将 石調石 将司堂	山 ネ牽禄 玉貫龍 将鳳南	地 ネ車将 貫石玉 南調堂	鉄 ネ司貴 龍龍龍 禄石貴	宝 ネ禄極 貫玉玉 禄貫極	海 ネ調馳 玉車車 南玉馳	雨 ネ鳳報 調牽牽 将龍報	樹 イ石胡 玉禄禄 恍牽胡	花 イ貫恍 龍司司 堂車恍	陽 イ玉禄 鳳禄禄 貴司禄	灯 イ龍将 龍司司 胡禄将	山 イ牽禄 牽鳳鳳 南調禄	地 イ車将 調調調 将鳳将	鉄 イ司貴 玉貫貫 恍石貴
6月	陽 ウ玉禄 鳳貫貫 庫司禄	灯 ウ龍将 牽石石 報禄将	山 ウ牽禄 司龍龍 報調禄	地 ウ車将 貫玉玉 庫鳳将	鉄 ウ司貴 禄車車 馳石貴	宝 ウ禄極 禄龍玉 馳調胡	海 ウ調馳 調牽車 庫貫報	雨 ウ鳳報 牽車牽 報石馳	樹 タ石胡 司司禄 極龍極	花 タ貫恍 鳳禄司 印玉貴	陽 タ玉禄 鳳調鳳 胡車将	灯 タ龍将 禄鳳司 貴牽禄	山 タ牽禄 調石鳳 庫禄将	地 タ車将 牽貫調 報司禄	鉄 タ司貴 調玉貫 極鳳恍	宝 タ禄極 貫龍石 印調胡
7月	陽 ネ玉禄 鳳石貫 南車将	灯 ネ龍将 石貫石 将牽禄	山 ネ牽禄 玉玉龍 将禄将	地 ネ車将 貫龍玉 南司禄	鉄 ネ司貴 貫牽車 禄鳳恍	宝 ネ禄極 貫車牽 禄調胡	海 ネ調馳 玉司車 南石印	雨 ネ鳳報 調禄牽 将貫庫	樹 イ石胡 玉調禄 恍玉庫	花 イ貫恍 龍鳳司 堂龍印	陽 イ玉禄 鳳石鳳 貴牽堂	灯 イ龍将 龍貫調 胡車南	山 イ牽禄 牽玉鳳 南司堂	地 イ車将 調龍調 将禄南	鉄 イ司貴 玉牽貫 恍調南	宝 イ禄極 車車石 堂鳳堂
8月	灯 ウ龍将 牽鳳石 報車南	山 ウ牽禄 司石龍 報司堂	地 ウ車将 貫貫玉 庫禄南	鉄 ウ司貴 禄玉車 馳調南	宝 ウ禄極 禄龍牽 馳鳳堂	海 ウ調馳 車牽禄 庫石印	雨 ウ鳳報 司車司 報貫庫	樹 タ石胡 司禄禄 極貫馳	花 タ貫恍 鳳司司 印石報	陽 タ玉禄 鳳鳳鳳 胡龍胡	灯 タ龍将 禄調調 貴玉恍	山 タ牽禄 調貫貫 庫車胡	地 タ車将 牽石石 報牽恍	鉄 タ司貴 調龍貫 極禄禄	宝 タ禄極 鳳玉石 印司将	海 タ調馳 禄車龍 胡鳳貴
9月	山 ネ牽禄 玉鳳龍 将車胡	地 ネ車将 貫調玉 南牽恍	鉄 ネ司貴 貫貫車 禄禄禄	宝 ネ禄極 貫石牽 禄司将	海 ネ調馳 車龍禄 南鳳貴	雨 ネ鳳報 石玉司 将調極	樹 イ石胡 玉車鳳 恍貫馳	花 イ貫恍 龍車司 堂貫馳	陽 イ玉禄 鳳司鳳 貴玉極	灯 イ龍将 龍禄調 胡龍貴	山 イ牽禄 牽調貫 南牽極	地 イ車将 石鳳石 将車貴	鉄 イ司貴 玉石龍 恍司将	宝 イ禄極 車貫石 堂禄禄	海 イ調馳 車玉龍 貴調恍	雨 イ鳳報 龍龍玉 胡鳳胡
10月	山 ウ牽禄 司調龍 報牽極	地 ウ車将 貫鳳玉 庫車貴	鉄 ウ司貴 禄石車 馳司将	宝 ウ禄極 禄貫牽 馳禄禄	海 ウ調馳 車玉禄 庫調恍	雨 ウ鳳報 司龍司 報鳳胡	樹 タ石胡 調牽鳳 極石報	花 タ貫恍 鳳車司 印調庫	陽 タ玉禄 鳳司鳳 胡貫庫	灯 タ龍将 禄禄調 貴石印	山 タ牽禄 調調貫 庫龍庫	地 タ車将 牽鳳石 報玉印	鉄 タ司貴 調石龍 極車堂	宝 タ禄極 鳳貫石 印牽南	海 タ調馳 車玉龍 胡禄南	雨 タ鳳報 鳳龍玉 貴司堂
11月	地 ネ車将 貫石玉 南玉印	鉄 ネ司貴 貫龍車 禄車堂	宝 ネ禄極 貫玉牽 禄牽南	海 ネ調馳 車車禄 南禄南	雨 ネ鳳報 石牽司 将司堂	樹 イ石胡 玉禄鳳 恍鳳印	花 イ貫恍 禄司調 堂調庫	陽 イ玉禄 鳳龍鳳 貴石馳	灯 イ龍将 龍玉調 胡貫報	山 イ牽禄 牽車貫 南玉馳	地 イ車将 石牽石 将龍報	鉄 イ司貴 玉禄龍 恍牽胡	宝 イ禄極 車司玉 堂車恍	海 イ調馳 車鳳龍 貴司禄	雨 イ鳳報 龍調玉 胡禄将	樹 サ石胡 牽貫車 印調貴
12月	地 ウ車将 貫司玉 庫龍報	鉄 ウ司貴 禄鳳車 馳牽胡	宝 ウ禄極 禄調牽 馳車恍	海 ウ調馳 車貫禄 庫司禄	雨 ウ鳳報 司石司 報禄将	樹 タ石胡 調龍鳳 極調貴	花 タ貫恍 鳳龍司 印司胡	陽 タ玉禄 鳳牽鳳 胡鳳報	灯 タ龍将 禄車調 貴調馳	山 タ牽禄 調司貫 庫貫報	地 タ車将 牽禄石 報石馳	鉄 タ司貴 調調龍 極龍極	宝 タ禄極 鳳鳳石 印玉貴	海 タ調馳 車石龍 胡車将	雨 タ鳳報 鳳貫玉 貴牽禄	樹 ト石胡 石玉車 堂禄恍

1965年(昭和40年)	17日	18日	19日	20日	21日	22日	23日	24日	25日	26日	27日	28日	29日	30日	31日
1月	宝 イ司庫 禄貫鳳 堂車印	海 イ鳳庫 貫牽車 貴司堂	雨 イ調印 龍車牽 胡禄南	樹 サ貫堂 禄司禄 印調南	花 サ石南 玉禄司 極鳳堂	陽 サ龍南 牽調鳳 報石印	灯 サ玉堂 鳳鳳調 庫貫庫	山 サ車南 車石貫 貴玉印	地 サ牽堂 車貫石 胡龍庫	鉄 サ禄印 龍玉龍 印牽庫	宝 サ司庫 牽龍玉 極車印	海 サ鳳庫 司牽車 報司堂	雨 サ調印 車車牽 庫禄南	樹 ウ貫堂 車司禄 馳調南	花 ウ石南 車禄司 馳鳳堂
2月	海 タ調馳 禄禄龍 胡車胡	雨 タ鳳報 鳳司玉 貴牽恍	樹 ト石胡 禄貫鳳 堂禄禄	花 ト貫恍 調石調 恍司将	陽 ト玉禄 調龍貫 将鳳貴	灯 ト龍将 鳳玉石 南調極	山 ト牽禄 鳳車龍 胡貫貴	地 ト車将 鳳牽玉 貴石極	鉄 ト司貴 龍禄車 堂龍馳	宝 ト禄極 調司牽 恍玉報	海 ト調馳 石鳳禄 将車胡	雨 ト鳳報 車調司 南牽恍			
3月	鉄 イ司貴 玉司貫 恍玉報	宝 イ禄極 禄禄石 堂龍馳	海 イ調馳 貫調龍 貴牽極	雨 イ鳳報 龍鳳玉 胡車貴	樹 サ石胡 禄石鳳 印司将	花 サ貫恍 玉貫調 極禄禄	陽 サ玉禄 牽玉貫 報調恍	灯 サ龍将 鳳龍石 庫鳳胡	山 サ牽禄 車牽龍 貴石恍	地 サ車将 車車玉 胡貫胡	鉄 サ司貴 龍司車 印玉報	宝 サ禄極 牽禄牽 極龍馳	海 サ調馳 司調禄 報牽極	雨 サ鳳報 車鳳司 庫車貴	樹 ウ石胡 車石鳳 馳司将
4月	宝 タ禄極 貫鳳石 印石庫	海 タ調馳 禄車龍 胡龍庫	雨 タ鳳報 鳳牽玉 貴玉印	樹 ト石胡 禄禄鳳 堂車堂	花 ト貫恍 調司調 恍牽南	陽 ト玉禄 調鳳貫 将禄南	灯 ト龍将 鳳調石 南司堂	山 ト牽禄 鳳貫龍 胡鳳南	地 ト車将 鳳石玉 貴調堂	鉄 ト司貴 龍龍車 堂貫印	宝 ト禄極 調玉牽 恍石庫	海 ト調馳 石車禄 将龍庫	雨 ト鳳報 車牽司 南玉印	樹 ネ石胡 貫禄鳳 禄車堂	
5月	宝 イ禄極 禄石石 堂貫極	海 イ調馳 貫龍龍 貴玉馳	雨 イ鳳報 龍玉玉 胡龍報	樹 サ石胡 禄車車 印牽胡	花 サ貫恍 玉調調 極車恍	陽 サ玉禄 牽貫貫 報司禄	灯 サ龍将 鳳石石 庫禄将	山 サ牽禄 車龍龍 貴調禄	地 サ車将 車玉玉 胡鳳将	鉄 サ司貴 龍車車 印石貴	宝 サ禄極 牽牽牽 極貫極	海 サ調馳 司禄禄 報玉馳	雨 サ鳳報 車司司 庫龍報	樹 ウ石胡 車鳳鳳 馳牽胡	花 ウ貫恍 車調調 馳車恍
6月	海 タ調馳 禄牽龍 胡貫報	雨 タ鳳報 鳳車玉 貴石馳	樹 ト石胡 禄司車 堂龍極	花 ト貫恍 牽禄牽 恍玉貴	陽 ト玉禄 調調貫 将車将	灯 ト龍将 鳳鳳石 南牽禄	山 ト牽禄 鳳石龍 胡禄将	地 ト車将 鳳貫玉 貴司禄	鉄 ト司貴 龍玉車 堂鳳恍	宝 ト禄極 調車牽 恍調胡	海 ト調馳 石司禄 将貫報	雨 ト鳳報 車禄司 南石馳	樹 ネ石胡 貫調鳳 禄龍極	花 ネ貫恍 貫鳳調 禄玉貴	
7月	海 イ調馳 車調龍 貴石印	雨 イ鳳報 龍鳳玉 胡貫庫	樹 サ石胡 調石車 印玉庫	花 サ貫恍 玉禄牽 極龍印	陽 サ玉禄 牽調禄 報牽堂	灯 サ龍将 鳳鳳石 庫車南	山 サ牽禄 車石龍 貴司堂	地 サ車将 車貫玉 胡禄南	鉄 サ司貴 龍玉車 印調南	宝 サ禄極 牽龍牽 極鳳堂	海 サ調馳 司牽禄 報石印	雨 サ鳳報 車車司 庫貫庫	樹 ウ石胡 車司鳳 馳玉庫	花 ウ貫恍 車禄調 馳龍印	陽 ウ玉禄 鳳調貫 庫牽堂
8月	雨 タ鳳報 鳳牽玉 貴調極	樹 ト石胡 玉禄車 堂貫馳	花 ト貫恍 牽玉牽 恍石報	陽 ト玉禄 調車禄 将龍胡	灯 ト龍将 鳳牽司 南玉恍	山 ト牽禄 鳳鳳鳳 胡車胡	地 ト車将 鳳調玉 貴牽恍	鉄 ト司貴 龍貫車 堂禄禄	宝 ト禄極 調石牽 恍司将	海 ト調馳 石龍禄 将鳳貴	雨 ト鳳報 車玉司 南調極	樹 ネ石胡 貫車鳳 禄貫馳	花 ネ貫恍 貫牽調 禄石報	陽 ネ玉禄 鳳禄貫 南龍胡	灯 ネ龍将 石司石 将玉恍
9月	樹 サ石胡 牽牽車 印石報	花 サ貫恍 石車牽 極貫馳	陽 サ玉禄 牽司禄 報玉極	灯 サ龍将 禄禄司 庫龍貴	山 サ牽禄 龍調鳳 貴牽極	地 サ車将 車鳳調 胡車貴	鉄 サ司貴 龍石車 印司将	宝 サ禄極 牽貫牽 極禄禄	海 サ調馳 牽玉禄 報調恍	雨 サ鳳報 車龍司 庫鳳胡	樹 ウ石胡 車牽鳳 馳石報	花 ウ貫恍 車車調 馳貫馳	陽 ウ玉禄 鳳司貫 庫玉極	灯 ウ龍将 牽禄石 報龍貴	
10月	樹 ト石胡 石牽車 堂鳳印	花 ト貫恍 牽鳳牽 恍調庫	陽 ト玉禄 調石禄 将貫庫	灯 ト龍将 龍貫司 南石印	山 ト牽禄 禄貫鳳 胡龍庫	地 ト車将 鳳石調 貴玉印	鉄 ト司貴 龍龍車 堂車堂	宝 ト禄極 調玉牽 恍牽南	海 ト調馳 石車禄 将禄南	雨 ト鳳報 車牽司 南司堂	樹 ネ石胡 貫禄鳳 禄鳳印	花 ネ貫恍 貫司調 禄調庫	陽 ネ玉禄 鳳鳳貫 南貫庫	灯 ネ龍将 石調石 将石印	山 ネ牽禄 玉貫龍 将龍庫
11月	花 サ貫恍 石石牽 極鳳極	陽 サ玉禄 牽龍禄 報石馳	灯 サ龍将 禄玉司 庫貫報	山 サ牽禄 龍車鳳 貴玉馳	地 サ車将 車司調 胡龍報	鉄 サ司貴 龍鳳貫 印牽胡	宝 サ禄極 牽調牽 極車恍	海 サ調馳 牽貫禄 報司禄	雨 サ鳳報 車石司 庫禄将	樹 ウ石胡 車龍鳳 馳調貴	花 ウ貫恍 車玉調 馳鳳極	陽 ウ玉禄 鳳車貫 庫石馳	灯 ウ龍将 牽牽石 報貫報	山 ウ牽禄 司禄龍 報玉馳	
12月	花 ト貫恍 牽龍牽 恍司胡	陽 ト玉禄 調牽禄 将鳳報	灯 ト龍将 龍車司 南調馳	山 ト牽禄 禄司鳳 胡貫報	地 ト車将 鳳禄調 貴石馳	鉄 ト司貴 龍調車 堂龍極	宝 ト禄極 調鳳牽 恍玉貴	海 ト調馳 石石禄 将車将	雨 ト鳳報 車貫司 南牽禄	樹 ネ石胡 貫玉鳳 禄禄恍	花 ネ貫恍 貫龍調 禄司胡	陽 ネ玉禄 鳳牽貫 南鳳報	灯 ネ龍将 石車石 将調馳	山 ネ牽禄 玉司龍 将貫報	地 ネ車将 貫禄玉 南石馳

1966年（昭和41年）

1966年(昭和41年)

	1日	2日	3日	4日	5日	6日	7日	8日	9日	10日	11日	12日	13日	14日	15日	16日
1月	鉄 ネ司貴 貫調車 禄龍極	宝 ネ禄極 貫鳳牽 禄玉貴	海 ネ調馳 車石禄 南車将	雨 ネ鳳報 石貫司 将牽禄	樹 イ石胡 玉玉鳳 恍禄恍	花 イ貫恍 龍龍司 堂禄堂	陽 イ玉禄 鳳牽鳳 貴調印	灯 イ龍将 龍車調 胡鳳庫	山 イ牽禄 牽司貫 南石印	地 イ車将 石禄石 将貫庫	鉄 イ司貴 玉調龍 恍玉庫	宝 イ禄極 車鳳石 堂龍印	海 イ調馳 車石龍 貴牽堂	雨 イ鳳報 龍貫玉 胡車南	樹 サ石胡 牽玉車 印司南	花 サ貫恍 石車牽 極禄堂
2月	宝 ウ禄極 禄龍牽 馳龍印	海 ウ調馳 車牽禄 庫牽堂	雨 ウ鳳報 司車司 報車南	樹 タ鳳極 司禄司 極車禄	花 タ調貴 鳳司禄 印牽将	陽 タ貫将 鳳鳳調 胡禄貴	灯 タ石禄 禄調鳳 貴司極	山 タ龍将 調貫石 庫鳳貴	地 タ玉禄 牽石貫 報調極	鉄 タ車恍 調龍玉 極貫馳	宝 タ牽胡 鳳玉龍 印石報	海 タ禄報 禄禄牽 胡龍胡	雨 タ司馳 鳳司車 貴玉恍	樹 ト鳳極 玉鳳司 堂車禄	花 ト調貴 牽調禄 恍牽将	陽 ト貫将 調貫調 将禄貴
3月	地 ネ玉禄 貫牽龍 南調極	鉄 ネ車恍 貫禄牽 禄貫馳	宝 ネ牽胡 貫司車 禄石報	海 ネ禄報 車鳳司 南龍胡	雨 ネ司馳 石調禄 将玉恍	樹 イ鳳極 玉石司 恍牽将	花 イ調貴 龍貫禄 堂車禄	陽 イ貫将 鳳玉調 貴司恍	灯 イ石禄 龍龍鳳 胡禄胡	山 イ龍将 牽牽石 南調恍	地 イ玉禄 石車貫 将鳳胡	鉄 イ車恍 玉司玉 恍石報	宝 イ牽胡 車禄龍 堂貫馳	海 イ禄報 車調牽 貴玉極	雨 イ司馳 龍鳳車 胡龍貴	樹 サ鳳極 調石司 印牽将
4月	鉄 ウ車恍 禄司牽 馳石報	宝 ウ牽胡 禄禄車 馳貫馳	海 ウ禄報 車調司 庫玉極	雨 ウ司馳 司鳳禄 報龍貴	樹 タ鳳極 司石司 極龍堂	花 タ調貴 鳳貫禄 印玉南	陽 タ貫将 鳳玉調 胡車南	灯 タ石禄 禄龍鳳 貴牽堂	山 タ龍将 調牽石 庫禄南	地 タ玉禄 牽車貫 報司堂	鉄 タ車恍 調司玉 極鳳印	宝 タ牽胡 鳳禄龍 印調庫	海 タ禄報 禄調牽 胡貫庫	雨 タ司馳 鳳鳳車 貴石印	樹 ト鳳極 玉玉司 堂龍堂	花 ト調貴 牽龍禄 恍玉南
5月	鉄 ネ車恍 貫龍牽 禄鳳印	宝 ネ牽胡 貫玉車 禄調庫	海 ネ禄報 車車司 南貫庫	雨 ネ司馳 石牽禄 将石印	樹 イ鳳極 玉禄調 恍龍堂	花 イ調貴 龍司禄 堂龍恍	陽 イ貫将 鳳鳳調 貴牽禄	灯 イ石禄 龍調鳳 胡車将	山 イ龍将 牽貫石 南司禄	地 イ玉禄 石石貫 将禄将	鉄 イ車恍 玉龍玉 恍調貴	宝 イ牽胡 車石龍 堂鳳極	海 イ禄報 車龍牽 貴石馳	雨 イ司馳 龍玉車 胡貫報	樹 サ鳳極 牽車司 印玉胡	花 サ調貴 石牽禄 極龍恍
6月	宝 ウ牽胡 禄牽車 馳鳳極	海 ウ禄報 車禄司 庫石馳	雨 ウ司馳 司司禄 報貫報	樹 タ鳳極 調鳳調 極玉胡	花 タ調貴 禄調鳳 印龍恍	陽 タ貫将 鳳調調 胡龍将	灯 タ石禄 禄鳳鳳 貴玉禄	山 タ龍将 調石石 庫車将	地 タ玉禄 牽貫貫 報牽禄	鉄 タ車恍 調玉玉 極禄恍	宝 タ牽胡 鳳龍龍 印司胡	海 タ禄報 車牽牽 胡鳳報	雨 タ司馳 鳳車車 貴調馳	樹 ト鳳極 石司司 堂貫極	花 ト調貴 牽禄禄 恍石貴	陽 ト貫将 調調調 将龍将
7月	宝 ネ牽胡 貫車車 禄司胡	海 ネ禄報 車司司 南鳳報	雨 ネ司馳 石禄禄 将調馳	樹 イ鳳極 玉調調 恍貫極	花 イ調貴 禄鳳鳳 堂石貴	陽 イ貫将 龍石石 貴龍将	灯 イ石禄 龍貫鳳 胡龍南	山 イ龍将 牽玉石 南牽堂	地 イ玉禄 石龍貫 将車南	鉄 イ車恍 玉牽玉 恍司南	宝 イ牽胡 車車龍 堂禄堂	海 イ禄報 車司牽 貴調印	雨 イ司馳 龍禄車 胡鳳庫	樹 サ鳳極 牽調司 印石庫	花 サ調貴 石鳳禄 極貫印	陽 サ貫将 牽石調 報玉堂
8月	海 ウ禄報 車牽司 庫調印	雨 ウ司馳 司車禄 報鳳庫	樹 タ鳳極 調司調 極石庫	花 タ調貴 禄禄鳳 印貫印	陽 タ貫将 禄調石 胡玉堂	灯 タ石禄 禄鳳貫 貴龍南	山 タ龍将 貫石玉 庫牽堂	地 タ玉禄 牽石貫 報玉恍	鉄 タ車恍 調龍玉 極車禄	宝 タ牽胡 鳳玉龍 印牽将	海 タ禄報 車車牽 胡禄貴	雨 タ司馳 鳳牽車 貴司極	樹 ト鳳極 石禄司 堂鳳馳	花 ト調貴 牽司禄 恍調報	陽 ト貫将 調鳳調 将貫胡	灯 ト石禄 貫調鳳 南石恍
9月	雨 ネ司馳 石玉禄 将司極	樹 イ鳳極 玉車調 恍鳳馳	花 イ調貴 禄牽鳳 堂調報	陽 イ貫将 龍禄石 貴貫胡	灯 イ石禄 龍司貫 胡石恍	山 イ龍将 貫鳳玉 南龍胡	地 イ玉禄 玉調龍 将玉恍	鉄 イ車恍 玉石玉 恍牽将	宝 イ牽胡 車貫龍 堂車禄	海 イ禄報 車玉牽 貴司恍	雨 イ司馳 龍龍車 胡禄胡	樹 サ鳳極 牽牽司 印調報	花 サ調貴 石車禄 極鳳馳	陽 サ貫将 牽司調 報石極	灯 サ石禄 車禄鳳 庫貫貴	山 サ龍将 龍調石 貴玉極
10月	雨 ウ司馳 司龍禄 報禄胡	樹 タ鳳極 調牽調 極調報	花 タ調貴 禄車鳳 印鳳馳	陽 タ貫将 禄司石 胡石極	灯 タ石禄 禄禄貫 貴貫貴	山 タ龍将 貫調玉 庫玉極	地 タ玉禄 司鳳龍 報龍貴	鉄 タ車恍 調石牽 極牽将	宝 タ牽胡 鳳貫龍 印玉南	海 タ禄報 車玉牽 胡車南	雨 タ司馳 鳳龍車 貴牽堂	樹 ト鳳極 石牽司 堂禄印	花 ト調貴 司車禄 恍司庫	陽 ト貫将 調司調 将鳳庫	灯 ト石禄 貫禄鳳 南調印	山 ト龍将 貫調石 胡貫庫
11月	樹 イ鳳極 玉禄調 恍禄印	花 イ調貴 禄司鳳 堂司庫	陽 イ貫将 龍鳳石 貴鳳庫	灯 イ石禄 龍調貫 胡調印	山 イ龍将 貫貫玉 南貫庫	地 イ玉禄 玉石龍 将石印	鉄 イ車恍 牽龍牽 恍龍堂	宝 イ牽胡 車司龍 堂龍恍	海 イ禄報 車鳳牽 貴牽禄	雨 イ司馳 龍調車 胡車将	樹 サ鳳極 牽貫司 印司貴	花 サ調貴 石石禄 極禄極	陽 サ貫将 牽龍調 報調馳	灯 サ石禄 車玉鳳 庫鳳報	山 サ龍将 貫車石 貴石馳	地 サ玉禄 車牽貫 胡貫報
12月	樹 タ鳳極 調龍調 極司貴	花 タ調貴 禄玉鳳 印禄極	陽 タ貫将 禄車石 胡調馳	灯 タ石禄 禄牽貫 貴鳳報	山 タ龍将 貫禄玉 庫石馳	地 タ玉禄 司司龍 報貫報	鉄 タ車恍 調調玉 極貫極	宝 タ牽胡 鳳鳳龍 印石貴	海 タ禄報 車石牽 胡龍将	雨 タ司馳 鳳貫車 貴玉禄	樹 ト鳳極 石玉司 堂車恍	花 ト調貴 司龍禄 恍牽胡	陽 ト貫将 調牽調 将禄報	灯 ト石禄 貫車鳳 南司馳	山 ト龍将 貫司石 胡鳳報	地 ト玉禄 鳳禄貫 貴調馳

	17日	18日	19日	20日	21日	22日	23日	24日	25日	26日	27日	28日	29日	30日	31日
1月	陽 サ玉禄 牽司禄 報調印	灯 サ龍将 禄禄司 庫鳳庫	山 サ牽禄 龍石鳳 貴石印	地 サ車将 車貫調 胡貫庫	鉄 サ司貴 龍玉車 印玉庫	宝 サ禄極 牽龍牽 極龍印	海 サ調馳 牽牽禄 報牽堂	雨 サ鳳報 車車司 庫車南	樹 ウ石胡 車司鳳 馳司南	花 ウ貫恍 車禄調 馳禄堂	陽 ウ玉禄 鳳調貫 庫調印	灯 ウ龍将 牽鳳石 報鳳庫	山 ウ牽禄 司石龍 報石印	地 ウ車将 貫貫玉 庫貫庫	鉄 ウ司貴 禄玉車 馳玉庫
2月	灯 ト石禄 鳳石鳳 南司極	山 ト龍将 鳳龍石 胡鳳貴	地 ト玉禄 鳳牽貫 貴調極	鉄 ト車恍 龍禄玉 堂貫馳	宝 ト牽胡 調司龍 恍石報	海 ト禄報 石鳳牽 将龍胡	雨 ト司馳 車調車 南玉恍	樹 ネ鳳極 貫貫調 禄車禄	花 ネ調貴 貫石鳳 禄牽将	陽 ネ貫将 鳳龍石 南禄貴	灯 ネ石禄 石玉貫 将司極	山 ネ龍将 玉車玉 将鳳貴			
3月	花 サ調貴 石貫禄 極車禄	陽 サ貫将 牽玉調 報司恍	灯 サ石禄 鳳龍鳳 庫禄胡	山 サ龍将 龍牽石 貴調恍	地 サ玉禄 車車貫 胡鳳胡	鉄 サ車恍 龍司玉 印石報	宝 サ牽胡 牽禄龍 極貫馳	海 サ禄報 牽調牽 報玉極	雨 サ司馳 車鳳車 庫龍貴	樹 ウ鳳極 車石調 馳牽将	花 ウ調貴 車貫鳳 馳車禄	陽 ウ貫将 鳳玉石 庫司恍	灯 ウ石禄 牽龍貫 報禄胡	山 ウ龍将 司牽玉 報調恍	地 ウ玉禄 貫車龍 庫鳳胡
4月	陽 ト貫将 調牽調 将車南	灯 ト石禄 鳳調鳳 南牽堂	山 ト龍将 鳳貫石 胡禄南	地 ト玉禄 鳳石貫 貴司堂	鉄 ト車恍 龍龍玉 堂鳳印	宝 ト牽胡 調玉龍 恍調庫	海 ト禄報 石車牽 将貫庫	雨 ト司馳 車牽車 南石印	樹 ネ鳳極 貫禄調 禄龍堂	花 ネ調貴 貫司鳳 禄玉南	陽 ネ貫将 鳳鳳石 南車南	灯 ネ石禄 石調貫 将牽堂	山 ネ龍将 玉貫玉 将禄南	地 ネ玉禄 貫石龍 南司堂	
5月	陽 サ貫将 牽禄調 報牽禄	灯 サ石禄 禄司鳳 庫車将	山 サ龍将 龍鳳石 貴司禄	地 サ玉禄 車調貫 胡禄将	鉄 サ車恍 龍車玉 印調貴	宝 サ牽胡 牽牽龍 極鳳極	海 サ禄報 牽禄牽 報石馳	雨 サ司馳 車司車 庫貫報	樹 ウ鳳極 車鳳司 馳玉胡	花 ウ調貴 車調鳳 馳龍恍	陽 ウ貫将 鳳貫石 庫牽禄	灯 ウ石禄 牽石貫 報車将	山 ウ龍将 司龍玉 報司禄	地 ウ玉禄 貫玉龍 庫禄将	鉄 ウ車恍 禄車牽 馳調貴
6月	灯 ト石禄 龍鳳鳳 南玉禄	山 ト龍将 禄石石 胡車将	地 ト玉禄 鳳貫貫 貴牽禄	鉄 ト車恍 龍玉玉 堂禄恍	宝 ト牽胡 調龍龍 恍司胡	海 ト禄報 石牽牽 将鳳報	雨 ト司馳 車車車 南調馳	樹 ネ鳳極 貫司司 禄貫極	花 ネ調貴 貫禄禄 禄石貴	陽 ネ貫将 鳳石石 南龍将	灯 ネ石禄 石貫貫 将玉禄	山 ネ龍将 玉玉玉 将車将	地 ネ玉禄 貫龍龍 南牽禄	鉄 ネ車恍 貫牽牽 禄禄恍	
7月	灯 サ石禄 禄龍鳳 庫龍南	山 サ龍将 龍牽石 貴牽堂	地 サ玉禄 車車貫 胡車南	鉄 サ車恍 龍玉玉 印司南	宝 サ牽胡 石龍龍 極禄堂	海 サ禄報 牽牽牽 報調印	雨 サ司馳 車車車 庫鳳庫	樹 ウ鳳極 車司司 馳石庫	花 ウ調貴 車禄禄 馳貫印	陽 ウ貫将 鳳調調 庫玉堂	灯 ウ石禄 牽鳳貫 報龍南	山 ウ龍将 司石玉 報牽堂	地 ウ玉禄 貫貫龍 庫車南	鉄 ウ車恍 禄玉牽 馳司南	宝 ウ牽胡 禄龍車 馳禄堂
8月	山 ト龍将 貫貫石 胡龍胡	地 ト玉禄 鳳石貫 貴玉恍	鉄 ト車恍 牽鳳玉 堂車禄	宝 ト牽胡 司調龍 恍牽将	海 ト禄報 石貫牽 将禄貴	雨 ト司馳 車玉車 南司極	樹 ネ鳳極 貫車司 禄鳳馳	花 ネ調貴 貫牽禄 禄調報	陽 ネ貫将 鳳禄調 南貫胡	灯 ネ石禄 石司鳳 将石恍	山 ネ龍将 石鳳石 将龍胡	地 ネ玉禄 貫調龍 南玉恍	鉄 ネ車恍 貫貫牽 禄車禄	宝 ネ牽胡 貫石車 禄牽将	海 ネ禄報 車龍司 南禄貴
9月	地 サ玉禄 車鳳貫 胡龍貴	鉄 サ車恍 調石玉 印牽将	宝 サ牽胡 石貫龍 極車禄	海 サ禄報 牽玉牽 報司恍	雨 サ司馳 車龍車 庫禄胡	樹 ウ鳳極 車牽司 馳調報	花 ウ調貴 車車禄 馳鳳馳	陽 ウ貫将 鳳司調 庫石極	灯 ウ石禄 牽禄鳳 報貫貴	山 ウ龍将 司調石 報玉極	地 ウ玉禄 貫鳳貫 庫龍貴	鉄 ウ車恍 禄石牽 馳牽将	宝 ウ牽胡 禄貫車 馳車禄	海 ウ禄報 車玉司 庫司恍	
10月	地 ト玉禄 鳳鳳貫 貴石印	鉄 ト車恍 石石玉 堂龍堂	宝 ト牽胡 司車龍 恍玉南	海 ト禄報 石司牽 将車南	雨 ト司馳 龍禄車 南牽堂	樹 ネ鳳極 鳳禄司 禄禄印	花 ネ調貴 貫司禄 禄司庫	陽 ネ貫将 鳳鳳調 南鳳庫	灯 ネ石禄 石調鳳 将調印	山 ネ龍将 石貫石 将貫庫	地 ネ玉禄 貫石貫 南石印	鉄 ネ車恍 貫龍玉 禄龍堂	宝 ネ牽胡 貫玉車 禄玉南	海 ネ禄報 車車司 南車南	雨 ネ司馳 石牽禄 将牽堂
11月	鉄 サ車恍 司禄玉 印玉胡	宝 サ牽胡 石司龍 極龍恍	海 サ禄報 牽鳳牽 報牽禄	雨 サ司馳 鳳調車 庫車将	樹 ウ鳳極 龍龍司 馳司貴	花 ウ調貴 車玉禄 馳禄極	陽 ウ貫将 鳳車調 庫調馳	灯 ウ石禄 牽牽鳳 報鳳報	山 ウ龍将 司禄石 報石馳	地 ウ玉禄 貫司貫 庫貫報	鉄 ウ車恍 禄鳳玉 馳玉胡	宝 ウ牽胡 禄調車 馳龍恍	海 ウ禄報 車貫司 庫牽禄	雨 ウ司馳 司石禄 報車将	
12月	鉄 ト車恍 牽調玉 堂貫極	宝 ト牽胡 司鳳龍 恍石貴	海 ト禄報 石石牽 将龍将	雨 ト司馳 車貫車 南玉禄	樹 ネ鳳極 鳳玉司 禄車恍	花 ネ調貴 貫龍禄 禄牽胡	陽 ネ貫将 鳳牽調 南禄報	灯 ネ石禄 石車鳳 将司馳	山 ネ龍将 石司石 将鳳報	地 ネ玉禄 貫禄貫 南調馳	鉄 ネ車恍 貫調牽 禄貫極	宝 ネ牽胡 貫鳳車 禄石貴	海 ネ禄報 車石司 南龍将	雨 ネ司馳 石貫禄 将玉禄	樹 イ鳳極 玉玉調 恍車恍

1967年（昭和42年）

1967年(昭和42年)	1日	2日	3日	4日	5日	6日	7日	8日	9日	10日	11日	12日	13日	14日	15日	16日	17日	18日	19日	20日	21日	22日	23日	24日	25日	26日	27日	28日	29日	30日	31日
1月	花 イ調貫 禄龍鳳 堂牽胡	陽 イ貫将 龍牽石 貴禄報	灯 イ石禄 龍車貫 胡司馳	山 イ龍将 貫司玉 南鳳報	地 イ玉禄 玉禄龍 将調馳	鉄 イ車恍 玉調玉 恍石庫	宝 イ牽胡 車鳳龍 堂貫印	海 イ禄報 車石牽 貴玉堂	雨 イ司馳 龍貫車 胡龍南	樹 サ鳳極 牽玉司 印牽南	花 サ調貴 石龍禄 極車堂	陽 サ貫将 牽牽調 報司印	灯 サ石禄 車車鳳 庫禄庫	山 サ龍将 龍司石 貴調印	地 サ玉禄 車禄貫 胡鳳庫	鉄 サ車恍 調石玉 印石庫	宝 サ牽胡 石貫龍 極貫印	海 サ禄報 牽玉牽 報玉堂	雨 サ司馳 車車車 庫龍南	樹 ウ鳳極 車司司 馳牽南	花 ウ調貴 車禄禄 馳車堂	陽 ウ貫将 鳳調調 庫司印	灯 ウ石禄 牽鳳鳳 報禄庫	山 ウ龍将 司石石 報調印	地 ウ玉禄 貫貫貫 庫鳳庫	鉄 ウ車恍 禄玉牽 馳石庫	宝 ウ牽胡 禄龍車 馳貫印	海 ウ禄報 車牽司 庫玉堂	雨 ウ司馳 司車禄 報龍南	樹 タ鳳極 調司調 極牽南	花 タ調貴 禄禄鳳 印車堂
2月	陽 タ貫将 禄調石 胡司印	灯 タ石禄 禄鳳貫 貴禄庫	山 タ龍将 貫石玉 庫調印	地 タ龍南 牽石龍 報司極	鉄 タ牽南 調龍牽 極鳳馳	宝 タ車堂 鳳玉車 印調報	海 タ司印 車車司 胡貫胡	雨 タ禄庫 鳳牽禄 貴石恍	樹 ト調庫 石禄調 堂龍禄	花 ト鳳印 牽司鳳 恍玉将	陽 ト石堂 調鳳石 将車貴	灯 ト貫南 貫石貫 南牽極	山 ト玉堂 貫龍玉 胡禄貴	地 ト龍南 鳳玉車 貴司極	鉄 ト牽南 牽車司 堂鳳馳	宝 ト車堂 司牽禄 恍調報	海 ト司印 石禄牽 将貫胡	雨 ト禄庫 車司車 南石恍	樹 ネ調庫 貫貫司 禄龍禄	花 ネ鳳印 貫石禄 禄玉将	陽 ネ石堂 鳳龍調 南車貴	灯 ネ貫南 石玉鳳 将牽極	山 ネ玉堂 石車石 将禄貴	地 ネ龍南 貫牽貫 南司極	鉄 ネ牽南 貫禄玉 禄鳳馳	宝 ネ車堂 貫司龍 禄調報	海 ネ司印 車鳳牽 南貫胡	雨 ネ禄庫 石調車 将石恍			
3月	樹 イ調庫 玉貫司 恍龍禄	花 イ鳳印 禄石禄 堂玉将	陽 イ石堂 龍龍調 貴車貴	灯 イ貫南 龍玉鳳 胡牽極	山 イ玉堂 貫車石 南禄貴	地 イ龍南 石車龍 将禄胡	鉄 イ牽南 玉司牽 恍調報	宝 イ車堂 車禄車 堂鳳馳	海 イ司印 車調司 貴石極	雨 イ禄庫 龍鳳禄 胡貫貴	樹 サ調庫 牽石調 印玉将	花 サ鳳印 石貫鳳 極龍禄	陽 サ石堂 牽玉石 報牽恍	灯 サ貫南 車龍貫 庫車胡	山 サ玉堂 龍牽玉 貴司恍	地 サ龍南 車車車 胡禄胡	鉄 サ牽南 調司司 印調報	宝 サ車堂 石禄禄 極鳳馳	海 サ司印 牽調牽 報石極	雨 サ禄庫 車鳳車 庫貫貴	樹 ウ調庫 車石司 馳玉将	花 ウ鳳印 車貫禄 馳龍禄	陽 ウ石堂 鳳玉調 庫牽恍	灯 ウ貫南 牽龍鳳 報車胡	山 ウ玉堂 司牽石 報司恍	地 ウ龍南 貫車貫 庫禄胡	鉄 ウ牽南 禄司玉 馳調報	宝 ウ車堂 禄禄龍 馳鳳馳	海 ウ司印 車調牽 庫石極	雨 ウ禄庫 司鳳車 報貫貴	樹 タ調庫 調石司 極玉将
4月	花 タ鳳印 禄貫禄 印龍禄	陽 タ石堂 禄玉調 胡牽恍	灯 タ貫南 禄龍鳳 貴車胡	山 タ玉堂 貫牽石 庫司恍	地 タ龍南 牽車龍 報牽堂	鉄 タ牽南 調司牽 極禄印	宝 タ車堂 鳳禄車 印司庫	海 タ司印 車調司 胡鳳庫	雨 タ禄庫 鳳鳳禄 貴調印	樹 ト調庫 石石調 堂貫堂	花 ト鳳印 牽貫鳳 恍石南	陽 ト石堂 調玉石 将龍南	灯 ト貫南 貫龍貫 南玉堂	山 ト玉堂 貫牽玉 胡車南	地 ト龍南 鳳禄車 貴牽堂	鉄 ト牽南 牽調司 堂禄印	宝 ト車堂 司鳳禄 恍司庫	海 ト司印 石車牽 将鳳庫	雨 ト禄庫 車牽車 南調印	樹 ネ調庫 貫禄司 禄貫堂	花 ネ鳳印 貫司禄 禄石南	陽 ネ石堂 鳳鳳調 南龍南	灯 ネ貫南 石調鳳 将玉堂	山 ネ玉堂 石貫石 将車南	地 ネ龍南 貫石貫 南牽堂	鉄 ネ牽南 貫龍玉 禄禄印	宝 ネ車堂 貫玉龍 禄司庫	海 ネ司印 車車牽 南鳳庫	雨 ネ禄庫 石牽車 将調印	樹 イ調庫 玉禄司 恍貫堂	
5月	花 イ鳳印 禄司禄 堂石南	陽 イ石堂 龍鳳調 貴龍南	灯 イ貫南 龍調鳳 胡玉堂	山 イ玉堂 貫貫石 南車南	地 イ龍南 玉石貫 将牽堂	鉄 イ牽南 玉龍牽 恍司貴	宝 イ車堂 車玉車 堂禄極	海 イ司印 車車司 貴調馳	雨 イ禄庫 龍牽禄 胡鳳報	樹 サ調庫 牽禄調 印石胡	花 サ鳳印 石司鳳 極貫恍	陽 サ石堂 牽禄石 報玉禄	灯 サ貫南 車司貫 庫龍将	山 サ玉堂 龍鳳玉 貴牽禄	地 サ龍南 車調龍 胡車将	鉄 サ牽南 調貫司 印司貴	宝 サ車堂 石石禄 極禄極	海 サ司印 牽龍調 報調馳	雨 サ禄庫 車玉車 庫鳳報	樹 ウ調庫 車車司 馳石胡	花 ウ鳳印 車調禄 馳貫恍	陽 ウ石堂 鳳貫調 庫玉禄	灯 ウ貫南 牽石鳳 報龍将	山 ウ玉堂 司龍石 報牽禄	地 ウ龍南 貫玉貫 庫車将	鉄 ウ牽南 禄車玉 馳司貴	宝 ウ車堂 禄牽龍 馳禄極	海 ウ司印 車禄牽 庫調馳	雨 ウ禄庫 司司車 報鳳報	樹 タ調庫 調鳳司 極石胡	花 タ鳳印 禄調禄 印貫恍
6月	陽 タ石堂 禄貫調 胡玉禄	灯 タ貫南 禄石鳳 貴龍将	山 タ玉堂 貫龍石 庫牽禄	地 タ龍南 司玉貫 報車将	鉄 タ牽南 調車玉 極司貴	宝 タ車堂 鳳龍車 印牽胡	海 タ司印 車牽司 胡禄報	雨 タ禄庫 鳳車禄 貴司馳	樹 ト調庫 石司調 堂鳳極	花 ト鳳印 司禄鳳 恍調貴	陽 ト石堂 調調石 将貫将	灯 ト貫南 貫鳳貫 南石禄	山 ト玉堂 貫石玉 胡龍将	地 ト龍南 鳳貫龍 貴玉禄	鉄 ト牽南 石玉牽 堂車恍	宝 ト車堂 司龍禄 恍牽胡	海 ト司印 石牽調 将禄報	雨 ト禄庫 龍車鳳 南司馳	樹 ネ調庫 鳳司司 禄鳳極	花 ネ鳳印 貫禄禄 禄調貴	陽 ネ石堂 鳳調調 南貫将	灯 ネ貫南 石鳳鳳 将石禄	山 ネ玉堂 石石石 将龍将	地 ネ龍南 貫貫貫 南玉禄	鉄 ネ牽南 貫玉玉 禄車恍	宝 ネ車堂 貫車龍 禄牽胡	海 ネ司印 車司牽 南禄報	雨 ネ禄庫 石禄車 将司馳	樹 イ調庫 玉調司 恍鳳極	花 イ鳳印 禄鳳禄 堂調貴	
7月	陽 イ石堂 龍石調 貴貫将	灯 イ貫南 龍貫鳳 胡石禄	山 イ玉堂 貫玉石 南龍将	地 イ龍南 玉龍貫 将玉禄	鉄 イ牽南 牽牽玉 恍車恍	宝 イ車堂 龍車龍 堂牽胡	海 イ司印 龍司牽 貴禄報	雨 イ禄庫 龍禄禄 胡禄庫	樹 サ調庫 牽調調 印調庫	花 サ鳳印 石鳳鳳 極鳳印	陽 サ石堂 牽石石 報石堂	灯 サ貫南 車貫貫 庫貫南	山 サ玉堂 貫玉玉 貴玉堂	地 サ龍南 車龍龍 胡龍南	鉄 サ牽南 司牽牽 印牽南	宝 サ車堂 石車車 極車堂	海 サ司印 牽司司 報司印	雨 サ禄庫 鳳鳳鳳 庫禄庫	樹 ウ調庫 龍石石 馳調庫	花 ウ鳳印 車貫貫 馳鳳印	陽 ウ石堂 鳳調調 庫石堂	灯 ウ貫南 牽鳳鳳 報貫南	山 ウ玉堂 司石石 報玉堂	地 ウ龍南 貫貫貫 庫龍南	鉄 ウ牽南 禄玉玉 馳牽南	宝 ウ車堂 禄龍龍 馳車堂	海 ウ司印 車牽牽 庫司印	雨 ウ禄庫 司車車 報禄庫	樹 タ調庫 調司司 極調庫	花 タ鳳印 禄禄禄 印鳳印	陽 タ石堂 禄調調 胡石堂
8月	灯 タ貫南 禄鳳鳳 貴貫南	山 タ玉堂 貫石石 庫玉堂	地 タ龍南 司貫貫 報龍南	鉄 タ牽南 調玉玉 極牽南	宝 タ車堂 龍龍龍 印車堂	海 タ司印 鳳牽牽 胡司印	雨 タ禄庫 鳳車車 貴禄庫	樹 ト調庫 石禄調 堂禄馳	花 ト鳳印 司司鳳 恍司報	陽 ト石堂 調鳳石 将鳳胡	灯 ト貫南 貫調貫 南調恍	山 ト玉堂 貫貫玉 胡貫胡	地 ト龍南 鳳石龍 貴石恍	鉄 ト牽南 石龍牽 堂龍禄	宝 ト車堂 司玉車 恍玉将	海 ト司印 石車司 将車貴	雨 ト禄庫 貫牽禄 南牽極	樹 ネ調庫 鳳禄石 禄禄馳	花 ネ鳳印 貫玉貫 禄司報	陽 ネ石堂 牽車玉 南鳳胡	灯 ネ貫南 司牽鳳 将調恍	山 ネ玉堂 石鳳石 将貫胡	地 ネ龍南 貫調貫 南石恍	鉄 ネ牽南 貫貫玉 禄龍禄	宝 ネ車堂 貫石龍 禄玉将	海 ネ司印 車龍牽 南車貴	雨 ネ禄庫 石玉車 将牽極	樹 イ調庫 玉車司 恍禄馳	花 イ鳳印 禄牽禄 堂司報	陽 イ石堂 龍禄調 貴鳳胡	灯 イ貫南 龍司鳳 胡調恍
9月	山 イ玉堂 貫鳳石 南貫胡	地 イ龍南 玉調貫 将石恍	鉄 イ牽南 牽貫玉 恍龍禄	宝 イ車堂 龍石龍 堂玉将	海 イ司印 龍龍牽 貴車貴	雨 イ禄庫 龍玉車 胡牽極	樹 サ調庫 禄車司 印禄馳	花 サ鳳印 石車鳳 極禄馳	陽 サ石堂 牽司石 報調極	灯 サ貫南 車禄貫 庫鳳貴	山 サ玉堂 貫調玉 貴石極	地 サ龍南 車鳳龍 胡貫貴	鉄 サ牽南 司石牽 印玉将	宝 サ車堂 石貫車 極龍禄	海 サ司印 牽玉司 報牽恍	雨 サ禄庫 禄龍禄 庫車胡	樹 ウ調庫 禄牽調 馳司報	花 ウ鳳印 車車貫 馳禄馳	陽 ウ石堂 石司玉 庫調極	灯 ウ貫南 玉禄龍 報鳳貴	山 ウ玉堂 司調石 報石極	地 ウ龍南 貫鳳貫 庫貫貴	鉄 ウ牽南 禄石玉 馳玉将	宝 ウ車堂 禄貫龍 馳龍禄	海 ウ司印 車玉牽 庫牽恍	雨 ウ禄庫 司龍車 報車胡	樹 タ調庫 司牽司 極司報	花 タ鳳印 禄車禄 印禄馳	陽 タ石堂 禄司調 胡調極	灯 タ貫南 禄禄鳳 貴鳳貴	
10月	山 タ玉堂 貫調石 庫石極	地 タ龍南 司鳳貫 報貫貴	鉄 タ牽南 調石玉 極玉将	宝 タ車堂 龍貫龍 印龍禄	海 タ司印 鳳玉牽 胡牽恍	雨 タ禄庫 鳳龍車 貴車胡	樹 ト調庫 禄牽司 堂司報	花 ト鳳印 調車禄 恍禄馳	陽 ト石堂 調司石 将禄庫	灯 ト貫南 貫禄貫 南司印	山 ト玉堂 貫調玉 胡鳳庫	地 ト龍南 鳳鳳龍 貴調印	鉄 ト牽南 石石牽 堂貫堂	宝 ト車堂 司貫車 恍石南	海 ト司印 石玉司 将龍南	雨 ト禄庫 貫龍禄 南玉堂	樹 ネ調庫 鳳牽調 禄車印	花 ネ鳳印 貫車鳳 禄牽庫	陽 ネ石堂 牽石玉 南禄庫	灯 ネ貫南 司貫龍 将司印	山 ネ玉堂 石玉牽 将鳳庫	地 ネ龍南 貫石貫 南調印	鉄 ネ牽南 貫龍玉 禄貫堂	宝 ネ車堂 貫玉龍 禄石南	海 ネ司印 車車牽 南龍南	雨 ネ禄庫 石牽車 将玉堂	樹 イ調庫 玉禄司 恍車印	花 イ鳳印 禄司禄 堂牽庫	陽 イ石堂 龍鳳調 貴禄庫	灯 イ貫南 龍調鳳 胡司印	山 イ玉堂 貫貫石 南鳳庫
11月	地 イ龍南 玉石貫 将調印	鉄 イ牽南 牽龍玉 恍貫堂	宝 イ車堂 龍玉龍 堂石南	海 イ司印 龍車牽 貴龍南	雨 イ禄庫 龍牽車 胡玉堂	樹 サ調庫 禄禄司 印車印	花 サ鳳印 玉司禄 極牽庫	陽 サ石堂 牽龍石 報司馳	灯 サ貫南 車玉貫 庫禄報	山 サ玉堂 貫車玉 貴調馳	地 サ龍南 車牽龍 胡鳳報	鉄 サ牽南 司禄牽 印石胡	宝 サ車堂 玉司車 極貫恍	海 サ司印 牽鳳司 報玉禄	雨 サ禄庫 禄調禄 庫龍将	樹 ウ調庫 禄貫調 馳牽貴	花 ウ鳳印 車石鳳 馳車極	陽 ウ石堂 石龍玉 庫司馳	灯 ウ貫南 玉玉龍 報禄報	山 ウ玉堂 司車牽 報調馳	地 ウ龍南 貫司貫 庫鳳報	鉄 ウ牽南 車鳳玉 馳石胡	宝 ウ車堂 禄調龍 馳貫恍	海 ウ司印 車貫牽 庫玉禄	雨 ウ禄庫 司石車 報龍将	樹 タ調庫 司龍司 極牽貴	花 タ鳳印 禄玉禄 印車極	陽 タ石堂 禄車調 胡司馳	灯 タ貫南 禄牽鳳 貴禄報	山 タ玉堂 貫禄石 庫調馳	
12月	地 タ龍南 司司貫 報鳳報	鉄 タ牽南 調鳳玉 極石胡	宝 タ車堂 龍調龍 印貫恍	海 タ司印 鳳貫牽 胡玉禄	雨 タ禄庫 鳳石車 貴龍将	樹 ト調庫 禄龍司 堂牽貴	花 ト鳳印 調玉禄 恍車極	陽 ト石堂 調牽石 将車報	灯 ト貫南 貫車貫 南牽馳	山 ト玉堂 貫司玉 胡禄報	地 ト龍南 鳳禄龍 貴司馳	鉄 ト牽南 石調牽 堂鳳極	宝 ト車堂 司鳳車 恍調貴	海 ト司印 石石司 将貫将	雨 ト禄庫 貫貫禄 南石禄	樹 ネ調庫 鳳玉調 禄龍恍	花 ネ鳳印 貫龍鳳 禄玉胡	陽 ネ石堂 牽牽玉 南車報	灯 ネ貫南 司車龍 将牽馳	山 ネ玉堂 石司牽 将禄報	地 ネ龍南 貫禄貫 南司馳	鉄 ネ牽南 貫調玉 禄鳳極	宝 ネ車堂 貫鳳龍 禄調貴	海 ネ司印 車石牽 南貫将	雨 ネ禄庫 石貫車 将石禄	樹 イ調庫 玉玉司 恍龍恍	花 イ鳳印 禄龍禄 堂玉胡	陽 イ石堂 龍牽調 貴車報	灯 イ貫南 龍車鳳 胡牽馳	山 イ玉堂 貫司石 南禄報	地 イ龍南 玉禄貫 将司馳

1968年（昭和43年）

1968年(昭和43年)

	1日	2日	3日	4日	5日	6日	7日	8日	9日	10日	11日	12日	13日	14日	15日	16日
1月	鉄 イ牽南 牽調玉 恍鳳極	宝 イ車堂 龍鳳龍 堂調貴	海 イ司印 龍石牽 貴貫将	雨 イ禄庫 龍貫車 胡石禄	樹 サ調庫 禄玉司 印龍恍	花 サ鳳印 石龍鳳 極龍堂	陽 サ石堂 牽牽石 報牽印	灯 サ貫南 車車貫 庫車庫	山 サ玉堂 貫司玉 貴司印	地 サ龍南 車禄龍 胡禄庫	鉄 サ牽南 司調牽 印調庫	宝 サ車堂 石鳳車 極鳳印	海 サ司印 牽石司 報石堂	雨 サ禄庫 禄貫禄 庫貫南	樹 ウ調庫 禄玉調 馳玉南	花 ウ鳳印 車車貫 馳龍堂
2月	宝 タ車堂 龍龍龍 印鳳印	海 タ司印 鳳牽牽 胡石堂	雨 タ禄庫 鳳車車 貴貫南	樹 ト調庫 禄司司 堂玉南	花 ト司報 司司司 恍石将	陽 ト鳳胡 調鳳鳳 将龍貴	灯 ト調恍 貫調調 南玉極	山 ト貫胡 貫貫貫 胡車貴	地 ト石恍 鳳石石 貴牽極	鉄 ト龍禄 石龍龍 堂禄馳	宝 ト玉将 司玉玉 恍司報	海 ト車貴 石車車 将鳳胡	雨 ト牽極 貫司牽 南調恍	樹 ネ禄馳 鳳鳳禄 禄貫禄	花 ネ司報 貫調司 禄石将	陽 ネ鳳胡 牽貫車 南龍貴
3月	鉄 イ龍禄 牽禄貫 恍禄馳	宝 イ玉将 龍司石 堂司報	海 イ車貴 龍鳳龍 貴鳳胡	雨 イ牽極 龍調玉 胡調恍	樹 サ禄馳 牽石禄 印石将	花 サ司報 石貫司 極貫禄	陽 サ鳳胡 牽玉鳳 報玉恍	灯 サ調恍 車龍調 庫龍胡	山 サ貫胡 貫牽貫 貴牽恍	地 サ石恍 車車石 胡車胡	鉄 サ龍禄 司司龍 印司報	宝 サ玉将 石禄玉 極禄馳	海 サ車貴 牽調車 報調極	雨 サ牽極 禄鳳牽 庫鳳貴	樹 ウ禄馳 禄石禄 馳石将	花 ウ司報 車貫玉 馳貫禄
4月	宝 タ玉将 龍禄石 印禄馳	海 タ車貴 鳳調龍 胡調極	雨 タ牽極 鳳鳳玉 貴鳳貴	樹 ト禄馳 禄石車 堂石将	花 ト司報 司貫司 恍調南	陽 ト鳳胡 調玉鳳 将貫南	灯 ト調恍 貫龍調 南石堂	山 ト貫胡 貫牽貫 胡龍南	地 ト石恍 鳳車石 貴玉堂	鉄 ト龍禄 石司龍 堂車印	宝 ト玉将 司禄玉 恍牽庫	海 ト車貴 石調車 将禄庫	雨 ト牽極 貫鳳牽 南司印	樹 ネ禄馳 鳳石禄 禄鳳堂	花 ネ司報 貫龍司 禄調南	陽 ネ鳳胡 牽牽車 南貫南
5月	宝 イ玉将 龍玉石 堂牽庫	海 イ車貴 龍車龍 貴禄庫	雨 イ牽極 龍牽玉 胡司印	樹 サ禄馳 禄禄車 印鳳堂	花 サ司報 石司司 極鳳恍	陽 サ鳳胡 牽鳳鳳 報石禄	灯 サ調恍 車調調 庫貫将	山 サ貫胡 貫貫貫 貴玉禄	地 サ石恍 車石石 胡龍将	鉄 サ龍禄 司龍龍 印牽貴	宝 サ玉将 石石玉 極車極	海 サ車貴 牽龍車 報司馳	雨 サ牽極 禄玉牽 庫禄報	樹 ウ禄馳 禄車禄 馳調胡	花 ウ司報 車牽司 馳鳳恍	陽 ウ鳳胡 石禄車 庫石禄
6月	海 タ車貴 鳳禄龍 胡司馳	雨 タ牽極 鳳司玉 貴禄報	樹 ト禄馳 禄鳳車 堂調胡	花 ト司報 調調牽 恍鳳恍	陽 ト鳳胡 石貫禄 将石禄	灯 ト調恍 貫鳳調 南調禄	山 ト貫胡 貫石貫 胡貫将	地 ト石恍 鳳貫石 貴石禄	鉄 ト龍禄 石玉龍 堂龍恍	宝 ト玉将 司龍玉 恍玉胡	海 ト車貴 石牽車 将車報	雨 ト牽極 貫車牽 南牽馳	樹 ネ禄馳 禄司禄 禄禄極	花 ネ司報 貫禄司 禄司貴	陽 ネ鳳胡 玉調鳳 南鳳将	灯 ネ調恍 司鳳調 将調禄
7月	海 イ車貴 龍司龍 貴車報	雨 イ牽極 龍禄玉 胡牽馳	樹 サ禄馳 禄調車 印禄極	花 サ司報 玉鳳牽 極司貴	陽 サ鳳胡 牽石禄 報鳳将	灯 サ調恍 鳳貫司 庫調禄	山 サ貫胡 貫玉貫 貴石堂	地 サ石恍 車龍石 胡貫南	鉄 サ龍禄 司牽龍 印玉南	宝 サ玉将 玉車玉 極龍堂	海 サ車貴 牽司車 報牽印	雨 サ牽極 禄禄牽 庫車庫	樹 ウ禄馳 禄調禄 馳司庫	花 ウ司報 車鳳司 馳禄印	陽 ウ鳳胡 司石鳳 庫調堂	灯 ウ調恍 玉貫調 報鳳南
8月	雨 タ牽極 鳳車玉 貴車庫	樹 ト禄馳 禄司車 堂司庫	花 ト司報 調禄牽 恍禄印	陽 ト鳳胡 石調禄 将調堂	灯 ト調恍 鳳鳳司 南鳳南	山 ト貫胡 鳳石鳳 胡石堂	地 ト石恍 鳳石石 貴調恍	鉄 ト龍禄 石龍龍 堂貫禄	宝 ト玉将 司玉玉 恍石将	海 ト車貴 石車車 将龍貴	雨 ト牽極 貫牽牽 南玉極	樹 ネ禄馳 禄禄禄 禄車馳	花 ネ司報 貫司司 禄牽報	陽 ネ鳳胡 玉鳳鳳 南禄胡	灯 ネ調恍 司調調 将司恍	山 ネ貫胡 石貫貫 将鳳胡
9月	樹 サ禄馳 禄車車 印車馳	花 サ司報 玉牽牽 極牽報	陽 サ鳳胡 牽禄禄 報禄胡	灯 サ調恍 鳳司司 庫司恍	山 サ貫胡 車鳳鳳 貴鳳胡	地 サ石恍 車調調 胡調恍	鉄 サ龍禄 司石龍 印石将	宝 サ玉将 玉貫玉 極貫禄	海 サ車貴 牽玉車 報玉恍	雨 サ牽極 禄龍牽 庫龍胡	樹 ウ禄馳 禄牽禄 馳牽報	花 ウ司報 車車司 馳車馳	陽 ウ鳳胡 司司鳳 庫司極	灯 ウ調恍 玉禄調 報禄貴	山 ウ貫胡 司調貫 報調極	地 ウ石恍 禄鳳石 庫鳳貴
10月	樹 ト禄馳 禄牽車 堂牽報	花 ト司報 調車牽 恍車馳	陽 ト鳳胡 石司禄 将司極	灯 ト調恍 鳳禄司 南禄貴	山 ト貫胡 鳳調鳳 胡調極	地 ト石恍 鳳鳳調 貴鳳貴	鉄 ト龍禄 龍石貫 堂石将	宝 ト玉将 司貫玉 恍調南	海 ト車貴 石玉車 将貫南	雨 ト牽極 貫龍牽 南石堂	樹 ネ禄馳 禄牽禄 禄龍印	花 ネ司報 貫車司 禄玉庫	陽 ネ鳳胡 玉司鳳 南車庫	灯 ネ調恍 司禄調 将牽印	山 ネ貫胡 石調貫 将禄庫	地 ネ石恍 龍鳳石 南司印
11月	花 サ司報 玉司牽 極玉庫	陽 サ鳳胡 牽鳳禄 報車庫	灯 サ調恍 鳳調司 庫牽印	山 サ貫胡 車貫鳳 貴禄庫	地 サ石恍 車石調 胡司印	鉄 サ龍禄 龍龍貫 印鳳堂	宝 サ玉将 玉司玉 極鳳恍	海 サ車貴 牽鳳車 報石禄	雨 サ牽極 禄調牽 庫貫将	樹 ウ禄馳 禄貫禄 馳玉貴	花 ウ司報 車石司 馳龍極	陽 ウ鳳胡 司龍鳳 庫牽馳	灯 ウ調恍 玉玉調 報車報	山 ウ貫胡 司車貫 報司馳	地 ウ石恍 禄牽石 庫禄報	鉄 ウ龍禄 車禄龍 馳調胡
12月	花 ト司報 調玉牽 恍龍極	陽 ト鳳胡 石車禄 将牽馳	灯 ト調恍 鳳牽司 南車報	山 ト貫胡 鳳禄鳳 胡司馳	地 ト石恍 鳳司調 貴禄報	鉄 ト龍禄 龍鳳貫 堂調胡	宝 ト玉将 司鳳玉 恍司貴	海 ト車貴 石石車 将鳳将	雨 ト牽極 貫貫牽 南調禄	樹 ネ禄馳 禄玉禄 禄貫恍	花 ネ司報 貫龍司 禄石胡	陽 ネ鳳胡 玉牽鳳 南龍報	灯 ネ調恍 司車調 将玉馳	山 ネ貫胡 石司貫 将車報	地 ネ石恍 龍禄石 南牽馳	鉄 ネ龍禄 龍調龍 禄禄極

	17日	18日	19日	20日	21日	22日	23日	24日	25日	26日	27日	28日	29日	30日	31日
1月	陽 ウ石堂 石司玉 庫牽印	灯 ウ貫南 玉禄龍 報車庫	山 ウ玉堂 司石石 報司印	地 ウ龍南 貫貫貫 庫禄庫	鉄 ウ牽南 禄玉玉 馳調庫	宝 ウ車堂 禄龍龍 馳鳳印	海 ウ司印 車牽牽 庫石堂	雨 ウ禄庫 司車車 報貫南	樹 タ調庫 司司司 極玉南	花 タ鳳印 禄禄禄 印龍堂	陽 タ石堂 禄調調 胡牽印	灯 タ貫南 禄鳳鳳 貴車庫	山 タ玉堂 貫石石 庫司印	地 タ龍南 司貫貫 報禄庫	鉄 タ牽南 調玉玉 極調庫
2月	灯 ネ調恍 司石牽 将玉極	山 ネ貫胡 石龍禄 将車貴	地 ネ石恍 貫玉調 南牽極	鉄 ネ龍禄 貫禄貫 禄禄馳	宝 ネ玉将 貫司石 禄司報	海 ネ車貴 車鳳龍 南鳳胡	雨 ネ牽極 石調玉 将調恍	樹 イ禄馳 玉貫車 恍貫禄	花 イ司報 禄石牽 堂石将	陽 イ鳳胡 龍龍禄 貴龍貴	灯 イ調恍 龍玉司 胡玉極	山 イ貫胡 貫車鳳 南車貴	地 イ石恍 玉牽調 将牽極		
3月	陽 ウ鳳胡 石玉車 庫玉恍	灯 ウ調恍 牽龍牽 報龍胡	山 ウ貫胡 司牽鳳 報牽恍	地 ウ石恍 貫車調 庫車胡	鉄 ウ龍禄 禄司貫 馳司報	宝 ウ玉将 禄禄石 馳禄馳	海 ウ車貴 車調龍 庫調極	雨 ウ牽極 司鳳玉 報鳳貴	樹 タ禄馳 調石車 極石将	花 タ司報 禄貫牽 印貫禄	陽 タ鳳胡 禄玉禄 胡玉恍	灯 タ調恍 禄龍司 貴龍胡	山 タ貫胡 貫牽鳳 庫牽恍	地 タ石恍 司車調 報車胡	鉄 タ龍禄 調司貫 極司報
4月	灯 ネ調恍 司車牽 将石堂	山 ネ貫胡 石貫禄 将龍南	地 ネ石恍 貫石調 南玉堂	鉄 ネ龍禄 貫龍貫 禄車印	宝 ネ玉将 貫玉石 禄牽庫	海 ネ車貴 車車龍 南禄庫	雨 ネ牽極 石牽玉 将司印	樹 イ禄馳 玉禄車 恍鳳堂	花 イ司報 禄司牽 堂調南	陽 イ鳳胡 龍鳳禄 貴貫南	灯 イ調恍 龍調司 胡石堂	山 イ貫胡 貫貫鳳 南龍南	地 イ石恍 玉石調 将玉堂	鉄 イ龍禄 牽龍貫 恍車印	
5月	灯 ウ調恍 玉司牽 報貫将	山 ウ貫胡 司鳳禄 報玉禄	地 ウ石恍 貫調調 庫龍将	鉄 ウ龍禄 禄車貫 馳牽貴	宝 ウ玉将 禄牽石 馳車極	海 ウ車貴 車禄龍 庫司馳	雨 ウ牽極 司司玉 報禄報	樹 タ禄馳 司鳳車 極調胡	花 タ司報 禄調牽 印鳳恍	陽 タ鳳胡 禄貫禄 胡石禄	灯 タ調恍 禄石司 貴貫将	山 タ貫胡 貫龍鳳 庫玉禄	地 タ石恍 司玉調 報龍将	鉄 タ龍禄 調車貫 極牽貴	宝 タ玉将 龍牽石 印車極
6月	山 ネ貫胡 石石禄 将貫将	地 ネ石恍 車貫司 南石禄	鉄 ネ龍禄 鳳玉鳳 禄龍恍	宝 ネ玉将 貫龍石 禄玉胡	海 ネ車貴 車牽龍 南車報	雨 ネ牽極 石車玉 将牽馳	樹 イ禄馳 玉司車 恍禄極	花 イ司報 禄禄牽 堂司貴	陽 イ鳳胡 龍調禄 貴鳳将	灯 イ調恍 龍貫司 胡調禄	山 イ貫胡 貫玉鳳 南貫将	地 イ石恍 玉龍調 将石禄	鉄 イ龍禄 牽牽貫 恍龍恍	宝 イ玉将 龍車石 堂玉胡	
7月	山 ウ貫胡 司牽貫 報石堂	地 ウ石恍 鳳車司 庫貫南	鉄 ウ龍禄 車司鳳 馳玉南	宝 ウ玉将 禄龍調 馳龍堂	海 ウ車貴 車牽龍 庫牽印	雨 ウ牽極 司車玉 報車庫	樹 タ禄馳 司司車 極司庫	花 タ司報 禄禄牽 印禄印	陽 タ鳳胡 禄調禄 胡調堂	灯 タ調恍 禄鳳司 貴鳳南	山 タ貫胡 貫石鳳 庫石堂	地 タ石恍 司貫調 報貫南	鉄 タ龍禄 調玉貫 極玉南	宝 タ玉将 龍龍石 印龍堂	海 タ車貴 鳳牽龍 胡牽印
8月	地 ネ石恍 車石石 南調恍	鉄 ネ龍禄 鳳鳳鳳 禄貫禄	宝 ネ玉将 貫調調 禄石将	海 ネ車貴 車貫貫 南龍貴	雨 ネ牽極 石玉玉 将玉極	樹 イ禄馳 玉車車 恍車馳	花 イ司報 禄牽牽 堂牽報	陽 イ鳳胡 龍禄禄 貴禄胡	灯 イ調恍 龍司司 胡司恍	山 イ貫胡 貫鳳鳳 南鳳胡	地 イ石恍 玉調調 将調恍	鉄 イ龍禄 牽貫貫 恍貫禄	宝 イ玉将 龍石石 堂石将	海 イ車貴 龍龍龍 貴龍貴	雨 イ牽極 龍玉玉 胡玉極
9月	鉄 ウ龍禄 車石龍 馳石将	宝 ウ玉将 禄貫調 馳貫禄	海 ウ車貴 石玉貫 庫玉恍	雨 ウ牽極 玉龍石 報龍胡	樹 タ禄馳 司牽車 極牽報	花 タ司報 禄車牽 印車馳	陽 タ鳳胡 禄司禄 胡司極	灯 タ調恍 禄禄司 貴禄貴	山 タ貫胡 貫調鳳 庫調極	地 タ石恍 司鳳調 報鳳貴	鉄 タ龍禄 調石貫 極石将	宝 タ玉将 龍貫石 印貫禄	海 タ車貴 鳳玉龍 胡玉恍	雨 タ牽極 鳳龍玉 貴龍胡	
10月	鉄 ネ龍禄 龍石龍 禄鳳堂	宝 ネ玉将 貫車玉 禄調南	海 ネ車貴 司司貫 南貫南	雨 ネ牽極 調禄石 将石堂	樹 イ禄馳 玉禄龍 恍龍印	花 イ司報 禄司牽 堂玉庫	陽 イ鳳胡 龍鳳禄 貴車庫	灯 イ調恍 龍調司 胡牽印	山 イ貫胡 貫貫鳳 南禄庫	地 イ石恍 玉石調 将司印	鉄 イ龍禄 玉龍貫 恍鳳堂	宝 イ玉将 龍玉石 堂調南	海 イ車貴 龍車龍 貴貫南	雨 イ牽極 龍牽玉 胡石堂	樹 サ禄馳 禄禄車 印龍印
11月	宝 ウ玉将 禄司玉 馳鳳恍	海 ウ車貴 石鳳貫 庫石禄	雨 ウ牽極 玉調石 報貫将	樹 タ禄馳 司龍龍 極玉貴	花 タ司報 禄玉牽 印龍極	陽 タ鳳胡 禄車禄 胡牽馳	灯 タ調恍 禄牽司 貴車報	山 タ貫胡 貫禄鳳 庫司馳	地 タ石恍 司司調 報禄報	鉄 タ龍禄 調鳳貫 極調胡	宝 タ玉将 龍調石 印鳳恍	海 タ車貴 鳳貫龍 胡石禄	雨 タ牽極 鳳石玉 貴貫将	樹 ト禄馳 禄龍車 堂玉貴	
12月	宝 ネ玉将 貫鳳玉 禄司貴	海 ネ車貴 司石貫 南鳳将	雨 ネ牽極 調貫石 将調禄	樹 イ禄馳 玉玉龍 恍貫恍	花 イ司報 禄龍牽 堂石胡	陽 イ鳳胡 龍牽禄 貴龍報	灯 イ調恍 龍車司 胡玉馳	山 イ貫胡 貫司鳳 南車報	地 イ石恍 玉禄調 将牽馳	鉄 イ龍禄 玉調貫 恍禄極	宝 イ玉将 龍鳳石 堂司貴	海 イ車貴 龍石龍 貴鳳将	雨 イ牽極 龍貫玉 胡調禄	樹 サ禄馳 禄玉車 印貫恍	花 サ司報 玉龍牽 極石胡

1969年（昭和44年）

1969年(昭和44年)

	1日	2日	3日	4日	5日	6日	7日	8日	9日	10日	11日	12日	13日	14日	15日	16日	17日	18日	19日	20日	21日	22日	23日	24日	25日	26日	27日	28日	29日	30日	31日
1月	陽 サ鳳胡 牽牽禄 報龍報	灯 サ調恍 鳳車司 庫玉馳	山 サ貫胡 車司鳳 貴車報	地 サ石恍 車禄調 胡牽馳	鉄 サ龍禄 司調龍 印司庫	宝 サ玉将 玉鳳玉 極禄印	海 サ車貴 牽石車 報調堂	雨 サ牽極 禄貫牽 庫鳳南	樹 ウ禄馳 禄玉禄 馳石南	花 ウ司報 車龍司 馳貫堂	陽 ウ鳳胡 司牽鳳 庫玉印	灯 ウ調恍 玉車調 報龍庫	山 ウ貫胡 司司貫 報牽印	地 ウ石恍 禄禄石 庫車庫	鉄 ウ龍禄 車石龍 馳司庫	宝 ウ玉将 禄貫調 馳禄印	海 ウ車貴 石玉貫 庫調堂	雨 ウ牽極 玉車石 報鳳南	樹 タ禄馳 司司車 極石南	花 タ司報 禄禄牽 印貫堂	陽 タ鳳胡 禄調禄 胡玉印	灯 タ調恍 禄鳳司 貴龍庫	山 タ貫胡 貫石鳳 庫牽印	地 タ石恍 司貫調 報車庫	鉄 タ龍禄 調玉貫 極司庫	宝 タ玉将 龍龍石 印禄印	海 タ車貴 鳳牽龍 胡調堂	雨 タ牽極 鳳車玉 貴鳳南	樹 ト禄馳 禄司車 堂石南	花 ト司報 調禄牽 恍貫堂	陽 ト鳳胡 石調禄 将玉印
2月	灯 ト調恍 鳳鳳司 南龍庫	山 ト貫胡 鳳石鳳 胡牽印	地 ト石恍 鳳貫調 貴車庫	鉄 ト玉将 石龍石 堂車馳	宝 ト龍禄 司玉貫 恍牽報	海 ト牽恍 石車玉 将禄胡	雨 ト車胡 貫牽龍 南司恍	樹 ネ司報 禄禄牽 禄鳳禄	花 ネ禄馳 貫司車 禄調将	陽 ネ調極 玉鳳司 南貫貴	灯 ネ鳳貴 司調禄 将石極	山 ネ石極 石龍調 将龍貴	地 ネ貫貴 龍玉鳳 南玉極	鉄 ネ玉将 龍車石 禄車馳	宝 ネ龍禄 貫牽貫 禄牽報	海 ネ牽恍 司禄玉 南禄胡	雨 ネ車胡 石司龍 将司恍	樹 イ司報 玉鳳牽 恍鳳禄	花 イ禄馳 禄石車 堂調将	陽 イ調極 龍龍司 貴貫貴	灯 イ鳳貴 龍玉禄 胡石極	山 イ石極 貫車調 南龍貴	地 イ貫貴 玉牽鳳 将玉極	鉄 イ玉将 牽禄石 恍車馳	宝 イ龍禄 龍司貫 堂牽報	海 イ牽恍 龍鳳玉 貴禄胡	雨 イ車胡 龍調龍 胡司恍	樹 サ司報 禄貫牽 印鳳禄			
3月	花 サ禄馳 玉石車 極調将	陽 サ調極 牽龍司 報貫貴	灯 サ鳳貴 鳳玉禄 庫石極	山 サ石極 車車調 貴龍貴	地 サ貫貴 車牽鳳 胡玉極	鉄 サ玉将 司司石 印牽報	宝 サ龍禄 玉禄貫 極車馳	海 サ牽恍 牽調玉 報司極	雨 サ車胡 禄鳳龍 庫禄貴	樹 ウ司報 禄石牽 馳調将	花 ウ禄馳 車貫車 馳鳳禄	陽 ウ調極 司玉司 庫石恍	灯 ウ鳳貴 玉龍禄 報貫胡	山 ウ石極 司牽調 報玉恍	地 ウ貫貴 禄車鳳 庫龍胡	鉄 ウ玉将 車司石 馳牽報	宝 ウ龍禄 禄禄貫 馳車馳	海 ウ牽恍 石調玉 庫司極	雨 ウ車胡 玉鳳龍 報禄貴	樹 タ司報 司石牽 極調将	花 タ禄馳 禄貫車 印鳳禄	陽 タ調極 禄玉司 胡石恍	灯 タ鳳貴 禄龍禄 貴貫胡	山 タ石極 貫牽調 庫玉恍	地 タ貫貴 司車鳳 報龍胡	鉄 タ玉将 調司石 極牽報	宝 タ龍禄 龍禄貫 印車馳	海 タ牽恍 鳳調玉 胡司極	雨 タ車胡 鳳鳳龍 貴禄貴	樹 ト司報 禄石牽 堂調将	花 ト禄馳 調貫車 恍鳳禄
4月	陽 ト調極 石玉司 将石恍	灯 ト鳳貴 鳳龍禄 南貫胡	山 ト石極 鳳牽調 胡玉恍	地 ト貫貴 鳳車鳳 貴龍胡	鉄 ト玉将 石司石 堂龍印	宝 ト龍禄 司禄貫 恍玉庫	海 ト牽恍 石調玉 将車庫	雨 ト車胡 貫鳳龍 南牽印	樹 ネ司報 禄石牽 禄禄堂	花 ネ禄馳 貫貫車 禄司南	陽 ネ調極 玉玉司 南鳳南	灯 ネ鳳貴 司龍禄 将調堂	山 ネ石極 石牽調 将貫南	地 ネ貫貴 龍車鳳 南石堂	鉄 ネ玉将 龍調石 禄龍印	宝 ネ龍禄 貫鳳貫 禄玉庫	海 ネ牽恍 司石玉 南車庫	雨 ネ車胡 石牽龍 将牽印	樹 イ司報 玉禄牽 恍禄堂	花 イ禄馳 禄司車 堂司南	陽 イ調極 龍鳳司 貴鳳南	灯 イ鳳貴 龍調禄 胡調堂	山 イ石極 貫貫調 南貫南	地 イ貫貴 玉石鳳 将石堂	鉄 イ玉将 牽龍石 恍龍印	宝 イ龍禄 龍玉貫 堂玉庫	海 イ牽恍 龍車玉 貴車庫	雨 イ車胡 龍牽龍 胡牽印	樹 サ司報 禄禄牽 印禄堂	花 サ禄馳 玉司車 極司南	
5月	陽 サ調極 牽鳳司 報鳳南	灯 サ鳳貴 鳳調禄 庫調堂	山 サ石極 車貫調 貴貫南	地 サ貫貴 車石鳳 胡石堂	鉄 サ玉将 龍龍石 印龍印	宝 サ龍禄 玉玉貫 極龍極	海 サ牽恍 牽車玉 報牽馳	雨 サ車胡 禄牽龍 庫車報	樹 ウ司報 禄禄牽 馳司胡	花 ウ禄馳 車司車 馳禄恍	陽 ウ調極 司鳳司 庫調禄	灯 ウ鳳貴 玉司禄 報鳳将	山 ウ石極 司鳳調 報石禄	地 ウ貫貴 禄調鳳 庫貫将	鉄 ウ玉将 車貫石 馳玉貴	宝 ウ龍禄 禄石貫 馳龍極	海 ウ牽恍 石龍玉 庫牽馳	雨 ウ車胡 玉玉龍 報車報	樹 タ司報 司車牽 極司胡	花 タ禄馳 禄牽車 印禄恍	陽 タ調極 禄貫司 胡調禄	灯 タ鳳貴 禄石禄 貴鳳将	山 タ石極 貫龍調 庫石禄	地 タ貫貴 司玉鳳 報貫将	鉄 タ玉将 調車石 極玉貴	宝 タ龍禄 龍牽貫 印龍極	海 タ牽恍 鳳禄玉 胡牽馳	雨 タ車胡 鳳司龍 貴車報	樹 ト司報 禄鳳牽 堂司胡	花 ト禄馳 調調車 恍禄恍	陽 ト調極 石貫司 将調禄
6月	灯 ト鳳貴 鳳石禄 南鳳将	山 ト石極 鳳龍調 胡石禄	地 ト貫貴 鳳玉鳳 貴貫将	鉄 ト玉将 龍車石 堂玉貴	宝 ト龍禄 調牽貫 恍龍極	海 ト牽恍 石牽玉 将龍報	雨 ト車胡 貫車龍 南玉馳	樹 ネ司報 禄司牽 禄車極	花 ネ禄馳 貫禄車 禄牽貴	陽 ネ調極 玉調司 南禄将	灯 ネ鳳貴 調鳳禄 将司禄	山 ネ石極 石石調 将鳳将	地 ネ貫貴 龍貫鳳 南調禄	鉄 ネ玉将 龍玉石 禄貫恍	宝 ネ龍禄 貫龍貫 禄石胡	海 ネ牽恍 司牽玉 南龍報	雨 ネ車胡 調車龍 将玉馳	樹 イ司報 玉司牽 恍車極	花 イ禄馳 禄禄車 堂牽貴	陽 イ調極 貫調司 貴禄将	灯 イ鳳貴 龍鳳禄 胡司禄	山 イ石極 貫石調 南鳳将	地 イ貫貴 玉貫鳳 将調禄	鉄 イ玉将 玉玉石 恍貫恍	宝 イ龍禄 龍龍貫 堂石胡	海 イ牽恍 龍司玉 貴龍報	雨 イ車胡 龍禄龍 胡玉馳	樹 サ司報 禄調牽 印車極	花 サ禄馳 玉鳳車 極牽貴	陽 サ調極 牽石司 報禄将	
7月	灯 サ鳳貴 鳳貫禄 庫司禄	山 サ石極 車玉調 貴鳳将	地 サ貫貴 車龍鳳 胡調禄	鉄 サ玉将 龍牽石 印貫恍	宝 サ龍禄 牽車貫 極石胡	海 サ牽恍 司司玉 報龍報	雨 サ車胡 禄禄龍 庫龍庫	樹 ウ司報 禄調牽 馳牽庫	花 ウ禄馳 車鳳車 馳車印	陽 ウ調極 司石司 庫司堂	灯 ウ鳳貴 玉貫禄 報禄南	山 ウ石極 司玉調 報調堂	地 ウ貫貴 禄龍鳳 庫鳳南	鉄 ウ玉将 龍牽石 馳石南	宝 ウ龍禄 禄車貫 馳貫堂	海 ウ牽恍 調司玉 庫玉印	雨 ウ車胡 玉鳳龍 報龍庫	樹 タ司報 司石牽 極牽庫	花 タ禄馳 貫貫車 印車印	陽 タ調極 車調司 胡司堂	灯 タ鳳貴 禄鳳禄 貴禄南	山 タ石極 貫石調 庫調堂	地 タ貫貴 司貫鳳 報鳳南	鉄 タ玉将 調玉石 極石南	宝 タ龍禄 龍龍貫 印貫堂	海 タ牽恍 鳳牽玉 胡玉印	雨 タ車胡 鳳車龍 貴龍庫	樹 ト司報 禄司牽 堂牽庫	花 ト禄馳 調禄車 恍車印	陽 ト調極 石調司 将司堂	灯 ト鳳貴 鳳鳳禄 南禄南
8月	山 ト石極 鳳石調 胡調堂	地 ト貫貴 鳳貫鳳 貴鳳南	鉄 ト玉将 龍玉石 堂石南	宝 ト龍禄 調龍貫 恍貫堂	海 ト牽恍 石牽玉 将玉印	雨 ト車胡 車車龍 南龍庫	樹 ネ司報 貫司牽 禄牽庫	花 ネ禄馳 貫司車 禄玉報	陽 ネ調極 玉鳳司 南車胡	灯 ネ鳳貴 調調禄 将牽恍	山 ネ石極 石貫調 将禄胡	地 ネ貫貴 龍石鳳 南司恍	鉄 ネ玉将 龍龍石 禄鳳禄	宝 ネ龍禄 貫玉貫 禄調将	海 ネ牽恍 玉車玉 南貫貴	雨 ネ車胡 調牽龍 将石極	樹 イ司報 玉禄牽 恍龍馳	花 イ禄馳 車司車 堂玉報	陽 イ調極 貫車司 貴車胡	灯 イ鳳貴 龍牽禄 胡牽恍	山 イ石極 貫禄調 南禄胡	地 イ貫貴 調調鳳 将司恍	鉄 イ玉将 玉貫石 恍鳳禄	宝 イ龍禄 龍石貫 堂調将	海 イ牽恍 龍龍玉 貴貫貴	雨 イ車胡 龍玉龍 胡石極	樹 サ司報 禄車牽 印龍馳	花 サ禄馳 玉牽車 極玉報	陽 サ調極 牽禄司 報車胡	灯 サ鳳貴 鳳司禄 庫牽恍	山 サ石極 車鳳調 貴禄胡
9月	地 サ貫貴 車調鳳 胡司恍	鉄 サ玉将 龍貫石 印鳳禄	宝 サ龍禄 牽石貫 極調将	海 サ牽恍 司龍玉 報貫貴	雨 サ車胡 車玉龍 庫石極	樹 ウ司報 車車牽 馳龍馳	花 ウ禄馳 車牽車 馳玉報	陽 ウ調極 司司司 庫牽極	灯 ウ鳳貴 玉禄禄 報車貴	山 ウ石極 司調調 報司極	地 ウ貫貴 禄鳳鳳 庫禄貴	鉄 ウ玉将 龍石石 馳調将	宝 ウ龍禄 禄貫貫 馳鳳禄	海 ウ牽恍 調玉玉 庫石恍	雨 ウ車胡 玉龍龍 報貫胡	樹 タ司報 司牽牽 極玉報	花 タ禄馳 鳳車車 印龍馳	陽 タ調極 鳳司司 胡牽極	灯 タ鳳貴 禄禄禄 貴車貴	山 タ石極 玉調調 庫司極	地 タ貫貴 司鳳鳳 報禄貴	鉄 タ玉将 調石石 極調将	宝 タ龍禄 龍貫貫 印鳳禄	海 タ牽恍 鳳玉玉 胡石恍	雨 タ車胡 鳳龍龍 貴貫胡	樹 ト司報 禄牽牽 堂玉報	花 ト禄馳 調車車 恍龍馳	陽 ト調極 石司司 将牽極	灯 ト鳳貴 鳳禄禄 南車貴	山 ト石極 鳳調調 胡司極	
10月	地 ト貫貴 鳳鳳鳳 貴禄貴	鉄 ト玉将 龍石石 堂調将	宝 ト龍禄 調貫貫 恍鳳禄	海 ト牽恍 石玉玉 将石恍	雨 ト車胡 車龍龍 南貫胡	樹 ネ司報 貫牽牽 禄玉報	花 ネ禄馳 貫車車 禄龍馳	陽 ネ調極 玉司司 南龍庫	灯 ネ鳳貴 調禄禄 将玉印	山 ネ石極 石調調 将車庫	地 ネ貫貴 龍鳳鳳 南牽印	鉄 ネ玉将 龍石石 禄禄堂	宝 ネ龍禄 貫貫貫 禄司南	海 ネ牽恍 玉玉玉 南鳳南	雨 ネ車胡 調龍龍 将調堂	樹 イ司報 玉牽牽 恍貫印	花 イ禄馳 龍車車 堂石庫	陽 イ調極 貫石司 貴龍庫	灯 イ鳳貴 龍貫禄 胡玉印	山 イ石極 司玉調 南車庫	地 イ貫貴 調石鳳 将牽印	鉄 イ玉将 玉龍石 恍禄堂	宝 イ龍禄 龍玉貫 堂司南	海 イ牽恍 龍車玉 貴鳳南	雨 イ車胡 龍牽龍 胡調堂	樹 サ司報 禄禄牽 印貫印	花 サ禄馳 玉司車 極石庫	陽 サ調極 牽鳳司 報龍庫	灯 サ鳳貴 鳳調禄 庫玉印	山 サ石極 車貫調 貴車庫	地 サ貫貴 車石鳳 胡牽印
11月	鉄 サ玉将 龍龍石 印禄堂	宝 サ龍禄 牽玉貫 極司南	海 サ牽恍 司車玉 報鳳南	雨 サ車胡 車牽龍 庫調堂	樹 ウ司報 車禄牽 馳貫印	花 ウ禄馳 車司車 馳石庫	陽 ウ調極 司龍司 庫玉馳	灯 ウ鳳貴 玉玉禄 報龍報	山 ウ石極 司車調 報牽馳	地 ウ貫貴 禄牽鳳 庫車報	鉄 ウ玉将 龍禄石 馳司胡	宝 ウ龍禄 禄司貫 馳禄恍	海 ウ牽恍 調鳳玉 庫調禄	雨 ウ車胡 玉調龍 報鳳将	樹 タ司報 司貫牽 極石貴	花 タ禄馳 鳳石車 印貫極	陽 タ調極 鳳龍司 胡玉馳	灯 タ鳳貴 禄玉禄 貴龍報	山 タ石極 玉車調 庫牽馳	地 タ貫貴 司司鳳 報車報	鉄 タ玉将 調鳳石 極司胡	宝 タ龍禄 龍調貫 印禄恍	海 タ牽恍 鳳貫玉 胡調禄	雨 タ車胡 鳳石龍 貴鳳将	樹 ト司報 禄龍牽 堂石貴	花 ト禄馳 調玉車 恍貫極	陽 ト調極 石車司 将玉馳	灯 ト鳳貴 鳳牽禄 南龍報	山 ト石極 鳳禄調 胡牽馳	地 ト貫貴 鳳司鳳 貴車報	
12月	鉄 ト玉将 龍鳳石 堂司胡	宝 ト龍禄 調調貫 恍禄恍	海 ト牽恍 石貫玉 将調禄	雨 ト車胡 車石龍 南鳳将	樹 ネ司報 貫龍牽 禄石貴	花 ネ禄馳 貫玉車 禄貫極	陽 ネ調極 玉牽司 南貫報	灯 ネ鳳貴 調車禄 将石馳	山 ネ石極 石司調 将龍報	地 ネ貫貴 龍禄鳳 南玉馳	鉄 ネ玉将 龍調石 禄車極	宝 ネ龍禄 貫鳳貫 禄牽貴	海 ネ牽恍 玉石玉 南禄将	雨 ネ車胡 調貫龍 将司禄	樹 イ司報 玉玉牽 恍鳳恍	花 イ禄馳 龍龍車 堂調胡	陽 イ調極 貫牽司 貴貫報	灯 イ鳳貴 龍車禄 胡石馳	山 イ石極 司司調 南龍報	地 イ貫貴 調禄鳳 将玉馳	鉄 イ玉将 玉調石 恍車極	宝 イ龍禄 龍鳳貫 堂牽貴	海 イ牽恍 龍石玉 貴禄将	雨 イ車胡 龍貫龍 胡司禄	樹 サ司報 禄玉牽 印鳳恍	花 サ禄馳 玉龍車 極調胡	陽 サ調極 牽牽司 報貫報	灯 サ鳳貴 鳳車禄 庫石馳	山 サ石極 車司調 貴龍報	地 サ貫貴 車禄鳳 胡玉馳	鉄 サ玉将 龍調石 印車極

1970年（昭和45年）

1970年(昭和45年)

	1日	2日	3日	4日	5日	6日	7日	8日	9日	10日	11日	12日	13日	14日	15日	16日
1月	宝 サ龍禄 牽鳳貫 極牽貴	海 サ牽恍 司石玉 報禄将	雨 サ車胡 車貫龍 庫司禄	樹 ウ司報 車玉牽 馳鳳恍	花 ウ禄馳 車龍車 馳調胡	陽 ウ調極 司牽司 庫石印	灯 ウ鳳貴 玉車禄 報貫庫	山 ウ石極 司司調 報玉印	地 ウ貫貴 禄禄鳳 庫龍庫	鉄 ウ玉将 龍調石 馳牽庫	宝 ウ龍禄 禄鳳貫 馳車印	海 ウ牽恍 調石玉 庫司堂	雨 ウ車胡 玉貫龍 報禄南	樹 タ司報 司玉牽 極調南	花 タ禄馳 鳳龍車 印鳳堂	陽 タ調極 鳳司司 胡石印
2月	海 ト牽恍 石牽玉 将司堂	雨 ト車胡 車車龍 南禄南	樹 ネ司報 貫司牽 禄調南	花 ネ牽庫 貫司車 禄司将	陽 ネ禄庫 玉鳳司 南鳳貴	灯 ネ司印 調調禄 将調極	山 ネ鳳庫 石貫調 将貫貴	地 ネ調印 龍石鳳 南石極	鉄 ネ貫堂 龍龍石 禄龍馳	宝 ネ石南 貫玉貫 禄玉報	海 ネ龍南 玉車玉 南車胡	雨 ネ玉堂 調司龍 将牽恍	樹 イ車印 玉鳳牽 恍禄禄	花 イ牽庫 車調鳳 堂司将	陽 イ禄庫 貫貫石 貴鳳貴	灯 イ司印 龍石貫 胡調極
3月	鉄 サ貫堂 龍禄龍 印龍馳	宝 サ石南 牽司玉 極玉報	海 サ龍南 司鳳車 報車胡	雨 サ玉堂 車調牽 庫牽恍	樹 ウ車印 車貫禄 馳禄禄	花 ウ牽庫 車貫車 馳禄禄	陽 ウ禄庫 司玉司 庫調恍	灯 ウ司印 玉龍禄 報鳳胡	山 ウ鳳庫 司牽調 報石恍	地 ウ調印 禄車鳳 庫貫胡	鉄 ウ貫堂 龍司石 馳玉報	宝 ウ石南 禄禄貫 馳龍馳	海 ウ龍南 調調玉 庫牽極	雨 ウ玉堂 玉鳳龍 報車貴	樹 タ車印 司石牽 極司将	花 タ牽庫 貫貫鳳 印禄禄
4月	宝 ト石南 調禄玉 恍龍馳	海 ト龍南 石調車 将牽極	雨 ト玉堂 車鳳牽 南車貴	樹 ネ車印 貫石禄 禄司将	花 ネ牽庫 貫貫車 禄牽南	陽 ネ禄庫 玉玉司 南禄南	灯 ネ司印 調龍禄 将司堂	山 ネ鳳庫 石牽調 将鳳南	地 ネ調印 龍車鳳 南調堂	鉄 ネ貫堂 龍司石 禄貫印	宝 ネ石南 貫禄貫 禄石庫	海 ネ龍南 玉調玉 南龍庫	雨 ネ玉堂 調鳳龍 将玉印	樹 イ車印 玉石牽 恍車堂	花 イ牽庫 車龍鳳 堂牽南	陽 イ禄庫 貫牽石 貴禄南
5月	宝 サ石南 牽玉玉 極石庫	海 サ龍南 司車車 報龍庫	雨 サ玉堂 車牽牽 庫玉印	樹 ウ車印 車禄禄 馳車堂	花 ウ牽庫 車司司 馳牽南	陽 ウ禄庫 司鳳司 庫司禄	灯 ウ司印 玉調禄 報禄将	山 ウ鳳庫 司貫調 報調禄	地 ウ調印 禄石鳳 庫鳳将	鉄 ウ貫堂 龍龍石 馳石貴	宝 ウ石南 禄玉貫 馳貫極	海 ウ龍南 調龍玉 庫玉馳	雨 ウ玉堂 玉玉龍 報龍報	樹 タ車印 司車牽 極牽胡	花 タ牽庫 鳳牽車 印車恍	陽 タ禄庫 鳳禄石 胡司禄
6月	海 ト龍南 石禄車 将玉馳	雨 ト玉堂 車司牽 南龍報	樹 ネ車印 貫鳳禄 禄牽胡	花 ネ牽庫 貫調司 禄車恍	陽 ネ禄庫 鳳貫鳳 南司禄	灯 ネ司印 調鳳禄 将牽禄	山 ネ鳳庫 石石調 将禄将	地 ネ調印 龍貫鳳 南司禄	鉄 ネ貫堂 龍玉石 禄鳳恍	宝 ネ石南 貫龍貫 禄調胡	海 ネ龍南 玉牽玉 南貫報	雨 ネ玉堂 調車龍 将石馳	樹 イ車印 玉司牽 恍龍極	花 イ牽庫 龍禄車 堂玉貴	陽 イ禄庫 貫調司 貴車将	灯 イ司印 龍鳳貫 胡牽禄
7月	海 サ龍南 司司車 報貫報	雨 サ玉堂 車禄牽 庫石馳	樹 ウ車印 車調禄 馳龍極	花 ウ牽庫 車鳳司 馳玉貴	陽 ウ禄庫 鳳石鳳 庫車将	灯 ウ司印 牽貫調 報牽禄	山 ウ鳳庫 司玉調 報司堂	地 ウ調印 禄龍鳳 庫禄南	鉄 ウ貫堂 龍牽石 馳調南	宝 ウ石南 禄車貫 馳鳳堂	海 ウ龍南 調司玉 庫石印	雨 ウ玉堂 牽禄龍 報貫庫	樹 タ車印 司調牽 極玉庫	花 タ牽庫 鳳鳳車 印龍印	陽 タ禄庫 鳳石司 胡牽堂	灯 タ司印 禄貫禄 貴車南
8月	雨 ト玉堂 車車牽 南貫庫	樹 ネ車印 貫司禄 禄玉庫	花 ネ牽庫 貫禄司 禄龍印	陽 ネ禄庫 鳳調鳳 南牽堂	灯 ネ司印 石鳳調 将車南	山 ネ鳳庫 玉石貫 将司堂	地 ネ調印 貫貫石 南禄南	鉄 ネ貫堂 龍龍石 禄禄禄	宝 ネ石南 貫玉貫 禄司将	海 ネ龍南 玉車玉 南鳳貴	雨 ネ玉堂 調牽龍 将調極	樹 イ車印 玉禄牽 恍貫馳	花 イ牽庫 龍司車 堂石報	陽 イ禄庫 鳳鳳司 貴龍胡	灯 イ司印 龍調禄 胡玉恍	山 イ鳳庫 牽貫調 南車胡
9月	樹 ウ車印 車車禄 馳貫馳	花 ウ牽庫 車牽司 馳石報	陽 ウ禄庫 鳳禄鳳 庫龍胡	灯 ウ司印 牽司調 報玉恍	山 ウ鳳庫 司鳳貫 報車胡	地 ウ調印 貫調石 庫牽恍	鉄 ウ貫堂 禄貫龍 馳禄禄	宝 ウ石南 禄貫貫 馳禄禄	海 ウ龍南 調玉玉 庫調恍	雨 ウ玉堂 牽龍龍 報鳳胡	樹 タ車印 司牽牽 極石報	花 タ牽庫 鳳車車 印貫馳	陽 タ禄庫 鳳司司 胡玉極	灯 タ司印 禄禄禄 貴龍貴	山 タ鳳庫 調調調 庫牽極	地 タ調印 牽鳳鳳 報車貴
10月	樹 ネ車印 貫牽禄 禄石報	花 ネ牽庫 貫車司 禄貫馳	陽 ネ禄庫 鳳司鳳 南玉極	灯 ネ司印 石禄調 将龍貴	山 ネ鳳庫 玉調貫 将牽極	地 ネ調印 貫鳳石 南車貴	鉄 ネ貫堂 貫石龍 禄司将	宝 ネ石南 貫貫玉 禄禄禄	海 ネ龍南 玉玉玉 南禄南	雨 ネ玉堂 調龍龍 将司堂	樹 イ車印 玉牽牽 恍鳳印	花 イ牽庫 龍車車 堂調庫	陽 イ禄庫 鳳司司 貴貫庫	灯 イ司印 龍禄禄 胡石印	山 イ鳳庫 牽調調 南龍庫	地 イ調印 調鳳鳳 将玉印
11月	花 ウ牽庫 車司司 馳調庫	陽 ウ禄庫 鳳鳳鳳 庫貫庫	灯 ウ司印 牽調調 報石印	山 ウ鳳庫 司貫貫 報龍庫	地 ウ調印 貫石石 庫玉印	鉄 ウ貫堂 禄龍龍 馳車堂	宝 ウ石南 禄玉玉 馳牽南	海 ウ龍南 調鳳玉 庫司禄	雨 ウ玉堂 牽調龍 報禄将	樹 タ車印 司貫牽 極調貴	花 タ牽庫 鳳石車 印鳳極	陽 タ禄庫 鳳龍司 胡石馳	灯 タ司印 禄玉禄 貴貫報	山 タ鳳庫 調車調 庫玉馳	地 タ調印 牽牽鳳 報龍報	鉄 タ貫堂 調禄石 極牽胡
12月	花 ネ牽庫 貫玉司 禄鳳極	陽 ネ禄庫 鳳車鳳 南石馳	灯 ネ司印 石牽調 将貫報	山 ネ鳳庫 玉禄貫 将玉馳	地 ネ調印 貫司石 南龍報	鉄 ネ貫堂 貫鳳龍 禄牽胡	宝 ネ石南 貫鳳貫 禄玉貴	海 ネ龍南 玉石玉 南車将	雨 ネ玉堂 調貫龍 将牽禄	樹 イ車印 玉玉牽 恍禄恍	花 イ牽庫 龍龍車 堂司胡	陽 イ禄庫 鳳牽司 貴鳳報	灯 イ司印 龍車禄 胡調馳	山 イ鳳庫 牽司調 南貫報	地 イ調印 調禄鳳 将石馳	鉄 イ貫堂 玉調石 恍龍極

	17日	18日	19日	20日	21日	22日	23日	24日	25日	26日	27日	28日	29日	30日	31日
1月	灯 タ鳳貴 禄禄禄 貴貫庫	山 タ石極 玉調調 庫玉印	地 タ貫貴 司貫鳳 報龍庫	鉄 タ玉将 調玉石 極牽庫	宝 タ龍禄 龍龍貫 印車印	海 タ牽恍 鳳牽玉 胡司堂	雨 タ車胡 鳳車龍 貴禄南	樹 ト司報 禄司牽 堂調南	花 ト禄馳 調禄車 恍鳳堂	陽 ト調極 石調司 将石印	灯 ト鳳貴 鳳鳳禄 南貫庫	山 ト石極 鳳石調 胡玉印	地 ト貫貴 鳳貫鳳 貴龍庫	鉄 ト玉将 龍玉石 堂牽庫	宝 ト龍禄 調龍貫 恍車印
2月	山 イ鳳庫 貫龍貫 南貫貴	地 イ調印 調玉石 将石極	鉄 イ貫堂 玉禄龍 恍龍馳	宝 イ石南 龍司玉 堂玉報	海 イ龍南 龍鳳車 貴車胡	雨 イ玉堂 龍調牽 胡牽恍	樹 サ車印 禄貫禄 印禄禄	花 サ牽庫 玉石司 極司将	陽 サ禄庫 牽龍鳳 報鳳貴	灯 サ司印 鳳玉調 庫調極	山 サ鳳庫 車車貫 貴貫貴	地 サ調印 車牽石 胡石極			
3月	陽 タ禄庫 車玉石 胡調恍	灯 タ司印 禄龍貫 貴鳳胡	山 タ鳳庫 貫牽貫 庫石恍	地 タ調印 司車石 報貫胡	鉄 タ貫堂 調司龍 極玉報	宝 タ石南 龍禄玉 印龍馳	海 タ龍南 鳳調車 胡牽極	雨 タ玉堂 鳳鳳牽 貴車貴	樹 ト車印 禄石禄 堂司将	花 ト牽庫 調貫司 恍禄禄	陽 ト禄庫 石玉鳳 将調恍	灯 ト司印 鳳龍調 南鳳胡	山 ト鳳庫 鳳牽貫 胡石恍	地 ト調印 鳳車石 貴貫胡	鉄 ト貫堂 龍司龍 堂玉報
4月	灯 イ司印 龍車貫 胡司堂	山 イ鳳庫 貫貫貫 南鳳南	地 イ調印 調石石 将調堂	鉄 イ貫堂 玉龍龍 恍貫印	宝 イ石南 龍玉玉 堂石庫	海 イ龍南 龍車車 貴龍庫	雨 イ玉堂 龍牽牽 胡玉印	樹 サ車印 禄禄禄 印車堂	花 サ牽庫 玉司司 極牽南	陽 サ禄庫 牽鳳鳳 報禄南	灯 サ司印 鳳調調 庫司堂	山 サ鳳庫 車貫貫 貴鳳南	地 サ調印 車石石 胡調堂	鉄 サ貫堂 龍龍龍 印貫印	
5月	灯 タ司印 禄司貫 貴禄将	山 タ鳳庫 玉鳳玉 庫調禄	地 タ調印 司調石 報鳳将	鉄 タ貫堂 調貫龍 極石貴	宝 タ石南 龍牽玉 印貫極	海 タ龍南 鳳禄車 胡玉馳	雨 タ玉堂 鳳司牽 貴龍報	樹 ト車印 禄鳳禄 堂牽胡	花 ト牽庫 調調司 恍車恍	陽 ト禄庫 石貫鳳 将司禄	灯 ト司印 鳳石調 南禄将	山 ト鳳庫 鳳龍貫 胡調禄	地 ト調印 鳳玉石 貴鳳将	鉄 ト貫堂 龍車龍 堂石貴	宝 ト石南 調牽玉 恍貫極
6月	山 イ鳳庫 司石玉 南禄将	地 イ調印 調貫龍 将司禄	鉄 イ貫堂 玉玉龍 恍鳳恍	宝 イ石南 龍龍玉 堂調胡	海 イ龍南 龍牽車 貴貫報	雨 イ玉堂 龍車牽 胡石馳	樹 サ車印 禄司禄 印龍極	花 サ牽庫 玉禄司 極玉貴	陽 サ禄庫 牽調鳳 報車将	灯 サ司印 鳳貫調 庫牽禄	山 サ鳳庫 車玉貫 貴禄将	地 サ調印 車龍石 胡司禄	鉄 サ貫堂 龍牽龍 印鳳恍	宝 サ石南 牽車玉 極調胡	
7月	山 タ鳳庫 玉牽玉 庫司堂	地 タ調印 牽車龍 報禄南	鉄 タ貫堂 調司牽 極調南	宝 タ石南 龍龍玉 印鳳堂	海 タ龍南 禄牽車 胡石印	雨 タ玉堂 鳳車牽 貴貫庫	樹 ト車印 禄司禄 堂玉庫	花 ト牽庫 調禄司 恍龍印	陽 ト禄庫 調調鳳 将牽堂	灯 ト司印 鳳鳳調 南車南	山 ト鳳庫 鳳石貫 胡司堂	地 ト調印 鳳貫石 貴禄南	鉄 ト貫堂 龍玉龍 堂調南	宝 ト石南 調龍玉 恍鳳堂	海 ト龍南 石牽車 将石印
8月	地 イ調印 調石鳳 将牽恍	鉄 イ貫堂 玉龍牽 恍禄禄	宝 イ石南 禄調車 堂司将	海 イ龍南 貫貫司 貴鳳貴	雨 イ玉堂 龍石牽 胡調極	樹 サ車印 禄車禄 印貫馳	花 サ牽庫 玉牽司 極石報	陽 サ禄庫 牽禄鳳 報龍胡	灯 サ司印 鳳司調 庫玉恍	山 サ鳳庫 車鳳貫 貴車胡	地 サ調印 車調石 胡牽恍	鉄 サ貫堂 龍貫龍 印禄禄	宝 サ石南 牽石玉 極司将	海 サ龍南 司龍車 報鳳貴	雨 サ玉堂 車玉牽 庫調極
9月	鉄 タ貫堂 調石石 極司将	宝 タ石南 貫貫車 印禄禄	海 タ龍南 禄玉司 胡調恍	雨 タ玉堂 鳳龍禄 貴鳳胡	樹 ト車印 禄牽禄 堂石報	花 ト牽庫 牽車司 恍貫馳	陽 ト禄庫 調司鳳 将玉極	灯 ト司印 鳳禄調 南龍貴	山 ト鳳庫 鳳調貫 胡牽極	地 ト調印 鳳鳳石 貴車貴	鉄 ト貫堂 龍石龍 堂司将	宝 ト石南 調貫玉 恍禄禄	海 ト龍南 石玉車 将調恍	雨 ト玉堂 車龍牽 南鳳胡	
10月	鉄 イ貫堂 玉石石 恍車堂	宝 イ石南 車貫貫 堂牽南	海 イ龍南 車司司 貴禄南	雨 イ玉堂 龍禄禄 胡司堂	樹 サ車印 調調調 印鳳印	花 サ牽庫 玉司司 極調庫	陽 サ禄庫 牽鳳鳳 報貫庫	灯 サ司印 鳳調調 庫石印	山 サ鳳庫 車貫貫 貴龍庫	地 サ調印 車石石 胡玉印	鉄 サ貫堂 龍龍龍 印車堂	宝 サ石南 牽玉玉 極牽南	海 サ龍南 司車車 報禄南	雨 サ玉堂 車牽牽 庫司堂	樹 ウ車印 車禄禄 馳鳳印
11月	宝 タ石南 鳳司貫 印車恍	海 タ龍南 禄鳳司 胡司禄	雨 タ玉堂 鳳調禄 貴禄将	樹 ト車印 玉貫調 堂調貴	花 ト牽庫 牽玉司 恍鳳極	陽 ト禄庫 調車鳳 将石馳	灯 ト司印 鳳牽調 南貫報	山 ト鳳庫 鳳禄貫 胡玉馳	地 ト調印 鳳司石 貴龍報	鉄 ト貫堂 龍鳳龍 堂牽胡	宝 ト石南 調調玉 恍車恍	海 ト龍南 石貫車 将司禄	雨 ト玉堂 車石牽 南禄将	樹 ネ車印 貫龍禄 禄調貴	
12月	宝 イ石南 禄鳳車 堂玉貴	海 イ龍南 貫石司 貴車将	雨 イ玉堂 龍貫禄 胡牽禄	樹 サ車印 禄玉禄 印禄恍	花 サ牽庫 玉龍司 極司胡	陽 サ禄庫 牽牽鳳 報鳳報	灯 サ司印 鳳車調 庫調馳	山 サ鳳庫 車司貫 貴貫報	地 サ調印 車禄石 胡石馳	鉄 サ貫堂 龍調龍 印龍極	宝 サ石南 牽鳳玉 極玉貴	海 サ龍南 司石車 報車将	雨 サ玉堂 車貫牽 庫牽禄	樹 ウ車印 車玉禄 馳禄恍	花 ウ牽庫 車龍司 馳司胡

1971年（昭和46年）

1971年(昭和46年)

	1日	2日	3日	4日	5日	6日	7日	8日	9日	10日
1月	陽 ウ禄庫 鳳牽鳳 庫鳳報	灯 ウ司印 牽車調 報調馳	山 ウ鳳庫 司司貫 報貫報	地 ウ調印 貫禄石 庫石馳	鉄 ウ貫堂 禄調龍 馳龍極	宝 ウ石南 禄鳳貫 馳龍印	海 ウ龍南 調石玉 庫牽堂	雨 ウ玉堂 牽貫龍 報車南	樹 タ車印 司玉牽 極司南	花 タ牽庫 鳳龍車 印禄堂
2月	灯 ネ司印 石鳳調 将鳳庫	山 ネ鳳庫 玉石貫 将石印	地 ネ調印 貫貫石 南貫庫	鉄 ネ石胡 龍龍禄 禄貫馳	宝 ネ貫恍 貫玉司 禄石報	海 ネ玉禄 玉車鳳 南龍胡	雨 ネ龍将 調牽調 将玉恍	樹 イ牽貴 玉禄貫 恍車禄	花 イ車極 龍司石 堂牽将	陽 イ司馳 鳳鳳龍 貴禄貴
3月	花 ウ車極 車石玉 馳牽将	陽 ウ司馳 鳳龍車 庫禄貴	灯 ウ禄報 牽玉牽 報司極	山 ウ調馳 司車禄 報鳳貴	地 ウ鳳報 貫牽司 庫調極	鉄 ウ石胡 龍司禄 馳石報	宝 ウ貫恍 禄禄司 馳貫馳	海 ウ玉禄 調調鳳 庫玉極	雨 ウ龍将 牽鳳調 報龍貴	樹 タ牽貴 司石貫 極牽将
4月	陽 ネ司馳 鳳玉車 南司恍	灯 ネ禄報 石龍牽 将禄胡	山 ネ調馳 玉牽禄 将調恍	地 ネ鳳報 貫車司 南鳳胡	鉄 ネ石胡 龍司禄 禄鳳印	宝 ネ貫恍 貫禄司 禄調庫	海 ネ玉禄 玉調鳳 南貫庫	雨 ネ龍将 調鳳調 将石印	樹 イ牽貴 玉石貫 恍龍堂	花 イ車極 龍貫石 堂玉南
5月	陽 ウ司馳 鳳鳳車 庫車南	灯 ウ禄報 牽調牽 報牽堂	山 ウ調馳 司貫禄 報禄南	地 ウ鳳報 貫石司 庫司堂	鉄 ウ石胡 禄龍鳳 馳鳳印	宝 ウ貫恍 禄玉司 馳鳳極	海 ウ玉禄 調車鳳 庫石馳	雨 ウ龍将 牽牽調 報貫報	樹 タ牽貴 司禄貫 極玉胡	花 タ車極 鳳司石 印龍恍
6月	灯 ネ禄報 石石牽 将車将	山 ネ調馳 玉龍禄 将司禄	地 ネ鳳報 貫玉司 南禄将	鉄 ネ石胡 貫車鳳 禄調貴	宝 ネ貫恍 貫牽調 禄鳳極	海 ネ玉禄 玉牽鳳 南鳳報	雨 ネ龍将 調車調 将調馳	樹 イ牽貴 玉司貫 恍貫極	花 イ車極 龍禄石 堂石貴	陽 イ司馳 鳳調龍 貴龍将
7月	灯 ウ禄報 牽貫牽 報玉禄	山 ウ調馳 司玉禄 報車将	地 ウ鳳報 貫龍司 庫牽禄	鉄 ウ石胡 禄牽鳳 馳禄恍	宝 ウ貫恍 禄車調 馳司胡	海 ウ玉禄 車司貫 庫鳳報	雨 ウ龍将 司禄石 報調馳	樹 タ牽貴 司調貫 極石庫	花 タ車極 鳳鳳石 印貫印	陽 タ司馳 鳳石龍 胡玉堂
8月	山 ネ調馳 玉石禄 将牽堂	地 ネ鳳報 貫貫司 南車南	鉄 ネ石胡 貫玉鳳 禄司南	宝 ネ貫恍 貫龍調 禄禄堂	海 ネ玉禄 車牽貫 南調印	雨 ネ龍将 石車石 将鳳庫	樹 イ牽貴 玉司龍 恍石庫	花 イ車極 龍司石 堂調報	陽 イ司馳 鳳鳳龍 貴貫胡	灯 イ禄報 龍調玉 胡石恍
9月	地 ウ鳳報 貫調司 庫玉恍	鉄 ウ石胡 禄貫鳳 馳車禄	宝 ウ貫恍 禄石調 馳牽将	海 ウ玉禄 車龍貫 庫禄貴	雨 ウ龍将 司玉石 報司極	樹 タ牽貴 調車龍 極鳳馳	花 タ車極 禄牽玉 印調報	陽 タ司馳 鳳司龍 胡石極	灯 タ禄報 禄禄玉 貴貫貴	山 タ調馳 調調車 庫玉極
10月	地 ネ鳳報 貫鳳司 南龍貴	鉄 ネ石胡 貫石鳳 禄牽将	宝 ネ貫恍 貫貫調 禄車禄	海 ネ玉禄 車玉貫 南司恍	雨 ネ龍将 石龍石 将禄胡	樹 イ牽貴 玉牽龍 恍調報	花 イ車極 禄車玉 堂鳳馳	陽 イ司馳 龍司車 貴石極	灯 イ禄報 龍禄玉 胡調印	山 イ調馳 牽調車 南貫庫
11月	鉄 ウ石胡 禄龍鳳 馳龍堂	宝 ウ貫恍 禄玉調 馳玉南	海 ウ玉禄 車車貫 庫車南	雨 ウ龍将 司牽石 報牽堂	樹 タ牽貴 調禄龍 極禄印	花 タ車極 禄司玉 印司庫	陽 タ司馳 禄鳳車 胡鳳庫	灯 タ禄報 禄玉玉 貴鳳報	山 タ調馳 調車車 庫石馳	地 タ鳳報 牽牽牽 報貫報
12月	鉄 ネ石胡 貫鳳鳳 禄玉胡	宝 ネ貫恍 貫調調 禄龍恍	海 ネ玉禄 車貫貫 南牽禄	雨 ネ龍将 石石石 将車将	樹 イ牽貴 玉龍龍 恍司貴	花 イ車極 禄玉玉 堂禄極	陽 イ司馳 龍車車 貴調馳	灯 イ禄報 龍車玉 胡司馳	山 イ調馳 牽司車 南鳳報	地 イ鳳報 石禄牽 将調馳

	11日	12日	13日	14日	15日	16日	17日	18日	19日	20日
1月	陽 タ禄庫 鳳牽司 胡調印	灯 タ司印 禄車禄 貴鳳庫	山 タ鳳庫 調司調 庫石印	地 タ調印 牽禄鳳 報貫庫	鉄 タ貫堂 調調石 極玉庫	宝 タ石南 貫貫車 印龍印	海 タ龍南 禄玉司 胡牽堂	雨 タ玉堂 鳳龍禄 貴車南	樹 ト車印 禄司禄 堂司南	花 ト牽庫 牽禄司 恍禄堂
2月	灯 イ禄報 龍調玉 胡司極	山 イ調馳 牽龍車 南鳳貴	地 イ鳳報 調玉牽 将調極	鉄 イ石胡 玉車禄 恍貫馳	宝 イ貫恍 禄牽司 堂石報	海 イ玉禄 貫禄鳳 貴龍胡	雨 イ龍将 龍司石 胡玉恍	樹 サ牽貴 禄鳳龍 印車禄	花 サ車極 玉石玉 極牽将	陽 サ司馳 牽龍車 報禄貴
3月	花 タ車極 鳳貫石 印車禄	陽 タ司馳 鳳玉龍 胡司恍	灯 タ禄報 禄龍玉 貴禄胡	山 タ調馳 調牽車 庫調恍	地 タ鳳報 牽車牽 報鳳胡	鉄 タ石胡 調司禄 極石報	宝 タ貫恍 貫禄司 印貫馳	海 タ玉禄 禄調鳳 胡玉極	雨 タ龍将 鳳鳳石 貴龍貴	樹 ト牽貴 禄石龍 堂牽将
4月	陽 イ司馳 鳳玉龍 貴車南	灯 イ禄報 龍龍玉 胡牽堂	山 イ調馳 牽牽車 南禄南	地 イ鳳報 調車牽 将司堂	鉄 イ石胡 玉調禄 恍鳳印	宝 イ貫恍 禄鳳司 堂調庫	海 イ玉禄 貫石鳳 貴貫庫	雨 イ龍将 龍牽石 胡石印	樹 サ牽貴 禄禄龍 印龍堂	花 サ車極 玉司玉 極玉南
5月	陽 タ司馳 鳳鳳龍 胡牽禄	灯 タ禄報 禄司玉 貴車将	山 タ調馳 調鳳車 庫司禄	地 タ鳳報 牽調牽 報禄将	鉄 タ石胡 調貫禄 極調貴	宝 タ貫恍 貫石司 印鳳極	海 タ玉禄 禄龍鳳 胡石馳	雨 タ龍将 鳳玉調 貴貫報	樹 ト牽貴 禄車龍 堂玉胡	花 ト車極 牽牽玉 恍龍恍
6月	灯 イ禄報 龍鳳玉 胡玉禄	山 イ調馳 牽石車 南車将	地 イ鳳報 調貫牽 将牽禄	鉄 イ石胡 玉玉禄 恍禄恍	宝 イ貫恍 車龍司 堂司胡	海 イ玉禄 車牽鳳 貴鳳報	雨 イ龍将 龍車調 胡調馳	樹 サ牽貴 調司貫 印貫極	花 サ車極 玉禄玉 極石貴	陽 サ司馳 牽調車 報龍将
7月	灯 タ禄報 禄貫玉 貴龍南	山 タ調馳 調玉車 庫牽堂	地 タ鳳報 牽龍牽 報車南	鉄 タ石胡 調牽禄 極司南	宝 タ貫恍 鳳車司 印禄堂	海 タ玉禄 禄司鳳 胡調印	雨 タ龍将 鳳禄調 貴鳳庫	樹 ト牽貴 玉石貫 堂石庫	花 ト車極 牽貫石 恍貫印	陽 ト司馳 調玉龍 将玉堂
8月	山 イ調馳 牽貫車 南龍胡	地 イ鳳報 石石牽 将玉恍	鉄 イ石胡 玉龍禄 恍車禄	宝 イ貫恍 車玉司 堂牽将	海 イ玉禄 車車鳳 貴禄貴	雨 イ龍将 龍牽調 胡司極	樹 サ牽貴 牽禄貫 印鳳馳	花 サ車極 石司石 極調報	陽 サ司馳 牽車龍 報貫胡	灯 サ禄報 禄牽玉 庫石恍
9月	地 タ鳳報 牽鳳牽 報龍貴	鉄 タ石胡 調石禄 極牽将	宝 タ貫恍 鳳貫司 印車禄	海 タ玉禄 車玉鳳 胡司恍	雨 タ龍将 鳳龍調 貴禄胡	樹 ト牽貴 石牽貫 堂調報	花 ト車極 牽車石 恍鳳馳	陽 ト司馳 調司龍 将石極	灯 ト禄報 龍禄玉 南貫貴	山 ト調馳 禄調車 胡玉極
10月	地 イ鳳報 石鳳牽 将石印	鉄 イ石胡 玉石禄 恍龍堂	宝 イ貫恍 車貫司 堂玉南	海 イ玉禄 車玉鳳 貴車南	雨 イ龍将 龍龍調 胡牽堂	樹 サ牽貴 牽牽貫 印禄印	花 サ車極 石車石 極司庫	陽 サ司馳 牽司龍 報鳳庫	灯 サ禄報 禄貫玉 庫調印	山 サ調馳 龍玉車 貴貫庫
11月	鉄 タ石胡 調禄禄 極玉胡	宝 タ貫恍 鳳司司 印龍恍	海 タ玉禄 車鳳鳳 胡牽禄	雨 タ龍将 鳳調調 貴車将	樹 ト牽貴 石貫貫 堂司貴	花 ト車極 牽石石 恍禄極	陽 ト司馳 調龍龍 将調馳	灯 ト禄報 龍玉玉 南鳳報	山 ト調馳 禄車車 胡石馳	地 ト鳳報 鳳牽牽 貴貫報
12月	鉄 イ石胡 玉調禄 恍貫極	宝 イ貫恍 車鳳司 堂石貴	海 イ玉禄 車石鳳 貴龍将	雨 イ龍将 龍貫調 胡玉禄	樹 サ牽貴 牽玉貫 印車恍	花 サ車極 石龍石 極牽胡	陽 サ司馳 牽牽龍 報禄報	灯 サ禄報 禄車玉 庫司馳	山 サ調馳 龍司車 貴鳳報	地 サ鳳報 車禄牽 胡調馳

	21日	22日	23日	24日	25日	26日	27日	28日	29日	30日	31日
1月	陽 ト禄庫 調調鳳 将調印	灯 ト司印 鳳鳳調 南鳳庫	山 ト鳳庫 鳳石貫 胡石印	地 ト調印 鳳貫石 貴貫庫	鉄 ト貫堂 龍玉龍 堂玉庫	宝 ト石南 調龍玉 恍龍印	海 ト龍南 石牽車 将牽堂	雨 ト玉堂 車車牽 南車南	樹 ネ車印 貫司禄 禄司南	花 ネ牽庫 貫禄司 禄禄堂	陽 ネ禄庫 鳳調鳳 南調印
2月	灯 サ禄報 鳳玉牽 庫司極	山 サ調馳 車車禄 貴鳳貴	地 サ鳳報 車牽司 胡調極	鉄 サ石胡 龍禄鳳 印貫馳	宝 サ貫恍 牽司調 極石報	海 サ玉禄 司鳳貫 報龍胡	雨 サ龍将 車調石 庫玉恍	樹 ウ牽貴 車貫龍 馳車禄			
3月	花 ト車極 調貫玉 恍車禄	陽 ト司馳 調玉車 将司恍	灯 ト禄報 鳳龍牽 南禄胡	山 ト調馳 鳳牽禄 胡調恍	地 ト鳳報 鳳車司 貴鳳胡	鉄 ト石胡 龍司鳳 堂石報	宝 ト貫恍 調禄調 恍貫馳	海 ト玉禄 石調貫 将玉極	雨 ト龍将 車鳳石 南龍貴	樹 ネ牽貴 貫石龍 禄牽将	花 ネ車極 貫貫玉 禄車禄
4月	陽 サ司馳 牽鳳車 報車南	灯 サ禄報 鳳調牽 庫牽堂	山 サ調馳 車貫禄 貴禄南	地 サ鳳報 車石司 胡司堂	鉄 サ石胡 龍龍鳳 印鳳印	宝 サ貫恍 牽玉調 極調庫	海 サ玉禄 司車貫 報貫庫	雨 サ龍将 車牽石 庫石印	樹 ウ牽貴 車禄龍 馳龍堂	花 ウ車極 車司玉 馳玉南	
5月	陽 ト司馳 調貫車 将牽禄	灯 ト禄報 鳳石牽 南車将	山 ト調馳 鳳龍禄 胡司禄	地 ト鳳報 鳳玉司 貴禄将	鉄 ト石胡 龍車鳳 堂調貴	宝 ト貫恍 調牽調 恍鳳極	海 ト玉禄 石禄貫 将石馳	雨 ト龍将 車司石 南貫報	樹 ネ牽貴 貫鳳龍 禄玉胡	花 ネ車極 貫調玉 禄龍恍	陽 ネ司馳 鳳貫車 南牽禄
6月	灯 サ禄報 鳳鳳牽 庫玉禄	山 サ調馳 車石禄 貴車将	地 サ鳳報 車貫司 胡牽禄	鉄 サ石胡 龍玉鳳 印禄恍	宝 サ貫恍 牽龍調 極司胡	海 サ玉禄 司司貫 報鳳報	雨 サ龍将 車禄石 庫調馳	樹 ウ牽貴 車調龍 馳貫極	花 ウ車極 車鳳玉 馳石貴	陽 ウ司馳 鳳石車 庫龍将	
7月	灯 ト禄報 鳳鳳牽 南龍南	山 ト調馳 鳳石禄 胡牽堂	地 ト鳳報 鳳貫司 貴車南	鉄 ト石胡 龍玉鳳 堂司南	宝 ト貫恍 調龍調 恍禄堂	海 ト玉禄 石牽貫 将調印	雨 ト龍将 車車石 南鳳庫	樹 ネ牽貴 貫司龍 禄石庫	花 ネ車極 貫禄玉 禄貫印	陽 ネ司馳 鳳調車 南玉堂	灯 ネ禄報 石鳳牽 将龍南
8月	山 サ調馳 龍禄禄 貴龍胡	地 サ鳳報 車調司 胡玉恍	鉄 サ石胡 龍貫鳳 印車禄	宝 サ貫恍 牽石調 極牽将	海 サ玉禄 牽龍貫 報禄貴	雨 サ龍将 車玉石 庫司極	樹 ウ牽貴 車車龍 馳鳳馳	花 ウ車極 車牽玉 馳調報	陽 ウ司馳 鳳禄車 庫貫胡	灯 ウ禄報 牽司牽 報石恍	山 ウ調馳 司鳳禄 報龍胡
9月	地 ト鳳報 鳳鳳司 貴龍貴	鉄 ト石胡 龍石鳳 堂牽将	宝 ト貫恍 調貫調 恍車禄	海 ト玉禄 石玉貫 将司恍	雨 ト龍将 車龍石 南禄胡	樹 ネ牽貴 貫牽龍 禄調報	花 ネ車極 貫車玉 禄鳳馳	陽 ネ司馳 鳳司車 南石極	灯 ネ禄報 石禄牽 将貫貴	山 ネ調馳 玉調禄 将玉極	
10月	地 サ鳳報 車龍牽 胡石印	鉄 サ石胡 龍龍鳳 印龍堂	宝 サ貫恍 石玉調 極玉南	海 サ玉禄 牽車貫 報車南	雨 サ龍将 車牽石 庫牽堂	樹 ウ牽貴 車禄龍 馳禄印	花 ウ車極 車司玉 馳司庫	陽 ウ司馳 鳳鳳車 庫鳳庫	灯 ウ禄報 牽調牽 報調印	山 ウ調馳 司貫禄 報貫庫	地 ウ鳳報 貫石司 庫石印
11月	鉄 ト石胡 龍鳳鳳 堂玉胡	宝 ト貫恍 調調調 恍龍恍	海 ト玉禄 石貫貫 将牽禄	雨 ト龍将 車石石 南車将	樹 ネ牽貴 貫龍龍 禄司貴	花 ネ車極 貫玉玉 禄禄極	陽 ネ司馳 鳳車車 南調馳	灯 ネ禄報 石牽牽 将鳳報	山 ネ調馳 玉禄禄 将石馳	地 ネ鳳報 貫司司 南貫報	
12月	鉄 サ石胡 龍調鳳 印貫極	宝 サ貫恍 石鳳調 極石貴	海 サ玉禄 牽石貫 報龍将	雨 サ龍将 車貫石 庫玉禄	樹 ウ牽貴 車玉龍 馳車恍	花 ウ車極 車龍玉 馳牽胡	陽 ウ司馳 鳳牽車 庫禄報	灯 ウ禄報 牽車牽 報司馳	山 ウ調馳 司司禄 報鳳報	地 ウ鳳報 貫禄司 庫調馳	鉄 ウ石胡 禄調鳳 馳貫極

1972年（昭和47年）

1972年(昭和47年)

	1日	2日	3日	4日	5日	6日	7日	8日	9日	10日
1月	宝 ウ貫恍 禄鳳調 馳石貴	海 ウ玉禄 車石貫 庫龍将	雨 ウ龍将 司貫石 報玉禄	樹 タ牽貴 調玉龍 極車恍	花 タ車極 禄龍玉 印牽胡	陽 タ司馳 鳳牽龍 胡司印	灯 タ禄報 禄車玉 貴禄庫	山 タ調馳 調司車 庫調印	地 タ鳳報 牽禄牽 報鳳庫	鉄 タ石胡 調調禄 極石庫
2月	海 ネ玉禄 車牽貫 南玉堂	雨 ネ龍将 石車石 将龍南	樹 イ牽貴 玉司龍 恍牽南	花 イ車極 禄禄玉 堂車堂	陽 イ車報 鳳鳳牽 貴車貴	灯 イ牽馳 龍調車 胡牽極	山 イ禄報 牽貫司 南禄貴	地 イ司馳 石石禄 将司極	鉄 イ鳳極 玉龍調 恍鳳馳	宝 イ調貴 車玉鳳 堂調報
3月	宝 ウ調貴 禄司鳳 馳調報	海 ウ貫将 車鳳石 庫貫胡	雨 ウ石禄 司調貫 報石恍	樹 タ龍恍 調貫玉 極龍禄	花 タ玉胡 鳳貫龍 印龍禄	陽 タ車報 鳳玉牽 胡牽恍	灯 タ牽馳 禄龍車 貴車胡	山 タ禄報 調牽司 庫司恍	地 タ司馳 牽車禄 報禄胡	鉄 タ鳳極 調司調 極調報
4月	海 ネ貫将 車調石 南石極	雨 ネ石禄 石鳳貫 将貫貴	樹 イ龍恍 玉石玉 恍玉将	花 イ玉胡 禄貫龍 堂龍禄	陽 イ車報 鳳玉牽 貴龍南	灯 イ牽馳 龍龍車 胡玉堂	山 イ禄報 牽牽司 南車南	地 イ司馳 石車禄 将牽堂	鉄 イ鳳極 玉司調 恍禄印	宝 イ調貴 車禄鳳 堂司庫
5月	海 ウ貫将 車車石 庫鳳庫	雨 ウ石禄 司牽貫 報調印	樹 タ龍恍 調禄玉 極貫堂	花 タ玉胡 禄司龍 印石南	陽 タ車報 鳳鳳牽 胡玉禄	灯 タ牽馳 禄調車 貴龍将	山 タ禄報 調貫司 庫牽禄	地 タ司馳 牽石禄 報車将	鉄 タ鳳極 調龍調 極司貴	宝 タ調貴 鳳玉鳳 印禄極
6月	雨 ネ石禄 石司貫 将鳳報	樹 イ龍恍 玉鳳玉 恍石胡	花 イ玉胡 禄調龍 堂貫恍	陽 イ車報 龍貫牽 貴玉禄	灯 イ牽馳 龍鳳車 胡石禄	山 イ禄報 牽石司 南龍将	地 イ司馳 石貫禄 将玉禄	鉄 イ鳳極 玉玉調 恍車恍	宝 イ調貴 車龍鳳 堂牽胡	海 イ貫将 車牽石 貴禄報
7月	雨 ウ石禄 司禄貫 報司馳	樹 タ龍恍 調調玉 極鳳極	花 タ玉胡 禄鳳龍 印調貴	陽 タ車報 禄石牽 胡貫将	灯 タ牽馳 禄貫車 貴石禄	山 タ禄報 貫玉司 庫龍将	地 タ司馳 牽龍禄 報龍南	鉄 タ鳳極 調牽調 極牽南	宝 タ調貴 鳳車鳳 印車堂	海 タ貫将 車司石 胡司印
8月	樹 イ龍恍 玉司玉 恍調庫	花 イ玉胡 禄禄龍 堂鳳印	陽 イ車報 龍調牽 貴石堂	灯 イ牽馳 龍鳳車 胡貫南	山 イ禄報 貫石司 南玉堂	地 イ司馳 玉貫禄 将龍南	鉄 イ鳳極 玉龍調 恍龍禄	宝 イ調貴 車玉鳳 堂玉将	海 イ貫将 車車石 貴車貴	雨 イ石禄 龍牽貫 胡牽極
9月	花 タ玉胡 禄牽龍 印司報	陽 タ車報 禄禄牽 胡鳳胡	灯 タ牽馳 禄司車 貴調恍	山 タ禄報 貫鳳司 庫貫胡	地 タ司馳 司調禄 報石恍	鉄 タ鳳極 調貫調 極龍禄	宝 タ調貴 鳳貫鳳 印龍禄	海 タ貫将 車玉石 胡牽恍	雨 タ石禄 鳳龍貫 貴車胡	樹 ト龍恍 石牽玉 堂司報
10月	花 イ玉胡 禄車龍 堂禄馳	陽 イ車報 龍司牽 貴調極	灯 イ牽馳 龍禄車 胡鳳貴	山 イ禄報 貫調司 南石極	地 イ司馳 玉鳳禄 将貫貴	鉄 イ鳳極 牽石調 恍玉将	宝 イ調貴 龍貫鳳 堂龍禄	海 イ貫将 車玉石 貴龍南	雨 イ石禄 龍龍貫 胡玉堂	樹 サ龍恍 牽牽玉 印車印
11月	陽 タ車報 禄鳳牽 胡禄庫	灯 タ牽馳 禄調車 貴司印	山 タ禄報 貫貫司 庫鳳庫	地 タ司馳 司石禄 報調印	鉄 タ鳳極 調龍調 極貫堂	宝 タ調貴 龍玉鳳 印石南	海 タ貫将 車鳳石 胡玉禄	雨 タ石禄 鳳調貫 貴龍将	樹 ト龍恍 石貫玉 堂牽貴	花 ト玉胡 司石龍 恍車極
12月	陽 イ車報 龍車牽 貴司馳	灯 イ牽馳 龍牽車 胡禄報	山 イ禄報 貫禄司 南調馳	地 イ司馳 玉司禄 将鳳報	鉄 イ鳳極 牽鳳調 恍石胡	宝 イ調貴 龍調鳳 堂貫恍	海 イ貫将 車石石 貴貫将	雨 イ石禄 龍貫貫 胡石禄	樹 サ龍恍 牽玉玉 印龍恍	花 サ玉胡 石龍龍 極玉胡

	11日	12日	13日	14日	15日	16日	17日	18日	19日	20日
1月	宝 タ貫恍 鳳鳳司 印貫印	海 タ玉禄 車石鳳 胡玉堂	雨 タ龍将 鳳貫調 貴龍南	樹 ト牽貴 石玉貫 堂牽南	花 ト車極 牽龍石 恍車堂	陽 ト司馳 調司龍 将司印	灯 ト禄報 龍禄玉 南禄庫	山 ト調馳 禄調車 胡調印	地 ト鳳報 鳳貫司 貴鳳庫	鉄 ト石胡 龍玉鳳 堂石庫
2月	海 イ貫将 車車石 貴貫胡	雨 イ石禄 龍牽貫 胡石恍	樹 サ龍恍 牽鳳玉 印龍禄	花 サ玉胡 石調龍 極玉将	陽 サ車報 牽貫牽 報車貴	灯 サ牽馳 禄石車 庫牽極	山 サ禄報 龍龍司 貴禄貴	地 サ司馳 車玉禄 胡司極	鉄 サ鳳極 龍車調 印鳳馳	宝 サ調貴 牽司鳳 極調報
3月	宝 タ調貴 鳳禄鳳 印鳳馳	海 タ貫将 車調石 胡石極	雨 タ石禄 鳳鳳貫 貴貫貴	樹 ト龍恍 石石玉 堂玉将	花 ト玉胡 牽貫龍 恍龍禄	陽 ト車報 調玉牽 将牽恍	灯 ト牽馳 龍龍車 南車胡	山 ト禄報 禄牽司 胡司恍	地 ト司馳 鳳車禄 貴禄胡	鉄 ト鳳極 龍司調 堂調報
4月	海 イ貫将 車調石 貴鳳庫	雨 イ石禄 龍鳳貫 胡調印	樹 サ龍恍 牽石玉 印貫堂	花 サ玉胡 石貫龍 極石南	陽 サ車報 牽牽牽 報龍南	灯 サ牽馳 禄車車 庫玉堂	山 サ禄報 龍司司 貴車南	地 サ司馳 車石禄 胡牽堂	鉄 サ鳳極 龍龍調 印禄印	宝 サ調貴 牽玉鳳 極司庫
5月	海 タ貫将 車龍石 胡調馳	雨 タ石禄 鳳玉貫 貴鳳報	樹 ト龍恍 石車玉 堂石胡	花 ト玉胡 牽牽龍 恍貫恍	陽 ト車報 調禄牽 将玉禄	灯 ト牽馳 龍司車 南龍将	山 ト禄報 禄鳳司 胡牽禄	地 ト司馳 鳳調禄 貴車将	鉄 ト鳳極 龍貫調 堂司貴	宝 ト調貴 調牽鳳 恍禄極
6月	雨 イ石禄 龍車貫 胡司馳	樹 サ龍恍 牽司玉 印鳳極	花 サ玉胡 石禄龍 極調貴	陽 サ車報 牽調牽 報貫将	灯 サ牽馳 禄鳳車 庫石禄	山 サ禄報 龍石司 貴龍将	地 サ司馳 車貫禄 胡玉禄	鉄 サ鳳極 龍玉調 印車恍	宝 サ調貴 石龍鳳 極牽胡	海 サ貫将 牽牽石 報禄報
7月	雨 タ石禄 鳳禄貫 貴禄庫	樹 ト龍恍 石調玉 堂調庫	花 ト玉胡 牽鳳龍 恍鳳印	陽 ト車報 調石牽 将石堂	灯 ト牽馳 貫貫車 南貫南	山 ト禄報 貫玉司 胡玉堂	地 ト司馳 鳳車禄 貴龍南	鉄 ト鳳極 牽司調 堂牽南	宝 ト調貴 司禄鳳 恍車堂	海 ト貫将 石牽石 将司印
8月	樹 サ龍恍 牽禄玉 印禄馳	花 サ玉胡 石司龍 極司報	陽 サ車報 牽鳳牽 報鳳胡	灯 サ牽馳 車調車 庫調恍	山 サ禄報 龍貫司 貴貫胡	地 サ司馳 車石禄 胡石恍	鉄 サ鳳極 調龍調 印龍禄	宝 サ調貴 石調鳳 極玉将	海 サ貫将 牽貫石 報車貴	雨 サ石禄 車石貫 庫牽極
9月	花 ト玉胡 司車龍 恍禄馳	陽 ト車報 調司牽 将調極	灯 ト牽馳 貫禄車 南鳳貴	山 ト禄報 貫調司 胡石極	地 ト司馳 鳳鳳禄 貴貫貴	鉄 ト鳳極 石石調 堂玉将	宝 ト調貴 司貫鳳 恍龍禄	海 ト貫将 石玉石 将牽恍	雨 ト石禄 龍龍貫 南車胡	樹 ネ龍恍 鳳牽玉 禄司報
10月	花 サ玉胡 石車龍 極牽庫	陽 サ車報 牽司牽 報禄庫	灯 サ牽馳 車禄車 庫司印	山 サ禄報 貫調司 貴鳳庫	地 サ司馳 車鳳禄 胡調印	鉄 サ鳳極 司石調 印貫堂	宝 サ調貴 石貫鳳 極石南	海 サ貫将 牽司石 報龍南	雨 サ石禄 鳳禄貫 庫玉堂	樹 ウ龍恍 龍調玉 馳車印
11月	陽 ト車報 調龍牽 将司馳	灯 ト牽馳 貫玉車 南禄報	山 ト禄報 貫車司 胡調馳	地 ト司馳 鳳牽禄 貴鳳報	鉄 ト鳳極 石禄調 堂石胡	宝 ト調貴 司司鳳 恍貫恍	海 ト貫将 石鳳石 将玉禄	雨 ト石禄 龍調貫 南龍将	樹 ネ龍恍 鳳貫玉 禄牽貴	花 ネ玉胡 貫玉龍 禄車極
12月	陽 サ車報 牽牽牽 報車報	灯 サ牽馳 車車車 庫牽馳	山 サ禄報 貫司司 貴禄報	地 サ司馳 車禄禄 胡司馳	鉄 サ鳳極 司調調 印鳳極	宝 サ調貴 石鳳鳳 極調貴	海 サ貫将 牽石石 報貫将	雨 サ石禄 鳳貫貫 庫石禄	樹 ウ龍恍 龍玉玉 馳龍恍	花 ウ玉胡 車龍龍 馳玉胡

	21日	22日	23日	24日	25日	26日	27日	28日	29日	30日	31日
1月	宝 ト貫恍 調龍調 恍貫印	海 ト玉禄 石牽貫 将玉堂	雨 ト龍将 車車石 南龍南	樹 ネ牽貴 貫司龍 禄牽南	花 ネ車極 貫禄玉 禄車堂	陽 ネ司馳 鳳調車 南司印	灯 ネ禄報 石鳳牽 将禄庫	山 ネ調馳 玉石禄 将調印	地 ネ鳳報 貫貫司 南鳳庫	鉄 ネ石胡 貫玉鳳 禄石庫	宝 ネ貫恍 貫龍調 禄貫印
2月	海 サ貫将 牽鳳石 報貫胡	雨 サ石禄 車調貫 庫石恍	樹 ウ龍恍 車貫玉 馳龍禄	花 ウ玉胡 車石龍 馳玉将	陽 ウ車報 鳳龍牽 庫車貴	灯 ウ牽馳 牽玉車 報牽極	山 ウ禄報 司車司 報禄貴	地 ウ司馳 貫牽禄 庫司極	鉄 ウ鳳極 禄禄調 馳鳳馳		
3月	宝 ト調貴 調禄鳳 恍鳳馳	海 ト貫将 石調石 将石極	雨 ト石禄 車鳳貫 南貫貴	樹 ネ龍恍 貫石玉 禄玉将	花 ネ玉胡 貫貫龍 禄龍禄	陽 ネ車報 鳳玉牽 南牽恍	灯 ネ牽馳 石龍車 将車胡	山 ネ禄報 玉牽司 将司恍	地 ネ司馳 貫車禄 南禄胡	鉄 ネ鳳極 貫司調 禄調報	宝 ネ調貴 貫禄鳳 禄鳳馳
4月	海 サ貫将 牽車石 報鳳庫	雨 サ石禄 車牽貫 庫調印	樹 ウ龍恍 車禄玉 馳貫堂	花 ウ玉胡 車司龍 馳石南	陽 ウ車報 鳳鳳牽 庫龍南	灯 ウ牽馳 牽調車 報玉堂	山 ウ禄報 司貫司 報車南	地 ウ司馳 貫石禄 庫牽堂	鉄 ウ鳳極 禄龍調 馳禄印	宝 ウ調貴 禄玉鳳 馳司庫	
5月	海 ト貫将 石禄石 将調馳	雨 ト石禄 車司貫 南鳳報	樹 ネ龍恍 貫鳳玉 禄石胡	花 ネ玉胡 貫調龍 禄貫恍	陽 ネ車報 鳳貫牽 南玉禄	灯 ネ牽馳 石石車 将龍将	山 ネ禄報 玉龍司 将牽禄	地 ネ司馳 貫玉禄 南車将	鉄 ネ鳳極 貫車調 禄司貴	宝 ネ調貴 貫牽鳳 禄禄極	海 ネ貫将 車禄石 南調馳
6月	雨 サ石禄 車車貫 庫司馳	樹 ウ龍恍 車司玉 馳鳳極	花 ウ玉胡 車禄龍 馳調貴	陽 ウ車報 鳳調牽 庫貫将	灯 ウ牽馳 牽貫車 報石禄	山 ウ禄報 司玉司 報龍将	地 ウ司馳 貫龍禄 庫玉禄	鉄 ウ鳳極 禄牽調 馳車恍	宝 ウ調貴 禄車鳳 馳牽胡	海 ウ貫将 車司石 庫禄報	
7月	雨 ト石禄 車車貫 南禄庫	樹 ネ龍恍 貫司玉 禄調庫	花 ネ玉胡 貫禄龍 禄鳳印	陽 ネ車報 鳳調牽 南石堂	灯 ネ牽馳 石鳳車 将貫南	山 ネ禄報 石石司 将玉堂	地 ネ司馳 貫貫禄 南龍南	鉄 ネ鳳極 貫玉調 禄牽南	宝 ネ調貴 貫龍鳳 禄車堂	海 ネ貫将 車牽石 南司印	雨 ネ石禄 石車貫 将禄庫
8月	樹 ウ龍恍 車車玉 馳禄馳	花 ウ玉胡 車牽龍 馳司報	陽 ウ車報 鳳禄牽 庫鳳胡	灯 ウ牽馳 牽司車 報調恍	山 ウ禄報 司鳳司 報貫胡	地 ウ司馳 貫調禄 庫石恍	鉄 ウ鳳極 禄貫調 馳龍禄	宝 ウ調貴 禄石鳳 馳玉将	海 ウ貫将 車龍石 庫車貴	雨 ウ石禄 司玉貫 報牽極	樹 タ龍恍 調車玉 極禄馳
9月	花 ネ玉胡 貫車龍 禄禄馳	陽 ネ車報 鳳司牽 南調極	灯 ネ牽馳 石禄車 将鳳貴	山 ネ禄報 石調司 将石極	地 ネ司馳 貫鳳禄 南貫貴	鉄 ネ鳳極 貫石調 禄玉将	宝 ネ調貴 貫貫鳳 禄龍禄	海 ネ貫将 車玉石 南牽恍	雨 ネ石禄 石龍貫 将車胡	樹 イ龍恍 玉牽玉 恍司報	
10月	花 ウ玉胡 車司龍 馳牽庫	陽 ウ車報 鳳鳳牽 庫禄庫	灯 ウ牽馳 牽調車 報司印	山 ウ禄報 司貫司 報鳳庫	地 ウ司馳 貫石禄 庫調印	鉄 ウ鳳極 禄龍調 馳貫堂	宝 ウ調貴 禄玉鳳 馳石南	海 ウ貫将 車車石 庫龍南	雨 ウ石禄 司牽貫 報玉堂	樹 タ龍恍 調禄玉 極車印	花 タ玉胡 禄司龍 印牽庫
11月	陽 ネ車報 鳳車牽 南司馳	灯 ネ牽馳 石牽車 将禄報	山 ネ禄報 石禄司 将調馳	地 ネ司馳 貫司禄 南鳳報	鉄 ネ鳳極 貫鳳調 禄石胡	宝 ネ調貴 貫調鳳 禄貫恍	海 ネ貫将 車貫石 南玉禄	雨 ネ石禄 石石貫 将龍将	樹 イ龍恍 玉龍玉 恍牽貴	花 イ玉胡 禄玉龍 堂車極	
12月	陽 ウ車報 鳳牽牽 庫車報	灯 ウ牽馳 牽車車 報牽馳	山 ウ禄報 司司司 報禄報	地 ウ司馳 貫禄禄 庫司馳	鉄 ウ鳳極 禄調調 馳鳳極	宝 ウ調貴 禄鳳鳳 馳調貴	海 ウ貫将 車石石 庫貫将	雨 ウ石禄 司貫貫 報石禄	樹 タ龍恍 調玉玉 極龍恍	花 タ玉胡 禄龍龍 印玉胡	陽 タ車報 禄牽牽 胡車報

1973年（昭和48年）

1973年(昭和48年)

	1日	2日	3日	4日	5日	6日	7日	8日	9日	10日	11日	12日	13日	14日	15日	16日
1月	灯 夕牽馳 禄車車 貴牽馳	山 夕禄報 貫司司 庫禄報	地 夕司馳 司禄禄 報司馳	鉄 夕鳳極 調調調 極鳳極	宝 夕調貴 鳳鳳鳳 印鳳印	海 夕貫将 車石石 胡石堂	雨 夕石禄 鳳貫貫 貴貫南	樹 ト龍恍 石玉玉 堂玉南	花 ト玉胡 司龍龍 恍龍堂	陽 ト車報 調牽牽 将牽印	灯 ト牽馳 貫車車 南車庫	山 ト禄報 貫司司 胡司印	地 ト司馳 鳳禄禄 貴禄庫	鉄 ト鳳極 石調調 堂調庫	宝 ト調貴 司貫鳳 恍鳳印	海 ト貫将 石玉石 将石堂
2月	山 イ禄報 貫石司 南司印	地 イ司馳 玉貫禄 将禄庫	鉄 イ鳳極 牽玉調 恍調庫	宝 イ鳳印 車玉鳳 堂司報	海 イ石堂 車車石 貴鳳胡	雨 イ貫南 龍牽貫 胡調恍	樹 サ玉南 牽禄玉 印貫禄	花 サ龍堂 石司龍 極石将	陽 サ牽印 牽鳳牽 報龍貴	灯 サ車庫 車調車 庫玉極	山 サ司印 貫貫司 貴車貴	地 サ禄庫 車玉禄 胡牽極	鉄 サ調庫 司車調 印禄馳	宝 サ鳳印 石牽貫 極司報	海 サ石堂 牽禄玉 報鳳胡	雨 サ貫南 鳳司龍 庫調恍
3月	陽 夕牽印 禄龍調 胡龍貴	灯 夕車庫 禄玉鳳 貴玉極	山 夕司印 貫車石 庫車貴	地 夕禄庫 司牽貫 報牽極	鉄 夕調庫 調禄玉 極禄馳	宝 夕鳳印 鳳禄鳳 印禄馳	海 夕石堂 車調石 胡調極	雨 夕貫南 鳳鳳貫 貴鳳貴	樹 ト玉南 石石玉 堂石将	花 ト龍堂 司貫龍 恍貫禄	陽 ト牽印 調玉牽 将玉恍	灯 ト車庫 貫龍車 南龍胡	山 ト司印 貫牽司 胡牽恍	地 ト禄庫 鳳車禄 貴車胡	鉄 ト調庫 石司調 堂司報	宝 ト鳳印 司禄貫 恍禄馳
4月	灯 イ車庫 龍龍鳳 胡龍胡	山 イ司印 貫牽石 南牽恍	地 イ禄庫 玉車貫 将車胡	鉄 イ調庫 牽司玉 恍司報	宝 イ鳳印 車禄鳳 堂牽庫	海 イ石堂 車調石 貴禄庫	雨 イ貫南 龍鳳貫 胡司印	樹 サ玉南 牽石玉 印鳳堂	花 サ龍堂 石貫龍 極調南	陽 サ牽印 牽玉牽 報貫南	灯 サ車庫 車龍車 庫石堂	山 サ司印 貫牽司 貴龍南	地 サ禄庫 車車禄 胡玉堂	鉄 サ調庫 司司調 印車印	宝 サ鳳印 石鳳貫 極牽庫	海 サ石堂 牽石玉 報禄庫
5月	灯 夕車庫 禄調鳳 貴石堂	山 夕司印 貫貫石 庫龍南	地 夕禄庫 司石貫 報玉堂	鉄 夕調庫 調龍玉 極車印	宝 夕鳳印 龍玉龍 印牽庫	海 夕石堂 車車石 胡司馳	雨 夕貫南 鳳牽貫 貴禄報	樹 ト玉南 石禄玉 堂調胡	花 ト龍堂 司司龍 恍鳳恍	陽 ト牽印 調鳳牽 将石禄	灯 ト車庫 貫調車 南貫将	山 ト司印 貫鳳司 胡玉禄	地 ト禄庫 鳳調禄 貴龍将	鉄 ト調庫 石貫調 堂牽貴	宝 ト鳳印 司石鳳 恍車極	海 ト石堂 石龍玉 将司馳
6月	山 イ司印 貫龍石 南玉禄	地 イ禄庫 玉玉貫 将龍将	鉄 イ調庫 牽車玉 恍牽貴	宝 イ鳳印 龍牽龍 堂車極	海 イ石堂 龍禄牽 貴司馳	雨 イ貫南 龍車貫 胡牽馳	樹 サ玉南 牽司玉 印禄極	花 サ龍堂 石禄龍 極司貴	陽 サ牽印 牽調牽 報鳳将	灯 サ車庫 車鳳車 庫調禄	山 サ司印 貫石司 貴貫将	地 サ禄庫 車貫禄 胡石禄	鉄 サ調庫 司玉調 印龍恍	宝 サ鳳印 石龍鳳 極玉胡	海 サ石堂 牽牽石 報車報	雨 サ貫南 鳳車龍 庫牽馳
7月	山 夕司印 貫玉石 庫貫将	地 夕禄庫 司龍貫 報石禄	鉄 夕調庫 調牽玉 極龍恍	宝 夕鳳印 龍車龍 印玉胡	海 夕石堂 鳳司牽 胡車報	雨 夕貫南 鳳禄車 貴牽馳	樹 ト玉南 石調玉 堂司庫	花 ト龍堂 司鳳龍 恍禄印	陽 ト牽印 調石牽 将調堂	灯 ト車庫 貫貫車 南鳳南	山 ト司印 貫玉司 胡石堂	地 ト禄庫 鳳龍禄 貴貫南	鉄 ト調庫 石牽調 堂玉南	宝 ト鳳印 司車鳳 恍龍堂	海 ト石堂 石司石 将牽印	雨 ト貫南 貫禄貫 南車庫
8月	地 イ禄庫 玉貫貫 将貫南	鉄 イ調庫 牽玉玉 恍玉南	宝 イ鳳印 龍龍龍 堂龍堂	海 イ石堂 龍牽牽 貴牽印	雨 イ貫南 龍車車 胡車庫	樹 サ玉南 禄司司 印司庫	花 サ龍堂 玉禄禄 極禄印	陽 サ牽印 牽鳳牽 報禄胡	灯 サ車庫 車調車 庫司恍	山 サ司印 貫貫司 貴鳳胡	地 サ禄庫 車石禄 胡調恍	鉄 サ調庫 司龍調 印貫禄	宝 サ鳳印 玉玉鳳 極石将	海 サ石堂 牽車石 報龍貴	雨 サ貫南 禄牽貫 庫玉極	樹 ウ玉南 禄禄玉 馳車馳
9月	鉄 夕調庫 調貫玉 極貫禄	宝 夕鳳印 龍石龍 印石将	海 夕石堂 鳳龍牽 胡龍貴	雨 夕貫南 鳳玉車 貴玉極	樹 ト玉南 禄車司 堂車馳	花 ト龍堂 調牽禄 恍牽報	陽 ト牽印 石禄調 将禄胡	灯 ト車庫 貫禄車 南禄貴	山 ト司印 貫調司 胡調極	地 ト禄庫 鳳鳳禄 貴鳳貴	鉄 ト調庫 石石調 堂石将	宝 ト鳳印 司貫鳳 恍貫禄	海 ト石堂 石玉石 将玉恍	雨 ト貫南 貫龍貫 南龍胡	樹 ネ玉南 禄牽玉 禄牽報	花 ネ龍堂 貫車龍 禄車馳
10月	鉄 イ調庫 牽石玉 恍石将	宝 イ鳳印 龍貫龍 堂貫禄	海 イ石堂 龍玉牽 貴玉恍	雨 イ貫南 龍龍車 胡龍胡	樹 サ玉南 禄牽司 印牽報	花 サ龍堂 玉車禄 極車馳	陽 サ牽印 牽司調 報司極	灯 サ車庫 車禄車 庫牽印	山 サ司印 貫調司 貴禄庫	地 サ禄庫 車鳳禄 胡司印	鉄 サ調庫 司石調 印鳳堂	宝 サ鳳印 玉貫鳳 極調南	海 サ石堂 牽玉石 報貫南	雨 サ貫南 禄龍貫 庫石堂	樹 ウ玉南 禄牽玉 馳龍印	花 ウ龍堂 車車龍 馳玉庫
11月	宝 夕鳳印 龍玉龍 印調南	海 夕石堂 鳳車牽 胡貫南	雨 夕貫南 鳳牽車 貴石堂	樹 ト玉南 禄禄司 堂龍印	花 ト龍堂 調司禄 恍玉庫	陽 ト牽印 石鳳調 将車庫	灯 ト車庫 貫玉車 南車報	山 ト司印 貫車司 胡司馳	地 ト禄庫 鳳牽禄 貴禄報	鉄 ト調庫 石禄調 堂調胡	宝 ト鳳印 司司鳳 恍鳳恍	海 ト石堂 石鳳石 将石禄	雨 ト貫南 貫調貫 南貫将	樹 ネ玉南 禄貫玉 禄玉貴	花 ネ龍堂 貫石龍 禄龍極	陽 ネ牽印 玉龍牽 南牽馳
12月	宝 イ鳳印 龍調龍 堂鳳恍	海 イ石堂 龍貫牽 貴石禄	雨 イ貫南 龍石車 胡貫将	樹 サ玉南 禄龍司 印玉貴	花 サ龍堂 玉玉禄 極龍極	陽 サ牽印 牽車調 報牽馳	灯 サ車庫 車車車 庫玉馳	山 サ司印 貫司司 貴車報	地 サ禄庫 車禄禄 胡牽馳	鉄 サ調庫 司調調 印禄極	宝 サ鳳印 玉鳳鳳 極司貴	海 サ石堂 牽石石 報鳳将	雨 サ貫南 禄貫貫 庫調禄	樹 ウ玉南 禄玉玉 馳貫恍	花 ウ龍堂 車龍龍 馳石胡	陽 ウ牽印 司牽牽 庫龍報

	17日	18日	19日	20日	21日	22日	23日	24日	25日	26日	27日	28日	29日	30日	31日
1月	雨 ト石禄 龍龍貫 南貫南	樹 ネ龍恍 鳳司玉 禄玉南	花 ネ玉胡 貫禄龍 禄龍堂	陽 ネ車報 鳳調牽 南牽印	灯 ネ牽馳 石鳳車 将車庫	山 ネ禄報 石石司 将司印	地 ネ司馳 貫貫禄 南禄庫	鉄 ネ鳳極 貫玉調 禄調庫	宝 ネ調貴 貫龍鳳 禄鳳印	海 ネ貫将 車牽石 南石堂	雨 ネ石禄 石車貫 将貫南	樹 イ龍恍 玉司玉 恍玉南	花 イ玉胡 禄禄龍 堂龍堂	陽 イ車報 龍調牽 貴牽印	灯 イ牽馳 龍鳳車 胡車庫
2月	樹 ウ玉南 龍鳳司 馳貫禄	花 ウ龍堂 車調禄 馳石将	陽 ウ牽印 鳳龍調 庫龍貴	灯 ウ車庫 牽玉鳳 報玉極	山 ウ司印 司車石 報車貴	地 ウ禄庫 貫牽貫 庫牽極	鉄 ウ調庫 禄禄玉 馳禄馳	宝 ウ鳳印 禄司龍 馳司報	海 ウ石堂 車鳳牽 庫鳳胡	雨 ウ貫南 司調車 報調恍	樹 夕玉南 調貫司 極貫禄	花 夕龍堂 禄石禄 印石将			
3月	海 ト石堂 石調玉 将調極	雨 ト貫南 龍鳳龍 南鳳貴	樹 ネ玉南 鳳石司 禄石将	花 ネ龍堂 貫貫禄 禄貫禄	陽 ネ牽印 鳳玉調 南玉恍	灯 ネ車庫 石龍鳳 将龍胡	山 ネ司印 石牽石 将牽恍	地 ネ禄庫 貫車貫 南車胡	鉄 ネ調庫 貫司玉 禄司報	宝 ネ鳳印 貫禄龍 禄禄馳	海 ネ石堂 車調牽 南調極	雨 ネ貫南 石鳳車 将鳳貴	樹 イ玉南 玉石司 恍石将	花 イ龍堂 禄貫禄 堂貫禄	陽 イ牽印 龍玉調 貴玉恍
4月	雨 サ貫南 鳳貫龍 庫司印	樹 ウ玉南 龍禄司 馳鳳堂	花 ウ龍堂 車司禄 馳調南	陽 ウ牽印 鳳鳳調 庫貫南	灯 ウ車庫 牽調鳳 報石堂	山 ウ司印 司貫石 報龍南	地 ウ禄庫 貫石貫 庫玉堂	鉄 ウ調庫 禄龍玉 馳車印	宝 ウ鳳印 禄玉龍 馳牽庫	海 ウ石堂 車車牽 庫禄庫	雨 ウ貫南 司牽車 報司印	樹 夕玉南 調禄司 極鳳堂	花 夕龍堂 禄司禄 印調南	陽 夕牽印 禄鳳調 胡貫南	
5月	雨 ト貫南 龍玉龍 南禄報	樹 ネ玉南 鳳車牽 禄調胡	花 ネ龍堂 貫牽禄 禄鳳恍	陽 ネ牽印 鳳禄調 南石禄	灯 ネ車庫 石石鳳 将貫将	山 ネ司印 石龍石 将玉禄	地 ネ禄庫 貫玉貫 南龍将	鉄 ネ調庫 貫車玉 禄牽貴	宝 ネ鳳印 貫牽龍 禄車極	海 ネ石堂 車禄牽 南司馳	雨 ネ貫南 石司車 将禄報	樹 イ玉南 玉鳳司 恍調胡	花 イ龍堂 禄調禄 堂鳳恍	陽 イ牽印 龍貫調 貴石禄	灯 イ車庫 龍石鳳 胡貫将
6月	樹 ウ玉南 龍司牽 馳禄極	花 ウ龍堂 車禄車 馳司貴	陽 ウ牽印 鳳調調 庫鳳将	灯 ウ車庫 牽鳳鳳 報調禄	山 ウ司印 司石石 報貫将	地 ウ禄庫 貫貫貫 庫石禄	鉄 ウ調庫 禄玉玉 馳龍恍	宝 ウ鳳印 禄龍龍 馳玉胡	海 ウ石堂 車牽牽 庫車報	雨 ウ貫南 司禄車 報牽馳	樹 夕玉南 調調司 極禄極	花 夕龍堂 禄鳳禄 印司貴	陽 夕牽印 禄石調 胡鳳将	灯 夕車庫 禄貫鳳 貴調禄	
7月	樹 ネ玉南 鳳石牽 禄司庫	花 ネ龍堂 貫貫車 禄禄印	陽 ネ牽印 牽玉司 南調堂	灯 ネ車庫 司鳳鳳 将鳳南	山 ネ司印 石石石 将石堂	地 ネ禄庫 貫貫貫 南貫南	鉄 ネ調庫 貫玉玉 禄玉南	宝 ネ鳳印 貫龍龍 禄龍堂	海 ネ石堂 車牽牽 南牽印	雨 ネ貫南 石車車 将車庫	樹 イ玉南 玉司司 恍司庫	花 イ龍堂 禄禄禄 堂禄印	陽 イ牽印 龍調調 貴調堂	灯 イ車庫 龍鳳鳳 胡鳳南	山 イ司印 貫石石 南石堂
8月	花 ウ龍堂 車司龍 馳牽報	陽 ウ牽印 石鳳司 庫禄胡	灯 ウ車庫 玉牽禄 報司恍	山 ウ司印 司禄調 報鳳胡	地 ウ禄庫 貫司貫 庫調恍	鉄 ウ調庫 車貫玉 馳貫禄	宝 ウ鳳印 禄石龍 馳石将	海 ウ石堂 車龍牽 庫龍貴	雨 ウ貫南 司玉車 報玉極	樹 夕玉南 司車司 極車馳	花 夕龍堂 禄牽禄 印牽報	陽 夕牽印 禄禄調 胡禄胡	灯 夕車庫 禄司鳳 貴司恍	山 夕司印 貫鳳石 庫鳳胡	地 夕禄庫 司調貫 報調恍
9月	陽 ネ牽印 玉司牽 南司極	灯 ネ車庫 司禄禄 将禄貴	山 ネ司印 石調調 将調極	地 ネ禄庫 車鳳鳳 南鳳貴	鉄 ネ調庫 鳳石玉 禄石将	宝 ネ鳳印 貫貫龍 禄貫禄	海 ネ石堂 車玉牽 南玉恍	雨 ネ貫南 石龍車 将龍胡	樹 イ玉南 玉牽司 恍牽報	花 イ龍堂 禄車禄 堂車馳	陽 イ牽印 龍司調 貴司極	灯 イ車庫 龍禄鳳 胡禄貴	山 イ司印 貫調石 南調極	地 イ禄庫 玉鳳貫 将鳳貴	
10月	陽 ウ牽印 司司牽 庫車庫	灯 ウ車庫 玉貫禄 報牽印	山 ウ司印 司玉調 報禄庫	地 ウ禄庫 鳳龍鳳 庫司印	鉄 ウ調庫 車龍玉 馳鳳堂	宝 ウ鳳印 禄玉龍 馳調南	海 ウ石堂 車車牽 庫貫南	雨 ウ貫南 司牽車 報石堂	樹 夕玉南 司禄司 極龍印	花 夕龍堂 禄司禄 印玉庫	陽 夕牽印 禄鳳調 胡車庫	灯 夕車庫 禄調鳳 貴牽印	山 夕司印 貫貫石 庫禄庫	地 夕禄庫 司石貫 報司印	鉄 夕調庫 調龍玉 極鳳堂
11月	灯 ネ車庫 司玉禄 将車報	山 ネ司印 石車調 将司馳	地 ネ禄庫 車牽鳳 南禄報	鉄 ネ調庫 鳳鳳玉 禄調胡	宝 ネ鳳印 貫調龍 禄鳳恍	海 ネ石堂 車貫牽 南石禄	雨 ネ貫南 石石車 将貫将	樹 イ玉南 玉龍司 恍玉貴	花 イ龍堂 禄玉禄 堂龍極	陽 イ牽印 龍車調 貴牽馳	灯 イ車庫 龍牽鳳 胡車報	山 イ司印 貫禄石 南司馳	地 イ禄庫 玉司貫 将禄報	鉄 イ調庫 牽鳳玉 恍調胡	
12月	灯 ウ車庫 玉車禄 報玉馳	山 ウ司印 司司調 報車報	地 ウ禄庫 鳳禄鳳 庫牽馳	鉄 ウ調庫 車調玉 馳禄極	宝 ウ鳳印 禄鳳龍 馳司貴	海 ウ石堂 車石牽 庫鳳将	雨 ウ貫南 司貫車 報調禄	樹 夕玉南 司玉司 極貫恍	花 夕龍堂 禄龍禄 印石胡	陽 夕牽印 禄牽調 胡龍報	灯 夕車庫 禄車鳳 貴玉馳	山 夕司印 貫司石 庫車報	地 夕禄庫 司禄貫 報牽馳	鉄 夕調庫 調調玉 極禄極	宝 夕鳳印 龍鳳龍 印司貴

1974年（昭和49年）

1974年(昭和49年)	1日	2日	3日	4日	5日	6日	7日	8日	9日	10日	11日	12日	13日	14日	15日	16日
1月	海 タ石堂 鳳石牽 胡鳳将	雨 タ貫南 鳳貫車 貴調禄	樹 ト玉南 禄玉司 堂貫恍	花 ト龍堂 調龍禄 恍石胡	陽 ト牽印 石牽調 将龍報	灯 ト車庫 貫車車 南龍庫	山 ト司印 貫司司 胡牽印	地 ト禄庫 鳳禄禄 貴車庫	鉄 ト調庫 石調調 堂司庫	宝 ト鳳印 司鳳鳳 恍禄印	海 ト石堂 石石石 将調堂	雨 ト貫南 貫貫貫 南鳳南	樹 ネ玉南 禄玉玉 禄石南	花 ネ龍堂 貫龍龍 禄貫堂	陽 ネ牽印 玉牽牽 南玉印	灯 ネ車庫 司禄禄 将龍庫
2月	雨 イ貫南 龍車車 胡鳳南	樹 サ玉南 禄司司 印石南	花 サ龍堂 玉禄禄 極貫堂	陽 サ龍貴 牽鳳鳳 報貫貴	灯 サ玉極 車調調 庫石極	山 サ車貴 貫貫貫 貴龍貴	地 サ牽極 車石石 胡玉極	鉄 サ禄馳 司龍龍 印車馳	宝 サ司報 玉玉玉 極牽報	海 サ鳳胡 牽車車 報禄胡	雨 サ調恍 禄牽牽 庫司恍	樹 ウ貫禄 禄鳳鳳 馳鳳禄	花 ウ石将 車調調 馳調将	陽 ウ龍貴 石貫貫 庫貫貴	灯 ウ玉極 玉石石 報石極	山 ウ車貴 司龍龍 報龍貴
3月	宝 タ司報 龍司司 印牽報	海 タ鳳胡 鳳鳳鳳 胡禄胡	雨 タ調恍 鳳調調 貴司恍	樹 ト貫禄 禄貫貫 堂鳳禄	花 ト石将 調石石 恍調将	陽 ト龍貴 調玉鳳 将石恍	灯 ト玉極 貫龍調 南貫胡	山 ト車貴 貫牽貫 胡玉恍	地 ト牽極 鳳車石 貴龍胡	鉄 ト禄馳 石司龍 堂牽報	宝 ト司報 司禄玉 恍車馳	海 ト鳳胡 石調車 将司極	雨 ト調恍 貫鳳牽 南禄貴	樹 ネ貫禄 鳳石鳳 禄調将	花 ネ石将 貫貫調 禄鳳禄	陽 ネ龍貴 牽玉貫 南石恍
4月	海 イ鳳胡 龍調鳳 貴司極	雨 イ調恍 龍鳳調 胡禄貴	樹 サ貫禄 禄石貫 印調将	花 サ石将 玉貫石 極鳳禄	陽 サ龍貴 牽玉鳳 報鳳南	灯 サ玉極 車龍調 庫調堂	山 サ車貴 貫牽貫 貴貫南	地 サ牽極 車車石 胡石堂	鉄 サ禄馳 司司龍 印龍印	宝 サ司報 玉禄玉 極玉庫	海 サ鳳胡 牽調車 報車庫	雨 サ調恍 禄鳳牽 庫牽印	樹 ウ貫禄 禄石鳳 馳禄堂	花 ウ石将 車貫調 馳司南	陽 ウ龍貴 石牽貫 庫鳳南	灯 ウ玉極 玉車石 報調堂
5月	海 タ鳳胡 鳳車鳳 胡車庫	雨 タ調恍 鳳牽調 貴牽印	樹 ト貫禄 禄禄貫 堂禄堂	花 ト石将 調司石 恍司南	陽 ト龍貴 石鳳龍 将鳳南	灯 ト玉極 貫調調 南鳳将	山 ト車貴 貫貫貫 胡石禄	地 ト牽極 鳳石石 貴貫将	鉄 ト禄馳 石龍龍 堂玉貴	宝 ト司報 司玉玉 恍龍極	海 ト鳳胡 石車車 将牽馳	雨 ト調恍 貫玉牽 南車報	樹 ネ貫禄 禄車禄 禄司胡	花 ネ石将 貫牽調 禄禄恍	陽 ネ龍貴 玉禄貫 南調禄	灯 ネ玉極 司司石 将鳳将
6月	雨 イ調恍 龍司調 胡車報	樹 サ貫禄 禄鳳貫 印司胡	花 サ石将 玉調石 極禄恍	陽 サ龍貴 牽貫龍 報調禄	灯 サ玉極 鳳石玉 庫鳳将	山 サ車貴 貫石貫 貴鳳将	地 サ牽極 車貫石 胡調禄	鉄 サ禄馳 司玉龍 印貫恍	宝 サ司報 玉龍玉 極石胡	海 サ鳳胡 牽牽車 報龍報	雨 サ調恍 禄車牽 庫玉馳	樹 ウ貫禄 禄司禄 馳車極	花 ウ石将 車禄司 馳牽貴	陽 ウ龍貴 司調貫 庫禄将	灯 ウ玉極 玉鳳石 報司禄	山 ウ車貴 司石龍 報鳳将
7月	雨 タ調恍 鳳禄調 貴玉馳	樹 ト貫禄 禄調貫 堂車極	花 ト石将 調鳳石 恍牽貴	陽 ト龍貴 石石龍 将禄将	灯 ト玉極 鳳貫玉 南司禄	山 ト車貴 鳳玉車 胡鳳将	地 ト牽極 鳳龍石 貴鳳南	鉄 ト禄馳 石牽龍 堂石南	宝 ト司報 司車玉 恍貫堂	海 ト鳳胡 石司車 将玉印	雨 ト調恍 貫禄牽 南龍庫	樹 ネ貫禄 禄調禄 禄牽庫	花 ネ石将 貫鳳司 禄車印	陽 ネ龍貴 玉石鳳 南司堂	灯 ネ玉極 司貫石 将禄南	山 ネ車貴 石玉龍 将調堂
8月	樹 サ貫禄 禄司貫 印牽庫	花 サ石将 玉禄石 極車印	陽 サ龍貴 牽調龍 報司堂	灯 サ玉極 鳳鳳玉 庫禄南	山 サ車貴 車石車 貴調堂	地 サ牽極 車貫牽 胡鳳南	鉄 サ禄馳 龍玉禄 印石南	宝 サ司報 玉玉玉 極調将	海 サ鳳胡 牽車車 報貫貴	雨 サ調恍 禄牽牽 庫石極	樹 ウ貫禄 禄禄禄 馳龍馳	花 ウ石将 車司司 馳玉報	陽 ウ龍貴 司鳳鳳 庫車胡	灯 ウ玉極 玉調調 報牽恍	山 ウ車貴 司貫貫 報禄胡	地 ウ牽極 禄石玉 庫司恍
9月	花 ト石将 調牽石 恍玉報	陽 ト龍貴 石禄龍 将車胡	灯 ト玉極 鳳司玉 南牽恍	山 ト車貴 鳳鳳車 胡禄胡	地 ト牽極 鳳調牽 貴司恍	鉄 ト禄馳 龍貫禄 堂鳳禄	宝 ト司報 調石司 恍調将	海 ト鳳胡 石玉車 将石恍	雨 ト調恍 貫龍牽 南貫胡	樹 ネ貫禄 禄牽禄 禄玉報	花 ネ石将 貫車司 禄龍馳	陽 ネ龍貴 玉司鳳 南牽極	灯 ネ玉極 調禄調 将車貴	山 ネ車貴 石調貫 将司極	地 ネ牽極 龍鳳石 南禄貴	鉄 ネ禄馳 龍石車 禄調将
10月	花 サ石将 玉車石 極龍馳	陽 サ龍貴 牽司龍 報牽極	灯 サ玉極 鳳禄玉 庫車貴	山 サ車貴 車調車 貴司極	地 サ牽極 車鳳牽 胡禄貴	鉄 サ禄馳 龍石禄 印調将	宝 サ司報 牽貫司 極鳳禄	海 サ鳳胡 司玉鳳 報石恍	雨 サ調恍 禄龍牽 庫調堂	樹 ウ貫禄 禄牽禄 馳貫印	花 ウ石将 車車司 馳石庫	陽 ウ龍貴 司司鳳 庫龍庫	灯 ウ玉極 玉禄調 報玉印	山 ウ車貴 司調貫 報車庫	地 ウ牽極 禄鳳石 庫牽印	鉄 ウ禄馳 龍石龍 馳禄堂
11月	陽 ト龍貴 石鳳龍 将龍庫	灯 ト玉極 鳳調玉 南玉印	山 ト車貴 鳳貫車 胡車庫	地 ト牽極 鳳石牽 貴牽印	鉄 ト禄馳 龍龍禄 堂禄堂	宝 ト司報 調玉司 恍司南	海 ト鳳胡 石車鳳 将鳳南	雨 ト調恍 貫調牽 南鳳将	樹 ネ貫禄 禄貫禄 禄石貴	花 ネ石将 貫石司 禄貫極	陽 ネ龍貴 玉龍鳳 南玉馳	灯 ネ玉極 調玉調 将龍報	山 ネ車貴 石車貫 将牽馳	地 ネ牽極 龍牽石 南車報	鉄 ネ禄馳 龍禄龍 禄司胡	宝 ネ司報 貫司牽 禄禄恍
12月	陽 サ龍貴 牽車龍 報玉馳	灯 サ玉極 鳳牽玉 庫龍報	山 サ車貴 車禄車 貴牽馳	地 サ牽極 車司牽 胡車報	鉄 サ禄馳 龍鳳禄 印司胡	宝 サ司報 牽調司 極禄恍	海 サ鳳胡 牽石車 報禄将	雨 サ調恍 禄貫牽 庫司禄	樹 ウ貫禄 禄玉禄 馳鳳恍	花 ウ石将 車龍司 馳調胡	陽 ウ龍貴 司牽鳳 庫貫報	灯 ウ玉極 玉車調 報石馳	山 ウ車貴 司司貫 報龍報	地 ウ牽極 禄禄石 庫玉馳	鉄 ウ禄馳 車調車 馳車極	宝 ウ司報 禄鳳牽 馳牽貴

1974年(昭和49年)	17日	18日	19日	20日	21日	22日	23日	24日	25日	26日	27日	28日	29日	30日	31日
1月	山 ネ司印 石調調 将牽印	地 ネ禄庫 車鳳鳳 南車庫	鉄 ネ調庫 鳳玉玉 禄司庫	宝 ネ鳳印 貫龍龍 禄禄印	海 ネ石堂 車牽牽 南調堂	雨 ネ貫南 石車車 将鳳南	樹 イ玉南 玉司司 恍石南	花 イ龍堂 禄禄禄 堂貫堂	陽 イ牽印 龍調調 貴玉印	灯 イ車庫 龍鳳鳳 胡龍庫	山 イ司印 貫石石 南牽印	地 イ禄庫 玉貫貫 将車庫	鉄 イ調庫 牽玉玉 恍司庫	宝 イ鳳印 龍龍龍 堂禄印	海 イ石堂 龍牽牽 貴調堂
2月	地 ウ牽極 貫玉玉 庫玉極	鉄 ウ禄馳 車車車 馳車馳	宝 ウ司報 禄司司 馳牽報	海 ウ鳳胡 車鳳鳳 庫禄胡	雨 ウ調恍 司調調 報司恍	樹 タ貫禄 司貫貫 極鳳禄	花 タ石将 禄石石 印調将	陽 タ龍貴 禄龍龍 胡貫貴	灯 タ玉極 禄玉玉 貴石極	山 タ車貴 貫車車 庫龍貴	地 タ牽極 司牽牽 報玉極	鉄 タ禄馳 調禄禄 極車馳			
3月	灯 ネ玉極 司龍石 将貫胡	山 ネ車貴 石牽龍 将玉恍	地 ネ牽極 貫車玉 南龍胡	鉄 ネ禄馳 貫司車 禄牽報	宝 ネ司報 貫禄司 禄車馳	海 ネ鳳胡 車調鳳 南司極	雨 ネ調恍 石鳳調 将禄貴	樹 イ貫禄 玉石貫 恍調将	花 イ石将 禄貫石 堂鳳禄	陽 イ龍貴 龍玉龍 貴石恍	灯 イ玉極 龍龍玉 胡貫胡	山 イ車貴 貫牽車 南玉恍	地 イ牽極 玉車牽 将龍胡	鉄 イ禄馳 牽司禄 恍牽報	宝 イ司報 龍禄司 堂車馳
4月	山 ウ車貴 司司龍 報貫南	地 ウ牽極 貫石玉 庫石堂	鉄 ウ禄馳 車龍車 馳龍印	宝 ウ司報 禄玉司 馳玉庫	海 ウ鳳胡 車車鳳 庫車庫	雨 ウ調恍 司牽調 報牽印	樹 タ貫禄 司禄貫 極禄堂	花 タ石将 禄司石 印司南	陽 タ龍貴 禄鳳龍 胡鳳南	灯 タ玉極 禄調玉 貴調堂	山 タ車貴 貫貫車 庫貫南	地 タ牽極 司石牽 報石堂	鉄 タ禄馳 調龍禄 極龍印	宝 タ司報 龍玉司 印玉庫	
5月	山 ネ車貴 石鳳龍 将石禄	地 ネ牽極 車調玉 南貫将	鉄 ネ禄馳 鳳貫車 禄玉貴	宝 ネ司報 貫石牽 禄龍極	海 ネ鳳胡 車禄鳳 南牽馳	雨 ネ調恍 石司調 将車報	樹 イ貫禄 玉鳳貫 恍司胡	花 イ石将 禄調石 堂禄恍	陽 イ龍貴 龍貫龍 貴調禄	灯 イ玉極 龍石玉 胡鳳将	山 イ車貴 貫龍車 南石禄	地 イ牽極 玉玉牽 将貫将	鉄 イ禄馳 牽車禄 恍玉貴	宝 イ司報 龍牽司 堂龍極	海 イ鳳胡 龍禄鳳 貴牽馳
6月	地 ウ牽極 鳳貫玉 庫調禄	鉄 ウ禄馳 車玉車 馳貫恍	宝 ウ司報 禄龍牽 馳石胡	海 ウ鳳胡 車牽禄 庫龍報	雨 ウ調恍 司車調 報玉馳	樹 タ貫禄 司司貫 極車極	花 タ石将 禄禄石 印牽貴	陽 タ龍貴 禄調龍 胡禄将	灯 タ玉極 禄鳳玉 貴司禄	山 タ車貴 貫玉車 庫鳳将	地 タ牽極 司龍牽 報調禄	鉄 タ禄馳 調牽禄 極貫恍	宝 タ司報 龍車司 印石胡	海 タ鳳胡 鳳司鳳 胡龍報	
7月	地 ネ牽極 車車玉 南鳳南	鉄 ネ禄馳 鳳司車 禄石南	宝 ネ司報 貫禄牽 禄貫堂	海 ネ鳳胡 車牽禄 南玉印	雨 ネ調恍 石車司 将龍庫	樹 イ貫禄 玉司貫 恍牽庫	花 イ石将 禄禄石 堂車印	陽 イ龍貴 龍調龍 貴司堂	灯 イ玉極 龍鳳玉 胡禄南	山 イ車貴 貫石車 南調堂	地 イ牽極 玉貫牽 将鳳南	鉄 イ禄馳 牽玉禄 恍石南	宝 イ司報 龍龍司 堂貫堂	海 イ鳳胡 龍牽鳳 貴玉印	雨 イ調恍 龍車調 胡龍庫
8月	鉄 ウ禄馳 車龍車 馳鳳禄	宝 ウ司報 禄玉牽 馳調将	海 ウ鳳胡 石貫禄 庫貫貴	雨 ウ調恍 玉石司 報石極	樹 タ貫禄 司龍鳳 極龍馳	花 タ石将 禄牽調 印玉報	陽 タ龍貴 禄禄龍 胡車胡	灯 タ玉極 禄司玉 貴牽恍	山 タ車貴 貫鳳車 庫禄胡	地 タ牽極 司調牽 報司恍	鉄 タ禄馳 調貫禄 極鳳禄	宝 タ司報 龍石司 印調将	海 タ鳳胡 鳳龍鳳 胡貫貴	雨 タ調恍 鳳玉調 貴石極	樹 ト貫禄 禄車貫 堂龍馳
9月	宝 ネ司報 貫貫牽 禄鳳禄	海 ネ鳳胡 司玉禄 南石恍	雨 ネ調恍 調龍司 将貫胡	樹 イ貫禄 玉牽鳳 恍玉報	花 イ石将 禄車調 堂龍馳	陽 イ龍貴 貫司貫 貴牽極	灯 イ玉極 龍禄玉 胡車貴	山 イ車貴 貫調車 南司極	地 イ牽極 玉鳳牽 将禄貴	鉄 イ禄馳 玉石禄 恍調将	宝 イ司報 龍貫司 堂鳳禄	海 イ鳳胡 龍玉鳳 貴石恍	雨 イ調恍 龍龍調 胡貫胡	樹 サ貫禄 禄牽貫 印玉報	
10月	宝 ウ司報 禄貫牽 馳司南	海 ウ鳳胡 調玉禄 庫鳳南	雨 ウ調恍 玉禄司 報調堂	樹 タ貫禄 司調鳳 極貫印	花 タ石将 貫鳳調 印石庫	陽 タ龍貴 車鳳貫 胡龍庫	灯 タ玉極 禄調石 貴玉印	山 タ車貴 貫貫車 庫車庫	地 タ牽極 司石牽 報牽印	鉄 タ禄馳 調龍禄 極禄堂	宝 タ司報 龍玉司 印司南	海 タ鳳胡 鳳車鳳 胡鳳南	雨 タ調恍 鳳牽調 貴調堂	樹 ト貫禄 禄禄貫 堂貫印	花 ト石将 調司石 恍石庫
11月	海 ネ鳳胡 玉鳳禄 南調禄	雨 ネ調恍 調調司 将鳳将	樹 イ貫禄 玉貫鳳 恍石貴	花 イ石将 車石調 堂貫極	陽 イ龍貴 貫車貫 貴玉馳	灯 イ玉極 龍牽石 胡龍報	山 イ車貴 貫禄車 南牽馳	地 イ牽極 玉司牽 将車報	鉄 イ禄馳 玉鳳禄 恍司胡	宝 イ司報 龍調司 堂禄恍	海 イ鳳胡 龍貫鳳 貴調禄	雨 イ調恍 龍石調 胡鳳将	樹 サ貫禄 禄龍貫 印石貴	花 サ石将 玉玉石 極貫極	
12月	海 ウ鳳胡 石石禄 庫禄将	雨 ウ調恍 玉貫司 報司禄	樹 タ貫禄 司玉鳳 極鳳恍	花 タ石将 禄龍調 印調胡	陽 タ龍貴 禄牽貫 胡貫報	灯 タ玉極 禄車玉 貴石馳	山 タ車貴 貫司車 庫龍報	地 タ牽極 司禄牽 報玉馳	鉄 タ禄馳 調調禄 極車極	宝 タ司報 龍鳳司 印牽貴	海 タ鳳胡 鳳石鳳 胡禄将	雨 タ調恍 鳳貫調 貴司禄	樹 ト貫禄 禄玉貫 堂鳳恍	花 ト石将 調龍石 恍調胡	陽 ト龍貴 石牽龍 将貫報

1975年（昭和50年）

1975年(昭和50年)

	1日	2日	3日	4日	5日	6日	7日	8日	9日	10日	11日	12日	13日	14日	15日	16日
1月	灯 ト玉極 鳳車玉 南石馳	山 ト車貴 鳳司車 胡龍報	地 ト牽極 鳳禄牽 貴玉馳	鉄 ト禄馳 龍調禄 堂車極	宝 ト司報 調鳳司 恍牽貴	海 ト鳳胡 石石車 将司堂	雨 ト調恍 貫貫牽 南禄南	樹 ネ貫禄 禄玉禄 禄調南	花 ネ石将 貫龍司 禄鳳堂	陽 ネ龍貴 玉牽鳳 南石印	灯 ネ玉極 調車調 将貫庫	山 ネ車貴 石司貫 将玉印	地 ネ牽極 龍禄石 南龍庫	鉄 ネ禄馳 龍調車 禄牽庫	宝 ネ司報 貫鳳牽 禄車印	海 ネ鳳胡 司玉禄 南司堂
2月	山 サ車貴 車石車 貴玉印	地 サ牽極 車貫牽 胡龍庫	鉄 サ禄馳 龍玉禄 印牽庫	宝 サ禄馳 玉玉禄 極玉報	海 サ調極 牽車調 報車胡	雨 サ鳳貴 禄牽鳳 庫牽恍	樹 ウ石将 禄禄石 馳禄禄	花 ウ貫禄 車司貫 馳司将	陽 ウ玉恍 司鳳玉 庫鳳貴	灯 ウ龍胡 玉調龍 報調極	山 ウ牽恍 司貫牽 報貫貴	地 ウ車胡 禄玉車 庫石極	鉄 ウ司報 車車司 馳龍馳	宝 ウ禄馳 禄牽禄 馳玉報	海 ウ調極 石禄調 庫車胡	雨 ウ鳳貴 玉司鳳 報牽恍
3月	陽 ト玉恍 石龍玉 将鳳貴	灯 ト龍胡 鳳玉龍 南調極	山 ト牽恍 鳳車牽 胡貫貴	地 ト車胡 鳳牽車 貴石極	鉄 ト司報 龍禄司 堂龍馳	宝 ト禄馳 司禄禄 恍龍馳	海 ト調極 石調調 将牽極	雨 ト鳳貴 貫鳳鳳 南車貴	樹 ネ石将 禄石石 禄司将	花 ネ貫禄 貫貫貫 禄禄禄	陽 ネ玉恍 玉玉玉 南調恍	灯 ネ龍胡 司龍龍 将鳳胡	山 ネ牽恍 石牽牽 将石恍	地 ネ車胡 龍車車 南貫胡	鉄 ネ司報 龍司司 禄玉報	宝 ネ禄馳 貫禄禄 禄龍馳
4月	灯 サ龍胡 鳳龍龍 庫鳳胡	山 サ牽恍 車牽牽 貴石恍	地 サ車胡 車車車 胡貫胡	鉄 サ司報 龍司司 印玉報	宝 サ禄馳 玉禄禄 極石庫	海 サ調極 牽調調 報龍庫	雨 サ鳳貴 禄鳳鳳 庫玉印	樹 ウ石将 禄石石 馳車堂	花 ウ貫禄 車貫貫 馳牽南	陽 ウ玉恍 司玉玉 庫禄南	灯 ウ龍胡 玉龍龍 報司堂	山 ウ牽恍 司牽牽 報鳳南	地 ウ車胡 禄車車 庫調堂	鉄 ウ司報 車司司 馳貫印	宝 ウ禄馳 禄鳳禄 馳石庫	海 ウ調極 石石調 庫龍庫
5月	灯 ト龍胡 鳳調龍 南司堂	山 ト牽恍 鳳貫牽 胡鳳南	地 ト車胡 鳳石車 貴調堂	鉄 ト司報 龍龍司 堂貫印	宝 ト禄馳 調玉禄 恍石庫	海 ト調極 石車調 将玉馳	雨 ト鳳貴 貫牽鳳 南龍報	樹 ネ石将 禄禄石 禄牽胡	花 ネ貫禄 貫司貫 禄車恍	陽 ネ玉恍 玉鳳玉 南司禄	灯 ネ龍胡 調調龍 将禄将	山 ネ牽恍 石鳳牽 将調禄	地 ネ車胡 龍調車 南鳳将	鉄 ネ司報 龍貫司 禄石貴	宝 ネ禄馳 貫石禄 禄貫極	海 ネ調極 司龍調 南玉馳
6月	山 サ牽恍 車龍牽 貴調禄	地 サ車胡 車玉車 胡鳳将	鉄 サ司報 龍車司 印石貴	宝 サ禄馳 牽牽禄 極貫極	海 サ調極 司禄調 報玉馳	雨 サ鳳貴 禄車鳳 庫石馳	樹 ウ石将 禄司石 馳龍極	花 ウ貫禄 車禄貫 馳玉貴	陽 ウ玉恍 司調玉 庫車将	灯 ウ龍胡 玉鳳龍 報牽禄	山 ウ牽恍 司石牽 報禄将	地 ウ車胡 禄貫車 庫司禄	鉄 ウ司報 龍玉司 馳鳳恍	宝 ウ禄馳 禄龍禄 馳調胡	海 ウ調極 調牽調 庫貫報	雨 ウ鳳貴 玉車鳳 報石馳
7月	山 ト牽恍 鳳玉牽 胡禄将	地 ト車胡 鳳龍車 貴司禄	鉄 ト司報 龍牽司 堂鳳恍	宝 ト禄馳 調車禄 恍調胡	海 ト調極 石司調 将貫報	雨 ト鳳貴 車禄鳳 南石馳	樹 ネ石将 貫調石 禄龍極	花 ネ貫禄 貫鳳貫 禄龍印	陽 ネ玉恍 玉石玉 南牽堂	灯 ネ龍胡 調貫龍 将車南	山 ネ牽恍 石玉牽 将司堂	地 ネ車胡 龍龍車 南禄南	鉄 ネ司報 龍牽司 禄調南	宝 ネ禄馳 貫車禄 禄鳳堂	海 ネ調極 玉司調 南石印	雨 ネ鳳貴 調禄鳳 将貫庫
8月	地 サ車胡 車貫車 胡禄南	鉄 サ司報 龍玉司 印調南	宝 サ禄馳 牽龍禄 極鳳堂	海 サ調極 司牽調 報石印	雨 サ鳳貴 車車鳳 庫貫庫	樹 ウ石将 車司石 馳玉庫	花 ウ貫禄 車禄貫 馳龍印	陽 ウ玉恍 司鳳玉 庫龍胡	灯 ウ龍胡 玉調龍 報玉恍	山 ウ牽恍 司貫牽 報車胡	地 ウ車胡 禄石車 庫牽恍	鉄 ウ司報 龍龍司 馳禄禄	宝 ウ禄馳 禄玉禄 馳司将	海 ウ調極 調車調 庫鳳貴	雨 ウ鳳貴 玉牽鳳 報調極	樹 タ石将 司禄石 極貫馳
9月	鉄 ト司報 龍貫司 堂禄禄	宝 ト禄馳 調石禄 恍司将	海 ト調極 石龍調 将鳳貴	雨 ト鳳貴 車玉鳳 南調極	樹 ネ石将 貫車石 禄貫馳	花 ネ貫禄 貫牽貫 禄石報	陽 ネ玉恍 鳳禄玉 南龍胡	灯 ネ龍胡 調禄龍 将龍貴	山 ネ牽恍 石調牽 将牽極	地 ネ車胡 龍鳳車 南車貴	鉄 ネ司報 龍石司 禄司将	宝 ネ禄馳 貫貫禄 禄禄禄	海 ネ調極 玉玉調 南調恍	雨 ネ鳳貴 調龍鳳 将鳳胡	樹 イ石将 玉牽石 恍石報	花 イ貫禄 龍車貫 堂貫馳
10月	鉄 サ司報 龍石司 印司将	宝 サ禄馳 牽貫禄 極禄禄	海 サ調極 司玉調 報調恍	雨 サ鳳貴 車龍鳳 庫鳳胡	樹 ウ石将 車牽石 馳石報	花 ウ貫禄 車車貫 馳貫馳	陽 ウ玉恍 鳳司玉 庫玉極	灯 ウ龍胡 牽禄龍 報龍貴	山 ウ牽恍 司調牽 報龍庫	地 ウ車胡 禄鳳車 庫玉印	鉄 ウ司報 龍石司 馳車堂	宝 ウ禄馳 禄貫禄 馳牽南	海 ウ調極 調玉調 庫禄南	雨 ウ鳳貴 牽龍鳳 報司堂	樹 タ石将 司牽石 極鳳印	花 タ貫禄 鳳車貫 印調庫
11月	宝 ト禄馳 調玉禄 恍牽南	海 ト調極 石車調 将禄南	雨 ト鳳貴 車牽鳳 南司堂	樹 ネ石将 貫禄石 禄鳳印	花 ネ貫禄 貫司貫 禄調庫	陽 ネ玉恍 鳳鳳玉 南貫庫	灯 ネ龍胡 石調龍 将石印	山 ネ牽恍 石車牽 将玉馳	地 ネ車胡 龍牽車 南龍報	鉄 ネ司報 龍禄司 禄牽胡	宝 ネ禄馳 貫司禄 禄車恍	海 ネ調極 玉鳳調 南司禄	雨 ネ鳳貴 調調鳳 将禄将	樹 イ石将 玉貫石 恍調貴	花 イ貫禄 龍石貫 堂鳳極	陽 イ玉恍 貫龍玉 貴石馳
12月	宝 サ禄馳 牽調禄 極車恍	海 サ調極 司貫調 報司禄	雨 サ鳳貴 車石鳳 庫禄将	樹 ウ石将 車龍石 馳調貴	花 ウ貫禄 車玉貫 馳鳳極	陽 ウ玉恍 鳳車玉 庫石馳	灯 ウ龍胡 牽牽龍 報貫報	山 ウ牽恍 司司牽 報貫報	地 ウ車胡 禄禄車 庫石馳	鉄 ウ司報 龍調司 馳龍極	宝 ウ禄馳 禄鳳禄 馳玉貴	海 ウ調極 調石調 庫車将	雨 ウ鳳貴 牽貫鳳 報牽禄	樹 タ石将 司玉石 極禄恍	花 タ貫禄 鳳龍貫 印司胡	陽 タ玉恍 鳳牽玉 胡鳳報

	17日	18日	19日	20日	21日	22日	23日	24日	25日	26日	27日	28日	29日	30日	31日
1月	雨 ネ調恍 調龍司 将禄南	樹 イ貫禄 玉牽鳳 恍調南	花 イ石将 禄禄調 堂鳳堂	陽 イ龍貴 貫調貫 貴石印	灯 イ玉極 龍鳳玉 胡貫庫	山 イ車貴 貫石車 南玉印	地 イ牽極 玉貫牽 将龍庫	鉄 イ禄馳 玉玉禄 恍牽庫	宝 イ司報 龍龍司 堂車印	海 イ鳳胡 龍牽鳳 貴司堂	雨 イ調恍 龍車調 胡禄南	樹 サ貫禄 禄司貫 印調南	花 サ石将 玉禄石 極鳳堂	陽 サ龍貴 牽調龍 報石印	灯 サ玉極 鳳鳳玉 庫貫庫
2月	樹 タ石将 司鳳石 極禄禄	花 タ貫禄 禄調貫 印司将	陽 タ玉恍 禄龍玉 胡鳳貴	灯 タ龍胡 禄玉龍 貴調極	山 タ牽恍 貫車牽 庫貫貴	地 タ車胡 司牽車 報石極	鉄 タ司報 調禄司 極龍馳	宝 タ禄馳 龍司禄 印玉報	海 タ調極 鳳鳳調 胡車胡	雨 タ鳳貴 鳳調鳳 貴牽恍	樹 ト石将 禄貫石 堂禄禄	花 ト貫禄 調石貫 恍司将			
3月	海 ネ調極 司調調 南牽極	雨 ネ鳳貴 調鳳鳳 将車貴	樹 イ石将 玉石石 恍司将	花 イ貫禄 禄貫貫 堂禄禄	陽 イ玉恍 龍玉玉 貴調恍	灯 イ龍胡 龍龍龍 胡鳳胡	山 イ牽恍 貫牽牽 南石恍	地 イ車胡 玉車車 将貫胡	鉄 イ司報 玉司司 恍玉報	宝 イ禄馳 龍禄禄 堂龍馳	海 イ調極 龍調調 貴牽極	雨 イ鳳貴 龍鳳鳳 胡車貴	樹 サ石将 禄石石 印司将	花 サ貫禄 玉貫貫 極禄禄	陽 サ玉恍 牽玉玉 報調恍
4月	雨 ウ鳳貴 玉貫鳳 報玉印	樹 タ石将 司禄石 極車堂	花 タ貫禄 禄司貫 印牽南	陽 タ玉恍 禄鳳玉 胡禄南	灯 タ龍胡 禄調龍 貴司堂	山 タ牽恍 貫貫牽 庫鳳南	地 タ車胡 司石車 報調堂	鉄 タ司報 調龍司 極貫印	宝 タ禄馳 龍玉禄 印石庫	海 タ調極 鳳車調 胡龍庫	雨 タ鳳貴 鳳牽鳳 貴玉印	樹 ト石将 禄禄石 堂車堂	花 ト貫禄 調司貫 恍牽南	陽 ト玉恍 石鳳玉 将禄南	
5月	雨 ネ鳳貴 調玉鳳 将龍報	樹 イ石将 玉車石 恍牽胡	花 イ貫禄 禄牽貫 堂車恍	陽 イ玉恍 貫禄玉 貴司禄	灯 イ龍胡 龍石龍 胡禄将	山 イ牽恍 貫龍牽 南調禄	地 イ車胡 玉玉車 将鳳将	鉄 イ司報 玉車司 恍石貴	宝 イ禄馳 龍牽禄 堂貫極	海 イ調極 龍禄調 貴玉馳	雨 イ鳳貴 龍司鳳 胡龍報	樹 サ石将 禄鳳石 印牽胡	花 サ貫禄 玉調貫 極車恍	陽 サ玉恍 牽貫玉 報司禄	灯 サ龍胡 鳳石龍 庫禄将
6月	樹 タ石将 司司石 極龍極	花 タ貫禄 貫禄貫 印玉貴	陽 タ玉恍 車調玉 胡車将	灯 タ龍胡 禄鳳龍 貴牽禄	山 タ牽恍 貫石牽 庫禄将	地 タ車胡 司貫車 報司禄	鉄 タ司報 調玉司 極鳳恍	宝 タ禄馳 龍龍禄 印調胡	海 タ調極 鳳牽調 胡貫報	雨 タ鳳貴 鳳禄鳳 貴石馳	樹 ト石将 禄調石 堂龍極	花 ト貫禄 調鳳貫 恍玉貴	陽 ト玉恍 石石玉 将車将	灯 ト龍胡 鳳貫龍 南牽禄	
7月	樹 イ石将 玉調石 恍玉庫	花 イ貫禄 車貫貫 堂龍印	陽 イ玉恍 貫玉玉 貴牽堂	灯 イ龍胡 龍龍龍 胡車南	山 イ牽恍 貫石牽 南司堂	地 イ車胡 調貫車 将禄南	鉄 イ司報 玉玉司 恍調南	宝 イ禄馳 龍龍禄 堂鳳堂	海 イ調極 龍牽調 貴石印	雨 イ鳳貴 龍車鳳 胡貫庫	樹 サ石将 禄司石 印玉庫	花 サ貫禄 玉禄貫 極龍印	陽 サ玉恍 牽調玉 報牽堂	灯 サ龍胡 鳳鳳龍 庫車南	山 サ牽恍 車石牽 貴司堂
8月	花 タ貫禄 鳳司貫 印石報	陽 タ玉恍 鳳鳳玉 胡龍胡	灯 タ龍胡 禄牽龍 貴玉恍	山 タ牽恍 玉禄牽 庫車胡	地 タ車胡 司司車 報牽恍	鉄 タ司報 調貫司 極禄禄	宝 タ禄馳 龍石禄 印司将	海 タ調極 鳳龍調 胡鳳貴	雨 タ鳳貴 鳳玉鳳 貴調極	樹 ト石将 禄車石 堂貫馳	花 ト貫禄 調牽貫 恍石報	陽 ト玉恍 石禄玉 将龍胡	灯 ト龍胡 鳳司龍 南玉恍	山 ト牽恍 鳳鳳牽 胡車胡	地 ト車胡 鳳調車 貴牽恍
9月	陽 イ玉恍 貫司玉 貴玉極	灯 イ龍胡 龍禄龍 胡龍貴	山 イ牽恍 司調牽 南牽極	地 イ車胡 調鳳車 将車貴	鉄 イ司報 玉石司 恍司将	宝 イ禄馳 龍貫禄 堂禄禄	海 イ調極 龍玉調 貴調恍	雨 イ鳳貴 龍龍鳳 胡鳳胡	樹 サ石将 禄牽石 印石報	花 サ貫禄 玉車貫 極貫馳	陽 サ玉恍 牽司玉 報玉極	灯 サ龍胡 鳳禄龍 庫龍貴	山 サ牽恍 車調牽 貴牽極	地 サ車胡 車鳳車 胡車貴	
10月	陽 タ玉恍 鳳司玉 胡貫庫	灯 タ龍胡 禄禄龍 貴石印	山 タ牽恍 玉玉牽 庫龍庫	地 タ車胡 牽龍車 報玉印	鉄 タ司報 調牽司 極車堂	宝 タ禄馳 龍玉禄 印牽南	海 タ調極 禄車調 胡禄南	雨 タ鳳貴 鳳牽鳳 貴司堂	樹 ト石将 禄禄石 堂鳳印	花 ト貫禄 調司貫 恍調庫	陽 ト玉恍 調鳳玉 将貫庫	灯 ト龍胡 鳳調龍 南石印	山 ト牽恍 鳳貫牽 胡龍庫	地 ト車胡 鳳石車 貴玉印	鉄 ト司報 龍龍司 堂車堂
11月	灯 イ龍胡 龍玉龍 胡貫報	山 イ牽恍 司車牽 南玉馳	地 イ車胡 調牽車 将龍報	鉄 イ司報 玉禄司 恍牽胡	宝 イ禄馳 龍調禄 堂車恍	海 イ調極 龍貫調 貴司禄	雨 イ鳳貴 龍石鳳 胡禄将	樹 サ石将 禄龍石 印調貴	花 サ貫禄 玉玉貫 極鳳極	陽 サ玉恍 牽車玉 報石馳	灯 サ龍胡 鳳牽龍 庫貫報	山 サ牽恍 車禄牽 貴玉馳	地 サ車胡 車司車 胡龍報	鉄 サ司報 龍鳳司 印牽胡	
12月	灯 タ龍胡 禄車龍 貴調馳	山 タ牽恍 玉司牽 庫貫報	地 タ車胡 牽禄車 報石馳	鉄 タ司報 調調司 極龍極	宝 タ禄馳 龍鳳禄 印玉貴	海 タ調極 禄石調 胡車将	雨 タ鳳貴 鳳貫鳳 貴牽禄	樹 ト石将 禄玉石 堂禄恍	花 ト貫禄 調龍貫 恍司胡	陽 ト玉恍 調牽玉 将鳳報	灯 ト龍胡 鳳車龍 南調馳	山 ト牽恍 鳳司牽 胡貫報	地 ト車胡 鳳禄車 貴石馳	鉄 ト司報 龍調司 堂龍極	宝 ト禄馳 調鳳禄 恍玉貴

1975年（昭和50年）

1976年（昭和51年）

1976年(昭和51年)

	1日	2日	3日	4日	5日	6日	7日	8日	9日	10日	11日	12日	13日	14日	15日	16日
1月	海 ト調極 石石調 将車将	雨 ト鳳貴 車貫鳳 南牽禄	樹 ネ石将 貫玉石 禄禄恍	花 ネ貫禄 貫龍貫 禄司胡	陽 ネ玉恍 鳳牽玉 南鳳報	灯 ネ龍胡 調車龍 将鳳庫	山 ネ牽恍 石司牽 将石印	地 ネ車胡 龍禄車 南貫庫	鉄 ネ司報 龍調司 禄玉庫	宝 ネ禄馳 貫鳳禄 禄龍印	海 ネ調極 玉石調 南牽堂	雨 ネ鳳貴 調貫鳳 将車南	樹 イ石将 玉玉石 恍司南	花 イ貫禄 龍龍貫 堂禄堂	陽 イ玉恍 貫牽玉 貴調印	灯 イ龍胡 龍禄龍 胡鳳庫
2月	雨 サ鳳貴 車車鳳 庫車南	樹 ウ石将 車司石 馳司南	花 ウ貫禄 車禄貫 馳禄堂	陽 ウ玉恍 鳳調玉 庫調印	灯 ウ石堂 玉調龍 報司極	山 ウ龍南 司貫牽 報鳳貴	地 ウ玉堂 禄石車 庫調極	鉄 ウ車印 龍龍司 馳貫馳	宝 ウ牽庫 禄玉禄 馳石報	海 ウ禄庫 調車調 庫龍胡	雨 ウ司印 玉牽鳳 報玉恍	樹 タ鳳堂 司禄石 極車禄	花 タ調南 鳳調貫 印牽将	陽 タ貫南 鳳貫玉 胡禄貴	灯 タ石堂 禄石車 貴司極	山 タ龍南 玉龍司 庫鳳貴
3月	海 ト禄庫 石鳳車 将龍胡	雨 ト司印 車調牽 南玉恍	樹 ネ鳳堂 貫貫禄 禄車禄	花 ネ調南 貫石司 禄牽将	陽 ネ貫南 玉玉玉 南司恍	灯 ネ石堂 調龍龍 将禄胡	山 ネ龍南 石牽牽 将調恍	地 ネ玉堂 龍車車 南鳳胡	鉄 ネ車印 龍司司 禄石報	宝 ネ牽庫 貫禄禄 禄貫馳	海 ネ禄庫 玉調調 南玉極	雨 ネ司印 調鳳鳳 将龍貴	樹 イ鳳堂 玉石石 恍牽将	花 イ調南 龍貫貫 堂車禄	陽 イ貫南 貫玉牽 貴司恍	灯 イ石堂 龍龍車 胡禄胡
4月	雨 サ司印 車鳳牽 庫龍貴	樹 ウ鳳堂 車石禄 馳牽将	花 ウ調南 車貫司 馳車禄	陽 ウ貫南 鳳玉鳳 庫司恍	灯 ウ石堂 玉龍龍 報牽堂	山 ウ龍南 司牽牽 報禄南	地 ウ玉堂 禄車車 庫司堂	鉄 ウ車印 龍司司 馳鳳印	宝 ウ牽庫 禄禄禄 馳調庫	海 ウ禄庫 調調調 庫貫庫	雨 ウ司印 玉鳳鳳 報石印	樹 タ鳳堂 司石石 極龍堂	花 タ調南 鳳貫貫 印玉南	陽 タ貫南 鳳玉玉 胡車南	灯 タ石堂 禄車車 貴牽堂	山 タ龍南 玉司司 庫禄南
5月	雨 ト司印 車牽牽 南石印	樹 ネ鳳堂 貫禄禄 禄龍堂	花 ネ調南 貫司司 禄玉南	陽 ネ貫南 鳳鳳鳳 南車南	灯 ネ石堂 調調龍 将車将	山 ネ龍南 石貫牽 将司禄	地 ネ玉堂 龍石車 南禄将	鉄 ネ車印 龍龍司 禄調貴	宝 ネ牽庫 貫玉禄 禄鳳極	海 ネ禄庫 玉車調 南石馳	雨 ネ司印 調玉鳳 将貫報	樹 イ鳳堂 玉車石 恍玉胡	花 イ調南 龍牽貫 堂龍恍	陽 イ貫南 貫禄玉 貴牽禄	灯 イ石堂 龍司車 胡車将	山 イ龍南 司鳳司 南司禄
6月	樹 ウ鳳堂 車鳳禄 馳玉胡	花 ウ調南 車調司 馳龍恍	陽 ウ貫南 鳳貫鳳 庫牽禄	灯 ウ石堂 牽石調 報車将	山 ウ龍南 司石牽 報車将	地 ウ玉堂 禄貫車 庫牽禄	鉄 ウ車印 龍玉司 馳禄恍	宝 ウ牽庫 禄龍禄 馳司胡	海 ウ禄庫 調牽調 庫鳳報	雨 ウ司印 牽車鳳 報調馳	樹 タ鳳堂 司司石 極貫極	花 タ調南 鳳禄貫 印石貴	陽 タ貫南 鳳調玉 胡龍将	灯 タ石堂 禄鳳龍 貴玉禄	山 タ龍南 玉石司 庫車将	地 タ玉堂 牽貫禄 報牽禄
7月	樹 ネ鳳堂 貫調禄 禄貫極	花 ネ調南 貫鳳司 禄石貴	陽 ネ貫南 鳳石鳳 南龍将	灯 ネ石堂 石貫調 将玉禄	山 ネ龍南 玉玉貫 将車将	地 ネ玉堂 貫龍石 南牽禄	鉄 ネ車印 龍牽司 禄司南	宝 ネ牽庫 貫車禄 禄禄堂	海 ネ禄庫 玉司調 南調印	雨 ネ司印 調禄鳳 将鳳庫	樹 イ鳳堂 玉調石 恍石庫	花 イ調南 龍鳳貫 堂貫印	陽 イ貫南 鳳石玉 貴玉堂	灯 イ石堂 龍貫龍 胡龍南	山 イ龍南 牽玉牽 南牽堂	地 イ玉堂 調龍車 将車南
8月	花 ウ調南 車禄司 馳貫印	陽 ウ貫南 鳳調鳳 庫玉堂	灯 ウ石堂 牽鳳調 報龍南	山 ウ龍南 司石貫 報牽堂	地 ウ玉堂 貫貫石 庫車南	鉄 ウ車印 禄玉龍 馳司南	宝 ウ牽庫 禄玉禄 馳牽将	海 ウ禄庫 調車調 庫禄貴	雨 ウ司印 牽牽鳳 報司極	樹 タ鳳堂 司禄石 極鳳馳	花 タ調南 鳳司貫 印調報	陽 タ貫南 鳳鳳玉 胡貫胡	灯 タ石堂 禄調龍 貴石恍	山 タ龍南 調貫牽 庫龍胡	地 タ玉堂 牽石車 報玉恍	鉄 タ車印 調龍司 極車禄
9月	陽 ネ貫南 鳳禄鳳 南貫胡	灯 ネ石堂 石司調 将石恍	山 ネ龍南 玉鳳貫 将龍胡	地 ネ玉堂 貫調石 南玉恍	鉄 ネ車印 貫貫龍 禄車禄	宝 ネ牽庫 貫石玉 禄牽将	海 ネ禄庫 玉玉調 南司恍	雨 ネ司印 調龍鳳 将禄胡	樹 イ鳳堂 玉牽石 恍調報	花 イ調南 龍車貫 堂鳳馳	陽 イ貫南 鳳司玉 貴石極	灯 イ石堂 龍禄龍 胡貫貴	山 イ龍南 牽調牽 南玉極	地 イ玉堂 調鳳車 将龍貴	鉄 イ車印 玉石司 恍牽将	宝 イ牽庫 車貫禄 堂車禄
10月	陽 ウ貫南 鳳司鳳 庫石極	灯 ウ石堂 牽禄調 報貫貴	山 ウ龍南 司調貫 報玉極	地 ウ玉堂 貫鳳石 庫龍貴	鉄 ウ車印 禄石龍 馳牽将	宝 ウ牽庫 禄貫玉 馳車禄	海 ウ禄庫 車玉車 庫司恍	雨 ウ司印 牽龍鳳 報牽堂	樹 タ鳳堂 司牽石 極禄印	花 タ調南 鳳車貫 印司庫	陽 タ貫南 鳳司玉 胡鳳庫	灯 タ石堂 禄禄龍 貴調印	山 タ龍南 調調牽 庫貫庫	地 タ玉堂 牽鳳車 報石印	鉄 タ車印 調石司 極龍堂	宝 タ牽庫 鳳貫禄 印玉南
11月	灯 ネ石堂 石調調 将調印	山 ネ龍南 玉貫貫 将貫庫	地 ネ玉堂 貫石石 南石印	鉄 ネ車印 貫龍龍 禄龍堂	宝 ネ牽庫 貫玉玉 禄玉南	海 ネ禄庫 車車車 南車南	雨 ネ司印 調調鳳 将車将	樹 イ鳳堂 玉貫石 恍司貴	花 イ調南 龍石貫 堂禄極	陽 イ貫南 鳳龍玉 貴調馳	灯 イ石堂 龍玉龍 胡鳳報	山 イ龍南 牽車牽 南石馳	地 イ玉堂 調牽車 将貫報	鉄 イ車印 玉禄司 恍玉胡	宝 イ牽庫 車司禄 堂龍恍	海 イ禄庫 車鳳調 貴牽禄
12月	灯 ウ石堂 牽牽調 報鳳報	山 ウ龍南 司禄貫 報石馳	地 ウ玉堂 貫司石 庫貫報	鉄 ウ車印 禄鳳龍 馳玉胡	宝 ウ牽庫 禄調玉 馳龍恍	海 ウ禄庫 車貫車 庫牽禄	雨 ウ司印 牽貫鳳 報玉禄	樹 タ鳳堂 司玉石 極車恍	花 タ調南 鳳龍貫 印牽胡	陽 タ貫南 鳳牽玉 胡禄報	灯 タ石堂 禄車龍 貴司馳	山 タ龍南 調司牽 庫鳳報	地 タ玉堂 牽禄車 報調馳	鉄 タ車印 調調司 極貫極	宝 タ牽庫 鳳鳳禄 印石貴	海 タ禄庫 禄石調 胡龍将

	17日	18日	19日	20日	21日	22日	23日	24日	25日	26日	27日	28日	29日	30日	31日
1月	山 イ牽恍 司調牽 南石印	地 イ車胡 調鳳車 将貫庫	鉄 イ司報 玉玉司 恍玉庫	宝 イ禄馳 龍龍禄 堂龍印	海 イ調極 龍牽調 貴牽堂	雨 イ鳳貴 龍車鳳 胡車南	樹 サ石将 禄司石 印司南	花 サ貫禄 玉禄貫 極禄堂	陽 サ玉恍 牽調玉 報調印	灯 サ龍胡 鳳鳳龍 庫鳳庫	山 サ牽恍 車石牽 貴石印	地 サ車胡 車貫車 胡貫庫	鉄 サ司報 龍玉司 印玉庫	宝 サ禄馳 牽龍禄 極龍印	海 サ調極 司牽調 報牽堂
2月	地 タ玉堂 牽玉禄 報調極	鉄 タ車印 調車龍 極貫馳	宝 タ牽庫 龍牽玉 印石報	海 タ禄庫 鳳鳳車 胡龍胡	雨 タ司印 鳳調牽 貴玉恍	樹 ト鳳堂 禄貫禄 堂車禄	花 ト調南 調石司 恍牽将	陽 ト貫南 調龍鳳 将禄貴	灯 ト石堂 鳳玉調 南司極	山 ト龍南 鳳車貫 胡鳳貴	地 ト玉堂 鳳牽石 貴調極	鉄 ト車印 龍禄龍 堂貫馳	宝 ト牽庫 調司玉 恍石報		
3月	山 イ龍南 司牽司 南調恍	地 イ玉堂 調車石 将鳳胡	鉄 イ車印 玉司龍 恍石報	宝 イ牽庫 龍禄玉 堂貫馳	海 イ禄庫 龍調車 貴玉極	雨 イ司印 龍鳳牽 胡龍貴	樹 サ鳳堂 禄石禄 印牽将	花 サ調南 玉貫司 極車禄	陽 サ貫南 牽玉鳳 報司恍	灯 サ石堂 鳳龍調 庫禄胡	山 サ龍南 車牽貫 貴調恍	地 サ玉堂 車車石 胡鳳胡	鉄 サ車印 龍司龍 印石報	宝 サ牽庫 牽禄玉 極貫馳	海 サ禄庫 司調車 報玉極
4月	地 タ玉堂 牽禄禄 報司堂	鉄 タ車印 調龍龍 極鳳印	宝 タ牽庫 龍玉玉 印調庫	海 タ禄庫 鳳車車 胡貫庫	雨 タ司印 鳳牽牽 貴石印	樹 ト鳳堂 禄禄禄 堂龍堂	花 ト調南 調司司 恍玉南	陽 ト貫南 調鳳鳳 将車南	灯 ト石堂 鳳調調 南牽堂	山 ト龍南 鳳貫貫 胡禄南	地 ト玉堂 鳳石石 貴司堂	鉄 ト車印 龍龍龍 堂鳳印	宝 ト牽庫 調玉玉 恍調庫	海 ト禄庫 石車車 将貫庫	
5月	地 イ玉堂 調調禄 将禄将	鉄 イ車印 玉貫龍 恍調貴	宝 イ牽庫 龍石玉 堂鳳極	海 イ禄庫 龍禄車 貴石馳	雨 イ司印 龍司牽 胡貫報	樹 サ鳳堂 禄鳳禄 印玉胡	花 サ調南 玉調司 極龍恍	陽 サ貫南 牽貫鳳 報牽禄	灯 サ石堂 鳳石調 庫車将	山 サ龍南 車龍貫 貴司禄	地 サ玉堂 車玉石 胡禄将	鉄 サ車印 龍車龍 印調貴	宝 サ牽庫 牽牽玉 極鳳極	海 サ禄庫 司禄車 報石馳	雨 サ司印 車司牽 庫貫報
6月	鉄 タ車印 調玉調 極禄恍	宝 タ牽庫 龍龍玉 印司胡	海 タ禄庫 禄牽車 胡鳳報	雨 タ司印 鳳車牽 貴調馳	樹 ト鳳堂 禄司禄 堂貫極	花 ト調南 調禄司 恍石貴	陽 ト貫南 調調鳳 将龍将	灯 ト石堂 鳳鳳調 南玉禄	山 ト龍南 鳳玉貫 胡車将	地 ト玉堂 鳳龍石 貴牽禄	鉄 ト車印 龍牽龍 堂禄恍	宝 ト牽庫 調車玉 恍司胡	海 ト禄庫 石司車 将鳳報	雨 ト司印 車禄牽 南調馳	
7月	鉄 イ車印 玉司調 恍司南	宝 イ牽庫 禄禄鳳 堂禄堂	海 イ禄庫 貫調石 貴調印	雨 イ司印 龍車牽 胡鳳庫	樹 サ鳳堂 禄司禄 印石庫	花 サ調南 玉禄司 極貫印	陽 サ貫南 牽調鳳 報玉堂	灯 サ石堂 鳳鳳調 庫龍南	山 サ龍南 車石貫 貴牽堂	地 サ玉堂 車貫石 胡車南	鉄 サ車印 龍玉龍 印司南	宝 サ牽庫 牽龍玉 極禄堂	海 サ禄庫 司牽車 報調印	雨 サ司印 車車牽 庫鳳庫	樹 ウ鳳堂 車司禄 馳石庫
8月	宝 タ牽庫 貫玉鳳 印牽将	海 タ禄庫 禄貫石 胡禄貴	雨 タ司印 鳳石貫 貴司極	樹 ト鳳堂 禄龍禄 堂鳳馳	花 ト調南 牽牽司 恍調報	陽 ト貫南 調禄鳳 将貫胡	灯 ト石堂 鳳司調 南石恍	山 ト龍南 鳳鳳貫 胡龍胡	地 ト玉堂 鳳調石 貴玉恍	鉄 ト車印 龍貫龍 堂車禄	宝 ト牽庫 調石玉 恍牽将	海 ト禄庫 石龍車 将禄貴	雨 ト司印 車玉牽 南司極	樹 ネ鳳堂 貫車禄 禄鳳馳	花 ネ調南 貫牽司 禄調報
9月	海 イ禄庫 車玉石 貴司恍	雨 イ司印 龍龍貫 胡禄胡	樹 サ鳳堂 調牽玉 印調報	花 サ調南 玉車司 極鳳馳	陽 サ貫南 牽司鳳 報石極	灯 サ石堂 鳳禄調 庫貫貴	山 サ龍南 車調貫 貴玉極	地 サ玉堂 車鳳石 胡龍貴	鉄 サ車印 龍石龍 印牽将	宝 サ牽庫 牽貫玉 極車禄	海 サ禄庫 司玉車 報司恍	雨 サ司印 車龍牽 庫禄胡	樹 ウ鳳堂 車牽禄 馳調報	花 ウ調南 車車司 馳鳳馳	
10月	海 タ禄庫 禄玉調 胡車南	雨 タ司印 鳳禄貫 貴牽堂	樹 ト鳳堂 玉調玉 堂禄印	花 ト調南 牽鳳龍 恍司庫	陽 ト貫南 調鳳鳳 将鳳庫	灯 ト石堂 鳳調調 南調印	山 ト龍南 鳳貫貫 胡貫庫	地 ト玉堂 鳳石石 貴石印	鉄 ト車印 龍龍龍 堂龍堂	宝 ト牽庫 調玉玉 恍玉南	海 ト禄庫 石車車 将車南	雨 ト司印 車牽牽 南牽堂	樹 ネ鳳堂 貫禄禄 禄禄印	花 ネ調南 貫司司 禄司庫	陽 ネ貫南 鳳鳳鳳 南鳳庫
11月	雨 イ司印 龍調貫 胡車将	樹 サ鳳堂 調貫玉 印司貴	花 サ調南 石石龍 極禄極	陽 サ貫南 牽車鳳 報調馳	灯 サ石堂 鳳牽調 庫鳳報	山 サ龍南 車禄貫 貴石馳	地 サ玉堂 車司石 胡貫報	鉄 サ車印 龍鳳龍 印玉胡	宝 サ牽庫 牽調玉 極龍恍	海 サ禄庫 牽貫車 報牽禄	雨 サ司印 車石牽 庫車将	樹 ウ鳳堂 車龍禄 馳司貴	花 ウ調南 車玉司 馳禄極	陽 ウ貫南 鳳車鳳 庫調馳	
12月	雨 タ司印 鳳貫貫 貴玉禄	樹 ト鳳堂 玉玉玉 堂車恍	花 ト調南 牽龍龍 恍牽胡	陽 ト貫南 調牽鳳 将禄報	灯 ト石堂 鳳車調 南司馳	山 ト龍南 鳳司貫 胡鳳報	地 ト玉堂 鳳禄石 貴調馳	鉄 ト車印 龍調龍 堂貫極	宝 ト牽庫 調鳳玉 恍石貴	海 ト禄庫 石石車 将龍将	雨 ト司印 車貫牽 南玉禄	樹 ネ鳳堂 貫玉禄 禄車恍	花 ネ調南 貫龍司 禄牽胡	陽 ネ貫南 鳳牽鳳 南禄報	灯 ネ石堂 石車調 将司馳

1977年（昭和52年）

1977年(昭和52年)

	1日	2日	3日	4日	5日	6日	7日	8日	9日	10日	11日	12日	13日	14日	15日	16日
1月	山 ネ龍南 玉司貫 将鳳報	地 ネ玉堂 貫禄石 南調馳	鉄 ネ車印 貫調龍 禄貫極	宝 ネ牽庫 貫鳳玉 禄石貴	海 ネ禄庫 玉石調 南玉堂	雨 ネ司印 調貫鳳 将龍南	樹 イ鳳堂 玉玉石 恍牽南	花 イ調南 龍龍貫 堂車堂	陽 イ貫南 鳳牽玉 貴司印	灯 イ石堂 龍車龍 胡禄庫	山 イ龍南 牽司牽 南調印	地 イ玉堂 調禄車 将鳳庫	鉄 イ車印 玉調司 恍石庫	宝 イ牽庫 車鳳禄 堂貫印	海 イ禄庫 車玉石 貴玉堂	雨 イ司印 龍龍貫 胡龍南
2月	地 ウ玉堂 貫貫石 庫鳳庫	鉄 ウ車印 禄玉龍 馳石庫	宝 ウ牽庫 禄龍玉 馳貫印	海 ウ司馳 調車車 庫貫胡	雨 ウ禄報 牽牽牽 報石恍	樹 タ調胡 司禄禄 極龍禄	花 タ鳳恍 鳳司司 印玉将	陽 タ石禄 鳳鳳鳳 胡車貴	灯 タ貫将 禄調調 貴牽極	山 タ玉禄 調貫鳳 庫禄貴	地 タ龍将 牽石調 報司極	鉄 タ牽貴 調車貫 極鳳馳	宝 タ車極 鳳牽石 印調報	海 タ司馳 禄禄龍 胡貫胡	雨 タ禄報 鳳司玉 貴石恍	樹 ト調胡 玉鳳車 堂龍禄
3月	灯 ネ貫将 石玉石 将牽極	山 ネ玉禄 玉車龍 将禄貴	地 ネ龍将 貫牽玉 南司極	鉄 ネ牽貴 貫禄車 禄鳳馳	宝 ネ車極 貫司牽 禄調報	海 ネ司馳 玉調車 南石極	雨 ネ禄報 調鳳牽 将貫貴	樹 イ調胡 玉石禄 恍玉将	花 イ鳳恍 龍貫司 堂龍禄	陽 イ石禄 鳳玉鳳 貴牽恍	灯 イ貫将 龍龍調 胡車胡	山 イ玉禄 牽牽鳳 南司恍	地 イ龍将 調車調 将禄胡	鉄 イ牽貴 玉司貫 恍調報	宝 イ車極 車禄石 堂鳳馳	海 イ司馳 車調龍 貴石極
4月	山 ウ玉禄 司牽龍 報司恍	地 ウ龍将 貫車玉 庫禄胡	鉄 ウ牽貴 禄司車 馳調報	宝 ウ車極 禄禄牽 馳鳳馳	海 ウ司馳 調調車 庫鳳庫	雨 ウ禄報 牽鳳牽 報調印	樹 タ調胡 司石禄 極貫堂	花 タ鳳恍 鳳貫司 印石南	陽 タ石禄 鳳玉鳳 胡龍南	灯 タ貫将 禄龍調 貴玉堂	山 タ玉禄 調牽鳳 庫車南	地 タ龍将 牽車調 報牽堂	鉄 タ牽貴 調司貫 極禄印	宝 タ車極 鳳禄石 印司庫	海 タ司馳 禄石龍 胡鳳庫	雨 タ禄報 鳳貫玉 貴調印
5月	山 ネ玉禄 玉貫龍 将車南	地 ネ龍将 貫石玉 南牽堂	鉄 ネ牽貴 貫龍車 禄禄印	宝 ネ車極 貫玉牽 禄司庫	海 ネ司馳 車車禄 南鳳庫	雨 ネ禄報 調牽牽 将鳳報	樹 イ調胡 玉禄禄 恍石胡	花 イ鳳恍 龍司司 堂貫恍	陽 イ石禄 鳳鳳鳳 貴玉禄	灯 イ貫将 龍調調 胡龍将	山 イ玉禄 牽貫貫 南牽禄	地 イ龍将 調調調 将車将	鉄 イ牽貴 玉貫貫 恍司貴	宝 イ車極 車石石 堂禄極	海 イ司馳 車龍龍 貴調馳	雨 イ禄報 龍玉玉 胡鳳報
6月	地 ウ龍将 貫玉玉 庫車将	鉄 ウ牽貴 禄車車 馳司貴	宝 ウ車極 禄牽牽 馳禄極	海 ウ司馳 車禄禄 庫調馳	雨 ウ禄報 司司司 報鳳報	樹 タ調胡 司司禄 極鳳極	花 タ鳳恍 鳳禄司 印調貴	陽 タ石禄 鳳調鳳 胡貫将	灯 タ貫将 禄鳳調 貴石禄	山 タ玉禄 調石貫 庫龍将	地 タ龍将 牽貫石 報玉禄	鉄 タ牽貴 調玉貫 極車恍	宝 タ車極 鳳龍石 印牽胡	海 タ司馳 禄牽龍 胡禄報	雨 タ禄報 鳳車玉 貴司馳	樹 ト調胡 玉司車 堂鳳極
7月	地 ネ龍将 貫龍玉 南玉禄	鉄 ネ牽貴 貫牽車 禄車恍	宝 ネ車極 貫車牽 禄牽胡	海 ネ司馳 車司禄 南禄報	雨 ネ禄報 石禄司 将司馳	樹 イ調胡 玉調鳳 恍鳳極	花 イ鳳恍 龍鳳司 堂鳳印	陽 イ石禄 鳳石鳳 貴石堂	灯 イ貫将 龍貫調 胡貫南	山 イ玉禄 牽玉貫 南玉堂	地 イ龍将 石龍石 将龍南	鉄 イ牽貴 玉牽龍 恍牽南	宝 イ車極 車車石 堂車堂	海 イ司馳 車司龍 貴司印	雨 イ禄報 龍禄玉 胡禄庫	樹 サ調胡 牽調車 印調庫
8月	鉄 ウ牽貴 禄玉車 馳牽南	宝 ウ車極 禄龍牽 馳車堂	海 ウ司馳 車牽禄 庫司印	雨 ウ禄報 司車司 報禄庫	樹 タ調胡 調司鳳 極調庫	花 タ鳳恍 禄禄調 印鳳印	陽 タ石禄 禄調貫 胡石堂	灯 タ貫将 禄調調 貴調恍	山 タ玉禄 調貫貫 庫貫胡	地 タ龍将 牽石石 報石恍	鉄 タ牽貴 調龍龍 極龍禄	宝 タ車極 鳳玉玉 印玉将	海 タ司馳 車車車 胡車貴	雨 タ禄報 鳳牽玉 貴牽極	樹 ト調胡 石禄車 堂禄馳	花 ト鳳恍 牽司牽 恍司報
9月	宝 ネ車極 貫石牽 禄玉将	海 ネ司馳 車龍禄 南車貴	雨 ネ禄報 石玉司 将牽極	樹 イ調胡 玉車鳳 恍禄馳	花 イ鳳恍 禄牽調 堂司報	陽 イ石禄 龍禄貫 貴鳳胡	灯 イ貫将 龍司石 胡調恍	山 イ玉禄 牽調貫 南石極	地 イ龍将 石鳳石 将貫貴	鉄 イ牽貴 玉石龍 恍玉将	宝 イ車極 車貫玉 堂龍禄	海 イ司馳 車玉車 貴牽恍	雨 イ禄報 龍龍牽 胡車胡	樹 サ調胡 牽牽車 印司報	花 サ鳳恍 石車牽 極禄馳	陽 サ石禄 牽司禄 報調極
10月	宝 ウ車極 禄貫牽 馳龍禄	海 ウ司馳 車玉禄 庫牽恍	雨 ウ禄報 司龍司 報車胡	樹 タ調胡 調牽鳳 極司報	花 タ鳳恍 禄車調 印禄馳	陽 タ石禄 禄司貫 胡調極	灯 タ貫将 禄禄石 貴鳳貴	山 タ玉禄 調調貫 庫鳳庫	地 タ龍将 牽鳳石 報調印	鉄 タ牽貴 調石龍 極貫堂	宝 タ車極 鳳貫玉 印石南	海 タ司馳 車玉車 胡龍南	雨 タ禄報 鳳龍牽 貴玉堂	樹 ト調胡 石牽車 堂車印	花 ト鳳恍 牽車牽 恍牽庫	陽 ト石禄 調司禄 将禄庫
11月	海 ネ司馳 車車禄 南龍南	雨 ネ禄報 石牽司 将玉堂	樹 イ調胡 玉禄鳳 恍車印	花 イ鳳恍 禄司調 堂牽庫	陽 イ石禄 龍鳳貫 貴禄庫	灯 イ貫将 龍調石 胡司印	山 イ玉禄 牽車貫 南調馳	地 イ龍将 石牽石 将鳳報	鉄 イ牽貴 玉禄龍 恍石胡	宝 イ車極 車司玉 堂貫恍	海 イ司馳 車鳳車 貴玉禄	雨 イ禄報 龍調牽 胡龍将	樹 サ調胡 牽貫車 印牽貴	花 サ鳳恍 石石牽 極車極	陽 サ石禄 牽龍禄 報司馳	灯 サ貫将 車玉司 庫禄報
12月	海 ウ司馳 車貫禄 庫玉禄	雨 ウ禄報 司石司 報龍将	樹 タ調胡 調龍鳳 極牽貴	花 タ鳳恍 禄玉調 印車極	陽 タ石禄 禄車貫 胡司馳	灯 タ貫将 禄牽石 貴禄報	山 タ玉禄 調司貫 庫禄報	地 タ龍将 牽禄石 報司馳	鉄 タ牽貴 調調龍 極鳳極	宝 タ車極 鳳鳳玉 印調貴	海 タ司馳 車石車 胡貫将	雨 タ禄報 鳳貫牽 貴石禄	樹 ト調胡 石玉車 堂龍恍	花 ト鳳恍 牽龍牽 恍玉胡	陽 ト石禄 調牽禄 将車報	灯 ト貫将 貫車司 南牽馳

	17日	18日	19日	20日	21日	22日	23日	24日	25日	26日	27日	28日	29日	30日	31日
1月	樹 サ鳳堂 調牽玉 印牽南	花 サ調南 玉禄司 極車堂	陽 サ貫南 牽調鳳 報司印	灯 サ石堂 鳳鳳調 庫禄庫	山 サ龍南 車石貫 貴調印	地 サ玉堂 車貫石 胡鳳庫	鉄 サ車印 龍玉龍 印石庫	宝 サ牽庫 牽龍玉 極貫印	海 サ禄庫 司牽車 報玉堂	雨 サ司印 車車牽 庫龍南	樹 ウ鳳堂 車司禄 馳牽南	花 ウ調南 車禄司 馳車堂	陽 ウ貫南 鳳調鳳 庫司印	灯 ウ石堂 牽鳳調 報禄庫	山 ウ龍南 司石貫 報調印
2月	花 ト鳳恍 牽調牽 恍玉将	陽 ト石禄 調貫禄 将車貴	灯 ト貫将 鳳玉石 南牽極	山 ト玉禄 鳳車龍 胡禄貴	地 ト龍将 鳳牽玉 貴司極	鉄 ト牽貴 龍禄車 堂鳳馳	宝 ト車極 調司牽 恍調報	海 ト司馳 石鳳禄 将貫胡	雨 ト禄報 車調司 南石恍	樹 ネ調胡 貫貫鳳 禄龍禄	花 ネ鳳恍 貫石調 禄玉将	陽 ネ石禄 鳳龍貫 南車貴			
3月	雨 イ禄報 龍鳳玉 胡貫貴	樹 サ調胡 調石車 印玉将	花 サ鳳恍 玉貫牽 極龍禄	陽 サ石禄 牽玉禄 報牽恍	灯 サ貫将 鳳龍石 庫車胡	山 サ玉禄 車牽龍 貴司恍	地 サ龍将 車車玉 胡禄胡	鉄 サ牽貴 龍司車 印調報	宝 サ車極 牽禄牽 極鳳馳	海 サ司馳 司調禄 報石極	雨 サ禄報 車鳳司 庫貫貴	樹 ウ調胡 車石鳳 馳玉将	花 ウ鳳恍 車貫調 馳龍禄	陽 ウ石禄 鳳玉貫 庫牽恍	灯 ウ貫将 牽龍石 報車胡
4月	樹 ト調胡 玉玉車 堂貫堂	花 ト鳳恍 牽司牽 恍石南	陽 ト石禄 調鳳禄 将龍南	灯 ト貫将 鳳調石 南玉堂	山 ト玉禄 鳳貫龍 胡車南	地 ト龍将 鳳石玉 貴牽堂	鉄 ト牽貴 龍龍車 堂禄印	宝 ト車極 調玉牽 恍司庫	海 ト司馳 石車禄 将鳳庫	雨 ト禄報 車牽司 南調印	樹 ネ調胡 貫禄鳳 禄貫堂	花 ネ鳳恍 貫司調 禄石南	陽 ネ石禄 鳳鳳貫 南龍南	灯 ネ貫将 石調石 将玉堂	
5月	樹 サ調胡 調車車 印石胡	花 サ鳳恍 石牽牽 極貫恍	陽 サ石禄 牽禄禄 報玉禄	灯 サ貫将 鳳司司 庫龍将	山 サ玉禄 車龍龍 貴牽禄	地 サ龍将 車玉玉 胡車将	鉄 サ牽貴 龍車車 印司貴	宝 サ車極 牽牽牽 極禄極	海 サ司馳 牽禄禄 報調馳	雨 サ禄報 車司司 庫鳳報	樹 ウ調胡 車鳳鳳 馳石胡	花 ウ鳳恍 車調調 馳貫恍	陽 ウ石禄 鳳貫貫 庫玉禄	灯 ウ貫将 牽石石 報龍将	山 ウ玉禄 司龍龍 報牽禄
6月	花 ト鳳恍 牽禄牽 恍調貴	陽 ト石禄 調調禄 将貫将	灯 ト貫将 鳳鳳司 南石禄	山 ト玉禄 鳳石鳳 胡龍将	地 ト龍将 鳳貫玉 貴玉禄	鉄 ト牽貴 龍玉車 堂車恍	宝 ト車極 調龍牽 恍牽胡	海 ト司馳 石牽禄 将禄報	雨 ト禄報 車車司 南司馳	樹 ネ調胡 貫調鳳 禄鳳極	花 ネ鳳恍 貫鳳調 禄調貴	陽 ネ石禄 鳳石貫 南貫将	灯 ネ貫将 石貫石 将石禄	山 ネ玉禄 玉玉龍 将龍将	
7月	花 サ鳳恍 石貫牽 極鳳印	陽 サ石禄 牽玉禄 報石堂	灯 サ貫将 禄龍司 庫貫南	山 サ玉禄 龍石鳳 貴玉堂	地 サ龍将 車貫調 胡龍南	鉄 サ牽貴 龍玉車 印牽南	宝 サ車極 牽龍牽 極車堂	海 サ司馳 牽牽禄 報司印	雨 サ禄報 車車司 庫禄庫	樹 ウ調胡 車司鳳 馳調庫	花 ウ鳳恍 車禄調 馳鳳印	陽 ウ石禄 鳳調貫 庫石堂	灯 ウ貫将 牽鳳石 報貫南	山 ウ玉禄 司石龍 報玉堂	地 ウ龍将 貫貫玉 庫龍南
8月	陽 ト石禄 調鳳禄 将鳳胡	灯 ト貫将 龍調司 南調恍	山 ト玉禄 禄禄鳳 胡貫胡	地 ト龍将 鳳司調 貴石恍	鉄 ト牽貴 龍鳳貫 堂龍禄	宝 ト車極 調石石 恍玉将	海 ト司馳 石龍禄 将車貴	雨 ト禄報 車玉司 南牽極	樹 ネ調胡 貫車鳳 禄禄馳	花 ネ鳳恍 貫牽調 禄司報	陽 ネ石禄 鳳禄貫 南鳳胡	灯 ネ貫将 石司石 将調恍	山 ネ玉禄 玉鳳龍 将貫胡	地 ネ龍将 貫調玉 南石恍	鉄 ネ牽貴 貫貫車 禄龍禄
9月	灯 サ貫将 車禄司 庫鳳貴	山 サ玉禄 龍調鳳 貴石極	地 サ龍将 車鳳調 胡貫貴	鉄 サ牽貴 調石貫 印玉将	宝 サ車極 石貫石 極龍禄	海 サ司馳 牽玉龍 報牽恍	雨 サ禄報 車龍司 庫車胡	樹 ウ調胡 車牽鳳 馳司報	花 ウ鳳恍 車車調 馳禄馳	陽 ウ石禄 鳳司貫 庫調極	灯 ウ貫将 牽禄石 報鳳貴	山 ウ玉禄 司調龍 報石極	地 ウ龍将 貫鳳玉 庫貫貴	鉄 ウ牽貴 禄石車 馳玉将	
10月	灯 ト貫将 貫禄司 南司印	山 ト玉禄 貫玉鳳 胡鳳庫	地 ト龍将 鳳龍調 貴調印	鉄 ト牽貴 牽牽貫 堂貫堂	宝 ト車極 調玉石 恍石南	海 ト司馳 石車龍 将龍南	雨 ト禄報 車牽司 南玉堂	樹 ネ調胡 貫禄鳳 禄車印	花 ネ鳳恍 貫司調 禄牽庫	陽 ネ石禄 鳳鳳貫 南禄庫	灯 ネ貫将 石調石 将司印	山 ネ玉禄 玉貫龍 将鳳庫	地 ネ龍将 貫石玉 南調印	鉄 ネ牽貴 貫龍車 禄貫堂	宝 ネ車極 貫玉牽 禄石南
11月	山 サ玉禄 龍車鳳 貴調馳	地 サ龍将 車牽調 胡鳳報	鉄 サ牽貴 調禄貫 印石胡	宝 サ車極 石調石 極貫恍	海 サ司馳 牽貫龍 報玉禄	雨 サ禄報 車石司 庫龍将	樹 ウ調胡 車龍鳳 馳牽貴	花 ウ鳳恍 車玉調 馳車極	陽 ウ石禄 鳳車貫 庫司馳	灯 ウ貫将 牽牽石 報禄報	山 ウ玉禄 司禄龍 報調馳	地 ウ龍将 貫司玉 庫鳳報	鉄 ウ牽貴 禄鳳車 馳石胡	宝 ウ車極 禄調牽 馳貫恍	
12月	山 ト玉禄 貫司鳳 胡禄報	地 ト龍将 鳳禄調 貴司馳	鉄 ト牽貴 牽調貫 堂鳳極	宝 ト車極 調鳳石 恍調貴	海 ト司馳 石石龍 将貫将	雨 ト禄報 車貫司 南石禄	樹 ネ調胡 貫玉鳳 禄龍恍	花 ネ鳳恍 貫龍調 禄玉胡	陽 ネ石禄 鳳牽貫 南車報	灯 ネ貫将 石車石 将牽馳	山 ネ玉禄 玉司龍 将禄報	地 ネ龍将 貫禄玉 南司馳	鉄 ネ牽貴 貫調車 禄鳳極	宝 ネ車極 貫鳳牽 禄調貴	海 ネ司馳 車石禄 南貫将

1978年（昭和53年）

1978年(昭和53年)

	1日	2日	3日	4日	5日	6日	7日	8日	9日	10日	11日	12日	13日	14日	15日	16日
1月	雨 ネ禄報 石貫司 将石禄	樹 イ調胡 玉玉鳳 恍龍恍	花 イ鳳恍 禄龍調 堂玉胡	陽 イ石禄 龍牽貫 貴車報	灯 イ貫将 龍車石 胡牽馳	山 イ玉禄 牽司貫 南司印	地 イ龍将 石禄石 将禄庫	鉄 イ牽貴 玉調龍 恍調庫	宝 イ車極 車鳳玉 堂鳳印	海 イ司馳 車石車 貴石堂	雨 イ禄報 龍貫牽 胡貫南	樹 サ調胡 牽玉車 印玉南	花 サ鳳恍 石龍牽 極龍堂	陽 サ石禄 牽牽禄 報牽印	灯 サ貫将 車車司 庫車庫	山 サ玉禄 龍調鳳 貴司印
2月	樹 タ調胡 調司鳳 極玉南	花 タ鳳恍 禄禄調 印龍堂	陽 タ石禄 禄調貫 胡牽印	灯 タ調禄 禄調鳳 貴玉極	山 タ貫将 調貫石 庫車貴	地 タ石禄 牽石貫 報牽極	鉄 タ龍恍 調龍玉 極禄馳	宝 タ玉胡 鳳玉龍 印司報	海 タ車報 車車牽 胡鳳胡	雨 タ牽馳 鳳牽車 貴調恍	樹 ト禄極 石禄司 堂貫禄	花 ト司貴 牽調禄 恍石将	陽 ト鳳将 調貫調 将龍貴	灯 ト調禄 龍石鳳 南玉極	山 ト貫将 禄龍石 胡車貴	地 ト石禄 鳳玉貫 貴牽極
3月	海 ネ車報 車鳳司 南鳳胡	雨 ネ牽馳 石調禄 将調恍	樹 イ禄極 玉貫調 恍貫禄	花 イ司貴 禄石鳳 堂石将	陽 イ鳳将 龍龍石 貴龍貴	灯 イ調禄 龍龍鳳 胡龍胡	山 イ貫将 牽牽石 南牽恍	地 イ石禄 石車貫 将車胡	鉄 イ龍恍 玉司玉 恍司報	宝 イ玉胡 車禄龍 堂禄馳	海 イ車報 車調牽 貴調極	雨 イ牽馳 龍鳳車 胡鳳貴	樹 サ禄極 牽石司 印石将	花 サ司貴 石貫禄 極貫禄	陽 サ鳳将 牽玉調 報玉恍	灯 サ調禄 禄龍鳳 庫龍胡
4月	雨 ウ牽馳 司鳳禄 報鳳貴	樹 タ禄極 調石調 極石将	花 タ司貴 禄貫鳳 印貫禄	陽 タ鳳将 禄玉石 胡玉恍	灯 タ調禄 禄龍鳳 貴石堂	山 タ貫将 調牽石 庫龍南	地 タ石禄 牽車貫 報玉堂	鉄 タ龍恍 調司玉 極車印	宝 タ玉胡 鳳禄龍 印牽庫	海 タ車報 車調牽 胡禄庫	雨 タ牽馳 鳳鳳車 貴司印	樹 ト禄極 石石司 堂鳳堂	花 ト司貴 牽貫禄 恍調南	陽 ト鳳将 調玉調 将貫南	灯 ト調禄 龍車鳳 南石堂	山 ト貫将 禄司石 胡龍南
5月	雨 ネ牽馳 石牽禄 将司印	樹 イ禄極 玉禄調 恍鳳堂	花 イ司貴 禄司鳳 堂調南	陽 イ鳳将 龍鳳石 貴貫南	灯 イ調禄 龍調貫 胡石堂	山 イ貫将 牽貫石 南玉禄	地 イ石禄 石石貫 将龍将	鉄 イ龍恍 玉龍玉 恍牽貴	宝 イ玉胡 車玉龍 堂車極	海 イ車報 車車牽 貴司馳	雨 イ牽馳 龍牽車 胡禄報	樹 サ禄極 牽車司 印調胡	花 サ司貴 石牽禄 極鳳恍	陽 サ鳳将 牽禄調 報石禄	灯 サ調禄 車司鳳 庫貫将	山 サ貫将 龍鳳石 貴玉禄
6月	樹 タ禄極 調鳳調 極調胡	花 タ司貴 禄調鳳 印鳳恍	陽 タ鳳将 禄貫石 胡石禄	灯 タ調禄 禄石貫 貴貫将	山 タ貫将 貫龍玉 庫玉禄	地 タ石禄 牽貫貫 報石禄	鉄 タ龍恍 調玉玉 極龍恍	宝 タ玉胡 鳳龍龍 印玉胡	海 タ車報 車牽牽 胡車報	雨 タ牽馳 鳳車車 貴牽馳	樹 ト禄極 石司司 堂禄極	花 ト司貴 牽禄禄 恍司貴	陽 ト鳳将 調調調 将鳳将	灯 ト調禄 貫鳳鳳 南調禄	山 ト貫将 貫石石 胡貫将	地 ト石禄 鳳貫貫 貴石禄
7月	樹 イ禄極 玉調調 恍禄極	花 イ司貴 禄鳳鳳 堂司貴	陽 イ鳳将 龍石石 貴鳳将	灯 イ調禄 龍貫貫 胡調禄	山 イ貫将 貫玉玉 南貫将	地 イ石禄 玉龍龍 将石禄	鉄 イ龍恍 玉牽玉 恍玉南	宝 イ玉胡 車車龍 堂龍堂	海 イ車報 車司牽 貴牽印	雨 イ牽馳 龍禄車 胡車庫	樹 サ禄極 牽調司 印司庫	花 サ司貴 石鳳禄 極禄印	陽 サ鳳将 牽石調 報調堂	灯 サ調禄 車貫鳳 庫鳳南	山 サ貫将 龍玉石 貴石堂	地 サ石禄 車龍貫 胡貫南
8月	花 タ司貴 禄禄鳳 印禄印	陽 タ鳳将 禄調石 胡調堂	灯 タ調禄 禄鳳貫 貴鳳南	山 タ貫将 貫石玉 庫石堂	地 タ石禄 司貫龍 報貫南	鉄 タ龍恍 調玉牽 極玉南	宝 タ玉胡 龍龍車 印龍堂	海 タ車報 車車牽 胡龍貴	雨 タ牽馳 鳳牽車 貴玉極	樹 ト禄極 石禄司 堂車馳	花 ト司貴 司司禄 恍牽報	陽 ト鳳将 調鳳調 将禄胡	灯 ト調禄 貫調鳳 南司恍	山 ト貫将 貫貫石 胡鳳胡	地 ト石禄 鳳石貫 貴調恍	鉄 ト龍恍 石龍玉 堂貫禄
9月	陽 イ鳳将 龍禄石 貴禄胡	灯 イ調禄 龍司貫 胡司恍	山 イ貫将 貫鳳玉 南鳳胡	地 イ石禄 玉調龍 将調恍	鉄 イ龍恍 牽貫牽 恍貫禄	宝 イ玉胡 龍石車 堂石将	海 イ車報 龍龍司 貴龍貴	雨 イ牽馳 龍龍車 胡龍胡	樹 サ禄極 牽牽司 印牽報	花 サ司貴 石車禄 極車馳	陽 サ鳳将 牽司調 報司極	灯 サ調禄 車禄鳳 庫禄貴	山 サ貫将 貫調石 貴調極	地 サ石禄 車鳳貫 胡鳳貴	鉄 サ龍恍 司石玉 印石将	宝 サ玉胡 石貫龍 極貫禄
10月	陽 タ鳳将 禄司石 胡司極	灯 タ調禄 禄禄貫 貴禄貴	山 タ貫将 貫調玉 庫調極	地 タ石禄 司鳳龍 報鳳貴	鉄 タ龍恍 調石牽 極石将	宝 タ玉胡 龍貫車 印貫禄	海 タ車報 鳳玉司 胡玉恍	雨 タ牽馳 鳳龍禄 貴龍胡	樹 ト禄極 石牽司 堂龍印	花 ト司貴 司車禄 恍玉庫	陽 ト鳳将 調司調 将車庫	灯 ト調禄 貫禄鳳 南牽印	山 ト貫将 貫調石 胡禄庫	地 ト石禄 鳳鳳貫 貴司印	鉄 ト龍恍 石石玉 堂鳳堂	宝 ト玉胡 司貫龍 恍調南
11月	灯 イ調禄 龍調貫 胡牽印	山 イ貫将 貫貫玉 南禄庫	地 イ石禄 玉石龍 将司印	鉄 イ龍恍 牽龍牽 恍鳳堂	宝 イ玉胡 龍玉車 堂調南	海 イ車報 龍車司 貴貫南	雨 イ牽馳 龍牽禄 胡石堂	樹 サ禄極 牽貫司 印玉貴	花 サ司貴 石石禄 極龍極	陽 サ鳳将 牽龍調 報牽馳	灯 サ調禄 車玉鳳 庫車報	山 サ貫将 貫車石 貴司馳	地 サ石禄 車牽貫 胡禄報	鉄 サ龍恍 司禄玉 印調胡	宝 サ玉胡 石司龍 極鳳恍	海 サ車報 牽鳳牽 報石禄
12月	灯 タ調禄 禄牽貫 貴車報	山 タ貫将 貫禄玉 庫司馳	地 タ石禄 司司龍 報禄報	鉄 タ龍恍 調鳳牽 極調胡	宝 タ玉胡 龍調車 印鳳恍	海 タ車報 鳳貫司 胡石禄	雨 タ牽馳 鳳貫車 貴調禄	樹 ト禄極 石玉司 堂貫恍	花 ト司貴 司龍禄 恍石胡	陽 ト鳳将 調牽調 将龍報	灯 ト調禄 貫車鳳 南玉馳	山 ト貫将 貫司石 胡車報	地 ト石禄 鳳禄貫 貴牽馳	鉄 ト龍恍 石調玉 堂禄極	宝 ト玉胡 司鳳龍 恍司貴	海 ト車報 石石牽 将鳳将

	17日	18日	19日	20日	21日	22日	23日	24日	25日	26日	27日	28日	29日	30日	31日
1月	地 サ龍将 車鳳調 胡禄庫	鉄 サ牽貴 調石貫 印調庫	宝 サ車極 石龍石 極鳳印	海 サ司馳 牽牽龍 報石堂	雨 サ禄報 車車司 庫貫南	樹 ウ調胡 車司鳳 馳玉南	花 ウ鳳恍 車禄調 馳龍堂	陽 ウ石禄 鳳調貫 庫牽印	灯 ウ貫将 牽鳳石 報車庫	山 ウ玉禄 司石龍 報司印	地 ウ龍将 貫貫玉 庫禄庫	鉄 ウ牽貴 禄玉車 馳調庫	宝 ウ車極 禄龍牽 馳鳳印	海 ウ司馳 車牽禄 庫石堂	雨 ウ禄報 司車司 報貫南
2月	鉄 ト龍恍 龍車玉 堂禄馳	宝 ト玉胡 調牽龍 恍司報	海 ト車報 石鳳牽 将鳳胡	雨 ト牽馳 車調車 南調恍	樹 ネ禄極 貫貫司 禄貫禄	花 ネ司貴 貫石禄 禄石将	陽 ネ鳳将 鳳龍調 南龍貴	灯 ネ調禄 石玉貫 将玉極	山 ネ貫将 玉車玉 将車貴	地 ネ石禄 貫牽龍 南牽極	鉄 ネ龍恍 貫禄牽 禄禄馳	宝 ネ玉胡 貫司車 禄司報			
3月	山 サ貫将 龍牽石 貴牽恍	地 サ石禄 車車貫 胡車胡	鉄 サ龍恍 龍司玉 印司報	宝 サ玉胡 石禄龍 極禄馳	海 サ車報 牽調牽 報調極	雨 サ牽馳 車鳳車 庫鳳貴	樹 ウ禄極 車石司 馳石将	花 ウ司貴 車貫禄 馳貫禄	陽 ウ鳳将 鳳玉調 庫玉恍	灯 ウ調禄 牽龍貫 報龍胡	山 ウ貫将 司牽玉 報牽恍	地 ウ石禄 貫車龍 庫車胡	鉄 ウ龍恍 禄司牽 馳司報	宝 ウ玉胡 禄禄車 馳禄馳	海 ウ車報 車調司 庫調極
4月	地 ト石禄 鳳禄貫 貴玉堂	鉄 ト龍恍 龍龍玉 堂車印	宝 ト玉胡 調玉龍 恍牽庫	海 ト車報 石車牽 将禄庫	雨 ト牽馳 車牽車 南司印	樹 ネ禄極 貫禄司 禄鳳堂	花 ネ司貴 貫司禄 禄調南	陽 ネ鳳将 鳳鳳調 南貫南	灯 ネ調禄 石調貫 将石堂	山 ネ貫将 玉貫玉 将龍南	地 ネ石禄 貫石龍 南玉堂	鉄 ネ龍恍 貫龍牽 禄車印	宝 ネ玉胡 貫玉車 禄牽庫	海 ネ車報 車車司 南禄庫	
5月	地 サ石禄 車調貫 胡龍将	鉄 サ龍恍 調貫玉 印牽貴	宝 サ玉胡 石石龍 極車極	海 サ車報 牽龍牽 報司馳	雨 サ牽馳 車司車 庫禄報	樹 ウ禄極 車鳳司 馳調胡	花 ウ司貴 車調禄 馳鳳恍	陽 ウ鳳将 鳳貫調 庫石禄	灯 ウ調禄 牽石鳳 報貫将	山 ウ貫将 司龍玉 報玉禄	地 ウ石禄 貫玉龍 庫龍将	鉄 ウ龍恍 禄車牽 馳牽貴	宝 ウ玉胡 禄牽車 馳車極	海 ウ車報 車禄司 庫司馳	雨 ウ牽馳 司司禄 報禄報
6月	鉄 ト龍恍 牽玉玉 堂龍恍	宝 ト玉胡 司龍龍 恍玉胡	海 ト車報 石牽牽 将車報	雨 ト牽馳 車車車 南牽馳	樹 ネ禄極 貫司司 禄禄極	花 ネ司貴 貫禄禄 禄司貴	陽 ネ鳳将 鳳調調 南鳳将	灯 ネ調禄 石鳳鳳 将調禄	山 ネ貫将 石石石 将貫将	地 ネ石禄 貫龍龍 南石禄	鉄 ネ龍恍 貫牽牽 禄龍恍	宝 ネ玉胡 貫車車 禄玉胡	海 ネ車報 車司司 南車報	雨 ネ牽馳 石禄禄 将牽馳	
7月	鉄 サ龍恍 調司玉 印玉南	宝 サ玉胡 石禄龍 極龍堂	海 サ車報 牽調牽 報牽印	雨 サ牽馳 車車車 庫車庫	樹 ウ禄極 車司司 馳司庫	花 ウ司貴 車禄禄 馳禄印	陽 ウ鳳将 鳳調調 庫調堂	灯 ウ調禄 牽鳳鳳 報鳳南	山 ウ貫将 司石石 報石堂	地 ウ石禄 貫貫貫 庫貫南	鉄 ウ龍恍 禄玉牽 馳玉南	宝 ウ玉胡 禄龍車 馳龍堂	海 ウ車報 車牽司 庫牽印	雨 ウ牽馳 司車禄 報車庫	樹 タ禄極 調司調 極司庫
8月	宝 ト玉胡 司玉龍 恍石将	海 ト車報 石車牽 将龍貴	雨 ト牽馳 龍石車 南玉極	樹 ネ禄極 鳳龍司 禄車馳	花 ネ司貴 貫玉禄 禄牽報	陽 ネ鳳将 鳳禄調 南禄胡	灯 ネ調禄 石司鳳 将司恍	山 ネ貫将 石鳳石 将鳳胡	地 ネ石禄 貫調貫 南調恍	鉄 ネ龍恍 貫貫玉 禄貫禄	宝 ネ玉胡 貫石龍 禄石将	海 ネ車報 車龍司 南龍貴	雨 ネ牽馳 石玉禄 将玉極	樹 イ禄極 玉車調 恍車馳	花 イ司貴 禄牽鳳 堂牽報
9月	海 サ車報 牽玉牽 報玉恍	雨 サ牽馳 鳳龍車 庫龍胡	樹 ウ禄極 龍牽司 馳牽報	花 ウ司貴 車車禄 馳車馳	陽 ウ鳳将 鳳司調 庫司極	灯 ウ調禄 牽禄鳳 報禄貴	山 ウ貫将 司調石 報調極	地 ウ石禄 貫鳳貫 庫鳳貴	鉄 ウ龍恍 禄石玉 馳石将	宝 ウ玉胡 禄貫龍 馳貫禄	海 ウ車報 車玉牽 庫玉恍	雨 ウ牽馳 司龍禄 報龍胡	樹 タ禄極 調牽調 極牽報	花 タ司貴 禄車鳳 印車馳	
10月	海 ト車報 石玉牽 将貫南	雨 ト牽馳 貫龍車 南石堂	樹 ネ禄極 鳳調司 禄龍印	花 ネ司貴 貫鳳禄 禄玉庫	陽 ネ鳳将 牽石調 南車庫	灯 ネ調禄 司調鳳 将牽印	山 ネ貫将 石貫石 将禄庫	地 ネ石禄 貫石貫 南司印	鉄 ネ龍恍 貫龍玉 禄鳳堂	宝 ネ玉胡 貫玉龍 禄調南	海 ネ車報 車車牽 南貫南	雨 ネ牽馳 石牽車 将石堂	樹 イ禄極 玉禄調 恍龍印	花 イ司貴 禄司鳳 堂玉庫	陽 イ鳳将 龍鳳石 貴車庫
11月	雨 サ牽馳 禄調車 庫貫将	樹 ウ禄極 禄貫司 馳玉貴	花 ウ司貴 車石禄 馳龍極	陽 ウ鳳将 石龍調 庫牽馳	灯 ウ調禄 牽牽鳳 報車報	山 ウ貫将 司禄石 報司馳	地 ウ石禄 貫司貫 庫禄報	鉄 ウ龍恍 禄鳳玉 馳調胡	宝 ウ玉胡 禄調龍 馳鳳恍	海 ウ車報 車貫牽 庫石禄	雨 ウ牽馳 司石車 報貫将	樹 タ禄極 調龍調 極玉貴	花 タ司貴 禄玉鳳 印龍極	陽 タ鳳将 禄車石 胡牽馳	
12月	雨 ト牽馳 龍貫車 南調禄	樹 ネ禄極 鳳玉司 禄貫恍	花 ネ司貴 貫龍禄 禄石胡	陽 ネ鳳将 鳳牽調 南龍報	灯 ネ調禄 司車鳳 将玉馳	山 ネ貫将 石司石 将車報	地 ネ石禄 貫禄貫 南牽馳	鉄 ネ龍恍 貫調玉 禄禄極	宝 ネ玉胡 貫鳳龍 禄司貴	海 ネ車報 車石牽 南鳳将	雨 ネ牽馳 石貫禄 将調禄	樹 イ禄極 玉玉調 恍貫恍	花 イ司貴 禄龍鳳 堂石胡	陽 イ鳳将 龍牽石 貴龍報	灯 イ調禄 龍車貫 胡玉馳

1979年（昭和54年）

1979年(昭和54年)	1日	2日	3日	4日	5日	6日	7日	8日	9日	10日	11日	12日	13日	14日	15日	16日	17日	18日	19日	20日	21日	22日	23日	24日	25日	26日	27日	28日	29日	30日	31日
1月	山 イ貫将 貫司玉 南車報	地 イ石禄 玉禄龍 将牽馳	鉄 イ龍恍 牽調牽 恍禄極	宝 イ玉胡 龍鳳車 堂司貴	海 イ車報 龍石司 貴鳳将	雨 イ牽馳 龍貫車 胡鳳南	樹 サ禄極 牽玉司 印石南	花 サ司貴 石龍禄 極貫堂	陽 サ鳳将 牽牽調 報玉印	灯 サ調禄 車車鳳 庫龍庫	山 サ貫将 貫司石 貴牽印	地 サ石禄 車禄貫 胡車庫	鉄 サ龍恍 司調玉 印司庫	宝 サ玉胡 石鳳龍 極禄印	海 サ車報 牽石牽 報調堂	雨 サ牽馳 鳳龍車 庫鳳南	樹 ウ禄極 龍牽司 馳石南	花 ウ司貴 車車禄 馳貫堂	陽 ウ鳳将 鳳調調 庫玉印	灯 ウ調禄 牽鳳鳳 報龍庫	山 ウ貫将 司石石 報牽印	地 ウ石禄 貫貫貫 庫車庫	鉄 ウ龍恍 禄玉玉 馳司庫	宝 ウ玉胡 禄龍龍 馳禄印	海 ウ車報 車牽牽 庫調堂	雨 ウ牽馳 司車禄 報鳳南	樹 タ禄極 調司調 極石南	花 タ司貴 禄禄鳳 印貫堂	陽 タ鳳将 禄調石 胡玉印	灯 タ調禄 禄鳳貫 貴龍庫	山 タ貫将 貫石玉 庫牽印
2月	地 タ石禄 司貫龍 報車庫	鉄 タ龍恍 調玉牽 極司庫	宝 タ玉胡 龍龍車 印禄印	海 タ牽印 車車司 胡禄胡	雨 タ車庫 鳳牽禄 貴司恍	樹 ト司庫 石禄調 堂鳳禄	花 ト禄印 司司鳳 恍調将	陽 ト調堂 調鳳石 将貫貴	灯 ト鳳南 貫調貫 南石極	山 ト石堂 貫貫玉 胡龍貴	地 ト貫南 鳳石龍 貴玉極	鉄 ト玉南 石車牽 堂車馳	宝 ト龍堂 司牽車 恍牽報	海 ト牽印 石禄調 将禄胡	雨 ト車庫 龍司鳳 南司恍	樹 ネ司庫 鳳鳳石 禄鳳禄	花 ネ禄印 貫調禄 禄調将	陽 ネ調堂 鳳貫調 南貫貴	灯 ネ鳳南 石玉鳳 将石極	山 ネ石堂 石車石 将龍貴	地 ネ貫南 貫牽貫 南玉極	鉄 ネ玉南 貫禄玉 禄車馳	宝 ネ龍堂 貫司龍 禄牽報	海 ネ牽印 車鳳牽 南禄胡	雨 ネ車庫 石調車 将司恍	樹 イ司庫 玉貫司 恍鳳禄	花 イ禄印 禄石禄 堂調将	陽 イ調堂 龍龍調 貴貫貴			
3月	灯 イ鳳南 龍玉鳳 胡石極	山 イ石堂 貫車石 南龍貴	地 イ貫南 玉牽貫 将玉極	鉄 イ玉南 牽禄玉 恍車馳	宝 イ龍堂 龍司龍 堂牽報	海 イ牽印 車調司 貴司極	雨 イ車庫 龍鳳禄 胡禄貴	樹 サ司庫 牽石調 印調将	花 サ禄印 石貫鳳 極鳳禄	陽 サ調堂 牽玉石 報石恍	灯 サ鳳南 車龍貫 庫貫胡	山 サ石堂 貫牽玉 貴玉恍	地 サ貫南 車車龍 胡龍胡	鉄 サ玉南 司司牽 印牽報	宝 サ龍堂 石禄車 極車馳	海 サ牽印 牽調調 報司極	雨 サ車庫 鳳鳳鳳 庫禄貴	樹 ウ司庫 龍石石 馳調将	花 ウ禄印 車貫禄 馳鳳禄	陽 ウ調堂 鳳玉調 庫石恍	灯 ウ鳳南 牽龍鳳 報貫胡	山 ウ石堂 司牽石 報玉恍	地 ウ貫南 貫車貫 庫龍胡	鉄 ウ玉南 禄司玉 馳牽報	宝 ウ龍堂 禄禄龍 馳車馳	海 ウ牽印 車調牽 庫司極	雨 ウ車庫 司鳳車 報禄貴	樹 タ司庫 調石司 極調将	花 タ禄印 禄貫禄 印鳳禄	陽 タ調堂 禄玉調 胡石恍	灯 タ鳳南 禄龍鳳 貴貫胡
4月	山 タ石堂 貫牽石 庫玉恍	地 タ貫南 司車貫 報龍胡	鉄 タ玉南 調司玉 極牽報	宝 タ龍堂 龍禄龍 印車馳	海 タ牽印 車調司 胡車庫	雨 タ車庫 鳳鳳禄 貴牽印	樹 ト司庫 石石調 堂禄堂	花 ト禄印 司貫鳳 恍司南	陽 ト調堂 調玉石 将鳳南	灯 ト鳳南 貫龍貫 南調堂	山 ト石堂 貫牽玉 胡貫南	地 ト貫南 鳳車龍 貴石堂	鉄 ト玉南 石司牽 堂龍印	宝 ト龍堂 司禄車 恍玉庫	海 ト牽印 石石調 将車庫	雨 ト車庫 龍貫鳳 南牽印	樹 ネ司庫 鳳玉石 禄禄堂	花 ネ禄印 貫司禄 禄司南	陽 ネ調堂 鳳鳳調 南鳳南	灯 ネ鳳南 石調鳳 将調堂	山 ネ石堂 石貫石 将貫南	地 ネ貫南 貫石貫 南石堂	鉄 ネ玉南 貫龍玉 禄龍印	宝 ネ龍堂 貫玉龍 禄玉庫	海 ネ牽印 車車牽 南車庫	雨 ネ車庫 石牽車 将牽印	樹 イ司庫 玉禄司 恍禄堂	花 イ禄印 禄司禄 堂司南	陽 イ調堂 龍鳳調 貴鳳南	灯 イ鳳南 龍調鳳 胡調堂	
5月	山 イ石堂 貫貫石 南貫南	地 イ貫南 玉石貫 将石堂	鉄 イ玉南 牽龍玉 恍龍印	宝 イ龍堂 龍玉龍 堂玉庫	海 イ牽印 龍車牽 貴車庫	雨 イ車庫 龍牽禄 胡車報	樹 サ司庫 牽禄調 印司胡	花 サ禄印 石司鳳 極禄恍	陽 サ調堂 牽鳳石 報調禄	灯 サ鳳南 車調貫 庫鳳将	山 サ石堂 貫貫玉 貴石禄	地 サ貫南 車調龍 胡貫将	鉄 サ玉南 司貫牽 印玉貴	宝 サ龍堂 石石車 極龍極	海 サ牽印 牽龍司 報牽馳	雨 サ車庫 鳳玉鳳 庫車報	樹 ウ司庫 龍車石 馳司胡	花 ウ禄印 車牽貫 馳禄恍	陽 ウ調堂 鳳禄調 庫調禄	灯 ウ鳳南 牽司鳳 報鳳将	山 ウ石堂 司龍石 報石禄	地 ウ貫南 貫玉貫 庫貫将	鉄 ウ玉南 禄車玉 馳玉貴	宝 ウ龍堂 禄牽龍 馳龍極	海 ウ牽印 車禄牽 庫牽馳	雨 ウ車庫 司司車 報車報	樹 タ司庫 調鳳司 極司胡	花 タ禄印 禄調禄 印禄恍	陽 タ調堂 禄貫調 胡調禄	灯 タ鳳南 禄石鳳 貴鳳将	山 タ石堂 貫龍石 庫石禄
6月	地 タ貫南 司玉貫 報貫将	鉄 タ玉南 調車玉 極玉貴	宝 タ龍堂 龍牽龍 印龍極	海 タ牽印 鳳禄牽 胡牽馳	雨 タ車庫 鳳司車 貴車報	樹 ト司庫 石司調 堂車極	花 ト禄印 司禄鳳 恍牽貴	陽 ト調堂 調調石 将禄将	灯 ト鳳南 貫鳳貫 南司禄	山 ト石堂 貫石玉 胡鳳将	地 ト貫南 鳳貫龍 貴調禄	鉄 ト玉南 石玉牽 堂貫恍	宝 ト龍堂 司龍車 恍石胡	海 ト牽印 石牽司 将龍報	雨 ト車庫 貫車禄 南玉馳	樹 ネ司庫 鳳司石 禄車極	花 ネ禄印 貫禄貫 禄牽貴	陽 ネ調堂 牽調玉 南禄将	灯 ネ鳳南 司鳳鳳 将司禄	山 ネ石堂 石石石 将鳳将	地 ネ貫南 貫貫貫 南調禄	鉄 ネ玉南 貫玉玉 禄貫恍	宝 ネ龍堂 貫龍龍 禄石胡	海 ネ牽印 車牽牽 南龍報	雨 ネ車庫 石車車 将玉馳	樹 イ司庫 玉調司 恍車極	花 イ禄印 禄鳳禄 堂牽貴	陽 イ調堂 龍石調 貴禄将	灯 イ鳳南 龍貫鳳 胡司禄	山 イ石堂 貫玉石 南鳳将	
7月	地 イ貫南 玉龍貫 将調禄	鉄 イ玉南 牽牽玉 恍貫恍	宝 イ龍堂 龍車龍 堂石胡	海 イ牽印 龍司牽 貴龍報	雨 イ車庫 龍禄車 胡玉馳	樹 サ司庫 禄調司 印車極	花 サ禄印 玉鳳禄 極牽貴	陽 サ調堂 牽石石 報司堂	灯 サ鳳南 車貫貫 庫禄南	山 サ石堂 貫玉玉 貴調堂	地 サ貫南 車龍龍 胡鳳南	鉄 サ玉南 司牽牽 印石南	宝 サ龍堂 玉車車 極貫堂	海 サ牽印 牽司司 報玉印	雨 サ車庫 禄禄禄 庫龍庫	樹 ウ司庫 禄調調 馳牽庫	花 ウ禄印 車鳳鳳 馳車印	陽 ウ調堂 石玉玉 庫司堂	灯 ウ鳳南 玉龍龍 報禄南	山 ウ石堂 司牽牽 報調堂	地 ウ貫南 貫貫貫 庫鳳南	鉄 ウ玉南 車玉玉 馳石南	宝 ウ龍堂 禄龍龍 馳貫堂	海 ウ牽印 車牽牽 庫玉印	雨 ウ車庫 司車車 報龍庫	樹 タ司庫 司司司 極牽庫	花 タ禄印 禄禄禄 印車印	陽 タ調堂 禄調調 胡司堂	灯 タ鳳南 禄鳳鳳 貴禄南	山 タ石堂 貫石石 庫調堂	地 タ貫南 司貫貫 報鳳南
8月	鉄 タ玉南 調玉玉 極石南	宝 タ龍堂 龍龍龍 印貫堂	海 タ牽印 鳳牽牽 胡玉印	雨 タ車庫 鳳車車 貴龍庫	樹 ト司庫 禄司司 堂牽庫	花 ト禄印 調禄禄 恍車印	陽 ト調堂 石調調 将司堂	灯 ト鳳南 貫調貫 南牽恍	山 ト石堂 貫貫玉 胡禄胡	地 ト貫南 鳳石龍 貴司恍	鉄 ト玉南 石龍牽 堂鳳禄	宝 ト龍堂 司玉車 恍調将	海 ト牽印 石車司 将貫貴	雨 ト車庫 貫牽禄 南石極	樹 ネ司庫 禄禄調 禄龍馳	花 ネ禄印 貫司鳳 禄玉報	陽 ネ調堂 玉鳳石 南車胡	灯 ネ鳳南 司調龍 将牽恍	山 ネ石堂 石禄牽 将禄胡	地 ネ貫南 車司車 南司恍	鉄 ネ玉南 鳳鳳玉 禄鳳禄	宝 ネ龍堂 貫石龍 禄調将	海 ネ牽印 車龍牽 南貫貴	雨 ネ車庫 石玉車 将石極	樹 イ司庫 玉車司 恍龍馳	花 イ禄印 禄牽禄 堂玉報	陽 イ調堂 龍禄調 貴車胡	灯 イ鳳南 龍司鳳 胡牽恍	山 イ石堂 貫鳳石 南禄胡	地 イ貫南 玉調貫 将司恍	鉄 イ玉南 牽貫玉 恍鳳禄
9月	宝 イ龍堂 龍石龍 堂調将	海 イ牽印 龍龍牽 貴貫貴	雨 イ車庫 龍玉車 胡石極	樹 サ司庫 禄車司 印龍馳	花 サ禄印 玉牽禄 極玉報	陽 サ調堂 牽禄調 報車胡	灯 サ鳳南 鳳司鳳 庫牽恍	山 サ石堂 貫調玉 貴司極	地 サ貫南 車鳳龍 胡禄貴	鉄 サ玉南 司石牽 印調将	宝 サ龍堂 玉貫車 極鳳禄	海 サ牽印 牽玉司 報石恍	雨 サ車庫 禄龍禄 庫貫胡	樹 ウ司庫 禄牽調 馳玉報	花 ウ禄印 車車鳳 馳龍馳	陽 ウ調堂 司司石 庫牽極	灯 ウ鳳南 玉禄貫 報車貴	山 ウ石堂 司調牽 報司極	地 ウ貫南 鳳鳳車 庫禄貴	鉄 ウ玉南 車石司 馳調将	宝 ウ龍堂 禄貫龍 馳鳳禄	海 ウ牽印 車玉牽 庫石恍	雨 ウ車庫 司龍車 報貫胡	樹 タ司庫 司牽司 極玉報	花 タ禄印 禄車禄 印龍馳	陽 タ調堂 禄司調 胡牽極	灯 タ鳳南 禄禄鳳 貴車貴	山 タ石堂 貫調石 庫司極	地 タ貫南 司鳳貫 報禄貴	鉄 タ玉南 調石玉 極調将	
10月	宝 タ龍堂 龍貫龍 印鳳禄	海 タ牽印 鳳玉牽 胡石恍	雨 タ車庫 鳳龍車 貴貫胡	樹 ト司庫 禄牽司 堂玉報	花 ト禄印 調車禄 恍龍馳	陽 ト調堂 石司調 将牽極	灯 ト鳳南 鳳禄鳳 南車貴	山 ト石堂 鳳調石 胡司極	地 ト貫南 鳳鳳龍 貴牽印	鉄 ト玉南 石石牽 堂禄堂	宝 ト龍堂 司貫車 恍司南	海 ト牽印 石玉司 将鳳南	雨 ト車庫 貫龍禄 南調堂	樹 ネ司庫 禄牽調 禄貫印	花 ネ禄印 貫車鳳 禄石庫	陽 ネ調堂 玉司石 南龍庫	灯 ネ鳳南 司禄貫 将玉印	山 ネ石堂 石調玉 将車庫	地 ネ貫南 車龍車 南牽印	鉄 ネ玉南 鳳牽司 禄禄堂	宝 ネ龍堂 貫車禄 禄司南	海 ネ牽印 車車牽 南鳳南	雨 ネ車庫 石牽車 将調堂	樹 イ司庫 玉禄司 恍貫印	花 イ禄印 禄司禄 堂石庫	陽 イ調堂 龍鳳調 貴龍庫	灯 イ鳳南 龍調鳳 胡玉印	山 イ石堂 貫貫石 南車庫	地 イ貫南 玉石貫 将牽印	鉄 イ玉南 牽龍玉 恍禄堂	宝 イ龍堂 龍玉龍 堂司南
11月	海 イ牽印 龍車牽 貴鳳南	雨 イ車庫 龍牽車 胡調堂	樹 サ司庫 禄禄司 印貫印	花 サ禄印 玉司禄 極石庫	陽 サ調堂 牽鳳調 報龍庫	灯 サ鳳南 鳳調鳳 庫玉印	山 サ石堂 車貫石 貴車庫	地 サ貫南 車牽龍 胡車報	鉄 サ玉南 司禄牽 印司胡	宝 サ龍堂 玉司車 極禄恍	海 サ牽印 牽鳳司 報調禄	雨 サ車庫 禄調禄 庫鳳将	樹 ウ司庫 禄貫調 馳石貴	花 ウ禄印 車石鳳 馳貫極	陽 ウ調堂 司龍石 庫玉馳	灯 ウ鳳南 玉玉貫 報龍報	山 ウ石堂 司車玉 報牽馳	地 ウ貫南 鳳牽車 庫車報	鉄 ウ玉南 車禄司 馳司胡	宝 ウ龍堂 禄司禄 馳禄恍	海 ウ牽印 車貫牽 庫調禄	雨 ウ車庫 玉石車 報鳳将	樹 タ司庫 司龍司 極石貴	花 タ禄印 禄玉禄 印貫極	陽 タ調堂 禄車調 胡玉馳	灯 タ鳳南 禄牽鳳 貴龍報	山 タ石堂 貫禄石 庫牽馳	地 タ貫南 司司貫 報車報	鉄 タ玉南 調鳳玉 極司胡	宝 タ龍堂 龍調龍 印禄恍	
12月	海 タ牽印 鳳貫牽 胡調禄	雨 タ車庫 鳳石車 貴鳳将	樹 ト司庫 禄龍司 堂石貴	花 ト禄印 調玉禄 恍貫極	陽 ト調堂 石車調 将玉馳	灯 ト鳳南 鳳牽鳳 南龍報	山 ト石堂 鳳禄石 胡牽馳	地 ト貫南 鳳禄龍 貴玉馳	鉄 ト玉南 石調牽 堂車極	宝 ト龍堂 司鳳車 恍牽貴	海 ト牽印 石石司 将禄将	雨 ト車庫 貫貫禄 南司禄	樹 ネ司庫 禄玉調 禄鳳恍	花 ネ禄印 貫龍鳳 禄調胡	陽 ネ調堂 玉牽石 南貫報	灯 ネ鳳南 司車貫 将石馳	山 ネ石堂 石司玉 将龍報	地 ネ貫南 車禄車 南玉馳	鉄 ネ玉南 鳳調司 禄車極	宝 ネ龍堂 貫鳳禄 禄牽貴	海 ネ牽印 車石牽 南禄将	雨 ネ車庫 石貫車 将司禄	樹 イ司庫 玉玉司 恍鳳恍	花 イ禄印 禄龍禄 堂調胡	陽 イ調堂 龍牽調 貴貫報	灯 イ鳳南 龍車鳳 胡石馳	山 イ石堂 貫司石 南龍報	地 イ貫南 玉禄貫 将玉馳	鉄 イ玉南 牽調玉 恍車極	宝 イ龍堂 龍鳳龍 堂牽貴	海 イ牽印 龍石牽 貴禄将

1980年（昭和55年）

1980年(昭和55年)	1日	2日	3日	4日	5日	6日	7日	8日	9日	10日	11日	12日	13日	14日	15日	16日
1月	雨 イ車庫 龍貫車 胡司禄	樹 サ司庫 禄玉司 印鳳恍	花 サ禄印 玉龍禄 極調胡	陽 サ調堂 牽牽調 報貫報	灯 サ鳳南 鳳車鳳 庫石馳	山 サ石堂 貫司玉 貴玉印	地 サ貫南 車禄龍 胡龍庫	鉄 サ玉南 司調牽 印牽庫	宝 サ龍堂 玉鳳車 極車印	海 サ牽印 牽石司 報司堂	雨 サ車庫 禄貫禄 庫禄南	樹 ウ司庫 禄玉調 馳調南	花 ウ禄印 車龍鳳 馳鳳堂	陽 ウ調堂 司牽石 庫石印	灯 ウ鳳南 玉車貫 報貫庫	山 ウ石堂 司調牽 報玉印
2月	樹 ト司庫 禄司司 堂調南	花 ト禄印 調禄禄 恍鳳堂	陽 ト調堂 石調調 将石印	灯 ト鳳南 鳳鳳鳳 南貫庫	山 ト鳳胡 貫貫貫 胡貫貴	地 ト調恍 鳳石石 貴石極	鉄 ト貫禄 石龍龍 堂龍馳	宝 ト石将 司玉玉 恍玉報	海 ト龍貴 石車車 将車胡	雨 ト玉極 貫牽牽 南牽恍	樹 ネ車馳 禄禄禄 禄禄禄	花 ネ牽報 貫司司 禄司将	陽 ネ禄胡 玉貫鳳 南鳳貴	灯 ネ司恍 司石調 将調極	山 ネ鳳胡 石龍貫 将貫貴	地 ネ調恍 車玉司 南石極
3月	雨 イ玉極 龍調玉 胡牽恍	樹 サ車馳 禄貫車 印禄禄	花 サ牽報 玉石牽 極司将	陽 サ禄胡 牽龍禄 報鳳貴	灯 サ司恍 車龍調 庫鳳胡	山 サ鳳胡 貫牽貫 貴石恍	地 サ調恍 車車石 胡貫胡	鉄 サ貫禄 司司龍 印玉報	宝 サ石将 玉禄玉 極龍馳	海 サ龍貴 牽調車 報牽極	雨 サ玉極 禄鳳牽 庫車貴	樹 ウ車馳 禄石禄 馳司将	花 ウ牽報 車貫司 馳禄禄	陽 ウ禄胡 司玉鳳 庫調恍	灯 ウ司恍 玉龍調 報鳳胡	山 ウ鳳胡 司牽禄 報石恍
4月	樹 ト車馳 禄石車 堂司将	花 ト牽報 調貫牽 恍禄禄	陽 ト禄胡 石玉禄 将調恍	灯 ト司恍 鳳龍司 南鳳胡	山 ト鳳胡 貫牽貫 胡鳳南	地 ト調恍 鳳車石 貴調堂	鉄 ト貫禄 石司龍 堂貫印	宝 ト石将 司禄玉 恍石庫	海 ト龍貴 石調車 将龍庫	雨 ト玉極 貫鳳牽 南玉印	樹 ネ車馳 禄石禄 禄車堂	花 ネ牽報 貫貫司 禄牽南	陽 ネ禄胡 玉玉鳳 南禄南	灯 ネ司恍 司龍調 将司堂	山 ネ鳳胡 石司貫 将鳳南	地 ネ調恍 車禄司 南調堂
5月	樹 サ車馳 禄禄車 印車堂	花 サ牽報 玉司牽 極牽南	陽 サ禄胡 牽鳳禄 報禄南	灯 サ司恍 鳳調司 庫司堂	山 サ鳳胡 貫貫貫 貴調禄	地 サ調恍 車石石 胡鳳将	鉄 サ貫禄 司龍龍 印石貴	宝 サ石将 玉玉玉 極貫極	海 サ龍貴 牽車車 報玉馳	雨 サ玉極 禄牽牽 庫龍報	樹 ウ車馳 禄車禄 馳牽胡	花 ウ牽報 車牽司 馳車恍	陽 ウ禄胡 司禄鳳 庫司禄	灯 ウ司恍 玉司調 報禄将	山 ウ鳳胡 司鳳貫 報調禄	地 ウ調恍 鳳調司 庫鳳将
6月	花 ト牽報 調調牽 恍車恍	陽 ト禄胡 石貫禄 将司禄	灯 ト司恍 鳳石司 南禄将	山 ト鳳胡 鳳龍鳳 胡調禄	地 ト調恍 鳳貫石 貴司禄	鉄 ト貫禄 石玉龍 堂鳳恍	宝 ト石将 司龍玉 恍調胡	海 ト龍貴 石牽車 将貫報	雨 ト玉極 貫車牽 南石馳	樹 ネ車馳 禄司禄 禄龍極	花 ネ牽報 貫禄司 禄玉貴	陽 ネ禄胡 玉調鳳 南車将	灯 ネ司恍 司鳳調 将牽禄	山 ネ鳳胡 石石貫 将禄将	地 ネ調恍 車貫石 南司禄	鉄 ネ貫禄 鳳玉鳳 禄鳳恍
7月	花 サ牽報 玉鳳牽 極玉貴	陽 サ禄胡 牽石禄 報車将	灯 サ司恍 鳳貫司 庫牽禄	山 サ鳳胡 車玉鳳 貴禄将	地 サ調恍 車龍調 胡司禄	鉄 サ貫禄 龍牽貫 印鳳恍	宝 サ石将 玉車玉 極鳳堂	海 サ龍貴 牽司車 報石印	雨 サ玉極 禄禄牽 庫貫庫	樹 ウ車馳 禄調禄 馳玉庫	花 ウ牽報 車鳳司 馳龍印	陽 ウ禄胡 司石鳳 庫牽堂	灯 ウ司恍 玉貫調 報車南	山 ウ鳳胡 司玉貫 報司堂	地 ウ調恍 禄龍石 庫禄南	鉄 ウ貫禄 車牽龍 馳調南
8月	陽 ト禄胡 石調禄 将牽堂	灯 ト司恍 鳳鳳司 南車南	山 ト鳳胡 鳳石鳳 胡司堂	地 ト調恍 鳳貫調 貴禄南	鉄 ト貫禄 龍玉貫 堂調南	宝 ト石将 調龍石 恍鳳堂	海 ト龍貴 石車車 将鳳貴	雨 ト玉極 貫牽牽 南調極	樹 ネ車馳 禄禄禄 禄貫馳	花 ネ牽報 貫司司 禄石報	陽 ネ禄胡 玉鳳鳳 南龍胡	灯 ネ司恍 調調調 将玉恍	山 ネ鳳胡 石貫貫 将車胡	地 ネ調恍 龍石石 南牽恍	鉄 ネ貫禄 龍龍龍 禄禄禄	宝 ネ石将 貫玉玉 禄司将
9月	灯 サ司恍 鳳司司 庫玉恍	山 サ鳳胡 車鳳鳳 貴車胡	地 サ調恍 車調調 胡牽恍	鉄 サ貫禄 龍貫貫 印禄禄	宝 サ石将 牽石石 極司将	海 サ龍貴 司龍龍 報鳳貴	雨 サ玉極 禄龍牽 庫鳳胡	樹 ウ車馳 禄牽禄 馳石報	花 ウ牽報 車車司 馳貫馳	陽 ウ禄胡 司司鳳 庫玉極	灯 ウ司恍 玉禄調 報龍貴	山 ウ鳳胡 司調貫 報牽極	地 ウ調恍 禄鳳石 庫車貴	鉄 ウ貫禄 龍石龍 馳司将	宝 ウ石将 禄貫玉 馳禄禄	海 ウ龍貴 調玉車 庫調恍
10月	灯 ト司恍 鳳禄司 南龍貴	山 ト鳳胡 鳳調鳳 胡牽極	地 ト調恍 鳳鳳調 貴車貴	鉄 ト貫禄 龍石貫 堂司将	宝 ト石将 調貫石 恍禄禄	海 ト龍貴 石玉龍 将調恍	雨 ト玉極 車龍玉 南鳳胡	樹 ネ車馳 禄牽禄 禄鳳印	花 ネ牽報 貫車司 禄調庫	陽 ネ禄胡 玉司鳳 南貫庫	灯 ネ司恍 調禄調 将石印	山 ネ鳳胡 石調貫 将龍庫	地 ネ調恍 龍鳳石 南玉印	鉄 ネ貫禄 龍石龍 禄車堂	宝 ネ石将 貫貫玉 禄牽南	海 ネ龍貴 玉玉車 南禄南
11月	山 サ鳳胡 車貫鳳 貴龍庫	地 サ調恍 車石調 胡玉印	鉄 サ貫禄 龍龍貫 印車堂	宝 サ石将 牽玉石 極牽南	海 サ龍貴 司車龍 報禄南	雨 サ玉極 車牽玉 庫司堂	樹 ウ車馳 禄貫禄 馳調貴	花 ウ牽報 車石司 馳鳳極	陽 ウ禄胡 司龍鳳 庫石馳	灯 ウ司恍 玉玉調 報貫報	山 ウ鳳胡 司車貫 報玉馳	地 ウ調恍 禄牽石 庫龍報	鉄 ウ貫禄 龍禄龍 馳牽胡	宝 ウ石将 禄司玉 馳車恍	海 ウ龍貴 調鳳車 庫司禄	雨 ウ玉極 玉調牽 報禄将
12月	山 ト鳳胡 鳳禄鳳 胡玉馳	地 ト調恍 鳳司調 貴龍報	鉄 ト貫禄 龍鳳貫 堂牽胡	宝 ト石将 調調石 恍車恍	海 ト龍貴 石貫龍 将司禄	雨 ト玉極 車石玉 南禄将	樹 ネ車馳 禄玉禄 禄禄恍	花 ネ牽報 貫龍司 禄司胡	陽 ネ禄胡 玉牽鳳 南鳳報	灯 ネ司恍 調車調 将調馳	山 ネ鳳胡 石司貫 将貫報	地 ネ調恍 龍禄石 南石馳	鉄 ネ貫禄 龍調龍 禄龍極	宝 ネ石将 貫鳳玉 禄玉貴	海 ネ龍貴 玉石車 南車将	雨 ネ玉極 調貫牽 将牽禄

1980年(昭和55年)	17日	18日	19日	20日	21日	22日	23日	24日	25日	26日	27日	28日	29日	30日	31日
1月	地 ウ貫南 鳳鳳車 庫龍庫	鉄 ウ玉南 車石司 馳牽庫	宝 ウ龍堂 禄龍龍 馳車印	海 ウ牽印 車牽牽 庫司堂	雨 ウ車庫 司車車 報禄南	樹 タ司庫 司司司 極調南	花 タ禄印 禄禄禄 印鳳堂	陽 タ調堂 禄調調 胡石印	灯 タ鳳南 禄鳳鳳 貴貫庫	山 タ石堂 貫石石 庫玉印	地 タ貫南 司貫貫 報龍庫	鉄 タ玉南 調玉玉 極牽庫	宝 タ龍堂 龍龍龍 印車印	海 タ牽印 鳳牽牽 胡司堂	雨 タ車庫 鳳車車 貴禄南
2月	鉄 ネ貫禄 鳳車鳳 禄龍馳	宝 ネ石将 貫牽調 禄玉報	海 ネ龍貴 車禄龍 南車胡	雨 ネ玉極 石調玉 将牽恍	樹 イ車馳 玉貫車 恍禄禄	花 イ牽報 禄石牽 堂司将	陽 イ禄胡 龍龍禄 貴鳳貴	灯 イ司恍 龍玉司 胡調極	山 イ鳳胡 貫車鳳 南貫貴	地 イ調恍 玉牽調 将石極	鉄 イ貫禄 牽禄貫 恍龍馳	宝 イ石将 龍司石 堂玉報	海 イ龍貴 龍鳳龍 貴車胡		
3月	地 ウ調恍 鳳車司 庫貫胡	鉄 ウ貫禄 車司鳳 馳玉報	宝 ウ石将 禄禄石 馳龍馳	海 ウ龍貴 車調龍 庫牽極	雨 ウ玉極 司鳳玉 報車貴	樹 タ車馳 司石車 極司将	花 タ牽報 禄貫牽 印禄禄	陽 タ禄胡 禄玉禄 胡調恍	灯 タ司恍 禄龍司 貴鳳胡	山 タ鳳胡 貫牽鳳 庫石恍	地 タ調恍 司車調 報貫胡	鉄 タ貫禄 調司貫 極玉報	宝 タ石将 龍禄石 印龍馳	海 タ龍貴 鳳調龍 胡牽極	雨 タ玉極 鳳鳳玉 貴車貴
4月	鉄 ネ貫禄 鳳調鳳 禄貫印	宝 ネ石将 貫玉調 禄石庫	海 ネ龍貴 車車龍 南龍庫	雨 ネ玉極 石牽玉 将玉印	樹 イ車馳 玉禄車 恍車堂	花 イ牽報 禄司牽 堂牽南	陽 イ禄胡 龍鳳禄 貴禄南	灯 イ司恍 龍調司 胡司堂	山 イ鳳胡 貫貫鳳 南鳳南	地 イ調恍 玉石調 将調堂	鉄 イ貫禄 牽龍貫 恍貫印	宝 イ石将 龍玉石 堂石庫	海 イ龍貴 龍車龍 貴龍庫	雨 イ玉極 龍牽玉 胡玉印	
5月	鉄 ウ貫禄 車貫鳳 馳石貴	宝 ウ石将 禄石調 馳貫極	海 ウ龍貴 車龍龍 庫玉馳	雨 ウ玉極 司司玉 報龍報	樹 タ車馳 司鳳車 極牽胡	花 タ牽報 禄調牽 印車恍	陽 タ禄胡 禄貫禄 胡司禄	灯 タ司恍 禄石司 貴禄将	山 タ鳳胡 貫龍鳳 庫調禄	地 タ調恍 司玉調 報鳳将	鉄 タ貫禄 調車貫 極石貴	宝 タ石将 龍牽石 印貫極	海 タ龍貴 鳳禄龍 胡玉馳	雨 タ玉極 鳳司玉 貴龍報	樹 ト車馳 禄鳳車 堂牽胡
6月	宝 ネ石将 貫龍調 禄調胡	海 ネ龍貴 車牽貫 南貫報	雨 ネ玉極 石車玉 将石馳	樹 イ車馳 玉司車 恍龍極	花 イ牽報 禄禄牽 堂玉貴	陽 イ禄胡 龍調禄 貴車将	灯 イ司恍 龍鳳司 胡牽禄	山 イ鳳胡 貫石鳳 南禄将	地 イ調恍 玉龍調 将司禄	鉄 イ貫禄 牽牽貫 恍鳳恍	宝 イ石将 龍車石 堂調胡	海 イ龍貴 龍司龍 貴貫報	雨 イ玉極 龍禄玉 胡石馳	樹 サ車馳 禄調車 印龍極	
7月	宝 ウ石将 禄禄玉 馳鳳堂	海 ウ龍貴 石調貫 庫石印	雨 ウ玉極 玉鳳石 報貫庫	樹 タ車馳 司司龍 極玉庫	花 タ牽報 禄禄牽 印龍印	陽 タ禄胡 禄調禄 胡牽堂	灯 タ司恍 禄鳳司 貴車南	山 タ鳳胡 貫石鳳 庫司堂	地 タ調恍 司貫調 報禄南	鉄 タ貫禄 調玉貫 極調南	宝 タ石将 龍龍石 印鳳堂	海 タ龍貴 鳳牽龍 胡石印	雨 タ玉極 鳳車玉 貴貫庫	樹 ト車馳 禄司車 堂玉庫	花 ト牽報 調禄牽 恍龍印
8月	海 ネ龍貴 司車車 南鳳貴	雨 ネ玉極 調石石 将調極	樹 イ車馳 玉龍龍 恍貫馳	花 イ牽報 禄玉玉 堂石報	陽 イ禄胡 貫禄禄 貴龍胡	灯 イ司恍 龍司司 胡玉恍	山 イ鳳胡 貫鳳鳳 南車胡	地 イ調恍 玉調調 将牽恍	鉄 イ貫禄 玉貫貫 恍禄禄	宝 イ石将 龍石石 堂司将	海 イ龍貴 龍龍龍 貴鳳貴	雨 イ玉極 龍玉玉 胡調極	樹 サ車馳 禄車車 印貫馳	花 サ牽報 玉牽牽 極石報	陽 サ禄胡 牽禄禄 報龍胡
9月	雨 ウ玉極 玉龍牽 報鳳胡	樹 タ車馳 司牽龍 極石報	花 タ牽報 貫車玉 印貫馳	陽 タ禄胡 車司車 胡玉極	灯 タ司恍 禄禄司 貴龍貴	山 タ鳳胡 貫調鳳 庫牽極	地 タ調恍 司鳳調 報車貴	鉄 タ貫禄 調石貫 極司将	宝 タ石将 龍貫石 印禄禄	海 タ龍貴 鳳玉龍 胡調恍	雨 タ玉極 鳳龍玉 貴鳳胡	樹 ト車馳 禄牽車 堂石報	花 ト牽報 調車牽 恍貫馳	陽 ト禄胡 石司禄 将玉極	
10月	雨 ネ玉極 調龍牽 将司堂	樹 イ車馳 玉調禄 恍鳳印	花 イ牽報 車鳳玉 堂調庫	陽 イ禄胡 貫石車 貴貫庫	灯 イ司恍 龍調牽 胡石印	山 イ鳳胡 貫貫鳳 南龍庫	地 イ調恍 玉石調 将玉印	鉄 イ貫禄 玉龍貫 恍車堂	宝 イ石将 龍玉石 堂牽南	海 イ龍貴 龍車龍 貴禄南	雨 イ玉極 龍牽玉 胡司堂	樹 サ車馳 禄禄車 印鳳印	花 サ牽報 玉司牽 極調庫	陽 サ禄胡 牽鳳禄 報貫庫	灯 サ司恍 鳳調司 庫石印
11月	樹 タ車馳 司貫禄 極調貴	花 タ牽報 貫石玉 印鳳極	陽 タ禄胡 車龍車 胡石馳	灯 タ司恍 禄牽牽 貴貫報	山 タ鳳胡 貫禄鳳 庫玉馳	地 タ調恍 司司調 報龍報	鉄 タ貫禄 調鳳貫 極牽胡	宝 タ石将 龍調石 印車恍	海 タ龍貴 鳳貫龍 胡司禄	雨 タ玉極 鳳石玉 貴禄将	樹 ト車馳 禄龍車 堂調貴	花 ト牽報 調玉牽 恍鳳極	陽 ト禄胡 石車禄 将石馳	灯 ト司恍 鳳牽司 南貫報	
12月	樹 イ車馳 玉玉禄 恍禄恍	花 イ牽報 車龍玉 堂司胡	陽 イ禄胡 貫牽車 貴鳳報	灯 イ司恍 龍車牽 胡調馳	山 イ鳳胡 貫司鳳 南貫報	地 イ調恍 玉禄調 将石馳	鉄 イ貫禄 玉調貫 恍龍極	宝 イ石将 龍鳳石 堂玉貴	海 イ龍貴 龍石龍 貴車将	雨 イ玉極 龍貫玉 胡牽禄	樹 サ車馳 禄玉車 印禄恍	花 サ牽報 玉龍牽 極司胡	陽 サ禄胡 牽牽禄 報鳳報	灯 サ司恍 鳳車司 庫調馳	山 サ鳳胡 車司鳳 貴貫報

1981年（昭和56年）

1981年(昭和56年)

	1日	2日	3日	4日	5日	6日	7日	8日	9日	10日	11日	12日	13日	14日	15日	16日	17日	18日	19日	20日	21日	22日	23日	24日	25日	26日	27日	28日	29日	30日	31日
1月	地 サ調恍 車禄調 胡石馳	鉄 サ貫禄 龍調貫 印龍極	宝 サ石将 牽鳳石 極玉貴	海 サ龍貴 司石龍 報車将	雨 サ玉極 禄貫牽 庫車南	樹 ウ車馳 禄玉禄 馳司南	花 ウ牽報 車龍司 馳禄堂	陽 ウ禄胡 司牽鳳 庫調印	灯 ウ司恍 玉車調 報鳳庫	山 ウ鳳胡 司司貫 報石印	地 ウ調恍 禄禄石 庫貫庫	鉄 ウ貫禄 龍調龍 馳玉庫	宝 ウ石将 禄鳳玉 馳龍印	海 ウ龍貴 調石車 庫牽堂	雨 ウ玉極 玉龍牽 報車南	樹 タ車馳 司牽龍 極司南	花 タ牽報 貫車玉 印禄堂	陽 タ禄胡 車調車 胡調印	灯 タ司恍 禄鳳司 貴鳳庫	山 タ鳳胡 貫石鳳 庫石印	地 タ調恍 司貫調 報貫庫	鉄 タ貫禄 調玉貫 極玉庫	宝 タ石将 龍龍石 印龍印	海 タ龍貴 鳳牽龍 胡牽堂	雨 タ玉極 鳳車玉 貴車南	樹 ト車馳 禄司車 堂司南	花 ト牽報 調禄牽 恍禄堂	陽 ト禄胡 石調禄 将調印	灯 ト司恍 鳳鳳司 南鳳庫	山 ト鳳胡 鳳石鳳 胡石印	地 ト調恍 鳳貫調 貴貫庫
2月	鉄 ト貫禄 龍玉貫 堂玉庫	宝 ト石将 調龍石 恍龍印	海 ト龍貴 石牽龍 将牽堂	雨 ト龍胡 貫牽龍 南玉恍	樹 ネ牽報 禄禄牽 禄車禄	花 ネ車馳 貫司車 禄牽将	陽 ネ司極 玉鳳司 南禄貴	灯 ネ禄貴 調調禄 将司極	山 ネ調極 石貫調 将鳳貴	地 ネ鳳貴 龍石鳳 南調極	鉄 ネ石将 龍龍石 禄貫馳	宝 ネ貫禄 貫牽貫 禄石報	海 ネ玉恍 玉禄玉 南龍胡	雨 ネ龍胡 調司龍 将玉恍	樹 イ牽報 玉鳳牽 恍車禄	花 イ車馳 車調車 堂牽将	陽 イ司極 貫貫司 貴禄貴	灯 イ禄貴 龍石禄 胡司極	山 イ調極 貫車調 南鳳貴	地 イ鳳貴 玉牽鳳 将調極	鉄 イ石将 玉禄石 恍貫馳	宝 イ貫禄 龍司貫 堂石報	海 イ玉恍 龍鳳玉 貴龍胡	雨 イ龍胡 龍調龍 胡玉恍	樹 サ牽報 禄貫牽 印車禄	花 サ車馳 玉石車 極牽将	陽 サ司極 牽龍司 報禄貴	灯 サ禄貴 鳳玉禄 庫司極			
3月	山 サ調極 車車調 貴鳳貴	地 サ鳳貴 車牽鳳 胡調極	鉄 サ石将 龍禄石 印貫馳	宝 サ貫禄 牽司貫 極石報	海 サ玉恍 司鳳玉 報龍胡	雨 サ龍胡 禄鳳龍 庫龍貴	樹 ウ牽報 禄石牽 馳牽将	花 ウ車馳 車貫車 馳車禄	陽 ウ司極 司玉司 庫司恍	灯 ウ禄貴 玉龍禄 報禄胡	山 ウ調極 司牽調 報調恍	地 ウ鳳貴 禄車鳳 庫鳳胡	鉄 ウ石将 龍司石 馳石報	宝 ウ貫禄 禄禄貫 馳貫馳	海 ウ玉恍 調調玉 庫玉極	雨 ウ龍胡 玉鳳龍 報龍貴	樹 タ牽報 司石牽 極牽将	花 タ車馳 貫貫車 印車禄	陽 タ司極 車玉司 胡司恍	灯 タ禄貴 禄龍禄 貴禄胡	山 タ調極 貫牽調 庫調恍	地 タ鳳貴 司車鳳 報鳳胡	鉄 タ石将 調司石 極石報	宝 タ貫禄 龍禄貫 印貫馳	海 タ玉恍 鳳調玉 胡玉極	雨 タ龍胡 鳳鳳龍 貴龍貴	樹 ト牽報 禄石牽 堂牽将	花 ト車馳 調貫車 恍車禄	陽 ト司極 石玉司 将司恍	灯 ト禄貴 鳳龍禄 南禄胡	山 ト調極 鳳牽調 胡調恍
4月	地 ト鳳貴 鳳車鳳 貴鳳胡	鉄 ト石将 龍司石 堂石報	宝 ト貫禄 調禄貫 恍貫馳	海 ト玉恍 石調玉 将玉極	雨 ト龍胡 貫鳳龍 南石印	樹 ネ牽報 禄石牽 禄龍堂	花 ネ車馳 貫貫車 禄玉南	陽 ネ司極 玉玉司 南車南	灯 ネ禄貴 調龍禄 将牽堂	山 ネ調極 石牽調 将禄南	地 ネ鳳貴 龍車鳳 南司堂	鉄 ネ石将 龍司石 禄鳳印	宝 ネ貫禄 貫禄貫 禄調庫	海 ネ玉恍 玉調玉 南貫庫	雨 ネ龍胡 調貫龍 将石印	樹 イ牽報 玉玉牽 恍龍堂	花 イ車馳 車龍車 堂玉南	陽 イ司極 貫鳳司 貴車南	灯 イ禄貴 龍調禄 胡牽堂	山 イ調極 貫貫調 南禄南	地 イ鳳貴 玉石鳳 将司堂	鉄 イ石将 玉龍石 恍鳳印	宝 イ貫禄 龍玉貫 堂調庫	海 イ玉恍 龍車玉 貴貫庫	雨 イ龍胡 龍牽龍 胡石印	樹 サ牽報 禄禄牽 印龍堂	花 サ車馳 玉司車 極玉南	陽 サ司極 牽鳳司 報車南	灯 サ禄貴 鳳調禄 庫牽堂	山 サ調極 車貫調 貴禄南	
5月	地 サ鳳貴 車石鳳 胡司堂	鉄 サ石将 龍龍石 印鳳印	宝 サ貫禄 牽玉貫 極調庫	海 サ玉恍 司車玉 報貫庫	雨 サ龍胡 禄牽龍 庫貫報	樹 ウ牽報 禄禄牽 馳玉胡	花 ウ車馳 車司車 馳龍恍	陽 ウ司極 司鳳司 庫牽禄	灯 ウ禄貴 玉調禄 報車将	山 ウ調極 司貫調 報司禄	地 ウ鳳貴 禄調鳳 庫禄将	鉄 ウ石将 龍貫石 馳調貴	宝 ウ貫禄 禄石貫 馳鳳極	海 ウ玉恍 調龍玉 庫石馳	雨 ウ龍胡 玉玉龍 報貫報	樹 タ牽報 司車牽 極玉胡	花 タ車馳 貫牽車 印龍恍	陽 タ司極 車禄司 胡牽禄	灯 タ禄貴 禄司禄 貴車将	山 タ調極 貫龍調 庫司禄	地 タ鳳貴 司玉鳳 報禄将	鉄 タ石将 調車石 極調貴	宝 タ貫禄 龍牽貫 印鳳極	海 タ玉恍 鳳禄玉 胡石馳	雨 タ龍胡 鳳司龍 貴貫報	樹 ト牽報 禄鳳牽 堂玉胡	花 ト車馳 調調車 恍龍恍	陽 ト司極 石貫司 将牽禄	灯 ト禄貴 鳳石禄 南車将	山 ト調極 鳳龍調 胡司禄	地 ト鳳貴 鳳玉鳳 貴禄将
6月	鉄 ト石将 龍車石 堂調貴	宝 ト貫禄 調牽貫 恍鳳極	海 ト玉恍 石禄玉 将石馳	雨 ト龍胡 車司龍 南貫報	樹 ネ牽報 貫鳳牽 禄玉胡	花 ネ車馳 貫禄車 禄石貴	陽 ネ司極 玉調司 南龍将	灯 ネ禄貴 調鳳禄 将玉禄	山 ネ調極 石石調 将車将	地 ネ鳳貴 龍貫鳳 南牽禄	鉄 ネ石将 龍玉石 禄禄恍	宝 ネ貫禄 貫龍貫 禄司胡	海 ネ玉恍 玉牽玉 南鳳報	雨 ネ龍胡 調車龍 将調馳	樹 イ牽報 玉司牽 恍貫極	花 イ車馳 車禄車 堂石貴	陽 イ司極 貫調司 貴龍将	灯 イ禄貴 龍鳳禄 胡玉禄	山 イ調極 貫石調 南車将	地 イ鳳貴 調貫鳳 将牽禄	鉄 イ石将 玉玉石 恍禄恍	宝 イ貫禄 龍龍貫 堂司胡	海 イ玉恍 龍牽玉 貴鳳報	雨 イ龍胡 龍車龍 胡調馳	樹 サ牽報 禄司牽 印貫極	花 サ車馳 玉鳳車 極石貴	陽 サ司極 牽石司 報龍将	灯 サ禄貴 鳳貫禄 庫玉禄	山 サ調極 車玉調 貴車将	地 サ鳳貴 車龍鳳 胡牽禄	
7月	鉄 サ石将 龍牽石 印禄恍	宝 サ貫禄 牽車貫 極司胡	海 サ玉恍 司司玉 報鳳報	雨 サ龍胡 車禄龍 庫調馳	樹 ウ牽報 車調牽 馳貫極	花 ウ車馳 車鳳車 馳石貴	陽 ウ司極 司石司 庫玉堂	灯 ウ禄貴 玉貫禄 報龍南	山 ウ調極 司玉調 報牽堂	地 ウ鳳貴 禄龍鳳 庫車南	鉄 ウ石将 龍牽石 馳司南	宝 ウ貫禄 禄車貫 馳禄堂	海 ウ玉恍 調司玉 庫調印	雨 ウ龍胡 玉禄龍 報鳳庫	樹 タ牽報 司調牽 極石庫	花 タ車馳 鳳鳳車 印貫印	陽 タ司極 鳳玉司 胡玉堂	灯 タ禄貴 禄龍禄 貴龍南	山 タ調極 玉牽調 庫牽堂	地 タ鳳貴 司貫鳳 報車南	鉄 タ石将 調玉石 極司南	宝 タ貫禄 龍龍貫 印禄堂	海 タ玉恍 鳳牽玉 胡調印	雨 タ龍胡 鳳車龍 貴鳳庫	樹 ト牽報 禄司牽 堂石庫	花 ト車馳 調禄車 恍貫印	陽 ト司極 石調司 将玉堂	灯 ト禄貴 鳳鳳禄 南龍南	山 ト調極 鳳石調 胡牽堂	地 ト鳳貴 鳳貫鳳 貴車南	鉄 ト石将 龍玉石 堂司南
8月	宝 ト貫禄 調龍貫 恍禄堂	海 ト玉恍 石牽玉 将調印	雨 ト龍胡 車車龍 南鳳庫	樹 ネ牽報 貫司牽 禄石庫	花 ネ車馳 貫禄車 禄貫印	陽 ネ司極 鳳調司 南玉堂	灯 ネ禄貴 調調禄 将石恍	山 ネ調極 石貫調 将龍胡	地 ネ鳳貴 龍石鳳 南玉恍	鉄 ネ石将 龍龍石 禄車禄	宝 ネ貫禄 貫玉貫 禄牽将	海 ネ玉恍 玉車玉 南禄貴	雨 ネ龍胡 調牽龍 将司極	樹 イ牽報 玉禄牽 恍鳳馳	花 イ車馳 龍司車 堂調報	陽 イ司極 貫鳳司 貴貫胡	灯 イ禄貴 龍調禄 胡石恍	山 イ調極 司禄調 南龍胡	地 イ鳳貴 調司鳳 将玉恍	鉄 イ石将 玉鳳石 恍車禄	宝 イ貫禄 龍石貫 堂牽将	海 イ玉恍 龍龍玉 貴禄貴	雨 イ龍胡 龍玉龍 胡司極	樹 サ牽報 禄車牽 印鳳馳	花 サ車馳 玉牽車 極調報	陽 サ司極 牽禄司 報貫胡	灯 サ禄貴 鳳司禄 庫石恍	山 サ調極 車鳳調 貴龍胡	地 サ鳳貴 車調鳳 胡玉恍	鉄 サ石将 龍貫石 印車禄	宝 サ貫禄 牽石貫 極牽将
9月	海 サ玉恍 司龍玉 報禄貴	雨 サ龍胡 車玉龍 庫司極	樹 ウ牽報 車車牽 馳鳳馳	花 ウ車馳 車牽車 馳調報	陽 ウ司極 鳳禄司 庫貫胡	灯 ウ禄貴 牽司禄 報石恍	山 ウ調極 司鳳調 報龍胡	地 ウ鳳貴 禄鳳鳳 庫龍貴	鉄 ウ石将 龍石石 馳牽将	宝 ウ貫禄 禄貫貫 馳車禄	海 ウ玉恍 調玉玉 庫司恍	雨 ウ龍胡 牽龍龍 報禄胡	樹 タ牽報 司牽牽 極調報	花 タ車馳 鳳車車 印鳳馳	陽 タ司極 鳳司司 胡石極	灯 タ禄貴 禄禄禄 貴貫貴	山 タ調極 調調調 庫玉極	地 タ鳳貴 牽鳳鳳 報龍貴	鉄 タ石将 調石石 極牽将	宝 タ貫禄 貫貫貫 印車禄	海 タ玉恍 禄玉玉 胡司恍	雨 タ龍胡 鳳龍龍 貴禄胡	樹 ト牽報 禄牽牽 堂調報	花 ト車馳 調車車 恍鳳馳	陽 ト司極 調司司 将石極	灯 ト禄貴 鳳禄禄 南貫貴	山 ト調極 鳳調調 胡玉極	地 ト鳳貴 鳳鳳鳳 貴龍貴	鉄 ト石将 龍石石 堂牽将	宝 ト貫禄 調貫貫 恍車禄	
10月	海 ト玉恍 石玉玉 将司恍	雨 ト龍胡 車龍龍 南禄胡	樹 ネ牽報 貫牽牽 禄調報	花 ネ車馳 貫車車 禄鳳馳	陽 ネ司極 鳳司司 南石極	灯 ネ禄貴 石禄禄 将貫貴	山 ネ調極 玉調調 将玉極	地 ネ鳳貴 龍鳳鳳 南石印	鉄 ネ石将 龍石石 禄龍堂	宝 ネ貫禄 貫貫貫 禄玉南	海 ネ玉恍 玉玉玉 南車南	雨 ネ龍胡 調龍龍 将牽堂	樹 イ牽報 玉牽牽 恍禄印	花 イ車馳 龍車車 堂司庫	陽 イ司極 鳳司司 貴鳳庫	灯 イ禄貴 龍禄禄 胡調印	山 イ調極 牽調調 南貫庫	地 イ鳳貴 調龍鳳 将石印	鉄 イ石将 玉牽石 恍龍堂	宝 イ貫禄 禄車貫 堂玉南	海 イ玉恍 貫車玉 貴車南	雨 イ龍胡 龍牽龍 胡牽堂	樹 サ牽報 禄禄牽 印禄印	花 サ車馳 玉司車 極司庫	陽 サ司極 牽鳳司 報鳳庫	灯 サ禄貴 鳳調禄 庫調印	山 サ調極 車貫調 貴貫庫	地 サ鳳貴 車石鳳 胡石印	鉄 サ石将 龍龍石 印龍堂	宝 サ貫禄 牽玉貫 極玉南	海 サ玉恍 司車玉 報車南
11月	雨 サ龍胡 車牽龍 庫牽堂	樹 ウ牽報 車禄牽 馳禄印	花 ウ車馳 車司車 馳司庫	陽 ウ司極 鳳鳳司 庫鳳庫	灯 ウ禄貴 牽調禄 報調印	山 ウ調極 司貫調 報貫庫	地 ウ鳳貴 禄牽鳳 庫貫報	鉄 ウ石将 龍禄石 馳玉胡	宝 ウ貫禄 禄司貫 馳龍恍	海 ウ玉恍 調鳳玉 庫牽禄	雨 ウ龍胡 牽調龍 報車将	樹 タ牽報 司貫牽 極司貴	花 タ車馳 鳳石車 印禄極	陽 タ司極 鳳龍司 胡調馳	灯 タ禄貴 禄玉禄 貴鳳報	山 タ調極 調車調 庫石馳	地 タ鳳貴 牽牽鳳 報貫報	鉄 タ石将 調禄石 極玉胡	宝 タ貫禄 貫司貫 印龍恍	海 タ玉恍 禄貫玉 胡牽禄	雨 タ龍胡 鳳石龍 貴車将	樹 ト牽報 禄龍牽 堂司貴	花 ト車馳 調玉車 恍禄極	陽 ト司極 調車司 将調馳	灯 ト禄貴 鳳牽禄 南鳳報	山 ト調極 鳳禄調 胡石馳	地 ト鳳貴 鳳司鳳 貴貫報	鉄 ト石将 龍鳳石 堂玉胡	宝 ト貫禄 調調貫 恍龍恍	海 ト玉恍 石貫玉 将牽禄	
12月	雨 ト龍胡 車石龍 南車将	樹 ネ牽報 貫龍牽 禄司貴	花 ネ車馳 貫玉車 禄禄極	陽 ネ司極 鳳車司 南調馳	灯 ネ禄貴 石牽禄 将鳳報	山 ネ調極 玉禄調 将石馳	地 ネ鳳貴 龍禄鳳 南調馳	鉄 ネ石将 龍調石 禄貫極	宝 ネ貫禄 貫鳳貫 禄石貴	海 ネ玉恍 玉石玉 南龍将	雨 ネ龍胡 調貫龍 将玉禄	樹 イ牽報 玉玉牽 恍車恍	花 イ車馳 龍龍車 堂牽胡	陽 イ司極 鳳牽司 貴禄報	灯 イ禄貴 龍車禄 胡司馳	山 イ調極 牽司調 南鳳報	地 イ鳳貴 調禄鳳 将調馳	鉄 イ石将 玉調石 恍貫極	宝 イ貫禄 禄鳳貫 堂石貴	海 イ玉恍 貫石玉 貴龍将	雨 イ龍胡 龍貫龍 胡玉禄	樹 サ牽報 禄玉牽 印車恍	花 サ車馳 玉龍車 極牽胡	陽 サ司極 牽牽司 報禄報	灯 サ禄貴 鳳車禄 庫司馳	山 サ調極 車司調 貴鳳報	地 サ鳳貴 車禄鳳 胡調馳	鉄 サ石将 龍調石 印貫極	宝 サ貫禄 牽鳳貫 極石貴	海 サ玉恍 司石玉 報龍将	雨 サ龍胡 車貫龍 庫玉禄

1981年（昭和56年）

1982年(昭和57年)

	1日	2日	3日	4日	5日	6日	7日	8日	9日	10日	11日	12日	13日	14日	15日	16日
1月	樹 ウ牽報 車玉牽 馳車恍	花 ウ車馳 車龍車 馳牽胡	陽 ウ司極 鳳牽司 庫禄報	灯 ウ禄貴 牽車禄 報司馳	山 ウ調極 司司調 報鳳報	地 ウ鳳貴 禄禄鳳 庫鳳庫	鉄 ウ石将 龍調石 馳石庫	宝 ウ貫禄 禄鳳貫 馳貫印	海 ウ玉恍 調石玉 庫玉堂	雨 ウ龍胡 牽貫龍 報龍南	樹 タ牽報 司玉牽 極牽南	花 タ車馳 鳳龍車 印車堂	陽 タ司極 鳳牽司 胡司印	灯 タ禄貴 禄車禄 貴禄庫	山 タ調極 調司調 庫調印	地 タ鳳貴 牽鳳鳳 報鳳庫
2月	花 ネ車馳 貫禄車 禄車堂	陽 ネ司極 鳳調司 南司印	灯 ネ禄貴 石鳳禄 将禄庫	山 ネ禄庫 石貫調 将禄貴	地 ネ司印 龍石鳳 南司極	鉄 ネ鳳堂 龍龍石 禄鳳馳	宝 ネ調南 貫玉貫 禄調報	海 ネ貫南 玉車玉 南貫胡	雨 ネ石堂 調牽龍 将石恍	樹 イ龍印 玉禄牽 恍龍禄	花 イ玉庫 龍司車 堂玉将	陽 イ車庫 貫貫司 貴車貴	灯 イ牽印 龍石禄 胡牽極	山 イ禄庫 司龍玉 南禄貴	地 イ司印 調玉龍 将司極	鉄 イ鳳堂 玉車牽 恍鳳馳
3月	雨 サ石堂 車調牽 庫石恍	樹 ウ龍印 車貫禄 馳龍禄	花 ウ玉庫 車石司 馳玉将	陽 ウ車庫 鳳龍鳳 庫車貴	灯 ウ牽印 牽玉調 報牽極	山 ウ禄庫 司牽調 報司恍	地 ウ司印 禄車鳳 庫禄胡	鉄 ウ鳳堂 龍司石 馳調報	宝 ウ調南 禄禄貫 馳鳳馳	海 ウ貫南 調調玉 庫石極	雨 ウ石堂 牽鳳龍 報貫貴	樹 タ龍印 司石牽 極玉将	花 タ玉庫 鳳貫車 印龍禄	陽 タ車庫 鳳玉司 胡牽恍	灯 タ牽印 禄龍禄 貴車胡	山 タ禄庫 玉牽玉 庫司恍
4月	樹 ネ龍印 貫石禄 禄玉将	花 ネ玉庫 貫貫司 禄龍禄	陽 ネ車庫 鳳玉鳳 南牽恍	灯 ネ牽印 石龍調 将車胡	山 ネ禄庫 石牽調 将車南	地 ネ司印 龍車鳳 南牽堂	鉄 ネ鳳堂 龍司石 禄禄印	宝 ネ調南 貫禄貫 禄司庫	海 ネ貫南 玉調玉 南鳳庫	雨 ネ石堂 調鳳龍 将調印	樹 イ龍印 玉石牽 恍貫堂	花 イ玉庫 龍貫車 堂石南	陽 イ車庫 貫玉司 貴龍南	灯 イ牽印 龍龍禄 胡玉堂	山 イ禄庫 司司玉 南車南	地 イ司印 調禄龍 将牽堂
5月	樹 ウ龍印 車禄禄 馳貫堂	花 ウ玉庫 車司司 馳石南	陽 ウ車庫 鳳鳳鳳 庫龍南	灯 ウ牽印 牽調調 報玉堂	山 ウ禄庫 司貫貫 報車南	地 ウ司印 禄石鳳 庫車将	鉄 ウ鳳堂 龍龍石 馳司貴	宝 ウ調南 禄玉貫 馳禄極	海 ウ貫南 調車玉 庫調馳	雨 ウ石堂 牽牽龍 報鳳報	樹 タ龍印 司禄牽 極石胡	花 タ玉庫 鳳牽車 印貫恍	陽 タ車庫 鳳禄司 胡玉禄	灯 タ牽印 禄司禄 貴龍将	山 タ禄庫 調鳳調 庫牽禄	地 タ司印 牽調龍 報車将
6月	花 ネ玉庫 貫調司 禄貫恍	陽 ネ車庫 鳳貫鳳 南玉禄	灯 ネ牽印 石石調 将龍将	山 ネ禄庫 玉龍貫 将牽禄	地 ネ司印 貫玉石 南車将	鉄 ネ鳳堂 龍玉石 禄車恍	宝 ネ調南 貫龍貫 禄牽胡	海 ネ貫南 玉牽玉 南禄報	雨 ネ石堂 調車龍 将司馳	樹 イ龍印 玉司牽 恍鳳極	花 イ玉庫 龍禄車 堂調貴	陽 イ車庫 鳳調司 貴貫将	灯 イ牽印 龍鳳禄 胡石禄	山 イ禄庫 牽石調 南龍将	地 イ司印 調貫鳳 将玉禄	鉄 イ鳳堂 玉玉牽 恍車恍
7月	花 ウ玉庫 車鳳司 馳調貴	陽 ウ車庫 鳳石鳳 庫貫将	灯 ウ牽印 牽貫調 報石禄	山 ウ禄庫 司玉貫 報龍将	地 ウ司印 貫龍石 庫玉禄	鉄 ウ鳳堂 禄牽龍 馳車恍	宝 ウ調南 禄車貫 馳車堂	海 ウ貫南 調司玉 庫司印	雨 ウ石堂 牽禄龍 報禄庫	樹 タ龍印 司調牽 極調庫	花 タ玉庫 鳳鳳車 印鳳印	陽 タ車庫 鳳石司 胡石堂	灯 タ牽印 禄貫禄 貴貫南	山 タ禄庫 調玉調 庫玉堂	地 タ司印 牽龍鳳 報龍南	鉄 タ鳳堂 調牽石 極牽南
8月	陽 ネ車庫 鳳調鳳 南石堂	灯 ネ牽印 石鳳調 将貫南	山 ネ禄庫 玉石貫 将玉堂	地 ネ司印 貫貫石 南龍南	鉄 ネ鳳堂 貫玉龍 禄牽南	宝 ネ調南 貫龍玉 禄車堂	海 ネ貫南 車牽車 南司印	雨 ネ石堂 調牽龍 将牽極	樹 イ龍印 玉禄牽 恍禄馳	花 イ玉庫 龍司車 堂司報	陽 イ車庫 鳳鳳司 貴鳳胡	灯 イ牽印 龍調禄 胡調恍	山 イ禄庫 牽貫調 南貫胡	地 イ司印 調石鳳 将石恍	鉄 イ鳳堂 玉龍石 恍龍禄	宝 イ調南 車玉貫 堂玉将
9月	灯 ウ牽印 牽司調 報調恍	山 ウ禄庫 司鳳貫 報貫胡	地 ウ司印 貫調石 庫石恍	鉄 ウ鳳堂 禄貫龍 馳龍禄	宝 ウ調南 禄石玉 馳玉将	海 ウ貫南 車龍車 庫車貴	雨 ウ石堂 司玉牽 報牽極	樹 タ龍印 司牽牽 極司報	花 タ玉庫 鳳車車 印禄馳	陽 タ車庫 鳳司司 胡調極	灯 タ牽印 禄禄禄 貴鳳貴	山 タ禄庫 調調調 庫石極	地 タ司印 牽鳳鳳 報貫貴	鉄 タ鳳堂 調石石 極玉将	宝 タ調南 鳳貫貫 印龍禄	海 タ貫南 禄玉玉 胡牽恍
10月	灯 ネ牽印 石禄調 将鳳貴	山 ネ禄庫 玉調貫 将石極	地 ネ司印 貫鳳石 南貫貴	鉄 ネ鳳堂 貫石龍 禄玉将	宝 ネ調南 貫貫玉 禄龍禄	海 ネ貫南 車玉車 南牽恍	雨 ネ石堂 石龍牽 将車胡	樹 イ龍印 玉牽禄 恍司報	花 イ玉庫 龍車車 堂牽庫	陽 イ車庫 鳳司司 貴禄庫	灯 イ牽印 龍禄禄 胡司印	山 イ禄庫 牽調調 南鳳庫	地 イ司印 石鳳鳳 将調印	鉄 イ鳳堂 玉石石 恍貫堂	宝 イ調南 車貫貫 堂石南	海 イ貫南 車玉玉 貴龍南
11月	山 ウ禄庫 司貫貫 報鳳庫	地 ウ司印 貫石石 庫調印	鉄 ウ鳳堂 禄龍龍 馳貫堂	宝 ウ調南 禄玉玉 馳石南	海 ウ貫南 車車車 庫龍南	雨 ウ石堂 司牽牽 報玉堂	樹 タ龍印 調禄禄 極車印	花 タ玉庫 鳳石車 印車極	陽 タ車庫 鳳龍司 胡司馳	灯 タ牽印 禄玉禄 貴禄報	山 タ禄庫 調車調 庫調馳	地 タ司印 牽牽鳳 報鳳報	鉄 タ鳳堂 調禄石 極石胡	宝 タ調南 鳳司貫 印貫恍	海 タ貫南 車鳳玉 胡玉禄	雨 タ石堂 鳳調龍 貴龍将
12月	山 ネ禄庫 玉禄貫 将調馳	地 ネ司印 貫司石 南鳳報	鉄 ネ鳳堂 貫鳳龍 禄石胡	宝 ネ調南 貫調玉 禄貫恍	海 ネ貫南 車貫車 南玉禄	雨 ネ石堂 石石牽 将龍将	樹 イ龍印 玉玉牽 恍龍恍	花 イ玉庫 龍龍車 堂玉胡	陽 イ車庫 鳳牽司 貴車報	灯 イ牽印 龍車禄 胡牽馳	山 イ禄庫 牽司調 南禄報	地 イ司印 石禄鳳 将司馳	鉄 イ鳳堂 玉調石 恍鳳極	宝 イ調南 車鳳貫 堂調貴	海 イ貫南 車石玉 貴貫将	雨 イ石堂 龍貫龍 胡石禄

	17日	18日	19日	20日	21日	22日	23日	24日	25日	26日	27日	28日	29日	30日	31日
1月	鉄 タ石将 調石石 極石庫	宝 タ貫禄 貫貫貫 印貫印	海 タ玉恍 禄牽玉 胡玉堂	雨 タ龍胡 鳳車龍 貴龍南	樹 ト牽報 禄司牽 堂牽南	花 ト車馳 調禄車 恍車堂	陽 ト司極 調調司 将司印	灯 ト禄貴 鳳鳳禄 南禄庫	山 ト調極 鳳石調 胡調印	地 ト鳳貴 鳳貫鳳 貴鳳庫	鉄 ト石将 龍玉石 堂石庫	宝 ト貫禄 調龍貫 恍貫印	海 ト玉恍 石牽玉 将玉堂	雨 ト龍胡 車車龍 南龍南	樹 ネ牽報 貫司牽 禄牽南
2月	宝 イ調南 龍牽玉 堂調報	海 イ貫南 龍禄車 貴貫胡	雨 イ石堂 龍調牽 胡石恍	樹 サ龍印 禄貫禄 印龍禄	花 サ玉庫 玉石司 極玉将	陽 サ車庫 牽龍鳳 報車貴	灯 サ牽印 鳳玉調 庫牽極	山 サ禄庫 車車貫 貴禄貴	地 サ司印 車牽石 胡司極	鉄 サ鳳堂 龍禄龍 印鳳馳	宝 サ調南 牽司玉 極調報	海 サ貫南 司鳳車 報貫胡			
3月	地 タ司印 牽車龍 報禄胡	鉄 タ鳳堂 調司牽 極調報	宝 タ調南 龍禄玉 印鳳馳	海 タ貫南 禄調車 胡石極	雨 タ石堂 鳳鳳牽 貴貫貴	樹 ト龍印 禄石禄 堂玉将	花 ト玉庫 調貫司 恍龍禄	陽 ト車庫 調玉鳳 将牽恍	灯 ト牽印 鳳龍調 南車胡	山 ト禄庫 鳳牽貫 胡司恍	地 ト司印 鳳車石 貴禄胡	鉄 ト鳳堂 龍司龍 堂調報	宝 ト調南 調禄玉 恍鳳馳	海 ト貫南 石調車 将石極	雨 ト石堂 車鳳牽 南貫貴
4月	鉄 イ鳳堂 玉調牽 恍禄印	宝 イ調南 龍玉玉 堂司庫	海 イ貫南 龍車車 貴鳳庫	雨 イ石堂 龍牽牽 胡調印	樹 サ龍印 禄禄禄 印貫堂	花 サ玉庫 玉司司 極石南	陽 サ車庫 牽鳳鳳 報龍南	灯 サ牽印 鳳調調 庫玉堂	山 サ禄庫 車貫貫 貴車南	地 サ司印 車石石 胡牽堂	鉄 サ鳳堂 龍龍龍 印禄印	宝 サ調南 牽玉玉 極司庫	海 サ貫南 司車車 報鳳庫	雨 サ石堂 車牽牽 庫調印	
5月	鉄 タ鳳堂 調貫牽 極司貴	宝 タ調南 貫石車 印禄極	海 タ貫南 禄龍車 胡調馳	雨 タ石堂 鳳玉牽 貴鳳報	樹 ト龍印 禄鳳禄 堂石胡	花 ト玉庫 調調司 恍貫恍	陽 ト車庫 調貫鳳 将玉禄	灯 ト牽印 鳳石調 南龍将	山 ト禄庫 鳳龍貫 胡牽禄	地 ト司印 鳳玉石 貴車将	鉄 ト鳳堂 龍車龍 堂司貴	宝 ト調南 調牽玉 恍禄極	海 ト貫南 石禄車 将調馳	雨 ト石堂 車司牽 南鳳報	樹 ネ龍印 貫鳳禄 禄石胡
6月	宝 イ調南 禄龍車 堂牽胡	海 イ貫南 貫牽司 貴禄報	雨 イ石堂 龍車牽 胡司馳	樹 サ龍印 禄司禄 印鳳極	花 サ玉庫 玉禄司 極調貴	陽 サ車庫 牽調鳳 報貫将	灯 サ牽印 鳳鳳調 庫石禄	山 サ禄庫 車石貫 貴龍将	地 サ司印 車貫石 胡玉禄	鉄 サ鳳堂 龍牽龍 印車恍	宝 サ調南 牽車玉 極牽胡	海 サ貫南 司司車 報禄報	雨 サ石堂 車禄牽 庫司馳	樹 ウ龍印 車調禄 馳鳳極	
7月	宝 タ調南 貫禄車 印車堂	海 タ貫南 禄調司 胡司印	雨 タ石堂 鳳鳳禄 貴禄庫	樹 ト龍印 禄司禄 堂調庫	花 ト玉庫 牽禄司 恍鳳印	陽 ト車庫 調調鳳 将石堂	灯 ト牽印 鳳鳳調 南貫南	山 ト禄庫 鳳石貫 胡玉堂	地 ト司印 鳳貫石 貴龍南	鉄 ト鳳堂 龍玉龍 堂牽南	宝 ト調南 調龍玉 恍車堂	海 ト貫南 石牽車 将司印	雨 ト石堂 車車牽 南禄庫	樹 ネ龍印 貫司禄 禄調庫	花 ネ玉庫 貫禄司 禄鳳印
8月	海 イ貫南 車車玉 貴車貴	雨 イ石堂 龍牽禄 胡牽極	樹 サ龍印 調龍調 印禄馳	花 サ玉庫 石玉鳳 極司報	陽 サ車庫 牽車鳳 報鳳胡	灯 サ牽印 鳳司調 庫調恍	山 サ禄庫 車鳳貫 貴貫胡	地 サ司印 車調石 胡石恍	鉄 サ鳳堂 龍貫龍 印龍禄	宝 サ調南 牽石玉 極玉将	海 サ貫南 牽龍車 報車貴	雨 サ石堂 車玉牽 庫牽極	樹 ウ龍印 車車禄 馳禄馳	花 ウ玉庫 車牽司 馳司報	陽 ウ車庫 鳳禄鳳 庫鳳胡
9月	雨 タ石堂 鳳龍龍 貴車胡	樹 ト龍印 玉牽調 堂司報	花 ト玉庫 牽車鳳 恍禄馳	陽 ト車庫 調司石 将調極	灯 ト牽印 鳳禄調 南鳳貴	山 ト禄庫 鳳調貫 胡石極	地 ト司印 鳳鳳石 貴貫貴	鉄 ト鳳堂 龍石龍 堂玉将	宝 ト調南 調貫玉 恍龍禄	海 ト貫南 石玉車 将牽恍	雨 ト石堂 車龍牽 南車胡	樹 ネ龍印 貫牽禄 禄司報	花 ネ玉庫 貫車司 禄禄馳	陽 ネ車庫 鳳司鳳 南調極	
10月	雨 イ石堂 龍龍龍 胡玉堂	樹 サ龍印 牽牽牽 印車印	花 サ玉庫 石鳳鳳 極牽庫	陽 サ車庫 牽石石 報禄庫	灯 サ牽印 禄貫貫 庫司印	山 サ禄庫 龍貫貫 貴鳳庫	地 サ司印 車石石 胡調印	鉄 サ鳳堂 龍龍龍 印貫堂	宝 サ調南 牽玉玉 極石南	海 サ貫南 牽車車 報龍南	雨 サ石堂 車牽牽 庫玉堂	樹 ウ龍印 車禄禄 馳車印	花 ウ玉庫 車司司 馳牽庫	陽 ウ車庫 鳳鳳鳳 庫禄庫	灯 ウ牽印 牽調調 報司印
11月	樹 ト龍印 石貫牽 堂牽貴	花 ト玉庫 牽石鳳 恍車極	陽 ト車庫 調龍石 将司馳	灯 ト牽印 龍玉貫 南禄報	山 ト禄庫 禄禄貫 胡調馳	地 ト司印 鳳司石 貴鳳報	鉄 ト鳳堂 龍鳳龍 堂石胡	宝 ト調南 調調玉 恍貫恍	海 ト貫南 石貫車 将玉禄	雨 ト石堂 車石牽 南龍将	樹 ネ龍印 貫龍禄 禄牽貴	花 ネ玉庫 貫玉司 禄車極	陽 ネ車庫 鳳車鳳 南司馳	灯 ネ牽印 石牽調 将禄報	
12月	樹 サ龍印 調玉調 印龍恍	花 サ玉庫 石龍鳳 極玉胡	陽 サ車庫 牽牽石 報車報	灯 サ牽印 鳳車調 庫牽馳	山 サ禄庫 龍司貫 貴禄報	地 サ司印 車禄石 胡司馳	鉄 サ鳳堂 龍調龍 印鳳極	宝 サ調南 牽鳳玉 極調貴	海 サ貫南 牽石車 報貫将	雨 サ石堂 車貫牽 庫石禄	樹 ウ龍印 車玉禄 馳龍恍	花 ウ玉庫 車龍司 馳玉胡	陽 ウ車庫 鳳牽鳳 庫車報	灯 ウ牽印 牽車調 報牽馳	山 ウ禄庫 司司貫 報禄報

1983年（昭和58年）

1983年(昭和58年)

	1日	2日	3日	4日	5日	6日	7日	8日	9日	10日
1月	地 ウ司印 貫禄石 庫司馳	鉄 ウ鳳堂 禄調龍 馳鳳極	宝 ウ調南 禄鳳玉 馳調貴	海 ウ貫南 車石車 庫貫将	雨 ウ石堂 司貫牽 報石禄	樹 タ龍印 司玉牽 極玉南	花 タ玉庫 鳳龍車 印龍堂	陽 タ車庫 鳳牽司 胡牽印	灯 タ牽印 禄車禄 貴車庫	山 タ禄庫 調司調 庫司印
2月	鉄 ネ鳳堂 貫玉龍 禄調庫	宝 ネ調南 貫龍玉 禄鳳印	海 ネ貫南 車牽車 南石堂	雨 ネ貫将 調牽調 将調恍	樹 イ玉貴 玉禄貫 恍貫禄	花 イ龍極 龍司石 堂石将	陽 イ牽馳 鳳鳳龍 貴龍貴	灯 イ車報 龍調玉 胡玉極	山 イ司馳 牽貫車 南車貴	地 イ禄報 調石牽 将牽極
3月	山 ウ司馳 司車禄 報車貴	地 ウ禄報 貫牽司 庫牽極	鉄 ウ調胡 禄禄鳳 馳禄馳	宝 ウ鳳恍 禄司調 馳司報	海 ウ石禄 車鳳貫 庫鳳胡	雨 ウ貫将 牽鳳調 報鳳貴	樹 タ玉貴 司石貫 極石将	花 タ龍極 鳳貫石 印貫禄	陽 タ牽馳 鳳玉龍 胡玉恍	灯 タ車報 禄龍玉 貴龍胡
4月	地 ネ禄報 貫車司 南車胡	鉄 ネ調胡 貫司鳳 禄司報	宝 ネ鳳恍 貫禄調 禄禄馳	海 ネ石禄 車調貫 南調極	雨 ネ貫将 調鳳調 将司印	樹 イ玉貴 玉石貫 恍鳳堂	花 イ龍極 龍貫石 堂調南	陽 イ牽馳 鳳玉龍 貴貫南	灯 イ車報 龍龍玉 胡石堂	山 イ司馳 牽牽車 南龍南
5月	地 ウ禄報 貫石司 庫玉堂	鉄 ウ調胡 禄龍鳳 馳車印	宝 ウ鳳恍 禄玉調 馳牽庫	海 ウ石禄 車車貫 庫禄庫	雨 ウ貫将 司牽石 報司印	樹 タ玉貴 司禄貫 極調胡	花 タ龍極 鳳司石 印鳳恍	陽 タ牽馳 鳳鳳龍 胡石禄	灯 タ車報 禄調玉 貴貫将	山 タ司馳 調貫車 庫玉禄
6月	鉄 ネ調胡 貫車鳳 禄牽貴	宝 ネ鳳恍 貫牽調 禄車極	海 ネ石禄 車禄貫 南司馳	雨 ネ貫将 石司石 将禄報	樹 イ玉貴 玉鳳龍 恍調胡	花 イ龍極 龍禄石 堂司貴	陽 イ牽馳 鳳調龍 貴鳳将	灯 イ車報 龍鳳玉 胡調禄	山 イ司馳 牽石車 南貫将	地 イ禄報 石貫牽 将石禄
7月	鉄 ウ調胡 禄牽鳳 馳龍恍	宝 ウ鳳恍 禄車調 馳玉胡	海 ウ石禄 車司貫 庫車報	雨 ウ貫将 司禄石 報牽馳	樹 タ玉貴 調調龍 極禄極	花 タ龍極 禄鳳玉 印司貴	陽 タ牽馳 禄石車 胡鳳将	灯 タ車報 禄貫玉 貴鳳南	山 タ司馳 調玉車 庫石堂	地 タ禄報 牽龍牽 報貫南
8月	宝 ネ鳳恍 貫龍調 禄龍堂	海 ネ石禄 車牽貫 南牽印	雨 ネ貫将 石車石 将車庫	樹 イ玉貴 玉司龍 恍司庫	花 イ龍極 禄禄玉 堂禄印	陽 イ牽馳 龍調車 貴調堂	灯 イ車報 龍鳳牽 胡鳳南	山 イ司馳 牽貫車 南鳳胡	地 イ禄報 石石牽 将調恍	鉄 イ調胡 玉龍禄 恍貫禄
9月	海 ウ石禄 車龍貫 庫龍貴	雨 ウ貫将 司玉石 報玉極	樹 タ玉貴 調車龍 極車馳	花 タ龍極 禄牽玉 印牽報	陽 タ牽馳 禄禄車 胡禄胡	灯 タ車報 禄司牽 貴司恍	山 タ司馳 貫鳳禄 庫鳳胡	地 タ禄報 牽鳳牽 報鳳貴	鉄 タ調胡 調石禄 極石将	宝 タ鳳恍 鳳貫司 印貫禄
10月	海 ネ石禄 車玉貫 南玉恍	雨 ネ貫将 石龍石 将龍胡	樹 イ玉貴 玉牽龍 恍牽報	花 イ龍極 禄車玉 堂車馳	陽 イ牽馳 龍司車 貴司極	灯 イ車報 龍禄牽 胡禄貴	山 イ司馳 貫調禄 南調極	地 イ禄報 玉鳳司 将鳳貴	鉄 イ調胡 玉石禄 恍鳳堂	宝 イ鳳恍 車貫司 堂調南
11月	雨 ウ貫将 司牽石 報石堂	樹 タ玉貴 調禄龍 極龍印	花 タ龍極 禄司玉 印玉庫	陽 タ牽馳 禄鳳車 胡車庫	灯 タ車報 禄調牽 貴牽印	山 タ司馳 貫貫禄 庫禄庫	地 タ禄報 司石司 報司印	鉄 タ調胡 調禄禄 極調胡	宝 タ鳳恍 鳳司司 印鳳恍	海 タ石禄 車鳳鳳 胡石禄
12月	雨 ネ貫将 石石石 将貫将	樹 イ玉貴 玉龍龍 恍玉貴	花 イ龍極 禄玉玉 堂龍極	陽 イ牽馳 龍車車 貴牽馳	灯 イ車報 龍牽牽 胡車報	山 イ司馳 貫禄禄 南司馳	地 イ禄報 玉司司 将禄報	鉄 イ調胡 玉調禄 恍禄極	宝 イ鳳恍 車鳳司 堂司貴	海 イ石禄 車石鳳 貴鳳将

	11日	12日	13日	14日	15日	16日	17日	18日	19日	20日
1月	地 タ司印 牽禄鳳 報禄庫	鉄 タ鳳堂 調調石 極調庫	宝 タ調南 鳳鳳貫 印鳳印	海 タ貫南 禄石玉 胡石堂	雨 タ石堂 鳳貫龍 貴貫南	樹 ト龍印 玉牽調 堂玉南	花 ト玉庫 牽車鳳 恍龍堂	陽 ト車庫 調司石 将牽印	灯 ト牽印 鳳鳳調 南車庫	山 ト禄庫 鳳石貫 胡司印
2月	鉄 イ調胡 玉龍禄 恍禄馳	宝 イ鳳恍 車牽司 堂司報	海 イ石禄 車禄鳳 貴鳳胡	雨 イ貫将 龍司調 胡調恍	樹 サ玉貴 調鳳貫 印貫禄	花 サ龍極 石調石 極石将	陽 サ牽馳 牽貫車 報龍貴	灯 サ車報 鳳石牽 庫玉極	山 サ司馳 車車禄 貴車貴	地 サ禄報 車牽司 胡牽極
3月	山 タ司馳 調牽車 庫牽恍	地 タ禄報 牽車牽 報車胡	鉄 タ調胡 調司禄 極司報	宝 タ鳳恍 鳳禄司 印禄馳	海 タ石禄 禄調鳳 胡調極	雨 タ貫将 鳳鳳調 貴鳳貴	樹 ト玉貴 玉石貫 堂石将	花 ト龍極 牽貫石 恍貫禄	陽 ト牽馳 調玉車 将玉恍	灯 ト車報 鳳龍牽 南龍胡
4月	地 イ禄報 調車牽 将玉堂	鉄 イ調胡 玉司禄 恍車印	宝 イ鳳恍 車禄司 堂牽庫	海 イ石禄 車調鳳 貴禄庫	雨 イ貫将 龍貫調 胡司印	樹 サ玉貴 調玉貫 印鳳堂	花 サ龍極 石龍石 極調南	陽 サ牽馳 牽鳳車 報貫南	灯 サ車報 鳳調牽 庫石堂	山 サ司馳 車貫禄 貴龍南
5月	地 タ禄報 牽石牽 報龍将	鉄 タ調胡 調貫禄 極牽貴	宝 タ鳳恍 鳳石司 印車極	海 タ石禄 禄龍鳳 胡司馳	雨 タ貫将 鳳玉調 貴禄報	樹 ト玉貴 玉車貫 堂調胡	花 ト龍極 牽牽石 恍鳳恍	陽 ト牽馳 調禄龍 将石禄	灯 ト車報 鳳司牽 南貫将	山 ト司馳 鳳鳳禄 胡玉禄
6月	鉄 イ調胡 玉玉禄 恍龍恍	宝 イ鳳恍 車龍司 堂玉胡	海 イ石禄 車牽鳳 貴車報	雨 イ貫将 龍車調 胡牽馳	樹 サ玉貴 牽司貫 印禄極	花 サ龍極 石禄石 極司貴	陽 サ牽馳 牽調龍 報鳳将	灯 サ車報 禄鳳玉 庫調禄	山 サ司馳 龍石禄 貴貫将	地 サ禄報 車貫司 胡石禄
7月	鉄 タ調胡 調牽禄 極玉南	宝 タ鳳恍 鳳車司 印龍堂	海 タ石禄 車司鳳 胡牽印	雨 タ貫将 鳳禄調 貴車庫	樹 ト玉貴 石調貫 堂司庫	花 ト龍極 牽鳳石 恍禄印	陽 ト牽馳 調石龍 将調堂	灯 ト車報 龍龍玉 南鳳南	山 ト司馳 禄牽車 胡石堂	地 ト禄報 鳳車牽 貴貫南
8月	宝 イ鳳恍 車玉司 堂石将	海 イ石禄 車車鳳 貴龍貴	雨 イ貫将 龍牽調 胡玉極	樹 サ玉貴 牽禄貫 印車馳	花 サ龍極 石司石 極牽報	陽 サ牽馳 牽鳳龍 報禄胡	灯 サ車報 車調玉 庫司恍	山 サ司馳 龍貫車 貴鳳胡	地 サ禄報 車司牽 胡調恍	鉄 サ調胡 調鳳禄 印貫禄
9月	海 タ石禄 車玉鳳 胡玉恍	雨 タ貫将 鳳龍調 貴龍胡	樹 ト玉貴 石牽貫 堂牽報	花 ト龍極 牽車石 恍車馳	陽 ト牽馳 調司龍 将司極	灯 ト車報 貫禄玉 南禄貴	山 ト司馳 貫調車 胡調極	地 ト禄報 鳳鳳牽 貴鳳貴	鉄 ト調胡 牽石禄 堂石将	宝 ト鳳恍 司貫司 恍貫禄
10月	海 イ石禄 車玉鳳 貴貫南	雨 イ貫将 龍龍調 胡石堂	樹 サ玉貴 牽牽貫 印龍印	花 サ龍極 石車石 極玉庫	陽 サ牽馳 牽司龍 報車庫	灯 サ車報 車禄玉 庫牽印	山 サ司馳 龍調車 貴禄庫	地 サ禄報 車鳳牽 胡司印	鉄 サ調胡 調牽禄 印鳳堂	宝 サ鳳恍 石車司 極調南
11月	雨 タ貫将 鳳調調 貴貫将	樹 ト玉貴 石貫貫 堂玉貴	花 ト龍極 司石石 恍龍極	陽 ト牽馳 調龍龍 将牽馳	灯 ト車報 貫玉玉 南車報	山 ト司馳 貫車車 胡司馳	地 ト禄報 鳳牽牽 貴禄報	鉄 ト調胡 牽禄禄 堂調胡	宝 ト鳳恍 司司司 恍鳳恍	海 ト石禄 石鳳鳳 将石禄
12月	雨 イ貫将 龍貫調 胡調禄	樹 サ玉貴 牽玉貫 印貫恍	花 サ龍極 石龍石 極石胡	陽 サ牽馳 牽牽龍 報龍報	灯 サ車報 車車玉 庫玉馳	山 サ司馳 龍司車 貴車報	地 サ禄報 車禄牽 胡牽馳	鉄 サ調胡 調調禄 印禄極	宝 サ鳳恍 石鳳司 極司貴	海 サ石禄 牽石鳳 報鳳将

	21日	22日	23日	24日	25日	26日	27日	28日	29日	30日	31日
1月	地 ト司印 鳳貫石 貴禄庫	鉄 ト鳳堂 龍玉龍 堂調庫	宝 ト調南 調龍玉 恍鳳印	海 ト貫南 石牽車 将石堂	雨 ト石堂 車車牽 南貫南	樹 ネ龍印 貫司禄 禄玉南	花 ネ玉庫 貫禄司 禄龍堂	陽 ネ車庫 鳳調鳳 南牽印	灯 ネ牽印 石鳳調 将車庫	山 ネ禄庫 玉石貫 将司印	地 ネ司印 貫貫石 南禄庫
2月	鉄 サ調胡 龍禄鳳 印禄馳	宝 サ鳳恍 牽司調 極司報	海 サ石禄 牽鳳貫 報鳳胡	雨 サ貫将 車調石 庫調恍	樹 ウ玉貴 車貫龍 馳貫禄	花 ウ龍極 車石玉 馳石将	陽 ウ牽馳 鳳龍車 庫龍貴	灯 ウ車報 牽玉牽 報玉極			
3月	山 ト司馳 鳳牽禄 胡牽恍	地 ト禄報 鳳車司 貴車胡	鉄 ト調胡 龍司鳳 堂司報	宝 ト鳳恍 調禄調 恍禄馳	海 ト石禄 石調貫 将調極	雨 ト貫将 車鳳石 南鳳貴	樹 ネ玉貴 貫石龍 禄石将	花 ネ龍極 貫貫玉 禄貫禄	陽 ネ牽馳 鳳玉車 南玉恍	灯 ネ車報 石龍牽 将龍胡	山 ネ司馳 玉牽禄 将牽恍
4月	地 サ禄報 車石司 胡玉堂	鉄 サ調胡 龍龍鳳 印車印	宝 サ鳳恍 牽玉調 極牽庫	海 サ石禄 牽車貫 報禄庫	雨 サ貫将 車牽石 庫司印	樹 ウ玉貴 車禄龍 馳鳳堂	花 ウ龍極 車司玉 馳調南	陽 ウ牽馳 鳳鳳車 庫貫南	灯 ウ車報 牽調牽 報石堂	山 ウ司馳 司貫禄 報龍南	
5月	地 ト禄報 鳳玉司 貴龍将	鉄 ト調胡 龍車鳳 堂牽貴	宝 ト鳳恍 調牽調 恍車極	海 ト石禄 石禄貫 将司馳	雨 ト貫将 車司石 南禄報	樹 ネ玉貴 貫鳳龍 禄調胡	花 ネ龍極 貫調玉 禄鳳恍	陽 ネ牽馳 鳳貫車 南石禄	灯 ネ車報 石石牽 将貫将	山 ネ司馳 玉龍禄 将玉禄	地 ネ禄報 貫玉司 南龍将
6月	鉄 サ調胡 龍玉鳳 印龍恍	宝 サ鳳恍 牽龍調 極玉胡	海 サ石禄 牽牽貫 報車報	雨 サ貫将 車車石 庫牽馳	樹 ウ玉貴 車司龍 馳禄極	花 ウ龍極 車鳳玉 馳司貴	陽 ウ牽馳 鳳石車 庫鳳将	灯 ウ車報 牽貫牽 報調禄	山 ウ司馳 司玉禄 報貫将	地 ウ禄報 貫龍司 庫石禄	
7月	鉄 ト調胡 龍玉鳳 堂玉南	宝 ト鳳恍 調龍調 恍龍堂	海 ト石禄 石牽貫 将牽印	雨 ト貫将 車車石 南車庫	樹 ネ玉貴 貫司龍 禄司庫	花 ネ龍極 貫禄玉 禄禄印	陽 ネ牽馳 鳳調車 南調堂	灯 ネ車報 石鳳牽 将鳳南	山 ネ司馳 玉石禄 将石堂	地 ネ禄報 貫貫司 南貫南	鉄 ネ調胡 貫玉鳳 禄玉南
8月	宝 サ鳳恍 石調調 極石将	海 サ石禄 牽龍貫 報龍貴	雨 サ貫将 車玉石 庫玉極	樹 ウ玉貴 車車龍 馳車馳	花 ウ龍極 車牽玉 馳牽報	陽 ウ牽馳 鳳禄車 庫禄胡	灯 ウ車報 牽司牽 報司恍	山 ウ司馳 司鳳禄 報鳳胡	地 ウ禄報 貫調司 庫調恍	鉄 ウ調胡 禄貫鳳 馳貫禄	宝 ウ鳳恍 禄石調 馳石将
9月	海 ト石禄 石玉貫 将玉恍	雨 ト貫将 車龍石 南龍胡	樹 ネ玉貴 貫牽龍 禄牽報	花 ネ龍極 貫車玉 禄車馳	陽 ネ牽馳 鳳司車 南司極	灯 ネ車報 石禄牽 将禄貴	山 ネ司馳 石調禄 将調極	地 ネ禄報 貫鳳司 南鳳貴	鉄 ネ調胡 貫石鳳 禄石将	宝 ネ鳳恍 貫貫調 禄貫禄	
10月	海 サ石禄 牽司鳳 報貫南	雨 サ貫将 車牽石 庫石堂	樹 ウ玉貴 車禄龍 馳龍印	花 ウ龍極 車司玉 馳玉庫	陽 ウ牽馳 鳳鳳車 庫車庫	灯 ウ車報 牽調牽 報牽印	山 ウ司馳 司貫禄 報禄庫	地 ウ禄報 貫石司 庫司印	鉄 ウ調胡 禄龍鳳 馳鳳堂	宝 ウ鳳恍 禄玉調 馳調南	海 ウ石禄 車車貫 庫貫南
11月	雨 ト貫将 車石石 南貫将	樹 ネ玉貴 鳳龍龍 禄玉貴	花 ネ龍極 貫玉玉 禄龍極	陽 ネ牽馳 鳳車車 南牽馳	灯 ネ車報 石牽牽 将車報	山 ネ司馳 石禄禄 将司馳	地 ネ禄報 貫司司 南禄報	鉄 ネ調胡 貫鳳鳳 禄調胡	宝 ネ鳳恍 貫調調 禄鳳恍	海 ネ石禄 車貫貫 南石禄	
12月	雨 サ貫将 車貫石 庫調禄	樹 ウ玉貴 車玉龍 馳貫恍	花 ウ龍極 車龍玉 馳石胡	陽 ウ牽馳 鳳牽車 庫龍報	灯 ウ車報 牽車牽 報玉馳	山 ウ司馳 司司禄 報車報	地 ウ禄報 貫禄司 庫牽馳	鉄 ウ調胡 禄調鳳 馳禄極	宝 ウ鳳恍 禄鳳調 馳司貴	海 ウ石禄 車石貫 庫鳳将	雨 ウ貫将 司貫石 報調禄

1984年（昭和59年）

1984年(昭和59年)

	1日	2日	3日	4日	5日	6日	7日	8日	9日	10日	11日	12日	13日	14日	15日	16日
1月	樹 タ玉貴 調玉龍 極貫悦	花 タ龍極 禄龍玉 印石胡	陽 タ牽馳 禄牽車 胡龍報	灯 タ車報 禄車牽 貴玉馳	山 タ司馳 貫司禄 庫車報	地 タ禄報 牽禄牽 報車庫	鉄 タ調胡 調調禄 極司庫	宝 タ鳳悦 鳳鳳司 印禄印	海 タ石禄 車石鳳 胡調堂	雨 タ貫将 鳳貫調 貴鳳南	樹 ト玉貴 石玉貫 堂石南	花 ト龍極 牽龍石 悦貫堂	陽 ト牽馳 調牽龍 将玉印	灯 ト車報 貫車玉 南龍庫	山 ト司馳 貫司車 胡牽印	地 ト禄報 鳳鳳牽 貴車庫
2月	花 イ龍極 禄禄玉 堂貫堂	陽 イ牽馳 龍調車 貴玉印	灯 イ車報 龍鳳牽 胡龍庫	山 イ司馳 貫石禄 南牽印	地 イ牽馳 石石禄 将玉極	鉄 イ禄極 玉龍調 悦車馳	宝 イ司貴 車玉鳳 堂牽報	海 イ鳳将 車車石 貴禄胡	雨 イ調禄 龍牽貫 胡司悦	樹 サ貫悦 牽禄玉 印鳳禄	花 サ石胡 石司龍 極調将	陽 サ龍報 牽鳳牽 報貫貴	灯 サ玉馳 車石車 庫石極	山 サ車報 龍龍司 貴龍貴	地 サ牽馳 車玉禄 胡玉極	鉄 サ禄極 調車調 印車馳
3月	樹 タ貫悦 調貫玉 極鳳禄	花 タ石胡 禄石龍 印調将	陽 タ龍報 禄龍牽 胡貫貴	灯 タ玉馳 禄玉車 貴石極	山 タ車報 調牽司 庫玉悦	地 タ牽馳 牽車禄 報龍胡	鉄 タ禄極 調司調 極牽報	宝 タ司貴 鳳禄鳳 印車馳	海 タ鳳将 車調石 胡司極	雨 タ調禄 鳳鳳貫 貴禄貴	樹 ト貫悦 石石玉 堂調将	花 ト石胡 牽貫龍 悦鳳禄	陽 ト龍報 調玉牽 将石悦	灯 ト玉馳 貫龍車 南貫胡	山 ト車報 貫牽司 胡玉悦	地 ト牽馳 鳳車禄 貴龍胡
4月	花 イ石胡 禄貫龍 堂鳳禄	陽 イ龍報 龍玉牽 貴石悦	灯 イ玉馳 龍龍車 胡貫胡	山 イ車報 牽牽司 南貫南	地 イ牽馳 石車禄 将石堂	鉄 イ禄極 玉司調 悦龍印	宝 イ司貴 車禄鳳 堂玉庫	海 イ鳳将 車調石 貴車庫	雨 イ調禄 龍鳳貫 胡牽印	樹 サ貫悦 牽石玉 印禄堂	花 サ石胡 石貫龍 極司南	陽 サ龍報 牽玉牽 報鳳南	灯 サ玉馳 車龍車 庫調堂	山 サ車報 龍司司 貴貫南	地 サ牽馳 車禄禄 胡石堂	鉄 サ禄極 調調調 印龍印
5月	花 タ石胡 禄司龍 印司南	陽 タ龍報 禄鳳牽 胡鳳南	灯 タ玉馳 禄調車 貴調堂	山 タ車報 貫貫司 庫貫南	地 タ牽馳 牽石禄 報貫将	鉄 タ禄極 調龍調 極玉貴	宝 タ司貴 鳳玉鳳 印龍極	海 タ鳳将 車車石 胡牽馳	雨 タ調禄 鳳牽貫 貴車報	樹 ト貫悦 石禄玉 堂司胡	花 ト石胡 牽牽龍 悦禄悦	陽 ト龍報 調禄牽 将調禄	灯 ト玉馳 貫司車 南鳳将	山 ト車報 貫鳳司 胡石禄	地 ト牽馳 鳳調禄 貴貫将	鉄 ト禄極 牽貫調 堂玉貴
6月	陽 イ龍報 龍貫牽 貴調禄	灯 イ玉馳 龍石車 胡鳳将	山 イ車報 貫龍司 南石禄	地 イ牽馳 玉玉禄 将貫将	鉄 イ禄極 玉玉調 悦貫悦	宝 イ司貴 車龍鳳 堂石胡	海 イ鳳将 車牽石 貴龍報	雨 イ調禄 龍車貫 胡玉馳	樹 サ貫悦 牽司玉 印車極	花 サ石胡 石禄龍 極牽貴	陽 サ龍報 牽調牽 報禄将	灯 サ玉馳 車鳳車 庫司禄	山 サ車報 龍石司 貴鳳将	地 サ牽馳 車貫禄 胡調禄	鉄 サ禄極 調玉調 印貫悦	宝 サ司貴 石龍鳳 極石胡
7月	陽 タ龍報 禄石牽 胡禄将	灯 タ玉馳 禄貫車 貴司禄	山 タ車報 貫玉司 庫鳳将	地 タ牽馳 司龍禄 報調禄	鉄 タ禄極 調牽調 極貫悦	宝 タ司貴 龍車鳳 印石胡	海 タ鳳将 車司石 胡玉印	雨 タ調禄 鳳禄貫 貴龍庫	樹 ト貫悦 石調玉 堂牽庫	花 ト石胡 司鳳龍 悦車印	陽 ト龍報 調石牽 将司堂	灯 ト玉馳 貫貫車 南禄南	山 ト車報 貫玉司 胡調堂	地 ト牽馳 鳳龍禄 貴鳳南	鉄 ト禄極 石牽調 堂石南	宝 ト司貴 司車鳳 悦貫堂
8月	灯 イ玉馳 龍鳳車 胡禄南	山 イ車報 貫石司 南調堂	地 イ牽馳 玉貫禄 将鳳南	鉄 イ禄極 牽玉調 悦石南	宝 イ司貴 龍龍鳳 堂貫堂	海 イ鳳将 龍牽石 貴玉印	雨 イ調禄 龍牽貫 胡石極	樹 サ貫悦 牽禄玉 印龍馳	花 サ石胡 石司龍 極玉報	陽 サ龍報 牽鳳牽 報車胡	灯 サ玉馳 車調車 庫牽悦	山 サ車報 貫貫司 貴禄胡	地 サ牽馳 車石禄 胡司悦	鉄 サ禄極 司龍調 印鳳禄	宝 サ司貴 石玉鳳 極調将	海 サ鳳将 牽車石 報貫貴
9月	山 タ車報 貫鳳司 庫禄胡	地 タ牽馳 司調禄 報司悦	鉄 タ禄極 調貫調 極鳳禄	宝 タ司貴 龍石鳳 印調将	海 タ鳳将 鳳龍石 胡貫貴	雨 タ調禄 鳳玉貫 貴石極	樹 ト貫悦 石牽玉 堂玉報	花 ト石胡 司車龍 悦龍馳	陽 ト龍報 調司牽 将牽極	灯 ト玉馳 貫禄車 南車貴	山 ト車報 貫調司 胡司極	地 ト牽馳 鳳鳳禄 貴禄貴	鉄 ト禄極 石石調 堂調将	宝 ト司貴 司貫鳳 悦鳳禄	海 ト鳳将 石玉石 将石悦	雨 ト調禄 貫龍貫 南貫胡
10月	山 イ車報 貫調司 南司極	地 イ牽馳 玉鳳禄 将禄貴	鉄 イ禄極 牽石調 悦調将	宝 イ司貴 龍貫鳳 堂鳳禄	海 イ鳳将 龍玉石 貴石悦	雨 イ調禄 龍龍貫 胡貫胡	樹 サ貫悦 禄牽玉 印玉報	花 サ石胡 石車龍 極石庫	陽 サ龍報 牽司牽 報龍庫	灯 サ玉馳 車禄車 庫玉印	山 サ車報 貫調司 貴車庫	地 サ牽馳 車鳳禄 胡牽印	鉄 サ禄極 司石調 印禄堂	宝 サ司貴 石貫鳳 極司南	海 サ鳳将 牽玉石 報鳳南	雨 サ調禄 禄龍貫 庫調堂
11月	地 タ牽馳 司石禄 報牽印	鉄 タ禄極 調龍調 極禄堂	宝 タ司貴 龍玉鳳 印司南	海 タ鳳将 鳳車石 胡鳳南	雨 タ調禄 鳳牽貫 貴調堂	樹 ト貫悦 禄禄玉 堂貫印	花 ト石胡 司石龍 悦貫極	陽 ト龍報 調龍牽 将玉馳	灯 ト玉馳 貫玉車 南龍報	山 ト車報 貫車司 胡牽馳	地 ト牽馳 鳳牽禄 貴車報	鉄 ト禄極 石禄調 堂司胡	宝 ト司貴 司司鳳 悦禄悦	海 ト鳳将 石鳳石 将調禄	雨 ト調禄 貫調貫 南鳳将	樹 ネ貫悦 鳳貫玉 禄石貴
12月	地 イ牽馳 玉司禄 将車報	鉄 イ禄極 牽鳳調 悦司胡	宝 イ司貴 龍調鳳 堂禄悦	海 イ鳳将 龍貫石 貴調禄	雨 イ調禄 龍石貫 胡鳳将	樹 サ貫悦 禄龍玉 印石貴	花 サ石胡 石龍龍 極調胡	陽 サ龍報 牽牽牽 報貫報	灯 サ玉馳 車車車 庫石馳	山 サ車報 貫司司 貴龍報	地 サ牽馳 車禄禄 胡玉馳	鉄 サ禄極 司調調 印車極	宝 サ司貴 石鳳鳳 極牽貴	海 サ鳳将 牽石石 報禄将	雨 サ調禄 禄貫貫 庫司禄	樹 ウ貫悦 禄玉玉 馳鳳悦

	17日	18日	19日	20日	21日	22日	23日	24日	25日	26日	27日	28日	29日	30日	31日
1月	鉄 ト調胡 牽石禄 堂司庫	宝 ト鳳悦 司貫司 悦禄印	海 ト石禄 石牽貫 将調堂	雨 ト貫将 車車石 南鳳南	樹 ネ玉貴 貫司龍 禄石南	花 ネ龍極 貫禄玉 禄貫堂	陽 ネ牽馳 鳳調車 南玉印	灯 ネ車報 石鳳牽 将龍庫	山 ネ司馳 石石禄 将牽印	地 ネ禄報 貫貫司 南車庫	鉄 ネ調胡 貫玉鳳 禄司庫	宝 ネ鳳悦 貫龍調 禄禄印	海 ネ石禄 車牽貫 南調堂	雨 ネ貫将 石車石 将鳳南	樹 イ玉貴 玉司龍 悦石南
2月	宝 サ司貴 石牽鳳 極牽報	海 サ鳳将 牽禄石 報禄胡	雨 サ調禄 車司貫 庫司悦	樹 ウ貫悦 車貫玉 馳鳳禄	花 ウ石胡 車石龍 馳調将	陽 ウ龍報 鳳龍牽 庫貫貴	灯 ウ玉馳 牽玉車 報石極	山 ウ車報 司車司 報龍貴	地 ウ牽馳 貫牽禄 庫玉極	鉄 ウ禄極 禄禄調 馳車馳	宝 ウ司貴 禄司鳳 馳牽報	海 ウ鳳将 車鳳石 庫禄胡	雨 ウ調禄 司調貫 報司悦		
3月	鉄 ト禄極 牽司調 堂牽報	宝 ト司貴 調禄鳳 悦車馳	海 ト鳳将 石調石 将司極	雨 ト調禄 車鳳貫 南禄貴	樹 ネ貫悦 貫石玉 禄調将	花 ネ石胡 貫貫龍 禄鳳禄	陽 ネ龍報 鳳玉牽 南石悦	灯 ネ玉馳 石龍車 将貫胡	山 ネ車報 玉牽司 将玉悦	地 ネ牽馳 貫車禄 南龍胡	鉄 ネ禄極 貫司調 禄牽報	宝 ネ司貴 貫禄鳳 禄車馳	海 ネ鳳将 車調石 南司極	雨 ネ調禄 石鳳貫 将禄貴	樹 イ貫悦 玉石玉 悦調将
4月	宝 サ司貴 石玉鳳 極玉庫	海 サ鳳将 牽車石 報車庫	雨 サ調禄 車牽貫 庫牽印	樹 ウ貫悦 車禄玉 馳禄堂	花 ウ石胡 車司龍 馳司南	陽 ウ龍報 鳳鳳牽 庫鳳南	灯 ウ玉馳 牽調車 報調堂	山 ウ車報 司貫司 報貫南	地 ウ牽馳 貫石禄 庫石堂	鉄 ウ禄極 禄龍調 馳龍印	宝 ウ司貴 禄玉鳳 馳玉庫	海 ウ鳳将 車車石 庫車庫	雨 ウ調禄 司牽貫 報牽印	樹 タ貫悦 調禄玉 極禄堂	
5月	宝 ト司貴 司石鳳 悦龍極	海 ト鳳将 石龍石 将牽馳	雨 ト調禄 車玉貫 南車報	樹 ネ貫悦 貫鳳玉 禄司胡	花 ネ石胡 貫調龍 禄禄悦	陽 ネ龍報 鳳貫牽 南調禄	灯 ネ玉馳 石石車 将鳳将	山 ネ車報 石龍司 将石禄	地 ネ牽馳 貫玉禄 南貫将	鉄 ネ禄極 貫車調 禄玉貴	宝 ネ司貴 貫牽鳳 禄龍極	海 ネ鳳将 車禄石 南牽馳	雨 ネ調禄 石司貫 将車報	樹 イ貫悦 玉鳳玉 悦司胡	花 イ石胡 禄調龍 堂禄悦
6月	海 サ鳳将 牽牽石 報龍報	雨 サ調禄 車車貫 庫玉馳	樹 ウ貫悦 車司玉 馳車極	花 ウ石胡 車禄龍 馳牽貴	陽 ウ龍報 鳳調牽 庫禄将	灯 ウ玉馳 牽鳳車 報司禄	山 ウ車報 司石司 報鳳将	地 ウ牽馳 貫貫禄 庫調禄	鉄 ウ禄極 禄牽調 馳貫悦	宝 ウ司貴 禄車鳳 馳石胡	海 ウ鳳将 車司石 庫龍報	雨 ウ調禄 司禄貫 報玉馳	樹 タ貫悦 調調玉 極車極	花 タ石胡 禄鳳龍 印牽貴	
7月	海 ト鳳将 石調石 将玉印	雨 ト調禄 龍鳳貫 南龍庫	樹 ネ貫悦 鳳石玉 禄牽庫	花 ネ石胡 貫禄龍 禄車印	陽 ネ龍報 鳳調牽 南司堂	灯 ネ玉馳 石鳳車 将禄南	山 ネ車報 石石司 将調堂	地 ネ牽馳 貫貫禄 南鳳南	鉄 ネ禄極 貫玉調 禄石南	宝 ネ司貴 貫龍鳳 禄貫堂	海 ネ鳳将 車牽石 南玉印	雨 ネ調禄 石車貫 将龍庫	樹 イ貫悦 玉司玉 悦牽庫	花 イ石胡 禄禄龍 堂車印	陽 イ龍報 龍調牽 貴司堂
8月	雨 サ調禄 鳳牽貫 庫石極	樹 ウ貫悦 龍龍玉 馳龍馳	花 ウ石胡 車玉龍 馳玉報	陽 ウ龍報 鳳車牽 庫車胡	灯 ウ玉馳 牽司車 報牽悦	山 ウ車報 司鳳司 報禄胡	地 ウ牽馳 貫調禄 庫司悦	鉄 ウ禄極 禄貫調 馳鳳禄	宝 ウ司貴 禄石鳳 馳調将	海 ウ鳳将 車龍石 庫貫貴	雨 ウ調禄 司玉貫 報石極	樹 タ貫悦 調車玉 極龍馳	花 タ石胡 禄牽龍 印玉報	陽 タ龍報 禄禄牽 胡車胡	灯 タ玉馳 禄司車 貴牽悦
9月	樹 ネ貫悦 鳳牽玉 禄玉報	花 ネ石胡 貫車龍 禄龍馳	陽 ネ龍報 牽司牽 南牽極	灯 ネ玉馳 司禄車 将車貴	山 ネ車報 石調司 将司極	地 ネ牽馳 貫鳳禄 南禄貴	鉄 ネ禄極 貫石調 禄調将	宝 ネ司貴 貫貫鳳 禄鳳禄	海 ネ鳳将 車玉石 南石悦	雨 ネ調禄 石龍貫 将貫胡	樹 イ貫悦 玉牽玉 悦玉報	花 イ石胡 禄車龍 堂龍馳	陽 イ龍報 龍司牽 貴牽極	灯 イ玉馳 龍禄車 胡車貴	
10月	樹 ウ貫悦 禄牽玉 馳貫印	花 ウ石胡 車鳳龍 馳石庫	陽 ウ龍報 石石牽 庫龍庫	灯 ウ玉馳 玉貫車 報玉印	山 ウ車報 司貫司 報車庫	地 ウ牽馳 貫石禄 庫牽印	鉄 ウ禄極 禄龍調 馳禄堂	宝 ウ司貴 禄玉鳳 馳司南	海 ウ鳳将 車車石 庫鳳南	雨 ウ調禄 司牽貫 報調堂	樹 タ貫悦 司禄玉 極貫印	花 タ石胡 禄司龍 印石庫	陽 タ龍報 禄鳳牽 胡龍庫	灯 タ玉馳 禄調車 貴玉印	山 タ車報 貫貫司 庫車庫
11月	花 ネ石胡 貫石龍 禄貫極	陽 ネ龍報 牽龍牽 南玉馳	灯 ネ玉馳 司玉車 将龍報	山 ネ車報 石禄司 将牽馳	地 ネ牽馳 貫司禄 南車報	鉄 ネ禄極 貫鳳調 禄司胡	宝 ネ司貴 貫調鳳 禄禄悦	海 ネ鳳将 車貫石 南調禄	雨 ネ調禄 石石貫 将鳳将	樹 イ貫悦 玉龍玉 悦石貴	花 イ石胡 禄玉龍 堂貫極	陽 イ龍報 龍車牽 貴玉馳	灯 イ玉馳 龍牽車 胡龍報	山 イ車報 貫禄司 南牽馳	
12月	花 ウ石胡 車龍龍 馳調胡	陽 ウ龍報 石牽牽 庫貫報	灯 ウ玉馳 玉車車 報石馳	山 ウ車報 司司司 報龍報	地 ウ牽馳 貫禄禄 庫玉馳	鉄 ウ禄極 禄調調 馳車極	宝 ウ司貴 禄鳳鳳 馳牽貴	海 ウ鳳将 車石石 庫禄将	雨 ウ調禄 司貫貫 報司禄	樹 タ貫悦 司玉玉 極鳳悦	花 タ石胡 禄龍龍 印調胡	陽 タ龍報 禄牽牽 胡貫報	灯 タ玉馳 禄車車 貴石馳	山 タ車報 貫司司 庫龍報	地 タ牽馳 司禄禄 報玉馳

1985年（昭和60年）

	1日	2日	3日	4日	5日	6日	7日	8日	9日	10日	11日	12日	13日	14日	15日	16日
1月	鉄 タ禄極 調調調 極車極	宝 タ司貴 龍鳳鳳 印牽貴	海 タ鳳将 鳳石石 胡禄将	雨 タ調禄 鳳貫貫 貴司禄	樹 ト貫恍 石玉玉 堂調南	花 ト石胡 司龍龍 恍鳳堂	陽 ト龍報 調牽牽 将石印	灯 ト玉馳 貫車車 南貫庫	山 ト車報 貫司司 胡玉印	地 ト牽馳 鳳禄禄 貴龍庫	鉄 ト禄極 石調調 堂牽庫	宝 ト司貴 司鳳鳳 恍車印	海 ト鳳将 石石石 将司堂	雨 ト調禄 貫貫貫 南禄南	樹 ネ貫恍 鳳牽玉 禄調南	花 ネ石胡 貫車龍 禄鳳堂
2月	宝 イ司貴 龍龍鳳 堂車印	海 イ鳳将 龍牽石 貴司堂	雨 イ調禄 龍車貫 胡禄南	樹 サ石南 牽禄玉 印禄禄	花 サ貫堂 石司龍 極司将	陽 サ玉印 牽鳳牽 報鳳貴	灯 サ龍庫 車調車 庫調極	山 サ牽印 貫貫司 貴貫貴	地 サ車庫 車石禄 胡石極	鉄 サ司庫 司龍調 印龍馳	宝 サ禄印 石玉鳳 極玉報	海 サ調堂 牽禄石 報車胡	雨 サ鳳南 禄司貫 庫牽恍	樹 ウ石南 禄鳳牽 馳禄禄	花 ウ貫堂 車調車 馳司将	陽 ウ玉印 石貫司 庫鳳貴
3月	地 タ車庫 司牽貫 報石極	鉄 タ司庫 調禄玉 極龍馳	宝 タ禄印 龍司龍 印玉報	海 タ調堂 鳳鳳牽 胡車胡	雨 タ鳳南 鳳調車 貴牽恍	樹 ト石南 石石玉 堂司将	花 ト貫堂 司貫龍 恍禄禄	陽 ト玉印 調玉牽 将調恍	灯 ト龍庫 貫龍車 南鳳胡	山 ト牽印 貫牽司 胡石恍	地 ト車庫 鳳車禄 貴貫胡	鉄 ト司庫 石司調 堂玉報	宝 ト禄印 司禄鳳 恍龍馳	海 ト調堂 石調石 将牽極	雨 ト鳳南 貫鳳貫 南車貴	樹 ネ石南 鳳石牽 禄司将
4月	鉄 イ司庫 牽司玉 恍玉報	宝 イ禄印 龍禄龍 堂龍馳	海 イ調堂 龍調牽 貴牽極	雨 イ鳳南 龍鳳車 胡車貴	樹 サ石南 牽石玉 印車堂	花 サ貫堂 石貫龍 極牽南	陽 サ玉印 牽玉牽 報禄南	灯 サ龍庫 車龍車 庫司堂	山 サ牽印 貫牽司 貴鳳南	地 サ車庫 車車禄 胡調堂	鉄 サ司庫 司司調 印貫印	宝 サ禄印 石禄鳳 極石庫	海 サ調堂 牽調石 報龍庫	雨 サ鳳南 禄鳳貫 庫玉印	樹 ウ石南 禄玉牽 馳車堂	花 ウ貫堂 車龍車 馳牽南
5月	鉄 タ司庫 調龍玉 極貫印	宝 タ禄印 龍玉龍 印石庫	海 タ調堂 鳳車牽 胡龍庫	雨 タ鳳南 鳳牽車 貴玉印	樹 ト石南 石禄玉 堂牽胡	花 ト貫堂 司司龍 恍車恍	陽 ト玉印 調鳳牽 将司禄	灯 ト龍庫 貫調車 南禄将	山 ト牽印 貫貫司 胡調禄	地 ト車庫 鳳石禄 貴鳳将	鉄 ト司庫 石貫調 堂石貴	宝 ト禄印 司石鳳 恍貫極	海 ト調堂 石龍石 将玉馳	雨 ト鳳南 貫玉貫 南龍報	樹 ネ石南 鳳車牽 禄牽胡	花 ネ貫堂 貫牽車 禄車恍
6月	宝 イ禄印 龍牽龍 堂貫極	海 イ調堂 龍禄牽 貴玉馳	雨 イ鳳南 龍司車 胡龍報	樹 サ石南 禄鳳司 印牽胡	花 サ貫堂 玉調禄 極車恍	陽 サ玉印 牽調牽 報車将	灯 サ龍庫 車鳳車 庫牽禄	山 サ牽印 貫石司 貴禄将	地 サ車庫 車貫禄 胡司禄	鉄 サ司庫 司玉調 印鳳恍	宝 サ禄印 玉龍鳳 極調胡	海 サ調堂 牽牽石 報貫報	雨 サ鳳南 禄車貫 庫石馳	樹 ウ石南 禄司玉 馳龍極	花 ウ貫堂 車禄龍 馳玉貴	陽 ウ玉印 石調司 庫車将
7月	宝 タ禄印 龍車龍 印調胡	海 タ調堂 鳳司牽 胡貫報	雨 タ鳳南 鳳禄車 貴石馳	樹 ト石南 禄調司 堂龍極	花 ト貫堂 調鳳禄 恍玉貴	陽 ト玉印 石石調 将車将	灯 ト龍庫 貫貫車 南車南	山 ト牽印 貫玉司 胡司堂	地 ト車庫 鳳龍禄 貴禄南	鉄 ト司庫 石牽調 堂調南	宝 ト禄印 司車鳳 恍鳳堂	海 ト調堂 石司石 将石印	雨 ト鳳南 貫禄貫 南貫庫	樹 ネ石南 禄調玉 禄玉庫	花 ネ貫堂 貫鳳龍 禄龍印	陽 ネ玉印 玉石牽 南牽堂
8月	海 イ調堂 龍牽牽 貴石印	雨 イ鳳南 龍車車 胡貫庫	樹 サ石南 禄司司 印玉庫	花 サ貫堂 玉禄禄 極龍印	陽 サ玉印 牽調調 報牽堂	灯 サ龍庫 鳳鳳鳳 庫車南	山 サ牽印 貫貫司 貴車胡	地 サ車庫 車石禄 胡牽恍	鉄 サ司庫 司龍調 印禄禄	宝 サ禄印 玉玉鳳 極司将	海 サ調堂 牽車石 報鳳貴	雨 サ鳳南 禄牽貫 庫調極	樹 ウ石南 禄禄玉 馳貫馳	花 ウ貫堂 車司龍 馳石報	陽 ウ玉印 司鳳牽 庫龍胡	灯 ウ龍庫 玉調車 報玉恍
9月	雨 タ鳳南 鳳玉車 貴調極	樹 ト石南 禄車司 堂貫馳	花 ト貫堂 調牽禄 恍石報	陽 ト玉印 石禄調 将龍胡	灯 ト龍庫 鳳司鳳 南玉恍	山 ト牽印 鳳鳳石 胡車胡	地 ト車庫 鳳調貫 貴牽恍	鉄 ト司庫 石石調 堂司将	宝 ト禄印 司貫鳳 恍禄禄	海 ト調堂 石玉石 将調恍	雨 ト鳳南 貫龍貫 南鳳胡	樹 ネ石南 禄牽玉 禄石報	花 ネ貫堂 貫車龍 禄貫馳	陽 ネ玉印 玉司牽 南玉極	灯 ネ龍庫 司禄車 将龍貴	山 ネ牽印 石調司 将牽極
10月	雨 イ鳳南 龍龍車 胡鳳胡	樹 サ石南 禄牽司 印石報	花 サ貫堂 玉車禄 極貫馳	陽 サ玉印 牽司調 報玉極	灯 サ龍庫 鳳禄鳳 庫龍貴	山 サ牽印 車調石 貴牽極	地 サ車庫 車鳳貫 胡車貴	鉄 サ司庫 司石調 印車堂	宝 サ禄印 玉貫鳳 極牽南	海 サ調堂 牽玉石 報禄南	雨 サ鳳南 禄龍貫 庫司堂	樹 ウ石南 禄牽玉 馳鳳印	花 ウ貫堂 車車龍 馳調庫	陽 ウ玉印 司司牽 庫貫庫	灯 ウ龍庫 玉禄車 報石印	山 ウ牽印 司調司 報龍庫
11月	樹 ト石南 禄禄司 堂鳳印	花 ト貫堂 調司禄 恍調庫	陽 ト玉印 石鳳調 将貫庫	灯 ト龍庫 鳳調鳳 南石印	山 ト牽印 鳳貫石 胡龍庫	地 ト車庫 鳳石貫 貴玉印	鉄 ト司庫 石禄調 堂牽胡	宝 ト禄印 司司鳳 恍車恍	海 ト調堂 石鳳石 将司禄	雨 ト鳳南 貫調貫 南禄将	樹 ネ石南 禄貫玉 禄調貴	花 ネ貫堂 貫石龍 禄鳳極	陽 ネ玉印 玉龍牽 南石馳	灯 ネ龍庫 司玉車 将貫報	山 ネ牽印 石車司 将玉馳	地 ネ車庫 龍牽禄 南龍報
12月	樹 サ石南 禄龍司 印調貴	花 サ貫堂 玉玉禄 極鳳極	陽 サ玉印 牽車調 報石馳	灯 サ龍庫 鳳牽鳳 庫貫報	山 サ牽印 車禄石 貴玉馳	地 サ車庫 車司貫 胡龍報	鉄 サ司庫 司調調 印龍極	宝 サ禄印 玉鳳鳳 極玉貴	海 サ調堂 牽石石 報車将	雨 サ鳳南 禄貫貫 庫牽禄	樹 ウ石南 禄玉玉 馳禄恍	花 ウ貫堂 車龍龍 馳司胡	陽 ウ玉印 司牽牽 庫鳳報	灯 ウ龍庫 玉車車 報調馳	山 ウ牽印 司司司 報貫報	地 ウ車庫 禄禄禄 庫石馳

	17日	18日	19日	20日	21日	22日	23日	24日	25日	26日	27日	28日	29日	30日	31日
1月	陽 ネ龍報 牽司牽 南石印	灯 ネ玉馳 司鳳車 将貫庫	山 ネ車報 石石司 将玉印	地 ネ牽馳 貫貫禄 南龍庫	鉄 ネ禄極 貫玉調 禄牽庫	宝 ネ司貴 貫龍鳳 禄車印	海 ネ鳳将 車牽石 南司堂	雨 ネ調禄 石車貫 将禄南	樹 イ貫恍 玉司玉 恍調南	花 イ石胡 禄禄龍 堂鳳堂	陽 イ龍報 龍調牽 貴石印	灯 イ玉馳 龍鳳車 胡貫庫	山 イ車報 貫石司 南玉印	地 イ牽馳 玉貫禄 将龍庫	鉄 イ禄極 牽玉調 恍牽庫
2月	灯 ウ龍庫 牽石鳳 報調極	山 ウ牽印 司龍石 報貫貴	地 ウ車庫 貫牽貫 庫石極	鉄 ウ司庫 禄禄玉 馳龍馳	宝 ウ禄印 禄司龍 馳玉報	海 ウ調堂 車鳳牽 庫車胡	雨 ウ鳳南 司調車 報牽恍	樹 タ石南 調貫司 極禄禄	花 タ貫堂 禄石禄 印司将	陽 タ玉印 禄龍調 胡鳳貴	灯 タ龍庫 禄玉鳳 貴調極	山 タ牽印 貫車石 庫貫貴			
3月	花 ネ貫堂 貫貫車 禄禄禄	陽 ネ玉印 牽玉司 南調恍	灯 ネ龍庫 司龍鳳 将鳳胡	山 ネ牽印 石牽石 将石恍	地 ネ車庫 貫車貫 南貫胡	鉄 ネ司庫 貫司玉 禄玉報	宝 ネ禄印 貫禄龍 禄龍馳	海 ネ調堂 車調牽 南牽極	雨 ネ鳳南 石鳳車 将車貴	樹 イ石南 玉石司 恍司将	花 イ貫堂 禄貫禄 堂禄禄	陽 イ玉印 龍玉調 貴調恍	灯 イ龍庫 龍龍鳳 胡鳳胡	山 イ牽印 貫牽石 南石恍	地 イ車庫 玉車貫 将貫胡
4月	陽 ウ玉印 石牽司 庫禄南	灯 ウ龍庫 牽調鳳 報司堂	山 ウ牽印 司貫石 報鳳南	地 ウ車庫 貫石貫 庫調堂	鉄 ウ司庫 禄龍玉 馳貫印	宝 ウ禄印 禄玉龍 馳石庫	海 ウ調堂 車車牽 庫龍庫	雨 ウ鳳南 司牽車 報玉印	樹 タ石南 調禄司 極車堂	花 タ貫堂 禄司禄 印牽南	陽 タ玉印 禄鳳調 胡禄南	灯 タ龍庫 禄調鳳 貴司堂	山 タ牽印 貫貫石 庫鳳南	地 タ車庫 司石貫 報調堂	
5月	陽 ネ玉印 牽禄司 南司禄	灯 ネ龍庫 司司鳳 将禄将	山 ネ牽印 石鳳石 将調禄	地 ネ車庫 貫玉貫 南鳳将	鉄 ネ司庫 貫車玉 禄石貴	宝 ネ禄印 貫牽龍 禄貫極	海 ネ調堂 車禄牽 南玉馳	雨 ネ鳳南 石司車 将龍報	樹 イ石南 玉鳳司 恍牽胡	花 イ貫堂 禄調禄 堂車恍	陽 イ玉印 龍貫調 貴司禄	灯 イ龍庫 龍石鳳 胡禄将	山 イ牽印 貫龍石 南調禄	地 イ車庫 玉玉貫 将鳳将	鉄 イ司庫 牽車玉 恍石貴
6月	灯 ウ龍庫 玉鳳禄 報牽禄	山 ウ牽印 司石調 報禄将	地 ウ車庫 貫貫貫 庫司禄	鉄 ウ司庫 車玉玉 馳鳳恍	宝 ウ禄印 禄龍龍 馳調胡	海 ウ調堂 車牽牽 庫貫報	雨 ウ鳳南 司車車 報石馳	樹 タ石南 司司司 極龍極	花 タ貫堂 禄禄禄 印玉貴	陽 タ玉印 禄石調 胡車将	灯 タ龍庫 禄貫鳳 貴牽禄	山 タ牽印 貫玉石 庫禄将	地 タ車庫 司龍貫 報司禄	鉄 タ司庫 調牽玉 極鳳恍	
7月	灯 ネ龍庫 司龍禄 将車南	山 ネ牽印 石牽調 将司堂	地 ネ車庫 車車鳳 南禄南	鉄 ネ司庫 鳳玉玉 禄調南	宝 ネ禄印 貫龍龍 禄鳳堂	海 ネ調堂 車牽牽 南石印	雨 ネ鳳南 石車車 将貫庫	樹 イ石南 玉司司 恍玉庫	花 イ貫堂 禄禄禄 堂龍印	陽 イ玉印 龍調調 貴牽堂	灯 イ龍庫 龍鳳鳳 胡車南	山 イ牽印 貫石石 南司堂	地 イ車庫 玉貫貫 将禄南	鉄 イ司庫 牽玉玉 恍調南	宝 イ禄印 龍龍龍 堂鳳堂
8月	山 ウ牽印 司貫調 報車胡	地 ウ車庫 鳳司鳳 庫牽恍	鉄 ウ司庫 車鳳石 馳禄禄	宝 ウ禄印 禄調龍 馳司将	海 ウ調堂 車龍牽 庫鳳貴	雨 ウ鳳南 司玉車 報調極	樹 タ石南 司車司 極貫馳	花 タ貫堂 禄牽禄 印石報	陽 タ玉印 禄禄調 胡龍胡	灯 タ龍庫 禄司鳳 貴玉恍	山 タ牽印 貫鳳石 庫車胡	地 タ車庫 司調貫 報牽恍	鉄 タ司庫 調貫玉 極禄禄	宝 タ禄印 龍石龍 印司将	海 タ調堂 鳳龍牽 胡鳳貴
9月	地 ネ車庫 龍鳳禄 南車貴	鉄 ネ司庫 龍石石 禄司将	宝 ネ禄印 貫貫貫 禄禄禄	海 ネ調堂 司玉玉 南調恍	雨 ネ鳳南 石龍車 将鳳胡	樹 イ石南 玉牽司 恍石報	花 イ貫堂 禄車禄 堂貫馳	陽 イ玉印 龍司調 貴玉極	灯 イ龍庫 龍禄鳳 胡龍貴	山 イ牽印 貫調石 南牽極	地 イ車庫 玉鳳貫 将車貴	鉄 イ司庫 牽石玉 恍司将	宝 イ禄印 龍貫龍 堂禄禄	海 イ調堂 龍玉牽 貴調恍	
10月	地 ウ車庫 禄鳳禄 庫玉印	鉄 ウ司庫 車牽石 馳車堂	宝 ウ禄印 禄車貫 馳牽南	海 ウ調堂 石司玉 庫禄南	雨 ウ鳳南 玉牽車 報司堂	樹 タ石南 司禄司 極鳳印	花 タ貫堂 禄司禄 印調庫	陽 タ玉印 禄鳳調 胡貫庫	灯 タ龍庫 禄調鳳 貴石印	山 タ牽印 貫貫石 庫龍庫	地 タ車庫 司石貫 報玉印	鉄 タ司庫 調龍玉 極車堂	宝 タ禄印 龍玉龍 印牽南	海 タ調堂 鳳車牽 胡禄南	雨 タ鳳南 鳳牽車 貴司堂
11月	鉄 ネ司庫 龍禄石 禄牽胡	宝 ネ禄印 貫司貫 禄車恍	海 ネ調堂 司鳳玉 南司禄	雨 ネ鳳南 石石車 将禄将	樹 イ石南 玉龍司 恍調貴	花 イ貫堂 禄玉禄 堂鳳極	陽 イ玉印 龍車調 貴石馳	灯 イ龍庫 龍牽鳳 胡貫報	山 イ牽印 貫禄石 南玉馳	地 イ車庫 玉司貫 将龍報	鉄 イ司庫 牽鳳玉 恍牽胡	宝 イ禄印 龍調龍 堂車恍	海 イ調堂 龍貫牽 貴司禄	雨 イ鳳南 龍石車 胡禄将	
12月	鉄 ウ司庫 車調石 馳龍極	宝 ウ禄印 禄鳳貫 馳玉貴	海 ウ調堂 石石玉 庫車将	雨 ウ鳳南 玉貫車 報牽禄	樹 タ石南 司玉司 極禄恍	花 タ貫堂 禄龍禄 印司胡	陽 タ玉印 禄牽調 胡鳳報	灯 タ龍庫 禄車鳳 貴調馳	山 タ牽印 貫司石 庫貫報	地 タ車庫 司禄貫 報石馳	鉄 タ司庫 調調玉 極龍極	宝 タ禄印 龍鳳龍 印玉貴	海 タ調堂 鳳石牽 胡車将	雨 タ鳳南 鳳貫車 貴牽禄	樹 ト石南 禄玉司 堂禄恍

1985年（昭和60年）

1986年(昭和61年)

	1日	2日	3日	4日	5日	6日	7日	8日	9日	10日	11日	12日	13日	14日	15日	16日
1月	花 ト貫堂 調龍禄 悦司胡	陽 ト玉印 石牽調 将鳳報	灯 ト龍庫 鳳車鳳 南調馳	山 ト牽印 鳳司石 胡貫報	地 ト車庫 鳳禄貫 貴石馳	鉄 ト司庫 石調調 堂玉庫	宝 ト禄印 司鳳鳳 悦龍印	海 ト調堂 石石石 将牽堂	雨 ト鳳南 貫貫貫 南車南	樹 ネ石南 禄玉玉 禄司南	花 ネ貫堂 貫龍龍 禄禄堂	陽 ネ玉印 玉牽牽 南調印	灯 ネ龍庫 司車車 将鳳庫	山 ネ牽印 石司司 将石印	地 ネ車庫 龍禄禄 南貫庫	鉄 ネ司庫 龍石石 禄玉庫
2月	陽 サ玉印 牽調調 報調印	灯 サ龍庫 鳳鳳鳳 庫鳳庫	山 サ牽印 車石石 貴石印	地 サ玉極 車石石 胡調極	鉄 サ車馳 司龍龍 印貫馳	宝 サ牽報 玉玉玉 極石報	海 サ禄胡 牽車車 報龍胡	雨 サ司悦 禄牽牽 庫玉悦	樹 ウ鳳禄 禄禄禄 馳車禄	花 ウ調将 車司司 馳牽将	陽 ウ貫貴 司鳳鳳 庫禄貴	灯 ウ石極 玉石石 報司極	山 ウ龍貴 司龍龍 報鳳貴	地 ウ玉極 鳳玉玉 庫調極	鉄 ウ車馳 車車車 馳貫馳	宝 ウ牽報 禄牽牽 馳石報
3月	樹 ト鳳禄 禄貫貫 堂車禄	花 ト調将 調石石 悦牽将	陽 ト貫貴 石龍龍 将禄貴	灯 ト石極 鳳玉玉 南司極	山 ト龍貴 鳳車車 胡鳳貴	地 ト玉極 鳳車石 貴鳳胡	鉄 ト車馳 石司龍 堂石報	宝 ト牽報 司禄玉 悦貫馳	海 ト禄胡 石調車 将玉極	雨 ト司悦 貫鳳牽 南龍貴	樹 ネ鳳禄 禄石禄 禄牽将	花 ネ調将 貫貫司 禄車禄	陽 ネ貫貴 玉玉鳳 南司悦	灯 ネ石極 司龍石 将禄胡	山 ネ龍貴 石牽龍 将調悦	地 ネ玉極 車車玉 南鳳胡
4月	花 サ調将 玉貫石 極車禄	陽 サ貫貴 牽玉龍 報司悦	灯 サ石極 鳳龍玉 庫禄胡	山 サ龍貴 車牽車 貴調悦	地 サ玉極 車車石 胡司堂	鉄 サ車馳 司司龍 印鳳印	宝 サ牽報 玉禄玉 極調庫	海 サ禄胡 牽調車 報貫庫	雨 サ司悦 禄鳳牽 庫石印	樹 ウ鳳禄 禄石禄 馳龍堂	花 ウ調将 車貫司 馳玉南	陽 ウ貫貴 司玉鳳 庫車南	灯 ウ石極 玉龍石 報牽堂	山 ウ龍貴 司牽龍 報禄南	地 ウ玉極 鳳禄玉 庫司堂	鉄 ウ車馳 車調車 馳鳳印
5月	花 ト調将 調司石 悦玉南	陽 ト貫貴 石鳳龍 将車南	灯 ト石極 鳳調玉 南牽堂	山 ト龍貴 鳳貫車 胡禄南	地 ト玉極 鳳石牽 貴司堂	鉄 ト車馳 石龍龍 堂調貴	宝 ト牽報 司玉玉 悦鳳極	海 ト禄胡 石車車 将石馳	雨 ト司悦 貫牽牽 南貫報	樹 ネ鳳禄 禄禄禄 禄玉胡	花 ネ調将 貫司司 禄龍悦	陽 ネ貫貴 玉禄鳳 南牽禄	灯 ネ石極 司司調 将車将	山 ネ龍貴 石鳳龍 将司禄	地 ネ玉極 龍調玉 南禄将	鉄 ネ車馳 龍貫車 禄調貴
6月	陽 サ貫貴 牽貫龍 報牽禄	灯 サ石極 鳳石玉 庫車将	山 サ龍貴 車龍車 貴司禄	地 サ玉極 車玉牽 胡禄将	鉄 サ車馳 龍車禄 印調貴	宝 サ牽報 玉龍玉 極司胡	海 サ禄胡 牽牽車 報鳳報	雨 サ司悦 禄車牽 庫調馳	樹 ウ鳳禄 禄司禄 馳貫極	花 ウ調将 車禄司 馳石貴	陽 ウ貫貴 司調鳳 庫龍将	灯 ウ石極 玉鳳調 報玉禄	山 ウ龍貴 司石貫 報車将	地 ウ玉極 禄貫玉 庫牽禄	鉄 ウ車馳 車玉車 馳禄悦	宝 ウ牽報 禄龍牽 馳司胡
7月	陽 ト貫貴 石石龍 将龍将	灯 ト石極 鳳貫玉 南玉禄	山 ト龍貴 鳳玉車 胡車将	地 ト玉極 鳳龍牽 貴牽禄	鉄 ト車馳 龍牽禄 堂禄悦	宝 ト牽報 調車司 悦司胡	海 ト禄胡 石司車 将調印	雨 ト司悦 貫禄牽 南鳳庫	樹 ネ鳳禄 禄調禄 禄石庫	花 ネ調将 貫鳳司 禄貫印	陽 ネ貫貴 玉石鳳 南玉堂	灯 ネ石極 調貫調 将龍南	山 ネ龍貴 石玉貫 将牽堂	地 ネ玉極 龍龍石 南車南	鉄 ネ車馳 龍牽車 禄司南	宝 ネ牽報 貫車牽 禄禄堂
8月	灯 サ石極 鳳鳳玉 庫龍南	山 サ龍貴 車石車 貴牽堂	地 サ玉極 車貫牽 胡車南	鉄 サ車馳 龍玉禄 印司南	宝 サ牽報 牽龍司 極禄堂	海 サ禄胡 司牽鳳 報調印	雨 サ司悦 車車調 庫鳳庫	樹 ウ鳳禄 禄禄禄 馳鳳馳	花 ウ調将 車司司 馳調報	陽 ウ貫貴 司鳳鳳 庫貫胡	灯 ウ石極 玉調調 報石悦	山 ウ龍貴 司貫貫 報龍胡	地 ウ玉極 禄石石 庫玉悦	鉄 ウ車馳 龍龍龍 馳車禄	宝 ウ牽報 禄玉玉 馳牽将	海 ウ禄胡 調車禄 庫禄貴
9月	山 ト龍貴 鳳鳳車 胡龍胡	地 ト玉極 鳳調牽 貴玉悦	鉄 ト車馳 龍貫禄 堂車禄	宝 ト牽報 調石司 悦牽将	海 ト禄胡 石龍鳳 将禄貴	雨 ト司悦 車玉調 南司極	樹 ネ鳳禄 貫車貫 禄鳳馳	花 ネ調将 貫車司 禄鳳馳	陽 ネ貫貴 玉司鳳 南石極	灯 ネ石極 調禄調 将貫貴	山 ネ龍貴 石調貫 将玉極	地 ネ玉極 龍鳳石 南龍貴	鉄 ネ車馳 龍石龍 禄牽将	宝 ネ牽報 貫貫玉 禄車禄	海 ネ禄胡 玉玉車 南司悦	雨 ネ司悦 調龍司 将禄胡
10月	山 サ龍貴 車調車 貴玉極	地 サ玉極 車鳳牽 胡龍貴	鉄 サ車馳 龍石禄 印牽将	宝 サ牽報 牽貫司 極車禄	海 サ禄胡 司玉鳳 報司悦	雨 サ司悦 車龍調 庫禄胡	樹 ウ鳳禄 車牽貫 馳調報	花 ウ調将 車車司 馳司庫	陽 ウ貫貴 司司鳳 庫鳳庫	灯 ウ石極 玉禄調 報調印	山 ウ龍貴 司調貫 報貫庫	地 ウ玉極 禄鳳石 庫石印	鉄 ウ車馳 龍石龍 馳龍堂	宝 ウ牽報 禄貫玉 馳玉南	海 ウ禄胡 調玉車 庫車南	雨 ウ司悦 玉龍司 報牽堂
11月	地 ト玉極 鳳石牽 貴石印	鉄 ト車馳 龍龍禄 堂龍堂	宝 ト牽報 調玉司 悦玉南	海 ト禄胡 石車鳳 将車南	雨 ト司悦 車牽調 南牽堂	樹 ネ鳳禄 貫禄貫 禄禄印	花 ネ調将 貫司石 禄司庫	陽 ネ貫貴 玉龍鳳 南調馳	灯 ネ石極 調玉調 将鳳報	山 ネ龍貴 石車貫 将石馳	地 ネ玉極 龍牽石 南貫報	鉄 ネ車馳 龍禄龍 禄玉胡	宝 ネ牽報 貫司玉 禄龍悦	海 ネ禄胡 玉鳳車 南牽禄	雨 ネ司悦 調調牽 将車将	樹 イ鳳禄 玉貫鳳 悦司貴
12月	地 サ玉極 車司牽 胡貫報	鉄 サ車馳 龍鳳禄 印玉胡	宝 サ牽報 牽調司 極龍悦	海 サ禄胡 司貫鳳 報牽禄	雨 サ司悦 車石調 庫車将	樹 ウ鳳禄 車龍貫 馳司貴	花 ウ調将 車龍司 馳牽胡	陽 ウ貫貴 司牽鳳 庫禄報	灯 ウ石極 玉車調 報司馳	山 ウ龍貴 司司貫 報鳳報	地 ウ玉極 禄禄石 庫調馳	鉄 ウ車馳 龍調龍 馳貫極	宝 ウ牽報 禄鳳玉 馳石貴	海 ウ禄胡 調石車 庫龍将	雨 ウ司悦 玉貫司 報玉禄	樹 タ鳳禄 司玉鳳 極車悦

	17日	18日	19日	20日	21日	22日	23日	24日	25日	26日	27日	28日	29日	30日	31日
1月	宝 ネ禄印 貫貫貫 禄龍印	海 ネ調堂 司玉玉 南牽堂	雨 ネ鳳南 石車車 将車南	樹 イ石南 玉司司 悦司南	花 イ貫堂 禄禄禄 堂禄堂	陽 イ玉印 龍調調 貴調印	灯 イ龍庫 龍鳳鳳 胡鳳庫	山 イ牽印 貫石石 南石印	地 イ車庫 玉貫貫 将貫庫	鉄 イ司庫 牽玉玉 悦玉庫	宝 イ禄印 龍龍龍 堂龍印	海 イ調堂 龍牽牽 貴牽堂	雨 イ鳳南 龍車車 胡車南	樹 サ石南 禄司司 印司南	花 サ貫堂 玉禄禄 極禄堂
2月	海 ウ禄胡 車禄禄 庫龍胡	雨 ウ司悦 玉司司 報玉悦	樹 タ鳳禄 司貫貫 極車禄	花 タ調将 禄石石 印牽将	陽 タ貫貴 禄龍龍 胡禄貴	灯 タ石極 禄玉玉 貴司極	山 タ龍貴 貫車車 庫鳳貴	地 タ玉極 司牽牽 報調極	鉄 タ車馳 調禄禄 極貫馳	宝 タ牽報 龍司司 印石報	海 タ禄胡 鳳鳳鳳 胡龍胡	雨 タ司悦 鳳調調 貴玉悦			
3月	鉄 ネ車馳 鳳司車 禄石報	宝 ネ牽報 貫禄牽 禄貫馳	海 ネ禄胡 車調禄 南玉極	雨 ネ司悦 石鳳司 将龍貴	樹 イ鳳禄 玉石貫 悦牽将	花 イ調将 禄貫石 堂車禄	陽 イ貫貴 龍玉龍 貴司悦	灯 イ石極 龍龍玉 胡禄胡	山 イ龍貴 貫牽車 南調悦	地 イ玉極 玉車牽 将鳳胡	鉄 イ車馳 牽司禄 悦石報	宝 イ牽報 龍禄司 堂貫馳	海 イ禄胡 龍調鳳 貴玉極	雨 イ司悦 龍鳳調 胡龍貴	樹 サ鳳禄 禄石貫 印牽将
4月	宝 ウ牽報 禄鳳牽 馳調庫	海 ウ禄胡 車車禄 庫貫庫	雨 ウ司悦 玉牽司 報石印	樹 タ鳳禄 司禄貫 極龍堂	花 タ調将 禄司石 印玉南	陽 タ貫貴 禄鳳龍 胡車南	灯 タ石極 禄調玉 貴牽堂	山 タ龍貴 貫貫車 庫禄南	地 タ玉極 司石牽 報司堂	鉄 タ車馳 調龍禄 極鳳印	宝 タ牽報 龍玉司 印調庫	海 タ禄胡 鳳車鳳 胡貫庫	雨 タ司悦 鳳牽調 貴石印	樹 ト鳳禄 禄禄貫 堂龍堂	
5月	宝 ネ牽報 貫石牽 禄鳳極	海 ネ禄胡 司龍禄 南石馳	雨 ネ司悦 石玉司 将貫報	樹 イ鳳禄 玉車鳳 悦玉胡	花 イ調将 禄調石 堂龍悦	陽 イ貫貴 龍貫龍 貴牽禄	灯 イ石極 龍石玉 胡車将	山 イ龍貴 貫龍車 南司禄	地 イ玉極 玉玉牽 将禄将	鉄 イ車馳 牽車禄 悦調貴	宝 イ牽報 龍牽司 堂鳳極	海 イ禄胡 龍禄鳳 貴石馳	雨 イ司悦 龍司調 胡貫報	樹 サ鳳禄 禄鳳貫 印玉胡	花 サ調将 玉調石 極龍悦
6月	海 ウ禄胡 石牽禄 庫鳳報	雨 ウ司悦 玉車司 報調馳	樹 タ鳳禄 司司鳳 極貫極	花 タ調将 禄禄調 印石貴	陽 タ貫貴 禄調龍 胡龍将	灯 タ石極 禄鳳玉 貴玉禄	山 タ龍貴 貫石車 庫車将	地 タ玉極 司貫牽 報牽禄	鉄 タ車馳 調玉禄 極禄悦	宝 タ牽報 龍車司 印司胡	海 タ禄胡 鳳司鳳 胡鳳報	雨 タ司悦 鳳禄調 貴調馳	樹 ト鳳禄 禄調貫 堂貫極	花 ト調将 調鳳石 悦石貴	
7月	海 ネ禄胡 司調禄 南調印	雨 ネ司悦 調鳳司 将鳳庫	樹 イ鳳禄 玉石鳳 悦石庫	花 イ調将 禄禄調 堂貫印	陽 イ貫貴 貫調貫 貴玉堂	灯 イ石極 龍鳳玉 胡龍南	山 イ龍貴 貫石車 南牽堂	地 イ玉極 玉貫牽 将車南	鉄 イ車馳 玉玉禄 悦司南	宝 イ牽報 龍龍司 堂禄堂	海 イ禄胡 龍牽鳳 貴調印	雨 イ司悦 龍車調 胡鳳庫	樹 サ鳳禄 禄司貫 印石庫	花 サ調将 玉禄石 極貫印	陽 サ貫貴 牽調龍 報玉堂
8月	雨 ウ司悦 玉牽司 報司極	樹 タ鳳禄 司禄鳳 極鳳馳	花 タ調将 貫玉調 印調報	陽 タ貫貴 車車貫 胡貫胡	灯 タ石極 禄牽石 貴石悦	山 タ龍貴 貫鳳龍 庫龍胡	地 タ玉極 司調牽 報玉悦	鉄 タ車馳 調貫禄 極車禄	宝 タ牽報 龍石司 印牽将	海 タ禄胡 鳳龍鳳 胡禄貴	雨 タ司悦 鳳玉調 貴司極	樹 ト鳳禄 禄車貫 堂鳳馳	花 ト調将 調牽石 悦調報	陽 ト貫貴 石禄龍 将貫胡	灯 ト石極 鳳司玉 南石悦
9月	樹 イ鳳禄 玉牽鳳 悦調報	花 イ調将 車車調 堂鳳馳	陽 イ貫貴 貫司貫 貴石極	灯 イ石極 龍禄石 胡貫貴	山 イ龍貴 貫調龍 南玉極	地 イ玉極 調鳳玉 将龍貴	鉄 イ車馳 玉石禄 悦牽将	宝 イ牽報 龍貫司 堂車禄	海 イ禄胡 龍玉鳳 貴司悦	雨 イ司悦 龍龍調 胡禄胡	樹 サ鳳禄 禄牽貫 印調報	花 サ調将 玉車石 極鳳馳	陽 サ貫貴 牽司龍 報石極	灯 サ石極 鳳禄玉 庫貫貴	
10月	樹 タ鳳禄 司牽鳳 極禄印	花 タ調将 貫鳳調 印司庫	陽 タ貫貴 車石貫 胡鳳庫	灯 タ石極 禄貫石 貴調印	山 タ龍貴 貫貫龍 庫貫庫	地 タ玉極 司石玉 報石印	鉄 タ車馳 調龍禄 極龍堂	宝 タ牽報 龍玉司 印玉南	海 タ禄胡 鳳車鳳 胡車南	雨 タ司悦 鳳牽調 貴牽堂	樹 ト鳳禄 禄禄貫 堂禄印	花 ト調将 調司石 悦司庫	陽 ト貫貴 石鳳龍 将鳳庫	灯 ト石極 鳳調玉 南調印	山 ト龍貴 鳳貫車 胡貫庫
11月	花 イ調将 龍石調 堂禄極	陽 イ貫貴 貫龍貫 貴調馳	灯 イ石極 龍玉石 胡鳳報	山 イ龍貴 司車龍 南石馳	地 イ玉極 調司玉 将貫報	鉄 イ車馳 玉鳳車 悦玉胡	宝 イ牽報 龍調司 堂龍悦	海 イ禄胡 龍貫鳳 貴牽禄	雨 イ司悦 龍石調 胡車将	樹 サ鳳禄 禄龍貫 印司貴	花 サ調将 玉玉石 極禄極	陽 サ貫貴 牽車龍 報調馳	灯 サ石極 鳳牽玉 庫鳳報	山 サ龍貴 車禄車 貴石馳	
12月	花 タ調将 貫龍調 印牽胡	陽 タ貫貴 車牽貫 胡禄報	灯 タ石極 禄車石 貴司馳	山 タ龍貴 貫司龍 庫鳳報	地 タ玉極 司禄玉 報調馳	鉄 タ車馳 調調禄 極貫極	宝 タ牽報 龍鳳司 印石貴	海 タ禄胡 鳳石鳳 胡龍将	雨 タ司悦 鳳貫調 貴玉禄	樹 ト鳳禄 禄玉貫 堂車悦	花 ト調将 調龍石 悦牽胡	陽 ト貫貴 石牽龍 将禄報	灯 ト石極 鳳車玉 南司馳	山 ト龍貴 鳳司車 胡鳳報	地 ト玉極 鳳禄牽 貴調馳

1987年（昭和62年）

1987年(昭和62年)

	1日	2日	3日	4日	5日	6日	7日	8日	9日	10日
1月	鉄 ト車馳 龍調禄 堂貫極	宝 ト牽報 調鳳司 恍石貴	海 ト禄胡 石石鳳 将龍将	雨 ト司恍 車貫調 南玉禄	樹 ネ鳳禄 貫玉貫 禄車恍	花 ネ調将 貫龍司 禄車堂	陽 ネ貫貴 玉牽鳳 南司印	灯 ネ石極 調車調 将禄庫	山 ネ龍貴 石司貫 将調印	地 ネ玉極 龍禄石 南鳳庫
2月	宝 サ牽報 牽龍司 極貫印	海 サ禄胡 司牽鳳 報玉堂	雨 サ司恍 車車調 庫龍南	樹 ウ調将 禄禄石 馳龍禄	花 ウ鳳禄 車司貫 馳玉将	陽 ウ石恍 司鳳玉 庫車貴	灯 ウ貫胡 玉調龍 報牽極	山 ウ玉恍 司貫牽 報禄貴	地 ウ龍胡 禄石車 庫司極	鉄 ウ牽報 龍龍司 馳鳳馳
3月	地 ト龍胡 鳳牽車 貴司極	鉄 ト牽報 龍禄司 堂鳳馳	宝 ト車馳 調司禄 恍調報	海 ト司極 石鳳調 将貫胡	雨 ト禄貴 車調鳳 南石恍	樹 ネ調将 禄石石 禄玉将	花 ネ鳳禄 貫貫貫 禄龍禄	陽 ネ石恍 玉玉玉 南牽恍	灯 ネ貫胡 調龍龍 将車胡	山 ネ玉恍 石牽牽 将司恍
4月	鉄 サ牽報 龍司司 印調報	宝 サ車馳 牽禄禄 極鳳馳	海 サ司極 司調調 報石極	雨 サ禄貴 車鳳鳳 庫貫貴	樹 ウ調将 禄石石 馳貫堂	花 ウ鳳禄 車貫貫 馳石南	陽 ウ石恍 司玉玉 庫龍南	灯 ウ貫胡 玉龍龍 報玉堂	山 ウ玉恍 司牽牽 報車南	地 ウ龍胡 禄車車 庫牽堂
5月	鉄 ト牽報 龍龍司 堂禄印	宝 ト車馳 調玉禄 恍司庫	海 ト司極 石車調 将鳳庫	雨 ト禄貴 車牽鳳 南調印	樹 ネ調将 貫禄石 禄貫堂	花 ネ鳳禄 貫司貫 禄貫恍	陽 ネ石恍 玉鳳玉 南玉禄	灯 ネ貫胡 調調龍 将龍将	山 ネ玉恍 石貫牽 将牽禄	地 ネ龍胡 龍石車 南車将
6月	宝 サ車馳 牽牽禄 極禄極	海 サ司極 司禄調 報調馳	雨 サ禄貴 車司鳳 庫鳳報	樹 ウ調将 車鳳石 馳石胡	花 ウ鳳禄 車調貫 馳貫恍	陽 ウ石恍 司調玉 庫貫将	灯 ウ貫胡 玉鳳龍 報石禄	山 ウ玉恍 司石牽 報龍将	地 ウ龍胡 禄貫車 庫玉禄	鉄 ウ牽報 龍玉司 馳車恍
7月	宝 ト車馳 調車禄 恍牽胡	海 ト司極 石司調 将禄報	雨 ト禄貴 車禄鳳 南司馳	樹 ネ調将 貫調石 禄鳳極	花 ネ鳳禄 貫鳳貫 禄調貴	陽 ネ石恍 鳳石玉 南貫将	灯 ネ貫胡 石貫龍 将石禄	山 ネ玉恍 石玉牽 将玉堂	地 ネ龍胡 龍龍車 南龍南	鉄 ネ牽報 龍牽司 禄牽南
8月	海 サ司極 司牽調 報司印	雨 サ禄貴 車車鳳 庫禄庫	樹 ウ調将 車司石 馳調庫	花 ウ鳳禄 車禄貫 馳鳳印	陽 ウ石恍 鳳調玉 庫石堂	灯 ウ貫胡 牽鳳龍 報貫南	山 ウ玉恍 司石牽 報玉堂	地 ウ龍胡 禄石車 庫石恍	鉄 ウ牽報 龍龍司 馳龍禄	宝 ウ車馳 禄玉禄 馳玉将
9月	雨 ト禄貴 車玉鳳 南牽極	樹 ネ調将 貫車石 禄禄馳	花 ネ鳳禄 貫牽貫 禄司報	陽 ネ石恍 鳳禄玉 南鳳胡	灯 ネ貫胡 石司龍 将調恍	山 ネ玉恍 玉鳳牽 将貫胡	地 ネ龍胡 貫調車 南石恍	鉄 ネ牽報 龍石司 禄玉将	宝 ネ車馳 貫貫禄 禄龍禄	海 ネ司極 玉玉調 南牽恍
10月	雨 サ禄貴 車龍鳳 庫車胡	樹 ウ調将 車牽石 馳司報	花 ウ鳳禄 車車貫 馳禄馳	陽 ウ石恍 鳳司玉 庫調極	灯 ウ貫胡 牽禄龍 報鳳貴	山 ウ玉恍 司調牽 報石極	地 ウ龍胡 貫鳳車 庫貫貴	鉄 ウ牽報 禄石司 馳玉将	宝 ウ車馳 禄貫禄 馳石南	海 ウ司極 調玉調 庫龍南
11月	樹 ネ調将 貫禄石 禄車印	花 ネ鳳禄 貫司貫 禄牽庫	陽 ネ石恍 鳳鳳玉 南禄庫	灯 ネ貫胡 石調龍 将司印	山 ネ玉恍 玉貫牽 将鳳庫	地 ネ龍胡 貫石車 南調印	鉄 ネ牽報 貫龍司 禄貫堂	宝 ネ車馳 貫司禄 禄貫恍	海 ネ司極 玉鳳調 南玉禄	雨 ネ禄貴 調調鳳 将龍将
12月	樹 ウ調将 車龍石 馳牽貴	花 ウ鳳禄 車玉貫 馳車極	陽 ウ石恍 鳳車玉 庫司馳	灯 ウ貫胡 牽牽龍 報禄報	山 ウ玉恍 司禄牽 報調馳	地 ウ龍胡 貫司車 庫鳳報	鉄 ウ牽報 禄鳳司 馳石胡	宝 ウ車馳 禄鳳禄 馳調貴	海 ウ司極 調石調 庫貫将	雨 ウ禄貴 牽貫鳳 報石禄

	11日	12日	13日	14日	15日	16日	17日	18日	19日	20日
1月	鉄 ネ車馳 龍調龍 禄石庫	宝 ネ牽報 貫鳳玉 禄貫印	海 ネ禄胡 玉石車 南玉堂	雨 ネ司恍 調貫司 将龍南	樹 イ鳳禄 玉玉鳳 恍牽南	花 イ調将 車車調 堂車堂	陽 イ貫貴 貫司貫 貴司印	灯 イ石極 龍禄石 胡禄庫	山 イ龍貴 貫石龍 南調印	地 イ玉極 調貫玉 将鳳庫
2月	宝 ウ車馳 禄玉禄 馳調報	海 ウ司極 調禄調 庫貫胡	雨 ウ禄貴 玉司鳳 報石恍	樹 タ調将 司鳳石 極龍禄	花 タ鳳禄 貫調貫 印玉将	陽 タ石恍 車貫玉 胡車貴	灯 タ貫胡 禄石龍 貴牽極	山 タ玉恍 貫龍牽 庫禄貴	地 タ龍胡 司牽車 報司極	鉄 タ牽報 調禄司 極鳳馳
3月	地 ネ龍胡 龍車車 南禄胡	鉄 ネ牽報 龍司司 禄調報	宝 ネ車馳 貫禄禄 禄鳳馳	海 ネ司極 玉調調 南石極	雨 ネ禄貴 調鳳鳳 将貫貴	樹 イ調将 玉石石 恍玉将	花 イ鳳禄 車貫貫 堂龍禄	陽 イ石恍 貫玉玉 貴牽恍	灯 イ貫胡 龍龍龍 胡車胡	山 イ玉恍 貫牽牽 南司恍
4月	鉄 ウ牽報 龍司司 馳禄印	宝 ウ車馳 禄禄禄 馳司庫	海 ウ司極 調調調 庫鳳庫	雨 ウ禄貴 玉鳳鳳 報調印	樹 タ調将 司玉石 極貫堂	花 タ鳳禄 貫龍貫 印石南	陽 タ石恍 車牽玉 胡龍南	灯 タ貫胡 禄調龍 貴玉堂	山 タ玉恍 貫貫牽 庫車南	地 タ龍胡 司石車 報牽堂
5月	鉄 ネ牽報 龍龍司 禄司貴	宝 ネ車馳 貫石禄 禄禄極	海 ネ司極 玉龍調 南調馳	雨 ネ禄貴 調玉鳳 将鳳報	樹 イ調将 玉車石 恍石胡	花 イ鳳禄 車牽貫 堂貫恍	陽 イ石恍 貫禄玉 貴玉禄	灯 イ貫胡 龍司龍 胡龍将	山 イ玉恍 貫鳳牽 南牽禄	地 イ龍胡 調調車 将車将
6月	宝 ウ車馳 禄龍禄 馳牽胡	海 ウ司極 調牽調 庫禄報	雨 ウ禄貴 玉車鳳 報司馳	樹 タ調将 司司石 極鳳極	花 タ鳳禄 鳳禄貫 印調貴	陽 タ石恍 鳳調玉 胡貫将	灯 タ貫胡 禄鳳龍 貴石禄	山 タ玉恍 玉石牽 庫龍将	地 タ龍胡 司貫車 報玉禄	鉄 タ牽報 調玉司 極車恍
7月	宝 ネ車馳 貫車禄 禄車堂	海 ネ司極 玉司調 南司印	雨 ネ禄貴 調禄鳳 将禄庫	樹 イ調将 玉調石 恍調庫	花 イ鳳禄 龍鳳貫 堂鳳印	陽 イ石恍 貫石玉 貴石堂	灯 イ貫胡 龍貫龍 胡貫南	山 イ玉恍 司牽牽 南玉堂	地 イ龍胡 調車車 将龍南	鉄 イ牽報 玉司司 恍牽南
8月	海 ウ司極 調車調 庫車貴	雨 ウ禄貴 牽牽鳳 報牽極	樹 タ調将 司禄石 極禄馳	花 タ鳳禄 鳳司貫 印司報	陽 タ石恍 鳳鳳玉 胡鳳胡	灯 タ貫胡 禄調龍 貴調恍	山 タ玉恍 調貫牽 庫貫胡	地 タ龍胡 牽石車 報石恍	鉄 タ牽報 調鳳司 極龍禄	宝 タ車馳 貫調禄 印玉将
9月	雨 ネ禄貴 調龍鳳 将車胡	樹 イ調将 玉牽石 恍司報	花 イ鳳禄 龍車貫 堂禄馳	陽 イ石恍 鳳司玉 貴調極	灯 イ貫胡 龍禄龍 胡鳳貴	山 イ玉恍 牽調牽 南石極	地 イ龍胡 調鳳車 将貫貴	鉄 イ牽報 玉石司 恍玉将	宝 イ車馳 禄貫禄 堂龍禄	海 イ司極 貫玉調 貴牽恍
10月	雨 ウ禄貴 牽龍鳳 報玉堂	樹 タ調将 司牽石 極車印	花 タ鳳禄 鳳車貫 印牽庫	陽 タ石恍 鳳司玉 胡禄庫	灯 タ貫胡 禄禄龍 貴司印	山 タ玉恍 調調牽 庫鳳庫	地 タ龍胡 牽鳳車 報調印	鉄 タ牽報 調石司 極貫堂	宝 タ車馳 貫車禄 印石南	海 タ司極 禄司調 胡龍南
11月	樹 イ調将 玉貫石 恍牽貴	花 イ鳳禄 龍石貫 堂車極	陽 イ石恍 鳳龍玉 貴司馳	灯 イ貫胡 龍玉龍 胡禄報	山 イ玉恍 牽車牽 南調馳	地 イ龍胡 調牽車 将鳳報	鉄 イ牽報 玉禄司 恍石胡	宝 イ車馳 禄司禄 堂貫恍	海 イ司極 貫鳳調 貴玉禄	雨 イ禄貴 龍調鳳 胡龍将
12月	樹 タ調将 司玉石 極龍恍	花 タ鳳禄 鳳龍貫 印玉胡	陽 タ石恍 鳳牽玉 胡車報	灯 タ貫胡 禄車龍 貴牽馳	山 タ玉恍 調司牽 庫禄報	地 タ龍胡 牽禄車 報司馳	鉄 タ牽報 調調司 極鳳極	宝 タ車馳 貫鳳禄 印調貴	海 タ司極 禄石調 胡貫将	雨 タ禄貴 鳳貫鳳 貴石禄

	21日	22日	23日	24日	25日	26日	27日	28日	29日	30日	31日
1月	鉄 イ車馳 玉玉禄 恍石庫	宝 イ牽報 龍龍司 堂貫印	海 イ禄胡 龍牽鳳 貴玉堂	雨 イ司恍 龍車調 胡龍南	樹 サ鳳禄 禄司貫 印牽南	花 サ調将 玉禄石 極車堂	陽 サ貫貴 牽調龍 報司印	灯 サ石極 鳳鳳玉 庫禄庫	山 サ龍貴 車石車 貴調印	地 サ玉極 車貫牽 胡鳳庫	鉄 サ車馳 龍玉禄 印石庫
2月	宝 タ車馳 龍司禄 印調報	海 タ司極 鳳鳳調 胡貫胡	雨 タ禄貴 鳳調鳳 貴石恍	樹 ト調将 禄貫石 堂龍禄	花 ト鳳禄 調石貫 恍玉将	陽 ト石恍 石龍玉 将車貴	灯 ト貫胡 鳳玉龍 南牽極	山 ト玉恍 鳳車牽 胡禄貴			
3月	地 イ龍胡 玉車車 将禄胡	鉄 イ牽報 玉司司 恍調報	宝 イ車馳 龍禄禄 堂鳳馳	海 イ司極 龍調調 貴石極	雨 イ禄貴 龍鳳鳳 胡貫貴	樹 サ調将 禄石石 印玉将	花 サ鳳禄 玉貫貫 極龍禄	陽 サ石恍 牽玉玉 報牽恍	灯 サ貫胡 鳳龍龍 庫車胡	山 サ玉恍 車牽牽 貴司恍	地 サ龍胡 車車車 胡禄胡
4月	鉄 タ牽報 調龍司 極禄印	宝 タ車馳 龍玉禄 印司庫	海 タ司極 鳳車調 胡鳳庫	雨 タ禄貴 鳳牽鳳 貴調印	樹 ト調将 禄禄石 堂貫堂	花 ト鳳禄 調司貫 恍石南	陽 ト石恍 石鳳玉 将龍南	灯 ト貫胡 鳳調龍 南玉堂	山 ト玉恍 鳳貫牽 胡車南	地 ト龍胡 鳳石車 貴牽堂	
5月	鉄 イ牽報 玉車司 恍司貴	宝 イ車馳 龍牽禄 堂禄極	海 イ司極 龍禄調 貴調馳	雨 イ禄貴 龍司鳳 胡鳳報	樹 サ調将 禄鳳石 印石胡	花 サ鳳禄 玉調貫 極貫恍	陽 サ石恍 牽貫玉 報玉禄	灯 サ貫胡 鳳石龍 庫龍将	山 サ玉恍 車龍牽 貴牽禄	地 サ龍胡 車玉車 胡車将	鉄 サ牽報 龍車司 印司貴
6月	宝 タ車馳 龍龍禄 印牽胡	海 タ司極 鳳牽調 胡禄報	雨 タ禄貴 鳳車鳳 貴司馳	樹 ト調将 禄司石 堂鳳極	花 ト鳳禄 調禄貫 恍調貴	陽 ト石恍 石石玉 将貫将	灯 ト貫胡 鳳貫龍 南石禄	山 ト玉恍 鳳玉牽 胡龍将	地 ト龍胡 鳳龍車 貴玉禄	鉄 ト牽報 龍牽司 堂車恍	
7月	宝 イ車馳 龍龍禄 堂車堂	海 イ司極 龍牽調 貴司印	雨 イ禄貴 龍車鳳 胡禄庫	樹 サ調将 禄司石 印調庫	花 サ鳳禄 玉禄貫 極鳳印	陽 サ石恍 牽調玉 報石堂	灯 サ貫胡 鳳鳳龍 庫貫南	山 サ玉恍 車石牽 貴玉堂	地 サ龍胡 車貫車 胡龍南	鉄 サ牽報 龍玉司 印牽南	宝 サ車馳 牽龍禄 極車堂
8月	海 タ司極 禄貫調 胡車貴	雨 タ禄貴 鳳玉鳳 貴牽極	樹 ト調将 禄車石 堂禄馳	花 ト鳳禄 調牽貫 恍司報	陽 ト石恍 調禄玉 将鳳胡	灯 ト貫胡 鳳司龍 南調恍	山 ト玉恍 鳳鳳牽 胡貫胡	地 ト龍胡 鳳調車 貴石恍	鉄 ト牽報 龍貫司 堂龍禄	宝 ト車馳 調石禄 恍玉将	海 ト司極 石龍調 将車貴
9月	雨 イ禄貴 龍龍鳳 胡車胡	樹 サ調将 禄牽石 印司報	花 サ鳳禄 玉車貫 極禄馳	陽 サ石恍 牽司玉 報調極	灯 サ貫胡 鳳禄龍 庫鳳貴	山 サ玉恍 車調牽 貴石極	地 サ龍胡 車鳳車 胡貫貴	鉄 サ牽報 龍石司 印玉将	宝 サ車馳 牽貫禄 極龍禄	海 サ司極 司玉調 報牽恍	
10月	雨 タ禄貴 鳳禄鳳 貴玉堂	樹 ト調将 禄禄石 堂車印	花 ト鳳禄 牽司貫 恍牽庫	陽 ト石恍 調鳳玉 将禄庫	灯 ト貫胡 鳳調龍 南司印	山 ト玉恍 鳳貫牽 胡鳳庫	地 ト龍胡 鳳石車 貴調印	鉄 ト牽報 龍龍司 堂貫堂	宝 ト車馳 調玉禄 恍石南	海 ト司極 石車調 将龍南	雨 ト禄貴 車牽鳳 南玉堂
11月	樹 サ調将 禄龍石 印牽貴	花 サ鳳禄 玉玉貫 極車極	陽 サ石恍 牽車玉 報司馳	灯 サ貫胡 鳳牽龍 庫禄報	山 サ玉恍 車禄牽 貴調馳	地 サ龍胡 車司車 胡鳳報	鉄 サ牽報 龍鳳司 印石胡	宝 サ車馳 牽調禄 極貫恍	海 サ司極 司貫調 報玉禄	雨 サ禄貴 車石鳳 庫龍将	
12月	樹 ト調将 禄玉石 堂龍恍	花 ト鳳禄 牽龍貫 恍玉胡	陽 ト石恍 調牽玉 将車報	灯 ト貫胡 鳳車龍 南牽馳	山 ト玉恍 鳳司牽 胡禄報	地 ト龍胡 鳳禄車 貴司馳	鉄 ト牽報 龍調司 堂鳳極	宝 ト車馳 調鳳禄 恍調貴	海 ト司極 石石調 将貫将	雨 ト禄貴 車貫鳳 南石禄	樹 ネ調将 貫玉石 禄龍恍

1987年（昭和62年）

1988年（昭和63年）

1988年(昭和63年)

	1日	2日	3日	4日	5日	6日	7日	8日	9日	10日	11日	12日	13日	14日	15日	16日
1月	花 ネ鳳禄 貫龍貫 禄玉胡	陽 ネ石恍 鳳牽玉 南車報	灯 ネ貫胡 石車龍 将牽馳	山 ネ玉恍 玉司牽 将禄報	地 ネ龍胡 貫禄車 南司馳	鉄 ネ牽報 龍調司 禄調庫	宝 ネ車馳 貫鳳禄 禄鳳印	海 ネ司極 玉石調 南石堂	雨 ネ禄貴 調貫鳳 将貫南	樹 イ調将 玉玉石 恍玉南	花 イ鳳禄 龍龍貫 堂龍堂	陽 イ石恍 鳳牽玉 貴牽印	灯 イ貫胡 龍車龍 胡車庫	山 イ玉恍 牽司牽 南司印	地 イ龍胡 調禄車 将禄庫	鉄 イ牽報 玉石司 恍調庫
2月	陽 ウ石恍 鳳調玉 庫牽印	灯 ウ貫胡 牽鳳龍 報車庫	山 ウ玉恍 司石牽 報司印	地 ウ石堂 禄石車 庫牽極	鉄 ウ龍印 龍龍司 馳禄馳	宝 ウ玉庫 禄玉禄 馳司報	海 ウ車庫 調車調 庫鳳胡	雨 ウ牽印 牽牽鳳 報調恍	樹 タ禄堂 司禄石 極貫禄	花 タ司南 鳳司貫 印石将	陽 タ鳳南 鳳鳳玉 胡龍貴	灯 タ調堂 禄石龍 貴玉極	山 タ貫南 調龍牽 庫車貴	地 タ石堂 牽玉禄 報牽極	鉄 タ龍印 調車調 極禄馳	宝 タ玉庫 貫牽鳳 印司報
3月	花 ネ司南 貫石司 禄石将	陽 ネ鳳南 鳳龍鳳 南龍貴	灯 ネ調堂 石玉調 将玉極	山 ネ貫南 玉車貫 将車貴	地 ネ石堂 龍車車 南車胡	鉄 ネ龍印 龍司司 禄司報	宝 ネ玉庫 貫禄禄 禄禄馳	海 ネ車庫 玉調調 南調極	雨 ネ牽印 調鳳鳳 将鳳貴	樹 イ禄堂 玉石石 恍石将	花 イ司南 龍貫貫 堂貫禄	陽 イ鳳南 鳳玉玉 貴玉恍	灯 イ調堂 龍龍龍 胡龍胡	山 イ貫南 牽牽牽 南牽恍	地 イ石堂 調車禄 将車胡	鉄 イ龍印 玉司調 恍司報
4月	陽 ウ鳳南 鳳玉鳳 庫玉恍	灯 ウ調堂 牽龍調 報龍胡	山 ウ貫南 司牽貫 報牽恍	地 ウ石堂 禄車車 庫玉堂	鉄 ウ龍印 龍司司 馳車印	宝 ウ玉庫 禄禄禄 馳牽庫	海 ウ車庫 調調調 庫禄庫	雨 ウ牽印 牽鳳鳳 報司印	樹 タ禄堂 司石石 極鳳堂	花 タ司南 鳳貫貫 印調南	陽 タ鳳南 鳳玉玉 胡貫南	灯 タ調堂 禄龍龍 貴石堂	山 タ貫南 調牽牽 庫龍南	地 タ石堂 牽禄禄 報玉堂	鉄 タ龍印 調調調 極車印	宝 タ玉庫 貫鳳鳳 印牽庫
5月	陽 ネ鳳南 鳳鳳鳳 南貫南	灯 ネ調堂 石調調 将石堂	山 ネ貫南 玉貫貫 将龍南	地 ネ石堂 貫石石 南玉堂	鉄 ネ龍印 龍龍司 禄牽貴	宝 ネ玉庫 貫玉禄 禄車極	海 ネ車庫 玉車調 南司馳	雨 ネ牽印 調牽鳳 将禄報	樹 イ禄堂 玉禄石 恍調胡	花 イ司南 龍司貫 堂鳳恍	陽 イ鳳南 鳳禄玉 貴石禄	灯 イ調堂 龍司龍 胡貫将	山 イ貫南 牽鳳牽 南玉禄	地 イ石堂 調調車 将龍将	鉄 イ龍印 玉貫調 恍牽貴	宝 イ玉庫 禄石鳳 堂車極
6月	灯 ウ調堂 牽石調 報貫将	山 ウ貫南 司龍貫 報玉禄	地 ウ石堂 貫玉石 庫龍将	鉄 ウ龍印 禄車龍 馳牽貴	宝 ウ玉庫 禄龍禄 馳玉胡	海 ウ車庫 調牽調 庫車報	雨 ウ牽印 牽車鳳 報牽馳	樹 タ禄堂 司司石 極禄極	花 タ司南 鳳禄貫 印司貴	陽 タ鳳南 鳳調玉 胡鳳将	灯 タ調堂 禄鳳龍 貴調禄	山 タ貫南 調石牽 庫貫将	地 タ石堂 牽貫車 報石禄	鉄 タ龍印 調玉司 極龍恍	宝 タ玉庫 貫龍鳳 印玉胡	海 タ車庫 禄牽石 胡車報
7月	灯 ネ調堂 石貫調 将調禄	山 ネ貫南 玉玉貫 将貫将	地 ネ石堂 貫龍石 南石禄	鉄 ネ龍印 貫牽龍 禄龍恍	宝 ネ玉庫 貫車玉 禄玉胡	海 ネ車庫 車司車 南車報	雨 ネ牽印 調禄鳳 将車庫	樹 イ禄堂 玉調石 恍司庫	花 イ司南 龍鳳貫 堂禄印	陽 イ鳳南 鳳石玉 貴調堂	灯 イ調堂 龍貫龍 胡鳳南	山 イ貫南 牽玉牽 南石堂	地 イ石堂 調龍車 将貫南	鉄 イ龍印 玉牽司 恍玉南	宝 イ玉庫 車車禄 堂龍堂	海 イ車庫 車司調 貴牽印
8月	山 ウ貫南 司石貫 報石堂	地 ウ石堂 貫貫石 庫貫南	鉄 ウ龍印 禄玉龍 馳玉南	宝 ウ玉庫 禄龍玉 馳龍堂	海 ウ車庫 車牽車 庫牽印	雨 ウ牽印 司車牽 報車庫	樹 タ禄堂 司禄石 極車馳	花 タ司南 鳳司貫 印牽報	陽 タ鳳南 鳳鳳玉 胡禄胡	灯 タ調堂 禄調龍 貴司恍	山 タ貫南 調貫牽 庫鳳胡	地 タ石堂 牽石車 報調恍	鉄 タ龍印 調龍司 極貫禄	宝 タ玉庫 鳳玉禄 印石将	海 タ車庫 禄車調 胡龍貴	雨 タ牽印 鳳牽鳳 貴玉極
9月	地 ネ石堂 貫調石 南調恍	鉄 ネ龍印 貫貫龍 禄貫禄	宝 ネ玉庫 貫石玉 禄石将	海 ネ車庫 車龍車 南龍貴	雨 ネ牽印 石玉牽 将玉極	樹 イ禄堂 玉車禄 恍車馳	花 イ司南 龍車貫 堂車馳	陽 イ鳳南 鳳司玉 貴司極	灯 イ調堂 龍禄龍 胡禄貴	山 イ貫南 牽調牽 南調極	地 イ石堂 石鳳車 将鳳貴	鉄 イ龍印 玉石司 恍石将	宝 イ玉庫 車貫禄 堂貫禄	海 イ車庫 車玉調 貴玉恍	雨 イ牽印 龍龍鳳 胡龍胡	樹 サ禄堂 牽牽石 印牽報
10月	地 ウ石堂 貫鳳石 庫鳳貴	鉄 ウ龍印 禄石龍 馳石将	宝 ウ玉庫 禄貫玉 馳貫禄	海 ウ車庫 車玉車 庫玉恍	雨 ウ牽印 司龍牽 報龍胡	樹 タ禄堂 調牽禄 極牽報	花 タ司南 禄車司 印車馳	陽 タ鳳南 鳳司玉 胡車庫	灯 タ調堂 禄禄龍 貴牽印	山 タ貫南 調調牽 庫禄庫	地 タ石堂 牽鳳車 報司印	鉄 タ龍印 調石司 極鳳堂	宝 タ玉庫 鳳貫禄 印調南	海 タ車庫 車玉調 胡貫南	雨 タ牽印 鳳龍鳳 貴石堂	樹 ト禄堂 石牽石 堂龍印
11月	鉄 ネ龍印 貫龍龍 禄鳳堂	宝 ネ玉庫 貫玉玉 禄調南	海 ネ車庫 車車車 南貫南	雨 ネ牽印 石牽牽 将石堂	樹 イ禄堂 玉禄禄 恍龍印	花 イ司南 禄司司 堂玉庫	陽 イ鳳南 鳳龍玉 貴牽馳	灯 イ調堂 龍玉龍 胡車報	山 イ貫南 牽車牽 南司馳	地 イ石堂 石牽車 将禄報	鉄 イ龍印 玉禄司 恍調胡	宝 イ玉庫 車司禄 堂鳳恍	海 イ車庫 車鳳調 貴石禄	雨 イ牽印 龍調鳳 胡貫将	樹 サ禄堂 牽貫石 印玉貴	花 サ司南 石石貫 極龍極
12月	鉄 ウ龍印 禄鳳龍 馳調胡	宝 ウ玉庫 禄調玉 馳鳳恍	海 ウ車庫 車貫車 庫石禄	雨 ウ牽印 司石牽 報貫将	樹 タ禄堂 調龍禄 極玉貴	花 タ司南 禄玉司 印龍極	陽 タ鳳南 鳳牽玉 胡龍報	灯 タ調堂 禄車龍 貴玉馳	山 タ貫南 調司牽 庫車報	地 タ石堂 牽禄車 報牽馳	鉄 タ龍印 調調司 極禄極	宝 タ玉庫 鳳鳳禄 印司貴	海 タ車庫 車石調 胡鳳将	雨 タ牽印 鳳貫鳳 貴調禄	樹 ト禄堂 石玉石 堂貫恍	花 ト司南 牽龍貫 恍石胡

	17日	18日	19日	20日	21日	22日	23日	24日	25日	26日	27日	28日	29日	30日	31日
1月	宝 イ車馳 禄貫禄 堂鳳印	海 イ司極 貫玉調 貴石堂	雨 イ禄貴 龍車鳳 胡貫南	樹 サ調将 禄司石 印玉南	花 サ鳳禄 玉禄貫 極龍堂	陽 サ石恍 牽調玉 報牽印	灯 サ貫胡 鳳鳳龍 庫車庫	山 サ玉恍 車石牽 貴司印	地 サ龍胡 車貫車 胡禄庫	鉄 サ牽報 龍玉司 印調庫	宝 サ車馳 牽龍禄 極鳳印	海 サ司極 司牽調 報石堂	雨 サ禄貴 車車鳳 庫貫南	樹 ウ調将 車司石 馳玉南	花 ウ鳳禄 車禄貫 馳龍堂
2月	海 タ車庫 禄禄車 胡鳳胡	雨 タ牽印 鳳司牽 貴調恍	樹 ト禄堂 禄貫禄 堂貫禄	花 ト司南 調石司 恍石将	陽 ト鳳南 調龍鳳 将龍貴	灯 ト調堂 鳳玉調 南玉極	山 ト貫南 鳳車貫 胡車貴	地 ト石堂 鳳牽石 貴牽極	鉄 ト龍印 龍禄龍 堂禄馳	宝 ト玉庫 調司玉 恍司報	海 ト車庫 石鳳車 将鳳胡	雨 ト牽印 車調牽 南調恍	樹 ネ禄堂 貫貫禄 禄貫禄		
3月	宝 イ玉庫 禄禄鳳 堂禄馳	海 イ車庫 貫調車 貴調極	雨 イ牽印 龍鳳牽 胡鳳貴	樹 サ禄堂 禄石禄 印石将	花 サ司南 玉貫司 極貫禄	陽 サ鳳南 牽玉鳳 報玉恍	灯 サ調堂 鳳龍調 庫龍胡	山 サ貫南 車牽貫 貴牽恍	地 サ石堂 車車石 胡車胡	鉄 サ龍印 龍司龍 印司報	宝 サ玉庫 牽禄玉 極禄馳	海 サ車庫 司調車 報調極	雨 サ牽印 車鳳牽 庫鳳貴	樹 ウ禄堂 車石禄 馳石将	花 ウ司南 車貫司 馳貫禄
4月	海 タ車庫 禄車車 胡禄庫	雨 タ牽印 鳳牽牽 貴司印	樹 ト禄堂 禄禄禄 堂鳳堂	花 ト司南 調司司 恍調南	陽 ト鳳南 調鳳鳳 将貫南	灯 ト調堂 鳳調調 南石堂	山 ト貫南 鳳貫貫 胡龍南	地 ト石堂 鳳石石 貴玉堂	鉄 ト龍印 龍龍龍 堂車印	宝 ト玉庫 調玉玉 恍牽庫	海 ト車庫 石車車 将禄庫	雨 ト牽印 車牽牽 南司印	樹 ネ禄堂 貫禄禄 禄鳳堂	花 ネ司南 貫司司 禄調南	
5月	海 イ車庫 貫龍石 貴司馳	雨 イ牽印 龍玉牽 胡禄報	樹 サ禄堂 禄車禄 印調胡	花 サ司南 玉調司 極鳳恍	陽 サ鳳南 牽貫鳳 報石禄	灯 サ調堂 鳳石調 庫貫将	山 サ貫南 車龍貫 貴玉禄	地 サ石堂 車玉石 胡龍将	鉄 サ龍印 龍車龍 印牽貴	宝 サ玉庫 牽牽玉 極車極	海 サ車庫 司禄車 報司馳	雨 サ牽印 車司牽 庫禄報	樹 ウ禄堂 車鳳禄 馳調胡	花 ウ司南 車調司 馳鳳恍	陽 ウ鳳南 鳳貫鳳 庫石禄
6月	雨 タ牽印 鳳車貫 貴牽馳	樹 ト禄堂 禄司禄 堂禄極	花 ト司南 牽禄司 恍司貴	陽 ト鳳南 調調鳳 将鳳将	灯 ト調堂 鳳鳳調 南調禄	山 ト貫南 鳳石貫 胡貫将	地 ト石堂 鳳貫石 貴石禄	鉄 ト龍印 龍玉龍 堂龍恍	宝 ト玉庫 調車玉 恍玉胡	海 ト車庫 石司車 将車報	雨 ト牽印 車禄牽 南牽馳	樹 ネ禄堂 貫調禄 禄禄極	花 ネ司南 貫鳳司 禄司貴	陽 ネ鳳南 鳳石鳳 南鳳将	
7月	雨 イ牽印 龍鳳貫 胡車庫	樹 サ禄堂 調石玉 印司庫	花 サ司南 石貫龍 極禄印	陽 サ鳳南 牽調鳳 報調堂	灯 サ調堂 鳳鳳調 庫鳳南	山 サ貫南 車石貫 貴石堂	地 サ石堂 車貫石 胡貫南	鉄 サ龍印 龍玉龍 印玉南	宝 サ玉庫 牽龍玉 極龍堂	海 サ車庫 牽牽車 報牽印	雨 サ牽印 車車牽 庫車庫	樹 ウ禄堂 車司禄 馳司庫	花 ウ司南 車禄司 馳禄印	陽 ウ鳳南 鳳調鳳 庫調堂	灯 ウ調堂 牽鳳調 報鳳南
8月	樹 ト禄堂 玉禄玉 堂車馳	花 ト司南 牽玉龍 恍牽報	陽 ト鳳南 調車牽 将禄胡	灯 ト調堂 鳳牽調 南司恍	山 ト貫南 鳳鳳貫 胡鳳胡	地 ト石堂 鳳調石 貴調恍	鉄 ト龍印 龍貫龍 堂貫禄	宝 ト玉庫 調石玉 恍石将	海 ト車庫 石龍車 将龍貴	雨 ト牽印 車玉牽 南玉極	樹 ネ禄堂 貫車禄 禄車馳	花 ネ司南 貫牽司 禄牽報	陽 ネ鳳南 鳳禄鳳 南禄胡	灯 ネ調堂 石司調 将司恍	山 ネ貫南 玉鳳貫 将鳳胡
9月	花 サ司南 石車龍 極車馳	陽 サ鳳南 牽司牽 報司極	灯 サ調堂 禄禄車 庫禄貴	山 サ貫南 龍調貫 貴調極	地 サ石堂 車鳳石 胡鳳貴	鉄 サ龍印 龍石龍 印石将	宝 サ玉庫 牽貫玉 極貫禄	海 サ車庫 牽玉車 報玉恍	雨 サ牽印 車龍牽 庫龍胡	樹 ウ禄堂 車牽禄 馳牽報	花 ウ司南 車車司 馳車馳	陽 ウ鳳南 鳳司鳳 庫司極	灯 ウ調堂 牽禄調 報禄貴	山 ウ貫南 司調貫 報調極	
10月	花 ト司南 牽車貫 恍玉庫	陽 ト鳳南 調石牽 将車庫	灯 ト調堂 龍貫車 南牽印	山 ト貫南 禄玉司 胡禄庫	地 ト石堂 鳳石石 貴司印	鉄 ト龍印 龍龍龍 堂鳳堂	宝 ト玉庫 調玉玉 恍調南	海 ト車庫 石車車 将貫南	雨 ト牽印 車牽牽 南石堂	樹 ネ禄堂 貫禄禄 禄龍印	花 ネ司南 貫司司 禄玉庫	陽 ネ鳳南 鳳鳳鳳 南車庫	灯 ネ調堂 石調調 将牽印	山 ネ貫南 玉貫貫 将禄庫	地 ネ石堂 貫石石 南司印
11月	陽 サ鳳南 牽龍牽 報牽馳	灯 サ調堂 禄玉車 庫車報	山 サ貫南 龍車司 貴司馳	地 サ石堂 車司石 胡禄報	鉄 サ龍印 龍鳳龍 印調胡	宝 サ玉庫 牽調玉 極鳳恍	海 サ車庫 牽貫車 報石禄	雨 サ牽印 車石牽 庫貫将	樹 ウ禄堂 車龍禄 馳玉貴	花 ウ司南 車玉司 馳龍極	陽 ウ鳳南 鳳車鳳 庫牽馳	灯 ウ調堂 牽牽調 報車報	山 ウ貫南 司禄貫 報司馳	地 ウ石堂 貫司石 庫禄報	
12月	陽 ト鳳南 調牽牽 将龍報	灯 ト調堂 龍車車 南玉馳	山 ト貫南 禄司司 胡車報	地 ト石堂 鳳禄石 貴牽馳	鉄 ト龍印 龍調龍 堂禄極	宝 ト玉庫 調鳳玉 恍司貴	海 ト車庫 石石車 将鳳将	雨 ト牽印 車貫牽 南調禄	樹 ネ禄堂 貫玉禄 禄貫恍	花 ネ司南 貫龍司 禄石胡	陽 ネ鳳南 鳳牽鳳 南龍報	灯 ネ調堂 石車調 将玉馳	山 ネ貫南 玉司貫 将車報	地 ネ石堂 貫禄石 南牽馳	鉄 ネ龍印 貫調龍 禄禄極

1989年（昭和64年，平成元年）

1989年(昭和64年,平成元年)

	1日	2日	3日	4日	5日	6日	7日	8日	9日	10日	11日	12日	13日	14日	15日	16日
1月	宝 ネ玉庫 貫鳳玉 禄司貴	海 ネ車庫 車石車 南鳳将	雨 ネ牽印 石貫牽 将調禄	樹 イ禄堂 玉玉禄 恍貫恍	花 イ司南 龍龍貫 堂貫堂	陽 イ鳳南 鳳牽玉 貴玉印	灯 イ調堂 龍車龍 胡龍庫	山 イ貫南 牽司牽 南牽印	地 イ石堂 石禄車 将車庫	鉄 イ龍印 玉調司 恍司庫	宝 イ玉庫 車鳳禄 堂禄印	海 イ車庫 車石調 貴調堂	雨 イ牽印 龍貫鳳 胡鳳南	樹 サ禄堂 牽玉石 印石南	花 サ司南 石車龍 極貫堂	陽 サ鳳南 牽司牽 報玉印
2月	海 ウ車庫 車牽車 庫調堂	雨 ウ牽印 司車牽 報鳳南	樹 タ禄堂 調司禄 極石南	花 タ禄恍 鳳司司 印調将	陽 タ調禄 鳳鳳鳳 胡貫貴	灯 タ鳳将 禄調調 貴石極	山 タ石禄 調貫貫 庫龍貴	地 タ貫将 牽石石 報玉極	鉄 タ玉貴 調龍龍 極車馳	宝 タ龍極 鳳玉石 印牽報	海 タ牽馳 車車龍 胡禄胡	雨 タ車報 鳳司玉 貴司恍	樹 ト司胡 石鳳車 堂鳳禄	花 ト禄恍 牽調牽 恍調将	陽 ト調禄 調貫禄 将貫貴	灯 ト鳳将 龍石司 南石極
3月	鉄 ネ玉貴 貫禄車 禄車馳	宝 ネ龍極 貫司牽 禄牽報	海 ネ牽馳 車鳳禄 南禄胡	雨 ネ車報 石調司 将司恍	樹 イ司胡 玉石禄 恍調将	花 イ禄恍 龍貫司 堂鳳禄	陽 イ調禄 鳳玉鳳 貴石恍	灯 イ鳳将 龍龍調 胡貫胡	山 イ石禄 牽牽貫 南玉恍	地 イ貫将 石車石 将龍胡	鉄 イ玉貴 玉司貫 恍牽報	宝 イ龍極 車禄石 堂車馳	海 イ牽馳 車調龍 貴司極	雨 イ車報 龍鳳玉 胡禄貴	樹 サ司胡 調石車 印調将	花 サ禄恍 石貫牽 極鳳禄
4月	宝 ウ龍極 禄禄牽 馳車馳	海 ウ牽馳 車調禄 庫司極	雨 ウ車報 司鳳司 報禄貴	樹 タ司胡 調石鳳 極調将	花 タ禄恍 鳳貫司 印司南	陽 タ調禄 鳳玉鳳 胡鳳南	灯 タ鳳将 禄龍調 貴調堂	山 タ石禄 調牽貫 庫貫南	地 タ貫将 牽車石 報石堂	鉄 タ玉貴 調司龍 極龍印	宝 タ龍極 鳳禄石 印玉庫	海 タ牽馳 車調龍 胡車庫	雨 タ車報 鳳鳳玉 貴牽印	樹 ト司胡 石石車 堂禄堂	花 ト禄恍 牽龍牽 恍司南	陽 ト調禄 調牽禄 将鳳南
5月	宝 ネ龍極 貫玉牽 禄玉庫	海 ネ牽馳 車車禄 南車庫	雨 ネ車報 石牽司 将牽印	樹 イ司胡 玉禄鳳 恍禄堂	花 イ禄恍 龍司司 堂禄恍	陽 イ調禄 鳳鳳鳳 貴調禄	灯 イ鳳将 龍調調 胡鳳将	山 イ石禄 牽貫貫 南石禄	地 イ貫将 石石石 将貫将	鉄 イ玉貴 玉龍龍 恍玉貴	宝 イ龍極 車石石 堂龍極	海 イ牽馳 車龍龍 貴牽馳	雨 イ車報 龍玉玉 胡車報	樹 サ司胡 牽車車 印司胡	花 サ禄恍 石牽牽 極禄恍	陽 サ調禄 牽禄禄 報調禄
6月	海 ウ牽馳 車禄禄 庫牽馳	雨 ウ車報 司司司 報車報	樹 タ司胡 調鳳鳳 極司胡	花 タ禄恍 禄調調 印禄恍	陽 タ調禄 禄貫貫 胡調禄	灯 タ鳳将 禄鳳調 貴司禄	山 タ石禄 調石貫 庫鳳将	地 タ貫将 牽貫石 報調禄	鉄 タ玉貴 調玉龍 極貫恍	宝 タ龍極 鳳龍玉 印石胡	海 タ牽馳 車牽車 胡龍報	雨 タ車報 鳳車玉 貴玉馳	樹 ト司胡 石司車 堂車極	花 ト禄恍 牽禄牽 恍牽貴	陽 ト調禄 調調禄 将禄将	灯 ト鳳将 龍鳳司 南司禄
7月	海 ネ牽馳 車司禄 南龍報	雨 ネ車報 石禄司 将玉馳	樹 イ司胡 玉調鳳 恍車極	花 イ禄恍 禄鳳調 堂牽貴	陽 イ調禄 龍石貫 貴禄将	灯 イ鳳将 龍貫石 胡司禄	山 イ石禄 牽玉貫 南調堂	地 イ貫将 石龍石 将鳳南	鉄 イ玉貴 玉牽龍 恍石南	宝 イ龍極 車車玉 堂貫堂	海 イ牽馳 車司車 貴玉印	雨 イ車報 龍禄牽 胡龍庫	樹 サ司胡 牽調車 印牽庫	花 サ禄恍 石鳳牽 極車印	陽 サ調禄 牽石禄 報司堂	灯 サ鳳将 車貫司 庫禄南
8月	雨 ウ車報 司車司 報龍庫	樹 タ司胡 調司鳳 極牽庫	花 タ禄恍 禄禄調 印車印	陽 タ調禄 禄調貫 胡司堂	灯 タ鳳将 禄鳳石 貴禄南	山 タ石禄 貫石龍 庫調堂	地 タ貫将 牽石石 報司恍	鉄 タ玉貴 調龍龍 極鳳禄	宝 タ龍極 鳳玉玉 印調将	海 タ牽馳 車車車 胡貫貴	雨 タ車報 鳳牽牽 貴石極	樹 ト司胡 石禄禄 堂龍馳	花 ト禄恍 牽司牽 恍玉報	陽 ト調禄 調鳳禄 将車胡	灯 ト鳳将 貫調司 南牽恍	山 ト石禄 貫貫鳳 胡禄胡
9月	樹 イ司胡 玉車鳳 恍龍馳	花 イ禄恍 禄牽調 堂玉報	陽 イ調禄 龍禄貫 貴車胡	灯 イ鳳将 龍司石 胡牽恍	山 イ石禄 貫鳳龍 南禄胡	地 イ貫将 玉調玉 将司恍	鉄 イ玉貴 牽貫車 恍鳳禄	宝 イ龍極 車貫玉 堂鳳禄	海 イ牽馳 車玉車 貴石恍	雨 イ車報 龍龍牽 胡貫胡	樹 サ司胡 牽牽禄 印玉報	花 サ禄恍 石車司 極龍馳	陽 サ調禄 牽司鳳 報牽極	灯 サ鳳将 車禄司 庫車貴	山 サ石禄 貫調鳳 貴司極	地 サ貫将 車鳳調 胡禄貴
10月	樹 タ司胡 調牽鳳 極玉報	花 タ禄恍 禄車調 印龍馳	陽 タ調禄 禄司貫 胡牽極	灯 タ鳳将 禄禄石 貴車貴	山 タ石禄 貫調龍 庫司極	地 タ貫将 司鳳玉 報禄貴	鉄 タ玉貴 調石車 極調将	宝 タ龍極 鳳貫玉 印司南	海 タ牽馳 車玉車 胡鳳南	雨 タ車報 鳳龍牽 貴調堂	樹 ト司胡 石牽禄 堂貫印	花 ト禄恍 司車司 恍石庫	陽 ト調禄 調司鳳 将龍庫	灯 ト鳳将 貫禄司 南玉印	山 ト石禄 貫調鳳 胡車庫	地 ト貫将 鳳鳳調 貴牽印
11月	花 イ禄恍 禄司調 堂石庫	陽 イ調禄 龍鳳貫 貴龍庫	灯 イ鳳将 龍調石 胡玉印	山 イ石禄 貫貫龍 南車庫	地 イ貫将 玉石玉 将牽印	鉄 イ玉貴 牽龍車 恍禄堂	宝 イ龍極 車司玉 堂禄恍	海 イ牽馳 車鳳車 貴調禄	雨 イ車報 龍調牽 胡鳳将	樹 サ司胡 牽貫禄 印石貴	花 サ禄恍 石石司 極貫極	陽 サ調禄 牽龍鳳 報玉馳	灯 サ鳳将 車玉司 庫龍報	山 サ石禄 貫車鳳 貴牽馳	地 サ貫将 車牽調 胡車報	鉄 サ玉貴 司禄貫 印司胡
12月	花 タ禄恍 禄玉調 印貫極	陽 タ調禄 禄車貫 胡玉馳	灯 タ鳳将 禄牽石 貴龍報	山 タ石禄 貫禄龍 庫牽馳	地 タ貫将 司司玉 報車報	鉄 タ玉貴 調鳳車 極司胡	宝 タ龍極 鳳鳳玉 印牽貴	海 タ牽馳 車石車 胡禄将	雨 タ車報 鳳貫牽 貴司禄	樹 ト司胡 石玉禄 堂鳳恍	花 ト禄恍 司龍司 恍調胡	陽 ト調禄 調牽鳳 将貫報	灯 ト鳳将 貫車司 南石馳	山 ト石禄 貫司鳳 胡龍報	地 ト貫将 鳳禄調 貴玉馳	鉄 ト玉貴 石調貫 堂車極

	17日	18日	19日	20日	21日	22日	23日	24日	25日	26日	27日	28日	29日	30日	31日
1月	灯 サ調堂 禄禄車 庫龍庫	山 サ貫南 龍石貫 貴牽印	地 サ石堂 車貫石 胡車庫	鉄 サ龍印 龍玉龍 印司庫	宝 サ玉庫 牽龍玉 極禄印	海 サ車庫 牽牽車 報調堂	雨 サ牽印 車車牽 庫鳳南	樹 ウ禄堂 車司禄 馳石南	花 ウ司南 車禄司 馳貫堂	陽 ウ鳳南 鳳調鳳 庫玉印	灯 ウ調堂 牽鳳調 報龍庫	山 ウ貫南 司石貫 報牽印	地 ウ石堂 貫貫石 庫車庫	鉄 ウ龍印 禄玉龍 馳司庫	宝 ウ玉庫 禄龍玉 馳禄印
2月	山 ト石禄 禄龍鳳 胡龍貴	地 ト貫将 鳳玉調 貴玉極	鉄 ト玉貴 龍禄車 堂車馳	宝 ト龍極 調司牽 恍牽報	海 ト牽馳 石鳳禄 将禄胡	雨 ト車報 車調司 南司恍	樹 ネ司胡 貫貫鳳 禄鳳禄	花 ネ禄恍 貫石調 禄調将	陽 ネ調禄 鳳龍貫 南貫貴	灯 ネ鳳将 石玉石 将石極	山 ネ石禄 玉車龍 将龍貴	地 ネ貫将 貫牽玉 南玉極			
3月	陽 サ調禄 牽玉禄 報石恍	灯 サ鳳将 鳳龍司 庫貫胡	山 サ石禄 龍牽鳳 貴玉恍	地 サ貫将 車車玉 胡龍胡	鉄 サ玉貴 龍司車 印牽報	宝 サ龍極 牽禄牽 極車馳	海 サ牽馳 牽調禄 報司極	雨 サ車報 車鳳司 庫禄貴	樹 ウ司胡 車石鳳 馳調将	花 ウ禄恍 車貫調 馳鳳禄	陽 ウ調禄 鳳玉貫 庫石恍	灯 ウ鳳将 牽龍石 報貫胡	山 ウ石禄 司牽龍 報玉恍	地 ウ貫将 貫車玉 庫龍胡	鉄 ウ玉貴 禄司車 馳牽報
4月	灯 ト鳳将 龍車司 南調堂	山 ト石禄 禄貫鳳 胡貫南	地 ト貫将 鳳石調 貴石堂	鉄 ト玉貴 龍龍車 堂龍印	宝 ト龍極 調玉牽 恍玉庫	海 ト牽馳 石車禄 将車庫	雨 ト車報 車牽司 南牽印	樹 ネ司胡 貫禄鳳 禄禄堂	花 ネ禄恍 貫司調 禄司南	陽 ネ調禄 鳳鳳貫 南鳳南	灯 ネ鳳将 石調石 将調堂	山 ネ石禄 玉貫龍 将貫南	地 ネ貫将 貫石玉 南石堂	鉄 ネ玉貴 貫龍車 禄龍印	
5月	灯 サ鳳将 禄司司 庫鳳将	山 サ石禄 龍鳳鳳 貴石禄	地 サ貫将 車調調 胡貫将	鉄 サ玉貴 龍車車 印玉貴	宝 サ龍極 牽牽牽 極龍極	海 サ牽馳 牽禄禄 報牽馳	雨 サ車報 車司司 庫車報	樹 ウ司胡 車鳳鳳 馳司胡	花 ウ禄恍 車調調 馳禄恍	陽 ウ調禄 鳳貫貫 庫調禄	灯 ウ鳳将 牽石石 報鳳将	山 ウ石禄 司龍龍 報石禄	地 ウ貫将 貫玉玉 庫貫将	鉄 ウ玉貴 禄車車 馳玉貴	宝 ウ龍極 禄牽牽 馳龍極
6月	山 ト石禄 禄石鳳 胡鳳将	地 ト貫将 鳳貫調 貴調禄	鉄 ト玉貴 龍玉貫 堂貫恍	宝 ト龍極 調龍石 恍石胡	海 ト牽馳 石牽禄 将龍報	雨 ト車報 車車司 南玉馳	樹 ネ司胡 貫司鳳 禄車極	花 ネ禄恍 貫禄調 禄牽貴	陽 ネ調禄 鳳調貫 南禄将	灯 ネ鳳将 石貫石 将司禄	山 ネ石禄 玉玉龍 将鳳将	地 ネ貫将 貫龍玉 南調禄	鉄 ネ玉貴 貫牽車 禄貫恍	宝 ネ龍極 貫車牽 禄石胡	
7月	山 サ石禄 龍牽鳳 貴調堂	地 サ貫将 車車調 胡鳳南	鉄 サ玉貴 調司貫 印石南	宝 サ龍極 石龍石 極貫堂	海 サ牽馳 牽牽龍 報玉印	雨 サ車報 車車司 庫龍庫	樹 ウ司胡 車司鳳 馳牽庫	花 ウ禄恍 車禄調 馳車印	陽 ウ調禄 鳳調貫 庫司堂	灯 ウ鳳将 牽鳳石 報禄南	山 ウ石禄 司石龍 報調堂	地 ウ貫将 貫貫玉 庫鳳南	鉄 ウ玉貴 禄玉車 馳石南	宝 ウ龍極 禄龍牽 馳貫堂	海 ウ牽馳 車牽禄 庫玉印
8月	地 ト貫将 鳳石調 貴司恍	鉄 ト玉貴 牽鳳貫 堂鳳禄	宝 ト龍極 司調石 恍調将	海 ト牽馳 石貫龍 将貫貴	雨 ト車報 車玉玉 南石極	樹 ネ司胡 貫車鳳 禄龍馳	花 ネ禄恍 貫牽調 禄玉報	陽 ネ調禄 鳳禄貫 南車胡	灯 ネ鳳将 石司石 将牽恍	山 ネ石禄 石鳳龍 将禄胡	地 ネ貫将 貫調玉 南司恍	鉄 ネ玉貴 貫貫車 禄鳳禄	宝 ネ龍極 貫石牽 禄調将	海 ネ牽馳 車龍禄 南貫貴	雨 ネ車報 石玉司 将石極
9月	鉄 サ玉貴 司石貫 印調将	宝 サ龍極 石貫石 極鳳禄	海 サ牽馳 牽玉龍 報石恍	雨 サ車報 鳳龍玉 庫貫胡	樹 ウ司胡 龍牽車 馳玉報	花 ウ禄恍 車車牽 馳龍馳	陽 ウ調禄 鳳司貫 庫牽極	灯 ウ鳳将 牽禄石 報車貴	山 ウ石禄 司調龍 報司極	地 ウ貫将 貫鳳玉 庫禄貴	鉄 ウ玉貴 禄石車 馳調将	宝 ウ龍極 禄貫牽 馳鳳禄	海 ウ牽馳 車玉禄 庫石恍	雨 ウ車報 司龍司 報貫胡	
10月	鉄 ト玉貴 石石貫 堂禄堂	宝 ト龍極 司車石 恍司南	海 ト牽馳 石司龍 将鳳南	雨 ト車報 龍禄玉 南調堂	樹 ネ司胡 鳳禄車 禄貫印	花 ネ禄恍 貫司牽 禄石庫	陽 ネ調禄 鳳鳳貫 南龍庫	灯 ネ鳳将 石調石 将玉印	山 ネ石禄 石貫龍 将車庫	地 ネ貫将 貫石玉 南牽印	鉄 ネ玉貴 貫龍車 禄禄堂	宝 ネ龍極 貫玉牽 禄司南	海 ネ牽馳 車車禄 南鳳南	雨 ネ車報 石牽司 将調堂	樹 イ司胡 玉禄鳳 恍貫印
11月	宝 サ龍極 石司石 極禄恍	海 サ牽馳 牽鳳龍 報調禄	雨 サ車報 鳳調玉 庫鳳将	樹 ウ司胡 龍龍車 馳石貴	花 ウ禄恍 車玉牽 馳貫極	陽 ウ調禄 鳳車貫 庫玉馳	灯 ウ鳳将 牽牽石 報龍報	山 ウ石禄 司禄龍 報牽馳	地 ウ貫将 貫司玉 庫車報	鉄 ウ玉貴 禄鳳車 馳司胡	宝 ウ龍極 禄調牽 馳禄恍	海 ウ牽馳 車貫禄 庫調禄	雨 ウ車報 司石司 報鳳将	樹 タ司胡 調龍鳳 極石貴	
12月	宝 ト龍極 司鳳石 恍牽貴	海 ト牽馳 石石龍 将禄将	雨 ト車報 龍貫玉 南司禄	樹 ネ司胡 鳳玉車 禄鳳恍	花 ネ禄恍 貫龍牽 禄調胡	陽 ネ調禄 鳳牽貫 南貫報	灯 ネ鳳将 石車石 将石馳	山 ネ石禄 石司龍 将龍報	地 ネ貫将 貫禄玉 南玉馳	鉄 ネ玉貴 貫調車 禄車極	宝 ネ龍極 貫鳳牽 禄牽貴	海 ネ牽馳 車石禄 南禄将	雨 ネ車報 石貫司 将司禄	樹 イ司胡 玉玉鳳 恍鳳恍	花 イ禄恍 禄龍調 堂調胡

1990年（平成2年）

1990年(平成2年)

	1日	2日	3日	4日	5日	6日	7日	8日	9日	10日	11日	12日	13日	14日	15日	16日	17日	18日	19日	20日	21日	22日	23日	24日	25日	26日	27日	28日	29日	30日	31日
1月	陽 イ調禄 龍牽貫 貴貫報	灯 イ鳳将 龍車石 胡石馳	山 イ石禄 貫司龍 南龍報	地 イ貫将 玉禄玉 将玉馳	鉄 イ玉貴 玉調龍 恍牽庫	宝 イ龍極 車鳳玉 堂車印	海 イ牽馳 車石車 貴司堂	雨 イ車報 龍貫牽 胡禄南	樹 サ司胡 牽玉禄 印調南	花 サ禄恍 石龍司 極鳳堂	陽 サ調禄 牽牽禄 報石印	灯 サ鳳将 車車司 庫貫庫	山 サ石禄 龍司鳳 貴玉印	地 サ貫将 車禄調 胡龍庫	鉄 サ玉貴 調石貫 印牽庫	宝 サ龍極 石貫石 極車印	海 サ牽馳 牽玉龍 報司堂	雨 サ車報 車車玉 庫禄南	樹 ウ司胡 車司車 馳調南	花 ウ禄恍 車禄調 馳鳳堂	陽 ウ調禄 鳳調貫 庫石印	灯 ウ鳳将 牽鳳石 報貫庫	山 ウ石禄 司石龍 報玉印	地 ウ貫将 貫貫玉 庫龍庫	鉄 ウ玉貴 禄玉車 馳牽庫	宝 ウ龍極 禄龍牽 馳車印	海 ウ牽馳 車牽禄 庫司堂	雨 ウ車報 司車司 報禄南	樹 タ司胡 調司鳳 極調南	花 タ禄恍 禄禄調 印鳳堂	陽 タ調禄 禄調貫 胡石印
2月	灯 タ鳳将 禄鳳石 貴貫庫	山 タ石禄 貫石龍 庫玉印	地 タ貫将 司貫玉 報龍庫	鉄 タ貫恍 調龍玉 極龍馳	宝 タ石胡 鳳玉龍 印玉報	海 タ龍報 車車牽 胡車胡	雨 タ玉馳 鳳牽車 貴牽恍	樹 ト車極 石禄司 堂禄禄	花 ト牽貴 司司禄 恍司将	陽 ト禄将 調鳳調 将鳳貴	灯 ト司禄 貫調鳳 南調極	山 ト鳳将 貫龍石 胡貫貴	地 ト調禄 鳳玉貫 貴石極	鉄 ト貫恍 牽車玉 堂龍馳	宝 ト石胡 司牽龍 恍玉報	海 ト龍報 石禄牽 将車胡	雨 ト玉馳 車司車 南牽恍	樹 ネ車極 鳳鳳司 禄禄禄	花 ネ牽貴 貫石禄 禄司将	陽 ネ禄将 鳳龍調 南鳳貴	灯 ネ司禄 石玉鳳 将調極	山 ネ鳳将 石車石 将貫貴	地 ネ調禄 貫牽貫 南石極	鉄 ネ貫恍 貫禄牽 禄龍馳	宝 ネ石胡 貫司車 禄玉報	海 ネ龍報 車鳳司 南車胡	雨 ネ玉馳 石調禄 将牽恍	樹 イ車極 玉貫調 恍禄禄			
3月	花 イ牽貴 禄石鳳 堂司将	陽 イ禄将 龍龍石 貴鳳貴	灯 イ司禄 龍玉貫 胡調極	山 イ鳳将 貫車玉 南貫貴	地 イ調禄 玉牽龍 将石極	鉄 イ貫恍 玉司玉 恍玉報	宝 イ石胡 車禄龍 堂龍馳	海 イ龍報 車調牽 貴牽極	雨 イ玉馳 龍鳳車 胡車貴	樹 サ車極 牽石司 印司将	花 サ牽貴 石貫禄 極禄禄	陽 サ禄将 牽玉調 報調恍	灯 サ司禄 車龍鳳 庫鳳胡	山 サ鳳将 龍牽石 貴石恍	地 サ調禄 車車貫 胡貫胡	鉄 サ貫恍 調司玉 印玉報	宝 サ石胡 石禄龍 極龍馳	海 サ龍報 牽調牽 報牽極	雨 サ玉馳 車鳳車 庫車貴	樹 ウ車極 車石司 馳司将	花 ウ牽貴 車貫禄 馳禄禄	陽 ウ禄将 鳳玉調 庫調恍	灯 ウ司禄 牽龍鳳 報鳳胡	山 ウ鳳将 司牽石 報石恍	地 ウ調禄 貫車貫 庫貫胡	鉄 ウ貫恍 禄司牽 馳玉報	宝 ウ石胡 禄禄車 馳龍馳	海 ウ龍報 車調司 庫牽極	雨 ウ玉馳 司鳳禄 報車貴	樹 タ車極 調石調 極司将	花 タ牽貴 禄貫鳳 印禄禄
4月	陽 タ禄将 禄玉石 胡調恍	灯 タ司禄 禄龍貫 貴鳳胡	山 タ鳳将 貫牽玉 庫石恍	地 タ調禄 司車龍 報貫胡	鉄 タ貫恍 調司玉 極貫印	宝 タ石胡 鳳禄龍 印石庫	海 タ龍報 車調牽 胡龍庫	雨 タ玉馳 鳳鳳車 貴玉印	樹 ト車極 石石司 堂車堂	花 ト牽貴 司貫禄 恍牽南	陽 ト禄将 調玉調 将禄南	灯 ト司禄 貫龍鳳 南司堂	山 ト鳳将 貫牽石 胡鳳南	地 ト調禄 鳳車貫 貴調堂	鉄 ト貫恍 牽調玉 堂貫印	宝 ト石胡 司鳳龍 恍石庫	海 ト龍報 石石牽 将龍庫	雨 ト玉馳 車牽車 南玉印	樹 ネ車極 鳳禄司 禄車堂	花 ネ牽貴 貫司禄 禄牽南	陽 ネ禄将 鳳鳳調 南禄南	灯 ネ司禄 石調鳳 将司堂	山 ネ鳳将 石貫石 将鳳南	地 ネ調禄 貫石貫 南調堂	鉄 ネ貫恍 貫龍牽 禄貫印	宝 ネ石胡 貫玉車 禄石庫	海 ネ龍報 車車司 南龍庫	雨 ネ玉馳 石牽禄 将玉印	樹 イ車極 玉禄調 恍車堂	花 イ牽貴 禄司鳳 堂牽南	
5月	陽 イ禄将 龍鳳石 貴禄南	灯 イ司禄 龍調貫 胡司堂	山 イ鳳将 貫貫玉 南鳳南	地 イ調禄 玉石龍 将調堂	鉄 イ貫恍 牽龍牽 恍貫印	宝 イ石胡 車玉龍 堂貫極	海 イ龍報 車車牽 貴玉馳	雨 イ玉馳 龍牽車 胡龍報	樹 サ車極 牽禄司 印牽胡	花 サ牽貴 石司禄 極車恍	陽 サ禄将 牽鳳調 報司禄	灯 サ司禄 車司鳳 庫禄将	山 サ鳳将 貫鳳石 貴調禄	地 サ調禄 車調貫 胡鳳将	鉄 サ貫恍 司貫玉 印石貴	宝 サ石胡 石石龍 極貫極	海 サ龍報 牽龍牽 報玉馳	雨 サ玉馳 鳳玉車 庫龍報	樹 ウ車極 龍車司 馳牽胡	花 ウ牽貴 車牽禄 馳車恍	陽 ウ禄将 鳳貫調 庫司禄	灯 ウ司禄 牽石鳳 報禄将	山 ウ鳳将 司龍石 報調禄	地 ウ調禄 貫玉貫 庫鳳将	鉄 ウ貫恍 禄車玉 馳石貴	宝 ウ石胡 禄牽車 馳貫極	海 ウ龍報 車禄司 庫玉馳	雨 ウ玉馳 司司禄 報龍報	樹 タ車極 調鳳調 極牽胡	花 タ牽貴 禄調鳳 印車恍	陽 タ禄将 禄貫石 胡司禄
6月	灯 タ司禄 禄石貫 貴禄将	山 タ鳳将 貫龍玉 庫調禄	地 タ調禄 司玉龍 報鳳将	鉄 タ貫恍 調車牽 極石貴	宝 タ石胡 龍牽車 印貫極	海 タ龍報 車牽牽 胡貫報	雨 タ玉馳 鳳車車 貴石馳	樹 ト車極 石司司 堂龍極	花 ト牽貴 司禄禄 恍玉貴	陽 ト禄将 調調調 将車将	灯 ト司禄 貫鳳鳳 南牽禄	山 ト鳳将 貫石石 胡禄将	地 ト調禄 鳳貫貫 貴司禄	鉄 ト貫恍 石玉玉 堂鳳恍	宝 ト石胡 司龍龍 恍調胡	海 ト龍報 石牽牽 将貫報	雨 ト玉馳 龍車車 南石馳	樹 ネ車極 鳳司司 禄龍極	花 ネ牽貴 貫禄禄 禄玉貴	陽 ネ禄将 鳳調調 南車将	灯 ネ司禄 石鳳鳳 将牽禄	山 ネ鳳将 石石石 将禄将	地 ネ調禄 貫貫貫 南司禄	鉄 ネ貫恍 貫玉玉 禄鳳恍	宝 ネ石胡 貫龍龍 禄調胡	海 ネ龍報 車司司 南貫報	雨 ネ玉馳 石禄禄 将石馳	樹 イ車極 玉調調 恍龍極	花 イ牽貴 禄鳳鳳 堂玉貴	陽 イ禄将 龍石石 貴車将	
7月	灯 イ司禄 龍貫貫 胡牽禄	山 イ鳳将 貫玉玉 南禄将	地 イ調禄 玉龍龍 将司禄	鉄 イ貫恍 牽牽牽 恍鳳恍	宝 イ石胡 龍車車 堂調胡	海 イ龍報 龍司司 貴貫報	雨 イ玉馳 龍禄車 胡貫庫	樹 サ車極 牽調司 印玉庫	花 サ牽貴 石鳳禄 極龍印	陽 サ禄将 牽石調 報牽堂	灯 サ司禄 車貫鳳 庫車南	山 サ鳳将 貫玉石 貴司堂	地 サ調禄 車龍貫 胡禄南	鉄 サ貫恍 司牽玉 印調南	宝 サ石胡 石車龍 極鳳堂	海 サ龍報 牽司牽 報石印	雨 サ玉馳 鳳鳳車 庫貫庫	樹 ウ車極 龍石司 馳玉庫	花 ウ牽貴 車貫禄 馳龍印	陽 ウ禄将 鳳調調 庫牽堂	灯 ウ司禄 牽鳳鳳 報車南	山 ウ鳳将 司石石 報司堂	地 ウ調禄 貫貫貫 庫禄南	鉄 ウ貫恍 禄玉玉 馳調南	宝 ウ石胡 禄龍龍 馳鳳堂	海 ウ龍報 車牽牽 庫石印	雨 ウ玉馳 司車禄 報貫庫	樹 タ車極 調司調 極玉庫	花 タ牽貴 禄禄鳳 印龍印	陽 タ禄将 禄調石 胡牽堂	灯 タ司禄 禄鳳貫 貴車南
8月	山 タ鳳将 貫石玉 庫司堂	地 タ調禄 司貫龍 報禄南	鉄 タ貫恍 調玉牽 極調南	宝 タ石胡 龍龍車 印鳳堂	海 タ龍報 鳳牽司 胡石印	雨 タ玉馳 鳳車禄 貴貫庫	樹 ト車極 禄司調 堂玉庫	花 ト牽貴 司司禄 恍石報	陽 ト禄将 調鳳調 将龍胡	灯 ト司禄 貫調鳳 南玉恍	山 ト鳳将 貫貫石 胡車胡	地 ト調禄 鳳石貫 貴牽恍	鉄 ト貫恍 石龍玉 堂禄禄	宝 ト石胡 司玉龍 恍司将	海 ト龍報 石車牽 将鳳貴	雨 ト玉馳 貫牽車 南調極	樹 ネ車極 鳳禄司 禄貫馳	花 ネ牽貴 貫司禄 禄石報	陽 ネ禄将 牽車調 南龍胡	灯 ネ司禄 司牽鳳 将玉恍	山 ネ鳳将 石禄石 将車胡	地 ネ調禄 貫調貫 南牽恍	鉄 ネ貫恍 貫貫玉 禄禄禄	宝 ネ石胡 貫石龍 禄司将	海 ネ龍報 車龍牽 南鳳貴	雨 ネ玉馳 石玉車 将調極	樹 イ車極 玉車司 恍貫馳	花 イ牽貴 禄牽鳳 堂石報	陽 イ禄将 龍禄石 貴龍胡	灯 イ司禄 龍司貫 胡玉恍	山 イ鳳将 貫鳳玉 南車胡
9月	地 イ調禄 玉調龍 将牽恍	鉄 イ貫恍 牽貫牽 恍禄禄	宝 イ石胡 龍石車 堂司将	海 イ龍報 龍龍司 貴鳳貴	雨 イ玉馳 龍玉禄 胡調極	樹 サ車極 禄車調 印貫馳	花 サ牽貴 玉牽鳳 極石報	陽 サ禄将 牽司調 報玉極	灯 サ司禄 車禄鳳 庫龍貴	山 サ鳳将 貫調石 貴牽極	地 サ調禄 車鳳貫 胡車貴	鉄 サ貫恍 司石玉 印司将	宝 サ石胡 玉貫龍 極禄禄	海 サ龍報 牽玉牽 報調恍	雨 サ玉馳 禄龍車 庫鳳胡	樹 ウ車極 禄牽司 馳石報	花 ウ牽貴 車車禄 馳貫馳	陽 ウ禄将 石司調 庫玉極	灯 ウ司禄 玉禄鳳 報龍貴	山 ウ鳳将 司調石 報牽極	地 ウ調禄 貫鳳貫 庫車貴	鉄 ウ貫恍 車石玉 馳司将	宝 ウ石胡 禄貫龍 馳禄禄	海 ウ龍報 車玉牽 庫調恍	雨 ウ玉馳 司龍車 報鳳胡	樹 タ車極 司牽司 極石報	花 タ牽貴 禄車禄 印貫馳	陽 タ禄将 禄司石 胡玉極	灯 タ司禄 禄禄貫 貴龍貴	山 タ鳳将 貫調玉 庫牽極	
10月	地 タ調禄 司鳳龍 報車貴	鉄 タ貫恍 調石牽 極司将	宝 タ石胡 龍貫車 印禄禄	海 タ龍報 鳳玉司 胡調恍	雨 タ玉馳 鳳龍禄 貴鳳胡	樹 ト車極 禄牽調 堂石報	花 ト牽貴 調車鳳 恍貫馳	陽 ト禄将 調司調 将貫庫	灯 ト司禄 貫禄鳳 南石印	山 ト鳳将 貫調石 胡龍庫	地 ト調禄 鳳鳳貫 貴玉印	鉄 ト貫恍 石石玉 堂車堂	宝 ト石胡 司貫龍 恍牽南	海 ト龍報 石玉牽 将禄南	雨 ト玉馳 貫龍車 南司堂	樹 ネ車極 鳳牽司 禄鳳印	花 ネ牽貴 貫車禄 禄調庫	陽 ネ禄将 牽石調 南貫庫	灯 ネ司禄 司貫鳳 将石印	山 ネ鳳将 石玉石 将龍庫	地 ネ調禄 貫石貫 南玉印	鉄 ネ貫恍 貫龍玉 禄車堂	宝 ネ石胡 貫玉龍 禄牽南	海 ネ龍報 車車牽 南禄南	雨 ネ玉馳 石牽車 将司堂	樹 イ車極 玉禄司 恍鳳印	花 イ牽貴 禄司禄 堂調庫	陽 イ禄将 龍鳳石 貴貫庫	灯 イ司禄 龍調貫 胡石印	山 イ鳳将 貫貫玉 南龍庫	地 イ調禄 玉石龍 将玉印
11月	鉄 イ貫恍 牽龍牽 恍車堂	宝 イ石胡 龍玉車 堂牽南	海 イ龍報 龍車司 貴禄南	雨 イ玉馳 龍牽禄 胡司堂	樹 サ車極 禄禄調 印鳳印	花 サ牽貴 玉司鳳 極調庫	陽 サ禄将 牽鳳石 報貫庫	灯 サ司禄 車玉鳳 庫貫報	山 サ鳳将 貫車石 貴玉馳	地 サ調禄 車牽貫 胡龍報	鉄 サ貫恍 司禄玉 印牽胡	宝 サ石胡 玉司龍 極車恍	海 サ龍報 牽鳳牽 報司禄	雨 サ玉馳 禄調車 庫禄将	樹 ウ車極 禄貫司 馳調貴	花 ウ牽貴 車石禄 馳鳳極	陽 ウ禄将 司龍調 庫石馳	灯 ウ司禄 玉玉鳳 報貫報	山 ウ鳳将 司車石 報玉馳	地 ウ調禄 鳳牽貫 庫龍報	鉄 ウ貫恍 車鳳玉 馳牽胡	宝 ウ石胡 禄調龍 馳車恍	海 ウ龍報 車貫牽 庫司禄	雨 ウ玉馳 司石車 報禄将	樹 タ車極 司龍司 極調貴	花 タ牽貴 禄玉禄 印鳳極	陽 タ禄将 禄車調 胡石馳	灯 タ司禄 禄牽貫 貴貫報	山 タ鳳将 貫禄玉 庫玉馳	地 タ調禄 司司龍 報龍報	
12月	鉄 タ貫恍 調鳳牽 極牽胡	宝 タ石胡 龍調車 印車恍	海 タ龍報 鳳貫司 胡司禄	雨 タ玉馳 鳳石禄 貴禄将	樹 ト車極 禄龍調 堂調貴	花 ト牽貴 調玉鳳 恍鳳極	陽 ト禄将 調牽調 将鳳報	灯 ト司禄 貫車鳳 南調馳	山 ト鳳将 貫司石 胡貫報	地 ト調禄 鳳禄貫 貴石馳	鉄 ト貫恍 石調玉 堂龍極	宝 ト石胡 司鳳龍 恍玉貴	海 ト龍報 石石牽 将車将	雨 ト玉馳 貫貫車 南牽禄	樹 ネ車極 鳳玉司 禄禄恍	花 ネ牽貴 貫龍禄 禄司胡	陽 ネ禄将 牽牽調 南鳳報	灯 ネ司禄 司車鳳 将調馳	山 ネ鳳将 石司石 将貫報	地 ネ調禄 貫禄貫 南石馳	鉄 ネ貫恍 貫調玉 禄龍極	宝 ネ石胡 貫鳳龍 禄玉貴	海 ネ龍報 車石牽 南車将	雨 ネ玉馳 石貫車 将牽禄	樹 イ車極 玉玉司 恍禄恍	花 イ牽貴 禄龍禄 堂司胡	陽 イ禄将 龍牽石 貴鳳報	灯 イ司禄 龍車貫 胡調馳	山 イ鳳将 貫司玉 南貫報	地 イ調禄 玉禄龍 将石馳	鉄 イ貫恍 牽調牽 恍龍極

1991年（平成3年）

1991年(平成3年)

	1日	2日	3日	4日	5日	6日	7日	8日	9日	10日	11日	12日	13日	14日	15日	16日
1月	宝 イ石胡 龍鳳車 堂玉貴	海 イ龍報 龍石司 貴車将	雨 イ玉馳 龍貫禄 胡牽禄	樹 サ車極 禄玉調 印禄恍	花 サ牽貴 玉龍鳳 極司胡	陽 サ禄将 牽牽調 報調印	灯 サ司禄 車車鳳 庫鳳庫	山 サ鳳将 貫司石 貴石印	地 サ調禄 車禄貫 胡貫庫	鉄 サ貫恍 司調玉 印玉庫	宝 サ石胡 玉鳳龍 極龍印	海 サ龍報 牽石牽 報牽堂	雨 サ玉馳 禄貫車 庫車南	樹 ウ車極 禄玉司 馳司南	花 ウ牽貴 車龍禄 馳禄堂	陽 ウ禄将 石司調 庫調印
2月	海 タ龍報 鳳牽司 胡牽堂	雨 タ玉馳 鳳車禄 貴車南	樹 ト車極 禄司調 堂司南	花 ト車印 司司鳳 恍牽将	陽 ト司堂 調鳳石 将禄貴	灯 ト禄南 貫調貫 南司極	山 ト調堂 貫貫玉 胡鳳貴	地 ト鳳南 鳳石龍 貴調極	鉄 ト石南 石龍牽 堂貫馳	宝 ト貫堂 司玉車 恍石報	海 ト玉印 石車司 将龍胡	雨 ト龍庫 貫司禄 南玉恍	樹 ネ牽庫 鳳鳳調 禄車禄	花 ネ車印 貫調貫 禄牽将	陽 ネ司堂 牽貫玉 南禄貴	灯 ネ禄南 司石龍 将司極
3月	鉄 イ石南 牽禄玉 恍貫馳	宝 イ貫堂 龍司龍 堂石報	海 イ玉印 龍鳳牽 貴龍胡	雨 イ龍庫 龍調車 胡玉恍	樹 サ牽庫 禄貫司 印車禄	花 サ車印 石貫鳳 極車禄	陽 サ司堂 牽玉石 報司恍	灯 サ禄南 車龍貫 庫禄胡	山 サ調堂 貫牽玉 貴調恍	地 サ鳳南 車車龍 胡鳳胡	鉄 サ石南 司司牽 印石報	宝 サ貫堂 石禄車 極貫馳	海 サ玉印 牽調司 報玉極	雨 サ龍庫 禄鳳禄 庫龍貴	樹 ウ牽庫 禄石調 馳牽将	花 ウ車印 車貫貫 馳車禄
4月	宝 タ貫堂 龍禄龍 印貫馳	海 タ玉印 鳳調牽 胡玉極	雨 タ龍庫 鳳鳳車 貴龍貴	樹 ト牽庫 禄石司 堂牽将	花 ト車印 司貫鳳 恍玉南	陽 ト司堂 調玉石 将車南	灯 ト禄南 貫龍貫 南牽堂	山 ト調堂 貫牽玉 胡禄南	地 ト鳳南 鳳車龍 貴司堂	鉄 ト石南 石司牽 堂鳳印	宝 ト貫堂 司禄車 恍調庫	海 ト玉印 石調司 将貫庫	雨 ト龍庫 貫鳳禄 南石印	樹 ネ牽庫 鳳石調 禄龍堂	花 ネ車印 貫龍貫 禄玉南	陽 ネ司堂 牽牽玉 南車南
5月	宝 イ貫堂 龍玉龍 堂調庫	海 イ玉印 龍車牽 貴貫庫	雨 イ龍庫 龍牽車 胡石印	樹 サ牽庫 禄禄司 印龍堂	花 サ車印 玉司禄 極玉南	陽 サ司堂 牽鳳石 報牽禄	灯 サ禄南 車調貫 庫車将	山 サ調堂 貫貫玉 貴司禄	地 サ鳳南 車石龍 胡禄将	鉄 サ石南 司龍牽 印調貴	宝 サ貫堂 玉玉車 極鳳極	海 サ玉印 牽龍司 報石馳	雨 サ龍庫 禄玉禄 庫貫報	樹 ウ牽庫 禄車調 馳玉胡	花 ウ車印 車牽鳳 馳龍恍	陽 ウ司堂 石禄玉 庫牽禄
6月	海 タ玉印 鳳禄牽 胡石馳	雨 タ龍庫 鳳司車 貴貫報	樹 ト牽庫 禄鳳司 堂玉胡	花 ト車印 調調禄 恍龍恍	陽 ト司堂 石貫調 将牽禄	灯 ト禄南 貫鳳貫 南玉禄	山 ト調堂 貫石玉 胡車将	地 ト鳳南 鳳貫龍 貴牽禄	鉄 ト石南 石玉牽 堂禄恍	宝 ト貫堂 司龍車 恍司胡	海 ト玉印 石牽司 将鳳報	雨 ト龍庫 貫車禄 南調馳	樹 ネ牽庫 禄司調 禄貫極	花 ネ車印 貫禄鳳 禄石貴	陽 ネ司堂 玉調石 南龍将	灯 ネ禄南 司鳳龍 将玉禄
7月	海 イ玉印 龍司牽 貴鳳報	雨 イ龍庫 龍禄車 胡調馳	樹 サ牽庫 禄調司 印貫極	花 サ車印 玉鳳禄 極石貴	陽 サ司堂 牽石調 報龍将	灯 サ禄南 鳳貫鳳 庫玉禄	山 サ調堂 貫玉玉 貴牽堂	地 サ鳳南 車龍龍 胡車南	鉄 サ石南 司牽牽 印司南	宝 サ貫堂 玉車車 極禄堂	海 サ玉印 牽司司 報調印	雨 サ龍庫 禄禄禄 庫鳳庫	樹 ウ牽庫 禄調調 馳石庫	花 ウ車印 車鳳鳳 馳貫印	陽 ウ司堂 司石石 庫玉堂	灯 ウ禄南 玉貫貫 報龍南
8月	雨 タ龍庫 鳳車車 貴鳳庫	樹 ト牽庫 禄司司 堂石庫	花 ト車印 調禄禄 恍貫印	陽 ト司堂 石調調 将玉堂	灯 ト禄南 鳳鳳鳳 南龍南	山 ト調堂 鳳石石 胡牽堂	地 ト鳳南 鳳貫貫 貴車南	鉄 ト石南 石龍牽 堂車禄	宝 ト貫堂 司玉車 恍牽将	海 ト玉印 石車司 将禄貴	雨 ト龍庫 貫牽禄 南司極	樹 ネ牽庫 禄禄調 禄鳳馳	花 ネ車印 貫司鳳 禄調報	陽 ネ司堂 玉鳳石 南貫胡	灯 ネ禄南 司調貫 将石恍	山 ネ調堂 石貫玉 将龍胡
9月	樹 サ牽庫 禄車司 印鳳馳	花 サ車印 玉牽禄 極調報	陽 サ司堂 牽禄調 報貫胡	灯 サ禄南 鳳司鳳 庫石恍	山 サ調堂 車鳳石 貴龍胡	地 サ鳳南 車調貫 胡玉恍	鉄 サ石南 龍貫玉 印車禄	宝 サ貫堂 玉貫車 極車禄	海 サ玉印 牽玉司 報司恍	雨 サ龍庫 禄龍禄 庫禄胡	樹 ウ牽庫 禄牽調 馳調報	花 ウ車印 車車鳳 馳鳳馳	陽 ウ司堂 司司石 庫石極	灯 ウ禄南 玉禄貫 報貫貴	山 ウ調堂 司調玉 報玉極	地 ウ鳳南 禄鳳龍 庫龍貴
10月	樹 ト牽庫 禄牽司 堂調報	花 ト車印 調車禄 恍鳳馳	陽 ト司堂 石司調 将石極	灯 ト禄南 鳳禄鳳 南貫貴	山 ト調堂 鳳調石 胡玉極	地 ト鳳南 鳳鳳貫 貴龍貴	鉄 ト石南 龍石玉 堂牽将	宝 ト貫堂 調貫龍 恍車禄	海 ト玉印 石玉司 将車南	雨 ト龍庫 貫龍禄 南牽堂	樹 ネ牽庫 禄牽調 禄禄印	花 ネ車印 貫車鳳 禄司庫	陽 ネ司堂 玉司石 南鳳庫	灯 ネ禄南 調禄貫 将調印	山 ネ調堂 石調玉 将貫庫	地 ネ鳳南 龍鳳龍 南石印
11月	花 サ車印 玉司禄 極司庫	陽 サ司堂 牽鳳調 報鳳庫	灯 サ禄南 鳳調鳳 庫調印	山 サ調堂 車貫石 貴貫庫	地 サ鳳南 車石貫 胡石印	鉄 サ石南 龍龍玉 印龍堂	宝 サ貫堂 牽玉龍 極玉南	海 サ玉印 牽鳳司 報牽禄	雨 サ龍庫 禄調禄 庫車将	樹 ウ牽庫 禄貫調 馳司貴	花 ウ車印 車石鳳 馳禄極	陽 ウ司堂 司龍石 庫調馳	灯 ウ禄南 玉玉貫 報鳳報	山 ウ調堂 司車玉 報石馳	地 ウ鳳南 禄牽龍 庫貫報	鉄 ウ石南 車禄牽 馳玉胡
12月	花 ト車印 調玉禄 恍禄極	陽 ト司堂 石車調 将調馳	灯 ト禄南 鳳牽鳳 南鳳報	山 ト調堂 鳳禄石 胡石馳	地 ト鳳南 鳳司貫 貴貫報	鉄 ト石南 龍鳳玉 堂玉胡	宝 ト貫堂 司鳳車 恍石貴	海 ト玉印 石石司 将龍将	雨 ト龍庫 貫貫禄 南玉禄	樹 ネ牽庫 禄玉調 禄車恍	花 ネ車印 貫龍鳳 禄牽胡	陽 ネ司堂 玉牽石 南禄報	灯 ネ禄南 司車貫 将司馳	山 ネ調堂 石司玉 将鳳報	地 ネ鳳南 龍禄龍 南調馳	鉄 ネ石南 龍調牽 禄貫極

	17日	18日	19日	20日	21日	22日	23日	24日	25日	26日	27日	28日	29日	30日	31日
1月	灯 ウ司禄 玉禄鳳 報鳳庫	山 ウ鳳将 司調石 報石印	地 ウ調禄 貫貫貫 庫貫庫	鉄 ウ貫恍 車玉玉 馳玉庫	宝 ウ石胡 禄龍龍 馳龍印	海 ウ龍報 車牽牽 庫牽堂	雨 ウ玉馳 司車車 報車南	樹 タ車極 司司司 極司南	花 タ牽貴 禄禄禄 印禄堂	陽 タ禄将 禄調石 胡調印	灯 タ司禄 禄鳳貫 貴鳳庫	山 タ鳳将 貫石玉 庫石印	地 タ調禄 司貫龍 報貫庫	鉄 タ貫恍 調玉牽 極玉庫	宝 タ石胡 龍龍車 印龍印
2月	山 ネ調堂 石龍石 将鳳貴	地 ネ鳳南 貫玉貫 南調極	鉄 ネ石南 貫禄玉 禄貫馳	宝 ネ貫堂 貫司龍 禄石報	海 ネ玉印 車鳳牽 南龍胡	雨 ネ龍庫 石調車 将玉恍	樹 イ牽庫 玉貫司 恍車禄	花 イ車印 禄石禄 堂牽将	陽 イ司堂 龍龍調 貴禄貴	灯 イ禄南 龍玉鳳 胡司極	山 イ調堂 貫車石 南鳳貴	地 イ鳳南 玉牽貫 将調極			
3月	陽 ウ司堂 石玉玉 庫司恍	灯 ウ禄南 玉龍龍 報禄胡	山 ウ調堂 司牽石 報調恍	地 ウ鳳南 貫車貫 庫鳳胡	鉄 ウ石南 禄司玉 馳石報	宝 ウ貫堂 禄禄龍 馳貫馳	海 ウ玉印 車調牽 庫玉極	雨 ウ龍庫 司鳳車 報龍貴	樹 タ牽庫 司石司 極牽将	花 タ車印 禄貫禄 印車禄	陽 タ司堂 禄玉調 胡司恍	灯 タ禄南 禄龍鳳 貴禄胡	山 タ調堂 貫牽石 庫調恍	地 タ鳳南 司車貫 報鳳胡	鉄 タ石南 調司玉 極石報
4月	灯 ネ禄南 司車龍 将牽堂	山 ネ調堂 石貫石 将禄南	地 ネ鳳南 貫石貫 南司堂	鉄 ネ石南 貫龍玉 禄鳳印	宝 ネ貫堂 貫玉龍 禄調庫	海 ネ玉印 車車牽 南貫庫	雨 ネ龍庫 石牽車 将石印	樹 イ牽庫 玉禄司 恍龍堂	花 イ車印 禄司禄 堂玉南	陽 イ司堂 龍鳳調 貴車南	灯 イ禄南 龍調鳳 胡牽堂	山 イ調堂 貫貫石 南禄南	地 イ鳳南 玉石貫 将司堂	鉄 イ石南 牽龍玉 恍鳳印	
5月	灯 ウ禄南 玉司龍 報車将	山 ウ調堂 司鳳牽 報司禄	地 ウ鳳南 貫調貫 庫禄将	鉄 ウ石南 車貫玉 馳調貴	宝 ウ貫堂 禄牽龍 馳鳳極	海 ウ玉印 車禄牽 庫石馳	雨 ウ龍庫 司司車 報貫報	樹 タ牽庫 司鳳司 極玉胡	花 タ車印 禄調禄 印龍恍	陽 タ司堂 禄貫調 胡牽禄	灯 タ禄南 禄石鳳 貴車将	山 タ調堂 貫龍石 庫司禄	地 タ鳳南 司玉貫 報禄将	鉄 タ石南 調車玉 極調貴	宝 タ貫堂 龍牽龍 印鳳極
6月	山 ネ調堂 石石牽 将車将	地 ネ鳳南 車貫車 南牽禄	鉄 ネ石南 鳳玉玉 禄禄恍	宝 ネ貫堂 貫龍龍 禄司胡	海 ネ玉印 車牽牽 南鳳報	雨 ネ龍庫 石車車 将調馳	樹 イ牽庫 玉司司 恍貫極	花 イ車印 禄禄禄 堂石貴	陽 イ司堂 龍調調 貴龍将	灯 イ禄南 龍貫鳳 胡玉禄	山 イ調堂 貫玉石 南車将	地 イ鳳南 玉龍貫 将牽禄	鉄 イ石南 牽牽玉 恍禄恍	宝 イ貫堂 龍車龍 堂司胡	
7月	山 ウ調堂 司牽牽 報牽堂	地 ウ鳳南 鳳車車 庫車南	鉄 ウ石南 車司司 馳司南	宝 ウ貫堂 禄龍龍 馳禄堂	海 ウ玉印 車牽牽 庫調印	雨 ウ龍庫 司車車 報鳳庫	樹 タ牽庫 司司司 極石庫	花 タ車印 禄禄禄 印貫印	陽 タ司堂 禄調調 胡玉堂	灯 タ禄南 禄鳳鳳 貴龍南	山 タ調堂 貫石石 庫牽堂	地 タ鳳南 司貫貫 報車南	鉄 タ石南 調玉玉 極司南	宝 タ貫堂 龍龍龍 印禄堂	海 タ玉印 鳳牽牽 胡調印
8月	地 ネ鳳南 龍石龍 南玉恍	鉄 ネ石南 龍龍司 禄車禄	宝 ネ貫堂 貫調禄 禄牽将	海 ネ玉印 司貫調 南禄貴	雨 ネ龍庫 石石車 将司極	樹 イ牽庫 玉車司 恍鳳馳	花 イ車印 禄牽禄 堂調報	陽 イ司堂 龍禄調 貴貫胡	灯 イ禄南 龍司鳳 胡石恍	山 イ調堂 貫鳳石 南龍胡	地 イ鳳南 玉調貫 将玉恍	鉄 イ石南 牽貫玉 恍車禄	宝 イ貫堂 龍石龍 堂牽将	海 イ玉印 龍龍牽 貴禄貴	雨 イ龍庫 龍玉車 胡司極
9月	鉄 ウ石南 車石牽 馳牽将	宝 ウ貫堂 禄貫禄 馳車禄	海 ウ玉印 石玉調 庫司恍	雨 ウ龍庫 玉龍鳳 報禄胡	樹 タ牽庫 司牽司 極調報	花 タ車印 禄車禄 印鳳馳	陽 タ司堂 禄司調 胡石極	灯 タ禄南 禄禄鳳 貴貫貴	山 タ調堂 貫調石 庫玉極	地 タ鳳南 司鳳貫 報龍貴	鉄 タ石南 調石玉 極牽将	宝 タ貫堂 龍貫龍 印車禄	海 タ玉印 鳳玉牽 胡司恍	雨 タ龍庫 鳳龍車 貴禄胡	
10月	鉄 ネ石南 龍石牽 禄龍堂	宝 ネ貫堂 貫貫車 禄玉南	海 ネ玉印 司司調 南車南	雨 ネ龍庫 調禄鳳 将牽堂	樹 イ牽庫 玉調石 恍禄印	花 イ車印 禄司禄 堂司庫	陽 イ司堂 貫鳳調 貴鳳庫	灯 イ禄南 龍調鳳 胡調印	山 イ調堂 貫貫石 南貫庫	地 イ鳳南 玉石貫 将石印	鉄 イ石南 玉龍玉 恍龍堂	宝 イ貫堂 龍玉龍 堂玉南	海 イ玉印 龍車牽 貴車南	雨 イ龍庫 龍牽車 胡牽堂	樹 サ牽庫 禄禄司 印禄印
11月	宝 ウ貫堂 禄司車 馳龍恍	海 ウ玉印 石鳳調 庫牽禄	雨 ウ龍庫 玉調鳳 報車将	樹 タ牽庫 司貫石 極司貴	花 タ車印 禄玉禄 印禄極	陽 タ司堂 禄車調 胡調馳	灯 タ禄南 禄牽鳳 貴鳳報	山 タ調堂 貫禄石 庫石馳	地 タ鳳南 司司貫 報貫報	鉄 タ石南 調鳳玉 極玉胡	宝 タ貫堂 龍調龍 印龍恍	海 タ玉印 鳳貫牽 胡牽禄	雨 タ龍庫 鳳石車 貴車将	樹 ト牽庫 禄龍司 堂司貴	
12月	宝 ネ貫堂 貫鳳禄 禄石貴	海 ネ玉印 司石調 南龍将	雨 ネ龍庫 調貫鳳 将玉禄	樹 イ牽庫 玉玉司 恍車恍	花 イ車印 禄龍禄 堂牽胡	陽 イ司堂 龍牽調 貴禄報	灯 イ禄南 龍車鳳 胡司馳	山 イ調堂 貫司石 南鳳報	地 イ鳳南 玉禄貫 将調馳	鉄 イ石南 玉調玉 恍貫極	宝 イ貫堂 龍鳳龍 堂石貴	海 イ玉印 龍石牽 貴龍将	雨 イ龍庫 龍貫車 胡玉禄	樹 サ牽庫 禄玉司 印車恍	花 サ車印 玉龍禄 極牽胡

1992年（平成4年）

1992年(平成4年)

	1日	2日	3日	4日	5日	6日	7日	8日	9日	10日
1月	陽 サ司堂 牽牽調 報禄報	灯 サ禄南 鳳車鳳 庫司馳	山 サ調堂 車司石 貴鳳報	地 サ鳳南 車禄貫 胡調馳	鉄 サ石南 龍調玉 印貫極	宝 サ貫堂 玉鳳車 極貫印	海 サ玉印 牽石司 報玉堂	雨 サ龍庫 禄貫禄 庫龍南	樹 ウ牽庫 禄玉調 馳牽南	花 ウ車印 車龍鳳 馳車堂
2月	灯 ト禄南 鳳鳳鳳 南禄庫	山 ト調堂 鳳石石 胡調印	地 ト鳳南 鳳貫貫 貴鳳庫	鉄 ト鳳禄 石龍龍 堂鳳馳	宝 ト調将 司玉玉 恍調報	海 ト貫貴 石車車 将貫胡	雨 ト石極 貫牽牽 南石恍	樹 ネ龍馳 禄禄禄 禄龍禄	花 ネ玉報 貫司司 禄玉将	陽 ネ車胡 玉鳳鳳 南車貴
3月	陽 サ車胡 牽龍禄 報車貴	灯 サ牽恍 鳳玉司 庫牽極	山 サ禄胡 車車鳳 貴禄貴	地 サ司恍 車牽調 胡司極	鉄 サ鳳禄 司司龍 印調報	宝 サ調将 玉禄玉 極鳳馳	海 サ貫貴 牽調車 報石極	雨 サ石極 禄鳳牽 庫貫貴	樹 ウ龍馳 禄石禄 馳玉将	花 ウ玉報 車貫司 馳龍禄
4月	灯 ト牽恍 鳳龍司 南車胡	山 ト禄胡 鳳牽鳳 胡司恍	地 ト司恍 鳳車調 貴禄胡	鉄 ト鳳禄 石司龍 堂禄印	宝 ト調将 司禄玉 恍司庫	海 ト貫貴 石調車 将鳳庫	雨 ト石極 貫鳳牽 南調印	樹 ネ龍馳 禄石禄 禄貫堂	花 ネ玉報 貫貫司 禄石南	陽 ネ車胡 玉玉鳳 南龍南
5月	灯 サ牽恍 鳳調司 庫玉堂	山 サ禄胡 車貫鳳 貴車南	地 サ司恍 車石調 胡牽堂	鉄 サ鳳禄 龍龍貫 印禄印	宝 サ調将 玉玉玉 極禄極	海 サ貫貴 牽車車 報調馳	雨 サ石極 禄牽牽 庫鳳報	樹 ウ龍馳 禄禄禄 馳石胡	花 ウ玉報 車司司 馳貫恍	陽 ウ車胡 司鳳鳳 庫玉禄
6月	山 ト禄胡 鳳龍鳳 胡牽禄	地 ト司恍 鳳玉調 貴車将	鉄 ト鳳禄 龍車貫 堂司貴	宝 ト調将 調牽石 恍禄極	海 ト貫貴 石牽車 将禄報	雨 ト石極 貫車牽 南司馳	樹 ネ龍馳 禄司禄 禄鳳極	花 ネ玉報 貫禄司 禄調貴	陽 ネ車胡 玉調鳳 南貫将	灯 ネ牽恍 調鳳調 将石禄
7月	山 サ禄胡 車玉鳳 貴龍将	地 サ司恍 車龍調 胡玉禄	鉄 サ鳳禄 龍牽貫 印車恍	宝 サ調将 牽車石 極牽胡	海 サ貫貴 司司龍 報禄報	雨 サ石極 車禄玉 庫司馳	樹 ウ龍馳 禄調禄 馳調庫	花 ウ玉報 車鳳司 馳鳳印	陽 ウ車胡 司石鳳 庫石堂	灯 ウ牽恍 玉貫調 報貫南
8月	地 ト司恍 鳳貫調 貴龍南	鉄 ト鳳禄 龍玉貫 堂牽南	宝 ト調将 調龍石 恍車堂	海 ト貫貴 石牽龍 将司印	雨 ト石極 車車玉 南禄庫	樹 ネ龍馳 貫司車 禄調庫	花 ネ玉報 貫司司 禄司報	陽 ネ車胡 玉鳳鳳 南鳳胡	灯 ネ牽恍 調調調 将調恍	山 ネ禄胡 石貫貫 将貫胡
9月	鉄 サ鳳禄 龍貫貫 印龍禄	宝 サ調将 牽石石 極玉将	海 サ貫貴 司龍龍 報車貴	雨 サ石極 車玉玉 庫牽極	樹 ウ龍馳 車車車 馳禄馳	花 ウ玉報 車牽牽 馳司報	陽 ウ車胡 司司鳳 庫調極	灯 ウ牽恍 玉禄調 報鳳貴	山 ウ禄胡 司調貫 報石極	地 ウ司恍 禄鳳石 庫貫貴
10月	鉄 ト鳳禄 龍石貫 堂玉将	宝 ト調将 調貫石 恍龍禄	海 ト貫貴 石玉龍 将牽恍	雨 ト石極 車龍玉 南車胡	樹 ネ龍馳 貫牽車 禄司報	花 ネ玉報 貫車牽 禄禄馳	陽 ネ車胡 鳳司禄 南調極	灯 ネ牽恍 調禄調 将司印	山 ネ禄胡 石調貫 将鳳庫	地 ネ司恍 龍鳳石 南調印
11月	宝 サ調将 牽玉石 極石南	海 サ貫貴 司車龍 報龍南	雨 サ石極 車牽玉 庫玉堂	樹 ウ龍馳 車禄車 馳車印	花 ウ玉報 車司牽 馳牽庫	陽 ウ車胡 鳳鳳禄 庫禄庫	灯 ウ牽恍 玉玉調 報禄報	山 ウ禄胡 司車貫 報調馳	地 ウ司恍 禄牽石 庫鳳報	鉄 ウ鳳禄 龍禄龍 馳石胡
12月	宝 ト調将 調調石 恍貫恍	海 ト貫貴 石貫龍 将玉禄	雨 ト石極 車石玉 南龍将	樹 ネ龍馳 貫龍車 禄牽貴	花 ネ玉報 貫玉牽 禄車極	陽 ネ車胡 鳳車禄 南司馳	灯 ネ牽恍 調車調 将牽馳	山 ネ禄胡 石司貫 将禄報	地 ネ司恍 龍禄石 南司馳	鉄 ネ鳳禄 龍調龍 禄鳳極

	11日	12日	13日	14日	15日	16日	17日	18日	19日	20日
1月	陽 ウ司堂 司牽石 庫司印	灯 ウ禄南 玉車貫 報禄庫	山 ウ調堂 司司玉 報調印	地 ウ鳳南 禄禄龍 庫鳳庫	鉄 ウ石南 車調牽 馳石庫	宝 ウ貫堂 禄貫禄 馳貫印	海 ウ玉印 石玉調 庫玉堂	雨 ウ龍庫 玉龍鳳 報龍南	樹 タ牽庫 司司司 極牽南	花 タ車印 禄禄禄 印車堂
2月	灯 ネ牽恍 司調調 将牽極	山 ネ禄胡 石龍貫 将禄貴	地 ネ司恍 龍玉石 南司極	鉄 ネ鳳禄 龍車龍 禄鳳馳	宝 ネ調将 貫牽調 禄調報	海 ネ貫貴 司禄貫 南貫胡	雨 ネ石極 石司石 将石恍	樹 イ龍馳 玉鳳車 恍龍禄	花 イ玉報 禄石牽 堂玉将	陽 イ車胡 龍龍禄 貴車貴
3月	陽 ウ車胡 司玉鳳 庫牽恍	灯 ウ牽恍 玉龍調 報車胡	山 ウ禄胡 司牽貫 報司恍	地 ウ司恍 禄車石 庫禄胡	鉄 ウ鳳禄 車司龍 馳調報	宝 ウ調将 禄禄調 馳鳳馳	海 ウ貫貴 石調貫 庫石極	雨 ウ石極 玉鳳石 報貫貴	樹 タ龍馳 司石車 極玉将	花 タ玉報 禄貫牽 印龍禄
4月	灯 ネ牽恍 司龍調 将玉堂	山 ネ禄胡 石牽貫 将車南	地 ネ司恍 龍車石 南牽堂	鉄 ネ鳳禄 龍調龍 禄禄印	宝 ネ調将 貫鳳調 禄司庫	海 ネ貫貴 司石貫 南鳳庫	雨 ネ石極 石牽石 将調印	樹 イ龍馳 玉禄車 恍貫堂	花 イ玉報 禄司牽 堂石南	陽 イ車胡 龍鳳禄 貴龍南
5月	灯 ウ牽恍 玉司調 報龍将	山 ウ禄胡 司鳳貫 報牽禄	地 ウ司恍 禄調石 庫車将	鉄 ウ鳳禄 車貫龍 馳司貴	宝 ウ調将 禄石玉 馳禄極	海 ウ貫貴 石龍貫 庫調馳	雨 ウ石極 玉玉石 報鳳報	樹 タ龍馳 司車龍 極石胡	花 タ玉報 禄牽牽 印貫恍	陽 タ車胡 禄貫禄 胡玉禄
6月	山 ネ禄胡 石石貫 将龍将	地 ネ司恍 龍貫石 南玉禄	鉄 ネ鳳禄 龍玉龍 禄車恍	宝 ネ調将 貫龍玉 禄牽胡	海 ネ貫貴 司牽車 南禄報	雨 ネ石極 調車石 将司馳	樹 イ龍馳 玉司龍 恍鳳極	花 イ玉報 禄禄玉 堂調貴	陽 イ車胡 貫調禄 貴貫将	灯 イ牽恍 龍鳳司 胡石禄
7月	山 ウ禄胡 司玉貫 報玉堂	地 ウ司恍 禄龍石 庫龍南	鉄 ウ鳳禄 龍牽龍 馳牽南	宝 ウ調将 禄車玉 馳車堂	海 ウ貫貴 調司車 庫司印	雨 ウ石極 玉禄牽 報禄庫	樹 タ龍馳 司石禄 極調庫	花 タ玉報 貫貫玉 印鳳印	陽 タ車胡 車玉車 胡石堂	灯 タ牽恍 禄鳳牽 貴貫南
8月	地 ネ司恍 龍石石 南石恍	鉄 ネ鳳禄 龍龍龍 禄龍禄	宝 ネ調将 貫玉玉 禄玉将	海 ネ貫貴 玉車車 南車貴	雨 ネ石極 調牽牽 将牽極	樹 イ龍馳 玉禄禄 恍禄馳	花 イ玉報 車司司 堂司報	陽 イ車胡 貫車車 貴鳳胡	灯 イ牽恍 龍牽牽 胡調恍	山 イ禄胡 貫禄禄 南貫胡
9月	鉄 ウ鳳禄 龍石龍 馳玉将	宝 ウ調将 禄貫玉 馳龍禄	海 ウ貫貴 調玉車 庫牽恍	雨 ウ石極 玉龍牽 報車胡	樹 タ龍馳 司牽禄 極司報	花 タ玉報 鳳車司 印禄馳	陽 タ車胡 鳳司鳳 胡調極	灯 タ牽恍 禄禄牽 貴鳳貴	山 タ禄胡 玉調禄 庫石極	地 タ司恍 司鳳司 報貫貴
10月	鉄 ネ鳳禄 龍石龍 禄貫堂	宝 ネ調将 貫貫玉 禄石南	海 ネ貫貴 玉玉車 南龍南	雨 ネ石極 調龍牽 将玉堂	樹 イ龍馳 玉牽禄 恍車印	花 イ玉報 龍車司 堂牽庫	陽 イ車胡 貫司鳳 貴禄庫	灯 イ牽恍 龍貫調 胡司印	山 イ禄胡 司玉禄 南鳳庫	地 イ司恍 調龍司 将調印
11月	宝 ウ調将 禄司玉 馳貫恍	海 ウ貫貴 調鳳車 庫玉禄	雨 ウ石極 玉調牽 報龍将	樹 タ龍馳 司貫禄 極牽貴	花 タ玉報 鳳石司 印車極	陽 タ車胡 鳳龍鳳 胡司馳	灯 タ牽恍 禄玉調 貴禄報	山 タ禄胡 玉車禄 庫調馳	地 タ司恍 牽牽司 報鳳報	鉄 タ鳳禄 調鳳鳳 極石胡
12月	宝 ネ調将 貫鳳玉 禄調貴	海 ネ貫貴 玉石車 南貫将	雨 ネ石極 調貫牽 将石禄	樹 イ龍馳 玉玉禄 恍龍恍	花 イ玉報 龍龍司 堂玉胡	陽 イ車胡 貫牽鳳 貴車報	灯 イ牽恍 龍車調 胡牽馳	山 イ禄胡 司司禄 南禄報	地 イ司恍 調禄司 将司馳	鉄 イ鳳禄 玉調鳳 恍鳳極

	21日	22日	23日	24日	25日	26日	27日	28日	29日	30日	31日
1月	陽 タ司堂 禄調調 胡司印	灯 タ禄南 禄鳳鳳 貴禄庫	山 タ調堂 貫石石 庫調印	地 タ鳳南 司貫貫 報鳳庫	鉄 タ石南 調玉玉 極石庫	宝 タ貫堂 龍龍龍 印貫印	海 タ玉印 鳳牽牽 胡玉堂	雨 タ龍庫 鳳車車 貴龍南	樹 ト牽庫 禄司司 堂牽南	花 ト車印 調禄禄 恍車堂	陽 ト司堂 石調調 将司印
2月	灯 イ牽恍 龍玉司 胡牽極	山 イ禄胡 貫車鳳 南禄貴	地 イ司恍 玉牽調 将司極	鉄 イ鳳禄 牽禄貫 恍鳳馳	宝 イ調将 龍司石 堂調報	海 イ貫貴 龍鳳龍 貴貫胡	雨 イ石極 龍調玉 胡石恍	樹 サ龍馳 禄貫車 印龍禄	花 サ玉報 玉石牽 極玉将		
3月	陽 タ車胡 禄玉禄 胡牽恍	灯 タ牽恍 禄龍司 貴車胡	山 タ禄胡 貫牽鳳 庫司恍	地 タ司恍 司車調 報禄胡	鉄 タ鳳禄 調司貫 極調報	宝 タ調将 龍禄石 印鳳馳	海 タ貫貴 鳳調龍 胡石極	雨 タ石極 鳳鳳玉 貴貫貴	樹 ト龍馳 禄石車 堂玉将	花 ト玉報 調貫牽 恍龍禄	陽 ト車胡 石玉禄 将牽恍
4月	灯 イ牽恍 龍調司 胡玉堂	山 イ禄胡 貫貫鳳 南車南	地 イ司恍 玉石調 将牽堂	鉄 イ鳳禄 牽龍貫 恍禄印	宝 イ調将 龍玉石 堂司庫	海 イ貫貴 龍車龍 貴鳳庫	雨 イ石極 龍牽玉 胡調印	樹 サ龍馳 禄禄車 印貫堂	花 サ玉報 玉司牽 極石南	陽 サ車胡 牽鳳禄 報龍南	
5月	灯 タ牽恍 禄石司 貴龍将	山 タ禄胡 貫龍鳳 庫牽禄	地 タ司恍 司玉調 報車将	鉄 タ鳳禄 調車貫 極司貴	宝 タ調将 龍牽石 印禄極	海 タ貫貴 鳳禄龍 胡調馳	雨 タ石極 鳳司玉 貴鳳報	樹 ト龍馳 禄鳳車 堂石胡	花 ト玉報 調調牽 恍貫恍	陽 ト車胡 石貫禄 将玉禄	灯 ト牽恍 鳳石司 南龍将
6月	山 イ禄胡 貫石鳳 南龍将	地 イ司恍 玉貫調 将玉禄	鉄 イ鳳禄 玉玉貫 恍車恍	宝 イ調将 龍龍石 堂牽胡	海 イ貫貴 龍司龍 貴禄報	雨 イ石極 龍禄玉 胡司馳	樹 サ龍馳 禄調車 印鳳極	花 サ玉報 玉鳳牽 極調貴	陽 サ車胡 牽石禄 報貫将	灯 サ牽恍 鳳貫司 庫石禄	
7月	山 タ禄胡 貫石鳳 庫玉堂	地 タ司恍 司貫調 報龍南	鉄 タ鳳禄 調玉貫 極牽南	宝 タ調将 龍龍石 印車堂	海 タ貫貴 鳳牽龍 胡司印	雨 タ石極 鳳車玉 貴禄庫	樹 ト龍馳 禄司車 堂調庫	花 ト玉報 調禄牽 恍鳳印	陽 ト車胡 石調禄 将石堂	灯 ト牽恍 鳳鳳司 南貫南	山 ト禄胡 鳳石鳳 胡玉堂
8月	地 イ司恍 調調調 将石恍	鉄 イ鳳禄 玉貫貫 恍龍禄	宝 イ調将 龍石石 堂玉将	海 イ貫貴 龍龍龍 貴車貴	雨 イ石極 龍玉玉 胡牽極	樹 サ龍馳 禄車車 印禄馳	花 サ玉報 玉牽牽 極司報	陽 サ車胡 牽禄禄 報鳳胡	灯 サ牽恍 鳳司司 庫調恍	山 サ禄胡 車鳳鳳 貴貫胡	地 サ司恍 車調調 胡石恍
9月	鉄 タ鳳禄 調石貫 極玉将	宝 タ調将 龍貫石 印龍禄	海 タ貫貴 鳳玉龍 胡牽恍	雨 タ石極 鳳龍玉 貴車胡	樹 ト龍馳 禄牽車 堂司報	花 ト玉報 調車牽 恍禄馳	陽 ト車胡 石司禄 将調極	灯 ト牽恍 鳳禄司 南鳳貴	山 ト禄胡 鳳調鳳 胡石極	地 ト司恍 鳳鳳調 貴貫貴	
10月	鉄 イ鳳禄 玉龍鳳 恍貫堂	宝 イ調将 龍玉石 堂石南	海 イ貫貴 龍車龍 貴龍南	雨 イ石極 龍牽玉 胡玉堂	樹 サ龍馳 禄禄車 印車印	花 サ玉報 玉司牽 極牽庫	陽 サ車胡 牽鳳禄 報禄庫	灯 サ牽恍 鳳調司 庫司印	山 サ禄胡 車貫鳳 貴鳳庫	地 サ司恍 車石調 胡調印	鉄 サ鳳禄 龍龍貫 印貫堂
11月	宝 タ調将 龍調石 印貫恍	海 タ貫貴 鳳貫龍 胡玉禄	雨 タ石極 鳳石玉 貴龍将	樹 ト龍馳 禄龍車 堂牽貴	花 ト玉報 調玉牽 恍車極	陽 ト車胡 調車禄 将司馳	灯 ト牽恍 鳳牽司 南禄報	山 ト禄胡 鳳禄鳳 胡調馳	地 ト司恍 鳳司調 貴鳳報	鉄 ト鳳禄 龍鳳貫 堂石胡	
12月	宝 イ調将 龍鳳石 堂調貴	海 イ貫貴 龍石龍 貴貫将	雨 イ石極 龍貫玉 胡石禄	樹 サ龍馳 禄玉車 印龍恍	花 サ玉報 玉龍牽 極玉胡	陽 サ車胡 牽牽禄 報車報	灯 サ牽恍 鳳車司 庫牽馳	山 サ禄胡 車司鳳 貴禄報	地 サ司恍 車禄調 胡司馳	鉄 サ鳳禄 龍調貫 印鳳極	宝 サ調将 牽鳳石 極調貴

1993年（平成5年）

1993年(平成5年)

	1月	2月	3月	4月	5月	6月	7月	8月	9月	10月	11月	12月
1日	海 サ貫貴 司石龍 報貫将	雨 ト石極 車車玉 南貫南	宝 サ鳳禄 牽司貫 極司報	海 ト石恍 石調玉 将調極	海 サ石恍 司車玉 報禄庫	雨 ト貫胡 車司龍 南禄報	雨 サ貫胡 車禄龍 庫牽馳	樹 ネ玉報 貫司牽 禄司庫	花 ウ龍馳 車牽車 馳牽報	花 ネ龍馳 貫車車 禄車馳	陽 ウ牽極 鳳鳳司 庫車庫	陽 ネ牽極 鳳車司 南牽馳
2日	雨 サ石極 車貫玉 庫石禄	樹 ネ龍馳 貫司車 禄玉南	海 サ石恍 司鳳玉 報鳳胡	雨 ト貫胡 車鳳龍 南鳳貴	雨 サ貫胡 車牽龍 庫司印	樹 ネ玉報 貫鳳牽 禄調胡	樹 ウ玉報 車調牽 馳禄極	花 ネ龍馳 貫禄車 禄禄印	陽 ウ牽極 鳳禄司 庫禄胡	陽 ネ牽極 鳳司司 南司極	灯 ウ車貴 牽調禄 報牽印	灯 ネ車貴 石牽禄 将車報
3日	樹 ウ龍馳 車玉車 馳龍恍	花 ネ玉報 貫禄牽 禄龍堂	雨 サ貫胡 車調龍 庫調恍	樹 ネ玉報 貫石牽 禄石将	樹 ウ玉報 車禄牽 馳鳳堂	花 ネ龍馳 貫調車 禄鳳恍	花 ウ龍馳 車鳳車 馳司貴	陽 ネ牽極 鳳調司 南調堂	灯 ウ車貴 牽司禄 報司恍	灯 ネ車貴 石禄禄 将禄貴	山 ウ司極 司貫調 報禄庫	山 ネ司極 玉禄調 将司馳
4日	花 ウ玉報 車龍牽 馳玉胡	陽 ネ牽極 玉鳳司 南龍貴	樹 ウ玉報 車貫牽 馳貫禄	花 ネ龍馳 貫貫車 禄貫禄	花 ウ龍馳 車司車 馳調南	陽 ネ牽極 鳳貫司 南石禄	陽 ウ牽極 鳳石司 庫鳳将	灯 ネ車貴 石鳳禄 将鳳南	山 ウ司極 司鳳調 報鳳胡	山 ネ司極 玉調調 将調極	地 ウ禄貴 貫石鳳 庫司印	地 ネ禄貴 貫司鳳 南禄報
5日	陽 ウ車胡 司牽鳳 庫牽印	灯 ネ車貴 調調禄 将玉極	花 ウ龍馳 車貫車 馳貫禄	陽 ネ牽極 玉玉司 南貫南	陽 ウ牽極 司鳳司 庫石禄	灯 ネ車貴 石石禄 将貫将	灯 ウ車貴 牽貫禄 報調禄	山 ネ司極 玉石調 将石堂	地 ウ禄貴 貫調鳳 庫調恍	地 ネ禄貴 貫鳳鳳 南鳳貴	鉄 ウ調将 禄龍石 馳鳳堂	鉄 ネ調将 貫鳳石 禄調胡
6日	灯 ウ牽恍 玉車調 報車庫	山 ネ司極 石貫調 将車貴	陽 ウ牽極 司玉司 庫玉恍	灯 ネ車貴 調龍禄 将石堂	灯 ウ車貴 玉調禄 報貫将	山 ネ司極 石石調 将貫将	山 ウ司極 司玉調 報貫将	地 ネ禄貴 貫貫鳳 南貫南	鉄 ウ調将 禄貫石 馳貫禄	鉄 ネ調将 貫石石 禄石将	宝 ウ鳳禄 禄玉貫 馳調南	宝 ネ鳳禄 貫調貫 禄鳳恍
7日	山 ウ禄胡 司司貫 報司印	地 ネ禄貴 龍石鳳 南牽極	灯 ウ車貴 玉龍禄 報龍胡	山 ネ司極 石牽調 将龍南	山 ウ司極 司貫調 報玉禄	地 ネ禄貴 龍貫鳳 南石禄	地 ウ禄貴 禄龍鳳 庫貫南	鉄 ネ調将 龍龍石 禄貫禄	宝 ウ鳳禄 禄石貫 馳石将	宝 ネ鳳禄 貫貫貫 禄貫禄	海 ウ石恍 調鳳玉 庫石禄	海 ネ石恍 玉石玉 南鳳将
8日	地 ウ司恍 禄禄石 庫禄庫	鉄 ネ調将 龍龍石 禄禄馳	山 ウ司極 司牽調 報牽恍	地 ネ禄貴 龍車鳳 南玉堂	地 ウ禄貴 禄石鳳 庫龍将	鉄 ネ調将 龍玉石 禄龍恍	鉄 ウ調将 龍牽石 馳玉南	宝 ネ鳳禄 貫玉貫 禄石将	海 ウ石恍 調玉玉 庫玉恍	海 ネ石恍 玉玉玉 南貫南	雨 ウ貫胡 牽調龍 報貫将	雨 ネ貫胡 調貫龍 将調禄
9日	鉄 ウ鳳禄 龍調龍 馳調庫	宝 ネ鳳禄 貫玉貫 禄司報	地 ウ禄貴 禄車鳳 庫車胡	鉄 ネ調将 龍司石 禄車印	鉄 ウ調将 龍龍石 馳牽貴	宝 ネ鳳禄 貫龍貫 禄玉胡	宝 ウ鳳禄 禄車貫 馳龍堂	海 ネ石恍 玉車玉 南龍貴	雨 ウ貫胡 牽龍龍 報龍胡	雨 ネ貫胡 調龍龍 将石堂	樹 タ玉報 司貫牽 極玉貴	樹 イ玉報 玉玉牽 恍貫恍
10日	宝 ウ調将 禄鳳玉 馳鳳印	海 ネ石恍 玉車玉 南鳳胡	鉄 ウ調将 龍司石 馳司報	宝 ネ鳳禄 貫禄貫 禄牽庫	宝 ウ鳳禄 禄玉貫 馳車極	海 ネ石恍 玉牽玉 南車報	海 ウ石恍 調司玉 庫牽印	雨 ネ貫胡 調牽龍 将玉極	樹 タ玉報 司牽牽 極牽報	樹 イ玉報 玉牽牽 恍龍印	花 タ龍馳 鳳石車 印龍極	花 イ龍馳 龍龍車 堂石胡
11日	海 ウ貫貴 調石車 庫石堂	雨 ネ貫胡 調牽龍 将調恍	宝 ウ鳳禄 禄禄貫 馳禄馳	海 ネ石恍 玉調玉 南禄庫	海 ウ石恍 調龍玉 庫司馳	雨 ネ貫胡 調車龍 将牽馳	雨 ウ貫胡 牽禄龍 報車庫	樹 イ玉報 玉禄牽 恍車馳	花 タ龍馳 鳳車車 印車馳	花 イ龍馳 龍車車 堂玉庫	陽 タ牽極 鳳龍司 胡牽馳	陽 イ牽極 鳳牽司 貴龍報
12日	雨 ウ石極 玉貫牽 報貫南	樹 イ玉報 玉鳳牽 恍貫禄	海 ウ石恍 調調玉 庫調極	雨 ネ貫胡 調鳳龍 将司印	雨 ウ貫胡 玉玉龍 報禄報	樹 イ玉報 玉司牽 恍禄極	樹 タ玉報 司調牽 極司庫	花 イ龍馳 龍司車 堂牽報	陽 タ牽極 鳳司司 胡司極	陽 イ牽極 鳳司司 貴車庫	灯 タ車貴 禄玉禄 貴車報	灯 イ車貴 龍車禄 胡玉馳
13日	樹 タ龍馳 司玉禄 極玉南	花 イ龍馳 龍調車 堂石将	雨 ウ貫胡 玉鳳龍 報鳳貴	樹 イ玉報 玉石牽 恍鳳堂	樹 タ玉報 司車牽 極調胡	花 イ龍馳 龍禄車 堂司貴	花 タ龍馳 鳳鳳車 印禄印	陽 イ牽極 鳳鳳司 貴禄胡	灯 タ車貴 禄禄禄 貴禄貴	灯 イ車貴 龍禄禄 胡牽印	山 タ司極 調車調 庫司馳	山 イ司極 牽司調 南車報
14日	花 タ玉報 鳳龍司 印龍堂	陽 イ牽極 貫貫司 貴龍貴	樹 タ玉報 司石牽 極石将	花 イ龍馳 龍貫車 堂調南	花 タ龍馳 鳳牽車 印鳳恍	陽 イ牽極 貫調司 貴鳳将	陽 タ牽極 鳳石司 胡調堂	灯 イ車貴 龍調禄 胡司恍	山 タ司極 調調調 庫調極	山 イ司極 牽調調 南禄庫	地 タ禄貴 牽牽鳳 報禄報	地 イ禄貴 調禄鳳 将牽馳
15日	陽 タ車胡 鳳司鳳 胡牽印	灯 イ車貴 龍石禄 胡玉極	花 タ龍馳 貫貫車 印貫禄	陽 イ牽極 貫牽司 貴貫南	陽 タ牽極 鳳禄司 胡石禄	灯 イ車貴 龍鳳禄 胡調禄	灯 タ車貴 禄貫禄 貴鳳南	山 イ司極 牽貫調 南鳳胡	地 タ禄貴 牽鳳鳳 報鳳貴	地 イ禄貴 調鳳鳳 将司印	鉄 タ調将 調禄石 極調胡	鉄 イ調将 玉調石 恍禄極
16日	灯 タ牽恍 禄禄牽 貴車庫	山 イ司極 司龍調 南車貴	陽 タ牽極 車玉司 胡玉恍	灯 イ車貴 龍車禄 胡石堂	灯 タ車貴 禄司禄 貴貫将	山 イ司極 司石調 南貫将	山 タ司極 調玉調 庫石堂	地 イ禄貴 調石鳳 将調恍	鉄 タ調将 調石石 極石将	鉄 イ調将 玉石石 恍鳳堂	宝 タ鳳禄 鳳司貫 印鳳恍	宝 イ鳳禄 車鳳貫 堂司貴
17日	山 タ禄胡 玉調禄 庫司印	地 イ禄貴 調玉鳳 将牽極	灯 タ車貴 禄龍禄 貴龍胡	山 イ司極 司司調 南龍南	山 タ司極 玉鳳調 庫玉禄	地 イ禄貴 調貫鳳 将石禄	地 タ禄貴 牽車鳳 報貫南	鉄 イ調将 玉龍石 恍貫禄	宝 タ鳳禄 鳳貫貫 印貫禄	宝 イ鳳禄 車貫貫 堂調南	海 タ石恍 禄鳳玉 胡石禄	海 イ石恍 車石玉 貴鳳将
18日	地 タ司恍 司貫司 報禄庫	鉄 イ調将 玉車石 恍禄馳	山 タ司極 貫牽調 庫牽恍	地 イ禄貴 調石鳳 将玉堂	地 タ禄貴 司調鳳 報龍将	鉄 イ調将 玉玉石 恍龍恍	鉄 タ調将 調司石 極玉南	宝 イ鳳禄 禄調貫 堂石将	海 タ石恍 禄玉玉 胡玉恍	海 イ石恍 車司玉 貴貫南	雨 タ貫胡 鳳調龍 貴貫将	雨 イ貫胡 龍貫龍 胡調禄
19日	鉄 タ鳳禄 調玉貫 極調庫	宝 イ鳳禄 龍司貫 堂司報	地 タ禄貴 司車鳳 報車胡	鉄 イ調将 玉龍石 恍車印	鉄 タ調将 調貫石 極牽貴	宝 イ鳳禄 龍龍貫 堂玉胡	宝 タ鳳禄 貫禄貫 印龍堂	海 イ石恍 貫貫玉 貴龍貴	雨 タ貫胡 鳳龍龍 貴龍胡	雨 イ貫胡 龍禄龍 胡石堂	樹 ト玉報 玉貫牽 堂玉貴	樹 サ玉報 調玉牽 印貫恍
20日	宝 タ調将 龍龍石 印鳳印	海 イ石恍 龍鳳玉 貴鳳胡	鉄 タ調将 調司石 極司報	宝 イ鳳禄 龍玉貫 堂牽庫	宝 タ鳳禄 龍牽貫 印車極	海 イ石恍 龍牽玉 貴車報	海 タ石恍 禄牽玉 胡牽印	雨 イ貫胡 龍石龍 胡玉極	樹 ト玉報 玉牽牽 堂牽報	樹 サ玉報 調調牽 印龍印	花 ト龍馳 牽玉車 恍龍極	花 サ龍馳 玉龍車 極石胡
21日	海 タ貫貴 鳳牽龍 胡石堂	雨 イ貫胡 龍調龍 胡調恍	宝 タ鳳禄 龍禄貫 印禄馳	海 イ石恍 龍車玉 貴禄庫	海 タ石恍 鳳禄玉 胡司馳	雨 イ貫胡 龍車龍 胡牽馳	雨 タ貫胡 鳳車龍 貴車庫	樹 サ玉報 禄車牽 印車馳	花 ト龍馳 牽車車 恍車馳	花 サ龍馳 玉司車 極玉庫	陽 ト牽極 調車司 将牽馳	陽 サ牽極 牽牽司 報龍報
22日	雨 タ石極 鳳車玉 貴貫南	樹 サ玉報 禄貫牽 印貫禄	海 タ石恍 鳳調玉 胡調極	雨 イ貫胡 龍牽龍 胡司印	雨 タ貫胡 鳳司龍 貴禄報	樹 サ玉報 禄司牽 印禄極	樹 ト玉報 禄司牽 堂司庫	花 サ龍馳 玉牽車 極牽報	陽 ト牽極 調司司 将司極	陽 サ牽極 牽鳳司 報車庫	灯 ト車貴 鳳牽禄 南車報	灯 サ車貴 鳳車禄 庫玉馳
23日	樹 ト龍馳 禄司車 堂玉南	花 サ龍馳 玉石車 極石将	雨 タ貫胡 鳳鳳龍 貴鳳貴	樹 サ玉報 禄禄牽 印鳳堂	樹 ト玉報 禄鳳牽 堂調胡	花 サ龍馳 玉禄車 極司貴	花 ト龍馳 調禄車 恍禄印	陽 サ牽極 牽禄司 報禄胡	灯 ト車貴 鳳禄禄 南禄貴	灯 サ車貴 鳳調禄 庫牽印	山 ト司極 鳳禄調 胡司馳	山 サ司極 車司調 貴車報
24日	花 ト玉報 調禄牽 恍龍堂	陽 サ牽極 牽龍司 報龍貴	樹 ト玉報 禄石牽 堂石将	花 サ龍馳 玉司車 極調南	花 ト龍馳 調調車 恍鳳恍	陽 サ牽極 牽調司 報鳳将	陽 ト牽極 調調司 将調堂	灯 サ車貴 鳳司禄 庫司恍	山 ト司極 鳳調調 胡調極	山 サ司極 車貫調 貴禄庫	地 ト禄貴 鳳司鳳 貴禄報	地 サ禄貴 車禄鳳 胡牽馳
25日	陽 ト車胡 石調禄 将牽印	灯 サ車貴 鳳玉禄 庫玉極	花 ト龍馳 調貫車 恍貫禄	陽 サ牽極 牽鳳司 報貫南	陽 ト牽極 石貫司 将石禄	灯 サ車貴 鳳鳳禄 庫調禄	灯 ト車貴 鳳鳳禄 南鳳南	山 サ司極 車鳳調 貴鳳胡	地 ト禄貴 鳳鳳鳳 貴鳳貴	地 サ禄貴 車石鳳 胡司印	鉄 ト調将 龍鳳石 堂調胡	鉄 サ調将 龍調石 印禄極
26日	灯 ト牽恍 鳳鳳司 南車庫	山 サ司極 車車調 貴車貴	陽 ト牽極 石玉司 将玉恍	灯 サ車貴 鳳調禄 庫石堂	灯 ト車貴 鳳石禄 南貫将	山 サ司極 車玉調 貴貫将	山 ト司極 鳳石調 胡石堂	地 サ禄貴 車調鳳 胡調恍	鉄 ト調将 龍石石 堂石将	鉄 サ調将 龍龍石 印鳳堂	宝 ト鳳禄 調調貫 恍鳳恍	宝 サ鳳禄 牽鳳貫 極司貴
27日	山 ト禄胡 鳳石鳳 胡司印	地 サ禄貴 車牽鳳 胡牽極	灯 ト車貴 鳳龍禄 南龍胡	山 サ司極 車貫調 貴龍南	山 ト司極 鳳龍調 胡玉禄	地 サ禄貴 車龍鳳 胡石禄	地 ト禄貴 鳳貫鳳 貴貫南	鉄 サ調将 龍貫石 印貫禄	宝 ト鳳禄 調貫貫 恍貫禄	宝 サ鳳禄 牽玉貫 極調南	海 ト石恍 石貫玉 将石禄	海 サ石恍 司石玉 報鳳将
28日	地 ト司恍 鳳貫調 貴禄庫	鉄 サ調将 龍禄石 印禄馳	山 ト司極 鳳牽調 胡牽恍	地 サ禄貴 車石鳳 胡玉堂	地 ト禄貴 鳳玉鳳 貴龍将	鉄 サ調将 龍牽石 印龍恍	鉄 ト調将 龍玉石 堂玉南	宝 サ鳳禄 牽石貫 極石将	海 ト石恍 石玉玉 将玉恍	海 サ石恍 司車玉 報貫南	雨 ト貫胡 車石龍 南貫将	雨 サ貫胡 車貫龍 庫調禄
29日	鉄 ト鳳禄 龍玉貫 堂調庫		地 ト禄貴 鳳車鳳 貴車胡	鉄 サ調将 龍龍石 印車印	鉄 ト調将 龍車石 堂牽貴	宝 サ鳳禄 牽車貫 極玉胡	宝 ト鳳禄 調龍貫 恍龍堂	海 サ石恍 司龍玉 報龍貴	雨 ト貫胡 車龍龍 南龍胡	雨 サ貫胡 車牽龍 庫石堂	樹 ネ玉報 貫龍牽 禄玉貴	樹 ウ玉報 車玉牽 馳貫恍
30日	宝 ト調将 調龍石 恍鳳印		鉄 ト調将 龍司石 堂司報	宝 サ鳳禄 牽玉貫 極牽庫	宝 ト鳳禄 調牽貫 恍車極	海 サ石恍 司司玉 報車報	海 ト石恍 石牽玉 将牽印	雨 サ貫胡 車玉龍 庫玉極	樹 ネ玉報 貫牽牽 禄牽報	樹 ウ玉報 車禄牽 馳龍印	花 ネ龍馳 貫玉車 禄龍極	花 ウ龍馳 車龍車 馳石胡
31日	海 ト貫貴 石牽龍 将石堂		宝 ト鳳禄 調禄貫 恍禄馳		海 ト石恍 石禄玉 将司馳		雨 ト貫胡 車車龍 南車庫	樹 ウ玉報 車車牽 馳車馳		花 ウ龍馳 車司車 馳玉庫		陽 ウ牽極 鳳牽司 庫龍報

1994年(平成6年)

	1日	2日	3日	4日	5日	6日	7日	8日	9日	10日	11日	12日	13日	14日	15日	16日
1月	灯 ウ車貴 牽車禄 報玉馳	山 ウ司極 司司調 報車報	地 ウ禄貴 貫禄鳳 庫牽馳	鉄 ウ調将 禄調石 馳禄極	宝 ウ鳳禄 禄鳳貫 馳禄印	海 ウ石恍 調石玉 庫調堂	雨 ウ貫胡 牽貫龍 報鳳南	樹 タ玉報 司玉牽 極石南	花 タ龍馳 鳳龍車 印貫堂	陽 タ牽極 鳳牽司 胡玉印	灯 タ車貴 禄車禄 貴龍庫	山 タ司極 調司調 庫牽印	地 タ禄貴 牽禄鳳 報車庫	鉄 タ調将 調調石 極司庫	宝 タ鳳禄 貫貫貫 印禄印	海 タ石恍 禄玉玉 胡調堂
2月	山 ネ司極 玉石調 将牽印	地 ネ禄貴 貫貫鳳 南車庫	鉄 ネ調将 貫玉石 禄司庫	宝 ネ司南 貫玉貫 禄牽報	海 ネ鳳南 玉車玉 南禄胡	雨 ネ調堂 調牽龍 将司恍	樹 イ貫印 玉禄牽 恍鳳禄	花 イ石庫 龍司車 堂調将	陽 イ龍庫 鳳鳳司 貴貫貴	灯 イ玉印 龍調禄 胡石極	山 イ車庫 牽貫調 南龍貴	地 イ牽印 調玉鳳 将玉極	鉄 イ禄堂 玉車石 恍車馳	宝 イ司南 禄牽車 堂牽報	海 イ鳳南 貫禄司 貴禄胡	雨 イ調堂 龍司禄 胡司恍
3月	陽 ウ龍庫 鳳龍鳳 庫貫貴	灯 ウ玉印 牽玉調 報石極	山 ウ車庫 司車貫 報龍貴	地 ウ牽印 貫牽石 庫玉極	鉄 ウ禄堂 禄禄龍 馳車馳	宝 ウ司南 禄禄貫 馳車馳	海 ウ鳳南 調調玉 庫司極	雨 ウ調堂 牽鳳龍 報禄貴	樹 タ貫印 司石牽 極調将	花 タ石庫 鳳貫車 印鳳禄	陽 タ龍庫 鳳玉司 胡石恍	灯 タ玉印 禄龍禄 貴貫胡	山 タ車庫 調牽調 庫玉恍	地 タ牽印 牽車鳳 報龍胡	鉄 タ禄堂 調司石 極牽報	宝 タ司南 貫禄車 印車馳
4月	灯 ネ玉印 石龍調 将貫胡	山 ネ車庫 玉牽貫 将玉恍	地 ネ牽印 貫車石 南龍胡	鉄 ネ禄堂 貫司龍 禄牽報	宝 ネ司南 貫禄貫 禄玉庫	海 ネ鳳南 玉調玉 南車庫	雨 ネ調堂 調鳳龍 将牽印	樹 イ貫印 玉石牽 恍禄堂	花 イ石庫 龍貫車 堂司南	陽 イ龍庫 鳳玉司 貴鳳南	灯 イ玉印 龍龍禄 胡調堂	山 イ車庫 牽牽調 南貫南	地 イ牽印 調車鳳 将石堂	鉄 イ禄堂 玉司石 恍龍印	宝 イ司南 禄鳳車 堂玉庫	海 イ鳳南 貫石司 貴車庫
5月	灯 ウ玉印 牽調調 報調堂	山 ウ車庫 司貫貫 報貫南	地 ウ牽印 貫石石 庫石堂	鉄 ウ禄堂 禄龍龍 馳龍印	宝 ウ司南 禄玉玉 馳玉庫	海 ウ鳳南 調車玉 庫牽馳	雨 ウ調堂 牽牽龍 報車報	樹 タ貫印 司禄牽 極司胡	花 タ石庫 鳳司車 印禄恍	陽 タ龍庫 鳳鳳司 胡調禄	灯 タ玉印 禄調禄 貴鳳将	山 タ車庫 調鳳調 庫石禄	地 タ牽印 牽調鳳 報貫将	鉄 タ禄堂 調貫石 極玉貴	宝 タ司南 鳳石貫 印龍極	海 タ鳳南 禄龍司 胡牽馳
6月	山 ネ車庫 玉龍貫 将石禄	地 ネ牽印 貫玉石 南貫将	鉄 ネ禄堂 貫車龍 禄玉貴	宝 ネ司南 貫牽玉 禄龍極	海 ネ鳳南 車禄車 南牽馳	雨 ネ調堂 調車龍 将玉馳	樹 イ貫印 玉司牽 恍車極	花 イ石庫 龍禄車 堂牽貴	陽 イ龍庫 鳳調司 貴禄将	灯 イ玉印 龍鳳禄 胡司禄	山 イ車庫 牽石調 南鳳将	地 イ牽印 調貫鳳 将調禄	鉄 イ禄堂 玉玉石 恍貫恍	宝 イ司南 車龍貫 堂石胡	海 イ鳳南 車牽玉 貴龍報	雨 イ調堂 龍車禄 胡玉馳
7月	山 ウ車庫 司玉貫 報鳳将	地 ウ牽印 貫龍石 庫調禄	鉄 ウ禄堂 禄牽龍 馳貫恍	宝 ウ司南 禄車玉 馳石胡	海 ウ鳳南 車司車 庫龍報	雨 ウ調堂 司禄牽 報玉馳	樹 タ貫印 司調牽 極牽庫	花 タ石庫 鳳鳳車 印車印	陽 タ龍庫 鳳石司 胡司堂	灯 タ玉印 禄貫禄 貴禄南	山 タ車庫 調玉調 庫調堂	地 タ牽印 牽龍鳳 報鳳南	鉄 タ禄堂 調牽石 極石南	宝 タ司南 鳳車貫 印貫堂	海 タ鳳南 禄司玉 胡玉印	雨 タ調堂 鳳禄龍 貴龍庫
8月	地 ネ牽印 貫貫石 南鳳南	鉄 ネ禄堂 貫玉龍 禄石南	宝 ネ司南 貫龍玉 禄貫堂	海 ネ鳳南 車牽車 南玉印	雨 ネ調堂 石車牽 将龍庫	樹 イ貫印 玉司禄 恍牽庫	花 イ石庫 禄禄司 堂車印	陽 イ龍庫 鳳鳳司 貴車胡	灯 イ玉印 龍調禄 胡牽恍	山 イ車庫 牽貫調 南禄胡	地 イ牽印 石石鳳 将司恍	鉄 イ禄堂 玉龍石 恍鳳禄	宝 イ司南 車玉貫 堂調将	海 イ鳳南 車車玉 貴貫貴	雨 イ調堂 龍牽龍 胡石極	樹 サ貫印 牽禄牽 印龍馳
9月	鉄 ウ禄堂 禄貫龍 馳鳳禄	宝 ウ司南 禄石玉 馳調将	海 ウ鳳南 車龍車 庫貫貴	雨 ウ調堂 司玉牽 報石極	樹 タ貫印 調車禄 極龍馳	花 タ石庫 禄牽司 印玉報	陽 タ龍庫 禄禄鳳 胡車胡	灯 タ玉印 禄禄禄 貴車貴	山 タ車庫 調調調 庫司極	地 タ牽印 牽鳳鳳 報禄貴	鉄 タ禄堂 調石石 極調将	宝 タ司南 鳳貫貫 印鳳禄	海 タ鳳南 車玉玉 胡石恍	雨 タ調堂 鳳龍龍 貴貫胡	樹 ト貫印 石牽牽 堂玉報	花 ト石庫 牽車車 恍龍馳
10月	鉄 ネ禄堂 貫石龍 禄調将	宝 ネ司南 貫貫玉 禄鳳禄	海 ネ鳳南 車玉車 南石恍	雨 ネ調堂 石龍牽 将貫胡	樹 イ貫印 玉牽禄 恍玉報	花 イ石庫 禄車司 堂龍馳	陽 イ龍庫 龍司鳳 貴牽極	灯 イ玉印 龍禄禄 胡玉印	山 イ車庫 牽調調 南車庫	地 イ牽印 石鳳鳳 将牽印	鉄 イ禄堂 玉石石 恍禄堂	宝 イ司南 車貫貫 堂司南	海 イ鳳南 車玉玉 貴鳳南	雨 イ調堂 龍龍龍 胡調堂	樹 サ貫印 牽牽牽 印貫印	花 サ石庫 石車車 極石庫
11月	宝 ウ司南 禄玉玉 馳司南	海 ウ鳳南 車車車 庫鳳南	雨 ウ調堂 司牽牽 報調堂	樹 タ貫印 調禄禄 極貫印	花 タ石庫 禄司司 印石庫	陽 タ龍庫 禄鳳鳳 胡龍庫	灯 タ玉印 禄調調 貴玉印	山 タ車庫 調車調 庫牽馳	地 タ牽印 牽牽鳳 報車報	鉄 タ禄堂 調禄石 極司胡	宝 タ司南 鳳司貫 印禄恍	海 タ鳳南 車鳳玉 胡調禄	雨 タ調堂 鳳調龍 貴鳳将	樹 ト貫印 石貫牽 堂石貴	花 ト石庫 牽石車 恍貫極	陽 ト龍庫 調龍司 将玉馳
12月	宝 ネ司南 貫調玉 禄禄恍	海 ネ鳳南 車貫車 南調禄	雨 ネ調堂 石石牽 将鳳将	樹 イ貫印 玉龍禄 恍石貴	花 イ石庫 禄玉司 堂貫極	陽 イ龍庫 龍車鳳 貴玉馳	灯 イ玉印 龍車禄 胡石馳	山 イ車庫 牽司調 南龍報	地 イ牽印 石禄鳳 将玉馳	鉄 イ禄堂 玉調石 恍車極	宝 イ司南 車鳳貫 堂牽貴	海 イ鳳南 車石玉 貴禄将	雨 イ調堂 龍貫龍 胡司禄	樹 サ貫印 牽玉牽 印鳳恍	花 サ石庫 石龍車 極調胡	陽 サ龍庫 牽牽司 報貫報

	17日	18日	19日	20日	21日	22日	23日	24日	25日	26日	27日	28日	29日	30日	31日
1月	雨 タ貫胡 鳳龍龍 貴鳳南	樹 ト玉報 禄司牽 堂石南	花 ト龍馳 牽禄車 恍貫堂	陽 ト牽極 調調司 将玉印	灯 ト車貴 鳳鳳禄 南龍庫	山 ト司極 鳳石調 胡牽印	地 ト禄貴 鳳貫鳳 貴車庫	鉄 ト調将 龍玉石 堂司庫	宝 ト鳳禄 調龍貫 恍禄印	海 ト石恍 石牽玉 将調堂	雨 ト貫胡 車車龍 南鳳南	樹 ネ玉報 貫司牽 禄石南	花 ネ龍馳 貫禄車 禄貫堂	陽 ネ牽極 鳳調司 南玉印	灯 ネ車貴 石鳳禄 将龍庫
2月	樹 サ貫印 禄鳳禄 印鳳禄	花 サ石庫 玉調司 極調将	陽 サ龍庫 牽龍鳳 報貫貴	灯 サ玉印 鳳玉調 庫石極	山 サ車庫 車車貫 貴龍貴	地 サ牽印 車牽石 胡玉極	鉄 サ禄堂 龍禄龍 印車馳	宝 サ司南 牽司玉 極牽報	海 サ鳳南 司鳳車 報禄胡	雨 サ調堂 車調牽 庫司恍	樹 ウ貫印 車貫禄 馳鳳禄	花 ウ石庫 車石司 馳調将			
3月	海 タ鳳南 禄調司 胡司極	雨 タ調堂 鳳鳳禄 貴禄貴	樹 ト貫印 禄石禄 堂調将	花 ト石庫 牽貫司 恍鳳禄	陽 ト龍庫 調玉鳳 将石恍	灯 ト玉印 鳳龍調 南貫胡	山 ト車庫 鳳牽貫 胡玉恍	地 ト牽印 鳳車石 貴龍胡	鉄 ト禄堂 龍司龍 堂牽報	宝 ト司南 調禄玉 恍車馳	海 ト鳳南 石調車 将司極	雨 ト調堂 車鳳牽 南禄貴	樹 ネ貫印 貫石禄 禄調将	花 ネ石庫 貫貫司 禄鳳禄	陽 ネ龍庫 鳳玉鳳 南石恍
4月	雨 イ調堂 龍貫禄 胡牽印	樹 サ貫印 禄禄禄 印禄堂	花 サ石庫 玉司司 極司南	陽 サ龍庫 牽鳳鳳 報鳳南	灯 サ玉印 鳳調調 庫調堂	山 サ車庫 車貫貫 貴貫南	地 サ牽印 車石石 胡石堂	鉄 サ禄堂 龍龍龍 印龍印	宝 サ司南 牽玉玉 極玉庫	海 サ鳳南 司車車 報車庫	雨 サ調堂 車牽牽 庫牽印	樹 ウ貫印 車禄禄 馳禄堂	花 ウ石庫 車司司 馳司南	陽 ウ龍庫 鳳鳳鳳 庫鳳南	
5月	雨 タ調堂 鳳玉禄 貴車報	樹 ト貫印 玉車調 堂司胡	花 ト石庫 牽牽司 恍禄恍	陽 ト龍庫 調禄鳳 将調禄	灯 ト玉印 鳳石調 南鳳将	山 ト車庫 鳳龍貫 胡石禄	地 ト牽印 鳳玉石 貴貫将	鉄 ト禄堂 龍車龍 堂玉貴	宝 ト司南 調牽玉 恍龍極	海 ト鳳南 石禄車 将牽馳	雨 ト調堂 車司牽 南車報	樹 ネ貫印 貫鳳禄 禄司胡	花 ネ石庫 貫調司 禄禄恍	陽 ネ龍庫 鳳貫鳳 南調禄	灯 ネ玉印 石石調 将鳳将
6月	樹 サ貫印 調司調 印車極	花 サ石庫 石禄鳳 極牽貴	陽 サ龍庫 牽調鳳 報禄将	灯 サ玉印 鳳鳳調 庫司禄	山 サ車庫 車石貫 貴鳳将	地 サ牽印 車貫石 胡調禄	鉄 サ禄堂 龍玉龍 印貫恍	宝 サ司南 牽龍玉 極石胡	海 サ鳳南 牽牽車 報龍報	雨 サ調堂 車禄牽 庫玉馳	樹 ウ貫印 車調禄 馳車極	花 ウ石庫 車鳳司 馳牽貴	陽 ウ龍庫 鳳石鳳 庫禄将	灯 ウ玉印 牽貫調 報司禄	
7月	樹 ト貫印 玉石調 堂牽庫	花 ト石庫 牽貫鳳 恍車印	陽 ト龍庫 調玉石 将司堂	灯 ト玉印 鳳鳳調 南禄南	山 ト車庫 鳳石貫 胡調堂	地 ト牽印 鳳貫石 貴鳳南	鉄 ト禄堂 龍玉龍 堂石南	宝 ト司南 調龍玉 恍貫堂	海 ト鳳南 石牽車 将玉印	雨 ト調堂 車車牽 南龍庫	樹 ネ貫印 貫司禄 禄牽庫	花 ネ石庫 貫禄司 禄車印	陽 ネ龍庫 鳳調鳳 南司堂	灯 ネ玉印 石鳳調 将禄南	山 ネ車庫 玉石貫 将調堂
8月	花 サ石庫 石司車 極玉報	陽 サ龍庫 牽鳳石 報車胡	灯 サ玉印 禄牽貫 庫牽恍	山 サ車庫 龍禄玉 貴禄胡	地 サ牽印 車司石 胡司恍	鉄 サ禄堂 龍貫龍 印鳳禄	宝 サ司南 牽石玉 極調将	海 サ鳳南 牽龍車 報貫貴	雨 サ調堂 車玉牽 庫石極	樹 ウ貫印 車車禄 馳龍馳	花 ウ石庫 車牽司 馳玉報	陽 ウ龍庫 鳳禄鳳 庫車胡	灯 ウ玉印 牽司調 報牽恍	山 ウ車庫 司鳳貫 報禄胡	地 ウ牽印 貫調石 庫司恍
9月	陽 ト龍庫 調司司 将牽極	灯 ト玉印 龍禄貫 南車貴	山 ト車庫 禄調玉 胡司極	地 ト牽印 鳳鳳龍 貴禄貴	鉄 ト禄堂 龍石龍 堂調将	宝 ト司南 調貫玉 恍鳳禄	海 ト鳳南 石玉車 将石恍	雨 ト調堂 車龍牽 南貫胡	樹 ネ貫印 貫牽禄 禄玉報	花 ネ石庫 貫車司 禄龍馳	陽 ネ龍庫 鳳司鳳 南牽極	灯 ネ玉印 石禄調 将車貴	山 ネ車庫 玉調貫 将司極	地 ネ牽印 貫鳳石 南禄貴	
10月	陽 サ龍庫 牽司司 報龍庫	灯 サ玉印 禄貫貫 庫玉印	山 サ車庫 龍玉玉 貴車庫	地 サ牽印 車龍龍 胡牽印	鉄 サ禄堂 龍龍龍 印禄堂	宝 サ司南 石玉玉 極司南	海 サ鳳南 牽車車 報鳳南	雨 サ調堂 車牽牽 庫調堂	樹 ウ貫印 車禄禄 馳貫印	花 ウ石庫 車司司 馳石庫	陽 ウ龍庫 鳳鳳鳳 庫龍庫	灯 ウ玉印 牽調調 報玉印	山 ウ車庫 司貫貫 報車庫	地 ウ牽印 貫石石 庫牽印	鉄 ウ禄堂 禄龍龍 馳禄堂
11月	灯 ト玉印 貫玉禄 南龍報	山 ト車庫 貫車玉 胡牽馳	地 ト牽印 鳳牽龍 貴車報	鉄 ト禄堂 牽禄牽 堂司胡	宝 ト司南 調調玉 恍禄恍	海 ト鳳南 石貫車 将調禄	雨 ト調堂 車石牽 南鳳将	樹 ネ貫印 貫龍禄 禄石貴	花 ネ石庫 貫玉司 禄貫極	陽 ネ龍庫 鳳車鳳 南玉馳	灯 ネ玉印 石牽調 将龍報	山 ネ車庫 玉禄貫 将牽馳	地 ネ牽印 貫司石 南車報	鉄 ネ禄堂 貫鳳龍 禄司胡	
12月	灯 サ玉印 禄車貫 庫石馳	山 サ車庫 龍司玉 貴龍報	地 サ牽印 車禄龍 胡玉馳	鉄 サ禄堂 龍調龍 印車極	宝 サ司南 石鳳玉 極牽貴	海 サ鳳南 牽石車 報禄将	雨 サ調堂 車貫牽 庫司禄	樹 ウ貫印 車玉禄 馳鳳恍	花 ウ石庫 車龍司 馳調胡	陽 ウ龍庫 鳳牽鳳 庫貫報	灯 ウ玉印 牽車調 報石馳	山 ウ車庫 司司貫 報龍報	地 ウ牽印 貫禄石 庫玉馳	鉄 ウ禄堂 禄調龍 馳車極	宝 ウ司南 禄鳳玉 馳牽貴

1995年（平成7年）

1995年(平成7年)

	1日	2日	3日	4日	5日	6日	7日	8日	9日	10日	11日	12日	13日	14日	15日	16日
1月	海 ウ鳳南 車石車 庫禄将	雨 ウ調堂 司貫牽 報司禄	樹 タ貫印 調玉禄 極鳳恍	花 タ石庫 禄龍司 印調胡	陽 タ龍庫 禄牽鳳 胡貫報	灯 タ玉印 禄車禄 貴貫庫	山 タ車庫 調司調 庫玉印	地 タ牽印 牽禄鳳 報龍庫	鉄 タ禄堂 調調石 極牽庫	宝 タ司南 鳳鳳貫 印車印	海 タ鳳南 車石玉 胡司堂	雨 タ調堂 鳳貫龍 貴禄南	樹 ト貫印 石玉牽 堂調南	花 ト石庫 牽龍車 恍鳳堂	陽 ト龍庫 調牽司 将石印	灯 ト玉印 龍禄貫 南貫庫
2月	雨 ネ調堂 石車牽 将禄南	樹 イ貫印 玉司禄 恍調南	花 イ石庫 禄禄司 堂鳳堂	陽 イ玉馳 鳳鳳龍 貴鳳貴	灯 イ龍報 龍調玉 胡調極	山 イ牽馳 牽貫車 南貫貴	地 イ車報 石石牽 将石極	鉄 イ司胡 玉龍禄 恍龍馳	宝 イ禄恍 車玉司 堂玉報	海 イ調禄 車車鳳 貴車胡	雨 イ鳳将 龍牽調 胡牽恍	樹 サ石貴 牽鳳貫 印禄禄	花 サ貫極 石調石 極司将	陽 サ玉馳 牽貫龍 報鳳貴	灯 サ龍報 禄石玉 庫調極	山 サ牽馳 龍龍車 貴貫貴
3月	宝 ウ禄恍 禄司調 馳玉報	海 ウ調禄 車鳳貫 庫車胡	雨 ウ鳳将 司調石 報牽恍	樹 タ石貴 調貫龍 極禄禄	花 タ貫極 禄石玉 印司将	陽 タ玉馳 鳳玉龍 胡調恍	灯 タ龍報 禄龍玉 貴鳳胡	山 タ牽馳 調牽車 庫石恍	地 タ車報 牽車牽 報貫胡	鉄 タ司胡 調司禄 極玉報	宝 タ禄恍 鳳禄司 印龍馳	海 タ調禄 車調鳳 胡牽極	雨 タ鳳将 鳳鳳調 貴車貴	樹 ト石貴 石石貫 堂司将	花 ト貫極 牽貫石 恍禄禄	陽 ト玉馳 調玉龍 将調恍
4月	海 ネ調禄 車調貫 南牽極	雨 ネ鳳将 石鳳石 将車貴	樹 イ石貴 玉石龍 恍司将	花 イ貫極 禄貫玉 堂禄禄	陽 イ玉馳 鳳玉龍 貴禄南	灯 イ龍報 龍龍玉 胡司堂	山 イ牽馳 牽牽車 南鳳南	地 イ車報 石車牽 将調堂	鉄 イ司胡 玉司禄 恍貫印	宝 イ禄恍 車禄司 堂石庫	海 イ調禄 車調鳳 貴龍庫	雨 イ鳳将 龍鳳調 胡玉印	樹 サ石貴 牽石貫 印車堂	花 サ貫極 石貫石 極牽南	陽 サ玉馳 牽牽龍 報禄南	灯 サ龍報 禄車玉 庫司堂
5月	海 ウ調禄 車車貫 庫龍庫	雨 ウ鳳将 司牽石 報玉印	樹 タ石貴 調禄龍 極車堂	花 タ貫極 禄司玉 印牽南	陽 タ玉馳 禄鳳車 胡禄南	灯 タ龍報 禄調玉 貴禄将	山 タ牽馳 調貫車 庫調禄	地 タ車報 牽石牽 報鳳将	鉄 タ司胡 調龍禄 極石貴	宝 タ禄恍 鳳玉司 印貫極	海 タ調禄 車車鳳 胡玉馳	雨 タ鳳将 鳳玉調 貴龍報	樹 ト石貴 石車貫 堂牽胡	花 ト貫極 牽牽石 恍車恍	陽 ト玉馳 調禄龍 将司禄	灯 ト龍報 龍司玉 南禄将
6月	雨 ネ鳳将 石司石 将龍報	樹 イ石貴 玉鳳龍 恍牽胡	花 イ貫極 禄調玉 堂車恍	陽 イ玉馳 龍貫車 貴司禄	灯 イ龍報 龍石牽 胡禄将	山 イ牽馳 牽石車 南禄将	地 イ車報 石貫牽 将司禄	鉄 イ司胡 玉玉禄 恍鳳恍	宝 イ禄恍 車龍司 堂調胡	海 イ調禄 車牽鳳 貴貫報	雨 イ鳳将 龍車調 胡石馳	樹 サ石貴 牽司貫 印龍極	花 サ貫極 石禄石 極玉貴	陽 サ玉馳 牽調龍 報車将	灯 サ龍報 車鳳玉 庫牽禄	山 サ牽馳 龍石車 貴禄将
7月	雨 ウ鳳将 司禄石 報石馳	樹 タ石貴 調調龍 極龍極	花 タ貫極 禄鳳玉 印玉貴	陽 タ玉馳 禄石車 胡車将	灯 タ龍報 禄貫牽 貴牽禄	山 タ牽馳 貫玉禄 庫禄将	地 タ車報 牽龍牽 報禄南	鉄 タ司胡 調牽禄 極調南	宝 タ禄恍 鳳車司 印鳳堂	海 タ調禄 車司鳳 胡石印	雨 タ鳳将 鳳禄調 貴貫庫	樹 ト石貴 石調貫 堂玉庫	花 ト貫極 牽鳳石 恍龍印	陽 ト玉馳 調石龍 将牽堂	灯 ト龍報 貫貫玉 南車南	山 ト牽馳 貫玉車 胡司堂
8月	樹 イ石貴 玉司龍 恍玉庫	花 イ貫極 禄禄玉 堂龍印	陽 イ玉馳 龍調車 貴牽堂	灯 イ龍報 龍鳳牽 胡車南	山 イ牽馳 貫石禄 南司堂	地 イ車報 玉貫司 将禄南	鉄 イ司胡 牽玉鳳 恍調南	宝 イ禄恍 車玉司 堂司将	海 イ調禄 車車鳳 貴鳳貴	雨 イ鳳将 龍牽調 胡調極	樹 サ石貴 牽禄貫 印貫馳	花 サ貫極 石司石 極石報	陽 サ玉馳 牽鳳龍 報龍胡	灯 サ龍報 車調玉 庫玉恍	山 サ牽馳 貫貫車 貴車胡	地 サ車報 車石牽 胡牽恍
9月	花 タ貫極 禄牽玉 印石報	陽 タ玉馳 禄禄車 胡龍胡	灯 タ龍報 禄司牽 貴玉恍	山 タ牽馳 貫鳳禄 庫車胡	地 タ車報 司調司 報牽恍	鉄 タ司胡 調貫鳳 極禄禄	宝 タ禄恍 龍石調 印司将	海 タ調禄 車玉鳳 胡調恍	雨 タ鳳将 鳳龍調 貴鳳胡	樹 ト石貴 石牽貫 堂石報	花 ト貫極 司車石 恍貫馳	陽 ト玉馳 調司龍 将玉極	灯 ト龍報 貫禄玉 南龍貴	山 ト牽馳 貫調車 胡牽極	地 ト車報 鳳鳳牽 貴車貴	鉄 ト司胡 石石禄 堂司将
10月	花 イ貫極 禄車玉 堂貫馳	陽 イ玉馳 龍司車 貴玉極	灯 イ龍報 龍禄牽 胡龍貴	山 イ牽馳 貫調禄 南牽極	地 イ車報 玉鳳司 将車貴	鉄 イ司胡 牽石鳳 恍司将	宝 イ禄恍 龍貫調 堂禄禄	海 イ調禄 龍玉貫 貴調恍	雨 イ鳳将 龍龍調 胡司堂	樹 サ石貴 牽牽貫 印鳳印	花 サ貫極 石車石 極調庫	陽 サ玉馳 牽司龍 報貫庫	灯 サ龍報 車禄玉 庫石印	山 サ牽馳 貫調車 貴龍庫	地 サ車報 車鳳牽 胡玉印	鉄 サ司胡 司石禄 印車堂
11月	陽 タ玉馳 禄鳳車 胡貫庫	灯 タ龍報 禄調牽 貴石印	山 タ牽馳 貫貫禄 庫龍庫	地 タ車報 司石司 報玉印	鉄 タ司胡 調龍鳳 極車堂	宝 タ禄恍 龍玉調 印牽南	海 タ調禄 鳳車貫 胡禄南	雨 タ鳳将 鳳調調 貴禄将	樹 ト石貴 石貫貫 堂調貴	花 ト貫極 司石石 恍鳳極	陽 ト玉馳 調龍龍 将石馳	灯 ト龍報 貫玉玉 南貫報	山 ト牽馳 貫車車 胡玉馳	地 ト車報 鳳牽牽 貴龍報	鉄 ト司胡 石禄禄 堂牽胡	宝 ト禄恍 司司司 恍車恍
12月	陽 イ玉馳 龍車車 貴石馳	灯 イ龍報 龍牽牽 胡貫報	山 イ牽馳 貫禄禄 南玉馳	地 イ車報 玉司司 将龍報	鉄 イ司胡 牽鳳鳳 恍牽胡	宝 イ禄恍 龍調調 堂車恍	海 イ調禄 車石鳳 貴車将	雨 イ鳳将 龍貫調 胡牽禄	樹 サ石貴 牽玉貫 印禄恍	花 サ貫極 石龍石 極司胡	陽 サ玉馳 牽牽龍 報鳳報	灯 サ龍報 車車玉 庫調馳	山 サ牽馳 貫司車 貴貫報	地 サ車報 車禄牽 胡石馳	鉄 サ司胡 司調禄 印龍極	宝 サ禄恍 石鳳司 極玉貴

	17日	18日	19日	20日	21日	22日	23日	24日	25日	26日	27日	28日	29日	30日	31日
1月	山 ト車庫 禄調玉 胡玉印	地 ト牽印 鳳鳳龍 貴龍庫	鉄 ト禄堂 龍玉龍 堂牽庫	宝 ト司南 調龍玉 恍車印	海 ト鳳南 石牽車 将司堂	雨 ト調堂 車車牽 南禄南	樹 ネ貫印 貫司禄 禄調南	花 ネ石庫 貫禄司 禄鳳堂	陽 ネ龍庫 鳳調鳳 南石印	灯 ネ玉印 石鳳調 将貫庫	山 ネ車庫 玉石貫 将玉印	地 ネ牽印 貫貫石 南龍庫	鉄 ネ禄堂 貫玉龍 禄牽庫	宝 ネ司南 貫龍玉 禄車印	海 ネ鳳南 車牽車 南司堂
2月	地 サ車報 車玉司 胡石極	鉄 サ司胡 龍車鳳 印龍馳	宝 サ禄恍 牽司調 極玉報	海 サ調禄 牽鳳貫 報車胡	雨 サ鳳将 車調石 庫牽恍	樹 ウ石貴 車貫龍 馳禄禄	花 ウ貫極 車石玉 馳司将	陽 ウ玉馳 鳳龍車 庫鳳貴	灯 ウ龍報 牽玉牽 報調極	山 ウ牽馳 司車禄 報貫貴	地 ウ車報 貫牽司 庫石極	鉄 ウ司胡 禄禄鳳 馳龍馳			
3月	灯 ト龍報 龍龍玉 南鳳胡	山 ト牽馳 禄牽車 胡石恍	地 ト車報 鳳車司 貴貫胡	鉄 ト司胡 龍司鳳 堂玉報	宝 ト禄恍 調禄調 恍龍馳	海 ト調禄 石調貫 将牽極	雨 ト鳳将 車鳳石 南車貴	樹 ネ石貴 貫石龍 禄司将	花 ネ貫極 貫貫玉 禄禄禄	陽 ネ玉馳 鳳玉車 南調恍	灯 ネ龍報 石龍牽 将鳳胡	山 ネ牽馳 玉牽禄 将石恍	地 ネ車報 貫車司 南貫胡	鉄 ネ司胡 貫司鳳 禄玉報	宝 ネ禄恍 貫禄調 禄龍馳
4月	山 サ牽馳 龍司車 貴鳳南	地 サ車報 車石司 胡調堂	鉄 サ司胡 龍龍鳳 印貫印	宝 サ禄恍 牽玉調 極石庫	海 サ調禄 牽車貫 報龍庫	雨 サ鳳将 車牽石 庫玉印	樹 ウ石貴 車禄龍 馳車堂	花 ウ貫極 車司玉 馳牽南	陽 ウ玉馳 鳳鳳車 庫禄南	灯 ウ龍報 牽調牽 報司堂	山 ウ牽馳 司貫禄 報鳳南	地 ウ車報 貫石司 庫調堂	鉄 ウ司胡 禄龍鳳 馳貫印	宝 ウ禄恍 禄玉調 馳石庫	
5月	山 ト牽馳 禄鳳車 胡調禄	地 ト車報 鳳調牽 貴鳳将	鉄 ト司胡 龍貫鳳 堂石貴	宝 ト禄恍 調石調 恍貫極	海 ト調禄 石禄貫 将玉馳	雨 ト鳳将 車司石 南龍報	樹 ネ石貴 貫鳳龍 禄牽胡	花 ネ貫極 貫調玉 禄車恍	陽 ネ玉馳 鳳貫車 南司禄	灯 ネ龍報 石石牽 将禄将	山 ネ牽馳 玉龍禄 将調禄	地 ネ車報 貫玉司 南鳳将	鉄 ネ司胡 貫車鳳 禄石貴	宝 ネ禄恍 貫牽調 禄貫極	海 ネ調禄 車禄貫 南玉馳
6月	地 サ車報 車貫牽 胡司禄	鉄 サ司胡 調玉禄 印鳳恍	宝 サ禄恍 石龍調 極調胡	海 サ調禄 牽牽貫 報貫報	雨 サ鳳将 車車石 庫石馳	樹 ウ石貴 車司龍 馳龍極	花 ウ貫極 車禄玉 馳玉貴	陽 ウ玉馳 鳳調車 庫車将	灯 ウ龍報 牽鳳牽 報牽禄	山 ウ牽馳 司玉禄 報禄将	地 ウ車報 貫龍司 庫司禄	鉄 ウ司胡 禄牽鳳 馳鳳恍	宝 ウ禄恍 禄車調 馳調胡	海 ウ調禄 車司貫 庫貫報	
7月	地 ト車報 鳳車牽 貴禄南	鉄 ト司胡 牽司禄 堂調南	宝 ト禄恍 司禄司 恍鳳堂	海 ト調禄 石牽貫 将石印	雨 ト鳳将 車車石 南貫庫	樹 ネ石貴 貫司龍 禄玉庫	花 ネ貫極 貫禄玉 禄龍印	陽 ネ玉馳 鳳調車 南牽堂	灯 ネ龍報 石鳳牽 将車南	山 ネ牽馳 石石禄 将司堂	地 ネ車報 貫貫司 南禄南	鉄 ネ司胡 貫玉鳳 禄調南	宝 ネ禄恍 貫龍調 禄鳳堂	海 ネ調禄 車牽貫 南石印	雨 ネ鳳将 石車石 将貫庫
8月	鉄 サ司胡 司龍禄 印禄禄	宝 サ禄恍 石玉司 極司将	海 サ調禄 牽貫鳳 報鳳貴	雨 サ鳳将 鳳石調 庫調極	樹 ウ石貴 龍龍龍 馳貫馳	花 ウ貫極 車牽玉 馳石報	陽 ウ玉馳 鳳禄車 庫龍胡	灯 ウ龍報 牽司牽 報玉恍	山 ウ牽馳 司鳳禄 報車胡	地 ウ車報 貫調司 庫牽恍	鉄 ウ司胡 禄貫鳳 馳禄禄	宝 ウ禄恍 禄石調 馳司将	海 ウ調禄 車龍貫 庫鳳貴	雨 ウ鳳将 司玉石 報調極	樹 タ石貴 調車龍 極貫馳
9月	宝 ト禄恍 司貫司 恍禄禄	海 ト調禄 石玉鳳 将調恍	雨 ト鳳将 龍龍調 南鳳胡	樹 ネ石貴 鳳牽貫 禄石報	花 ネ貫極 貫車玉 禄貫馳	陽 ネ玉馳 鳳司車 南玉極	灯 ネ龍報 石禄牽 将龍貴	山 ネ牽馳 石調禄 将牽極	地 ネ車報 貫鳳司 南車貴	鉄 ネ司胡 貫石鳳 禄司将	宝 ネ禄恍 貫貫調 禄禄禄	海 ネ調禄 車玉貫 南調恍	雨 ネ鳳将 石龍石 将鳳胡	樹 イ石貴 玉牽龍 恍石報	
10月	宝 サ禄恍 石貫司 極牽南	海 サ調禄 牽玉鳳 報禄南	雨 サ鳳将 鳳禄調 庫司堂	樹 ウ石貴 龍調貫 馳鳳印	花 ウ貫極 車鳳石 馳調庫	陽 ウ玉馳 鳳鳳車 庫貫庫	灯 ウ龍報 牽調牽 報石印	山 ウ牽馳 司貫禄 報龍庫	地 ウ車報 貫石司 庫玉印	鉄 ウ司胡 禄龍鳳 馳車堂	宝 ウ禄恍 禄玉調 馳牽南	海 ウ調禄 車車貫 庫禄南	雨 ウ鳳将 司牽石 報司堂	樹 タ石貴 調禄龍 極鳳印	花 タ貫極 禄司玉 印調庫
11月	海 ト調禄 石鳳鳳 将司禄	雨 ト鳳将 龍調調 南禄将	樹 ネ石貴 鳳貫貫 禄調貴	花 ネ貫極 貫石石 禄鳳極	陽 ネ玉馳 鳳車車 南石馳	灯 ネ龍報 司牽牽 将貫報	山 ネ牽馳 石禄禄 将玉馳	地 ネ車報 貫司司 南龍報	鉄 ネ司胡 貫鳳鳳 禄牽胡	宝 ネ禄恍 貫調調 禄車恍	海 ネ調禄 車貫貫 南司禄	雨 ネ鳳将 石石石 将禄将	樹 イ石貴 玉龍龍 恍調貴	花 イ貫極 禄玉玉 堂鳳極	
12月	海 サ調禄 牽石鳳 報車将	雨 サ鳳将 鳳貫調 庫牽禄	樹 ウ石貴 龍玉貫 馳禄恍	花 ウ貫極 車龍玉 馳司胡	陽 ウ玉馳 鳳牽車 庫鳳報	灯 ウ龍報 牽車牽 報調馳	山 ウ牽馳 司司禄 報貫報	地 ウ車報 貫禄司 庫石馳	鉄 ウ司胡 禄調鳳 馳龍極	宝 ウ禄恍 禄鳳調 馳玉貴	海 ウ調禄 車石貫 庫車将	雨 ウ鳳将 司貫石 報牽禄	樹 タ石貴 調玉龍 極禄恍	花 タ貫極 禄龍玉 印司胡	陽 タ玉馳 禄牽車 胡鳳報

1996年（平成8年）

1996年(平成8年)

	1日	2日	3日	4日	5日	6日	7日	8日	9日	10日	11日	12日	13日	14日	15日	16日	17日	18日	19日	20日	21日	22日	23日	24日	25日	26日	27日	28日	29日	30日	31日
1月	灯 夕龍報 禄車牽 貴調馳	山 夕牽馳 貫司禄 庫貫報	地 夕車報 司禄司 報石馳	鉄 夕司胡 調調鳳 極龍極	宝 夕禄恍 龍鳳調 印玉貴	海 夕調禄 車石鳳 胡牽堂	雨 夕鳳将 鳳貫調 貴車南	樹 ト石貴 石玉貫 堂司南	花 ト貫極 司龍石 恍禄堂	陽 ト玉馳 調牽龍 将調印	灯 ト龍報 貫車玉 南鳳庫	山 ト牽馳 貫司車 胡石印	地 ト車報 鳳禄牽 貴貫庫	鉄 ト司胡 石調禄 堂玉庫	宝 ト禄恍 司鳳司 恍龍印	海 ト調禄 石玉鳳 将牽堂	雨 ト鳳将 龍龍調 南車南	樹 ネ石貴 鳳牽貫 禄司南	花 ネ貫極 貫禄玉 禄禄堂	陽 ネ玉馳 鳳調車 南調印	灯 ネ龍報 石鳳牽 将鳳庫	山 ネ牽馳 石石禄 将石印	地 ネ車報 貫貫司 南貫庫	鉄 ネ司胡 貫玉鳳 禄玉庫	宝 ネ禄恍 貫龍調 禄龍印	海 ネ調禄 車牽貫 南牽堂	雨 ネ鳳将 石車石 将車南	樹 イ石貴 玉司龍 恍司南	花 イ貫極 禄禄玉 堂禄堂	陽 イ玉馳 龍調車 貴調印	灯 イ龍報 龍鳳牽 胡鳳庫
2月	山 イ牽馳 貫石禄 南石印	地 イ車報 玉貫司 将貫庫	鉄 イ司胡 牽玉鳳 恍玉庫	宝 イ牽貴 車玉鳳 堂石報	海 イ禄将 車車石 貴龍胡	雨 イ司禄 龍牽貫 胡玉恍	樹 サ鳳恍 牽禄玉 印車禄	花 サ調胡 石司龍 極牽将	陽 サ貫報 牽鳳牽 報禄貴	灯 サ石馳 車調車 庫司極	山 サ龍報 貫貫司 貴鳳貴	地 サ玉馳 車玉禄 胡調極	鉄 サ車極 司車調 印貫馳	宝 サ牽貴 石牽鳳 極石報	海 サ禄将 牽禄石 報龍胡	雨 サ司禄 鳳司貫 庫玉恍	樹 ウ鳳恍 龍鳳玉 馳車禄	花 ウ調胡 車調龍 馳牽将	陽 ウ貫報 鳳龍牽 庫禄貴	灯 ウ石馳 牽玉車 報司極	山 ウ龍報 司車司 報鳳貴	地 ウ玉馳 貫牽禄 庫調極	鉄 ウ車極 禄禄調 馳貫馳	宝 ウ牽貴 禄司鳳 馳石報	海 ウ禄将 車鳳石 庫龍胡	雨 ウ司禄 司調貫 報玉恍	樹 タ鳳恍 調貫玉 極車禄	花 タ調胡 禄石龍 印牽将	陽 タ貫報 禄龍牽 胡禄貴		
3月	灯 タ石馳 禄玉車 貴司極	山 タ龍報 貫車司 庫鳳貴	地 タ玉馳 司牽禄 報調極	鉄 タ車極 調禄調 極貫馳	宝 タ牽貴 鳳禄鳳 印貫馳	海 タ禄将 車調石 胡玉極	雨 タ司禄 鳳鳳貫 貴龍貴	樹 ト鳳恍 石石玉 堂牽将	花 ト調胡 司貫龍 恍車禄	陽 ト貫報 調玉牽 将司恍	灯 ト石馳 貫龍車 南禄胡	山 ト龍報 貫牽司 胡調恍	地 ト玉馳 鳳車禄 貴鳳胡	鉄 ト車極 石司調 堂石報	宝 ト牽貴 司禄鳳 恍貫馳	海 ト禄将 石調石 将玉極	雨 ト司禄 龍鳳貫 南龍貴	樹 ネ鳳恍 鳳石玉 禄牽将	花 ネ調胡 貫貫龍 禄車禄	陽 ネ貫報 鳳玉牽 南司恍	灯 ネ石馳 石龍車 将禄胡	山 ネ龍報 石牽司 将調恍	地 ネ玉馳 貫車禄 南鳳胡	鉄 ネ車極 貫司調 禄石報	宝 ネ牽貴 貫禄鳳 禄貫馳	海 ネ禄将 車調石 南玉極	雨 ネ司禄 石鳳貫 将龍貴	樹 イ鳳恍 玉石玉 恍牽将	花 イ調胡 禄貫龍 堂車禄	陽 イ貫報 龍玉牽 貴司恍	灯 イ石馳 龍龍車 胡禄胡
4月	山 イ龍報 貫牽司 南調恍	地 イ玉馳 玉車禄 将鳳胡	鉄 イ車極 牽司調 恍石報	宝 イ牽貴 車禄鳳 堂調庫	海 イ禄将 車調石 貴貫庫	雨 イ司禄 龍鳳貫 胡石印	樹 サ鳳恍 牽石玉 印龍堂	花 サ調胡 石貫龍 極玉南	陽 サ貫報 牽玉牽 報車南	灯 サ石馳 車龍車 庫牽堂	山 サ龍報 貫牽司 貴禄南	地 サ玉馳 車車禄 胡司堂	鉄 サ車極 司司調 印鳳印	宝 サ牽貴 石鳳鳳 極調庫	海 サ禄将 牽石石 報貫庫	雨 サ司禄 鳳貫貫 庫石印	樹 ウ鳳恍 龍禄玉 馳龍堂	花 ウ調胡 車司龍 馳玉南	陽 ウ貫報 鳳鳳牽 庫車南	灯 ウ石馳 牽調車 報牽堂	山 ウ龍報 司貫司 報禄南	地 ウ玉馳 貫石禄 庫司堂	鉄 ウ車極 禄龍調 馳鳳印	宝 ウ牽貴 禄玉鳳 馳調庫	海 ウ禄将 車車石 庫貫庫	雨 ウ司禄 司牽貫 報石印	樹 タ鳳恍 調禄玉 極龍堂	花 タ調胡 禄司龍 印玉南	陽 タ貫報 禄鳳牽 胡車南	灯 タ石馳 禄調車 貴牽堂	
5月	山 タ龍報 貫貫司 庫禄南	地 タ玉馳 司石禄 報司堂	鉄 タ車極 調龍調 極鳳印	宝 タ牽貴 龍玉鳳 印調庫	海 タ禄将 車車石 胡石馳	雨 タ司禄 鳳牽貫 貴貫報	樹 ト鳳恍 石禄玉 堂玉胡	花 ト調胡 司司龍 恍龍恍	陽 ト貫報 調鳳牽 将牽禄	灯 ト石馳 貫調車 南車将	山 ト龍報 貫鳳司 胡司禄	地 ト玉馳 鳳調禄 貴禄将	鉄 ト車極 石貫調 堂調貴	宝 ト牽貴 司石鳳 恍鳳極	海 ト禄将 石龍石 将石馳	雨 ト司禄 龍玉貫 南貫報	樹 ネ鳳恍 鳳車玉 禄玉胡	花 ネ調胡 貫牽龍 禄龍恍	陽 ネ貫報 鳳禄牽 南牽禄	灯 ネ石馳 石石車 将車将	山 ネ龍報 石龍司 将司禄	地 ネ玉馳 貫玉禄 南禄将	鉄 ネ車極 貫車調 禄調貴	宝 ネ牽貴 貫牽鳳 禄鳳極	海 ネ禄将 車禄石 南石馳	雨 ネ司禄 石司貫 将貫報	樹 イ鳳恍 玉鳳玉 恍玉胡	花 イ調胡 禄調龍 堂龍恍	陽 イ貫報 龍貫牽 貴牽禄	灯 イ石馳 龍石車 胡車将	山 イ龍報 貫龍司 南司禄
6月	地 イ玉馳 玉玉禄 将禄将	鉄 イ車極 牽車調 恍調貴	宝 イ牽貴 龍牽鳳 堂鳳極	海 イ禄将 龍禄石 貴石馳	雨 イ司禄 龍車貫 胡調馳	樹 サ鳳恍 牽司玉 印貫極	花 サ調胡 石禄龍 極石貴	陽 サ貫報 牽調牽 報龍将	灯 サ石馳 車鳳車 庫玉禄	山 サ龍報 貫石司 貴車将	地 サ玉馳 車貫禄 胡牽禄	鉄 サ車極 司玉調 印禄恍	宝 サ牽貴 石龍鳳 極司胡	海 サ禄将 牽牽石 報鳳報	雨 サ司禄 鳳車貫 庫調馳	樹 ウ鳳恍 龍司玉 馳貫極	花 ウ調胡 車禄龍 馳石貴	陽 ウ貫報 鳳調牽 庫龍将	灯 ウ石馳 牽鳳車 報玉禄	山 ウ龍報 司石司 報車将	地 ウ玉馳 貫貫禄 庫牽禄	鉄 ウ車極 禄玉調 馳禄恍	宝 ウ牽貴 禄龍鳳 馳司胡	海 ウ禄将 車牽石 庫鳳報	雨 ウ司禄 司禄貫 報調馳	樹 タ鳳恍 調調玉 極貫極	花 タ調胡 禄鳳龍 印石貴	陽 タ貫報 禄石牽 胡龍将	灯 タ石馳 禄貫車 貴玉禄	山 タ龍報 貫玉司 庫車将	
7月	地 タ玉馳 司龍禄 報牽禄	鉄 タ車極 調牽調 極禄恍	宝 タ牽貴 龍車鳳 印司胡	海 タ禄将 鳳司石 胡鳳報	雨 タ司禄 鳳禄貫 貴調馳	樹 ト鳳恍 禄調玉 堂貫極	花 ト調胡 司鳳龍 恍貫印	陽 ト貫報 調石牽 将玉堂	灯 ト石馳 貫貫車 南龍南	山 ト龍報 貫玉司 胡牽堂	地 ト玉馳 鳳龍禄 貴車南	鉄 ト車極 石牽調 堂司南	宝 ト牽貴 司車鳳 恍禄堂	海 ト禄将 石司石 将調印	雨 ト司禄 貫禄貫 南鳳庫	樹 ネ鳳恍 鳳調玉 禄石庫	花 ネ調胡 貫貫龍 禄貫印	陽 ネ貫報 牽玉牽 南玉堂	灯 ネ石馳 司龍車 将龍南	山 ネ龍報 石石司 将牽堂	地 ネ玉馳 貫貫禄 南車南	鉄 ネ車極 貫玉調 禄司南	宝 ネ牽貴 貫龍鳳 禄禄堂	海 ネ禄将 車牽石 南調印	雨 ネ司禄 石車貫 将鳳庫	樹 イ鳳恍 玉司玉 恍石庫	花 イ調胡 禄禄龍 堂貫印	陽 イ貫報 龍調牽 貴玉堂	灯 イ石馳 龍鳳車 胡龍南	山 イ龍報 貫石司 南牽堂	地 イ玉馳 玉貫禄 将車南
8月	鉄 イ車極 牽玉調 恍司南	宝 イ牽貴 龍龍鳳 堂禄堂	海 イ禄将 龍牽石 貴調印	雨 イ司禄 龍車貫 胡鳳庫	樹 サ鳳恍 禄司玉 印石庫	花 サ調胡 玉禄龍 極貫印	陽 サ貫報 牽鳳牽 報貫胡	灯 サ石馳 車調車 庫石恍	山 サ龍報 貫貫司 貴龍胡	地 サ玉馳 車石禄 胡玉恍	鉄 サ車極 司龍調 印車禄	宝 サ牽貴 玉玉鳳 極牽将	海 サ禄将 牽車石 報禄貴	雨 サ司禄 禄牽貫 庫司極	樹 ウ鳳恍 禄禄玉 馳鳳馳	花 ウ調胡 車司龍 馳調報	陽 ウ貫報 石鳳牽 庫貫胡	灯 ウ石馳 玉牽車 報石恍	山 ウ龍報 司禄司 報龍胡	地 ウ玉馳 貫司禄 庫玉恍	鉄 ウ車極 車貫調 馳車禄	宝 ウ牽貴 禄石鳳 馳牽将	海 ウ禄将 車龍石 庫禄貴	雨 ウ司禄 司玉貫 報司極	樹 タ鳳恍 司車玉 極鳳馳	花 タ調胡 禄牽龍 印調報	陽 タ貫報 禄禄牽 胡貫胡	灯 タ石馳 禄司車 貴石恍	山 タ龍報 貫鳳司 庫龍胡	地 タ玉馳 司調禄 報玉恍	鉄 タ車極 調貫調 極車禄
9月	宝 タ牽貴 龍石鳳 印牽将	海 タ禄将 鳳龍石 胡禄貴	雨 タ司禄 鳳玉貫 貴司極	樹 ト鳳恍 禄車玉 堂鳳馳	花 ト調胡 調牽龍 恍調報	陽 ト貫報 石禄牽 将貫胡	灯 ト石馳 貫禄車 南貫貴	山 ト龍報 貫調司 胡玉極	地 ト玉馳 鳳鳳禄 貴龍貴	鉄 ト車極 石石調 堂牽将	宝 ト牽貴 司貫鳳 恍車禄	海 ト禄将 石玉石 将司恍	雨 ト司禄 貫龍貫 南禄胡	樹 ネ鳳恍 禄牽玉 禄調報	花 ネ調胡 貫車龍 禄鳳馳	陽 ネ貫報 玉司牽 南石極	灯 ネ石馳 司禄車 将貫貴	山 ネ龍報 石調司 将玉極	地 ネ玉馳 車鳳禄 南龍貴	鉄 ネ車極 鳳石調 禄牽将	宝 ネ牽貴 貫貫鳳 禄車禄	海 ネ禄将 車玉石 南司恍	雨 ネ司禄 石龍貫 将禄胡	樹 イ鳳恍 玉牽玉 恍調報	花 イ調胡 禄車龍 堂鳳馳	陽 イ貫報 龍司牽 貴石極	灯 イ石馳 龍禄車 胡貫貴	山 イ龍報 貫調司 南玉極	地 イ玉馳 玉鳳禄 将龍貴	鉄 イ車極 牽石調 恍牽将	
10月	宝 イ牽貴 龍貫鳳 堂車禄	海 イ禄将 龍玉石 貴司恍	雨 イ司禄 龍龍貫 胡禄胡	樹 サ鳳恍 禄牽玉 印調報	花 サ調胡 玉車龍 極鳳馳	陽 サ貫報 牽司牽 報石極	灯 サ石馳 鳳禄車 庫貫貴	山 サ龍報 貫調司 貴貫庫	地 サ玉馳 車鳳禄 胡石印	鉄 サ車極 司石調 印龍堂	宝 サ牽貴 玉貫鳳 極玉南	海 サ禄将 牽玉石 報車南	雨 サ司禄 禄龍貫 庫牽堂	樹 ウ鳳恍 禄牽玉 馳禄印	花 ウ調胡 車車龍 馳司庫	陽 ウ貫報 司司牽 庫鳳庫	灯 ウ石馳 玉禄車 報調印	山 ウ龍報 司玉司 報貫庫	地 ウ玉馳 鳳龍禄 庫石印	鉄 ウ車極 車牽調 馳龍堂	宝 ウ牽貴 禄玉鳳 馳玉南	海 ウ禄将 車車石 庫車南	雨 ウ司禄 司牽貫 報牽堂	樹 タ鳳恍 司禄玉 極禄印	花 タ調胡 禄司龍 印司庫	陽 タ貫報 禄鳳牽 胡鳳庫	灯 タ石馳 禄調車 貴調印	山 タ龍報 貫貫司 庫貫庫	地 タ玉馳 司石禄 報石印	鉄 タ車極 調龍調 極龍堂	宝 タ牽貴 龍玉鳳 印玉南
11月	海 タ禄将 鳳車石 胡車南	雨 タ司禄 鳳牽貫 貴牽堂	樹 ト鳳恍 禄禄玉 堂禄印	花 ト調胡 調司龍 恍司庫	陽 ト貫報 石鳳牽 将鳳庫	灯 ト石馳 鳳調車 南調印	山 ト龍報 貫車司 胡石馳	地 ト玉馳 鳳牽禄 貴貫報	鉄 ト車極 石禄調 堂玉胡	宝 ト牽貴 司司鳳 恍龍恍	海 ト禄将 石鳳石 将牽禄	雨 ト司禄 貫調貫 南車将	樹 ネ鳳恍 禄貫玉 禄司貴	花 ネ調胡 貫石龍 禄禄極	陽 ネ貫報 玉龍牽 南調馳	灯 ネ石馳 司玉車 将鳳報	山 ネ龍報 石車司 将石馳	地 ネ玉馳 車牽禄 南貫報	鉄 ネ車極 鳳禄調 禄玉胡	宝 ネ牽貴 貫調鳳 禄龍恍	海 ネ禄将 車貫石 南牽禄	雨 ネ司禄 石石貫 将車将	樹 イ鳳恍 玉龍玉 恍司貴	花 イ調胡 禄玉龍 堂禄極	陽 イ貫報 龍車牽 貴調馳	灯 イ石馳 龍牽車 胡鳳報	山 イ龍報 貫禄司 南石馳	地 イ玉馳 玉司禄 将貫報	鉄 イ車極 牽鳳調 恍玉胡	宝 イ牽貴 龍調鳳 堂龍恍	
12月	海 イ禄将 龍貫石 貴牽禄	雨 イ司禄 龍石貫 胡車将	樹 サ鳳恍 禄龍玉 印司貴	花 サ調胡 玉玉龍 極禄極	陽 サ貫報 牽車牽 報調馳	灯 サ石馳 鳳牽車 庫鳳報	山 サ龍報 貫司司 貴鳳報	地 サ玉馳 車禄禄 胡調馳	鉄 サ車極 司調調 印貫極	宝 サ牽貴 玉鳳鳳 極石貴	海 サ禄将 牽石石 報龍将	雨 サ司禄 禄貫貫 庫玉禄	樹 ウ鳳恍 禄玉玉 馳車恍	花 ウ調胡 車龍龍 馳牽胡	陽 ウ貫報 司牽牽 庫禄報	灯 ウ石馳 玉車車 報司馳	山 ウ龍報 司司司 報鳳報	地 ウ玉馳 鳳禄禄 庫調馳	鉄 ウ車極 車調調 馳貫極	宝 ウ牽貴 禄鳳鳳 馳石貴	海 ウ禄将 車石石 庫龍将	雨 ウ司禄 司貫貫 報玉禄	樹 タ鳳恍 司玉玉 極車恍	花 タ調胡 禄龍龍 印牽胡	陽 タ貫報 禄牽牽 胡禄報	灯 タ石馳 禄車車 貴司馳	山 タ龍報 貫司司 庫鳳報	地 タ玉馳 司禄禄 報調馳	鉄 タ車極 調調調 極貫極	宝 タ牽貴 龍鳳鳳 印石貴	海 タ禄将 鳳石石 胡龍将

1997年（平成9年）

1997年(平成9年)

	1日	2日	3日	4日	5日	6日	7日	8日	9日	10日	11日	12日	13日	14日	15日	16日
1月	雨 タ司禄 鳳貫貫 貴玉禄	樹 ト鳳恍 禄玉玉 堂車恍	花 ト調胡 調龍龍 恍牽胡	陽 ト貫報 石牽牽 将禄報	灯 ト石馳 貫車車 南禄庫	山 ト龍報 貫司司 胡調印	地 ト玉馳 鳳禄禄 貴鳳庫	鉄 ト車極 石調調 堂石庫	宝 ト牽貴 司鳳鳳 恍貫印	海 ト禄将 石石石 将玉堂	雨 ト司禄 貫貫貫 南龍南	樹 ネ鳳恍 禄玉玉 禄牽南	花 ネ調胡 貫龍龍 禄車堂	陽 ネ貫報 玉牽牽 南司印	灯 ネ石馳 司禄車 将禄庫	山 ネ龍報 石調司 将調印
2月	樹 サ鳳恍 禄司玉 印牽南	花 サ調胡 玉禄龍 極車堂	陽 サ貫報 牽調牽 報司印	灯 サ貫庫 車調車 庫牽極	山 サ玉印 貫貫司 貴禄貴	地 サ龍庫 車石禄 胡司極	鉄 サ牽庫 司龍調 印鳳馳	宝 サ車印 玉玉鳳 極調報	海 サ司堂 牽車石 報貫胡	雨 サ禄南 禄牽貫 庫石恍	樹 ウ調南 禄禄玉 馳龍禄	花 ウ鳳堂 車調龍 馳玉将	陽 ウ石印 司貫牽 庫車貴	灯 ウ貫庫 玉石禄 報牽極	山 ウ玉印 司龍調 報禄貴	地 ウ龍庫 鳳玉鳳 庫司極
3月	海 タ司堂 鳳鳳牽 胡貫胡	雨 タ禄南 鳳調車 貴石恍	樹 ト調南 禄貫司 堂龍禄	花 ト鳳堂 調石禄 恍玉将	陽 ト石印 調玉牽 将牽恍	灯 ト貫庫 貫龍車 南車胡	山 ト玉印 貫牽司 胡司恍	地 ト龍庫 鳳車禄 貴禄胡	鉄 ト牽庫 石司調 堂調報	宝 ト車印 司禄鳳 恍鳳馳	海 ト司堂 石調石 将石極	雨 ト禄南 貫鳳貫 南貫貴	樹 ネ調南 鳳石玉 禄玉将	花 ネ鳳堂 貫貫龍 禄龍禄	陽 ネ石印 牽玉司 南牽恍	灯 ネ貫庫 司龍禄 将車胡
4月	雨 イ禄南 龍鳳車 胡貫貴	樹 サ調南 禄石司 印玉将	花 サ鳳堂 玉貫禄 極龍禄	陽 サ石印 牽玉調 報牽恍	灯 サ貫庫 車龍車 庫玉堂	山 サ玉印 貫牽司 貴車南	地 サ龍庫 車車禄 胡牽堂	鉄 サ牽庫 司司調 印禄印	宝 サ車印 玉禄鳳 極司庫	海 サ司堂 牽調石 報鳳庫	雨 サ禄南 禄鳳貫 庫調印	樹 ウ調南 禄石玉 馳貫堂	花 ウ鳳堂 車貫龍 馳石南	陽 ウ石印 司玉牽 庫龍南	灯 ウ貫庫 玉車禄 報玉堂	山 ウ玉印 司司調 報車南
5月	雨 タ禄南 鳳牽車 貴調印	樹 ト調南 禄禄司 堂貫堂	花 ト鳳堂 調司禄 恍石南	陽 ト石印 石鳳調 将龍南	灯 ト貫庫 貫調車 南龍将	山 ト玉印 貫貫司 胡牽禄	地 ト龍庫 鳳石禄 貴車将	鉄 ト牽庫 石龍調 堂司貴	宝 ト車印 司玉鳳 恍禄極	海 ト司堂 石車石 将調馳	雨 ト禄南 貫玉貫 南鳳報	樹 ネ調南 禄車玉 禄石胡	花 ネ鳳堂 貫牽龍 禄貫恍	陽 ネ石印 玉禄牽 南玉禄	灯 ネ貫庫 司司禄 将龍将	山 ネ玉印 石鳳調 将牽禄
6月	樹 サ調南 禄鳳司 印石胡	花 サ鳳堂 玉調禄 極貫恍	陽 サ石印 牽貫調 報玉禄	灯 サ貫庫 鳳石鳳 庫龍将	山 サ玉印 車龍石 貴牽禄	地 サ龍庫 車貫禄 胡玉禄	鉄 サ牽庫 司玉調 印車恍	宝 サ車印 玉龍鳳 極牽胡	海 サ司堂 牽牽石 報禄報	雨 サ禄南 禄車貫 庫司馳	樹 ウ調南 禄司玉 馳鳳極	花 ウ鳳堂 車禄龍 馳調貴	陽 ウ石印 司調牽 庫貫将	灯 ウ貫庫 玉鳳車 報石禄	山 ウ玉印 司石司 報龍将	地 ウ龍庫 鳳貫鳳 庫玉禄
7月	樹 ト調南 禄調司 堂鳳極	花 ト鳳堂 調鳳禄 恍調貴	陽 ト石印 石石調 将貫将	灯 ト貫庫 鳳貫鳳 南石禄	山 ト玉印 鳳玉石 胡龍将	地 ト龍庫 鳳龍貫 貴玉禄	鉄 ト牽庫 石牽調 堂牽南	宝 ト車印 司車鳳 恍車堂	海 ト司堂 石司石 将司印	雨 ト禄南 貫禄貫 南禄庫	樹 ネ調南 禄調玉 禄調庫	花 ネ鳳堂 貫鳳龍 禄鳳印	陽 ネ石印 玉石牽 南石堂	灯 ネ貫庫 司貫車 将貫南	山 ネ玉印 石玉司 将玉堂	地 ネ龍庫 龍龍禄 南龍南
8月	花 サ鳳堂 玉禄禄 極鳳印	陽 サ石印 牽調調 報石堂	灯 サ貫庫 鳳鳳鳳 庫貫南	山 サ玉印 車石石 貴玉堂	地 サ龍庫 車貫貫 胡龍南	鉄 サ牽庫 龍玉玉 印牽南	宝 サ車印 玉玉鳳 極玉将	海 サ司堂 牽車石 報車貴	雨 サ禄南 禄牽貫 庫牽極	樹 ウ調南 禄禄玉 馳禄馳	花 ウ鳳堂 車司龍 馳司報	陽 ウ石印 司鳳牽 庫鳳胡	灯 ウ貫庫 玉調車 報調恍	山 ウ玉印 司貫司 報貫胡	地 ウ龍庫 禄石禄 庫石恍	鉄 ウ牽庫 車龍調 馳龍禄
9月	陽 ト石印 石禄調 将鳳胡	灯 ト貫庫 鳳司鳳 南調恍	山 ト玉印 鳳鳳石 胡貫胡	地 ト龍庫 鳳調貫 貴石恍	鉄 ト牽庫 龍貫玉 堂龍禄	宝 ト車印 調石龍 恍玉将	海 ト司堂 石玉石 将牽恍	雨 ト禄南 貫龍貫 南車胡	樹 ネ調南 禄牽玉 禄司報	花 ネ鳳堂 貫車龍 禄禄馳	陽 ネ石印 玉司牽 南調極	灯 ネ貫庫 調禄車 将鳳貴	山 ネ玉印 石調司 将石極	地 ネ龍庫 龍鳳禄 南貫貴	鉄 ネ牽庫 龍石調 禄玉将	宝 ネ車印 貫貫鳳 禄龍禄
10月	陽 サ石印 牽司調 報調極	灯 サ貫庫 鳳禄鳳 庫鳳貴	山 サ玉印 車調石 貴石極	地 サ龍庫 車鳳貫 胡貫貴	鉄 サ牽庫 龍石玉 印玉将	宝 サ車印 牽貫龍 極龍禄	海 サ司堂 司玉牽 報牽恍	雨 サ禄南 禄龍貫 庫玉堂	樹 ウ調南 禄牽玉 馳車印	花 ウ鳳堂 車車龍 馳牽庫	陽 ウ石印 司司牽 庫禄庫	灯 ウ貫庫 玉禄車 報司印	山 ウ玉印 司調司 報鳳庫	地 ウ龍庫 禄鳳禄 庫調印	鉄 ウ牽庫 龍石調 馳貫堂	宝 ウ車印 禄貫鳳 馳石南
11月	灯 ト貫庫 鳳調鳳 南司印	山 ト玉印 鳳貫石 胡鳳庫	地 ト龍庫 鳳石貫 貴調印	鉄 ト牽庫 龍龍玉 堂貫堂	宝 ト車印 調玉龍 恍石南	海 ト司堂 石車牽 将龍南	雨 ト禄南 貫調貫 南龍将	樹 ネ調南 禄貫玉 禄牽貴	花 ネ鳳堂 貫石龍 禄車極	陽 ネ石印 玉龍牽 南司馳	灯 ネ貫庫 調玉車 将禄報	山 ネ玉印 石車司 将調馳	地 ネ龍庫 龍牽禄 南鳳報	鉄 ネ牽庫 龍禄調 禄石胡	宝 ネ車印 貫司鳳 禄貫恍	海 ネ司堂 玉鳳石 南玉禄
12月	灯 サ貫庫 鳳牽鳳 庫禄報	山 サ玉印 車禄石 貴調馳	地 サ龍庫 車司貫 胡鳳報	鉄 サ牽庫 龍鳳玉 印石胡	宝 サ車印 牽調龍 極貫恍	海 サ司堂 司貫牽 報玉禄	雨 サ禄南 禄貫貫 庫石禄	樹 ウ調南 禄玉玉 馳龍恍	花 ウ鳳堂 車龍龍 馳玉胡	陽 ウ石印 司牽牽 庫車報	灯 ウ貫庫 玉車車 報牽馳	山 ウ玉印 司司司 報禄報	地 ウ龍庫 禄禄禄 庫司馳	鉄 ウ牽庫 龍調調 馳鳳極	宝 ウ車印 禄鳳鳳 馳調貴	海 ウ司堂 調石石 庫貫将

	17日	18日	19日	20日	21日	22日	23日	24日	25日	26日	27日	28日	29日	30日	31日
1月	地 ネ玉馳 車鳳禄 南鳳庫	鉄 ネ車極 鳳玉調 禄石庫	宝 ネ牽貴 貫龍鳳 禄貫印	海 ネ禄将 車牽石 南玉堂	雨 ネ司禄 石車貫 将龍南	樹 イ鳳恍 玉司玉 恍牽南	花 イ調胡 禄禄龍 堂車堂	陽 イ貫報 龍調牽 貴司印	灯 イ石馳 龍鳳車 胡禄庫	山 イ龍報 貫石司 南調印	地 イ玉馳 玉貫禄 将鳳庫	鉄 イ車極 牽玉調 恍石庫	宝 イ牽貴 龍龍鳳 堂貫印	海 イ禄将 龍牽石 貴玉堂	雨 イ司禄 龍車貫 胡龍南
2月	鉄 ウ牽庫 車車玉 馳鳳馳	宝 ウ車印 禄牽龍 馳調報	海 ウ司堂 車鳳牽 庫貫胡	雨 ウ禄南 司調車 報石恍	樹 タ調南 司貫司 極龍禄	花 タ鳳堂 禄石禄 印玉将	陽 タ石印 禄龍調 胡車貴	灯 タ貫庫 禄玉鳳 貴牽極	山 タ玉印 貫車石 庫禄貴	地 タ龍庫 司牽貫 報司極	鉄 タ牽庫 調禄玉 極鳳馳	宝 タ車印 龍司龍 印調報			
3月	山 ネ玉印 石牽調 将司恍	地 ネ龍庫 貫車貫 南禄胡	鉄 ネ牽庫 貫司玉 禄調報	宝 ネ車印 貫禄龍 禄鳳馳	海 ネ司堂 車調牽 南石極	雨 ネ禄南 石鳳車 将貫貴	樹 イ調南 玉石司 恍玉将	花 イ鳳堂 禄貫禄 堂龍禄	陽 イ石印 龍玉調 貴牽恍	灯 イ貫庫 龍龍鳳 胡車胡	山 イ玉印 貫牽石 南司恍	地 イ龍庫 玉車貫 将禄胡	鉄 イ牽庫 牽司玉 恍調報	宝 イ車印 龍禄龍 堂鳳馳	海 イ司堂 龍調牽 貴石極
4月	地 ウ龍庫 鳳禄鳳 庫牽堂	鉄 ウ牽庫 車龍玉 馳禄印	宝 ウ車印 禄玉龍 馳司庫	海 ウ司堂 車車牽 庫鳳庫	雨 ウ禄南 司牽車 報調印	樹 タ調南 司禄司 極貫堂	花 タ鳳堂 禄司禄 印石南	陽 タ石印 禄鳳調 胡龍南	灯 タ貫庫 禄調鳳 貴玉堂	山 タ玉印 貫貫石 庫車南	地 タ龍庫 司石貫 報牽堂	鉄 タ牽庫 調龍玉 極禄印	宝 タ車印 龍玉龍 印司庫	海 タ司堂 鳳車牽 胡鳳庫	
5月	地 ネ龍庫 車調鳳 南車将	鉄 ネ牽庫 鳳貫玉 禄司貴	宝 ネ車印 貫石龍 禄禄極	海 ネ司堂 車禄牽 南調馳	雨 ネ禄南 石司車 将鳳報	樹 イ調南 玉鳳司 恍石胡	花 イ鳳堂 禄調禄 堂貫恍	陽 イ石印 龍貫調 貴玉禄	灯 イ貫庫 龍石鳳 胡龍将	山 イ玉印 貫龍石 南牽禄	地 イ龍庫 玉玉貫 将車将	鉄 イ牽庫 牽車玉 恍司貴	宝 イ車印 龍牽龍 堂禄極	海 イ司堂 龍禄牽 貴調馳	雨 イ禄南 龍司車 胡鳳報
6月	鉄 ウ牽庫 車玉石 馳車恍	宝 ウ車印 禄龍貫 馳牽胡	海 ウ司堂 車牽牽 庫禄報	雨 ウ禄南 玉車車 報司馳	樹 タ調南 司司司 極鳳極	花 タ鳳堂 禄禄禄 印調貴	陽 タ石印 禄調調 胡貫将	灯 タ貫庫 禄鳳鳳 貴石禄	山 タ玉印 貫石石 庫龍将	地 タ龍庫 司龍貫 報玉禄	鉄 タ牽庫 調牽玉 極車恍	宝 タ車印 龍車龍 印牽胡	海 タ司堂 鳳司牽 胡禄報	雨 タ禄南 鳳禄車 貴司馳	
7月	鉄 ネ牽庫 龍司石 禄牽南	宝 ネ車印 貫禄貫 禄車堂	海 ネ司堂 司調玉 南司印	雨 ネ禄南 石車車 将禄庫	樹 イ調南 玉司司 恍調庫	花 イ鳳堂 禄禄禄 堂鳳印	陽 イ石印 龍調調 貴石堂	灯 イ貫庫 龍鳳鳳 胡貫南	山 イ玉印 貫石石 南玉堂	地 イ龍庫 玉貫貫 将龍南	鉄 イ牽庫 牽玉玉 恍牽南	宝 イ車印 龍龍龍 堂車堂	海 イ司堂 龍牽牽 貴司印	雨 イ禄南 龍車車 胡禄庫	樹 サ調南 禄司司 印調庫
8月	宝 ウ車印 禄玉貫 馳玉将	海 ウ司堂 石貫玉 庫車貴	雨 ウ禄南 玉石龍 報牽極	樹 タ調南 司龍司 極禄馳	花 タ鳳堂 禄牽禄 印司報	陽 タ石印 禄禄調 胡鳳胡	灯 タ貫庫 禄司鳳 貴調恍	山 タ玉印 貫鳳石 庫貫胡	地 タ龍庫 司調貫 報石恍	鉄 タ牽庫 調貫玉 極龍禄	宝 タ車印 龍石龍 印玉将	海 タ司堂 鳳龍牽 胡車貴	雨 タ禄南 鳳玉車 貴牽極	樹 ト調南 禄車司 堂禄馳	花 ト鳳堂 調牽禄 恍司報
9月	海 ネ司堂 司玉玉 南牽恍	雨 ネ禄南 調龍龍 将車胡	樹 イ調南 玉牽牽 恍司報	花 イ鳳堂 禄車禄 堂禄馳	陽 イ石印 貫司調 貴調極	灯 イ貫庫 龍禄鳳 胡鳳貴	山 イ玉印 貫調石 南石極	地 イ龍庫 玉鳳貫 将貫貴	鉄 イ牽庫 玉石玉 恍玉将	宝 イ車印 龍貫龍 堂龍禄	海 イ司堂 龍玉牽 貴牽恍	雨 イ禄南 龍龍車 胡車胡	樹 サ調南 禄牽司 印司報	花 サ鳳堂 玉車禄 極禄馳	
10月	海 ウ司堂 調玉石 庫龍南	雨 ウ禄南 玉禄龍 報玉堂	樹 タ調南 司調牽 極車印	花 タ鳳堂 貫鳳車 印牽庫	陽 タ石印 車鳳調 胡禄庫	灯 タ貫庫 禄調鳳 貴司印	山 タ玉印 貫貫石 庫鳳庫	地 タ龍庫 司石貫 報調印	鉄 タ牽庫 調龍玉 極貫堂	宝 タ車印 龍玉龍 印石南	海 タ司堂 鳳車牽 胡龍南	雨 タ禄南 鳳牽車 貴玉堂	樹 ト調南 禄禄司 堂車印	花 ト鳳堂 調司禄 恍牽庫	陽 ト石印 石鳳調 将禄庫
11月	雨 ネ禄南 調調龍 将龍将	樹 イ調南 玉貫牽 恍牽貴	花 イ鳳堂 車石車 堂車極	陽 イ石印 貫車調 貴司馳	灯 イ貫庫 龍牽鳳 胡禄報	山 イ玉印 貫禄石 南調馳	地 イ龍庫 玉司貫 将鳳報	鉄 イ牽庫 玉鳳玉 恍石胡	宝 イ車印 龍調龍 堂貫恍	海 イ司堂 龍貫牽 貴玉禄	雨 イ禄南 龍石車 胡龍将	樹 サ調南 禄龍司 印牽貴	花 サ鳳堂 玉玉禄 極車極	陽 サ石印 牽車調 報司馳	
12月	雨 ウ禄南 玉貫龍 報石禄	樹 タ調南 司玉牽 極龍恍	花 タ鳳堂 貫龍車 印玉胡	陽 タ石印 車牽調 胡車報	灯 タ貫庫 禄車鳳 貴牽馳	山 タ玉印 貫司石 庫禄報	地 タ龍庫 司禄貫 報司馳	鉄 タ牽庫 調調玉 極鳳極	宝 タ車印 龍鳳龍 印調貴	海 タ司堂 鳳石牽 胡貫将	雨 タ禄南 鳳貫車 貴石禄	樹 ト調南 禄玉司 堂龍恍	花 ト鳳堂 調龍禄 恍玉胡	陽 ト石印 石牽調 将車報	灯 ト貫庫 鳳車鳳 南牽馳

1998年(平成10年)

	1日	2日	3日	4日	5日	6日	7日	8日	9日	10日	11日	12日	13日	14日	15日	16日	17日	18日	19日	20日	21日	22日	23日	24日	25日	26日	27日	28日	29日	30日	31日
1月	山 ト玉印 鳳司石 胡禄報	地 ト龍庫 鳳禄貫 貴司馳	鉄 ト牽庫 龍調玉 堂鳳極	宝 ト車印 調鳳龍 恍調貴	海 ト司堂 石石石 将石堂	雨 ト禄南 貫貫貫 南貫南	樹 ネ調南 禄玉玉 禄玉南	花 ネ鳳堂 貫龍龍 禄龍堂	陽 ネ石印 玉牽牽 南牽印	灯 ネ貫庫 調車車 将車庫	山 ネ玉印 石司司 将司印	地 ネ龍庫 龍禄禄 南禄庫	鉄 ネ牽庫 龍調調 禄調庫	宝 ネ車印 貫鳳鳳 禄鳳印	海 ネ司堂 司玉玉 南石堂	雨 ネ禄南 調龍龍 将貫南	樹 イ調南 玉牽牽 恍玉南	花 イ鳳堂 禄禄禄 堂龍堂	陽 イ石印 貫調調 貴牽印	灯 イ貫庫 龍鳳鳳 胡車庫	山 イ玉印 貫石石 南司印	地 イ龍庫 玉貫貫 将禄庫	鉄 イ牽庫 玉玉玉 恍調庫	宝 イ車印 龍龍龍 堂鳳印	海 イ司堂 龍牽牽 貴石堂	雨 イ禄南 龍車車 胡貫南	樹 サ調南 禄司司 印玉南	花 サ鳳堂 玉禄禄 極龍堂	陽 サ石印 牽調調 報牽印	灯 サ貫庫 鳳鳳鳳 庫車庫	山 サ玉印 車石石 貴司印
2月	地 サ龍庫 車貫貫 胡禄庫	鉄 サ牽庫 龍玉玉 印調庫	宝 サ車印 牽龍龍 極鳳印	海 サ車胡 牽車車 報鳳胡	雨 サ牽恍 禄牽牽 庫調恍	樹 ウ禄禄 禄禄禄 馳貫禄	花 ウ司将 車司司 馳石将	陽 ウ鳳貴 司鳳鳳 庫龍貴	灯 ウ調極 玉調調 報玉極	山 ウ貫貴 司貫貫 報車貴	地 ウ石極 禄石石 庫牽極	鉄 ウ龍馳 車車車 馳禄馳	宝 ウ玉報 禄牽牽 馳司報	海 ウ車胡 石禄禄 庫鳳胡	雨 ウ牽恍 玉司司 報調恍	樹 タ禄禄 司鳳鳳 極貫禄	花 タ司将 禄調調 印石将	陽 タ鳳貴 禄貫貫 胡龍貴	灯 タ調極 禄玉玉 貴玉極	山 タ貫貴 貫車車 庫車貴	地 タ石極 司牽牽 報牽極	鉄 タ龍馳 調禄禄 極禄馳	宝 タ玉報 龍司司 印司報	海 タ車胡 鳳鳳鳳 胡鳳胡	雨 タ牽恍 鳳調調 貴調恍	樹 ト禄禄 禄貫貫 堂貫禄	花 ト司将 調石石 恍石将	陽 ト鳳貴 石龍龍 将龍貴			
3月	灯 ト調極 鳳玉玉 南玉極	山 ト貫貴 鳳車車 胡車貴	地 ト石極 鳳牽牽 貴牽極	鉄 ト龍馳 龍禄禄 堂禄馳	宝 ト玉報 調司司 恍司報	海 ト車胡 石調車 将調極	雨 ト牽恍 貫鳳牽 南鳳貴	樹 ネ禄禄 禄石禄 禄石将	花 ネ司将 貫貫司 禄貫禄	陽 ネ鳳貴 玉玉鳳 南玉恍	灯 ネ調極 調龍調 将龍胡	山 ネ貫貴 石牽貫 将牽恍	地 ネ石極 龍車石 南車胡	鉄 ネ龍馳 龍司車 禄司報	宝 ネ玉報 貫禄牽 禄禄馳	海 ネ車胡 司調禄 南調極	雨 ネ牽恍 調鳳司 将鳳貴	樹 イ禄禄 玉石鳳 恍石将	花 イ司将 禄貫調 堂貫禄	陽 イ鳳貴 貫玉貫 貴玉恍	灯 イ調極 龍龍玉 胡龍胡	山 イ貫貴 貫牽車 南牽恍	地 イ石極 玉車牽 将車胡	鉄 イ龍馳 玉司禄 恍司報	宝 イ玉報 龍禄司 堂禄馳	海 イ車胡 龍調鳳 貴調極	雨 イ牽恍 龍鳳調 胡鳳貴	樹 サ禄禄 禄石貫 印石将	花 サ司将 玉貫石 極貫禄	陽 サ鳳貴 牽玉龍 報玉恍	灯 サ調極 鳳龍玉 庫龍胡
4月	山 サ貫貴 車牽車 貴牽恍	地 サ石極 車車牽 胡車胡	鉄 サ龍馳 龍司禄 印司報	宝 サ玉報 牽禄司 極禄馳	海 サ車胡 牽調車 報禄庫	雨 サ牽恍 禄鳳牽 庫司印	樹 ウ禄禄 禄石禄 馳鳳堂	花 ウ司将 車貫司 馳調南	陽 ウ鳳貴 司玉鳳 庫貫南	灯 ウ調極 玉龍調 報石堂	山 ウ貫貴 司牽貫 報龍南	地 ウ石極 禄車石 庫玉堂	鉄 ウ龍馳 車司車 馳車印	宝 ウ玉報 禄禄牽 馳牽庫	海 ウ車胡 石石禄 庫禄庫	雨 ウ牽恍 玉貫司 報司印	樹 タ禄禄 司玉鳳 極鳳堂	花 タ司将 禄司調 印調南	陽 タ鳳貴 禄鳳貫 胡貫南	灯 タ調極 禄調玉 貴石堂	山 タ貫貴 貫貫車 庫龍南	地 タ石極 司石牽 報玉堂	鉄 タ龍馳 調龍禄 極車印	宝 タ玉報 龍玉司 印牽庫	海 タ車胡 鳳車鳳 胡禄庫	雨 タ牽恍 鳳牽調 貴司印	樹 ト禄禄 禄禄貫 堂鳳堂	花 ト司将 調司石 恍調南	陽 ト鳳貴 石鳳龍 将貫南	灯 ト調極 鳳調玉 南石堂	
5月	山 ト貫貴 鳳貫車 胡龍南	地 ト石極 鳳石牽 貴玉堂	鉄 ト龍馳 龍龍禄 堂車印	宝 ト玉報 調玉司 恍牽庫	海 ト車胡 石車鳳 将禄庫	雨 ト牽恍 貫牽牽 南禄報	樹 ネ禄禄 禄禄禄 禄調胡	花 ネ司将 貫司司 禄鳳恍	陽 ネ鳳貴 玉鳳鳳 南石禄	灯 ネ調極 調調調 将貫将	山 ネ貫貴 石貫貫 将玉禄	地 ネ石極 龍調石 南龍将	鉄 ネ龍馳 龍貫龍 禄牽貴	宝 ネ玉報 貫石牽 禄車極	海 ネ車胡 玉龍禄 南司馳	雨 ネ牽恍 調玉司 将禄報	樹 イ禄禄 玉車鳳 恍調胡	花 イ司将 車牽調 堂鳳恍	陽 イ鳳貴 貫禄貫 貴石禄	灯 イ調極 龍司石 胡貫将	山 イ貫貴 貫龍車 南玉禄	地 イ石極 玉玉牽 将龍将	鉄 イ龍馳 玉車禄 恍牽貴	宝 イ玉報 龍牽司 堂車極	海 イ車胡 龍禄鳳 貴司馳	雨 イ牽恍 龍司調 胡禄報	樹 サ禄禄 禄鳳貫 印調胡	花 サ司将 玉調石 極鳳恍	陽 サ鳳貴 牽貫龍 報石禄	灯 サ調極 鳳石玉 庫貫将	山 サ貫貴 車龍車 貴玉禄
6月	地 サ石極 車玉牽 胡龍将	鉄 サ龍馳 龍車禄 印牽貴	宝 サ玉報 牽牽司 極車極	海 サ車胡 司禄鳳 報司馳	雨 サ牽恍 車司調 庫禄報	樹 ウ禄禄 禄司禄 馳禄極	花 ウ司将 車禄司 馳司貴	陽 ウ鳳貴 司調鳳 庫鳳将	灯 ウ調極 玉鳳調 報調禄	山 ウ貫貴 司石貫 報貫将	地 ウ石極 禄貫石 庫石禄	鉄 ウ龍馳 龍玉龍 馳龍恍	宝 ウ玉報 禄龍玉 馳玉胡	海 ウ車胡 調牽禄 庫車報	雨 ウ牽恍 玉車司 報牽馳	樹 タ禄禄 司司鳳 極禄極	花 タ司将 貫禄調 印司貴	陽 タ鳳貴 車調貫 胡鳳将	灯 タ調極 禄鳳石 貴調禄	山 タ貫貴 貫石龍 庫貫将	地 タ石極 司貫牽 報石禄	鉄 タ龍馳 調玉禄 極龍恍	宝 タ玉報 龍龍司 印玉胡	海 タ車胡 鳳牽鳳 胡車報	雨 タ牽恍 鳳車調 貴牽馳	樹 ト禄禄 禄調貫 堂禄極	花 ト司将 調鳳石 恍司貴	陽 ト鳳貴 石石龍 将鳳将	灯 ト調極 鳳貫玉 南調禄	山 ト貫貴 鳳玉車 胡貫将	
7月	地 ト石極 鳳龍牽 貴石禄	鉄 ト龍馳 龍牽禄 堂龍恍	宝 ト玉報 調車司 恍玉胡	海 ト車胡 石司鳳 将車報	雨 ト牽恍 車禄調 南牽馳	樹 ネ禄禄 貫調貫 禄禄極	花 ネ司将 貫鳳司 禄禄印	陽 ネ鳳貴 玉石鳳 南調堂	灯 ネ調極 調貫調 将鳳南	山 ネ貫貴 石玉貫 将石堂	地 ネ石極 龍龍石 南貫南	鉄 ネ龍馳 龍牽龍 禄玉南	宝 ネ玉報 貫車玉 禄龍堂	海 ネ車胡 玉司車 南牽印	雨 ネ牽恍 調禄司 将車庫	樹 イ禄禄 玉調鳳 恍司庫	花 イ司将 車貫調 堂禄印	陽 イ鳳貴 貫玉貫 貴調堂	灯 イ調極 龍龍石 胡鳳南	山 イ貫貴 貫石龍 南石堂	地 イ石極 調貫玉 将貫南	鉄 イ龍馳 玉玉禄 恍玉南	宝 イ玉報 龍龍司 堂龍堂	海 イ車胡 龍牽鳳 貴牽印	雨 イ牽恍 龍車調 胡車庫	樹 サ禄禄 禄司貫 印司庫	花 サ司将 玉禄石 極禄印	陽 サ鳳貴 牽調龍 報調堂	灯 サ調極 鳳鳳玉 庫鳳南	山 サ貫貴 車石車 貴石堂	地 サ石極 車貫牽 胡貫南
8月	鉄 サ龍馳 龍玉禄 印玉南	宝 サ玉報 牽龍司 極龍堂	海 サ車胡 司牽鳳 報牽印	雨 サ牽恍 車車調 庫車庫	樹 ウ禄禄 車司貫 馳司庫	花 ウ司将 車禄石 馳禄印	陽 ウ鳳貴 鳳調龍 庫調堂	灯 ウ調極 玉調調 報司恍	山 ウ貫貴 司貫貫 報鳳胡	地 ウ石極 禄石石 庫調恍	鉄 ウ龍馳 龍龍龍 馳貫禄	宝 ウ玉報 禄玉玉 馳石将	海 ウ車胡 調車車 庫龍貴	雨 ウ牽恍 玉牽牽 報玉極	樹 タ禄禄 司禄禄 極車馳	花 タ司将 鳳司調 印牽報	陽 タ鳳貴 鳳鳳貫 胡禄胡	灯 タ調極 禄調石 貴司恍	山 タ貫貴 玉禄龍 庫鳳胡	地 タ石極 牽司玉 報調恍	鉄 タ龍馳 調鳳車 極貫禄	宝 タ玉報 龍石牽 印石将	海 タ車胡 鳳龍鳳 胡龍貴	雨 タ牽恍 鳳玉調 貴玉極	樹 ト禄禄 禄車貫 堂車馳	花 ト司将 調牽石 恍牽報	陽 ト鳳貴 調禄龍 将禄胡	灯 ト調極 鳳司玉 南司恍	山 ト貫貴 鳳鳳車 胡鳳胡	地 ト石極 鳳調牽 貴調恍	鉄 ト龍馳 龍貫禄 堂貫禄
9月	宝 ト玉報 調石司 恍石将	海 ト車胡 石龍鳳 将龍貴	雨 ト牽恍 車玉調 南玉極	樹 ネ禄禄 貫車貫 禄車馳	花 ネ司将 貫牽石 禄牽報	陽 ネ鳳貴 鳳禄龍 南禄胡	灯 ネ調極 石司玉 将司恍	山 ネ貫貴 石調貫 将調極	地 ネ石極 龍鳳石 南鳳貴	鉄 ネ龍馳 龍石龍 禄石将	宝 ネ玉報 貫貫玉 禄貫禄	海 ネ車胡 玉玉車 南玉恍	雨 ネ牽恍 調龍牽 将龍胡	樹 イ禄禄 玉牽禄 恍牽報	花 イ司将 龍車司 堂車馳	陽 イ鳳貴 貫司貫 貴司極	灯 イ調極 龍禄石 胡禄貴	山 イ貫貴 司調龍 南調極	地 イ石極 調鳳玉 将鳳貴	鉄 イ龍馳 玉石車 恍石将	宝 イ玉報 龍貫牽 堂貫禄	海 イ車胡 龍玉禄 貴玉恍	雨 イ牽恍 龍龍調 胡龍胡	樹 サ禄禄 禄牽貫 印牽報	花 サ司将 玉車石 極車馳	陽 サ鳳貴 牽司龍 報司極	灯 サ調極 鳳禄玉 庫禄貴	山 サ貫貴 車調車 貴調極	地 サ石極 車鳳牽 胡鳳貴	鉄 サ龍馳 龍石禄 印石将	
10月	宝 サ玉報 牽貫司 極貫禄	海 サ車胡 司玉鳳 報玉恍	雨 サ牽恍 車龍調 庫龍胡	樹 ウ禄禄 車牽貫 馳牽報	花 ウ司将 車車石 馳車馳	陽 ウ鳳貴 鳳司龍 庫司極	灯 ウ調極 牽禄玉 報禄貴	山 ウ貫貴 司調貫 報禄庫	地 ウ石極 禄鳳石 庫司印	鉄 ウ龍馳 龍石龍 馳鳳堂	宝 ウ玉報 禄貫玉 馳調南	海 ウ車胡 調玉車 庫貫南	雨 ウ牽恍 牽龍牽 報石堂	樹 タ禄禄 司牽禄 極龍印	花 タ司将 鳳車司 印玉庫	陽 タ鳳貴 鳳司貫 胡車庫	灯 タ調極 禄禄石 貴牽印	山 タ貫貴 玉玉龍 庫禄庫	地 タ石極 牽龍玉 報司印	鉄 タ龍馳 調牽車 極鳳堂	宝 タ玉報 龍玉牽 印調南	海 タ車胡 禄車禄 胡貫南	雨 タ牽恍 鳳牽調 貴石堂	樹 ト禄禄 禄禄貫 堂龍印	花 ト司将 調司石 恍玉庫	陽 ト鳳貴 調鳳龍 将車庫	灯 ト調極 鳳調玉 南牽印	山 ト貫貴 鳳貫車 胡禄庫	地 ト石極 鳳石牽 貴司印	鉄 ト龍馳 龍龍禄 堂鳳堂	宝 ト玉報 調玉司 恍調南
11月	海 ト車胡 石車鳳 将貫南	雨 ト牽恍 車牽調 南石堂	樹 ネ禄禄 貫禄貫 禄龍印	花 ネ司将 貫司石 禄玉庫	陽 ネ鳳貴 鳳鳳龍 南車庫	灯 ネ調極 石調玉 将牽印	山 ネ貫貴 玉貫車 将禄庫	地 ネ石極 龍牽石 南禄報	鉄 ネ龍馳 龍禄龍 禄調胡	宝 ネ玉報 貫司玉 禄鳳恍	海 ネ車胡 玉鳳車 南石禄	雨 ネ牽恍 調調牽 将貫将	樹 イ禄禄 玉貫禄 恍玉貴	花 イ司将 龍石司 堂龍極	陽 イ鳳貴 鳳龍鳳 貴牽馳	灯 イ調極 龍玉石 胡車報	山 イ貫貴 牽車龍 南司馳	地 イ石極 調牽玉 将禄報	鉄 イ龍馳 玉禄車 恍調胡	宝 イ玉報 禄司牽 堂鳳恍	海 イ車胡 貫貫禄 貴石禄	雨 イ牽恍 龍石司 胡貫将	樹 サ禄禄 禄龍貫 印玉貴	花 サ司将 玉玉石 極龍極	陽 サ鳳貴 牽車龍 報牽馳	灯 サ調極 鳳牽玉 庫車報	山 サ貫貴 車禄車 貴司馳	地 サ石極 車司牽 胡禄報	鉄 サ龍馳 龍鳳禄 印調胡	宝 サ玉報 牽調司 極鳳恍	
12月	海 サ車胡 司貫鳳 報石禄	雨 サ牽恍 車石調 庫貫将	樹 ウ禄禄 車龍貫 馳玉貴	花 ウ司将 車玉石 馳龍極	陽 ウ鳳貴 鳳車龍 庫牽馳	灯 ウ調極 牽牽玉 報車報	山 ウ貫貴 司司貫 報車報	地 ウ石極 禄禄石 庫牽馳	鉄 ウ龍馳 龍調龍 馳禄極	宝 ウ玉報 禄鳳玉 馳司貴	海 ウ車胡 調石車 庫鳳将	雨 ウ牽恍 牽貫牽 報調禄	樹 タ禄禄 司玉禄 極貫恍	花 タ司将 鳳龍司 印石胡	陽 タ鳳貴 鳳牽貫 胡龍報	灯 タ調極 禄車石 貴玉馳	山 タ貫貴 玉司龍 庫車報	地 タ石極 牽禄玉 報牽馳	鉄 タ龍馳 調調車 極禄極	宝 タ玉報 龍鳳牽 印司貴	海 タ車胡 禄石禄 胡鳳将	雨 タ牽恍 鳳貫調 貴調禄	樹 ト禄禄 禄玉貫 堂貫恍	花 ト司将 調龍石 恍石胡	陽 ト鳳貴 調牽龍 将龍報	灯 ト調極 鳳車玉 南玉馳	山 ト貫貴 鳳司車 胡車報	地 ト石極 鳳禄牽 貴牽馳	鉄 ト龍馳 龍調禄 堂禄極	宝 ト玉報 調鳳司 恍司貴	海 ト車胡 石石鳳 将鳳将

1999年（平成11年）

1999年(平成11年)

	1日	2日	3日	4日	5日	6日	7日	8日	9日	10日	11日	12日	13日	14日	15日	16日
1月	雨 ト牽恍 車貫調 南調禄	樹 ネ禄禄 貫玉貫 禄貫恍	花 ネ司将 貫龍石 禄石胡	陽 ネ鳳貴 鳳牽龍 南龍報	灯 ネ調極 石車玉 将玉馳	山 ネ貫貴 石司貫 将牽印	地 ネ石極 龍禄石 南車庫	鉄 ネ龍馳 龍調龍 禄司庫	宝 ネ玉報 貫鳳玉 禄禄印	海 ネ車胡 玉石車 南調堂	雨 ネ牽恍 調貫牽 将鳳南	樹 イ禄禄 玉玉禄 恍石南	花 イ司将 龍龍司 堂貫堂	陽 イ鳳貴 貫牽貫 貴玉印	灯 イ調極 龍車石 胡龍庫	山 イ貫貴 司調龍 南牽印
2月	樹 ウ禄禄 車司貫 馳石南	花 ウ司将 車禄石 馳貫堂	陽 ウ鳳貴 鳳調龍 庫玉印	灯 ウ鳳胡 玉調龍 報石極	山 ウ石恍 司貫牽 報龍貴	地 ウ貫胡 禄石車 庫玉極	鉄 ウ玉報 龍龍司 馳車馳	宝 ウ龍馳 禄玉禄 馳牽報	海 ウ牽極 調車調 庫禄胡	雨 ウ車貴 玉牽鳳 報司恍	樹 タ司将 司禄石 極鳳禄	花 タ禄禄 鳳調貫 印調将	陽 タ調恍 鳳貫玉 胡貫貴	灯 タ鳳胡 禄石龍 貴石極	山 タ石恍 玉龍牽 庫龍貴	地 タ貫胡 牽玉車 報玉極
3月	海 ト牽極 石鳳調 将禄胡	雨 ト車貴 車調鳳 南司恍	樹 ネ司将 貫貫石 禄鳳禄	花 ネ禄禄 貫石貫 禄調将	陽 ネ調恍 鳳龍玉 南貫貴	灯 ネ鳳胡 調龍龍 将貫胡	山 ネ石恍 石牽牽 将玉恍	地 ネ貫胡 龍車車 南龍胡	鉄 ネ玉報 龍司司 禄牽報	宝 ネ龍馳 貫禄禄 禄車馳	海 ネ牽極 玉調調 南司極	雨 ネ車貴 調鳳鳳 将禄貴	樹 イ司将 玉石石 恍調将	花 イ禄禄 龍貫貫 堂鳳禄	陽 イ調恍 貫玉玉 貴石恍	灯 イ鳳胡 龍龍龍 胡貫胡
4月	雨 サ車貴 車鳳鳳 庫禄貴	樹 ウ司将 車石石 馳調将	花 ウ禄禄 車貫貫 馳鳳禄	陽 ウ調恍 鳳玉玉 庫石恍	灯 ウ鳳胡 玉龍龍 報調堂	山 ウ石恍 司牽牽 報貫南	地 ウ貫胡 禄車車 庫石堂	鉄 ウ玉報 龍司司 馳龍印	宝 ウ龍馳 禄禄禄 馳玉庫	海 ウ牽極 調調調 庫車庫	雨 ウ車貴 玉鳳鳳 報牽印	樹 タ司将 司石石 極禄堂	花 タ禄禄 鳳貫貫 印司南	陽 タ調恍 鳳玉玉 胡鳳南	灯 タ鳳胡 禄車龍 貴調堂	山 タ石恍 玉司牽 庫貫南
5月	雨 ト車貴 車牽鳳 南牽印	樹 ネ司将 貫禄石 禄禄堂	花 ネ禄禄 貫司貫 禄司南	陽 ネ調恍 鳳鳳玉 南鳳南	灯 ネ鳳胡 石調龍 将調堂	山 ネ石恍 石貫牽 将石禄	地 ネ貫胡 龍石車 南貫将	鉄 ネ玉報 龍龍司 禄玉貴	宝 ネ龍馳 貫玉禄 禄龍極	海 ネ牽極 玉車調 南牽馳	雨 ネ車貴 調牽鳳 将車報	樹 イ司将 玉車石 恍司胡	花 イ禄禄 龍牽貫 堂禄恍	陽 イ調恍 貫禄玉 貴調禄	灯 イ鳳胡 龍司龍 胡鳳将	山 イ石恍 司鳳牽 南石禄
6月	樹 ウ司将 車鳳石 馳司胡	花 ウ禄禄 車調貫 馳禄恍	陽 ウ調恍 鳳貫玉 庫調禄	灯 ウ鳳胡 牽石龍 報鳳将	山 ウ石恍 司龍牽 報石禄	地 ウ貫胡 禄貫車 庫調禄	鉄 ウ玉報 龍玉司 馳貫恍	宝 ウ龍馳 禄龍禄 馳石胡	海 ウ牽極 調牽調 庫龍報	雨 ウ車貴 牽車鳳 報玉馳	樹 タ司将 司司石 極車極	花 タ禄禄 鳳禄貫 印牽貴	陽 タ調恍 鳳調玉 胡禄将	灯 タ鳳胡 禄鳳龍 貴司禄	山 タ石恍 調石牽 庫鳳将	地 タ貫胡 牽貫車 報調禄
7月	樹 ネ司将 貫調石 禄車極	花 ネ禄禄 貫鳳貫 禄牽貴	陽 ネ調恍 鳳石玉 南禄将	灯 ネ鳳胡 石貫龍 将司禄	山 ネ石恍 玉玉牽 将鳳将	地 ネ貫胡 貫龍車 南調禄	鉄 ネ玉報 龍牽司 禄石南	宝 ネ龍馳 貫車禄 禄貫堂	海 ネ牽極 玉司調 南玉印	雨 ネ車貴 調禄鳳 将龍庫	樹 イ司将 玉調石 恍牽庫	花 イ禄禄 龍鳳貫 堂車印	陽 イ調恍 鳳石玉 貴司堂	灯 イ鳳胡 龍貫龍 胡禄南	山 イ石恍 牽玉牽 南調堂	地 イ貫胡 調龍車 将鳳南
8月	花 ウ禄禄 車禄貫 馳車印	陽 ウ調恍 鳳調玉 庫司堂	灯 ウ鳳胡 牽鳳龍 報禄南	山 ウ石恍 司石牽 報調堂	地 ウ貫胡 貫貫車 庫鳳南	鉄 ウ玉報 禄玉司 馳石南	宝 ウ龍馳 禄龍禄 馳貫堂	海 ウ牽極 調車調 庫貫貴	雨 ウ車貴 牽牽鳳 報石極	樹 タ司将 司禄石 極龍馳	花 タ禄禄 鳳司貫 印玉報	陽 タ調恍 鳳鳳玉 胡車胡	灯 タ鳳胡 禄調龍 貴牽恍	山 タ石恍 調貫牽 庫禄胡	地 タ貫胡 牽石車 報司恍	鉄 タ玉報 調龍司 極鳳禄
9月	陽 ネ調恍 鳳禄玉 南車胡	灯 ネ鳳胡 石司龍 将牽恍	山 ネ石恍 玉鳳牽 将禄胡	地 ネ貫胡 貫調車 南司恍	鉄 ネ玉報 貫貫司 禄鳳禄	宝 ネ龍馳 貫石禄 禄調将	海 ネ牽極 車龍調 南貫貴	雨 ネ車貴 調龍鳳 将貫胡	樹 イ司将 玉牽石 恍玉報	花 イ禄禄 龍車貫 堂龍馳	陽 イ調恍 鳳司玉 貴牽極	灯 イ鳳胡 龍禄龍 胡車貴	山 イ石恍 牽調牽 南司極	地 イ貫胡 調鳳車 将禄貴	鉄 イ玉報 玉石司 恍調将	宝 イ龍馳 車貫禄 堂鳳禄
10月	陽 ウ調恍 鳳司玉 庫牽極	灯 ウ鳳胡 牽禄龍 報車貴	山 ウ石恍 司調牽 報司極	地 ウ貫胡 貫鳳車 庫禄貴	鉄 ウ玉報 禄石司 馳調将	宝 ウ龍馳 禄貫禄 馳鳳禄	海 ウ牽極 車玉調 庫石恍	雨 ウ車貴 司龍鳳 報貫胡	樹 タ司将 司牽石 極貫印	花 タ禄禄 鳳車貫 印石庫	陽 タ調恍 鳳司玉 胡龍庫	灯 タ鳳胡 禄禄龍 貴玉印	山 タ石恍 調調牽 庫車庫	地 タ貫胡 牽鳳車 報牽印	鉄 タ玉報 調石司 極禄堂	宝 タ龍馳 鳳貫禄 印司南
11月	灯 ネ鳳胡 石調龍 将玉印	山 ネ石恍 玉貫牽 将車庫	地 ネ貫胡 貫石車 南牽印	鉄 ネ玉報 貫龍司 禄禄堂	宝 ネ龍馳 貫玉禄 禄司南	海 ネ牽極 車車調 南鳳南	雨 ネ車貴 石牽鳳 将調堂	樹 イ司将 玉貫石 恍石貴	花 イ禄禄 龍石貫 堂貫極	陽 イ調恍 鳳龍玉 貴玉馳	灯 イ鳳胡 龍玉龍 胡龍報	山 イ石恍 牽車牽 南牽馳	地 イ貫胡 石牽車 将車報	鉄 イ玉報 玉禄司 恍司胡	宝 イ龍馳 車司禄 堂禄恍	海 イ牽極 車鳳調 貴調禄
12月	灯 ウ鳳胡 牽牽龍 報龍報	山 ウ石恍 司禄牽 報牽馳	地 ウ貫胡 貫司車 庫車報	鉄 ウ玉報 禄鳳司 馳司胡	宝 ウ龍馳 禄調禄 馳禄恍	海 ウ牽極 車貫調 庫調禄	雨 ウ車貴 牽貫鳳 報司禄	樹 タ司将 司玉石 極鳳恍	花 タ禄禄 鳳龍貫 印調胡	陽 タ調恍 鳳牽玉 胡貫報	灯 タ鳳胡 禄車龍 貴石馳	山 タ石恍 調司牽 庫龍報	地 タ貫胡 牽禄車 報玉馳	鉄 タ玉報 調調司 極車極	宝 タ龍馳 鳳鳳禄 印牽貴	海 タ牽極 禄石調 胡禄将

	17日	18日	19日	20日	21日	22日	23日	24日	25日	26日	27日	28日	29日	30日	31日
1月	地 イ石極 調鳳玉 将車庫	鉄 イ龍馳 玉石車 恍司庫	宝 イ玉報 龍龍牽 堂禄印	海 イ車胡 龍牽禄 貴調堂	雨 イ牽恍 龍車調 胡鳳南	樹 サ禄禄 禄司貫 印石南	花 サ司将 玉禄石 極貫堂	陽 サ鳳貴 牽調龍 報玉印	灯 サ調極 鳳鳳玉 庫龍庫	山 サ貫貴 車石車 貴牽印	地 サ石極 車貫牽 胡車庫	鉄 サ龍馳 龍玉禄 印司庫	宝 サ玉報 牽龍司 極禄印	海 サ車胡 司牽鳳 報調堂	雨 サ牽恍 車車調 庫鳳南
2月	鉄 タ玉報 調車司 極車馳	宝 タ龍馳 龍牽禄 印牽報	海 タ牽極 鳳鳳調 胡禄胡	雨 タ車貴 鳳調鳳 貴司恍	樹 ト司将 禄貫石 堂鳳禄	花 ト禄禄 調石貫 恍調将	陽 ト調恍 調龍玉 将貫貴	灯 ト鳳胡 鳳玉龍 南石極	山 ト石恍 鳳車牽 胡龍貴	地 ト貫胡 鳳牽車 貴玉極	鉄 ト玉報 龍禄司 堂車馳	宝 ト龍馳 調司禄 恍牽報			
3月	山 イ石恍 司牽牽 南玉恍	地 イ貫胡 調車車 将龍胡	鉄 イ玉報 玉司司 恍牽報	宝 イ龍馳 龍禄禄 堂車馳	海 イ牽極 龍調調 貴司極	雨 イ車貴 龍鳳鳳 胡禄貴	樹 サ司将 禄石石 印調将	花 サ禄禄 玉貫貫 極鳳禄	陽 サ調恍 牽玉玉 報石恍	灯 サ鳳胡 鳳龍龍 庫貫胡	山 サ石恍 車牽牽 貴玉恍	地 サ貫胡 車車車 胡龍胡	鉄 サ玉報 龍司司 印牽報	宝 サ龍馳 牽禄禄 極車馳	海 サ牽極 司調調 報司極
4月	地 タ貫胡 牽禄車 報石堂	鉄 タ玉報 調龍司 極龍印	宝 タ龍馳 龍玉禄 印玉庫	海 タ牽極 鳳車調 胡車庫	雨 タ車貴 鳳牽鳳 貴牽印	樹 ト司将 禄禄石 堂禄堂	花 ト禄禄 調司貫 恍司南	陽 ト調恍 調鳳玉 将鳳南	灯 ト鳳胡 鳳調龍 南調堂	山 ト石恍 鳳貫牽 胡貫南	地 ト貫胡 鳳石車 貴石堂	鉄 ト玉報 龍龍司 堂龍印	宝 ト龍馳 調玉禄 恍玉庫	海 ト牽極 石車調 将車庫	
5月	地 イ貫胡 調調車 将貫将	鉄 イ玉報 玉貫司 恍玉貴	宝 イ龍馳 龍石禄 堂龍極	海 イ牽極 龍龍調 貴牽馳	雨 イ車貴 龍司鳳 胡車報	樹 サ司将 禄鳳石 印司胡	花 サ禄禄 玉調貫 極禄恍	陽 サ調恍 牽貫玉 報調禄	灯 サ鳳胡 鳳石龍 庫鳳将	山 サ石恍 車龍牽 貴石禄	地 サ貫胡 車玉車 胡貫将	鉄 サ玉報 龍車司 印玉貴	宝 サ龍馳 牽牽禄 極龍極	海 サ牽極 司禄調 報牽馳	雨 サ車貴 車司鳳 庫車報
6月	鉄 タ玉報 調玉司 極貫恍	宝 タ龍馳 貫龍禄 印石胡	海 タ牽極 禄牽調 胡龍報	雨 タ車貴 鳳車鳳 貴玉馳	樹 ト司将 禄司石 堂車極	花 ト禄禄 調禄貫 恍牽貴	陽 ト調恍 調調玉 将禄将	灯 ト鳳胡 鳳鳳龍 南司禄	山 ト石恍 鳳石牽 胡鳳将	地 ト貫胡 鳳龍車 貴調禄	鉄 ト玉報 龍牽司 堂貫恍	宝 ト龍馳 調車禄 恍石胡	海 ト牽極 石司調 将龍報	雨 ト車貴 車禄鳳 南玉馳	
7月	鉄 イ玉報 玉司司 恍石南	宝 イ龍馳 禄禄禄 堂貫堂	海 イ牽極 貫調調 貴玉印	雨 イ車貴 龍車鳳 胡龍庫	樹 サ司将 禄司石 印牽庫	花 サ禄禄 玉禄貫 極車印	陽 サ調恍 牽調玉 報司堂	灯 サ鳳胡 鳳鳳龍 庫禄南	山 サ石恍 車石牽 貴調堂	地 サ貫胡 車貫車 胡鳳南	鉄 サ玉報 龍玉司 印石南	宝 サ龍馳 牽龍禄 極貫堂	海 サ牽極 司牽調 報玉印	雨 サ車貴 車車鳳 庫龍庫	樹 ウ司将 車司石 馳牽庫
8月	宝 タ龍馳 鳳玉禄 印調将	海 タ牽極 禄車調 胡貫貴	雨 タ車貴 鳳石鳳 貴石極	樹 ト司将 玉龍石 堂龍馳	花 ト禄禄 牽玉貫 恍玉報	陽 ト調恍 調禄玉 将車胡	灯 ト鳳胡 鳳司龍 南牽恍	山 ト石恍 鳳鳳牽 胡禄胡	地 ト貫胡 鳳調車 貴司恍	鉄 ト玉報 龍貫司 堂鳳禄	宝 ト龍馳 調石禄 恍調将	海 ト牽極 石龍調 将貫貴	雨 ト車貴 車玉鳳 南石極	樹 ネ司将 貫車石 禄龍馳	花 ネ禄禄 貫牽貫 禄玉報
9月	海 イ牽極 車玉調 貴石恍	雨 イ車貴 龍龍鳳 胡貫胡	樹 サ司将 調牽石 印玉報	花 サ禄禄 石車貫 極龍馳	陽 サ調恍 牽司玉 報牽極	灯 サ鳳胡 鳳禄龍 庫車貴	山 サ石恍 車調牽 貴司極	地 サ貫胡 車鳳車 胡禄貴	鉄 サ玉報 龍石司 印調将	宝 サ龍馳 牽貫禄 極鳳禄	海 サ牽極 牽玉調 報石恍	雨 サ車貴 車龍鳳 庫貫胡	樹 ウ司将 車牽石 馳玉報	花 ウ禄禄 車車貫 馳龍馳	
10月	海 タ牽極 禄玉調 胡鳳南	雨 タ車貴 鳳龍鳳 貴調堂	樹 ト司将 玉調石 堂貫印	花 ト禄禄 牽鳳貫 恍石庫	陽 ト調恍 調石玉 将龍庫	灯 ト鳳胡 鳳調龍 南玉印	山 ト石恍 鳳貫牽 胡車庫	地 ト貫胡 鳳石車 貴牽印	鉄 ト玉報 龍龍司 堂禄堂	宝 ト龍馳 調玉禄 恍司南	海 ト牽極 石車調 将鳳南	雨 ト車貴 車牽鳳 南調堂	樹 ネ司将 貫禄石 禄貫印	花 ネ禄禄 貫司貫 禄石庫	陽 ネ調恍 鳳鳳玉 南龍庫
11月	雨 イ車貴 龍調鳳 胡鳳将	樹 サ司将 調貫石 印石貴	花 サ禄禄 石石貫 極貫極	陽 サ調恍 牽龍玉 報玉馳	灯 サ鳳胡 鳳牽龍 庫龍報	山 サ石恍 龍禄牽 貴牽馳	地 サ貫胡 車司車 胡車報	鉄 サ玉報 龍鳳司 印司胡	宝 サ龍馳 牽調禄 極禄恍	海 サ牽極 牽貫調 報調禄	雨 サ車貴 車石鳳 庫鳳将	樹 ウ司将 車龍石 馳石貴	花 ウ禄禄 車玉貫 馳貫極	陽 ウ調恍 鳳車玉 庫玉馳	
12月	雨 タ車貴 鳳貫鳳 貴司禄	樹 ト司将 玉玉石 堂鳳恍	花 ト禄禄 牽龍貫 恍調胡	陽 ト調恍 調牽玉 将貫報	灯 ト鳳胡 鳳車龍 南石馳	山 ト石恍 鳳司牽 胡龍報	地 ト貫胡 鳳禄車 貴玉馳	鉄 ト玉報 龍調司 堂車極	宝 ト龍馳 調鳳禄 恍牽貴	海 ト牽極 石石調 将禄将	雨 ト車貴 車貫鳳 南司禄	樹 ネ司将 貫玉石 禄鳳恍	花 ネ禄禄 貫龍貫 禄調胡	陽 ネ調恍 鳳牽玉 南貫報	灯 ネ鳳胡 石車龍 将石馳

2000年(平成12年)

	1日	2日	3日	4日	5日	6日	7日	8日	9日	10日	11日	12日	13日	14日	15日	16日
1月	山 ネ石恍 玉司牽 将龍報	地 ネ貫胡 貫禄車 南玉馳	鉄 ネ玉報 貫調司 禄車極	宝 ネ龍馳 貫鳳禄 禄牽貴	海 ネ牽極 車石調 南禄将	雨 ネ車貴 調貫鳳 将禄南	樹 イ司将 玉玉石 恍調南	花 イ禄禄 龍龍貫 堂鳳堂	陽 イ調恍 鳳牽玉 貴石印	灯 イ鳳胡 龍車龍 胡貫庫	山 イ石恍 牽司牽 南玉印	地 イ貫胡 調禄車 将龍庫	鉄 イ玉報 玉調司 恍牽庫	宝 イ龍馳 車鳳禄 堂車印	海 イ牽極 車石調 貴司堂	雨 イ車貴 龍龍鳳 胡禄南
2月	地 ウ貫胡 貫貫車 庫龍庫	鉄 ウ玉報 禄玉司 馳牽庫	宝 ウ龍馳 禄龍禄 馳車印	海 ウ龍庫 調車調 庫車胡	雨 ウ玉印 牽牽鳳 報牽恍	樹 タ車堂 司禄石 極禄禄	花 タ牽南 鳳司貫 印司将	陽 タ禄南 鳳鳳玉 胡鳳貴	灯 タ司堂 禄調龍 貴調極	山 タ鳳南 調貫牽 庫貫貴	地 タ調堂 牽石車 報石極	鉄 タ貫印 調車司 極龍馳	宝 タ石庫 鳳牽禄 印玉報	海 タ龍庫 禄禄石 胡車胡	雨 タ玉印 鳳司貫 貴牽恍	樹 ト車堂 玉鳳玉 堂禄禄
3月	山 ネ鳳南 玉車貫 将貫貴	地 ネ調堂 貫牽石 南石極	鉄 ネ貫印 貫禄龍 禄龍馳	宝 ネ石庫 貫司玉 禄玉報	海 ネ龍庫 玉調調 南牽極	雨 ネ玉印 調鳳鳳 将車貴	樹 イ車堂 玉石石 恍司将	花 イ牽南 龍貫貫 堂禄禄	陽 イ禄南 鳳玉玉 貴調恍	灯 イ司堂 龍龍龍 胡鳳胡	山 イ鳳南 牽牽牽 南石恍	地 イ調堂 調車車 将貫胡	鉄 イ貫印 玉司司 恍玉報	宝 イ石庫 車禄禄 堂龍馳	海 イ龍庫 車調石 貴牽極	雨 イ玉印 龍鳳貫 胡車貴
4月	地 ウ調堂 貫車石 庫貫胡	鉄 ウ貫印 禄司龍 馳玉報	宝 ウ石庫 禄禄玉 馳龍馳	海 ウ龍庫 調調調 庫龍庫	雨 ウ玉印 牽鳳鳳 報玉印	樹 タ車堂 司石石 極車堂	花 タ牽南 鳳貫貫 印牽南	陽 タ禄南 鳳玉玉 胡禄南	灯 タ司堂 禄龍龍 貴司堂	山 タ鳳南 調牽牽 庫鳳南	地 タ調堂 牽車車 報調堂	鉄 タ貫印 調司司 極貫印	宝 タ石庫 鳳禄禄 印石庫	海 タ龍庫 禄石石 胡龍庫	雨 タ玉印 鳳貫貫 貴玉印	樹 ト車堂 玉玉玉 堂車堂
5月	地 ネ調堂 貫石石 南調堂	鉄 ネ貫印 貫龍龍 禄貫印	宝 ネ石庫 貫玉玉 禄石庫	海 ネ龍庫 車車車 南龍庫	雨 ネ玉印 調牽鳳 将龍報	樹 イ車堂 玉禄石 恍牽胡	花 イ牽南 龍司貫 堂車恍	陽 イ禄南 鳳鳳玉 貴司禄	灯 イ司堂 龍調龍 胡禄将	山 イ鳳南 牽貫牽 南調禄	地 イ調堂 調調車 将鳳将	鉄 イ貫印 玉貫司 恍石貴	宝 イ石庫 車石禄 堂貫極	海 イ龍庫 車龍調 貴玉馳	雨 イ玉印 龍玉貫 胡龍報	樹 サ車堂 調車玉 印牽胡
6月	鉄 ウ貫印 禄車龍 馳石貴	宝 ウ石庫 禄牽玉 馳貫極	海 ウ龍庫 車禄車 庫玉馳	雨 ウ玉印 司司牽 報龍報	樹 タ車堂 司司石 極龍極	花 タ牽南 鳳禄貫 印玉貴	陽 タ禄南 鳳調玉 胡車将	灯 タ司堂 禄鳳龍 貴牽禄	山 タ鳳南 調石牽 庫禄将	地 タ調堂 牽貫車 報司禄	鉄 タ貫印 調玉司 極鳳恍	宝 タ石庫 鳳龍禄 印調胡	海 タ龍庫 禄牽調 胡貫報	雨 タ玉印 鳳車鳳 貴石馳	樹 ト車堂 玉司玉 堂龍極	花 ト牽南 牽禄龍 恍玉貴
7月	鉄 ネ貫印 貫牽龍 禄鳳恍	宝 ネ石庫 貫車玉 禄調胡	海 ネ龍庫 車司車 南貫報	雨 ネ玉印 石禄牽 将石馳	樹 イ車堂 玉調禄 恍龍極	花 イ牽南 禄鳳司 堂玉貴	陽 イ禄南 鳳石玉 貴牽堂	灯 イ司堂 龍貫龍 胡車南	山 イ鳳南 牽玉牽 南司堂	地 イ調堂 石龍車 将禄南	鉄 イ貫印 玉牽司 恍調南	宝 イ石庫 車車禄 堂鳳堂	海 イ龍庫 車司調 貴石印	雨 イ玉印 龍禄鳳 胡貫庫	樹 サ車堂 牽調石 印玉庫	花 サ牽南 石鳳貫 極龍印
8月	宝 ウ石庫 禄龍玉 馳鳳堂	海 ウ龍庫 車牽車 庫石印	雨 ウ玉印 司車牽 報貫庫	樹 タ車堂 調司禄 極玉庫	花 タ牽南 禄禄司 印龍印	陽 タ禄南 禄調鳳 胡牽堂	灯 タ司堂 禄調龍 貴玉恍	山 タ鳳南 調貫牽 庫車胡	地 タ調堂 牽石車 報牽恍	鉄 タ貫印 調龍司 極禄禄	宝 タ石庫 鳳玉禄 印司将	海 タ龍庫 車車調 胡鳳貴	雨 タ玉印 鳳牽鳳 貴調極	樹 ト車堂 石禄石 堂貫馳	花 ト牽南 牽司貫 恍石報	陽 ト禄南 調鳳玉 将龍胡
9月	海 ネ龍庫 車龍車 南鳳貴	雨 ネ玉印 石玉牽 将調極	樹 イ車堂 玉車禄 恍貫馳	花 イ牽南 禄牽司 堂石報	陽 イ禄南 龍禄鳳 貴龍胡	灯 イ司堂 龍司調 胡玉恍	山 イ鳳南 牽調牽 南牽極	地 イ調堂 石鳳車 将車貴	鉄 イ貫印 玉石司 恍司将	宝 イ石庫 車貫禄 堂禄禄	海 イ龍庫 車玉調 貴調恍	雨 イ玉印 龍龍鳳 胡鳳胡	樹 サ車堂 牽牽石 印石報	花 サ牽南 石車貫 極貫馳	陽 サ禄南 牽司玉 報玉極	灯 サ司堂 車禄龍 庫龍貴
10月	海 ウ龍庫 車玉車 庫調恍	雨 ウ玉印 司龍牽 報鳳胡	樹 タ車堂 調牽禄 極石報	花 タ牽南 禄車司 印貫馳	陽 タ禄南 禄司鳳 胡玉極	灯 タ司堂 禄禄調 貴龍貴	山 タ鳳南 貫調貫 庫牽極	地 タ調堂 牽鳳車 報玉印	鉄 タ貫印 調石司 極車堂	宝 タ石庫 鳳貫禄 印牽南	海 タ龍庫 車玉調 胡禄南	雨 タ玉印 鳳龍鳳 貴司堂	樹 ト車堂 石牽石 堂鳳印	花 ト牽南 牽車貫 恍調庫	陽 ト禄南 調司玉 将貫庫	灯 ト司堂 貫禄龍 南石印
11月	雨 ネ玉印 石牽牽 将司堂	樹 イ車堂 玉禄禄 恍鳳印	花 イ牽南 禄司司 堂調庫	陽 イ禄南 龍鳳鳳 貴貫庫	灯 イ司堂 龍調調 胡石印	山 イ鳳南 貫貫貫 南龍庫	地 イ調堂 石牽車 将龍報	鉄 イ貫印 玉禄司 恍牽胡	宝 イ石庫 車司禄 堂車恍	海 イ龍庫 車鳳調 貴司禄	雨 イ玉印 龍調鳳 胡禄将	樹 サ車堂 牽貫石 印調貴	花 サ牽南 石石貫 極鳳極	陽 サ禄南 牽龍玉 報石馳	灯 サ司堂 車玉龍 庫貫報	山 サ鳳南 龍車牽 貴玉馳
12月	雨 ウ玉印 司石牽 報禄将	樹 タ車堂 調龍禄 極調貴	花 タ牽南 禄玉司 印鳳極	陽 タ禄南 禄車鳳 胡石馳	灯 タ司堂 禄牽調 貴貫報	山 タ鳳南 貫禄貫 庫玉馳	地 タ調堂 牽禄車 報石馳	鉄 タ貫印 調調司 極龍極	宝 タ石庫 鳳鳳禄 印玉貴	海 タ龍庫 車石調 胡車将	雨 タ玉印 鳳貫鳳 貴牽禄	樹 ト車堂 石玉石 堂禄恍	花 ト牽南 牽龍貫 恍司胡	陽 ト禄南 調牽玉 将鳳報	灯 ト司堂 貫車龍 南調馳	山 ト鳳南 貫司牽 胡貫報

	17日	18日	19日	20日	21日	22日	23日	24日	25日	26日	27日	28日	29日	30日	31日
1月	樹 サ司将 調牽石 印調南	花 サ禄禄 石車貫 極鳳堂	陽 サ調恍 牽調玉 報石印	灯 サ鳳胡 鳳鳳龍 庫貫庫	山 サ石恍 車石牽 貴玉印	地 サ貫胡 車貫車 胡龍庫	鉄 サ玉報 龍玉司 印牽庫	宝 サ龍馳 牽龍禄 極車印	海 サ牽極 牽牽調 報司堂	雨 サ車貴 車車鳳 庫禄南	樹 ウ司将 車司石 馳調南	花 ウ禄禄 車禄貫 馳鳳堂	陽 ウ調恍 鳳調玉 庫石印	灯 ウ鳳胡 牽鳳龍 報貫庫	山 ウ石恍 司石牽 報玉印
2月	花 ト牽南 牽調司 恍司将	陽 ト禄南 調貫鳳 将鳳貴	灯 ト司堂 鳳玉調 南調極	山 ト鳳南 鳳車貫 胡貫貴	地 ト調堂 鳳牽石 貴石極	鉄 ト貫印 龍禄龍 堂龍馳	宝 ト石庫 調司玉 恍玉報	海 ト龍庫 石鳳車 将車胡	雨 ト玉印 車調牽 南牽恍	樹 ネ車堂 貫貫禄 禄禄禄	花 ネ牽南 貫石司 禄司将	陽 ネ禄南 鳳龍鳳 南鳳貴	灯 ネ司堂 石玉調 将調極		
3月	樹 サ車堂 調石玉 印司将	花 サ牽南 玉貫司 極禄禄	陽 サ禄南 牽玉鳳 報調恍	灯 サ司堂 鳳龍調 庫鳳胡	山 サ鳳南 車牽貫 貴石恍	地 サ調堂 車車石 胡貫胡	鉄 サ貫印 龍司龍 印玉報	宝 サ石庫 牽禄玉 極龍馳	海 サ龍庫 司調車 報牽極	雨 サ玉印 車鳳牽 庫車貴	樹 ウ車堂 車石禄 馳司将	花 ウ牽南 車貫司 馳禄禄	陽 ウ禄南 鳳玉鳳 庫調恍	灯 ウ司堂 牽龍調 報鳳胡	山 ウ鳳南 司牽貫 報石恍
4月	花 ト牽南 牽司司 恍牽南	陽 ト禄南 調鳳鳳 将禄南	灯 ト司堂 鳳調調 南司堂	山 ト鳳南 鳳貫貫 胡鳳南	地 ト調堂 鳳石石 貴調堂	鉄 ト貫印 龍龍龍 堂貫印	宝 ト石庫 調玉玉 恍石庫	海 ト龍庫 石車車 将龍庫	雨 ト玉印 車牽牽 南玉印	樹 ネ車堂 貫禄禄 禄車堂	花 ネ牽南 貫司司 禄牽南	陽 ネ禄南 鳳鳳鳳 南禄南	灯 ネ司堂 石調調 将司堂	山 ネ鳳南 玉貫貫 将鳳南	
5月	花 サ牽南 石牽龍 極車恍	陽 サ禄南 牽禄鳳 報司禄	灯 サ司堂 鳳司調 庫禄将	山 サ鳳南 車龍貫 貴調禄	地 サ調堂 車玉石 胡鳳将	鉄 サ貫印 龍車龍 印石貴	宝 サ石庫 牽牽玉 極貫極	海 サ龍庫 牽禄車 報玉馳	雨 サ玉印 車司牽 庫龍報	樹 ウ車堂 車鳳禄 馳牽胡	花 ウ牽南 車調司 馳車恍	陽 ウ禄南 鳳貫鳳 庫司禄	灯 ウ司堂 牽石調 報禄将	山 ウ鳳南 司龍貫 報調禄	地 ウ調堂 貫玉石 庫鳳将
6月	陽 ト禄南 調調牽 将車将	灯 ト司堂 鳳鳳調 南牽禄	山 ト鳳南 鳳石貫 胡禄将	地 ト調堂 鳳貫石 貴司禄	鉄 ト貫印 龍玉龍 堂鳳恍	宝 ト石庫 調龍玉 恍調胡	海 ト龍庫 石牽車 将貫報	雨 ト玉印 車車牽 南石馳	樹 ネ車堂 貫調禄 禄龍極	花 ネ牽南 貫鳳司 禄玉貴	陽 ネ禄南 鳳石鳳 南車将	灯 ネ司堂 石貫調 将牽禄	山 ネ鳳南 玉玉貫 将禄将	地 ネ調堂 貫龍石 南司禄	
7月	陽 サ禄南 牽玉牽 報牽堂	灯 サ司堂 禄龍車 庫車南	山 サ鳳南 龍牽司 貴司堂	地 サ調堂 車貫石 胡禄南	鉄 サ貫印 龍玉龍 印調南	宝 サ石庫 牽龍玉 極鳳堂	海 サ龍庫 牽牽車 報石印	雨 サ玉印 車車牽 庫貫庫	樹 ウ車堂 車司禄 馳玉庫	花 ウ牽南 車禄司 馳龍印	陽 ウ禄南 鳳調鳳 庫牽堂	灯 ウ司堂 牽鳳調 報車南	山 ウ鳳南 司石貫 報司堂	地 ウ調堂 貫貫石 庫禄南	鉄 ウ貫印 禄玉龍 馳調南
8月	灯 ト司堂 龍調車 南玉恍	山 ト鳳南 禄禄司 胡車胡	地 ト調堂 鳳司禄 貴牽恍	鉄 ト貫印 龍鳳龍 堂禄禄	宝 ト石庫 調石玉 恍司将	海 ト龍庫 石龍車 将鳳貴	雨 ト玉印 車玉牽 南調極	樹 ネ車堂 貫車禄 禄貫馳	花 ネ牽南 貫牽司 禄石報	陽 ネ禄南 鳳禄鳳 南龍胡	灯 ネ司堂 石司調 将玉恍	山 ネ鳳南 玉鳳貫 将車胡	地 ネ調堂 貫調石 南牽恍	鉄 ネ貫印 貫貫龍 禄禄禄	宝 ネ石庫 貫石玉 禄司将
9月	山 サ鳳南 龍調司 貴牽極	地 サ調堂 車鳳禄 胡車貴	鉄 サ貫印 調石調 印司将	宝 サ石庫 石貫玉 極禄禄	海 サ龍庫 牽玉車 報調恍	雨 サ玉印 車龍牽 庫鳳胡	樹 ウ車堂 車牽禄 馳石報	花 ウ牽南 車車司 馳貫馳	陽 ウ禄南 鳳司鳳 庫玉極	灯 ウ司堂 牽禄調 報龍貴	山 ウ鳳南 司調貫 報牽極	地 ウ調堂 貫鳳石 庫車貴	鉄 ウ貫印 禄石龍 馳司将	宝 ウ石庫 禄貫玉 馳禄禄	
10月	山 ト鳳南 貫調牽 胡龍庫	地 ト調堂 鳳龍禄 貴玉印	鉄 ト貫印 牽牽調 堂車堂	宝 ト石庫 司車鳳 恍牽南	海 ト龍庫 石車車 将禄南	雨 ト玉印 車牽牽 南司堂	樹 ネ車堂 貫禄禄 禄鳳印	花 ネ牽南 貫司司 禄調庫	陽 ネ禄南 鳳鳳鳳 南貫庫	灯 ネ司堂 石調調 将石印	山 ネ鳳南 石貫貫 将龍庫	地 ネ調堂 貫石石 南玉印	鉄 ネ貫印 貫龍龍 禄車堂	宝 ネ石庫 貫玉玉 禄牽南	海 ネ龍庫 車車車 南禄南
11月	地 サ調堂 車牽禄 胡龍報	鉄 サ貫印 調禄調 印牽胡	宝 サ石庫 石司鳳 極車恍	海 サ龍庫 牽貫車 報司禄	雨 サ玉印 車石牽 庫禄将	樹 ウ車堂 車龍禄 馳調貴	花 ウ牽南 車玉司 馳鳳極	陽 ウ禄南 鳳車鳳 庫石馳	灯 ウ司堂 牽牽調 報貫報	山 ウ鳳南 司禄貫 報玉馳	地 ウ調堂 貫司石 庫龍報	鉄 ウ貫印 禄鳳龍 馳牽胡	宝 ウ石庫 禄調玉 馳車恍	海 ウ龍庫 車貫車 庫司禄	
12月	地 ト調堂 鳳禄禄 貴石馳	鉄 ト貫印 牽調調 堂龍極	宝 ト石庫 司鳳鳳 恍玉貴	海 ト龍庫 石石車 将車将	雨 ト玉印 車貫牽 南牽禄	樹 ネ車堂 貫玉禄 禄禄恍	花 ネ牽南 貫龍司 禄司胡	陽 ネ禄南 鳳牽鳳 南鳳報	灯 ネ司堂 石車調 将調馳	山 ネ鳳南 石司貫 将貫報	地 ネ調堂 貫禄石 南石馳	鉄 ネ貫印 貫調龍 禄龍極	宝 ネ石庫 貫鳳玉 禄玉貴	海 ネ龍庫 車石車 南車将	雨 ネ玉印 石貫牽 将牽禄

2001年（平成13年）

2001年(平成13年)

	1日	2日	3日	4日	5日	6日	7日	8日	9日	10日	11日	12日	13日	14日	15日	16日	17日	18日	19日	20日	21日	22日	23日	24日	25日	26日	27日	28日	29日	30日	31日
1月	樹 イ車堂 玉玉禄 恍禄恍	花 イ牽南 禄龍司 堂司胡	陽 イ禄南 龍牽鳳 貴鳳報	灯 イ司堂 龍車調 胡調馳	山 イ鳳南 牽司牽 南石印	地 イ調堂 石禄車 将貫庫	鉄 イ貫印 玉調司 恍玉庫	宝 イ石庫 車鳳禄 堂龍印	海 イ龍庫 車石調 貴牽堂	雨 イ玉印 龍貫鳳 胡車南	樹 サ車堂 牽玉石 印司南	花 サ牽南 石龍貫 極禄堂	陽 サ禄南 牽牽玉 報調印	灯 サ司堂 車車龍 庫鳳庫	山 サ鳳南 龍調司 貴石印	地 サ調堂 車鳳禄 胡貫庫	鉄 サ貫印 調石調 印玉庫	宝 サ石庫 石龍玉 極龍印	海 サ龍庫 牽牽車 報牽堂	雨 サ玉印 車車牽 庫車南	樹 ウ車堂 車司禄 馳司南	花 ウ牽南 車禄司 馳禄堂	陽 ウ禄南 鳳調鳳 庫調印	灯 ウ司堂 牽鳳調 報鳳庫	山 ウ鳳南 司石貫 報石印	地 ウ調堂 貫貫石 庫貫庫	鉄 ウ貫印 禄玉龍 馳玉庫	宝 ウ石庫 禄龍玉 馳龍印	海 ウ龍庫 車牽車 庫牽堂	雨 ウ玉印 司車牽 報車南	樹 タ車堂 調司禄 極司南
2月	花 タ牽南 禄禄司 印禄堂	陽 タ禄南 禄調鳳 胡調印	灯 タ司堂 禄鳳調 貴鳳庫	山 タ調禄 調貫貫 庫鳳貴	地 タ鳳将 牽石石 報調極	鉄 タ石貴 調龍龍 極貫馳	宝 タ貫極 鳳玉玉 印石報	海 タ玉馳 車車車 胡龍胡	雨 タ龍報 鳳牽牽 貴玉恍	樹 ト牽胡 石禄車 堂車禄	花 ト車恍 牽司牽 恍牽将	陽 ト司禄 調貫禄 将禄貴	灯 ト禄将 貫石司 南司極	山 ト調禄 貫龍鳳 胡鳳貴	地 ト鳳将 鳳玉調 貴調極	鉄 ト石貴 牽車貫 堂貫馳	宝 ト貫極 調牽石 恍石報	海 ト玉馳 石禄龍 将龍胡	雨 ト龍報 車調司 南玉恍	樹 ネ牽胡 貫貫鳳 禄車禄	花 ネ車恍 貫石調 禄牽将	陽 ネ司禄 鳳龍貫 南禄貴	灯 ネ禄将 石玉石 将司極	山 ネ調禄 玉車龍 将鳳貴	地 ネ鳳将 貫牽玉 南調極	鉄 ネ石貴 貫禄車 禄貫馳	宝 ネ貫極 貫司牽 禄石報	海 ネ玉馳 車鳳禄 南龍胡			
3月	雨 ネ龍報 石調司 将玉恍	樹 イ牽胡 玉貫鳳 恍車禄	花 イ車恍 禄石調 堂牽将	陽 イ司禄 龍龍貫 貴禄貴	灯 イ禄将 龍龍調 胡禄胡	山 イ調禄 牽牽貫 南調恍	地 イ鳳将 石車石 将鳳胡	鉄 イ石貴 玉司龍 恍石報	宝 イ貫極 車禄玉 堂貫馳	海 イ玉馳 車調車 貴玉極	雨 イ龍報 龍鳳玉 胡龍貴	樹 サ牽胡 牽石車 印牽将	花 サ車恍 石貫牽 極車禄	陽 サ司禄 牽玉禄 報司恍	灯 サ禄将 禄龍司 庫禄胡	山 サ調禄 龍牽鳳 貴調恍	地 サ鳳将 車車調 胡鳳胡	鉄 サ石貴 龍司貫 印石報	宝 サ貫極 石禄石 極貫馳	海 サ玉馳 牽調禄 報玉極	雨 サ龍報 車鳳司 庫龍貴	樹 ウ牽胡 車石鳳 馳牽将	花 ウ車恍 車貫調 馳車禄	陽 ウ司禄 鳳玉貫 庫司恍	灯 ウ禄将 牽龍石 報禄胡	山 ウ調禄 司牽龍 報調恍	地 ウ鳳将 貫車玉 庫鳳胡	鉄 ウ石貴 禄司車 馳石報	宝 ウ貫極 禄禄牽 馳貫馳	海 ウ玉馳 車調禄 庫玉極	雨 ウ龍報 司鳳司 報龍貴
4月	樹 タ牽胡 調石鳳 極牽将	花 タ車恍 禄貫調 印車禄	陽 タ司禄 禄玉貫 胡司恍	灯 タ禄将 禄龍石 貴禄胡	山 タ調禄 調牽貫 庫禄南	地 タ鳳将 牽車石 報司堂	鉄 タ石貴 調司龍 極鳳印	宝 タ貫極 鳳禄玉 印調庫	海 タ玉馳 車調車 胡貫庫	雨 タ龍報 鳳鳳牽 貴石印	樹 ト牽胡 石石車 堂龍堂	花 ト車恍 牽貫牽 恍玉南	陽 ト司禄 調玉禄 将車南	灯 ト禄将 貫龍司 南牽堂	山 ト調禄 貫司鳳 胡禄南	地 ト鳳将 鳳禄調 貴司堂	鉄 ト石貴 牽調貫 堂鳳印	宝 ト貫極 調玉石 恍調庫	海 ト玉馳 石車龍 将貫庫	雨 ト龍報 車牽司 南石印	樹 ネ牽胡 貫禄鳳 禄龍堂	花 ネ車恍 貫司調 禄玉南	陽 ネ司禄 鳳鳳貫 南車南	灯 ネ禄将 石調石 将牽堂	山 ネ調禄 玉貫龍 将禄南	地 ネ鳳将 貫石玉 南司堂	鉄 ネ石貴 貫龍車 禄鳳印	宝 ネ貫極 貫玉牽 禄調庫	海 ネ玉馳 車車禄 南貫庫	雨 ネ龍報 石牽司 将石印	
5月	樹 イ牽胡 玉禄鳳 恍龍堂	花 イ車恍 禄司調 堂玉南	陽 イ司禄 龍鳳貫 貴車南	灯 イ禄将 龍調石 胡牽堂	山 イ調禄 牽貫貫 南司禄	地 イ鳳将 石石石 将禄将	鉄 イ石貴 玉龍龍 恍調貴	宝 イ貫極 車玉玉 堂鳳極	海 イ玉馳 車車車 貴石馳	雨 イ龍報 龍牽牽 胡貫報	樹 サ牽胡 牽車車 印玉胡	花 サ車恍 石牽牽 極龍恍	陽 サ司禄 牽禄禄 報牽禄	灯 サ禄将 車司司 庫車将	山 サ調禄 龍鳳鳳 貴司禄	地 サ鳳将 車調調 胡禄将	鉄 サ石貴 調貫貫 印調貴	宝 サ貫極 石石石 極鳳極	海 サ玉馳 牽龍龍 報石馳	雨 サ龍報 車司司 庫貫報	樹 ウ牽胡 車鳳鳳 馳玉胡	花 ウ車恍 車調調 馳龍恍	陽 ウ司禄 鳳貫貫 庫牽禄	灯 ウ禄将 牽石石 報車将	山 ウ調禄 司龍龍 報司禄	地 ウ鳳将 貫玉玉 庫禄将	鉄 ウ石貴 禄車車 馳調貴	宝 ウ貫極 禄牽牽 馳鳳極	海 ウ玉馳 車禄禄 庫石馳	雨 ウ龍報 司司司 報貫報	樹 タ牽胡 調鳳鳳 極玉胡
6月	花 タ車恍 禄調調 印龍恍	陽 タ司禄 禄貫貫 胡牽禄	灯 タ禄将 禄石石 貴車将	山 タ調禄 貫龍龍 庫司禄	地 タ鳳将 牽貫石 報牽禄	鉄 タ石貴 調玉龍 極禄恍	宝 タ貫極 鳳龍玉 印司胡	海 タ玉馳 車牽車 胡鳳報	雨 タ龍報 鳳車牽 貴調馳	樹 ト牽胡 石司禄 堂貫極	花 ト車恍 牽禄牽 恍石貴	陽 ト司禄 調調禄 将龍将	灯 ト禄将 貫鳳司 南玉禄	山 ト調禄 貫石鳳 胡車将	地 ト鳳将 鳳貫調 貴牽禄	鉄 ト石貴 牽玉貫 堂禄恍	宝 ト貫極 司龍石 恍司胡	海 ト玉馳 石牽龍 将鳳報	雨 ト龍報 車車玉 南調馳	樹 ネ牽胡 貫司鳳 禄貫極	花 ネ車恍 貫禄調 禄石貴	陽 ネ司禄 鳳調貫 南龍将	灯 ネ禄将 石鳳石 将玉禄	山 ネ調禄 石石龍 将車将	地 ネ鳳将 貫龍玉 南牽禄	鉄 ネ石貴 貫牽車 禄禄恍	宝 ネ貫極 貫車牽 禄司胡	海 ネ玉馳 車司禄 南鳳報	雨 ネ龍報 石禄司 将調馳	樹 イ牽胡 玉調鳳 恍貫極	
7月	花 イ車恍 禄鳳調 堂石貴	陽 イ司禄 龍石貫 貴龍将	灯 イ禄将 龍貫石 胡玉禄	山 イ調禄 貫玉龍 南車将	地 イ鳳将 玉龍玉 将牽禄	鉄 イ石貴 牽牽車 恍禄恍	宝 イ貫極 車車玉 堂禄堂	海 イ玉馳 車司車 貴調印	雨 イ龍報 龍禄牽 胡鳳庫	樹 サ牽胡 牽調禄 印石庫	花 サ車恍 石鳳司 極貫印	陽 サ司禄 牽石鳳 報玉堂	灯 サ禄将 車貫司 庫龍南	山 サ調禄 貫玉鳳 貴牽堂	地 サ鳳将 車龍調 胡車南	鉄 サ石貴 司牽貫 印司南	宝 サ貫極 石禄石 極禄堂	海 サ玉馳 牽調龍 報調印	雨 サ龍報 鳳鳳玉 庫鳳庫	樹 ウ牽胡 龍司車 馳石庫	花 ウ車恍 車禄牽 馳貫印	陽 ウ司禄 鳳調貫 庫玉堂	灯 ウ禄将 牽鳳石 報龍南	山 ウ調禄 司石龍 報牽堂	地 ウ鳳将 貫貫玉 庫車南	鉄 ウ石貴 禄玉車 馳司南	宝 ウ貫極 禄龍牽 馳禄堂	海 ウ玉馳 車牽禄 庫調印	雨 ウ龍報 司車司 報鳳庫	樹 タ牽胡 調司鳳 極石庫	花 タ車恍 禄禄調 印貫印
8月	陽 タ司禄 禄調貫 胡玉堂	灯 タ禄将 禄鳳石 貴龍南	山 タ調禄 貫石龍 庫牽堂	地 タ鳳将 司貫玉 報車南	鉄 タ石貴 調玉車 極司南	宝 タ貫極 龍龍牽 印禄堂	海 タ玉馳 車車車 胡禄貴	雨 タ龍報 鳳牽牽 貴司極	樹 ト牽胡 石禄禄 堂鳳馳	花 ト車恍 司司司 恍調報	陽 ト司禄 調鳳鳳 将貫胡	灯 ト禄将 貫調調 南石恍	山 ト調禄 貫貫鳳 胡龍胡	地 ト鳳将 鳳石調 貴玉恍	鉄 ト石貴 石龍貫 堂車禄	宝 ト貫極 司玉石 恍牽将	海 ト玉馳 石車龍 将禄貴	雨 ト龍報 龍石玉 南司極	樹 ネ牽胡 鳳龍車 禄鳳馳	花 ネ車恍 貫玉牽 禄調報	陽 ネ司禄 鳳禄禄 南貫胡	灯 ネ禄将 石司石 将石恍	山 ネ調禄 石鳳龍 将龍胡	地 ネ鳳将 貫調玉 南玉恍	鉄 ネ石貴 貫貫車 禄車禄	宝 ネ貫極 貫石牽 禄牽将	海 ネ玉馳 車龍禄 南禄貴	雨 ネ龍報 石玉司 将司極	樹 イ牽胡 玉車鳳 恍鳳馳	花 イ車恍 禄牽調 堂調報	陽 イ司禄 龍禄貫 貴貫胡
9月	灯 イ禄将 龍司石 胡石恍	山 イ調禄 貫鳳龍 南龍胡	地 イ鳳将 玉調玉 将玉恍	鉄 イ石貴 牽貫車 恍車禄	宝 イ貫極 龍石牽 堂牽将	海 イ玉馳 龍龍禄 貴禄貴	雨 イ龍報 龍龍牽 胡禄胡	樹 サ牽胡 牽牽禄 印調報	花 サ車恍 石車司 極鳳馳	陽 サ司禄 牽司鳳 報石極	灯 サ禄将 車禄調 庫貫貴	山 サ調禄 貫調貫 貴玉極	地 サ鳳将 車鳳調 胡龍貴	鉄 サ石貴 司石貫 印牽将	宝 サ貫極 石貫石 極車禄	海 サ玉馳 牽玉龍 報司恍	雨 サ龍報 鳳龍玉 庫禄胡	樹 ウ牽胡 龍牽車 馳調報	花 ウ車恍 車車牽 馳鳳馳	陽 ウ司禄 鳳司禄 庫石極	灯 ウ禄将 牽禄司 報貫貴	山 ウ調禄 司調龍 報玉極	地 ウ鳳将 貫鳳玉 庫龍貴	鉄 ウ石貴 禄石車 馳牽将	宝 ウ貫極 禄貫牽 馳車禄	海 ウ玉馳 車玉禄 庫司恍	雨 ウ龍報 司龍司 報禄胡	樹 タ牽胡 調牽鳳 極調報	花 タ車恍 禄車調 印鳳馳	陽 タ司禄 禄司貫 胡石極	
10月	灯 タ禄将 禄禄石 貴貫貴	山 タ調禄 貫調龍 庫玉極	地 タ鳳将 司鳳玉 報龍貴	鉄 タ石貴 調石車 極牽将	宝 タ貫極 龍貫牽 印車禄	海 タ玉馳 鳳玉禄 胡司恍	雨 タ龍報 鳳龍司 貴禄胡	樹 ト牽胡 石牽禄 堂禄印	花 ト車恍 司車司 恍司庫	陽 ト司禄 調司鳳 将鳳庫	灯 ト禄将 貫禄調 南調印	山 ト調禄 貫調貫 胡貫庫	地 ト鳳将 鳳鳳石 貴石印	鉄 ト石貴 石石貫 堂龍堂	宝 ト貫極 司貫石 恍玉南	海 ト玉馳 石玉龍 将車南	雨 ト龍報 貫龍玉 南牽堂	樹 ネ牽胡 鳳調車 禄禄印	花 ネ車恍 貫鳳牽 禄司庫	陽 ネ司禄 牽石禄 南鳳庫	灯 ネ禄将 司調司 将調印	山 ネ調禄 石貫鳳 将貫庫	地 ネ鳳将 貫石玉 南石印	鉄 ネ石貴 貫龍車 禄龍堂	宝 ネ貫極 貫玉牽 禄玉南	海 ネ玉馳 車車禄 南車南	雨 ネ龍報 石牽司 将牽堂	樹 イ牽胡 玉禄鳳 恍禄印	花 イ車恍 禄司調 堂司庫	陽 イ司禄 龍鳳貫 貴鳳庫	灯 イ禄将 龍調石 胡調印
11月	山 イ調禄 貫貫龍 南貫庫	地 イ鳳将 玉石玉 将石印	鉄 イ石貴 牽龍車 恍龍堂	宝 イ貫極 龍玉牽 堂玉南	海 イ玉馳 龍車禄 貴車南	雨 イ龍報 龍牽司 胡牽堂	樹 サ牽胡 牽貫禄 印司貴	花 サ車恍 石石司 極禄極	陽 サ司禄 牽龍鳳 報調馳	灯 サ禄将 車玉調 庫鳳報	山 サ調禄 貫車貫 貴石馳	地 サ鳳将 車牽石 胡貫報	鉄 サ石貴 司禄貫 印玉胡	宝 サ貫極 石司石 極龍恍	海 サ玉馳 牽鳳龍 報牽禄	雨 サ龍報 禄調玉 庫車将	樹 ウ牽胡 禄貫車 馳司貴	花 ウ車恍 車石牽 馳禄極	陽 ウ司禄 石龍禄 庫調馳	灯 ウ禄将 牽牽司 報鳳報	山 ウ調禄 司禄鳳 報石馳	地 ウ鳳将 貫司玉 庫貫報	鉄 ウ石貴 禄鳳車 馳玉胡	宝 ウ貫極 禄調牽 馳龍恍	海 ウ玉馳 車貫禄 庫牽禄	雨 ウ龍報 司石司 報車将	樹 タ牽胡 調龍鳳 極司貴	花 タ車恍 禄玉調 印禄極	陽 タ司禄 禄車貫 胡調馳	灯 タ禄将 禄牽石 貴鳳報	
12月	山 タ調禄 貫禄龍 庫石馳	地 タ鳳将 司司玉 報貫報	鉄 タ石貴 調鳳車 極玉胡	宝 タ貫極 龍調牽 印龍恍	海 タ玉馳 鳳貫禄 胡牽禄	雨 タ龍報 鳳石司 貴車将	樹 ト牽胡 石玉禄 堂車恍	花 ト車恍 司龍司 恍牽胡	陽 ト司禄 調牽鳳 将禄報	灯 ト禄将 貫車調 南司馳	山 ト調禄 貫司貫 胡鳳報	地 ト鳳将 鳳禄石 貴調馳	鉄 ト石貴 石調貫 堂貫極	宝 ト貫極 司鳳石 恍石貴	海 ト玉馳 石石龍 将龍将	雨 ト龍報 貫貫玉 南玉禄	樹 ネ牽胡 鳳玉車 禄車恍	花 ネ車恍 貫龍牽 禄牽胡	陽 ネ司禄 牽牽禄 南禄報	灯 ネ禄将 司車司 将司馳	山 ネ調禄 石司鳳 将鳳報	地 ネ鳳将 貫禄玉 南調馳	鉄 ネ石貴 貫調車 禄貫極	宝 ネ貫極 貫鳳牽 禄石貴	海 ネ玉馳 車石禄 南龍将	雨 ネ龍報 石貫司 将玉禄	樹 イ牽胡 玉玉鳳 恍車恍	花 イ車恍 禄龍調 堂牽胡	陽 イ司禄 龍牽貫 貴禄報	灯 イ禄将 龍車石 胡司馳	山 イ調禄 貫司龍 南鳳報

2002年（平成14年）

2002年(平成14年)

	1日	2日	3日	4日	5日	6日	7日	8日	9日	10日	11日	12日	13日	14日	15日	16日
1月	地 イ鳳将 玉禄玉 将調馳	鉄 イ石貴 牽調車 恍貫極	宝 イ貫極 龍鳳牽 堂石貴	海 イ玉馳 龍石禄 貴龍将	雨 イ龍報 龍貫牽 胡龍南	樹 サ牽胡 牽玉禄 印牽南	花 サ車恍 石龍司 極車堂	陽 サ司禄 牽牽鳳 報司印	灯 サ禄将 車車調 庫禄庫	山 サ調禄 貫司貫 貴調印	地 サ鳳将 車禄調 胡鳳庫	鉄 サ石貴 司調貫 印石庫	宝 サ貫極 石鳳石 極貫印	海 サ玉馳 牽石龍 報玉堂	雨 サ龍報 鳳龍玉 庫龍南	樹 ウ牽胡 龍牽車 馳牽南
2月	鉄 タ石貴 調玉車 極石庫	宝 タ貫極 龍龍牽 印貫印	海 タ玉馳 鳳牽禄 胡玉堂	雨 タ石馳 鳳牽車 貴石恍	樹 ト龍極 石禄司 堂龍禄	花 ト玉貴 司司禄 恍玉将	陽 ト車将 調鳳調 将車貴	灯 ト牽禄 貫調鳳 南牽極	山 ト禄将 貫貫石 胡禄貴	地 ト司禄 鳳石貫 貴司極	鉄 ト鳳恍 石龍玉 堂鳳馳	宝 ト調胡 司牽龍 恍調報	海 ト貫報 石禄牽 将貫胡	雨 ト石馳 龍司車 南石恍	樹 ネ龍極 鳳鳳司 禄龍禄	花 ネ玉貴 貫調禄 禄玉将
3月	山 イ禄将 貫車玉 南禄貴	地 イ司禄 玉牽龍 将司極	鉄 イ鳳恍 牽禄牽 恍鳳馳	宝 イ調胡 龍司車 堂調報	海 イ貫報 龍鳳司 貴貫胡	雨 イ石馳 龍鳳車 胡貫貴	樹 サ龍極 牽石司 印玉将	花 サ玉貴 石貫禄 極龍禄	陽 サ車将 牽玉調 報牽恍	灯 サ牽禄 車龍鳳 庫車胡	山 サ禄将 貫牽石 貴司恍	地 サ司禄 車車貫 胡禄胡	鉄 サ鳳恍 司司玉 印調報	宝 サ調胡 石禄龍 極鳳馳	海 サ貫報 牽調牽 報石極	雨 サ石馳 鳳鳳車 庫貫貴
4月	地 タ司禄 司車龍 報禄胡	鉄 タ鳳恍 調司牽 極調報	宝 タ調胡 龍禄車 印鳳馳	海 タ貫報 鳳調司 胡石極	雨 タ石馳 鳳鳳車 貴調印	樹 ト龍極 石石司 堂貫堂	花 ト玉貴 司貫禄 恍石南	陽 ト車将 調玉調 将龍南	灯 ト牽禄 貫龍鳳 南玉堂	山 ト禄将 貫牽石 胡車南	地 ト司禄 鳳車貫 貴牽堂	鉄 ト鳳恍 石司玉 堂禄印	宝 ト調胡 司禄龍 恍司庫	海 ト貫報 石調牽 将鳳庫	雨 ト石馳 龍貫車 南調印	樹 ネ龍極 鳳玉司 禄貫堂
5月	地 イ司禄 玉石龍 将牽堂	鉄 イ鳳恍 牽龍牽 恍禄印	宝 イ調胡 龍玉車 堂司庫	海 イ貫報 龍車司 貴鳳庫	雨 イ石馳 龍牽禄 胡調印	樹 サ龍極 牽禄司 印石胡	花 サ玉貴 石司禄 極貫恍	陽 サ車将 牽鳳調 報玉禄	灯 サ牽禄 車調鳳 庫龍将	山 サ禄将 貫貫石 貴牽禄	地 サ司禄 車石貫 胡車将	鉄 サ鳳恍 司貫玉 印司貴	宝 サ調胡 石石龍 極禄極	海 サ貫報 牽龍牽 報調馳	雨 サ石馳 禄玉車 庫鳳報	樹 ウ龍極 禄車司 馳石胡
6月	鉄 タ鳳恍 調車牽 極司貴	宝 タ調胡 龍牽車 印禄極	海 タ貫報 鳳禄司 胡調馳	雨 タ石馳 鳳司禄 貴鳳報	樹 ト龍極 禄鳳調 堂石胡	花 ト玉貴 司禄禄 恍調貴	陽 ト車将 調調調 将貫将	灯 ト牽禄 貫鳳鳳 南石禄	山 ト禄将 貫石石 胡龍将	地 ト司禄 鳳貫貫 貴玉禄	鉄 ト鳳恍 石玉玉 堂車恍	宝 ト調胡 司龍龍 恍牽胡	海 ト貫報 石牽牽 将禄報	雨 ト石馳 貫車車 南司馳	樹 ネ龍極 鳳司司 禄鳳極	花 ネ玉貴 貫禄禄 禄調貴
7月	鉄 イ鳳恍 牽牽牽 恍車恍	宝 イ調胡 龍車車 堂牽胡	海 イ貫報 龍司司 貴禄報	雨 イ石馳 龍禄禄 胡司馳	樹 サ龍極 禄調調 印鳳極	花 サ玉貴 玉鳳鳳 極調貴	陽 サ車将 牽石調 報石堂	灯 サ牽禄 車貫鳳 庫貫南	山 サ禄将 貫玉石 貴玉堂	地 サ司禄 車龍貫 胡龍南	鉄 サ鳳恍 司牽玉 印牽南	宝 サ調胡 玉車龍 極車堂	海 サ貫報 牽司牽 報司印	雨 サ石馳 禄禄車 庫禄庫	樹 ウ龍極 禄調司 馳調庫	花 ウ玉貴 車鳳禄 馳鳳印
8月	宝 タ調胡 龍龍車 印車堂	海 タ貫報 鳳牽司 胡司印	雨 タ石馳 鳳車禄 貴禄庫	樹 ト龍極 禄司調 堂調庫	花 ト玉貴 調禄鳳 恍鳳印	陽 ト車将 石調石 将石堂	灯 ト牽禄 鳳鳳貫 南貫南	山 ト禄将 貫貫石 胡貫胡	地 ト司禄 鳳石貫 貴石恍	鉄 ト鳳恍 石龍玉 堂龍禄	宝 ト調胡 司玉龍 恍玉将	海 ト貫報 石車牽 将車貴	雨 ト石馳 貫牽車 南牽極	樹 ネ龍極 禄禄司 禄禄馳	花 ネ玉貴 貫司禄 禄司報	陽 ネ車将 玉鳳調 南鳳胡
9月	海 イ貫報 龍龍司 貴車貴	雨 イ石馳 龍玉禄 胡牽極	樹 サ龍極 禄車調 印禄馳	花 サ玉貴 玉牽鳳 極司報	陽 サ車将 牽禄石 報鳳胡	灯 サ牽禄 鳳司貫 庫調恍	山 サ禄将 車鳳玉 貴貫胡	地 サ司禄 車鳳貫 胡貫貴	鉄 サ鳳恍 司石玉 印玉将	宝 サ調胡 玉貫龍 極龍禄	海 サ貫報 牽玉牽 報牽恍	雨 サ石馳 禄龍車 庫車胡	樹 ウ龍極 禄牽司 馳司報	花 ウ玉貴 車車禄 馳禄馳	陽 ウ車将 司司調 庫調極	灯 ウ牽禄 玉禄鳳 報鳳貴
10月	海 タ貫報 鳳玉司 胡牽恍	雨 タ石馳 鳳龍禄 貴車胡	樹 ト龍極 禄牽調 堂司報	花 ト玉貴 調車鳳 恍禄馳	陽 ト車将 石司石 将調極	灯 ト牽禄 鳳禄貫 南鳳貴	山 ト禄将 鳳調玉 胡石極	地 ト司禄 鳳鳳貫 貴調印	鉄 ト鳳恍 石石玉 堂貫堂	宝 ト調胡 司貫龍 恍石南	海 ト貫報 石玉牽 将龍南	雨 ト石馳 貫龍車 南玉堂	樹 ネ龍極 禄牽司 禄車印	花 ネ玉貴 貫車禄 禄牽庫	陽 ネ車将 玉司調 南禄庫	灯 ネ牽禄 司禄鳳 将司印
11月	雨 イ石馳 龍牽禄 胡玉堂	樹 サ龍極 禄禄調 印車印	花 サ玉貴 玉司鳳 極牽庫	陽 サ車将 牽鳳石 報禄庫	灯 サ牽禄 鳳調貫 庫司印	山 サ禄将 車貫玉 貴鳳庫	地 サ司禄 車牽貫 胡鳳報	鉄 サ鳳恍 司禄玉 印石胡	宝 サ調胡 玉司龍 極貫恍	海 サ貫報 牽鳳牽 報玉禄	雨 サ石馳 禄調車 庫龍将	樹 ウ龍極 禄貫司 馳牽貴	花 ウ玉貴 車石禄 馳車極	陽 ウ車将 司龍調 庫司馳	灯 ウ牽禄 玉玉鳳 報禄報	山 ウ禄将 司車石 報調馳
12月	雨 タ石馳 鳳石禄 貴龍将	樹 ト龍極 禄龍調 堂牽貴	花 ト玉貴 調玉鳳 恍車極	陽 ト車将 石車石 将司馳	灯 ト牽禄 鳳牽貫 南禄報	山 ト禄将 鳳禄玉 胡調馳	地 ト司禄 鳳禄貫 貴司馳	鉄 ト鳳恍 石調玉 堂鳳極	宝 ト調胡 司鳳龍 恍調貴	海 ト貫報 石石牽 将貫将	雨 ト石馳 貫貫車 南石禄	樹 ネ龍極 禄玉司 禄龍恍	花 ネ玉貴 貫龍禄 禄玉胡	陽 ネ車将 玉牽調 南車報	灯 ネ牽禄 司車鳳 将牽馳	山 ネ禄将 石司石 将禄報

	17日	18日	19日	20日	21日	22日	23日	24日	25日	26日	27日	28日	29日	30日	31日
1月	花 ウ車恍 車車牽 馳車堂	陽 ウ司禄 鳳調禄 庫司印	灯 ウ禄将 牽鳳司 報禄庫	山 ウ調禄 司石龍 報調印	地 ウ鳳将 貫貫玉 庫鳳庫	鉄 ウ石貴 禄玉車 馳石庫	宝 ウ貫極 禄龍牽 馳貫印	海 ウ玉馳 車牽禄 庫玉堂	雨 ウ龍報 司車司 報龍南	樹 タ牽胡 調司鳳 極牽南	花 タ車恍 禄禄調 印車堂	陽 タ司禄 禄調貫 胡司印	灯 タ禄将 禄鳳石 貴禄庫	山 タ調禄 貫石龍 庫調印	地 タ鳳将 司貫玉 報鳳庫
2月	陽 ネ車将 鳳貫調 南車貴	灯 ネ牽禄 司石鳳 将牽極	山 ネ禄将 石車石 将禄貴	地 ネ司禄 貫牽貫 南司極	鉄 ネ鳳恍 貫禄玉 禄鳳馳	宝 ネ調胡 貫司龍 禄調報	海 ネ貫報 車鳳牽 南貫胡	雨 ネ石馳 石調禄 将石恍	樹 イ龍極 玉貫調 恍龍禄	花 イ玉貴 禄石鳳 堂玉将	陽 イ車将 龍龍石 貴車貴	灯 イ牽禄 龍玉貫 胡牽極			
3月	樹 ウ龍極 龍石司 馳玉将	花 ウ玉貴 車貫禄 馳龍禄	陽 ウ車将 鳳玉調 庫牽恍	灯 ウ牽禄 牽龍鳳 報車胡	山 ウ禄将 司牽石 報司恍	地 ウ司禄 貫車貫 庫禄胡	鉄 ウ鳳恍 禄司玉 馳調報	宝 ウ調胡 禄禄龍 馳鳳馳	海 ウ貫報 車調牽 庫石極	雨 ウ石馳 司鳳禄 報貫貴	樹 タ龍極 調石調 極玉将	花 タ玉貴 禄貫鳳 印龍禄	陽 タ車将 禄玉石 胡牽恍	灯 タ牽禄 禄龍貫 貴車胡	山 タ禄将 貫牽玉 庫司恍
4月	花 ネ玉貴 貫龍禄 禄石南	陽 ネ車将 鳳鳳調 南龍南	灯 ネ牽禄 司調鳳 将玉堂	山 ネ禄将 石貫石 将車南	地 ネ司禄 貫石貫 南牽堂	鉄 ネ鳳恍 貫龍玉 禄禄印	宝 ネ調胡 貫玉龍 禄司庫	海 ネ貫報 車車牽 南鳳庫	雨 ネ石馳 石牽禄 将調印	樹 イ龍極 玉禄調 恍貫堂	花 イ玉貴 禄司鳳 堂石南	陽 イ車将 龍鳳石 貴龍南	灯 イ牽禄 龍調貫 胡玉堂	山 イ禄将 貫貫玉 南車南	
5月	花 ウ玉貴 車牽禄 馳貫恍	陽 ウ車将 石禄調 庫玉禄	灯 ウ牽禄 牽司鳳 報龍将	山 ウ禄将 司鳳石 報牽禄	地 ウ司禄 貫玉貫 庫車将	鉄 ウ鳳恍 禄車玉 馳司貴	宝 ウ調胡 禄牽龍 馳禄極	海 ウ貫報 車禄牽 庫調馳	雨 ウ石馳 司司車 報鳳報	樹 タ龍極 調鳳調 極石胡	花 タ玉貴 禄調鳳 印貫恍	陽 タ車将 禄貫石 胡玉禄	灯 タ牽禄 禄石貫 貴龍将	山 タ禄将 貫龍玉 庫牽禄	地 タ司禄 司玉龍 報車将
6月	陽 ネ車将 牽調調 南貫将	灯 ネ牽禄 司鳳鳳 将石禄	山 ネ禄将 石石石 将龍将	地 ネ司禄 貫貫貫 南玉禄	鉄 ネ鳳恍 貫玉玉 禄車恍	宝 ネ調胡 貫龍龍 禄牽胡	海 ネ貫報 車牽牽 南禄報	雨 ネ石馳 石車車 将司馳	樹 イ龍極 玉司司 恍鳳極	花 イ玉貴 禄鳳鳳 堂調貴	陽 イ車将 龍石石 貴貫将	灯 イ牽禄 龍貫貫 胡石禄	山 イ禄将 貫玉玉 南龍将	地 イ司禄 玉龍龍 将玉禄	
7月	陽 ウ車将 石玉調 庫石堂	灯 ウ牽禄 玉龍鳳 報貫南	山 ウ禄将 司牽石 報玉堂	地 ウ司禄 貫貫貫 庫龍南	鉄 ウ鳳恍 車玉玉 馳牽南	宝 ウ調胡 禄龍龍 馳車堂	海 ウ貫報 車牽牽 庫司印	雨 ウ石馳 司車車 報禄庫	樹 タ龍極 司司司 極調庫	花 タ玉貴 禄禄禄 印鳳印	陽 タ車将 禄調石 胡石堂	灯 タ牽禄 禄鳳貫 貴貫南	山 タ禄将 貫石玉 庫玉堂	地 タ司禄 司貫龍 報龍南	鉄 タ鳳恍 調玉牽 極牽南
8月	灯 ネ牽禄 司調鳳 将調恍	山 ネ禄将 石貫石 将貫胡	地 ネ司禄 車司貫 南石恍	鉄 ネ鳳恍 鳳鳳玉 禄龍禄	宝 ネ調胡 貫調龍 禄玉将	海 ネ貫報 車龍牽 南車貴	雨 ネ石馳 石玉車 将牽極	樹 イ龍極 玉車司 恍禄馳	花 イ玉貴 禄牽禄 堂司報	陽 イ車将 龍禄調 貴鳳胡	灯 イ牽禄 龍司鳳 胡調恍	山 イ禄将 貫鳳玉 南貫胡	地 イ司禄 玉調龍 将石恍	鉄 イ鳳恍 牽貫牽 恍龍禄	宝 イ調胡 龍石車 堂玉将
9月	山 ウ禄将 司調石 報石極	地 ウ司禄 鳳鳳貫 庫貫貴	鉄 ウ鳳恍 車石玉 馳玉将	宝 ウ調胡 禄貫龍 馳龍禄	海 ウ貫報 車玉牽 庫牽恍	雨 ウ石馳 玉龍車 報車胡	樹 タ龍極 司牽司 極司報	花 タ玉貴 禄車禄 印禄馳	陽 タ車将 禄司調 胡調極	灯 タ牽禄 禄禄鳳 貴鳳貴	山 タ禄将 貫調石 庫石極	地 タ司禄 司鳳龍 報貫貴	鉄 タ鳳恍 調石牽 極玉将	宝 タ調胡 龍貫車 印龍禄	
10月	山 ネ禄将 石調石 将鳳庫	地 ネ司禄 車龍貫 南調印	鉄 ネ鳳恍 鳳牽玉 禄貫堂	宝 ネ調胡 貫車龍 禄石南	海 ネ貫報 車車牽 南龍南	雨 ネ石馳 石牽車 将玉堂	樹 イ龍極 玉禄司 恍車印	花 イ玉貴 禄司禄 堂牽庫	陽 イ車将 龍鳳調 貴禄庫	灯 イ牽禄 龍調鳳 胡司印	山 イ禄将 貫貫石 南鳳庫	地 イ司禄 玉石龍 将調印	鉄 イ鳳恍 牽龍牽 恍貫堂	宝 イ調胡 龍玉車 堂石南	海 イ貫報 龍車司 貴龍南
11月	地 ウ司禄 鳳牽貫 庫鳳報	鉄 ウ鳳恍 車禄玉 馳石胡	宝 ウ調胡 禄司龍 馳貫恍	海 ウ貫報 車貫牽 庫玉禄	雨 ウ石馳 玉石車 報龍将	樹 タ龍極 司龍司 極牽貴	花 タ玉貴 禄玉禄 印車極	陽 タ車将 禄車調 胡司馳	灯 タ牽禄 禄牽鳳 貴禄報	山 タ禄将 貫禄石 庫調馳	地 タ司禄 司司龍 報鳳報	鉄 タ鳳恍 調鳳牽 極石胡	宝 タ調胡 龍調車 印貫恍	海 タ貫報 鳳貫司 胡玉禄	
12月	地 ネ司禄 車禄貫 南司馳	鉄 ネ鳳恍 鳳調玉 禄鳳極	宝 ネ調胡 貫鳳龍 禄調貴	海 ネ貫報 車石牽 南貫将	雨 ネ石馳 石貫車 将石禄	樹 イ龍極 玉玉司 恍龍恍	花 イ玉貴 禄龍禄 堂玉胡	陽 イ車将 龍牽調 貴車報	灯 イ牽禄 龍車鳳 胡牽馳	山 イ禄将 貫司石 南禄報	地 イ司禄 玉禄龍 将司馳	鉄 イ鳳恍 牽調牽 恍鳳極	宝 イ調胡 龍鳳車 堂調貴	海 イ貫報 龍石司 貴貫将	雨 イ石馳 龍貫禄 胡石禄

2003年（平成15年）

2003年(平成15年)

	1日	2日	3日	4日	5日	6日	7日	8日	9日	10日	11日	12日	13日	14日	15日	16日
1月	樹 サ龍極 禄玉調 印龍恍	花 サ玉貴 玉龍鳳 極玉胡	陽 サ車将 牽牽石 報車報	灯 サ牽禄 鳳車貫 庫牽馳	山 サ禄将 車司玉 貴禄報	地 サ司禄 車禄貫 胡禄庫	鉄 サ鳳恍 司調玉 印調庫	宝 サ調胡 玉鳳龍 極鳳印	海 サ貫報 牽石牽 報石堂	雨 サ石馳 禄貫車 庫貫南	樹 ウ龍極 禄玉司 馳玉南	花 ウ玉貴 車龍禄 馳龍堂	陽 ウ車将 司牽調 庫牽印	灯 ウ牽禄 玉車鳳 報車庫	山 ウ禄将 司司石 報司印	地 ウ司禄 鳳鳳貫 庫禄庫
2月	花 ト玉貴 調禄鳳 恍龍堂	陽 ト車将 石調石 将牽印	灯 ト牽禄 鳳鳳貫 南車庫	山 ト司堂 貫貫玉 胡車貴	地 ト禄南 鳳石龍 貴牽極	鉄 ト調南 石龍牽 堂禄馳	宝 ト鳳堂 司玉車 恍司報	海 ト石印 石車司 将鳳胡	雨 ト貫庫 貫牽禄 南調恍	樹 ネ玉庫 禄禄調 禄貫禄	花 ネ龍印 貫司鳳 禄石将	陽 ネ牽堂 玉貫石 南龍貴	灯 ネ車南 司石貫 将玉極	山 ネ司堂 石龍牽 将車貴	地 ネ禄南 車玉車 南牽極	鉄 ネ調南 鳳車司 禄禄馳
3月	雨 イ貫庫 龍調車 胡調恍	樹 サ玉庫 禄貫司 印貫禄	花 サ龍印 玉石禄 極石将	陽 サ牽堂 牽龍調 報龍貴	灯 サ車南 鳳玉鳳 庫玉極	山 サ司堂 貫牽玉 貴牽恍	地 サ禄南 車車龍 胡車胡	鉄 サ調南 司司牽 印司報	宝 サ鳳堂 玉禄車 極禄馳	海 サ石印 牽調司 報調極	雨 サ貫庫 禄鳳禄 庫鳳貴	樹 ウ玉庫 禄石調 馳石将	花 ウ龍印 車貫鳳 馳貫禄	陽 ウ牽堂 司玉石 庫玉恍	灯 ウ車南 玉龍貫 報龍胡	山 ウ司堂 司牽牽 報牽恍
4月	樹 ト玉庫 禄石司 堂石将	花 ト龍印 調貫禄 恍貫禄	陽 ト牽堂 石玉調 将玉恍	灯 ト車南 鳳龍鳳 南龍胡	山 ト司堂 貫牽玉 胡龍南	地 ト禄南 鳳車龍 貴玉堂	鉄 ト調南 石司牽 堂車印	宝 ト鳳堂 司禄車 恍牽庫	海 ト石印 石調司 将禄庫	雨 ト貫庫 貫鳳禄 南司印	樹 ネ玉庫 禄石調 禄鳳堂	花 ネ龍印 貫貫鳳 禄調南	陽 ネ牽堂 玉玉石 南貫南	灯 ネ車南 司龍貫 将石堂	山 ネ司堂 石司牽 将龍南	地 ネ禄南 車禄車 南玉堂
5月	樹 サ玉庫 禄禄司 印鳳堂	花 サ龍印 玉司禄 極調南	陽 サ牽堂 牽鳳調 報貫南	灯 サ車南 鳳調鳳 庫石堂	山 サ司堂 車貫石 貴龍南	地 サ禄南 車石龍 胡龍将	鉄 サ調南 司龍牽 印牽貴	宝 サ鳳堂 玉玉車 極車極	海 サ石印 牽車司 報司馳	雨 サ貫庫 禄牽禄 庫禄報	樹 ウ玉庫 禄禄調 馳調胡	花 ウ龍印 車牽鳳 馳鳳恍	陽 ウ牽堂 司禄石 庫石禄	灯 ウ車南 玉司貫 報貫将	山 ウ司堂 司鳳玉 報玉禄	地 ウ禄南 鳳調車 庫龍将
6月	花 ト龍印 調調禄 恍鳳恍	陽 ト牽堂 石貫調 将石禄	灯 ト車南 鳳石鳳 南貫将	山 ト司堂 鳳龍石 胡玉禄	地 ト禄南 鳳玉貫 貴龍将	鉄 ト調南 石玉牽 堂龍恍	宝 ト鳳堂 司龍車 恍玉胡	海 ト石印 石牽司 将車報	雨 ト貫庫 貫車禄 南牽馳	樹 ネ玉庫 禄司調 禄禄極	花 ネ龍印 貫禄鳳 禄司貴	陽 ネ牽堂 玉調石 南鳳将	灯 ネ車南 司鳳貫 将調禄	山 ネ司堂 石石玉 将貫将	地 ネ禄南 龍貫龍 南石禄	鉄 ネ調南 龍玉司 禄龍恍
7月	花 サ龍印 玉鳳禄 極司貴	陽 サ牽堂 牽石調 報鳳将	灯 サ車南 鳳貫鳳 庫調禄	山 サ司堂 車玉石 貴貫将	地 サ禄南 車龍貫 胡石禄	鉄 サ調南 龍牽玉 印龍恍	宝 サ鳳堂 玉車車 極龍堂	海 サ石印 牽司司 報牽印	雨 サ貫庫 禄禄禄 庫車庫	樹 ウ玉庫 禄調調 馳司庫	花 ウ龍印 車鳳鳳 馳禄印	陽 ウ牽堂 司石石 庫調堂	灯 ウ車南 玉貫貫 報鳳南	山 ウ司堂 司玉玉 報石堂	地 ウ禄南 禄龍龍 庫貫南	鉄 ウ調南 車牽牽 馳玉南
8月	陽 ト牽堂 石調調 将調堂	灯 ト車南 鳳鳳鳳 南鳳南	山 ト司堂 鳳石石 胡石堂	地 ト禄南 鳳貫貫 貴貫南	鉄 ト調南 龍玉玉 堂玉南	宝 ト鳳堂 調龍龍 恍龍堂	海 ト石印 石牽牽 将牽印	雨 ト貫庫 貫牽禄 南玉極	樹 ネ玉庫 禄禄調 禄車馳	花 ネ龍印 貫司鳳 禄牽報	陽 ネ牽堂 玉鳳石 南禄胡	灯 ネ車南 調調貫 将司恍	山 ネ司堂 石貫玉 将鳳胡	地 ネ禄南 龍石龍 南調恍	鉄 ネ調南 龍龍牽 禄貫禄	宝 ネ鳳堂 貫玉車 禄石将
9月	灯 サ車南 鳳司鳳 庫司恍	山 サ司堂 車鳳石 貴鳳胡	地 サ禄南 車調貫 胡調恍	鉄 サ調南 龍貫玉 印貫禄	宝 サ鳳堂 牽石龍 極石将	海 サ石印 司龍牽 報龍貴	雨 サ貫庫 車玉車 庫玉極	樹 ウ玉庫 禄牽調 馳牽報	花 ウ龍印 車車鳳 馳車馳	陽 ウ牽堂 司司石 庫司極	灯 ウ車南 玉禄貫 報禄貴	山 ウ司堂 司調玉 報調極	地 ウ禄南 禄鳳龍 庫鳳貴	鉄 ウ調南 龍石牽 馳石将	宝 ウ鳳堂 禄貫車 馳貫禄	海 ウ石印 調玉司 庫玉恍
10月	灯 ト車南 鳳禄鳳 南禄貴	山 ト司堂 鳳調石 胡調極	地 ト禄南 鳳鳳貫 貴鳳貴	鉄 ト調南 龍石玉 堂石将	宝 ト鳳堂 調貫龍 恍貫禄	海 ト石印 石玉牽 将玉恍	雨 ト貫庫 車龍車 南龍胡	樹 ネ玉庫 貫牽司 禄牽報	花 ネ龍印 貫車鳳 禄玉庫	陽 ネ牽堂 玉司石 南車庫	灯 ネ車南 調禄貫 将牽印	山 ネ司堂 石調玉 将禄庫	地 ネ禄南 龍鳳龍 南司印	鉄 ネ調南 龍石牽 禄鳳堂	宝 ネ鳳堂 貫貫車 禄調南	海 ネ石印 玉玉司 南貫南
11月	山 サ司堂 車貫石 貴禄庫	地 サ禄南 車石貫 胡司印	鉄 サ調南 龍龍玉 印鳳堂	宝 サ鳳堂 牽玉龍 極調南	海 サ石印 司車牽 報貫南	雨 サ貫庫 車牽車 庫石堂	樹 ウ玉庫 車禄司 馳龍印	花 ウ龍印 車石鳳 馳龍極	陽 ウ牽堂 司龍石 庫牽馳	灯 ウ車南 玉玉貫 報車報	山 ウ司堂 司車玉 報司馳	地 ウ禄南 禄牽龍 庫禄報	鉄 ウ調南 龍禄牽 馳調胡	宝 ウ鳳堂 禄司車 馳鳳恍	海 ウ石印 調鳳司 庫石禄	雨 ウ貫庫 玉調禄 報貫将
12月	山 ト司堂 鳳禄石 胡司馳	地 ト禄南 鳳司貫 貴禄報	鉄 ト調南 龍鳳玉 堂調胡	宝 ト鳳堂 調調龍 恍鳳恍	海 ト石印 石貫牽 将石禄	雨 ト貫庫 車石車 南貫将	樹 ネ玉庫 禄玉調 禄貫恍	花 ネ龍印 貫龍鳳 禄石胡	陽 ネ牽堂 玉牽石 南龍報	灯 ネ車南 調車貫 将玉馳	山 ネ司堂 石司玉 将車報	地 ネ禄南 龍禄龍 南牽馳	鉄 ネ調南 龍調牽 禄禄極	宝 ネ鳳堂 貫鳳車 禄司貴	海 ネ石印 玉石司 南鳳将	雨 ネ貫庫 調貫禄 将調禄

	17日	18日	19日	20日	21日	22日	23日	24日	25日	26日	27日	28日	29日	30日	31日
1月	鉄 ウ鳳恍 車石玉 馳調庫	宝 ウ調胡 禄貫龍 馳鳳印	海 ウ貫報 車牽牽 庫石堂	雨 ウ石馳 玉車車 報貫南	樹 タ龍極 司司司 極玉南	花 タ玉貴 禄禄禄 印龍堂	陽 タ車将 禄調調 胡牽印	灯 タ牽禄 禄鳳鳳 貴車庫	山 タ禄将 貫石石 庫司印	地 タ司禄 司貫龍 報禄庫	鉄 タ鳳恍 調玉牽 極調庫	宝 タ調胡 龍龍車 印鳳印	海 タ貫報 鳳牽司 胡石堂	雨 タ石馳 鳳車禄 貴貫南	樹 ト龍極 禄司調 堂玉南
2月	宝 ネ鳳堂 貫牽龍 禄司報	海 ネ石印 車禄牽 南鳳胡	雨 ネ貫庫 石調車 将調恍	樹 イ玉庫 玉貫司 恍貫禄	花 イ龍印 禄石禄 堂石将	陽 イ牽堂 龍龍調 貴龍貴	灯 イ車南 龍玉鳳 胡玉極	山 イ司堂 貫車石 南車貴	地 イ禄南 玉牽貫 将牽極	鉄 イ調南 牽禄玉 恍禄馳	宝 イ鳳堂 龍司龍 堂司報	海 イ石印 龍鳳牽 貴鳳胡			
3月	地 ウ禄南 鳳車車 庫車胡	鉄 ウ調南 車司司 馳司報	宝 ウ鳳堂 禄禄龍 馳禄馳	海 ウ石印 車調牽 庫調極	雨 ウ貫庫 司鳳車 報鳳貴	樹 タ玉庫 司石司 極石将	花 タ龍印 禄貫禄 印貫禄	陽 タ牽堂 禄玉調 胡玉恍	灯 タ車南 禄龍鳳 貴龍胡	山 タ司堂 貫牽石 庫牽恍	地 タ禄南 司車貫 報車胡	鉄 タ調南 調司玉 極司報	宝 タ鳳堂 龍禄龍 印禄馳	海 タ石印 鳳調牽 胡調極	雨 タ貫庫 鳳鳳車 貴鳳貴
4月	鉄 ネ調南 鳳調司 禄車印	宝 ネ鳳堂 貫玉龍 禄牽庫	海 ネ石印 車車牽 南禄庫	雨 ネ貫庫 石牽車 将司印	樹 イ玉庫 玉禄司 恍鳳堂	花 イ龍印 禄司禄 堂調南	陽 イ牽堂 龍鳳調 貴貫南	灯 イ車南 龍調鳳 胡石堂	山 イ司堂 貫貫石 南龍南	地 イ禄南 玉石貫 将玉堂	鉄 イ調南 牽龍玉 恍車印	宝 イ鳳堂 龍玉龍 堂牽庫	海 イ石印 龍車牽 貴禄庫	雨 イ貫庫 龍牽車 胡司印	
5月	鉄 ウ調南 車貫司 馳牽貴	宝 ウ鳳堂 禄石禄 馳車極	海 ウ石印 車龍牽 庫司馳	雨 ウ貫庫 玉玉車 報禄報	樹 タ玉庫 司鳳司 極調胡	花 タ龍印 禄調禄 印鳳恍	陽 タ牽堂 禄貫調 胡石禄	灯 タ車南 禄石鳳 貴貫将	山 タ司堂 貫龍石 庫玉禄	地 タ禄南 司玉貫 報龍将	鉄 タ調南 調車玉 極牽貴	宝 タ鳳堂 龍牽龍 印車極	海 タ石印 鳳禄牽 胡司馳	雨 タ貫庫 鳳司車 貴禄報	樹 ト玉庫 禄鳳司 堂調胡
6月	宝 ネ鳳堂 貫龍禄 禄玉胡	海 ネ石印 司牽調 南車報	雨 ネ貫庫 石車車 将牽馳	樹 イ玉庫 玉司司 恍禄極	花 イ龍印 禄禄禄 堂司貴	陽 イ牽堂 龍調調 貴鳳将	灯 イ車南 龍鳳鳳 胡調禄	山 イ司堂 貫石石 南貫将	地 イ禄南 玉貫貫 将石禄	鉄 イ調南 牽牽玉 恍龍恍	宝 イ鳳堂 龍車龍 堂玉胡	海 イ石印 龍司牽 貴車報	雨 イ貫庫 龍禄車 胡牽馳	樹 サ玉庫 禄調司 印禄極	
7月	宝 ウ鳳堂 禄禄禄 馳龍堂	海 ウ石印 石調調 庫牽印	雨 ウ貫庫 玉鳳鳳 報車庫	樹 タ玉庫 司司司 極司庫	花 タ龍印 禄禄禄 印禄印	陽 タ牽堂 禄調調 胡調堂	灯 タ車南 禄鳳鳳 貴鳳南	山 タ司堂 貫石石 庫石堂	地 タ禄南 司貫貫 報貫南	鉄 タ調南 調玉玉 極玉南	宝 タ鳳堂 龍龍龍 印龍堂	海 タ石印 鳳牽牽 胡牽印	雨 タ貫庫 鳳車車 貴車庫	樹 ト玉庫 禄司司 堂司庫	花 ト龍印 調禄禄 恍禄印
8月	海 ネ石印 玉車司 南龍貴	雨 ネ貫庫 調牽鳳 将玉極	樹 イ玉庫 玉龍石 恍車馳	花 イ龍印 車玉貫 堂牽報	陽 イ牽堂 貫車調 貴禄胡	灯 イ車南 龍司鳳 胡司恍	山 イ司堂 貫鳳石 南鳳胡	地 イ禄南 玉調貫 将調恍	鉄 イ調南 玉貫玉 恍貫禄	宝 イ鳳堂 龍石龍 堂石将	海 イ石印 龍龍牽 貴龍貴	雨 イ貫庫 龍玉車 胡玉極	樹 サ玉庫 禄車司 印車馳	花 サ龍印 玉牽禄 極牽報	陽 サ牽堂 牽禄調 報禄胡
9月	雨 ウ貫庫 玉龍禄 報龍胡	樹 タ玉庫 司牽石 極牽報	花 タ龍印 貫車貫 印車馳	陽 タ牽堂 車司玉 胡司極	灯 タ車南 禄禄鳳 貴禄貴	山 タ司堂 貫調石 庫調極	地 タ禄南 司鳳貫 報鳳貴	鉄 タ調南 調石玉 極石将	宝 タ鳳堂 龍貫龍 印貫禄	海 タ石印 鳳玉牽 胡玉恍	雨 タ貫庫 鳳龍車 貴龍胡	樹 ト玉庫 禄牽司 堂牽報	花 ト龍印 調車禄 恍車馳	陽 ト牽堂 石司調 将司極	
10月	雨 ネ貫庫 調龍禄 将石堂	樹 イ玉庫 玉牽調 恍龍印	花 イ龍印 車鳳貫 堂玉庫	陽 イ牽堂 貫石玉 貴車庫	灯 イ車南 龍貫龍 胡牽印	山 イ司堂 貫貫石 南禄庫	地 イ禄南 調石貫 将司印	鉄 イ調南 玉龍玉 恍鳳堂	宝 イ鳳堂 龍玉龍 堂調南	海 イ石印 龍車牽 貴貫南	雨 イ貫庫 龍牽車 胡石堂	樹 サ玉庫 禄禄司 印龍印	花 サ龍印 玉司禄 極玉庫	陽 サ牽堂 牽鳳調 報車庫	灯 サ車南 鳳調鳳 庫牽印
11月	樹 タ玉庫 司貫調 極玉貴	花 タ龍印 貫石貫 印龍極	陽 タ牽堂 車龍玉 胡牽馳	灯 タ車南 禄玉龍 貴車報	山 タ司堂 貫禄石 庫司馳	地 タ禄南 司司貫 報禄報	鉄 タ調南 調鳳玉 極調胡	宝 タ鳳堂 龍調龍 印鳳恍	海 タ石印 鳳貫牽 胡石禄	雨 タ貫庫 鳳石車 貴貫将	樹 ト玉庫 禄龍司 堂玉貴	花 ト龍印 調玉禄 恍龍極	陽 ト牽堂 石車調 将牽馳	灯 ト車南 鳳牽鳳 南車報	
12月	樹 イ玉庫 玉玉石 恍貫恍	花 イ龍印 車龍貫 堂石胡	陽 イ牽堂 貫牽玉 貴龍報	灯 イ車南 龍車鳳 胡玉馳	山 イ司堂 貫司石 南車報	地 イ禄南 玉禄貫 将牽馳	鉄 イ調南 玉調玉 恍禄極	宝 イ鳳堂 龍鳳龍 堂司貴	海 イ石印 龍石牽 貴鳳将	雨 イ貫庫 龍貫車 胡調禄	樹 サ玉庫 禄玉司 印貫恍	花 サ龍印 玉龍禄 極石胡	陽 サ牽堂 牽牽調 報龍報	灯 サ車南 鳳車鳳 庫玉馳	山 サ司堂 車司石 貴車報

2004年（平成16年）

2004年(平成16年)

	1日	2日	3日	4日	5日	6日	7日	8日	9日	10日	11日	12日	13日	14日	15日	16日	17日	18日	19日	20日	21日	22日	23日	24日	25日	26日	27日	28日	29日	30日	31日
1月	地 サ禄南 車禄貫 胡牽馳	鉄 サ調南 龍調玉 印禄極	宝 サ鳳堂 牽鳳龍 極司貴	海 サ石印 司石牽 報鳳将	雨 サ貫庫 車貫車 庫調禄	樹 ウ玉庫 禄玉調 馳石南	花 ウ龍印 車龍鳳 馳貫堂	陽 ウ牽堂 司牽石 庫玉印	灯 ウ車南 玉車貫 報龍庫	山 ウ司堂 司司玉 報牽印	地 ウ禄南 禄禄龍 庫車庫	鉄 ウ調南 龍調牽 馳司庫	宝 ウ鳳堂 禄鳳車 馳禄印	海 ウ石印 調石司 庫調堂	雨 ウ貫庫 玉貫禄 報鳳南	樹 タ玉庫 司牽石 極石南	花 タ龍印 貫車貫 印貫堂	陽 タ牽堂 車司玉 胡玉印	灯 タ車南 禄鳳鳳 貴龍庫	山 タ司堂 貫石石 庫牽印	地 タ禄南 司貫貫 報車庫	鉄 タ調南 調玉玉 極司庫	宝 タ鳳堂 龍龍龍 印禄印	海 タ石印 鳳牽牽 胡調堂	雨 タ貫庫 鳳車車 貴鳳南	樹 ト玉庫 禄司司 堂石南	花 ト龍印 調禄禄 恍貫堂	陽 ト牽堂 石調調 将玉印	灯 ト車南 鳳鳳鳳 南龍庫	山 ト司堂 鳳石石 胡牽印	地 ト禄南 鳳貫貫 貴車庫
2月	鉄 ト調南 龍玉玉 堂司庫	宝 ト鳳堂 調龍龍 恍禄印	海 ト石印 石牽牽 将調堂	雨 ト調極 貫牽牽 南司恍	樹 ネ貫馳 禄禄禄 禄鳳禄	花 ネ石報 貫司司 禄調将	陽 ネ龍胡 玉鳳鳳 南貫貴	灯 ネ玉恍 調調調 将石極	山 ネ車胡 石貫貫 将龍貴	地 ネ牽恍 龍石石 南玉極	鉄 ネ禄禄 龍龍龍 禄車馳	宝 ネ司将 貫牽玉 禄牽報	海 ネ鳳貴 玉禄車 南禄胡	雨 ネ調極 調司牽 将司恍	樹 イ貫馳 玉鳳龍 恍鳳禄	花 イ石報 車調玉 堂調将	陽 イ龍胡 貫貫車 貴貫貴	灯 イ玉恍 龍石司 胡石極	山 イ車胡 貫車鳳 南龍貴	地 イ牽恍 玉牽調 将玉極	鉄 イ禄禄 玉禄貫 恍車馳	宝 イ司将 龍司石 堂牽報	海 イ鳳貴 龍鳳龍 貴禄胡	雨 イ調極 龍調玉 胡司恍	樹 サ貫馳 禄貫車 印鳳禄	花 サ石報 玉石牽 極調将	陽 サ龍胡 牽龍禄 報貫貴	灯 サ玉恍 鳳玉司 庫石極	山 サ車胡 車車鳳 貴龍貴		
3月	地 サ牽恍 車牽調 胡玉極	鉄 サ禄禄 龍禄貫 印車馳	宝 サ司将 牽司石 極牽報	海 サ鳳貴 司鳳龍 報禄胡	雨 サ調極 禄鳳牽 庫禄貴	樹 ウ貫馳 禄石禄 馳調将	花 ウ石報 車貫司 馳鳳禄	陽 ウ龍胡 司玉鳳 庫石恍	灯 ウ玉恍 玉龍調 報貫胡	山 ウ車胡 司牽貫 報玉恍	地 ウ牽恍 禄車石 庫龍胡	鉄 ウ禄禄 龍司龍 馳牽報	宝 ウ司将 禄禄玉 馳車馳	海 ウ鳳貴 調調車 庫司極	雨 ウ調極 玉鳳牽 報禄貴	樹 タ貫馳 司石龍 極調将	花 タ石報 貫貫玉 印鳳禄	陽 タ龍胡 車玉車 胡石恍	灯 タ玉恍 禄龍司 貴貫胡	山 タ車胡 貫牽鳳 庫玉恍	地 タ牽恍 司車調 報龍胡	鉄 タ禄禄 調司貫 極牽報	宝 タ司将 龍禄石 印車馳	海 タ鳳貴 鳳調龍 胡司極	雨 タ調極 鳳鳳玉 貴禄貴	樹 ト貫馳 禄石車 堂調将	花 ト石報 調貫牽 恍鳳禄	陽 ト龍胡 石玉禄 将石恍	灯 ト玉恍 鳳龍司 南貫胡	山 ト車胡 鳳牽鳳 胡玉恍	地 ト牽恍 鳳車調 貴龍胡
4月	鉄 ト禄禄 龍司貫 堂牽報	宝 ト司将 調禄石 恍車馳	海 ト鳳貴 石調龍 将司極	雨 ト調極 貫鳳牽 南牽印	樹 ネ貫馳 禄石禄 禄禄堂	花 ネ石報 貫貫司 禄司南	陽 ネ龍胡 玉玉鳳 南鳳南	灯 ネ玉恍 調龍調 将調堂	山 ネ車胡 石牽貫 将貫南	地 ネ牽恍 龍車石 南石堂	鉄 ネ禄禄 龍司龍 禄龍印	宝 ネ司将 貫禄玉 禄玉庫	海 ネ鳳貴 玉調車 南車庫	雨 ネ調極 調貫牽 将牽印	樹 イ貫馳 玉玉龍 恍禄堂	花 イ石報 車龍玉 堂司南	陽 イ龍胡 貫鳳車 貴鳳南	灯 イ玉恍 龍調司 胡調堂	山 イ車胡 貫貫鳳 南貫南	地 イ牽恍 玉石調 将石堂	鉄 イ禄禄 玉龍貫 恍龍印	宝 イ司将 龍玉石 堂玉庫	海 イ鳳貴 龍車龍 貴車庫	雨 イ調極 龍牽玉 胡牽印	樹 サ貫馳 禄禄車 印禄堂	花 サ石報 玉司牽 極司南	陽 サ龍胡 牽鳳禄 報鳳南	灯 サ玉恍 鳳調司 庫調堂	山 サ車胡 車貫鳳 貴貫南	地 サ牽恍 車石調 胡石堂	
5月	鉄 サ禄禄 龍龍貫 印龍印	宝 サ司将 牽玉石 極玉庫	海 サ鳳貴 司車龍 報車庫	雨 サ調極 車牽玉 庫牽印	樹 ウ貫馳 禄禄禄 馳司胡	花 ウ石報 車司司 馳禄恍	陽 ウ龍胡 司鳳鳳 庫調禄	灯 ウ玉恍 玉調調 報鳳将	山 ウ車胡 司貫貫 報石禄	地 ウ牽恍 禄石石 庫貫将	鉄 ウ禄禄 龍貫龍 馳玉貴	宝 ウ司将 禄石玉 馳龍極	海 ウ鳳貴 調龍車 庫牽馳	雨 ウ調極 玉玉牽 報車報	樹 タ貫馳 司車禄 極司胡	花 タ石報 貫牽玉 印禄恍	陽 タ龍胡 車禄車 胡調禄	灯 タ玉恍 禄司牽 貴鳳将	山 タ車胡 貫鳳鳳 庫石禄	地 タ牽恍 司玉調 報貫将	鉄 タ禄禄 調車貫 極玉貴	宝 タ司将 龍牽石 印龍極	海 タ鳳貴 鳳禄龍 胡牽馳	雨 タ調極 鳳司玉 貴車報	樹 ト貫馳 禄鳳車 堂司胡	花 ト石報 調調牽 恍禄恍	陽 ト龍胡 石貫禄 将調禄	灯 ト玉恍 鳳石司 南鳳将	山 ト車胡 鳳龍鳳 胡石禄	地 ト牽恍 鳳玉調 貴貫将	鉄 ト禄禄 龍車貫 堂玉貴
6月	宝 ト司将 調牽石 恍龍極	海 ト鳳貴 石禄龍 将牽馳	雨 ト調極 車司玉 南車報	樹 ネ貫馳 貫鳳車 禄司胡	花 ネ石報 貫禄司 禄牽貴	陽 ネ龍胡 玉調鳳 南禄将	灯 ネ玉恍 調鳳調 将司禄	山 ネ車胡 石石貫 将鳳将	地 ネ牽恍 龍貫石 南調禄	鉄 ネ禄禄 龍玉龍 禄貫恍	宝 ネ司将 貫龍玉 禄石胡	海 ネ鳳貴 玉牽車 南龍報	雨 ネ調極 調車牽 将玉馳	樹 イ貫馳 玉司禄 恍車極	花 イ石報 車禄司 堂牽貴	陽 イ龍胡 貫調車 貴禄将	灯 イ玉恍 龍鳳牽 胡司禄	山 イ車胡 貫石禄 南鳳将	地 イ牽恍 調貫調 将調禄	鉄 イ禄禄 玉玉貫 恍貫恍	宝 イ司将 龍龍石 堂石胡	海 イ鳳貴 龍牽龍 貴龍報	雨 イ調極 龍車玉 胡玉馳	樹 サ貫馳 禄司車 印車極	花 サ石報 玉鳳牽 極牽貴	陽 サ龍胡 牽石禄 報禄将	灯 サ玉恍 鳳貫司 庫司禄	山 サ車胡 車玉鳳 貴鳳将	地 サ牽恍 車龍調 胡調禄	鉄 サ禄禄 龍牽貫 印貫恍	
7月	宝 サ司将 牽車石 極石胡	海 サ鳳貴 司司龍 報龍報	雨 サ調極 車禄玉 庫玉馳	樹 ウ貫馳 車調車 馳車極	花 ウ石報 車鳳牽 馳牽貴	陽 ウ龍胡 鳳石禄 庫禄将	灯 ウ玉恍 玉貫調 報禄南	山 ウ車胡 司玉貫 報調堂	地 ウ牽恍 禄龍石 庫鳳南	鉄 ウ禄禄 龍牽龍 馳石南	宝 ウ司将 禄車玉 馳貫堂	海 ウ鳳貴 調司車 庫玉印	雨 ウ調極 玉禄牽 報龍庫	樹 タ貫馳 司調禄 極牽庫	花 タ石報 鳳鳳司 印車印	陽 タ龍胡 鳳石鳳 胡司堂	灯 タ玉恍 禄龍調 貴禄南	山 タ車胡 玉牽禄 庫調堂	地 タ牽恍 牽車司 報鳳南	鉄 タ禄禄 調玉鳳 極石南	宝 タ司将 龍龍石 印貫堂	海 タ鳳貴 鳳牽龍 胡玉印	雨 タ調極 鳳車玉 貴龍庫	樹 ト貫馳 禄司車 堂牽庫	花 ト石報 調禄牽 恍車印	陽 ト龍胡 調調禄 将司堂	灯 ト玉恍 鳳鳳司 南禄南	山 ト車胡 鳳石鳳 胡調堂	地 ト牽恍 鳳貫調 貴鳳南	鉄 ト禄禄 龍玉貫 堂石南	宝 ト司将 調龍石 恍貫堂
8月	海 ト鳳貴 石牽龍 将玉印	雨 ト調極 車車玉 南龍庫	樹 ネ貫馳 貫司車 禄牽庫	花 ネ石報 貫禄牽 禄車印	陽 ネ龍胡 鳳調禄 南司堂	灯 ネ玉恍 石鳳司 将禄南	山 ネ車胡 石貫貫 将禄胡	地 ネ牽恍 龍石石 南司恍	鉄 ネ禄禄 龍龍龍 禄鳳禄	宝 ネ司将 貫玉玉 禄調将	海 ネ鳳貴 玉車車 南貫貴	雨 ネ調極 調牽牽 将石極	樹 イ貫馳 玉禄禄 恍龍馳	花 イ石報 龍司司 堂玉報	陽 イ龍胡 貫鳳鳳 貴車胡	灯 イ玉恍 龍調調 胡牽恍	山 イ車胡 司貫貫 南禄胡	地 イ牽恍 調司司 将司恍	鉄 イ禄禄 玉鳳鳳 恍鳳禄	宝 イ司将 龍調調 堂調将	海 イ鳳貴 龍龍龍 貴貫貴	雨 イ調極 龍玉玉 胡石極	樹 サ貫馳 禄車車 印龍馳	花 サ石報 玉牽牽 極玉報	陽 サ龍胡 牽禄禄 報車胡	灯 サ玉恍 鳳司司 庫牽恍	山 サ車胡 車鳳鳳 貴禄胡	地 サ牽恍 車調調 胡司恍	鉄 サ禄禄 龍貫貫 印鳳禄	宝 サ司将 牽石石 極調将	海 サ鳳貴 司龍龍 報貫貴
9月	雨 サ調極 車玉玉 庫石極	樹 ウ貫馳 車車車 馳龍馳	花 ウ石報 車牽牽 馳玉報	陽 ウ龍胡 鳳禄禄 庫車胡	灯 ウ玉恍 牽司司 報牽恍	山 ウ車胡 司鳳鳳 報禄胡	地 ウ牽恍 禄鳳石 庫禄貴	鉄 ウ禄禄 龍石龍 馳調将	宝 ウ司将 禄貫玉 馳鳳禄	海 ウ鳳貴 調玉車 庫石恍	雨 ウ調極 牽龍牽 報貫胡	樹 タ貫馳 司牽禄 極玉報	花 タ石報 鳳車司 印龍馳	陽 タ龍胡 鳳司鳳 胡牽極	灯 タ玉恍 禄禄調 貴車貴	山 タ車胡 調調貫 庫司極	地 タ牽恍 牽鳳石 報禄貴	鉄 タ禄禄 調石鳳 極調将	宝 タ司将 貫貫調 印鳳禄	海 タ鳳貴 禄玉貫 胡石恍	雨 タ調極 鳳龍玉 貴貫胡	樹 ト貫馳 禄牽車 堂玉報	花 ト石報 調車牽 恍龍馳	陽 ト龍胡 調司禄 将牽極	灯 ト玉恍 鳳禄司 南車貴	山 ト車胡 鳳調鳳 胡司極	地 ト牽恍 鳳鳳調 貴禄貴	鉄 ト禄禄 龍石貫 堂調将	宝 ト司将 調貫石 恍鳳禄	海 ト鳳貴 石玉龍 将石恍	
10月	雨 ト調極 車龍玉 南貫胡	樹 ネ貫馳 貫牽車 禄玉報	花 ネ石報 貫車牽 禄龍馳	陽 ネ龍胡 鳳司禄 南牽極	灯 ネ玉恍 石禄司 将車貴	山 ネ車胡 玉調鳳 将司極	地 ネ牽恍 貫鳳調 南禄貴	鉄 ネ禄禄 龍石龍 禄禄堂	宝 ネ司将 貫貫玉 禄司南	海 ネ鳳貴 玉玉車 南鳳南	雨 ネ調極 調龍牽 将調堂	樹 イ貫馳 玉牽禄 恍貫印	花 イ石報 龍車司 堂石庫	陽 イ龍胡 鳳司鳳 貴龍庫	灯 イ玉恍 龍禄調 胡玉印	山 イ車胡 牽調貫 南車庫	地 イ牽恍 調鳳石 将牽印	鉄 イ禄禄 玉牽龍 恍禄堂	宝 イ司将 禄車調 堂司南	海 イ鳳貴 貫司貫 貴鳳南	雨 イ調極 龍牽石 胡調堂	樹 サ貫馳 禄禄車 印貫印	花 サ石報 玉司牽 極石庫	陽 サ龍胡 牽鳳禄 報龍庫	灯 サ玉恍 鳳調司 庫玉印	山 サ車胡 車貫鳳 貴車庫	地 サ牽恍 車石調 胡牽印	鉄 サ禄禄 龍龍貫 印禄堂	宝 サ司将 牽玉石 極司南	海 サ鳳貴 司車龍 報鳳南	雨 サ調極 車牽玉 庫調堂
11月	樹 ウ貫馳 車禄車 馳貫印	花 ウ石報 車司牽 馳石庫	陽 ウ龍胡 鳳鳳禄 庫龍庫	灯 ウ玉恍 牽調司 報玉印	山 ウ車胡 司貫鳳 報車庫	地 ウ牽恍 貫石調 庫牽印	鉄 ウ禄禄 龍禄龍 馳司胡	宝 ウ司将 禄司玉 馳禄恍	海 ウ鳳貴 調鳳車 庫調禄	雨 ウ調極 牽調牽 報鳳将	樹 タ貫馳 司貫禄 極石貴	花 タ石報 鳳石司 印貫極	陽 タ龍胡 鳳龍鳳 胡玉馳	灯 タ玉恍 禄玉調 貴龍報	山 タ車胡 調車貫 庫牽馳	地 タ牽恍 牽牽石 報車報	鉄 タ禄禄 調禄龍 極司胡	宝 タ司将 貫司調 印禄恍	海 タ鳳貴 禄鳳貫 胡調禄	雨 タ調極 鳳石石 貴鳳将	樹 ト貫馳 禄龍車 堂石貴	花 ト石報 調玉牽 恍貫極	陽 ト龍胡 調車禄 将玉馳	灯 ト玉恍 鳳牽司 南龍報	山 ト車胡 鳳禄鳳 胡牽馳	地 ト牽恍 鳳司調 貴車報	鉄 ト禄禄 龍鳳貫 堂司胡	宝 ト司将 調調石 恍禄恍	海 ト鳳貴 石貫龍 将調禄	雨 ト調極 車石玉 南鳳将	
12月	樹 ネ貫馳 貫龍車 禄石貴	花 ネ石報 貫玉牽 禄貫極	陽 ネ龍胡 鳳車禄 南玉馳	灯 ネ玉恍 石牽司 将龍報	山 ネ車胡 玉禄鳳 将牽馳	地 ネ牽恍 貫司調 南車報	鉄 ネ禄禄 龍調龍 禄車極	宝 ネ司将 貫鳳玉 禄牽貴	海 ネ鳳貴 玉石車 南禄将	雨 ネ調極 調貫牽 将司禄	樹 イ貫馳 玉玉禄 恍鳳恍	花 イ石報 龍龍司 堂調胡	陽 イ龍胡 鳳牽鳳 貴貫報	灯 イ玉恍 龍車調 胡石馳	山 イ車胡 牽司貫 南龍報	地 イ牽恍 調禄石 将玉馳	鉄 イ禄禄 玉調龍 恍車極	宝 イ司将 禄鳳調 堂牽貴	海 イ鳳貴 貫石貫 貴禄将	雨 イ調極 龍貫石 胡司禄	樹 サ貫馳 禄玉車 印鳳恍	花 サ石報 玉龍牽 極調胡	陽 サ龍胡 牽牽禄 報貫報	灯 サ玉恍 鳳車司 庫石馳	山 サ車胡 車司鳳 貴龍報	地 サ牽恍 車禄調 胡玉馳	鉄 サ禄禄 龍調貫 印車極	宝 サ司将 牽鳳石 極牽貴	海 サ鳳貴 司石龍 報禄将	雨 サ調極 車貫玉 庫司禄	樹 ウ貫馳 車玉車 馳鳳恍

2005年（平成17年）

2005年（平成17年）

	1日	2日	3日	4日	5日	6日	7日	8日
1月	花 ウ石報 車龍牽 馳調胡	陽 ウ龍胡 鳳牽禄 庫貫報	灯 ウ玉恍 牽車司 報石馳	山 ウ車胡 司司鳳 報龍報	地 ウ牽恍 禄禄石 庫龍庫	鉄 ウ禄禄 龍調龍 馳牽庫	宝 ウ司将 禄鳳玉 馳車印	海 ウ鳳貴 調石車 庫司堂
2月	陽 ネ龍胡 鳳調禄 南石印	灯 ネ玉恍 石鳳司 将貫庫	山 ネ車胡 玉石鳳 将玉印	地 ネ車貴 龍石鳳 南石極	鉄 ネ司将 龍龍石 禄龍馳	宝 ネ禄禄 貫玉貫 禄玉報	海 ネ調恍 玉車玉 南車胡	雨 ネ鳳胡 調牽龍 将牽恍
3月	樹 ウ石報 車貫牽 馳禄禄	花 ウ貫馳 車石車 馳司将	陽 ウ玉極 鳳龍司 庫鳳貴	灯 ウ龍貴 牽玉禄 報調極	山 ウ牽極 司牽調 報石恍	地 ウ車貴 禄車鳳 庫貫胡	鉄 ウ司将 龍司石 馳玉報	宝 ウ禄禄 禄禄貫 馳龍馳
4月	花 ネ貫馳 貫貫車 禄禄禄	陽 ネ玉極 鳳玉司 南調恍	灯 ネ龍貴 石龍禄 将鳳胡	山 ネ牽極 玉牽調 将石恍	地 ネ車貴 龍車鳳 南調堂	鉄 ネ司将 龍司石 禄貫印	宝 ネ禄禄 貫禄貫 禄石庫	海 ネ調恍 玉調玉 南龍庫
5月	花 ウ貫馳 車司車 馳牽南	陽 ウ玉極 鳳鳳司 庫禄南	灯 ウ龍貴 牽調禄 報司堂	山 ウ牽極 司貫調 報鳳南	地 ウ車貴 禄石鳳 庫鳳将	鉄 ウ司将 龍龍石 馳石貴	宝 ウ禄禄 禄玉貫 馳貫極	海 ウ調恍 調車玉 庫玉馳
6月	陽 ネ玉極 鳳貫司 南司禄	灯 ネ龍貴 石石禄 将禄将	山 ネ牽極 玉龍調 将調禄	地 ネ車貴 貫玉鳳 南鳳将	鉄 ネ司将 龍玉石 禄鳳恍	宝 ネ禄禄 貫龍貫 禄調胡	海 ネ調恍 玉牽玉 南貫報	雨 ネ鳳胡 調車龍 将石馳
7月	陽 ウ玉極 鳳石司 庫車将	灯 ウ龍貴 牽貫禄 報牽禄	山 ウ牽極 司玉調 報禄将	地 ウ車貴 貫龍鳳 庫司禄	鉄 ウ司将 禄牽石 馳鳳恍	宝 ウ禄禄 禄車貫 馳調胡	海 ウ調恍 調司玉 庫石印	雨 ウ鳳胡 牽禄龍 報貫庫
8月	灯 ネ龍貴 石鳳禄 将車南	山 ネ牽極 玉石調 将司堂	地 ネ車貴 貫貫鳳 南禄南	鉄 ネ司将 貫玉石 禄調南	宝 ネ禄禄 貫龍貫 禄鳳堂	海 ネ調恍 車牽玉 南石印	雨 ネ鳳胡 調牽龍 将調極	樹 イ石報 玉禄牽 恍貫馳
9月	山 ウ牽極 司鳳調 報車胡	地 ウ車貴 貫調鳳 庫牽恍	鉄 ウ司将 禄貫石 馳禄禄	宝 ウ禄禄 禄石貫 馳司将	海 ウ調恍 車龍玉 庫鳳貴	雨 ウ鳳胡 司玉龍 報調極	樹 タ石報 司牽牽 極石報	花 タ貫馳 鳳車車 印貫馳
10月	山 ネ牽極 玉調調 将牽極	地 ネ車貴 貫鳳鳳 南車貴	鉄 ネ司将 貫石石 禄司将	宝 ネ禄禄 貫貫貫 禄禄禄	海 ネ調恍 車玉玉 南調恍	雨 ネ鳳胡 石龍龍 将鳳胡	樹 イ石報 玉牽牽 恍石報	花 イ貫馳 龍車車 堂調庫
11月	地 ウ車貴 貫石鳳 庫玉印	鉄 ウ司将 禄龍石 馳車堂	宝 ウ禄禄 禄玉貫 馳牽南	海 ウ調恍 車車玉 庫禄南	雨 ウ鳳胡 司牽龍 報司堂	樹 タ石報 調禄牽 極鳳印	花 タ貫馳 鳳石車 印鳳極	陽 タ玉極 鳳龍司 胡石馳
12月	地 ネ車貴 貫司鳳 南龍報	鉄 ネ司将 貫鳳石 禄牽胡	宝 ネ禄禄 貫調貫 禄車恍	海 ネ調恍 車貫玉 南司禄	雨 ネ鳳胡 石石龍 将禄将	樹 イ石報 玉龍牽 恍調貴	花 イ貫馳 龍龍車 堂司胡	陽 イ玉極 鳳牽司 貴鳳報

	9日	10日	11日	12日	13日	14日	15日	16日
1月	雨 ウ調極 牽貫牽 報禄南	樹 タ貫馳 司玉禄 極調南	花 タ石報 鳳龍司 印鳳堂	陽 タ龍胡 鳳牽鳳 胡石印	灯 タ玉恍 禄車調 貴貫庫	山 タ車胡 調司貫 庫玉印	地 タ牽恍 牽鳳石 報龍庫	鉄 タ禄禄 調石鳳 極牽庫
2月	樹 イ石報 玉禄牽 恍禄禄	花 イ貫馳 龍司車 堂司将	陽 イ玉極 鳳鳳司 貴鳳貴	灯 イ龍貴 龍石禄 胡調極	山 イ牽極 牽龍調 南貫貴	地 イ車貴 調玉鳳 将石極	鉄 イ司将 玉車石 恍龍馳	宝 イ禄禄 禄牽貫 堂玉報
3月	海 ウ調恍 調調玉 庫牽極	雨 ウ鳳胡 牽鳳龍 報車貴	樹 タ石報 司石牽 極司将	花 タ貫馳 鳳貫車 印禄禄	陽 タ玉極 鳳玉司 胡調恍	灯 タ龍貴 禄龍禄 貴鳳胡	山 タ牽極 玉牽調 庫石恍	地 タ車貴 牽車鳳 報貫胡
4月	雨 ネ鳳胡 調鳳龍 将玉印	樹 イ石報 玉石牽 恍車堂	花 イ貫馳 龍貫車 堂牽南	陽 イ玉極 鳳玉司 貴禄南	灯 イ龍貴 龍龍禄 胡司堂	山 イ牽極 牽牽調 南鳳南	地 イ車貴 調禄鳳 将調堂	鉄 イ司将 玉調石 恍貫印
5月	雨 ウ鳳胡 牽牽龍 報龍報	樹 タ石報 司禄牽 極牽胡	花 タ貫馳 鳳牽車 印車恍	陽 タ玉極 鳳禄司 胡司禄	灯 タ龍貴 禄司禄 貴禄将	山 タ牽極 調鳳調 庫調禄	地 タ車貴 牽調鳳 報鳳将	鉄 タ司将 調貫石 極石貴
6月	樹 イ石報 玉司牽 恍龍極	花 イ貫馳 龍禄車 堂玉貴	陽 イ玉極 鳳調司 貴車将	灯 イ龍貴 龍鳳禄 胡牽禄	山 イ牽極 牽石調 南禄将	地 イ車貴 調貫鳳 将司禄	鉄 イ司将 玉玉石 恍鳳恍	宝 イ禄禄 禄龍貫 堂調胡
7月	樹 タ石報 司調牽 極玉庫	花 タ貫馳 鳳鳳車 印龍印	陽 タ玉極 鳳石司 胡牽堂	灯 タ龍貴 禄貫禄 貴車南	山 タ牽極 調玉調 庫司堂	地 タ車貴 牽龍鳳 報禄南	鉄 タ司将 調牽石 極調南	宝 タ禄禄 鳳車貫 印鳳堂
8月	花 イ貫馳 龍司車 堂石報	陽 イ玉極 鳳鳳司 貴龍胡	灯 イ龍貴 龍調禄 胡玉恍	山 イ牽極 牽貫調 南車胡	地 イ車貴 調石鳳 将牽恍	鉄 イ司将 玉龍石 恍禄禄	宝 イ禄禄 車玉貫 堂司将	海 イ調恍 車車玉 貴鳳貴
9月	陽 タ玉極 鳳司司 胡玉極	灯 タ龍貴 禄禄禄 貴龍貴	山 タ牽極 調調調 庫牽極	地 タ車貴 牽鳳鳳 報車貴	鉄 タ司将 調石石 極司将	宝 タ禄禄 鳳貫貫 印禄禄	海 タ調恍 禄玉玉 胡調恍	雨 タ鳳胡 鳳龍龍 貴鳳胡
10月	陽 イ玉極 鳳司司 貴貫庫	灯 イ龍貴 龍禄禄 胡石印	山 イ牽極 牽調調 南龍庫	地 イ車貴 石鳳鳳 将玉印	鉄 イ司将 玉石石 恍車堂	宝 イ禄禄 車貫貫 堂牽南	海 イ調恍 車玉玉 貴禄南	雨 イ鳳胡 龍龍龍 胡司堂
11月	灯 タ龍貴 禄玉禄 貴貫報	山 タ牽極 調車調 庫玉馳	地 タ車貴 牽牽鳳 報龍報	鉄 タ司将 調禄石 極牽胡	宝 タ禄禄 鳳司貫 印車恍	海 タ調恍 車鳳玉 胡司禄	雨 タ鳳胡 鳳調龍 貴禄将	樹 ト石報 石貫牽 堂調貴
12月	灯 イ龍貴 龍車禄 胡調馳	山 イ牽極 牽司調 南貫報	地 イ車貴 石禄鳳 将石馳	鉄 イ司将 玉調石 恍龍極	宝 イ禄禄 車鳳貫 堂玉貴	海 イ調恍 車石玉 貴車将	雨 イ鳳胡 龍貫龍 胡牽禄	樹 サ石報 牽玉牽 印禄恍

	17日	18日	19日	20日	21日	22日	23日	24日
1月	宝 タ司将 貫貫調 印車印	海 タ鳳貴 禄牽貫 胡司堂	雨 タ調極 鳳車玉 貴禄南	樹 ト貫馳 禄司車 堂調南	花 ト石報 調禄牽 恍鳳堂	陽 ト龍胡 調調禄 将石印	灯 ト玉恍 鳳鳳司 南貫庫	山 ト車胡 鳳石鳳 胡玉印
2月	海 イ調恍 貫禄玉 貴車胡	雨 イ鳳胡 龍司龍 胡牽恍	樹 サ石報 禄貫牽 印禄禄	花 サ貫馳 玉石車 極司将	陽 サ玉極 牽龍司 報鳳貴	灯 サ龍貴 鳳玉禄 庫調極	山 サ牽極 車車調 貴貫貴	地 サ車貴 車牽鳳 胡石極
3月	鉄 タ司将 調司石 極玉報	宝 タ禄禄 龍禄貫 印龍馳	海 タ調恍 禄調玉 胡牽極	雨 タ鳳胡 鳳鳳龍 貴車貴	樹 ト石報 禄石牽 堂司将	花 ト貫馳 調貫車 恍禄禄	陽 ト玉極 調玉司 将調恍	灯 ト龍貴 鳳龍禄 南鳳胡
4月	宝 イ禄禄 禄鳳貫 堂石庫	海 イ調恍 貫車玉 貴龍庫	雨 イ鳳胡 龍牽龍 胡玉印	樹 サ石報 禄禄牽 印車堂	花 サ貫馳 玉司車 極牽南	陽 サ玉極 牽鳳司 報禄南	灯 サ龍貴 鳳調禄 庫司堂	山 サ牽極 車貫調 貴鳳南
5月	宝 タ禄禄 貫石貫 印貫極	海 タ調恍 禄龍玉 胡玉馳	雨 タ鳳胡 鳳玉龍 貴龍報	樹 ト石報 禄鳳牽 堂牽胡	花 ト貫馳 調調車 恍車恍	陽 ト玉極 調貫司 将司禄	灯 ト龍貴 鳳石禄 南禄将	山 ト牽極 鳳龍調 胡調禄
6月	海 イ調恍 貫牽玉 貴貫報	雨 イ鳳胡 龍車龍 胡石馳	樹 サ石報 禄司牽 印龍極	花 サ貫馳 玉禄車 極玉貴	陽 サ玉極 牽調司 報車将	灯 サ龍貴 鳳鳳禄 庫牽禄	山 サ牽極 車石調 貴禄将	地 サ車貴 車貫鳳 胡司禄
7月	海 タ調恍 禄調玉 胡石印	雨 タ鳳胡 鳳鳳龍 貴貫庫	樹 ト石報 玉石牽 堂玉庫	花 ト貫馳 牽禄車 恍龍印	陽 ト玉極 調調司 将牽堂	灯 ト龍貴 鳳鳳禄 南車南	山 ト牽極 鳳石調 胡司堂	地 ト車貴 鳳貫鳳 貴禄南
8月	雨 イ鳳胡 龍牽龍 胡調極	樹 サ石報 調龍牽 印貫馳	花 サ貫馳 石玉車 極石報	陽 サ玉極 牽車司 報龍胡	灯 サ龍貴 鳳司禄 庫玉恍	山 サ牽極 車鳳調 貴車胡	地 サ車貴 車調鳳 胡牽恍	鉄 サ司将 龍貫石 印禄禄
9月	樹 ト石報 玉牽牽 堂石報	花 ト貫馳 牽車車 恍貫馳	陽 ト玉極 調司司 将玉極	灯 ト龍貴 鳳禄禄 南龍貴	山 ト牽極 鳳調調 胡牽極	地 ト車貴 鳳鳳鳳 貴車貴	鉄 ト司将 龍石石 堂司将	宝 ト禄禄 調貫貫 恍禄禄
10月	樹 サ石報 牽牽牽 印鳳印	花 サ貫馳 石鳳車 極調庫	陽 サ玉極 牽石司 報貫庫	灯 サ龍貴 禄貫禄 庫石印	山 サ牽極 龍貫調 貴龍庫	地 サ車貴 車石鳳 胡玉印	鉄 サ司将 龍龍石 印車堂	宝 サ禄禄 牽玉貫 極牽南
11月	花 ト貫馳 牽石車 恍鳳極	陽 ト玉極 調龍司 将石馳	灯 ト龍貴 龍玉禄 南貫報	山 ト牽極 禄禄調 胡玉馳	地 ト車貴 鳳司鳳 貴龍報	鉄 ト司将 龍鳳石 堂牽胡	宝 ト禄禄 調調貫 恍車恍	海 ト調恍 石貫玉 将司禄
12月	花 サ貫馳 石龍車 極司胡	陽 サ玉極 牽牽司 報鳳報	灯 サ龍貴 禄車禄 庫調馳	山 サ牽極 龍司調 貴貫報	地 サ車貴 車禄鳳 胡石馳	鉄 サ司将 龍調石 印龍極	宝 サ禄禄 牽鳳貫 極玉貴	海 サ調恍 牽石玉 報車将

	25日	26日	27日	28日	29日	30日	31日
1月	地 ト牽恍 鳳貫調 貴龍庫	鉄 ト禄禄 龍玉貫 堂牽庫	宝 ト司将 調龍石 恍車印	海 ト鳳貴 石牽龍 将司堂	雨 ト調極 車車玉 南禄南	樹 ネ貫馳 貫司車 禄調南	花 ネ石報 貫禄牽 禄鳳堂
2月	鉄 サ司将 龍禄石 印龍馳	宝 サ禄禄 牽司貫 極玉報	海 サ調恍 司鳳玉 報車胡	雨 サ鳳胡 車調龍 庫牽恍			
3月	山 ト牽極 鳳牽調 胡石恍	地 ト車貴 鳳車鳳 貴貫胡	鉄 ト司将 龍司石 堂玉報	宝 ト禄禄 調禄貫 恍龍馳	海 ト調恍 石調玉 将牽極	雨 ト鳳胡 車鳳龍 南車貴	樹 ネ石報 貫石牽 禄司将
4月	地 サ車貴 車石鳳 胡調堂	鉄 サ司将 龍龍石 印貫印	宝 サ禄禄 牽玉貫 極石庫	海 サ調恍 司車玉 報龍庫	雨 サ鳳胡 車牽龍 庫玉印	樹 ウ石報 車禄牽 馳車堂	
5月	地 ト車貴 鳳玉鳳 貴鳳将	鉄 ト司将 龍車石 堂石貴	宝 ト禄禄 調牽貫 恍貫極	海 ト調恍 石禄玉 将玉馳	雨 ト鳳胡 車司龍 南龍報	樹 ネ石報 貫鳳牽 禄牽胡	花 ネ貫馳 貫調車 禄車恍
6月	鉄 サ司将 龍牽石 印鳳恍	宝 サ禄禄 牽車貫 極調胡	海 サ調恍 司司玉 報貫報	雨 サ鳳胡 車禄龍 庫石馳	樹 ウ石報 車調牽 馳龍極	花 ウ貫馳 車鳳車 馳玉貴	
7月	鉄 ト司将 龍玉石 堂調南	宝 ト禄禄 調龍貫 恍鳳堂	海 ト調恍 石牽玉 将石印	雨 ト鳳胡 車車龍 南貫庫	樹 ネ石報 貫司牽 禄玉庫	花 ネ貫馳 貫禄車 禄龍印	陽 ネ玉極 鳳調司 南牽堂
8月	宝 サ禄禄 牽石貫 極司将	海 サ調恍 牽龍玉 報鳳貴	雨 サ鳳胡 車玉龍 庫調極	樹 ウ石報 車車牽 馳貫馳	花 ウ貫馳 車牽車 馳石報	陽 ウ玉極 鳳禄司 庫龍胡	灯 ウ龍貴 牽司禄 報玉恍
9月	海 ト調恍 石玉玉 将調恍	雨 ト鳳胡 車龍龍 南鳳胡	樹 ネ石報 貫牽牽 禄石報	花 ネ貫馳 貫車車 禄貫馳	陽 ネ玉極 鳳司司 南玉極	灯 ネ龍貴 石禄禄 将龍貴	
10月	海 サ調恍 牽車玉 報禄南	雨 サ鳳胡 車牽龍 庫司堂	樹 ウ石報 車禄牽 馳鳳印	花 ウ貫馳 車司車 馳調庫	陽 ウ玉極 鳳鳳司 庫貫庫	灯 ウ龍貴 牽調禄 報石印	山 ウ牽極 司貫調 報龍庫
11月	雨 ト鳳胡 車石龍 南禄将	樹 ネ石報 貫龍牽 禄調貴	花 ネ貫馳 貫玉車 禄鳳極	陽 ネ玉極 鳳車司 南石馳	灯 ネ龍貴 石牽禄 将貫報	山 ネ牽極 玉禄調 将玉馳	
12月	雨 サ鳳胡 車貫龍 庫牽禄	樹 ウ石報 車玉牽 馳禄恍	花 ウ貫馳 車龍車 馳司胡	陽 ウ玉極 鳳牽司 庫鳳報	灯 ウ龍貴 牽車禄 報調馳	山 ウ牽極 司司調 報貫報	地 ウ車貴 貫禄鳳 庫石馳

2006年（平成18年）

2006年(平成18年)	1日	2日	3日	4日	5日	6日	7日	8日	9日	10日	11日	12日	13日	14日	15日	16日	17日	18日	19日	20日	21日	22日	23日	24日	25日	26日	27日	28日	29日	30日	31日
1月	鉄 ウ司将 禄調石 馳龍極	宝 ウ禄禄 禄鳳貫 馳玉貴	海 ウ調恍 車石玉 庫車将	雨 ウ鳳胡 司貫龍 報牽禄	樹 タ石報 司玉牽 極司南	花 タ貫馳 鳳龍車 印禄堂	陽 タ玉極 鳳牽司 胡調印	灯 タ龍貴 禄車禄 貴鳳庫	山 タ牽極 調司調 庫石印	地 タ車貴 牽禄鳳 報貫庫	鉄 タ司将 調調石 極玉庫	宝 タ禄禄 鳳鳳貫 印龍印	海 タ調恍 禄石玉 胡牽堂	雨 タ鳳胡 鳳貫龍 貴車南	樹 ト石報 玉牽牽 堂司南	花 ト貫馳 牽車車 恍禄堂	陽 ト玉極 調司司 将調印	灯 ト龍貴 鳳鳳禄 南鳳庫	山 ト牽極 鳳石調 胡石印	地 ト車貴 鳳貫鳳 貴貫庫	鉄 ト司将 龍玉石 堂玉庫	宝 ト禄禄 調龍貫 恍龍印	海 ト調恍 石牽玉 将牽堂	雨 ト鳳胡 車車龍 南車南	樹 ネ石報 貫司牽 禄司南	花 ネ貫馳 貫禄車 禄禄堂	陽 ネ玉極 鳳調司 南調印	灯 ネ龍貴 石鳳禄 将鳳庫	山 ネ牽極 玉石調 将石印	地 ネ車貴 貫貫鳳 南貫庫	鉄 ネ司将 貫玉石 禄玉庫
2月	宝 ネ禄禄 貫龍貫 禄龍印	海 ネ調恍 車牽玉 南牽堂	雨 ネ鳳胡 石車龍 将車南	樹 イ鳳印 玉禄牽 恍車禄	花 イ調庫 龍司車 堂牽将	陽 イ貫庫 鳳鳳司 貴禄貴	灯 イ石印 龍調禄 胡司極	山 イ龍庫 牽貫調 南鳳貴	地 イ玉印 石石鳳 将調極	鉄 イ車堂 玉龍石 恍貫馳	宝 イ牽南 車玉貫 堂石報	海 イ禄南 車禄玉 貴龍胡	雨 イ司堂 龍司龍 胡玉恍	樹 サ鳳印 調鳳調 印車禄	花 サ調庫 石調鳳 極牽将	陽 サ貫庫 牽貫石 報禄貴	灯 サ石印 鳳石調 庫司極	山 サ龍庫 龍龍貫 貴鳳貴	地 サ玉印 車牽石 胡調極	鉄 サ車堂 龍禄龍 印貫馳	宝 サ牽南 牽司玉 極石報	海 サ禄南 牽鳳車 報龍胡	雨 サ司堂 車調牽 庫玉恍	樹 ウ鳳印 車貫禄 馳車禄	花 ウ調庫 車石司 馳牽将	陽 ウ貫庫 鳳龍鳳 庫禄貴	灯 ウ石印 牽玉調 報司極	山 ウ龍庫 司車貫 報鳳貴			
3月	地 ウ玉印 貫牽石 庫調極	鉄 ウ車堂 禄禄龍 馳貫馳	宝 ウ牽南 禄司玉 馳石報	海 ウ禄南 車鳳車 庫龍胡	雨 ウ司堂 司調牽 報玉恍	樹 タ鳳印 司石牽 極牽将	花 タ調庫 鳳貫車 印車禄	陽 タ貫庫 鳳玉司 胡司恍	灯 タ石印 禄龍禄 貴禄胡	山 タ龍庫 調牽調 庫調恍	地 タ玉印 牽車鳳 報鳳胡	鉄 タ車堂 調司石 極石報	宝 タ牽南 鳳禄貫 印貫馳	海 タ禄南 禄調玉 胡玉極	雨 タ司堂 鳳鳳龍 貴龍貴	樹 ト鳳印 玉石調 堂牽将	花 ト調庫 牽貫鳳 恍車禄	陽 ト貫庫 調玉石 将司恍	灯 ト石印 鳳龍調 南禄胡	山 ト龍庫 鳳牽貫 胡調恍	地 ト玉印 鳳車石 貴鳳胡	鉄 ト車堂 龍司龍 堂石報	宝 ト牽南 調禄玉 恍貫馳	海 ト禄南 石調車 将玉極	雨 ト司堂 車鳳牽 南龍貴	樹 ネ鳳印 貫石禄 禄牽将	花 ネ調庫 貫貫司 禄車禄	陽 ネ貫庫 鳳玉鳳 南司恍	灯 ネ石印 石龍調 将禄胡	山 ネ龍庫 玉牽貫 将調恍	地 ネ玉印 貫車石 南鳳胡
4月	鉄 ネ車堂 貫司龍 禄石報	宝 ネ牽南 貫禄玉 禄貫馳	海 ネ禄南 車調車 南玉極	雨 ネ司堂 石鳳牽 将龍貴	樹 イ鳳印 玉石牽 恍龍堂	花 イ調庫 龍貫車 堂玉南	陽 イ貫庫 鳳玉司 貴車南	灯 イ石印 龍龍禄 胡牽堂	山 イ龍庫 牽牽調 南禄南	地 イ玉印 石車鳳 将司堂	鉄 イ車堂 玉司石 恍鳳印	宝 イ牽南 車禄貫 堂調庫	海 イ禄南 車調玉 貴貫庫	雨 イ司堂 龍鳳龍 胡石印	樹 サ鳳印 調玉調 印龍堂	花 サ調庫 石龍鳳 極玉南	陽 サ貫庫 牽牽石 報車南	灯 サ石印 鳳調調 庫牽堂	山 サ龍庫 龍貫貫 貴禄南	地 サ玉印 車石石 胡司堂	鉄 サ車堂 龍龍龍 印鳳印	宝 サ牽南 牽玉玉 極調庫	海 サ禄南 牽車車 報貫庫	雨 サ司堂 車牽牽 庫石印	樹 ウ鳳印 車禄禄 馳龍堂	花 ウ調庫 車司司 馳玉南	陽 ウ貫庫 鳳鳳鳳 庫車南	灯 ウ石印 牽調調 報牽堂	山 ウ龍庫 司貫貫 報禄南	地 ウ玉印 貫石石 庫司堂	
5月	鉄 ウ車堂 禄龍龍 馳鳳印	宝 ウ牽南 禄玉玉 馳調庫	海 ウ禄南 車車車 庫貫庫	雨 ウ司堂 司牽牽 報石印	樹 タ鳳印 調禄禄 極龍堂	花 タ調庫 鳳司車 印龍恍	陽 タ貫庫 鳳鳳司 胡牽禄	灯 タ石印 禄調禄 貴車将	山 タ龍庫 調貫調 庫司禄	地 タ玉印 牽石鳳 報禄将	鉄 タ車堂 調龍石 極調貴	宝 タ牽南 鳳石貫 印鳳極	海 タ禄南 車龍玉 胡石馳	雨 タ司堂 鳳玉龍 貴貫報	樹 ト鳳印 石車牽 堂玉胡	花 ト調庫 牽牽鳳 恍龍恍	陽 ト貫庫 調禄石 将牽禄	灯 ト石印 龍司貫 南車将	山 ト龍庫 禄鳳貫 胡司禄	地 ト玉印 鳳調石 貴禄将	鉄 ト車堂 龍車龍 堂調貴	宝 ト牽南 調牽玉 恍鳳極	海 ト禄南 石禄車 将石馳	雨 ト司堂 車司牽 南貫報	樹 ネ鳳印 貫鳳禄 禄玉胡	花 ネ調庫 貫調司 禄龍恍	陽 ネ貫庫 鳳貫鳳 南牽禄	灯 ネ石印 石石調 将車将	山 ネ龍庫 玉龍貫 将司禄	地 ネ玉印 貫玉石 南禄将	鉄 ネ車堂 貫車龍 禄調貴
6月	宝 ネ牽南 貫牽玉 禄鳳極	海 ネ禄南 車禄車 南石馳	雨 ネ司堂 石司牽 将貫報	樹 イ鳳印 玉鳳禄 恍玉胡	花 イ調庫 禄調司 堂龍恍	陽 イ貫庫 鳳調司 貴龍将	灯 イ石印 龍鳳禄 胡玉禄	山 イ龍庫 牽石調 南車将	地 イ玉印 石貫鳳 将牽禄	鉄 イ車堂 玉玉石 恍禄恍	宝 イ牽南 車龍貫 堂司胡	海 イ禄南 車牽玉 貴鳳報	雨 イ司堂 龍車龍 胡調馳	樹 サ鳳印 牽司牽 印貫極	花 サ調庫 石禄車 極石貴	陽 サ貫庫 牽調石 報龍将	灯 サ石印 禄鳳貫 庫玉禄	山 サ龍庫 龍石玉 貴車将	地 サ玉印 車貫石 胡牽禄	鉄 サ車堂 龍玉龍 印禄恍	宝 サ牽南 牽龍玉 極司胡	海 サ禄南 牽牽車 報鳳報	雨 サ司堂 車車牽 庫調馳	樹 ウ鳳印 車司禄 馳貫極	花 ウ調庫 車禄司 馳石貴	陽 ウ貫庫 鳳石鳳 庫龍将	灯 ウ石印 牽貫調 報玉禄	山 ウ龍庫 司玉貫 報車将	地 ウ玉印 貫龍石 庫牽禄	鉄 ウ車堂 禄牽龍 馳禄恍	
7月	宝 ウ牽南 禄車玉 馳司胡	海 ウ禄南 車司車 庫鳳報	雨 ウ司堂 司禄牽 報調馳	樹 タ鳳印 調調禄 極貫極	花 タ調庫 禄鳳司 印石貴	陽 タ貫庫 禄石鳳 胡龍将	灯 タ石印 禄貫禄 貴龍南	山 タ龍庫 調玉調 庫牽堂	地 タ玉印 牽龍鳳 報車南	鉄 タ車堂 調牽石 極司南	宝 タ牽南 鳳車貫 印禄堂	海 タ禄南 車司玉 胡調印	雨 タ司堂 鳳禄龍 貴鳳庫	樹 ト鳳印 石調牽 堂石庫	花 ト調庫 牽鳳車 恍貫印	陽 ト貫庫 調石司 将玉堂	灯 ト石印 龍龍貫 南龍南	山 ト龍庫 禄牽玉 胡牽堂	地 ト玉印 鳳車龍 貴車南	鉄 ト車堂 龍玉龍 堂司南	宝 ト牽南 調龍玉 恍禄堂	海 ト禄南 石牽車 将調印	雨 ト司堂 車車牽 南鳳庫	樹 ネ鳳印 貫司禄 禄石庫	花 ネ調庫 貫禄司 禄貫印	陽 ネ貫庫 鳳調鳳 南玉堂	灯 ネ石印 石鳳調 将龍南	山 ネ龍庫 玉石貫 将牽堂	地 ネ玉印 貫貫石 南車南	鉄 ネ車堂 貫玉龍 禄司南	宝 ネ牽南 貫龍玉 禄禄堂
8月	海 ネ禄南 車牽車 南調印	雨 ネ司堂 石車牽 将鳳庫	樹 イ鳳印 玉司禄 恍石庫	花 イ調庫 禄禄司 堂貫印	陽 イ貫庫 龍調鳳 貴玉堂	灯 イ石印 龍鳳調 胡龍南	山 イ龍庫 貫石貫 南牽堂	地 イ玉印 石石鳳 将玉恍	鉄 イ車堂 玉龍石 恍車禄	宝 イ牽南 車玉貫 堂牽将	海 イ禄南 車車玉 貴禄貴	雨 イ司堂 龍牽龍 胡司極	樹 サ鳳印 牽禄牽 印鳳馳	花 サ調庫 石司車 極調報	陽 サ貫庫 牽鳳司 報貫胡	灯 サ石印 車調禄 庫石恍	山 サ龍庫 龍貫調 貴龍胡	地 サ玉印 車石龍 胡玉恍	鉄 サ車堂 調鳳牽 印車禄	宝 サ牽南 石調車 極牽将	海 サ禄南 牽貫車 報禄貴	雨 サ司堂 車玉牽 庫司極	樹 ウ鳳印 車車禄 馳鳳馳	花 ウ調庫 車牽司 馳調報	陽 ウ貫庫 鳳禄鳳 庫貫胡	灯 ウ石印 牽司調 報石恍	山 ウ龍庫 司鳳貫 報龍胡	地 ウ玉印 貫調石 庫玉恍	鉄 ウ車堂 禄貫龍 馳車禄	宝 ウ牽南 禄石玉 馳牽将	海 ウ禄南 車龍車 庫禄貴
9月	雨 ウ司堂 司玉牽 報司極	樹 タ鳳印 調車禄 極鳳馳	花 タ調庫 禄牽司 印調報	陽 タ貫庫 禄禄鳳 胡貫胡	灯 タ石印 禄司調 貴石恍	山 タ龍庫 貫鳳貫 庫龍胡	地 タ玉印 司調石 報玉恍	鉄 タ車堂 調石石 極牽将	宝 タ牽南 鳳貫貫 印車禄	海 タ禄南 車玉玉 胡司恍	雨 タ司堂 鳳龍龍 貴禄胡	樹 ト鳳印 石牽牽 堂調報	花 ト調庫 司車車 恍鳳馳	陽 ト貫庫 調司司 将石極	灯 ト石印 貫禄禄 南貫貴	山 ト龍庫 貫調調 胡玉極	地 ト玉印 鳳鳳鳳 貴龍貴	鉄 ト車堂 牽石牽 堂牽将	宝 ト牽南 司貫車 恍車禄	海 ト禄南 石玉司 将司恍	雨 ト司堂 車龍牽 南禄胡	樹 ネ鳳印 鳳牽禄 禄調報	花 ネ調庫 貫車司 禄鳳馳	陽 ネ貫庫 鳳司鳳 南石極	灯 ネ石印 石禄調 将貫貴	山 ネ龍庫 石調貫 将玉極	地 ネ玉印 貫鳳石 南龍貴	鉄 ネ車堂 貫石龍 禄牽将	宝 ネ牽南 貫貫玉 禄車禄	海 ネ禄南 車玉車 南司恍	
10月	雨 ネ司堂 石龍牽 将禄胡	樹 イ鳳印 玉牽禄 恍調報	花 イ調庫 禄車司 堂鳳馳	陽 イ貫庫 龍司鳳 貴石極	灯 イ石印 龍禄調 胡貫貴	山 イ龍庫 貫調貫 南玉極	地 イ玉印 玉鳳石 将龍貴	鉄 イ車堂 玉石石 恍龍堂	宝 イ牽南 車貫貫 堂玉南	海 イ禄南 車玉玉 貴車南	雨 イ司堂 龍龍龍 胡牽堂	樹 サ鳳印 牽牽牽 印禄印	花 サ調庫 石車車 極司庫	陽 サ貫庫 牽司司 報鳳庫	灯 サ石印 車禄禄 庫調印	山 サ龍庫 龍調調 貴貫庫	地 サ玉印 車鳳鳳 胡石印	鉄 サ車堂 調牽牽 印龍堂	宝 サ牽南 石車車 極玉南	海 サ禄南 牽司司 報車南	雨 サ司堂 車牽牽 庫牽堂	樹 ウ鳳印 車禄禄 馳禄印	花 ウ調庫 車司司 馳司庫	陽 ウ貫庫 鳳鳳鳳 庫鳳庫	灯 ウ石印 牽調調 報調印	山 ウ龍庫 司貫貫 報貫庫	地 ウ玉印 貫石石 庫石印	鉄 ウ車堂 禄龍龍 馳龍堂	宝 ウ牽南 禄玉玉 馳玉南	海 ウ禄南 車車車 庫車南	雨 ウ司堂 司牽牽 報牽堂
11月	樹 タ鳳印 調禄禄 極禄印	花 タ調庫 禄司司 印司庫	陽 タ貫庫 禄鳳鳳 胡鳳庫	灯 タ石印 禄調調 貴調印	山 タ龍庫 貫貫貫 庫貫庫	地 タ玉印 司石石 報石印	鉄 タ車堂 調禄石 極玉胡	宝 タ牽南 鳳司貫 印龍恍	海 タ禄南 車鳳玉 胡牽禄	雨 タ司堂 鳳調龍 貴車将	樹 ト鳳印 石貫牽 堂司貴	花 ト調庫 司石車 恍禄極	陽 ト貫庫 調龍司 将調馳	灯 ト石印 貫玉禄 南鳳報	山 ト龍庫 貫車調 胡石馳	地 ト玉印 鳳牽鳳 貴貫報	鉄 ト車堂 牽禄牽 堂玉胡	宝 ト牽南 司司車 恍龍恍	海 ト禄南 石鳳司 将牽禄	雨 ト司堂 車石牽 南車将	樹 ネ鳳印 鳳龍禄 禄司貴	花 ネ調庫 貫玉司 禄禄極	陽 ネ貫庫 鳳車鳳 南調馳	灯 ネ石印 石牽調 将鳳報	山 ネ龍庫 石禄貫 将石馳	地 ネ玉印 貫司石 南貫報	鉄 ネ車堂 貫鳳龍 禄玉胡	宝 ネ牽南 貫調玉 禄龍恍	海 ネ禄南 車貫車 南牽禄	雨 ネ司堂 石石牽 将車将	
12月	樹 イ鳳印 玉龍禄 恍司貴	花 イ調庫 禄玉司 堂禄極	陽 イ貫庫 龍車鳳 貴調馳	灯 イ石印 龍牽調 胡鳳報	山 イ龍庫 貫禄貫 南石馳	地 イ玉印 玉司石 将貫報	鉄 イ車堂 玉調石 恍貫極	宝 イ牽南 車鳳貫 堂石貴	海 イ禄南 車石玉 貴龍将	雨 イ司堂 龍貫龍 胡玉禄	樹 サ鳳印 牽玉牽 印車恍	花 サ調庫 石龍車 極牽胡	陽 サ貫庫 牽牽司 報禄報	灯 サ石印 車車禄 庫司馳	山 サ龍庫 龍司調 貴鳳報	地 サ玉印 車禄鳳 胡調馳	鉄 サ車堂 調調牽 印貫極	宝 サ牽南 石鳳車 極石貴	海 サ禄南 牽石司 報龍将	雨 サ司堂 車貫牽 庫玉禄	樹 ウ鳳印 車玉禄 馳車恍	花 ウ調庫 車龍司 馳牽胡	陽 ウ貫庫 鳳牽鳳 庫禄報	灯 ウ石印 牽車調 報司馳	山 ウ龍庫 司司貫 報鳳報	地 ウ玉印 貫禄石 庫調馳	鉄 ウ車堂 禄調龍 馳貫極	宝 ウ牽南 禄鳳玉 馳石貴	海 ウ禄南 車石車 庫龍将	雨 ウ司堂 司貫牽 報玉禄	樹 タ鳳印 調玉禄 極車恍

2007年（平成19年）

2007年(平成19年)

	1日	2日	3日	4日	5日	6日	7日	8日	9日	10日	11日	12日	13日	14日	15日	16日	17日	18日	19日	20日	21日	22日	23日	24日	25日	26日	27日	28日	29日	30日	31日
1月	花 タ調庫 禄龍司 印牽胡	陽 タ貫庫 禄牽鳳 胡禄報	灯 タ石印 禄車調 貴司馳	山 タ龍庫 貫司貫 庫鳳報	地 タ玉印 司禄石 報調馳	鉄 タ車堂 調調石 極石庫	宝 タ牽南 鳳鳳貫 印貫印	海 タ禄南 車石玉 胡玉堂	雨 タ司堂 鳳貫龍 貴龍南	樹 ト鳳印 石玉牽 堂牽南	花 ト調庫 司龍車 恍車堂	陽 ト貫庫 調牽司 将司印	灯 ト石印 貫車禄 南禄庫	山 ト龍庫 貫司調 胡調印	地 ト玉印 鳳禄鳳 貴鳳庫	鉄 ト車堂 牽石牽 堂石庫	宝 ト牽南 司貫車 恍貫印	海 ト禄南 石玉司 将玉堂	雨 ト司堂 車車牽 南龍南	樹 ネ鳳印 鳳司禄 禄牽南	花 ネ調庫 貫禄司 禄車堂	陽 ネ貫庫 鳳調鳳 南司印	灯 ネ石印 石鳳調 将禄庫	山 ネ龍庫 石石貫 将調印	地 ネ玉印 貫貫石 南鳳庫	鉄 ネ車堂 貫玉龍 禄石庫	宝 ネ牽南 貫龍玉 禄貫印	海 ネ禄南 車牽車 南玉堂	雨 ネ司堂 石車牽 将龍南	樹 イ鳳印 玉司禄 恍牽南	花 イ調庫 禄禄司 堂車堂
2月	陽 イ貫庫 龍調鳳 貴司印	灯 イ石印 龍鳳調 胡禄庫	山 イ龍庫 貫石貫 南調印	地 イ龍報 石石牽 将司極	鉄 イ牽胡 玉龍禄 恍鳳馳	宝 イ車恍 車玉司 堂調報	海 イ司禄 車車鳳 貴貫胡	雨 イ禄将 龍牽調 胡石恍	樹 サ調貴 牽禄貫 印龍禄	花 サ鳳極 石司石 極玉将	陽 サ石馳 牽鳳龍 報車貴	灯 サ貫報 車石玉 庫牽極	山 サ玉馳 龍龍車 貴禄貴	地 サ龍報 車玉牽 胡司極	鉄 サ牽胡 調車禄 印鳳馳	宝 サ車恍 石牽司 極調報	海 サ司禄 牽禄貫 報貫胡	雨 サ禄将 車司石 庫石恍	樹 ウ調貴 車貫龍 馳龍禄	花 ウ鳳極 車石玉 馳玉将	陽 ウ石馳 鳳龍車 庫車貴	灯 ウ貫報 牽玉牽 報牽極	山 ウ玉馳 司車禄 報禄貴	地 ウ龍報 貫牽司 庫司極	鉄 ウ牽胡 禄禄鳳 馳鳳馳	宝 ウ車恍 禄司調 馳調報	海 ウ司禄 車鳳貫 庫貫胡	雨 ウ禄将 司調石 報石恍			
3月	樹 タ調貴 調貫龍 極龍禄	花 タ鳳極 禄石玉 印玉将	陽 タ石馳 禄龍車 胡車貴	灯 タ貫報 禄玉牽 貴牽極	山 タ玉馳 貫車禄 庫禄貴	地 タ龍報 牽車牽 報禄胡	鉄 タ牽胡 調司禄 極調報	宝 タ車恍 鳳禄司 印鳳馳	海 タ司禄 車調鳳 胡石極	雨 タ禄将 鳳鳳調 貴貫貴	樹 ト調貴 石石貫 堂玉将	花 ト鳳極 牽貫石 恍龍禄	陽 ト石馳 調玉龍 将牽恍	灯 ト貫報 貫龍玉 南車胡	山 ト玉馳 貫牽車 胡司恍	地 ト龍報 鳳車牽 貴禄胡	鉄 ト牽胡 牽司禄 堂調報	宝 ト車恍 司禄司 恍鳳馳	海 ト司禄 石調貫 将石極	雨 ト禄将 車鳳石 南貫貴	樹 ネ調貴 貫石龍 禄玉将	花 ネ鳳極 貫貫玉 禄龍禄	陽 ネ石馳 鳳玉車 南牽恍	灯 ネ貫報 石龍牽 将車胡	山 ネ玉馳 石牽禄 将司恍	地 ネ龍報 貫車司 南禄胡	鉄 ネ牽胡 貫司鳳 禄調報	宝 ネ車恍 貫禄調 禄鳳馳	海 ネ司禄 車調貫 南石極	雨 ネ禄将 石鳳石 将貫貴	樹 イ調貴 玉石龍 恍玉将
4月	花 イ鳳極 禄貫玉 堂龍禄	陽 イ石馳 龍玉車 貴牽恍	灯 イ貫報 龍龍牽 胡車胡	山 イ玉馳 貫牽禄 南司恍	地 イ龍報 石車牽 将牽堂	鉄 イ牽胡 玉司禄 恍禄印	宝 イ車恍 車禄司 堂司庫	海 イ司禄 車調鳳 貴鳳庫	雨 イ禄将 龍鳳調 胡調印	樹 サ調貴 牽石貫 印貫堂	花 サ鳳極 石貫石 極石南	陽 サ石馳 牽玉龍 報龍南	灯 サ貫報 車龍玉 庫玉堂	山 サ玉馳 龍牽車 貴車南	地 サ龍報 車禄牽 胡牽堂	鉄 サ牽胡 調調禄 印禄印	宝 サ車恍 石鳳司 極司庫	海 サ司禄 牽車貫 報鳳庫	雨 サ禄将 車牽石 庫調印	樹 ウ調貴 車禄龍 馳貫堂	花 ウ鳳極 車司玉 馳石南	陽 ウ石馳 鳳鳳車 庫龍南	灯 ウ貫報 牽調牽 報玉堂	山 ウ玉馳 司貫禄 報車南	地 ウ龍報 貫石司 庫牽堂	鉄 ウ牽胡 禄龍鳳 馳禄印	宝 ウ車恍 禄玉調 馳司庫	海 ウ司禄 車車貫 庫鳳庫	雨 ウ禄将 司牽石 報調印	樹 タ調貴 調禄龍 極貫堂	
5月	花 タ鳳極 禄司玉 印石南	陽 タ石馳 禄鳳車 胡龍南	灯 タ貫報 禄調牽 貴玉堂	山 タ玉馳 貫貫禄 庫車南	地 タ龍報 司石司 報牽堂	鉄 タ牽胡 調龍禄 極司貴	宝 タ車恍 鳳玉司 印禄極	海 タ司禄 車車鳳 胡調馳	雨 タ禄将 鳳牽調 貴鳳報	樹 ト調貴 石禄貫 堂石胡	花 ト鳳極 司司石 恍貫恍	陽 ト石馳 調禄龍 将玉禄	灯 ト貫報 貫司玉 南龍将	山 ト玉馳 貫鳳車 胡牽禄	地 ト龍報 鳳調牽 貴車将	鉄 ト牽胡 牽貫禄 堂司貴	宝 ト車恍 司石司 恍禄極	海 ト司禄 石龍鳳 将調馳	雨 ト禄将 車玉石 南鳳報	樹 ネ調貴 鳳車龍 禄石胡	花 ネ鳳極 貫調玉 禄貫恍	陽 ネ石馳 鳳貫車 南玉禄	灯 ネ貫報 石石牽 将龍将	山 ネ玉馳 石龍禄 将牽禄	地 ネ龍報 貫玉司 南車将	鉄 ネ牽胡 貫車鳳 禄司貴	宝 ネ車恍 貫牽調 禄禄極	海 ネ司禄 車禄貫 南調馳	雨 ネ禄将 石司石 将鳳報	樹 イ調貴 玉鳳龍 恍石胡	花 イ鳳極 禄調玉 堂貫恍
6月	陽 イ石馳 龍貫車 貴玉禄	灯 イ貫報 龍石牽 胡龍将	山 イ玉馳 貫龍禄 南牽禄	地 イ龍報 玉玉司 将車将	鉄 イ牽胡 牽車鳳 恍司貴	宝 イ車恍 車龍司 堂牽胡	海 イ司禄 車牽鳳 貴禄報	雨 イ禄将 龍車調 胡司馳	樹 サ調貴 牽司貫 印鳳極	花 サ鳳極 石禄石 極調貴	陽 サ石馳 牽調龍 報貫将	灯 サ貫報 車鳳玉 庫石禄	山 サ玉馳 貫石車 貴龍将	地 サ龍報 車貫牽 胡玉禄	鉄 サ牽胡 司玉禄 印車恍	宝 サ車恍 石龍司 極牽胡	海 サ司禄 牽牽鳳 報禄報	雨 サ禄将 鳳車調 庫司馳	樹 ウ調貴 龍司龍 馳鳳極	花 ウ鳳極 車禄玉 馳調貴	陽 ウ石馳 鳳調車 庫貫将	灯 ウ貫報 牽鳳牽 報石禄	山 ウ玉馳 司石禄 報龍将	地 ウ龍報 貫貫司 庫玉禄	鉄 ウ牽胡 禄玉鳳 馳車恍	宝 ウ車恍 禄車調 馳牽胡	海 ウ司禄 車司貫 庫禄報	雨 ウ禄将 司禄石 報司馳	樹 タ調貴 調調龍 極鳳極	花 タ鳳極 禄鳳玉 印調貴	
7月	陽 タ石馳 禄石車 胡貫将	灯 タ貫報 禄貫牽 貴石禄	山 タ玉馳 貫玉禄 庫龍将	地 タ龍報 司龍司 報玉禄	鉄 タ牽胡 調牽鳳 極車恍	宝 タ車恍 龍車調 印牽胡	海 タ司禄 車司鳳 胡司印	雨 タ禄将 鳳禄調 貴禄庫	樹 ト調貴 石調貫 堂調庫	花 ト鳳極 司鳳石 恍鳳印	陽 ト石馳 調石龍 将石堂	灯 ト貫報 貫貫玉 南貫南	山 ト玉馳 貫玉車 胡玉堂	地 ト龍報 鳳龍牽 貴龍南	鉄 ト牽胡 石牽禄 堂牽南	宝 ト車恍 司車司 恍車堂	海 ト司禄 石調鳳 将司印	雨 ト禄将 龍鳳調 南禄庫	樹 ネ調貴 鳳石貫 禄調庫	花 ネ鳳極 貫禄玉 禄鳳印	陽 ネ石馳 鳳調車 南石堂	灯 ネ貫報 石鳳牽 将貫南	山 ネ玉馳 石石禄 将玉堂	地 ネ龍報 貫貫司 南龍南	鉄 ネ牽胡 貫玉鳳 禄牽南	宝 ネ車恍 貫龍調 禄車堂	海 ネ司禄 車牽貫 南司印	雨 ネ禄将 石車石 将禄庫	樹 イ調貴 玉司龍 恍調庫	花 イ鳳極 禄禄玉 堂鳳印	陽 イ石馳 龍調車 貴石堂
8月	灯 イ貫報 龍鳳牽 胡貫南	山 イ玉馳 貫石禄 南玉堂	地 イ龍報 玉貫司 将龍南	鉄 イ牽胡 牽玉鳳 恍牽南	宝 イ車恍 龍龍調 堂車堂	海 イ司禄 龍牽貫 貴司印	雨 イ禄将 龍車石 胡禄庫	樹 サ調貴 牽禄貫 印禄馳	花 サ鳳極 石司石 極司報	陽 サ石馳 牽鳳龍 報鳳胡	灯 サ貫報 車調玉 庫調恍	山 サ玉馳 貫貫車 貴貫胡	地 サ龍報 車石牽 胡石恍	鉄 サ牽胡 司龍禄 印龍禄	宝 サ車恍 石玉司 極玉将	海 サ司禄 牽車鳳 報車貴	雨 サ禄将 禄牽調 庫牽極	樹 ウ調貴 禄禄貫 馳禄馳	花 ウ鳳極 車玉石 馳司報	陽 ウ石馳 石車龍 庫鳳胡	灯 ウ貫報 牽牽牽 報調恍	山 ウ玉馳 司鳳禄 報貫胡	地 ウ龍報 貫調司 庫石恍	鉄 ウ牽胡 禄貫鳳 馳龍禄	宝 ウ車恍 禄石調 馳玉将	海 ウ司禄 車龍貫 庫車貴	雨 ウ禄将 司玉石 報牽極	樹 タ調貴 調車龍 極禄馳	花 タ鳳極 禄牽玉 印司報	陽 タ石馳 禄禄車 胡鳳胡	灯 タ貫報 禄司牽 貴調恍
9月	山 タ玉馳 貫鳳禄 庫貫胡	地 タ龍報 司調司 報石恍	鉄 タ牽胡 調貫鳳 極龍禄	宝 タ車恍 龍石調 印玉将	海 タ司禄 鳳龍貫 胡車貴	雨 タ禄将 鳳玉石 貴牽極	樹 ト調貴 禄車龍 堂禄馳	花 ト鳳極 司車石 恍禄馳	陽 ト石馳 調司龍 将調極	灯 ト貫報 貫禄玉 南鳳貴	山 ト玉馳 貫調車 胡石極	地 ト龍報 鳳鳳牽 貴貫貴	鉄 ト牽胡 石石禄 堂玉将	宝 ト車恍 司貫司 恍龍禄	海 ト司禄 石玉鳳 将牽恍	雨 ト禄将 貫龍調 南車胡	樹 ネ調貴 鳳牽貫 禄司報	花 ネ鳳極 貫車石 禄禄馳	陽 ネ石馳 牽司龍 南調極	灯 ネ貫報 司禄玉 将鳳貴	山 ネ玉馳 石調禄 将石極	地 ネ龍報 貫鳳司 南貫貴	鉄 ネ牽胡 貫石鳳 禄玉将	宝 ネ車恍 貫貫調 禄龍禄	海 ネ司禄 車玉貫 南牽恍	雨 ネ禄将 石龍石 将車胡	樹 イ調貴 玉牽龍 恍司報	花 イ鳳極 禄車玉 堂禄馳	陽 イ石馳 龍司車 貴調極	灯 イ貫報 龍禄牽 胡鳳貴	
10月	山 イ玉馳 貫調禄 南石極	地 イ龍報 玉鳳司 将貫貴	鉄 イ牽胡 牽石鳳 恍玉将	宝 イ車恍 龍貫調 堂龍禄	海 イ司禄 龍玉貫 貴牽恍	雨 イ禄将 龍龍石 胡車胡	樹 サ調貴 禄牽龍 印司報	花 サ鳳極 玉車玉 極禄馳	陽 サ石馳 牽司龍 報禄庫	灯 サ貫報 車禄玉 庫司印	山 サ玉馳 貫調車 貴鳳庫	地 サ龍報 車鳳牽 胡調印	鉄 サ牽胡 司石禄 印貫堂	宝 サ車恍 玉貫司 極石南	海 サ司禄 牽玉鳳 報龍南	雨 サ禄将 禄龍調 庫玉堂	樹 ウ調貴 禄牽貫 馳車印	花 ウ鳳極 車車石 馳牽庫	陽 ウ石馳 石石龍 庫禄庫	灯 ウ貫報 玉貫玉 報司印	山 ウ玉馳 司玉車 報鳳庫	地 ウ龍報 貫石司 庫調印	鉄 ウ牽胡 車龍鳳 馳貫堂	宝 ウ車恍 禄玉調 馳石南	海 ウ司禄 車車貫 庫龍南	雨 ウ禄将 司牽石 報玉堂	樹 タ調貴 司禄龍 極車印	花 タ鳳極 禄司玉 印牽庫	陽 タ石馳 禄鳳車 胡禄庫	灯 タ貫報 禄調牽 貴司印	山 タ玉馳 貫貫禄 庫鳳庫
11月	地 タ龍報 司石司 報調印	鉄 タ牽胡 調龍鳳 極貫堂	宝 タ車恍 龍玉調 印石南	海 タ司禄 鳳車貫 胡龍南	雨 タ禄将 鳳牽石 貴玉堂	樹 ト調貴 禄禄龍 堂車印	花 ト鳳極 調司玉 恍牽庫	陽 ト石馳 調龍龍 将司馳	灯 ト貫報 貫玉玉 南禄報	山 ト玉馳 貫車車 胡調馳	地 ト龍報 鳳牽牽 貴鳳報	鉄 ト牽胡 石禄禄 堂石胡	宝 ト車恍 司司司 恍貫恍	海 ト司禄 石鳳鳳 将玉禄	雨 ト禄将 貫調調 南龍将	樹 ネ調貴 鳳貫貫 禄牽貴	花 ネ鳳極 貫石石 禄車極	陽 ネ石馳 牽龍龍 南司馳	灯 ネ貫報 司玉玉 将禄報	山 ネ玉馳 石車車 将調馳	地 ネ龍報 貫司司 南鳳報	鉄 ネ牽胡 貫鳳鳳 禄石胡	宝 ネ車恍 貫調調 禄貫恍	海 ネ司禄 車貫貫 南玉禄	雨 ネ禄将 石石石 将龍将	樹 イ調貴 玉龍龍 恍牽貴	花 イ鳳極 禄玉玉 堂車極	陽 イ石馳 龍車車 貴司馳	灯 イ貫報 龍牽牽 胡禄報	山 イ玉馳 貫禄禄 南調馳	
12月	地 イ龍報 玉司司 将鳳報	鉄 イ牽胡 牽鳳鳳 恍石胡	宝 イ車恍 龍調調 堂貫恍	海 イ司禄 龍貫貫 貴玉禄	雨 イ禄将 龍石石 胡龍将	樹 サ調貴 禄龍龍 印牽貴	花 サ鳳極 石龍石 極玉胡	陽 サ石馳 牽牽龍 報車報	灯 サ貫報 車車玉 庫牽馳	山 サ玉馳 貫司車 貴禄報	地 サ龍報 車禄牽 胡司馳	鉄 サ牽胡 司調禄 印鳳極	宝 サ車恍 石鳳司 極調貴	海 サ司禄 牽石鳳 報貫将	雨 サ禄将 禄貫調 庫石禄	樹 ウ調貴 禄玉貫 馳龍恍	花 ウ鳳極 車龍石 馳玉胡	陽 ウ石馳 石牽龍 庫車報	灯 ウ貫報 玉車玉 報牽馳	山 ウ玉馳 司司禄 報禄報	地 ウ龍報 貫禄司 庫司馳	鉄 ウ牽胡 禄調鳳 馳鳳極	宝 ウ車恍 禄鳳調 馳調貴	海 ウ司禄 車石貫 庫貫将	雨 ウ禄将 司貫石 報石禄	樹 タ調貴 司玉龍 極龍恍	花 タ鳳極 禄龍玉 印玉胡	陽 タ石馳 禄牽車 胡車報	灯 タ貫報 禄車牽 貴牽馳	山 タ玉馳 貫司禄 庫禄報	地 タ龍報 司禄司 報司馳

2008年（平成20年）

2008年(平成20年)

	1日	2日	3日	4日	5日	6日	7日	8日
1月	鉄 タ奉胡 調調鳳 極鳳極	宝 タ車恍 龍鳳調 印調貴	海 タ司禄 鳳石貫 胡貫将	雨 タ禄将 鳳貫石 貴石禄	樹 ト調貴 禄玉龍 堂龍恍	花 ト鳳極 司龍石 恍龍堂	陽 ト石馳 調奉龍 将奉印	灯 ト貫報 貫車玉 南車庫
2月	宝 イ車恍 龍龍調 堂鳳印	海 イ司禄 龍奉貫 貴石堂	雨 イ禄将 龍車石 胡貫南	樹 サ禄恍 奉禄玉 印貫禄	花 サ司胡 石司龍 極石将	陽 サ鳳報 奉鳳奉 報龍貴	灯 サ調馳 車調車 庫玉極	山 サ貫報 貫貫司 貴車貴
3月	鉄 タ龍極 調禄調 極禄馳	宝 タ玉貴 龍司鳳 印司報	海 タ車将 鳳鳳石 胡鳳胡	雨 タ奉禄 鳳調貫 貴調恍	樹 ト禄恍 石石玉 堂石将	花 ト司胡 司貫龍 恍貫禄	陽 ト鳳報 調玉奉 将玉恍	灯 ト調馳 貫龍車 南龍胡
4月	宝 イ玉貴 龍禄鳳 堂禄馳	海 イ車将 龍調石 貴調極	雨 イ奉禄 龍鳳貫 胡鳳貴	樹 サ禄恍 奉石玉 印鳳堂	花 サ司胡 石貫龍 極調南	陽 サ鳳報 奉玉奉 報貫南	灯 サ調馳 車龍車 庫石堂	山 サ貫報 貫奉司 貴龍南
5月	宝 タ玉貴 龍玉鳳 印奉庫	海 タ車将 鳳車石 胡禄庫	雨 タ奉禄 鳳奉貫 貴司印	樹 ト禄恍 禄禄玉 堂鳳堂	花 ト司胡 司司龍 恍鳳恍	陽 ト鳳報 調鳳奉 将石禄	灯 ト調馳 貫調車 南貫将	山 ト貫報 貫貫司 胡玉禄
6月	海 イ車将 龍禄石 貴司馳	雨 イ奉禄 龍司貫 胡禄報	樹 サ禄恍 禄鳳玉 印調胡	花 サ司胡 玉調龍 極鳳恍	陽 サ鳳報 奉調奉 報鳳将	灯 サ調馳 車鳳車 庫調禄	山 サ貫報 貫石司 貴貫将	地 サ石馳 車貫禄 胡石禄
7月	海 タ車将 鳳司石 胡車報	雨 タ奉禄 鳳禄貫 貴奉馳	樹 ト禄恍 禄調玉 堂禄極	花 ト司胡 調鳳龍 恍司貴	陽 ト鳳報 石石奉 将鳳将	灯 ト調馳 鳳貫車 南調禄	山 ト貫報 貫玉司 胡石堂	地 ト石馳 鳳龍禄 貴貫南
8月	雨 イ奉禄 龍車貫 胡車庫	樹 サ禄恍 禄司玉 印司庫	花 サ司胡 玉禄龍 極禄印	陽 サ鳳報 奉調奉 報調堂	灯 サ調馳 鳳鳳車 庫鳳南	山 サ貫報 車石司 貴石堂	地 サ石馳 車石禄 胡調恍	鉄 サ龍極 司龍調 印貫禄
9月	樹 ト禄恍 禄車玉 堂車馳	花 ト司胡 調奉龍 恍奉報	陽 ト鳳報 石禄奉 将禄胡	灯 ト調馳 鳳司車 南司恍	山 ト貫報 鳳鳳司 胡鳳胡	地 ト石馳 鳳調禄 貴調恍	鉄 ト龍極 石石調 堂石将	宝 ト玉貴 司貫鳳 恍貫禄
10月	樹 サ禄恍 禄奉玉 印奉報	花 サ司胡 玉車龍 極車馳	陽 サ鳳報 奉司奉 報司極	灯 サ調馳 鳳禄車 庫禄貴	山 サ貫報 車調司 貴調極	地 サ石馳 車鳳禄 胡鳳貴	鉄 サ龍極 龍石調 印石将	宝 サ玉貴 玉貫鳳 極調南
11月	花 ト司胡 調司龍 恍玉庫	陽 ト鳳報 石鳳奉 将車庫	灯 ト調馳 鳳調車 南奉印	山 ト貫報 鳳貫司 胡禄庫	地 ト石馳 鳳石禄 貴司印	鉄 ト龍極 龍龍調 堂鳳堂	宝 ト玉貴 司司鳳 恍鳳恍	海 ト車将 石鳳石 将石禄
12月	花 サ司胡 玉玉龍 極龍極	陽 サ鳳報 奉車奉 報奉馳	灯 サ調馳 鳳奉車 庫車報	山 サ貫報 車禄司 貴司馳	地 サ石馳 車司禄 胡禄報	鉄 サ龍極 龍鳳調 印調胡	宝 サ玉貴 玉鳳鳳 極司貴	海 サ車将 奉石石 報鳳将

	9日	10日	11日	12日	13日	14日	15日	16日
1月	山 ト玉馳 貫司車 胡司印	地 ト龍報 鳳禄奉 貴禄庫	鉄 ト奉胡 石調禄 堂調庫	宝 ト車恍 司鳳司 恍鳳印	海 ト司禄 石石鳳 将石堂	雨 ト禄将 貫貫調 南貫南	樹 ネ調貴 鳳玉貫 禄玉南	花 ネ鳳極 貫車石 禄龍堂
2月	地 サ石馳 車石禄 胡奉極	鉄 サ龍極 司龍調 印禄馳	宝 サ玉貴 石玉鳳 極司報	海 サ車将 奉禄石 報鳳胡	雨 サ奉禄 禄司貫 庫調恍	樹 ウ禄恍 禄鳳玉 馳貫禄	花 ウ司胡 車調龍 馳石将	陽 ウ鳳報 石貫奉 庫龍貴
3月	山 ト貫報 貫奉司 胡奉恍	地 ト石馳 鳳車禄 貴車胡	鉄 ト龍極 石司調 堂司報	宝 ト玉貴 司禄鳳 恍禄馳	海 ト車将 石調石 将調極	雨 ト奉禄 貫鳳貫 南鳳貴	樹 ネ禄恍 鳳石玉 禄石将	花 ネ司胡 貫貫龍 禄貫禄
4月	地 サ石馳 車車禄 胡玉堂	鉄 サ龍極 司司調 印車印	宝 サ玉貴 石禄鳳 極奉庫	海 サ車将 奉調石 報禄庫	雨 サ奉禄 禄鳳貫 庫司印	樹 ウ禄恍 禄玉玉 馳鳳堂	花 ウ司胡 車龍龍 馳調南	陽 ウ鳳報 石奉奉 庫貫南
5月	地 ト石馳 鳳石禄 貴龍将	鉄 ト龍極 石龍調 堂奉貴	宝 ト玉貴 司石鳳 恍車極	海 ト車将 石龍石 将司馳	雨 ト奉禄 貫玉貫 南禄報	樹 ネ禄恍 鳳車玉 禄調胡	花 ネ司胡 貫奉龍 禄鳳恍	陽 ネ鳳報 奉禄奉 南石禄
6月	鉄 サ龍極 司玉調 印龍恍	宝 サ玉貴 玉龍鳳 極玉胡	海 サ車将 奉奉石 報車報	雨 サ奉禄 禄車貫 庫奉馳	樹 ウ禄恍 禄司玉 馳禄極	花 ウ司胡 車禄龍 馳司貴	陽 ウ鳳報 石調奉 庫鳳将	灯 ウ調馳 玉鳳車 報調禄
7月	鉄 ト龍極 石奉調 堂玉南	宝 ト玉貴 司車鳳 恍龍堂	海 ト車将 石司石 将奉印	雨 ト奉禄 貫禄貫 南車庫	樹 ネ禄恍 禄調玉 禄司庫	花 ネ司胡 貫鳳龍 禄禄印	陽 ネ鳳報 玉石奉 南調堂	灯 ネ調馳 司貫車 将鳳南
8月	宝 サ玉貴 玉玉鳳 極石将	海 サ車将 奉車石 報龍貴	雨 サ奉禄 禄奉貫 庫玉極	樹 ウ禄恍 禄禄玉 馳車馳	花 ウ司胡 車司龍 馳奉報	陽 ウ鳳報 司鳳奉 庫禄胡	灯 ウ調馳 玉調車 報司恍	山 ウ貫報 司貫司 報鳳胡
9月	海 ト車将 石玉石 将玉恍	雨 ト奉禄 貫龍貫 南龍胡	樹 ネ禄恍 禄奉玉 禄奉報	花 ネ司胡 貫車龍 禄車馳	陽 ネ鳳報 玉司奉 南司極	灯 ネ調馳 司禄車 将禄貴	山 ネ貫報 石調司 将調極	地 ネ石馳 龍鳳禄 南鳳貴
10月	海 サ車将 奉玉石 報貫南	雨 サ奉禄 禄龍貫 庫石堂	樹 ウ禄恍 禄奉玉 馳龍印	花 ウ司胡 車車龍 馳玉庫	陽 ウ鳳報 司司奉 庫車庫	灯 ウ調馳 玉禄車 報奉印	山 ウ貫報 司調司 報禄庫	地 ウ石馳 禄鳳禄 庫司印
11月	雨 ト奉禄 貫調貫 南貫将	樹 ネ禄恍 禄貫玉 禄玉貴	花 ネ司胡 貫石龍 禄龍極	陽 ネ鳳報 玉龍奉 南奉馳	灯 ネ調馳 司玉車 将車報	山 ネ貫報 石車司 将司馳	地 ネ石馳 龍奉禄 南禄報	鉄 ネ龍極 龍禄調 禄調胡
12月	雨 サ奉禄 禄貫貫 庫調禄	樹 ウ禄恍 禄玉玉 馳貫恍	花 ウ司胡 車龍龍 馳石胡	陽 ウ鳳報 司奉奉 庫龍報	灯 ウ調馳 玉車車 報玉馳	山 ウ貫報 司司司 報車報	地 ウ石馳 禄禄禄 庫奉馳	鉄 ウ龍極 車調調 馳禄極

	17日	18日	19日	20日	21日	22日	23日	24日
1月	陽 ネ石馳 奉司龍 南奉印	灯 ネ貫報 司禄玉 将車庫	山 ネ玉馳 石石禄 将司印	地 ネ龍報 貫貫司 南禄庫	鉄 ネ奉胡 貫玉鳳 禄調庫	宝 ネ車恍 貫龍調 禄鳳印	海 ネ司禄 車奉貫 南石堂	雨 ネ禄将 石車石 将貫南
2月	灯 ウ調馳 奉石車 報玉極	山 ウ貫報 司龍司 報車貴	地 ウ石馳 貫奉禄 庫奉極	鉄 ウ龍極 禄禄調 馳禄馳	宝 ウ玉貴 禄司鳳 馳司報	海 ウ車将 車鳳石 庫鳳胡	雨 ウ奉禄 司調貫 報調恍	樹 タ禄恍 調貫玉 極貫禄
3月	陽 ネ鳳報 奉玉奉 南玉恍	灯 ネ調馳 司龍車 将龍胡	山 ネ貫報 石奉司 将奉恍	地 ネ石馳 貫車禄 南車胡	鉄 ネ龍極 貫司調 禄司報	宝 ネ玉貴 貫禄鳳 禄禄馳	海 ネ車将 車調石 南調極	雨 ネ奉禄 石鳳貫 将鳳貴
4月	灯 ウ調馳 奉調車 報石堂	山 ウ貫報 司貫司 報龍南	地 ウ石馳 貫石禄 庫玉堂	鉄 ウ龍極 禄龍調 馳車印	宝 ウ玉貴 禄玉鳳 馳奉庫	海 ウ車将 車車石 庫禄庫	雨 ウ奉禄 司奉貫 報司印	樹 タ禄恍 調禄玉 極鳳堂
5月	灯 ネ調馳 司司車 将貫将	山 ネ貫報 石鳳司 将玉禄	地 ネ石馳 貫調禄 南龍将	鉄 ネ龍極 貫車調 禄奉貴	宝 ネ玉貴 貫奉鳳 禄車極	海 ネ車将 車禄石 南司馳	雨 ネ奉禄 石司貫 将禄報	樹 イ禄恍 玉鳳玉 恍調胡
6月	山 ウ貫報 司石司 報貫将	地 ウ石馳 貫貫禄 庫石禄	鉄 ウ龍極 車玉調 馳龍恍	宝 ウ玉貴 禄龍鳳 馳玉胡	海 ウ車将 車奉石 庫車報	雨 ウ奉禄 司車貫 報奉馳	樹 タ禄恍 司司玉 極禄極	花 タ司胡 禄禄龍 印司貴
7月	山 ネ貫報 石奉司 将石堂	地 ネ石馳 車車禄 南貫南	鉄 ネ龍極 鳳司調 禄玉南	宝 ネ玉貴 貫龍鳳 禄龍堂	海 ネ車将 車奉石 南奉印	雨 ネ奉禄 石車貫 将車庫	樹 イ禄恍 玉司玉 恍司庫	花 イ司胡 禄禄龍 堂禄印
8月	地 ウ石馳 鳳石禄 庫調恍	鉄 ウ龍極 車鳳調 馳貫禄	宝 ウ玉貴 禄調鳳 馳石将	海 ウ車将 車貫石 庫龍貴	雨 ウ奉禄 玉玉貫 報玉極	樹 タ禄恍 司車玉 極車馳	花 タ司胡 禄奉龍 印奉報	陽 タ鳳報 禄禄奉 胡禄胡
9月	鉄 ネ龍極 龍石調 禄石将	宝 ネ玉貴 貫貫鳳 禄貫禄	海 ネ車将 司玉石 南玉恍	雨 ネ奉禄 石龍貫 将龍胡	樹 イ禄恍 玉奉玉 恍奉報	花 イ司胡 禄車龍 堂車馳	陽 イ鳳報 龍司奉 貴司極	灯 イ調馳 龍禄車 胡禄貴
10月	鉄 ウ龍極 車石調 馳鳳堂	宝 ウ玉貴 禄車鳳 馳調南	海 ウ車将 石司石 庫貫南	雨 ウ奉禄 玉禄貫 報石堂	樹 タ禄恍 司禄玉 極龍印	花 タ司胡 禄司龍 印玉庫	陽 タ鳳報 禄鳳奉 胡車庫	灯 タ調馳 禄調車 貴奉印
11月	宝 ネ玉貴 貫司鳳 禄鳳恍	海 ネ車将 司鳳石 南石禄	雨 ネ奉禄 調調貫 将貫将	樹 イ禄恍 玉龍玉 恍玉貴	花 イ司胡 禄玉龍 堂龍極	陽 イ鳳報 龍車奉 貴奉馳	灯 イ調馳 龍奉車 胡車報	山 イ貫報 貫禄司 南司馳
12月	宝 ウ玉貴 禄鳳鳳 馳司貴	海 ウ車将 石石石 庫鳳将	雨 ウ奉禄 玉貫貫 報調禄	樹 タ禄恍 司玉玉 極貫恍	花 タ司胡 禄龍龍 印石胡	陽 タ鳳報 禄奉奉 胡龍報	灯 タ調馳 禄車車 貴玉馳	山 タ貫報 貫司司 庫車報

	25日	26日	27日	28日	29日	30日	31日
1月	樹 イ調貴 玉司龍 恍玉南	花 イ鳳極 禄禄玉 堂龍堂	陽 イ石馳 龍調車 貴奉印	灯 イ貫報 龍鳳奉 胡車庫	山 イ玉馳 貫石禄 南司印	地 イ龍報 玉貫司 将禄庫	鉄 イ奉胡 奉玉鳳 恍調庫
2月	花 タ司胡 禄石龍 印石将	陽 タ鳳報 禄龍奉 胡龍貴	灯 タ調馳 禄玉車 貴玉極	山 タ貫報 貫車司 庫車貴	地 タ石馳 司奉禄 報奉極		
3月	樹 イ禄恍 玉石玉 恍石将	花 イ司胡 禄貫龍 堂貫禄	陽 イ鳳報 龍玉奉 貴玉恍	灯 イ調馳 龍龍車 胡龍胡	山 イ貫報 貫奉司 南奉恍	地 イ石馳 玉車禄 将車胡	鉄 イ龍極 奉司調 恍司報
4月	花 タ司胡 禄司龍 印調南	陽 タ鳳報 禄鳳奉 胡貫南	灯 タ調馳 禄調車 貴石堂	山 タ貫報 貫貫司 庫龍南	地 タ石馳 司石禄 報玉堂	鉄 タ龍極 調龍調 極車印	
5月	花 イ司胡 禄調龍 堂鳳恍	陽 イ鳳報 龍貫奉 貴石禄	灯 イ調馳 龍石車 胡貫将	山 イ貫報 貫龍司 南玉禄	地 イ石馳 玉玉禄 将龍将	鉄 イ龍極 奉車調 恍奉貴	宝 イ玉貴 龍奉鳳 堂車極
6月	陽 タ鳳報 禄石奉 胡鳳将	灯 タ調馳 禄貫車 貴調禄	山 タ貫報 貫玉司 庫貫将	地 タ石馳 司龍禄 報石禄	鉄 タ龍極 調奉調 極龍恍	宝 タ玉貴 龍車鳳 印玉胡	
7月	陽 イ鳳報 龍調奉 貴調堂	灯 イ調馳 龍鳳車 胡鳳南	山 イ貫報 貫石司 南石堂	地 イ石馳 玉貫禄 将貫南	鉄 イ龍極 奉玉調 恍玉南	宝 イ玉貴 龍龍鳳 堂龍堂	海 イ車将 龍奉石 貴奉印
8月	灯 タ調馳 禄司車 貴司恍	山 タ貫報 貫鳳司 庫鳳胡	地 タ石馳 司調禄 報調恍	鉄 タ龍極 調貫調 極貫禄	宝 タ玉貴 龍石鳳 印石将	海 タ車将 鳳龍石 胡龍貴	雨 タ奉禄 鳳玉貫 貴玉極
9月	山 イ貫報 貫調司 南調極	地 イ石馳 玉鳳禄 将鳳貴	鉄 イ龍極 奉石調 恍石将	宝 イ玉貴 龍貫鳳 堂貫禄	海 イ車将 龍玉石 貴玉恍	雨 イ奉禄 龍龍貫 胡龍胡	
10月	山 タ貫報 貫貫司 庫禄庫	地 タ石馳 司石禄 報司印	鉄 タ龍極 調龍調 極鳳堂	宝 タ玉貴 龍玉鳳 印調南	海 タ車将 鳳車石 胡貫南	雨 タ奉禄 鳳奉貫 貴石堂	樹 ト禄恍 禄禄玉 堂龍印
11月	地 イ石馳 玉司禄 将禄報	鉄 イ龍極 玉鳳調 恍調胡	宝 イ玉貴 龍調鳳 堂鳳恍	海 イ車将 龍貫石 貴石禄	雨 イ奉禄 龍石貫 胡貫将	樹 サ禄恍 禄龍玉 印玉貴	
12月	地 タ石馳 司禄禄 報奉馳	鉄 タ龍極 調調調 極禄極	宝 タ玉貴 龍鳳鳳 印司貴	海 タ車将 鳳石石 胡鳳将	雨 タ奉禄 鳳貫貫 貴調禄	樹 ト禄恍 禄玉玉 堂貫恍	花 ト司胡 調龍龍 恍石胡

2009年（平成21年）

2009年(平成21年)

	1日	2日	3日	4日	5日	6日	7日	8日	9日	10日	11日	12日	13日	14日	15日	16日
1月	陽 ト鳳報 石牽牽 将龍報	灯 ト調馳 鳳車車 南玉馳	山 ト貫報 鳳司司 胡車報	地 ト石馳 鳳禄禄 貴牽馳	鉄 ト龍極 石調調 堂司庫	宝 ト玉貴 司鳳鳳 恍禄印	海 ト車将 石石石 将調堂	雨 ト牽禄 貫貫貫 南鳳南	樹 ネ禄恍 禄玉玉 禄石南	花 ネ司胡 貫龍龍 禄貫堂	陽 ネ鳳報 玉牽牽 南玉印	灯 ネ調馳 司車車 将龍庫	山 ネ貫報 石司司 将牽印	地 ネ石馳 龍禄禄 南車庫	鉄 ネ龍極 龍石調 禄司庫	宝 ネ玉貴 貫貫鳳 禄禄印
2月	灯 サ調馳 鳳鳳車 庫龍庫	山 サ貫報 車石司 貴牽印	地 サ石馳 車貫禄 胡車庫	鉄 サ玉庫 司龍調 印車馳	宝 サ龍印 玉玉鳳 極牽報	海 サ牽堂 牽車石 報禄胡	雨 サ車南 禄牽貫 庫司恍	樹 ウ司南 禄禄玉 馳鳳禄	花 ウ禄堂 車司龍 馳調将	陽 ウ調印 司鳳牽 庫貫貴	灯 ウ鳳庫 玉調車 報石極	山 ウ石印 司龍司 報龍貴	地 ウ貫庫 禄玉禄 庫玉極	鉄 ウ玉庫 車車石 馳車馳	宝 ウ龍印 禄牽貫 馳牽報	海 ウ牽堂 石禄玉 庫禄胡
3月	花 ト禄堂 調石禄 恍調将	陽 ト調印 石龍調 将貫貴	灯 ト鳳庫 鳳玉鳳 南石極	山 ト石印 鳳車石 胡龍貴	地 ト貫庫 鳳車禄 貴龍胡	鉄 ト玉庫 石司調 堂牽報	宝 ト龍印 司禄鳳 恍車馳	海 ト牽堂 石調石 将司極	雨 ト車南 貫鳳貫 南禄貴	樹 ネ司南 禄石玉 禄調将	花 ネ禄堂 貫貫龍 禄鳳禄	陽 ネ調印 玉玉牽 南石恍	灯 ネ鳳庫 司龍車 将貫胡	山 ネ石印 石牽司 将玉恍	地 ネ貫庫 車車鳳 南龍胡	鉄 ネ玉庫 鳳司石 禄牽報
4月	陽 サ調印 牽玉調 報石恍	灯 サ鳳庫 鳳龍鳳 庫貫胡	山 サ石印 車牽石 貴玉恍	地 サ貫庫 車車貫 胡龍胡	鉄 サ玉庫 司司調 印龍印	宝 サ龍印 玉禄鳳 極玉庫	海 サ牽堂 牽調石 報車庫	雨 サ車南 禄鳳貫 庫牽印	樹 ウ司南 禄石玉 馳禄堂	花 ウ禄堂 車貫龍 馳司南	陽 ウ調印 司玉牽 庫鳳南	灯 ウ鳳庫 玉龍車 報調堂	山 ウ石印 司牽司 報貫南	地 ウ貫庫 禄車禄 庫石堂	鉄 ウ玉庫 車調石 馳龍印	宝 ウ龍印 禄鳳貫 馳玉庫
5月	陽 ト調印 石鳳調 将鳳南	灯 ト鳳庫 鳳調鳳 南調堂	山 ト石印 鳳貫石 胡貫南	地 ト貫庫 鳳石貫 貴石堂	鉄 ト玉庫 石龍調 堂玉貴	宝 ト龍印 司玉鳳 恍龍極	海 ト牽堂 石車石 将牽馳	雨 ト車南 貫牽貫 南車報	樹 ネ司南 禄禄玉 禄司胡	花 ネ禄堂 貫司龍 禄禄恍	陽 ネ調印 玉禄牽 南調禄	灯 ネ鳳庫 司司車 将鳳将	山 ネ石印 石鳳司 将石禄	地 ネ貫庫 龍調禄 南貫将	鉄 ネ玉庫 龍貫石 禄玉貴	宝 ネ龍印 貫石貫 禄龍極
6月	灯 サ鳳庫 鳳石鳳 庫鳳将	山 サ石印 車龍石 貴石禄	地 サ貫庫 車玉貫 胡貫将	鉄 サ玉庫 龍車玉 印玉貴	宝 サ龍印 玉龍鳳 極石胡	海 サ牽堂 牽牽石 報龍報	雨 サ車南 禄車貫 庫玉馳	樹 ウ司南 禄司玉 馳車極	花 ウ禄堂 車禄龍 馳牽貴	陽 ウ調印 司調牽 庫禄将	灯 ウ鳳庫 玉鳳車 報司禄	山 ウ石印 司石司 報鳳将	地 ウ貫庫 禄貫禄 庫調禄	鉄 ウ玉庫 車玉調 馳貫恍	宝 ウ龍印 禄龍貫 馳石胡	海 ウ牽堂 石牽玉 庫龍報
7月	灯 ト鳳庫 鳳貫鳳 南司禄	山 ト石印 鳳玉石 胡鳳将	地 ト貫庫 鳳龍貫 貴調禄	鉄 ト玉庫 龍牽玉 堂貫恍	宝 ト龍印 調車龍 恍石胡	海 ト牽堂 石司牽 将龍報	雨 ト車南 貫禄貫 南龍庫	樹 ネ司南 禄調玉 禄牽庫	花 ネ禄堂 貫鳳龍 禄車印	陽 ネ調印 玉石牽 南司堂	灯 ネ鳳庫 調貫車 将禄南	山 ネ石印 石玉司 将調堂	地 ネ貫庫 龍龍禄 南鳳南	鉄 ネ玉庫 龍牽調 禄石南	宝 ネ龍印 貫車鳳 禄貫堂	海 ネ牽堂 玉司石 南玉印
8月	山 サ石印 車石石 貴調堂	地 サ貫庫 車貫貫 胡鳳南	鉄 サ玉庫 龍玉玉 印石南	宝 サ龍印 牽龍龍 極貫堂	海 サ牽堂 司牽牽 報玉印	雨 サ車南 車車車 庫龍庫	樹 ウ司南 禄禄玉 馳龍馳	花 ウ禄堂 車司龍 馳玉報	陽 ウ調印 司鳳牽 庫車胡	灯 ウ鳳庫 玉調車 報牽恍	山 ウ石印 司貫司 報禄胡	地 ウ貫庫 禄石禄 庫司恍	鉄 ウ玉庫 龍龍調 馳鳳禄	宝 ウ龍印 禄玉鳳 馳調将	海 ウ牽堂 調車石 庫貫貴	雨 ウ車南 玉牽貫 報石極
9月	地 ト貫庫 鳳調貫 貴司恍	鉄 ト玉庫 龍貫玉 堂鳳禄	宝 ト龍印 調石龍 恍調将	海 ト牽堂 石龍牽 将貫貴	雨 ト車南 車玉車 南石極	樹 ネ司南 貫車司 禄龍馳	花 ネ禄堂 貫車龍 禄龍馳	陽 ネ調印 玉司牽 南牽極	灯 ネ鳳庫 調禄車 将車貴	山 ネ石印 石調司 将司極	地 ネ貫庫 龍鳳禄 南禄貴	鉄 ネ玉庫 龍石調 禄調将	宝 ネ龍印 貫貫鳳 禄鳳禄	海 ネ牽堂 玉玉石 南石恍	雨 ネ車南 調龍貫 将貫胡	樹 イ司南 玉牽玉 恍玉報
10月	地 サ貫庫 車鳳貫 胡禄貴	鉄 サ玉庫 龍石玉 印調将	宝 サ龍印 牽貫龍 極鳳禄	海 サ牽堂 司玉牽 報石恍	雨 サ車南 車龍車 庫貫胡	樹 ウ司南 車牽司 馳玉報	花 ウ禄堂 車車禄 馳龍馳	陽 ウ調印 司司牽 庫龍庫	灯 ウ鳳庫 玉禄車 報玉印	山 ウ石印 司調司 報車庫	地 ウ貫庫 禄鳳禄 庫牽印	鉄 ウ玉庫 龍石調 馳禄堂	宝 ウ龍印 禄貫鳳 馳司南	海 ウ牽堂 調玉石 庫鳳南	雨 ウ車南 玉龍貫 報調堂	樹 タ司南 司牽玉 極貫印
11月	鉄 ト玉庫 龍龍玉 堂禄堂	宝 ト龍印 調玉龍 恍司南	海 ト牽堂 石車牽 将鳳南	雨 ト車南 車牽車 南調堂	樹 ネ司南 貫禄司 禄貫印	花 ネ禄堂 貫司禄 禄石庫	陽 ネ調印 玉龍牽 南玉馳	灯 ネ鳳庫 調玉車 将龍報	山 ネ石印 石車司 将牽馳	地 ネ貫庫 龍牽禄 南車報	鉄 ネ玉庫 龍禄調 禄司胡	宝 ネ龍印 貫司鳳 禄禄恍	海 ネ牽堂 玉鳳石 南調禄	雨 ネ車南 調調貫 将鳳将	樹 イ司南 玉貫玉 恍石貴	花 イ禄堂 龍石龍 堂貫極
12月	鉄 サ玉庫 龍鳳玉 印司胡	宝 サ龍印 牽調龍 極禄恍	海 サ牽堂 司貫牽 報調禄	雨 サ車南 車石車 庫鳳将	樹 ウ司南 車龍司 馳石貴	花 ウ禄堂 車玉禄 馳貫極	陽 ウ調印 司牽牽 庫貫報	灯 ウ鳳庫 玉車車 報石馳	山 ウ石印 司司司 報龍報	地 ウ貫庫 禄禄禄 庫玉馳	鉄 ウ玉庫 龍調調 馳車極	宝 ウ龍印 禄鳳鳳 馳牽貴	海 ウ牽堂 調石石 庫禄将	雨 ウ車南 玉貫貫 報司禄	樹 タ司南 司玉玉 極鳳恍	花 タ禄堂 鳳龍龍 印調胡

	17日	18日	19日	20日	21日	22日	23日	24日	25日	26日	27日	28日	29日	30日	31日
1月	海 ネ車将 司玉石 南調堂	雨 ネ牽禄 石車貫 将鳳南	樹 イ禄恍 玉司玉 恍石南	花 イ司胡 禄禄龍 堂貫堂	陽 イ鳳報 龍調牽 貴玉印	灯 イ調馳 龍鳳車 胡龍庫	山 イ貫報 貫石司 南牽印	地 イ石馳 玉貫禄 将車庫	鉄 イ龍極 牽玉調 恍司庫	宝 イ玉貴 龍龍鳳 堂禄印	海 イ車将 龍牽石 貴調堂	雨 イ牽禄 龍車貫 胡鳳南	樹 サ禄恍 禄司玉 印石南	花 サ司胡 玉禄龍 極貫堂	陽 サ鳳報 牽調牽 報玉印
2月	雨 ウ車南 玉司車 報司恍	樹 タ司南 司鳳司 極鳳禄	花 タ禄堂 禄石禄 印調将	陽 タ調印 禄龍調 胡貫貴	灯 タ鳳庫 禄玉鳳 貴石極	山 タ石印 貫車石 庫龍貴	地 タ貫庫 司牽貫 報玉極	鉄 タ玉庫 調禄玉 極車馳	宝 タ龍印 龍司龍 印牽報	海 タ牽堂 鳳鳳牽 胡禄胡	雨 タ車南 鳳調車 貴司恍	樹 ト司南 禄貫司 堂鳳禄			
3月	宝 ネ龍印 貫禄貫 禄車馳	海 ネ牽堂 車調牽 南司極	雨 ネ車南 石鳳車 将禄貴	樹 イ司南 玉石司 恍調将	花 イ禄堂 禄貫禄 堂鳳禄	陽 イ調印 龍玉調 貴石恍	灯 イ鳳庫 龍龍鳳 胡貫胡	山 イ石印 貫牽石 南玉恍	地 イ貫庫 玉車貫 将龍胡	鉄 イ玉庫 牽司玉 恍牽報	宝 イ龍印 龍禄龍 堂車馳	海 イ牽堂 龍調牽 貴司極	雨 イ車南 龍鳳車 胡禄貴	樹 サ司南 禄石司 印調将	花 サ禄堂 玉貫禄 極鳳禄
4月	海 ウ牽堂 石石玉 庫車庫	雨 ウ車南 玉牽車 報牽印	樹 タ司南 司禄司 極禄堂	花 タ禄堂 禄司禄 印司南	陽 タ調印 禄鳳調 胡鳳南	灯 タ鳳庫 禄調鳳 貴調堂	山 タ石印 貫貫石 庫貫南	地 タ貫庫 司石貫 報石堂	鉄 タ玉庫 調龍玉 極龍印	宝 タ龍印 龍玉龍 印玉庫	海 タ牽堂 鳳車牽 胡車庫	雨 タ車南 鳳牽車 貴牽印	樹 ト司南 禄禄司 堂禄堂	花 ト禄堂 調司禄 恍司南	
5月	海 ネ牽堂 司龍玉 南牽馳	雨 ネ車南 石玉車 将車報	樹 イ司南 玉車司 恍司胡	花 イ禄堂 禄調禄 堂禄恍	陽 イ調印 龍貫調 貴調禄	灯 イ鳳庫 龍石鳳 胡鳳将	山 イ石印 貫龍石 南石禄	地 イ貫庫 玉玉貫 将貫将	鉄 イ玉庫 牽車玉 恍玉貴	宝 イ龍印 龍牽龍 堂龍極	海 イ牽堂 龍禄牽 貴牽馳	雨 イ車南 龍司車 胡車報	樹 サ司南 禄鳳司 印司胡	花 サ禄堂 玉調禄 極禄恍	陽 サ調印 牽貫調 報調禄
6月	雨 ウ車南 玉車龍 報玉馳	樹 タ司南 司司司 極車極	花 タ禄堂 禄禄禄 印牽貴	陽 タ調印 禄調調 胡禄将	灯 タ鳳庫 禄鳳鳳 貴司禄	山 タ石印 貫石石 庫鳳将	地 タ貫庫 司貫貫 報調禄	鉄 タ玉庫 調玉玉 極貫恍	宝 タ龍印 龍車龍 印石胡	海 タ牽堂 鳳司牽 胡龍報	雨 タ車南 鳳禄車 貴玉馳	樹 ト司南 禄調司 堂車極	花 ト禄堂 調鳳禄 恍牽貴	陽 ト調印 石石調 将禄将	
7月	雨 ネ車南 調鳳龍 将龍庫	樹 イ司南 玉石牽 恍牽庫	花 イ禄堂 車貫車 堂車印	陽 イ調印 貫調調 貴司堂	灯 イ鳳庫 龍鳳鳳 胡禄南	山 イ石印 貫石石 南調堂	地 イ貫庫 玉貫貫 将鳳南	鉄 イ玉庫 玉玉玉 恍石南	宝 イ龍印 龍龍龍 堂貫堂	海 イ牽堂 龍牽牽 貴玉印	雨 イ車南 龍車車 胡龍庫	樹 サ司南 禄司司 印牽庫	花 サ禄堂 玉禄禄 極車印	陽 サ調印 牽調調 報司堂	灯 サ鳳庫 鳳鳳鳳 庫禄南
8月	樹 タ司南 司禄牽 極龍馳	花 タ禄堂 貫玉車 印玉報	陽 タ調印 車車司 胡車胡	灯 タ鳳庫 禄牽鳳 貴牽恍	山 タ石印 貫鳳石 庫禄胡	地 タ貫庫 司調貫 報司恍	鉄 タ玉庫 調貫玉 極鳳禄	宝 タ龍印 龍石龍 印調将	海 タ牽堂 鳳龍牽 胡貫貴	雨 タ車南 鳳玉車 貴石極	樹 ト司南 禄車司 堂龍馳	花 ト禄堂 調牽禄 恍玉報	陽 ト調印 石禄調 将車胡	灯 ト鳳庫 鳳司鳳 南牽恍	山 ト石印 鳳鳳石 胡禄胡
9月	花 イ禄堂 車車車 堂龍馳	陽 イ調印 貫司司 貴牽極	灯 イ鳳庫 龍禄禄 胡車貴	山 イ石印 貫調石 南司極	地 イ貫庫 調鳳貫 将禄貴	鉄 イ玉庫 玉石玉 恍調将	宝 イ龍印 龍貫龍 堂鳳禄	海 イ牽堂 龍玉牽 貴石恍	雨 イ車南 龍龍車 胡貫胡	樹 サ司南 禄牽司 印玉報	花 サ禄堂 玉車禄 極龍馳	陽 サ調印 牽司調 報牽極	灯 サ鳳庫 鳳禄鳳 庫車貴	山 サ石印 車調石 貴司極	
10月	花 タ禄堂 鳳車龍 印石庫	陽 タ調印 鳳石司 胡龍庫	灯 タ鳳庫 禄貫禄 貴玉印	山 タ石印 玉玉調 庫車庫	地 タ貫庫 司石貫 報牽印	鉄 タ玉庫 調龍玉 極禄堂	宝 タ龍印 龍玉龍 印司南	海 タ牽堂 鳳車牽 胡鳳南	雨 タ車南 鳳牽車 貴調堂	樹 ト司南 禄禄司 堂貫印	花 ト禄堂 調司禄 恍石庫	陽 ト調印 石鳳調 将龍庫	灯 ト鳳庫 鳳調鳳 南玉印	山 ト石印 鳳貫石 胡車庫	地 ト貫庫 鳳石貫 貴牽印
11月	陽 イ調印 貫龍司 貴玉馳	灯 イ鳳庫 龍玉禄 胡龍報	山 イ石印 司車調 南牽馳	地 イ貫庫 調司貫 将車報	鉄 イ玉庫 玉鳳玉 恍司胡	宝 イ龍印 龍調龍 堂禄恍	海 イ牽堂 龍貫牽 貴調禄	雨 イ車南 龍石車 胡鳳将	樹 サ司南 禄龍司 印石貴	花 サ禄堂 玉玉禄 極貫極	陽 サ調印 牽車調 報玉馳	灯 サ鳳庫 鳳牽鳳 庫龍報	山 サ石印 車禄石 貴牽馳	地 サ貫庫 車司貫 胡車報	
12月	陽 タ調印 鳳牽司 胡貫報	灯 タ鳳庫 禄車禄 貴石馳	山 タ石印 玉司調 庫龍報	地 タ貫庫 司禄貫 報玉馳	鉄 タ玉庫 調調玉 極車極	宝 タ龍印 龍鳳龍 印牽貴	海 タ牽堂 鳳石牽 胡禄将	雨 タ車南 鳳貫車 貴司禄	樹 ト司南 禄玉司 堂鳳恍	花 ト禄堂 調龍禄 恍調胡	陽 ト調印 石牽調 将貫報	灯 ト鳳庫 鳳車鳳 南石馳	山 ト石印 鳳司石 胡龍報	地 ト貫庫 鳳禄貫 貴玉馳	鉄 ト玉庫 龍調玉 堂車極

2010年（平成22年）

2010年(平成22年)

	1日	2日	3日	4日	5日	6日	7日	8日	9日	10日	11日	12日	13日	14日	15日
1月	宝 ト龍印 調鳳龍 恍牽貴	海 ト牽堂 石石牽 将禄将	雨 ト車南 車貫車 南司禄	樹 ネ司南 貫玉司 禄鳳恍	花 ネ禄堂 貫龍龍 禄鳳堂	陽 ネ調印 玉牽牽 南石印	灯 ネ鳳庫 調車車 将貫庫	山 ネ石印 石司司 将玉印	地 ネ貫庫 龍禄禄 南龍庫	鉄 ネ玉庫 龍調調 禄牽庫	宝 ネ龍印 貫鳳鳳 禄車印	海 ネ牽堂 玉石石 南司堂	雨 ネ車南 調貫貫 将禄南	樹 イ司南 玉玉玉 恍調南	花 イ禄堂 車車車 堂鳳堂
2月	海 サ牽堂 司牽牽 報司堂	雨 サ車南 車車車 庫禄南	樹 ウ司南 車司司 馳調南	花 ウ牽将 車司司 馳司将	陽 ウ禄貴 司鳳鳳 庫鳳貴	灯 ウ司極 玉調調 報調極	山 ウ鳳貴 司貫貫 報貫貴	地 ウ調極 禄石石 庫石極	鉄 ウ貫馳 龍龍龍 馳龍馳	宝 ウ石報 禄玉玉 馳玉報	海 ウ龍胡 調車車 庫車胡	雨 ウ玉恍 玉司司 報牽恍	樹 タ車禄 司鳳鳳 極禄禄	花 タ牽将 貫調調 印司将	陽 タ禄貴 車貫貫 胡鳳貴
3月	鉄 ト貫馳 龍禄禄 堂龍馳	宝 ト石報 調司司 恍玉報	海 ト龍胡 石鳳鳳 将車胡	雨 ト玉恍 車調調 南牽恍	樹 ネ車禄 貫貫貫 禄禄禄	花 ネ牽将 貫貫司 禄禄禄	陽 ネ禄貴 玉玉鳳 南調恍	灯 ネ司極 調龍調 将鳳胡	山 ネ鳳貴 石牽貫 将石恍	地 ネ調極 龍車石 南貫胡	鉄 ネ貫馳 龍司龍 禄玉報	宝 ネ石報 貫禄玉 禄龍馳	海 ネ龍胡 玉調車 南牽極	雨 ネ玉恍 調鳳司 将車貴	樹 イ車禄 玉石鳳 恍司将
4月	宝 サ石報 牽禄司 極龍馳	海 サ龍胡 司調鳳 報牽極	雨 サ玉恍 車鳳調 庫車貴	樹 ウ車禄 車石貫 馳司将	花 ウ牽将 車貫司 馳牽南	陽 ウ禄貴 司玉鳳 庫禄南	灯 ウ司極 玉龍調 報司堂	山 ウ鳳貴 司牽貫 報鳳南	地 ウ調極 禄車石 庫調堂	鉄 ウ貫馳 龍司龍 馳貫印	宝 ウ石報 禄禄玉 馳石庫	海 ウ龍胡 調調車 庫龍庫	雨 ウ玉恍 玉鳳司 報玉印	樹 タ車禄 司石鳳 極車堂	花 タ牽将 貫龍調 印牽南
5月	宝 ト石報 調玉司 恍石庫	海 ト龍胡 石車鳳 将龍庫	雨 ト玉恍 車牽調 南玉印	樹 ネ車禄 貫禄貫 禄車堂	花 ネ牽将 貫司司 禄車恍	陽 ネ禄貴 玉鳳鳳 南司禄	灯 ネ司極 調調調 将禄将	山 ネ鳳貴 石貫貫 将調禄	地 ネ調極 龍石石 南鳳将	鉄 ネ貫馳 龍龍龍 禄石貴	宝 ネ石報 貫石玉 禄貫極	海 ネ龍胡 玉龍車 南玉馳	雨 ネ玉恍 調玉司 将龍報	樹 イ車禄 玉車鳳 恍牽胡	花 イ牽将 車牽調 堂車恍
6月	海 サ龍胡 司禄鳳 報玉馳	雨 サ玉恍 車司調 庫龍報	樹 ウ車禄 車鳳貫 馳牽胡	花 ウ牽将 車調石 馳車恍	陽 ウ禄貴 鳳貫龍 庫司禄	灯 ウ司極 玉鳳調 報牽禄	山 ウ鳳貴 司石貫 報禄将	地 ウ調極 禄貫石 庫司禄	鉄 ウ貫馳 龍玉龍 馳鳳恍	宝 ウ石報 禄龍玉 馳調胡	海 ウ龍胡 調牽車 庫貫報	雨 ウ玉恍 玉車牽 報石馳	樹 タ車禄 司司禄 極龍極	花 タ牽将 鳳禄調 印玉貴	陽 タ禄貴 鳳調貫 胡車将
7月	海 ト龍胡 石司鳳 将貫報	雨 ト玉恍 車禄調 南石馳	樹 ネ車禄 貫調貫 禄龍極	花 ネ牽将 貫鳳石 禄玉貴	陽 ネ禄貴 鳳石龍 南車将	灯 ネ司極 石貫玉 将牽禄	山 ネ鳳貴 石玉貫 将司堂	地 ネ調極 龍龍石 南禄南	鉄 ネ貫馳 龍牽龍 禄調南	宝 ネ石報 貫車玉 禄鳳堂	海 ネ龍胡 玉司車 南石印	雨 ネ玉恍 調禄牽 将貫庫	樹 イ車禄 玉調禄 恍玉庫	花 イ牽将 龍鳳司 堂龍印	陽 イ禄貴 貫石貫 貴牽堂
8月	雨 サ玉恍 車車調 庫貫庫	樹 ウ車禄 車司貫 馳玉庫	花 ウ牽将 車禄石 馳龍印	陽 ウ禄貴 鳳調龍 庫牽堂	灯 ウ司極 牽鳳玉 報車南	山 ウ鳳貴 司石車 報司堂	地 ウ調極 禄石石 庫牽恍	鉄 ウ貫馳 龍龍龍 馳禄禄	宝 ウ石報 禄玉玉 馳司将	海 ウ龍胡 調車車 庫鳳貴	雨 ウ玉恍 牽牽牽 報調極	樹 タ車禄 司禄禄 極貫馳	花 タ牽将 鳳司司 印石報	陽 タ禄貴 鳳鳳鳳 胡龍胡	灯 タ司極 禄調石 貴玉恍
9月	樹 ネ車禄 貫車貫 禄貫馳	花 ネ牽将 貫牽石 禄石報	陽 ネ禄貴 鳳禄龍 南龍胡	灯 ネ司極 石司玉 将玉恍	山 ネ鳳貴 玉鳳車 将車胡	地 ネ調極 貫調牽 南牽恍	鉄 ネ貫馳 貫貫禄 禄禄禄	宝 ネ石報 貫貫玉 禄禄禄	海 ネ龍胡 玉玉車 南調恍	雨 ネ玉恍 調龍牽 将鳳胡	樹 イ車禄 玉牽禄 恍石報	花 イ牽将 龍車司 堂貫馳	陽 イ禄貴 鳳司鳳 貴玉極	灯 イ司極 龍禄調 胡龍貴	山 イ鳳貴 牽調貫 南牽極
10月	樹 ウ車禄 車牽貫 馳石報	花 ウ牽将 車車石 馳貫馳	陽 ウ禄貴 鳳司龍 庫玉極	灯 ウ司極 牽禄玉 報龍貴	山 ウ鳳貴 司調車 報牽極	地 ウ調極 貫鳳牽 庫車貴	鉄 ウ貫馳 禄石禄 馳司将	宝 ウ石報 禄貫玉 馳牽南	海 ウ龍胡 調玉車 庫禄南	雨 ウ玉恍 牽龍牽 報司堂	樹 タ車禄 司牽禄 極鳳印	花 タ牽将 鳳車司 印調庫	陽 タ禄貴 鳳司鳳 胡貫庫	灯 タ司極 禄禄調 貴石印	山 タ鳳貴 調調貫 庫龍庫
11月	花 ネ牽将 貫司石 禄調庫	陽 ネ禄貴 鳳鳳龍 南貫庫	灯 ネ司極 石調玉 将石印	山 ネ鳳貴 玉貫車 将龍庫	地 ネ調極 貫石牽 南玉印	鉄 ネ貫馳 貫龍禄 禄車堂	宝 ネ石報 貫司玉 禄車恍	海 ネ龍胡 玉鳳車 南司禄	雨 ネ玉恍 調調牽 将禄将	樹 イ車禄 玉貫禄 恍調貴	花 イ牽将 龍石司 堂鳳極	陽 イ禄貴 鳳龍鳳 貴石馳	灯 イ司極 龍玉調 胡貫報	山 イ鳳貴 牽車貫 南玉馳	地 イ調極 調牽玉 将龍報
12月	花 ウ牽将 車玉石 馳鳳極	陽 ウ禄貴 鳳車龍 庫石馳	灯 ウ司極 牽牽玉 報貫報	山 ウ鳳貴 司禄車 報玉馳	地 ウ調極 貫司牽 庫龍報	鉄 ウ貫馳 禄鳳禄 馳牽胡	宝 ウ石報 禄鳳玉 馳玉貴	海 ウ龍胡 調石車 庫車将	雨 ウ玉恍 牽貫牽 報牽禄	樹 タ車禄 司玉禄 極禄恍	花 タ牽将 鳳龍司 印司胡	陽 タ禄貴 鳳牽鳳 胡鳳報	灯 タ司極 禄車調 貴調馳	山 タ鳳貴 調司貫 庫貫報	地 タ調極 牽禄玉 報石馳

	16日	17日	18日	19日	20日	21日	22日	23日	24日	25日	26日	27日	28日	29日	30日	31日
1月	陽 イ調印 貫司司 貴石印	灯 イ鳳庫 龍禄禄 胡貫庫	山 イ石印 貫石石 南玉印	地 イ貫庫 調貫貫 将龍庫	鉄 イ玉庫 玉玉玉 恍牽庫	宝 イ龍印 龍龍龍 堂車印	海 イ牽堂 龍牽牽 貴司堂	雨 イ車南 龍車車 胡禄南	樹 サ司南 禄司司 印調南	花 サ禄堂 玉禄禄 極鳳堂	陽 サ調印 牽調調 報石印	灯 サ鳳庫 鳳鳳鳳 庫貫庫	山 サ石印 車石石 貴玉印	地 サ貫庫 車貫貫 胡龍庫	鉄 サ玉庫 龍玉玉 印牽庫	宝 サ龍印 牽龍龍 極車印
2月	灯 タ司極 禄石石 貴調極	山 タ鳳貴 貫龍龍 庫貫貴	地 タ調極 司玉玉 報石極	鉄 タ貫馳 調禄禄 極龍馳	宝 タ石報 龍司司 印玉報	海 タ龍胡 鳳鳳鳳 胡車胡	雨 タ玉恍 鳳調調 貴牽恍	樹 ト車禄 禄貫貫 堂禄禄	花 ト牽将 調石石 恍司将	陽 ト禄貴 石龍龍 将鳳貴	灯 ト司極 鳳玉玉 南調極	山 ト鳳貴 鳳車車 胡貫貴	地 ト調極 鳳牽牽 貴石極			
3月	花 イ牽将 車貫調 堂禄禄	陽 イ禄貴 貫玉貫 貴調恍	灯 イ司極 龍龍石 胡鳳胡	山 イ鳳貴 貫牽龍 南石恍	地 イ調極 調車玉 将貫胡	鉄 イ貫馳 玉司禄 恍玉報	宝 イ石報 龍禄司 堂龍馳	海 イ龍胡 龍調鳳 貴牽極	雨 イ玉恍 龍鳳調 胡車貴	樹 サ車禄 禄石貫 印司将	花 サ牽将 玉貫石 極禄禄	陽 サ禄貴 牽玉龍 報調恍	灯 サ司極 鳳龍玉 庫鳳胡	山 サ鳳貴 車牽車 貴石恍	地 サ調極 車車牽 胡貫胡	鉄 サ貫馳 龍司禄 印玉報
4月	陽 タ禄貴 車牽貫 胡禄南	灯 タ司極 禄車石 貴司堂	山 タ鳳貴 貫貫龍 庫鳳南	地 タ調極 司石玉 報調堂	鉄 タ貫馳 調龍禄 極貫印	宝 タ石報 龍玉司 印石庫	海 タ龍胡 鳳車鳳 胡龍庫	雨 タ玉恍 鳳牽調 貴玉印	樹 ト車禄 禄禄貫 堂車堂	花 ト牽将 調司石 恍牽南	陽 ト禄貴 石鳳龍 将禄南	灯 ト司極 鳳調玉 南司堂	山 ト鳳貴 鳳貫車 胡鳳南	地 ト調極 鳳石牽 貴調堂	鉄 ト貫馳 龍龍禄 堂貫印	
5月	陽 イ禄貴 貫禄貫 貴司禄	灯 イ司極 龍司石 胡禄将	山 イ鳳貴 貫鳳龍 南調禄	地 イ調極 調調玉 将鳳将	鉄 イ貫馳 玉車禄 恍石貴	宝 イ石報 龍牽司 堂貫極	海 イ龍胡 龍禄鳳 貴玉馳	雨 イ玉恍 龍司調 胡龍報	樹 サ車禄 禄鳳貫 印牽胡	花 サ牽将 玉調石 極車恍	陽 サ禄貴 牽貫龍 報司禄	灯 サ司極 鳳石玉 庫禄将	山 サ鳳貴 車龍車 貴調禄	地 サ調極 車玉牽 胡鳳将	鉄 サ貫馳 龍車禄 印石貴	宝 サ石報 牽牽司 極貫極
6月	灯 タ司極 禄鳳石 貴牽禄	山 タ鳳貴 玉石龍 庫禄将	地 タ調極 牽貫玉 報司禄	鉄 タ貫馳 調玉車 極鳳恍	宝 タ石報 龍龍牽 印調胡	海 タ龍胡 鳳牽鳳 胡貫報	雨 タ玉恍 鳳車調 貴石馳	樹 ト車禄 禄司貫 堂龍極	花 ト牽将 調禄石 恍玉貴	陽 ト禄貴 調調龍 将車将	灯 ト司極 鳳貫玉 南牽禄	山 ト鳳貴 鳳玉車 胡禄将	地 ト調極 鳳龍牽 貴司禄	鉄 ト貫馳 龍牽禄 堂鳳恍	宝 ト石報 調車司 恍調胡	
7月	灯 イ司極 龍貫石 胡車南	山 イ鳳貴 司牽龍 南司堂	地 イ調極 調車玉 将禄南	鉄 イ貫馳 玉司車 恍調南	宝 イ石報 龍龍牽 堂鳳堂	海 イ龍胡 龍牽禄 貴石印	雨 イ玉恍 龍車調 胡貫庫	樹 サ車禄 禄司貫 印玉庫	花 サ牽将 玉禄石 極龍印	陽 サ禄貴 牽調龍 報牽堂	灯 サ司極 鳳鳳玉 庫車南	山 サ鳳貴 車石車 貴司堂	地 サ調極 車貫牽 胡禄南	鉄 サ貫馳 龍玉禄 印調南	宝 サ石報 牽龍司 極鳳堂	海 サ龍胡 司牽鳳 報石印
8月	山 タ鳳貴 調貫龍 庫車胡	地 タ調極 牽石玉 報牽恍	鉄 タ貫馳 調鳳車 極禄禄	宝 タ石報 貫調牽 印司将	海 タ龍胡 禄貫禄 胡鳳貴	雨 タ玉恍 鳳玉司 貴調極	樹 ト車禄 禄車貫 堂貫馳	花 ト牽将 調牽石 恍石報	陽 ト禄貴 調禄龍 将龍胡	灯 ト司極 鳳司玉 南玉恍	山 ト鳳貴 鳳鳳車 胡車胡	地 ト調極 鳳調牽 貴牽恍	鉄 ト貫馳 龍貫禄 堂禄禄	宝 ト石報 調石司 恍司将	海 ト龍胡 石龍鳳 将鳳貴	雨 ト玉恍 車玉調 南調極
9月	地 イ調極 調鳳玉 将車貴	鉄 イ貫馳 玉石車 恍司将	宝 イ石報 禄貫牽 堂禄禄	海 イ龍胡 貫玉禄 貴調恍	雨 イ玉恍 龍龍司 胡鳳胡	樹 サ車禄 禄牽鳳 印石報	花 サ牽将 玉車調 極貫馳	陽 サ禄貴 牽司龍 報玉極	灯 サ司極 鳳禄玉 庫龍貴	山 サ鳳貴 車調車 貴牽極	地 サ調極 車鳳牽 胡車貴	鉄 サ貫馳 龍石禄 印司将	宝 サ石報 牽貫司 極禄禄	海 サ龍胡 司玉鳳 報調恍	雨 サ玉恍 車龍調 庫鳳胡	
10月	地 タ調極 牽鳳玉 報玉印	鉄 タ貫馳 調石車 極車堂	宝 タ石報 貫車牽 印牽南	海 タ龍胡 禄司禄 胡禄南	雨 タ玉恍 鳳禄司 貴司堂	樹 ト車禄 禄禄鳳 堂鳳印	花 ト牽将 牽司調 恍調庫	陽 ト禄貴 調鳳龍 将貫庫	灯 ト司極 鳳調玉 南石印	山 ト鳳貴 鳳貫車 胡龍庫	地 ト調極 鳳石牽 貴玉印	鉄 ト貫馳 龍龍禄 堂車堂	宝 ト石報 調玉司 恍牽南	海 ト龍胡 石車鳳 将禄南	雨 ト玉恍 車牽調 南司堂	樹 ネ車禄 貫禄貫 禄鳳印
11月	鉄 イ貫馳 玉禄車 恍牽胡	宝 イ石報 禄司牽 堂車恍	海 イ龍胡 貫鳳禄 貴司禄	雨 イ玉恍 龍調司 胡禄将	樹 サ車禄 禄龍鳳 印調貴	花 サ牽将 玉玉調 極鳳極	陽 サ禄貴 牽車龍 報石馳	灯 サ司極 鳳牽玉 庫貫報	山 サ鳳貴 車禄車 貴玉馳	地 サ調極 車司牽 胡龍報	鉄 サ貫馳 龍鳳禄 印牽胡	宝 サ石報 牽調司 極車恍	海 サ龍胡 司貫鳳 報司禄	雨 サ玉恍 車石調 庫禄将	樹 ウ車禄 車龍貫 馳調貴	
12月	鉄 タ貫馳 調調車 極龍極	宝 タ石報 貫鳳牽 印玉貴	海 タ龍胡 禄石禄 胡車将	雨 タ玉恍 鳳貫司 貴牽禄	樹 ト車禄 禄玉鳳 堂禄恍	花 ト牽将 牽龍調 恍司胡	陽 ト禄貴 調牽龍 将鳳報	灯 ト司極 鳳車玉 南調馳	山 ト鳳貴 鳳司車 胡貫報	地 ト調極 鳳禄牽 貴石馳	鉄 ト貫馳 龍調禄 堂龍極	宝 ト石報 調鳳司 恍玉貴	海 ト龍胡 石石鳳 将車将	雨 ト玉恍 車貫調 南牽禄	樹 ネ車禄 貫玉貫 禄禄恍	花 ネ牽将 貫龍石 禄司胡

2011年（平成23年）

2011年（平成23年）

	1日	2日	3日	4日	5日	6日	7日	8日	9日	10日	11日	12日	13日	14日	15日	16日
1月	陽 ネ禄貴 鳳牽龍 南鳳報	灯 ネ司極 石車玉 将調馳	山 ネ鳳貴 玉司車 将貫報	地 ネ調極 貫禄牽 南石馳	鉄 ネ貫馳 貫調禄 禄龍極	宝 ネ石報 貫鳳玉 禄龍印	海 ネ龍胡 玉石車 南牽堂	雨 ネ玉恍 調貫牽 将車南	樹 イ車禄 玉玉禄 恍司南	花 イ牽将 龍龍司 堂禄堂	陽 イ禄貴 鳳牽鳳 貴調印	灯 イ司極 龍車調 胡鳳庫	山 イ鳳貴 牽司貫 南石印	地 イ調極 調禄玉 将貫庫	鉄 イ貫馳 玉調車 恍玉庫	宝 イ石報 禄貫牽 堂龍印
2月	灯 ウ司極 牽鳳玉 報鳳庫	山 ウ鳳貴 司石車 報石印	地 ウ調極 貫貫牽 庫貫庫	鉄 ウ石報 龍龍司 馳貫馳	宝 ウ貫馳 禄玉禄 馳石報	海 ウ玉極 調車調 庫龍胡	雨 ウ龍貴 牽牽鳳 報玉恍	樹 タ牽将 司禄石 極車禄	花 タ車禄 鳳司貫 印牽将	陽 タ司恍 鳳鳳玉 胡禄貴	灯 タ禄胡 禄調龍 貴司極	山 タ調恍 調龍牽 庫鳳貴	地 タ鳳胡 牽玉車 報調極	鉄 タ石報 調車司 極貫馳	宝 タ貫馳 貫牽禄 印石報	海 タ玉極 禄禄調 胡龍胡
3月	花 ネ車禄 貫石貫 禄牽将	陽 ネ司恍 鳳龍玉 南禄貴	灯 ネ禄胡 石玉龍 将司極	山 ネ調恍 玉車牽 将鳳貴	地 ネ鳳胡 貫牽車 南調極	鉄 ネ石報 龍司司 禄石報	宝 ネ貫馳 貫禄禄 禄貫馳	海 ネ玉極 玉調調 南玉極	雨 ネ龍貴 調鳳鳳 将龍貴	樹 イ牽将 玉石石 恍牽将	花 イ車禄 龍貫貫 堂車禄	陽 イ司恍 鳳玉玉 貴司恍	灯 イ禄胡 龍龍龍 胡禄胡	山 イ調恍 牽牽牽 南調恍	地 イ鳳胡 調車車 将鳳胡	鉄 イ石報 玉司司 恍石報
4月	陽 ウ司恍 鳳玉玉 庫司恍	灯 ウ禄胡 牽龍龍 報禄胡	山 ウ調恍 司牽牽 報調恍	地 ウ鳳胡 貫車車 庫鳳胡	鉄 ウ石報 龍司司 馳鳳印	宝 ウ貫馳 禄禄禄 馳調庫	海 ウ玉極 調調調 庫貫庫	雨 ウ龍貴 牽鳳鳳 報石印	樹 タ牽将 司石石 極龍堂	花 タ車禄 鳳貫貫 印玉南	陽 タ司恍 鳳玉玉 胡車南	灯 タ禄胡 禄龍龍 貴牽堂	山 タ調恍 調牽牽 庫禄南	地 タ鳳胡 牽車車 報司堂	鉄 タ石報 調調司 極鳳印	宝 タ貫馳 貫鳳禄 印調庫
5月	陽 ネ司恍 鳳鳳玉 南車南	灯 ネ禄胡 石調龍 将牽堂	山 ネ調恍 玉貫牽 将禄南	地 ネ鳳胡 貫石車 南司堂	鉄 ネ石報 貫龍司 禄鳳印	宝 ネ貫馳 貫玉禄 禄鳳極	海 ネ玉極 玉車調 南石馳	雨 ネ龍貴 調牽鳳 将貫報	樹 イ牽将 玉禄石 恍玉胡	花 イ車禄 龍司貫 堂龍恍	陽 イ司恍 鳳鳳玉 貴牽禄	灯 イ禄胡 龍司龍 胡車将	山 イ調恍 牽鳳牽 南司禄	地 イ鳳胡 調調車 将禄将	鉄 イ石報 玉貫司 恍調貴	宝 イ貫馳 禄石禄 堂鳳極
6月	灯 ウ禄胡 牽石龍 報車将	山 ウ調恍 司龍牽 報司禄	地 ウ鳳胡 貫玉車 庫禄将	鉄 ウ石報 禄車司 馳調貴	宝 ウ貫馳 禄牽禄 馳鳳極	海 ウ玉極 調牽調 庫鳳報	雨 ウ龍貴 牽車鳳 報調馳	樹 タ牽将 司司石 極貫極	花 タ車禄 鳳禄貫 印石貴	陽 タ司恍 鳳調玉 胡龍将	灯 タ禄胡 禄鳳龍 貴玉禄	山 タ調恍 調石牽 庫車将	地 タ鳳胡 牽貫車 報牽禄	鉄 タ石報 調玉司 極禄恍	宝 タ貫馳 鳳龍禄 印司胡	海 タ玉極 禄牽調 胡鳳報
7月	灯 ネ禄胡 石貫龍 将玉禄	山 ネ調恍 玉玉牽 将車将	地 ネ鳳胡 貫龍車 南牽禄	鉄 ネ石報 貫牽司 禄禄恍	宝 ネ貫馳 貫車禄 禄司胡	海 ネ玉極 車司調 南鳳報	雨 ネ龍貴 調禄鳳 将鳳庫	樹 イ牽将 玉調石 恍石庫	花 イ車禄 龍鳳貫 堂貫印	陽 イ司恍 鳳石玉 貴玉堂	灯 イ禄胡 龍貫龍 胡龍南	山 イ調恍 牽玉牽 南牽堂	地 イ鳳胡 調龍車 将車南	鉄 イ石報 玉牽司 恍司南	宝 イ貫馳 車車禄 堂禄堂	海 イ玉極 車司調 貴調印
8月	山 ウ調恍 司石牽 報牽堂	地 ウ鳳胡 貫貫車 庫車南	鉄 ウ石報 禄玉司 馳司南	宝 ウ貫馳 禄龍禄 馳禄堂	海 ウ玉極 車牽調 庫調印	雨 ウ龍貴 司車鳳 報鳳庫	樹 タ牽将 調司石 極石庫	花 タ車禄 鳳司貫 印調報	陽 タ司恍 鳳鳳玉 胡貫胡	灯 タ禄胡 禄調龍 貴石恍	山 タ調恍 調貫牽 庫龍胡	地 タ鳳胡 牽石車 報玉恍	鉄 タ石報 調龍司 極車禄	宝 タ貫馳 鳳玉禄 印牽将	海 タ玉極 車車調 胡禄貴	雨 タ龍貴 鳳牽鳳 貴司極
9月	地 ネ鳳胡 貫調車 南玉恍	鉄 ネ石報 貫貫司 禄車禄	宝 ネ貫馳 貫石禄 禄牽将	海 ネ玉極 車龍調 南禄貴	雨 ネ龍貴 石玉鳳 将司極	樹 イ牽将 玉車石 恍鳳馳	花 イ車禄 禄牽貫 堂調報	陽 イ司恍 鳳司玉 貴石極	灯 イ禄胡 龍禄龍 胡貫貴	山 イ調恍 牽調牽 南玉極	地 イ鳳胡 石鳳車 将龍貴	鉄 イ石報 玉石司 恍牽将	宝 イ貫馳 車貫禄 堂車禄	海 イ玉極 車玉調 貴司恍	雨 イ龍貴 龍龍鳳 胡禄胡	樹 サ牽将 牽牽石 印調報
10月	地 ウ鳳胡 貫鳳車 庫龍貴	鉄 ウ石報 禄石司 馳牽将	宝 ウ貫馳 禄貫禄 馳車禄	海 ウ玉極 車玉調 庫司恍	雨 ウ龍貴 司龍鳳 報禄胡	樹 タ牽将 調牽石 極調報	花 タ車禄 禄車貫 印鳳馳	陽 タ司恍 禄司玉 胡石極	灯 タ禄胡 禄禄龍 貴調印	山 タ調恍 調調牽 庫貫庫	地 タ鳳胡 牽鳳車 報石印	鉄 タ石報 調石司 極龍堂	宝 タ貫馳 鳳貫禄 印玉南	海 タ玉極 車玉調 胡車南	雨 タ龍貴 鳳龍鳳 貴牽堂	樹 ト牽将 石牽石 堂禄印
11月	鉄 ネ石報 貫龍司 禄龍堂	宝 ネ貫馳 貫玉禄 禄玉南	海 ネ玉極 車車調 南車南	雨 ネ龍貴 石牽鳳 将牽堂	樹 イ牽将 玉禄石 恍禄印	花 イ車禄 禄司貫 堂司庫	陽 イ司恍 龍鳳玉 貴鳳庫	灯 イ禄胡 龍玉龍 胡鳳報	山 イ調恍 牽車牽 南石馳	地 イ鳳胡 石牽車 将貫報	鉄 イ石報 玉禄司 恍玉胡	宝 イ貫馳 車司禄 堂龍恍	海 イ玉極 車鳳調 貴牽禄	雨 イ龍貴 龍調鳳 胡車将	樹 サ牽将 牽貫石 印司貴	花 サ車禄 石石貫 極禄極
12月	鉄 ウ石報 禄鳳司 馳玉胡	宝 ウ貫馳 禄調禄 馳龍恍	海 ウ玉極 車貫調 庫牽禄	雨 ウ龍貴 司石鳳 報車将	樹 タ牽将 調龍石 極司貴	花 タ車禄 禄玉貫 印禄極	陽 タ司恍 鳳牽玉 胡禄報	灯 タ禄胡 禄車龍 貴司馳	山 タ調恍 調司牽 庫鳳報	地 タ鳳胡 牽禄車 報調馳	鉄 タ石報 調調司 極貫極	宝 タ貫馳 鳳鳳禄 印石貴	海 タ玉極 車石調 胡龍将	雨 タ龍貴 鳳貫鳳 貴玉禄	樹 ト牽将 石玉石 堂車恍	花 ト車禄 牽龍貫 恍牽胡

	17日	18日	19日	20日	21日	22日	23日	24日	25日	26日	27日	28日	29日	30日	31日
1月	海 イ龍胡 貫玉禄 貴牽堂	雨 イ玉恍 龍龍司 胡車南	樹 サ車禄 禄司鳳 印司南	花 サ牽将 玉禄調 極禄堂	陽 サ禄貴 牽調龍 報調印	灯 サ司極 鳳鳳玉 庫鳳庫	山 サ鳳貴 車石車 貴石印	地 サ調極 車貫牽 胡貫庫	鉄 サ貫馳 龍玉禄 印玉庫	宝 サ石報 牽龍司 極龍印	海 サ龍胡 司牽鳳 報牽堂	雨 サ玉恍 車車調 庫車南	樹 ウ車禄 車司貫 馳司南	花 ウ牽将 車禄石 馳禄堂	陽 ウ禄貴 鳳調龍 庫調印
2月	雨 タ龍貴 鳳司鳳 貴玉恍	樹 ト牽将 禄鳳石 堂車禄	花 ト車禄 調石貫 恍牽将	陽 ト司恍 調龍玉 将禄貴	灯 ト禄胡 鳳玉龍 南司極	山 ト調恍 鳳車牽 胡鳳貴	地 ト鳳胡 鳳牽車 貴調極	鉄 ト石報 龍禄司 堂貫馳	宝 ト貫馳 調司禄 恍石報	海 ト玉極 石鳳調 将龍胡	雨 ト龍貴 車調鳳 南玉恍	樹 ネ牽将 貫貫石 禄車禄			
3月	宝 イ貫馳 禄禄禄 堂貫馳	海 イ玉極 貫調調 貴玉極	雨 イ龍貴 龍鳳鳳 胡龍貴	樹 サ牽将 禄石石 印牽将	花 サ車禄 玉貫貫 極車禄	陽 サ司恍 牽玉玉 報司恍	灯 サ禄胡 鳳龍龍 庫禄胡	山 サ調恍 車牽牽 貴調恍	地 サ鳳胡 車車車 胡鳳胡	鉄 サ石報 龍司司 印石報	宝 サ貫馳 牽禄禄 極貫馳	海 サ玉極 司調調 報玉極	雨 サ龍貴 車鳳鳳 庫龍貴	樹 ウ牽将 車石石 馳牽将	花 ウ車禄 車貫貫 馳車禄
4月	海 タ玉極 禄石調 胡貫庫	雨 タ龍貴 鳳牽鳳 貴石印	樹 ト牽将 禄禄石 堂龍堂	花 ト車禄 調司貫 恍玉南	陽 ト司恍 調鳳玉 将車南	灯 ト禄胡 鳳調龍 南牽堂	山 ト調恍 鳳貫牽 胡禄南	地 ト鳳胡 鳳石車 貴司堂	鉄 ト石報 龍龍司 堂鳳印	宝 ト貫馳 調玉禄 恍調庫	海 ト玉極 石車調 将貫庫	雨 ト龍貴 車牽鳳 南石印	樹 ネ牽将 貫禄石 禄龍堂	花 ネ車禄 貫司貫 禄玉南	
5月	海 イ玉極 貫龍調 貴石馳	雨 イ龍貴 龍玉鳳 胡貫報	樹 サ牽将 禄車石 印玉胡	花 サ車禄 玉牽貫 極龍恍	陽 サ司恍 牽貫玉 報牽禄	灯 サ禄胡 鳳石龍 庫車将	山 サ調恍 車龍牽 貴司禄	地 サ鳳胡 車玉車 胡禄将	鉄 サ石報 龍車司 印調貴	宝 サ貫馳 牽牽禄 極鳳極	海 サ玉極 司禄調 報石馳	雨 サ龍貴 車司鳳 庫貫報	樹 ウ牽将 車鳳石 馳玉胡	花 ウ車禄 車調貫 馳龍恍	陽 ウ司恍 鳳貫玉 庫牽禄
6月	雨 タ龍貴 鳳車鳳 貴調馳	樹 ト牽将 玉司石 堂貫極	花 ト車禄 牽禄貫 恍石貴	陽 ト司恍 調調玉 将龍将	灯 ト禄胡 鳳鳳龍 南玉禄	山 ト調恍 鳳石牽 胡車将	地 ト鳳胡 鳳貫車 貴牽禄	鉄 ト石報 龍玉司 堂禄恍	宝 ト貫馳 調龍禄 恍司胡	海 ト玉極 石司調 将鳳報	雨 ト龍貴 車禄鳳 南調馳	樹 ネ牽将 貫調石 禄貫極	花 ネ車禄 貫鳳貫 禄石貴	陽 ネ司恍 鳳石玉 南龍将	
7月	雨 イ龍貴 龍鳳鳳 胡鳳庫	樹 サ牽将 調石石 印石庫	花 サ車禄 石貫貫 極貫印	陽 サ司恍 牽調玉 報玉堂	灯 サ禄胡 鳳鳳龍 庫龍南	山 サ調恍 車石牽 貴牽堂	地 サ鳳胡 車貫車 胡車南	鉄 サ石報 龍玉司 印司南	宝 サ貫馳 牽龍禄 極禄堂	海 サ玉極 牽牽調 報調印	雨 サ龍貴 車車鳳 庫鳳庫	樹 ウ牽将 車司石 馳石庫	花 ウ車禄 車禄貫 馳貫印	陽 ウ司恍 鳳調玉 庫玉堂	灯 ウ禄胡 牽鳳龍 報龍南
8月	樹 ト牽将 石禄石 堂鳳馳	花 ト車禄 牽司貫 恍調報	陽 ト司恍 調車玉 将貫胡	灯 ト禄胡 龍牽龍 南石恍	山 ト調恍 禄禄牽 胡龍胡	地 ト鳳胡 鳳調車 貴玉恍	鉄 ト石報 龍貫司 堂車禄	宝 ト貫馳 調石禄 恍牽将	海 ト玉極 石龍調 将禄貴	雨 ト龍貴 車玉鳳 南司極	樹 ネ牽将 貫車石 禄鳳馳	花 ネ車禄 貫牽貫 禄調報	陽 ネ司恍 鳳禄玉 南貫胡	灯 ネ禄胡 石司龍 将石恍	山 ネ調恍 玉鳳牽 将龍胡
9月	花 サ車禄 石車貫 極鳳馳	陽 サ司恍 牽司玉 報石極	灯 サ禄胡 禄禄龍 庫貫貴	山 サ調恍 龍調牽 貴玉極	地 サ鳳胡 車鳳車 胡龍貴	鉄 サ石報 龍石司 印牽将	宝 サ貫馳 牽貫禄 極車禄	海 サ玉極 牽玉調 報司恍	雨 サ龍貴 車龍鳳 庫禄胡	樹 ウ牽将 車牽石 馳調報	花 ウ車禄 車車貫 馳鳳馳	陽 ウ司恍 鳳司玉 庫石極	灯 ウ禄胡 牽禄龍 報貫貴	山 ウ調恍 司調牽 報玉極	
10月	花 ト車禄 牽車貫 恍司庫	陽 ト司恍 調司玉 将鳳庫	灯 ト禄胡 龍貫龍 南調印	山 ト調恍 禄玉牽 胡貫庫	地 ト鳳胡 鳳龍車 貴石印	鉄 ト石報 龍龍司 堂龍堂	宝 ト貫馳 調玉禄 恍玉南	海 ト玉極 石車調 将車南	雨 ト龍貴 車牽鳳 南牽堂	樹 ネ牽将 貫禄石 禄禄印	花 ネ車禄 貫司貫 禄司庫	陽 ネ司恍 鳳鳳玉 南鳳庫	灯 ネ禄胡 石調龍 将調印	山 ネ調恍 玉貫牽 将貫庫	地 ネ鳳胡 貫石車 南石印
11月	陽 サ司恍 牽龍玉 報調馳	灯 サ禄胡 禄玉龍 庫鳳報	山 サ調恍 龍車牽 貴石馳	地 サ鳳胡 車牽車 胡貫報	鉄 サ石報 龍鳳司 印玉胡	宝 サ貫馳 石調禄 極龍恍	海 サ玉極 牽貫調 報牽禄	雨 サ龍貴 車石鳳 庫車将	樹 ウ牽将 車龍石 馳司貴	花 ウ車禄 車玉貫 馳禄極	陽 ウ司恍 鳳車玉 庫調馳	灯 ウ禄胡 牽牽龍 報鳳報	山 ウ調恍 司禄牽 報石馳	地 ウ鳳胡 貫司車 庫貫報	
12月	陽 ト司恍 調牽玉 将禄報	灯 ト禄胡 龍車龍 南司馳	山 ト調恍 禄司牽 胡鳳報	地 ト鳳胡 鳳禄車 貴調馳	鉄 ト石報 龍調司 堂貫極	宝 ト貫馳 調鳳禄 恍石貴	海 ト玉極 石石調 将龍将	雨 ト龍貴 車貫鳳 南玉禄	樹 ネ牽将 貫玉石 禄車恍	花 ネ車禄 貫龍貫 禄牽胡	陽 ネ司恍 鳳牽玉 南禄報	灯 ネ禄胡 石車龍 将司馳	山 ネ調恍 玉司牽 将鳳報	地 ネ鳳胡 貫禄車 南調馳	鉄 ネ石報 貫調司 禄貫極

2012年（平成24年）

2012年（平成24年）

	1日	2日	3日	4日	5日	6日	7日	8日	9日	10日	11日	12日	13日	14日	15日	16日
1月	宝 ネ貫馳 貫鳳禄 禄石貴	海 ネ玉極 車石調 南龍将	雨 ネ龍貴 石貫鳳 将玉禄	樹 イ牽将 玉玉石 恍車恍	花 イ車禄 禄龍貫 堂牽胡	陽 イ司恍 鳳牽玉 貴司印	灯 イ禄胡 龍車龍 胡禄庫	山 イ調恍 牽司牽 南調印	地 イ鳳胡 石禄車 将鳳庫	鉄 イ石報 玉調司 恍石庫	宝 イ貫馳 車鳳禄 堂貫印	海 イ玉極 車石調 貴玉堂	雨 イ龍貴 龍貫鳳 胡龍南	樹 サ牽将 牽玉石 印牽南	花 サ車禄 石龍貫 極車堂	陽 サ司恍 牽司玉 報司印
2月	海 ウ玉極 車牽調 庫玉堂	雨 ウ龍貴 司車鳳 報龍南	樹 タ牽将 調司石 極牽南	花 タ玉南 鳳司貫 印玉将	陽 タ車南 鳳鳳玉 胡車貴	灯 タ牽堂 禄調龍 貴牽極	山 タ禄南 調貫牽 庫禄貴	地 タ司堂 牽石車 報司極	鉄 タ鳳印 調龍司 極鳳馳	宝 タ調庫 鳳玉禄 印調報	海 タ貫庫 車車調 胡貫胡	雨 タ石印 鳳司鳳 貴石恍	樹 ト龍堂 石鳳石 堂龍禄	花 ト玉南 牽調龍 恍玉将	陽 ト車南 調貫牽 将車貴	灯 ト牽堂 龍石車 南牽極
3月	宝 ネ調庫 貫司玉 禄調報	海 ネ貫庫 車鳳車 南貫胡	雨 ネ石印 石調牽 将石恍	樹 イ龍堂 玉貫禄 恍龍禄	花 イ玉南 龍貫貫 堂龍禄	陽 イ車南 鳳玉玉 貴牽恍	灯 イ牽堂 龍龍龍 胡車胡	山 イ禄南 牽牽牽 南司恍	地 イ司堂 石車車 将禄胡	鉄 イ鳳印 玉司司 恍調報	宝 イ調庫 車禄禄 堂鳳馳	海 イ貫庫 車調調 貴石極	雨 イ石印 龍鳳鳳 胡貫貴	樹 サ龍堂 牽石石 印玉将	花 サ玉南 石貫龍 極龍禄	陽 サ車南 牽玉牽 報牽恍
4月	海 ウ貫庫 車調車 庫石極	雨 ウ石印 司鳳牽 報貫貴	樹 タ龍堂 調石禄 極玉将	花 タ玉南 鳳貫貫 印石南	陽 タ車南 鳳玉玉 胡龍南	灯 タ牽堂 禄龍龍 貴玉堂	山 タ禄南 調牽牽 庫車南	地 タ司堂 牽車車 報牽堂	鉄 タ鳳印 調司司 極禄印	宝 タ調庫 鳳禄禄 印司庫	海 タ貫庫 車調調 胡鳳庫	雨 タ石印 鳳鳳鳳 貴調印	樹 ト龍堂 石石石 堂貫堂	花 ト玉南 牽龍龍 恍石南	陽 ト車南 調牽牽 将龍南	灯 ト牽堂 龍車車 南玉堂
5月	海 ネ貫庫 車車車 南鳳庫	雨 ネ石印 石牽牽 将調印	樹 イ龍堂 玉禄禄 恍貫堂	花 イ玉南 禄司司 堂石南	陽 イ車南 鳳鳳玉 貴玉禄	灯 イ牽堂 龍調龍 胡龍将	山 イ禄南 牽貫牽 南牽禄	地 イ司堂 石石車 将車将	鉄 イ鳳印 玉龍司 恍司貴	宝 イ調庫 車玉禄 堂禄極	海 イ貫庫 車龍調 貴調馳	雨 イ石印 龍玉鳳 胡鳳報	樹 サ龍堂 牽車石 印石胡	花 サ玉南 石牽貫 極貫恍	陽 サ車南 牽禄牽 報玉禄	灯 サ牽堂 禄司車 庫龍将
6月	雨 ウ石印 司司牽 報鳳報	樹 タ龍堂 調鳳禄 極石胡	花 タ玉南 禄調司 印貫恍	陽 タ車南 禄貫鳳 胡玉禄	灯 タ牽堂 禄鳳龍 貴石禄	山 タ禄南 調石牽 庫龍将	地 タ司堂 牽貫車 報玉禄	鉄 タ鳳印 調玉司 極車恍	宝 タ調庫 鳳龍禄 印牽胡	海 タ貫庫 車牽調 胡禄報	雨 タ石印 鳳車鳳 貴司馳	樹 ト龍堂 石司石 堂鳳極	花 ト玉南 牽禄貫 恍調貴	陽 ト車南 調調玉 将貫将	灯 ト牽堂 龍鳳車 南石禄	山 ト禄南 禄石司 胡龍将
7月	雨 ネ石印 石禄牽 将司馳	樹 イ龍堂 玉調禄 恍鳳極	花 イ玉南 禄鳳司 堂調貴	陽 イ車南 龍石鳳 貴貫将	灯 イ牽堂 龍貫調 胡石禄	山 イ禄南 貫玉貫 南龍将	地 イ司堂 石龍車 将龍南	鉄 イ鳳印 玉牽司 恍牽南	宝 イ調庫 車車禄 堂車堂	海 イ貫庫 車司調 貴司印	雨 イ石印 龍禄鳳 胡禄庫	樹 サ龍堂 牽調石 印調庫	花 サ玉南 石鳳貫 極鳳印	陽 サ車南 牽石玉 報石堂	灯 サ牽堂 車貫龍 庫貫南	山 サ禄南 龍玉牽 貴玉堂
8月	樹 タ龍堂 調司禄 極調庫	花 タ玉南 禄禄司 印鳳印	陽 タ車南 禄調鳳 胡石堂	灯 タ牽堂 禄鳳調 貴貫南	山 タ禄南 貫石貫 庫玉堂	地 タ司堂 司貫石 報龍南	鉄 タ鳳印 調龍司 極龍禄	宝 タ調庫 鳳玉禄 印玉将	海 タ貫庫 車車調 胡車貴	雨 タ石印 鳳牽鳳 貴牽極	樹 ト龍堂 石禄石 堂禄馳	花 ト玉南 司司貫 恍司報	陽 ト車南 調鳳玉 将鳳胡	灯 ト牽堂 貫調龍 南調恍	山 ト禄南 貫貫牽 胡貫胡	地 ト司堂 鳳石車 貴石恍
9月	花 イ玉南 禄牽司 堂司報	陽 イ車南 龍禄鳳 貴鳳胡	灯 イ牽堂 龍司調 胡調恍	山 イ禄南 貫鳳貫 南貫胡	地 イ司堂 玉調石 将石恍	鉄 イ鳳印 牽貫龍 恍龍禄	宝 イ調庫 車貫禄 堂龍禄	海 イ貫庫 車玉調 貴牽恍	雨 イ石印 龍龍鳳 胡車胡	樹 サ龍堂 牽牽石 印司報	花 サ玉南 石車貫 極禄馳	陽 サ車南 牽司玉 報調極	灯 サ牽堂 車禄龍 庫鳳貴	山 サ禄南 貫調牽 貴石極	地 サ司堂 車鳳車 胡貫貴	鉄 サ鳳印 司石司 印玉将
10月	花 タ玉南 禄車司 印禄馳	陽 タ車南 禄司鳳 胡調極	灯 タ牽堂 禄禄調 貴鳳貴	山 タ禄南 貫調貫 庫石極	地 タ司堂 司鳳石 報貫貴	鉄 タ鳳印 調石龍 極玉将	宝 タ調庫 龍貫玉 印龍禄	海 タ貫庫 車玉調 胡龍南	雨 タ石印 鳳龍鳳 貴玉堂	樹 ト龍堂 石牽石 堂車印	花 ト玉南 司車貫 恍牽庫	陽 ト車南 調司玉 将禄庫	灯 ト牽堂 貫禄龍 南司印	山 ト禄南 貫調牽 胡鳳庫	地 ト司堂 鳳鳳車 貴調印	鉄 ト鳳印 石石司 堂貫堂
11月	陽 イ車南 龍鳳鳳 貴禄庫	灯 イ牽堂 龍調調 胡司印	山 イ禄南 貫貫貫 南鳳庫	地 イ司堂 玉石石 将調印	鉄 イ鳳印 牽龍龍 恍貫堂	宝 イ調庫 龍玉玉 堂石南	海 イ貫庫 車鳳調 貴玉禄	雨 イ石印 龍調鳳 胡龍将	樹 サ龍堂 牽貫石 印牽貴	花 サ玉南 石石貫 極車極	陽 サ車南 牽龍玉 報司馳	灯 サ牽堂 車玉龍 庫禄報	山 サ禄南 貫車牽 貴調馳	地 サ司堂 車牽車 胡鳳報	鉄 サ鳳印 司禄司 印石胡	宝 サ調庫 石司禄 極貫恍
12月	陽 タ車南 禄車鳳 胡司馳	灯 タ牽堂 禄牽調 貴禄報	山 タ禄南 貫禄貫 庫調馳	地 タ司堂 司司石 報鳳報	鉄 タ鳳印 調鳳龍 極石胡	宝 タ調庫 龍調玉 印貫恍	海 タ貫庫 車石調 胡貫将	雨 タ石印 鳳貫鳳 貴石禄	樹 ト龍堂 石玉石 堂龍恍	花 ト玉南 司龍貫 恍玉胡	陽 ト車南 調牽玉 将車報	灯 ト牽堂 貫車龍 南牽馳	山 ト禄南 貫司牽 胡禄報	地 ト司堂 鳳禄車 貴司馳	鉄 ト鳳印 石調司 堂鳳極	宝 ト調庫 司鳳禄 恍調貴

	17日	18日	19日	20日	21日	22日	23日	24日	25日	26日	27日	28日	29日	30日	31日
1月	灯 サ禄胡 禄禄龍 庫禄庫	山 サ調恍 龍調牽 貴調印	地 サ鳳胡 車貫車 胡鳳庫	鉄 サ石報 龍玉司 印石庫	宝 サ貫馳 牽龍禄 極貫印	海 サ玉極 牽牽調 報玉堂	雨 サ龍貴 車車鳳 庫龍南	樹 ウ牽将 車司石 馳牽南	花 ウ車禄 車禄貫 馳車堂	陽 ウ司恍 鳳調玉 庫司印	灯 ウ禄胡 牽鳳龍 報禄庫	山 ウ調恍 司石牽 報調印	地 ウ鳳胡 貫貫車 庫鳳庫	鉄 ウ石報 禄玉司 馳石庫	宝 ウ貫馳 禄龍禄 馳貫印
2月	山 ト禄南 禄龍貫 胡禄貴	地 ト司堂 鳳玉石 貴司極	鉄 ト鳳印 龍禄龍 堂鳳馳	宝 ト調庫 調司玉 恍調報	海 ト貫庫 石鳳車 将貫胡	雨 ト石印 車調牽 南石恍	樹 ネ龍堂 貫貫禄 禄龍禄	花 ネ玉南 貫石司 禄玉将	陽 ネ車南 鳳龍鳳 南車貴	灯 ネ牽堂 石玉調 将牽極	山 ネ禄南 玉車貫 将禄貴	地 ネ司堂 貫牽石 南司極	鉄 ネ鳳印 貫禄龍 禄鳳馳		
3月	灯 サ牽堂 禄龍車 庫車胡	山 サ禄南 龍牽貫 貴司恍	地 サ司堂 車車石 胡禄胡	鉄 サ鳳印 龍司龍 印調報	宝 サ調庫 牽禄玉 極鳳馳	海 サ貫庫 牽調車 報石極	雨 サ石印 車鳳牽 庫貫貴	樹 ウ龍堂 車石禄 馳玉将	花 ウ玉南 車貫司 馳龍禄	陽 ウ車南 鳳玉鳳 庫牽恍	灯 ウ牽堂 牽龍調 報車胡	山 ウ禄南 司牽貫 報司恍	地 ウ司堂 貫車石 庫禄胡	鉄 ウ鳳印 禄司龍 馳調報	宝 ウ調庫 禄禄玉 馳鳳馳
4月	山 ト禄南 禄貫貫 胡車南	地 ト司堂 鳳石石 貴牽堂	鉄 ト鳳印 龍龍龍 堂禄印	宝 ト調庫 調玉玉 恍司庫	海 ト貫庫 石車車 将鳳庫	雨 ト石印 車牽牽 南調印	樹 ネ龍堂 貫禄禄 禄貫堂	花 ネ玉南 貫司司 禄石南	陽 ネ車南 鳳鳳鳳 南龍南	灯 ネ牽堂 石調調 将玉堂	山 ネ禄南 玉貫貫 将車南	地 ネ司堂 貫石石 南牽堂	鉄 ネ鳳印 貫龍龍 禄禄印	宝 ネ調庫 貫玉玉 禄司庫	
5月	山 サ禄南 龍鳳司 貴牽禄	地 サ司堂 車調石 胡車将	鉄 サ鳳印 龍貫龍 印司貴	宝 サ調庫 牽牽玉 極禄極	海 サ貫庫 牽禄車 報調馳	雨 サ石印 車司牽 庫鳳報	樹 ウ龍堂 車鳳禄 馳石胡	花 ウ玉南 車調司 馳貫恍	陽 ウ車南 鳳貫鳳 庫玉禄	灯 ウ牽堂 牽石調 報龍将	山 ウ禄南 司龍貫 報牽禄	地 ウ司堂 貫玉石 庫車将	鉄 ウ鳳印 禄車龍 馳司貴	宝 ウ調庫 禄牽玉 馳禄極	海 ウ貫庫 車禄車 庫調馳
6月	地 ト司堂 鳳貫禄 貴玉禄	鉄 ト鳳印 龍玉龍 堂車恍	宝 ト調庫 調龍玉 恍牽胡	海 ト貫庫 石牽車 将禄報	雨 ト石印 車車牽 南司馳	樹 ネ龍堂 貫司禄 禄鳳極	花 ネ玉南 貫禄司 禄調貴	陽 ネ車南 鳳調鳳 南貫将	灯 ネ牽堂 石貫調 将石禄	山 ネ禄南 玉玉貫 将龍将	地 ネ司堂 貫龍石 南玉禄	鉄 ネ鳳印 貫牽龍 禄車恍	宝 ネ調庫 貫車玉 禄牽胡	海 ネ貫庫 車司車 南禄報	
7月	地 サ司堂 車車禄 胡龍南	鉄 サ鳳印 調司調 印牽南	宝 サ調庫 石禄鳳 極車堂	海 サ貫庫 牽牽車 報司印	雨 サ石印 車車牽 庫禄庫	樹 ウ龍堂 車司禄 馳調庫	花 ウ玉南 車禄司 馳鳳印	陽 ウ車南 鳳調鳳 庫石堂	灯 ウ牽堂 牽鳳調 報貫南	山 ウ禄南 司石貫 報玉堂	地 ウ司堂 貫貫石 庫龍南	鉄 ウ鳳印 禄玉龍 馳牽南	宝 ウ調庫 禄龍玉 馳車堂	海 ウ貫庫 車牽車 庫司印	雨 ウ石印 司車牽 報禄庫
8月	鉄 ト鳳印 牽龍調 堂龍禄	宝 ト調庫 司調鳳 恍玉将	海 ト貫庫 石貫石 将車貴	雨 ト石印 車石牽 南牽極	樹 ネ龍堂 鳳車禄 禄禄馳	花 ネ玉南 貫牽司 禄司報	陽 ネ車南 鳳禄鳳 南鳳胡	灯 ネ牽堂 石司調 将調恍	山 ネ禄南 石鳳貫 将貫胡	地 ネ司堂 貫調石 南石恍	鉄 ネ鳳印 貫貫龍 禄龍禄	宝 ネ調庫 貫石玉 禄玉将	海 ネ貫庫 車龍車 南車貴	雨 ネ石印 石玉牽 将牽極	樹 イ龍堂 玉車禄 恍禄馳
9月	宝 サ調庫 石貫鳳 極龍禄	海 サ貫庫 牽玉石 報牽恍	雨 サ石印 鳳龍貫 庫車胡	樹 ウ龍堂 龍牽禄 馳司報	花 ウ玉南 車車司 馳禄馳	陽 ウ車南 鳳司鳳 庫調極	灯 ウ牽堂 牽禄調 報鳳貴	山 ウ禄南 司調貫 報石極	地 ウ司堂 貫鳳石 庫貫貴	鉄 ウ鳳印 禄石龍 馳玉将	宝 ウ調庫 禄貫玉 馳龍禄	海 ウ貫庫 車玉車 庫牽恍	雨 ウ石印 司龍牽 報車胡	樹 タ龍堂 調牽禄 極司報	
10月	宝 ト調庫 司貫禄 恍石南	海 ト貫庫 石司石 将龍南	雨 ト石印 龍禄貫 南玉堂	樹 ネ龍堂 鳳調玉 禄車印	花 ネ玉南 貫司司 禄牽庫	陽 ネ車南 鳳鳳鳳 南禄庫	灯 ネ牽堂 石調調 将司印	山 ネ禄南 石貫貫 将鳳庫	地 ネ司堂 貫石石 南調印	鉄 ネ鳳印 貫龍龍 禄貫堂	宝 ネ調庫 貫玉玉 禄石南	海 ネ貫庫 車車車 南龍南	雨 ネ石印 石牽牽 将玉堂	樹 イ龍堂 玉禄禄 恍車印	花 イ玉南 禄司司 堂牽庫
11月	海 サ貫庫 牽鳳石 報玉禄	雨 サ石印 鳳調貫 庫龍将	樹 ウ龍堂 龍貫玉 馳牽貴	花 ウ玉南 車玉司 馳車極	陽 ウ車南 鳳車鳳 庫司馳	灯 ウ牽堂 牽牽調 報禄報	山 ウ禄南 司禄貫 報調馳	地 ウ司堂 貫司石 庫鳳報	鉄 ウ鳳印 禄鳳龍 馳石胡	宝 ウ調庫 禄調玉 馳貫恍	海 ウ貫庫 車貫車 庫玉禄	雨 ウ石印 司石牽 報龍将	樹 タ龍堂 調龍禄 極牽貴	花 タ玉南 禄玉司 印車極	
12月	海 ト貫庫 石石石 将貫将	雨 ト石印 龍貫貫 南石禄	樹 ネ龍堂 鳳玉玉 禄龍恍	花 ネ玉南 貫龍司 禄玉胡	陽 ネ車南 鳳牽鳳 南車報	灯 ネ牽堂 石車調 将牽馳	山 ネ禄南 石司貫 将禄報	地 ネ司堂 貫禄石 南司馳	鉄 ネ鳳印 貫調龍 禄鳳極	宝 ネ調庫 貫鳳玉 禄調貴	海 ネ貫庫 車石車 南貫将	雨 ネ石印 石貫牽 将石禄	樹 イ龍堂 玉玉禄 恍龍恍	花 イ玉南 禄龍司 堂玉胡	陽 イ車南 龍牽鳳 貴車報

2013年（平成25年）

2013年(平成25年)

	1日	2日	3日	4日	5日	6日	7日	8日	9日	10日	11日	12日	13日	14日	15日	16日	17日	18日	19日	20日	21日	22日	23日	24日	25日	26日	27日	28日	29日	30日	31日
1月	灯 イ牽堂 龍車調 胡牽馳	山 イ禄南 貫司貫 南禄報	地 イ司堂 玉禄石 将司馳	鉄 イ鳳印 牽調龍 恍鳳極	宝 イ調庫 車鳳禄 堂鳳印	海 イ貫庫 車石調 貴石堂	雨 イ石印 龍貫鳳 胡貫南	樹 サ龍堂 牽玉石 印玉南	花 サ玉南 石龍貫 極龍堂	陽 サ車南 牽牽玉 報牽印	灯 サ牽堂 車車龍 庫車庫	山 サ禄南 貫司牽 貴司印	地 サ司堂 車禄車 胡禄庫	鉄 サ鳳印 司調司 印調庫	宝 サ調庫 石貫鳳 極鳳印	海 サ貫庫 牽玉石 報石堂	雨 サ石印 鳳龍貫 庫貫南	樹 ウ龍堂 龍司禄 馳玉南	花 ウ玉南 車禄司 馳龍堂	陽 ウ車南 鳳調鳳 庫牽印	灯 ウ牽堂 牽鳳調 報車庫	山 ウ禄南 司石貫 報司印	地 ウ司堂 貫貫石 庫禄庫	鉄 ウ鳳印 禄玉龍 馳調庫	宝 ウ調庫 禄龍玉 馳鳳印	海 ウ貫庫 車牽車 庫石堂	雨 ウ石印 司車牽 報貫南	樹 タ龍堂 調司禄 極玉南	花 タ玉南 禄禄司 印龍堂	陽 タ車南 禄調鳳 胡牽印	灯 タ牽堂 禄鳳調 貴車庫
2月	山 タ禄南 貫石貫 庫司印	地 タ司堂 司貫石 報禄庫	鉄 タ鳳印 調玉龍 極調庫	宝 タ鳳極 鳳玉玉 印司報	海 タ石馳 車車車 胡鳳胡	雨 タ貫報 鳳牽牽 貴調恍	樹 ト玉胡 石禄禄 堂貫禄	花 ト龍恍 司司司 恍石将	陽 ト牽禄 調鳳鳳 将龍貴	灯 ト車将 貫調司 南玉極	山 ト司禄 貫貫鳳 胡車貴	地 ト禄将 鳳玉調 貴牽極	鉄 ト調貴 石車貫 堂禄馳	宝 ト鳳極 司牽石 恍司報	海 ト石馳 石禄龍 将鳳胡	雨 ト貫報 龍司玉 南調恍	樹 ネ玉胡 鳳鳳車 禄貫禄	花 ネ龍恍 貫調牽 禄石将	陽 ネ牽禄 鳳龍貫 南龍貴	灯 ネ車将 石玉石 将玉極	山 ネ司禄 石車龍 将車貴	地 ネ禄将 貫牽玉 南牽極	鉄 ネ調貴 貫禄車 禄禄馳	宝 ネ鳳極 貫司牽 禄司報	海 ネ石馳 車鳳禄 南鳳胡	雨 ネ貫報 石調司 将調恍	樹 イ玉胡 玉貫鳳 恍貫禄	花 イ龍恍 禄石調 堂石将			
3月	陽 イ牽禄 龍龍貫 貴龍貴	灯 イ車将 龍玉石 胡玉極	山 イ司禄 貫車龍 南車貴	地 イ禄将 玉牽玉 将牽極	鉄 イ調貴 玉司龍 恍司報	宝 イ鳳極 車禄玉 堂禄馳	海 イ石馳 車調車 貴調極	雨 イ貫報 龍鳳牽 胡鳳貴	樹 サ玉胡 牽石禄 印石将	花 サ龍恍 石貫司 極貫禄	陽 サ牽禄 牽玉禄 報玉恍	灯 サ車将 車龍司 庫龍胡	山 サ司禄 龍牽鳳 貴牽恍	地 サ禄将 車車調 胡車胡	鉄 サ調貴 調司貫 印司報	宝 サ鳳極 石禄石 極禄馳	海 サ石馳 牽調龍 報調極	雨 サ貫報 車鳳玉 庫鳳貴	樹 ウ玉胡 車石車 馳石将	花 ウ龍恍 車貫調 馳貫禄	陽 ウ牽禄 鳳玉貫 庫玉恍	灯 ウ車将 牽龍石 報龍胡	山 ウ司禄 司牽龍 報牽恍	地 ウ禄将 貫車玉 庫車胡	鉄 ウ調貴 禄司車 馳司報	宝 ウ鳳極 禄禄牽 馳禄馳	海 ウ石馳 車調禄 庫調極	雨 ウ貫報 司鳳司 報鳳貴	樹 タ玉胡 調石鳳 極石将	花 タ龍恍 禄貫調 印貫禄	陽 タ牽禄 禄玉貫 胡玉恍
4月	灯 タ車将 禄龍石 貴龍胡	山 タ司禄 貫牽龍 庫牽恍	地 タ禄将 司車玉 報車胡	鉄 タ調貴 調司車 極司報	宝 タ鳳極 鳳禄玉 印牽庫	海 タ石馳 車調車 胡禄庫	雨 タ貫報 鳳鳳牽 貴司印	樹 ト玉胡 石石禄 堂鳳堂	花 ト龍恍 司貫司 恍調南	陽 ト牽禄 調玉鳳 将貫南	灯 ト車将 貫龍司 南石堂	山 ト司禄 貫牽鳳 胡龍南	地 ト禄将 鳳車調 貴玉堂	鉄 ト調貴 石司貫 堂車印	宝 ト鳳極 司鳳石 恍牽庫	海 ト石馳 石石龍 将禄庫	雨 ト貫報 龍貫玉 南司印	樹 ネ玉胡 鳳禄車 禄鳳堂	花 ネ龍恍 貫司牽 禄調南	陽 ネ牽禄 鳳鳳貫 南貫南	灯 ネ車将 石調石 将石堂	山 ネ司禄 石貫龍 将龍南	地 ネ禄将 貫石玉 南玉堂	鉄 ネ調貴 貫龍車 禄車印	宝 ネ鳳極 貫玉牽 禄牽庫	海 ネ石馳 車車禄 南禄庫	雨 ネ貫報 石牽司 将司印	樹 イ玉胡 玉禄鳳 恍鳳堂	花 イ龍恍 禄司調 堂調南	陽 イ牽禄 龍鳳貫 貴貫南	
5月	灯 イ車将 龍調石 胡石堂	山 イ司禄 貫貫龍 南龍南	地 イ禄将 玉石玉 将玉堂	鉄 イ調貴 牽龍車 恍車印	宝 イ鳳極 車玉玉 堂車極	海 イ石馳 車車車 貴司馳	雨 イ貫報 龍牽牽 胡禄報	樹 サ玉胡 牽禄禄 印調胡	花 サ龍恍 石司司 極鳳恍	陽 サ牽禄 牽鳳鳳 報石禄	灯 サ車将 車司司 庫貫将	山 サ司禄 貫鳳鳳 貴玉禄	地 サ禄将 車調調 胡龍将	鉄 サ調貴 司貫貫 印牽貴	宝 サ鳳極 石石石 極車極	海 サ石馳 牽龍龍 報司馳	雨 サ貫報 鳳玉玉 庫禄報	樹 ウ玉胡 龍車車 馳調胡	花 ウ龍恍 車牽牽 馳鳳恍	陽 ウ牽禄 鳳貫貫 庫石禄	灯 ウ車将 牽石石 報貫将	山 ウ司禄 司龍龍 報玉禄	地 ウ禄将 貫玉玉 庫龍将	鉄 ウ調貴 禄車車 馳牽貴	宝 ウ鳳極 禄牽牽 馳車極	海 ウ石馳 車禄禄 庫司馳	雨 ウ貫報 司司司 報禄報	樹 タ玉胡 調鳳鳳 極調胡	花 タ龍恍 禄調調 印鳳恍	陽 タ牽禄 禄貫貫 胡石禄	灯 タ車将 禄石石 貴貫将
6月	山 タ司禄 貫龍龍 庫玉禄	地 タ禄将 司玉玉 報龍将	鉄 タ調貴 調車車 極牽貴	宝 タ鳳極 龍牽牽 印車極	海 タ石馳 車牽車 胡車報	雨 タ貫報 鳳車牽 貴牽馳	樹 ト玉胡 石司禄 堂禄極	花 ト龍恍 司禄司 恍司貴	陽 ト牽禄 調調鳳 将鳳将	灯 ト車将 貫鳳調 南調禄	山 ト司禄 貫石鳳 胡貫将	地 ト禄将 鳳貫調 貴石禄	鉄 ト調貴 石玉貫 堂龍恍	宝 ト鳳極 司龍石 恍玉胡	海 ト石馳 石牽龍 将車報	雨 ト貫報 龍車玉 南牽馳	樹 ネ玉胡 鳳司車 禄禄極	花 ネ龍恍 貫禄牽 禄司貴	陽 ネ牽禄 鳳調禄 南鳳将	灯 ネ車将 石鳳石 将調禄	山 ネ司禄 石石龍 将貫将	地 ネ禄将 貫貫玉 南石禄	鉄 ネ調貴 貫玉車 禄龍恍	宝 ネ鳳極 貫龍牽 禄玉胡	海 ネ石馳 車司禄 南車報	雨 ネ貫報 石禄司 将牽馳	樹 イ玉胡 玉調鳳 恍禄極	花 イ龍恍 禄鳳調 堂司貴	陽 イ牽禄 龍石貫 貴鳳将	灯 イ車将 龍貫石 胡調禄	
7月	山 イ司禄 貫玉龍 南貫将	地 イ禄将 玉龍玉 将石禄	鉄 イ調貴 牽牽車 恍龍恍	宝 イ鳳極 龍車牽 堂玉胡	海 イ石馳 龍司禄 貴車報	雨 イ貫報 龍禄司 胡牽馳	樹 サ玉胡 牽調禄 印司庫	花 サ龍恍 石鳳司 極禄印	陽 サ牽禄 牽石鳳 報調堂	灯 サ車将 車貫調 庫鳳南	山 サ司禄 貫玉貫 貴石堂	地 サ禄将 車龍石 胡貫南	鉄 サ調貴 司牽貫 印玉南	宝 サ鳳極 石車石 極龍堂	海 サ石馳 牽司龍 報牽印	雨 サ貫報 禄禄玉 庫車庫	樹 ウ玉胡 禄石車 馳司庫	花 ウ龍恍 車貫牽 馳禄印	陽 ウ牽禄 石玉禄 庫調堂	灯 ウ車将 牽鳳司 報鳳南	山 ウ司禄 司石鳳 報石堂	地 ウ禄将 貫貫玉 庫貫南	鉄 ウ調貴 禄玉車 馳玉南	宝 ウ鳳極 禄龍牽 馳龍堂	海 ウ石馳 車牽禄 庫牽印	雨 ウ貫報 司車司 報車庫	樹 タ玉胡 調司鳳 極司庫	花 タ龍恍 禄禄調 印禄印	陽 タ牽禄 禄調貫 胡調堂	灯 タ車将 禄鳳石 貴鳳南	山 タ司禄 貫石龍 庫石堂
8月	地 タ禄将 司貫玉 報貫南	鉄 タ調貴 調玉車 極玉南	宝 タ鳳極 龍龍牽 印龍堂	海 タ石馳 鳳牽禄 胡牽印	雨 タ貫報 鳳車司 貴車庫	樹 ト玉胡 禄司鳳 堂司庫	花 ト龍恍 司司司 恍牽報	陽 ト牽禄 調鳳鳳 将禄胡	灯 ト車将 貫調調 南司恍	山 ト司禄 貫貫貫 胡鳳胡	地 ト禄将 鳳石石 貴調恍	鉄 ト調貴 石龍龍 堂貫禄	宝 ト鳳極 司玉石 恍石将	海 ト石馳 石車龍 将龍貴	雨 ト貫報 貫牽玉 南玉極	樹 ネ玉胡 鳳禄車 禄車馳	花 ネ龍恍 貫司牽 禄牽報	陽 ネ牽禄 牽車禄 南禄胡	灯 ネ車将 司牽司 将司恍	山 ネ司禄 石禄鳳 将鳳胡	地 ネ禄将 貫調調 南調恍	鉄 ネ調貴 貫貫車 禄貫禄	宝 ネ鳳極 貫石牽 禄石将	海 ネ石馳 車龍禄 南龍貴	雨 ネ貫報 石玉司 将玉極	樹 イ玉胡 玉車鳳 恍車馳	花 イ龍恍 禄牽調 堂牽報	陽 イ牽禄 龍禄貫 貴禄胡	灯 イ車将 龍司石 胡司恍	山 イ司禄 貫鳳龍 南鳳胡	地 イ禄将 玉調玉 将調恍
9月	鉄 イ調貴 牽貫車 恍貫禄	宝 イ鳳極 龍石牽 堂石将	海 イ石馳 龍龍禄 貴龍貴	雨 イ貫報 龍玉司 胡玉極	樹 サ玉胡 禄車鳳 印車馳	花 サ龍恍 玉牽調 極牽報	陽 サ牽禄 牽司鳳 報司極	灯 サ車将 車禄調 庫禄貴	山 サ司禄 貫調貫 貴調極	地 サ禄将 車鳳石 胡鳳貴	鉄 サ調貴 司石龍 印石将	宝 サ鳳極 玉貫玉 極貫禄	海 サ石馳 牽玉龍 報玉恍	雨 サ貫報 禄龍玉 庫龍胡	樹 ウ玉胡 禄牽車 馳牽報	花 ウ龍恍 車車牽 馳車馳	陽 ウ牽禄 石司禄 庫司極	灯 ウ車将 玉禄司 報禄貴	山 ウ司禄 司調鳳 報調極	地 ウ禄将 貫鳳調 庫鳳貴	鉄 ウ調貴 車石貫 馳石将	宝 ウ鳳極 禄貫牽 馳貫禄	海 ウ石馳 車玉禄 庫玉恍	雨 ウ貫報 司龍司 報龍胡	樹 タ玉胡 司牽鳳 極牽報	花 タ龍恍 禄車調 印車馳	陽 タ牽禄 禄司貫 胡司極	灯 タ車将 禄禄石 貴禄貴	山 タ司禄 貫調龍 庫調極	地 タ禄将 司鳳玉 報鳳貴	
10月	鉄 タ調貴 調石車 極石将	宝 タ鳳極 龍貫牽 印貫禄	海 タ石馳 鳳玉禄 胡玉恍	雨 タ貫報 鳳龍司 貴龍胡	樹 ト玉胡 禄牽鳳 堂牽報	花 ト龍恍 調車調 恍車馳	陽 ト牽禄 石司貫 将司極	灯 ト車将 貫禄調 南牽印	山 ト司禄 貫調貫 胡禄庫	地 ト禄将 鳳鳳石 貴司印	鉄 ト調貴 石石龍 堂鳳堂	宝 ト鳳極 司貫玉 恍調南	海 ト石馳 石玉車 将貫南	雨 ト貫報 貫龍玉 南石堂	樹 ネ玉胡 禄牽車 禄龍印	花 ネ龍恍 貫車牽 禄玉庫	陽 ネ牽禄 玉司禄 南車庫	灯 ネ車将 司貫司 将牽印	山 ネ司禄 石玉鳳 将禄庫	地 ネ禄将 車龍調 南司印	鉄 ネ調貴 鳳龍貫 禄鳳堂	宝 ネ鳳極 貫玉石 禄調南	海 ネ石馳 車車禄 南貫南	雨 ネ貫報 石牽司 将石堂	樹 イ玉胡 玉禄鳳 恍龍印	花 イ龍恍 禄司調 堂玉庫	陽 イ牽禄 龍鳳貫 貴車庫	灯 イ車将 龍調石 胡牽印	山 イ司禄 貫貫龍 南禄庫	地 イ禄将 玉石玉 将司印	鉄 イ調貴 牽龍車 恍鳳堂
11月	宝 イ鳳極 龍玉牽 堂調南	海 イ石馳 龍車禄 貴貫南	雨 イ貫報 龍牽司 胡石堂	樹 サ玉胡 禄禄鳳 印龍印	花 サ龍恍 玉司調 極玉庫	陽 サ牽禄 牽鳳貫 報車庫	灯 サ車将 車玉調 庫車報	山 サ司禄 貫車貫 貴司馳	地 サ禄将 車牽石 胡禄報	鉄 サ調貴 司禄龍 印調胡	宝 サ鳳極 玉司玉 極鳳恍	海 サ石馳 牽鳳車 報石禄	雨 サ貫報 禄調玉 庫貫将	樹 ウ玉胡 禄貫車 馳玉貴	花 ウ龍恍 車石牽 馳龍極	陽 ウ牽禄 司龍禄 庫牽馳	灯 ウ車将 玉玉司 報車報	山 ウ司禄 司車鳳 報司馳	地 ウ禄将 鳳牽調 庫禄報	鉄 ウ調貴 車鳳貫 馳調胡	宝 ウ鳳極 禄調石 馳鳳恍	海 ウ石馳 車貫禄 庫石禄	雨 ウ貫報 司石司 報貫将	樹 タ玉胡 司龍鳳 極玉貴	花 タ龍恍 禄玉調 印龍極	陽 タ牽禄 禄車貫 胡牽馳	灯 タ車将 禄牽石 貴車報	山 タ司禄 貫禄龍 庫司馳	地 タ禄将 司司玉 報禄報	鉄 タ調貴 調鳳車 極調胡	
12月	宝 タ鳳極 龍調牽 印鳳恍	海 タ石馳 鳳貫禄 胡石禄	雨 タ貫報 鳳石司 貴貫将	樹 ト玉胡 禄龍鳳 堂玉貴	花 ト龍恍 調玉調 恍龍極	陽 ト牽禄 石車貫 将牽馳	灯 ト車将 貫車調 南玉馳	山 ト司禄 貫司貫 胡車報	地 ト禄将 鳳禄石 貴牽馳	鉄 ト調貴 石調龍 堂禄極	宝 ト鳳極 司鳳玉 恍司貴	海 ト石馳 石石車 将鳳将	雨 ト貫報 貫貫玉 南調禄	樹 ネ玉胡 禄玉車 禄貫恍	花 ネ龍恍 貫龍牽 禄石胡	陽 ネ牽禄 玉牽禄 南龍報	灯 ネ車将 司車司 将玉馳	山 ネ司禄 石司鳳 将車報	地 ネ禄将 車禄調 南牽馳	鉄 ネ調貴 鳳調貫 禄禄極	宝 ネ鳳極 貫鳳石 禄司貴	海 ネ石馳 車石禄 南鳳将	雨 ネ貫報 石貫司 将調禄	樹 イ玉胡 玉玉鳳 恍貫恍	花 イ龍恍 禄龍調 堂石胡	陽 イ牽禄 龍牽貫 貴龍報	灯 イ車将 龍車石 胡玉馳	山 イ司禄 貫司龍 南車報	地 イ禄将 玉禄玉 将牽馳	鉄 イ調貴 牽調車 恍禄極	宝 イ鳳極 龍鳳牽 堂司貴

2014年（平成26年）

2014年(平成26年)

	1日	2日	3日	4日	5日	6日	7日	8日	9日	10日	11日	12日	13日	14日	15日	16日
1月	海 イ石馳 龍石禄 貴鳳将	雨 イ貫報 龍貫司 胡調禄	樹 サ玉胡 禄玉鳳 印貫恍	花 サ龍恍 玉龍調 極石胡	陽 サ牽禄 牽牽鳳 報玉印	灯 サ車将 車車調 庫龍庫	山 サ司禄 貫司貫 貴牽印	地 サ禄将 車禄石 胡車庫	鉄 サ調貴 司調龍 印司庫	宝 サ鳳極 玉鳳玉 極禄印	海 サ石馳 牽石龍 報調堂	雨 サ貫報 禄貫玉 庫鳳南	樹 ウ玉胡 禄玉車 馳石南	花 ウ龍恍 車龍牽 馳貫堂	陽 ウ牽禄 石司禄 庫玉印	灯 ウ車将 玉禄司 報龍庫
2月	雨 タ貫報 鳳車司 貴鳳南	樹 ト玉胡 禄司鳳 堂石南	花 ト龍恍 調禄調 恍貫堂	陽 ト龍将 調鳳調 将貫貴	灯 ト玉禄 貫調鳳 南石極	山 ト車将 貫貫石 胡龍貴	地 ト牽禄 鳳石貫 貴玉極	鉄 ト禄恍 石龍玉 堂車馳	宝 ト司胡 司玉龍 恍牽報	海 ト鳳報 石車牽 将禄胡	雨 ト調馳 貫牽車 南司恍	樹 ネ貫極 鳳鳳司 禄鳳禄	花 ネ石貴 貫調禄 禄調将	陽 ネ龍将 牽貫調 南貫貴	灯 ネ玉禄 司石鳳 将石極	山 ネ車将 石龍石 将龍貴
3月	宝 イ司胡 龍司車 堂牽報	海 イ鳳報 龍鳳司 貴禄胡	雨 イ調馳 龍調禄 胡司恍	樹 サ貫極 禄貫調 印鳳禄	花 サ石貴 玉石鳳 極調将	陽 サ龍将 牽玉調 報石恍	灯 サ玉禄 車龍鳳 庫貫胡	山 サ車将 貫牽石 貴玉恍	地 サ牽禄 車車貫 胡龍胡	鉄 サ禄恍 司司玉 印牽報	宝 サ司胡 玉禄龍 極車馳	海 サ鳳報 牽調牽 報司極	雨 サ調馳 禄鳳車 庫禄貴	樹 ウ貫極 禄石司 馳調将	花 ウ石貴 車貫禄 馳鳳禄	陽 ウ龍将 石玉調 庫石恍
4月	海 タ鳳報 鳳調司 胡司極	雨 タ調馳 鳳鳳禄 貴禄貴	樹 ト貫極 禄石調 堂調将	花 ト石貴 調貫鳳 恍鳳禄	陽 ト龍将 調玉調 将鳳南	灯 ト玉禄 貫龍鳳 南調堂	山 ト車将 貫牽石 胡貫南	地 ト牽禄 鳳車貫 貴石堂	鉄 ト禄恍 石司玉 堂龍印	宝 ト司胡 司禄龍 恍玉庫	海 ト鳳報 石調牽 将車庫	雨 ト調馳 貫鳳車 南牽印	樹 ネ貫極 鳳石司 禄禄堂	花 ネ石貴 貫貫禄 禄司南	陽 ネ龍将 牽牽調 南鳳南	灯 ネ玉禄 司車鳳 将調堂
5月	海 イ鳳報 龍車司 貴車庫	雨 イ調馳 龍牽禄 胡牽印	樹 サ貫極 禄禄調 印禄堂	花 サ石貴 玉司鳳 極司南	陽 サ龍将 牽鳳調 報調禄	灯 サ玉禄 車調鳳 庫鳳将	山 サ車将 貫貫石 貴石禄	地 サ牽禄 車石貫 胡貫将	鉄 サ禄恍 司龍玉 印玉貴	宝 サ司胡 玉玉龍 極龍極	海 サ鳳報 牽龍牽 報牽馳	雨 サ調馳 禄玉車 庫車報	樹 ウ貫極 禄車司 馳司胡	花 ウ石貴 車牽禄 馳禄恍	陽 ウ龍将 石禄調 庫調禄	灯 ウ玉禄 玉司鳳 報鳳将
6月	雨 タ調馳 鳳司禄 貴車報	樹 ト貫極 禄鳳調 堂司胡	花 ト石貴 調調鳳 恍禄恍	陽 ト龍将 石貫石 将調禄	灯 ト玉禄 鳳石貫 南鳳将	山 ト車将 貫石石 胡鳳将	地 ト牽禄 鳳貫貫 貴調禄	鉄 ト禄恍 石玉玉 堂貫恍	宝 ト司胡 司龍龍 恍石胡	海 ト鳳報 石牽牽 将龍報	雨 ト調馳 貫車車 南玉馳	樹 ネ貫極 禄司司 禄車極	花 ネ石貴 貫禄禄 禄牽貴	陽 ネ龍将 玉調調 南禄将	灯 ネ玉禄 司鳳鳳 将司禄	山 ネ車将 石石石 将鳳将
7月	雨 イ調馳 龍禄禄 胡玉馳	樹 サ貫極 禄調調 印車極	花 サ石貴 玉鳳鳳 極牽貴	陽 サ龍将 牽石石 報禄将	灯 サ玉禄 鳳貫貫 庫司禄	山 サ車将 車玉玉 貴鳳将	地 サ牽禄 車龍貫 胡鳳南	鉄 サ禄恍 司牽玉 印石南	宝 サ司胡 玉車龍 極貫堂	海 サ鳳報 牽司牽 報玉印	雨 サ調馳 禄禄車 庫龍庫	樹 ウ貫極 禄調司 馳牽庫	花 ウ石貴 車鳳禄 馳車印	陽 ウ龍将 司石調 庫司堂	灯 ウ玉禄 玉貫鳳 報禄南	山 ウ車将 司玉石 報調堂
8月	樹 ト貫極 禄司調 堂牽庫	花 ト石貴 調禄鳳 恍車印	陽 ト龍将 石調石 将司堂	灯 ト玉禄 鳳鳳貫 南禄南	山 ト車将 鳳石玉 胡調堂	地 ト牽禄 鳳貫龍 貴鳳南	鉄 ト禄恍 石龍玉 堂鳳禄	宝 ト司胡 司玉龍 恍調将	海 ト鳳報 石車牽 将貫貴	雨 ト調馳 貫牽車 南石極	樹 ネ貫極 禄禄司 禄龍馳	花 ネ石貴 貫司禄 禄玉報	陽 ネ龍将 玉鳳調 南車胡	灯 ネ玉禄 司調鳳 将牽恍	山 ネ車将 石貫石 将禄胡	地 ネ牽禄 龍石貫 南司恍
9月	花 サ石貴 玉牽鳳 極玉報	陽 サ龍将 牽禄石 報車胡	灯 サ玉禄 鳳司貫 庫牽恍	山 サ車将 車鳳玉 貴禄胡	地 サ牽禄 車調龍 胡司恍	鉄 サ禄恍 龍貫牽 印鳳禄	宝 サ司胡 牽石車 極調将	海 サ鳳報 牽玉牽 報石恍	雨 サ調馳 禄龍車 庫貫胡	樹 ウ貫極 禄牽司 馳玉報	花 ウ石貴 車車禄 馳龍馳	陽 ウ龍将 司司調 庫牽極	灯 ウ玉禄 玉禄鳳 報車貴	山 ウ車将 司調石 報司極	地 ウ牽禄 禄鳳貫 庫禄貴	鉄 ウ禄恍 車石玉 馳調将
10月	花 ト石貴 調車鳳 恍龍馳	陽 ト龍将 石司石 将牽極	灯 ト玉禄 鳳禄貫 南車貴	山 ト車将 鳳調玉 胡司極	地 ト牽禄 鳳鳳龍 貴禄貴	鉄 ト禄恍 龍石牽 堂調将	宝 ト司胡 調貫車 恍鳳禄	海 ト鳳報 石玉牽 将鳳南	雨 ト調馳 貫龍車 南調堂	樹 ネ貫極 禄牽司 禄貫印	花 ネ石貴 貫車禄 禄石庫	陽 ネ龍将 玉司調 南龍庫	灯 ネ玉禄 調禄鳳 将玉印	山 ネ車将 石調石 将車庫	地 ネ牽禄 龍鳳貫 南牽印	鉄 ネ禄恍 龍石玉 禄禄堂
11月	陽 サ龍将 牽鳳石 報龍庫	灯 サ玉禄 鳳調貫 庫玉印	山 サ車将 車貫玉 貴車庫	地 サ牽禄 車石龍 胡牽印	鉄 サ禄恍 龍龍牽 印禄堂	宝 サ司胡 牽玉車 極司南	海 サ鳳報 牽鳳牽 報調禄	雨 サ調馳 禄調車 庫鳳将	樹 ウ貫極 禄貫司 馳石貴	花 ウ石貴 車石禄 馳貫極	陽 ウ龍将 司龍調 庫玉馳	灯 ウ玉禄 玉玉鳳 報龍報	山 ウ車将 司車石 報牽馳	地 ウ牽禄 禄牽貫 庫車報	鉄 ウ禄恍 車禄玉 馳司胡	宝 ウ司胡 禄司龍 馳禄恍
12月	陽 ト龍将 石車石 将玉馳	灯 ト玉禄 鳳牽貫 南龍報	山 ト車将 鳳禄玉 胡牽馳	地 ト牽禄 鳳司龍 貴車報	鉄 ト禄恍 龍鳳牽 堂司胡	宝 ト司胡 調調車 恍禄恍	海 ト鳳報 石石牽 将禄将	雨 ト調馳 貫貫車 南司禄	樹 ネ貫極 禄玉司 禄鳳恍	花 ネ石貴 貫龍禄 禄調胡	陽 ネ龍将 玉牽調 南貫報	灯 ネ玉禄 調車鳳 将石馳	山 ネ車将 石司石 将龍報	地 ネ牽禄 龍禄貫 南玉馳	鉄 ネ禄恍 龍調玉 禄車極	宝 ネ司胡 貫鳳龍 禄牽貴

	17日	18日	19日	20日	21日	22日	23日	24日	25日	26日	27日	28日	29日	30日	31日
1月	山 ウ司禄 司調鳳 報牽印	地 ウ禄将 貫貫調 庫車庫	鉄 ウ調貴 車玉貫 馳司庫	宝 ウ鳳極 禄龍牽 馳禄印	海 ウ石馳 車牽禄 庫調堂	雨 ウ貫報 司車司 報鳳南	樹 タ玉胡 司司鳳 極石南	花 タ龍恍 禄禄調 印貫堂	陽 タ牽禄 禄調貫 胡玉印	灯 タ車将 禄鳳石 貴龍庫	山 タ司禄 貫石龍 庫牽印	地 タ禄将 司貫玉 報車庫	鉄 タ調貴 調玉車 極司庫	宝 タ鳳極 龍龍牽 印禄印	海 タ石馳 鳳牽禄 胡調堂
2月	地 ネ牽禄 貫玉貫 南玉極	鉄 ネ禄恍 貫車玉 禄車馳	宝 ネ司胡 貫司龍 禄牽報	海 ネ鳳報 車鳳牽 南禄胡	雨 ネ調馳 石調車 将司恍	樹 イ貫極 玉貫司 恍鳳禄	花 イ石貴 禄石禄 堂調将	陽 イ龍将 龍龍石 貴貫貴	灯 イ玉禄 龍玉貫 胡石極	山 イ車将 貫車玉 南龍貴	地 イ牽禄 玉牽龍 将玉極	鉄 イ禄恍 牽禄牽 恍車馳			
3月	灯 ウ玉禄 玉龍鳳 報貫胡	山 ウ車将 司牽石 報玉恍	地 ウ牽禄 貫車貫 庫龍胡	鉄 ウ禄恍 車司玉 馳牽報	宝 ウ司胡 禄禄龍 馳車馳	海 ウ鳳報 車調牽 庫司極	雨 ウ調馳 司鳳車 報禄貴	樹 タ貫極 司石司 極調将	花 タ石貴 禄貫禄 印鳳禄	陽 タ龍将 禄玉石 胡石恍	灯 タ玉禄 禄龍貫 貴貫胡	山 タ車将 貫牽玉 庫玉恍	地 タ牽禄 司車龍 報龍胡	鉄 タ禄恍 調司牽 極牽報	宝 タ司胡 龍禄車 印車馳
4月	山 ネ車将 石司石 将貫南	地 ネ牽禄 貫石貫 南石堂	鉄 ネ禄恍 貫龍玉 禄龍印	宝 ネ司胡 貫玉龍 禄玉庫	海 ネ鳳報 車車牽 南車庫	雨 ネ調馳 石牽車 将牽印	樹 イ貫極 玉禄司 恍禄堂	花 イ石貴 禄司禄 堂司南	陽 イ龍将 龍鳳石 貴鳳南	灯 イ玉禄 龍調貫 胡調堂	山 イ車将 貫貫玉 南貫南	地 イ牽禄 玉石龍 将石堂	鉄 イ禄恍 牽龍牽 恍龍印	宝 イ司胡 龍玉車 堂玉庫	
5月	山 ウ車将 司鳳石 報石禄	地 ウ牽禄 貫調貫 庫貫将	鉄 ウ禄恍 車貫玉 馳玉貴	宝 ウ司胡 禄牽龍 馳龍極	海 ウ鳳報 車禄牽 庫牽馳	雨 ウ調馳 司司車 報車報	樹 タ貫極 司鳳司 極司胡	花 タ石貴 禄調禄 印禄恍	陽 タ龍将 禄貫石 胡調禄	灯 タ玉禄 禄石貫 貴鳳将	山 タ車将 貫龍玉 庫石禄	地 タ牽禄 司玉龍 報貫将	鉄 タ禄恍 調車牽 極玉貴	宝 タ司胡 龍牽車 印龍極	海 タ鳳報 鳳禄司 胡牽馳
6月	地 ネ牽禄 車貫貫 南調禄	鉄 ネ禄恍 鳳玉玉 禄貫恍	宝 ネ司胡 貫龍龍 禄石胡	海 ネ鳳報 車牽牽 南龍報	雨 ネ調馳 石車車 将玉馳	樹 イ貫極 玉司司 恍車極	花 イ石貴 禄禄禄 堂牽貴	陽 イ龍将 龍調調 貴禄将	灯 イ玉禄 龍鳳鳳 胡司禄	山 イ車将 貫玉玉 南鳳将	地 イ牽禄 玉龍龍 将調禄	鉄 イ禄恍 牽牽牽 恍貫恍	宝 イ司胡 龍車車 堂石胡	海 イ鳳報 龍司司 貴龍報	
7月	地 ウ牽禄 鳳車貫 庫鳳南	鉄 ウ禄恍 車司玉 馳石南	宝 ウ司胡 禄禄龍 馳貫堂	海 ウ鳳報 車牽牽 庫玉印	雨 ウ調馳 玉車車 報龍庫	樹 タ貫極 司司司 極牽庫	花 タ石貴 禄禄禄 印車印	陽 タ龍将 禄調調 胡司堂	灯 タ玉禄 禄鳳鳳 貴禄南	山 タ車将 貫石石 庫調堂	地 タ牽禄 司貫龍 報鳳南	鉄 タ禄恍 調玉牽 極石南	宝 タ司胡 龍龍車 印貫堂	海 タ鳳報 鳳牽司 胡玉印	雨 タ調馳 鳳車禄 貴龍庫
8月	鉄 ネ禄恍 龍龍玉 禄鳳禄	宝 ネ司胡 貫調龍 禄調将	海 ネ鳳報 司貫牽 南貫貴	雨 ネ調馳 石石車 将石極	樹 イ貫極 玉車司 恍龍馳	花 イ石貴 禄牽禄 堂玉報	陽 イ龍将 龍禄調 貴車胡	灯 イ玉禄 龍司鳳 胡牽恍	山 イ車将 貫鳳石 南禄胡	地 イ牽禄 玉調貫 将司恍	鉄 イ禄恍 牽貫牽 恍鳳禄	宝 イ司胡 龍石車 堂調将	海 イ鳳報 龍龍司 貴貫貴	雨 イ調馳 龍玉禄 胡石極	樹 サ貫極 禄車調 印龍馳
9月	宝 ウ司胡 禄貫龍 馳鳳禄	海 ウ鳳報 石玉牽 庫石恍	雨 ウ調馳 玉龍車 報貫胡	樹 タ貫極 司牽司 極玉報	花 タ石貴 禄車禄 印龍馳	陽 タ龍将 禄司調 胡牽極	灯 タ玉禄 禄禄鳳 貴車貴	山 タ車将 貫調石 庫司極	地 タ牽禄 司鳳貫 報禄貴	鉄 タ禄恍 調石玉 極調将	宝 タ司胡 龍貫龍 印鳳禄	海 タ鳳報 鳳玉司 胡石恍	雨 タ調馳 鳳龍禄 貴貫胡	樹 ト貫極 禄牽調 堂玉報	
10月	宝 ネ司胡 貫貫龍 禄司南	海 ネ鳳報 司司牽 南鳳南	雨 ネ調馳 調禄車 将調堂	樹 イ貫極 玉調司 恍貫印	花 イ石貴 禄司禄 堂石庫	陽 イ龍将 貫鳳調 貴龍庫	灯 イ玉禄 龍調鳳 胡玉印	山 イ車将 貫貫石 南車庫	地 イ牽禄 玉石貫 将牽印	鉄 イ禄恍 玉龍玉 恍禄堂	宝 イ司胡 龍玉龍 堂司南	海 イ鳳報 龍車司 貴鳳南	雨 イ調馳 龍牽禄 胡調堂	樹 サ貫極 禄禄調 印貫印	花 サ石貴 玉司鳳 極石庫
11月	海 ウ鳳報 石鳳牽 庫調禄	雨 ウ調馳 玉調車 報鳳将	樹 タ貫極 司貫司 極石貴	花 タ石貴 禄玉禄 印貫極	陽 タ龍将 禄車調 胡玉馳	灯 タ玉禄 禄牽鳳 貴龍報	山 タ車将 貫禄石 庫牽馳	地 タ牽禄 司司貫 報車報	鉄 タ禄恍 調鳳玉 極司胡	宝 タ司胡 龍調龍 印禄恍	海 タ鳳報 鳳貫司 胡調禄	雨 タ調馳 鳳石禄 貴鳳将	樹 ト貫極 禄龍調 堂石貴	花 ト石貴 調玉鳳 恍貫極	
12月	海 ネ鳳報 司石牽 南禄将	雨 ネ調馳 調貫車 将司禄	樹 イ貫極 玉玉司 恍鳳恍	花 イ石貴 禄龍禄 堂調胡	陽 イ龍将 貫牽調 貴貫報	灯 イ玉禄 龍車鳳 胡石馳	山 イ車将 貫司石 南龍報	地 イ牽禄 玉禄貫 将玉馳	鉄 イ禄恍 玉調玉 恍車極	宝 イ司胡 龍鳳龍 堂牽貴	海 イ鳳報 龍石司 貴禄将	雨 イ調馳 龍貫禄 胡司禄	樹 サ貫極 禄玉調 印鳳恍	花 サ石貴 玉龍鳳 極調胡	陽 サ龍将 牽牽石 報貫報

2015年（平成27年）

2015年（平成27年）

	1日	2日	3日	4日	5日	6日	7日	8日	9日	10日	11日	12日	13日	14日	15日	16日	17日	18日	19日	20日	21日	22日	23日	24日	25日	26日	27日	28日	29日	30日	31日
1月	灯 サ玉禄 鳳車貫 庫石馳	山 サ車将 車司玉 貴龍報	地 サ牽禄 車禄龍 胡玉馳	鉄 サ禄恍 龍調牽 印車極	宝 サ司胡 牽鳳車 極牽貴	海 サ鳳報 牽石牽 報司堂	雨 サ調馳 禄貫車 庫禄南	樹 ウ貫極 禄玉司 馳調南	花 ウ石貴 車龍禄 馳鳳堂	陽 ウ龍将 司牽調 庫石印	灯 ウ玉禄 玉車鳳 報貫庫	山 ウ車将 司司石 報玉印	地 ウ牽禄 禄禄貫 庫龍庫	鉄 ウ禄恍 車調玉 馳牽庫	宝 ウ司胡 禄鳳龍 馳車印	海 ウ鳳報 石玉牽 庫司堂	雨 ウ調馳 玉龍車 報禄南	樹 タ貫極 司牽司 極調南	花 タ石貴 禄禄禄 印鳳堂	陽 タ龍将 禄調調 胡石印	灯 タ玉禄 禄鳳鳳 貴貫庫	山 タ車将 貫石石 庫玉印	地 タ牽禄 司貫貫 報龍庫	鉄 タ禄恍 調玉玉 極牽庫	宝 タ司胡 龍龍龍 印車印	海 タ鳳報 鳳牽司 胡司堂	雨 タ調馳 鳳車禄 貴禄南	樹 ト貫極 禄司調 堂調南	花 ト石貴 調禄鳳 恍鳳堂	陽 ト龍将 石調石 将石印	灯 ト玉禄 鳳鳳貫 南貫庫
2月	山 ト車将 鳳石玉 胡玉印	地 ト牽禄 鳳貫龍 貴龍庫	鉄 ト禄恍 龍玉牽 堂牽庫	宝 ト禄堂 司玉車 恍玉報	海 ト調印 石車司 将車胡	雨 ト鳳庫 貫牽禄 南牽恍	樹 ネ石庫 禄禄調 禄禄禄	花 ネ貫印 貫司鳳 禄司将	陽 ネ玉堂 玉鳳石 南鳳貴	灯 ネ龍南 司調貫 将調極	山 ネ牽堂 石貫玉 将貫貴	地 ネ車南 龍玉龍 南石極	鉄 ネ司南 龍車牽 禄龍馳	宝 ネ禄堂 貫牽禄 禄玉報	海 ネ調印 司禄調 南車胡	雨 ネ鳳庫 調司鳳 将牽恍	樹 イ石庫 玉鳳司 恍禄禄	花 イ貫印 禄調禄 堂司将	陽 イ玉堂 龍龍調 貴鳳貴	灯 イ龍南 龍玉鳳 胡調極	山 イ牽堂 貫車石 南貫貴	地 イ車南 玉牽貫 将石極	鉄 イ司南 玉禄玉 恍龍馳	宝 イ禄堂 龍司龍 堂玉報	海 イ調印 龍鳳牽 貴車胡	雨 イ鳳庫 龍調車 胡牽恍	樹 サ石庫 禄貫司 印禄禄	花 サ貫印 玉石禄 極司将			
3月	陽 サ玉堂 牽龍調 報鳳貴	灯 サ龍南 鳳玉鳳 庫調極	山 サ牽堂 車車石 貴貫貴	地 サ車南 車牽貫 胡石極	鉄 サ司南 龍禄玉 印龍馳	宝 サ禄堂 玉禄車 極龍馳	海 サ調印 牽調司 報牽極	雨 サ鳳庫 禄鳳禄 庫車貴	樹 ウ石庫 禄石調 馳司将	花 ウ貫印 車貫鳳 馳禄禄	陽 ウ玉堂 司玉石 庫調恍	灯 ウ龍南 玉龍貫 報鳳胡	山 ウ牽堂 司牽玉 報石恍	地 ウ車南 禄車龍 庫貫胡	鉄 ウ司南 車司牽 馳玉報	宝 ウ禄堂 禄禄禄 馳龍馳	海 ウ調印 石調調 庫牽極	雨 ウ鳳庫 玉鳳鳳 報車貴	樹 タ石庫 司石司 極司将	花 タ貫印 禄貫禄 印禄禄	陽 タ玉堂 禄玉調 胡調恍	灯 タ龍南 禄龍鳳 貴鳳胡	山 タ牽堂 貫牽石 庫石恍	地 タ車南 司車貫 報貫胡	鉄 タ司南 調司玉 極玉報	宝 タ禄堂 龍禄龍 印龍馳	海 タ調印 鳳調牽 胡牽極	雨 タ鳳庫 鳳鳳車 貴車貴	樹 ト石庫 禄石司 堂司将	花 ト貫印 調貫禄 恍禄禄	陽 ト玉堂 石玉調 将調恍
4月	灯 ト龍南 鳳龍鳳 南鳳胡	山 ト牽堂 鳳牽石 胡石恍	地 ト車南 鳳車貫 貴貫胡	鉄 ト司南 龍司玉 堂玉報	宝 ト禄堂 司禄車 恍石庫	海 ト調印 石調司 将龍庫	雨 ト鳳庫 貫鳳禄 南玉印	樹 ネ石庫 禄石調 禄車堂	花 ネ貫印 貫貫鳳 禄牽南	陽 ネ玉堂 玉玉石 南禄南	灯 ネ龍南 司龍貫 将司堂	山 ネ牽堂 石牽玉 将鳳南	地 ネ車南 龍車龍 南調堂	鉄 ネ司南 龍司牽 禄貫印	宝 ネ禄堂 貫鳳禄 禄石庫	海 ネ調印 司石調 南龍庫	雨 ネ鳳庫 調貫鳳 将玉印	樹 イ石庫 玉禄司 恍車堂	花 イ貫印 禄司禄 堂牽南	陽 イ玉堂 龍鳳調 貴禄南	灯 イ龍南 龍調鳳 胡司堂	山 イ牽堂 貫貫石 南鳳南	地 イ車南 玉石貫 将調堂	鉄 イ司南 玉龍玉 恍貫印	宝 イ禄堂 龍玉龍 堂石庫	海 イ調印 龍車牽 貴龍庫	雨 イ鳳庫 龍牽車 胡玉印	樹 サ石庫 禄禄司 印車堂	花 サ貫印 玉司禄 極牽南	陽 サ玉堂 牽鳳調 報禄南	
5月	灯 サ龍南 鳳調鳳 庫司堂	山 サ牽堂 車貫石 貴鳳南	地 サ車南 車石貫 胡調堂	鉄 サ司南 龍龍玉 印貫印	宝 サ禄堂 牽玉龍 極石庫	海 サ調印 牽車司 報玉馳	雨 サ鳳庫 禄牽禄 庫龍報	樹 ウ石庫 禄禄調 馳牽胡	花 ウ貫印 車司鳳 馳車恍	陽 ウ玉堂 司鳳石 庫司禄	灯 ウ龍南 玉調貫 報禄将	山 ウ牽堂 司鳳玉 報調禄	地 ウ車南 禄調龍 庫鳳将	鉄 ウ司南 車貫牽 馳石貴	宝 ウ禄堂 禄石車 馳貫極	海 ウ調印 石龍調 庫玉馳	雨 ウ鳳庫 玉玉鳳 報龍報	樹 タ石庫 司車石 極牽胡	花 タ貫印 禄牽禄 印車恍	陽 タ玉堂 禄禄調 胡司禄	灯 タ龍南 禄石鳳 貴禄将	山 タ牽堂 貫龍石 庫調禄	地 タ車南 司玉貫 報鳳将	鉄 タ司南 調車玉 極石貴	宝 タ禄堂 龍牽龍 印貫極	海 タ調印 鳳禄牽 胡玉馳	雨 タ鳳庫 鳳司車 貴龍報	樹 ト石庫 禄鳳司 堂牽胡	花 ト貫印 調調禄 恍車恍	陽 ト玉堂 石貫調 将司禄	灯 ト龍南 鳳石鳳 南禄将
6月	山 ト牽堂 鳳龍石 胡調禄	地 ト車南 鳳玉貫 貴鳳将	鉄 ト司南 龍車玉 堂石貴	宝 ト禄堂 調牽龍 恍貫極	海 ト調印 石禄牽 将玉馳	雨 ト鳳庫 貫車禄 南石馳	樹 ネ石庫 禄司調 禄龍極	花 ネ貫印 貫禄鳳 禄玉貴	陽 ネ玉堂 玉調石 南車将	灯 ネ龍南 調鳳貫 将牽禄	山 ネ牽堂 石石玉 将禄将	地 ネ車南 龍貫龍 南司禄	鉄 ネ司南 龍玉牽 禄鳳恍	宝 ネ禄堂 貫龍車 禄調胡	海 ネ調印 玉牽司 南貫報	雨 ネ鳳庫 調車鳳 将石馳	樹 イ石庫 玉司石 恍龍極	花 イ貫印 車禄貫 堂玉貴	陽 イ玉堂 貫調調 貴車将	灯 イ龍南 龍鳳鳳 胡牽禄	山 イ牽堂 貫石石 南禄将	地 イ車南 玉貫貫 将司禄	鉄 イ司南 玉玉玉 恍鳳恍	宝 イ禄堂 龍龍龍 堂調胡	海 イ調印 龍牽牽 貴貫報	雨 イ鳳庫 龍禄車 胡石馳	樹 サ石庫 禄調司 印龍極	花 サ貫印 玉鳳禄 極玉貴	陽 サ玉堂 牽石調 報車将	灯 サ龍南 鳳貫鳳 庫牽禄	
7月	山 サ牽堂 車玉石 貴禄将	地 サ車南 車龍貫 胡司禄	鉄 サ司南 龍牽玉 印鳳恍	宝 サ禄堂 牽車龍 極調胡	海 サ調印 司司牽 報貫報	雨 サ鳳庫 車禄車 庫石馳	樹 ウ石庫 禄調調 馳玉庫	花 ウ貫印 車鳳鳳 馳龍印	陽 ウ玉堂 司石石 庫牽堂	灯 ウ龍南 玉貫貫 報車南	山 ウ牽堂 司玉玉 報司堂	地 ウ車南 禄龍龍 庫禄南	鉄 ウ司南 龍牽牽 馳調南	宝 ウ禄堂 禄車車 馳鳳堂	海 ウ調印 調司司 庫石印	雨 ウ鳳庫 玉禄禄 報貫庫	樹 タ石庫 司石石 極玉庫	花 タ貫印 貫貫貫 印龍印	陽 タ玉堂 車玉玉 胡牽堂	灯 タ龍南 禄鳳鳳 貴車南	山 タ牽堂 貫石石 庫司堂	地 タ車南 司貫貫 報禄南	鉄 タ司南 調玉玉 極調南	宝 タ禄堂 龍龍龍 印鳳堂	海 タ調印 鳳牽牽 胡石印	雨 タ鳳庫 鳳車車 貴貫庫	樹 ト石庫 禄司司 堂玉庫	花 ト貫印 調禄禄 恍龍印	陽 ト玉堂 石調調 将牽堂	灯 ト龍南 鳳鳳鳳 南車南	山 ト牽堂 鳳石石 胡司堂
8月	地 ト車南 鳳貫貫 貴禄南	鉄 ト司南 龍玉玉 堂調南	宝 ト禄堂 調龍龍 恍鳳堂	海 ト調印 石牽牽 将石印	雨 ト鳳庫 車車車 南貫庫	樹 ネ石庫 貫司司 禄玉庫	花 ネ貫印 貫禄禄 禄龍印	陽 ネ玉堂 玉鳳石 南龍胡	灯 ネ龍南 調調貫 将玉恍	山 ネ牽堂 石貫玉 将車胡	地 ネ車南 龍石龍 南牽恍	鉄 ネ司南 龍龍牽 禄禄禄	宝 ネ禄堂 貫玉車 禄司将	海 ネ調印 玉車司 南鳳貴	雨 ネ鳳庫 調牽禄 将調極	樹 イ石庫 玉禄調 恍貫馳	花 イ貫印 龍司鳳 堂石報	陽 イ玉堂 貫鳳玉 貴龍胡	灯 イ龍南 龍牽龍 胡玉恍	山 イ牽堂 司禄牽 南車胡	地 イ車南 調司貫 将牽恍	鉄 イ司南 玉貫玉 恍禄禄	宝 イ禄堂 龍石龍 堂司将	海 イ調印 龍龍牽 貴鳳貴	雨 イ鳳庫 龍玉車 胡調極	樹 サ石庫 禄車司 印貫馳	花 サ貫印 玉牽禄 極石報	陽 サ玉堂 牽禄調 報龍胡	灯 サ龍南 鳳司鳳 庫玉恍	山 サ牽堂 車鳳石 貴車胡	地 サ車南 車調貫 胡牽恍
9月	鉄 サ司南 龍貫玉 印禄禄	宝 サ禄堂 牽石龍 極司将	海 サ調印 司龍牽 報鳳貴	雨 サ鳳庫 車玉車 庫調極	樹 ウ石庫 車車司 馳貫馳	花 ウ貫印 車牽禄 馳石報	陽 ウ玉堂 鳳禄調 庫龍胡	灯 ウ龍南 玉禄貫 報龍貴	山 ウ牽堂 司調玉 報牽極	地 ウ車南 禄鳳龍 庫車貴	鉄 ウ司南 龍石牽 馳司将	宝 ウ禄堂 禄貫車 馳禄禄	海 ウ調印 調玉司 庫調恍	雨 ウ鳳庫 玉龍禄 報鳳胡	樹 タ石庫 司牽調 極石報	花 タ貫印 鳳車鳳 印貫馳	陽 タ玉堂 鳳司石 胡玉極	灯 タ龍南 禄禄龍 貴龍貴	山 タ牽堂 玉調牽 庫牽極	地 タ車南 牽鳳車 報車貴	鉄 タ司南 調石玉 極司将	宝 タ禄堂 龍貫龍 印禄禄	海 タ調印 鳳玉牽 胡調恍	雨 タ鳳庫 鳳龍車 貴鳳胡	樹 ト石庫 禄牽司 堂石報	花 ト貫印 調車禄 恍貫馳	陽 ト玉堂 調司調 将玉極	灯 ト龍南 鳳禄鳳 南龍貴	山 ト牽堂 鳳調石 胡牽極	地 ト車南 鳳鳳貫 貴車貴	
10月	鉄 ト司南 龍石玉 堂司将	宝 ト禄堂 調貫龍 恍禄禄	海 ト調印 石玉牽 将調恍	雨 ト鳳庫 車龍車 南鳳胡	樹 ネ石庫 貫牽司 禄石報	花 ネ貫印 貫車禄 禄貫馳	陽 ネ玉堂 鳳司調 南玉極	灯 ネ龍南 調禄貫 将石印	山 ネ牽堂 石調玉 将龍庫	地 ネ車南 龍鳳龍 南玉印	鉄 ネ司南 龍石牽 禄車堂	宝 ネ禄堂 貫貫車 禄牽南	海 ネ調印 玉玉司 南禄南	雨 ネ鳳庫 調龍禄 将司堂	樹 イ石庫 玉牽調 恍鳳印	花 イ貫印 龍車鳳 堂調庫	陽 イ玉堂 貫司石 貴貫庫	灯 イ龍南 龍貫龍 胡石印	山 イ牽堂 司玉牽 南龍庫	地 イ車南 調龍車 将玉印	鉄 イ司南 玉龍玉 恍車堂	宝 イ禄堂 龍玉龍 堂牽南	海 イ調印 龍車牽 貴禄南	雨 イ鳳庫 龍牽車 胡司堂	樹 サ石庫 禄禄司 印鳳印	花 サ貫印 玉司禄 極調庫	陽 サ玉堂 牽鳳調 報貫庫	灯 サ龍南 鳳調鳳 庫石印	山 サ牽堂 車貫石 貴龍庫	地 サ車南 車石貫 胡玉印	鉄 サ司南 龍龍玉 印車堂
11月	宝 サ禄堂 牽玉龍 極牽南	海 サ調印 司車牽 報禄南	雨 サ鳳庫 車牽車 庫司堂	樹 ウ石庫 車禄司 馳鳳印	花 ウ貫印 車司禄 馳調庫	陽 ウ玉堂 鳳鳳調 庫貫庫	灯 ウ龍南 牽調鳳 報石印	山 ウ牽堂 司車玉 報玉馳	地 ウ車南 禄牽龍 庫龍報	鉄 ウ司南 龍禄牽 馳牽胡	宝 ウ禄堂 禄司車 馳車恍	海 ウ調印 調鳳司 庫司禄	雨 ウ鳳庫 牽調禄 報禄将	樹 タ石庫 司貫調 極調貴	花 タ貫印 鳳石鳳 印鳳極	陽 タ玉堂 鳳龍石 胡石馳	灯 タ龍南 禄玉貫 貴貫報	山 タ牽堂 玉車牽 庫玉馳	地 タ車南 牽牽車 報龍報	鉄 タ司南 調禄司 極牽胡	宝 タ禄堂 龍調龍 印車恍	海 タ調印 禄貫牽 胡司禄	雨 タ鳳庫 鳳石車 貴禄将	樹 ト石庫 禄龍司 堂調貴	花 ト貫印 調玉禄 恍鳳極	陽 ト玉堂 調車調 将石馳	灯 ト龍南 鳳牽鳳 南貫報	山 ト牽堂 鳳禄石 胡玉馳	地 ト車南 鳳司貫 貴龍報	鉄 ト司南 龍鳳玉 堂牽胡	
12月	宝 ト禄堂 調調龍 恍車恍	海 ト調印 石貫牽 将司禄	雨 ト鳳庫 車石車 南禄将	樹 ネ石庫 貫龍司 禄調貴	花 ネ貫印 貫玉禄 禄鳳極	陽 ネ玉堂 鳳車調 南石馳	灯 ネ龍南 調車貫 将調馳	山 ネ牽堂 石司玉 将貫報	地 ネ車南 龍禄龍 南石馳	鉄 ネ司南 龍調牽 禄龍極	宝 ネ禄堂 貫鳳車 禄玉貴	海 ネ調印 玉石司 南車将	雨 ネ鳳庫 調貫禄 将牽禄	樹 イ石庫 玉玉調 恍禄恍	花 イ貫印 龍龍鳳 堂司胡	陽 イ玉堂 貫牽石 貴鳳報	灯 イ龍南 龍車龍 胡調馳	山 イ牽堂 司司牽 南貫報	地 イ車南 調禄車 将石馳	鉄 イ司南 玉調玉 恍龍極	宝 イ禄堂 龍鳳龍 堂玉貴	海 イ調印 龍石牽 貴車将	雨 イ鳳庫 龍貫車 胡牽禄	樹 サ石庫 禄玉司 印禄恍	花 サ貫印 玉龍禄 極司胡	陽 サ玉堂 牽牽調 報鳳報	灯 サ龍南 鳳車鳳 庫調馳	山 サ牽堂 車司石 貴貫報	地 サ車南 車禄貫 胡石馳	鉄 サ司南 龍調玉 印龍極	宝 サ禄堂 牽鳳龍 極玉貴

2016年（平成28年）

	1日	2日	3日	4日	5日	6日	7日	8日	9日	10日	11日	12日	13日	14日	15日	16日	17日	18日	19日	20日	21日	22日	23日	24日	25日	26日	27日	28日	29日	30日	31日
1月	海 サ調印 司石牽 報車将	雨 サ鳳庫 車貫車 庫牽禄	樹 ウ石庫 車玉司 馳禄恍	花 ウ貫印 車龍禄 馳司胡	陽 ウ玉堂 鳳牽調 庫鳳報	灯 ウ龍南 玉車貫 報鳳庫	山 ウ牽堂 司司玉 報石印	地 ウ車南 禄禄龍 庫貫庫	鉄 ウ司南 龍調牽 馳玉庫	宝 ウ禄堂 禄鳳車 馳龍印	海 ウ調印 調石司 庫牽堂	雨 ウ鳳庫 玉貫禄 報車南	樹 タ石庫 司玉調 極司南	花 タ貫印 鳳龍鳳 印禄堂	陽 タ玉堂 鳳牽石 胡調印	灯 タ龍南 禄禄龍 貴鳳庫	山 タ牽堂 玉調牽 庫石印	地 タ車南 牽鳳車 報貫庫	鉄 タ司南 調玉玉 極玉庫	宝 タ禄堂 龍龍龍 印龍印	海 タ調印 鳳牽牽 胡牽堂	雨 タ鳳庫 鳳車車 貴車南	樹 ト石庫 禄司司 堂司南	花 ト貫印 調禄禄 恍禄堂	陽 ト玉堂 調調調 将調印	灯 ト龍南 鳳鳳鳳 南鳳庫	山 ト牽堂 鳳石石 胡石印	地 ト車南 鳳貫貫 貴貫庫	鉄 ト司南 龍玉玉 堂玉庫	宝 ト禄堂 調龍龍 恍龍印	海 ト調印 石牽牽 将牽堂
2月	雨 ト鳳庫 車車車 南車南	樹 ネ石庫 貫司司 禄司南	花 ネ貫印 貫禄禄 禄禄堂	陽 ネ貫胡 玉鳳鳳 南禄貴	灯 ネ石恍 調調調 将司極	山 ネ龍胡 石貫貫 将鳳貴	地 ネ玉恍 龍石石 南調極	鉄 ネ車禄 龍龍龍 禄貫馳	宝 ネ牽将 貫玉玉 禄石報	海 ネ禄貴 玉車車 南龍胡	雨 ネ司極 調牽牽 将玉恍	樹 イ鳳馳 玉鳳禄 恍車禄	花 イ調報 龍調司 堂牽将	陽 イ貫胡 貫貫鳳 貴禄貴	灯 イ石恍 龍石牽 胡司極	山 イ龍胡 司龍禄 南鳳貴	地 イ玉恍 調玉司 将調極	鉄 イ車禄 玉車貫 恍貫馳	宝 イ牽将 龍司石 堂石報	海 イ禄貴 龍鳳龍 貴龍胡	雨 イ司極 龍調玉 胡玉恍	樹 サ鳳馳 禄貫車 印車禄	花 サ調報 玉石牽 極牽将	陽 サ貫胡 牽龍禄 報禄貴	灯 サ石恍 鳳玉司 庫司極	山 サ龍胡 車車鳳 貴鳳貴	地 サ玉恍 車牽調 胡調極	鉄 サ車禄 龍禄貫 印貫馳	宝 サ牽将 牽司石 極石報		
3月	海 サ禄貴 司鳳龍 報龍胡	雨 サ司極 車調玉 庫玉恍	樹 ウ鳳馳 車貫車 馳車禄	花 ウ調報 車石牽 馳牽将	陽 ウ貫胡 司玉鳳 庫司恍	灯 ウ石恍 玉龍調 報禄胡	山 ウ龍胡 司牽貫 報調恍	地 ウ玉恍 禄車石 庫鳳胡	鉄 ウ車禄 龍司龍 馳石報	宝 ウ牽将 禄禄玉 馳貫馳	海 ウ禄貴 調調車 庫玉極	雨 ウ司極 玉鳳牽 報龍貴	樹 タ鳳馳 司石禄 極牽将	花 タ調報 鳳貫司 印車禄	陽 タ貫胡 鳳玉鳳 胡司恍	灯 タ石恍 禄龍牽 貴禄胡	山 タ龍胡 玉牽禄 庫調恍	地 タ玉恍 司車司 報鳳胡	鉄 タ車禄 調司貫 極石報	宝 タ牽将 龍禄石 印貫馳	海 タ禄貴 鳳調龍 胡玉極	雨 タ司極 鳳鳳玉 貴龍貴	樹 ト鳳馳 禄石車 堂牽将	花 ト調報 調貫牽 恍車禄	陽 ト貫胡 石玉禄 将司恍	灯 ト石恍 鳳龍司 南禄胡	山 ト龍胡 鳳牽鳳 胡調恍	地 ト玉恍 鳳車調 貴鳳胡	鉄 ト車禄 龍司貫 堂石報	宝 ト牽将 調禄石 恍貫馳	海 ト禄貴 石調龍 将玉極
4月	雨 ト司極 車鳳玉 南龍貴	樹 ネ鳳馳 貫石車 禄牽将	花 ネ調報 貫貫牽 禄車禄	陽 ネ貫胡 玉玉鳳 南車南	灯 ネ石恍 調龍調 将牽堂	山 ネ龍胡 石牽貫 将禄南	地 ネ玉恍 龍車石 南司堂	鉄 ネ車禄 龍司龍 禄鳳印	宝 ネ牽将 貫禄玉 禄調庫	海 ネ禄貴 玉調車 南貫庫	雨 ネ司極 調鳳牽 将石印	樹 イ鳳馳 玉石禄 恍龍堂	花 イ調報 龍貫司 堂玉南	陽 イ貫胡 貫牽鳳 貴車南	灯 イ石恍 龍車牽 胡牽堂	山 イ龍胡 司司禄 南禄南	地 イ玉恍 調石司 将司堂	鉄 イ車禄 玉龍貫 恍鳳印	宝 イ牽将 龍玉石 堂調庫	海 イ禄貴 龍車龍 貴貫庫	雨 イ司極 龍牽玉 胡石印	樹 サ鳳馳 禄禄車 印龍堂	花 サ調報 玉司牽 極玉南	陽 サ貫胡 牽鳳禄 報車南	灯 サ石恍 鳳調司 庫牽堂	山 サ龍胡 車貫鳳 貴禄南	地 サ玉恍 車石調 胡司堂	鉄 サ車禄 龍龍貫 印鳳印	宝 サ牽将 牽玉石 極調庫	海 サ禄貴 司車龍 報貫庫	
5月	雨 サ司極 車牽玉 庫石印	樹 ウ鳳馳 車禄車 馳龍堂	花 ウ調報 車司牽 馳玉南	陽 ウ貫胡 鳳鳳禄 庫車南	灯 ウ石恍 玉調調 報車将	山 ウ龍胡 司貫貫 報司禄	地 ウ玉恍 禄石石 庫禄将	鉄 ウ車禄 龍龍龍 馳調貴	宝 ウ牽将 禄玉玉 馳鳳極	海 ウ禄貴 調車車 庫石馳	雨 ウ司極 玉玉牽 報貫報	樹 タ鳳馳 司車禄 極玉胡	花 タ調報 鳳牽司 印龍恍	陽 タ貫胡 鳳禄鳳 胡牽禄	灯 タ石恍 禄司調 貴車将	山 タ龍胡 玉鳳禄 庫司禄	地 タ玉恍 牽調司 報禄将	鉄 タ車禄 調貫鳳 極調貴	宝 タ牽将 龍石石 印鳳極	海 タ禄貴 鳳禄龍 胡石馳	雨 タ司極 鳳司玉 貴貫報	樹 ト鳳馳 禄鳳車 堂玉胡	花 ト調報 調調牽 恍龍恍	陽 ト貫胡 調貫禄 将牽禄	灯 ト石恍 鳳石司 南車将	山 ト龍胡 鳳龍鳳 胡司禄	地 ト玉恍 鳳玉調 貴禄将	鉄 ト車禄 龍車貫 堂調貴	宝 ト牽将 調牽石 恍鳳極	海 ト禄貴 石禄龍 将石馳	雨 ト司極 車司玉 南貫報
6月	樹 ネ鳳馳 貫鳳車 禄玉胡	花 ネ調報 貫調牽 禄龍恍	陽 ネ貫胡 鳳貫禄 南牽禄	灯 ネ石恍 石石司 将車将	山 ネ龍胡 石石貫 将車将	地 ネ玉恍 龍貫石 南牽禄	鉄 ネ車禄 龍玉龍 禄禄恍	宝 ネ牽将 貫龍玉 禄司胡	海 ネ禄貴 玉牽車 南鳳報	雨 ネ司極 調車牽 将調馳	樹 イ鳳馳 玉司禄 恍貫極	花 イ調報 龍禄司 堂石貴	陽 イ貫胡 貫調鳳 貴龍将	灯 イ石恍 龍鳳調 胡玉禄	山 イ龍胡 司石貫 南車将	地 イ玉恍 調貫司 将牽禄	鉄 イ車禄 玉玉鳳 恍禄恍	宝 イ牽将 龍龍調 堂司胡	海 イ禄貴 龍牽龍 貴鳳報	雨 イ司極 龍車玉 胡調馳	樹 サ鳳馳 禄司車 印貫極	花 サ調報 玉禄牽 極石貴	陽 サ貫胡 牽調禄 報龍将	灯 サ石恍 鳳鳳司 庫玉禄	山 サ龍胡 車玉鳳 貴車将	地 サ玉恍 車龍調 胡牽禄	鉄 サ車禄 龍牽貫 印禄恍	宝 サ牽将 牽車石 極司胡	海 サ禄貴 司司龍 報鳳報	雨 サ司極 車禄玉 庫調馳	
7月	樹 ウ鳳馳 車調車 馳貫極	花 ウ調報 車鳳牽 馳石貴	陽 ウ貫胡 鳳石禄 庫龍将	灯 ウ石恍 牽貫司 報玉禄	山 ウ龍胡 司玉鳳 報車将	地 ウ玉恍 貫龍調 庫牽禄	鉄 ウ車禄 龍牽龍 馳司南	宝 ウ牽将 禄車玉 馳禄堂	海 ウ禄貴 調司車 庫調印	雨 ウ司極 牽禄牽 報鳳庫	樹 タ鳳馳 司調禄 極石庫	花 タ調報 鳳鳳司 印貫印	陽 タ貫胡 鳳石鳳 胡玉堂	灯 タ石恍 禄貫調 貴龍南	山 タ龍胡 調玉貫 庫牽堂	地 タ玉恍 牽龍石 報車南	鉄 タ車禄 調司龍 極司南	宝 タ牽将 貫禄調 印禄堂	海 タ禄貴 禄調貫 胡調印	雨 タ司極 鳳車石 貴鳳庫	樹 ト鳳馳 禄司車 堂石庫	花 ト調報 調禄牽 恍貫印	陽 ト貫胡 調調禄 将玉堂	灯 ト石恍 鳳鳳司 南龍南	山 ト龍胡 鳳石鳳 胡牽堂	地 ト玉恍 鳳貫調 貴車南	鉄 ト車禄 龍玉貫 堂司南	宝 ト牽将 調龍石 恍禄堂	海 ト禄貴 石牽龍 将調印	雨 ト司極 車車玉 南鳳庫	樹 ネ鳳馳 貫司車 禄石庫
8月	花 ネ調報 貫禄牽 禄貫印	陽 ネ貫胡 鳳調禄 南玉堂	灯 ネ石恍 石鳳司 将龍南	山 ネ龍胡 玉石鳳 将牽堂	地 ネ玉恍 貫貫調 南車南	鉄 ネ車禄 貫玉貫 禄司南	宝 ネ牽将 貫玉玉 禄牽将	海 ネ禄貴 玉車車 南禄貴	雨 ネ司極 調牽牽 将司極	樹 イ鳳馳 玉禄禄 恍鳳馳	花 イ調報 龍司司 堂調報	陽 イ貫胡 鳳鳳鳳 貴貫胡	灯 イ石恍 龍調調 胡石恍	山 イ龍胡 牽貫貫 南龍胡	地 イ玉恍 調石石 将玉恍	鉄 イ車禄 玉龍龍 恍車禄	宝 イ牽将 禄玉玉 堂牽将	海 イ禄貴 貫貫貫 貴禄貴	雨 イ司極 龍石石 胡司極	樹 サ鳳馳 禄龍龍 印鳳馳	花 サ調報 玉牽牽 極調報	陽 サ貫胡 牽禄禄 報貫胡	灯 サ石恍 鳳司司 庫石恍	山 サ龍胡 車鳳鳳 貴龍胡	地 サ玉恍 車調調 胡玉恍	鉄 サ車禄 龍貫貫 印車禄	宝 サ牽将 牽石石 極牽将	海 サ禄貴 司龍龍 報禄貴	雨 サ司極 車玉玉 庫司極	樹 ウ鳳馳 車車車 馳鳳馳	花 ウ調報 車牽牽 馳調報
9月	陽 ウ貫胡 鳳禄禄 庫貫胡	灯 ウ石恍 牽司司 報石恍	山 ウ龍胡 司鳳鳳 報龍胡	地 ウ玉恍 貫調調 庫玉恍	鉄 ウ車禄 禄貫貫 馳車禄	宝 ウ牽将 禄石石 馳牽将	海 ウ禄貴 調玉車 庫司恍	雨 ウ司極 牽龍牽 報禄胡	樹 タ鳳馳 司牽禄 極調報	花 タ調報 鳳車司 印鳳馳	陽 タ貫胡 鳳司鳳 胡石極	灯 タ石恍 禄禄調 貴貫貴	山 タ龍胡 調調貫 庫玉極	地 タ玉恍 牽鳳石 報龍貴	鉄 タ車禄 調石龍 極牽将	宝 タ牽将 鳳貫玉 印車禄	海 タ禄貴 禄玉車 胡司恍	雨 タ司極 鳳龍石 貴禄胡	樹 ト鳳馳 玉牽龍 堂調報	花 ト調報 牽車玉 恍鳳馳	陽 ト貫胡 調司禄 将石極	灯 ト石恍 鳳禄司 南貫貴	山 ト龍胡 鳳調鳳 胡玉極	地 ト玉恍 鳳鳳調 貴龍貴	鉄 ト車禄 龍石貫 堂牽将	宝 ト牽将 調貫石 恍車禄	海 ト禄貴 石玉龍 将司恍	雨 ト司極 車龍玉 南禄胡	樹 ネ鳳馳 貫牽車 禄調報	花 ネ調報 貫車牽 禄鳳馳	
10月	陽 ネ貫胡 鳳司禄 南石極	灯 ネ石恍 石禄司 将貫貴	山 ネ龍胡 玉調鳳 将玉極	地 ネ玉恍 貫鳳調 南龍貴	鉄 ネ車禄 貫石貫 禄牽将	宝 ネ牽将 貫貫石 禄車禄	海 ネ禄貴 車玉龍 南司恍	雨 ネ司極 調龍牽 将牽堂	樹 イ鳳馳 玉牽禄 恍禄印	花 イ調報 龍車司 堂司庫	陽 イ貫胡 鳳司鳳 貴鳳庫	灯 イ石恍 龍禄調 胡調印	山 イ龍胡 牽調貫 南貫庫	地 イ玉恍 調鳳石 将石印	鉄 イ車禄 玉石龍 恍龍堂	宝 イ牽将 車貫玉 堂玉南	海 イ禄貴 車玉車 貴車南	雨 イ司極 龍禄牽 胡牽堂	樹 サ鳳馳 調調龍 印禄印	花 サ調報 石鳳玉 極司庫	陽 サ貫胡 牽鳳車 報鳳庫	灯 サ石恍 鳳調司 庫調印	山 サ龍胡 車貫鳳 貴貫庫	地 サ玉恍 車石調 胡石印	鉄 サ車禄 龍龍貫 印龍堂	宝 サ牽将 牽玉石 極玉南	海 サ禄貴 牽車龍 報車南	雨 サ司極 車牽玉 庫牽堂	樹 ウ鳳馳 車禄車 馳禄印	花 ウ調報 車司牽 馳司庫	陽 ウ貫胡 鳳鳳禄 庫鳳庫
11月	灯 ウ石恍 牽調司 報調印	山 ウ龍胡 司貫鳳 報貫庫	地 ウ玉恍 貫石調 庫石印	鉄 ウ車禄 禄龍貫 馳龍堂	宝 ウ牽将 禄玉石 馳玉南	海 ウ禄貴 車車龍 庫車南	雨 ウ司極 牽調牽 報車将	樹 タ鳳馳 司貫禄 極司貴	花 タ調報 鳳石司 印禄極	陽 タ貫胡 鳳龍鳳 胡調馳	灯 タ石恍 禄玉調 貴鳳報	山 タ龍胡 調車貫 庫石馳	地 タ玉恍 牽牽石 報貫報	鉄 タ車禄 調禄龍 極玉胡	宝 タ牽将 鳳司玉 印龍恍	海 タ禄貴 禄鳳車 胡牽禄	雨 タ司極 鳳調牽 貴車将	樹 ト鳳馳 玉貫龍 堂司貴	花 ト調報 牽石玉 恍禄極	陽 ト貫胡 調車車 将調馳	灯 ト石恍 鳳牽司 南鳳報	山 ト龍胡 鳳禄鳳 胡石馳	地 ト玉恍 鳳司調 貴貫報	鉄 ト車禄 龍鳳貫 堂玉胡	宝 ト牽将 調調石 恍龍恍	海 ト禄貴 石貫龍 将牽禄	雨 ト司極 車石玉 南車将	樹 ネ鳳馳 貫龍車 禄司貴	花 ネ調報 貫玉牽 禄禄極	陽 ネ貫胡 鳳車禄 南調馳	
12月	灯 ネ石恍 石牽司 将鳳報	山 ネ龍胡 玉禄鳳 将石馳	地 ネ玉恍 貫司調 南貫報	鉄 ネ車禄 貫鳳貫 禄玉胡	宝 ネ牽将 貫調石 禄龍恍	海 ネ禄貴 車貫龍 南牽禄	雨 ネ司極 調貫牽 将玉禄	樹 イ鳳馳 玉玉禄 恍車恍	花 イ調報 龍龍司 堂牽胡	陽 イ貫胡 鳳牽鳳 貴禄報	灯 イ石恍 龍車調 胡司馳	山 イ龍胡 牽司貫 南鳳報	地 イ玉恍 調禄石 将調馳	鉄 イ車禄 玉調龍 恍貫極	宝 イ牽将 車鳳玉 堂石貴	海 イ禄貴 車石車 貴龍将	雨 イ司極 龍貫牽 胡玉禄	樹 サ鳳馳 調玉龍 印車恍	花 サ調報 石龍玉 極牽胡	陽 サ貫胡 牽牽車 報禄報	灯 サ石恍 鳳車司 庫司馳	山 サ龍胡 車司鳳 貴鳳報	地 サ玉恍 車禄調 胡調馳	鉄 サ車禄 龍調貫 印貫極	宝 サ牽将 牽鳳石 極石貴	海 サ禄貴 牽石龍 報龍将	雨 サ司極 車貫玉 庫玉禄	樹 ウ鳳馳 車玉車 馳車恍	花 ウ調報 車龍牽 馳牽胡	陽 ウ貫胡 鳳牽禄 庫禄報	灯 ウ石恍 牽車司 報司馳

2017年（平成29年）

2017年(平成29年)

	1日	2日	3日	4日	5日	6日	7日	8日
1月	山 ウ龍胡 司司鳳 報鳳報	地 ウ玉恍 貫禄調 庫調馳	鉄 ウ車禄 禄調貫 馳貫極	宝 ウ牽将 禄鳳石 馳石貴	海 ウ禄貴 調石車 庫玉堂	雨 ウ司極 牽貫牽 報龍南	樹 タ鳳馳 司玉禄 極牽南	花 タ調報 鳳龍司 印車堂
2月	地 ネ玉恍 貴貫調 南鳳庫	鉄 ネ車禄 貫玉貫 禄石庫	宝 ネ牽将 貫龍石 禄貫印	海 ネ司恍 玉車玉 南貫胡	雨 ネ禄胡 調牽龍 将石恍	樹 イ調報 玉禄牽 恍龍禄	花 イ鳳馳 龍司車 堂玉将	陽 イ石極 鳳鳳司 貴車貴
3月	灯 ウ貫貴 牽玉禄 報牽極	山 ウ玉極 司車調 報禄貴	地 ウ龍貴 貫牽鳳 庫司極	鉄 ウ牽将 禄禄石 馳鳳馳	宝 ウ車禄 禄禄貫 馳鳳馳	海 ウ司恍 調調玉 庫石極	雨 ウ禄胡 牽鳳龍 報貫貴	樹 タ調報 司石牽 極玉将
4月	山 ネ玉極 玉牽調 将司恍	地 ネ龍貴 貫車鳳 南禄胡	鉄 ネ牽将 貫司石 禄調報	宝 ネ車禄 貫禄貫 禄司庫	海 ネ司恍 玉調玉 南鳳庫	雨 ネ禄胡 調鳳龍 将調印	樹 イ調報 玉石牽 恍貫堂	花 イ鳳馳 龍貫車 堂石南
5月	山 ウ玉極 司貫調 報車南	地 ウ龍貴 貫石鳳 庫牽堂	鉄 ウ牽将 禄龍石 馳禄印	宝 ウ車禄 禄玉貫 馳司庫	海 ウ司恍 調車玉 庫調馳	雨 ウ禄胡 牽牽龍 報鳳報	樹 タ調報 司禄牽 極石胡	花 タ鳳馳 鳳司車 印貫恍
6月	地 ネ龍貴 貫玉鳳 南車将	鉄 ネ牽将 貫車石 禄司貴	宝 ネ車禄 貫牽貫 禄禄極	海 ネ司恍 車禄玉 南調馳	雨 ネ禄胡 調車龍 将司馳	樹 イ調報 玉司牽 恍鳳極	花 イ鳳馳 龍禄車 堂調貴	陽 イ石極 鳳調司 貴貫将
7月	地 ウ龍貴 貫龍鳳 庫玉禄	鉄 ウ牽将 禄牽石 馳車恍	宝 ウ車禄 禄車貫 馳牽胡	海 ウ司恍 車司玉 庫禄報	雨 ウ禄胡 司禄龍 報司馳	樹 タ調報 調調牽 極鳳極	花 タ鳳馳 鳳鳳車 印鳳印	陽 タ石極 鳳石司 胡石堂
8月	鉄 ネ牽将 貫玉石 禄牽南	宝 ネ車禄 貫龍貫 禄車堂	海 ネ司恍 車牽玉 南司印	雨 ネ禄胡 石車龍 将禄庫	樹 イ調報 玉司牽 恍調庫	花 イ鳳馳 禄禄車 堂鳳印	陽 イ石極 鳳鳳司 貴鳳胡	灯 イ貫貴 龍調禄 胡調恍
9月	宝 ウ車禄 禄石貫 馳玉将	海 ウ司恍 車龍玉 庫車貴	雨 ウ禄胡 司玉龍 報牽極	樹 タ調報 調車牽 極禄馳	花 タ鳳馳 禄牽車 印司報	陽 タ石極 禄禄司 胡鳳胡	灯 タ貫貴 禄禄禄 貴鳳貴	山 タ玉極 調調調 庫石極
10月	宝 ネ車禄 貫貫貫 禄龍禄	海 ネ司恍 車玉玉 南牽恍	雨 ネ禄胡 石龍龍 将車胡	樹 イ調報 玉牽牽 恍司報	花 イ鳳馳 禄車車 堂禄馳	陽 イ石極 龍司司 貴調極	灯 イ貫貴 龍禄禄 胡鳳貴	山 イ玉極 牽調調 南鳳庫
11月	海 ウ司恍 車車玉 庫龍南	雨 ウ禄胡 司牽龍 報玉堂	樹 タ調報 調禄牽 極車印	花 タ鳳馳 禄司車 印牽庫	陽 タ石極 禄鳳司 胡禄庫	灯 タ貫貴 禄調禄 貴司印	山 タ玉極 調車調 庫調馳	地 タ龍貴 牽牽鳳 報鳳報
12月	海 ネ司恍 車貫玉 南玉禄	雨 ネ禄胡 石石龍 将龍将	樹 イ調報 玉龍牽 恍牽貴	花 イ鳳馳 禄玉車 堂車極	陽 イ石極 龍車司 貴司馳	灯 イ貫貴 龍牽禄 胡禄報	山 イ玉極 牽司調 南禄報	地 イ龍貴 石禄鳳 将司馳

	9日	10日	11日	12日	13日	14日	15日	16日
1月	陽 タ貫胡 鳳牽鳳 胡司印	灯 タ石恍 禄車調 貴禄庫	山 タ龍胡 調司貫 庫調印	地 タ玉恍 牽禄石 報鳳庫	鉄 タ車禄 調調龍 極石庫	宝 タ牽将 鳳鳳玉 印貫印	海 タ禄貴 禄玉車 胡玉堂	雨 タ司極 鳳龍石 貴龍南
2月	灯 イ貫貴 龍調禄 胡牽極	山 イ玉極 牽貫調 南禄貴	地 イ龍貴 調石鳳 将司極	鉄 イ牽将 玉車石 恍鳳馳	宝 イ車禄 車牽貫 堂調報	海 イ司恍 車禄玉 貴貫胡	雨 イ禄胡 龍司龍 胡石恍	樹 サ調報 調鳳牽 印龍禄
3月	花 タ鳳馳 鳳貫車 印龍禄	陽 タ石極 鳳玉司 胡牽恍	灯 タ貫貴 禄龍禄 貴車胡	山 タ玉極 調牽調 庫司恍	地 タ龍貴 牽車鳳 報禄胡	鉄 タ牽将 調司石 極調報	宝 タ車禄 貫禄貫 印鳳馳	海 タ司恍 禄調玉 胡石極
4月	陽 イ石極 鳳玉司 貴龍南	灯 イ貫貴 龍龍禄 胡玉堂	山 イ玉極 牽牽調 南車南	地 イ龍貴 調車鳳 将牽堂	鉄 イ牽将 玉司石 恍禄印	宝 イ車禄 禄鳳貫 堂司庫	海 イ司恍 貫石玉 貴鳳庫	雨 イ禄胡 龍貫龍 胡調印
5月	陽 タ石極 鳳鳳司 胡玉禄	灯 タ貫貴 禄調禄 貴龍将	山 タ玉極 調鳳調 庫牽禄	地 タ龍貴 牽調鳳 報車将	鉄 タ牽将 調貫石 極司貴	宝 タ車禄 鳳石貫 印禄極	海 タ司恍 禄龍玉 胡調馳	雨 タ禄胡 鳳玉龍 貴鳳報
6月	灯 イ貫貴 龍鳳禄 胡石禄	山 イ玉極 牽石調 南龍将	地 イ龍貴 調貫鳳 将玉禄	鉄 イ牽将 玉玉石 恍車恍	宝 イ車禄 車龍貫 堂牽胡	海 イ司恍 車牽玉 貴禄報	雨 イ禄胡 龍車龍 胡司馳	樹 サ調報 調司牽 印鳳極
7月	灯 タ貫貴 禄貫禄 貴貫南	山 タ玉極 調玉調 庫玉堂	地 タ龍貴 牽龍鳳 報龍南	鉄 タ牽将 調牽石 極牽南	宝 タ車禄 鳳車貫 印車堂	海 タ司恍 車司玉 胡司印	雨 タ禄胡 鳳禄龍 貴禄庫	樹 ト調報 石調牽 堂調庫
8月	山 イ玉極 牽貫調 南貫胡	地 イ龍貴 石石鳳 将石恍	鉄 イ牽将 玉龍石 恍龍禄	宝 イ車禄 車玉貫 堂玉将	海 イ司恍 車車玉 貴車貴	雨 イ禄胡 龍牽龍 胡牽極	樹 サ調報 牽禄牽 印禄馳	花 サ鳳馳 石司車 極司報
9月	地 タ龍貴 牽鳳鳳 報貫貴	鉄 タ牽将 調石石 極玉将	宝 タ車禄 鳳貫貫 印龍禄	海 タ司恍 車玉玉 胡牽恍	雨 タ禄胡 鳳龍龍 貴車胡	樹 ト調報 石牽牽 堂司報	花 ト鳳馳 牽車車 恍禄馳	陽 ト石極 調司司 将調極
10月	地 イ龍貴 石鳳鳳 将調印	鉄 イ牽将 玉石石 恍貫堂	宝 イ車禄 車貫貫 堂石南	海 イ司恍 車玉玉 貴龍南	雨 イ禄胡 龍龍龍 胡玉堂	樹 サ調報 牽牽牽 印車印	花 サ鳳馳 石車車 極牽庫	陽 サ石極 牽司司 報禄庫
11月	鉄 タ牽将 調禄石 極石胡	宝 タ車禄 鳳司貫 印貫恍	海 タ司恍 車鳳玉 胡玉禄	雨 タ禄胡 鳳調龍 貴龍将	樹 ト調報 石貫牽 堂牽貴	花 ト鳳馳 牽石車 恍車極	陽 ト石極 調龍司 将司馳	灯 ト貫貴 貫玉禄 南禄報
12月	鉄 イ牽将 玉調石 恍鳳極	宝 イ車禄 車鳳貫 堂調貴	海 イ司恍 車石玉 貴貫将	雨 イ禄胡 龍貫龍 胡石禄	樹 サ調報 牽玉牽 印龍恍	花 サ鳳馳 石龍車 極玉胡	陽 サ石極 牽牽司 報車報	灯 サ貫貴 車車禄 庫牽馳

	17日	18日	19日	20日	21日	22日	23日	24日
1月	樹 ト鳳馳 玉牽龍 堂牽南	花 ト調報 牽禄玉 恍車堂	陽 ト貫胡 調調禄 将司印	灯 ト石恍 鳳鳳司 南禄庫	山 ト龍胡 鳳石鳳 胡調印	地 ト玉恍 鳳貫調 貴鳳庫	鉄 ト車禄 龍玉貫 堂石庫	宝 ト牽将 調龍石 恍貫印
2月	花 サ鳳馳 玉調車 極玉将	陽 サ石極 牽貫司 報車貴	灯 サ貫貴 鳳玉禄 庫牽極	山 サ玉極 車車調 貴禄貴	地 サ龍貴 車牽鳳 胡司極	鉄 サ牽将 龍禄石 印鳳馳	宝 サ車禄 牽司貫 極調報	海 サ司恍 司鳳玉 報貫胡
3月	雨 タ禄胡 鳳鳳龍 貴貫貴	樹 ト調報 禄石牽 堂玉将	花 ト鳳馳 牽貫車 恍龍禄	陽 ト石極 調玉司 将牽恍	灯 ト貫貴 鳳龍禄 南車胡	山 ト玉極 鳳牽調 胡司恍	地 ト龍貴 鳳車鳳 貴禄胡	鉄 ト牽将 龍司石 堂調報
4月	樹 サ調報 禄禄牽 印貫堂	花 サ鳳馳 玉司車 極石南	陽 サ石極 牽鳳司 報龍南	灯 サ貫貴 鳳調禄 庫玉堂	山 サ玉極 車貫調 貴車南	地 サ龍貴 車石鳳 胡牽堂	鉄 サ牽将 龍龍石 印禄印	宝 サ車禄 牽玉貫 極司庫
5月	樹 ト調報 玉車牽 堂石胡	花 ト鳳馳 牽牽車 恍貫恍	陽 ト石極 調禄司 将玉禄	灯 ト貫貴 鳳石禄 南龍将	山 ト玉極 鳳龍調 胡牽禄	地 ト龍貴 鳳玉鳳 貴車将	鉄 ト牽将 龍車石 堂司貴	宝 ト車禄 調牽貫 恍禄極
6月	花 サ鳳馳 石禄車 極調貴	陽 サ石極 牽調司 報貫将	灯 サ貫貴 鳳鳳禄 庫石禄	山 サ玉極 車石調 貴龍将	地 サ龍貴 車貫鳳 胡玉禄	鉄 サ牽将 龍玉石 印車恍	宝 サ車禄 牽龍貫 極牽胡	海 サ司恍 牽牽玉 報禄報
7月	花 ト鳳馳 牽貫車 恍鳳印	陽 ト石極 調玉司 将石堂	灯 ト貫貴 龍龍禄 南貫南	山 ト玉極 禄石調 胡玉堂	地 ト龍貴 鳳貫鳳 貴龍南	鉄 ト牽将 龍玉石 堂牽南	宝 ト車禄 調龍貫 恍車堂	海 ト司恍 石牽玉 将司印
8月	陽 サ石極 牽鳳司 報鳳胡	灯 サ貫貴 禄牽禄 庫調恍	山 サ玉極 龍禄調 貴貫胡	地 サ龍貴 車司鳳 胡石恍	鉄 サ牽将 龍貫石 印龍禄	宝 サ車禄 牽石貫 極玉将	海 サ司恍 牽龍玉 報車貴	雨 サ禄胡 車玉龍 庫牽極
9月	灯 ト貫貴 龍禄禄 南鳳貴	山 ト玉極 禄調調 胡石極	地 ト龍貴 鳳鳳鳳 貴貫貴	鉄 ト牽将 龍石石 堂玉将	宝 ト車禄 調貫貫 恍龍禄	海 ト司恍 石玉玉 将牽恍	雨 ト禄胡 車龍龍 南車胡	樹 ネ調報 貫牽牽 禄司報
10月	灯 サ貫貴 車禄禄 庫司印	山 サ玉極 龍玉調 貴鳳庫	地 サ龍貴 車龍鳳 胡調印	鉄 サ牽将 調牽石 印貫堂	宝 サ車禄 石玉貫 極石南	海 サ司恍 牽車玉 報龍南	雨 サ禄胡 車牽龍 庫玉堂	樹 ウ調報 車禄牽 馳車印
11月	山 ト玉極 貫車調 胡調馳	地 ト龍貴 鳳牽鳳 貴鳳報	鉄 ト牽将 牽禄石 堂石胡	宝 ト車禄 調調貫 恍貫恍	海 ト司恍 石貫玉 将玉禄	雨 ト禄胡 車石龍 南龍将	樹 ネ調報 貫龍牽 禄牽貴	花 ネ鳳馳 貫玉車 禄車極
12月	山 サ玉極 龍司調 貴禄報	地 サ龍貴 車禄鳳 胡司馳	鉄 サ牽将 調調石 印鳳極	宝 サ車禄 石鳳貫 極調貴	海 サ司恍 牽石玉 報貫将	雨 サ禄胡 車貫龍 庫石禄	樹 ウ調報 車玉牽 馳龍恍	花 ウ鳳馳 車龍車 馳玉胡

	25日	26日	27日	28日	29日	30日	31日
1月	海 ト禄貴 石牽龍 将玉堂	雨 ト司極 車車玉 南龍南	樹 ネ鳳馳 貫司車 禄牽南	花 ネ調報 貫禄牽 禄車堂	陽 ネ貫胡 鳳調禄 南司印	灯 ネ石恍 石鳳司 将禄庫	山 ネ龍胡 玉石鳳 将調印
2月	雨 サ禄胡 車調龍 庫石恍	樹 ウ調報 車貫牽 馳龍禄	花 ウ鳳馳 車石車 馳玉将	陽 ウ石極 鳳龍司 庫車貴			
3月	宝 ト車禄 調禄貫 恍鳳馳	海 ト司恍 石調玉 将石極	雨 ト禄胡 車鳳龍 南貫貴	樹 ネ調報 貫石牽 禄玉将	花 ネ鳳馳 貫貫車 禄龍禄	陽 ネ石極 鳳玉司 南牽恍	灯 ネ貫貴 石龍禄 将車胡
4月	海 サ司恍 司車玉 報鳳庫	雨 サ禄胡 車牽龍 庫調印	樹 ウ調報 車禄牽 馳貫堂	花 ウ鳳馳 車司車 馳石南	陽 ウ石極 鳳鳳司 庫龍南	灯 ウ貫貴 牽調禄 報玉堂	
5月	海 ト司恍 石禄玉 将調馳	雨 ト禄胡 車司龍 南鳳報	樹 ネ調報 貫鳳牽 禄石胡	花 ネ鳳馳 貫調車 禄貫恍	陽 ネ石極 鳳貫司 南玉禄	灯 ネ貫貴 石石禄 将龍将	山 ネ玉極 玉龍調 将牽禄
6月	雨 サ禄胡 車禄龍 庫司馳	樹 ウ調報 車調牽 馳鳳極	花 ウ鳳馳 車鳳車 馳調貴	陽 ウ石極 鳳石司 庫貫将	灯 ウ貫貴 牽貫禄 報石禄	山 ウ玉極 司玉調 報龍将	
7月	雨 ト禄胡 車車龍 南禄庫	樹 ネ調報 貫司牽 禄調庫	花 ネ鳳馳 貫禄車 禄鳳印	陽 ネ石極 鳳調司 南石堂	灯 ネ貫貴 石鳳禄 将貫南	山 ネ玉極 玉石調 将玉堂	地 ネ龍貴 貫貫鳳 南龍南
8月	樹 ウ調報 車車牽 馳禄馳	花 ウ鳳馳 車牽車 馳司報	陽 ウ石極 鳳禄司 庫鳳胡	灯 ウ貫貴 牽司禄 報調恍	山 ウ玉極 司鳳調 報貫胡	地 ウ龍貴 貫調鳳 庫石恍	鉄 ウ牽将 禄貫石 馳龍禄
9月	花 ネ鳳馳 貫車車 禄禄馳	陽 ネ石極 鳳司司 南調極	灯 ネ貫貴 石禄禄 将鳳貴	山 ネ玉極 玉調調 将石極	地 ネ龍貴 貫鳳鳳 南貫貴	鉄 ネ牽将 貫石石 禄玉将	
10月	花 ウ鳳馳 車司車 馳牽庫	陽 ウ石極 鳳鳳司 庫禄庫	灯 ウ貫貴 牽調禄 報司印	山 ウ玉極 司貫調 報鳳庫	地 ウ龍貴 貫石鳳 庫調印	鉄 ウ牽将 禄龍石 馳貫堂	宝 ウ車禄 禄玉貫 馳石南
11月	陽 ネ石極 鳳車司 南司馳	灯 ネ貫貴 石牽禄 将禄報	山 ネ玉極 玉禄調 将調馳	地 ネ龍貴 貫司鳳 南鳳報	鉄 ネ牽将 貫鳳石 禄石胡	宝 ネ車禄 貫調貫 禄貫恍	
12月	陽 ウ石極 鳳牽司 庫車報	灯 ウ貫貴 牽車禄 報牽馳	山 ウ玉極 司司調 報禄報	地 ウ龍貴 貫禄鳳 庫司馳	鉄 ウ牽将 禄調石 馳鳳極	宝 ウ車禄 禄鳳貫 馳調貴	海 ウ司恍 車石玉 庫貫将

2018年（平成30年）

	1日	2日	3日	4日	5日	6日	7日	8日	9日	10日	11日	12日	13日	14日	15日	16日	17日	18日	19日	20日	21日	22日	23日	24日	25日	26日	27日	28日	29日	30日	31日
1月	雨 ウ禄胡 司貫龍 報石禄	樹 タ調報 調玉牽 極龍恍	花 タ鳳馳 禄龍車 印玉胡	陽 タ石極 禄牽司 胡車報	灯 タ貫貴 禄車禄 貴車庫	山 タ玉極 調司調 庫司印	地 タ龍貴 牽禄鳳 報禄庫	鉄 タ牽将 調調石 極調庫	宝 タ車禄 鳳鳳貫 印鳳印	海 タ司恍 車石玉 胡石堂	雨 タ禄胡 鳳貫龍 貴貫南	樹 ト調報 石玉牽 堂玉南	花 ト鳳馳 牽龍車 恍龍堂	陽 ト石極 調牽司 将牽印	灯 ト貫貴 龍禄禄 南車庫	山 ト玉極 禄調調 胡司印	地 ト龍貴 鳳鳳鳳 貴禄庫	鉄 ト牽将 龍玉石 堂調庫	宝 ト車禄 調龍貫 恍鳳印	海 ト司恍 石牽玉 将石堂	雨 ト禄胡 車車龍 南貫南	樹 ネ調報 貫司牽 禄玉南	花 ネ鳳馳 貫禄車 禄龍堂	陽 ネ石極 鳳調司 南牽印	灯 ネ貫貴 石鳳禄 将車庫	山 ネ玉極 玉石調 将司印	地 ネ龍貴 貫貫鳳 南禄庫	鉄 ネ牽将 貫玉石 禄調庫	宝 ネ車禄 貫龍貫 禄鳳印	海 ネ司恍 車牽玉 南石堂	雨 ネ禄胡 石車龍 将貫南
2月	樹 イ調報 玉司牽 恍玉南	花 イ鳳馳 禄禄車 堂龍堂	陽 イ石極 龍調司 貴牽印	灯 イ調印 龍調禄 胡玉極	山 イ貫庫 牽貫調 南車貴	地 イ石印 石石鳳 将牽極	鉄 イ龍堂 玉龍石 恍禄馳	宝 イ玉南 車玉貫 堂司報	海 イ車南 車車玉 貴鳳胡	雨 イ牽堂 龍牽龍 胡調恍	樹 サ禄印 牽禄牽 印貫禄	花 サ司庫 石調車 極石将	陽 サ鳳庫 牽貫司 報龍貴	灯 サ調印 禄石貫 庫玉極	山 サ貫庫 龍龍玉 貴車貴	地 サ石印 車玉龍 胡牽極	鉄 サ龍堂 龍車龍 印禄馳	宝 サ玉南 石牽玉 極司報	海 サ車南 牽鳳車 報鳳胡	雨 サ牽堂 車調牽 庫調恍	樹 ウ禄印 車貫禄 馳貫禄	花 ウ司庫 車石司 馳石将	陽 ウ鳳庫 鳳龍鳳 庫龍貴	灯 ウ調印 牽玉調 報玉極	山 ウ貫庫 司車貫 報車貴	地 ウ石印 貫牽石 庫牽極	鉄 ウ龍堂 禄禄龍 馳禄馳	宝 ウ玉南 禄司玉 馳司報			
3月	海 ウ車南 車鳳車 庫鳳胡	雨 ウ牽堂 司調牽 報調恍	樹 タ禄印 調貫禄 極貫禄	花 タ司庫 禄石司 印石将	陽 タ鳳庫 禄龍鳳 胡龍貴	灯 タ調印 禄龍禄 貴龍胡	山 タ貫庫 調牽調 庫牽恍	地 タ石印 牽車鳳 報車胡	鉄 タ龍堂 調司石 極司報	宝 タ玉南 鳳禄貫 印禄馳	海 タ車南 車調玉 胡調極	雨 タ牽堂 鳳鳳龍 貴鳳貴	樹 ト禄印 石石牽 堂石将	花 ト司庫 牽貫車 恍貫禄	陽 ト鳳庫 調玉司 将玉恍	灯 ト調印 龍龍貫 南龍胡	山 ト貫庫 禄牽玉 胡牽恍	地 ト石印 鳳車龍 貴車胡	鉄 ト龍堂 龍司龍 堂司報	宝 ト玉南 調禄玉 恍禄馳	海 ト車南 石調車 将調極	雨 ト牽堂 車鳳牽 南鳳貴	樹 ネ禄印 貫石禄 禄石将	花 ネ司庫 貫貫司 禄貫禄	陽 ネ鳳庫 鳳玉鳳 南玉恍	灯 ネ調印 石龍調 将龍胡	山 ネ貫庫 玉牽貫 将牽恍	地 ネ石印 貫車石 南車胡	鉄 ネ龍堂 貫司龍 禄司報	宝 ネ玉南 貫禄玉 禄禄馳	海 ネ車南 車調車 南調極
4月	雨 ネ牽堂 石鳳牽 将鳳貴	樹 イ禄印 玉石禄 恍石将	花 イ司庫 禄貫司 堂貫禄	陽 イ鳳庫 龍玉鳳 貴玉恍	灯 イ調印 龍龍禄 胡石堂	山 イ貫庫 牽牽調 南龍南	地 イ石印 石車鳳 将玉堂	鉄 イ龍堂 玉司石 恍車印	宝 イ玉南 車禄貫 堂牽庫	海 イ車南 車調玉 貴禄庫	雨 イ牽堂 龍鳳龍 胡司印	樹 サ禄印 牽石牽 印鳳堂	花 サ司庫 石貫車 極調南	陽 サ鳳庫 牽玉司 報貫南	灯 サ調印 禄車貫 庫石堂	山 サ貫庫 龍司玉 貴龍南	地 サ石印 車禄龍 胡玉堂	鉄 サ龍堂 龍龍龍 印車印	宝 サ玉南 石玉玉 極牽庫	海 サ車南 牽車車 報禄庫	雨 サ牽堂 車牽牽 庫司印	樹 ウ禄印 車禄禄 馳鳳堂	花 ウ司庫 車司司 馳調南	陽 ウ鳳庫 鳳鳳鳳 庫貫南	灯 ウ調印 牽調調 報石堂	山 ウ貫庫 司貫貫 報龍南	地 ウ石印 貫石石 庫玉堂	鉄 ウ龍堂 禄龍龍 馳車印	宝 ウ玉南 禄玉玉 馳牽庫	海 ウ車南 車車車 庫禄庫	
5月	雨 ウ牽堂 司牽牽 報司印	樹 タ禄印 調禄禄 極鳳堂	花 タ司庫 禄司司 印調南	陽 タ鳳庫 禄鳳鳳 胡貫南	灯 タ調印 禄調禄 貴貫将	山 タ貫庫 調貫調 庫玉禄	地 タ石印 牽石鳳 報龍将	鉄 タ龍堂 調龍石 極牽貴	宝 タ玉南 鳳玉貫 印車極	海 タ車南 車車玉 胡司馳	雨 タ牽堂 鳳玉龍 貴禄報	樹 ト禄印 石車牽 堂調胡	花 ト司庫 牽牽車 恍鳳恍	陽 ト鳳庫 調禄司 将石禄	灯 ト調印 龍司貫 南貫将	山 ト貫庫 禄鳳玉 胡玉禄	地 ト石印 鳳調龍 貴龍将	鉄 ト龍堂 龍貫龍 堂牽貴	宝 ト玉南 調石玉 恍車極	海 ト車南 石禄車 将司馳	雨 ト牽堂 車司牽 南禄報	樹 ネ禄印 貫鳳禄 禄調胡	花 ネ司庫 貫調司 禄鳳恍	陽 ネ鳳庫 鳳貫鳳 南石禄	灯 ネ調印 石石調 将貫将	山 ネ貫庫 玉龍貫 将玉禄	地 ネ石印 貫玉石 南龍将	鉄 ネ龍堂 貫車龍 禄牽貴	宝 ネ玉南 貫牽玉 禄車極	海 ネ車南 車禄車 南司馳	雨 ネ牽堂 石司牽 将禄報
6月	樹 イ禄印 玉鳳禄 恍調胡	花 イ司庫 禄調司 堂鳳恍	陽 イ鳳庫 龍貫鳳 貴石禄	灯 イ調印 龍石調 胡貫将	山 イ貫庫 貫龍貫 南玉禄	地 イ石印 石貫鳳 将石禄	鉄 イ龍堂 玉玉石 恍龍恍	宝 イ玉南 車龍貫 堂玉胡	海 イ車南 車牽玉 貴車報	雨 イ牽堂 龍車龍 胡牽馳	樹 サ禄印 牽司牽 印禄極	花 サ司庫 石禄車 極司貴	陽 サ鳳庫 牽調司 報鳳将	灯 サ調印 車鳳禄 庫調禄	山 サ貫庫 龍石調 貴貫将	地 サ石印 車貫龍 胡石禄	鉄 サ龍堂 調玉牽 印龍恍	宝 サ玉南 石龍車 極玉胡	海 サ車南 牽牽車 報車報	雨 サ牽堂 車車牽 庫牽馳	樹 ウ禄印 車司禄 馳禄極	花 ウ司庫 車禄司 馳司貴	陽 ウ鳳庫 鳳調鳳 庫鳳将	灯 ウ調印 牽鳳調 報調禄	山 ウ貫庫 司石貫 報貫将	地 ウ石印 貫龍石 庫石禄	鉄 ウ龍堂 禄牽龍 馳龍恍	宝 ウ玉南 禄車玉 馳玉胡	海 ウ車南 車司車 庫車報	雨 ウ牽堂 司禄牽 報牽馳	
7月	樹 タ禄印 調調禄 極禄極	花 タ司庫 禄鳳司 印司貴	陽 タ鳳庫 禄石鳳 胡鳳将	灯 タ調印 禄貫調 貴調禄	山 タ貫庫 貫玉貫 庫貫将	地 タ石印 司龍石 報石禄	鉄 タ龍堂 調牽石 極玉南	宝 タ玉南 鳳車貫 印龍堂	海 タ車南 車司玉 胡牽印	雨 タ牽堂 鳳禄龍 貴車庫	樹 ト禄印 石調牽 堂司庫	花 ト司庫 司鳳車 恍禄印	陽 ト鳳庫 調石司 将調堂	灯 ト調印 貫貫禄 南鳳南	山 ト貫庫 貫玉調 胡石堂	地 ト石印 鳳龍鳳 貴貫南	鉄 ト龍堂 牽司牽 堂玉南	宝 ト玉南 司禄車 恍龍堂	海 ト車南 石調司 将牽印	雨 ト牽堂 車車牽 南車庫	樹 ネ禄印 鳳司禄 禄司庫	花 ネ司庫 貫禄司 禄禄印	陽 ネ鳳庫 鳳調鳳 南調堂	灯 ネ調印 石鳳調 将鳳南	山 ネ貫庫 石石貫 将石堂	地 ネ石印 貫貫石 南貫南	鉄 ネ龍堂 貫玉龍 禄玉南	宝 ネ玉南 貫龍玉 禄龍堂	海 ネ車南 車牽車 南牽印	雨 ネ牽堂 石車牽 将車庫	樹 イ禄印 玉司禄 恍司庫
8月	花 イ司庫 禄禄司 堂禄印	陽 イ鳳庫 龍調鳳 貴調堂	灯 イ調印 龍鳳調 胡鳳南	山 イ貫庫 貫石貫 南石堂	地 イ石印 玉貫石 将貫南	鉄 イ龍堂 牽玉龍 恍玉南	宝 イ玉南 車玉貫 堂石将	海 イ車南 車車玉 貴龍貴	雨 イ牽堂 龍牽龍 胡玉極	樹 サ禄印 牽禄牽 印車馳	花 サ司庫 石司車 極牽報	陽 サ鳳庫 牽鳳司 報禄胡	灯 サ調印 車調禄 庫司恍	山 サ貫庫 貫貫調 貴鳳胡	地 サ石印 車石鳳 胡調恍	鉄 サ龍堂 司龍石 印貫禄	宝 サ玉南 石玉車 極石将	海 サ車南 牽貫司 報龍貴	雨 サ牽堂 鳳石禄 庫玉極	樹 ウ禄印 龍龍禄 馳車馳	花 ウ司庫 車牽司 馳牽報	陽 ウ鳳庫 鳳禄鳳 庫禄胡	灯 ウ調印 牽司調 報司恍	山 ウ貫庫 司鳳貫 報鳳胡	地 ウ石印 貫調石 庫調恍	鉄 ウ龍堂 禄貫龍 馳貫禄	宝 ウ玉南 禄石玉 馳石将	海 ウ車南 車龍車 庫龍貴	雨 ウ牽堂 司玉牽 報玉極	樹 タ禄印 調車禄 極車馳	花 タ司庫 禄牽司 印牽報
9月	陽 タ鳳庫 禄禄鳳 胡禄胡	灯 タ調印 禄司調 貴司恍	山 タ貫庫 貫鳳貫 庫鳳胡	地 タ石印 司調石 報調恍	鉄 タ龍堂 調貫龍 極貫禄	宝 タ玉南 龍石玉 印石将	海 タ車南 鳳龍車 胡龍貴	雨 タ牽堂 鳳龍龍 貴龍胡	樹 ト禄印 石牽牽 堂牽報	花 ト司庫 司車車 恍車馳	陽 ト鳳庫 調司司 将司極	灯 ト調印 貫禄禄 南禄貴	山 ト貫庫 貫調調 胡調極	地 ト石印 鳳鳳鳳 貴鳳貴	鉄 ト龍堂 石石石 堂石将	宝 ト玉南 司貫貫 恍貫禄	海 ト車南 石玉玉 将玉恍	雨 ト牽堂 龍龍禄 南龍胡	樹 ネ禄印 鳳牽調 禄牽報	花 ネ司庫 貫車鳳 禄車馳	陽 ネ鳳庫 鳳司鳳 南司極	灯 ネ調印 司禄調 将禄貴	山 ネ貫庫 石調貫 将調極	地 ネ石印 貫鳳石 南鳳貴	鉄 ネ龍堂 貫石龍 禄石将	宝 ネ玉南 貫貫玉 禄貫禄	海 ネ車南 車玉車 南玉恍	雨 ネ牽堂 石龍牽 将龍胡	樹 イ禄印 玉牽禄 恍牽報	花 イ司庫 禄車司 堂車馳	
10月	陽 イ鳳庫 龍司鳳 貴司極	灯 イ調印 龍禄調 胡禄貴	山 イ貫庫 貫調貫 南調極	地 イ石印 玉鳳石 将鳳貴	鉄 イ龍堂 牽石龍 恍石将	宝 イ玉南 龍貫玉 堂貫禄	海 イ車南 龍玉車 貴玉恍	雨 イ牽堂 龍龍龍 胡石堂	樹 サ禄印 牽牽牽 印龍印	花 サ司庫 石車車 極玉庫	陽 サ鳳庫 牽司司 報車庫	灯 サ調印 車禄禄 庫牽印	山 サ貫庫 貫調調 貴禄庫	地 サ石印 車鳳鳳 胡司印	鉄 サ龍堂 司石石 印鳳堂	宝 サ玉南 石貫貫 極調南	海 サ車南 牽玉玉 報貫南	雨 サ牽堂 鳳禄禄 庫石堂	樹 ウ禄印 龍調調 馳龍印	花 ウ司庫 車鳳鳳 馳玉庫	陽 ウ鳳庫 鳳鳳鳳 庫車庫	灯 ウ調印 牽調調 報牽印	山 ウ貫庫 司貫貫 報禄庫	地 ウ石印 貫石石 庫司印	鉄 ウ龍堂 禄龍龍 馳鳳堂	宝 ウ玉南 禄玉玉 馳調南	海 ウ車南 車車車 庫貫南	雨 ウ牽堂 司牽牽 報石堂	樹 タ禄印 調禄禄 極龍印	花 タ司庫 禄司司 印玉庫	陽 タ鳳庫 禄鳳鳳 胡車庫
11月	灯 タ調印 禄調調 貴牽印	山 タ貫庫 貫貫貫 庫禄庫	地 タ石印 司石石 報司印	鉄 タ龍堂 調龍龍 極鳳堂	宝 タ玉南 龍玉玉 印調南	海 タ車南 鳳車車 胡貫南	雨 タ牽堂 鳳調龍 貴貫将	樹 ト禄印 石貫牽 堂玉貴	花 ト司庫 司石車 恍龍極	陽 ト鳳庫 調龍司 将牽馳	灯 ト調印 貫玉禄 南車報	山 ト貫庫 貫車調 胡司馳	地 ト石印 鳳牽鳳 貴禄報	鉄 ト龍堂 石禄石 堂調胡	宝 ト玉南 司司貫 恍鳳恍	海 ト車南 石鳳玉 将石禄	雨 ト牽堂 龍調禄 南貫将	樹 ネ禄印 鳳貫調 禄玉貴	花 ネ司庫 貫石鳳 禄龍極	陽 ネ鳳庫 鳳車鳳 南牽馳	灯 ネ調印 司牽調 将車報	山 ネ貫庫 石禄貫 将司馳	地 ネ石印 貫司石 南禄報	鉄 ネ龍堂 貫鳳龍 禄調胡	宝 ネ玉南 貫調玉 禄鳳恍	海 ネ車南 車貫車 南石禄	雨 ネ牽堂 石石牽 将貫将	樹 イ禄印 玉龍禄 恍玉貴	花 イ司庫 禄玉司 堂龍極	陽 イ鳳庫 龍車鳳 貴牽馳	
12月	灯 イ調印 龍牽調 胡車報	山 イ貫庫 貫禄貫 南司馳	地 イ石印 玉司石 将禄報	鉄 イ龍堂 牽鳳龍 恍調胡	宝 イ玉南 龍調玉 堂鳳恍	海 イ車南 龍貫車 貴石禄	雨 イ牽堂 龍貫龍 胡調禄	樹 サ禄印 牽玉牽 印貫恍	花 サ司庫 石龍車 極石胡	陽 サ鳳庫 牽牽司 報龍報	灯 サ調印 車車禄 庫玉馳	山 サ貫庫 貫司調 貴車報	地 サ石印 車禄鳳 胡牽馳	鉄 サ龍堂 司調石 印禄極	宝 サ玉南 石鳳貫 極司貴	海 サ車南 牽石玉 報鳳将	雨 サ牽堂 鳳貫禄 庫調禄	樹 ウ禄印 龍玉調 馳貫恍	花 ウ司庫 車龍鳳 馳石胡	陽 ウ鳳庫 鳳牽鳳 庫龍報	灯 ウ調印 牽車調 報玉馳	山 ウ貫庫 司司貫 報車報	地 ウ石印 貫禄石 庫牽馳	鉄 ウ龍堂 禄調龍 馳禄極	宝 ウ玉南 禄鳳玉 馳司貴	海 ウ車南 車石車 庫鳳将	雨 ウ牽堂 司貫牽 報調禄	樹 タ禄印 調玉禄 極貫恍	花 タ司庫 禄龍司 印石胡	陽 タ鳳庫 禄牽鳳 胡龍報	灯 タ調印 禄車調 貴玉馳

2019年（平成31年，令和元年）

2019年(平成31年,令和元年)

	1日	2日	3日	4日	5日	6日	7日	8日	9日	10日	11日	12日	13日	14日	15日	16日	17日	18日	19日	20日	21日	22日	23日	24日	25日	26日	27日	28日	29日	30日	31日
1月	山 タ貫庫 貫司貫 庫車報	地 タ石印 司禄石 報牽馳	鉄 タ龍堂 調調龍 極禄極	宝 タ玉南 龍鳳玉 印司貴	海 タ車南 鳳石車 胡鳳将	雨 タ牽堂 鳳貫龍 貴鳳南	樹 ト禄印 石玉牽 堂石南	花 ト司庫 司龍車 恍貫堂	陽 ト鳳庫 調牽司 将玉印	灯 ト調印 貫車禄 南龍庫	山 ト貫庫 貫司調 胡牽印	地 ト石印 鳳禄鳳 貴車庫	鉄 ト龍堂 石調石 堂司庫	宝 ト玉南 司鳳貫 恍禄印	海 ト車南 石石玉 将調堂	雨 ト牽堂 龍龍禄 南鳳南	樹 ネ禄印 鳳牽調 禄石南	花 ネ司庫 貫車鳳 禄貫堂	陽 ネ鳳庫 鳳調鳳 南玉印	灯 ネ調印 司鳳調 将龍庫	山 ネ貫庫 石石貫 将牽印	地 ネ石印 貫貫石 南車庫	鉄 ネ龍堂 貫玉龍 禄司庫	宝 ネ玉南 貫龍玉 禄禄印	海 ネ車南 車牽車 南調堂	雨 ネ牽堂 石車牽 将鳳南	樹 イ禄印 玉司禄 恍石南	花 イ司庫 禄禄司 堂貫堂	陽 イ鳳庫 龍調鳳 貴玉印	灯 イ調印 龍鳳調 胡龍庫	山 イ貫庫 貫石貫 南牽印
2月	地 イ石印 玉貫石 将車庫	鉄 イ龍堂 牽玉龍 恍司庫	宝 イ玉南 龍龍玉 堂禄印	海 イ牽禄 車車鳳 貴禄胡	雨 イ車将 龍牽調 胡司恍	樹 サ司貴 牽禄貫 印鳳禄	花 サ禄極 石司石 極調将	陽 サ調馳 牽鳳龍 報貫貴	灯 サ鳳報 車調玉 庫石極	山 サ石馳 貫貫車 貴龍貴	地 サ貫報 車石牽 胡玉極	鉄 サ玉胡 司車禄 印車馳	宝 サ龍恍 石牽司 極牽報	海 サ牽禄 牽禄鳳 報禄胡	雨 サ車将 鳳司調 庫司恍	樹 ウ司貴 龍鳳貫 馳鳳禄	花 ウ禄極 車調玉 馳調将	陽 ウ調馳 鳳貫車 庫貫貴	灯 ウ鳳報 牽玉牽 報石極	山 ウ石馳 司車禄 報龍貴	地 ウ貫報 貫牽司 庫玉極	鉄 ウ玉胡 禄禄鳳 馳車馳	宝 ウ龍恍 禄司調 馳牽報	海 ウ牽禄 車鳳貫 庫禄胡	雨 ウ車将 司調石 報司恍	樹 タ司貴 調貫龍 極鳳禄	花 タ禄極 禄石玉 印調将	陽 タ調馳 禄龍車 胡貫貴			
3月	灯 タ鳳報 禄玉牽 貴石極	山 タ石馳 貫車禄 庫龍貴	地 タ貫報 司牽司 報玉極	鉄 タ玉胡 調禄鳳 極車馳	宝 タ龍恍 龍司調 印牽報	海 タ牽禄 牽調鳳 胡司極	雨 タ車将 鳳鳳調 貴禄貴	樹 ト司貴 石石貫 堂調将	花 ト禄極 司貫石 恍鳳禄	陽 ト調馳 調玉龍 将石恍	灯 ト鳳報 貫龍玉 南貫胡	山 ト石馳 貫牽車 胡玉恍	地 ト貫報 鳳車牽 貴龍胡	鉄 ト玉胡 石司禄 堂牽報	宝 ト龍恍 司禄司 恍車馳	海 ト牽禄 石調鳳 将司極	雨 ト車将 龍鳳調 南禄貴	樹 ネ司貴 鳳石貫 禄調将	花 ネ禄極 貫貫玉 禄鳳禄	陽 ネ調馳 鳳玉車 南石恍	灯 ネ鳳報 石龍牽 将貫胡	山 ネ石馳 石牽禄 将玉恍	地 ネ貫報 貫車司 南龍胡	鉄 ネ玉胡 貫司鳳 禄牽報	宝 ネ龍恍 貫禄調 禄車馳	海 ネ牽禄 車調貫 南司極	雨 ネ車将 石鳳石 将禄貴	樹 イ司貴 玉石龍 恍調将	花 イ禄極 禄貫玉 堂鳳禄	陽 イ調馳 龍玉車 貴石恍	灯 イ鳳報 龍龍牽 胡貫胡
4月	山 イ石馳 貫牽禄 南玉恍	地 イ貫報 玉車司 将龍胡	鉄 イ玉胡 牽司鳳 恍牽報	宝 イ龍恍 龍禄調 堂車馳	海 イ牽禄 車調鳳 貴車庫	雨 イ車将 龍鳳調 胡牽印	樹 サ司貴 牽石貫 印禄堂	花 サ禄極 石貫石 極司南	陽 サ調馳 牽玉龍 報鳳南	灯 サ鳳報 車龍玉 庫調堂	山 サ石馳 貫牽車 貴貫南	地 サ貫報 車車牽 胡石堂	鉄 サ玉胡 司司禄 印龍印	宝 サ龍恍 石禄司 極玉庫	海 サ牽禄 牽石鳳 報車庫	雨 サ車将 鳳貫調 庫牽印	樹 ウ司貴 龍玉貫 馳禄堂	花 ウ禄極 車司玉 馳司南	陽 ウ調馳 鳳鳳車 庫鳳南	灯 ウ鳳報 牽調牽 報調堂	山 ウ石馳 司貫禄 報貫南	地 ウ貫報 貫石司 庫石堂	鉄 ウ玉胡 禄龍鳳 馳龍印	宝 ウ龍恍 禄玉調 馳玉庫	海 ウ牽禄 車車貫 庫車庫	雨 ウ車将 司牽石 報牽印	樹 タ司貴 調禄龍 極禄堂	花 タ禄極 禄司玉 印司南	陽 タ調馳 禄鳳車 胡鳳南	灯 タ鳳報 禄調牽 貴調堂	
5月	山 タ石馳 貫貫禄 庫貫南	地 タ貫報 司石司 報石堂	鉄 タ玉胡 調龍鳳 極龍印	宝 タ龍恍 龍玉調 印玉庫	海 タ牽禄 鳳車貫 胡車庫	雨 タ車将 鳳牽調 貴車報	樹 ト司貴 石禄貫 堂司胡	花 ト禄極 司司石 恍禄恍	陽 ト調馳 調鳳龍 将調禄	灯 ト鳳報 貫調玉 南鳳将	山 ト石馳 貫貫車 胡石禄	地 ト貫報 鳳調牽 貴貫将	鉄 ト玉胡 石貫禄 堂玉貴	宝 ト龍恍 司石司 恍龍極	海 ト牽禄 石龍鳳 将牽馳	雨 ト車将 龍玉調 南車報	樹 ネ司貴 鳳車貫 禄司胡	花 ネ禄極 貫牽石 禄禄恍	陽 ネ調馳 鳳禄車 南調禄	灯 ネ鳳報 司司牽 将鳳将	山 ネ石馳 石龍禄 将石禄	地 ネ貫報 貫玉司 南貫将	鉄 ネ玉胡 貫車鳳 禄玉貴	宝 ネ龍恍 貫牽調 禄龍極	海 ネ牽禄 車禄貫 南牽馳	雨 ネ車将 石司石 将車報	樹 イ司貴 玉鳳龍 恍司胡	花 イ禄極 禄調玉 堂禄恍	陽 イ調馳 龍貫車 貴調禄	灯 イ鳳報 龍石牽 胡鳳将	山 イ石馳 貫龍禄 南石禄
6月	地 イ貫報 玉玉司 将貫将	鉄 イ玉胡 牽車鳳 恍玉貴	宝 イ龍恍 龍牽調 堂龍極	海 イ牽禄 龍禄貫 貴牽馳	雨 イ車将 龍司石 胡車報	樹 サ司貴 牽司貫 印車極	花 サ禄極 石禄石 極牽貴	陽 サ調馳 牽調龍 報禄将	灯 サ鳳報 車鳳玉 庫司禄	山 サ石馳 貫石車 貴鳳将	地 サ貫報 車貫牽 胡調禄	鉄 サ玉胡 司玉禄 印貫恍	宝 サ龍恍 石龍司 極石胡	海 サ牽禄 牽牽鳳 報龍報	雨 サ車将 鳳車調 庫玉馳	樹 ウ司貴 禄司貫 馳車極	花 ウ禄極 車禄石 馳牽貴	陽 ウ調馳 石調龍 庫禄将	灯 ウ鳳報 牽鳳牽 報司禄	山 ウ石馳 司石禄 報鳳将	地 ウ貫報 貫貫司 庫調禄	鉄 ウ玉胡 禄玉鳳 馳貫恍	宝 ウ龍恍 禄龍調 馳石胡	海 ウ牽禄 車牽貫 庫龍報	雨 ウ車将 司車石 報玉馳	樹 タ司貴 調司龍 極車極	花 タ禄極 禄鳳玉 印牽貴	陽 タ調馳 禄石車 胡禄将	灯 タ鳳報 禄貫牽 貴司禄	山 タ石馳 貫玉禄 庫鳳将	
7月	地 タ貫報 司龍司 報調禄	鉄 タ玉胡 調牽鳳 極貫恍	宝 タ龍恍 龍車調 印石胡	海 タ牽禄 鳳司貫 胡龍報	雨 タ車将 鳳禄石 貴玉馳	樹 ト司貴 禄調龍 堂車極	花 ト禄極 司鳳石 恍車印	陽 ト調馳 調石龍 将司堂	灯 ト鳳報 貫貫玉 南禄南	山 ト石馳 貫玉車 胡調堂	地 ト貫報 鳳龍牽 貴鳳南	鉄 ト玉胡 石牽禄 堂石南	宝 ト龍恍 司車司 恍貫堂	海 ト牽禄 石司鳳 将玉印	雨 ト車将 貫禄調 南龍庫	樹 ネ司貴 鳳調貫 禄牽庫	花 ネ禄極 貫貫石 禄車印	陽 ネ調馳 牽玉龍 南司堂	灯 ネ鳳報 司龍玉 将禄南	山 ネ石馳 石石禄 将調堂	地 ネ貫報 貫貫司 南鳳南	鉄 ネ玉胡 貫玉鳳 禄石南	宝 ネ龍恍 貫龍調 禄貫堂	海 ネ牽禄 車牽貫 南玉印	雨 ネ車将 石車石 将龍庫	樹 イ司貴 玉司龍 恍牽庫	花 イ禄極 禄禄玉 堂車印	陽 イ調馳 龍調車 貴司堂	灯 イ鳳報 龍鳳牽 胡禄南	山 イ石馳 貫石禄 南調堂	地 イ貫報 玉貫司 将鳳南
8月	鉄 イ玉胡 牽玉鳳 恍石南	宝 イ龍恍 龍龍調 堂貫堂	海 イ牽禄 龍牽貫 貴玉印	雨 イ車将 龍車石 胡龍庫	樹 サ司貴 禄司石 印牽庫	花 サ禄極 玉禄玉 極車印	陽 サ調馳 牽調車 報司堂	灯 サ鳳報 車調玉 庫牽恍	山 サ石馳 貫貫車 貴禄胡	地 サ貫報 車石牽 胡司恍	鉄 サ玉胡 司龍禄 印鳳禄	宝 サ龍恍 玉玉司 極調将	海 サ牽禄 牽車鳳 報貫貴	雨 サ車将 禄牽調 庫石極	樹 ウ司貴 禄禄貫 馳龍馳	花 ウ禄極 車司石 馳玉報	陽 ウ調馳 司鳳龍 庫車胡	灯 ウ鳳報 玉調玉 報牽恍	山 ウ石馳 司禄車 報禄胡	地 ウ貫報 鳳司牽 庫司恍	鉄 ウ玉胡 車鳳鳳 馳鳳禄	宝 ウ龍恍 禄石調 馳調将	海 ウ牽禄 車龍貫 庫貫貴	雨 ウ車将 司玉石 報石極	樹 タ司貴 司車龍 極龍馳	花 タ禄極 禄牽玉 印玉報	陽 タ調馳 禄禄車 胡車胡	灯 タ鳳報 禄司牽 貴牽恍	山 タ石馳 貫鳳禄 庫禄胡	地 タ貫報 司調司 報司恍	鉄 タ玉胡 調貫鳳 極鳳禄
9月	宝 タ龍恍 龍石調 印調将	海 タ牽禄 鳳龍貫 胡貫貴	雨 タ車将 鳳玉石 貴石極	樹 ト司貴 禄車龍 堂龍馳	花 ト禄極 調牽玉 恍玉報	陽 ト調馳 石禄車 将車胡	灯 ト鳳報 鳳司牽 南牽恍	山 ト石馳 貫調車 胡司極	地 ト貫報 鳳鳳牽 貴禄貴	鉄 ト玉胡 石石禄 堂調将	宝 ト龍恍 司貫司 恍鳳禄	海 ト牽禄 石玉鳳 将石恍	雨 ト車将 貫龍調 南貫胡	樹 ネ司貴 禄牽貫 禄玉報	花 ネ禄極 貫車石 禄龍馳	陽 ネ調馳 玉司龍 南牽極	灯 ネ鳳報 司禄玉 将車貴	山 ネ石馳 石調車 将司極	地 ネ貫報 車鳳牽 南禄貴	鉄 ネ玉胡 鳳石禄 禄調将	宝 ネ龍恍 貫貫調 禄鳳禄	海 ネ牽禄 車玉貫 南石恍	雨 ネ車将 石龍石 将貫胡	樹 イ司貴 玉牽龍 恍玉報	花 イ禄極 禄車玉 堂龍馳	陽 イ調馳 龍司車 貴牽極	灯 イ鳳報 龍禄牽 胡車貴	山 イ石馳 貫調禄 南司極	地 イ貫報 玉鳳司 将禄貴	鉄 イ玉胡 牽石鳳 恍調将	
10月	宝 イ龍恍 龍貫調 堂鳳禄	海 イ牽禄 龍玉貫 貴石恍	雨 イ車将 龍龍石 胡貫胡	樹 サ司貴 禄牽龍 印玉報	花 サ禄極 玉車玉 極龍馳	陽 サ調馳 牽司車 報牽極	灯 サ鳳報 鳳禄牽 庫車貴	山 サ石馳 貫調車 貴車庫	地 サ貫報 車鳳牽 胡牽印	鉄 サ玉胡 司石禄 印禄堂	宝 サ龍恍 玉貫司 極司南	海 サ牽禄 牽玉鳳 報鳳南	雨 サ車将 禄龍調 庫調堂	樹 ウ司貴 禄牽貫 馳貫印	花 ウ禄極 車車石 馳石庫	陽 ウ調馳 司司龍 庫龍庫	灯 ウ鳳報 玉禄玉 報玉印	山 ウ石馳 司玉車 報車庫	地 ウ貫報 鳳龍牽 庫牽印	鉄 ウ玉胡 車牽禄 馳禄堂	宝 ウ龍恍 禄玉調 馳司南	海 ウ牽禄 車車貫 庫鳳南	雨 ウ車将 司牽石 報調堂	樹 タ司貴 司禄龍 極貫印	花 タ禄極 禄司玉 印石庫	陽 タ調馳 禄鳳車 胡龍庫	灯 タ鳳報 禄調牽 貴玉印	山 タ石馳 貫貫禄 庫車庫	地 タ貫報 司石司 報牽印	鉄 タ玉胡 調龍鳳 極禄堂	宝 タ龍恍 龍玉調 印司南
11月	海 タ牽禄 鳳車貫 胡鳳南	雨 タ車将 鳳牽石 貴調堂	樹 ト司貴 禄禄龍 堂貫印	花 ト禄極 調司玉 恍石庫	陽 ト調馳 石鳳車 将龍庫	灯 ト鳳報 鳳調牽 南玉印	山 ト石馳 鳳貫禄 胡車庫	地 ト貫報 鳳牽牽 貴車報	鉄 ト玉胡 石禄禄 堂司胡	宝 ト龍恍 司司司 恍禄恍	海 ト牽禄 石鳳鳳 将調禄	雨 ト車将 貫調調 南鳳将	樹 ネ司貴 禄貫貫 禄石貴	花 ネ禄極 貫石石 禄貫極	陽 ネ調馳 玉龍龍 南玉馳	灯 ネ鳳報 司玉玉 将龍報	山 ネ石馳 石車車 将牽馳	地 ネ貫報 車牽牽 南車報	鉄 ネ玉胡 鳳禄禄 禄司胡	宝 ネ龍恍 貫司司 禄禄恍	海 ネ牽禄 車貫貫 南調禄	雨 ネ車将 石石石 将鳳将	樹 イ司貴 玉龍龍 恍石貴	花 イ禄極 禄玉玉 堂貫極	陽 イ調馳 龍車車 貴玉馳	灯 イ鳳報 龍牽牽 胡龍報	山 イ石馳 貫禄禄 南牽馳	地 イ貫報 玉司司 将車報	鉄 イ玉胡 牽鳳鳳 恍司胡	宝 イ龍恍 龍調調 堂禄恍	
12月	海 イ牽禄 龍貫貫 貴調禄	雨 イ車将 龍石石 胡鳳将	樹 サ司貴 禄龍龍 印石貴	花 サ禄極 玉玉玉 極貫極	陽 サ調馳 牽車車 報玉馳	灯 サ鳳報 鳳牽牽 庫龍報	山 サ石馳 貫司車 貴龍報	地 サ貫報 車禄牽 胡玉馳	鉄 サ玉胡 司調禄 印車極	宝 サ龍恍 玉鳳司 極牽貴	海 サ牽禄 牽石鳳 報禄将	雨 サ車将 禄貫調 庫司禄	樹 ウ司貴 禄玉貫 馳鳳恍	花 ウ禄極 車龍石 馳調胡	陽 ウ調馳 司牽龍 庫貫報	灯 ウ鳳報 玉車玉 報石馳	山 ウ石馳 司司車 報龍報	地 ウ貫報 鳳禄牽 庫玉馳	鉄 ウ玉胡 車調禄 馳車極	宝 ウ龍恍 禄鳳調 馳牽貴	海 ウ牽禄 車石貫 庫禄将	雨 ウ車将 司貫石 報司禄	樹 タ司貴 司玉龍 極鳳恍	花 タ禄極 禄龍玉 印調胡	陽 タ調馳 禄牽車 胡貫報	灯 タ鳳報 禄車牽 貴石馳	山 タ石馳 貫司禄 庫龍報	地 タ貫報 司禄司 報玉馳	鉄 タ玉胡 調調鳳 極車極	宝 タ龍恍 龍鳳調 印牽貴	海 タ牽禄 鳳石貫 胡禄将

2020年（令和2年）

2020年（令和2年）

	1日	2日	3日	4日	5日	6日	7日	8日	9日	10日	11日	12日	13日	14日	15日	16日
1月	雨 タ車将 鳳貫石 貴司禄	樹 ト司貴 禄玉龍 堂鳳恍	花 ト禄極 調龍玉 恍調胡	陽 ト調馳 石牽車 将貫報	灯 ト鳳報 鳳車牽 南石馳	山 ト石馳 貫司車 胡玉印	地 ト貫報 鳳禄牽 貴龍庫	鉄 ト玉胡 石調禄 堂牽庫	宝 ト龍恍 司鳳司 恍車印	海 ト牽禄 石石鳳 将司堂	雨 ト車将 貫貫調 南禄南	樹 ネ司貴 禄玉貫 禄調南	花 ネ禄極 貫龍石 禄鳳堂	陽 ネ調馳 玉牽龍 南石印	灯 ネ鳳報 司車玉 将貫庫	山 ネ石馳 石調車 将玉印
2月	樹 サ司貴 禄司龍 印調南	花 サ禄極 玉禄玉 極鳳堂	陽 サ調馳 牽調車 報石印	灯 サ司馳 車調車 庫調極	山 サ鳳報 貫貫司 貴貫貴	地 サ調馳 車石禄 胡石極	鉄 サ貫極 司龍調 印龍馳	宝 サ石貴 玉玉鳳 極玉報	海 サ龍将 牽車石 報車胡	雨 サ玉禄 禄牽貫 庫牽恍	樹 ウ車恍 禄禄玉 馳禄禄	花 ウ牽胡 車調龍 馳司将	陽 ウ禄報 司貫牽 庫鳳貴	灯 ウ司馳 玉石車 報調極	山 ウ鳳報 司龍司 報貫貴	地 ウ調馳 鳳玉禄 庫石極
3月	雨 タ玉禄 鳳調貫 貴牽恍	樹 ト車恍 禄貫玉 堂禄禄	花 ト牽胡 調石龍 恍司将	陽 ト禄報 石龍牽 将鳳貴	灯 ト司馳 貫龍車 南鳳胡	山 ト鳳報 貫牽司 胡石恍	地 ト調馳 鳳車禄 貴貫胡	鉄 ト貫極 石司調 堂玉報	宝 ト石貴 司禄鳳 恍龍馳	海 ト龍将 石調石 将牽極	雨 ト玉禄 貫鳳貫 南車貴	樹 ネ車恍 禄石玉 禄司将	花 ネ牽胡 貫貫龍 禄禄禄	陽 ネ禄報 玉玉牽 南調恍	灯 ネ司馳 司龍車 将鳳胡	山 ネ鳳報 石牽司 将石恍
4月	樹 サ車恍 禄石玉 印司将	花 サ牽胡 玉貫龍 極禄禄	陽 サ禄報 牽玉牽 報調恍	灯 サ司馳 車龍車 庫司堂	山 サ鳳報 貫牽司 貴鳳南	地 サ調馳 車車禄 胡調堂	鉄 サ貫極 司司調 印貫印	宝 サ石貴 玉禄鳳 極石庫	海 サ龍将 牽調石 報龍庫	雨 サ玉禄 禄鳳貫 庫玉印	樹 ウ車恍 禄石玉 馳車堂	花 ウ牽胡 車貫龍 馳牽南	陽 ウ禄報 司玉牽 庫禄南	灯 ウ司馳 玉車車 報司堂	山 ウ鳳報 司司司 報鳳南	地 ウ調馳 鳳禄禄 庫調堂
5月	樹 ト車恍 禄禄玉 堂車堂	花 ト牽胡 調司龍 恍牽南	陽 ト禄報 石鳳牽 将禄南	灯 ト司馳 鳳調車 南司堂	山 ト鳳報 貫貫司 胡調禄	地 ト調馳 鳳石禄 貴鳳将	鉄 ト貫極 石龍調 堂石貴	宝 ト石貴 司玉鳳 恍貫極	海 ト龍将 石車石 将玉馳	雨 ト玉禄 貫牽貫 南龍報	樹 ネ車恍 禄車玉 禄牽胡	花 ネ牽胡 貫牽龍 禄車恍	陽 ネ禄報 玉禄牽 南司禄	灯 ネ司馳 司司車 将禄将	山 ネ鳳報 石鳳司 将調禄	地 ネ調馳 車調禄 南鳳将
6月	花 サ牽胡 玉調龍 極車恍	陽 サ禄報 牽貫牽 報司禄	灯 サ司馳 鳳石車 庫禄将	山 サ鳳報 車龍司 貴調禄	地 サ調馳 車貫禄 胡司禄	鉄 サ貫極 司玉調 印鳳恍	宝 サ石貴 玉龍鳳 極調胡	海 サ龍将 牽牽石 報貫報	雨 サ玉禄 禄車貫 庫石馳	樹 ウ車恍 禄司玉 馳龍極	花 ウ牽胡 車禄龍 馳玉貴	陽 ウ禄報 司調牽 庫車将	灯 ウ司馳 玉鳳車 報牽禄	山 ウ鳳報 司石司 報禄将	地 ウ調馳 鳳貫禄 庫司禄	鉄 ウ貫極 車玉調 馳鳳恍
7月	花 ト牽胡 調鳳龍 恍玉貴	陽 ト禄報 石石牽 将車将	灯 ト司馳 鳳貫車 南牽禄	山 ト鳳報 鳳玉司 胡禄将	地 ト調馳 鳳龍禄 貴司禄	鉄 ト貫極 龍牽調 堂鳳恍	宝 ト石貴 司車鳳 恍鳳堂	海 ト龍将 石司石 将石印	雨 ト玉禄 貫禄貫 南貫庫	樹 ネ車恍 禄調玉 禄玉庫	花 ネ牽胡 貫鳳龍 禄龍印	陽 ネ禄報 玉石牽 南牽堂	灯 ネ司馳 司貫車 将車南	山 ネ鳳報 石玉司 将司堂	地 ネ調馳 龍龍禄 南禄南	鉄 ネ貫極 龍牽調 禄調南
8月	陽 サ禄報 牽調牽 報牽堂	灯 サ司馳 鳳鳳車 庫車南	山 サ鳳報 車石司 貴司堂	地 サ調馳 車貫禄 胡禄南	鉄 サ貫極 龍玉調 印調南	宝 サ石貴 牽龍鳳 極鳳堂	海 サ龍将 牽車石 報鳳貴	雨 サ玉禄 禄牽貫 庫調極	樹 ウ車恍 禄禄玉 馳貫馳	花 ウ牽胡 車司龍 馳石報	陽 ウ禄報 司鳳牽 庫龍胡	灯 ウ司馳 玉調車 報玉恍	山 ウ鳳報 司貫司 報車胡	地 ウ調馳 禄石禄 庫牽恍	鉄 ウ貫極 車龍調 馳禄禄	宝 ウ石貴 禄玉鳳 馳司将
9月	灯 ト司馳 鳳司車 南玉恍	山 ト鳳報 鳳鳳司 胡車胡	地 ト調馳 鳳調禄 貴牽恍	鉄 ト貫極 龍貫調 堂禄禄	宝 ト石貴 調石鳳 恍司将	海 ト龍将 石龍石 将鳳貴	雨 ト玉禄 貫龍貫 南鳳胡	樹 ネ車恍 禄牽玉 禄石報	花 ネ牽胡 貫車龍 禄貫馳	陽 ネ禄報 玉司牽 南玉極	灯 ネ司馳 調禄車 将龍貴	山 ネ鳳報 石調司 将牽極	地 ネ調馳 龍鳳禄 南車貴	鉄 ネ貫極 龍石調 禄司将	宝 ネ石貴 貫貫鳳 禄禄禄	海 ネ龍将 玉玉石 南調恍
10月	灯 サ司馳 鳳禄車 庫龍貴	山 サ鳳報 車調司 貴牽極	地 サ調馳 車鳳禄 胡車貴	鉄 サ貫極 龍石調 印司将	宝 サ石貴 牽貫鳳 極禄禄	海 サ龍将 司玉石 報調恍	雨 サ玉禄 車龍貫 庫鳳胡	樹 ウ車恍 禄牽玉 馳鳳印	花 ウ牽胡 車車龍 馳調庫	陽 ウ禄報 司司牽 庫貫庫	灯 ウ司馳 玉禄車 報石印	山 ウ鳳報 司調司 報龍庫	地 ウ調馳 禄鳳禄 庫玉印	鉄 ウ貫極 龍石調 馳車堂	宝 ウ石貴 禄貫鳳 馳牽南	海 ウ龍将 調玉石 庫禄南
11月	山 ト鳳報 鳳貫司 胡龍庫	地 ト調馳 鳳石禄 貴玉印	鉄 ト貫極 龍龍調 堂車堂	宝 ト石貴 調玉鳳 恍牽南	海 ト龍将 石車石 将禄南	雨 ト玉禄 車牽貫 南司堂	樹 ネ車恍 禄貫玉 禄調貴	花 ネ牽胡 貫石龍 禄鳳極	陽 ネ禄報 玉龍牽 南石馳	灯 ネ司馳 調玉車 将貫報	山 ネ鳳報 石車司 将玉馳	地 ネ調馳 龍牽禄 南龍報	鉄 ネ貫極 龍禄調 禄牽胡	宝 ネ石貴 貫司鳳 禄車恍	海 ネ龍将 玉鳳石 南司禄	雨 ネ玉禄 調調貫 将禄将
12月	山 サ鳳報 車禄司 貴玉馳	地 サ調馳 車司禄 胡龍報	鉄 サ貫極 龍鳳調 印牽胡	宝 サ石貴 牽調鳳 極車恍	海 サ龍将 司貫石 報司禄	雨 サ玉禄 車石貫 庫禄将	樹 ウ車恍 禄玉玉 馳禄恍	花 ウ牽胡 車龍龍 馳司胡	陽 ウ禄報 司牽牽 庫鳳報	灯 ウ司馳 玉車車 報調馳	山 ウ鳳報 司司司 報貫報	地 ウ調馳 禄禄禄 庫石馳	鉄 ウ貫極 龍調調 馳龍極	宝 ウ石貴 禄鳳鳳 馳玉貴	海 ウ龍将 調石石 庫車将	雨 ウ玉禄 玉貫貫 報牽禄

	17日	18日	19日	20日	21日	22日	23日	24日	25日	26日	27日	28日	29日	30日	31日
1月	地 ネ貫報 車鳳牽 南龍庫	鉄 ネ玉胡 鳳石禄 禄牽庫	宝 ネ龍恍 貫龍調 禄車印	海 ネ牽禄 車牽貫 南司堂	雨 ネ車将 石車石 将禄南	樹 イ司貴 玉司龍 恍調南	花 イ禄極 禄禄玉 堂鳳堂	陽 イ調馳 龍調車 貴石印	灯 イ鳳報 龍鳳牽 胡貫庫	山 イ石馳 貫石禄 南玉印	地 イ貫報 玉貫司 将龍庫	鉄 イ玉胡 牽玉鳳 恍牽庫	宝 イ龍恍 龍龍調 堂車印	海 イ牽禄 龍牽貫 貴司堂	雨 イ車将 龍車石 胡禄南
2月	鉄 ウ貫極 車車調 馳龍馳	宝 ウ石貴 禄牽鳳 馳玉報	海 ウ龍将 車鳳石 庫車胡	雨 ウ玉禄 司調貫 報牽恍	樹 タ車恍 司貫玉 極禄禄	花 タ牽胡 禄石龍 印司将	陽 タ禄報 禄龍牽 胡鳳貴	灯 タ司馳 禄玉車 貴調極	山 タ鳳報 貫車司 庫貫貴	地 タ調馳 司牽禄 報石極	鉄 タ貫極 調禄調 極龍馳	宝 タ石貴 龍司鳳 印玉報	海 タ龍将 鳳鳳石 胡車胡		
3月	地 ネ調馳 車車禄 南貫胡	鉄 ネ貫極 鳳司調 禄玉報	宝 ネ石貴 貫禄鳳 禄龍馳	海 ネ龍将 車調石 南牽極	雨 ネ玉禄 石鳳貫 将車貴	樹 イ車恍 玉石玉 恍司将	花 イ牽胡 禄貫龍 堂禄禄	陽 イ禄報 龍玉牽 貴調恍	灯 イ司馳 龍龍車 胡鳳胡	山 イ鳳報 貫牽司 南石恍	地 イ調馳 玉車禄 将貫胡	鉄 イ貫極 牽司調 恍玉報	宝 イ石貴 龍禄鳳 堂龍馳	海 イ龍将 龍調石 貴牽極	雨 イ玉禄 龍鳳貫 胡車貴
4月	鉄 ウ貫極 車龍調 馳貫印	宝 ウ石貴 禄玉鳳 馳石庫	海 ウ龍将 車車石 庫龍庫	雨 ウ玉禄 司牽貫 報玉印	樹 タ車恍 司禄玉 極車堂	花 タ牽胡 禄司龍 印牽南	陽 タ禄報 禄鳳牽 胡禄南	灯 タ司馳 禄調車 貴司堂	山 タ鳳報 貫貫司 庫鳳南	地 タ調馳 司石禄 報調堂	鉄 タ貫極 調龍調 極貫印	宝 タ石貴 龍玉鳳 印石庫	海 タ龍将 鳳車石 胡龍庫	雨 タ玉禄 鳳牽貫 貴玉印	
5月	鉄 ネ貫極 鳳貫調 禄石貴	宝 ネ石貴 貫石鳳 禄貫極	海 ネ龍将 車龍石 南玉馳	雨 ネ玉禄 石司貫 将龍報	樹 イ車恍 玉鳳玉 恍牽胡	花 イ牽胡 禄調龍 堂車恍	陽 イ禄報 龍貫牽 貴司禄	灯 イ司馳 龍石車 胡禄将	山 イ鳳報 貫龍司 南調禄	地 イ調馳 玉玉禄 将鳳将	鉄 イ貫極 牽車調 恍石貴	宝 イ石貴 龍牽鳳 堂貫極	海 イ龍将 龍禄石 貴玉馳	雨 イ玉禄 龍司貫 胡龍報	樹 サ車恍 禄鳳玉 印牽胡
6月	宝 ウ石貴 禄龍鳳 馳調胡	海 ウ龍将 車牽石 庫貫報	雨 ウ玉禄 玉車貫 報石馳	樹 タ車恍 司司玉 極龍極	花 タ牽胡 禄禄龍 印玉貴	陽 タ禄報 禄調牽 胡車将	灯 タ司馳 禄鳳車 貴牽禄	山 タ鳳報 貫石司 庫禄将	地 タ調馳 司龍禄 報司禄	鉄 タ貫極 調牽調 極鳳恍	宝 タ石貴 龍車鳳 印調胡	海 タ龍将 鳳司石 胡貫報	雨 タ玉禄 鳳禄貫 貴石馳	樹 ト車恍 禄調玉 堂龍極	
7月	宝 ネ石貴 貫禄鳳 禄鳳堂	海 ネ龍将 司調石 南石印	雨 ネ玉禄 調鳳貫 将貫庫	樹 イ車恍 玉司玉 恍玉庫	花 イ牽胡 禄禄龍 堂龍印	陽 イ禄報 龍調牽 貴牽堂	灯 イ司馳 龍鳳車 胡車南	山 イ鳳報 貫石司 南司堂	地 イ調馳 玉貫禄 将禄南	鉄 イ貫極 玉玉調 恍調南	宝 イ石貴 龍龍鳳 堂鳳堂	海 イ龍将 龍牽石 貴石印	雨 イ玉禄 龍車貫 胡貫庫	樹 サ車恍 禄司玉 印玉庫	花 サ牽胡 玉禄龍 極龍印
8月	海 ウ龍将 石車石 庫鳳貴	雨 ウ玉禄 玉石貫 報調極	樹 タ車恍 司龍玉 極貫馳	花 タ牽胡 禄玉龍 印石報	陽 タ禄報 禄禄牽 胡龍胡	灯 タ司馳 禄司車 貴玉恍	山 タ鳳報 貫鳳司 庫車胡	地 タ調馳 司調禄 報牽恍	鉄 タ貫極 調貫調 極禄禄	宝 タ石貴 龍石鳳 印司将	海 タ龍将 鳳龍石 胡鳳貴	雨 タ玉禄 鳳玉貫 貴調極	樹 ト車恍 禄車玉 堂貫馳	花 ト牽胡 調牽龍 恍石報	陽 ト禄報 石禄牽 将龍胡
9月	雨 ネ玉禄 調龍貫 将鳳胡	樹 イ車恍 玉牽玉 恍石報	花 イ牽胡 車車龍 堂貫馳	陽 イ禄報 貫司牽 貴玉極	灯 イ司馳 龍禄車 胡龍貴	山 イ鳳報 貫調司 南牽極	地 イ調馳 玉鳳禄 将車貴	鉄 イ貫極 玉石調 恍司将	宝 イ石貴 龍貫鳳 堂禄禄	海 イ龍将 龍玉石 貴調恍	雨 イ玉禄 龍龍貫 胡鳳胡	樹 サ車恍 禄牽玉 印石報	花 サ牽胡 玉車龍 極貫馳	陽 サ禄報 牽司牽 報玉極	
10月	雨 ウ玉禄 玉龍貫 報司堂	樹 タ車恍 司調玉 極鳳印	花 タ牽胡 貫鳳龍 印調庫	陽 タ禄報 車石牽 胡貫庫	灯 タ司馳 禄調車 貴石印	山 タ鳳報 貫貫司 庫龍庫	地 タ調馳 司石禄 報玉印	鉄 タ貫極 調龍調 極車堂	宝 タ石貴 龍玉鳳 印牽南	海 タ龍将 鳳車石 胡禄南	雨 タ玉禄 鳳牽貫 貴司堂	樹 ト車恍 禄禄玉 堂鳳印	花 ト牽胡 調司龍 恍調庫	陽 ト禄報 石鳳牽 将貫庫	灯 ト司馳 鳳調車 南石印
11月	樹 イ車恍 玉貫玉 恍調貴	花 イ牽胡 車石龍 堂鳳極	陽 イ禄報 貫龍牽 貴石馳	灯 イ司馳 龍牽車 胡貫報	山 イ鳳報 貫禄司 南玉馳	地 イ調馳 玉司禄 将龍報	鉄 イ貫極 玉鳳調 恍牽胡	宝 イ石貴 龍調鳳 堂車恍	海 イ龍将 龍貫石 貴司禄	雨 イ玉禄 龍石貫 胡禄将	樹 サ車恍 禄龍玉 印調貴	花 サ牽胡 玉玉龍 極鳳極	陽 サ禄報 牽車牽 報石馳	灯 サ司馳 鳳牽車 庫貫報	
12月	樹 タ車恍 司玉玉 極禄恍	花 タ牽胡 貫龍龍 印司胡	陽 タ禄報 車牽牽 胡鳳報	灯 タ司馳 禄車車 貴調馳	山 タ鳳報 貫司司 庫貫報	地 タ調馳 司禄禄 報石馳	鉄 タ貫極 調調調 極龍極	宝 タ石貴 龍鳳鳳 印玉貴	海 タ龍将 鳳石石 胡車将	雨 タ玉禄 鳳貫貫 貴牽禄	樹 ト車恍 禄玉玉 堂禄恍	花 ト牽胡 調龍龍 恍司胡	陽 ト禄報 石牽牽 将鳳報	灯 ト司馳 鳳車車 南調馳	山 ト鳳報 鳳司司 胡貫報

2021年（令和3年）

2021年(令和3年)

	1日	2日	3日	4日	5日	6日	7日	8日	9日	10日
1月	地 ト調馳 鳳禄禄 貴石馳	鉄 ト貫極 龍調調 堂龍極	宝 ト石貴 調鳳鳳 恍玉貴	海 ト龍将 石石石 将車将	雨 ト玉禄 貫貫貫 南車南	樹 ネ車恍 禄玉玉 禄司南	花 ネ牽胡 貫龍龍 禄禄堂	陽 ネ禄報 玉牽牽 南調印	灯 ネ司馳 調車車 将鳳庫	山 ネ鳳報 石司司 将石印
2月	鉄 サ貫極 龍玉調 印玉庫	宝 サ石貴 牽龍鳳 極龍印	海 サ玉堂 牽車石 報龍胡	雨 サ龍南 禄牽貫 庫玉恍	樹 ウ牽南 禄禄玉 馳車禄	花 ウ車堂 車司龍 馳牽将	陽 ウ司印 司鳳牽 庫禄貴	灯 ウ禄庫 玉調車 報司極	山 ウ調印 司貫司 報鳳貴	地 ウ鳳庫 禄石禄 庫調極
3月	山 ト調印 鳳車石 胡鳳貴	地 ト鳳庫 鳳牽貫 貴調極	鉄 ト石庫 龍禄玉 堂貫馳	宝 ト貫印 調司龍 恍石報	海 ト玉堂 石調石 将玉極	雨 ト龍南 貫鳳貫 南龍貴	樹 ネ牽南 禄石玉 禄牽将	花 ネ車堂 貫貫龍 禄車禄	陽 ネ司印 玉玉牽 南司恍	灯 ネ禄庫 調龍車 将禄胡
4月	地 サ鳳庫 車車貫 胡鳳胡	鉄 サ石庫 龍司玉 印石報	宝 サ貫印 牽禄龍 極貫馳	海 サ玉堂 牽調石 報貫庫	雨 サ龍南 禄鳳貫 庫石印	樹 ウ牽南 禄石玉 馳龍堂	花 ウ車堂 車貫龍 馳玉南	陽 ウ司印 司玉牽 庫車南	灯 ウ禄庫 玉龍車 報牽堂	山 ウ調印 司牽司 報禄南
5月	地 ト鳳庫 鳳石貫 貴司堂	鉄 ト石庫 龍龍玉 堂鳳印	宝 ト貫印 調玉龍 恍調庫	海 ト玉堂 石車牽 将貫庫	雨 ト龍南 貫牽貫 南貫報	樹 ネ牽南 禄禄玉 禄玉胡	花 ネ車堂 貫司龍 禄龍恍	陽 ネ司印 玉鳳牽 南牽禄	灯 ネ禄庫 調調車 将車将	山 ネ調印 石貫司 将司禄
6月	鉄 サ石庫 龍車玉 印調貴	宝 サ貫印 牽牽龍 極鳳極	海 サ玉堂 司禄牽 報石馳	雨 サ龍南 車司車 庫貫報	樹 ウ牽南 禄司玉 馳貫極	花 ウ車堂 車禄龍 馳石貴	陽 ウ司印 司調牽 庫龍将	灯 ウ禄庫 玉鳳車 報玉禄	山 ウ調印 司石司 報車将	地 ウ鳳庫 禄貫禄 庫牽禄
7月	鉄 ト石庫 龍牽玉 堂禄恍	宝 ト貫印 調車龍 恍司胡	海 ト玉堂 石司牽 将鳳報	雨 ト龍南 車禄車 南調馳	樹 ネ牽南 貫調司 禄貫極	花 ネ車堂 貫鳳禄 禄石貴	陽 ネ司印 玉石牽 南玉堂	灯 ネ禄庫 調貫車 将龍南	山 ネ調印 石玉司 将牽堂	地 ネ鳳庫 龍龍禄 南車南
8月	宝 サ貫印 牽龍龍 極禄堂	海 サ玉堂 司牽牽 報調印	雨 サ龍南 車車車 庫鳳庫	樹 ウ牽南 車司司 馳石庫	花 ウ車堂 車禄禄 馳貫印	陽 ウ司印 鳳調調 庫玉堂	灯 ウ禄庫 玉調車 報石恍	山 ウ調印 司貫司 報龍胡	地 ウ鳳庫 禄石禄 庫玉恍	鉄 ウ石庫 龍龍調 馳車禄
9月	海 ト玉堂 石龍牽 将禄貴	雨 ト龍南 車玉車 南司極	樹 ネ牽南 貫車司 禄鳳馳	花 ネ車堂 貫牽禄 禄調報	陽 ネ司印 鳳禄調 南貫胡	灯 ネ禄庫 石司鳳 将石恍	山 ネ調印 石調司 将玉極	地 ネ鳳庫 龍鳳禄 南龍貴	鉄 ネ石庫 龍石調 禄牽将	宝 ネ貫印 貫貫鳳 禄車禄
10月	海 サ玉堂 司玉牽 報司恍	雨 サ龍南 車龍車 庫禄胡	樹 ウ牽南 車牽司 馳調報	花 ウ車堂 車車禄 馳鳳馳	陽 ウ司印 鳳司調 庫石極	灯 ウ禄庫 牽禄鳳 報貫貴	山 ウ調印 司調石 報玉極	地 ウ鳳庫 禄鳳禄 庫石印	鉄 ウ石庫 龍石調 馳龍堂	宝 ウ貫印 禄貫鳳 馳玉南
11月	雨 ト龍南 車牽車 南牽堂	樹 ネ牽南 貫禄司 禄禄印	花 ネ車堂 貫司禄 禄司庫	陽 ネ司印 鳳鳳調 南鳳庫	灯 ネ禄庫 石調鳳 将調印	山 ネ調印 玉貫石 将貫庫	地 ネ鳳庫 龍牽禄 南貫報	鉄 ネ石庫 龍禄調 禄玉胡	宝 ネ貫印 貫司鳳 禄龍恍	海 ネ玉堂 玉鳳石 南牽禄
12月	雨 サ龍南 車石車 庫車将	樹 ウ牽南 車龍司 馳司貴	花 ウ車堂 車玉禄 馳禄極	陽 ウ司印 鳳車調 庫調馳	灯 ウ禄庫 牽牽鳳 報鳳報	山 ウ調印 司禄石 報石馳	地 ウ鳳庫 禄禄禄 庫調馳	鉄 ウ石庫 龍調調 馳貫極	宝 ウ貫印 禄鳳鳳 馳石貴	海 ウ玉堂 調石石 庫龍将

	11日	12日	13日	14日	15日	16日	17日	18日	19日	20日
1月	地 ネ調馳 龍禄禄 南貫庫	鉄 ネ貫極 龍調調 禄玉庫	宝 ネ石貴 貫鳳鳳 禄龍印	海 ネ龍将 玉石石 南牽堂	雨 ネ玉禄 調龍貫 将車南	樹 イ車恍 玉牽玉 恍司南	花 イ牽胡 車車龍 堂禄堂	陽 イ禄報 貫調牽 貴調印	灯 イ司馳 龍鳳車 胡鳳庫	山 イ鳳報 貫石司 南石印
2月	鉄 ウ石庫 車車調 馳貫馳	宝 ウ貫印 禄牽鳳 馳石報	海 ウ玉堂 石禄玉 庫龍胡	雨 ウ龍南 玉司龍 報玉恍	樹 タ牽南 司鳳牽 極車禄	花 タ車堂 禄調禄 印牽将	陽 タ司印 禄貫調 胡禄貴	灯 タ禄庫 禄玉鳳 貴司極	山 タ調印 貫車石 庫鳳貴	地 タ鳳庫 司牽貫 報調極
3月	山 ネ調印 石牽司 将調恍	地 ネ鳳庫 龍車禄 南鳳胡	鉄 ネ石庫 龍司調 禄石報	宝 ネ貫印 貫禄鳳 禄貫馳	海 ネ玉堂 司調玉 南玉極	雨 ネ龍南 調鳳龍 将龍貴	樹 イ牽南 玉石牽 恍牽将	花 イ車堂 禄貫禄 堂車禄	陽 イ司印 貫玉調 貴司恍	灯 イ禄庫 龍龍鳳 胡禄胡
4月	地 ウ鳳庫 禄車禄 庫司堂	鉄 ウ石庫 車司調 馳鳳印	宝 ウ貫印 禄禄鳳 馳調庫	海 ウ玉堂 石石玉 庫貫庫	雨 ウ龍南 玉貫龍 報石印	樹 タ牽南 司玉牽 極龍堂	花 タ車堂 禄司禄 印玉南	陽 タ司印 禄鳳調 胡車南	灯 タ禄庫 禄調鳳 貴牽堂	山 タ調印 貫貫石 庫禄南
5月	地 ネ鳳庫 龍調禄 南禄将	鉄 ネ石庫 龍貫調 禄調貴	宝 ネ貫印 貫石鳳 禄鳳極	海 ネ玉堂 玉龍石 南石馳	雨 ネ龍南 調玉龍 将貫報	樹 イ牽南 玉車牽 恍玉胡	花 イ車堂 車牽車 堂龍恍	陽 イ司印 貫禄調 貴牽禄	灯 イ禄庫 龍司鳳 胡車将	山 イ調印 貫龍石 南司禄
6月	鉄 ウ石庫 龍玉調 馳禄恍	宝 ウ貫印 禄龍鳳 馳司胡	海 ウ玉堂 調牽石 庫鳳報	雨 ウ龍南 玉車貫 報調馳	樹 タ牽南 司司牽 極貫極	花 タ車堂 貫禄車 印石貴	陽 タ司印 車調司 胡龍将	灯 タ禄庫 禄鳳鳳 貴玉禄	山 タ調印 貫石石 庫車将	地 タ鳳庫 司貫貫 報牽禄
7月	鉄 ネ石庫 龍牽調 禄司南	宝 ネ貫印 貫車鳳 禄禄堂	海 ネ玉堂 玉司石 南調印	雨 ネ龍南 調禄貫 将鳳庫	樹 イ牽南 玉調玉 恍石庫	花 イ車堂 龍鳳龍 堂貫印	陽 イ司印 貫玉司 貴玉堂	灯 イ禄庫 龍龍禄 胡龍南	山 イ調印 司牽調 南牽堂	地 イ鳳庫 調貫貫 将車南
8月	宝 ウ貫印 禄玉鳳 馳牽将	海 ウ玉堂 調車石 庫禄貴	雨 ウ龍南 玉牽貫 報司極	樹 タ牽南 司禄玉 極鳳馳	花 タ車堂 鳳司龍 印調報	陽 タ司印 鳳鳳牽 胡貫胡	灯 タ禄庫 禄調禄 貴石恍	山 タ調印 玉禄調 庫龍胡	地 タ鳳庫 牽司鳳 報玉恍	鉄 タ石庫 調鳳玉 極車禄
9月	海 ネ玉堂 玉玉石 南司恍	雨 ネ龍南 調龍貫 将禄胡	樹 イ牽南 玉牽玉 恍調報	花 イ車堂 龍車龍 堂鳳馳	陽 イ司印 貫司牽 貴石極	灯 イ禄庫 龍禄車 胡貫貴	山 イ調印 司調調 南玉極	地 イ鳳庫 調鳳鳳 将龍貴	鉄 イ石庫 玉石石 恍牽将	宝 イ貫印 龍貫龍 堂車禄
10月	海 ウ玉堂 調玉石 庫車南	雨 ウ龍南 牽龍貫 報牽堂	樹 タ牽南 司牽玉 極禄印	花 タ車堂 鳳車龍 印司庫	陽 タ司印 鳳司牽 胡鳳庫	灯 タ禄庫 禄禄車 貴調印	山 タ調印 調調司 庫貫庫	地 タ鳳庫 牽龍鳳 報石印	鉄 タ石庫 調牽石 極龍堂	宝 タ貫印 貫車貫 印玉南
11月	雨 ネ龍南 調調貫 将車将	樹 イ牽南 玉貫玉 恍司貴	花 イ車堂 龍石龍 堂禄極	陽 イ司印 鳳龍牽 貴調馳	灯 イ禄庫 龍玉車 胡鳳報	山 イ調印 牽車司 南石馳	地 イ鳳庫 調牽鳳 将貫報	鉄 イ石庫 玉禄石 恍玉胡	宝 イ貫印 禄司貫 堂龍恍	海 イ玉堂 貫貫牽 貴牽禄
12月	雨 ウ龍南 牽貫貫 報玉禄	樹 タ牽南 司玉玉 極車恍	花 タ車堂 鳳龍龍 印牽胡	陽 タ司印 鳳牽牽 胡禄報	灯 タ禄庫 禄車車 貴司馳	山 タ調印 調司司 庫鳳報	地 タ鳳庫 牽禄鳳 報調馳	鉄 タ石庫 調調石 極貫極	宝 タ貫印 貫鳳貫 印石貴	海 タ玉堂 禄石牽 胡龍将

	21日	22日	23日	24日	25日	26日	27日	28日	29日	30日	31日
1月	地 イ調馳 玉貫禄 将貫庫	鉄 イ貫極 玉玉調 恍玉庫	宝 イ石貴 龍龍鳳 堂龍印	海 イ龍将 龍牽石 貴牽堂	雨 イ玉禄 龍車貫 胡車南	樹 サ車恍 禄司玉 印司南	花 サ牽胡 玉禄龍 極禄堂	陽 サ禄報 牽調牽 報調印	灯 サ司馳 鳳鳳車 庫鳳庫	山 サ鳳報 車石司 貴石印	地 サ調馳 車貫禄 胡貫庫
2月	鉄 タ石庫 調禄玉 極貫馳	宝 タ貫印 龍司龍 印石報	海 タ玉堂 鳳鳳牽 胡龍胡	雨 タ龍南 鳳調車 貴玉恍	樹 ト牽南 禄貫司 堂車禄	花 ト車堂 調石禄 恍牽将	陽 ト司印 石龍調 将禄貴	灯 ト禄庫 鳳玉鳳 南司極			
3月	山 イ調印 貫牽石 南調恍	地 イ鳳庫 玉車貫 将鳳胡	鉄 イ石庫 玉司玉 恍石報	宝 イ貫印 龍禄龍 堂貫馳	海 イ玉堂 龍調牽 貴玉極	雨 イ龍南 龍鳳車 胡龍貴	樹 サ牽南 禄石司 印牽将	花 サ車堂 玉貫禄 極車禄	陽 サ司印 牽玉調 報司恍	灯 サ禄庫 鳳龍鳳 庫禄胡	山 サ調印 車牽石 貴調恍
4月	地 タ鳳庫 司石貫 報司堂	鉄 タ石庫 調龍玉 極鳳印	宝 タ貫印 龍玉龍 印調庫	海 タ玉堂 鳳車牽 胡貫庫	雨 タ龍南 鳳牽車 貴石印	樹 ト牽南 禄禄司 堂龍堂	花 ト車堂 調司禄 恍玉南	陽 ト司印 石鳳調 将車南	灯 ト禄庫 鳳調鳳 南牽堂	山 ト調印 鳳貫石 胡禄南	
5月	地 イ鳳庫 玉玉貫 将禄将	鉄 イ石庫 玉車玉 恍調貴	宝 イ貫印 龍牽龍 堂鳳極	海 イ玉堂 龍禄牽 貴石馳	雨 イ龍南 龍司車 胡貫報	樹 サ牽南 禄鳳司 印玉胡	花 サ車堂 玉調禄 極龍恍	陽 サ司印 牽貫調 報牽禄	灯 サ禄庫 鳳石鳳 庫車将	山 サ調印 車龍石 貴司禄	地 サ鳳庫 車玉貫 胡禄将
6月	鉄 タ石庫 調玉玉 極禄恍	宝 タ貫印 龍龍龍 印司胡	海 タ玉堂 鳳牽牽 胡鳳報	雨 タ龍南 鳳車車 貴調馳	樹 ト牽南 禄調司 堂貫極	花 ト車堂 調鳳禄 恍石貴	陽 ト司印 石石調 将龍将	灯 ト禄庫 鳳貫鳳 南玉禄	山 ト調印 鳳玉石 胡車将	地 ト鳳庫 鳳龍貫 貴牽禄	
7月	鉄 イ石庫 玉玉玉 恍司南	宝 イ貫印 龍龍龍 堂禄堂	海 イ玉堂 龍牽牽 貴調印	雨 イ龍南 龍車車 胡鳳庫	樹 サ牽南 禄司司 印石庫	花 サ車堂 玉禄禄 極貫印	陽 サ司印 牽調調 報玉堂	灯 サ禄庫 鳳鳳鳳 庫龍南	山 サ調印 車石石 貴牽堂	地 サ鳳庫 車貫貫 胡車南	鉄 サ石庫 龍玉玉 印司南
8月	宝 タ貫印 龍石龍 印牽将	海 タ玉堂 鳳龍牽 胡禄貴	雨 タ龍南 鳳玉車 貴司極	樹 ト牽南 禄車司 堂鳳馳	花 ト車堂 調牽禄 恍調報	陽 ト司印 調禄調 将貫胡	灯 ト禄庫 鳳司鳳 南石恍	山 ト調印 鳳鳳石 胡龍胡	地 ト鳳庫 鳳調貫 貴玉恍	鉄 ト石庫 龍貫玉 堂車禄	宝 ト貫印 調石龍 恍牽将
9月	海 イ玉堂 龍玉牽 貴司恍	雨 イ龍南 龍龍車 胡禄胡	樹 サ牽南 禄牽司 印調報	花 サ車堂 玉車禄 極鳳馳	陽 サ司印 牽司調 報石極	灯 サ禄庫 鳳禄鳳 庫貫貴	山 サ調印 車調石 貴玉極	地 サ鳳庫 車鳳貫 胡龍貴	鉄 サ石庫 龍石玉 印牽将	宝 サ貫印 牽貫龍 極車禄	
10月	海 タ玉堂 禄車牽 胡車南	雨 タ龍南 鳳牽車 貴牽堂	樹 ト牽南 禄禄司 堂禄印	花 ト車堂 調司禄 恍司庫	陽 ト司印 調鳳調 将鳳庫	灯 ト禄庫 鳳調鳳 南調印	山 ト調印 鳳貫石 胡貫庫	地 ト鳳庫 鳳石貫 貴石印	鉄 ト石庫 龍龍玉 堂龍堂	宝 ト貫印 調玉龍 恍玉南	海 ト玉堂 石車牽 将車南
11月	雨 イ龍南 龍石車 胡車将	樹 サ牽南 禄龍司 印司貴	花 サ車堂 玉玉禄 極禄極	陽 サ司印 牽車調 報調馳	灯 サ禄庫 鳳牽鳳 庫鳳報	山 サ調印 車禄石 貴石馳	地 サ鳳庫 車司貫 胡貫報	鉄 サ石庫 龍鳳玉 印玉胡	宝 サ貫印 牽調龍 極龍恍	海 サ玉堂 司貫牽 報牽禄	
12月	雨 タ龍南 鳳貫車 貴玉禄	樹 ト牽南 禄玉司 堂車恍	花 ト車堂 調龍禄 恍牽胡	陽 ト司印 調牽調 将禄報	灯 ト禄庫 鳳車鳳 南司馳	山 ト調印 鳳司石 胡鳳報	地 ト鳳庫 鳳禄貫 貴調馳	鉄 ト石庫 龍調玉 堂貫極	宝 ト貫印 調鳳龍 恍石貴	海 ト玉堂 石石牽 将龍将	雨 ト龍南 車貫車 南玉禄

2022年（令和4年）

2022年(令和4年)

	1日	2日	3日	4日	5日	6日	7日	8日	9日	10日	11日	12日	13日	14日	15日	16日	17日	18日	19日	20日	21日	22日	23日	24日	25日	26日	27日	28日	29日	30日	31日
1月	樹 ネ牽南 貫玉司 禄車恍	花 ネ車堂 貫龍禄 禄牽胡	陽 ネ司印 鳳牽調 南禄報	灯 ネ禄庫 石車鳳 将司馳	山 ネ調印 石司司 将調印	地 ネ鳳庫 龍禄禄 南鳳庫	鉄 ネ石庫 龍調調 禄石庫	宝 ネ貫印 貫鳳鳳 禄貫印	海 ネ玉堂 玉石石 南玉堂	雨 ネ龍南 調貫貫 将龍南	樹 イ牽南 玉玉玉 恍牽南	花 イ車堂 龍龍龍 堂車堂	陽 イ司印 貫牽牽 貴司印	灯 イ禄庫 龍車車 胡禄庫	山 イ調印 司調調 南調印	地 イ鳳庫 調鳳鳳 将鳳庫	鉄 イ石庫 玉石石 恍石庫	宝 イ貫印 龍龍龍 堂貫印	海 イ玉堂 龍牽牽 貴玉堂	雨 イ龍南 龍車車 胡龍南	樹 サ牽南 禄司司 印牽南	花 サ車堂 玉禄禄 極車堂	陽 サ司印 牽調調 報司印	灯 サ禄庫 鳳鳳鳳 庫禄庫	山 サ調印 車石石 貴調印	地 サ鳳庫 車貫貫 胡鳳庫	鉄 サ石庫 龍玉玉 印石庫	宝 サ貫印 牽龍龍 極貫印	海 サ玉堂 司牽牽 報玉堂	雨 サ龍南 車車車 庫龍南	樹 ウ牽南 車司司 馳牽南
2月	花 ウ車堂 車禄禄 馳車堂	陽 ウ司印 鳳調調 庫司印	灯 ウ禄庫 牽鳳鳳 報禄庫	山 ウ禄貴 司貫貫 報禄貴	地 ウ司極 禄石石 庫司極	鉄 ウ鳳馳 龍龍龍 馳鳳馳	宝 ウ調報 禄玉玉 馳調報	海 ウ貫胡 調車車 庫貫胡	雨 ウ石恍 牽牽牽 報石恍	樹 タ龍禄 司禄禄 極龍禄	花 タ玉将 鳳司司 印玉将	陽 タ車貴 鳳貫貫 胡車貴	灯 タ牽極 禄石石 貴牽極	山 タ禄貴 玉龍龍 庫禄貴	地 タ司極 牽玉玉 報司極	鉄 タ鳳馳 調車車 極鳳馳	宝 タ調報 龍牽牽 印調報	海 タ貫胡 禄禄禄 胡貫胡	雨 タ石恍 鳳調調 貴石恍	樹 ト龍禄 禄貫貫 堂龍禄	花 ト玉将 調石石 恍玉将	陽 ト車貴 調龍龍 将車貴	灯 ト牽極 鳳玉玉 南牽極	山 ト禄貴 鳳車車 胡禄貴	地 ト司極 鳳牽牽 貴司極	鉄 ト鳳馳 龍禄禄 堂鳳馳	宝 ト調報 調司司 恍調報	海 ト貫胡 石鳳鳳 将貫胡			
3月	雨 ト石恍 車調調 南石恍	樹 ネ龍禄 貫貫貫 禄龍禄	花 ネ玉将 貫石石 禄玉将	陽 ネ車貴 鳳龍龍 南車貴	灯 ネ牽極 調龍調 将車胡	山 ネ禄貴 石牽貫 将司恍	地 ネ司極 龍車石 南禄胡	鉄 ネ鳳馳 龍司龍 禄調報	宝 ネ調報 貫禄玉 禄鳳馳	海 ネ貫胡 玉調車 南石極	雨 ネ石恍 調鳳牽 将貫貴	樹 イ龍禄 玉石禄 恍玉将	花 イ玉将 龍貫調 堂龍禄	陽 イ車貴 貫玉貫 貴牽恍	灯 イ牽極 龍龍石 胡車胡	山 イ禄貴 司牽龍 南司恍	地 イ司極 調車玉 将禄胡	鉄 イ鳳馳 玉司車 恍調報	宝 イ調報 龍禄牽 堂鳳馳	海 イ貫胡 龍調鳳 貴石極	雨 イ石恍 龍鳳調 胡貫貴	樹 サ龍禄 禄石貫 印玉将	花 サ玉将 玉貫石 極龍禄	陽 サ車貴 牽玉龍 報牽恍	灯 サ牽極 鳳龍玉 庫車胡	山 サ禄貴 車牽車 貴司恍	地 サ司極 車車牽 胡禄胡	鉄 サ鳳馳 龍司禄 印調報	宝 サ調報 牽禄司 極鳳馳	海 サ貫胡 司調鳳 報石極	雨 サ石恍 車鳳調 庫貫貴
4月	樹 ウ龍禄 車石貫 馳玉将	花 ウ玉将 車貫石 馳龍禄	陽 ウ車貴 鳳玉龍 庫牽恍	灯 ウ牽極 牽龍玉 報車胡	山 ウ禄貴 司牽貫 報車南	地 ウ司極 禄車石 庫牽堂	鉄 ウ鳳馳 龍司龍 馳禄印	宝 ウ調報 禄禄玉 馳司庫	海 ウ貫胡 調調車 庫鳳庫	雨 ウ石恍 牽鳳牽 報調印	樹 タ龍禄 司石禄 極貫堂	花 タ玉将 鳳貫司 印石南	陽 タ車貴 鳳玉貫 胡龍南	灯 タ牽極 禄龍石 貴玉堂	山 タ禄貴 玉司龍 庫車南	地 タ司極 牽禄玉 報牽堂	鉄 タ鳳馳 調調車 極禄印	宝 タ調報 龍玉牽 印司庫	海 タ貫胡 禄車禄 胡鳳庫	雨 タ石恍 鳳牽調 貴調印	樹 ト龍禄 禄禄貫 堂貫堂	花 ト玉将 調司石 恍石南	陽 ト車貴 調鳳龍 将龍南	灯 ト牽極 鳳調玉 南玉堂	山 ト禄貴 鳳貫車 胡車南	地 ト司極 鳳石牽 貴牽堂	鉄 ト鳳馳 龍龍禄 堂禄印	宝 ト調報 調玉司 恍司庫	海 ト貫胡 石車鳳 将鳳庫	雨 ト石恍 車牽調 南調印	
5月	樹 ネ龍禄 貫禄貫 禄貫堂	花 ネ玉将 貫司石 禄石南	陽 ネ車貴 鳳鳳龍 南龍南	灯 ネ牽極 石調玉 将玉堂	山 ネ禄貴 石貫貫 将牽禄	地 ネ司極 龍石石 南車将	鉄 ネ鳳馳 龍龍龍 禄司貴	宝 ネ調報 貫玉玉 禄禄極	海 ネ貫胡 玉車車 南調馳	雨 ネ石恍 調牽牽 将鳳報	樹 イ龍禄 玉車禄 恍石胡	花 イ玉将 龍牽司 堂貫恍	陽 イ車貴 貫禄貫 貴玉禄	灯 イ牽極 龍司石 胡龍将	山 イ禄貴 司鳳龍 南牽禄	地 イ司極 調調玉 将車将	鉄 イ鳳馳 玉貫車 恍司貴	宝 イ調報 龍石牽 堂禄極	海 イ貫胡 龍龍禄 貴調馳	雨 イ石恍 龍司調 胡鳳報	樹 サ龍禄 禄鳳貫 印石胡	花 サ玉将 玉調石 極貫恍	陽 サ車貴 牽貫龍 報玉禄	灯 サ牽極 鳳石玉 庫龍将	山 サ禄貴 車龍車 貴牽禄	地 サ司極 車玉牽 胡車将	鉄 サ鳳馳 龍車禄 印司貴	宝 サ調報 牽牽司 極禄極	海 サ貫胡 司禄鳳 報調馳	雨 サ石恍 車司調 庫鳳報	樹 ウ龍禄 車鳳貫 馳石胡
6月	花 ウ玉将 車調石 馳貫恍	陽 ウ車貴 鳳貫龍 庫玉禄	灯 ウ牽極 牽石玉 報龍将	山 ウ禄貴 司龍車 報牽禄	地 ウ司極 貫玉牽 庫車将	鉄 ウ鳳馳 龍玉龍 馳車恍	宝 ウ調報 禄龍玉 馳牽胡	海 ウ貫胡 調牽車 庫禄報	雨 ウ石恍 牽車牽 報司馳	樹 タ龍禄 司司禄 極鳳極	花 タ玉将 鳳禄司 印調貴	陽 タ車貴 鳳調鳳 胡貫将	灯 タ牽極 禄鳳調 貴石禄	山 タ禄貴 調石龍 庫龍将	地 タ司極 牽貫玉 報玉禄	鉄 タ鳳馳 調玉車 極車恍	宝 タ調報 貫龍牽 印牽胡	海 タ貫胡 禄牽禄 胡禄報	雨 タ石恍 鳳車司 貴司馳	樹 ト龍禄 禄司鳳 堂鳳極	花 ト玉将 調禄石 恍調貴	陽 ト車貴 調調龍 将貫将	灯 ト牽極 鳳鳳玉 南石禄	山 ト禄貴 鳳石車 胡龍将	地 ト司極 鳳貫牽 貴玉禄	鉄 ト鳳馳 龍牽禄 堂車恍	宝 ト調報 調車司 恍牽胡	海 ト貫胡 石司鳳 将禄報	雨 ト石恍 車禄調 南司馳	樹 ネ龍禄 貫調貫 禄鳳極	
7月	花 ネ玉将 貫鳳石 禄調貴	陽 ネ車貴 鳳石龍 南貫将	灯 ネ牽極 石貫玉 将石禄	山 ネ禄貴 玉玉車 将龍将	地 ネ司極 貫龍牽 南玉禄	鉄 ネ鳳馳 貫牽禄 禄車恍	宝 ネ調報 貫車玉 禄車堂	海 ネ貫胡 玉司車 南司印	雨 ネ石恍 調禄牽 将禄庫	樹 イ龍禄 玉調禄 恍調庫	花 イ玉将 龍鳳司 堂鳳印	陽 イ車貴 鳳石鳳 貴石堂	灯 イ牽極 龍貫調 胡貫南	山 イ禄貴 牽玉貫 南玉堂	地 イ司極 調龍玉 将龍南	鉄 イ鳳馳 玉牽車 恍牽南	宝 イ調報 禄禄牽 堂車堂	海 イ貫胡 貫調禄 貴司印	雨 イ石恍 龍鳳司 胡禄庫	樹 サ龍禄 禄司鳳 印調庫	花 サ玉将 玉禄調 極鳳印	陽 サ車貴 牽調龍 報石堂	灯 サ牽極 鳳鳳玉 庫貫南	山 サ禄貴 車石車 貴玉堂	地 サ司極 車貫牽 胡龍南	鉄 サ鳳馳 龍玉禄 印牽南	宝 サ調報 牽龍司 極車堂	海 サ貫胡 司牽鳳 報司印	雨 サ石恍 車車調 庫禄庫	樹 ウ龍禄 車司貫 馳調庫	花 ウ玉将 車禄石 馳鳳印
8月	陽 ウ車貴 鳳調龍 庫石堂	灯 ウ牽極 牽鳳玉 報貫南	山 ウ禄貴 司石車 報玉堂	地 ウ司極 貫貫牽 庫龍南	鉄 ウ鳳馳 禄玉禄 馳牽南	宝 ウ調報 禄龍司 馳車堂	海 ウ貫胡 調車車 庫車貴	雨 ウ石恍 牽牽牽 報牽極	樹 タ龍禄 司禄禄 極禄馳	花 タ玉将 鳳司司 印司報	陽 タ車貴 鳳鳳鳳 胡鳳胡	灯 タ牽極 禄調調 貴調恍	山 タ禄貴 調貫貫 庫貫胡	地 タ司極 牽石石 報石恍	鉄 タ鳳馳 調龍車 極龍禄	宝 タ調報 鳳玉牽 印玉将	海 タ貫胡 禄車禄 胡車貴	雨 タ石恍 鳳石司 貴牽極	樹 ト龍禄 玉龍鳳 堂禄馳	花 ト玉将 牽玉調 恍司報	陽 ト車貴 調禄貫 将鳳胡	灯 ト牽極 鳳司玉 南調恍	山 ト禄貴 鳳鳳車 胡貫胡	地 ト司極 鳳調牽 貴石恍	鉄 ト鳳馳 龍貫禄 堂龍禄	宝 ト調報 調石司 恍玉将	海 ト貫胡 石龍鳳 将車貴	雨 ト石恍 車玉調 南牽極	樹 ネ龍禄 貫車貫 禄禄馳	花 ネ玉将 貫牽石 禄司報	陽 ネ車貴 鳳禄龍 南鳳胡
9月	灯 ネ牽極 石司玉 将調恍	山 ネ禄貴 玉鳳車 将貫胡	地 ネ司極 貫調牽 南石恍	鉄 ネ鳳馳 貫貫禄 禄龍禄	宝 ネ調報 貫石司 禄玉将	海 ネ貫胡 車龍鳳 南車貴	雨 ネ石恍 石玉調 将牽極	樹 イ龍禄 玉牽禄 恍司報	花 イ玉将 龍車司 堂禄馳	陽 イ車貴 鳳司鳳 貴調極	灯 イ牽極 龍禄調 胡鳳貴	山 イ禄貴 牽調貫 南石極	地 イ司極 石鳳石 将貫貴	鉄 イ鳳馳 玉石龍 恍玉将	宝 イ調報 車貫玉 堂龍禄	海 イ貫胡 車玉禄 貴牽恍	雨 イ石恍 龍龍司 胡車胡	樹 サ龍禄 調牽鳳 印司報	花 サ玉将 石車調 極禄馳	陽 サ車貴 牽司貫 報調極	灯 サ牽極 鳳禄石 庫鳳貴	山 サ禄貴 龍調龍 貴石極	地 サ司極 車鳳牽 胡貫貴	鉄 サ鳳馳 龍石禄 印玉将	宝 サ調報 牽貫司 極龍禄	海 サ貫胡 牽玉鳳 報牽恍	雨 サ石恍 車龍調 庫車胡	樹 ウ龍禄 車牽貫 馳司報	花 ウ玉将 車車石 馳禄馳	陽 ウ車貴 鳳司龍 庫調極	
10月	灯 ウ牽極 牽禄玉 報鳳貴	山 ウ禄貴 司調車 報石極	地 ウ司極 貫鳳牽 庫貫貴	鉄 ウ鳳馳 禄石禄 馳玉将	宝 ウ調報 禄貫司 馳龍禄	海 ウ貫胡 車玉鳳 庫牽恍	雨 ウ石恍 司龍調 報車胡	樹 タ龍禄 司牽禄 極車印	花 タ玉将 鳳車司 印牽庫	陽 タ車貴 鳳司鳳 胡禄庫	灯 タ牽極 禄禄調 貴司印	山 タ禄貴 調調貫 庫鳳庫	地 タ司極 牽鳳石 報調印	鉄 タ鳳馳 調石龍 極貫堂	宝 タ調報 鳳貫玉 印石南	海 タ貫胡 禄玉禄 胡龍南	雨 タ石恍 鳳龍司 貴玉堂	樹 ト龍禄 玉調鳳 堂車印	花 ト玉将 牽鳳調 恍牽庫	陽 ト車貴 調石貫 将禄庫	灯 ト牽極 鳳調石 南司印	山 ト禄貴 鳳貫龍 胡鳳庫	地 ト司極 鳳石牽 貴調印	鉄 ト鳳馳 龍龍禄 堂貫堂	宝 ト調報 調玉司 恍石南	海 ト貫胡 石車鳳 将龍南	雨 ト石恍 車牽調 南玉堂	樹 ネ龍禄 貫禄貫 禄車印	花 ネ玉将 貫司石 禄牽庫	陽 ネ車貴 鳳鳳龍 南禄庫	灯 ネ牽極 石調玉 将司印
11月	山 ネ禄貴 玉貫車 将鳳庫	地 ネ司極 貫石牽 南調印	鉄 ネ鳳馳 貫龍禄 禄貫堂	宝 ネ調報 貫玉司 禄石南	海 ネ貫胡 車車鳳 南龍南	雨 ネ石恍 石牽調 将玉堂	樹 イ龍禄 玉貫禄 恍牽貴	花 イ玉将 龍石司 堂車極	陽 イ車貴 鳳龍鳳 貴司馳	灯 イ牽極 龍玉調 胡禄報	山 イ禄貴 牽車貫 南調馳	地 イ司極 石牽石 将鳳報	鉄 イ鳳馳 玉禄龍 恍石胡	宝 イ調報 車司玉 堂貫恍	海 イ貫胡 車鳳禄 貴玉禄	雨 イ石恍 龍調司 胡龍将	樹 サ龍禄 調貫鳳 印牽貴	花 サ玉将 石石調 極車極	陽 サ車貴 牽龍貫 報司馳	灯 サ牽極 鳳牽石 庫禄報	山 サ禄貴 龍禄龍 貴調馳	地 サ司極 車司牽 胡鳳報	鉄 サ鳳馳 龍鳳禄 印石胡	宝 サ調報 牽調司 極貫恍	海 サ貫胡 牽貫鳳 報玉禄	雨 サ石恍 車石調 庫龍将	樹 ウ龍禄 車龍貫 馳牽貴	花 ウ玉将 車玉石 馳車極	陽 ウ車貴 鳳車龍 庫司馳	灯 ウ牽極 牽牽玉 報禄報	
12月	山 ウ禄貴 司禄車 報調馳	地 ウ司極 貫司牽 庫鳳報	鉄 ウ鳳馳 禄鳳禄 馳石胡	宝 ウ調報 禄調司 馳貫恍	海 ウ貫胡 車貫鳳 庫玉禄	雨 ウ石恍 司石調 報龍将	樹 タ龍禄 司玉禄 極龍恍	花 タ玉将 鳳龍司 印玉胡	陽 タ車貴 鳳牽鳳 胡車報	灯 タ牽極 禄車調 貴牽馳	山 タ禄貴 調司貫 庫禄報	地 タ司極 牽禄石 報司馳	鉄 タ鳳馳 調調龍 極鳳極	宝 タ調報 鳳鳳玉 印調貴	海 タ貫胡 禄石禄 胡貫将	雨 タ石恍 鳳貫司 貴石禄	樹 ト龍禄 玉玉鳳 堂龍恍	花 ト玉将 牽龍調 恍玉胡	陽 ト車貴 調牽貫 将車報	灯 ト牽極 鳳車石 南牽馳	山 ト禄貴 鳳司龍 胡禄報	地 ト司極 鳳禄牽 貴司馳	鉄 ト鳳馳 龍調禄 堂鳳極	宝 ト調報 調鳳司 恍調貴	海 ト貫胡 石石鳳 将貫将	雨 ト石恍 車貫調 南石禄	樹 ネ龍禄 貫玉貫 禄龍恍	花 ネ玉将 貫龍石 禄玉胡	陽 ネ車貴 鳳牽龍 南車報	灯 ネ牽極 石車玉 将牽馳	山 ネ禄貴 玉司車 将禄報

2023年（令和5年）

2023年（令和5年）

	1日	2日	3日	4日	5日	6日	7日	8日	9日	10日	11日	12日	13日	14日	15日	16日	17日	18日	19日	20日	21日	22日	23日	24日	25日	26日	27日	28日	29日	30日	31日
1月	地 ネ司極 貫禄奉 南司馳	鉄 ネ鳳馳 貫調禄 禄鳳極	宝 ネ調報 貫鳳司 禄調貴	海 ネ貫胡 車石鳳 南貫将	雨 ネ石恍 石貫調 将石禄	樹 イ龍禄 玉玉禄 恍玉南	花 イ玉将 龍龍司 堂龍堂	陽 イ車貴 鳳牽鳳 貴牽印	灯 イ牽極 龍車調 胡車庫	山 イ禄貴 牽司貫 南司印	地 イ司極 石禄石 将禄庫	鉄 イ鳳馳 玉調龍 恍調庫	宝 イ調報 車鳳玉 堂鳳印	海 イ貫胡 車石禄 貴石堂	雨 イ石恍 龍貫司 胡貫南	樹 サ龍禄 調牽鳳 印玉南	花 サ玉将 石車調 極龍堂	陽 サ車貴 牽司貫 報牽印	灯 サ牽極 鳳鳳石 庫車庫	山 サ禄貴 龍石龍 貴司印	地 サ司極 車貫牽 胡禄庫	鉄 サ鳳馳 龍玉禄 印調庫	宝 サ調報 牽龍司 極鳳印	海 サ貫胡 牽牽鳳 報石堂	雨 サ石恍 車車調 庫貫南	樹 ウ龍禄 車司貫 馳玉南	花 ウ玉将 車禄石 馳龍堂	陽 ウ車貴 鳳調龍 庫牽印	灯 ウ牽極 牽鳳玉 報車庫	山 ウ禄貴 司石車 報司印	地 ウ司極 貫貫牽 庫禄庫
2月	鉄 ウ鳳馳 禄玉禄 馳調庫	宝 ウ調報 禄龍司 馳鳳印	海 ウ貫胡 車牽鳳 庫石堂	雨 ウ貫貴 牽牽鳳 報調恍	樹 タ玉将 司禄石 極貫禄	花 タ龍禄 鳳司貫 印石将	陽 タ牽恍 鳳鳳玉 胡龍貴	灯 タ車胡 禄調龍 貴玉極	山 タ司恍 調貫牽 庫車貴	地 タ禄胡 牽石車 報牽極	鉄 タ調報 調龍司 極禄馳	宝 タ鳳馳 鳳牽禄 印司報	海 タ石極 禄禄調 胡鳳胡	雨 タ貫貴 鳳司鳳 貴調恍	樹 ト玉将 玉鳳石 堂貫禄	花 ト龍禄 牽調貫 恍石将	陽 ト牽恍 調貫玉 将龍貴	灯 ト車胡 鳳石龍 南玉極	山 ト司恍 鳳車牽 胡車貴	地 ト禄胡 鳳牽車 貴牽極	鉄 ト調報 龍禄司 堂禄馳	宝 ト鳳馳 調司禄 恍司報	海 ト石極 石鳳調 将鳳胡	雨 ト貫貴 車調鳳 南調恍	樹 ネ玉将 貫貫石 禄貫禄	花 ネ龍禄 貫石貫 禄石将	陽 ネ牽恍 鳳龍玉 南龍貴	灯 ネ車胡 石玉龍 将玉極			
3月	山 ネ司恍 玉車牽 将車貴	地 ネ禄胡 貫牽車 南牽極	鉄 ネ調報 貫禄司 禄禄馳	宝 ネ鳳馳 貫司禄 禄司報	海 ネ石極 車鳳調 南鳳胡	雨 ネ貫貴 調鳳鳳 将鳳貴	樹 イ玉将 玉石石 恍石将	花 イ龍禄 龍貫貫 堂貫禄	陽 イ牽恍 鳳玉玉 貴玉恍	灯 イ車胡 龍龍龍 胡龍胡	山 イ司恍 牽牽牽 南牽恍	地 イ禄胡 調車車 将車胡	鉄 イ調報 玉司司 恍司報	宝 イ鳳馳 車禄禄 堂禄馳	海 イ石極 車調調 貴調極	雨 イ貫貴 龍鳳鳳 胡鳳貴	樹 サ玉将 調石石 印石将	花 サ龍禄 石貫貫 極貫禄	陽 サ牽恍 牽玉玉 報玉恍	灯 サ車胡 鳳龍龍 庫龍胡	山 サ司恍 車牽牽 貴牽恍	地 サ禄胡 車車車 胡車胡	鉄 サ調報 龍司司 印司報	宝 サ鳳馳 牽禄禄 極禄馳	海 サ石極 牽調調 報調極	雨 サ貫貴 車鳳鳳 庫鳳貴	樹 ウ玉将 車石石 馳石将	花 ウ龍禄 車貫貫 馳貫禄	陽 ウ牽恍 鳳玉玉 庫玉恍	灯 ウ車胡 牽龍龍 報龍胡	山 ウ司恍 司牽牽 報牽恍
4月	地 ウ禄胡 貫車車 庫車胡	鉄 ウ調報 禄司司 馳司報	宝 ウ鳳馳 禄禄禄 馳禄馳	海 ウ石極 車調調 庫調極	雨 ウ貫貴 牽鳳鳳 報司印	樹 タ玉将 司石石 極鳳堂	花 タ龍禄 鳳貫貫 印調南	陽 タ牽恍 鳳玉玉 胡貫南	灯 タ車胡 禄龍龍 貴石堂	山 タ司恍 調牽牽 庫龍南	地 タ禄胡 牽車車 報玉堂	鉄 タ調報 調司司 極車印	宝 タ鳳馳 鳳禄禄 印牽庫	海 タ石極 禄調調 胡禄庫	雨 タ貫貴 鳳貫鳳 貴司印	樹 ト玉将 玉玉石 堂鳳堂	花 ト龍禄 牽龍貫 恍調南	陽 ト牽恍 調鳳玉 将貫南	灯 ト車胡 鳳調龍 南石堂	山 ト司恍 鳳貫牽 胡龍南	地 ト禄胡 鳳石車 貴玉堂	鉄 ト調報 龍龍司 堂車印	宝 ト鳳馳 調玉禄 恍牽庫	海 ト石極 石車調 将禄庫	雨 ト貫貴 車牽鳳 南司印	樹 ネ玉将 貫禄石 禄鳳堂	花 ネ龍禄 貫司貫 禄調南	陽 ネ牽恍 鳳鳳玉 南貫南	灯 ネ車胡 石調龍 将石堂	山 ネ司恍 玉貫牽 将龍南	
5月	地 ネ禄胡 貫石車 南玉堂	鉄 ネ調報 貫龍司 禄車印	宝 ネ鳳馳 貫玉禄 禄牽庫	海 ネ石極 車車調 南禄庫	雨 ネ貫貴 石牽鳳 将司印	樹 イ玉将 玉禄石 恍調胡	花 イ龍禄 龍司貫 堂鳳恍	陽 イ牽恍 鳳鳳玉 貴石禄	灯 イ車胡 龍調龍 胡貫将	山 イ司恍 牽貫牽 南玉禄	地 イ禄胡 石石車 将龍将	鉄 イ調報 玉貫司 恍牽貴	宝 イ鳳馳 車石禄 堂車極	海 イ石極 車龍調 貴司馳	雨 イ貫貴 龍玉鳳 胡禄報	樹 サ玉将 調車石 印調胡	花 サ龍禄 石牽貫 極鳳恍	陽 サ牽恍 牽禄玉 報石禄	灯 サ車胡 鳳司龍 庫貫将	山 サ司恍 龍鳳牽 貴玉禄	地 サ禄胡 車玉車 胡龍将	鉄 サ調報 龍車司 印牽貴	宝 サ鳳馳 牽牽禄 極車極	海 サ石極 牽禄調 報司馳	雨 サ貫貴 車司鳳 庫禄報	樹 ウ玉将 車鳳石 馳調胡	花 ウ龍禄 車調貫 馳鳳恍	陽 ウ牽恍 鳳貫玉 庫石禄	灯 ウ車胡 牽石龍 報貫将	山 ウ司恍 司龍牽 報玉禄	地 ウ禄胡 貫玉車 庫龍将
6月	鉄 ウ調報 禄車司 馳牽貴	宝 ウ鳳馳 禄牽禄 馳車極	海 ウ石極 車禄調 庫司馳	雨 ウ貫貴 司司鳳 報禄報	樹 タ玉将 調鳳石 極調胡	花 タ龍禄 鳳禄貫 印司貴	陽 タ牽恍 鳳調玉 胡鳳将	灯 タ車胡 禄鳳龍 貴調禄	山 タ司恍 調石牽 庫貫将	地 タ禄胡 牽貫車 報石禄	鉄 タ調報 調玉司 極龍恍	宝 タ鳳馳 鳳龍禄 印玉胡	海 タ石極 車牽調 胡車報	雨 タ貫貴 鳳車鳳 貴牽馳	樹 ト玉将 石司石 堂禄極	花 ト龍禄 牽禄貫 恍司貴	陽 ト牽恍 調調玉 将鳳将	灯 ト車胡 龍鳳龍 南調禄	山 ト司恍 禄石牽 胡貫将	地 ト禄胡 鳳貫車 貴石禄	鉄 ト調報 龍玉司 堂龍恍	宝 ト鳳馳 調龍禄 恍玉胡	海 ト石極 石牽調 将車報	雨 ト貫貴 車車鳳 南牽馳	樹 ネ玉将 貫司石 禄禄極	花 ネ龍禄 貫鳳貫 禄司貴	陽 ネ牽恍 鳳石玉 南鳳将	灯 ネ車胡 石貫龍 将調禄	山 ネ司恍 玉玉牽 将貫将	地 ネ禄胡 貫龍車 南石禄	
7月	鉄 ネ調報 貫牽司 禄龍恍	宝 ネ鳳馳 貫車禄 禄玉胡	海 ネ石極 車司調 南車報	雨 ネ貫貴 石禄鳳 将牽馳	樹 イ玉将 玉調石 恍禄極	花 イ龍禄 禄鳳貫 堂司貴	陽 イ牽恍 鳳石玉 貴調堂	灯 イ車胡 龍貫龍 胡鳳南	山 イ司恍 牽玉牽 南石堂	地 イ禄胡 石龍車 将貫南	鉄 イ調報 玉牽司 恍玉南	宝 イ鳳馳 車車禄 堂龍堂	海 イ石極 車司調 貴牽印	雨 イ貫貴 龍禄鳳 胡車庫	樹 サ玉将 牽調石 印司庫	花 サ龍禄 石鳳貫 極禄印	陽 サ牽恍 牽玉玉 報調堂	灯 サ車胡 禄龍龍 庫鳳南	山 サ司恍 龍牽牽 貴石堂	地 サ禄胡 車貫車 胡貫南	鉄 サ調報 龍玉司 印玉南	宝 サ鳳馳 牽龍禄 極龍堂	海 サ石極 牽牽調 報牽印	雨 サ貫貴 車車鳳 庫車庫	樹 ウ玉将 車司石 馳司庫	花 ウ龍禄 車禄貫 馳禄印	陽 ウ牽恍 鳳調玉 庫調堂	灯 ウ車胡 牽鳳龍 報鳳南	山 ウ司恍 司石牽 報石堂	地 ウ禄胡 貫貫車 庫貫南	鉄 ウ調報 禄玉司 馳玉南
8月	宝 ウ鳳馳 禄龍禄 馳龍堂	海 ウ石極 車牽調 庫牽印	雨 ウ貫貴 司車鳳 報車庫	樹 タ玉将 調司石 極司庫	花 タ龍禄 禄禄貫 印禄印	陽 タ牽恍 禄調玉 胡調堂	灯 タ車胡 禄鳳龍 貴鳳南	山 タ司恍 調貫牽 庫鳳胡	地 タ禄胡 牽石車 報調恍	鉄 タ調報 調龍司 極貫禄	宝 タ鳳馳 鳳玉禄 印石将	海 タ石極 車車調 胡龍貴	雨 タ貫貴 鳳牽鳳 貴玉極	樹 ト玉将 石禄石 堂車馳	花 ト龍禄 牽司貫 恍牽報	陽 ト牽恍 調鳳玉 将禄胡	灯 ト車胡 貫調龍 南司恍	山 ト司恍 貫貫牽 胡鳳胡	地 ト禄胡 鳳司車 貴調恍	鉄 ト調報 牽鳳司 堂貫禄	宝 ト鳳馳 調調禄 恍石将	海 ト石極 石龍調 将龍貴	雨 ト貫貴 車玉鳳 南玉極	樹 ネ玉将 貫車石 禄車馳	花 ネ龍禄 貫牽貫 禄牽報	陽 ネ牽恍 鳳禄玉 南禄胡	灯 ネ車胡 石司龍 将司恍	山 ネ司恍 玉鳳牽 将鳳胡	地 ネ禄胡 貫調車 南調恍	鉄 ネ調報 貫貫司 禄貫禄	宝 ネ鳳馳 貫石禄 禄石将
9月	海 ネ石極 車龍調 南龍貴	雨 ネ貫貴 石玉鳳 将玉極	樹 イ玉将 玉車石 恍車馳	花 イ龍禄 禄牽貫 堂牽報	陽 イ牽恍 龍禄玉 貴禄胡	灯 イ車胡 龍司龍 胡司恍	山 イ司恍 貫鳳牽 南鳳胡	地 イ禄胡 石鳳車 将鳳貴	鉄 イ調報 玉石司 恍石将	宝 イ鳳馳 車貫禄 堂貫禄	海 イ石極 車玉調 貴玉恍	雨 イ貫貴 龍龍鳳 胡龍胡	樹 サ玉将 牽牽石 印牽報	花 サ龍禄 石車貫 極車馳	陽 サ牽恍 牽司玉 報司極	灯 サ車胡 車禄龍 庫禄貴	山 サ司恍 龍調牽 貴調極	地 サ禄胡 車鳳車 胡鳳貴	鉄 サ調報 調石司 印石将	宝 サ鳳馳 石貫禄 極貫禄	海 サ石極 牽玉調 報玉恍	雨 サ貫貴 車龍鳳 庫龍胡	樹 ウ玉将 車牽石 馳牽報	花 ウ龍禄 車車貫 馳車馳	陽 ウ牽恍 鳳司玉 庫司極	灯 ウ車胡 牽禄龍 報禄貴	山 ウ司恍 司調牽 報調極	地 ウ禄胡 貫鳳車 庫鳳貴	鉄 ウ調報 禄石司 馳石将	宝 ウ鳳馳 禄貫禄 馳貫禄	
10月	海 ウ石極 車玉調 庫玉恍	雨 ウ貫貴 司龍鳳 報龍胡	樹 タ玉将 調牽石 極牽報	花 タ龍禄 禄車貫 印車馳	陽 タ牽恍 禄司玉 胡司極	灯 タ車胡 禄禄龍 貴禄貴	山 タ司恍 貫調牽 庫調極	地 タ禄胡 牽鳳車 報司印	鉄 タ調報 調石司 極鳳堂	宝 タ鳳馳 鳳貫禄 印調南	海 タ石極 車玉調 胡貫南	雨 タ貫貴 鳳龍鳳 貴石堂	樹 ト玉将 石牽石 堂龍印	花 ト龍禄 牽車貫 恍玉庫	陽 ト牽恍 調司玉 将車庫	灯 ト車胡 貫禄龍 南牽印	山 ト司恍 貫調牽 胡禄庫	地 ト禄胡 鳳龍車 貴司印	鉄 ト調報 牽牽司 堂鳳堂	宝 ト鳳馳 司車禄 恍調南	海 ト石極 石車調 将貫南	雨 ト貫貴 車牽鳳 南石堂	樹 ネ玉将 貫禄石 禄龍印	花 ネ龍禄 貫司貫 禄玉庫	陽 ネ牽恍 鳳鳳玉 南車庫	灯 ネ車胡 石調龍 将牽印	山 ネ司恍 石貫牽 将禄庫	地 ネ禄胡 貫石車 南司印	鉄 ネ調報 貫龍司 禄鳳堂	宝 ネ鳳馳 貫玉禄 禄調南	海 ネ石極 車車調 南貫南
11月	雨 ネ貫貴 石牽鳳 将石堂	樹 イ玉将 玉禄石 恍龍印	花 イ龍禄 禄司貫 堂玉庫	陽 イ牽恍 龍鳳玉 貴車庫	灯 イ車胡 龍調龍 胡牽印	山 イ司恍 貫貫牽 南禄庫	地 イ禄胡 玉石車 将司印	鉄 イ調報 玉禄司 恍調胡	宝 イ鳳馳 車司禄 堂鳳恍	海 イ石極 車鳳調 貴石禄	雨 イ貫貴 龍調鳳 胡貫将	樹 サ玉将 牽貫石 印玉貴	花 サ龍禄 石石貫 極龍極	陽 サ牽恍 牽龍玉 報牽馳	灯 サ車胡 車玉龍 庫車報	山 サ司恍 龍車牽 貴司馳	地 サ禄胡 車牽車 胡禄報	鉄 サ調報 調禄司 印調胡	宝 サ鳳馳 石司禄 極鳳恍	海 サ石極 牽鳳調 報石禄	雨 サ貫貴 車石鳳 庫貫将	樹 ウ玉将 車龍石 馳玉貴	花 ウ龍禄 車玉貫 馳龍極	陽 ウ牽恍 鳳車玉 庫牽馳	灯 ウ車胡 牽牽龍 報車報	山 ウ司恍 司禄牽 報司馳	地 ウ禄胡 貫司車 庫禄報	鉄 ウ調報 禄鳳司 馳調胡	宝 ウ鳳馳 禄調禄 馳鳳恍	海 ウ石極 車貫調 庫石禄	
12月	雨 ウ貫貴 司石鳳 報貫将	樹 タ玉将 調龍石 極玉貴	花 タ龍禄 禄玉貫 印龍極	陽 タ牽恍 禄車玉 胡牽馳	灯 タ車胡 禄牽龍 貴車報	山 タ司恍 貫禄牽 庫司馳	地 タ禄胡 牽禄車 報牽馳	鉄 タ調報 調調司 極禄極	宝 タ鳳馳 鳳鳳禄 印司貴	海 タ石極 車石調 胡鳳将	雨 タ貫貴 鳳貫鳳 貴調禄	樹 ト玉将 石玉石 堂貫恍	花 ト龍禄 牽龍貫 恍石胡	陽 ト牽恍 調牽玉 将龍報	灯 ト車胡 貫車龍 南玉馳	山 ト司恍 貫司牽 胡車報	地 ト禄胡 鳳禄車 貴牽馳	鉄 ト調報 牽調司 堂禄極	宝 ト鳳馳 司鳳禄 恍司貴	海 ト石極 石石調 将鳳将	雨 ト貫貴 車貫鳳 南調禄	樹 ネ玉将 貫玉石 禄貫恍	花 ネ龍禄 貫龍貫 禄石胡	陽 ネ牽恍 鳳牽玉 南龍報	灯 ネ車胡 石車龍 将玉馳	山 ネ司恍 石司牽 将車報	地 ネ禄胡 貫禄車 南牽馳	鉄 ネ調報 貫調司 禄禄極	宝 ネ鳳馳 貫鳳禄 禄司貴	海 ネ石極 車石調 南鳳将	雨 ネ貫貴 石貫鳳 将調禄

2024年（令和6年）

2024年（令和6年）	1日	2日	3日	4日	5日	6日	7日	8日	9日	10日	11日	12日	13日	14日	15日	16日
1月	樹 イ玉将 玉玉石 恍貫恍	花 イ龍禄 禄龍貫 堂石胡	陽 イ牽恍 龍牽玉 貴龍報	灯 イ車胡 龍車龍 胡玉馳	山 イ司恍 貫司牽 南車報	地 イ禄胡 石禄車 将車庫	鉄 イ調報 玉調司 恍司庫	宝 イ鳳馳 車鳳禄 堂禄印	海 イ石極 車石調 貴調堂	雨 イ貫貴 龍貫鳳 胡鳳南	樹 サ玉将 牽玉石 印石南	花 サ龍禄 石龍貫 極貫堂	陽 サ牽恍 牽牽玉 報玉印	灯 サ車胡 車車龍 庫龍庫	山 サ司恍 龍司牽 貴牽印	地 サ禄胡 車鳳車 胡車庫
2月	花 タ龍禄 禄禄貫 印貫堂	陽 タ牽恍 禄調玉 胡玉印	灯 タ車胡 禄鳳龍 貴龍庫	山 タ車南 調貫牽 庫龍貴	地 タ牽堂 牽石車 報玉極	鉄 タ禄印 調龍司 極車馳	宝 タ司庫 鳳玉禄 印牽報	海 タ鳳庫 車車調 胡禄胡	雨 タ調印 鳳牽鳳 貴司恍	樹 ト貫堂 石禄石 堂鳳禄	花 ト石南 牽司貫 恍調将	陽 ト龍南 調貫玉 将貫貴	灯 ト玉堂 貫石龍 南石極	山 ト車南 貫龍司 胡龍貴	地 ト牽堂 鳳玉禄 貴玉極	鉄 ト禄印 牽車調 堂車馳
3月	樹 イ貫堂 玉貫禄 恍鳳禄	花 イ石南 禄石司 堂調将	陽 イ龍南 龍龍鳳 貴貫貴	灯 イ玉堂 龍玉調 胡石極	山 イ車南 牽牽牽 南玉恍	地 イ牽堂 石車車 将龍胡	鉄 イ禄印 玉司司 恍牽報	宝 イ司庫 車禄禄 堂車馳	海 イ鳳庫 車調調 貴司極	雨 イ調印 龍鳳鳳 胡禄貴	樹 サ貫堂 牽石石 印調将	花 サ石南 石貫貫 極鳳禄	陽 サ龍南 牽玉玉 報石恍	灯 サ玉堂 車龍龍 庫貫胡	山 サ車南 龍牽司 貴玉恍	地 サ牽堂 車車禄 胡龍胡
4月	花 タ石南 禄貫司 印鳳禄	陽 タ龍南 禄玉鳳 胡石恍	灯 タ玉堂 禄龍調 貴貫胡	山 タ車南 調牽牽 庫貫南	地 タ牽堂 牽車車 報石堂	鉄 タ禄印 調司司 極龍印	宝 タ司庫 鳳禄禄 印玉庫	海 タ鳳庫 車調調 胡車庫	雨 タ調印 鳳鳳鳳 貴牽印	樹 ト貫堂 石石石 堂禄堂	花 ト石南 牽貫貫 恍司南	陽 ト龍南 調玉玉 将鳳南	灯 ト玉堂 貫龍龍 南調堂	山 ト車南 貫司司 胡貫南	地 ト牽堂 鳳禄禄 貴石堂	鉄 ト禄印 牽調調 堂龍印
5月	花 イ石南 禄司司 堂司南	陽 イ龍南 龍鳳鳳 貴鳳南	灯 イ玉堂 龍調調 胡調堂	山 イ車南 貫貫貫 南貫南	地 イ牽堂 石石車 将貫将	鉄 イ禄印 玉龍司 恍玉貴	宝 イ司庫 車玉禄 堂龍極	海 イ鳳庫 車車調 貴牽馳	雨 イ調印 龍牽鳳 胡車報	樹 サ貫堂 牽禄石 印司胡	花 サ石南 石牽貫 極禄恍	陽 サ龍南 牽禄玉 報調禄	灯 サ玉堂 車司龍 庫鳳将	山 サ車南 龍鳳牽 貴石禄	地 サ牽堂 車調禄 胡貫将	鉄 サ禄印 調貫調 印玉貴
6月	陽 タ龍南 禄貫鳳 胡調禄	灯 タ玉堂 禄石調 貴鳳将	山 タ車南 貫龍貫 庫石禄	地 タ牽堂 司玉石 報貫将	鉄 タ禄印 調玉司 極貫恍	宝 タ司庫 鳳龍禄 印石胡	海 タ鳳庫 車牽調 胡龍報	雨 タ調印 鳳車鳳 貴玉馳	樹 ト貫堂 石司石 堂車極	花 ト石南 司禄貫 恍牽貴	陽 ト龍南 調調玉 将禄将	灯 ト玉堂 貫鳳龍 南司禄	山 ト車南 貫石牽 胡鳳将	地 ト牽堂 鳳貫車 貴調禄	鉄 ト禄印 牽玉調 堂貫恍	宝 ト司庫 司龍鳳 恍石胡
7月	陽 イ龍南 龍石鳳 貴禄将	灯 イ玉堂 龍貫調 胡司禄	山 イ車南 貫玉貫 南鳳将	地 イ牽堂 玉龍石 将調禄	鉄 イ禄印 牽牽龍 恍貫恍	宝 イ司庫 車車禄 堂貫堂	海 イ鳳庫 車司調 貴玉印	雨 イ調印 龍禄鳳 胡龍庫	樹 サ貫堂 牽調石 印牽庫	花 サ石南 石鳳貫 極車印	陽 サ龍南 牽石玉 報司堂	灯 サ玉堂 車貫龍 庫禄南	山 サ車南 貫玉牽 貴調堂	地 サ牽堂 車龍車 胡鳳南	鉄 サ禄印 司牽司 印石南	宝 サ司庫 石禄鳳 極貫堂
8月	灯 タ玉堂 禄鳳調 貴禄南	山 タ車南 貫石貫 庫調堂	地 タ牽堂 司貫石 報鳳南	鉄 タ禄印 調玉龍 極石南	宝 タ司庫 龍龍玉 印貫堂	海 タ鳳庫 鳳牽車 胡玉印	雨 タ調印 鳳牽鳳 貴石極	樹 ト貫堂 石禄石 堂龍馳	花 ト石南 司司貫 恍玉報	陽 ト龍南 調鳳玉 将車胡	灯 ト玉堂 貫調龍 南牽恍	山 ト車南 貫貫牽 胡禄胡	地 ト牽堂 鳳石車 貴司恍	鉄 ト禄印 石龍司 堂鳳禄	宝 ト司庫 司玉禄 恍調将	海 ト鳳庫 石車調 将貫貴
9月	山 イ車南 貫鳳貫 南禄胡	地 イ牽堂 玉調石 将司恍	鉄 イ禄印 牽貫龍 恍鳳禄	宝 イ司庫 龍石玉 堂調将	海 イ鳳庫 龍龍車 貴貫貴	雨 イ調印 龍玉牽 胡石極	樹 サ貫堂 牽牽石 印玉報	花 サ石南 石車貫 極龍馳	陽 サ龍南 牽司玉 報牽極	灯 サ玉堂 車禄龍 庫車貴	山 サ車南 貫調牽 貴司極	地 サ牽堂 車鳳車 胡禄貴	鉄 サ禄印 司石司 印調将	宝 サ司庫 石貫禄 極鳳禄	海 サ鳳庫 牽玉調 報石恍	雨 サ調印 禄龍鳳 庫貫胡
10月	山 タ車南 貫調貫 庫司極	地 タ牽堂 司鳳石 報禄貴	鉄 タ禄印 調石龍 極調将	宝 タ司庫 龍貫玉 印鳳禄	海 タ鳳庫 鳳玉車 胡石恍	雨 タ調印 鳳龍牽 貴貫胡	樹 ト貫堂 禄牽禄 堂玉報	花 ト石南 司車貫 恍石庫	陽 ト龍南 調司玉 将龍庫	灯 ト玉堂 貫禄龍 南玉印	山 ト車南 貫調牽 胡車庫	地 ト牽堂 鳳鳳車 貴牽印	鉄 ト禄印 石石司 堂禄堂	宝 ト司庫 司貫禄 恍司南	海 ト鳳庫 石玉調 将鳳南	雨 ト調印 貫龍鳳 南調堂
11月	地 イ牽堂 玉石石 将牽印	鉄 イ禄印 牽龍龍 恍禄堂	宝 イ司庫 龍玉玉 堂司南	海 イ鳳庫 龍車車 貴鳳南	雨 イ調印 龍牽牽 胡調堂	樹 サ貫堂 禄禄禄 印貫印	花 サ石南 石石貫 極貫極	陽 サ龍南 牽龍玉 報玉馳	灯 サ玉堂 車玉龍 庫龍報	山 サ車南 貫車牽 貴牽馳	地 サ牽堂 車牽車 胡車報	鉄 サ禄印 司禄司 印司胡	宝 サ司庫 石司禄 極禄恍	海 サ鳳庫 牽鳳調 報調禄	雨 サ調印 禄調鳳 庫鳳将	樹 ウ貫堂 禄貫石 馳石貴
12月	地 タ牽堂 司司石 報車報	鉄 タ禄印 調鳳龍 極司胡	宝 タ司庫 龍調玉 印禄恍	海 タ鳳庫 鳳貫車 胡調禄	雨 タ調印 鳳石牽 貴鳳将	樹 ト貫堂 禄龍禄 堂石貴	花 ト石南 司龍貫 恍調胡	陽 ト龍南 調牽玉 将貫報	灯 ト玉堂 貫車龍 南石馳	山 ト車南 貫司牽 胡龍報	地 ト牽堂 鳳禄車 貴玉馳	鉄 ト禄印 石調司 堂車極	宝 ト司庫 司鳳禄 恍牽貴	海 ト鳳庫 石石調 将禄将	雨 ト調印 貫貫鳳 南司禄	樹 ネ貫堂 鳳玉石 禄鳳恍

2024年（令和6年）	17日	18日	19日	20日	21日	22日	23日	24日	25日	26日	27日	28日	29日	30日	31日
1月	鉄 サ調報 調石司 印司庫	宝 サ鳳馳 石貫禄 極禄印	海 サ石極 牽牽調 報調堂	雨 サ貫貴 車車鳳 庫鳳南	樹 ウ玉将 車司石 馳石南	花 ウ龍禄 車禄貫 馳貫堂	陽 ウ牽恍 鳳調玉 庫玉印	灯 ウ車胡 牽鳳龍 報龍庫	山 ウ司恍 司石牽 報牽印	地 ウ禄胡 貫貫車 庫車庫	鉄 ウ調報 禄玉司 馳司庫	宝 ウ鳳馳 禄龍禄 馳禄印	海 ウ石極 車牽調 庫調堂	雨 ウ貫貴 司車鳳 報鳳南	樹 タ玉将 調司石 極石南
2月	宝 ト司庫 調牽玉 恍牽報	海 ト鳳庫 石禄車 将禄胡	雨 ト調印 車調牽 南司恍	樹 ネ貫堂 貫貫禄 禄鳳禄	花 ネ石南 貫石司 禄調将	陽 ネ龍南 鳳龍鳳 南貫貴	灯 ネ玉堂 石玉調 将石極	山 ネ車南 玉車貫 将龍貴	地 ネ牽堂 貫牽石 南玉極	鉄 ネ禄印 貫禄龍 禄車馳	宝 ネ司庫 貫司玉 禄牽報	海 ネ鳳庫 車鳳車 南禄胡	雨 ネ調印 石調牽 将司恍		
3月	鉄 サ禄印 調司調 印牽報	宝 サ司庫 石禄玉 極車馳	海 サ鳳庫 牽調車 報司極	雨 サ調印 車鳳牽 庫禄貴	樹 ウ貫堂 車石禄 馳調将	花 ウ石南 車貫司 馳鳳禄	陽 ウ龍南 鳳玉鳳 庫石恍	灯 ウ玉堂 牽龍調 報貫胡	山 ウ車南 司牽貫 報玉恍	地 ウ牽堂 貫車石 庫龍胡	鉄 ウ禄印 禄司龍 馳牽報	宝 ウ司庫 禄禄玉 馳車馳	海 ウ鳳庫 車調車 庫司極	雨 ウ調印 司鳳牽 報禄貴	樹 タ貫堂 調石禄 極調将
4月	宝 ト司庫 調玉玉 恍玉庫	海 ト鳳庫 石車車 将車庫	雨 ト調印 車牽牽 南牽印	樹 ネ貫堂 貫禄禄 禄禄堂	花 ネ石南 貫司司 禄司南	陽 ネ龍南 鳳鳳鳳 南鳳南	灯 ネ玉堂 石調調 将調堂	山 ネ車南 玉貫貫 将貫南	地 ネ牽堂 貫石石 南石堂	鉄 ネ禄印 貫龍龍 禄龍印	宝 ネ司庫 貫玉玉 禄玉庫	海 ネ鳳庫 車車車 南車庫	雨 ネ調印 石牽牽 将牽印	樹 イ貫堂 玉禄禄 恍禄堂	
5月	宝 サ司庫 石石鳳 極龍極	海 サ鳳庫 牽龍車 報牽馳	雨 サ調印 車玉牽 庫車報	樹 ウ貫堂 車鳳禄 馳司胡	花 ウ石南 車調司 馳禄恍	陽 ウ龍南 鳳貫鳳 庫調禄	灯 ウ玉堂 牽石調 報鳳将	山 ウ車南 司龍貫 報石禄	地 ウ牽堂 貫玉石 庫貫将	鉄 ウ禄印 禄車龍 馳玉貴	宝 ウ司庫 禄牽玉 馳龍極	海 ウ鳳庫 車禄車 庫牽馳	雨 ウ調印 司司牽 報車報	樹 タ貫堂 調鳳禄 極司胡	花 タ石南 禄調司 印禄恍
6月	海 ト鳳庫 石牽石 将龍報	雨 ト調印 車車牽 南玉馳	樹 ネ貫堂 鳳司禄 禄車極	花 ネ石南 貫禄司 禄牽貴	陽 ネ龍南 鳳調鳳 南禄将	灯 ネ玉堂 石鳳調 将司禄	山 ネ車南 石石貫 将鳳将	地 ネ牽堂 貫貫石 南調禄	鉄 ネ禄印 貫牽龍 禄貫恍	宝 ネ司庫 貫車玉 禄石胡	海 ネ鳳庫 車司車 南龍報	雨 ネ調印 石禄牽 将玉馳	樹 イ貫堂 玉調禄 恍車極	花 イ石南 禄鳳司 堂牽貴	
7月	海 サ鳳庫 牽調石 報玉印	雨 サ調印 鳳鳳貫 庫龍庫	樹 ウ貫堂 龍司禄 馳牽庫	花 ウ石南 車禄司 馳車印	陽 ウ龍南 鳳調鳳 庫司堂	灯 ウ玉堂 牽鳳調 報禄南	山 ウ車南 司石貫 報調堂	地 ウ牽堂 貫貫石 庫鳳南	鉄 ウ禄印 禄玉龍 馳石南	宝 ウ司庫 禄龍玉 馳貫堂	海 ウ鳳庫 車牽車 庫玉印	雨 ウ調印 司車牽 報龍庫	樹 タ貫堂 調司禄 極牽庫	花 タ石南 禄禄司 印車印	陽 タ龍南 禄調鳳 胡司堂
8月	雨 ト調印 龍牽貫 南石極	樹 ネ貫堂 鳳龍玉 禄龍馳	花 ネ石南 貫玉龍 禄玉報	陽 ネ龍南 鳳車鳳 南車胡	灯 ネ玉堂 司司調 将牽恍	山 ネ車南 石鳳貫 将禄胡	地 ネ牽堂 貫調石 南司恍	鉄 ネ禄印 貫貫龍 禄鳳禄	宝 ネ司庫 貫石玉 禄調将	海 ネ鳳庫 車龍車 南貫貴	雨 ネ調印 石玉牽 将石極	樹 イ貫堂 玉車禄 恍龍馳	花 イ石南 禄牽司 堂玉報	陽 イ龍南 龍禄鳳 貴車胡	灯 イ玉堂 龍司調 胡牽恍
9月	樹 ウ貫堂 禄牽玉 馳玉報	花 ウ石南 車車龍 馳龍馳	陽 ウ龍南 石司牽 庫牽極	灯 ウ玉堂 牽禄調 報車貴	山 ウ車南 司調貫 報司極	地 ウ牽堂 貫鳳石 庫禄貴	鉄 ウ禄印 禄石龍 馳調将	宝 ウ司庫 禄貫玉 馳鳳禄	海 ウ鳳庫 車玉車 庫石恍	雨 ウ調印 司龍牽 報貫胡	樹 タ貫堂 調牽禄 極玉報	花 タ石南 禄車司 印龍馳	陽 タ龍南 禄司鳳 胡牽極	灯 タ玉堂 禄禄調 貴車貴	
10月	樹 ネ貫堂 鳳牽石 禄貫印	花 ネ石南 貫鳳龍 禄石庫	陽 ネ龍南 牽石牽 南龍庫	灯 ネ玉堂 司貫車 将玉印	山 ネ車南 石貫貫 将車庫	地 ネ牽堂 貫石石 南牽印	鉄 ネ禄印 貫龍龍 禄禄堂	宝 ネ司庫 貫玉玉 禄司南	海 ネ鳳庫 車車車 南鳳南	雨 ネ調印 石牽牽 将調堂	樹 イ貫堂 玉禄禄 恍貫印	花 イ石南 禄司司 堂石庫	陽 イ龍南 龍鳳鳳 貴龍庫	灯 イ玉堂 龍調調 胡玉印	山 イ車南 貫貫貫 南車庫
11月	花 ウ石南 車石龍 馳貫極	陽 ウ龍南 石龍牽 庫玉馳	灯 ウ玉堂 玉玉車 報龍報	山 ウ車南 司禄貫 報牽馳	地 ウ牽堂 貫司石 庫車報	鉄 ウ禄印 禄鳳龍 馳司胡	宝 ウ司庫 禄調玉 馳禄恍	海 ウ鳳庫 車貫車 庫調禄	雨 ウ調印 司石牽 報鳳将	樹 タ貫堂 司龍禄 極石貴	花 タ石南 禄玉司 印貫極	陽 タ龍南 禄車鳳 胡玉馳	灯 タ玉堂 禄牽調 貴龍報	山 タ車南 貫禄貫 庫牽馳	
12月	花 ネ石南 貫龍龍 禄調胡	陽 ネ龍南 牽牽牽 南貫報	灯 ネ玉堂 司車車 将石馳	山 ネ車南 石司貫 将龍報	地 ネ牽堂 貫禄石 南玉馳	鉄 ネ禄印 貫調龍 禄車極	宝 ネ司庫 貫鳳玉 禄牽貴	海 ネ鳳庫 車石車 南禄将	雨 ネ調印 石貫牽 将司禄	樹 イ貫堂 玉玉禄 恍鳳恍	花 イ石南 禄龍司 堂調胡	陽 イ龍南 龍牽鳳 貴貫報	灯 イ玉堂 龍車調 胡石馳	山 イ車南 貫司貫 南龍報	地 イ牽堂 玉禄石 将玉馳

2025年（令和7年）

2025年(令和7年)	1日	2日	3日	4日	5日	6日	7日	8日	9日	10日	11日	12日	13日	14日	15日	16日
1月	鉄 イ禄印 牽調龍 恍車極	宝 イ司庫 龍鳳玉 堂牽貴	海 イ鳳庫 龍石車 貴禄将	雨 イ調印 龍貫牽 胡司禄	樹 サ貫堂 牽玉石 印調南	花 サ石南 石龍貫 極鳳堂	陽 サ龍南 牽牽玉 報石印	灯 サ玉堂 車車龍 庫貫庫	山 サ車南 貫司牽 貴玉印	地 サ牽堂 車禄車 胡龍庫	鉄 サ禄印 司調司 印牽庫	宝 サ司庫 石鳳禄 極車印	海 サ鳳庫 牽石調 報司堂	雨 サ調印 禄貫鳳 庫禄南	樹 ウ貫堂 禄牽玉 馳調南	花 ウ石南 車車龍 馳鳳堂
2月	宝 タ司庫 龍龍玉 印車印	海 タ鳳庫 鳳牽車 胡司堂	雨 タ鳳報 鳳牽牽 貴牽恍	樹 ト石胡 石禄禄 堂禄禄	花 ト貫恍 司司司 恍司将	陽 ト玉禄 調鳳鳳 将鳳貴	灯 ト龍将 貫調調 南調極	山 ト牽禄 貫貫貫 胡貫貴	地 ト車将 鳳石調 貴石極	鉄 ト司貴 石龍貫 堂龍馳	宝 ト禄極 司牽石 恍玉報	海 ト調馳 石禄龍 将車胡	雨 ト鳳報 龍司玉 南牽恍	樹 ネ石胡 鳳鳳車 禄禄禄	花 ネ貫恍 貫調牽 禄司将	陽 ネ玉禄 鳳貫禄 南鳳貴
3月	地 イ車将 玉牽玉 将石極	鉄 イ司貴 牽禄車 恍龍馳	宝 イ禄極 龍司牽 堂玉報	海 イ調馳 龍鳳禄 貴車胡	雨 イ鳳報 龍鳳牽 胡車貴	樹 サ石胡 牽石禄 印司将	花 サ貫恍 石貫司 極禄禄	陽 サ玉禄 牽玉鳳 報調恍	灯 サ龍将 車龍調 庫鳳胡	山 サ牽禄 貫牽貫 貴石恍	地 サ車将 車車調 胡貫胡	鉄 サ司貴 司司貫 印玉報	宝 サ禄極 石禄石 極龍馳	海 サ調馳 牽調龍 報牽極	雨 サ鳳報 鳳鳳玉 庫車貴	樹 ウ石胡 龍石車 馳司将
4月	鉄 タ司貴 調司車 極玉報	宝 タ禄極 龍禄牽 印龍馳	海 タ調馳 鳳調禄 胡牽極	雨 タ鳳報 鳳鳳牽 貴玉印	樹 ト石胡 石石禄 堂車堂	花 ト貫恍 司貫司 恍牽南	陽 ト玉禄 調玉鳳 将禄南	灯 ト龍将 貫龍調 南司堂	山 ト牽禄 貫牽貫 胡鳳南	地 ト車将 鳳車調 貴調堂	鉄 ト司貴 石司貫 堂貫印	宝 ト禄極 司禄石 恍石庫	海 ト調馳 石調龍 将龍庫	雨 ト鳳報 龍貫玉 南玉印	樹 ネ石胡 鳳玉車 禄車堂	花 ネ貫恍 貫龍牽 禄牽南
5月	鉄 イ司貴 牽龍車 恍貫印	宝 イ禄極 龍玉牽 堂石庫	海 イ調馳 龍車禄 貴龍庫	雨 イ鳳報 龍牽司 胡玉印	樹 サ石胡 牽禄禄 印牽胡	花 サ貫恍 石司司 極車恍	陽 サ玉禄 牽鳳鳳 報司禄	灯 サ龍将 車調調 庫禄将	山 サ牽禄 貫貫貫 貴調禄	地 サ車将 車石石 胡鳳将	鉄 サ司貴 司貫貫 印石貴	宝 サ禄極 石石石 極貫極	海 サ調馳 牽龍龍 報玉馳	雨 サ鳳報 禄玉玉 庫龍報	樹 ウ石胡 禄車車 馳牽胡	花 ウ貫恍 車牽牽 馳車恍
6月	宝 タ禄極 龍牽牽 印貫極	海 タ調馳 鳳禄禄 胡玉馳	雨 タ鳳報 鳳司司 貴龍報	樹 ト石胡 禄鳳鳳 堂牽胡	花 ト貫恍 司禄司 恍玉貴	陽 ト玉禄 調調鳳 将車将	灯 ト龍将 貫鳳調 南牽禄	山 ト牽禄 貫石貫 胡禄将	地 ト車将 鳳貫石 貴司禄	鉄 ト司貴 石玉龍 堂鳳恍	宝 ト禄極 司龍石 恍調胡	海 ト調馳 石牽龍 将貫報	雨 ト鳳報 貫車玉 南石馳	樹 ネ石胡 鳳司車 禄龍極	花 ネ貫恍 貫禄牽 禄玉貴	陽 ネ玉禄 牽調禄 南車将
7月	宝 イ禄極 龍車牽 堂調胡	海 イ調馳 龍司禄 貴貫報	雨 イ鳳報 龍禄司 胡石馳	樹 サ石胡 禄調鳳 印龍極	花 サ貫恍 玉鳳調 極玉貴	陽 サ玉禄 牽石貫 報車将	灯 サ龍将 車貫調 庫車南	山 サ牽禄 貫玉貫 貴司堂	地 サ車将 車龍石 胡禄南	鉄 サ司貴 司牽龍 印調南	宝 サ禄極 玉車玉 極鳳堂	海 サ調馳 牽司車 報石印	雨 サ鳳報 禄禄玉 庫貫庫	樹 ウ石胡 禄調車 馳玉庫	花 ウ貫恍 車鳳牽 馳龍印	陽 ウ玉禄 司石禄 庫牽堂
8月	海 タ調馳 鳳牽禄 胡石印	雨 タ鳳報 鳳車司 貴貫庫	樹 ト石胡 禄司鳳 堂玉庫	花 ト貫恍 調禄調 恍龍印	陽 ト玉禄 石調貫 将牽堂	灯 ト龍将 鳳鳳石 南車南	山 ト牽禄 貫貫貫 胡車胡	地 ト車将 鳳石石 貴牽恍	鉄 ト司貴 石龍龍 堂禄禄	宝 ト禄極 司玉玉 恍司将	海 ト調馳 石車車 将鳳貴	雨 ト鳳報 貫牽牽 南調極	樹 ネ石胡 禄禄車 禄貫馳	花 ネ貫恍 貫司牽 禄石報	陽 ネ玉禄 玉鳳禄 南龍胡	灯 ネ龍将 司調司 将玉恍
9月	雨 イ鳳報 龍玉司 胡調極	樹 サ石胡 禄車鳳 印貫馳	花 サ貫恍 玉牽調 極石報	陽 サ玉禄 牽禄貫 報龍胡	灯 サ龍将 鳳司石 庫玉恍	山 サ牽禄 車鳳龍 貴車胡	地 サ車将 車鳳石 胡車貴	鉄 サ司貴 司石龍 印司将	宝 サ禄極 玉貫玉 極禄禄	海 サ調馳 牽玉車 報調恍	雨 サ鳳報 禄龍牽 庫鳳胡	樹 ウ石胡 禄牽禄 馳石報	花 ウ貫恍 車車牽 馳貫馳	陽 ウ玉禄 司司禄 庫玉極	灯 ウ龍将 玉禄司 報龍貴	山 ウ牽禄 司調鳳 報牽極
10月	雨 タ鳳報 鳳龍司 貴鳳胡	樹 ト石胡 禄牽鳳 堂石報	花 ト貫恍 調車調 恍貫馳	陽 ト玉禄 石司貫 将玉極	灯 ト龍将 鳳禄石 南龍貴	山 ト牽禄 鳳調龍 胡牽極	地 ト車将 鳳鳳玉 貴車貴	鉄 ト司貴 石石龍 堂車堂	宝 ト禄極 司貫玉 恍牽南	海 ト調馳 石玉車 将禄南	雨 ト鳳報 貫龍牽 南司堂	樹 ネ石胡 禄牽禄 禄鳳印	花 ネ貫恍 貫車司 禄調庫	陽 ネ玉禄 玉司禄 南貫庫	灯 ネ龍将 司禄司 将石印	山 ネ牽禄 石調鳳 将龍庫
11月	樹 サ石胡 禄禄鳳 印鳳印	花 サ貫恍 玉司調 極調庫	陽 サ玉禄 牽鳳貫 報貫庫	灯 サ龍将 鳳調石 庫石印	山 サ牽禄 車貫龍 貴龍庫	地 サ車将 車石玉 胡玉印	鉄 サ司貴 司禄龍 印牽胡	宝 サ禄極 玉司玉 極車恍	海 サ調馳 牽鳳車 報司禄	雨 サ鳳報 禄調牽 庫禄将	樹 ウ石胡 禄貫禄 馳調貴	花 ウ貫恍 車石司 馳鳳極	陽 ウ玉禄 司龍禄 庫石馳	灯 ウ龍将 玉玉司 報貫報	山 ウ牽禄 司車鳳 報玉馳	地 ウ車将 禄牽調 庫龍報
12月	樹 ト石胡 禄龍鳳 堂調貴	花 ト貫恍 調玉調 恍鳳極	陽 ト玉禄 石車貫 将石馳	灯 ト龍将 鳳牽石 南貫報	山 ト牽禄 鳳禄龍 胡玉馳	地 ト車将 鳳司玉 貴龍報	鉄 ト司貴 石調龍 堂龍極	宝 ト禄極 司鳳玉 恍玉貴	海 ト調馳 石石車 将車将	雨 ト鳳報 貫貫牽 南牽禄	樹 ネ石胡 禄玉禄 禄禄恍	花 ネ貫恍 貫龍司 禄司胡	陽 ネ玉禄 玉牽禄 南鳳報	灯 ネ龍将 司車司 将調馳	山 ネ牽禄 石司鳳 将貫報	地 ネ車将 龍禄調 南石馳

2025年(令和7年)	17日	18日	19日	20日	21日	22日	23日	24日	25日	26日	27日	28日	29日	30日	31日
1月	陽 ウ龍南 石司牽 庫石印	灯 ウ玉堂 牽鳳調 報貫庫	山 ウ車南 司石貫 報玉印	地 ウ牽堂 貫貫石 庫龍庫	鉄 ウ禄印 禄玉龍 馳牽庫	宝 ウ司庫 禄龍玉 馳車印	海 ウ鳳庫 車牽車 庫司堂	雨 ウ調印 司車牽 報禄南	樹 タ貫堂 調司禄 極調南	花 タ石南 禄禄司 印鳳堂	陽 タ龍南 禄調鳳 胡石印	灯 タ玉堂 禄鳳調 貴貫庫	山 タ車南 貫石貫 庫玉印	地 タ牽堂 司貫石 報龍庫	鉄 タ禄印 調玉龍 極牽庫
2月	灯 ネ龍将 司石司 将調極	山 ネ牽禄 石車龍 将貫貴	地 ネ車将 貫牽玉 南石極	鉄 ネ司貴 貫禄車 禄龍馳	宝 ネ禄極 貫司牽 禄玉報	海 ネ調馳 車鳳禄 南車胡	雨 ネ鳳報 石調司 将牽恍	樹 イ石胡 玉貫鳳 恍禄禄	花 イ貫恍 禄石調 堂司将	陽 イ玉禄 龍龍貫 貴鳳貴	灯 イ龍将 龍玉石 胡調極	山 イ牽禄 貫車龍 南貫貴			
3月	花 ウ貫恍 車貫牽 馳禄禄	陽 ウ玉禄 鳳玉禄 庫調恍	灯 ウ龍将 牽龍司 報鳳胡	山 ウ牽禄 司牽龍 報石恍	地 ウ車将 貫車玉 庫貫胡	鉄 ウ司貴 禄司車 馳玉報	宝 ウ禄極 禄禄牽 馳龍馳	海 ウ調馳 車調禄 庫牽極	雨 ウ鳳報 司鳳司 報車貴	樹 タ石胡 調石鳳 極司将	花 タ貫恍 禄貫調 印禄禄	陽 タ玉禄 禄玉貫 胡調恍	灯 タ龍将 禄龍石 貴鳳胡	山 タ牽禄 貫牽龍 庫石恍	地 タ車将 司車玉 報貫胡
4月	陽 ネ玉禄 鳳鳳禄 南禄南	灯 ネ龍将 司調司 将司堂	山 ネ牽禄 石貫龍 将鳳南	地 ネ車将 貫石玉 南調堂	鉄 ネ司貴 貫龍車 禄貫印	宝 ネ禄極 貫玉牽 禄石庫	海 ネ調馳 車車禄 南龍庫	雨 ネ鳳報 石牽司 将玉印	樹 イ石胡 玉禄鳳 恍車堂	花 イ貫恍 禄司調 堂牽南	陽 イ玉禄 龍鳳貫 貴禄南	灯 イ龍将 龍調石 胡司堂	山 イ牽禄 貫貫龍 南鳳南	地 イ車将 玉石玉 将調堂	
5月	陽 ウ玉禄 石禄禄 庫司禄	灯 ウ龍将 牽司司 報禄将	山 ウ牽禄 司鳳鳳 報調禄	地 ウ車将 貫玉玉 庫鳳将	鉄 ウ司貴 禄車車 馳石貴	宝 ウ禄極 禄牽牽 馳貫極	海 ウ調馳 車禄禄 庫玉馳	雨 ウ鳳報 司司司 報龍報	樹 タ石胡 調鳳鳳 極牽胡	花 タ貫恍 禄調調 印車恍	陽 タ玉禄 禄貫貫 胡司禄	灯 タ龍将 禄石石 貴禄将	山 タ牽禄 貫龍龍 庫調禄	地 タ車将 司玉玉 報鳳将	鉄 タ司貴 調車車 極石貴
6月	灯 ネ龍将 司鳳司 将牽禄	山 ネ牽禄 石石鳳 将禄将	地 ネ車将 貫貫調 南司禄	鉄 ネ司貴 貫玉車 禄鳳恍	宝 ネ禄極 貫龍牽 禄調胡	海 ネ調馳 車牽禄 南貫報	雨 ネ鳳報 石車司 将石馳	樹 イ石胡 玉司鳳 恍龍極	花 イ貫恍 禄鳳調 堂玉貴	陽 イ玉禄 龍石貫 貴車将	灯 イ龍将 龍貫石 胡牽禄	山 イ牽禄 貫玉龍 南禄将	地 イ車将 玉龍玉 将司禄	鉄 イ司貴 牽牽車 恍鳳恍	
7月	灯 ウ龍将 玉龍司 報車南	山 ウ牽禄 司牽鳳 報司堂	地 ウ車将 鳳車調 庫禄南	鉄 ウ司貴 車玉貫 馳調南	宝 ウ禄極 禄龍石 馳鳳堂	海 ウ調馳 車牽禄 庫石印	雨 ウ鳳報 司車司 報貫庫	樹 タ石胡 司司鳳 極玉庫	花 タ貫恍 禄禄調 印龍印	陽 タ玉禄 禄調貫 胡牽堂	灯 タ龍将 禄鳳石 貴車南	山 タ牽禄 貫石龍 庫司堂	地 タ車将 司貫玉 報禄南	鉄 タ司貴 調玉車 極調南	宝 タ禄極 龍龍牽 印鳳堂
8月	山 ネ牽禄 石貫鳳 将車胡	地 ネ車将 車司調 南牽恍	鉄 ネ司貴 鳳鳳貫 禄禄禄	宝 ネ禄極 貫調石 禄司将	海 ネ調馳 車龍龍 南鳳貴	雨 ネ鳳報 石玉司 将調極	樹 イ石胡 玉車鳳 恍貫馳	花 イ貫恍 禄牽調 堂石報	陽 イ玉禄 龍禄貫 貴龍胡	灯 イ龍将 龍司石 胡玉恍	山 イ牽禄 貫鳳龍 南車胡	地 イ車将 玉調玉 将牽恍	鉄 イ司貴 牽貫車 恍禄禄	宝 イ禄極 龍石牽 堂司将	海 イ調馳 龍龍禄 貴鳳貴
9月	地 ウ車将 鳳鳳調 庫車貴	鉄 ウ司貴 車石貫 馳司将	宝 ウ禄極 禄貫石 馳禄禄	海 ウ調馳 車玉龍 庫調恍	雨 ウ鳳報 玉龍玉 報鳳胡	樹 タ石胡 司牽鳳 極石報	花 タ貫恍 禄車調 印貫馳	陽 タ玉禄 禄司貫 胡玉極	灯 タ龍将 禄禄石 貴龍貴	山 タ牽禄 貫調龍 庫牽極	地 タ車将 司鳳玉 報車貴	鉄 タ司貴 調石車 極司将	宝 タ禄極 龍貫牽 印禄禄	海 タ調馳 鳳玉禄 胡調恍	
10月	地 ネ車将 龍鳳調 南玉印	鉄 ネ司貴 龍牽貫 禄車堂	宝 ネ禄極 貫車石 禄牽南	海 ネ調馳 司司龍 南禄南	雨 ネ鳳報 石牽玉 将司堂	樹 イ石胡 玉禄車 恍鳳印	花 イ貫恍 禄司調 堂調庫	陽 イ玉禄 龍鳳貫 貴貫庫	灯 イ龍将 龍調石 胡石印	山 イ牽禄 貫貫龍 南龍庫	地 イ車将 玉石玉 将玉印	鉄 イ司貴 牽龍車 恍車堂	宝 イ禄極 龍玉牽 堂牽南	海 イ調馳 龍車禄 貴禄南	雨 イ鳳報 龍牽司 胡司堂
11月	鉄 ウ司貴 車禄貫 馳牽胡	宝 ウ禄極 禄司石 馳車恍	海 ウ調馳 石鳳龍 庫司禄	雨 ウ鳳報 玉石玉 報禄将	樹 タ石胡 司龍車 極調貴	花 タ貫恍 禄玉調 印鳳極	陽 タ玉禄 禄車貫 胡石馳	灯 タ龍将 禄牽石 貴貫報	山 タ牽禄 貫禄龍 庫玉馳	地 タ車将 司司玉 報龍報	鉄 タ司貴 調鳳車 極牽胡	宝 タ禄極 龍調牽 印車恍	海 タ調馳 鳳貫禄 胡司禄	雨 タ鳳報 鳳石司 貴禄将	
12月	鉄 ネ司貴 龍調貫 禄龍極	宝 ネ禄極 貫鳳石 禄玉貴	海 ネ調馳 司石龍 南車将	雨 ネ鳳報 石貫玉 将牽禄	樹 イ石胡 玉玉車 恍禄恍	花 イ貫恍 禄龍調 堂司胡	陽 イ玉禄 龍牽貫 貴鳳報	灯 イ龍将 龍車石 胡調馳	山 イ牽禄 貫司龍 南貫報	地 イ車将 玉禄玉 将石馳	鉄 イ司貴 牽調車 恍龍極	宝 イ禄極 龍鳳牽 堂玉貴	海 イ調馳 龍石禄 貴車将	雨 イ鳳報 龍貫司 胡牽禄	樹 サ石胡 禄玉鳳 印禄恍

2026年（令和8年）

2026年(令和8年)

	1日	2日	3日	4日	5日	6日	7日	8日	9日	10日	11日	12日	13日	14日	15日	16日	17日	18日	19日	20日	21日	22日	23日	24日	25日	26日	27日	28日	29日	30日	31日
1月	花 サ貫恍 玉龍調 極司胡	陽 サ玉禄 牽牽貫 報鳳報	灯 サ龍将 鳳車石 庫調馳	山 サ牽禄 車司龍 貴貫報	地 サ車将 車禄石 胡貫庫	鉄 サ司貴 司調龍 印玉庫	宝 サ禄極 玉鳳玉 極龍印	海 サ調馳 牽石車 報牽堂	雨 サ鳳報 禄貫牽 庫車南	樹 ウ石胡 禄玉禄 馳司南	花 ウ貫恍 車龍牽 馳禄堂	陽 ウ玉禄 司牽禄 庫調印	灯 ウ龍将 玉車司 報鳳庫	山 ウ牽禄 司司鳳 報石印	地 ウ車将 鳳鳳調 庫貫庫	鉄 ウ司貴 車石貫 馳玉庫	宝 ウ禄極 禄貫石 馳龍印	海 ウ調馳 車牽龍 庫牽堂	雨 ウ鳳報 玉車玉 報車南	樹 夕石胡 司司鳳 極司南	花 夕貫恍 禄禄調 印禄堂	陽 夕玉禄 禄調貫 胡調印	灯 夕龍将 禄鳳石 貴鳳庫	山 夕牽禄 貫石龍 庫石印	地 夕車将 司貫玉 報貫庫	鉄 夕司貴 調玉車 極玉庫	宝 夕禄極 龍龍牽 印龍印	海 夕調馳 鳳牽禄 胡牽堂	雨 夕鳳報 鳳車司 貴車南	樹 ト石胡 禄司鳳 堂司南	花 ト貫恍 調禄調 恍禄堂
2月	陽 ト玉禄 石調貫 将調印	灯 ト龍将 鳳鳳石 南鳳庫	山 ト牽禄 鳳石龍 胡石印	地 ト玉禄 鳳石貫 貴調極	鉄 ト車恍 石龍玉 堂貫馳	宝 ト牽胡 司玉龍 恍石報	海 ト禄報 石車牽 将龍胡	雨 ト司馳 貫牽車 南玉恍	樹 ネ鳳極 禄禄司 禄車禄	花 ネ調貴 貫司禄 禄牽将	陽 ネ貫将 玉鳳調 南禄貴	灯 ネ石禄 司石鳳 将司極	山 ネ龍将 石龍石 将鳳貴	地 ネ玉禄 車玉貫 南調極	鉄 ネ車恍 鳳車玉 禄貫馳	宝 ネ牽胡 貫牽龍 禄石報	海 ネ禄報 車禄牽 南龍胡	雨 ネ司馳 石司車 将玉恍	樹 イ鳳極 玉貫司 恍車禄	花 イ調貴 禄石禄 堂牽将	陽 イ貫将 龍龍調 貴禄貴	灯 イ石禄 龍玉鳳 胡司極	山 イ龍将 貫車石 南鳳貴	地 イ玉禄 玉牽龍 将調極	鉄 イ車恍 牽禄牽 恍貫馳	宝 イ牽胡 龍司車 堂石報	海 イ禄報 龍鳳司 貴龍胡	雨 イ司馳 龍調禄 胡玉恍			
3月	樹 サ鳳極 禄貫調 印車禄	花 サ調貴 玉石鳳 極牽将	陽 サ貫将 牽龍石 報禄貴	灯 サ石禄 鳳玉貫 庫司極	山 サ龍将 貫牽石 貴調恍	地 サ玉禄 車車貫 胡鳳胡	鉄 サ車恍 司司玉 印石報	宝 サ牽胡 玉禄龍 極貫馳	海 サ禄報 牽調牽 報玉極	雨 サ司馳 禄鳳車 庫龍貴	樹 ウ鳳極 禄石司 馳牽将	花 ウ調貴 車貫禄 馳車禄	陽 ウ貫将 司玉調 庫司恍	灯 ウ石禄 玉龍鳳 報禄胡	山 ウ龍将 司牽石 報調恍	地 ウ玉禄 鳳車貫 庫鳳胡	鉄 ウ車恍 車司玉 馳石報	宝 ウ牽胡 禄禄龍 馳貫馳	海 ウ禄報 車調牽 庫玉極	雨 ウ司馳 司鳳車 報龍貴	樹 夕鳳極 司石司 極牽将	花 夕調貴 禄貫禄 印車禄	陽 夕貫将 禄玉調 胡司恍	灯 夕石禄 禄龍鳳 貴禄胡	山 夕龍将 貫牽玉 庫調恍	地 夕玉禄 司車龍 報鳳胡	鉄 夕車恍 調司牽 極石報	宝 夕牽胡 龍禄車 印貫馳	海 夕禄報 鳳調司 胡玉極	雨 夕司馳 鳳鳳禄 貴龍貴	樹 ト鳳極 禄石調 堂牽将
4月	花 ト調貴 調貫鳳 恍車禄	陽 ト貫将 石玉石 将司恍	灯 ト石禄 鳳龍貫 南禄胡	山 ト龍将 鳳牽玉 胡調恍	地 ト玉禄 鳳車貫 貴司堂	鉄 ト車恍 石司玉 堂鳳印	宝 ト牽胡 司禄龍 恍調庫	海 ト禄報 石調牽 将貫庫	雨 ト司馳 貫鳳車 南石印	樹 ネ鳳極 禄石司 禄龍堂	花 ネ調貴 貫貫禄 禄玉南	陽 ネ貫将 玉玉調 南車南	灯 ネ石禄 司龍鳳 将牽堂	山 ネ龍将 石牽石 将禄南	地 ネ玉禄 車禄貫 南司堂	鉄 ネ車恍 鳳調玉 禄鳳印	宝 ネ牽胡 貫鳳龍 禄調庫	海 ネ禄報 車車牽 南貫庫	雨 ネ司馳 石牽車 将石印	樹 イ鳳極 玉禄司 恍龍堂	花 イ調貴 禄司禄 堂玉南	陽 イ貫将 龍鳳調 貴車南	灯 イ石禄 龍調鳳 胡牽堂	山 イ龍将 貫貫石 南禄南	地 イ玉禄 玉石龍 将司堂	鉄 イ車恍 牽龍牽 恍鳳印	宝 イ牽胡 龍玉車 堂調庫	海 イ禄報 龍車司 貴貫庫	雨 イ司馳 龍牽禄 胡石印	樹 サ鳳極 禄禄調 印龍堂	
5月	花 サ調貴 玉司鳳 極玉南	陽 サ貫将 牽鳳石 報車南	灯 サ石禄 鳳調貫 庫牽堂	山 サ龍将 車貫玉 貴禄南	地 サ玉禄 車石貫 胡禄将	鉄 サ車恍 司龍玉 印調貴	宝 サ牽胡 玉玉龍 極鳳極	海 サ禄報 牽車牽 報石馳	雨 サ司馳 禄牽車 庫貫報	樹 ウ鳳極 禄禄司 馳玉胡	花 ウ調貴 車牽禄 馳龍恍	陽 ウ貫将 司禄調 庫牽禄	灯 ウ石禄 玉司鳳 報車将	山 ウ龍将 司鳳石 報司禄	地 ウ玉禄 鳳調貫 庫禄将	鉄 ウ車恍 車貫玉 馳調貴	宝 ウ牽胡 禄石龍 馳鳳極	海 ウ禄報 車龍牽 庫石馳	雨 ウ司馳 玉玉車 報貫報	樹 夕鳳極 司鳳司 極玉胡	花 夕調貴 禄調禄 印龍恍	陽 夕貫将 禄貫調 胡牽禄	灯 夕石禄 禄石鳳 貴車将	山 夕龍将 貫龍石 庫司禄	地 夕玉禄 司玉龍 報禄将	鉄 夕車恍 調車牽 極調貴	宝 夕牽胡 龍牽車 印鳳極	海 夕禄報 鳳禄司 胡石馳	雨 夕司馳 鳳司禄 貴貫報	樹 ト鳳極 禄鳳調 堂玉胡	花 ト調貴 調調鳳 恍龍恍
6月	陽 ト貫将 石貫石 将牽禄	灯 ト石禄 鳳石貫 南車将	山 ト龍将 鳳龍玉 胡司禄	地 ト玉禄 鳳玉龍 貴禄将	鉄 ト車恍 龍車牽 堂調貴	宝 ト牽胡 司龍龍 恍司胡	海 ト禄報 石牽牽 将鳳報	雨 ト司馳 貫車車 南調馳	樹 ネ鳳極 禄司司 禄貫極	花 ネ調貴 貫禄禄 禄石貴	陽 ネ貫将 玉調調 南龍将	灯 ネ石禄 司鳳鳳 将玉禄	山 ネ龍将 石石石 将車将	地 ネ玉禄 龍貫貫 南牽禄	鉄 ネ車恍 龍玉玉 禄禄恍	宝 ネ牽胡 貫龍龍 禄司胡	海 ネ禄報 司牽牽 南鳳報	雨 ネ司馳 調車車 将調馳	樹 イ鳳極 玉司司 恍貫極	花 イ調貴 禄禄禄 堂石貴	陽 イ貫将 龍調調 貴龍将	灯 イ石禄 龍鳳鳳 胡玉禄	山 イ龍将 貫石石 南車将	地 イ玉禄 玉貫貫 将牽禄	鉄 イ車恍 玉玉玉 恍禄恍	宝 イ牽胡 龍車車 堂司胡	海 イ禄報 龍司司 貴鳳報	雨 イ司馳 龍禄禄 胡調馳	樹 サ鳳極 禄調調 印貫極	花 サ調貴 玉鳳鳳 極石貴	
7月	陽 サ貫将 牽石石 報龍将	灯 サ石禄 鳳貫貫 庫玉禄	山 サ龍将 車玉玉 貴車将	地 サ玉禄 車龍龍 胡牽禄	鉄 サ車恍 龍牽牽 印禄恍	宝 サ牽胡 牽車車 極司胡	海 サ禄報 牽司牽 報調印	雨 サ司馳 禄禄車 庫鳳庫	樹 ウ鳳極 禄調司 馳石庫	花 ウ調貴 車鳳禄 馳貫印	陽 ウ貫将 司石調 庫玉堂	灯 ウ石禄 玉貫鳳 報龍南	山 ウ龍将 司玉石 報牽堂	地 ウ玉禄 禄龍貫 庫車南	鉄 ウ車恍 車牽玉 馳司南	宝 ウ牽胡 禄車龍 馳禄堂	海 ウ禄報 石調牽 庫調印	雨 ウ司馳 玉鳳車 報鳳庫	樹 夕鳳極 司石司 極石庫	花 夕調貴 禄禄禄 印貫印	陽 夕貫将 禄調調 胡玉堂	灯 夕石禄 禄鳳鳳 貴龍南	山 夕龍将 貫石石 庫牽堂	地 夕玉禄 司貫貫 報車南	鉄 夕車恍 調玉玉 極司南	宝 夕牽胡 龍龍龍 印禄堂	海 夕禄報 鳳牽司 胡調印	雨 夕司馳 鳳車禄 貴鳳庫	樹 ト鳳極 禄司調 堂石庫	花 ト調貴 調禄鳳 恍貫印	陽 ト貫将 石調石 将玉堂
8月	灯 ト石禄 鳳鳳貫 南龍南	山 ト龍将 鳳石玉 胡牽堂	地 ト玉禄 鳳貫龍 貴車南	鉄 ト車恍 龍玉牽 堂司南	宝 ト牽胡 調龍車 恍禄堂	海 ト禄報 石牽司 将調印	雨 ト司馳 貫牽車 南司極	樹 ネ鳳極 禄禄司 禄鳳馳	花 ネ調貴 貫司禄 禄調報	陽 ネ貫将 玉鳳調 南貫胡	灯 ネ石禄 調調鳳 将石恍	山 ネ龍将 石貫石 将龍胡	地 ネ玉禄 龍石貫 南玉恍	鉄 ネ車恍 龍龍玉 禄車禄	宝 ネ牽胡 貫玉龍 禄牽将	海 ネ禄報 玉車牽 南禄貴	雨 ネ司馳 調牽車 将司極	樹 イ鳳極 玉龍司 恍鳳馳	花 イ調貴 車玉禄 堂調報	陽 イ貫将 貫車調 貴貫胡	灯 イ石禄 龍司鳳 胡石恍	山 イ龍将 貫鳳石 南龍胡	地 イ玉禄 玉調貫 将玉恍	鉄 イ車恍 玉貫玉 恍車禄	宝 イ牽胡 龍石龍 堂牽将	海 イ禄報 龍龍牽 貴禄貴	雨 イ司馳 龍玉禄 胡司極	樹 サ鳳極 禄車調 印鳳馳	花 サ調貴 玉牽鳳 極調報	陽 サ貫将 牽禄石 報貫胡	灯 サ石禄 鳳司貫 庫石恍
9月	山 サ龍将 車鳳玉 貴龍胡	地 サ玉禄 車調龍 胡玉恍	鉄 サ車恍 龍貫牽 印車禄	宝 サ牽胡 牽石車 極牽将	海 サ禄報 司龍司 報禄貴	雨 サ司馳 車玉禄 庫司極	樹 ウ鳳極 禄牽司 馳調報	花 ウ調貴 車車禄 馳鳳馳	陽 ウ貫将 司司調 庫石極	灯 ウ石禄 玉禄鳳 報貫貴	山 ウ龍将 司調石 報玉極	地 ウ玉禄 禄鳳貫 庫龍貴	鉄 ウ車恍 龍石玉 馳牽将	宝 ウ牽胡 禄貫龍 馳車禄	海 ウ禄報 調玉牽 庫司恍	雨 ウ司馳 玉龍車 報禄胡	樹 夕鳳極 司牽司 極調報	花 夕調貴 貫車禄 印鳳馳	陽 夕貫将 車司調 胡石極	灯 夕石禄 禄禄鳳 貴貫貴	山 夕龍将 貫調石 庫玉極	地 夕玉禄 司鳳貫 報龍貴	鉄 夕車恍 調石玉 極牽将	宝 夕牽胡 龍貫龍 印車禄	海 夕禄報 鳳玉牽 胡司恍	雨 夕司馳 鳳龍車 貴禄胡	樹 ト鳳極 禄牽調 堂調報	花 ト調貴 調車鳳 恍鳳馳	陽 ト貫将 石司石 将石極	灯 ト石禄 鳳禄貫 南貫貴	
10月	山 ト龍将 鳳調玉 胡玉極	地 ト玉禄 鳳鳳龍 貴龍貴	鉄 ト車恍 龍石牽 堂牽将	宝 ト牽胡 調貫車 恍車禄	海 ト禄報 石玉司 将司恍	雨 ト司馳 車龍禄 南禄胡	樹 ネ鳳極 貫牽調 禄調報	花 ネ調貴 貫車禄 禄司庫	陽 ネ貫将 玉司調 南鳳庫	灯 ネ石禄 調禄鳳 将調印	山 ネ龍将 石調石 将貫庫	地 ネ玉禄 龍鳳貫 南石印	鉄 ネ車恍 龍石玉 禄龍堂	宝 ネ牽胡 貫貫龍 禄玉南	海 ネ禄報 玉玉牽 南車南	雨 ネ司馳 調龍車 将牽堂	樹 イ鳳極 玉牽司 恍禄印	花 イ調貴 車鳳禄 堂司庫	陽 イ貫将 貫石調 貴鳳庫	灯 イ石禄 龍貫鳳 胡調印	山 イ龍将 貫貫石 南貫庫	地 イ玉禄 調石貫 将石印	鉄 イ車恍 玉龍玉 恍龍堂	宝 イ牽胡 龍玉龍 堂玉南	海 イ禄報 龍車牽 貴車南	雨 イ司馳 龍牽車 胡牽堂	樹 サ鳳極 禄禄司 印禄印	花 サ調貴 玉司鳳 極司庫	陽 サ貫将 牽鳳石 報鳳庫	灯 サ石禄 鳳調貫 庫調印	山 サ龍将 車貫玉 貴貫庫
11月	地 サ玉禄 車石龍 胡石印	鉄 サ車恍 龍龍牽 印龍堂	宝 サ牽胡 牽玉車 極玉南	海 サ禄報 司車司 報車南	雨 サ司馳 車牽禄 庫牽堂	樹 ウ鳳極 車禄調 馳禄印	花 ウ調貴 車石禄 馳禄極	陽 ウ貫将 司龍調 庫調馳	灯 ウ石禄 玉玉鳳 報鳳報	山 ウ龍将 司車石 報石馳	地 ウ玉禄 禄牽貫 庫貫報	鉄 ウ車恍 龍禄玉 馳玉胡	宝 ウ牽胡 禄司龍 馳龍恍	海 ウ禄報 調鳳牽 庫牽禄	雨 ウ司馳 玉調車 報車将	樹 夕鳳極 司貫司 極司貴	花 夕調貴 貫石禄 印禄極	陽 夕貫将 車龍調 胡調馳	灯 夕石禄 禄玉鳳 貴鳳報	山 夕龍将 貫禄石 庫石馳	地 夕玉禄 司司貫 報貫報	鉄 夕車恍 調鳳玉 極玉胡	宝 夕牽胡 龍調龍 印龍恍	海 夕禄報 鳳貫牽 胡牽禄	雨 夕司馳 鳳石車 貴車将	樹 ト鳳極 禄龍司 堂司貴	花 ト調貴 調玉鳳 恍禄極	陽 ト貫将 石車石 将調馳	灯 ト石禄 鳳牽貫 南鳳報	山 ト龍将 鳳禄玉 胡石馳	
12月	地 ト玉禄 鳳司龍 貴貫報	鉄 ト車恍 龍鳳牽 堂玉胡	宝 ト牽胡 調調車 恍龍恍	海 ト禄報 石貫司 将牽禄	雨 ト司馳 車石禄 南車将	樹 ネ鳳極 貫龍調 禄司貴	花 ネ調貴 貫龍禄 禄牽胡	陽 ネ貫将 玉牽調 南禄報	灯 ネ石禄 調車鳳 将司馳	山 ネ龍将 石司石 将鳳報	地 ネ玉禄 龍禄貫 南調馳	鉄 ネ車恍 龍調玉 禄貫極	宝 ネ牽胡 貫鳳龍 禄石貴	海 ネ禄報 玉石牽 南龍将	雨 ネ司馳 調貫車 将玉禄	樹 イ鳳極 玉玉司 恍車恍	花 イ調貴 車龍禄 堂牽胡	陽 イ貫将 貫牽調 貴禄報	灯 イ石禄 龍車鳳 胡司馳	山 イ龍将 貫司石 南鳳報	地 イ玉禄 調禄貫 将調馳	鉄 イ車恍 玉調玉 恍貫極	宝 イ牽胡 龍鳳龍 堂石貴	海 イ禄報 龍石牽 貴龍将	雨 イ司馳 龍貫車 胡玉禄	樹 サ鳳極 禄玉司 印車恍	花 サ調貴 玉龍鳳 極牽胡	陽 サ貫将 牽牽石 報禄報	灯 サ石禄 鳳車貫 庫司馳	山 サ龍将 車司玉 貴鳳報	地 サ玉禄 車禄龍 胡調馳

2027年（令和9年）	1日	2日	3日	4日	5日	6日	7日	8日	9日	10日	11日	12日	13日	14日	15日	16日	17日	18日	19日	20日	21日	22日	23日	24日	25日	26日	27日	28日	29日	30日	31日
1月	鉄 サ車悦 龍調牽 印貫極	宝 サ牽胡 牽鳳車 極石貴	海 サ禄報 司石司 報龍将	雨 サ司馳 車貫禄 庫玉禄	樹 ウ鳳極 禄玉司 馳牽南	花 ウ調貴 車龍禄 馳車堂	陽 ウ貫将 司牽調 庫司印	灯 ウ石禄 玉車鳳 報禄庫	山 ウ龍将 司司石 報調印	地 ウ玉禄 禄禄貫 庫鳳庫	鉄 ウ車悦 龍調玉 馳石庫	宝 ウ牽胡 禄鳳龍 馳貫印	海 ウ禄報 調石牽 庫玉堂	雨 ウ司馳 玉貫車 報龍南	樹 タ鳳極 司牽司 極牽南	花 タ調貴 貫車禄 印車堂	陽 タ貫将 車司調 胡司印	灯 タ石禄 禄鳳鳳 貴禄庫	山 タ龍将 貫石石 庫調印	地 タ玉禄 司貫貫 報鳳庫	鉄 タ車悦 調玉玉 極石庫	宝 タ牽胡 龍龍龍 印貫印	海 タ禄報 鳳牽牽 胡玉堂	雨 タ司馳 鳳車車 貴龍南	樹 ト鳳極 禄司調 堂牽南	花 ト調貴 調禄鳳 悦車堂	陽 ト貫将 石調石 将司印	灯 ト石禄 鳳鳳貫 南禄庫	山 ト龍将 鳳石玉 胡調印	地 ト玉禄 鳳貫龍 貴鳳庫	鉄 ト車悦 龍玉牽 堂石庫
2月	宝 ト牽胡 調龍車 悦貫印	海 ト禄報 石牽司 将玉堂	雨 ト司馳 車車禄 南龍南	樹 ネ調庫 禄禄調 禄龍禄	花 ネ鳳印 貫司鳳 禄玉将	陽 ネ石堂 玉鳳石 南車貴	灯 ネ貫南 調調貫 将牽極	山 ネ玉堂 石貫玉 将禄貴	地 ネ龍南 龍石龍 南司極	鉄 ネ牽南 龍龍牽 禄鳳馳	宝 ネ車堂 貫玉車 禄調報	海 ネ司印 玉禄司 南貫胡	雨 ネ禄庫 調司禄 将石悦	樹 イ調庫 玉鳳石 悦龍禄	花 イ鳳印 車調貫 堂玉将	陽 イ石堂 貫貫玉 貴車貴	灯 イ貫南 龍石鳳 胡牽極	山 イ玉堂 貫龍石 南禄貴	地 イ龍南 玉牽貫 将司極	鉄 イ牽南 玉禄玉 悦鳳馳	宝 イ車堂 龍司龍 堂調報	海 イ司印 龍鳳牽 貴貫胡	雨 イ禄庫 龍調車 胡石悦	樹 サ調庫 禄貫司 印龍禄	花 サ鳳印 玉石禄 極玉将	陽 サ石堂 牽龍調 報車貴	灯 サ貫南 鳳玉鳳 庫牽極	山 サ玉堂 車車石 貴禄貴			
3月	地 サ龍南 車牽貫 胡司極	鉄 サ牽南 龍禄玉 印鳳馳	宝 サ車堂 牽司龍 極調報	海 サ司印 司鳳牽 報貫胡	雨 サ禄庫 車調車 庫石悦	樹 ウ調庫 禄石調 馳玉将	花 ウ鳳印 車貫鳳 馳龍禄	陽 ウ石堂 司玉石 庫牽悦	灯 ウ貫南 玉龍貫 報車胡	山 ウ玉堂 司牽玉 報司悦	地 ウ龍南 禄車龍 庫禄胡	鉄 ウ牽南 龍司牽 馳調報	宝 ウ車堂 禄禄車 馳鳳馳	海 ウ司印 調調司 庫石極	雨 ウ禄庫 玉鳳禄 報貫貴	樹 タ調庫 司石石 極玉将	花 タ鳳印 貫貫貫 印龍禄	陽 タ石堂 車玉玉 胡牽悦	灯 タ貫南 禄龍鳳 貴車胡	山 タ玉堂 貫牽石 庫司悦	地 タ龍南 司車貫 報禄胡	鉄 タ牽南 調司玉 極調報	宝 タ車堂 龍禄龍 印鳳馳	海 タ司印 鳳調牽 胡石極	雨 タ禄庫 鳳鳳車 貴貫貴	樹 ト調庫 禄石司 堂玉将	花 ト鳳印 調貫禄 悦龍禄	陽 ト石堂 石玉調 将牽悦	灯 ト貫南 鳳龍鳳 南車胡	山 ト玉堂 鳳牽石 胡司悦	地 ト龍南 鳳車貫 貴禄胡
4月	鉄 ト牽南 龍司玉 堂調報	宝 ト車堂 調禄龍 悦鳳馳	海 ト司印 石調牽 将石極	雨 ト禄庫 車鳳車 南貫貴	樹 ネ調庫 禄石調 禄貫堂	花 ネ鳳印 貫貫鳳 禄石南	陽 ネ石堂 玉玉石 南龍南	灯 ネ貫南 調龍貫 将玉堂	山 ネ玉堂 石牽玉 将車南	地 ネ龍南 龍車龍 南牽堂	鉄 ネ牽南 龍司牽 禄禄印	宝 ネ車堂 貫禄車 禄司庫	海 ネ司印 玉調司 南鳳庫	雨 ネ禄庫 調鳳禄 将調印	樹 イ調庫 玉玉石 悦貫堂	花 イ鳳印 車龍貫 堂石南	陽 イ石堂 貫牽玉 貴龍南	灯 イ貫南 龍調鳳 胡玉堂	山 イ玉堂 貫貫石 南車南	地 イ龍南 玉石貫 将牽堂	鉄 イ牽南 玉龍玉 悦禄印	宝 イ車堂 龍玉龍 堂司庫	海 イ司印 龍車牽 貴鳳庫	雨 イ禄庫 龍牽車 胡調印	樹 サ調庫 禄禄司 印貫堂	花 サ鳳印 玉司禄 極石南	陽 サ石堂 牽鳳調 報龍南	灯 サ貫南 鳳調鳳 庫玉堂	山 サ玉堂 車貫石 貴車南	地 サ龍南 車石貫 胡牽堂	
5月	鉄 サ牽南 龍龍玉 印禄印	宝 サ車堂 牽玉龍 極司庫	海 サ司印 司車牽 報鳳庫	雨 サ禄庫 車牽車 庫調印	樹 ウ調庫 車禄司 馳貫堂	花 ウ鳳印 車司鳳 馳貫悦	陽 ウ石堂 司鳳石 庫玉禄	灯 ウ貫南 玉調貫 報龍将	山 ウ玉堂 司貫玉 報牽禄	地 ウ龍南 禄石龍 庫車将	鉄 ウ牽南 龍龍牽 馳司貴	宝 ウ車堂 禄石車 馳禄極	海 ウ司印 調龍司 庫調馳	雨 ウ禄庫 玉玉禄 報鳳報	樹 タ調庫 司車調 極石胡	花 タ鳳印 貫牽貫 印貫悦	陽 タ石堂 車禄玉 胡玉禄	灯 タ貫南 禄司龍 貴龍将	山 タ玉堂 貫鳳石 庫牽禄	地 タ龍南 司調貫 報車将	鉄 タ牽南 調車玉 極司貴	宝 タ車堂 龍牽龍 印禄極	海 タ司印 鳳禄牽 胡調馳	雨 タ禄庫 鳳司車 貴鳳報	樹 ト調庫 禄鳳司 堂石胡	花 ト鳳印 調調禄 悦貫悦	陽 ト石堂 石貫調 将玉禄	灯 ト貫南 鳳石鳳 南龍将	山 ト玉堂 鳳龍石 胡牽禄	地 ト龍南 鳳玉貫 貴車将	鉄 ト牽南 龍車玉 堂司貴
6月	宝 ト車堂 調牽龍 悦禄極	海 ト司印 石禄牽 将調馳	雨 ト禄庫 車司車 南鳳報	樹 ネ調庫 貫鳳司 禄石胡	花 ネ鳳印 貫調禄 禄貫悦	陽 ネ石堂 玉調石 南貫将	灯 ネ貫南 調鳳貫 将石禄	山 ネ玉堂 石石玉 将龍将	地 ネ龍南 龍貫龍 南玉禄	鉄 ネ牽南 龍玉牽 禄車悦	宝 ネ車堂 貫龍車 禄牽胡	海 ネ司印 玉牽司 南禄報	雨 ネ禄庫 調車禄 将司馳	樹 イ調庫 玉司調 悦鳳極	花 イ鳳印 龍禄鳳 堂調貴	陽 イ石堂 貫調玉 貴貫将	灯 イ貫南 龍鳳龍 胡石禄	山 イ玉堂 司石牽 南龍将	地 イ龍南 調貫貫 将玉禄	鉄 イ牽南 玉玉玉 悦車悦	宝 イ車堂 龍龍龍 堂牽胡	海 イ司印 龍牽牽 貴禄報	雨 イ禄庫 龍車車 胡司馳	樹 サ調庫 禄司司 印鳳極	花 サ鳳印 玉禄禄 極調貴	陽 サ石堂 牽石調 報貫将	灯 サ貫南 鳳貫鳳 庫石禄	山 サ玉堂 車玉石 貴龍将	地 サ龍南 車龍貫 胡玉禄	鉄 サ牽南 龍牽玉 印車悦	
7月	宝 サ車堂 牽車龍 極牽胡	海 サ司印 司司牽 報禄報	雨 サ禄庫 車禄車 庫司馳	樹 ウ調庫 車調司 馳鳳極	花 ウ鳳印 車鳳禄 馳調貴	陽 ウ石堂 鳳石調 庫貫将	灯 ウ貫南 玉貫貫 報貫南	山 ウ玉堂 司玉玉 報玉堂	地 ウ龍南 禄龍龍 庫龍南	鉄 ウ牽南 龍牽牽 馳牽南	宝 ウ車堂 禄車車 馳車堂	海 ウ司印 調司司 庫司印	雨 ウ禄庫 玉禄禄 報禄庫	樹 タ調庫 司調調 極調庫	花 タ鳳印 鳳鳳鳳 印鳳印	陽 タ石堂 鳳石石 胡石堂	灯 タ貫南 禄龍龍 貴貫南	山 タ玉堂 玉牽牽 庫玉堂	地 タ龍南 牽車車 報龍南	鉄 タ牽南 調玉玉 極牽南	宝 タ車堂 龍龍龍 印車堂	海 タ司印 鳳牽牽 胡司印	雨 タ禄庫 鳳車車 貴禄庫	樹 ト調庫 禄司司 堂調庫	花 ト鳳印 調禄禄 悦鳳印	陽 ト石堂 調調調 将石堂	灯 ト貫南 鳳鳳鳳 南貫南	山 ト玉堂 鳳石石 胡玉堂	地 ト龍南 鳳貫貫 貴龍南	鉄 ト牽南 龍玉玉 堂牽南	宝 ト車堂 調龍龍 悦車堂
8月	海 ト司印 石牽牽 将司印	雨 ト禄庫 車車車 南禄庫	樹 ネ調庫 貫司司 禄調庫	花 ネ鳳印 貫禄禄 禄鳳印	陽 ネ石堂 鳳調調 南石堂	灯 ネ貫南 石鳳鳳 将貫南	山 ネ玉堂 玉石石 将玉堂	地 ネ龍南 龍石龍 南石悦	鉄 ネ牽南 龍龍牽 禄龍禄	宝 ネ車堂 貫玉車 禄玉将	海 ネ司印 玉車司 南車貴	雨 ネ禄庫 調牽禄 将牽極	樹 イ調庫 玉禄調 悦禄馳	花 イ鳳印 龍司鳳 堂司報	陽 イ石堂 鳳鳳石 貴鳳胡	灯 イ貫南 龍調貫 胡調悦	山 イ玉堂 牽貫玉 南貫胡	地 イ龍南 調石車 将石悦	鉄 イ牽南 玉鳳司 悦龍禄	宝 イ車堂 禄調禄 堂玉将	海 イ司印 貫貫牽 貴車貴	雨 イ禄庫 龍玉車 胡牽極	樹 サ調庫 禄車司 印禄馳	花 サ鳳印 玉牽禄 極司報	陽 サ石堂 牽禄調 報鳳胡	灯 サ貫南 鳳司鳳 庫調悦	山 サ玉堂 車鳳石 貴貫胡	地 サ龍南 車調貫 胡石悦	鉄 サ牽南 龍貫玉 印龍禄	宝 サ車堂 牽石龍 極玉将	海 サ司印 司龍牽 報車貴
9月	雨 サ禄庫 車玉車 庫牽極	樹 ウ調庫 車車司 馳禄馳	花 ウ鳳印 車牽禄 馳司報	陽 ウ石堂 鳳禄調 庫鳳胡	灯 ウ貫南 牽司鳳 報調悦	山 ウ玉堂 司鳳石 報貫胡	地 ウ龍南 貫調貫 庫石悦	鉄 ウ牽南 龍石牽 馳玉将	宝 ウ車堂 禄貫車 馳龍禄	海 ウ司印 調玉司 庫牽悦	雨 ウ禄庫 牽龍禄 報車胡	樹 タ調庫 司牽調 極司報	花 タ鳳印 鳳車鳳 印禄馳	陽 タ石堂 鳳司石 胡調極	灯 タ貫南 禄禄貫 貴鳳貴	山 タ玉堂 調調玉 庫石極	地 タ龍南 牽鳳龍 報貫貴	鉄 タ牽南 調石司 極玉将	宝 タ車堂 貫貫禄 印龍禄	海 タ司印 禄玉調 胡牽悦	雨 タ禄庫 鳳龍車 貴車胡	樹 ト調庫 禄牽司 堂司報	花 ト鳳印 調車禄 悦禄馳	陽 ト石堂 調司調 将調極	灯 ト貫南 鳳禄鳳 南鳳貴	山 ト玉堂 鳳調石 胡石極	地 ト龍南 鳳鳳貫 貴貫貴	鉄 ト牽南 龍石玉 堂玉将	宝 ト車堂 調貫龍 悦龍禄	海 ト司印 石玉牽 将牽悦	
10月	雨 ト禄庫 車龍車 南車胡	樹 ネ調庫 貫牽司 禄司報	花 ネ鳳印 貫車禄 禄禄馳	陽 ネ石堂 鳳司調 南調極	灯 ネ貫南 石禄鳳 将鳳貴	山 ネ玉堂 玉調石 将石極	地 ネ龍南 貫鳳貫 南貫貴	鉄 ネ牽南 龍石牽 禄貫堂	宝 ネ車堂 貫貫車 禄石南	海 ネ司印 玉玉司 南龍南	雨 ネ禄庫 調龍禄 将玉堂	樹 イ調庫 玉牽調 悦車印	花 イ鳳印 龍車鳳 堂牽庫	陽 イ石堂 鳳司石 貴禄庫	灯 イ貫南 龍禄貫 胡司印	山 イ玉堂 牽調玉 南鳳庫	地 イ龍南 調鳳龍 将調印	鉄 イ牽南 玉牽司 悦貫堂	宝 イ車堂 禄車禄 堂石南	海 イ司印 貫司調 貴龍南	雨 イ禄庫 龍牽車 胡玉堂	樹 サ調庫 禄禄司 印車印	花 サ鳳印 玉司禄 極牽庫	陽 サ石堂 牽鳳調 報禄庫	灯 サ貫南 鳳調鳳 庫司印	山 サ玉堂 車貫石 貴鳳庫	地 サ龍南 車石貫 胡調印	鉄 サ牽南 龍龍玉 印貫堂	宝 サ車堂 牽玉龍 極石南	海 サ司印 司車牽 報龍南	雨 サ禄庫 車牽車 庫玉堂
11月	樹 ウ調庫 車禄司 馳車印	花 ウ鳳印 車司禄 馳牽庫	陽 ウ石堂 鳳鳳調 庫禄庫	灯 ウ貫南 牽調鳳 報司印	山 ウ玉堂 司貫石 報鳳庫	地 ウ龍南 貫石貫 庫調印	鉄 ウ牽南 禄龍玉 馳貫堂	宝 ウ車堂 禄司車 馳貫悦	海 ウ司印 調鳳司 庫玉禄	雨 ウ禄庫 牽調禄 報龍将	樹 タ調庫 司貫調 極牽貴	花 タ鳳印 鳳石鳳 印車極	陽 タ石堂 鳳龍石 胡司馳	灯 タ貫南 禄玉貫 貴禄報	山 タ玉堂 調車玉 庫調馳	地 タ龍南 牽牽龍 報鳳報	鉄 タ牽南 調禄牽 極石胡	宝 タ車堂 貫司禄 印貫悦	海 タ司印 禄鳳調 胡玉禄	雨 タ禄庫 鳳調鳳 貴龍将	樹 ト調庫 禄龍司 堂牽貴	花 ト鳳印 牽玉禄 悦車極	陽 ト石堂 調車調 将司馳	灯 ト貫南 鳳牽鳳 南禄報	山 ト玉堂 鳳禄石 胡調馳	地 ト龍南 鳳司貫 貴鳳報	鉄 ト牽南 龍鳳玉 堂石胡	宝 ト車堂 調調龍 悦貫悦	海 ト司印 石貫牽 将玉禄	雨 ト禄庫 車石車 南龍将	
12月	樹 ネ調庫 貫龍司 禄牽貴	花 ネ鳳印 貫玉禄 禄車極	陽 ネ石堂 鳳車調 南司馳	灯 ネ貫南 石牽鳳 将禄報	山 ネ玉堂 玉禄石 将調馳	地 ネ龍南 貫司貫 南鳳報	鉄 ネ牽南 龍調牽 禄鳳極	宝 ネ車堂 貫鳳車 禄調貴	海 ネ司印 玉石司 南貫将	雨 ネ禄庫 調貫禄 将石禄	樹 イ調庫 玉玉調 悦龍悦	花 イ鳳印 龍龍鳳 堂玉胡	陽 イ石堂 鳳牽石 貴車報	灯 イ貫南 龍車貫 胡牽馳	山 イ玉堂 牽司玉 南禄報	地 イ龍南 調禄龍 将司馳	鉄 イ牽南 玉調司 悦鳳極	宝 イ車堂 禄鳳禄 堂調貴	海 イ司印 貫石調 貴貫将	雨 イ禄庫 龍貫車 胡石禄	樹 サ調庫 禄玉司 印龍悦	花 サ鳳印 玉龍禄 極玉胡	陽 サ石堂 牽牽調 報車報	灯 サ貫南 鳳車鳳 庫牽馳	山 サ玉堂 車司石 貴禄報	地 サ龍南 車禄貫 胡司馳	鉄 サ牽南 龍調玉 印鳳極	宝 サ車堂 牽鳳龍 極調貴	海 サ司印 司石牽 報貫将	雨 サ禄庫 車貫車 庫石禄	樹 ウ調庫 車玉司 馳龍悦

2028年（令和10年）

2028年（令和10年）

	1日	2日	3日	4日	5日	6日	7日	8日	9日	10日	11日	12日	13日	14日	15日	16日	17日	18日	19日	20日	21日	22日	23日	24日	25日	26日	27日	28日	29日	30日	31日
1月	花 ウ鳳印 車龍禄 馳玉胡	陽 ウ石堂 鳳牽調 庫車報	灯 ウ貫南 牽車鳳 報牽馳	山 ウ玉堂 司司石 報禄報	地 ウ龍南 貫禄貫 庫司馳	鉄 ウ牽南 龍調牽 馳調庫	宝 ウ車堂 禄鳳車 馳鳳印	海 ウ司印 調石司 庫石堂	雨 ウ禄庫 牽貫禄 報貫南	樹 タ調庫 司玉調 極玉南	花 タ鳳印 鳳龍鳳 印龍堂	陽 タ石堂 鳳牽石 胡牽印	灯 タ貫南 禄車貫 貴車庫	山 タ玉堂 調司玉 庫司印	地 タ龍南 牽禄龍 報禄庫	鉄 タ牽南 調石司 極調庫	宝 タ車堂 貫貫禄 印鳳印	海 タ司印 禄玉調 胡石堂	雨 タ禄庫 鳳車車 貴貫南	樹 ト調庫 禄司司 堂玉南	花 ト鳳印 調禄禄 恍龍堂	陽 ト石堂 調調調 将牽印	灯 ト貫南 鳳鳳鳳 南車庫	山 ト玉堂 鳳石石 胡司印	地 ト龍南 鳳貫貫 貴禄庫	鉄 ト牽南 龍玉玉 堂調庫	宝 ト車堂 調龍龍 恍鳳印	海 ト司印 石牽牽 将石堂	雨 ト禄庫 車車車 南貫南	樹 ネ調庫 貫司司 禄玉南	花 ネ鳳印 貫禄禄 禄龍堂
2月	陽 ネ石堂 鳳調調 南牽印	灯 ネ貫南 石鳳鳳 将車庫	山 ネ玉堂 玉石石 将司印	地 ネ石恍 龍石石 南牽極	鉄 ネ龍禄 龍龍龍 禄禄馳	宝 ネ玉将 貫玉玉 禄司報	海 ネ車貴 玉車車 南鳳胡	雨 ネ牽極 調牽牽 将調恍	樹 イ禄馳 玉禄禄 恍貫禄	花 イ司報 龍司司 堂石将	陽 イ鳳胡 鳳鳳鳳 貴龍貴	灯 イ調恍 龍石調 胡玉極	山 イ貫胡 牽龍貫 南車貴	地 イ石恍 調玉石 将牽極	鉄 イ龍禄 玉車鳳 恍禄馳	宝 イ玉将 禄牽調 堂司報	海 イ車貴 貫禄貫 貴鳳胡	雨 イ牽極 龍司玉 胡調恍	樹 サ禄馳 禄貫車 印貫禄	花 サ司報 玉石牽 極石将	陽 サ鳳胡 牽龍禄 報龍貴	灯 サ調恍 鳳玉司 庫玉極	山 サ貫胡 車車鳳 貴車貴	地 サ石恍 車牽調 胡牽極	鉄 サ龍禄 龍禄貫 印禄馳	宝 サ玉将 牽司石 極司報	海 サ車貴 司鳳龍 報鳳胡	雨 サ牽極 車調玉 庫調恍	樹 ウ禄馳 車貫車 馳貫禄		
3月	花 ウ司報 車石牽 馳石将	陽 ウ鳳胡 鳳龍禄 庫龍貴	灯 ウ調恍 牽玉司 報玉極	山 ウ貫胡 司車鳳 報車貴	地 ウ石恍 禄車石 庫車胡	鉄 ウ龍禄 龍司龍 馳司報	宝 ウ玉将 禄禄玉 馳禄馳	海 ウ車貴 調調車 庫調極	雨 ウ牽極 牽鳳牽 報鳳貴	樹 タ禄馳 司石禄 極石将	花 タ司報 鳳貫司 印貫禄	陽 タ鳳胡 鳳玉鳳 胡玉恍	灯 タ調恍 禄龍調 貴龍胡	山 タ貫胡 調牽貫 庫牽恍	地 タ石恍 牽車石 報車胡	鉄 タ龍禄 調司鳳 極司報	宝 タ玉将 貫禄調 印禄馳	海 タ車貴 禄調貫 胡調極	雨 タ牽極 鳳鳳玉 貴鳳貴	樹 ト禄馳 禄石車 堂石将	花 ト司報 調貫牽 恍貫禄	陽 ト鳳胡 調玉禄 将玉恍	灯 ト調恍 鳳龍司 南龍胡	山 ト貫胡 鳳牽鳳 胡牽恍	地 ト石恍 鳳車調 貴車胡	鉄 ト龍禄 龍司貫 堂司報	宝 ト玉将 調禄石 恍禄馳	海 ト車貴 石調龍 将調極	雨 ト牽極 車鳳玉 南鳳貴	樹 ネ禄馳 貫石車 禄石将	花 ネ司報 貫貫牽 禄貫禄
4月	陽 ネ鳳胡 鳳玉禄 南玉恍	灯 ネ調恍 石龍司 将龍胡	山 ネ貫胡 玉牽鳳 将牽恍	地 ネ石恍 龍車石 南玉堂	鉄 ネ龍禄 龍司龍 禄車印	宝 ネ玉将 貫禄玉 禄牽庫	海 ネ車貴 玉調車 南禄庫	雨 ネ牽極 調鳳牽 将司印	樹 イ禄馳 玉石禄 恍鳳堂	花 イ司報 龍貫司 堂調南	陽 イ鳳胡 鳳玉鳳 貴貫南	灯 イ調恍 龍龍調 胡石堂	山 イ貫胡 牽牽貫 南龍南	地 イ石恍 調禄石 将玉堂	鉄 イ龍禄 玉調鳳 恍車印	宝 イ玉将 禄鳳調 堂牽庫	海 イ車貴 貫車貫 貴禄庫	雨 イ牽極 龍牽玉 胡司印	樹 サ禄馳 禄禄車 印鳳堂	花 サ司報 玉司牽 極調南	陽 サ鳳胡 牽鳳禄 報貫南	灯 サ調恍 鳳調司 庫石堂	山 サ貫胡 車貫鳳 貴龍南	地 サ石恍 車石調 胡玉堂	鉄 サ龍禄 龍龍貫 印車印	宝 サ玉将 牽玉石 極牽庫	海 サ車貴 司車龍 報禄庫	雨 サ牽極 車牽玉 庫司印	樹 ウ禄馳 車禄車 馳鳳堂	花 ウ司報 車司牽 馳調南	
5月	陽 ウ鳳胡 鳳鳳禄 庫貫南	灯 ウ調恍 牽調司 報石堂	山 ウ貫胡 司貫鳳 報龍南	地 ウ石恍 貫石調 庫玉堂	鉄 ウ龍禄 龍龍龍 馳牽貴	宝 ウ玉将 禄玉玉 馳車極	海 ウ車貴 調車車 庫司馳	雨 ウ牽極 牽牽牽 報禄報	樹 タ禄馳 司禄禄 極調胡	花 タ司報 鳳司司 印鳳恍	陽 タ鳳胡 鳳禄鳳 胡石禄	灯 タ調恍 禄司調 貴貫将	山 タ貫胡 調鳳貫 庫玉禄	地 タ石恍 牽調石 報龍将	鉄 タ龍禄 調貫龍 極牽貴	宝 タ玉将 貫石調 印車極	海 タ車貴 禄龍貫 胡司馳	雨 タ牽極 鳳玉石 貴禄報	樹 ト禄馳 禄車車 堂調胡	花 ト司報 調調牽 恍鳳恍	陽 ト鳳胡 調貫禄 将石禄	灯 ト調恍 鳳石司 南貫将	山 ト貫胡 鳳龍鳳 胡玉禄	地 ト石恍 鳳玉調 貴龍将	鉄 ト龍禄 龍車貫 堂牽貴	宝 ト玉将 調牽石 恍車極	海 ト車貴 石禄龍 将司馳	雨 ト牽極 車司玉 南禄報	樹 ネ禄馳 貫鳳車 禄調胡	花 ネ司報 貫調牽 禄鳳恍	陽 ネ鳳胡 鳳貫禄 南石禄
6月	灯 ネ調恍 石石司 将貫将	山 ネ貫胡 玉龍鳳 将玉禄	地 ネ石恍 貫玉調 南龍将	鉄 ネ龍禄 貫車貫 禄牽貴	宝 ネ玉将 貫龍玉 禄玉胡	海 ネ車貴 玉牽車 南車報	雨 ネ牽極 調車牽 将牽馳	樹 イ禄馳 玉司禄 恍禄極	花 イ司報 龍禄司 堂司貴	陽 イ鳳胡 鳳調鳳 貴鳳将	灯 イ調恍 龍鳳調 胡調禄	山 イ貫胡 牽石貫 南貫将	地 イ石恍 調貫石 将石禄	鉄 イ龍禄 玉玉龍 恍龍恍	宝 イ玉将 禄龍玉 堂玉胡	海 イ車貴 貫牽貫 貴車報	雨 イ牽極 龍車石 胡牽馳	樹 サ禄馳 禄司龍 印禄極	花 サ司報 玉禄牽 極司貴	陽 サ鳳胡 牽調禄 報鳳将	灯 サ調恍 鳳鳳司 庫調禄	山 サ貫胡 車石鳳 貴貫将	地 サ石恍 車貫調 胡石禄	鉄 サ龍禄 龍玉貫 印龍恍	宝 サ玉将 牽車石 極玉胡	海 サ車貴 司司龍 報車報	雨 サ牽極 車禄玉 庫牽馳	樹 ウ禄馳 車調車 馳禄極	花 ウ司報 車鳳牽 馳司貴	陽 ウ鳳胡 鳳石禄 庫鳳将	
7月	灯 ウ調恍 牽貫司 報調禄	山 ウ貫胡 司玉鳳 報貫将	地 ウ石恍 貫龍調 庫石禄	鉄 ウ龍禄 禄牽貫 馳龍恍	宝 ウ玉将 禄車石 馳玉胡	海 ウ車貴 調司車 庫牽印	雨 ウ牽極 牽禄牽 報車庫	樹 タ禄馳 司調禄 極司庫	花 タ司報 鳳鳳司 印禄印	陽 タ鳳胡 鳳石鳳 胡調堂	灯 タ調恍 禄貫調 貴鳳南	山 タ貫胡 調玉貫 庫石堂	地 タ石恍 牽龍石 報貫南	鉄 タ龍禄 調牽龍 極玉南	宝 タ玉将 鳳車玉 印龍堂	海 タ車貴 禄調車 胡牽印	雨 タ牽極 鳳鳳石 貴車庫	樹 ト禄馳 玉石龍 堂司庫	花 ト司報 牽禄玉 恍禄印	陽 ト鳳胡 調調禄 将調堂	灯 ト調恍 鳳鳳司 南鳳南	山 ト貫胡 鳳石鳳 胡石堂	地 ト石恍 鳳貫調 貴貫南	鉄 ト龍禄 龍玉貫 堂玉南	宝 ト玉将 調龍石 恍龍堂	海 ト車貴 石牽龍 将牽印	雨 ト牽極 車車玉 南車庫	樹 ネ禄馳 貫司車 禄司庫	花 ネ司報 貫禄牽 禄禄印	陽 ネ鳳胡 鳳調禄 南調堂	灯 ネ調恍 石鳳司 将鳳南
8月	山 ネ貫胡 玉石鳳 将石堂	地 ネ石恍 貫貫調 南貫南	鉄 ネ龍禄 貫玉貫 禄玉南	宝 ネ玉将 貫龍石 禄龍堂	海 ネ車貴 車牽龍 南牽印	雨 ネ牽極 石車玉 将車庫	樹 イ禄馳 玉禄禄 恍車馳	花 イ司報 龍司司 堂牽報	陽 イ鳳胡 鳳鳳鳳 貴禄胡	灯 イ調恍 龍調調 胡司恍	山 イ貫胡 牽貫貫 南鳳胡	地 イ石恍 石石石 将調恍	鉄 イ龍禄 玉龍龍 恍貫禄	宝 イ玉将 車玉玉 堂石将	海 イ車貴 車車車 貴龍貴	雨 イ牽極 龍牽牽 胡玉極	樹 サ禄馳 調禄禄 印車馳	花 サ司報 石玉玉 極牽報	陽 サ鳳胡 牽車車 報禄胡	灯 サ調恍 鳳牽牽 庫司恍	山 サ貫胡 龍鳳鳳 貴鳳胡	地 サ石恍 車調調 胡調恍	鉄 サ龍禄 龍貫貫 印貫禄	宝 サ玉将 牽石石 極石将	海 サ車貴 牽龍龍 報龍貴	雨 サ牽極 車玉玉 庫玉極	樹 ウ禄馳 車車車 馳車馳	花 ウ司報 車牽牽 馳牽報	陽 ウ鳳胡 鳳禄禄 庫禄胡	灯 ウ調恍 牽司司 報司恍	山 ウ貫胡 司鳳鳳 報鳳胡
9月	地 ウ石恍 貫調調 庫調恍	鉄 ウ龍禄 禄貫貫 馳貫禄	宝 ウ玉将 禄石石 馳石将	海 ウ車貴 車龍龍 庫龍貴	雨 ウ牽極 司玉玉 報玉極	樹 タ禄馳 調車車 極車馳	花 タ司報 鳳車司 印車馳	陽 タ鳳胡 鳳司鳳 胡司極	灯 タ調恍 禄禄調 貴禄貴	山 タ貫胡 調調貫 庫調極	地 タ石恍 牽鳳石 報鳳貴	鉄 タ龍禄 調石龍 極石将	宝 タ玉将 鳳貫玉 印貫禄	海 タ車貴 車玉車 胡玉恍	雨 タ牽極 鳳龍牽 貴龍胡	樹 ト禄馳 石牽禄 堂牽報	花 ト司報 牽車司 恍車馳	陽 ト鳳胡 調司車 将司極	灯 ト調恍 龍禄牽 南禄貴	山 ト貫胡 禄調禄 胡調極	地 ト石恍 鳳鳳調 貴鳳貴	鉄 ト龍禄 龍石貫 堂石将	宝 ト玉将 調貫石 恍貫禄	海 ト車貴 石玉龍 将玉恍	雨 ト牽極 車龍玉 南龍胡	樹 ネ禄馳 貫牽車 禄牽報	花 ネ司報 貫車牽 禄車馳	陽 ネ鳳胡 鳳司禄 南司極	灯 ネ調恍 石禄司 将禄貴	山 ネ貫胡 玉調鳳 将調極	
10月	地 ネ石恍 貫鳳調 南鳳貴	鉄 ネ龍禄 貫石貫 禄石将	宝 ネ玉将 貫貫石 禄貫禄	海 ネ車貴 車玉龍 南玉恍	雨 ネ牽極 石龍玉 将龍胡	樹 イ禄馳 玉牽車 恍牽報	花 イ司報 禄車牽 堂車馳	陽 イ鳳胡 鳳司鳳 貴車庫	灯 イ調恍 龍禄調 胡牽印	山 イ貫胡 牽調貫 南禄庫	地 イ石恍 石鳳石 将司印	鉄 イ龍禄 玉石龍 恍鳳堂	宝 イ玉将 車貫玉 堂調南	海 イ車貴 車玉車 貴貫南	雨 イ牽極 龍龍牽 胡石堂	樹 サ禄馳 牽牽禄 印龍印	花 サ司報 石車司 極玉庫	陽 サ鳳胡 牽石鳳 報車庫	灯 サ調恍 禄貫牽 庫牽印	山 サ貫胡 龍玉禄 貴禄庫	地 サ石恍 車石司 胡司印	鉄 サ龍禄 龍龍貫 印鳳堂	宝 サ玉将 牽玉石 極調南	海 サ車貴 牽車龍 報貫南	雨 サ牽極 車牽玉 庫石堂	樹 ウ禄馳 車禄車 馳龍印	花 ウ司報 車司牽 馳玉庫	陽 ウ鳳胡 鳳鳳禄 庫車庫	灯 ウ調恍 牽調司 報牽印	山 ウ貫胡 司貫鳳 報禄庫	地 ウ石恍 貫石調 庫司印
11月	鉄 ウ龍禄 禄龍貫 馳鳳堂	宝 ウ玉将 禄玉石 馳調南	海 ウ車貴 車車龍 庫貫南	雨 ウ牽極 司牽玉 報石堂	樹 タ禄馳 調禄車 極龍印	花 タ司報 禄司牽 印玉庫	陽 タ鳳胡 鳳龍鳳 胡牽馳	灯 タ調恍 禄玉調 貴車報	山 タ貫胡 調車貫 庫司馳	地 タ石恍 牽牽石 報禄報	鉄 タ龍禄 調禄龍 極調胡	宝 タ玉将 鳳司玉 印鳳恍	海 タ車貴 車鳳車 胡石禄	雨 タ牽極 鳳調牽 貴貫将	樹 ト禄馳 石貫禄 堂玉貴	花 ト司報 牽石司 恍龍極	陽 ト鳳胡 調龍鳳 将牽馳	灯 ト調恍 龍玉牽 南車報	山 ト貫胡 禄車禄 胡司馳	地 ト石恍 鳳司司 貴禄報	鉄 ト龍禄 龍鳳貫 堂調胡	宝 ト玉将 調調石 恍鳳恍	海 ト車貴 石貫龍 将石禄	雨 ト牽極 車石玉 南貫将	樹 ネ禄馳 貫龍車 禄玉貴	花 ネ司報 貫玉牽 禄龍極	陽 ネ鳳胡 鳳車禄 南牽馳	灯 ネ調恍 石牽司 将車報	山 ネ貫胡 玉禄鳳 将司馳	地 ネ石恍 貫司調 南禄報	
12月	鉄 ネ龍禄 貫鳳貫 禄調胡	宝 ネ玉将 貫調石 禄鳳恍	海 ネ車貴 車貫龍 南石禄	雨 ネ牽極 石石玉 将貫将	樹 イ禄馳 玉龍車 恍玉貴	花 イ司報 龍龍司 堂石胡	陽 イ鳳胡 鳳牽鳳 貴龍報	灯 イ調恍 龍車調 胡玉馳	山 イ貫胡 牽司貫 南車報	地 イ石恍 石禄石 将牽馳	鉄 イ龍禄 玉調龍 恍禄極	宝 イ玉将 車鳳玉 堂司貴	海 イ車貴 車石車 貴鳳将	雨 イ牽極 龍貫牽 胡調禄	樹 サ禄馳 牽玉禄 印貫恍	花 サ司報 石龍司 極石胡	陽 サ鳳胡 牽牽車 報龍報	灯 サ調恍 禄車牽 庫玉馳	山 サ貫胡 龍司禄 貴車報	地 サ石恍 車禄調 胡牽馳	鉄 サ龍禄 龍調貫 印禄極	宝 サ玉将 牽鳳石 極司貴	海 サ車貴 牽石龍 報鳳将	雨 サ牽極 車貫玉 庫調禄	樹 ウ禄馳 車玉車 馳貫恍	花 ウ司報 車龍牽 馳石胡	陽 ウ鳳胡 鳳牽禄 庫龍報	灯 ウ調恍 牽車司 報玉馳	山 ウ貫胡 司司鳳 報車報	地 ウ石恍 貫禄調 庫牽馳	鉄 ウ龍禄 禄調貫 馳禄極

2029年（令和11年）

2029年(令和11年)

	1日	2日	3日	4日	5日	6日	7日	8日
1月	宝 ウ玉将 禄鳳石 馳司貴	海 ウ車貴 車石龍 庫鳳将	雨 ウ牽極 司貫玉 報調禄	樹 タ禄馳 調玉車 極貫恍	花 タ司報 鳳龍司 印貫堂	陽 タ鳳胡 鳳牽鳳 胡玉印	灯 タ調恍 禄車調 貴龍庫	山 タ貫胡 調司貫 庫牽印
2月	海 ネ車貴 車牽龍 南調堂	雨 ネ牽極 石車玉 将鳳南	樹 イ司報 玉禄牽 恍鳳禄	花 イ禄馳 龍司車 堂調将	陽 イ調極 鳳鳳司 貴貫貴	灯 イ鳳貴 龍調禄 胡石極	山 イ石極 牽貫調 南龍貴	地 イ貫貴 石石鳳 将玉極
3月	鉄 ウ玉将 禄禄石 馳車馳	宝 ウ龍禄 禄司貫 馳牽報	海 ウ牽恍 車鳳玉 庫禄胡	雨 ウ車胡 司調龍 報司恍	樹 タ司報 司石牽 極調将	花 タ禄馳 鳳貫車 印鳳禄	陽 タ調極 鳳玉司 胡石恍	灯 タ鳳貴 禄龍禄 貴貫胡
4月	宝 ネ龍禄 貫禄貫 禄車馳	海 ネ牽恍 車調玉 南司極	雨 ネ車胡 石鳳龍 将禄貴	樹 イ司報 玉石牽 恍禄堂	花 イ禄馳 龍貫車 堂司南	陽 イ調極 鳳玉司 貴鳳南	灯 イ鳳貴 龍龍禄 胡調堂	山 イ石極 牽牽調 南貫南
5月	宝 ウ龍禄 禄玉貫 馳玉庫	海 ウ牽恍 車車玉 庫車庫	雨 ウ車胡 司牽龍 報牽印	樹 タ司報 調禄牽 極禄堂	花 タ禄馳 鳳司車 印禄恍	陽 タ調極 鳳鳳司 胡調禄	灯 タ鳳貴 禄調禄 貴鳳将	山 タ石極 調貫調 庫石禄
6月	海 ネ牽恍 車禄玉 南牽馳	雨 ネ車胡 石司龍 将車報	樹 イ司報 玉鳳牽 恍司胡	花 イ禄馳 禄調車 堂禄恍	陽 イ調極 鳳調司 貴禄将	灯 イ鳳貴 龍鳳禄 胡司禄	山 イ石極 牽石調 南鳳将	地 イ貫貴 石貫鳳 将調禄
7月	海 ウ牽恍 車司玉 庫龍報	雨 ウ車胡 司禄龍 報玉馳	樹 タ司報 調調牽 極車極	花 タ禄馳 禄鳳車 印牽貴	陽 タ調極 禄石司 胡禄将	灯 タ鳳貴 禄貫禄 貴司禄	山 タ石極 調玉調 庫調堂	地 タ貫貴 牽龍鳳 報鳳南
8月	雨 ネ車胡 石車龍 将龍庫	樹 イ司報 玉司牽 恍牽庫	花 イ禄馳 禄禄車 堂車印	陽 イ調極 龍調司 貴司堂	灯 イ鳳貴 龍鳳禄 胡禄南	山 イ石極 貫石調 南調堂	地 イ貫貴 石石鳳 将司恍	鉄 イ玉将 玉龍石 恍鳳禄
9月	樹 タ司報 調車牽 極龍馳	花 タ禄馳 禄牽車 印玉報	陽 タ調極 禄禄司 胡車胡	灯 タ鳳貴 禄司禄 貴牽恍	山 タ石極 貫鳳調 庫禄胡	地 タ貫貴 司調鳳 報司恍	鉄 タ玉将 調石石 極調将	宝 タ龍禄 鳳貫貫 印鳳禄
10月	樹 イ司報 玉牽牽 恍玉報	花 イ禄馳 禄車車 堂龍馳	陽 イ調極 龍司司 貴牽極	灯 イ鳳貴 龍禄禄 胡車貴	山 イ石極 貫調調 南司極	地 イ貫貴 玉鳳鳳 将禄貴	鉄 イ玉将 牽石石 恍調将	宝 イ龍禄 車貫貫 堂司南
11月	花 タ禄馳 禄司車 印石庫	陽 タ調極 禄鳳司 胡龍庫	灯 タ鳳貴 禄調禄 貴玉印	山 タ石極 貫貫調 庫車庫	地 タ貫貴 司石鳳 報牽印	鉄 タ玉将 調龍石 極禄堂	宝 タ龍禄 鳳司貫 印禄恍	海 タ牽恍 車鳳玉 胡調禄
12月	花 イ禄馳 禄玉車 堂貫極	陽 イ調極 龍車司 貴玉馳	灯 イ鳳貴 龍牽禄 胡龍報	山 イ石極 貫禄調 南牽馳	地 イ貫貴 玉司鳳 将車報	鉄 イ玉将 牽鳳石 恍司胡	宝 イ龍禄 車鳳貫 堂牽貴	海 イ牽恍 車石玉 貴禄将

	9日	10日	11日	12日	13日	14日	15日	16日
1月	地 タ石恍 牽禄石 報車庫	鉄 タ龍禄 調調龍 極司庫	宝 タ玉将 鳳鳳玉 印禄印	海 タ車貴 車石車 胡調堂	雨 タ牽極 鳳貫牽 貴鳳南	樹 ト禄馳 石玉禄 堂石南	花 ト司報 牽車司 恍貫堂	陽 ト鳳胡 調司車 将玉印
2月	鉄 イ玉将 玉龍石 恍車馳	宝 イ龍禄 車玉貫 堂牽報	海 イ牽恍 車禄玉 貴禄胡	雨 イ車胡 龍司龍 胡司恍	樹 サ司報 調鳳牽 印鳳禄	花 サ禄馳 石調車 極調将	陽 サ調極 牽貫司 報貫貴	灯 サ鳳貴 鳳石禄 庫石極
3月	山 タ石極 調牽調 庫玉恍	地 タ貫貴 牽車鳳 報龍胡	鉄 タ玉将 調司石 極牽報	宝 タ龍禄 鳳禄貫 印車馳	海 タ牽恍 禄調玉 胡司極	雨 タ車胡 鳳鳳龍 貴禄貴	樹 ト司報 玉石牽 堂調将	花 ト禄馳 牽貫車 恍鳳禄
4月	地 イ貫貴 石車鳳 将石堂	鉄 イ玉将 玉司石 恍龍印	宝 イ龍禄 車禄貫 堂玉庫	海 イ牽恍 車調玉 貴車庫	雨 イ車胡 龍鳳龍 胡牽印	樹 サ司報 調玉牽 印禄堂	花 サ禄馳 石龍車 極司南	陽 サ調極 牽牽司 報鳳南
5月	地 タ貫貴 牽石鳳 報貫将	鉄 タ玉将 調龍石 極玉貴	宝 タ龍禄 鳳石貫 印龍極	海 タ牽恍 車龍玉 胡牽馳	雨 タ車胡 鳳玉龍 貴車報	樹 ト司報 石車牽 堂司胡	花 ト禄馳 牽牽車 恍禄恍	陽 ト調極 調禄司 将調禄
6月	鉄 イ玉将 玉玉石 恍貫恍	宝 イ龍禄 車龍貫 堂石胡	海 イ牽恍 車牽玉 貴龍報	雨 イ車胡 龍車龍 胡玉馳	樹 サ司報 牽司牽 印車極	花 サ禄馳 石禄車 極牽貴	陽 サ調極 牽調司 報禄将	灯 サ鳳貴 禄鳳禄 庫司禄
7月	鉄 タ玉将 調牽石 極石南	宝 タ龍禄 鳳車貫 印貫堂	海 タ牽恍 車司玉 胡玉印	雨 タ車胡 鳳禄龍 貴龍庫	樹 ト司報 石調牽 堂牽庫	花 ト禄馳 牽鳳車 恍車印	陽 ト調極 調石司 将司堂	灯 ト鳳貴 貫貫禄 南禄南
8月	宝 イ龍禄 車玉貫 堂調将	海 イ牽恍 車車玉 貴貫貴	雨 イ車胡 龍牽龍 胡石極	樹 サ司報 牽禄牽 印龍馳	花 サ禄馳 石司車 極玉報	陽 サ調極 牽鳳司 報車胡	灯 サ鳳貴 車調禄 庫牽恍	山 サ石極 龍貫調 貴禄胡
9月	海 タ牽恍 車玉玉 胡石恍	雨 タ車胡 鳳龍龍 貴貫胡	樹 ト司報 石牽牽 堂玉報	花 ト禄馳 司車車 恍龍馳	陽 ト調極 調司司 将牽極	灯 ト鳳貴 貫禄禄 南車貴	山 ト石極 貫調調 胡司極	地 ト貫貴 鳳鳳鳳 貴禄貴
10月	海 イ牽恍 車玉玉 貴鳳南	雨 イ車胡 龍龍龍 胡調堂	樹 サ司報 牽牽牽 印貫印	花 サ禄馳 石車車 極石庫	陽 サ調極 牽司司 報龍庫	灯 サ鳳貴 車禄禄 庫玉印	山 サ石極 貫調調 貴車庫	地 サ貫貴 車鳳鳳 胡牽印
11月	雨 タ車胡 鳳調龍 貴鳳将	樹 ト司報 石貫牽 堂石貴	花 ト禄馳 司石車 恍貫極	陽 ト調極 調龍司 将玉馳	灯 ト鳳貴 貫玉禄 南龍報	山 ト石極 貫車調 胡牽馳	地 ト貫貴 鳳牽鳳 貴車報	鉄 ト玉将 石禄石 堂司胡
12月	雨 イ車胡 龍貫龍 胡司禄	樹 サ司報 牽玉牽 印鳳恍	花 サ禄馳 石龍車 極調胡	陽 サ調極 牽牽司 報貫報	灯 サ鳳貴 車車禄 庫石馳	山 サ石極 貫司調 貴龍報	地 サ貫貴 車禄鳳 胡玉馳	鉄 サ玉将 司調石 印車極

	17日	18日	19日	20日	21日	22日	23日	24日
1月	灯 ト調恍 龍禄牽 南龍庫	山 ト貫胡 禄石禄 胡牽印	地 ト石恍 鳳貫調 貴車庫	鉄 ト龍禄 龍玉貫 堂司庫	宝 ト玉将 調龍石 恍禄印	海 ト車貴 石牽龍 将調堂	雨 ト牽極 車車玉 南鳳南	樹 ネ禄馳 貫司車 禄石南
2月	山 サ石極 龍龍調 貴龍貴	地 サ貫貴 車牽鳳 胡玉極	鉄 サ玉将 龍禄石 印車馳	宝 サ龍禄 牽司貫 極牽報	海 サ牽恍 牽鳳玉 報禄胡	雨 サ車胡 車調龍 庫司恍	樹 ウ司報 車貫牽 馳鳳禄	花 ウ禄馳 車石車 馳調将
3月	陽 ト調極 調玉司 将石恍	灯 ト鳳貴 鳳龍禄 南貫胡	山 ト石極 鳳牽調 胡玉恍	地 ト貫貴 鳳車鳳 貴龍胡	鉄 ト玉将 龍司石 堂牽報	宝 ト龍禄 調禄貫 恍車馳	海 ト牽恍 石調玉 将司極	雨 ト車胡 車鳳龍 南禄貴
4月	灯 サ鳳貴 鳳調禄 庫調堂	山 サ石極 龍貫調 貴貫南	地 サ貫貴 車石鳳 胡石堂	鉄 サ玉将 龍龍石 印龍印	宝 サ龍禄 牽玉貫 極玉庫	海 サ牽恍 牽車玉 報車庫	雨 サ車胡 車牽龍 庫牽印	樹 ウ司報 車禄牽 馳禄堂
5月	灯 ト鳳貴 龍司禄 南鳳将	山 ト石極 禄鳳調 胡石禄	地 ト貫貴 鳳調鳳 貴貫将	鉄 ト玉将 龍車石 堂玉貴	宝 ト龍禄 調牽貫 恍龍極	海 ト牽恍 石禄玉 将牽馳	雨 ト車胡 車司龍 南車報	樹 ネ司報 貫鳳牽 禄司胡
6月	山 サ石極 龍石調 貴鳳将	地 サ貫貴 車貫鳳 胡調禄	鉄 サ玉将 龍玉石 印貫恍	宝 サ龍禄 牽龍貫 極石胡	海 サ牽恍 牽牽玉 報龍報	雨 サ車胡 車車龍 庫玉馳	樹 ウ司報 車司牽 馳車極	花 ウ禄馳 車禄車 馳牽貴
7月	山 ト石極 貫牽調 胡調堂	地 ト貫貴 鳳車鳳 貴鳳南	鉄 ト玉将 牽司石 堂石南	宝 ト龍禄 調龍貫 恍貫堂	海 ト牽恍 石牽玉 将玉印	雨 ト車胡 車車龍 南龍庫	樹 ネ司報 貫司牽 禄牽庫	花 ネ禄馳 貫禄車 禄車印
8月	地 サ貫貴 車石鳳 胡司恍	鉄 サ玉将 調鳳石 印鳳禄	宝 サ龍禄 石調貫 極調将	海 サ牽恍 牽貫玉 報貫貴	雨 サ車胡 車玉龍 庫石極	樹 ウ司報 車車牽 馳龍馳	花 ウ禄馳 車牽車 馳玉報	陽 ウ調極 鳳禄司 庫車胡
9月	鉄 ト玉将 牽石石 堂調将	宝 ト龍禄 司貫貫 恍鳳禄	海 ト牽恍 石玉玉 将石恍	雨 ト車胡 車龍龍 南貫胡	樹 ネ司報 鳳牽牽 禄玉報	花 ネ禄馳 貫車車 禄龍馳	陽 ネ調極 鳳司司 南牽極	灯 ネ鳳貴 石禄禄 将車貴
10月	鉄 サ玉将 司石石 印禄堂	宝 サ龍禄 石車貫 極司南	海 サ牽恍 牽司玉 報鳳南	雨 サ車胡 鳳禄龍 庫調堂	樹 ウ司報 龍禄牽 馳貫印	花 ウ禄馳 車司車 馳石庫	陽 ウ調極 鳳鳳司 庫龍庫	灯 ウ鳳貴 牽調禄 報玉印
11月	宝 ト龍禄 司司貫 恍禄恍	海 ト牽恍 石鳳玉 将調禄	雨 ト車胡 龍調龍 南鳳将	樹 ネ司報 鳳龍牽 禄石貴	花 ネ禄馳 貫玉車 禄貫極	陽 ネ調極 鳳車司 南玉馳	灯 ネ鳳貴 石牽禄 将龍報	山 ネ石極 石禄調 将牽馳
12月	宝 サ龍禄 石鳳貫 極牽貴	海 サ牽恍 牽石玉 報禄将	雨 サ車胡 鳳貫龍 庫司禄	樹 ウ司報 龍玉牽 馳鳳恍	花 ウ禄馳 車龍車 馳調胡	陽 ウ調極 鳳牽司 庫貫報	灯 ウ鳳貴 牽車禄 報石馳	山 ウ石極 司司調 報龍報

	25日	26日	27日	28日	29日	30日	31日
1月	花 ネ司報 貫禄牽 禄貫堂	陽 ネ鳳胡 鳳調禄 南玉印	灯 ネ調恍 石鳳司 将龍庫	山 ネ貫胡 玉石鳳 将牽印	地 ネ石恍 貫貫調 南車庫	鉄 ネ龍禄 貫玉貫 禄司庫	宝 ネ玉将 貫龍石 禄禄印
2月	陽 ウ調極 鳳龍司 庫貫貴	灯 ウ鳳貴 牽玉禄 報石極	山 ウ石極 司車調 報龍貴	地 ウ貫貴 貫牽鳳 庫玉極			
3月	樹 ネ司報 貫石牽 禄調将	花 ネ禄馳 貫貫車 禄鳳禄	陽 ネ調極 鳳玉司 南石恍	灯 ネ鳳貴 石龍禄 将貫胡	山 ネ石極 玉牽調 将玉恍	地 ネ貫貴 貫車鳳 南龍胡	鉄 ネ玉将 貫司石 禄牽報
4月	花 ウ禄馳 車司車 馳司南	陽 ウ調極 鳳鳳司 庫鳳南	灯 ウ鳳貴 牽調禄 報調堂	山 ウ石極 司貫調 報貫南	地 ウ貫貴 貫石鳳 庫石堂	鉄 ウ玉将 禄龍石 馳龍印	
5月	花 ネ禄馳 貫調車 禄禄恍	陽 ネ調極 鳳貫司 南調禄	灯 ネ鳳貴 石石禄 将鳳将	山 ネ石極 玉龍調 将石禄	地 ネ貫貴 貫玉鳳 南貫将	鉄 ネ玉将 貫車石 禄玉貴	宝 ネ龍禄 貫牽貫 禄龍極
6月	陽 ウ調極 鳳石司 庫禄将	灯 ウ鳳貴 牽貫禄 報司禄	山 ウ石極 司玉調 報鳳将	地 ウ貫貴 貫龍鳳 庫調禄	鉄 ウ玉将 禄牽石 馳貫恍	宝 ウ龍禄 禄車貫 馳石胡	
7月	陽 ネ調極 鳳調司 南司堂	灯 ネ鳳貴 石鳳禄 将禄南	山 ネ石極 玉石調 将調堂	地 ネ貫貴 貫貫鳳 南鳳南	鉄 ネ玉将 貫玉石 禄石南	宝 ネ龍禄 貫龍貫 禄貫堂	海 ネ牽恍 車牽玉 南玉印
8月	灯 ウ鳳貴 牽司禄 報牽恍	山 ウ石極 司鳳調 報禄胡	地 ウ貫貴 貫調鳳 庫司恍	鉄 ウ玉将 禄貫石 馳鳳禄	宝 ウ龍禄 禄石貫 馳調将	海 ウ牽恍 車龍玉 庫貫貴	雨 ウ車胡 司玉龍 報石極
9月	山 ネ石極 石調調 将司極	地 ネ貫貴 貫鳳鳳 南禄貴	鉄 ネ玉将 貫石石 禄調将	宝 ネ龍禄 貫貫貫 禄鳳禄	海 ネ牽恍 車玉玉 南石恍	雨 ネ車胡 石龍龍 将貫胡	
10月	山 ウ石極 司貫調 報車庫	地 ウ貫貴 貫石鳳 庫牽印	鉄 ウ玉将 禄龍石 馳禄堂	宝 ウ龍禄 禄玉貫 馳司南	海 ウ牽恍 車車玉 庫鳳南	雨 ウ車胡 司牽龍 報調堂	樹 タ司報 調禄牽 極貫印
11月	地 ネ貫貴 貫司鳳 南車報	鉄 ネ玉将 貫鳳石 禄司胡	宝 ネ龍禄 貫調貫 禄禄恍	海 ネ牽恍 車貫玉 南調禄	雨 ネ車胡 石石龍 将鳳将	樹 イ司報 玉龍牽 恍石貴	
12月	地 ウ貫貴 貫禄鳳 庫玉馳	鉄 ウ玉将 禄調石 馳車極	宝 ウ龍禄 禄鳳貫 馳牽貴	海 ウ牽恍 車石玉 庫禄将	雨 ウ車胡 司貫龍 報司禄	樹 タ司報 調玉牽 極鳳恍	花 タ禄馳 禄龍車 印調胡

2030年（令和12年）

2030年(令和12年)

	1日	2日	3日	4日	5日	6日	7日	8日	9日	10日	11日	12日	13日	14日	15日	16日
1月	陽 タ調極 禄牽司 胡貫報	灯 タ鳳貴 禄車禄 貴石馳	山 タ石極 貫司調 庫龍報	地 タ貫貴 司禄鳳 報玉馳	鉄 タ玉将 調調石 極牽庫	宝 タ龍禄 鳳鳳貫 印車印	海 タ牽恍 車石玉 胡司堂	雨 タ車胡 鳳貫龍 貴禄南	樹 ト司報 石玉牽 堂調南	花 ト禄馳 司龍車 恍鳳堂	陽 ト調極 調牽司 将石印	灯 ト鳳貴 貫車禄 南貫庫	山 ト石極 貫司調 胡玉印	地 ト貫貴 鳳禄鳳 貴龍庫	鉄 ト玉将 牽石石 堂牽庫	宝 ト龍禄 司貫貫 恍車印
2月	灯 イ鳳貴 龍鳳禄 胡貫庫	山 イ石極 貫石調 南玉印	地 イ貫貴 玉貫鳳 将龍庫	鉄 イ貫堂 玉龍石 恍龍馳	宝 イ石南 車玉貫 堂玉報	海 イ龍南 車車玉 貴車胡	雨 イ玉堂 龍牽龍 胡牽恍	樹 サ車印 牽禄牽 印禄禄	花 サ牽庫 石司車 極司将	陽 サ禄庫 牽鳳司 報鳳貴	灯 サ司印 車調禄 庫調極	山 サ鳳庫 龍龍調 貴貫貴	地 サ調印 車玉鳳 胡石極	鉄 サ貫堂 調車牽 印龍馳	宝 サ石南 石牽車 極玉報	海 サ龍南 牽禄司 報車胡
3月	花 タ牽庫 禄石司 印司将	陽 タ禄庫 禄龍鳳 胡鳳貴	灯 タ司印 禄玉調 貴調極	山 タ鳳庫 貫車貫 庫貫貴	地 タ調印 牽車鳳 報貫胡	鉄 タ貫堂 調司石 極玉報	宝 タ石南 鳳禄貫 印龍馳	海 タ龍南 車調玉 胡牽極	雨 タ玉堂 鳳鳳龍 貴車貴	樹 ト車印 石石牽 堂司将	花 ト牽庫 牽貫車 恍禄禄	陽 ト禄庫 調玉司 将調恍	灯 ト司印 貫龍禄 南鳳胡	山 ト鳳庫 貫牽調 胡石恍	地 ト調印 鳳車龍 貴貫胡	鉄 ト貫堂 牽司牽 堂玉報
4月	陽 イ禄庫 龍玉鳳 貴調恍	灯 イ司印 龍龍調 胡鳳胡	山 イ鳳庫 貫牽貫 南石恍	地 イ調印 玉車石 将貫胡	鉄 イ貫堂 玉司石 恍貫印	宝 イ石南 車禄貫 堂石庫	海 イ龍南 車調玉 貴龍庫	雨 イ玉堂 龍鳳龍 胡玉印	樹 サ車印 牽石牽 印車堂	花 サ牽庫 石貫車 極牽南	陽 サ禄庫 牽玉司 報禄南	灯 サ司印 車龍禄 庫司堂	山 サ鳳庫 龍牽調 貴鳳南	地 サ調印 車車鳳 胡調堂	鉄 サ貫堂 調調牽 印貫印	宝 サ石南 石鳳車 極石庫
5月	陽 タ禄庫 禄鳳鳳 胡禄南	灯 タ司印 禄調調 貴司堂	山 タ鳳庫 貫貫貫 庫鳳南	地 タ調印 司石石 報調堂	鉄 タ貫堂 調龍石 極石貴	宝 タ石南 鳳玉貫 印貫極	海 タ龍南 車車玉 胡玉馳	雨 タ玉堂 鳳牽龍 貴龍報	樹 ト車印 石禄牽 堂牽胡	花 ト牽庫 司司車 恍車恍	陽 ト禄庫 調禄司 将司禄	灯 ト司印 貫司禄 南禄将	山 ト鳳庫 貫鳳調 胡調禄	地 ト調印 鳳調鳳 貴鳳将	鉄 ト貫堂 牽貫牽 堂石貴	宝 ト石南 司石車 恍貫極
6月	灯 イ司印 龍石調 胡禄将	山 イ鳳庫 貫龍貫 南調禄	地 イ調印 玉玉石 将鳳将	鉄 イ貫堂 牽車龍 恍石貴	宝 イ石南 車龍貫 堂調胡	海 イ龍南 車牽玉 貴貫報	雨 イ玉堂 龍車龍 胡石馳	樹 サ車印 牽司牽 印龍極	花 サ牽庫 石禄車 極玉貴	陽 サ禄庫 牽調司 報車将	灯 サ司印 車鳳禄 庫牽禄	山 サ鳳庫 貫石調 貴禄将	地 サ調印 車貫鳳 胡司禄	鉄 サ貫堂 司玉石 印鳳恍	宝 サ石南 石龍車 極調胡	海 サ龍南 牽牽司 報貫報
7月	灯 タ司印 禄貫調 貴牽禄	山 タ鳳庫 貫玉貫 庫禄将	地 タ調印 司龍石 報司禄	鉄 タ貫堂 調牽龍 極鳳恍	宝 タ石南 龍車玉 印調胡	海 タ龍南 鳳司車 胡貫報	雨 タ玉堂 鳳禄龍 貴貫庫	樹 ト車印 石調牽 堂玉庫	花 ト牽庫 司鳳車 恍龍印	陽 ト禄庫 調石司 将牽堂	灯 ト司印 貫貫禄 南車南	山 ト鳳庫 貫玉調 胡司堂	地 ト調印 鳳龍鳳 貴禄南	鉄 ト貫堂 石牽石 堂調南	宝 ト石南 司車貫 恍鳳堂	海 ト龍南 石司玉 将石印
8月	山 イ鳳庫 貫石貫 南司堂	地 イ調印 玉貫石 将禄南	鉄 イ貫堂 牽玉龍 恍調南	宝 イ石南 龍龍玉 堂鳳堂	海 イ龍南 龍牽車 貴石印	雨 イ玉堂 龍車牽 胡貫庫	樹 サ車印 牽禄牽 印貫馳	花 サ牽庫 石司車 極石報	陽 サ禄庫 牽鳳司 報龍胡	灯 サ司印 車調禄 庫玉恍	山 サ鳳庫 貫貫調 貴車胡	地 サ調印 車石鳳 胡牽恍	鉄 サ貫堂 司龍石 印禄禄	宝 サ石南 石玉貫 極司将	海 サ龍南 牽車玉 報鳳貴	雨 サ玉堂 禄牽龍 庫調極
9月	地 タ調印 司調石 報牽恍	鉄 タ貫堂 調貫龍 極禄禄	宝 タ石南 龍石玉 印司将	海 タ龍南 鳳龍車 胡鳳貴	雨 タ玉堂 鳳玉牽 貴調極	樹 ト車印 禄車禄 堂貫馳	花 ト牽庫 司車車 恍貫馳	陽 ト禄庫 調司司 将玉極	灯 ト司印 貫禄禄 南龍貴	山 ト鳳庫 貫調調 胡牽極	地 ト調印 鳳鳳鳳 貴車貴	鉄 ト貫堂 石石石 堂司将	宝 ト石南 司貫貫 恍禄禄	海 ト龍南 石玉玉 将調恍	雨 ト玉堂 貫龍龍 南鳳胡	樹 ネ車印 鳳牽牽 禄石報
10月	地 イ調印 玉鳳石 将車貴	鉄 イ貫堂 牽石龍 恍司将	宝 イ石南 龍貫玉 堂禄禄	海 イ龍南 龍玉車 貴調恍	雨 イ玉堂 龍龍牽 胡鳳胡	樹 サ車印 禄牽禄 印石報	花 サ牽庫 玉車司 極貫馳	陽 サ禄庫 牽司司 報貫庫	灯 サ司印 車禄禄 庫石印	山 サ鳳庫 貫調調 貴龍庫	地 サ調印 車鳳鳳 胡玉印	鉄 サ貫堂 司石石 印車堂	宝 サ石南 玉貫貫 極牽南	海 サ龍南 牽玉玉 報禄南	雨 サ玉堂 禄龍龍 庫司堂	樹 ウ車印 禄牽牽 馳鳳印
11月	鉄 タ貫堂 調龍龍 極車堂	宝 タ石南 龍玉玉 印牽南	海 タ龍南 鳳車車 胡禄南	雨 タ玉堂 鳳牽牽 貴司堂	樹 ト車印 禄禄禄 堂鳳印	花 ト牽庫 調司司 恍調庫	陽 ト禄庫 調龍司 将石馳	灯 ト司印 貫玉禄 南貫報	山 ト鳳庫 貫車調 胡玉馳	地 ト調印 鳳牽鳳 貴龍報	鉄 ト貫堂 石禄石 堂牽胡	宝 ト石南 司司貫 恍車恍	海 ト龍南 石鳳玉 将司禄	雨 ト玉堂 貫調龍 南禄将	樹 ネ車印 鳳貫牽 禄調貴	花 ネ牽庫 貫石車 禄鳳極
12月	鉄 イ貫堂 牽鳳龍 恍牽胡	宝 イ石南 龍調玉 堂車恍	海 イ龍南 龍貫車 貴司禄	雨 イ玉堂 龍石牽 胡禄将	樹 サ車印 禄龍禄 印調貴	花 サ牽庫 玉玉司 極鳳極	陽 サ禄庫 牽牽司 報鳳報	灯 サ司印 車車禄 庫調馳	山 サ鳳庫 貫司調 貴貫報	地 サ調印 車禄鳳 胡石馳	鉄 サ貫堂 司調石 印龍極	宝 サ石南 玉鳳貫 極玉貴	海 サ龍南 牽石玉 報車将	雨 サ玉堂 禄貫龍 庫牽禄	樹 ウ車印 禄玉牽 馳禄恍	花 ウ牽庫 車龍車 馳司胡

	17日	18日	19日	20日	21日	22日	23日	24日	25日	26日	27日	28日	29日	30日	31日
1月	海 ト牽恍 石玉玉 将司堂	雨 ト車胡 車車龍 南禄南	樹 ネ司報 鳳司牽 禄調南	花 ネ禄馳 貫禄車 禄鳳堂	陽 ネ調極 鳳調司 南石印	灯 ネ鳳貴 石鳳禄 将貫庫	山 ネ石極 石石調 将玉印	地 ネ貫貴 貫貫鳳 南龍庫	鉄 ネ玉将 貫玉石 禄牽庫	宝 ネ龍禄 貫龍貫 禄車印	海 ネ牽恍 車牽玉 南司堂	雨 ネ車胡 石車龍 将禄南	樹 イ司報 玉司牽 恍調南	花 イ禄馳 禄禄車 堂鳳堂	陽 イ調極 龍調司 貴石印
2月	雨 サ玉堂 車司牽 庫牽恍	樹 ウ車印 車鳳禄 馳禄禄	花 ウ牽庫 車石司 馳司将	陽 ウ禄庫 鳳龍鳳 庫鳳貴	灯 ウ司印 牽玉調 報調極	山 ウ鳳庫 司車貫 報貫貴	地 ウ調印 貫牽石 庫石極	鉄 ウ貫堂 禄禄龍 馳龍馳	宝 ウ石南 禄司玉 馳玉報	海 ウ龍南 車鳳車 庫車胡	雨 ウ玉堂 司調牽 報牽恍	樹 タ車印 調貫禄 極禄禄			
3月	宝 ト石南 司禄車 恍龍馳	海 ト龍南 石調車 将牽極	雨 ト玉堂 車鳳牽 南車貴	樹 ネ車印 貫石禄 禄司将	花 ネ牽庫 貫貫司 禄禄禄	陽 ネ禄庫 鳳玉鳳 南調恍	灯 ネ司印 石龍調 将鳳胡	山 ネ鳳庫 石牽貫 将石恍	地 ネ調印 貫車石 南貫胡	鉄 ネ貫堂 貫司龍 禄玉報	宝 ネ石南 貫禄玉 禄龍馳	海 ネ龍南 車調車 南牽極	雨 ネ玉堂 石鳳牽 将車貴	樹 イ車印 玉石禄 恍司将	花 イ牽庫 禄貫司 堂禄禄
4月	海 サ龍南 牽石司 報龍庫	雨 サ玉堂 車牽牽 庫玉印	樹 ウ車印 車禄禄 馳車堂	花 ウ牽庫 車司司 馳牽南	陽 ウ禄庫 鳳鳳鳳 庫禄南	灯 ウ司印 牽調調 報司堂	山 ウ鳳庫 司貫貫 報鳳南	地 ウ調印 貫石石 庫調堂	鉄 ウ貫堂 禄龍龍 馳貫印	宝 ウ石南 禄玉玉 馳石庫	海 ウ龍南 車車車 庫龍庫	雨 ウ玉堂 司牽牽 報玉印	樹 タ車印 調禄禄 極車堂	花 タ牽庫 禄司司 印牽南	
5月	海 ト龍南 石龍司 将玉馳	雨 ト玉堂 車玉牽 南龍報	樹 ネ車印 鳳車禄 禄牽胡	花 ネ牽庫 貫調司 禄車恍	陽 ネ禄庫 鳳貫鳳 南司禄	灯 ネ司印 石石調 将禄将	山 ネ鳳庫 石龍貫 将調禄	地 ネ調印 貫玉石 南鳳将	鉄 ネ貫堂 貫車龍 禄石貴	宝 ネ石南 貫牽玉 禄貫極	海 ネ龍南 車禄車 南玉馳	雨 ネ玉堂 石司牽 将龍報	樹 イ車印 玉鳳禄 恍牽胡	花 イ牽庫 禄調司 堂車恍	陽 イ禄庫 龍貫鳳 貴司禄
6月	雨 サ玉堂 鳳車禄 庫石馳	樹 ウ車印 龍司禄 馳龍極	花 ウ牽庫 車禄司 馳玉貴	陽 ウ禄庫 鳳調鳳 庫車将	灯 ウ司印 牽鳳調 報牽禄	山 ウ鳳庫 司石貫 報禄将	地 ウ調印 貫貫石 庫司禄	鉄 ウ貫堂 禄玉龍 馳鳳恍	宝 ウ石南 禄車玉 馳調胡	海 ウ龍南 車司車 庫貫報	雨 ウ玉堂 司禄牽 報石馳	樹 タ車印 調調禄 極龍極	花 タ牽庫 禄鳳司 印玉貴	陽 タ禄庫 禄石鳳 胡車将	
7月	雨 ト玉堂 龍鳳禄 南貫庫	樹 ネ車印 鳳石調 禄玉庫	花 ネ牽庫 貫貫鳳 禄龍印	陽 ネ禄庫 鳳調鳳 南牽堂	灯 ネ司印 司鳳調 将車南	山 ネ鳳庫 石石貫 将司堂	地 ネ調印 貫貫石 南禄南	鉄 ネ貫堂 貫玉龍 禄調南	宝 ネ石南 貫龍玉 禄鳳堂	海 ネ龍南 車牽車 南石印	雨 ネ玉堂 石車牽 将貫庫	樹 イ車印 玉司禄 恍玉庫	花 イ牽庫 禄禄司 堂龍印	陽 イ禄庫 龍調鳳 貴牽堂	灯 イ司印 龍鳳調 胡車南
8月	樹 ウ車印 禄禄調 馳貫馳	花 ウ牽庫 車玉鳳 馳石報	陽 ウ禄庫 石車石 庫龍胡	灯 ウ司印 牽牽調 報玉恍	山 ウ鳳庫 司鳳貫 報車胡	地 ウ調印 貫調石 庫牽恍	鉄 ウ貫堂 禄貫龍 馳禄禄	宝 ウ石南 禄石玉 馳司将	海 ウ龍南 車龍車 庫鳳貴	雨 ウ玉堂 司玉牽 報調極	樹 タ車印 調車禄 極貫馳	花 タ牽庫 禄牽司 印石報	陽 タ禄庫 禄禄鳳 胡龍胡	灯 タ司印 禄司調 貴玉恍	山 タ鳳庫 貫鳳貫 庫車胡
9月	花 ネ牽庫 貫車鳳 禄貫馳	陽 ネ禄庫 牽司石 南玉極	灯 ネ司印 司禄貫 将龍貴	山 ネ鳳庫 石調貫 将牽極	地 ネ調印 貫鳳石 南車貴	鉄 ネ貫堂 貫石龍 禄司将	宝 ネ石南 貫貫玉 禄禄禄	海 ネ龍南 車玉車 南調恍	雨 ネ玉堂 石龍牽 将鳳胡	樹 イ車印 玉牽禄 恍石報	花 イ牽庫 禄車司 堂貫馳	陽 イ禄庫 龍司鳳 貴玉極	灯 イ司印 龍禄調 胡龍貴	山 イ鳳庫 貫調貫 南牽極	
10月	花 ウ牽庫 車車車 馳調庫	陽 ウ禄庫 石石石 庫貫庫	灯 ウ司印 玉貫貫 報石印	山 ウ鳳庫 司玉玉 報龍庫	地 ウ調印 貫石石 庫玉印	鉄 ウ貫堂 車龍龍 馳車堂	宝 ウ石南 禄玉玉 馳牽南	海 ウ龍南 車車車 庫禄南	雨 ウ玉堂 司牽牽 報司堂	樹 タ車印 司禄禄 極鳳印	花 タ牽庫 禄司司 印調庫	陽 タ禄庫 禄鳳鳳 胡貫庫	灯 タ司印 禄調調 貴石印	山 タ鳳庫 貫貫貫 庫龍庫	地 タ調印 司石石 報玉印
11月	陽 ネ禄庫 牽龍石 南石馳	灯 ネ司印 司玉貫 将貫報	山 ネ鳳庫 石車玉 将玉馳	地 ネ調印 貫司石 南龍報	鉄 ネ貫堂 貫鳳龍 禄牽胡	宝 ネ石南 貫調玉 禄車恍	海 ネ龍南 車貫車 南司禄	雨 ネ玉堂 石石牽 将禄将	樹 イ車印 玉龍禄 恍調貴	花 イ牽庫 禄玉司 堂鳳極	陽 イ禄庫 龍車鳳 貴石馳	灯 イ司印 龍牽調 胡貫報	山 イ鳳庫 貫禄貫 南玉馳	地 イ調印 玉司石 将龍報	
12月	陽 ウ禄庫 石牽石 庫鳳報	灯 ウ司印 玉車貫 報調馳	山 ウ鳳庫 司司玉 報貫報	地 ウ調印 貫禄石 庫石馳	鉄 ウ貫堂 車調龍 馳龍極	宝 ウ石南 禄鳳玉 馳玉貴	海 ウ龍南 車石車 庫車将	雨 ウ玉堂 司貫牽 報牽禄	樹 タ車印 司玉禄 極禄恍	花 タ牽庫 禄龍司 印司胡	陽 タ禄庫 禄牽鳳 胡鳳報	灯 タ司印 禄車調 貴調馳	山 タ鳳庫 貫司貫 庫貫報	地 タ調印 司禄石 報石馳	鉄 タ貫堂 調調龍 極龍極

【著者略歴】

中森じゅあん

「日本算命学会」代表。「日本医療催眠学会」顧問。「灯の会（とうのえ）」主宰。算命学カウンセラー、バイオシンセシス ボディサイコ・セラピスト&トレーナー、ヒプノセラピスト（催眠療法士）。広告界でコピーライターとして27年間活動。その間30代に入って呉家13代宗家・文学博士（故）高尾義政氏に出会い、直門下第一期生として10年間薫陶を受け孔位を授与される。その後、心の師（故）吉福伸逸氏と出会い、トランスパーソナル心理学を皮切りに世界各国の心理療法を学び続ける。現在、個人セッション、ワークショップ、講演、講座、執筆、対談など広範囲で活動。本書の他、『中森じゅあんの算命学入門』（三笠書房）、『天使のメッセージ』（シリーズ）、『ANGELCARD』（以上大和出版）、『天使の愛』（講談社、コミックス社・横尾忠則氏とのコラボ）ほか著書多数。天使シリーズ①②は、英国、米国、中国で翻訳されている。

http://www.juan.jp/

https://madamefigaro.jp/fortune/juan/

編集協力　リエゾン

装丁　三瓶可南子

カバーイラスト　井塚 剛

本文イラスト　森 海里

組版　㈱キャップス

校正　みね工房

中森じゅあんの算命学

本当の私を知り、人生を動かす！

第１刷　　2022年10月28日
第２刷　　2023年12月１日
著　者　　中森じゅあん
発行者　　小宮英行
発行所　　株式会社徳間書店
東京都品川区上大崎 3-1-1　目黒セントラルスクエア
郵便番号　141-8202
電話　編集(03)5403-4344　販売(049)293-5521
振替　00140-0-44392

印刷・製本　大日本印刷株式会社

ISBN978-4-19-865544-0